U0920559

东莞年鉴

DONGGUAN NIANJIAN

2022（总第22卷）

东莞年鉴编纂委员会　编

SPM 南方传媒 | 广东人民出版社

·广州·

图书在版编目（CIP）数据

东莞年鉴．2022 / 东莞年鉴编纂委员会编．—广州：广东人民出版社，2022.10

ISBN 978-7-218-15918-8

Ⅰ.①东… Ⅱ.①东… Ⅲ.①东莞—2022—年鉴 Ⅳ.①Z526.53

中国版本图书馆CIP数据核字（2022）第148634号

DONGGUAN NIANJIAN · 2022

东莞年鉴 · 2022

东莞年鉴编纂委员会 编

承　　编：东莞年鉴编辑部
地　　址：广东省东莞市鸿福路99号行政办事中心主楼5楼
邮　　编：523888
电　　话：0769-22885205
邮　　箱：szb@dg.gov.cn
网　　址：http://www.dg.gov.cn/dfz/

出 版 人：肖风华

责任编辑：钱　丰　黄炜芝
责任校对：胡丽娟

出版发行：广东人民出版社
地　　址：广东省广州市越秀区大沙头四马路10号（邮政编码：510199）
电　　话：（020）85716809（总编室）
传　　真：（020）83289585
网　　址：http://www.gdpph.com
排　　版：东莞市正本电分制版有限公司
印　　刷：东莞市翔盈印务有限公司
开　　本：787毫米×1092毫米　1/16
印　　张：39.75　插　页：13　字　数：1650千
印　　数：1—2500册
版　　次：2022年10月第1版
印　　次：2022年10月第1次印刷
定　　价：260.00元

编辑说明

一、《东莞年鉴》编纂坚持以马克思列宁主义、毛泽东思想、邓小平理论、“三个代表”重要思想、科学发展观、习近平新时代中国特色社会主义思想为指导，坚持以“记载历史、传承文明”为宗旨。

二、《东莞年鉴》根据《地方志工作条例》和《广东省地方志工作条例》“以县级以上行政区域名称冠名的地方志书、地方综合年鉴，分别由本级人民政府负责地方志工作的机构按照规划组织编纂，其他组织和个人不得编纂”的规定，由东莞市人民政府地方志办公室组织编纂。

三、《东莞年鉴》于2001年创刊，每年出版一卷。《东莞年鉴》2022年卷主要记载2021年东莞市发生的大事要事、基本情况，力求客观、全面、系统地记述全市经济建设、政治建设、文化建设、社会建设、生态文明建设和各行各业的发展历程，旨在为社会各界了解东莞、研究东莞、建设东莞提供基础性资料。

四、《东莞年鉴》2022年卷正文采用分类编辑法。正文分三大版块，分别收录“年度关注、争当排头兵、大事记（2021年）”等综合资料，“概览、中国共产党东莞市委员会、东莞市人民代表大会、东莞市人民政府、中国人民政治协商会议东莞市委员会、纪检·监察、民主党派·工商联、群众团体、外事·侨务·台港澳事务、法治、军事、城乡建设、交通·邮政、信息业、区域合作·对外帮扶、开放型经济、农业·农村工作、工业、建筑业·房地产业、商贸流通业、旅游业·餐饮业、金融业、财政·税务、经济监督管理、应急管理、科学、教育、文化、卫生·体育、社会生活、生态环境、开发园区、镇街、人物”等专题资料，“附录”等参考资料。专题资料以类目、分目、条目组成主体，条目为基本形式，其标题以黑体字加“【 】”表示。

五、《东莞年鉴》2022年卷采用全彩色印刷，配置丰富多彩的图片，力求形象生动、鲜明直观地体现东莞风采，以达到图文并茂的效果，增强信息量和观赏性。

六、《东莞年鉴》2022年卷的数据采用法定计量单位，分别由各单位和各镇街提供。若与统计部门公布的数据不一致，使用时应以统计部门公布的数据为准。

七、《东莞年鉴》2022年卷稿件作者署名，除“撰稿人员”栏目中刊列外，“附录”正文的作者在标题下方标明，其他资料的作者则在条目文末标出，图片的作者在该图片下方标明。

八、《东莞年鉴》2022年卷配有双重检索系统。前有目录，后有索引，方便读者检索。

目　　录
CONTENTS

图片专辑
SPECIAL SELECTION OF PHOTOS

年度关注
HIGHLIGHTS OF THE YEAR

争当排头兵
FIGHT FOR THE LEAD

大事记（2021年）

CHRONICLE OF MAJOR EVENTS IN 2021

概　　览

PROFILE

中国共产党东莞市委员会

DONGGUAN MUNICIPAL COMMITTEE OF THE COMMUNIST PARTY OF CHINA

东莞市人民代表大会
DONGGUAN PEOPLE'S CONGRESS

东莞市人民政府
DONGGUAN MUNICIPAL PEOPLE'S GOVERNMENT

中国人民政治协商会议东莞市委员会

DONGGUAN COMMITTEE OF THE CHINESE PEOPLE'S POLITICAL CONSULTATIVE CONFERENCE

纪检·监察

DISCIPLINARY INSPECTION AND SUPERVISION

民主党派·工商联

DEMOCRATIC PARTIES · FEDERATION OF INDUSTRY AND COMMERCE

群众团体

MASS ORGANIZATIONS

外事·侨务·台港澳事务

FOREIGN AFFAIRS · OVERSEAS CHINESE AFFAIRS · TAIWAN, HONG KONG AND MACAO AFFAIRS

法　　治

LEGAL SYSTEM

军　　事

LOCAL MILITARY AFFAIRS

城乡建设

URBAN—RURAL DEVELOPMENT

交通 · 邮政

TRANSPORTATION · POST

信息业

INFORMATION INDUSTRY

区域合作 · 对外帮扶

REGIONAL COOPERATION · COUPLET-ASSISTANCE

开放型经济

OPEN ECONOMY

农业·农村工作
AGRICULTURE · COUNTRYSIDE

工　业
INDUSTRY

建筑业·房地产业
CONSTRUCTION · REAL ESTATE

商贸流通业

COMMERCE

旅游业·餐饮业

TOURISM·CATERING

金融业

FINANCIAL SECTOR

财政·税务

PUBLIC FINANCE · TAXATION

经济监督管理

ECONOMIC SUPERVISION AND MANAGEMENT

应急管理

EMERGENCY MANAGEMENT

科　　学

SCIENCE

教　　育

EDUCATION

文　化
CULTURE

卫生·体育
HEALTH · SPORTS

社会生活

SOCIAL LIFE

生态环境

ECOLOGICAL ENVIRONMENT

开发园区

DEVELOPMENT ZONE

镇　　街

URBAN AND TOWNSHIP

人　　物

FIGURES

附　录

APPENDIX

索　引

INDEX

广州市
东莞市
南沙区
黄阁镇
南沙街道
万顷沙镇
东区街道
荔联街道
南岗街道
穗东街道
夏港街道
新塘镇
石湾镇
中堂镇
麻涌镇
望牛墩镇
洪梅镇
道滘镇
高埗镇
万江街道
莞城街道
南城街道
东城街道
石碣镇
石龙镇
茶山镇
寮步镇
厚街镇
沙田镇
虎门镇
长安镇
大岭山镇
燕罗街道
公明街道
沙井街道
福海街道
福永街道
滨海湾新区管委会
大岭山森林公园
珠江
珠江口
虎门水道
蕉门水道
中堂站
望牛墩站
麻涌站
望洪站
洪梅站
道滘站
沙田站
厚街站
虎门火车站
虎门南站
虎门南贸城站
长安厦边站
长安金沙站
东城南站
西平西站
东莞火车站
茶山站
松山湖北站
石龙站
增城西站
佛莞城际
新莞城际
水乡大道
广龙高速
广深港高铁
虎门港支线
环莞快速路
深湛高铁
莞佛高速
虎门大桥
南沙大桥（虎门二桥）
松山湖大道
东莞大道
环城路
莞长路
滨海大道
莞深高速
地铁二号线
松山湖
地级行政中心
县级行政中心
镇级行政中心
管理委员会
村(居)委会
立交
山峰
地级行政区界
镇级行政区界
高速铁路及车站
未建成高速铁路
普通铁路及车站
城际轨道及车站
地铁
G4 高速公路及编号
在建高速公路
S88 快速路及编号
未建成快速路
G107 国道及编号
S256 省道及编号
未建成省道
X235 县道及编号
未建成县道
街道
河流、水库
比例尺 1:230 000
注：本图界线不作为权属争议的依据。
图例
东莞市
肇庆市
广州
佛山市
中山市
江门市
珠海市

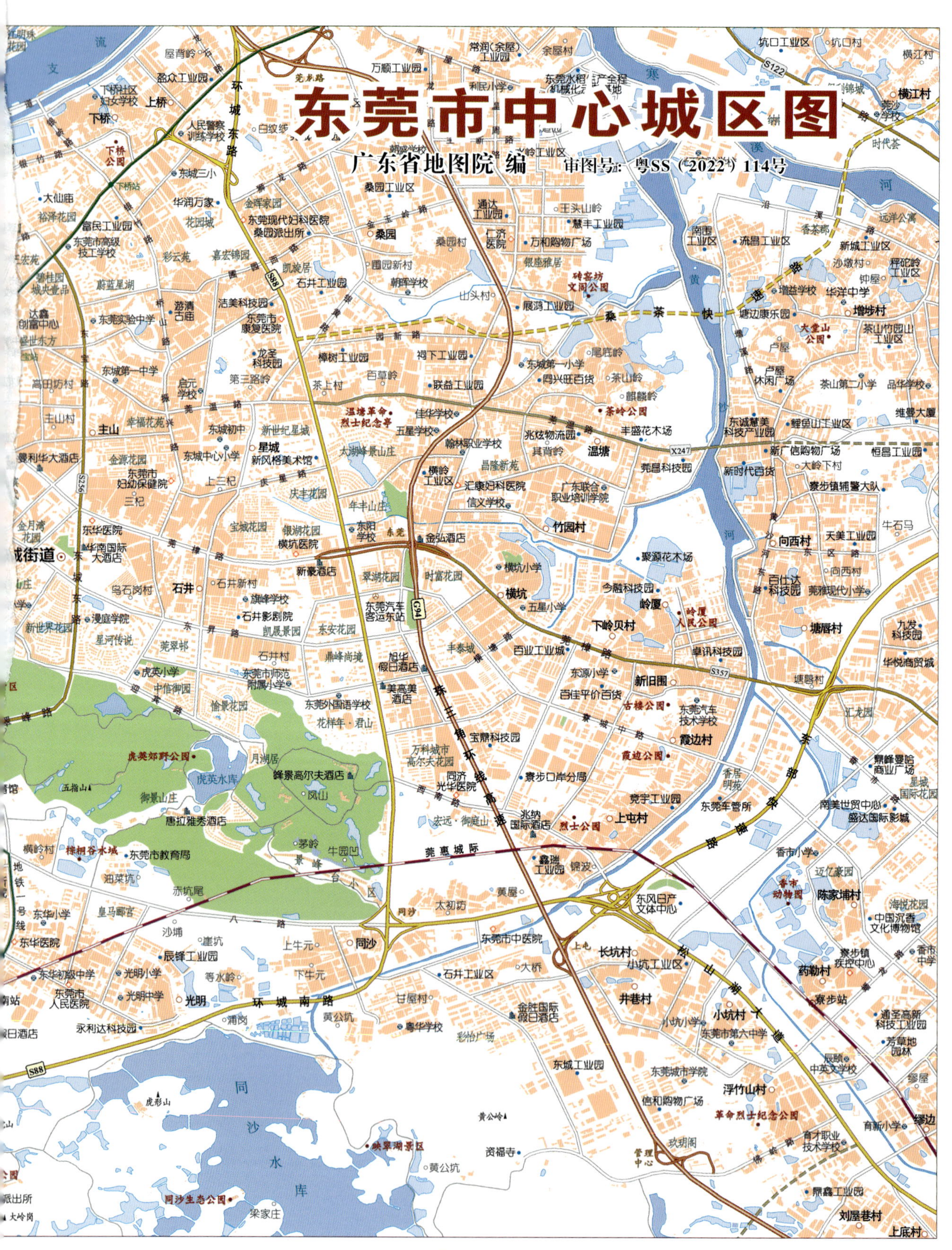
东莞市中心城区图
广东省地图院 编
审图号：粤SS（2022）114号

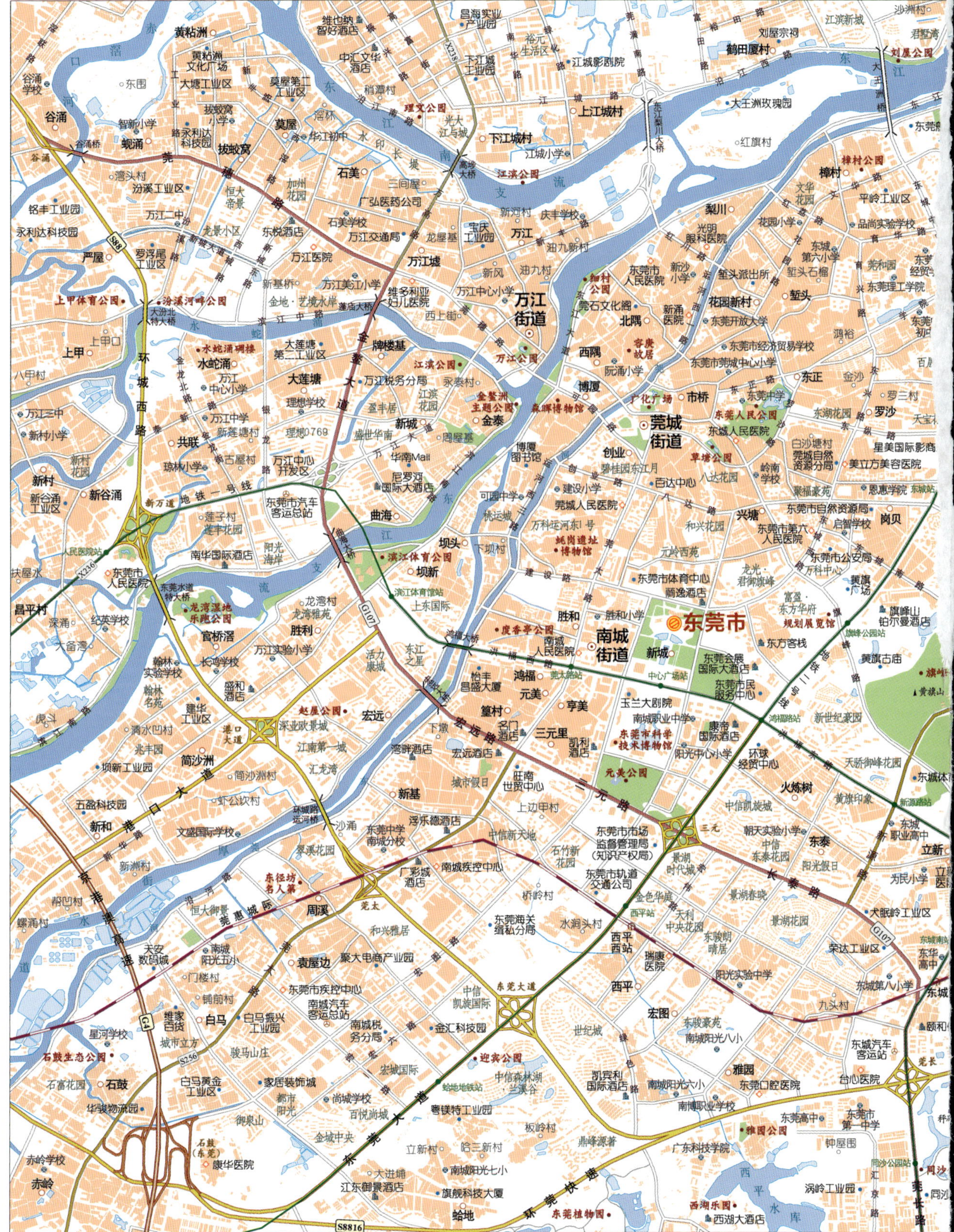

黄粘洲
维也纳智好酒店
昌海实业产业园
沙洲村
江滨新城
刘屋宗祠
鹤田厦村
刘屋公园
中汇文华酒店
江城影剧院
谷涌学校
谷涌
东围
黄粘洲文化广场
大塘工业区
莫屋第二工业区
拔蛟窝小学
莫屋
永利达科技园
拔蛟窝
智新小学
蚬涌
理文公园
上江城村
下江城村
江城小学
大王洲玫瑰园
红旗村
东莞大桥
湾头村
汾溪工业区
万江二中
铭丰工业园
永利达科技园
龙景小区
东悦酒店
万江医院
石美学校
万江交通局
石美
广弘医药公司
江滨公园
庆丰学校
新河村
万江
汩九新村
梨川
光明眼科医院
樟村公园
樟村
平岭工业区
品尚实验学校
东城第六小学
罗溪尾工业区
严屋
上甲体育公园
汾溪河畔公园
大汾北特大桥
万江城
万江美江小学
维多利亚妇儿医院
金地·艺境水岸
西上街
万江中心小学
万江街道
细村公园
东莞市人民医院
新沙小学
莞石文化阁
北隅
新涌医院
蚝头派出所
花园新村
蚝头
东莞开放大学
东莞理工学院
上甲
水蛇涌碉楼
水蛇涌
万江中心小学
大莲塘第二工业区
牌楼基
江滨公园
万江税务局
万江公园
西隅
容庚故居
阮涌小学
东莞市经济贸易学校
东莞市莞城中心小学
八甲村
万江三中
新村小学
大莲塘
理想学校
金鳌洲主题公园
金泰
盈丰居
新城
博厦
可园博物馆
广化门
市桥
莞城街道
东莞人民公园
东正
罗沙
东城人民医院
东湖花园
万江中学
新莲塘村
理想0769
周屋基
博厦图书馆
创业
草塘公园
白沙塘村
莞城自然资源分局
星美国际影城
美立方美容医院
共联
琼林小学
新村花园
新村
新谷涌工业区
新谷涌
万江中心开发区
华南Mall
尼罗河国际大酒店
碧桂园东江月
百达中心
八达花园
岭南学校
聚福豪苑
恩惠学院
东莞市汽车客运总站
曲海
可园中学
建设小学
莞城人民医院
万科运河东1号
兴塘
东莞市自然资源局
东莞市第六人民医院
启智学校
岗贝
莲子树
莲丰花园
南华国际酒店
阳光海岸
坝头
下坝村
滨江体育公园
坝新
却岗遗址博物馆
和兴花园
元岭西苑
东莞市公安局
万科中心
扶屋水
东莞市人民医院
东莞水道特大桥
昌平村
深涌
纪英学校
龙湾湿地乐跑公园
大雷湾
龙湾村
龙湾雅苑
胜利
官桥滘
滨江体育馆站
上东国际
东莞市体育中心
丽逸酒店
龙光·君御旗峰
富盈·东方华府
规划展览馆
旗峰山
铂尔曼酒店
东莞市
胜和
胜和小学
南城街道
新城
度春亭公园
南城人民医院
东方客栈
旗峰公园站
黄旗古庙
东莞会展国际大酒店
东莞市民服务中心
黄旗山
翰林实验学校
长鸿学校
万江实验小学
活力康城
东江之星
怡丰昌盛大厦
鸿福
元美
亨美
盛和酒店
翰林名苑
赵屋公园
宏远
玉兰大剧院
南城职业中学
新世纪豪园
虎斗
建华工业区
港口大道
深业欧景城
篁村
名门酒店
三元里
凯利酒店
东莞市科学技术博物馆
康帝国际酒店
阳光中心小学
环球经贸中心
天骄御峰花园
清水凹村
兆丰园
坝新工业园
简沙洲
简沙洲村
江南第一城
湾畔酒店
宏远酒店
城市假日
旺南世贸中心
元美公园
火炼树
黄旗印象
东城体育
汇龙湾
新基
上边甲村
中信凯旋城
五盈科技园
新和
虾公坎村
沙涌
东莞中学南城分校
浮乐德酒店
中信新天地
东莞市市场监督管理局（知识产权局）
朝天实验小学
中信东泰花园
东泰
东城职业高中
立新
文盛国际学校
石竹新花园
景湖时代城
阳光假日
为民小学
新洲村
蔡溪花园
东莞市轨道交通公司
广彩城酒店
南城疾控中心
东泾坊名人第
桥岭村
金色华庭
景湖春晓
帮凹村
恒大御景
周溪
莞太
水涧头村
天利中央花园
景湖花园
大眠岭工业区
螺涌村
莞惠城际
和兴雅居
东莞海关缉私分局
西平西站
天骏朗晴居
瑞康医院
荣达工业区
东华高中
天安数码城
南城阳光五小
袁屋边
聚大电商产业园
阳光实验中学
东城第八小学
门楼村
东莞市疾控中心
南城汽车客运总站
中信凯旋国际
东莞大道
西平
宏图
九头村
铺前村
白马
白马振兴工业园
维家百货
东骏豪苑
南城阳光八小
星河学校
城市立方
南城税务分局
金汇科技园
世纪城
石鼓生态公园
骏马山庄
宏城国际
迎宾公园
东城汽车客运站
台心医院
石鼓
白马黄金工业区
家居装饰城
都市阳光
中信森林湖·兰溪谷
凯宾利国际酒店
南城阳光六小
雅园
东莞口腔医院
石富花园
华骏物流园
尚城学校
百悦尚城
粤镁特工业园
南城职业学校
东莞高中
东莞市第一中学
钟屋围
御泉山
金城中央
板岭村
鼎峰源著
雅园公园
石鼓（东莞）
康华医院
赤岭学校
赤岭
立新村
哈三新村
广东科技学院
同沙公园站
大进埔
南城阳光七小
江东御景酒店
旗舰科技大厦
涡岭工业园
同沙
蛤地
东莞植物园
西湖乐园
西湖大酒店
西平水库
环莞快速
东莞大道
京港澳高速
S8816
G107
G4
S256
S88
X236
X228

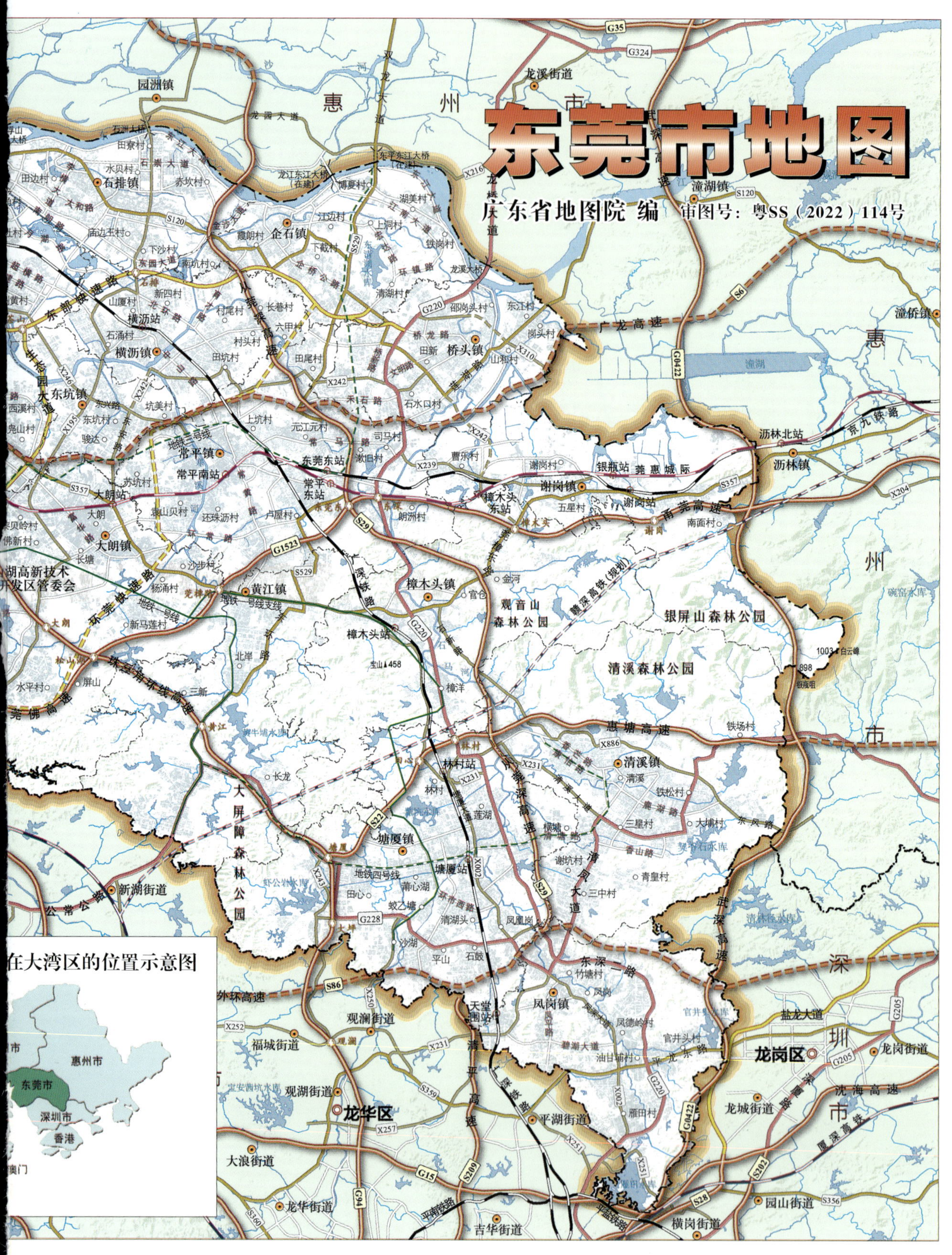
东莞市地图
广东省地图院 编 审图号：粤SS（2022）114号
惠州市
深圳市
龙岗区
龙华区
园洲镇
石排镇
企石镇
桥头镇
横沥镇
大东坑镇
常平镇
谢岗镇
大朗镇
黄江镇
樟木头镇
清溪镇
塘厦镇
凤岗镇
沥林镇
潼湖镇
潼侨镇
龙溪街道
新湖街道
观澜街道
福城街道
观湖街道
平湖街道
大浪街道
龙华街道
吉华街道
横岗街道
园山街道
龙城街道
龙岗街道
东莞东站
常平东站
常平南站
横沥站
大朗站
樟木头站
林村站
塘厦站
谢岗站
樟木头东站
沥林北站
银瓶站
天堂围站
观音山森林公园
银屏山森林公园
清溪森林公园
大屏障森林公园
潼湖
宝山458
松山湖高新技术产业开发区管委会
广龙高速
惠塘高速
外环高速
沈海高速
京九铁路
广深铁路
莞惠城际
赣深高铁（规划）
厦深高铁
东部快速路
环莞快速路
莞佛高速
常虎高速
清平高速
武深高速
从莞深高速
石龙大道
东深二路
G35
G324
G220
G1523
G0422
G228
G205
G15
G94
S120
S357
S29
S86
S28
S202
S356
S359
X216
X310
X242
X239
X204
X886
X231
X002
X251
X257
X252
X250
X243
在大湾区的位置示意图
惠州市
东莞市
深圳市
香港
澳门

东莞名片

- 全国文明城市
- 全国双拥模范城
- 国家森林城市
- 国家环境保护模范城市
- 国家节能减排财政政策综合示范城市
- 全国水生态文明城市
- 中国优秀旅游城市
- 全国质量强市示范城市
- 全国科技进步先进市
- 国家知识产权示范城市
- 全国版权示范城市
- 全国“两基”教育先进市
- 国家卫生城市
- 全国体育先进市
- 全国篮球城市
- 国家公共文化服务体系示范区
- 全国创新社会治理优秀城市

近代史开篇地
国际制造名城
潮流东莞
篮球城市

市中心广场雕塑　（2021年张顺祥摄）

立足“双万”新起点，

聚焦科技创新和先进制造，

奋力谱写东莞现代化建设新篇章！

以“稳步过万亿”为目标

2021年1月20日，东莞市中心城区重点项目集中启动仪式举行。图为五大重点项目启动仪式

（程永强 摄）

2021年，东莞市经济总量突破万亿元大关，经济运行总体平稳、稳中有进、稳中向好。其中，规模以上工业增加值增长9.5%；固定资产投资增长8%，重大项目投资突破千亿元大关；社会消费品零售总额增长13%；进出口总额增长15%；各项存款余额突破2万亿元大关，贷款余额增速居珠三角第二位。

2021年10月22—24日，“华为开发者大会2021”在东莞篮球中心开幕 （郑志波 摄）

推动经济运行好于预期

2021年3月11日，东莞阿里中心开业，是阿里巴巴集团在华南区除广州市和深圳市以外最大的办公区域（郑志波　摄）

2021年9月13日，深圳证券交易所与东莞市人民政府战略合作框架协议签署仪式在东莞市举行（郑家雄　摄）

潮玩——东莞篮球城市形象大使“劳拉”（2021年市委宣传部供图）

vivo公司总部（2021年廖志忠摄）

鸿福商圈夜景（2021年陈成基摄）

以七大战略性新兴产业基地建设

2021年2月26日，东莞市推进战略性新兴产业基地建设暨一季度重大项目、增资扩产项目动工仪式举行。图为水乡功能区会场动工仪式

（郑家雄　摄）

2021年，东莞市统筹60平方千米连片空间和100万平方米低成本空间，构建500亿元产业基金体系，开展全球"揭榜招商"，7个30亿元以上项目和97宗强链补链新兴产业项目落户。集成电路及关键元器件、智能装备制造、战略前沿材料、生物制药等新兴行业分别比上年增长18.8%、18.9%、39%、29.6%，呈现新动能加速成长的势头。

2021年5月21日，2021东莞战略性新兴产业招商大会举行。图为"聚焦新兴产业 铸造全新动能"主题对话

（程永强　郑志波　摄）

为突破，培育发展新动能

2021年10月11日，第七届广东国际机器人及智能装备博览会在东莞市举行。图为现场展出的智能机械臂

（东莞日报社供图）

2021年11月18日，第十二届中国国际影视动漫版权保护和贸易博览会在东莞市广东现代国际展览中心开幕

（郑志波　摄）

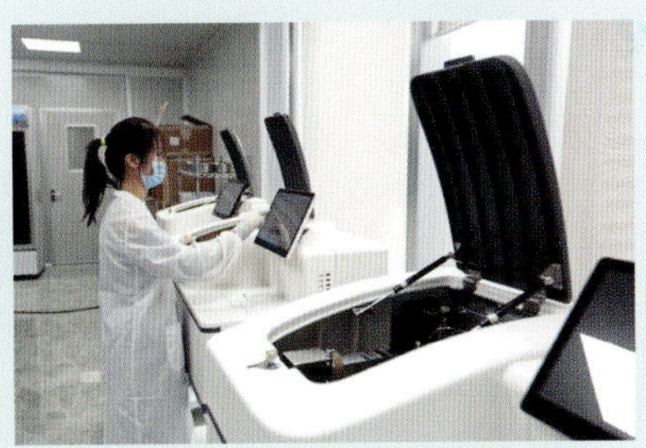

松山湖菲鹏生物股份有限公司实验室　　（2021年陈栋摄）

首批规划布局建设七大战略性新兴产业基地，分别为：

松山湖生物医药产业基地

东部智能制造产业基地

东莞新材料产业基地

东莞数字经济融合发展产业基地

东莞水乡新能源产业基地

临深新一代电子信息产业基地

银瓶高端装备产业基地

东莞市七大战略性新兴产业基地分布图

建设中的松山湖材料实验室　　（2021年黄政正摄）

粤海产业园　　（2021年谢耀斌摄）

以大湾区综合性国家科学中心

2021年12月8日，2021东莞高层次人才活动周开幕，粤港澳大湾区科技领军人才创新驱动中心启动仪式同步进行 （郑家雄　陈　栋　摄）

2021年，东莞市松山湖科学城发展总体规划获批，第一届松山湖科学会议、高层次人才活动周等活动举办，新能源研究院等一批中科院合作共建项目落地，松山湖国际创新创业社区常驻人员增幅达50%。

中国散裂中子源 （2021年陈栋摄）

建设为带动，营造最优创新生态

① 2021年4月22日，中科院科技服务网络计划（STS）——东莞专项集中签约仪式在松山湖举行 （市科技局供图）

② 松山湖国际创新创业社区 （2021年曹永富摄）

③ 滨海湾青创广场 （2021年程永强摄）

位于松山湖高新区的华为终端研发基地 （2021年松山湖高新区供图）

以“人民城市”为导向，加强

2021年，东莞市国际商务区首开区、黄旗南麓文体带、三江六岸滨水岸线示范段、东莞大道品质提升等项目建设进展顺利，“城中村”改造、TOD（以公共交通为导向的开发）开发、易涝点整治、交通堵点治理等工作加力推进，环境卫生再提升工作全面开展，农房建设管理加强，美丽幸福村居、特色精品（示范）村建设成效明显，“供水一张网”整合基本完成，配合完成第二轮中央环保督察。

2021年5月1日，三江六岸滨水岸线示范段一期工程对外开放（李耀均　摄）

东莞大道绿化养护（2021年市城市管理综合执法局供图）

黄旗山南麓香遇走廊——香遇百花园（2021年东城街道办事处供图）

城市建设管理

整治后的茅洲河夜景

（2021年张超满摄）

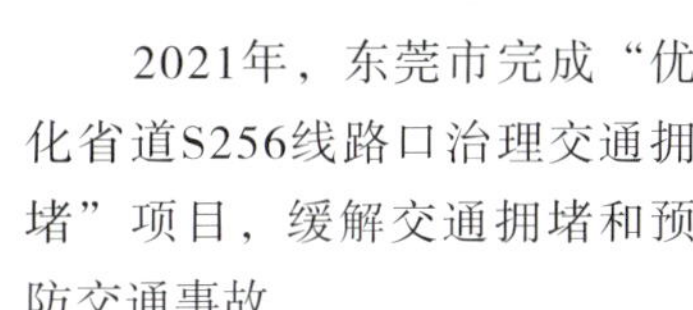

2021年，东莞市完成“优化省道S256线路口治理交通拥堵”项目，缓解交通拥堵和预防交通事故

（东莞市公路事务中心供图）

2021年9月，石排镇下沙村通过东莞市特色精品示范村验收

以党史学习教育为契机，

2021年，东莞市政府十件民生实事圆满完成，2400多项“我为群众办实事”项目全部办结。“12345”热线接听率提升至90%，人民网留言板工单办理提速八成，“民生大莞家”办理民生微实事1700多宗、微心愿4.3万宗。教育“双减”落地落实，实现义务教育学校校内课后服务和午餐午休服务全覆盖。市民卡、高水平医院建设、社区卫生服务提质等工作推进，医疗救助覆盖范围100%拓展至低收入家庭，工伤、失业、养老等险种向新业态从业人员全面敞开，社工“双百”工程落地实施，对困难群众、特殊群体的兜底民生服务增强。

2021年3月2日，全市党史学习教育动员大会召开　（程永强　摄）

2021年4月22日，大湾区大学（松山湖校区）奠基仪式举行　（程永强　摄）

2021年3月11日，东莞市人民政府与南方医科大学合作共建南方医科大学附属东莞医院揭牌仪式举行　（郑家雄　摄）

为民办实事落到实处

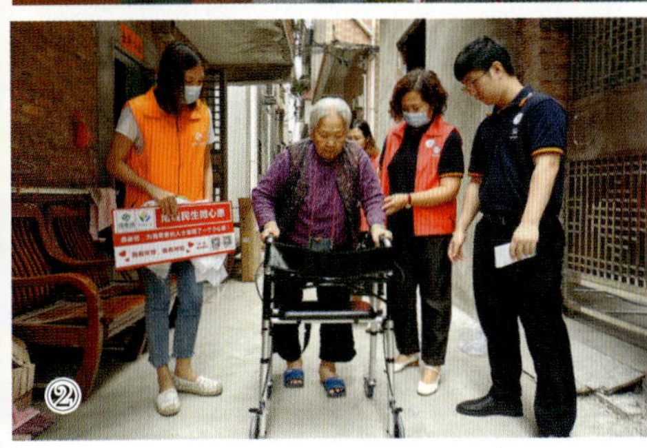

① 东莞中学新建教学楼
（2021年市教育局供图）

② 2021年4月22日，“民生大莞家”通过爱心企业帮助长者实现微心愿
（市民政局供图）

③ 2021年8月5日至11月5日，“容庚与东莞”大型系列展览活动在东莞市举行 （李梦颖 摄）

④ 2021年10月29日，东莞政务服务便民热线“12345”扩容提质启动仪式举行。图为扩容后的热线大厅
（程永强 摄）

以坚守安全为底线，统筹发展

2021年，东莞市坚持人民至上、生命至上，开展安全生产、道路交通安全、防灾减灾等十多个领域专项整治，生产安全事故宗数、一般交通事故宗数、火灾起数分别比上年下降16%、31.9%、21.8%，死亡人数减少135人。未发生重大及以上生产安全事故。坚持外防输入、内防反弹，科学精准扎实做好疫情防控，强化陆路水运口岸、跨境货运、进口冻品等的闭环管理，落地核查104.8万人次，推动全程免疫率达90%，排全省第一名。特别是面对突如其来的“6·18”“12·13”本土疫

2021年12月19日，东莞市委、市政府主要领导到大朗镇松柏朗社区精品农贸市场督导防疫措施落实情况

（陈 帆 摄）

2021年4月7日，民警劝导骑电动自行车的市民佩戴安全头盔

（市交警支队供图）

2021年10月11日，东莞东北区供电局检查东莞东站用电设备，确保该站安全稳定运行

（杨金玲 摄）

东莞市中心城区风貌 （2021年陈栋摄）

与安全两件大事

情，全市上下众志成城、排除万难，与时间赛跑、与病毒斗争，在一个潜伏期内控制住疫情传播，打赢没有硝烟的人民战争，得到国家和省的高度肯定。

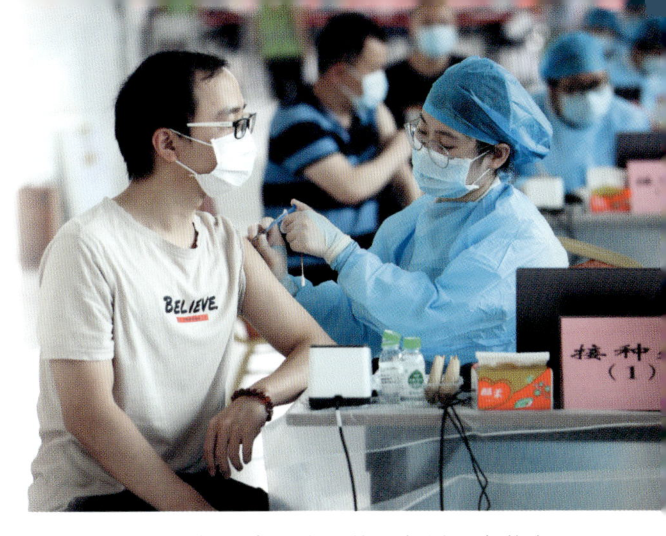

2021年，根据国家和省的统一部署，东莞市开展大规模人群新冠病毒疫苗免费接种工作

（郑家雄　摄）

2021年5月11日，桥头镇组织全镇中小学校开展地震应急避险疏散演练　（市地震局供图）

东莞海关关员到保税监管场所检查安全生产情况

（2021年东莞海关供图）

东莞市消防救援支队2021年抗洪抢险救援实战演练

（2021年市消防救援支队供图）

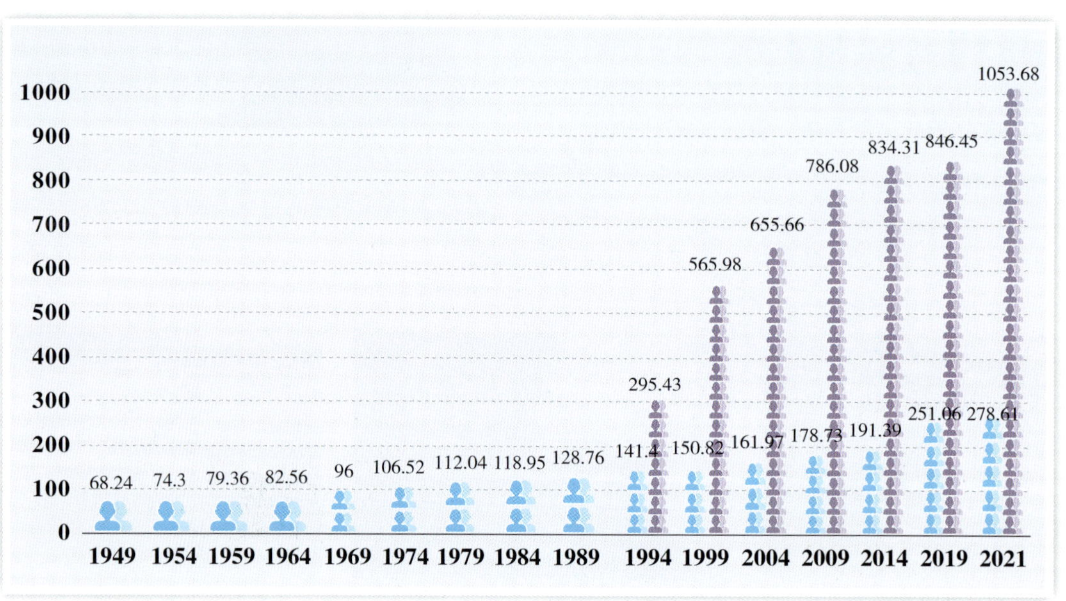

1980—2021年东莞市生产总值走势图

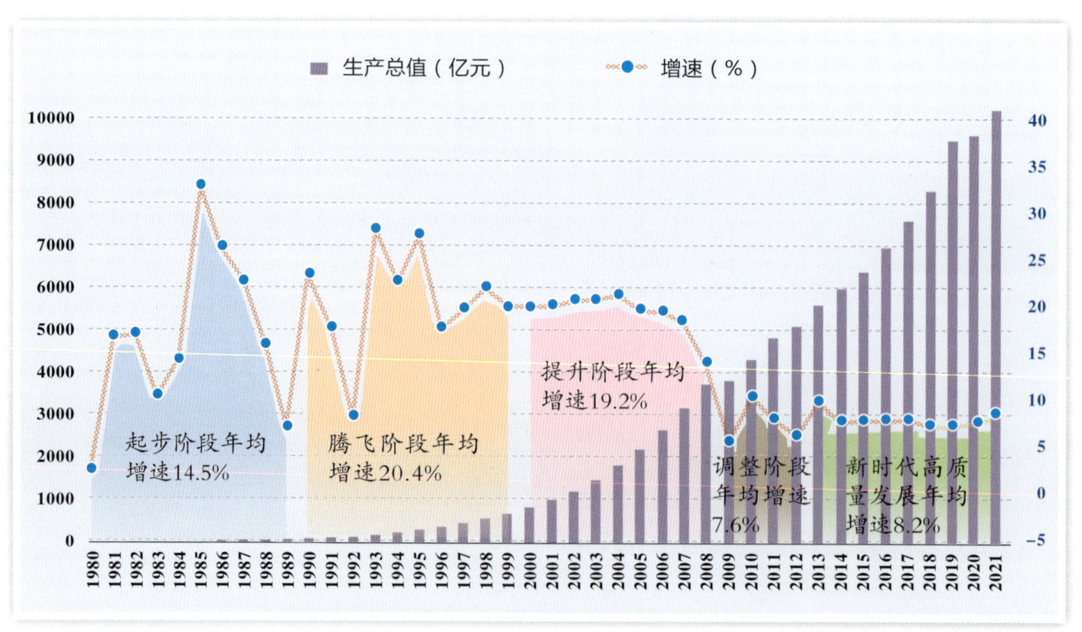

1978—2021年东莞市三大产业结构变化图

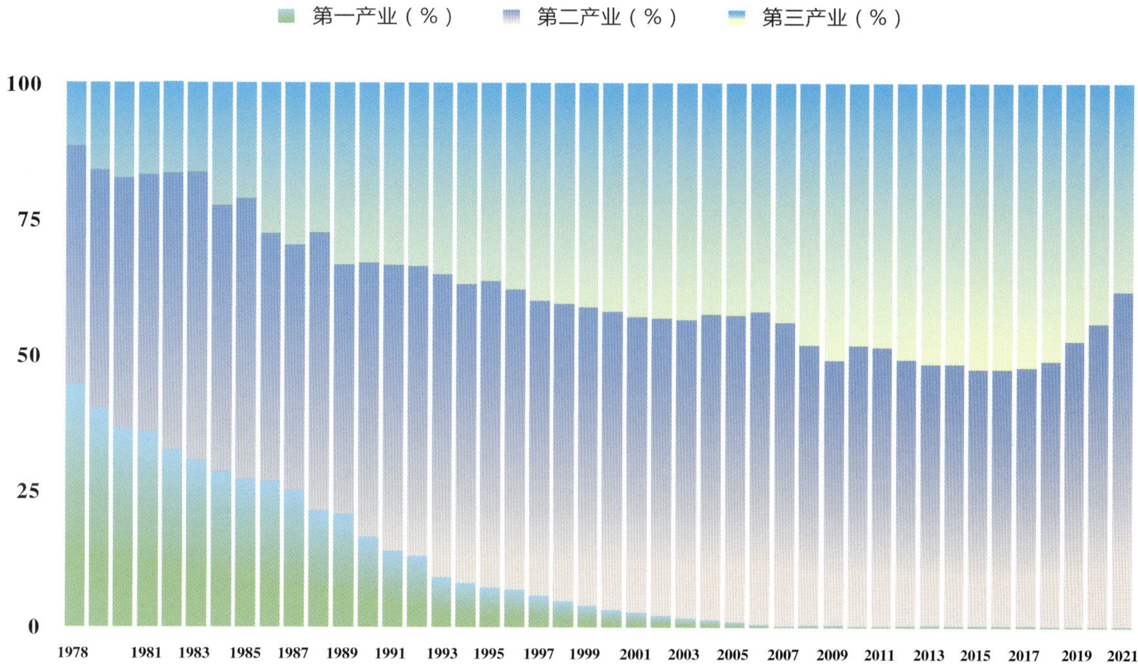

2000—2021年东莞市税收总额走势图

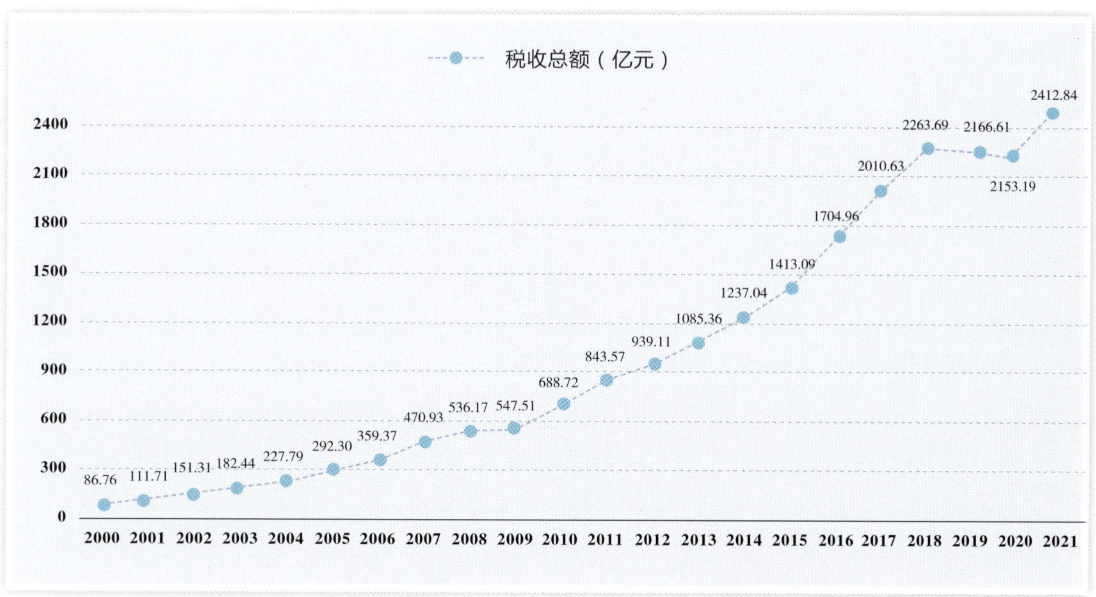

1978—2021年东莞市社会消费品零售总额走势图

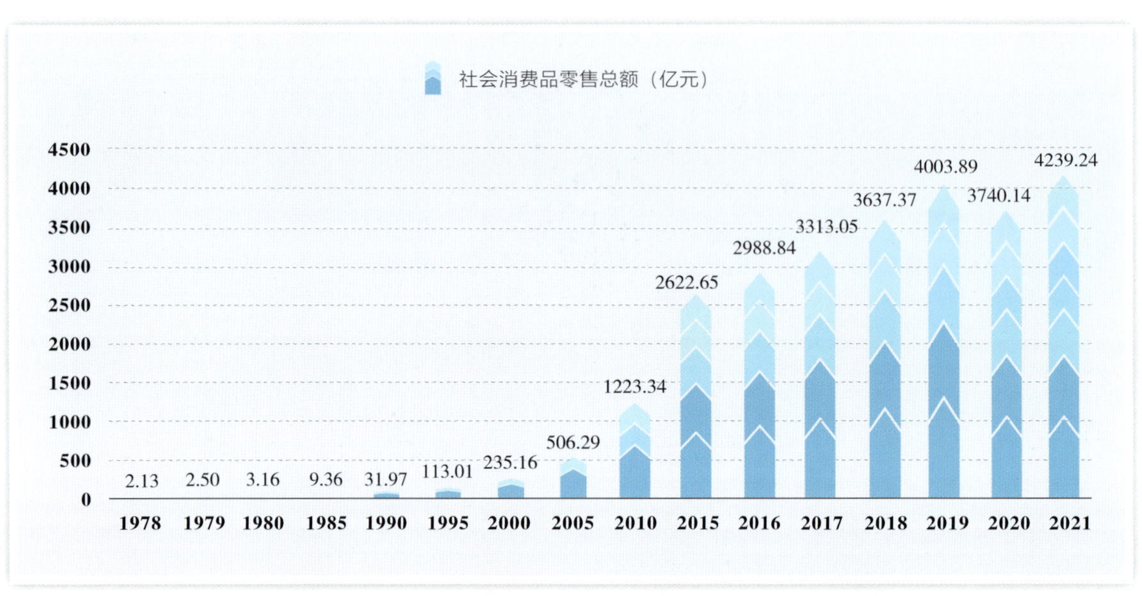

2008—2021年东莞市规模以上工业增加值走势图

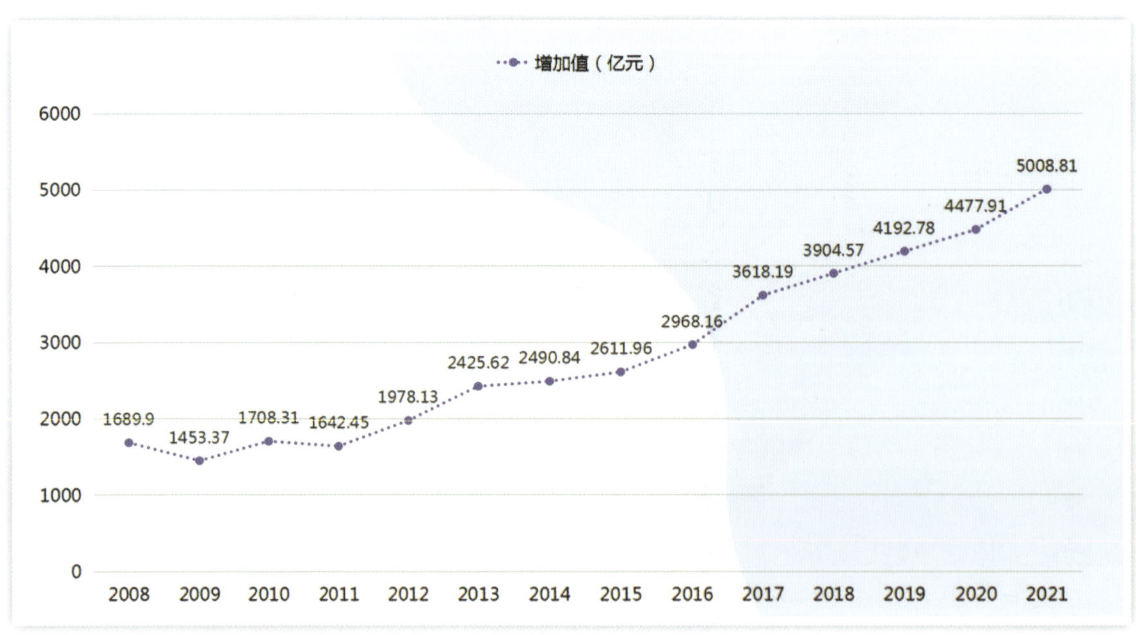

1995—2021年东莞市一般贸易和加工贸易出口占比走势图

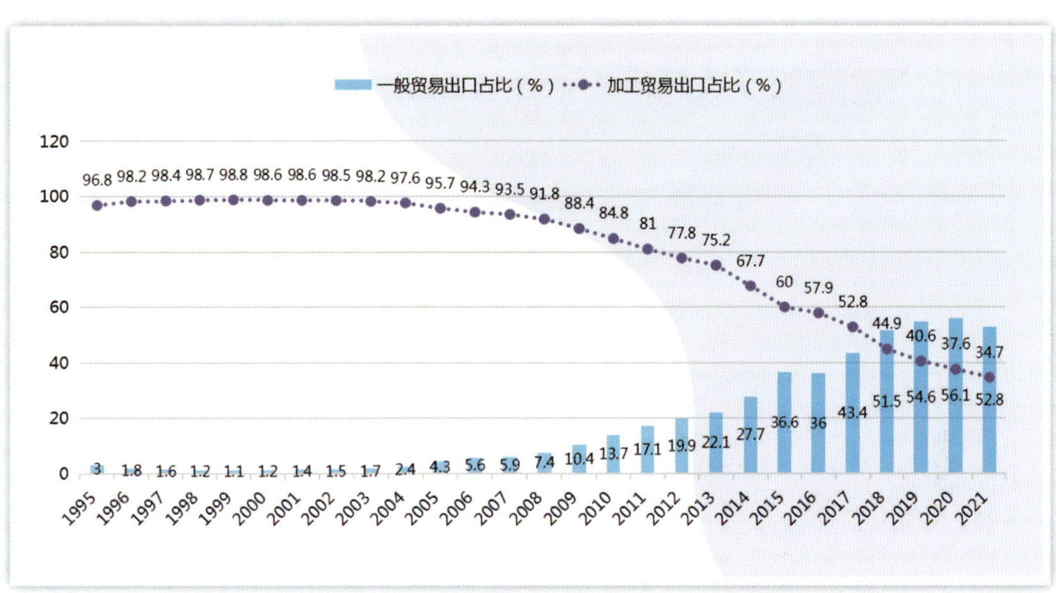

1978—2021年东莞市固定资产投资走势图

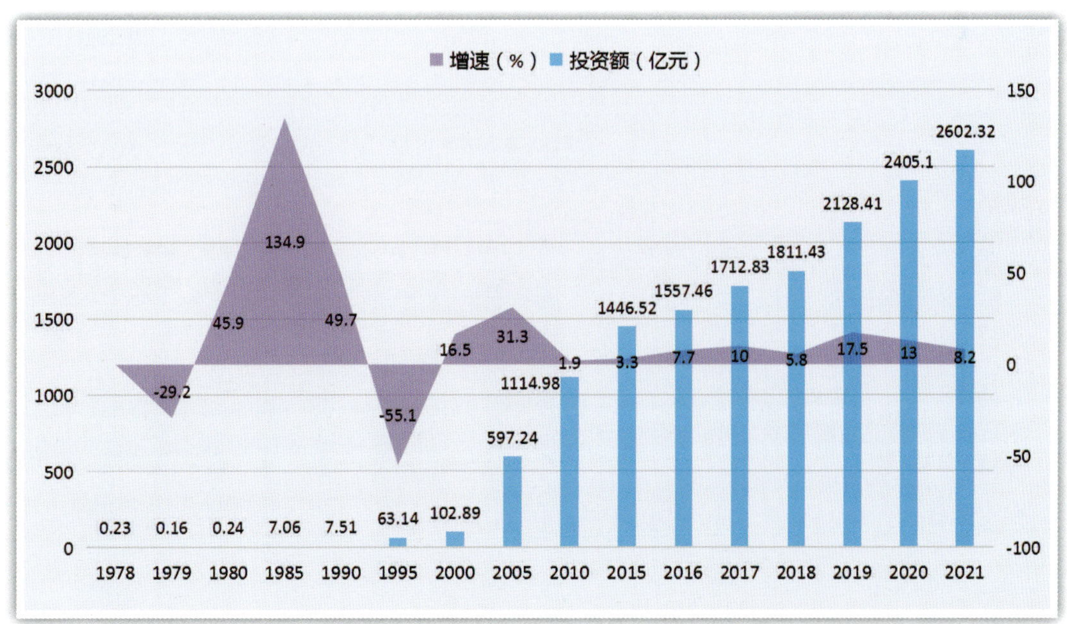

1978—2021年东莞市公路通车里程走势图

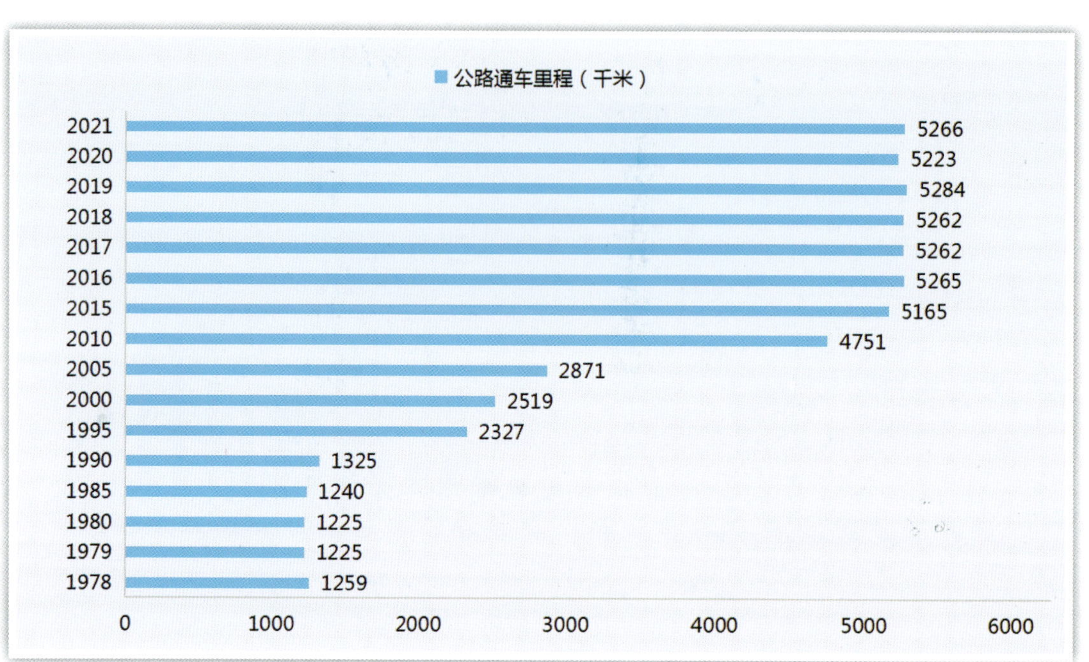

1978—2021年东莞市小学学龄儿童入学率走势图

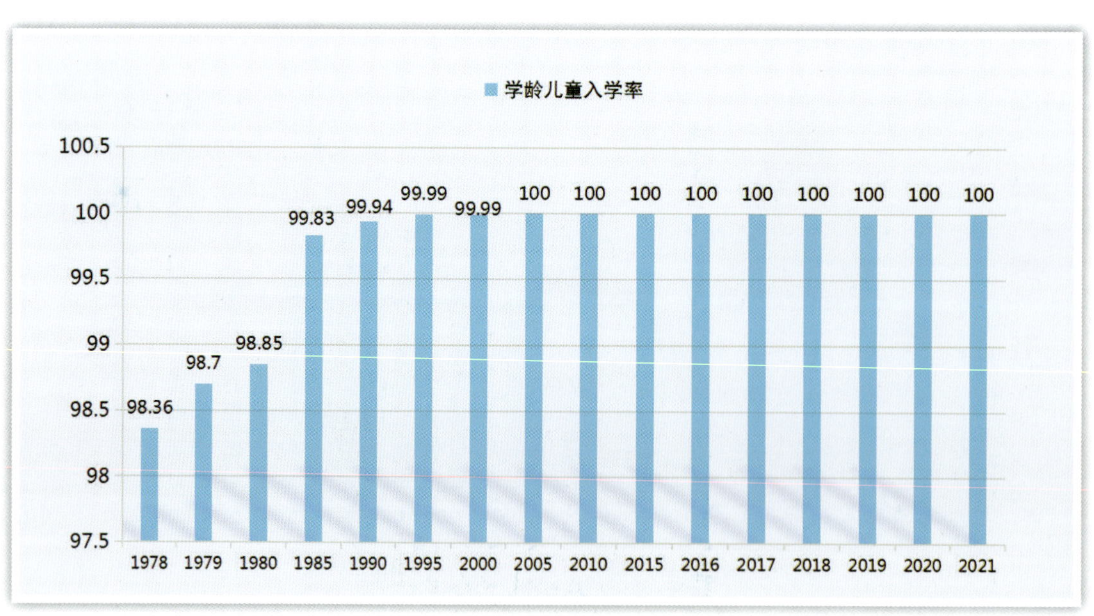

1985—2021年东莞市城镇常住居民人均可支配收入走势图

1985—2021年东莞市农村常住居民人均可支配收入走势图

东莞数字·2021年

- 户籍人口 278.61万人
- 常住人口 1053.68万人
- 土地面积 2460.1平方千米
- 地区生产总值 10855.35亿元
- 第一产业增加值 34.66亿元
- 第二产业增加值 6319.41亿元
- 第三产业增加值 4501.28亿元
- 农林牧渔业总产值 53.38亿元
- 固定资产投资 2602.32亿元
- 社会消费品零售总额 4239.24亿元
- 外贸进口总额 5687.22亿元
- 外贸出口总额 9559.82亿元
- 实际利用外资 95.32亿元
- 市一般公共预算收入 769.57亿元
- 市一般公共预算支出 882.53亿元
- 城镇常住居民人均可支配收入 63740元
- 农村常住居民人均可支配收入 43188元

鸿福商圈 （2021年张顺祥摄）

东莞市中心区　（2021年市委宣传部供图）

编辑：李俊玉

东莞市开展党史学习教育

2021年，东莞市把党史学习教育作为贯穿全年的重大政治任务，坚持高站位组织领导、高标准部署安排、高质量推进落实，出台系列指导性文件，引导全市各级党组织和党员干部学党史、悟思想、办实事、开新局，推动党史学习教育取得成效。

加强组织领导　2021年，东莞市把党史学习教育作为新时代加强党的政治建设的重要举措，严格落实“两个维护”（坚决维护习近平总书记党中央的核心、全党的核心地位，坚决维护党中央权威和集中统一领导）十项制度机制，推动全市党员干部深刻认识“两个确立”（党确立习近平同志党中央的核心、全党的核心地位，确立习近平新时代中国特色社会主义思想的指导地位）决定性意义，不断提升政治判断力、政治领悟力、政治执行力。3月2日召开全市动员大会，对党史学习教育进行动员部署。成立市委党史学习教育领导小组，领导小组下设办公室，具体统筹协调全市党史学习教育工作开展。制定印发党史学习教育实施方案、工作安排，以及专题学习、专题宣讲、“我为群众办实事”实践活动等指导性文件，推动各镇街（园区）、各单位党史学习教育全覆盖。细化分解市领导参加党史学习教育重要活动时间表和全市党史学习教育路线图，实行挂图作战、对标实施、对表推进。推动全市3700个“两新组织”（新经济组织和新社会组织）党组织和1.4万名流动党员党史学习教育全覆盖。配合省指导组工作，落实指导组意见建议，做到立行立改、限期整改。组建8个巡回指导组，加强对各级各部门督促指导，推动被指导单位做到规定动作不走样、自选动作有特色。

感悟思想伟力　2021年，东莞市把学习领会习近平总书记关于党史的重要论述精神、关于党史学习教育系列重要指示精神以及党的十九届六中全会精神等作为学习教育的“纲”，结合学习指定书目，引导党员干部读原著、学原文、悟原理，从党的伟大历程中汲取智慧和力量。推动领导干部带头学习研讨，带头讲授党课，以“关键少数”引领“绝大多数”。市委领导率先垂范落实第一议题制度，全年安排市委常委会会议第一议题79个，举行市委理论学习中心组学习会12次，专题传达学习贯彻习近平总书记在党史学习教育动员大会、庆祝中国共产党成立100周年大会和党的十九届六中全会上的重要讲话精神，带头讲授专题党课，以普通党员身份参加所在党支部专题组织生活会。全市9741个党支部召开专题组织生活会，形成整改台账1.2万份、整改问题1.66万条、整改措施1.79万条。推动全市各镇街（园区）和市直单位开好专题民主生活会，检验各级党组织和党员领导干部党史学习成效。举办百年东莞党史档案文献展、美术创作工程作品展、交响音乐诗会、红色文化节等一系列宣传庆祝活动，开展“永远跟党走”主题宣传教育活动。举办17期党史学习教育专题研讨班（专题讲座）、5期市管领导干部学习贯彻党的十九届六中全会精神专题研讨班等，开展市委宣讲团宣讲、“学党史、感党恩、跟党走”东莞市党史学习教育千场党员志愿宣讲和学习贯彻党的十九届六中全会精神“五个一百”莞邑百姓宣讲等专题宣讲2600多场次，基层党员实现学习教育全覆盖。在全市“两新组织”领域和流动党员中深入开展“五进五送”（党史学习教育进企业、进园区、进商圈、进小区、进楼宇，统筹实施送书籍、送党课、送培训、送政策、送温暖）活动，探索流动党员“互联网+学习教育”模式。

资料链接

“五个一百”，即学习解读党的十九届六中全会精神的“百场宣讲进基层”、体现党的百年奋斗的历史意义和历史经验的“百场巡展送上门”、呈现党的百年奋斗重大成就的“百场节目惠民演”、传颂党的百年奋斗初心使命的“百场故事我来讲”、培养基层宣讲骨干力量的“百场培训大家学”。

加强宣传引导 2021年，东莞市深入宣传习近平新时代中国特色社会主义思想、党的十九届六中全会精神，以及各镇街各部门开展学习教育的进展成效，宣传莫浩棠、黎伟标、师清莲以及“十一冠王”广东宏远篮球俱乐部在CBA（中国男子篮球职业联赛）率先成立党支部等先进典型和生动故事。推出微电影《觉醒之门》、短视频产品《红色印记》、VR（虚拟现实）全景展示产品《东莞红讲台——VR云看展 学党史》等融媒体产品140多个。开展“重走红色印记”“不忘初心、紧跟党走”等群众性主题宣传教育活动，举办庆祝中国共产党成立100周年“筑梦同心”交响音乐诗会、大岭山红色文化节、“永远跟党走”合唱节、百万产业工人同唱红色歌曲等文化活动。设置庆祝建党百年主题花坛景观，悬挂大型海报横幅，举办主题灯光秀，利用户外电子屏、公交移动电视、地铁移动终端等，全方位开展社会宣传。

传承红色基因 2021年，东莞市开展革命遗址大普查，摸清117处革命遗址“家底”，推出《东莞市革命遗址通览》等地方党史编研成果；开展党史进校园系列活动，推动“四史”（党史、新中国史、改革开放史、社会主义发展史）宣传教育深入群众；弘扬共产党人精神谱系，将东莞敢为人先、求真务实的改革精神融入学习教育中。把东莞市在党的不同历史时期形成的红色资源作为学习教育教材，开展革命传统教育活动3万多场次。完成东江纵队纪念馆基本陈列改陈布展工作，创作《东江水长流》《英雄母亲》等作品，在中央广播电视总台播放。推动学习教育融进思政课程，推出《浩歌党课》《敬礼！我的党——100集青少年党史课》等微视频课程，开展中小学校际党史知识竞赛、中小学生主题演讲比赛、红色经典歌曲校园传唱“拉歌”接力，组织“一起学东莞党史”微视频等活动，策划“学百年党史·做时代新人”“少年儿童心向党”等系列主题活动，引导青少年知史爱党、知史爱国。

办好民生实事 2021年，东莞市开展“我为群众办实事”实践活动。推进教育扩容和品质交通千日攻坚战，加快建设卫生健康服务体系，拓宽就业创业渠道，确保民生支出占财政支出比例70%以上，兜牢基本民生底线。全市新增学位5.38万个、停车位8.73万个、病床位近1000张，城镇新增就业10.3万人。完善“小切口大变化”民生实事办理制度，系统防范化解道路交通风险，建立“东莞义警”（平安志愿者组成的群众性综治力量）队伍，开通全市统一心理热线，以数字政府建设为牵引打造“莞家”服务品牌，整合150余项政务服务，实现十大重点民生实事以及2410个民生项目提前全部办结。在6月18日和12月13日两次本土新冠肺炎疫情发生后，发动各级党员干部特别是基层党员干部投身抗疫一线，多次连夜集结6000多名市直机关党员干部支援全市全员核酸检测。

奋力开创新局 2021年，东莞市参与“双区”（粤港澳大湾区、深圳建设中国特色社会主义先行示范区）和横琴、前海两个合作区建设，培育壮大新动能，加快构建以科技创新为引领的现代产业体系，提升城市综合环境，发展民生社会事业，推动全年GDP（地区生产总值）突破1万亿元，迈上万亿GDP、千万人口新起点，成为全国第15个“双万”城市。结合党史学习教育，开展“大学习、深调研、真落实”活动，市领导牵头形成25份深调研成果，科学谋划“十四五”时期（2021—2025年）发展方向和思路，召开市第十五次党代会。提升基层末端执行力，营造干事创业浓厚氛围。

（刘 晓）

东莞迈上万亿GDP、千万人口“双万”新起点

2021年，东莞市地区生产总值1.09万亿元、比上年增长8.2%，年末常住人口1053.68万人，历史性地迈上万亿GDP、千万人口的新起点，成为全国第15个“双万”城市。全年全市规模以上工业增加值5008.8亿元，比上年增长10.2%；固定资产投资总额2603.5亿元，增长8.2%；社会消费品零售总额4239.2亿元，增长13.3%；外贸进出口总额1.5万亿元，增长14.6%；市一般公共预算收入769.5亿元，增长10.8%；全市税收总额2412.8亿元，增长12.1%。镇村实力稳步增强，全部镇街生产总值超100亿元、5个镇街超500亿元。城市吸引力不断提升，15～59岁人口占比居全省第一位，全市集聚各类人才258.4万人，其中高层次人才18.3万人，城市人口和青年人口吸引力指数均居全国第三位。

（叶美伶）

2021年，面对复杂多变的外部环境叠加疫情冲击、龙头企业受打压、缺电缺芯缺柜等多重困难，东莞市统筹疫情防控和经济社会发展，加快培育新动能，保障经济平稳增长。

一、聚焦培育壮大新动能，构建现代产业体系

2021年，东莞市在广东政务服务网东莞窗口创新设置《关于加快打造新动能 推动高质量发展的若干意见》政策专栏，引导27个政策事项挂网申报，实现一图看懂、一网通办、一键直达。全年新登记市场主体27.6万户，比上年增长21.5%；新登记企业14.3万户，增长23%，新增规模以上工业企业超2100家。推进七大战略性新兴产业基地建设；划定1933.3公顷首期开发区，加快培育产业新动能。举办战略性新兴产业招商大会，签约项目投资总额1483亿元，引进松山湖信濠光电、广东光大第三代半导体科研制造中心等一批30亿元以上特大项目。做强支柱产业，推进智能移动终端和高端装备两个国家级先进制造业产业集群建设，产业竞争力和发展韧性进一步增强。加快提升传统产业，统筹4.8亿元设立产业集群发展专项资金，认定3个市级食品饮料产业集群核心区、2个市级家具产业集群核心区、2个市级纺织服装产业集群核心区。引进内外资项目协议投资3235亿元，比上年增长10.1%；实际投资1684亿元，增长12.3%。引进超亿元内资项目及超千万美元外资项目362个，涉及金额2781亿元、比上年增长20.8%。推动制造业高质量发展，工业投资突破1000亿元，增速快于全省7.6个百分点。

二、聚焦科技创新发力点，建设活力之城

2021年，东莞市建立“高新技术企业—瞪羚企业—百强创新型企业”梯队培育机制，国家高新技术企业7374家，其中上市企业46家。推动科技企业孵化链条建设，建有118家科技企业孵化器，其中国家级孵化器25家。扶持新技术产业发展，集成电路及关键元器件、智能装备制造、战略前沿材料、生物制药等新兴行业分别比上年增长18.8%、18.9%、39.0%、29.6%，呈现加速成长势头。成为国家创新型城市，在全国科创二十强中居地级市第三位，研发投入强度提升至3.54%，跃居全省第二位，1.1万家规模以上工业企业中47%建有自主研发机构，全市超过90%研发支出来自企业。推动松山湖科学城建设，总体规划获省政府批复实施，被纳入省重大发展平台。散裂中子源完成6轮开放，服务一批重大基础科学研究。散裂中子源二期、先进阿秒激光设施被列入国家重大科技基础设施“十四五”规划，南方先进光源研究测试平台建成。

三、聚焦参与“双区”建设，推动改革开放向纵深发展

2021年，东莞市紧抓“双区”（粤港澳大湾区、深圳建设中国特色社会主义先行示范区）建设重大机遇，跨界交通路网、轨道地铁逐步实现互联互通，江河水库、大气土壤共治共享推进，湾区优质生活圈加快构建。深化莞港澳合作，东莞银行获香港金融管理局授予银行牌照，成为内地首家在境外设立分行的城市商业银行。四大战略平台（松山湖科学城、滨海湾新区、水乡功能区、银瓶合作创新区）建设多点突破、成效渐显，南

东莞港　（2021年陈栋摄）

部九镇（虎门、长安、大岭山、大朗、黄江、樟木头、凤岗、塘厦、清溪等镇）率先对接深圳市发展步伐加快。外贸进出口总额1.5万亿元、居全国前五位，外资企业内销突破5000亿元、比上年增长17.5%，跨境电商贸易总额、增速均排全省第一名。省制造业供给侧结构性改革创新实验区建设推进，营商环境、国资国企、金融财税等领域改革亮点纷呈。在2020年国家营商环境评价（2021年公布）中得83.35分，开办企业等8个指标成为全国标杆，被国家发展改革委评价为“2020年表现优异的参评城市之一”。

四、聚焦构建双循环新格局，推动内外需求持续复苏

2021年，东莞市重大项目完成投资1171.4亿元，比上年增长19.1%；省重点项目完成投资552.7亿元，增长24.3%，超额完成年度投资计划，完成率全省排第二名。制定区域消费中心城市建设方案，推动鸿福商圈等实体商业设施升级改造，举办东莞手信年货节、汽车消费节等系列“乐购东莞”促消费活动，投入约3500万元发放消费券、消费补贴，社会消费品零售总额突破4000亿元。在全省率先推出“首店经济”系列政策，全年首进东莞市的品牌超70个。加快发展外贸新业态，保税物流、跨境电商进出口总额分别达3305.8亿元、730亿元；市场采购贸易备案主体突破5000家、出口总额突破500亿元。

资料链接

首店经济是指一个区域利用特有资源优势，吸引国内外品牌在区域首次开设门店，使品牌价值与区域资源实现最优耦合，以及由此对该区域经济发展产生积极影响的一种经济形态。

五、聚焦全年增长预期，强化工作督导调度

2021年，东莞市合理制定部门、镇街（园区）任务，采用专项督导、日常督导和不定期督导相结合方式，推进工作落实。开展4次市领导专项督导，推动全市经济一季度实现恢复性调整增长和全年破万亿元。以行业龙头企业、倍增企业、增资扩产企业、重点外资企业等为重点，收集2896家企业336个问题。对用地、融资、用工等共性问题，交由所属镇街（园区）跟进解决，涉及对重大项目用地指标、交通运输管制等难点问题，由市经济运行监测调度指挥部统筹协调，并纳入市领导重点工作专项督查。遴选1925家重点企业，为84.6万名员工完成新冠疫苗接种工作。在上半年、前三季度、年底等特殊节点时期，以不发通知、不打招呼、不听汇报、不用陪同接待，直奔基层、直插现场为主要调研方式，了解部门、镇街（园区）重点经济任务开展情况。（杨晓宇）

东莞市抗击新型冠状病毒肺炎疫情

2021年，东莞市贯彻“外防输入、内防反弹”总策略和“动态清零”总方针，坚持“人、物、环境”同防，科学精准扎实抓好新型冠状病毒肺炎疫情防控，因时因势优化防控措施，坚决防止疫情输入和反弹。6月18日和12月13日发生本地疫情后，立即启动应急指挥体系，集中力量、集中资源处置，均在一个潜伏期内控制住疫情，妥善处置全国首宗高校疫情和人口大镇疫情，打赢疫情防控阻击战，疫情防控形势总体平稳可控。

一、始终保持指挥体系高效运转

2021年，东莞市应急指挥体系始终处于激活状态，保持扁平化高效运转，健全“提级指挥、属地处置、区域协作、高效联动”工作机制，做好随时应对疫情准备，提高从常态化防控向应急处置的转换效率。一是强化顶层设计。成立由市主要领导担任总指挥长的本地疫情应急处置工作组，统筹指挥调度各级各部门力量。调整优化指挥体系组织架构，市新冠病毒疫苗接种工作领导小组下设7个专责工作组，市新冠肺炎疫情防控指挥部办公室下设10个工作组和13个工作专班，保持组织体系、领导力量、工作机制、人员队伍“四个不变”。二是坚持会商研判。建立定期会商研判和“日报告、零报告”制度，因应疫情发展趋势，加固防控重点，加密督查暗访，开展风险排查，补齐短板漏洞，结合成员单位职责，建立本地疫情防控问题、任务及责任“三个清单”，搭建统一信息流转平台，形成问题反馈落实工作闭环。三是提升能力储备。结合实战做法修订本地疫情应急处置方案，持续提升流调溯源、核酸检测、隔离管理、医疗救治、应急处置、信息化保障“六个能力”，健全流调溯源、核酸检测、社区防控“三支队伍”，做好隔离房间、物资保障“两类储备”，开展专项应急培训和演练，强化实战运用。

二、科学精准应对处置本地疫情

2021年，东莞市累计报告新冠肺炎确诊病例60例（本土29例，境外输入31例），无症状感染者25例（本土1例，境外输入24例）。先后发生涉及粤港跨境货车司机、深圳机场大巴通勤人员、省外返莞人员的本地疫情，应对处置多起境外输入复阳人员、入境分流人员、进口冻品和物品等涉疫事件。按照“12个快速”要求，抢抓“黄金24小时”，点线面多管齐下，对风险人员快速流调追踪并转运隔离，对重点区域实施管控、涉疫环境终末消毒并评估效果，对涉疫产品进行封存、溯源、检测和后期无害化处理，做好信息发布和舆论导控。特别是12月13日大朗镇发生疫情后，面对病毒载量高、传播力强、传播速度快、隐匿性强的德尔塔变异毒株，市主要领导常驻大朗镇高位统筹、提级指挥、提档

管理，“快准严实狠”果断处置，筑起“防外溢、防倒灌、防反弹”铜墙铁壁，将疫情控制在一个潜伏期、一个镇、一条传播链上，没有发生一例外溢病例。

资料链接

“12个快速”是指快速启动响应、快速报告疫情、快速先行处置、快速流调溯源、快速实施管控、快速隔离转运、快速核酸筛查、快速强化监测、快速交通管控、快速社会面管控、快速分类救治、快速精准发布。

三、严密防范重点地区疫情输入

2021年，针对国内疫情多点散发态势，东莞市成立市镇两级涉疫风险人员排查专班和由镇街主要领导挂帅的“防倒灌”工作专班，加强多部门数据共享和工作协同，确保每名涉疫风险人员的排查、检测、监测或隔离措施到位。一是提速落地核查清零。通过大数据研判锁定重点人员，数据推送流转“随收、随排、随发”，做到24小时内清零任务日增日清，对有涉疫地区旅居史的乘客、游客、返乡人员开展专项排查，扎牢风险人员入莞防线。2021年累计落地核查105万人，涉及97个地区，最高峰时每天完成3万人次。二是提高流调追踪效率。组建公安与疾控前台混编、后台合署办公的流调队伍，整合健康码、行程码、核酸检测、疫苗接种等涉疫数据，提高流调工作及时性、准确性。2021年，累计管控国内疫情相关密接者1.19万人、次密接者1.39万人，做好红码、黄码赋码和解码工作。三是分类实施健康管理。开通AI（人工智能）外呼服务，通过发短信、打电话、赋黄码、站场检、上门采等方式，加快核酸采样、检测和结果出具，精准判定涉疫人员。因应目的地风险等级分类施策，动态调整风险地区来莞返莞人员健康管理措施。2021年累计集中隔离医学观察7.11万人次，居家隔离医学观察3.45万人次，阻断社区传播风险。

四、全力抓好入境人员健康管理

2021年，东莞市对入境人员实行口岸国门、酒店房门、社区家门全流程闭环，规范人员分流交接、收治转运、核酸检测、解除隔离后管理等重点环节防控措施。一是做好分流安置。5月31日起，同时承担深圳口岸和广州机场两个方向入境旅客分流安置任务。统筹调度隔离酒店资源，完成大型集中隔离点（国际健康驿站）改造工程，按风险等级分栋分层隔离管理。2021年累计分流安置深圳口岸入境旅客3.01万人、广州机场入境旅客1.65万人，累计报告55例阳性人员，闭环转往定点收治医院隔离治疗。二是实施全流程监管。推广使用“一码通”信息系统，动态掌握隔离人员健康信息和目的地去向，实现流程优化、全程可溯。规范入境人员隔离期间收治转运工作，完善就医管理流程，落实“定点医院收治、闭环转运管理、预约隔离诊疗、及时终末消毒”举措，防范交叉感染和风险外溢。三是严格隔离后管理。压实压紧目的地社区“三人小组”（由社区工作人员、公安民警、社区卫生服务中心医务人员组成）防控责任，从严审批集中转居家隔离申请，居家期间实施“7天2检”健康措施。坚持大概率思维应对小概率事件，加强入境人员21天隔离期满至35天的在莞健康管理，建立在莞人员及同住人信息台账，强化社区传播风险排查。

五、从严加强水陆口岸闭环管控

2021年，东莞市紧盯陆路口岸、水运口岸、边境渡口方向，与周边入境口岸城市加强协调联动，持续强化跨境货车司机、国际船舶船员、中国港澳地区流动渔民的工作闭环和个人防护。一是加强跨境货运管理。在全省率先设立跨境货物作业点管理专班，压实“四个专人”（挂点干部、驻点干部、疫情防控责任人、专责管理员）监管责任，对作业点建档列管，从最初3011个压减整合至940个。严格粤港、粤澳跨境司机“三点一线”（口岸点、作业点、住宿点和交通沿线）全流程闭环，在作业点、接驳点和住宿点安装“慧眼”视频监控系统，预警监测违规行为，落实惩戒措施。二是加强水运口岸管理。严管有外贸业务的24座港口码头和84艘登记在册的外贸转内贸来往港澳船舶，对离船上岸的船员落实健康管理措施，保障船员合理换班需求。2021年，离船入境船员1610人，无检出阳性。持续加强重点水域及沿海沿岸巡防，保持反偷渡、反走私高压态势，防范疫情经非法渠道输入。2021年累计查处涉走私冻品7800吨。三是加强工作人员管理。根据岗位配置和暴露风险，对工作人员分类造册、分级定岗、分区作业，工作期间实施集中居住、闭环管理、点对点转运、加强免疫接种、高频次核酸检测等防控措施，集中隔离点所有岗位人员全部实行封闭式管理，核酸检测频次加密至隔天一检。严格离岗期间居家健康监测管理，对擅自脱管违规人员及所在单位作出严肃处理。

六、加强高风险物品和环境检测消毒处置

2021年，东莞市严格落实进口冻品和非冷链货物风险管控措施，完成52个周期的“三强化三覆盖”核酸检测任务和定期开展现场消毒评价。一是严把进口冻品入境防线。发挥市进口冻品集中监管仓的首站拦截作用，日处理约60个标准货柜，对进口冻品进行预防性消毒和抽样检测，及时评估效果。12月起扩大至零度以下进口冷链食品。2021年累计入库进口冷链食品3684个货柜9.65万吨，检出阳性样本72份，未流入市场，快速处置阻断疫情传播风险。二是规范冷库场所经营管理。持续推进“冷库通”溯源监管系统，完成1497个进口产品冷库信息上报，确保每批产品“来源可查、去向可追”。加强对食品生产经营者自建自用冷库

巡查督导，督促生产经营者落实防控主体责任，做好索票索证工作，对违反疫情防控规定的单位作出严惩重处，向社会通报曝光。三是妥善处置不明来源冻品。加强不明来源冷冻肉和水产品疫情防控，成立冻肉水产品消杀处置专班，制定应急响应期间无害化处置流程，加快不明来源冻品存量和增量处置，在进行全面消毒且核酸检测结果为阴性后进行无害化处置。2021年累计处置不明来源冷冻肉和水产品2.1万吨。

资料链接

“三强化三覆盖”是指围绕“人员、产品、环境”三大重点，强化人员核酸检测全覆盖、产品安全监管全覆盖、场所清洁消毒全覆盖。

七、持续守牢内防反弹严密防线

2021年，东莞市按照“管行业必须管防疫”的要求，压实行业主管部门监管责任，紧盯重点场所，突出重点领域、重点部位、重点环节，加强风险研判和健康管理，抓实抓细常态化疫情防控措施。一是强化重点场所防控。以高于社会面的要求，从严管控福利机构、养老机构、救助管理机构、公安监所等特殊机构，严格探视探访及出入管理，所有工作人员纳入“应检尽检”范围。提升密闭通风不良场所防护要求，疫情形势严峻时采取暂时关停措施，在经营者承诺做到“四强化一提倡”并完成从业人员核酸筛查、健康监测、疫苗接种的前提下有序恢复营业。二是保持哨点监测灵敏。落实医疗机构预检分诊和首诊负责制，实行健康码与行程码“双码联查”，加强新冠肺炎十大症状、流行病学史问询，及时将可疑患者转送发热门诊排查，核酸结果未出具前一律留院观察。压实零售药店责任，严格购药对象实名登记报告制度，2021年上报购药人员异常信息444.2万条，广交会期间和本地疫情发生时下架指定目录内药物。及时收集社会面预警信息，保持多点触发监测预警灵敏度和及时性。三是构筑医院感染控制防线。落实“三个主体”（属地分管领导、卫生健康局局长、医院院长）责任，做好医务人员分区分级分岗位防护，加强全员感染防控知识培训，全年开展培训500场次，培训300万人次。围绕重点风险环节，独立设置新冠肺炎患者医疗区域和设备，规范诊疗流程，严格病区管理，建立五级感染防控督查制度，开展常态化督查，及时发现和堵塞漏洞，继续保持“零感染”目标。

资料链接

“四强化一提倡”是指强化场所清洁通风消毒，强化进门测温扫码，强化顾客流量管控，强化员工健康管理和防控知识培训，提倡无现金支付。

八、全速推进新冠病毒疫苗接种

2021年3月，东莞市启动大规模人群新冠病毒疫苗接种工作，推进符合接种条件的适龄目标人群“应接尽接”。截至2021年底，累计接种2869.89万剂次，接种1334.88万人。按第七次人口普查基数统计，全人群全程免疫率117.46%，3～11岁、12～17岁、18～59岁、60岁以上人群全程免疫率分别达98.15%、133.22%、124.99%、76.84%，全人群及各个年龄段人群全程接种率均列广东省首位，免疫屏障初步形成。一是强化动员组织。按照“政府主导、部门主管、属地实施、社会参与”原则，各镇（街道）各村（社区）、各行各业全方位广泛动员，做好目标人群摸底统计和科普宣传，通过进学校、进工厂、团体预约、开设专场等方式，提供便民优质服务，做好学生、老年人、在莞外籍人士、中国港澳台同胞疫苗接种。二是提高服务能力。分阶段、分人群开展疫苗接种，率先完成重点行业高风险岗位人员全程接种和加强免疫接种，与多维度数据对比查漏补种。依据接种人口和服务能力实施“一镇（街道）一策”，设立单日接种量1万人的大型临时接种点，全面提升接种组织效率。最高峰时全市设置接种点128个、接种单元1183个，采取固定点、临时点、移动点相结合模式，单日接种最高35万剂次。三是保障安全有序。压实全流程管理责任，保障疫苗安全、接种安全和信息安全，实施医疗救治层级联动，落实“四有”（有驻点急救人员、有急救设备药品、有救护车驻点值班值守、有二级以上综合医院救治绿色通道）保障要求，强化预约、扫码、测温、防护等措施，完善应对恶劣天气预案，加强接种现场管理，减少聚集性风险。在知情同意的基础上，细化禁忌证，加强健康状况询问和接种禁忌核查，守住安全底线。

九、统筹做好节庆活动疫情防控

2021年，东莞市压实属地、部门、单位、个人“四方责任”，疫情形势严峻期间倡导市民留莞过节，减少流动集会，严控聚集性活动举办，经受住春节、国庆、百年党庆等重大节庆活动考验。一是严格节庆活动。制定节庆活动防控方案和应急预案，强化旅途、聚餐聚会、公园景区、交通站场等重点环节和场所疫情防控，实行预约、限流、错峰，100%测温、扫码、戴口罩，弹性设置核酸采样服务点，避免旅客滞留和聚集，加强来返莞人员健康管理。二是坚持应急值守。落实假期24小时专人值班、领导到岗带班和“零报告”制度，应急处置队伍严阵以待、快速响应。节假日、大型赛事活动举办前，对景区、酒店、赛事活动场所等开展巡查，及时排查发现社会面防控漏洞和风险点，并督促整改到位。三是加强宣传引导。根据国内疫情形势变化，及时发布社会面通告，倡导群众错峰出行，减少路途风险，返莞后做好个人健康监测。开展爱国卫生运动，引导市民坚持良好卫生习惯，做好个人防护，出现发热等新冠肺炎十大症状及时就医。四是落实激励政策。出台关心关爱防疫工作人员若干政策，落实薪酬待遇和编制职称待遇等激励措施，发放临时性工作补助和卫生防疫津贴，多渠道开展慰问关怀活动，推荐和培树优秀典型，防范疫情持久带来的精神懈怠危险，保持防疫队伍活力和稳定。（李兴文）

东莞市财政管理工作获国务院督查激励

2021年，东莞市因2020年在减税降费政策落实、加强直达资金使用管理、推进财政资金统筹使用、预算执行管理、国库库款管理、盘活财政存量资金、预算公开等方面表现突出，财政管理工作获国务院督查激励，成为广东省唯一在财政管理工作方面获国务院督查激励的地级市。

一、紧扣“强统筹”，保障重点支出

一是加强收入组织。2020年，东莞市利用市政府财税联席会议机制、地方税种协同办税内部协调机制等，推动财政收入组织。加强对老旧工业区改造，盘活政府低效利用土地和老旧物业等资源资产，定期清理财政结转结余资金，控制资金结转规模与时限。截至2020年底，部门结转资金规模比2019年下降48.85%，全年盘活存量资金80.97亿元，消化率98.16%。二是落实过紧日子要求。2020年一般性支出年初预算比2019年压减10%。在执行环节，通过分类压减等措施，一般性支出再次压减10%，年内通过压减一般性支出和盘活非急需非刚性支出，腾出资金集中用于新冠肺炎疫情防控相关支出，将财政资金用在“刀刃”上。三是强化预算统筹。2020年政府性基金预算和国有资本经营预算调入一般公共预算资金规模超过20亿元，调入资金占国有资本经营预算当年收入78.83%，发挥国有资本作用。四是创新用好新增债券资金。2020年对同类型、同领域、跨镇街项目整合申报，归拢120个“小、散、杂”项目一起发债，保障全市重大项目投入建设。

二、紧扣“保平稳”，防范财政风险

一是强化库款管理。2020年，东莞市完善库款运行监测分析预警机制和工作规程，加强内部联动，实时动态监测库款余额，及时进行风险预判并制定应对方案。建立市镇两级弹性资金调度机制，集中库款相对充裕的镇街资金，优先保障库款紧缺镇街，防范镇街支付风险。全市月均库款保障水平系数0.64，始终保持在合理区间。二是守牢“三保”（保基本民生、保工资、保运转）底线。建立市级民生统筹机制，梳理形成全市统一管理的民生项目清单，从严管理政策出台准入关口。建立“三保”地方标准审核控制机制，集中审核各镇街（园区）“三保”预算编制情况，将“三保”支出落实到位。三是防范政府债务风险。加强债券项目审核，严控债务风险，通过筹集预算资金、开展PPP（公共基础设施中政府和社会资本合作的项目运作模式）项目合规性论证及探索项目成本规制等方式稳步化解存量债务，超额完成2020年债务化解任务，全市债务风险安全可控。

三、紧扣“惠民生”，高效惠企利民

一是落实减税降费政策。2020年，东莞市围绕落实中央减税降费系列决策部署，出台稳外贸、助企撑企、投资松绑、完善扶持等政策措施。开发“抗疫助企政策查询”小程序，整理各类操作指引和政策问题，推动税费优惠政策落实。全年累计为企业新增减负304.53亿元，有效援企稳岗保就业。二是落实中央直达资金。成立直达资金工作联络小组，制定资金月度拨付计划，建立支出督导机制，实行“每周一调度、每月一研判”，实时监控资金下达情况、资金支付和项目台账，直达资金支出进度位居广东省前列，直接惠及企业超6000家、群众187万人次。借鉴直达资金管理模式，设立50亿元“保企业、促复苏、稳增长”专项资金，不分部门、不分地区，由市政府统筹使用直达企业，加快全市经济社会恢复运转、持续向好。

四、紧扣“促改革”，提高管理水平

一是深化财政体制改革。2020年，东莞市制定出台财税体制改革总体方案和6项明细改革实施方案，理顺市镇收入划分体制，合理划分市镇在民生领域和基建领域的财政事权和支出责任，完善均衡性转移支付政策，取消分档财力差异调节系数，统一按镇街（园区）标准支出超过标准收入的一定比例进行补助，促进事权、支出责任和财力相适应，突出产业支持和发展引导，调动镇街（园区）自主优化经济结构积极性。二是健全预算执行管理制度。建立预算安排与绩效考核、执行进度、审计意见“三挂钩”机制等系列配套制度，强化部门预算执行主体责任。邀请市人大代表、市政协委员参与重点民生项目评价，提高绩效评价透明度和权威性。加强绩效评价结果应用，建立完善绩效评价结果与预算挂钩机制，在编制2021年预算时对2020年绩效评价结果为差的项目进行压减，压减金额3.46亿元。三是推进预算决算公开。落实预决算公开制度，打造“阳光预算”，全市政府预算、部门预算均在法定时间内100%公开，实现公开常态化、内容精细化、渠道集中化。借助第三方专业人员力量，实现对部门预决算信息公开一对一事前审核和事后核查，确保公开内容真实、准确、规范。（高春生）

东莞市环境治理工作获国务院督查激励

2021年，东莞市因上年度全力打好大气、水、土壤污染防治三大攻坚战，空气质量排全国第二十名、改善幅度排全国第二名，水质改善幅度排全国第三名，环境空气、地表水环境质量约束性指标均完成，中央财政大气污染防治资金支出率、中央财政水污染防治资金支出率均超过80%，获得国务院督查激励，是广东省唯一在环境治理工作方面获得国务院督查激励的城市。

一、推进三大攻坚战，改善环境质量

一是大气环境质量创历史最好水平。2020年，东莞市重点实施32项强化措施，开展蓝天保卫战百日冲刺行动。全年空气质量优良天数比例91.3%，比2019年增长13.2个百分点，改善幅度排全省第一名；空气质量综合指数3.23，改善22.4%，改善幅度排全国重点城市第二名；6项大气污染因子全部达到国家二级标准，其中PM2.5（细颗粒物）浓度24微克/立方米、下降25%，首次达到世界卫生组织第二阶段标准；臭氧浓度155微克/立方米、下降18.8%。二是水生态环境取得重大突破。2020年重点实施13项攻坚任务，截至2020年底累计投资712亿元，持续深化治水工程建设。7个国省考断面水质明显改善，断面优良比例57.1%（不计溶解氧），劣V类断面实现“清零”，全年地表水国考断面水环境质量改善幅度43.32%，排全国第三名、全省第一名。其中：氨氮比2019年下降70.4%、总磷下降56.2%；旗岭断面水质为Ⅳ类，氨氮下降75.2%、总磷下降64.2%；樟村断面水质为Ⅳ类，氨氮下降74.6%、总磷下降72.9%；泗盛断面水质为Ⅱ类（不计溶解氧），氨氮下降53.1%、总磷下降20.7%。两个城市集中饮用水源保持100%达标，建成区22条黑臭水体基本消除黑臭。三是土壤环境质量保持良好状态。受污染耕地和污染地块安全利用率均达90%以上。全市农用地土壤环境质量状况良好，建设用地安全开发利用总体可控。完成广东省下达1806.67公顷受污染耕地安全利用任务目标，开发利用前完成土壤污染状况调查地块超过560宗；对1.7万家危险废物产生单位实施规范化管理，一般工业固体废物和危险废物申报企业数量均排在全省前列。

二、完善基础设施，提升污染治理效能

一是治水设施体系完善。2020年，东莞市新增截污管网5700千米。截至2020年底，全市累计建成污水管网1.3万千米；全市地下污水收集系统基本建成，累计完成1.34万个排水单元地块污水接驳、3.49万个市政地下排水系统雨污错混接整改、约3万个重点排水户雨污分流及接驳、255个河涌收水口整治、5465个截流井整治和1.79万个入河排污口整治；新增污水处理项目6项，完成154座分散式及一体化污水处理设施建设，35家污水处理厂提高标准改造工程全部投入运营。二是污染治理能力增强。全市污水处理厂运营项目由42项增至60项，新增能力116万吨/日，污水处理总能力373万吨/日；固体废物处置能力提升，新增危险废物收集利用处置能力37.4万吨/年，总能力提升至57.49万吨/年，全市生活污泥处理能力从1000吨/日提升至2710吨/日；全市生活垃圾焚烧处理能力1.2万吨/日，在广东省率先实现新增生活垃圾全焚烧、零填埋。三是污染治理效能提升。全市污水处理厂负荷率、BOD（生化需氧量）进水浓度、污水收集率分别为92.94%、75.28毫克/升、58.83%，基本达到年度目标；截至2020年底，累计压减煤炭消费超过400万吨，整治“散乱污”企业（不符合产业政策，不符合产业布局规划，未办理工信、发改、土地、规划、环保、工商、质监、安监、电力等相关审批手续，不能稳定达标排放的企业）5.7万家，淘汰工业锅炉766台，淘汰国III柴油货车1.6万辆，实现公交车100%纯电动化，实现挥发性有机物整治减排4.76万吨/年；化学需氧量、氨氮、二氧化硫、氮氧化物四项主要污染物减排完成省下达目标。

三、深化综合治理，逐步形成共治共享格局

一是坚持城乡一体，统筹推进农村环境污染治理工作。2020年，东莞市新建、升级600座公共厕所，加强畜禽养殖区域管理，完成14家定点屠宰场污水排放在线监控安装，推进化肥农药减量增效、生物质废弃物综合利用。二是坚持防治结合，全面加强工业污染源头管控。出台实施差别化环境准入政策和主要污染物排放总量管控制度，推进“三线一单”（生态保护红线、环境质量底线、资源利用上线和生态环境准入清单）编制，深化环评审批制度改革，做好排污许可管理。三是坚持绿色发展，推动产业升级改造。推动落后产能关停退出，鼓励发展一批节能环保品牌和龙头企业，完成136家省级企业和1428家市级企业环境信用评级，审核评估验收526家清洁生产审核重点企业。四是坚持从严打击，全面加强环境执法监督。2020年，深化环境执法监管改革，查处环境违法行为4439宗、比2019年增长3.7%，罚款6.4亿元、增长69.8%；移送涉嫌环境犯罪案件214宗，增长197.2%，总数排全省地级市第一名。五是坚持宣传教育引领，形成全民参与治污氛围。修订有奖举报办法，单宗举报案件奖励金额从最高8万元提高到25万元；推进环境文化建设，开展治污攻坚宣传报道，推进“河湖保洁日”、环境文化节、环保公益等环境宣传教育活动，推动40个环境教育基地向公众常态化开放。

（冯航航）

争当排头兵

FIGHT FOR THE LEAD

东莞大道　（2021年市委宣传部供图）

编辑：刘　耀

世界之最

【东莞市获“跨国公司最佳投资城市奖”】　2021年3月18日，“2020·跨国公司最佳投资城市/开发区奖”在第十三届国际跨国公司领袖特别圆桌会议上揭晓，东莞市获“跨国公司最佳投资城市奖”，市长肖亚非受邀出席会议并致辞。

【东莞市运动员王小梅获东京残奥会首枚奖牌】　2021年8月25日，中国残奥代表团东莞市运动员王小梅在东京残奥会上以3分54秒975的成绩获得场地自行车女子3公里个人追逐赛C1-3级银牌，为中国代表团夺得首枚奖牌。

【东莞市运动员陈敏仪打破残奥会射箭女子W1级世界纪录】　2021年8月27日，中国残奥代表团东莞市运动员陈敏仪在东京残奥会射箭女子W1级排位赛中，以640环的成绩排第一名，并打破该项目世界纪录。

【东莞市运动员陈敏仪获东京残奥会射箭W1级复合弓混合团体赛金牌】　2021年8月28日，中国残奥代表团东莞市运动员陈敏仪在东京残奥会射箭W1级复合弓混合团体赛中，搭档浙江省运动员张天鑫以138环的成绩夺得金牌，为中国体育代表团射箭项目赢得首金。

【东莞市运动员陈敏仪获东京残奥会射箭W1级复合弓混合个人赛金牌】　2021年9月1日，中国残奥代表团东莞市运动员陈敏仪在东京残奥会射箭女子W1级复合弓个人赛中以142：131战胜捷克选手，获得冠军并打破残奥会纪录。这是陈敏仪在该次残奥会获得的第二枚金牌，也是广东运动员参加东京残奥会获得的第四枚金牌。

【东莞市运动员黄文娟获东京残奥会乒乓球女子TT6—8级团体赛冠军】 2021年9月2日，中国残奥代表团东莞市运动员黄文娟与茅经典配合，在东京残奥会乒乓球女子TT6—8级团体决赛中以2∶0战胜荷兰队，获得冠军。黄文娟是该届残奥会年龄最小的广东省运动员。

（刘 耀）

中国之最

【首套嫦娥五号1∶1模型在莞制作】 2021年1月15日，中国航天集团与东莞市美昌集团在凤岗镇举行首套嫦娥五号1∶1模型交接仪式，该模型用时1个月制作完成并交接。

【国内首台中子全散射谱仪在莞研制与安装成功】 2021年1月26日，坐落在东莞市松山湖的中国散裂中子源（CSNS）多物理谱仪成功出束，中子束流与预期相符，标志着国内首台中子全散射谱仪的设备研制与安装成功。

【东莞市智能移动终端集群、莞深佛广联合的智能装备集群入选国家先进产业集群】 2021年3月22日，工业和信息化部对外公示全国先进制造业集群决赛优胜者名单，东莞市智能移动终端集群入选第一批国家先进产业集群，莞深佛广联合的智能装备集群被纳入第二批国家先进产业集群。

【国内首个分散填埋场浓缩液集中处理项目运营】 2021年，东实集团建设的浓缩液处理项目实现满负荷运营，年处理浓缩液5.2万吨，这是国内首个分散填埋场浓缩液集中处理项目。

【广东东莞大益队获CBA总决赛冠军】 2021年5月1日，广东东莞大益队获得2020—2021赛季CBA（中国男子篮球职业联赛）总决赛冠军。这是广东男篮第十一次获得CBA总冠军。

【中国首部4K全景声粤剧电影《白蛇传·情》在莞上映】 2021年5月15日，中国首部4K全景声粤剧电影《白蛇传·情》在东莞市与观众见面。

【全国首个火灾调查执法办案中心在莞成立】 2021年5月20日，全国首个火灾调查执法办案中心在东莞市消防救援支队揭牌成立，该中心实现“一站式”办案和办案管理服务“一体化”运行。

2021年1月15日，中国航天集团与东莞市美昌集团在凤岗镇举行首套嫦娥五号1∶1模型交接仪式 （东莞日报社供图）

【国内首台中子全散射多物理谱仪在莞对外开放运行】 2021年7月26日，坐落在东莞市松山湖高新区的中国散裂中子源多物理谱仪通过专家组验收，于10月对外开放运行，这是世界第四台、国内首台中子全散射多物理谱仪，通量超过同功率英国散裂中子源同类型谱仪，分辨率达世界先进水平。

【东莞市六获“中国最具竞争力会展城市”称号】 2021年10月21日，2021中国会展城市产业合作峰会暨会展城市竞争力指数发布会在成都市举行，东莞市获评为“中国最具竞争力会展城市”，这是东莞市连续第六年获该称号。

【东莞市再次捧得全国平安建设最高奖项“长安杯”】 2021年12月15日，平安中国建设表彰大会在北京市召开，东莞市获评“2017—2020年度平安中国建设示范市”，并捧得全国平安建设最高奖项“长安杯”。这是东莞市连续4届（16年）获评“平安中国建设示范市”，继2017年第二次捧得“长安杯”。 （刘 耀）

粤港澳大湾区之最

【东莞市成为毕马威公司在粤港澳大湾区首个提供审计、税务和咨询服务的地级市】 2021年12月10日，毕马威中国东莞分公司开业典礼在市轨道交通大厦举行，东莞市成为该公司在粤港澳大湾区首个提供审计、税务和咨询服务地级市。

【东莞市获粤港澳大湾区深圳花展城市花园组最高奖】 2021年3月20—29日，“2021粤港澳大湾区深圳花展”举行，东莞市参展作品——东莞园获城市花园组最高奖——“造园艺术大金奖”；同时，东莞市获“优秀组织奖”。

（刘 耀）

广东之最

【东莞市残疾人体育训练中心成为广东省地级市首个国家级残疾人体育训练基地】 2021年1月13日，国家残疾人体育训练基地揭牌仪式在东莞市残疾人体育训练中心体育馆举行。此基地是广东省地级市首个国家级残疾人体育训练基地。

【广东科技学院列广东省民办普通本科院校竞争力第一位】 2021年3月5日，中国科教评价网发布《中国大学及学科专业评价报告（2021—2022）》，在“2021年中国民办普通本科院校竞争力排行榜（100强）”中，位于东莞市的广东科技学院列广东省第一位、全国第三十四位。

【石龙博物馆成为广东省唯一的镇级国家三级博物馆】 2021年3月24日，东莞市石龙博物馆举行升级国家三级博物馆揭牌仪式。该馆是广东省镇级博物馆中唯一的国家三级博物馆。

【东莞市成为广东省首个千万人口地级市】 2021年5月22日，东莞市统计局发布《东莞市第七次全国人口普查公报》：2020年11月1日零时，东莞市常住人口1046.66万人，首次突破1000万人口大关。东莞市进入千万人口城市行列，成为继广州市、深圳市后，广东省第三个常住人口1000万人以上的人口大市、首个千万人口地级市。

【松山湖高新区成为广东省唯一的“科创中国”试点园区】 2021年5月30日，中国科协第十次全国代表大会闭幕，闭幕式上公布第二批“科创中国”试点城市（园区）名单，东莞市松山湖高新区位列其中，成为广东省唯一入围的“科创中国”的试点园区。

【东莞市全人群及各个年龄段人群全程新冠疫苗接种率均列广东省首位】 截至2021年底，东莞市累计接种新冠疫苗2869.89万剂次，接种1334.88万人。按第七次人口普查基数统计，全人群全程免疫率117.46%，3～11岁、12～17岁、18～59岁、60岁以上人群全程免疫率分别达98.15%、133.22%、124.99%、76.84%，全人群及各个年龄段人群全程接种率均列广东省首位，免疫屏障初步形成。

【东莞市成为全国“最年轻”的城市】 2021年7月14日，《21世纪经济报道》刊发《中国城市老龄化盘点：35城老龄人口占比超1/4，深圳、东莞“最年轻”》。报道称，全国最“年轻”的城市有20个，这些城市60岁以上的人口占比不超过10%，其中深圳市占比5.36%、东莞市占比5.47%，成为全国“最年轻”的城市。

【东莞市政府质量工作考核蝉联广东省最高等级】 2021年7月19日，广东省政府发布2020年度地级以上市政府质量工作考核结果的通报，东莞市考核结果为A级，连续第四次蝉联最高等级。

【东莞市莫浩棠成为广东省唯一的全国“最美拥军人物”】 2021年7月30日，中共中央宣传部、退役军人事务部、中央军委政治工作部、全国双拥办联合发布“最美拥军人物”先进事迹，在当选的10名全国“最美拥军人物”中，东莞市莫浩棠作为广东省唯一人选上榜。

【东莞市在广东省首个统一实施城管片长制】 2021年8月12日，东莞市城市管理执法片长现场会暨绣匠无人机飞行队、督查队、城市服务码启动仪式举行，广东省、东莞市领导先后为绣匠无人机飞行队等授旗，向城管片长颁发聘书。东莞市成为广东省首个统一实施城管片长制的地级市。

【东莞市光明中学获中国高中篮球联赛广东赛区冠军】 2021年8月13日，东莞市光明中学在2021年广东省中学生篮球锦标赛（高中组）决赛中夺冠。加上11月16日夺得中国高中篮球联赛广东赛区冠军，光明中学一年获得“双冠军”。

【省道S256线东莞厚街段入选广东省“十大最美普通国省干线公路”】 2021年10月8日，广东省交通运输厅公布年度“十大最美普通国省干线公路”“十大最美农村路”名单，东莞市推送的省道S256线东莞厚街段（莞太路）入选“十大最美普通国省干线公路”。

【东莞市应急管理局茶山分局成为广东省唯一的“全国应急管理系统先进集体”】 2021年11月5日，首届全国应急管理系统先进模范和消防忠诚卫士表彰大会在北京举行，东莞市应急管理局茶山分局获评为“全国应急管理系统先进集体”，这是广东省唯一获此荣誉的镇级应急管理部门。

【东莞市获批创建全省唯一的农村人居环境示范地级市】 2021年，东莞市城市管理日趋精细，“洁净城市”“厕所革命”“五线”整治等专项行动扎实推进，建成4个美丽幸福村居特色连片示范区，东莞市获批创建全省唯一的农村人居环境示范地级市。

【东莞市老干部大学成为广东省唯一的“全国老干部工作先进集体”】 2021年12月21日，全国老干部工作先进集体和先进工作者表彰大会在北京人民大会堂召开，东莞市老干部大学（老年大学、老干部活动中心）作为广东省唯一的老干部大学（老年大学）受到表彰，获评为“全国老干部工作先进集体”。 （刘　耀）

大事记（2021年）

CHRONICLE OF MAJOR EVENTS IN 2021

滨海湾新区　（2021年廖志忠摄）

编辑：刘　耀

1月

1日　东莞市委书记梁维东赴清溪镇、谢岗镇的森林公园、湿地公园，调研督导安全管理及新冠肺炎疫情防控情况，并到市委市政府总值班室看望慰问值班人员。

△　国家组织心脏冠脉支架集中采购价格在东莞市落地执行，东莞市医疗保险参保人用上“百元”心脏冠脉支架。

2—5日　“喜伯爵”杯斯诺克团体锦标赛在广州市举行，东莞市东英桌球队夺冠。

3日　东莞市市长肖亚非带队调研元旦期间疫情防控保障工作。

4日　东莞市委书记梁维东赴水乡管委会调研并召开座谈会。

△　广东省统计局党组书记、局长杨新洪率调研组来东莞市调研人口普查数据质量。

5日　东莞市委书记梁维东赴东莞市港务集团码头、东莞市进口冻品集中监管仓、厚街镇、南城街道调研督导新冠肺炎疫情防控工作。

△　东莞市软件和信息技术服务业集聚区（南城）授牌仪式在南城街道天安数码城举行。

△　由农业农村部荔枝标准化生产示范园联盟主办的2020年全国优质荔枝擂台赛落下帷幕，东莞市樟木头镇金河社区产的“观音绿”荔枝获铜奖。

6日　东莞市市长肖亚非带队赴大岭山镇、寮步镇，调研重点监测企业的生产经营状况及发展过程中存在的困难和问题。

△　国际名家具（东莞）展览会、东莞名家具俱乐部和东莞质

检中心达成战略合作协议，东莞市在第45届国际名家具（东莞）展览会新闻发布会上发布“国际名家具星级评价”。

△　广东省自然资源厅印发《关于分配2020年度重大项目自然资源服务保障奖励指标的通知》，东莞市被省评为落实“双百行动”自然资源服务保障突出地市，获得奖励新增用地指标13.33公顷。

7日　东莞市青少年工作党政联席会议第一次全体（扩大）会议召开，研究部署推进青年发展规划实施。

△　东莞市厚街警务工作站（城市服务驿站）启用，涵盖治安管控、城市服务、网格排查等功能，创新警务运行机制改革和基层社会治理模式。

△　东莞市滨海湾大桥主塔“玉兰花”首节钢塔安装完成。滨海湾大桥位于磨碟河入海口，是联系交椅湾板块与沙角半岛板块的要道。

8日　东莞市获评为“全国无偿献血先进市”，这是东莞市连续10次获此荣誉；东莞市中心血站被授予“全国无偿献血促进奖单位奖”，东莞市中心血站城区捐血中心机采组获评为“全国表现突出优秀采血班组”。

△　东莞理工学院举办国际微电子学院、生命健康技术学院（筹）、交叉学科研究中心、松山湖新发展研究院揭牌仪式。

△　东莞市食品龙头企业——徐福记与JDL京东物流战略合作签约仪式在东莞市举行。

10日　第35个“110宣传日”，同时也是首个“中国人民警察节”，东莞市公安局举行庆祝中国人民警察节升旗仪式。

△　澳门特别行政区行政长官贺一诚率领特区政府代表团来东莞市考察。

11日　东莞市委书记梁维东主持召开东莞市委常委会会议暨市新冠肺炎疫情防控领导小组（指挥部）会议，要求从严从紧从实守住冬春疫情防控关键期。

△　2018—2020东莞市扫黑除恶专项斗争成果展在市民服务中心开幕。

△　东莞市道滘镇顺丰东莞智慧供应链科技创新总部项目用地摘牌，项目计划总投资13.1亿元，用地9.07公顷。

12日　东莞市市长肖亚非带队沿东江北干流以及珠江（东莞段）实地调研碧道建设及反走私、反偷渡工作。

13日　东莞韶关对口帮扶第十三次联席会议暨脱贫攻坚工作会议在东莞市召开，东莞市委书记梁维东、市长肖亚非，韶关市委书记王瑞军、市长陈少荣出席会议。

△　东莞市推进品质教育建设大会召开。当晚，举办“奋力打造品质教育”2021东莞教育系统云晚会。

14日　东莞市第十六届人大常委会第三十九次会议召开，表决通过《东莞市人民代表大会常务委员会关于召开东莞市第十六届人民代表大会第七次会议的决定》《东莞市第十六届人民代表大会第七次会议列席人员范围》等，决定东莞市第十六届人民代表大会第七次会议于2月4—6日在市会议大厦召开。

△　东莞市政协第十三届二十二次常委会议召开，听取市政府关于《政府工作报告》稿的说明、审议有关人事事项，决定政协第十三届东莞市委员会第六次会议于2月4—5日在市会议大厦召开。

△　东莞市大学筹建办发布信息，位于东莞市的湾区大学全面启动建设。

△　东莞市疾控中心通报，东莞市新增1例新冠肺炎无症状感染者，患者被转至市定点医院隔离治疗，情况稳定。

15日　东莞市召开抓基层党建工作述职评议会议。

△　东莞市举办“城市之夜”2021年东莞城市管理文化汇演，这是东莞城市管理系统“绣匠艺术团”首次亮相。

△　由东莞市文化馆主办，万江街道文化服务中心、谢岗镇文化服务中心承办，东莞市（横沥）文学创作基地协办的“城市的声音——2021年东莞新年诗会”在文化馆星剧场举行。

△　生态环境部公布蓝天保卫战成绩单，2020年重点城市空气质量排名中，东莞市排在第二十位。

△　广东省科学技术厅官网发布《2020年度广东省科学技术奖拟奖公示》，由东莞市企事业单位作为第一完成单位申报的项目，共有4个入围公示名单。

16日　由广东省文联、广东省摄影家协会、东莞市文联主办，东莞市摄影家协会协办的“时代的观看——中国摄影金像奖（广东）学术研讨会”在东莞市文联会议室举行。

△　东莞市桥头镇鸿顺塑胶制品厂发生火灾，无人员伤亡。

17日　东莞市新冠肺炎疫情防控指挥部发布《关于进一步加强2021年春节期间新冠肺炎疫情防控工作的通知》，倡导市民留莞过年、减少人员流动和聚集。

△　由数据宝和中国基金报联合发布的《2020年内地城市上市公司总市值排行榜》《2020年新一线城市上市公司总市值排行榜》，东莞上市公司总市值达3706亿元，在“新一线城市榜”中排全国第十三名，2020年以59.32亿元的市值涨幅居全国第五位。

18日　位于松山湖高新区的优利德科技（中国）股份有限公司首次公开发行股票，并在科创板挂牌上市，成为东莞市第六十家上市公司、第五家科创板上市公司。

△　东莞市企石镇龙泰智能科技研发中心及智能制造项目奠基仪式举行，项目建成投产后预计年产值约12亿元，年税收约6000万元。

△　东莞市在南城街道举行对口扶贫文创产品媒体座谈会。

20日　东莞市委书记梁维东主持召开东莞市委常委会会议，传达贯彻广东省委十二届十三次全会精神，推动东莞市“十四五”开好局。

△　东莞市召开全市新冠肺炎疫情防控暨岁末年初工作会议。

△　2021年东莞市征兵工作电视电话会议召开，市长肖亚非强调要为强军兴军输送更多的高素质兵员。

△　东莞市召开“粤菜师傅”“广东技工”“南粤家政”三项工程领导小组第一次全体成员会议，部署下一阶段工作。

△　东莞市举行中心城区五大重点项目集中启动仪式。

△　中欧班列（石龙—沃尔西诺）家电专列从东莞市石龙镇铁路国际物流基地出发，这是首次为东莞市家电企业开行的出口专列。

△　广东省承办和参加全国第一届职业技能大赛总结大会在广州市举行，东莞市选手余丽丹在2020年全国智能楼宇及空调系统职业技能竞赛智能楼宇管理员赛项职工组获得一等奖。

21日　东莞市在茶山镇举行第三批“友善企业”发布现场会，10家企业入选。

△　东莞市交通运输工作会议暨春运工作电视电话会议举行，统筹部署2021年春运工作。

22日　东莞市在东莞广播电视台1号演播厅举行“决战决胜治污攻坚”东莞市十大“环保攻坚卫士”发布暨第四届生态环境文化节闭幕式活动，表彰2020年东莞十大“环保攻坚卫士”。

△　东莞市松山湖国际创新创业社区举行首批入驻项目签约仪式暨松山湖天使投资基金发布会。松山湖天使投资基金启动，基金总规模达10亿元。

△　东莞市公布首宗限地价、限房价、限销售（出租）对象的“三限”地块——虎门镇富马片区控制性详细规划B05-05地块，加大对特殊群体住房保障力度。

△　由中铁十局承建的赣深高铁东莞段最后一个隧道——亚公山隧道贯通。亚公山隧道跨越黄江镇、樟木头镇及塘厦镇，全长3959米，是赣深高铁全线控制性工程。

23日　参加广东省十三届人大四次会议的东莞市代表团召开全体会议，一致推选市委书记梁维东为东莞代表团团长，市长肖亚非、市人大常委会常务副主任潘新潮为副团长。

△　东莞市南城街道晋雅兰花场举行“2021年莞韶兰花暨农副产品精准扶贫展示展销”活动。

24—26日　广东省十三届人大四次会议举行。其间，在东莞市的广东省人大代表向大会提交建议23件，其中广东省人大代表、东莞市市长肖亚非呼吁广东省支持东莞滨海湾新区纳入广东自贸试验区扩区范围。

25日　省道S357线莞惠公路樟木头隧道通车，标志着该公路樟木头至谢岗段主线全部建成通车。

27日　东莞市委常委会会议暨市新冠肺炎防控领导小组（指挥部）会议召开，强调把村（社区）疫情防控作为重中之重。

△　东莞市农村人居环境整治工作现场推进会在东坑镇井美村举行。

△　东莞市、镇两级根治欠薪领导小组召集人社、公安、住建、法院、国资等相关部门开展“粤薪无忧”集中接访活动，推动根治欠薪冬季专项行动各项工作任务落地落实。

△　东莞市东城街道与中建铁路投资建设集团有限公司举行落地合作协议签约仪式，标志着中建铁投集团区域总部落户东城街道。

28日　东莞市十六届人大常委会第四十一次会议召开，传达广东省“1+1+9”工作部署和东莞市“1+1+6”工作思路以及依法履职尽责精神。

△　东莞市召开宣传思想工作会议。

△ 东莞市召开全市工业和信息化工作会议。

△ 东莞市召开“谢岗镇扩下山遗址考古调查勘探项目结题汇报会”，该遗址考古调查勘探发现大量夔纹陶器碎片，填补东莞市西周至春秋时期的历史空白。

△ 广东省市场监督管理局通报，深圳、广州、东莞三市的市场主体总量列广东省前三位，合占全省市场主体数量的55%。

29日 中国共产党东莞市第十四届委员会第十三次全体会议召开。市委书记梁维东代表市委常委会作报告，市长肖亚非就经济工作作具体部署。

△ 东莞市名校研究生培养基地举办“创新引领未来，创业成就梦想”主题讲座。截至2020年底，东莞市累计吸引128所高校共1877名研究生来莞培养。

31日 东莞市轨道交通1号线滨江体育馆站—莞太路站右线盾构区间洞通，这是全线首个洞通的盾构区间。

2月

1日 东莞市市长肖亚非带队赴万江街道慰问困难党员、低保对象、困难异地务工人员等。

2日 东莞市委领导班子召开2020年度民主生活会，市委书记梁维东主持会议，广东省纪委常委、省委巡视办主任张晓牧率省委督导组到会指导。

△ 东莞市十六届人大常委会第四十二次会议召开，决定梁杰钊任副市长。

△ 东莞市举行“广东麻涌华阳湖国家湿地公园”揭牌仪式，标志着华阳湖国家湿地公园（试点）通过国家林业和草原局评估验收，成为东莞市首个国家湿地公园。

3日 广东省人大常委会副主任、省总工会主席吕业升率省总工会“送温暖”慰问团来到东莞市走访企业，并慰问困难老党员和困难职工代表。

△ 东莞市委书记梁维东率队开展春节慰问活动，向困难党员、异地务工人员、低保对象和一线医务工作者送去问候和祝福。

3—10日 2021年东莞市“云花市”举行，市民可以通过“知东莞”App、“抖音”、“饿了么”、微信小程序等平台观看直播，了解春节选花、养花等知识，以及鲜花价格等。

4—5日 政协第十三届东莞市委员会第六次会议举行。市政协主席骆招群向大会作报告。

5—6日 东莞市第十六届人民代表大会第七次会议举行。市委书记梁维东主持会议，市长肖亚非向大会作《政府工作报告》。

6日 首列“东莞常平号”中欧班列“东莞制造”专列从东莞市常平镇常盛货场驶出，16天后到达德国杜伊斯堡。

△ “天下为公，有容乃大——以绘画为例谈东莞县人容庚先生的收藏和捐赠”专题讲座在广东美术馆多功能厅举行。

8日 东莞市召开军分区党委五届二次全体（扩大）会议暨武装工作会议，东莞市委书记梁维东、市长肖亚非，东莞军分区有关负责人出席会议。

△ 满载俄罗斯木材制品的中欧班列“东莞常平号”由俄罗斯切尔尼科夫卡经中国满洲里口岸抵达东莞市常平镇铁路货场，实现双向开行。

9日 东莞市委常委会召开会议，传达学习习近平总书记在中央政治局第二十四次、二十五次集体学习时的重要讲话精神，市委书记梁维东主持会议。

△ 东莞市委、市政府举办“莞港澳线上同贺新春”活动，市委书记梁维东、市长肖亚非通过视频连线的方式，向港澳代表人士拜年，互致祝福、共话发展。

△ 东莞市直机关工委召开班子（扩大）会议，专题传达学习市委十四届十三次全会、市“两会”精神。

△ 东莞市南城街道市民花园和百花林公园（宪法广场）开放。

△ 东莞市茶山镇举办“花开小康幸福茶山”——“十三五”发展成果展。

10日 东莞市委书记梁维东先后前往农贸市场、公安分局、供气供电机构、汽车客运站、疫情防控指挥部办公室、市委市政府总值班室，看望慰问春节执勤人员。

△ 东莞市市长肖亚非赴桥头镇检查企业安全生产、基层疫情防控工作以及春节期间市场供应情况，同时慰问基层一线疫情防控人员。

△ 教育部办公厅发布《关于2020年度国家级和省级一流本科专业建设点名单的通知》，东莞理工学院7个专业入选2020年度国家级一流本科专业建设点，5个专业入选2020年度省级一流本科专业建设点。

11日 东莞市委书记梁维

东、市长肖亚非通过新春贺岁短片给全市人民拜年，向大家致以诚挚感谢和美好祝愿。

△ “央视新闻”频道联合东莞市广播电视台采编团队来到地铁1号线工程项目部现场，进行一场“工地上品川味年夜饭留粤过年也有‘家味道’”的网络直播。

△ 东莞市广播电视台推出的“在莞过年”——大型跨城联动直播活动进行第八场，东莞广播电视台和湖北广播电视台、荆州广播电视台跨城三地联动直播。

12日 东莞市市长肖亚非先后前往市委市政府总值班室、鸿福路地铁站、市民服务中心、东城街道，检查值班值守及疫情防控工作情况，慰问一线值班人员。

△ 广东省商务厅副厅长符永革到东莞市虎门镇跨境货车司机接驳点看望慰问一线工作人员。

14日 东莞阳光网刊发《返莞来莞、留莞过年，个人行程在这申报！》，通知2021年3月31日前在莞、返莞、来莞人员均要填报“莞e申报”。

18—19日 东莞市委书记梁维东先后前往市投资促进局、莞城街道调研。

19日 东莞市召开推进粤港澳大湾区建设领导小组第五次全体会议，市委书记梁维东主持会议，市长肖亚非出席会议。

△ 东莞市委书记梁维东赴莞城街道调研，先后前往运河创意公社、莞城粮食管理所和莞城中心小学分校，强调老城区要在保护中发展，让老城焕发新活力。

△ 东莞市市长肖亚非主持召开市政府党组会议，强调要探索将量子科技领域科研成果在莞产业转化；要争取设立中国（东莞）知识产权保护中心。

△ 东莞市市长肖亚非主持召开市政府常务会议，审议通过《东莞市居家养老服务管理办法（修订）》。

△ 由东莞市组建的中国第三十批共24人援赤道几内亚医疗队返莞。

20日 东莞市召开全市学校安全工作会议，印发《东莞市2021年学校安全工作要点》。

△ 石碣镇与东实集团签订合作框架协议，单个项目总投资超65亿元，“工改工”面积超66.67公顷。

22日 东莞市委书记梁维东赴东莞松山湖高新区调研，强调要围绕科创全生态，打造松山湖科学城。

△ 东莞市各幼儿园、中小学、普通高中开学。

23日 东莞市召开促增长、增后劲暨一季度开门红工作会议，市长肖亚非出席会议并讲话，强调打造培育新动能、推动东莞市经济高质量发展。

△ 新疆生产建设兵团第三师招商引资推介会暨项目签约仪式在东莞市举行，来自广州、东莞、佛山、中山等地市的72家知名企业以及广东省国资委下属企业参加推介会，现场签约20家企业，总投资256.8亿元。

24日 东莞市委常委会会议暨市新冠肺炎防控领导小组（指挥部）会议召开，市委书记梁维东主持会议。

△ 广东省召开2021年全省水污染防治重点工作部署电视电话会议，东莞市就石马河污染整治作经验介绍并就东莞市水污染防治工作作发言。

△ 广东省“溯源公平秤”试点项目在东莞市启用，石排镇石兴市场等15家农贸市场在全省率先试用33台“溯源公平秤”。

25日 东莞市召开2020年度工作总结大会，市委书记梁维东出席大会并讲话，市长肖亚非主持会议。

△ 东莞市政府举行新闻发布会，发布2021年市政府“一号文”《东莞市人民政府关于加快打造新动能推动高质量发展的若干意见》。

△ 全国脱贫攻坚总结表彰大会在北京人民大会堂举行，其中，东莞市人民政府经济协作办公室被评为全国脱贫攻坚先进集体，东莞市钟雅哲、罗永辉、彭松柏等3人被评为全国脱贫攻坚先进个人。

△ 东莞籍著名学者容庚的后人捐赠《颂斋藏印》原钤印谱仪式在广州艺术博物院举行。

26日 东莞市召开推进战略性新兴产业基地建设动员会，发布《东莞市战略性新兴产业基地规划建设实施方案》。

△ 东莞市推进战略性新兴产业基地建设暨第一季度重大项目集中动工仪式在东莞市东坑镇、水乡功能区、塘厦镇举行，涉及72个重大项目，总投资289亿元。

△ 东莞市委书记梁维东会见华勤技术股份有限公司总裁邱文生，支持先进制造业扎根发展。

27日 东莞市住房和城乡建设局等七部门联合发布《关于进一步加强房地产市场调控的通知》，对东莞楼市抑制投资投机型购房行为，堵塞炒房漏洞。

△ 中央广播电视总台《对话》栏目播出“双城‘计’”，以“打造城市创新牵引力”为主题，特别邀请市委书记梁维东解读东莞市高质量发展状况。

3月

1日 东莞市委书记梁维东主持召开市委常委会会议，传达学习《中共中央国务院关于全面推进乡村振兴加快农业农村现代化的意见》。

△ 东莞市委书记梁维东、市长肖亚非会见东莞市在全国脱贫攻坚总结表彰大会的受表彰人员钟雅哲、彭松柏、罗永辉。

△ 东莞市市长肖亚非率队赴塘厦镇实地调研督导石马河水污染治理工作。

△ 中国举重博物馆动工仪式在东莞市石龙镇举行。

△ 广东省市场监督管理局在东莞市召开市场监管系统个体劳动者私营企业党建工作会议。

2日 东莞市召开党史学习教育动员大会，学习贯彻习近平总书记在党史学习教育动员大会上的重要讲话精神和党中央《关于在全党开展党史学习教育的通知》精神。

△ 人民银行东莞市中心支行组织辖内银行机构推动《广东省小微企业开立银行结算账户特别服务规范（负面清单）（试行）》在东莞市落实推广。

△ 东莞市应急管理局召开市危险化学品监管工作会议。

3日 东莞市召开招商引资创新工作领导小组扩大会议。

△ 由东莞市袁崇焕纪念园、敦煌市博物馆共同主办的“丝路遗珍——敦煌历史文物选粹展”在东莞市袁崇焕纪念园综合展厅开展，展出敦煌市博物馆61件（套）精品文物。

4日 东莞市市长肖亚非带队到位于东坑镇的广东爱玛车业科技有限公司、位于松山湖高新区的广东中图半导体科技股份有限公司调研。

△ 人民银行东莞市中心支行积极指导辖区银行学习人民银行等六部委发布的《关于进一步优化跨境人民币政策支持稳外贸稳外资的通知》。

△ 东莞市学雷锋全民志愿服务行动月在市民服务中心启动，东莞市市政务服务志愿服务队同时成立；市各中小学举行“学雷锋”志愿活动。

5日 十三届全国人大四次会议开幕，东莞市委书记梁维东、黄建平、曾香桂、余雪琴等4名全国人大代表参会。

△ 东莞市政法队伍教育整顿动员部署会召开，广东省委政法队伍教育整顿驻东莞指导组组长林惜文到会作指导讲话，东莞市市长肖亚非出席会议并讲话。

6日 在广东省全域旅游暨滨海（海岛）旅游高质量发展培训班上，广东滨海（海岛）旅游联盟成立。东莞市与全省其他13个滨海旅游城市共同签署广东滨海（海岛）旅游章程。

7日 东莞市“玉兰姐姐”妇联执委讲党史活动启动。

8日 广东省代表团举行小组会议，审议全国人大组织法修正草案和全国人大议事规则修正草案。全国人大代表、东莞市委书记梁维东建言献策推进产业转型升级实现高质量发展。

△ 东莞市举行“玉兰花开致敬最美女性”——2021东莞“最美女性”发布仪式。

9日 东莞市市长肖亚非率代表团到佛山市、广州市黄埔区考察交流。

△ 2021年东莞市春风行动之特种工线上招聘会专场启动，邀请263家企业携400个职位参会，需求人数达2500人。

10日 全国人大代表、东莞市委书记梁维东接受中央广播电视总台采访，畅谈东莞市优化政务服务等机制改革。

11日 东莞市人民政府与南方医科大学合作共建南方医科大学附属东莞医院揭牌仪式在莞举行。

△ 东莞市召开2021年“3·15”国际消费者权益日新闻发布会，解读“守护安全畅通消费”2021年度消费维权主题。

13日 东莞市举行2021年首场线下招聘会，300多家企业提供1万多个职位。

△ 东莞市非遗墟市开墟活动在市文化馆举行，开墟仪式以传统的线下墟市为依托，结合线上直播推广及打卡“畅享文化莞打卡文化馆”文旅路线同步开展。

14日 东莞市在三江六岸滨水岸线示范段一期工程——龙湾广场举办市民体验活动。

15日 东莞市委书记梁维东主持召开市委常委会会议，传达学习习近平总书记在全国人大、政协“两会”上的重要讲话和全国“两会”精神。

△ 东莞市住房和城乡建设局发布《关于进一步加强房地产市场调控的通知》政策解答，非户籍家庭四年内连缴三年社保，可买第二套房。

△ 2021年东莞品质制造高峰论坛、第45届国际名家具（东莞）展览会暨2021国际名家具机械材料展等展会在厚街镇举行。

16日 东莞市传达贯彻习近平总书记重要讲话精神暨全国“两会”精神干部大会召开，全面部署东莞市贯彻落实工作。

△ 东莞市委书记梁维东、市长肖亚非会见访莞的港区全国政协委员谭锦球一行。

△ 东莞市委书记梁维东、市长肖亚非等市几套班子领导带队在黄旗山城市公园参加义务植树活动。

△ 东莞市松山湖高新区首个“护苗成长”消防安全训练营在松山湖高新区幸福花园阳光雨党员服务中心启动。

17日 东莞市委书记梁维东前往虎门镇调研，强调要把虎门高铁站TOD（以公共交通为导向的开发）项目打造成交通枢纽与城市高水平融合的精品。

△ 东莞市30个优秀青年集体获“第20届广东省青年文明号”称号。

18日 东莞市委党史学习教育领导小组第一次会议召开。

△ 东莞市委政法队伍教育整顿领导小组第一次会议召开。

△ 东莞市教育局举行2021年初中学业水平考试与高中阶段学校招生政策新闻发布会，解读中考招生政策，预计2021年东莞市普高录取率不低于60%。

19日 东莞市委书记梁维东调研政法队伍教育整顿工作，先后前往市公安局南城分局、市第一人民法院调研。

△ 东莞市京东智谷二期开工典礼暨首批入驻企业签约仪式举行。

20日 第六届东莞市合唱节首场“名家课堂”开播，吸引20多万人次在线观看。

20—29日 “2021粤港澳大湾区深圳花展”举行，东莞市参展作品——东莞园获城市花园组的最高奖——“造园艺术大金奖”；同时，东莞市获评“优秀组织奖”。

21日 “脱贫攻坚感恩致谢”——四川省甘孜藏族自治州赴东莞市群众文艺交流演出在玉兰大剧院上演。

△ 国际森林日，2021年国际森林日主题宣传活动暨东莞市自然教育共建启动仪式在大岭山森林公园湾区自然学校举行。

22日 东莞市委常委会召开会议，传达学习《中共中央关于开展全国政法队伍教育整顿的意见》和全国、全省政法队伍教育整顿工作有关会议精神。

△ 东莞市委书记梁维东以“打造过硬政法铁军，推动东莞政法工作高质量发展”为主题，为全市政法系统上主题党课。

△ 东莞市新型冠状病毒肺炎疫情防控指挥部办公室发布通告称，将在全市开展大规模人群新冠病毒疫苗免费接种。从即日起，为辖区18～59岁的所有未接种新冠病毒疫苗的市民（没有户籍要求）免费接种。

△ 四川省政协副主席、甘孜藏族自治州委书记刘成鸣率党政代表团来东莞市开展致谢和交流对接活动，东莞市委书记梁维东表示做好对接。

23日 2021年东莞市金融工作会议召开。

24日 东莞市主要领导梁维东、肖亚非参加广东省委理论学习中心组暨全省省级、市厅级主要领导干部党史学习教育专题研讨班学习。

△ 东莞市民政局联合财政局等五部门印发《“东莞兜底民生服务社会工作双百工程”实施方案》，计划至2021年底前建成园区、镇（街道）社会工作服务站33个，配备专业社工不少于662名，实现困难群众和特殊群体社会工作服务100%覆盖。

25日 位于东莞市南城街道的黄埔海关国际旅行卫生保健中心揭牌运营。该中心是东莞市唯一的国际旅行卫生保健中心，也是办理出入境人员国际旅行健康检查证明书和疫苗接种或预防措施国际证书的唯一机构。

26日 东莞市委常委会会议暨市新冠肺炎疫情防控领导小组（指挥部）会议召开，强调要继续做好疫情防控，做好疫苗接种社会面动员和保障，做好清明期间疫情防控和安全生产工作。

△ 东莞市委书记梁维东，市长肖亚非慰问中国援赤道几内亚第三十批医疗队一行。

△ 2020年下半年“东莞好人”发布仪式在樟木头镇举行。42名来自全市各行业的模范人物获评为“东莞好人”。

△ 国家部委联合调研组来东莞市调研台资企业经营情况，深入群

光电能科技（东莞）有限公司、东莞市台商投资企业协会了解情况。

△ 东莞市松山湖消防救援大队党委，与广东医科大学国旗护卫队党支部联合开展的“旗帜飘扬、党建铸魂”党建共建项目，在广东医科大学启动。

△ 广东省公安厅交通管理局、东莞市公安局交通警察支队联合辖区京东速递快递企业，在重点交通路口开展警企联合劝导活动。

△ 东莞市沙田镇教育集团揭牌仪式在沙田实验中学举行，以智能制造教育为切入点，促进教育优质均衡发展。

27日 广东省委书记、省委政法队伍教育整顿工作领导小组组长李希，省长、省委政法队伍教育整顿工作领导小组第一副组长马兴瑞到东莞市调研。

△ “红心向党·齐舞莞邑——2021年东莞文化四季之舞游季系列活动”启动仪式在东莞市文化馆举行。

△ 2021年东莞市文化馆大朗分馆群众文化公益培训班开班，设有非遗创作、党史小课堂等21个免费培训课程等。

29日 全国扫黑除恶专项斗争总结表彰大会在北京市召开，东莞市有1个集体、2名个人受到表彰。

△ 根据广东省委统一安排，党史学习教育省委宣讲团宣讲报告会在东莞市举行，广东省委宣讲团成员、省委党史研究室副主任王涛作宣讲报告，东莞市委书记梁维东主持报告会并讲话，市长肖亚非等出席报告会。

29—31日 受中国田汉研究院邀请，东莞市长安戏剧曲艺协会在梅兰芳大剧院为北京观众上演《使命》《仙侠》《母亲》3台原创大型现代粤剧。

30日 东莞市委书记梁维东主持召开东莞市委全面深化改革委员会第七次会议，研究审议《东莞市委全面深化改革委员会2021年重点改革工作安排》和滨海湾新区、石龙镇、塘厦镇、常平镇基层改革创新实验区实施方案等改革文件，部署2021年全市全面深化改革工作。

△ 东莞市委理论学习中心组暨全市处级主要领导干部党史学习教育专题研讨班在市委党校开班，市委书记梁维东作动员讲话暨主题报告。

△ 东莞市召开党史学习教育市委宣讲团动员会暨备课会。

△ 东莞市安全生产、消防、道路交通和森林防灭火工作会议暨第二季度防范重特大生产安全事故会议召开。

△ 东莞市技能生态建设推进会暨职业技能英才交流会举行，会上宣布10项行动工作计划，并启动50家试点企业技能生态建设。

△ 东莞市文化馆召开2021年东莞市非物质文化遗产保护工作会议。

31日 东莞市工业和信息化局印发《东莞市专精特新中小企业培育工作实施方案》《东莞市工业和信息化局专精特新中小企业遴选办法》，将培育300家专精特新企业。

4月

2日 东莞市召开党外人士座谈会，市委书记梁维东出席会议并讲话。

△ 东莞市委书记梁维东主持召开市委政法队伍教育整顿工作领导小组第三次会议。

△ 东莞市市长肖亚非主持召开市政府党组会议，传达学习习近平总书记在党史学习教育动员大会上的重要讲话精神。

△ 东莞市爱国拥军促进会组织100多名老兵在东莞人民公园开展清明祭扫活动。

△ 东莞市2021年“我们的节日——清明祭英雄”活动在石碣镇袁崇焕纪念园举行。

△ 第十四个“世界孤独症关注日”，东莞市文化馆举行“‘我们和星星在一起’第四届融合嘉年华”系列活动，开设6项体验课程，关怀孤独症患儿。

△ 环球城市招商引资推介大会在北京市举行，东莞市滨海湾新区等10家新区入选“2020年最具投资价值新区”。

3日 东莞市委书记梁维东赴寮步镇佛岭林站调研森林防火工作。

5日 东莞市市长肖亚非赴樟木头镇广东九洞森林公园实地检查督导森林防灭火工作。

△ 东莞市长安镇厦边社区马山公园举行以“童心向党·献礼建党百年”为主题的百米绘画活动，向中国共产党成立100周年献礼。

△ 中央广播电视总台农村农业频道CCTV-17《谁知盘中餐》栏目组深入东莞市茶山镇，播报广式腊肠的制作秘诀。

6日 东莞市委书记梁维东一行先后前往市司法局南城分局、市人民检察院，听取司法行政系统、检察系统教育整顿工作情况汇报。

△ 东莞市工业和信息化局印发《东莞市化工行业发展规划（2021—2025年）》。

7日 东莞市生态环境保护大会召开，市委书记梁维东出席会议并讲话，强调深入打好污染防治攻坚战，市长肖亚非等出席会议。

△ 东莞市召开政法队伍教育整顿查纠整改环节工作推进会，市委书记梁维东出席会议并讲话。

△ 东莞市召开食品安全工作会议，市长肖亚非在会上强调要确保顺利通过食品安全示范城市创建考评验收。

△ 东莞市东坑镇交警大队辖区小学、幼儿园约1750名学生走进警营，学习交通安全知识。

△ 在杭州市召开的全国贸促会系统调解工作会议上，东莞市商事调解中心被评为“2020年度中国贸促会优秀调解中心”，该调解中心副秘书长梁柳仪被评为“2020年度中国贸促会优秀调解员”。

8日 东莞市市长肖亚非主持召开市政府常务会议，审议通过《关于提高我市最低生活保障标准的通知》《东莞市农贸市场品质提升三年行动方案》等一批重大事项，通报自2021年1月1日起，东莞市最低生活保障标准调整为每人每月1100元。

△ 东莞市市长肖亚非前往长安镇了解企业经营情况，并现场协调帮助企业解决实际困难和问题。

8—9日 贵州省铜仁市党政代表团来莞对接东西部协作工作，受到东莞市委书记梁维东、市长肖亚非欢迎。

9日 东莞市委常委会会议暨市新冠肺炎疫情防控领导小组会议召开，强调确保如期完成疫苗接种任务。

△ 东莞市委书记梁维东主持召开市委常委会，传达贯彻住建部会议精神，坚持“房住不炒”定位，进一步做好房地产调控工作。

△ 东莞市委党的建设工作领导小组会议召开，总结2020年东莞市党建工作，研究部署2021年党的建设重点工作。

△ 东莞市“洁净城市活动日”暨城市精细化管理“双百工程”现场会在万江街道滘联社区举行，推广打造100个“城市精细化管理示范村（社区）”和100个品质示范街道、村（社区）。

△ 茶山镇与东莞国药集团公司就东莞国药集团公司总部项目进驻茶山镇签约。该项目总投资30亿元，建成后预计年产值60亿元。

10日 由中铁大桥局集团公司承建的东莞市滨海大道沙涌桥首节端横梁H3-0成功架设，标志着大桥钢梁架设工作全面展开。

11日 东莞市气排球协会虎门分会成立仪式暨2021年东莞市气排球交流赛（虎门站）举行。

△ 铜仁市松桃县委书记李俊宏带队到东莞市麻涌镇开展对接交流活动，参观考察华阳湖水污染治理成果。

12日 东莞市委书记梁维东赴东莞中学调研党史学习教育工作，先后参观东莞中学校史馆、中共东莞县第一个支部成立处遗址石碑，并听取相关介绍。

△ 东莞市“国安号”宣传公交启动仪式在东城街道文化广场举行。

△ 2021大湾区人工智能产业高峰论坛暨虎门“科技金融月”启动仪式在东莞市虎门镇举行。

△ 位于现代农业科技园的东莞市农业科普温室开放，项目集“5G+智慧农业、光伏农业、创意农业、现代种植、科普示范”于一体，着力打造现代装备与农业科技、农业生产与现代生活相结合的农业科普展示温室。

△ 铜仁市沿河县党政考察团到东莞市长安镇开展考察交流活动。

12—14日 广东省政协主席王荣率调研组到东莞市、惠州市调研。

13日 东莞市松山湖高新区举行上海证券交易所资本市场服务东莞基地揭牌仪式暨松山湖科技企业上市培训座谈会。

△ 第十二届“品鉴岭南”中国著名作家采风团到东莞市滨海湾新区，参观位于该区威远岛板块的海战博物馆、威远炮台旧址及交椅湾板块。

△ 铜仁市沿河县党政考察团到东莞市石龙镇开展考察交流活动。

14日 东莞市市长肖亚非赴东城街道调研走访相关企业，现场协调解决企业发展中遇到的困难和问题。

△ 东莞市边检站到辖区开展全民国家安全教育日系列宣传活动。

14—15日 东莞市委书记梁维东随广东省委书记李希、省长马兴瑞率领的广东省党政代表团赴贵州省，参加新发展阶段两省协作进行对接交流活动。

15日 第六个全民国家安全

教育日，东莞市举办活动开展国家安全宣传活动。

△ 东莞市政协召开党史学习教育宣讲报告会。

△ 2021年东莞市重大建设项目——东莞市果丰缘实业投资有限公司水果加工、仓储项目一期项目建成投产。

△ 以“高品质·低成本”为主题的2021年东莞市重点招商园区推介会在深圳市前海合作区举行。

△ 黄埔海关卫生检疫处和所属常平海关到东莞市常平中学初中部开展国门生物安全宣传教育活动。

△ “沿着高速看中国（广东）”主题采访团沿着广深高速公路走进东莞市。

15—16日 东莞市委书记梁维东率党政代表团赴铜仁市，对接交流新发展阶段两市协作工作，铜仁市委书记陈昌旭参加有关活动。

16日 东莞市召开全市党史学习教育工作座谈会。

△ 东莞市召开十六届人大常委会第四十四次会议，审议《东莞市户外广告设施和招牌设置管理条例（草案修改二稿）》等事项。

△ 东莞市桥头镇召开大茶岭地块投资推介会。

17日 东莞市政法队伍教育整顿工作汇报会召开，中央第十一督导组广东小组副组长牛正良传达习近平总书记重要指示精神和党中央关于政法队伍教育整顿重大决策部署，东莞市委书记梁维东主持会议并作表态发言。

18日 中宣部“大湾区大未来”主题采访活动走进东莞市，市长肖亚非出席主题采访活动媒体座谈会。

△ 东莞市第四届童谣创作大赛举行，庆祝中国共产党成立100周年。

19日 东莞市滨海湾新区举办“2021大湾区软土工程创新论坛”，助力打造高品质建筑。

△ 东莞市在东部中心医院举行“暨南大学附属第六医院”揭牌仪式。

20日 东莞市委书记梁维东赴常平镇调研，推动“香港城”项目实施。

21日 东莞市召开全市加强基层党组织建设工作会议，总结基层党组织建设三年行动计划落实情况，部署新一轮三年行动计划工作。

△ 东莞市召开全市安全生产紧急会议，市长肖亚非出席会议并讲话。

△ 东莞市滨海湾新区“新型智慧城市顶层规划设计”获专家审议通过。

22日 东莞市松山湖高新区举行大湾区综合性国家科学中心先行启动区（松山湖科学城）全面启动活动，包括大湾区大学（松山湖校区）、香港城市大学（东莞）等重大项目奠基、动工建设。

△ “世界地球日”，《这就是东莞》城市形象系列片——东莞市生态治理故事，首集“勇气之城”发布，其余“制造之城”“机遇之城”“坚守之城”等3集也将在法国24台等欧洲媒体陆续发布和播出。

23日 东莞市召开市委常委会会议暨市委全面依法治市委员会第四次会议，传达学习习近平总书记对深化东西部协作和定点帮扶工作作出的重要指示精神，通报随广东省党政代表团赴贵州省考察对接东西部协作工作和东莞市党政代表团赴铜仁市考察对接东西部协作工作情况；学习中共中央办公厅《关于加强巡视巡察上下联动的意见》精神，听取市委第十二轮巡察工作情况汇报；学习《法治中国建设规划（2020—2025年）》《法治社会建设实施纲要（2020—2025年）》，研究东莞市贯彻意见，部署下一步工作。

△ “百年薪火初心咏传——东莞市直机关青年党员领读计划暨红色故事大赛”在东莞市民服务中心启动。

24日 东莞市举行第三十三届领秀·先进制造业中高级人才预约见面会，51家知名企业参加，现场招募500多名年薪10万元起步，最高60万元的中高级技术、管理人才。

25日 东莞市委书记梁维东就学习贯彻习近平总书记关于文艺工作的重要论述，开展党史学习教育，赴东莞市图书馆调研。

△ 东莞市市长肖亚非深入辖区道路交通整治点和重点企业，检查督导交通安全管理和安全生产工作。

△ 东莞市市长肖亚非主持召开市政府常务会议，审议通过《东莞市三限房（共有产权住房）建设和分配试点方案》《东莞市荔枝产业高质量发展实施方案》等重大事项。

△ 广东省政府公布《广东省国民经济和社会发展第十四个五年规划和2035年远景目标纲要》，谋划建设包括松山湖科学城在内的大湾区综合性国家科学中心，推动东莞市全力打造以科技创新为引领的先进制造之都、富

有活力和国际竞争力的高品质现代化都市。

△ 华为开发者大会2021（Cloud）·东莞分会场在松山湖高新区国际创新创业社区举行。

26日 东莞市委书记梁维东赴高埗镇调研，推进乡村振兴。

△ 国务院在北京市召开第四次廉政工作电视电话会议。东莞市在市行政办事中心设立分会场组织收听收看会议，市长肖亚非部署工作。

27日 东莞市委书记梁维东主持召开政法队伍教育整顿征求意见座谈会。

△ 东莞市委实施乡村振兴战略领导小组会议召开，推进“三农”（农业、农村、农民）工作。

△ 2021年庆祝“五一”国际劳动节暨“建功‘十四五’ 奋进新征程”主题劳动和技能竞赛动员大会在北京人民大会堂举行，东莞市有1个集体和3个人获表彰：广东众生药业股份有限公司获评为“全国工人先锋号”，东莞联志五金制品有限公司谢娇明、东莞市以纯集团有限公司郭东林、广东唯美陶瓷有限公司杨晓光获得全国五一劳动奖章。

27—29日 东莞市市长肖亚非率市政府代表团赴苏州市、台州市、泉州市考察学习新产业新动能培育发展、传统产业转型升级、促进民营经济发展、链接国际国内双循环等方面的经验成效。

28日 东莞市召开全市系统防范化解道路交通安全风险工作推进会。

△ 东莞市、香港中文大学视频工作会议举行，东莞市委书记梁维东通过视频连线方式与香港中文大学校长段崇智交流。

△ 东莞市虎门港澳客运码头澳门航线，受新冠肺炎疫情影响，从2月3日停航后，于当日复航。

28—29日 “服务型制造万里行——走进东莞”活动在东莞市迎宾馆举行，该活动由中国企业联合会、中国企业家协会、广东省工业和信息化厅指导，东莞市人民政府、中国服务型制造联盟主办。

29日 东莞市在洪梅镇举行“学党史感党恩跟党走”党史学习教育千场党员志愿宣讲启动仪式暨首场报告会，广东省委副秘书长、省委宣传部副部长、省委党史学习教育办实践活动组组长王桂科，东莞市委书记梁维东出席活动。

△ 东莞市召开市委理论学习中心组（扩大）专题学习会，学习习近平总书记关于国家安全工作的重要论述和重要指示精神，贯彻落实党委（党组）国家安全责任制。

△ 东莞市委书记梁维东在市行政办事中心会见市受国家、广东省表彰的“五一”劳动模范代表，致以节日的问候。

△ 东莞市举行庆祝中国共产党成立100周年暨庆祝“五一”国际劳动节晚会。晚会前，市委书记梁维东参观《党史中的东莞工运印记》展览。

△ 东莞市住建局发布《关于进一步加强新建商品住房销售价格指导的通知》，其中提出新房备案价上调空间控制在5%以内。

30日 东莞市新冠肺炎疫情防控领导小组（指挥部）召开会议，研究部署“五一”假期疫情防控工作。

△ 东莞市市长肖亚非率队到市委市政府总值班室、市应急管理局、黄旗南麓绿道，检查督导“五一”假期值班值守和安全生产工作。

△ 东莞市国土空间总体规划工作领导小组扩大会议召开，编制市镇两级国土空间总体规划。

△ “永远跟党走”东莞市第六届合唱节启动仪式暨百万产业工人同唱《没有共产党就没有新中国》在茶山镇工业园主会场、其他4个分会场同时启动。

△ 东莞市寮步镇佛灵湖森林公园启动2021中国（东莞）森林诗歌节暨“莞香杯”第四届东莞市诗歌大赛。

△ 两条红色旅游公交线在东莞市虎门镇开通，途经虎门镇鸦片战争博物馆、林则徐纪念馆、海战博物馆、威远诸炮台旧址、太平手袋厂陈列馆、威远岛放生台、虎门寨商圈等景点景区。

5月

1日 广东东莞大益队夺得2020—2021赛季CBA（中国男子篮球职业联赛）总决赛冠军。

△ 2021年“茶园游会”线上启动仪式暨东莞市第三届非遗亲子嘉年华南社传统文化月活动在东莞市茶山镇南社明清古村落启动。

△ 由澳门霜冰雪创作实验剧团、澳门大学学生会戏剧社原创的全国巡演话剧《苦尽甘来》在东莞市文化周末剧场上演。

1—3日 2021第四届东莞市塘厦镇汽车消费文化节在塘厦镇举行。

2日　2021年全国羽毛球冠军赛暨第十四届全国运动会羽毛球项目资格赛在郑州市落幕，由东莞市体校培养输送的运动员雷兰曦获得男单冠军、任翔宇获得男双冠军。

4日　东莞市委书记梁维东到市委市政府总值班室检查指导工作。

△　由东莞市委宣传部主办的“五四”《我和我的祖国》快闪活动在中央广播电视总台新闻客户端首发。

6日　东莞市委书记梁维东赴凤岗镇、塘厦镇调研经济社会发展情况及党史学习教育开展情况。

△　东莞市2021年东西部协作工作推进会在市行政办事中心举行，部署推动东莞市与铜仁市东西部协作工作。

7日　东莞市委书记梁维东主持召开市委常委会会议，传达学习习近平总书记对革命文物工作作出的重要指示精神和全国革命文物工作会议精神。

△　东莞市石碣公安分局民警黎伟标在处警过程中遭犯罪嫌疑人持刀袭击，面对危险推开战友与嫌犯搏斗，不幸牺牲。

△　中国政府网发布消息，国务院办公厅印发通报，对2020年落实重大政策措施真抓实干、取得明显成效地方予以督查激励，东莞市环境治理、财政预算两项工作获得国务院督查激励。

8日　东莞市委书记梁维东赴万江街道调研。

△　东莞市召开全市安全生产责任保险推进工作会议。

△　东莞、中山、昭通三市在昭通市召开东西部协作交接协商座谈会。

△　广东省民政厅发文确认东莞市等单位为广东省婚俗改革实验区，实验时间3年。

△　广西壮族自治区消费帮扶产品松山湖体验店在东莞市松山湖基地揭牌开业。

10日　国家医疗保障信息平台东莞上线启动暨市医疗保障事业管理中心揭牌仪式举行，该平台覆盖东莞市1350多家医保定点医药机构、服务600多万参保群众。

△　为迎接第五个中国品牌日。东莞市工商联（总商会）、东莞世界莞商联合会、东莞市品牌促进会主办的“品牌强市·乐购东莞”2021首届东莞品牌节启动，并举办商标品牌维权援助站启动仪式暨2021年商标品牌战略专题讲座，近百家知名品牌企业参加。

11日　东莞市委书记梁维东赴中堂镇、石碣镇调研。

△　东莞市市长肖亚非主持召开市政府常务会议，审议通过《东莞市打造品质教育十二项行动计划》，计划扩建公办中小学校210所，增加学位32万个。

△　在云浮市举行的2021广东省女子篮球联赛决赛中，东莞市女子篮球队获胜，实现广东省女子篮球联赛四连冠。

12日　第110个“国际护士节”，东莞市组织开展慰问护士活动。

△　中国第十三个防灾减灾日，东莞市在旗峰公园正门广场开展2021年全国防灾减灾日现场宣传活动。

△　新疆生产建设兵团党政代表团到东莞市考察，举行广东·新疆生产建设兵团合作项目签约仪式，召开东莞市·第三师图木舒克市对口支援工作座谈会。

△　东莞市残联举行“学前融合教育推广支持计划”项目启动仪式，计划用三年时间，培养1200名融合教育种子教师、培育发展33所幼儿园成为融合教育推广园。

13日　东莞市深入推进“放管服”改革暨数字政府建设工作会议召开，市长肖亚非出席并讲话。

14日　东莞市委书记梁维东赴市委党史学习教育办公室、民营企业调研党史学习教育工作。

△　东莞市市长肖亚非赴万江街道、道滘镇、麻涌镇督导民生工程项目建设和检查安全生产工作。

△　广东省工业和信息化厅发布《关于广东民营企业家智库成员名单的通告》，确定广东民营企业家智库成员272名，21名东莞市民营企业家入选。

15日　2021年东莞市举行“龙舟月”暨万江龙舟文化节启动仪式。在万江街道滘联社区正丫起龙广场举行起龙仪式。

△　东莞市第四届市民运动会开幕式在市体育中心举行，运动会将通过线上、线下相结合的方式，举办18项赛事活动。

△　长篇儿童文学《东江谣》新书首发暨电影《东江谣》拍摄发布仪式在东莞市万江街道滘联社区正丫起龙广场举行。电影《东江谣》是东莞市第一部由本土原创、本土题材文学作品衍生的电影作品。

△　东莞市首届家庭文化节暨首届家庭教育高峰论坛在松山湖高新区举行开幕仪式。

16日　“永远跟党走”第六届东莞市合唱节暨莞城街道庆祝中国共产党成立100周年合唱比赛，作为东莞市十大文化展演活动的首场活动举行。

18日　东莞市委书记梁维东赴虎门镇调研督导疫情防控工作时强调，筑起边海防铜墙铁壁，推进疫苗接种工作。

△　东莞市市长肖亚非主持召开市政府常务会议，审议通过《关于加快推动东莞市人力资源服务业实现高质量发展的实施意见》等重大事项。

△　2021年“‘5·18’国际博物馆日”东莞市主会场活动启动暨松山湖望野博物馆开馆仪式在松山湖高新区举行，并为东莞市获评第四批国家一级博物馆的鸦片战争博物馆，以及国家三级博物馆的东莞蚝岗遗址博物馆、东莞市袁崇焕纪念园、东莞市石龙镇博物馆、东莞市钱币博物馆、东莞市唯美陶瓷博物馆授牌。

19日　东莞市委书记梁维东前往沙田镇、麻涌镇、市妇女儿童活动中心（新校址）调研安全生产工作。

△　2021“中国旅游日”东莞文旅主题系列活动启动仪式在寮步镇市民广场举行，发布精品旅游线路，推出社保卡文旅场景应用。

19—22日　中国书法家协会在东莞市长安镇举办2021年全国书协系统驻会干部培训班。

20日　东莞市委书记梁维东赴长安镇调研。

△　2021东莞市（第十二届）校企合作洽谈会在线上线下同步启动，活动覆盖30万名以上院校毕业生。

△　东莞市在广州市举行的广东省科技创新大会上，获10项广东省科学技术奖。其中，东莞市正新包装制品有限公司联合华南理工大学，以“高强度全回收增产地膜先进制造与循环利用”项目获广东省科学技术奖一等奖。

21日　东莞市举办战略性新兴产业招商大会，市委书记梁维东致欢迎词，市长肖亚非现场推介发展战略性新兴产业的布局、举措和政策：东莞市统筹推出60平方千米土地，规划建设生物医药、高端装备等七大战略性新兴产业基地，签约项目投资总额1483亿元。

△　东莞市委书记梁维东前往岭南美术馆，观看“凝聚时代的记忆”吴劲潮美术作品捐赠展。

△　中国人民银行东莞市中心支行发布：东莞市各项存款比年初增量低于深圳市和广州市，排广东省第三位，存贷款增量则均居各地级市首位。

△　第二个“国际茶日”，东莞市茶山镇举行茶文化主题系列活动启动暨东莞本土茶文化展开幕式。

22—23日　中国科学院高能物理研究所东莞研究部举办“公众科学日”活动，吸引近4000名公众报名参加。

22—28日　东莞市举办2021年职业教育活动周活动。

23日　由来自17个国家的23名国际青年英才组成的参访团来到东莞市，先后参访华为研发园区、拓斯达科技公司、历史文化名村——石排塘尾村。

24日　据《南方日报》报道，广东省委决定：肖亚非任东莞市委书记；梁维东不再担任东莞市委书记、常委、委员职务。

△　第一财经·新一线城市研究所评选发布新一线城市榜单（15个），东莞市再度入围。

△　2021年广东省暨东莞市职业教育活动周启动仪式在东莞市举行，同步举办广东省职业教育创新改革发展成就展和东莞市职业教育成果展示、产教融合现场签约仪式、“名师高徒”学生技能现场演示等活动。

25日　东莞市印发《东莞市荔枝产业高质量发展实施方案》，该方案制定“10+4+40”行动计划（即：出台10条扶持措施、实施4项重点工程、启动40个重点项目），推动荔枝产业高质量发展。

△　“永远跟党走”东莞·大岭山第四届红色文化节开幕式大型交响合唱音乐会在大岭山镇文化广场举行。

△　茶山镇举行镇委党校教材暨党校巴士首发仪式，同时围绕“从红色故事中学党史，在党校巴士上话茶山”主题，举办主题党日活动。

26日　东莞市委书记、市长肖亚非一行前往市委党史学习教育领导小组办公室、位于大岭山镇的广东东江纵队旧址，调研党史学习教育工作。

△　东莞市委书记、市长肖亚非接待江西省委常委、赣州市委书记吴忠琼，赣州市委副书记、市长许南吉率领的赣州市党政代表团。

27日　东莞市开展党史学习教育工作会议召开，深入学习贯彻习近平总书记在党史学习教育动员大会上的重要讲话精神，市委书记、市长、市委党史学习教育领导小组组长肖亚非作汇报发言。

△　东莞市委书记、市长肖

亚非一行前往市委教育整顿办公室、市公安局调研政法队伍教育整顿工作。

△ 东莞市首次人防专业队伍授旗仪式在市国防教育训练基地举行，参与授旗仪式的专业队伍32支，约350人。

△ 东莞市玉兰女子城市执法服务队授旗仪式在市行政中心广场举行，来自市中心广场和各园区、镇街的34支队伍集体亮相。

△ 东莞市智慧城管重点实验室签约仪式在市行政办事中心举行。

△ 由新一线城市研究所编制的《2021城市商业魅力排行榜》公布，东莞市连续5年蝉联“新一线城市”。在15个新一线城市中，东莞市综合排名居第十一名，在“城市人活跃度榜单”排第三名，在“未来可塑性榜单”排第九名。

28日 东莞市委常委会会议暨市新冠肺炎疫情防控领导小组（指挥部）会议召开。要求增强政治责任感和工作紧迫感，坚决防止疫情扩散蔓延；筑牢联防联控、群防群控严密防线，全力打好“外防输入、内防反弹”组合拳。

△ 广东省委党史学习教育第二巡回指导组一行前往东莞市长安镇、沙田镇调研党史学习教育情况。

△ “感党恩、听党话、跟党走”——东莞市中小学红色剧目展演活动在东莞市青少年活动中心童心剧场上演；东莞市直机关青年党员领读计划暨红色故事大赛启动。

△ 2021年东莞市“粤韵金声”开锣仪式暨粤剧粤曲精品演出活动拉开帷幕。

30日 第八届东莞荷花文学奖在桥头镇举行终评会。“东莞荷花文学奖”是东莞市唯一的纯文学大奖，也是东莞市最高文学奖，每两年举行一次。

△ “欢乐庆六一，童趣伴成长”关爱特殊儿童主题活动在东莞市文化馆举行。

31日 东莞市委书记、市长肖亚非率队前往东莞中学初中部、东莞市国家教育考试指挥中心检查2021年高考工作。

△ 东莞市政府印发《东莞市国民经济和社会发展第十四个五年规划和2035年远景目标纲要》。

△ 东莞市大朗镇举行“品质朗荔给荔中国”2021第七届中国（东莞）互联网荔枝节暨大朗荔枝品牌文化推广会大型农业品牌活动。

△ 广东省2020年度全面推行河湖长制工作考核结果公布，东莞市获评“优秀”。东莞市华阳湖、茅洲河（深圳—东莞）入选全国创建“美丽河湖”典型案例。

6月

1日 东莞市委理论学习中心组（扩大）专题学习会召开，邀请广东省委统战部副部长吕元元作宣讲报告，专题学习新修订的《中国共产党统一战线工作条例》。

△ 在收听收看广东省三防工作视频会议后，东莞市召开市三防工作会议，对做好三防工作进行再部署再落实。

△ 东莞市民兵工作领导小组会议暨市民兵应急营整组点验大会召开。

△ 《东莞市养犬管理条例》施行。

△ 东莞市人力资源和社会保障局发布《关于加快推动东莞市人力资源服务业实现高质量发展的实施意见》，符合条件的人力资源服务机构入驻，最高可获奖励200万元。

△ 由东莞图书馆、东莞市石龙图书馆以及东莞市儿童医院合作共建的东莞市儿童医院绘本馆揭牌启用，这是广东省首家医院绘本馆。

2日 《“十三五”时期东莞经济社会发展成就系列分析报告之一：贯彻新发展理念高质量发展迈上新台阶——“十三五”时期东莞经济社会发展综述》发布。

△ 为庆祝中国共产党成立100周年，中央广播电视总台新闻频道及央视新闻客户端等平台推出大型直播特别节目《今日中国广东篇·粤百年风云路启时代新征程》，其中聚焦东莞市治理茅洲河经验与成效，推出直播报道《挂图作战深莞联手全流域系统性治水》。

3日 东莞市领导干部严格执行“三个规定”(《领导干部干预司法活动、插手具体案件处理的记录、通报和责任追究规定》《司法机关内部人员过问案件的记录和责任追究规定》《关于进一步规范司法人员与当事人、律师、特殊关系人、中介组织接触交往行为的若干规定》)宣讲会召开，组织市四套班子领导学习“三个规定”、签订公开承诺书，推动“三个规定”落细落实。

△ 东莞市召开“6·5”世界环境日新闻发布会，发布《2020年度东莞市生态环境状况公报》。

△ 1辆氢燃料电池物流车驶入东莞能源沙田加氢站，不久后

该车完成加氢。这标志着东莞市首座高标准加氢站进入充装调试阶段。

△　虎门销烟182周年纪念日，包括东莞市在内的广东省各地举行形式多样的活动纪念禁毒先驱林则徐的壮举。

4日　东莞市委书记、市长肖亚非主持召开市委常委会会议暨市新冠肺炎疫情防控领导小组（指挥部）会议，要求坚持把疫情防控放在第一位，抓好疫情防控，为推动经济社会健康发展提供坚实保障。

△　东莞市委书记、市长、市委党史学习教育领导小组组长肖亚非主持召开市委党史学习教育领导小组第二次会议。

△　东莞市委党史学习教育巡回指导工作专题培训会议召开。

5日　东莞市从各大医院集结1210名医护人员，驰援广州市疫情防控工作。

△　世界环境日，广东省生态环境厅公布十大美丽河湖、“十佳污染防治攻坚战典型案例和优秀事例”系列名单，东莞市茅洲河、华阳湖等被评为“2021年广东省十大美丽河湖”；广州市、东莞市、清远市组织的“跨区域联合执法打击环境违法行为”等10个案例入选全省“十佳污染防治攻坚战典型案例”。

6日　《东莞市关于做好常态化疫情防控工作的通告（第31号）》发布，要求市民非必要不出省，出省须出示72小时内核酸检测阴性结果。

△　东莞市委书记、市长肖亚非一行赴东莞市高考考点，就打好打赢疫情防控硬仗、做好高考工作进行检查。

△　“文明东莞，从我做起”第九届户外清洁日暨垃圾分类公益环保活动在万江街道启动，长安、塘厦、常平、厚街、中堂等20多个镇街同步举行。

7日　东莞市石龙镇召开纪念陈镜开打破举重世界纪录65周年座谈会。

7—9日　东莞市完成虎门镇、麻涌镇、沙田镇、中堂镇、洪梅镇、石碣镇、石龙镇、长安镇、黄江镇、塘厦镇、凤岗镇、清溪镇、南城街道、东城街道、莞城街道、万江街道、松山湖高新区等17个镇街（园区）大规模新冠病毒核酸检测筛查。

8日　东莞市委书记、市长肖亚非赴集中隔离场所、核酸采样点等调研督导新冠肺炎疫情防控工作。

△　“一带一路甜蜜出发”2021广东荔枝丝路行活动在线上举行，并以中英双语的方式直播，其中东莞市通过视频方式宣传推介东莞荔枝。

8—10日　《精神文明报》连续三天头版报道东莞市新时代文明实践“莞版”经验。

9日　东莞市委召开农村工作会议暨全市实施乡村振兴战略工作推进会。

△　东莞市委书记、市长肖亚非赴横沥镇、石排镇调研乡村振兴工作。

△　华为公司最大的网络安全透明中心在东莞市启用，这是该公司在全球建立的第七个透明中心。

10日　东莞市委书记肖亚非带队赴临深片区调研并召开座谈会。

△　东莞市十六届人大常委会第四十五次会议召开，会议经表决，决定接受肖亚非辞去市长职务的请求，决定任命吕成蹊为副市长、代理市长。

△　东莞市代市长吕成蹊赴沙田镇立沙岛精细化工园区开展安全生产督导。

△　东莞市召开2021年“广东扶贫济困日暨东莞慈善日”活动企业专场座谈会，35家房地产企业、制造业、金融、农业等企业代表参加座谈会。

△　东莞市首个以服务乡村振兴为主要目标的邮政服务站在横沥镇新四村678艺时代创意园区内揭牌启用。

△　国务院公布第五批国家级非物质文化遗产代表性项目名录，东莞市的茶山镇茶园游会和桥头镇莫家拳入围国家级非遗代表性项目。至此，东莞市共有10个国家级非遗代表性项目。

11日　东莞市委书记肖亚非主持召开东莞市委常委会会议暨市新冠肺炎疫情防控领导小组（指挥部）会议，要求把端午期间疫情防控工作落细落实落到位。

△　2021年东莞市机关单位无偿献血活动举行，市委书记肖亚非、代市长吕成蹊等市领导带头参加。

△　东莞市代市长吕成蹊赴市消防救援支队调研消防工作和队伍建设情况。

△　东莞市发布《关于加强端午节假期新冠肺炎疫情防控工作的通告》，提倡全体市民就地过节，非必要不离莞。

△　2021东莞市荔枝产业高质量发展暨首届大岭山云上荔枝品牌文化节启动。

12日　东莞市委书记肖亚非先后前往东莞市委市政府总值班室、东城市场、民盈·国贸中心，检查值班值守情况，调研市场、商场的新冠肺炎疫情防控工作。

△　2021年东莞非遗购物节暨“文化莞家”频道上线“知东莞”App启动仪式在东莞市文化馆举行。

△　广东省粤港澳大湾区文化遗产游径（第二批）发布，其中“东莞近代商埠贸易游径”入选，加上首批入选的“东莞虎门炮台游径”“东莞石龙东征游径”，东莞市共有3条游径入选为广东省粤港澳大湾区文化遗产游径。

14日　在收看收听广东省安全生产工作视频会议后，东莞市召开全市安全生产工作视频会议，贯彻习近平总书记对湖北省十堰市张湾区艳湖社区集贸市场燃气爆炸事故作出的重要指示精神，落实广东省会议精神，对东莞市安全生产工作进行部署。

15日　东莞市委书记肖亚非在市领导接访日通过视频接访群众。

16日　东莞市代市长吕成蹊主持召开市政府常务会议，强调要全力以赴做好安全生产各项工作，为建党百年营造良好氛围。

17日　广东省省长马兴瑞到东莞市能源项目建设一线，就做好能源安全保障工作进行调研。

△　东莞市委书记肖亚非赴寮步镇走访慰问钟波烈士之子钟焕尧、老党员黄巨祥。

△　东莞市召开市安全生产和消防工作暨第三季度防范重特大生产安全事故工作会议，东莞市代市长吕成蹊出席会议并讲话。

△　搭载神舟十二号载人飞船的长征二号F遥十二运载火箭成功发射，将聂海胜、刘伯明、汤洪波3名航天员送入太空。该次发射的电源解决方案，由位于东莞松山湖高新区的易事特集团公司完成。

18日　东莞市委书记肖亚非主持召开市委常委会会议，听取安全生产工作情况汇报，研究部署下阶段工作。

△　东莞市“我为群众办实事”实践活动推进会召开，并举行“‘12345’热线扩容升级”项目启动及“实事码上看”平台启用仪式。

△　东莞市发现1例新冠肺炎确诊病例。

19日　东莞市委组织部发布《关于东莞市“两优一先”拟表彰对象的公示》，共有100名优秀共产党员、100名优秀党务工作者、100个先进基层党组织被列为拟表彰对象。

21日　东莞市委书记肖亚非赴大朗、常平、东城等镇街，督导检查新冠肺炎核酸采样点工作流程、检测秩序、人员配备、防控措施落实等情况。

△　东莞市召开2021年第三场新冠肺炎疫情防控新闻发布会，会上通报确诊病例贾某某的感染来源，麻涌镇广州新华学院（东莞校区）由低风险地区调整为中风险地区。

△　黄埔海关所属常平海关交易数据监控平台数据显示，自2020年底该平台启动以来，大朗毛织贸易中心市场采购贸易试点出口规模突破100亿元。

△　中国马术协会公布参加第三十二届东京奥运会的马术运动员名单，东莞市长安镇“马王”李振强和儿子李耀锋名列其中。

22日　东莞市召开2021年第四场新冠肺炎疫情防控新闻发布会，通报截至22日0时全市筛查采样1116.21万人，检测结果全部为阴性；全市物资供应充足，储备可满足一个月以上需求。

6月22日至8月22日　“百年征程百图纪实——东莞市庆祝中国共产党成立100周年美术创作工程作品展”在岭南美术馆举行。

23日　广东省脱贫攻坚总结表彰大会在广州市召开，会议对广东省脱贫攻坚先进个人和先进集体进行表彰，东莞市有41名个人和25个集体获表彰。

24日　广东东江纵队纪念馆基本陈列重新开放启动仪式举行，市委书记肖亚非等市领导和部分党员干部代表出席活动，并在《东江铁流南粤旌旗》基本陈列前重温入党誓词。

△　东莞市召开2021年第五场新冠肺炎疫情防控新闻发布会，通报如下：6月22—24日，东莞市没有本土新增确诊病例；3例本土确诊均感染Delta（德尔塔）变异株，均转入定点救治医院，病情稳定；在莞的密切接触者、次密切接触者，全部实施集中隔离医学观察或纳入隔离管理。

△　东莞市轨道交通局发出通告，接广铁集团通知，因受疫情因素影响，穗深城际东莞段望牛墩站、洪梅站、东莞港站、厚街站等4个车站停办客运业务延长至7月5日。

△　东莞市公安局以电视电话会议的形式举办黎伟标烈士先进事迹宣讲会。

25日　东莞市召开2021年第六场新冠肺炎疫情防控新闻发布会，通报疫情防控情况：从6月22日起，全市连续3天没有本土新增确诊病例。

△ 东莞市安委办组织召开市“迎七一、防风险、保稳定”百日攻坚行动第四轮督导视频会议。

26日 东莞市委常委会暨市新冠肺炎防控领导小组（指挥部）会议召开，要求毫不松懈抓好各项防控措施的落实，坚决打好打赢疫情防控硬仗。

26—28日 东莞市迎来中考，15.4万名考生参加中考。

28日 东莞市委书记肖亚非赴南城街道，督导中考及社区疫情防控工作，调研企业防疫和经营情况。

△ 东莞市代市长吕成蹊率队到厚街镇开展“七一”走访慰问活动，并为获颁“光荣在党50年”纪念章的党员戴上纪念章。

△ 东莞市不动产登记中心、国家税务总局东莞市税务局、东莞市政务服务数据管理局联合举办“交房即发证”落地仪式。这标志着市“交房即发证”进入全面推行阶段，购房者可实现“一手收楼、一手领证”。

△ 中共中央、广东省委分别表彰一批优秀共产党员、优秀党务工作者和先进基层党组织。其中，东莞市寮步镇横坑社区党委书记、居委会主任钟兆华获评为全国优秀党务工作者，松山湖材料实验室党总支部获评为全国先进基层党组织，另有13名党员获评为省优秀共产党员（优秀党务工作者），9个党组织获评为省先进基层党组织。

29日 东莞市政法队伍教育整顿总结大会召开，市委书记肖亚非，广东省驻点指导组组长林惜文出席会议并讲话，代市长吕成蹊主持会议。

30日 东莞市百个重大项目百日攻坚专项行动动员会召开。市委书记肖亚非主持会议并讲话，代市长吕成蹊进行工作部署。

△ 东莞市委书记肖亚非赴长安镇调研及督导茅洲河综合治理工作。

△ 东莞市代市长吕成蹊主持召开市政府常务会议，审议战略性新兴产业基地“一基地一政策”有关事项、校车安全管理、学前教育专项资金投入预算等一批重大事项。

△ 广东省卫健委发布消息称，5月21日以来，全省发生3起由新冠病毒变异株引发的境外输入关联本土局部聚集性疫情，即广州“5·21”、深圳“5·21”和深圳东莞“6·14”疫情，3起疫情社区传播均被阻断，局部管控区域逐步恢复常态生活与生产。

△ 截至当日，东莞市累计接种新冠病毒疫苗1465.66万剂，714.19万人完成全程接种，超额完成省下达的任务。

△ 《东莞市关于延续实施稳岗扩围政策的通知》印发，继续实施普惠性失业保险稳岗返还政策，受理截止日期为12月31日。

6月30日至7月16日 “百年华章——庆祝中国共产党成立100周年书画展”，在东莞市文化馆举行，展出广东省人民政府文史研究馆馆员书画家以“百年华章”为主题创作的60余幅书画作品。

7月

1日 庆祝中国共产党成立100周年大会在天安门广场举行，在东莞市行政办事中心主楼，广东省政府副秘书长陈岸明，东莞市领导肖亚非、吕成蹊等集中收看庆祝中国共产党成立100周年大会现场直播。

△ 东莞市委书记肖亚非赴滨海湾新区调研，首次提出要把滨海湾新区打造为莞深合作特色平台。

△ 深圳市宝安区松岗街道行政服务大厅“跨城市融合专窗”开放，东莞市长安镇政务服务中心落地松岗街道，为两地居民提供便利。

2日 东莞市召开全市学习贯彻习近平总书记在庆祝中国共产党成立100周年大会上重要讲话精神干部动员大会。

△ 东莞市委书记肖亚非主持召开市委常委会会议，传达学习习近平总书记在庆祝中国共产党成立100周年大会上的重要讲话精神等，研究东莞市贯彻意见。

3日 东莞市南城街道百悦尚城小区2栋由中风险地区调整为低风险地区，其他地区风险等级不变；麻涌镇开展第五轮全员新冠病毒核酸筛查。

△ 穗深城际东莞段望牛墩站、洪梅站、东莞港站、厚街站等4个车站客运业务恢复正常。

4日 东莞市2021年义务教育阶段学校电脑派位在市中小学教师发展中心举行，包括义务教育阶段民办学校电脑派位、莞城街道小学升初中电脑派位以及东莞外国语学校电脑派位3场。

5日 广东省委党史学习教育第二巡回指导组组长苏一凡率队到莞调研党史学习教育工作，东莞市四套班子领导肖亚非、吕成蹊等陪同到东莞图书馆参观《光辉历程——庆祝中国共产党成立100周年东莞党史档案文献展》。

△ 东莞市召开2021年第七场新冠肺炎疫情防控新闻发布会，全市取消“持48小时核酸阴性证明离莞出省”管控措施。

6日 东莞市政法队伍教育整顿工作第二次新闻发布会召开，会议通报完成66项任务清单。

△ 东莞市召开市生态环境保护督察整改工作领导小组工作视频会议。

△ 东莞市在樟木头林场发现国家一级保护野生动物——中华穿山甲并监测到繁殖种群分布。

7日 东莞市代市长吕成蹊主持召开市政府党组扩大会议暨市政府党史学习教育专题讲座、“市十件民生实事”推进会。

△ 东莞市代市长吕成蹊主持召开市政府常务会议，审议市水务集团关于推动水务一体化和集团市场化发展的工作方案、调整市社会医疗保险门诊特定病种有关政策等重大事项。

8日 东莞市委理论学习中心组举行专题学习会，市委书记肖亚非主持会议并讲话，广东省委党史学习教育第二巡回指导组组长苏一凡列席。市领导吕成蹊、骆招群、白涛、潘新潮、郑琳、杨晓棠、刘松涛、陈志伟、刘炜、喻丽君、梁杰钊等作学习交流或书面发言。

△ “梦圆百年，共享文化”2021东莞共享文化年暨“品质文化”创投大赛专题培训举行，发布2600余项惠民活动，展示入选的“100个共享文化空间”“100个共享文化活动”“100个志愿代言团队”等文化成果。

△ 广东省政府发布《关于2020年广东省食品安全工作评议考核结果的通报》，东莞市被评为A级等次，获通报表扬。

9日 东莞市委书记肖亚非主持召开市委常委会暨市新冠肺炎疫情防控领导小组（指挥部）会议，总结东莞市“6·18”疫情应对处置情况，对下阶段工作进行研究部署；书面学习《中国共产党组织工作条例》，研究东莞市贯彻意见。

△ 东莞市代市长吕成蹊到东城街道参加“更好发挥人大代表作用”主题活动。

△ 《东莞市临时救助办法》印发，将临时救助对象范围从东莞市户籍居民逐步拓宽至常住人员，该办法于8月12日起施行。

△ 电影《中国医生》东莞市首映礼暨答谢医护人员观影活动在市万达影城东城店举行。

△ 东莞市首个保税展示门店在市民中心“保税展示+跨境电商零售”展示门店试运营。

12—13日 2021年东莞市新时代文明实践志愿服务培训班举行。

14日 东莞市委书记肖亚非以人大代表身份到南城街道参加“更好发挥人大代表作用”主题活动。

△ 东莞市委政法队伍教育整顿工作领导小组第六次会议召开，审议《东莞市政法队伍教育整顿“回头看”实施方案》。

△ 东莞市政府常务会议审议通过《东莞市环境违法行为有奖举报办法》，延续“重奖”原则。

△ 东莞市举行2021年“广东扶贫济困日暨东莞慈善日”活动仪式。在该活动中，东莞市认捐善款超亿元。

14—16日 2021年广东省青少年花样游泳锦标赛在东莞市游泳运动管理中心举行。该比赛吸引来自11个单位的333名运动员参加，由35名选手组成的东莞花样游泳队获1枚金牌、6枚铜牌，列团体总分第三名。

15日 东莞市文化精品专项资金扶持项目、本土红色题材广播剧《东江水流长》在中央人民广播电台“文艺之声”栏目播出。

△ 东莞市教育局印发《关于做好小学生暑期托管服务工作的通知》，部署在全市10个镇街（园区）开展小学生暑期托管服务试点工作。

△ 2021年粤港澳大湾区女性科技创新大赛在广东东莞松山湖科学城启动。

16日 东莞市委理论学习中心组（扩大）专题学习会召开，学习贯彻习近平总书记关于碳达峰、碳中和的重要论述精神。

△ 东莞市委书记肖亚非以“从百年党史中汲取奋进力量，奋力推动东莞在万亿元GDP（地区生产总值）、千万人口城市新起点上加快高质量发展”为主题，为全市党员干部讲党史专题党课。

△ 东莞市十六届人大常委会第四十八次会议召开，决定任命王长青为副市长。

△ 贵州省铜仁市沿河县劳务协作考察团到东莞市长安镇考察，带来首批务工人员。

17日 “风雅颂”第六届广东省朗诵大赛（东莞赛区）的比赛在东莞市文化馆东城分馆举行。

19日 东莞市召开市政法队伍教育整顿“回头看”汇报会。

△ 工业和信息化部发布三批专精特新“小巨人”企业名单，东莞市有79家企业入选，数量排全国各大中城市第五名。

△ 中央广播电视总台国防军事频道播出由东莞市文化精品专项资金扶持项目、本土红色题材电视纪录片《英雄母亲》。

20日 东莞市委常委会暨市新冠肺炎疫情防控领导小组（指挥部）会议召开，通报医院感染防控及境外输入防控情况，听取安全生产和三防工作汇报。

△ 农行东莞分行召开驻镇帮镇扶村金融助理大会，选派出57名金融助理到韶关市、揭阳市、梅州市、茂名市的55个乡镇，开展驻镇帮镇扶村工作，为乡村振兴注入金融动力。

△ 东莞、铜仁文化广电旅游体育东西部协作协议签约仪式在铜仁市举行。

21日 东莞市召开全市火灾隐患重点整治工作动员部署暨警示约谈会议，部署火灾高风险区域、重大火灾隐患单位挂牌督办整治工作。

△ 东莞市代市长吕成蹊以“四不两直”方式（不发通知、不打招呼、不听汇报、不用陪同接待，直奔基层、直插现场）到东坑镇、大朗镇督导安全生产和疫情防控工作。

△ 东莞市人社局发布《关于征集2020年度东莞市研发人才申请人所在单位入库名单的通告》，最终获评的人才，最高每人每年奖励100万元。

△ 东莞市慈善会紧急启动“河南省抗洪救灾爱心募捐活动”，倡议捐款捐物，援助灾区。截至8月1日12时，募集捐款1860多万元。

22日 东莞市第十六届人民代表大会第八次会议在市会议大厦召开。肖亚非当选为市第十六届人大常委会主任，吕成蹊当选为市政府市长，冯国华当选为市监察委员会主任。

△ 东莞市委书记、市人大常委会主任肖亚非赴南城街道、厚街镇督导安全生产和疫情防控工作。

△ 东莞市市长吕成蹊主持召开市政府常务会议，分析全市重点行业领域问题风险形势，部署下阶段安全生产工作。

△ 2021东莞青少年艺术季在市文化馆开幕。

23日 东莞市委常委会会议召开，听取市委第十三轮巡察工作情况汇报，研究下阶段工作安排。

△ 为帮扶东莞市中小企业缓解集装箱短缺问题，市商务局举行中小企业出口纾困宣讲对接会。

△ 东莞市建筑工地泥头车管理暨扬尘防控现场观摩会举行。

24日 由东莞市文化馆主办的“文化致敬红心向党——东莞市社会文艺团队公益行动”第三期活动在市文化馆东门广场举行，百台钢琴共奏赞曲《唱支山歌给党听》。

△ 2021年东莞市青年艺术家圆梦行动在市文化馆星剧场启动，首场演出——“凤舞华夏”孟亭亭传统服饰秀上演。

24—25日 全国5G行业应用规模化发展现场会在深圳市、东莞市召开，工信部部长肖亚庆、广东省省长马兴瑞出席会议并讲话。

25日 东莞市住建局举行建筑施工安全生产现场观摩交流会。

26日 东莞市委书记肖亚非、市长吕成蹊分别率市“八一”拥军慰问团，看望慰问部队官兵。

△ 东莞市人大常委会党组召开2021年第三十二次会议，市委书记、市人大常委会主任肖亚非主持会议并讲话，强调把握人大工作正确政治方向。

△ 东莞市推进河涌“剿黑消劣”现场会议在虎门镇召开，市长吕成蹊出席会议并讲话。

27日 2021年“蓝火博士生工作团”东莞分团开团仪式举行。来自全国18所高校的30名博士生齐聚松山湖国际创新创业社区。

△ 2021广东荔枝“12221”市场体系建设总结暨龙眼、柚子、香蕉、柑橘营销动员大会在广州市举行，东莞市获颁优秀政务服务奖。

27—30日 东莞市第十届运动会体操比赛在市体育运动学校举行。来自莞城、高埗、清溪、长安等10个镇街的284名小选手，角逐45个项目135枚奖牌。

28日 东莞市数字政府“莞家”系列发布会在市民服务中心举行，“i莞家”“企莞家”“数莞家”“东莞市民卡”四大项目上线，覆盖政务服务、民生服务、涉企服务和城市治理等领域。

△ 在东京奥运会女子三人篮球比赛中，中国队夺得铜牌，由东莞市输送的杨舒予发挥出色。

29日 十四届东莞市纪委六次全会召开，学习贯彻习近平总书记“七一”重要讲话和习近平总书记在十九届中央纪委五次全会上的重要讲话精神，贯彻落实中央纪委全会、省纪委全会精神，总结东莞市2020年以来的纪检监察工作，研究部署2021年下半年工作任务。

△ 东莞市委书记肖亚非主持召开市委常委会会议，传达学习习近平总书记在中央政治局第三十

次集体学习时关于加强和改进国际传播工作的重要讲话精神，研究东莞市贯彻意见。

△ 东莞市召开政法队伍教育整顿“回头看”反馈会，广东省驻点指导组组长于思浩出席会议并反馈指导意见，东莞市委书记肖亚非作表态发言。

△ 东莞市委议军会议暨市委退役军人事务工作领导小组第三次全体会议召开，研究部署市国防武装和退役军人工作重点任务。

△ 东莞市市长吕成蹊围绕学习贯彻习近平总书记在庆祝中国共产党成立100周年大会上的重要讲话精神，为市府办、市审计局党员代表上党课。

△ 东莞市市长吕成蹊以“四不两直”方式带队赴万江街道，检查消防安全工作落实情况。

△ “科创引领，才创未来——2021海内外高层次人才东莞行”活动拉开帷幕，50多名专家来东莞市考察和洽谈合作。

△ 东莞市启动2021DiDAward（东莞杯）国际工业设计大赛，比赛持续到11月。

29—30日 东莞市举办“科创引领，才创未来——2021海内外高层次人才东莞行”活动。首日在松山湖国际创新创业社区举行活动启动仪式，并为东莞新能源研究院揭牌。

30日 中国共产党东莞市第十四届委员会第十四次全体会议召开，市委常委会主持会议。市委书记肖亚非代表市委常委会作报告，市长吕成蹊作具体工作部署。

△ 东莞市委书记肖亚非率市“八一”拥军慰问团慰问东莞军分区官兵。

△ 东莞市举办国际友城经贸投资合作线上交流会，与德国伍珀塔尔市、巴西坎皮纳斯市、以色列霍隆市等7座城市的经贸方面负责人共商合作。

7月30日至8月1日 由中国食品工业协会与东莞市人民政府联合主办的2021第二届中国食品品牌创新发展大会暨粤港澳大湾区食品博览会在东莞市举行，吸引来自全国各地约300家食品企业参展。

31日 东莞市召开全市疫情防控、安全生产和三防工作电视电话会议。

8月

1日 东莞市委、市政府发出“八一”慰问信，对驻莞部队官兵致以节日的祝贺和慰问。

△ 新修订的《东莞市市场主体住所（经营场所）登记管理办法》实施，东莞市大朗市场监管分局于当天发出全市首张“一照多址”备案证明。

2日 中共东莞市委主要领导与市各民主党派新老主委座谈会举行。

△ 东莞市市长吕成蹊主持召开市政府常务会议，研究部署市安全防范工作。

△ 东莞市市长吕成蹊主持召开市政府党组会议，传达学习习近平总书记重要讲话精神，学习《中国共产党简史》第五、第六章。

△ 东莞市疫情防控指挥办发出《关于进一步做好近期新冠肺炎疫情防控工作的紧急通知》，要求全市各级党政机关、企事业单位带头减少人员流动。

△ 即日起，东莞市个人住房转让增值税征免年限，由2年调整为5年。

3日 东莞市委常委会暨市新冠肺炎疫情防控领导小组（指挥部）会议召开，研究疫情防控、安全生产和防灾减灾工作。

△ 东莞市发布《关于贯彻落实省、市有关会议精神进一步做好疫情防控工作的紧急通知》，要求压紧压实疫情防控责任，落实人员管控措施，落实文化旅游体育场所疫情防控措施。

△ 东莞市委书记肖亚非到东城街道督导疫情防控、安全生产、三防和水环境综合治理工作。

△ 广东省科学技术厅官网发布《关于拟认定2021年度广东省工程技术研究中心名单的公示》，东莞市有58个单位入选名单，居广东省第三位，仅次于深圳、广州市。

4日 东莞市委书记肖亚非以普通党员身份参加所在的市委办内设科第一党支部党史学习教育专题组织生活会，广东省委党史学习教育第二巡回指导组副组长黄育振到会指导。

△ 东莞市市长吕成蹊以普通党员身份参加所在的市府办内设科第一党支部专题组织生活会。

△ 东莞市市长吕成蹊赴谢岗镇、桥头镇、企石镇调研疫情防控、安全生产和三防工作。

△ 东莞市市长吕成蹊会见来访的以色列驻穗总领事劳霈乐（Peleg Lewi）一行。

△ 即日起，东莞市虎门高铁站（虎门镇）、东莞站（石龙镇）、东莞东站（常平镇）等3个站场设置新冠病毒核酸检测点，公

交、地铁恢复测温亮码措施。

8月5日至11月5日　由东莞市人民政府主办，中共东莞市委宣传部、东莞市文化广电旅游体育局承办的“容庚与东莞”大型系列展览活动在市岭南美术馆举行。

6日　东莞市委常委会暨市新冠肺炎疫情防控领导小组（指挥部）会议召开，传达学习习近平总书记关于疫情防控工作的重要指示精神，传达国务院联防联控机制全国疫情防控工作电视电话会议精神，听取东莞市疫情防控工作汇报，研究下阶段工作安排。

7日　东莞市发布疫情通告，即日起至8月16日，暂时关停全市酒吧、歌舞娱乐场所（KTV）、上网服务场所、游艺娱乐场所、棋牌室、麻将馆、迷你歌咏亭、迷你书亭、密室逃脱场所、洗浴（SPA）场所。

8日　中国第13个“全民健身日”，首届东莞市体育消费节启动。

9日　东莞市委书记肖亚非到道滘镇、南城街道，对出租屋管理、安全生产及社区疫情防控工作进行督导检查。

△　东莞市市长吕成蹊主持召开市政府党组（扩大）会议，组织学习《地方党政领导干部安全生产责任制规定》等。

△　东莞市市长吕成蹊主持召开市政府常务会议，审议通过市国际健康驿站项目相关事项。

△　东莞市举行全市主干道路人行道环境秩序专项整治现场会暨“百日攻坚”行动启动仪式。

10日　广东省委常委、宣传部部长陈建文到东莞市调研。

△　东莞市麻涌镇麻三村举行“中国美丽休闲乡村”揭牌仪式。麻三村为东莞市唯一入选农业农村部办公厅公布的“2020年中国美丽休闲乡村”。

11日　东莞市委常委会召开会议，听取党史学习教育工作情况汇报。

△　东莞市首个“企业消防安全培训教育微体验点”在松山湖高新区揭牌。

12日　东莞市召开全市脱贫攻坚总结暨新一轮对口帮扶工作动员部署会议。

△　东莞市委书记肖亚非到石龙镇对疫情防控、安全生产和基层治理工作进行督导检查。

△　东莞市市长吕成蹊到市“12345”政府服务热线管理中心开展调研。

△　东莞市“企莞家”2.0版本上线。

14日　东莞市“青春你我荟莞邑”2021东莞台港澳青年创业领袖营开营。

△　七夕佳节，在东莞市民政局婚姻登记处，婚姻家庭辅导员为新人举办“缘定七夕‘疫’然爱你”幸福时刻活动。

16日　东莞市委审计委员会召开第三次会议，审议《关于东莞市2020年度市级预算执行和其他财政收支情况审计工作报告》《东莞市2021至2022审计年度审计项目计划》《东莞市审计工作发展“十四五”规划》，研究部署2021—2022审计年度工作。

△　东莞市市长吕成蹊主持召开市政府党组（扩大）会议，组织学习《中国共产党简史》第七、第八章。

△　东莞市市长吕成蹊主持召开市政府常务会议，研究市危险化学品领域专项整治方案，审议提升“12345”热线和人民网领导留言板工作质量以及“证照分离”“一照通行”改革等重大事项。

17日　东莞市委常委会暨市新冠肺炎疫情防控领导小组（指挥部）会议召开，传达中央、省关于新冠肺炎疫情防控工作会议精神，听取东莞市疫情防控工作情况汇报，听取中央、省关于“双减”（减轻义务教育阶段学生作业负担和校外培训负担）工作有关精神，听取市学校思政课建设、义务教育工作和“双减”工作情况汇报，研究下阶段工作安排。

△　在第四个“中国医师节”到来之际，东莞市委、市政府代表向全市卫生健康工作者致以节日祝贺和问候。

△　东莞市委书记肖亚非赴松山湖高新区调研疫情防控、安全生产工作和经济社会发展情况。

18日　东莞市8所改扩建学校项目集中移交仪式在市第八高级中学校区举行。移交后，可提供1.06万个学位。

△　东莞文献系列成果发布会在东莞图书馆举行，同时为“深耕·厚积·传播——东莞图书馆知识生产成果展”揭幕。

19日　东莞市委书记肖亚非会见第三届全国“最美拥军人物”莫浩棠。

△　东莞市委书记肖亚非会见韩国驻穗总领事馆总领事韩在爀一行。

△　东莞市举行庆祝“中国医师节”暨2021东莞市“最美医生”“最美护士”发布仪式，市委书记肖亚非、市长吕成蹊等出席发

布仪式。

△ 由东莞市委宣传部、东莞市文明办主办的2021年上半年“东莞好人”发布暨第二届好人宣讲团、好人志愿服务队授旗仪式在厚街镇举行。

△ 《广东省文化和旅游厅关于命名2021—2023年度“广东省民间文化艺术之乡”的通知》发布，其中东莞市道滘镇（粤曲）入选。

20日 东莞市举行滨海湾新区重大项目开工仪式，有15个重大项目集中开工，总投资超百亿元。

△ 2021年度东莞市委政法工作会议暨扫黑除恶专项斗争总结大会召开。

△ 东莞市举行城建规划设计院松山湖分院揭牌仪式。

21日 《东莞市2021年秋季学期开学前后学校疫情防控工作方案》印发。

23日 广东省召开全省机关党的建设工作暨深化模范机关创建工作推进会，东莞市委书记肖亚非、市长吕成蹊等在东莞分会场收听收看会议。

△ 东莞市市长吕成蹊主持召开市政府党组（扩大）会议，传达学习习近平总书记在中央财经委员会第十次会议上的重要讲话精神，研究东莞市贯彻落实意见。

△ 东莞市市长吕成蹊主持召开市政府常务会议，研究市交通安全百日攻坚专项行动方案。

△ 东莞市中央商务区出让一宗面积2.9万平方米的商住地，港心公司以13.9亿元竞得，计划投资约30亿元，建设东莞“香港中心”（建筑面积15万平方米），吸引香港的金融、会计、法律等生产性服务业入驻。

24日 东莞市市长吕成蹊率队赴塘厦镇、樟木头镇巡查督导石马河治理工作并召开座谈会。

△ 东莞市可园博物馆报告厅举行第四期品质文化之都·“新时代明伦堂”文博主题讲座——容庚旧藏铜器全形拓片鉴赏讲座。

26日 东莞市委书记肖亚非赴望牛墩镇调研重大项目建设、招商引资、安全生产、疫情防控等工作情况。

△ 东莞市召开市委统一战线工作领导小组会议。

△ 《东莞市推动企业上市发展三年行动鲲鹏计划（2021—2023年）》以及配套奖励政策发布。

△ 东莞市在市民服务中心举行“12345”热线公积金智能语音客服上线仪式。

27日 东莞市委常委会暨市新冠肺炎疫情防控领导小组（指挥部）会议、东莞市市委全面依法治市工作会议召开，会议传达学习习近平总书记重要讲话精神，传达中央、省关于新冠肺炎疫情防控工作会议及文件精神，听取东莞市疫情防控工作情况汇报，研究下阶段工作安排；学习习近平法治思想，传达省委全面依法治省工作会议精神，研究东莞市贯彻意见。

△ 《东莞上市公司2020年度发展报告》云发布会举行。

△ 东莞市召开村（社区）加强规范停车管理媒体通气会。

△ 东莞市城市管理和综合执法局召开共享单车行业执法管理约谈会。

△ 中央第四生态环境保护督察组督察广东省动员会在广州市召开，东莞市委书记肖亚非、市长吕成蹊在东莞市通过视频会议的形式列席会议。

28日 东莞市召开生态环境保护督察动员会。

△ 在东京残奥会射箭W1级复合弓混合团体赛中，东莞市运动员陈敏仪搭档浙江省运动员张天鑫以138环的成绩夺得金牌。

29日 东莞市委书记肖亚非率队赴高埗镇、万江街道检查和调研生态环境整治情况。

30日 东莞市市长吕成蹊主持召开市政府党组（扩大）会议，传达学习习近平总书记向中国—上海合作组织数字经济产业论坛、2021中国国际智能产业博览会致贺信精神和习近平总书记关于数字经济发展的重要论述，研究东莞市贯彻落实意见。

△ 东莞市市长吕成蹊主持召开市政府常务会议，听取东莞市校车安全、校园安全、防范学生溺水等工作情况汇报，审议通过《关于贯彻落实〈广东省进一步稳定和扩大就业若干政策措施〉的实施意见》等重大事项。

△ 中央第四生态环境保护督察组向东莞市转办第三批信访件4件。

31日 东莞市市长吕成蹊主持召开在莞国企座谈会议，听取在莞国企贯彻落实安全生产责任制情况汇报。

△ 2021年东莞市生活垃圾分类大赛启动仪式举行，胜者最高可获价值5000元的奖品。

△ 中央第四生态环境保护督察组向广东省交办第四批涉及环

境领域群众举报案件94件（来电62件、来信32件），其中涉及东莞市2件列为重点关注案件。

9月

1日　东莞市举行学习贯彻习近平总书记在庆祝中国共产党成立100周年大会上重要讲话精神广东省委宣讲团宣讲报告会，市委书记肖亚非出席报告会，省委宣讲团成员、省委党校（广东行政学院）常务副校（院）长张广宁作专题宣讲报告。

△　东莞市市长吕成蹊率队到东莞中学南城学校调研开学疫情防控、校园安全和义务教育“双减”（减轻义务教育阶段学生过重作业负担和校外培训负担）工作。

△　东莞市市长吕成蹊会见由铜仁市委副书记、市长皮贵怀率领的考察团一行，交流新型城镇化、新型工业化、农业现代化、旅游产业化等对口协作工作。

△　中央第四生态环境保护督察组向广东省交办第五批涉及环境领域群众举报案件103件（来电52件、来信51件），其中涉及东莞市6件。

△　来自东莞市的陈敏仪在东京残奥会射箭女子W1级复合弓个人赛中以142：131战胜捷克选手，获得冠军，并打破残奥会纪录。

2日　东莞市十六届人大常委会第五十次会议召开，讨论市、镇两级人大换届选举，并表决通过有关事项。

△　东莞市举行“保险服务乡村振兴”战略合作签约暨“东莞市民保”捐赠仪式，为12个村的低保户、特困供养人员捐赠每人300万元保额的保障。

△　中央第四生态环境保护督察组向广东省交办第六批涉及环境领域群众举报案件91件（来电57件、来信34件），其中东莞市科技企业孵化载体认定管理办法被列为重点关注案件。

△　在东京残奥会乒乓球女子TT6-8级团体决赛中，东莞市运动员黄文娟与茅经典配合，以2：0战胜荷兰队，获得冠军。

3日　东莞市市长吕成蹊前往松山湖高新区开展企业“数字化转型”以及高水平大学筹建调研。

△　中央第四生态环境保护督察组向广东省交办第七批涉及环境领域群众举报案件119件（来电61件、来信58件），其中东莞市2件被列为重点关注案件。

4日　东莞市市长吕成蹊率队督导中央第四生态环境保护督察组交办的重点信访案件办理情况。

△　东莞图书馆主办，东莞漫画图书馆、东莞绘本阅读联盟承办的“2021东莞动漫之夏”系列活动拉开序幕。

5日　中央第四生态环境保护督察组向广东省交办第九批涉及环境领域群众举报案件190件（来电68件、来信122件），其中东莞市2件被列为重点关注案件。

△　中国体育代表团结束东京残奥会所有比赛项目，东莞市运动员获得3枚金牌、3枚银牌。

6日　东莞市委书记肖亚非、市长吕成蹊会见国药集团融资租赁有限公司总裁王国梁一行。

△　东莞市市长吕成蹊主持召开市政府党组（扩大）会议，要求不断提升生态文明建设水平。

△　东莞市市长吕成蹊主持召开市政府常务会议，传达学习新《中华人民共和国安全生产法》，专题学习《防范和处置非法集资条例》。

△　中央第四生态环境保护督察组向广东省交办第十批涉及环境领域群众举报案件179件（来电63件、来信116件），其中东莞市1件被列为重点关注案件。

7日　东莞市镇两级人大换届选举工作会议召开，部署换届选举工作。

△　东莞市松山湖科学城举行松山湖材料实验室第一批月球科研样品（0.85克月壤）接收暨研究工作启动仪式。

△　中央第四生态环境保护督察组向广东省交办第十一批涉及环境领域群众举报案件171件（来电69件、来信102件），其中东莞市2件被列为重点关注案件。

8日　广东省精神文明建设工作推进会在东莞市召开，东莞市委书记肖亚非出席会议。

△　广东交通强省建设大会召开，东莞市委书记肖亚非在东莞分会场收听收看会议。

△　东莞市与塞尔维亚潘切沃市通过视频连线方式，签订友好交流合作关系备忘录，东莞市市长吕成蹊出席“云签约”仪式。

△　中国举重博物馆建设工作座谈会在东莞市石龙镇政府举行，中国举重协会专家指导组一行到石龙镇考察指导中国举重博物馆建设，并将该协会珍藏的一批举重运动藏品移交给中国举重博物馆，会上还发布中国举重博物馆标识。

△　“梦圆百年，共享文化”2021东莞共享文化年暨“品质文化”创投大赛在东莞市文化馆

召开工作交流会。

△　中央第四生态环境保护督察组向广东省交办第十二批涉及环境领域群众举报案件169件（来电65件、来信104件），其中东莞市1件被列为重点关注案件。

9日　东莞市委书记肖亚非主持召开市委常委会暨市新冠肺炎疫情防控领导小组（指挥部）会议，要求坚决巩固东莞市疫情防控持续向好态势。

△　东莞市委书记肖亚非带队开展教师节慰问活动。

△　东莞市市政府党组理论学习中心组举行专题学习会，专题学习习近平生态文明思想，市长吕成蹊出席并讲话。

△　中央第四生态环境保护督察组向广东省交办第十三批涉及环境领域群众举报案件172件，其中东莞市7件。

△　《中国乡镇综合竞争力报告2020》在北京市发布，揭晓2020中国百强镇名单，东莞市20个镇进入百强，长安镇、虎门镇则进入全国十强。

10日　东莞市召开全市教育大会，市委书记肖亚非出席会议并讲话，广东省教育厅副厅长、一级巡视员朱超华作指导讲话。会上给东莞市获“南粤优秀教师”“南粤优秀教育工作者”代表、2021年东莞市“最美教师”代表、东莞市从教40年老教师代表颁奖。

△　东莞市举行“洁净城市活动日”暨城市精细化管理示范村（社区）推进会。

△　中央第四生态环境保护督察组向广东省交办第十四批涉及环境领域群众举报案件153件，其中东莞市有2件被列为重点关注案件。

10—11日　东莞市市长吕成蹊率东莞市政府代表团赴牡丹江市开展对口合作交流活动。

11日　中央第四生态环境保护督察组向广东省交办第十五批涉及环境领域群众举报案件220件，其中东莞市有1件被列为重点关注案件。

9月11日至10月9日　2021东莞市时尚运动节举行。举行滑板、速度轮滑、飞盘、健美健身、花样滑冰等项目比赛。

12日　“弦外遇知音”陈家怡小提琴独奏与“太阳之子”四重唱音乐会在东莞市玉兰大剧院举行。

△　中央第四生态环境保护督察组向广东省交办第十六批涉及环境领域群众举报案件246件，其中东莞市8件。

13日　东莞市市长吕成蹊主持召开市政府党组（扩大）会议和市政府常务会议。审议《东莞市建筑施工领域安全生产整治专项行动方案》等重大事项。

△　深圳证券交易所与东莞市人民政府战略合作框架协议签署仪式在东莞市举行。

△　中国计生协家庭健康促进行动综合试点项目启动仪式在广东省东莞市石碣镇举行，项目贯彻落实健康中国和健康广东战略，助力构建三孩生育政策体系。

13—17日　云集中国、巴西两国科技工作者的2021中国·巴西科技创新合作论坛在东莞市松山湖高新区举行，论坛在智慧农业、智慧生物医疗卫生、新能源及减排和基因工程四个领域取得一系列的合作进展。

14日　东莞市委以“学党史悟思想，守纪律铸忠诚”为主题，举办全市第十九期领导干部党章党规党纪教育培训班。市委书记肖亚非出席开班式并讲话，市长吕成蹊传达省第二十期领导干部党章党规党纪教育培训班精神。

△　东莞市印发《关于加强商品房预收款收存管理的通知》，指出东莞市房地产开发企业要将商品房预售资金全部存入预售款专用账户。

△　东莞市启动国际商务区及三江六岸滨水岸线标志征集大赛。

△　东莞市举行工商界“庆中秋迎国庆”座谈会，市委书记肖亚非、市长吕成蹊出席活动。

△　广东省人力资源市场工作暨经验交流会议在东莞市举行。

△　中央第四生态环境保护督察组向广东省交办第十八批涉及环境领域群众举报案件215件，其中东莞市7件。

15日　结合第五期品质文化之都·“新时代明伦堂”文博主题讲座的契机，东莞市举办文物捐赠仪式，向容娴、何伯龙亲属代表何珀、何钢颁发捐赠证书，再续容庚为国收藏的爱国情怀。

△　中央第四生态环境保护督察组向广东省交办第十九批涉及环境领域群众举报案件227件，其中东莞市14件。

15—18日　2021东莞国际设计周在厚街镇举行。

16日　东莞市市场监督管理局对全市广大经营者、行业组织发布提醒告诫书，要求经营者销售的商品和提供的服务必须依法实行明码标价。

△　东莞市爱心志愿者协会

获评为“2017—2020年度全国群众体育先进单位”。

△ 2021年东莞市全国科普日活动在松山湖国际创新创业社区开幕。

16—19日 由工业和信息化部、国家市场监督管理总局和广东省人民政府联合主办的第十七届中国国际中小企业博览会和首届中小企业国际合作高峰论坛在广州市举行，东莞市围绕智能制造和人工智能领域精选6家企业参展。

17日 2021年东莞市庆祝“中国农民丰收节”系列活动开幕式在大岭山镇举行。

△ 东莞市疾病预防控制中心发布《致广大市民朋友的新冠病毒疫苗接种倡议书》，指出东莞市仍存在较多的免疫空白人群，要求尽早全程接种新冠病毒疫苗，织牢疫情防控网。

△ 中央第四生态环境保护督察组向东莞市转办第二十一批信访件12件。

18日 东莞市委常委会暨市新冠肺炎疫情防控领导小组（指挥部）会议召开，要求抓好国庆、中秋“双节”期间疫情防控工作。

△ 东莞市委召开2021年市各民主党派负责人暑期座谈会，向市各民主党派通报东莞市经济社会发展情况以及接下来重点工作安排，听取市各民主党派意见建议。

△ 中央第四生态环境保护督察组向东莞市转办第二十二批信访件14件。

19日 东莞市委书记肖亚非到长安镇、虎门镇检查督导疫情防控、水污染治理、安全生产和市场供应保障工作。

△ 中央第四生态环境保护督察组向广东省交办第二十三批涉及环境领域群众举报案件238件（来电63件、来信175件），其中东莞市1件列为重点关注案件。

20日 东莞市可园博物馆结合中秋节首次举办“夜游”活动，20多组家庭一齐赏明月、猜灯谜、看展览，感受容庚客居异乡六十余载、始终心系故里的乡邦情怀。

△ 中央第四生态环境保护督察组向广东省交办第二十四批涉及环境领域群众举报案件216件，其中东莞市1件列为重点关注案件。

21日 东莞市市长吕成蹊到市社会福利中心和市残疾人托养中心走访慰问。

△ 广州广播电视台推出“湾区共明月家国人梦圆——粤港澳大湾区城市台中秋特别策划”，来自大湾区“9+2”城市群的11个城市以线上直播联动的方式庆中秋，东莞广播电视台派出直播团队参与其中。

△ 中央第四生态环境保护督察组向广东省交办第二十五批涉及环境领域群众举报案件257件（来电69件、来信188件），其中东莞市10件。

22日 广东省卫生健康委通报，东莞市报告1例H5N6病例：患者李某富，男，53岁，柳州人，住大岭山镇。

△ 中央第四生态环境保护督察组向广东省交办第二十六批涉及环境领域群众举报案件161件（来电64件、来信97件），其中东莞市2件列为重点关注案件。

△ 国家统计局公布《经济社会发展统计图表：第七次全国人口普查超大、特大城市人口基本情况》，截至2020年11月1日，东莞市成为全国14个人口特大城市之一，列特大城市第二位。

23日 东莞市委书记肖亚非赴厚街镇、寮步镇调研企业生产经营情况。

△ 第十七届中国（深圳）国际文化产业博览交易会在深圳国际会展中心开幕，东莞市组团展位重点宣传推介东莞市文化旅游体育产业融合发展成果。

△ 中央第四生态环境保护督察组向广东省交办第二十七批涉及环境领域群众举报案件276件（来电66件、来信210件），其中东莞市1件列为重点关注案件。

24日 东莞市市长吕成蹊主持召开市政府党组（扩大）会议及市政府常务会议，听取东莞市解决工程领域劳资纠纷，城镇燃气、垃圾焚烧厂、垃圾填埋场安全、户外广告、路灯高处作业安全监管，以及“粤菜师傅”“广东技工”“南粤家政”三项工程的情况汇报。

△ “2021东莞纺织服帽产业高质量发展论坛”主论坛开幕，东莞市市长吕成蹊，广东省工业和信息化厅二级巡视员何兵等出席活动并致辞。

△ 东莞市发展战略院士咨询委员会办公室（东莞市科学技术协会）召开2019年度研究课题成果发布会。

△ 淘宝天猫东莞商家运营中心落户东莞市鳒鱼洲文化创意园，并在全国首次尝试“商家运营中心+直播供应链选品中心”相结合的运营模式。

△ 中央第四生态环境保护督察组向广东省交办第二十八批涉及环境领域群众举报案件318件，向东莞市转办第二十八批信访件14件。

24—28日　第五届广东省农产品质量安全检测技能竞赛暨第一届广东省农产品食品检验员检验技能竞赛在广州市举行，东莞市代表队获全省第二名、团体奖项一等奖。

25日　东莞市樟木头镇赣深高铁线路拨接施工现场线路封锁施工，新建赣深高铁引入广深城际铁路线路拨接完成，实现赣深高铁与邻近既有线路和在建铁路的互联互通。

△　东莞市“虎门女装”线上会场在天猫平台上线。

△　中央第四生态环境保护督察组向东莞市转办第二十九批信访件8件。

26日　广东省2021年第三季度重大项目集中开工活动举行，作为广东省6个会场之一的东莞市分会场设在洪梅镇，此次活动中，东莞市有40个项目参加集中开工，总投资209.7亿元。

△　“绘就时代本色——东莞美术名家革命和建设题材作品展”在岭南美术馆开幕，同时还举办“擦亮美术作品里的红色东莞”主题交流会。

△　首期粤港澳大湾区文化产业创新融合分享会在东莞市举行，主题为《中国书画的赏析、鉴藏及投资风控》，约50位法律界、司法鉴定界、书画界、收藏界、艺术投资界人士参加。

△　中央第四生态环境保护督察组向东莞市转办第三十批信访件14件。

26—27日　2021粤港澳大湾区女性科技创新大赛决赛及颁奖仪式在东莞市松山湖科学城举行。

27日　东莞市委书记肖亚非主持召开“百名法学家百场报告会”东莞市委理论学习中心组暨南粤法治报告会，中共中央党校（国家行政学院）副教育长、中国法学会副会长卓泽渊教授以“习近平法治思想”为主题作专题辅导报告，会议还邀请到省政协社会和法制委员会副主任、省法学会副会长贺恒芳代表省“百名法学家百场报告会”组委会出席该报告会。

△　东莞市市长吕成蹊主持召开市政府党组（扩大）会议、市政府常务会议，审议通过《东莞市“三合一”场所消防安全整治方案》《关于加强高污染燃料禁燃区环境管理的通告（2021年修订稿）》，并套开东莞市生态环境保护委员会会议。

△　《东莞市文化发展“十四五”规划》公布。

△　中央第四生态环境保护督察组向广东省交办第三十一批涉及环境领域群众举报案件449件（来电71件、来信378件），其中东莞市1件被列为重点关注案件。

27—29日　东莞市委书记肖亚非率东莞市党政代表团赴贵州铜仁市，共同谋划推进新阶段东西部协作结对帮扶工作。

28日　东莞市住建局发布通知，严厉打击房地产中介违法违规行为。

△　第十二届“中国统计开放日之广东”现场活动在东莞市展览馆举行。活动以“赓续红色血脉　奋进统计未来”为主题，回顾红色统计历史。

△　2021跨国公司投资广东年会在广州市开幕。在现场举行的签约仪式上，东莞市有4个项目签约，总投资238亿元。

△　中央第四生态环境保护督察组向广东省交办第三十二批涉及环境领域群众举报案件474件，其中涉及东莞市12件。

29日　东莞市市长吕成蹊先后赴虎门镇、长安镇、厚街镇调研重点企业和产业发展情况，开展节前安全生产检查。

△　东莞农商银行在香港联合交易所主板挂牌上市，成为全国第十三家上市农商银行，也是H股上市的第四家农商银行，东莞市市长吕成蹊出席上市仪式。

30日　东莞市委常委会暨市新冠肺炎疫情防控领导小组（指挥部）会议召开。传达学习习近平总书记重要讲话精神，传达中央、省关于新冠肺炎疫情防控工作会议精神，通报市疫情防控工作情况，研究下阶段工作安排。

△　中国第八个烈士纪念日，东莞市举行烈士公祭活动，东莞市委书记肖亚非、市长吕成蹊和各界代表约500人参加活动。

△　因勇斗歹徒而牺牲的东莞市公安局民警黎伟标被追授为全国平安英雄、全国公安系统一级英雄模范。

△　东莞市2021年度“平安杯”社会治理创新大赛决赛举行，有15个优秀项目参赛，其中厚街镇少年警校项目获一等奖。

10月

1日　东莞市委书记肖亚非到市委市政府总值班室、大朗镇社区卫生服务中心和集中隔离场所，检查值班值守及疫情防控工作情况。

△　粤港澳（东莞）非遗墟市五周年暨非遗手绘地图拼图发布活动在东莞市文化馆举行。1—2日，东莞市非物质文化遗产在四区

（景区、社区、小区、园区）暨鳒鱼洲文化创意园国庆游玩节在鳒鱼洲举行。

△ 第五届广东省青少年拉丁舞·标准舞城市邀请赛在东莞市广东科技学院举行，来自全省的50多支代表队近千人同台竞技。

1—2日 2021“战马杯”广东电子竞技联赛东莞赛区总决赛举行，BYY战队夺冠。

6日 东莞市麻涌镇男子篮球队举行参加第十四届全国运动会群众篮球男子青年城市街道（社区）组比赛出征仪式，这是该队连续两届代表广东省出战全国运动会群众篮球比赛。10月15日，在四川省珙县举行的第十四届全运会群众篮球项目男子青年城市街道（社区）组决赛上，战胜东道主四川珙县队，为广东省体育代表团夺得1枚金牌。

8日 东莞市市长吕成蹊赴松山湖高新区调研重点企业生产经营情况。

△ 广深高速公路道滘中心站当班保安员发现受伤国家“三有”（有益、有重要经济价值、有科学研究价值）保护动物黄斑苇鳽落脚高速路，报告道滘镇农林水务局送往东莞市野生动物收容救护站接受治疗和保护，后放归大自然。

9日 东莞市委书记肖亚非赴塘厦镇调研战略性新兴产业基地建设并召开南部九镇高质量发展工作座谈会。

△ 东莞市组织收听收看2021年全省禁毒工作电视电话会议，并套开2021年全市禁毒工作会议，市长吕成蹊出席并讲话。

10日 2021年东莞市PLC（可编程控制器）电气自动化编程与调试技能竞赛举行，吸引149家企业200余名选手参加。

11日 东莞市市长吕成蹊主持召开市政府党组（扩大）会议，传达学习习近平总书记在陕西榆林考察时的重要讲话精神及省委常委会会议精神。

△ 东莞市市长吕成蹊还主持召开东莞市市政府常务会议，学习习近平总书记关于城市轨道交通运营安全工作的重要指示精神。

△ 东莞市滨海湾新区在深圳市举行价值投资分享会，深圳市电子信息、人工智能、生命健康等行业商协会、企业代表200人参会，签约总投资228亿元。至此，成立仅4年的滨海湾新区达成投资意向4550亿元。

11—13日 第七届广东国际机器人及智能装备博览会在东莞市广东现代国际展览中心举行，吸引300余家国内外企业参展，展览面积超3万平方米。10月12日，举办2021中国智造业年会暨半导体产业峰会、机器视觉创新发展高峰论坛暨东莞市机器视觉产业联盟成立大会、“专精特新”专题服务对接会等系列配套活动。

12日 东莞市市长吕成蹊赴石排镇、石龙镇调研重点企业及经济运行情况。

△ 东莞市知识产权运营基金签约暨启动仪式在松山湖高新区举行。

△ 东莞市举行“平安2021”新闻发布会，通报电信网络诈骗警情同比下降42.61%，降幅列全省第二位。

△ 由工业和信息化部、财政部指导，广东省工业和信息化厅、广东省财政厅、东莞市人民政府共同主办的第六届“创客中国”广东省中小企业创新创业大赛暨第五届“创客广东”大赛决赛在东莞市举行，大赛12强队伍参加。

12—13日 2021年东莞市中华诗词大会举行总决赛。

13日 东莞市市长吕成蹊赴莞城街道调研老旧城区历史文化保护工作情况。

13—15日 2021海外青年才俊云聚东莞市活动举行，来自全球80多个国家的侨胞云上交流。

14日 联合国《生物多样性公约》第十五次缔约方大会生态文明论坛在昆明市召开，东莞市被授予“第五批国家生态文明建设示范区”称号。

△ 2021年世界标准日宣传纪念活动在东莞市深化商事制度改革综合试验基地举行，东莞市首批3大技术标准创新平台（基地）分别完成签约。

15日 2021年东莞市生活垃圾分类千点示范工程现场观摩会举行。

△ 广东省政协副主席袁宝成率调研组一行到东莞市，就“进一步优化营商环境，促进横琴粤澳深度合作区和前海深港现代服务业合作区建设”开展专题调研并召开座谈会。

△ 广东省人力资源和社会保障厅在东莞市召开社保卡居民服务“一卡通”创新应用暨全省人社网络安全和信息化工作推进会。东莞市是全国社保卡“一卡通”创新应用示范和省综合应用试点示范城市。

△ 全国对台工作系统先进集体和先进个人表彰活动在北京市举行，中共东莞市委台港澳工作办公室获评为“全国对台工作系统先进集体”。

△ 中国基本盘·首届中国制造业领袖峰会在东莞市举行。

△ 2021年世界粮食日和全国粮食安全宣传周广东省分会场活动，在东莞市麻涌镇举行。

△ 即日起，东莞市取得预售许可证或现售备案证书的新建商品住房项目，统一通过购房意向登记系统办理认购登记。

15—17日 广东省新职业技术技能大赛暨2021东莞市技能节在东莞市举行。广东省人力资源和社会保障厅厅长陈奕威、东莞市市长吕成蹊等领导出席开幕式，并向10家东莞市技能等级认定企业代表授牌。大赛吸引全省近1000名选手参赛，东莞市选手获2枚金牌、2枚铜牌和18个优胜奖。

15—19日 第130届中国进出口商品交易会于线上线下同期举行，展会设置16大类商品51个展区，东莞市180多家企业参展。

16日 以“科技赋能未来课程与教学变革”为主题的粤港澳大湾区未来教育论坛在东莞市举行。

16—18日 第六届中国国际食品及配料博览会在东莞市以线上线下融合的形式举行，有29个省份以及16个国家的企业参展。

17日 “RCEP（区域全面经济伙伴关系）与农业贸易高质量发展”研讨会在东莞市举行，会上农业农村部农业贸易促进中心联合广东省农业农村厅进行RCEP农业贸易基地创建工作启动仪式。

18日 东莞市举办以“路”为主题的市直机关党史学习教育情景式主题党课，肖亚非、吕成蹊、骆招群、白涛、潘新潮等领导以普通党员身份与机关优秀党员代表共上党课。全市机关党员群众通过网络直播方式，线上同步收看。

△ 国际风景园林师联合会（IFLA）公布2021年国际风景园林师联合会亚太地区风景园林专业奖名单，东莞市滨海湾新区威远岛森林公园概念设计项目获公园与环境类优秀奖。

19日 东莞市委书记肖亚非主持召开市委常委会（扩大）会议，肖亚非、吕成蹊等市领导结合各自分管领域，提出未来发展思路和重点任务建议。

△ 2020级联合培养研究生欢迎仪式在东莞市名校研究生培养（实践）基地举行。

△ 全国“双创”（大众创业、万众创新）活动周广东省分会场启动仪式在国家双创示范基地松山湖高新区举行，2021年松山湖创新创业大赛同步启动。

20日 东莞市委理论学习中心组举行专题学习会，集中观看《生命重于泰山——学习习近平总书记关于安全生产重要论述》电视专题片。

△ 东莞市委常委会暨市新冠肺炎疫情防控领导小组（指挥部）会议召开。要求抓好常态化疫情防控，盯紧重点地区疫情输入风险，做好重大活动防控保障，强化监测和疫苗接种，做好应急准备。

△ 《东莞历代著作丛书》第五辑《容媛金石学文集》首发暨“旨亭街：一座城市的文化记忆”展览开幕仪式在莞城图书馆举行。

△ 广东省全省统一组织举办“广东兜底民生服务社会工作双百工程”挂牌仪式，东莞市33个镇街（园区）社会工作服务站同步举行挂牌仪式，这也标志着东莞市“双百工程”启动。

21日 东莞市委主要领导督办市政协重点提案调研座谈会召开，市委书记肖亚非出席并讲话。

△ 东莞市市长吕成蹊主持召开市政府党组（扩大）会议，传达学习习近平总书记致中国质量（杭州）大会的贺信精神。

△ 东莞市市长吕成蹊主持召开市政府常务会议，研究危险废物经营单位安全生产、食品安全及规模以上企业研发投入后补助资金管理等工作，套开东莞市食品药品安全委员会会议。

△ 东莞市召开全市安全防范工作例行调度会，分析安全生产形势，督促各有关部门找准问题短板。

21—22日 全国政协副主席、九三学社中央常务副主席邵鸿到东莞市调研，考察中国散裂中子源、华为终端总部项目，参观松山湖科学城展览馆、“容庚在东莞”系列展览、可园博物馆，并与九三学社东莞市委会班子成员召开座谈会。

△ 2021中国(东莞)智能终端高峰论坛在松山湖高新区举行，与会海内外专家学者聚焦粤港澳大湾区智能终端产业发展和绿色低碳科技创新。

22日 东莞市委书记肖亚非、市长吕成蹊率市党政代表团赴深圳市光明区学习考察。

22—24日 华为开发者大会在松山湖高新区举行。

23日 东莞市第三届自然嘉年华在市植物园举行。

24日 广东省文明办、省妇联联合在广州市举办“颂百年风华传红色家风”——“少年儿童心向党”活动成果展示暨2021年度广东十大最美家庭揭晓仪式，东莞市谢东阳家庭入选广东十大最美家庭。

△ 2021年南粤古驿道“Hello5G杯”定向大赛第二站在东莞市石排镇塘尾村举行。

24—27日 2021年广东省青少年游泳锦标赛举行，东莞市游泳队获金牌46枚，实现历史新高，列金牌榜第二位；综合团体总分1992.50分，列总榜第三位。

25日 东莞市委书记肖亚非主持召开市委常委会会议，学习中共中央、国务院《关于新时代加强和改进思想政治工作的意见》。

△ 东莞市心理热线“88881111”启用仪式在市第七人民医院举行。

△ 东莞市特殊教育指导中心授牌暨普通中小学设立特教班试点启动仪式在市教师发展中心举行，南城阳光第六小学、石排中学、茶山镇中心小学3所普通学校成为首批特教班试点学校，开设融合教育特教班。

25—28日 第二十一届中国（长安）国际机械五金模具展览会举行。

26日 东莞市召开进一步加强全市城镇燃气安全生产工作推进会。

△ 2021东莞市博士后沙龙活动举行，包括东莞理工学院、松山湖材料实验室、散裂中子源在内的市企事业单位博士后、研发人才参加活动。

△ 东莞市质量基础设施协同服务与应用中心（厚街）揭牌。

△ 广东省东莞市特殊教育指导中心授牌仪式举行。

26—29日 2021广东省群众艺术花会（戏剧曲艺）决赛在梅州市举行，东莞市共获2枚金牌、6枚银牌、2枚铜牌，列广东省第二名，其中道滘镇原创曲艺作品《百年之约》获金奖。

27日 东莞市委书记肖亚非到东城街道调研经济社会发展工作。

△ 东莞市市长吕成蹊主持召开市政府党组（扩大）会议，传达学习贯彻习近平总书记在中央政治局第三十四次集体学习时的重要讲话精神。

△ 东莞市市长吕成蹊主持召开市政府常务会议，研究做好危险化学品安全生产、市场监管现代化、博士后管理等工作。

△ 东莞市十六届人大常委会第五十二次会议公共卫生体系建设专题询问会举行，在网上同步直播，线上观看量超过21万人次。

27—28日 广东省生态环境厅举办第三届广东省突发环境事件应急演练大比武，东莞市生态环境局获二等奖。

27—29日 以“强作风提效能、办实事开新局”为主题的第九届广东省市直机关“先锋杯”工作创新大赛举行，东莞市获一等奖。

28日 东莞市委书记肖亚非到厚街镇调研经济社会发展工作。

△ 东莞市市长吕成蹊主持召开市政府党组（扩大）会议，传达学习习近平总书记在党的十九届六中全会上的重要讲话精神和全会精神，以及广东省委常委会会议精神。

△ 东莞市市长吕成蹊主持召开市政府常务会议，专题学习《广东省消防“十四五”规划》《广东省重大行政决策程序规定》。套开市消防安全委员会会议。

△ 东莞市教育局举办“双减”工作首场微发布会，解读《东莞市教育局关于进一步加强中小学校内减负工作的指导意见》《东莞市2021年义务教育校内课后服务工作指引》。

28—29日 第六届清华校友三创（创意创新创业）大赛互联网与新媒体全球总决赛系列活动在东莞市松山湖高新区举行，全球62支清华团队参加总决赛，其间有8个合作项目集体签约。

28—31日 第十二届东莞台湾名品博览会将在位于东莞市厚街镇的广东现代国际展览中心举行。10月28日，粤港澳大湾区青年创新创业馆和红珊瑚生命科学馆亮相，参展的48家企业聚焦智能科技、生物科技、文化创意、食品贸易等领域。

29日 东莞市举行“12345”政务服务便民热线扩容提质启动仪式，启用“12345”热线新场地，座席规模扩容至300席450人。

△ 东莞市在松山湖高新区举行“提升中小企业计量保障能力”项目启动仪式。

△ 东莞市市长吕成蹊主持召开社会信用体系建设专题会议。

△ 东莞市“12345”政府服务热线新场地启用，接听满意度提升至99%以上。

△ 华为技术有限公司在东莞市松山湖园区举行军团组建成立大会。

30日 东莞市委军民融合办组织开展军警民联防演练活动，重点检验海上联防联控工作机制，强化应对突发情况的能力。

△ 在2021年广东省首届工会社会工作优秀案例评选活动中，东莞市获评6个优秀案例。

△　广东省高等教育学会2021学术研讨会在东莞市召开，高校校长共商“新时代高等教育高质量发展：战略、举措与路径”。

△　“同饮一江水”2021广东劳动者歌唱大赛年度总决赛在东莞市塘厦镇演艺馆举行。

31日　“莞邑家庭心向党，家教家风永传承”东莞市首届家庭文化节闭幕式在茶山镇南社村举行，并为茶山镇“家和”家教家风主题馆揭牌。

△　2021粤港澳大湾区青年自行车联赛（东莞站）在滨海湾新区举行，吸引超过300名选手参加。

11月

1日　光达制造·大朗智慧谷南区主体结构封顶，该项目总建筑面积22万平方米工业空间，承接松山湖国家科学中心先行启动区产业转移及莞深科创成果产业集聚。

△　东莞市消防宣传公交专线（G7、45、27公交路线）上路，覆盖市区周边8个镇街。

△　即日起，东莞市个人转让二手住宅的个人所得税核定征收率调整为1%，个人转让二手非住宅的个人所得税核定征收率调整为1.5%。

2日　东莞市虎门镇举行维峰电子华南总部智能制造基地奠基仪式，该项目总投资5亿元，占地面积1.47万平方米。

△　东莞数字政府生态联盟发布暨“i莞家”一码通城体验活动在市民服务中心举行。

△　中国社科院财经战略研究院与中国社会科学出版社共同发布《中国城市竞争力报告》，对2021年中国291个城市进行评价：东莞市挺进全国科创20强，居地级市第三位；东莞市综合经济竞争力居全国第十七位。

2—3日　第四届粤港澳大湾区“粤菜师傅”技能大赛在汕头市举行。东莞市代表团6名选手参赛，获一等奖2名、二等奖2名、三等奖1名、优胜奖1名，奖牌总数和奖金总数均列全省第二位。

3日　东莞市委书记肖亚非到南城街道调研经济社会发展工作。

△　东莞市市长吕成蹊主持召开市政府党组（扩大）会议，传达学习习近平总书记致第130届中国进出口商品交易会贺信精神，传达学习李克强总理在出席第130届中国进出口商品交易会暨珠江国际贸易论坛开幕式时的主旨演讲精神和在广东考察时的工作要求。

△　东莞市市长吕成蹊主持召开市政府常务会议，审议通过《东莞市金融业发展“十四五”规划》。

△　2020年度国家科学技术奖励大会在北京市举行，其中东莞市企业——广东志成冠军集团有限公司与湖南大学等单位完成的“海岛/岸基高过载大功率电源系统关键技术与装备及应用”项目获得国家科技进步奖二等奖。

△　在2021腾讯数字生态大会上，腾讯研究院联手腾讯云发布《数字化转型指数报告2021》，东莞市、佛山市作为第二梯队，发展水平在全国处于领先地位。

4日　东莞市委理论学习中心组（扩大）专题学习会召开，学习贯彻习近平总书记关于做好城市工作的系列重要论述精神。

△　东莞市疫情防控指挥部办公室举行2021年市冬春季新冠肺炎聚集性疫情应急处置演练。

△　人民银行东莞市中心支行、中国银行东莞分行通过“现场活动+线上直播”形式联合举办“台资及对台贸易企业跨境人民币政策宣讲会”，全市80余家重点台资及对台贸易企业相关负责人参加现场宣讲，2.6万名涉外企业相关人员参加线上直播活动。

△　第六期“品质文化之都·新时代明伦堂”文博主题讲座——“容庚先生学术成就与特色”讲座在东莞市可园博物馆报告厅举行。

5日　东莞市委书记肖亚非主持召开市委常委会暨市新冠肺炎疫情防控领导小组（指挥部）会议，要求抓好秋冬季常态化疫情防控。

△　东莞市华为制造业数字化转型赋能中心签约仪式暨2021工业软件创新应用大赛启动仪式举行。

△　东莞市文化馆携手巨量引擎城市研究院东莞研究中心共同推出“巨量引擎城市研究中心·东莞文旅数字基地”合作项目。

△　东莞市应急管理局茶山分局获评为“全国应急管理系统先进集体”。

△　东莞市横沥镇入选第二批全国乡村治理示范乡镇名单，茶山镇南社村、常平镇桥梓村入选第二批全国乡村治理示范村名单。

5—7日　2021年全国文采会“东莞站”——2021粤港澳大湾区公共文化和旅游产品（东莞）采购会在东莞市文化馆举行。

5—10日　第四届中国国际进口博览会在国家会展中心（上海）举行。东莞市在虹桥国际城市“会客厅”展示区设东莞城市形象宣传馆，并举办中德（东莞）先进制造业尊享交流会；广东拓斯达科技股份有限公司作为智能制造代表企业之一，携SCARA（水平多关节）四轴机器人亮相进博会。

6日　“2021工业软件创新应用大赛”在东莞市启动。

7日　东莞市举行“11·9”消防宣传月活动启动仪式，并举行全市职业技能竞赛获奖单位颁奖和“莞邑十佳消防卫士”颁奖仪式。

△　凤岗公安分局凤岗派出所民警古暘阳在控制一名男子阻碍执法过程中晕倒，后经医院抢救无效后牺牲。

8日　第二十二个中国记者节，中共东莞市委、东莞市人民政府发出《致全市新闻工作者的慰问信》。在东莞广播电视中心举行东莞市庆祝第二十二个记者节暨第十四届东莞新闻奖颁奖礼。

△　东莞市市长吕成蹊主持召开市政府党组（扩大）会议和市政府常务会议。

△　2021年市长督办政协重点提案调研座谈会召开，市长吕成蹊对市政协重点提案《关于加快“数字政府”建设，全面提升我市政务服务能力和现代化治理水平的系列提案》进行督办。

△　经省委编委批准，南方报业传媒集团东莞分社揭牌。

△　广东省普法办公室组织开展的2020—2021年全省国家机关“谁执法谁普法”创新创先项目评选揭晓，由东莞市民政局报送的“‘双百工程’+‘民生大莞家’，救助政策惠万家”项目，获评优秀普法项目奖，为全省地级市民政系统唯一获奖项目。

9—10日　东莞市市长吕成蹊赴凤岗镇、塘厦镇、望牛墩镇调研重点企业及镇街经济运行情况、检查安全生产工作。

10日　广东省省级以上革命文物保护单位保险捐赠仪式在广东东江纵队纪念馆举行。东莞市7家省级以上革命文物保护单位管理机构接受保险捐赠。

11日　东莞市委书记肖亚非主持召开东莞市委常委会会议，要求发挥红色资源的教育功能，打造一批高质量教育基地。

11—14日　2021第十二届东莞台湾名品博览会在广东现代国际展览中心举行，以“聚焦创新科技　聚力融合共赢”为主题，超过3000名专业采购商进场参观采购，促成合作意向308.4亿元。

12日　东莞韶关对口帮扶工作第十四次联席会议暨乡村振兴工作会议在韶关市召开，东莞市委书记肖亚非、东莞市市长吕成蹊、韶关市委书记王瑞军、韶关市市长陈少荣等出席会议。

△　东莞市“寻美莞乡”系列活动启动仪式举行。

13日　东莞市委书记肖亚非主持召开东莞市委常委会会议，传达学习习近平总书记在党的十九届六中全会上的重要讲话精神和全会精神。

△　高素质“东莞义警”队伍誓师大会，在市会议大厦西门广场主会场以及27个镇街分会场同步举行，1.10万人参加。

13—14日　第三届粤港澳大湾区“香港赛马会杯”网球团体赛暨广东省业余网球公开赛在东莞市举行。

15日　东莞市召开住宅小区“互联网+电梯”智慧监管推进会。

16日　东莞市第十届运动会暨东莞市第三届残疾人运动会开幕仪式在市体育中心田径场开幕。

△　“河山闳廓——梁世雄中国画艺术展”在东莞市岭南美术馆开幕。

17日　东莞市召开全市干部大会，学习贯彻习近平总书记在党的十九届六中全会上的重要讲话精神和全会精神。

△　东莞市委书记肖亚非主持召开东莞市委常委会会议，传达学习习近平总书记在中央人大工作会议上的重要讲话精神。

18日　东莞市市长吕成蹊就落实“路长制”工作部署，实地督导省道S122线交通安全隐患整改工作。

△　2021首届大湾区（广东）康复辅助器具产业发展论坛暨东莞市综合创新试点系列活动在东莞市举行。

△　2021东莞市松山湖反邪教警示宣传阵地落成暨主题征文颁奖仪式，在松山湖中心公园举行。

18—21日　第十二届中国国际影视动漫版权保护和贸易博览会在东莞市举行，超1000个国内外知名IP（文创作品）云集。

19日　东莞市第十七期“洁净东莞·城市论坛”活动在东坑镇井美村举行，现场围绕“门前三包”话题互动交流。

22日　东莞市市镇人大代表投票选举日，32个镇街同步进行投票选举。

△　东莞市松山湖高新区管委会出品的《飞跃松山湖20年》微纪录片首播。

△　“青春自带光芒传承百

年力量”2021东莞非遗季之“东莞香典”莞香采香日活动在大岭山镇莞香非物质文化遗产保护园举行。

△ 学习贯彻党的十九届六中全会精神中央宣讲团报告会暨广东省市厅级主要领导干部学习贯彻党的十九届六中全会精神专题研讨班在广州市举行，东莞市市领导肖亚非、吕成蹊在东莞分会场通过电视电话的形式参加会议。

23日 东莞市2022年度党报党刊发行工作会议召开。

△ 2021年广东省工业和信息化政策宣讲会暨大型骨干企业与中小企业对接活动（东莞专场）举行，旨在更好地推动大中小企业融通发展。

24日 第八届东莞市道德模范发布仪式举行，10名道德模范、10名道德模范提名奖获得者受表彰。

△ 东莞市上线成立市科研仪器设备开放共享平台。

△ 第六届中国创新挑战赛在东莞市举行，促成企业和挑战团队签订意向合作协议35项、金额1.24亿元。

△ 广东省委人大工作会议在广州市召开，东莞市委书记肖亚非、市长吕成蹊等在东莞市分会场收听收看。

25日 东莞市委常委会召开会议，传达学习习近平总书记在中央政治局第三十四次集体学习时关于推动中国数字经济健康发展的重要讲话精神。

△ 广东省小微企业质量管理体系认证提升行动现场会在东莞市举行，以“我为群众办实事，检测认证在行动”为主题。

△ 广东省香港商会会员访问东莞市，其间，香港贸易发展局与东莞市商务局签署《关于加强全方位合作共同推进粤港澳大湾区经贸合作备忘录》，并与东莞市外商投资企业协会为东莞市“GoGBA港商服务站”揭牌。

26日 东莞市委书记肖亚非率队到高埗镇、石碣镇督导调研农村人居环境整治工作。

△ 2021第五届中国（东莞）智慧城市大会举行，大会主题为“智慧城管赋能城市”。

△ 东莞市成立广东省首个中小学劳动教育研究团体“东莞市中小学劳动教育研究会”。研究会汇聚劳动教育专家团队、一线劳动教育工作者集体智慧力量，破解全市各级学校劳动教育工作难题。

26—27日 2021中国电子政务论坛暨首届数字政府建设峰会将在广州市举行，东莞市设立成果发布专区，市长吕成蹊出席峰会开幕式和主论坛。

△ 2021年广东省青少年现代五项锦标赛在东莞市体校举行，东莞市实现团体总分“三连冠”。

27日 2021DiDAward（东莞杯）国际工业设计大赛设计孵化营开营。

△ 通过东莞市的赣深高铁全线进入按图试运行阶段。

28日 东莞市第十二届英语口语大赛决赛在东莞广播电视中心举行，40名选手围绕“红色东莞·百年奋进”的主题，推介东莞城市形象。

△ “FIBA3×3澳门大师赛——永利杯大湾区资格赛”落幕，东莞队战胜深圳队、澳门队，获得该次篮球大赛冠军。

△ 中央宣传部、中央文明办、全国妇联在浙江省召开加强家庭家教家风建设工作推进会上，揭晓999户2021年“全国最美家庭”，来自东莞市的王盈力家庭、黄明阳家庭获此殊荣。

28—29日 “五城耀赣粤 融抱大湾区”赣深高铁五城联动采访活动东莞站举行，来自深圳、东莞、惠州、河源、赣州五城党报采访团走进东莞市。

29日 东莞市委常委会暨市新冠肺炎疫情防控领导小组（指挥部）会议召开，要求坚持严格防控巩固来之不易的防控成果。

△ 第五批东莞市非物质文化遗产项目“刘氏毫火针疗法”在市文化馆非遗展厅举行传统拜师礼，张泽松等9名医生被纳入其门下作为“入室弟子”，杨巧玉等22名弟子被纳为“入门弟子”。

△ 广东省商务厅公布省级示范特色步行街（商圈）名单，其中，东莞市鸿福路商圈入选第二批省级示范特色步行街（商圈）名单。

△ 广东省人民政府对第二十二届中国专利奖嘉奖和第八届广东专利奖获奖单位及个人进行表彰，东莞市企业有18项专利获中国专利奖嘉奖（其中银奖1项、优秀奖17项），9项专利获第八届广东专利奖（其中金奖1项、银奖4项、优秀奖3项、广东杰出发明人奖1项）。

30日 东莞市市长吕成蹊主持召开市政府党组（扩大）会议和主持召开市政府常务会议，研究市综合交通运输体系发展、教育事业发展、制造业数字化转型等工作。

△ 东莞市市场和冷链防控专班发布通告，对进口冷链产品监管范围进一步扩大。

△ 2021DiDAward（东莞杯）国际工业设计大赛颁奖典礼举行。

11月30日至12月2日 2021粤港澳院士峰会暨松山湖科学会议及第七届广东院士联合会学术年会在东莞市松山湖科学城举行，聚焦“数智驱动 芯创未来”主题，46名院士出席相关活动。

31日 “五城耀粤赣 融抱大湾区”赣深高铁五城联动采访活动先后走进东莞市“12345”政务服务便民热线、东莞市民服务中心、宏远篮球俱乐部训练馆和东莞报业传媒集团。

12月

1日 广东省委宣讲团党的十九届六中全会精神宣讲报告会暨市管正职领导干部学习贯彻党的十九届六中全会精神专题研讨班举行。

△ 东莞市2021年森林火灾应急演练在大岭山镇举行。

2日 东莞市委书记肖亚非、市长吕成蹊走访联系高层次人才。

△ 东莞市组织收看收听全国城镇燃气安全排查整治动员部署电视电话会议及全省城镇燃气安全防范工作会议，套开全市城镇燃气安全防范工作会议，市长吕成蹊出席会议并讲话。

△ 东莞市召开2021年东西部协作工作会议。

3日 中共东莞市委十四届十五次全会召开，研究部署召开中共东莞市第十五次代表大会有关事宜，会议听取市委副书记、市长吕成蹊就报告（稿）所作的起草说明，市委书记肖亚非主持会议并作总结讲话。

△ 东莞市委人才工作会议召开，市委书记肖亚非出席会议并讲话，市长吕成蹊主持会议。

△ 东莞市人民政府党组理论学习中心组召开数字经济专题讲座，市长吕成蹊参加学习。

△ “这里是松山湖——松山湖建园20周年图片展”在松山湖高新区图书馆开幕。

3—4日 第八届虎门国际电商节在东莞市虎门镇电商产业园举行，以“数智新引擎逐梦新发展”为主题，通过线上会场、线下直播等方式展现虎门镇特色产业。

3—5日 2021粤港澳大湾区公共文化和旅游产品（东莞）采购会举行，近500家来自粤港澳大湾区城市群的文化、体育、旅游企事业单位参与展示文化风情。

4—5日 2021年东莞市“网协杯”业余网球团体赛在市网球中心举行，来自全市机关、企事业单位组成的29支队伍报名参赛，参赛队伍数量创历届之最。

6日 东莞市市长吕成蹊主持召开市政府党组（扩大）会议和市政府常务会议，审议通过《东莞市制造业高质量发展“十四五”规划》。

△ 松山湖高新区召开“改革、创新、再出发”系列政策发布会，发布系列产业政策和人才政策，对外披露松山湖科学城发展总体规划。

6—10日 东莞市清溪镇代表团前往新疆兵团第三师53团开展结对交流工作。

7日 东莞市举办“湾区社保服务通”宣讲会。

△ 2021年广东省龙狮锦标赛在清远市落幕，其中东莞市石排镇派出3支队伍参赛，获3个省级一等奖。

7—9日 由广东省文化和旅游厅主办的“公共文化建设现场——2021广东公共文化研讨会”在潮州市举行，东莞市莞城街道的“志愿馆长”项目获颁“广东省第三批公共文化服务体系示范项目”牌匾。

8日 2021东莞高层次人才活动周开幕，市委书记肖亚非出席仪式并讲话，市长吕成蹊出席仪式。

△ 东莞市人民政府、市政协联合召开2021年莞商·市长面对面协商座谈会，市长吕成蹊与莞商代表、政协委员围绕“加快镇村工业园改造提升，促进东莞市高质量发展”主题深入交流。

△ 东莞市生物技术产业大厦项目开工奠基庆典在松山湖高新区举行。

△ 东莞市清溪麒麟馆在新疆生产建设兵团第三师53团落成启用。

9日 全市镇村工业园改造工作现场会召开，市委书记肖亚非、市长吕成蹊出席广深港澳科技创新走廊道滘镇小河片区主会场活动。

△ 松山湖高新区建园20周年“改革、创新、再出发”大会举行，回顾总结建园20年跨越式发展历程，表彰一批20年突出贡献人物及企事业单位。

△ 东莞市公安局举行“政务服务年度答卷”主题发布会，通报警方推出的系列便民利民服务措施和公安政务服务优化提升工作情况。

10日 东莞市委常委会暨市

新冠肺炎疫情防控领导小组（指挥部）会议召开，东莞市委书记肖亚非主持会议，要求打起十二分精神，扎实抓好疫情防控各项任务。

△ 广东广播电视台东莞记者站揭牌仪式在东莞广播电视台举行。市委书记肖亚非为记者站揭牌。

△ 东莞市市长吕成蹊赴樟木头镇、常平镇巡河并召开石马河流域综合整治工作推进会。

△ 赣深高铁通车，显著缩短东莞市与赣州市、深圳市乃至华中、华东地区各大城市间的时空距离。

△ 由参考消息报社与新华社新闻信息中心联合主办的首届“中国城市国际传播论坛”，发布《中国城市海外影响力分析报告（2021）》，东莞市入选“中国城市国际传播特色案例”。

△ 毕马威中国东莞分公司开业典礼在市轨道交通大厦举行，东莞市成为该公司在粤港澳大湾区首个提供审计、税务和咨询服务的地级市。

10—11日 广东省文化和旅游厅党组书记、厅长汪一洋率队到东莞市展开调研，参加“2021岭南开腊日”活动，并前往华阳湖国家湿地公园，了解东莞市文旅融合发展情况，市委书记肖亚非等陪同调研。

11日 2021东莞高层次人才活动周的子活动——“学党史知莞情”东莞高层次人才同心行·生态徒步活动，在大岭山镇举行。

△ 东莞市公安局在市局主会场和各公安分局分会场同步举行优秀东莞义警“先莞队”局长嘉许状颁发仪式。

△ 东莞—澳门经贸投资交流会在澳门举行，东莞市贸促会与澳门出入口商会、澳门东盟国际商会举行战略合作签约仪式。

12日 广东全省领导干部大会在广州市召开，深入查摆、深刻反思广州市大规模迁移砍伐城市树木有关问题，省委书记李希主持会议并讲话，省长马兴瑞出席会议并讲话，东莞市委书记肖亚非、市长吕成蹊等在东莞分会场以视频形式参加会议。

△ “文明健康·有你有我”第十届志愿者公益徒步健康行活动在东莞市同沙生态公园举行。

13日 东莞市对标国内一流标准，通过“秒批”、“减环节”、“一件事”一次办、全网办、全市通办五大改革措施启动大学生入户“直通车”，在黄江镇试点实施。

△ 东莞市大朗镇在对省外涉疫地区返莞人员核酸检测中，排查发现2例新冠肺炎无症状感染者，市镇两级疫情防控指挥部立即启动应急处置机制。

△ 中央生态环境保护督察组向广东省委、省政府进行反馈，督察组组长李家祥通报督察报告，广东省委书记李希作表态发言，省长马兴瑞主持会议，东莞市委书记肖亚非、市长吕成蹊等通过电视电话会议的形式参加会议。

△ 广东省商务厅、省网信办、省工信厅公示广东省数字服务出口基地名单（7家），东莞市松山湖高新区位列其中。

△ 第8个南京大屠杀死难者国家公祭日，东莞市多地举行悼念活动。

13—14日 2021国际复合材料科技峰会于在东莞市松山湖高新区举行。

14日 东莞市委常委会暨市新冠肺炎疫情防控领导小组（指挥部）会议召开，落实省委、省政府关于疫情防控工作的指示要求，研究部署市疫情应急处置工作，坚决防止疫情传播蔓延。

△ 东莞市召开“12·13”疫情第一场新闻发布会，通报2例新增本土新冠肺炎无症状感染者（均在大朗镇）的防控情况。经调查，初步确定199名密切接触者核酸检测结果均为阴性；13—14日12时，大朗镇采样80.24万人，出具结果25.53万份，均为阴性。

△ 原定于当日开幕的中共东莞市第十五次代表大会，因大朗镇在13日排查发现2例新冠肺炎无症状感染者，决定延期召开。

15日 东莞市召开“12·13”疫情第二场新闻发布会。13日至15日16时，全市累计报告新冠肺炎确诊病例4例，均在大朗镇，均系感染德尔塔毒株；全市启动全员核酸检测，此轮大筛查采样822.9万人；大朗镇第一轮全员核酸检测结果，除1例异常外，其他均为阴性；松山湖高新区、常平镇、东坑镇、寮步镇、黄江镇、大岭山镇6个地区的全员核酸筛查结果，均为阴性。

△ 平安中国建设表彰大会在北京市召开，东莞市获评为“2017—2020年度平安中国建设示范市”，同时捧得全国平安建设最高奖项“长安杯”。

16日 东莞市召开“12·13”疫情第三场新闻发布会。13日至16日14时，全市累计报告新冠肺炎确诊病例8例，均在大朗镇；累计查出密切接触者1586人；全市核酸大筛查采样1114.1万人，其中大朗镇第二轮采样82.7万人，全部结果均为阴性。大朗镇8个地区升级为中风险地区。

17日 东莞市委书记肖亚非赴万江街道、洪梅镇调研督导疫情防控工作。

△ 东莞市召开“12·13”疫情第四场新闻发布会。13日至17日9时，全市新增本土确诊病例2例（1例在密切接触者中发现、1例在大规模人群核酸筛查中发现）；累计查出密切接触者2086人。全市生活物资供应充足、价格平稳、保障有序。

△ 东莞市十六届人大常委会第五十五次会议召开，审议并原则通过关于召开市第十七届人民代表大会第一次会议有关事项；审阅东莞市人民代表大会常务委员会工作报告（稿）；审议通过市人大常委会主任会议关于由市人大常委会提请市人大会议审议废止《东莞市农村集体资产管理规定》等报告；表决通过《东莞市人民代表大会常务委员会关于授予王恩哥等17人“东莞市荣誉市民”称号的决定》。

△ 东莞市“12345”政务服务便民热线开通7周年。

18日 东莞市召开“12·13”疫情第五场新闻发布会。13—17日，全市累计报告新冠肺炎确诊病例11例，均在大朗镇，属于同一传播链，感染的病毒都属于德尔塔变异株。全市动态调整与外省市道路客运交通联系，暂停出租车跨市服务。

19日 东莞市委书记肖亚非赴大朗镇看望慰问疫情防控工作人员，市长吕成蹊等参加有关活动。

△ 东莞市召开“12·13”疫情第六场新闻发布会。13—18日，全市累计报告新冠肺炎确诊病例13例，均在大朗镇，属同一传播链；排查密切接触者3512人；全市投入近3.2万名医务人员，设置3059个采样点，累计采样1782万人份。全市防疫物资储备充足，可供医疗机构工作运转30天以上。

20日 东莞市召开“12·13”疫情第七场新闻发布会。19日，全市新增2例新冠肺炎确诊病例；大朗镇、寮步镇、东坑镇、莞城街道核酸大筛查采样205.09万人，其中大朗镇83.4万人，结果均为阴性。

△ 胡润研究院发布《2021全球独角兽榜》，全球共有673家独角兽新上榜，其中中国146家，东莞市松山湖高新区有2家企业登榜，分别是菲鹏生物公司和云鲸智能公司。

21日 东莞召开“12·13”疫情第八场新闻发布会。20日，全市新增6例新冠肺炎确诊病例，均在密切接触者中检测发现。13—20日，全市累计报告新冠肺炎确诊病例21例，全部发生在大朗镇，所有病例属于同一传播链，传播链条较为清晰；东莞市出台支持大朗镇“纾困解难八条”政策。

△ 黄埔海关发布东莞市1—11月外贸数据，东莞市外贸进出口较上年同期增长15.8%，同比增幅高于深圳市、广州市。

△ 生态环境部通报2021年11月和1—11月全国地表水、环境空气质量状况，其中11月东莞市空气质量在全国168个重点城市中排第17名。

22日 东莞市召开“12·13”疫情第九场新闻发布会。21日，全市新增2例新冠肺炎确诊病例，均在密切接触者中检测发现。13—21日，全市累计报告确诊病例23例，均在大朗镇发现；截至22日9时，全市累计排查出密切接触者6024人，均落实管控；南城街道、万江街道、石碣镇等21个镇街22日开展又一轮全员核酸检测。

△ 东莞市召开安全防范工作例行会议。

△ 东莞市首个综合型智能健身园（位于市体育中心东侧），面向市民开放，占地面积近4000平方米，设有健身步道和16套智能健身器材。

23日 东莞市新冠肺炎疫情防控指挥部会议召开，要求全市众志成城，坚决果断打赢疫情防控硬仗。

△ 东莞市召开“12·13”疫情第十场新闻发布会。22日，全市新增1例新冠肺炎确诊病例。13—22日，全市累计报告确诊病例24例，均在大朗镇内，均为德尔塔变异株，属同一传播链。

△ 东莞市市长吕成蹊率队前往大朗镇疫情封控区、管控区检查疫情防控措施落实情况。

24日 东莞市委书记肖亚非赴松山湖高新区就疫情防控和密闭空间检查开展督导调研。

△ 东莞市召开“12·13”疫情第十一场新闻发布会。23日，全市新增1例新冠肺炎确诊病例，在密切接触者中检测发现。13—23日，全市累计报告确诊病例25例，均为轻型或普通型，全部在大朗镇。

△ 深江铁路珠江口隧道首台盾构机“深江1号”盾构机在东莞市虎门镇始发掘进。

25日 东莞市委书记肖亚非赴寮步镇调研督导疫情防控工作。

△ 东莞市召开“12·13”疫情第十二场新闻发布会。24—25日，全市无新增本土新冠肺炎确

诊病例、无新增无症状感染者。25日，大朗镇开展第七轮大规模核酸筛查，结果均为阴性。

△ 东莞市滨海湾OPPO数据中心首期项目的4栋数据中心和1栋综合办公楼主体结构封顶。

26日 东莞市委书记肖亚非赴大朗镇调研硕士研究生招生考试工作情况。

△ 东莞市气象台发布寒冷橙色预警信号。全市陆续开放一批应急庇护场所，24小时对外开放，为有需要的困难群众或露宿者提供帮助。

△ 东莞市轨道交通1号线望洪站至道滘站高架区间赤滘口河大桥合龙。

△ 第三届粤港澳大湾区校园歌手大赛总决赛在珠海市举行，来自东莞市的赵绮琳夺得金奖。

27日 东莞市召开“12·13”疫情第十三场新闻发布会。26日，全市新增1例新冠肺炎确诊病例，在密切接触者中检测发现。13—26日，全市累计报告确诊病例26例，全部在大朗镇。东莞市推出“莞税稳企十条”“人社纾困六条”政策，助力大朗镇稳企业、保民生。

28日 由东莞市政协主办，市文联、南城街道办事处承办的“筑梦同心”交响音乐诗会视频，通过多家媒体平台发布。

△ 东莞市委理论学习中心组专题学习会召开，学习贯彻习近平总书记在党的十九届六中全会上的重要讲话精神和全会精神，把党史学习教育引向深入，带动全市党员干部从党的百年奋斗中汲取智慧力量，推动东莞市在“双万”（地区生产总值超过万亿元、常住人口超过千万人）新起点上加快高质量发展。

△ 东莞市委常委会会议召开，学习中共中央、国务院《法治政府建设实施纲要（2021—2025年）》，学习省委全面依法治省委员会第八次会议精神。

△ 东莞市委书记肖亚非赴南城街道调研督导疫情防控工作。

29日 东莞市根据大朗镇第八轮大规模核酸筛查（28日）均为阴性的结果，决定该镇于10时起调整交通管控措施，车辆与人员验码放行，镇内7个封控区、3个管控区解除防疫管理措施。

△ 东莞市市长吕成蹊主持召开市政府常务会议，传达学习习近平总书记在中央经济工作会议上的重要讲话精神和会议精神，以及省委常委会会议、省政府常务会议精神，研究东莞市落实意见。要求坚持稳中求进工作总基调，推动全市改革发展行稳致远。

△ 东莞市召开征求市人大常委会意见座谈会，市长吕成蹊就《政府工作报告（征求意见稿）》征求市人大常委会意见。

△ 东莞市召开安全防范工作视频调度会议。

△ 由中国工程院林浩然院士组成的专家团队对东莞市黄唇鱼技术团队的黄唇鱼救护驯养与人工繁育技术研究成果进行评价。

△ 东莞市发改局下发通知，从2022年春季学期起，全市义务教育阶段线下学科类校外培训收费实行政府指导价管理，最低30元/课时、最高55元/课时。

△ 以“新发展理念与区域高质量发展”为主题的2021第十六届中国全面小康论坛暨首届中国经济社会高质量发展论坛在广州市黄埔区举行，论坛颁发“2021年度中国乡村振兴十大示范村镇”奖项，东莞市凤岗镇与国内其他9个村镇获此荣誉。

30日 东莞市委常委会暨市新冠肺炎防控领导小组（指挥部）会议召开，要求巩固“12·13”疫情处置工作的初步成果，扎实做好元旦、春节期间疫情防控工作。

△ 17时30分起，大朗镇又有3个封控区、1个管控区解除防疫管理措施。

31日 大朗镇再有2个封控区、2个管控区解除防疫管理措施。即日起，全镇大部分地区由中风险地区调整为低风险地区，各文旅体场所恢复开放。

△ 《东莞市2022年元旦春节假期新冠肺炎疫情防控工作方案》印发。

△ 东莞市机关党的建设工作暨深化模范机关创建工作推进会召开，广东省直机关工委常务副书记姚奕生到会指导，东莞市委书记肖亚非出席会议并讲话，市长吕成蹊主持会议。

△ 东莞市召开交通强市建设大会，市委书记肖亚非主持会议并讲话，市长吕成蹊作工作部署。

△ 中国人民大学中国商标品牌研究院发布《2021东莞市食品企业商标品牌价值排行榜》，榜单收录东莞市食品行业商标品牌价值30强企业。

概　览

PROFILE

东莞市鸟瞰图　（2021年叶瑞和摄）

编辑：姚少华

自然环境

【境域】　东莞市位于广东省中南部，珠江口东岸，东江下游的珠江三角洲。因地处广州之东，盛产莞草而得名。介于东经113° 31′ ~114° 15′，北纬22° 39′ ~23° 09′。东西最大横距70.45千米，最东是清溪镇的银瓶嘴山，与惠州市惠阳区接壤；最西是沙田镇西大坦西北的狮子洋中心航线，与广州市番禺区、南沙区隔海交界；南北最大纵距46.8千米，最北是中堂镇潢涌村，与广州市黄埔区和增城区、惠州市博罗县隔江为邻；最南是凤岗镇雁田水库，与深圳市宝安区相连。2020年，全市陆地面积2460.1平方千米，海域面积97平方千米。毗邻港澳，处于广州市至深圳市经济走廊中间。西北距广州市中心区59千米，东南距深圳市中心区99千米，距香港中心区140千米。

（编辑部　自然资源局）

【地质·地貌】　东莞市地质构造属于罗浮山断裂带南部边缘的博罗大断裂、东莞断凹盆地。地势东南高、西北低。截至2021年底，东莞市地貌以丘陵台地、冲积平原为主，丘陵台地占全市陆地面积的44.5%，冲积平原占43.3%，山地占6.2%。东南部多山，尤以东部为最，山体庞大，分割强烈，集中成片，起伏较大，海拔在200~600米，坡度约30°，其中银瓶嘴山主峰高898.2米，为东莞市最高峰；中南部低山丘陵成片，为丘陵台地区；东北部接近东江河滨，岗地发育，陆地和河谷平原分布其中，海拔30~80米，坡度小，地势起伏和缓，多为易于积水的埔田区；西北部是东江冲积而成的三角洲平原，多为地势低平、水网纵横的围田区；西南部是濒临珠江口的江河冲积平原，地势平坦而低陷，是受潮汐影响较大的沙咸田地区。

（编辑部）

【河流】 东莞市地处东江下游，96%属东江流域。境内较大的河流有东江干流、石马河、寒溪水及东引运河等。2021年，东江干流由惠州市惠城区、博罗县流入东莞市桥头镇，再沿北部边境西流至石龙镇石龙头分为北干流和南支流。东江干流从桥头镇至石龙镇石龙头境内长35千米，北干流由石龙头继续西流至麻涌镇大盛口注入狮子洋，境内长42千米；南支流由石龙头经峡口斜向西南，至沙田镇泗盛口注入狮子洋，长39.5千米。北干流与南支流之间，形成以石龙镇为顶点的东江三角洲，面积319.5平方千米。

石马河发源于深圳市宝安区大脑壳山，北流至塘厦镇沙湖村附近进入东莞市境，继续北流汇合雁田水、观澜水、契爷石水、清溪水、官仓水等水系，至桥头镇新开河口注入东江，境内长64千米。

寒溪水源于东莞市中南部大屏嶂山观音髻，北流有仁和水、梅塘水、松木山水、东坑水、寮步水、黄沙河水等水系汇入，至峡口注入东江南支流，主流河道长59千米。

东引运河于1970年建成，以原有的东莞运河和沙田引淡渠为基础，上延下伸连接而成，在峡口处连接寒溪水，于仁和水上游横沥镇、石排镇地段开凿人工河抵企石镇与旧石马河连接，沿河经15个镇街，最后在独墩汇入茅洲河，全长102千米。（水务局）

【海洋】 截至2021年底，东莞市海域主要分布在狮子洋和伶仃洋，面积78.5平方千米，海岸线长92.95千米，分布在滨海湾新区、麻涌镇、沙田镇、洪梅镇、道滘镇、虎门镇和长安镇。全市有威远岛、泥洲岛、木棉山岛、涌口沙、虾缯排5个海岛，海岛面积24平方千米，其中涌口沙、虾缯排为无居民海岛。（自然资源局）

【植被】 东莞市历史上森林茂密，地带性森林植被类型为南亚季风常绿阔叶林，组成种类多样而富

清代东莞县图（载康熙《广州府舆图——东莞县图》）

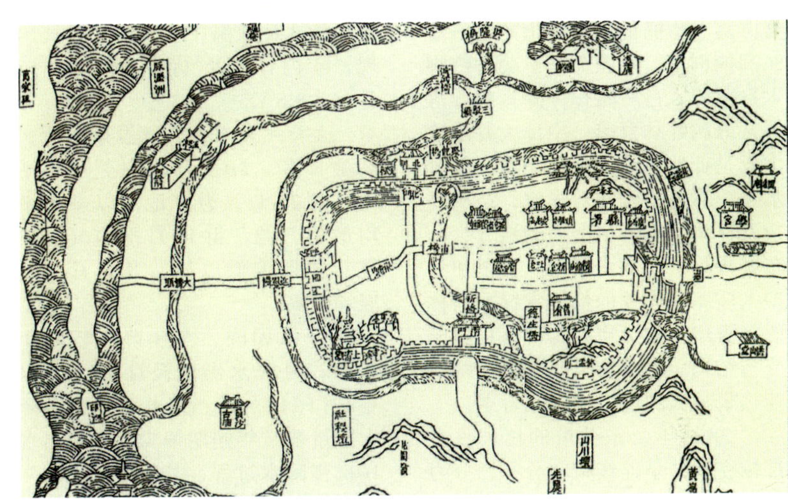

清代东莞县城图（载嘉庆《东莞县志》卷首）

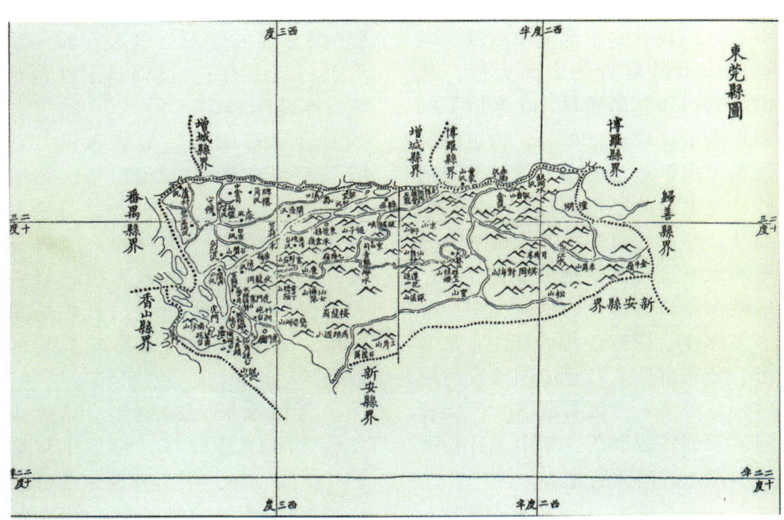

清代东莞县图（载同治《广州图志》卷四）

于热带性。亚热带常绿阔叶林是东莞市最具代表性的植被类型，分布面积最大，从南到北都有分布，表现出从热带到亚热带过渡的特点，以壳斗科、樟科、茶科、桃金娘科为主，植被类型的水平变化不显著。东部的银瓶山主要分布罗浮栲、柯、硬斗柯等喜湿植物；中部大岭山以偏干的竹叶青冈林为主；西部和西南部主要分布秋茄、老鼠簕、无瓣海桑等热带性较强的红树林植物和芦苇、短叶茳芏等沼生植被。

从群落类型看，东莞市从东部到中部主要为常绿阔叶林和低地常绿季雨林，东南部的清溪镇等分布着面积较大的短萼仪花—假苹婆群落、华润楠—网脉山龙眼—浙江润楠群落、红花荷—鼠刺—鸭脚木群落、木荷—黄樟—降真香群落等常绿阔叶林群落，中部大岭山镇主要是低地常绿阔叶林类型，如风水林。群落物种相对丰富，结构复杂，在沟谷和背风湿润的地方，分布有板根、茎花、附生、绞杀和大型木质藤本现象的低地常绿季雨林群落类型。东莞市植物群落种类成分与结构、外貌特点基本上反映南亚热带地区的地带性植被特点。

2021年，东莞市的植被垂直带较完整，呈连续带状分布，分为低山丘陵亚热带常绿阔叶林、中山亚热带常绿阔叶林和山顶矮林3个亚型。植被的垂直分布规律主要集中于海拔较高的东部至中南部，以银瓶山及其附近的山脉为最，从山脚到山顶，海拔从100 米以下的低地到最高峰近900 米，植被的群落类型由低地常绿季雨林、常绿阔叶林逐渐过渡至结构较单一的常绿灌丛、草丛。东莞市的植被垂直分布和水平分布，特别是垂直分布，造就东莞市多样化的植被类型，群落多样性、特有性和稀有性非常突出，分布有广东乃至中国稀有的短萼仪花群落、土沉香群落、三尖杉群落、苏铁蕨群落、华南五针松群落、楠木群落等特色。

（林业局）

【气候】 东莞市属于亚热带季风气候，长夏无冬，光照充足，热量丰富，气候温暖，温度变幅小，雨量充沛，干湿季明显。

气候主要特点 2021年，东莞市年降雨量偏少，月平均气温普遍显著偏高。年总降水量1426.0毫米，较常年平均偏少22.1%；汛期总降水量1335.3毫米，较常年平均值偏少13.9%。年平均气温24℃，较常年平均偏高1.4℃，年平均气温破纪录；年日照时数2052.9小时，较常年平均值偏多9%。年内月平均气温偏高，3月、5月和9月平均气温破纪录。全年高温日数（≥35℃）为24天，年内日最高气温出现在7月23日，为37.4℃；全年有3天低温（≤5℃）天气出现，年内日最低气温出现在1月12日，为3.8℃。

主要气候事件 气温破纪录，高温日多。2021年，东莞市年平均气温24℃，为有记录以来年平均最高气温。除10月平均气温较常年同期偏低以外，其余月份气温均偏高。

开汛偏晚，全年降水较常年偏少，月降水出现极端化。2021年4月15日，东莞市开汛，汛期降水总量较常年同期偏少，汛期出现10次强降水过程，其中部分过程降水强度大，暴雨时段集中。

区域暴雨强，城乡积涝重。2021年，东莞市发布暴雨红色预警5次，区域暴雨强度大，城乡积涝重，其中有3次过程暴雨红色预警发布范围较广。

台风影响轻，最晚台风“雷伊”为历史最迟。2021年，影响东莞市的台风主要有4个，分别为台风“查帕卡”“卢碧”“狮子山”“雷伊”，整体影响较轻。“雷伊”于12月20—21日影响东莞市，是有记录以来影响最晚的台风。

入秋偏早。2021年，东莞市入秋时间10月18日，是近十年最早入秋的一年。年末寒潮来袭，12月25日夜间至12月29日，出现最强冷空气过程。27日日平均气温低至8.9℃，过程最低气温6.8℃，出现在27日早晨，为全年最低气温。

（气象局）

【土地资源】 截至2020年底，东莞市辖区土地调查总面积24.60万公顷。其中：湿地面积249.77公顷，耕地面积9117.82公顷，种植园用地面积2.54万公顷，林地面积3.72万公顷，草地面积7257.47公顷，城镇村及工矿用地面积12.14万公顷，交通运输用地面积1.16万公顷，水域用地面积3.31万公顷，其他土地面积725.08公顷。

（自然资源局）

【水资源】 2021年，东莞市水资源总量14.9亿立方米，比多年平均值（23.14亿立方米）少35.6%，其中地表水资源量14.5亿立方米，地下水资源量3.5亿立方米，地下水与地表水不重复计算量为0.39亿立方米。全市8座中型型水库年末蓄水量1.12亿立方米，比上年末增加3465.8万立方米。111座小型水库年末蓄水量8150万立方米，比上年末增加745万立方米。（水务局）

【矿产资源】 东莞市矿产种类少，矿产地不多，金属矿产十分短缺；非金属矿产中建筑用花岗岩、盐矿、芒硝较为丰富；矿泉水水质良好，具备一定储量，有较好的开发潜力。截至2021年底，发现矿产24种，其中能源矿产2种、金属矿产8种、非金属矿产13种、水气矿产1种，主要分布在东莞市中部、南部和东部的山地、丘陵地带，分布分散。查明的资源储量矿产10种，截至2021年底，勘查程度满足工业开采的矿种有盐矿、芒硝、天然碱、矿泉水、地下热水等。其中盐矿累计查明资源储量4718万吨、芒硝329万吨、天然碱30万吨，主要集中在中堂镇；矿泉水为主要矿产资源，产地分布在清溪镇、大岭山镇、樟木头镇等地，多为深循环承压的构造裂隙水，低钠低矿化度重碳酸钙型偏硅酸矿泉水，允许开采量1342立方米/

日；地下热水产地位于塘厦镇，允许开采量1108立方米/日，平均水温34.1℃。建筑用石料预测资源量1.95万立方米。（自然资源局）

【动植物资源】 截至2021年底，东莞市植物记录有野生维管植物1667种，隶属204科797属；野生种子植物1545种，隶属169科735属。在野生维管植物中：蕨类植物122种，隶属35科62属；裸子植物6种，隶属5科6属；被子植物1539种，隶属164科730属。主要有山矾科的山矾属，壳斗科的柯属、青冈属、锥属，马鞭草科的紫珠属、大青属，忍冬科的忍冬属，冬青科的冬青属，茶科的茶属、柃属，樟科的润楠属、木姜子属，桑科的榕属、桂木属，紫金牛科的紫金牛属，含羞草科、大戟科的紫珠属、算盘子属、大戟属、五月茶属、银柴属，桃金娘科的蒲桃属、桃金娘属、岗松属，梧桐科的苹婆属，红树科的秋茄属，番荔枝科的紫玉盘属，瑞香科的土沉香属、荛花属，茜草科的九节属、玉叶金花属，棕榈科的省藤属、轴榈属等。全市有国家重点保护野生植物12科、17种，均为国家二级保护植物，如华南五针松、土沉香、穗花杉等。

东莞市动物记录有爬行动物41种，隶属于2目8科30属，龟鳖目淡水龟科1种，其余40种为有鳞目，其中蜥蜴亚目鬣蜥科1种、壁虎科5种、石龙子科5种，以壁虎科和石龙子科物种为多；蛇亚目蟒蛇科1种、游蛇科22种、眼镜蛇科5种、蝰科1种，以游蛇科物种为多；其中国家一级保护动物1种，即蟒蛇；国家二级保护动物2种，即三线闭壳龟和大壁虎，列入IUCN（世界自然保护联盟）《世界自然保护联盟濒危物种红色名录》的极危等级物种1种，即三线闭合龟；易危等级物种3种，即蟒蛇、舟山眼镜蛇和眼镜王蛇，属于濒危野生动植物种国际贸易公约附录II的物种有5种：三线闭壳龟、蟒蛇、滑鼠蛇、舟山眼镜蛇和眼镜王蛇。两栖类18种，隶属2目7科13属，包括有尾目蝾螈科1种、无尾目角蟾科2种、蟾蜍科1种、蛙科3种、叉舌蛙科4种、树蛙科1种、姬蛙科6种。

东莞市植物园（2021年刘念宇摄）

鸟类151种，隶属于13目41科，占全省鸟类的24.1%，其中雀形目91种，占所调查鸟类总物种数的60.3%；鹳形目次之，10种，占所调查鸟类总物种数的6.6%；其他鸟类共11目50种，占39.7%；个体数超过1000只的种群有树麻雀、红耳鹎、白头鹎和暗绿绣眼鸟，在全市境域有广泛分布。其中国家II级重点保护动物11种，有黑耳鸢、普通鵟、蛇雕、游隼、领角鸮等；被列入濒危野生动植物种国际贸易公约（CITES）附录I的有1种，即游隼，附录II的有蛇雕、红隼、普通鵟、画眉、红嘴相思鸟等11种。

兽类30种，隶属于食虫目、翼手目、鳞甲目、食肉目、偶蹄目和啮齿目等6目15科，其中食虫目包括鼩鼱科1种，翼手目包括狐蝠科2种、菊头蝠科1种、蹄蝠科1种、长翼蝠科1种、蝙蝠科4种，鳞甲目包括鲮鲤科1种，食肉目包括鼬科3种、灵猫科2种、猫科1种，偶蹄目包括猪科1种、鹿科1种，啮齿目包括松鼠科2种、竹鼠科1种、鼠科8种。（林业局）

【旅游资源】 东莞市是历史文化名城，有5000多年文明史、近1700年县史、1260多年建城史，是岭南文化重要发源地、中国近代史开篇地、华南抗日重要根据地、改革开放先行地。东莞文化底蕴深厚，民俗风情独特，有蚝岗贝丘遗址、南社村和塘尾村明清古建筑群、可园、林则徐销烟池与虎门炮台旧址、大岭山抗日根据地旧址等国家重点文物保护单位；有东莞展览馆、高埗大桥、太平手袋厂陈列馆等反映东莞人敢为人先和创新精神的历史文化场所。有千角灯、龙舟制作技艺、樟木头舞麒麟、木鱼歌、赛龙舟、麒麟制作、莞香制作技艺、寮步香市等国家级非物质文化遗产；有麻涌大步巡游、东坑二月二“卖身节”、茶山“茶园游会”、“南社斋醮”等民俗文化活动。

东莞市是“中国优秀旅游城市”，截至2021年底，拥有24个A级旅游景区，其中AAAA级景区14个、AAA级景区10个；拥有旅行社208家，其中国际旅行社21家、国内旅行社150家，非法人分社37家；有星级饭店22家，其中五星级11家、四星级7家，酒店类型多样，品质优良、价格实惠。东莞市是一座美食之城，美食品种丰富、样式繁多，有荔枝柴烧鹅、白沙油

东莞可园 （2021年莞城街道供图）

鸭、东莞腊肠、东莞碌鹅、虎门蟹饼等地道美食。东莞市是一座绿色生态之城，森林公园个数和占比面积均居全省前列，有银瓶山森林公园、大屏嶂森林公园、黄旗山城市公园、同沙生态公园、华阳湖国家湿地公园等绿色生态旅游景点。东莞市是一座休闲乐活之城，有龙凤山庄影视旅游区、隐贤山庄、玉兰大剧院、文化馆、篮球中心等主题突出的休闲乐园及特色鲜明的文体设施。东莞市还是著名的国际制造业名城，从手机到服装鞋帽，从儿童玩具到智能家居，渗透到人们生活的方方面面，"东莞制造"享誉中外。（文广旅体局）

人文环境

【建置沿革】 东莞于东晋咸和六年（331）立县，初名宝安县，隶属东官郡。唐至德二年（757）更名为东莞县，县治从莞城（今宝安南头）移至到涌（今莞城）。南宋绍兴二十二年（1152）分东莞县的香山镇立香山县（今中山市）；明万历元年（1573）将东莞县守御千户所、编户五十六里立新安县（今深圳市）。民国期间，东莞县先后隶属广东省粤海道、粤中行政区、第一行政区和第四行政区。1949年10月17日，东莞县全境解放，属东江行政区管辖。1950年3月，属珠江专区。1952年，珠江专区撤销，属粤中行政区。1956年2月，粤中行政区撤销，属惠阳专区。1958年11月，东莞县短期隶属广州市。1959年1月，划归佛山专区。1963年6月，复属惠阳专区。1985年9月经国务院批准，东莞县改设为东莞市（县级），仍属惠阳地区。1988年1月，东莞市升格为地级市，直属广东省管辖。

（刘念宇）

【行政区划】 明朝，东莞县行政区划是：城内为坊，附城为厢，乡在野则以乡统都，图则分属坊厢。清初沿明制。清雍正八年（1730），全县设3个坊、1个厢、4个乡，辖13个都、177图，下统40个街巷、356个村镇；乾隆年间，把各村镇划为捕厅、戎厅、京山司、缺口司、中堂司管辖；宣统元年（1909），管辖有街道226个、村镇1255个。

民国时期，县以下划分为区，区统乡（镇），乡统村。中期，推行地方自治和保甲制。至民国37年（1948），东莞县分为6个区，下辖58个乡、3个乡级镇，有1405个保。

中华人民共和国成立后，东莞县设区、乡体制。1958年9月，建立"政社合一"的人民公社制，全县设14个人民公社196个生产大队。1983年10月，人民公社改设为区；撤销生产大队，设立乡。全县设区公所31个、区级镇3个，乡政府487个、乡级镇29个。1986年，撤销区，改设为镇。1987年，撤销乡和乡级镇，成立管理区。全市设29个镇、5个区街道办事处，各镇区辖管理区581个。

从1998年9月起至2000年5月，撤销管理区，建立村（居委会）。2004年起，部分村（居委会）改设为社区。截至2021年底，全市设32个镇（街道）（简称"镇街"），下辖村350个、社区246个。

【人口】 截至2021年底，东莞市常住人口1053.68万人，其中城镇常住人口971.91万人，人口城镇化率92.24%。户籍人口278.61万人、84.61万户。全年户籍人口出生3.22万人，出生率13.03‰；死亡人口1.09万人，死亡率4.08‰；人口自然增长率7.95‰。

2021年，东莞市有流动人口905.88万人。按人口来源地分析，广东（除东莞市外）、湖南、广西、湖北、江西、四川、河南、贵州、重庆、云南等10个省（自治区）在东莞市的流动人口有830.34万人，占91.66%；按居住原因分析，以务工、就读、其他、投资经商等原因居住的流动人口有889.8万人，占98.23%；按居住处所性质分析，以租赁房屋、单位内部、其他、自购房屋等形式为居住处所的流动人口有864.57万人，占95.44%。

（统计局 公安局）

【民族】 据2020年11月1日零时全国第七次人口普查资料，东莞市常住人口1046万人，其中汉族人口951万人、少数民族人口95万人。少数民族人口包括53个少数民族成份，主要集中在壮族、苗族、瑶族等6个少数民族，总人数达81.3万人，占全市少数民族人口85.1%。在少数民族人口中，户籍人口3.7万人，有47个民族成份。

2021年东莞市行政区划情况表

镇（街道）	行政村（社区）（个）	行政村名称	社区名称
莞城街道	8		东正 市桥 北隅 西隅 罗沙 博厦 兴塘 创业
石龙镇	10	西湖 忠维 林屋 蒲溪 新维 王屋洲 黄家山	中山东 中山西 兴龙
虎门镇	30		虎门寨 东方 则徐 大宁 树田 白沙 沙角 怀德 博涌 镇口 村头 新联 九门寨 居岐 金洲 南面 北栅 小捷滘 北面 陈村 东风 武山沙 黄村 南栅 龙眼 宴岗 赤岗 路东 新湾 民泰
东城街道	24		岗贝 花园新村 东泰 温塘 桑园 周屋 余屋 鳌峙塘 峡口 柏洲边 上桥 下桥 樟村 梨川 堑头 主山 石井 同沙 光明 牛山 立新 火炼树 星城 旗盛
万江街道	30		万江墟 万江 石美 莫屋 拔蛟窝 黄粘洲 蚬涌 谷涌 小享 滘联 上甲 新村 新谷涌 共联 水蛇涌 大莲塘 牌楼基 严屋 大汾 流涌尾 金泰 曲海 坝头 胜利 官桥滘 简沙洲 新和 新城 坝新 万新
南城街道	18		鸿福 宏远 胜和 元美 亨美 三元里 篁村 新基 周溪 袁屋边 白马 石鼓 蛤地 西平 雅园 水濂 新城 宏图
中堂镇	20	潢涌、三涌 湛翠 凤冲 袁家涌 吴家涌 鹤田 中堂 一村 东向 蕉利 槎滘 下芦 马沥 四乡	中心 斗朗 红锋 东泊 江南
望牛墩镇	22	李屋 望东 扶涌 赤滘 五涌 下漕 上合 聚龙江 望联 洲湾 洲涡 杜屋 寮厦 芙蓉沙 官桥涌 横沥 福安 石排 官洲 朱平沙 锦涡	望牛墩
石碣镇	15	石碣 唐洪 黄泗围 西南 单屋 梁家村 沙腰 刘屋 水南 四甲 鹤田厦 涌口 横滘 桔洲	城中
高埗镇	19	冼沙 卢溪 宝莲 塘厦 草墩 护安围 保安围 三联 横滘头 低涌 朱磡 新联 欧邓 芦村 高埗 凌屋村 上江城 下江城	新创
麻涌镇	15	麻一 麻三 麻四 大步 东太 新基 川槎 鸥涌 华阳 南洲 大盛 漳澎 黎滘	麻涌 麻二
长安镇	15		长盛 涌头 霄边 咸西 锦厦 新安 乌沙 新民 沙头 上沙 厦岗 厦边 上角 长怡 长乐
沙田镇	18	中围 和安 大流 泥洲 杨公洲 福禄沙 阁西 民田 先锋 西大坦 穗丰年 大泥 齐沙 稔洲 义沙 西太隆	横流 滨港

续表

镇（街道）	行政村（社区）（个）	行政村名称	社区名称
道滘镇	14	南城　南丫　闸口　大鱼沙　小河　永庆　北永　昌平　厚德　九曲　大罗沙　大岭丫　蔡白	兴隆
洪梅镇	10	洪屋涡　新庄　梅沙　氹涌　黎洲角　夏汇　尧均　乌沙　金鳌沙	洪梅
厚街镇	24		竹溪　厚街　珊美　宝屯　三屯　陈屋　赤岭　河田　寮厦　汀山　环冈　大迳　新围　桥头　南五　新塘　涌口　双岗　溪头　沙塘　宝塘　下汴　白濠　湖景
寮步镇	30	西溪　凫山　石龙坑　石步　良边　富竹山　塘唇　向西　霞边　上屯　下岭贝　竹园　上底　药勒　刘屋冚　浮竹山　陈家埔　井巷　小坑　长坑	寮步　塘边　横坑　岭厦　新旧围　缪边　牛杨　泉塘　坑口　良平
大岭山镇	23	太公岭　大塘朗　下高田　连平　鸡翅岭　马蹄岗　金桔　大沙　百花洞　大塘　水朗　杨屋　矮岭冚　颜屋　大片美　梅林　元岭　大岭　新塘　旧飞鹅　大环	大岭山　农场
大朗镇	28	高英　洋乌　洋坑塘　松柏朗　黎贝岭　松木山　犀牛陂　水平　宝陂　石厦　杨涌　沙步　新马莲　佛子凹　蔡边　水口	大朗　佛新　巷头　屏山　竹山　巷尾　求富路　长塘　黄草朗　大井头　圣堂　长富
黄江镇	7		新市　田美　三新　梅塘　宝山　北岸　长龙
樟木头镇	10		圩镇　樟罗　百果洞　樟洋　石新　柏地　官仓　裕丰　金河　樟新
清溪镇	21	浮岗　上元　清厦　铁松　铁场　谢坑　青皇　大埔　长山头　三中　九乡　三星　渔樑围　厦坭　大利　土桥　重河　松岗　罗马　荔横	清溪
塘厦镇	21		塘厦　林村　石潭埔　四村　振兴围　大坪　莆心湖　平山　诸佛岭　桥陇　龙背岭　石鼓　田心　横塘　蛟乙塘　凤凰岗　莲湖　沙湖　石马　清湖头　塘新
谢岗镇	12	黎村　窑山　南面　大龙　大厚　赵林　稔子园　五星　曹乐　谢岗　谢山	泰园
凤岗镇	12	雁田　官井头　油甘埔　凤德岭　塘沥　黄洞　竹塘　竹尾田　三联　五联　天堂围	凤岗
常平镇	33	岗梓　塘角　苏坑　袁山贝　金美　还珠沥　朗贝　桥沥　卢屋　九江水　朗洲　陈屋贝　司马　霞坑　漱旧　漱新　黄泥塘　元江元　横江厦　沙湖口　白石岗　松柏塘　上坑　木棆　下墟　板石　田尾　白花沥　桥梓　麦元　土塘	常平　新民
桥头镇	17	田头角　李屋　朗厦　岗头　屋厦　禾坑　邓屋　邵岗头　东江　山和　石水口	莲城　田新　桥头　大洲　迳联　岭头

续表

镇（街道）	行政村（社区）（个）	行政村名称	社区名称
横沥镇	17	石涌 隔坑 半仙山 田头 田坑 横沥 村头 长巷 田饶步 六甲 村尾 水边 新四 山厦 月塘 张坑	恒泉
企石镇	20	铁岗 深巷 湖美 博夏 上洞 江边 旧围 清湖 东平 上截 下截 东山 莫屋 杨屋 新南 南坑 铁炉坑 企石 霞朗	宝石
石排	19	石排 福隆 庙边王 下沙 沙角 黄家坣 赤坎 向西 水贝 田寮 横山 埔心 谷吓 塘尾 李家坊 田边 中坑 燕窝	太和
东坑镇	16	东坑 坑美 角社 塔岗 黄麻岭 初坑 凤大 黄屋 寮边头 长安塘 新门楼 井美 彭屋 丁屋	草塘 骏达
茶山镇	18	上元 茶山 下朗 横江 增埗 卢边 寒溪水 南社 塘角 博头 冲美 粟边 孙屋 超朗 京山 刘黄	茶山圩 茶溪
合计	596	350	246

东莞市为少数民族散居区，没有世居少数民族。少数民族分布在全市33个镇街（园区），以外来务工人员为主，人口流动性大，涉及各行各业，分布呈现小聚居、大杂居特点。其中塘厦镇少数民族人数最多，有8.9万人，其次是长安镇有8.5万人，凤岗、虎门、厚街等镇少数民族人数均超2万人；少数民族人口最少的是望牛墩镇和莞城街道，均不足5000人。

外来少数民族人员来自全国各地，其中主要来自广西壮族自治区，占外来少数民族人员的比重45.3%；其次是贵州省，占外来少数民族人员的比重18.7%；再次是湖南省和云南省，占外来少数民族人员的比重分别为14%和8%；其余省（自治区、直辖市）占外来少数民族人员的比重14%。（李熙铮）

【方言】 东莞市本土方言包括粤方言和客家方言，其中使用粤方言区域面积、人口均占全市的大部分。截至2021年底，在32个镇街中，石龙镇、长安镇、沙田镇、洪梅镇、道滘镇、麻涌镇、万江街道、中堂镇、望牛墩镇、石碣镇、高埗镇、大朗镇、寮步镇、茶山镇、企石镇、石排镇、常平镇、横沥镇、东坑镇、桥头镇20个镇街纯使用粤方言，莞城街道、东城街道、南城街道、厚街镇、虎门镇、大岭山镇、塘厦镇、黄江镇、谢岗镇等9个镇街大部分或者绝大部分讲粤方言（其中莞城街道只有1个300多人的罗沙社区上岭自然村讲客家方言）、小部分讲客家方言，清溪、凤岗两镇大部分讲客家方言，樟木头镇则纯讲客家方言。

（文广旅体局）

【民俗】 东莞市历史源远流长，是岭南文化发源地之一，传统文化积淀深厚，民俗活动众多。南社九大簋食文化习俗独具特色，盛行于茶山镇南社村，凡是结婚、老人过生日、添丁、过新年等喜事和节庆，村民采用九大簋的方式来宴客，九道菜按照“横三竖三”的序列摆放，有“双鱼、双肉、双头牲”（即鱼、肉、家禽各二），赴宴者衣着打扮必须整洁喜庆，遵从“长幼有序、男女有别”等规矩。南社九大簋分为团年家宴、新年斋宴、迎娶喜宴、于归喜宴、福禄寿宴和添丁喜宴六大系列，其中，添丁喜宴最具代表性，凡添丁人家来年农历正月初一需到谢氏大宗祠“报灯”，以登记新生儿姓名入族谱，正月初七在家或祠堂摆“开灯”宴，以宴请族中亲朋好友，而农历正月十五由所有“灯头”（摆灯酒的人家）出资，邀请村中60岁以上的老人免费享用南社九大簋，美其名曰“千叟宴”，以祈求小孩长命百岁。（文广旅体局）

经济建设和社会发展

【经济建设和社会发展概况】 2021年，东莞市历史性地迈上地区生产总值万亿元、千万人口的新起点，成为全国第15个“双万”城市。是年，全市规模以上工业增加值5008.8亿元，比上年增长

10.2%；固定资产投资总额2603.5亿元，增长8.2%；社会消费品零售总额4239.2亿元，增长13.3%；外贸进出口总额1.52万亿元，增长14.6%；税收总额2412.8亿元，增长12.1%。市场主体总量、高新技术企业数量居全省地级市首位，当年净增市场主体63万户，新增A股上市公司28家，引进投资额超30亿元的大项目31个，规模以上工业企业数量超1.1万家，稳居中国综合经济竞争力城市榜前20名。镇（街道）实力稳步增强，32个镇（街道）生产总值超100亿元，其中5个镇（街道）超500亿元。年内，全市15～59岁人口占比居全省第一位，集聚各类人才258.4万人（其中高层次人才18.3万人），城市人口和青年人口吸引力指数均居全国第三位，实现全国社会治理创新示范市“四连冠”、全国双拥模范城“九连冠”，连续五届入选全国文明城市。

【突发本土新冠肺炎疫情处置】 2021年，东莞市毫不放松抓好常态化新冠肺炎疫情防控，科学果断应对处置在6月18日和12月13日突发的本土疫情，举全市之力抓好快流调、严管控、大筛查、防外溢工作，均在一个潜伏期内扑灭。其中，在6月18日突发的疫情中，坚决打好打赢中山大学新华学院疫情阻击战，使全国首宗高校疫情在最短时间内得到妥善处置；面对12月13日突发的疫情，迅速将病毒控制在一个潜伏期、一个镇、一条传播链上。年内，全面抓好疫情防控常态化工作，全年累计完成落地核查105万人，承担广州机场入境人员1.6万人和深圳湾口岸香港旅客3万人的分流安置任务，集中隔离7.11万人，居家隔离或健康监测51.2万人。规划建成2000个房间规模的国际健康驿站。与此同时，推进疫苗接种，截至2021年底，全人群全程免疫率88.8%，接种人数、全人群全程免疫率均列全省21个地级市第一位。

【“双区”建设融入】 2021年，东莞市积极对接参与“双区”（粤港澳大湾区、深圳建设中国特色社会主义先行示范区）、两个合作区（横琴粤澳深度合作区和前海深港现代服务业合作区）建设。扎实推进与大湾区各城市的基础设施“硬联通”和规则机制“软联通”，把南部9个镇加快打造成深（圳）（东）莞深度融合发展新样板，推动《穗莞合作发展规划》完成编制。促进东莞市制造业优势与珠海市及横琴合作区、深圳市及前海合作区现代服务业优势互相促进、强强联合。参与粤港澳大湾区建设取得重大突破。一批重大开放平台加快建设，松山湖科学城纳入大湾区综合性国家科学中心先行启动区，滨海湾新区成为大湾区特色合作平台，水乡功能区与广州开发区共建“全面深度合作先导区”，银瓶合作创新区建设稳步推进，南部9个镇率先对接和融入深圳都市圈建设。一批重大交通设施互联互通，赣（州）深（圳）高铁、穗（广州）深（圳）城际轨道、（东）莞惠（州）城际轨道、（东）莞番（禺）高速公路一二期、深圳外环高速公路东莞段建成通车，港澳客运码头至澳门水上客运航线通航，东莞—香港国际空港中心项目试运行，大湾区快线网络覆盖“9+2”（广州、佛山、肇庆、深圳、东莞、惠州、珠海、中山、江门9市和香港、澳门特别行政区）城市群。

【改革开放推进】 2021年，东莞市以建设省改革创新实验区为牵引，持续深化重点领域改革。一批重大改革举措深入推进，其中东莞市高质量发展意见通过省委、省政府审议，深入推进建设省制造业供给侧结构性改革创新实验区，申报的深化两岸（东莞市、港澳台地区）创新发展合作试验区进展顺利，国家开放型经济新体制综合试点、“放管服”改革（简政放权、放管结合、优化服务）、功能区统筹优化市直管镇体制改革等取得明显成效。同时，通过强化功能区统筹，优化市直管镇体制改革，优化调整下放175项市级事权。深化投资审批制度改革和“放管服”改革，1943项政务服务事项实现“免证办”，21项政务服务事项实现“零等待”。稳步推进“粤贸全国”东莞行动计划，全年外资企业内销额比上年增长19.4%。持续扩大有效投资，全年固定资产投资总额达2603亿元，比上年增长8.2%，较全国、全省分别高出3.3、1.9个百分点；新引进外资增长19.7%。加快培育壮大外贸新业态，跨境电商进出口额比上年增长91.8%，保税物流进出口额增长26.4%。持续深化与港澳台交流合作。贯彻落实中央、省系列惠台暖企政策，全力推进东莞深化两岸创新发展合作试验区申报创建工作，办好2021第十二届东莞台湾名品博览会，市台港澳办获评为“全国对台工作系统先进集体”。深化莞台港澳青年交流互动，松山湖港澳青年创新创业基地纳入广东省粤港澳大湾区港澳青年创新创业基地联盟。

【新动能培育】 2021年，东莞市加强科技创新赋能，举全市之力建设松山湖科学城，携手深圳光明科学城共建综合性国家科学中心先行启动区；加快松山湖材料实验室建设发展，集聚900多名人才，累计引进25个创新样板工厂团队，孵化32家产业化公司；加快筹建香港城市大学（东莞）、大湾区大学。构建更高层次科技创新体系，全市有高新技术企业7374家，数量位居全省地级市之首。全市规模以上工业企业研发机构建有率达47.2%，累计孵化企业1600多家，R&D（研究与开发）占全市R&D总数的3.54%，居全省第二位。加快构建以科技创新为引领的现代产业体系，以七大战略性新兴产业基地（松山湖生物医药产业基地、东部智能制造产业基地、东莞新材料产业基地、东莞数字经济融合发展产业基地、东莞水乡新能源产业基地、临深新一代电子信息产业基

水乡新城片区 （2021年程永强摄）

地、银瓶高端装备产业基地）建设为突破，着力培育发展新动能。统筹60平方千米连片空间和100万平方米低成本空间，构建500亿元产业基金体系，开展全球“揭榜招商”，7个30亿元以上项目和97宗强链补链新兴产业项目落户，签约项目投资总额1483亿元。加快推动制造业高质量发展，集成电路及关键元器件、智能装备制造、战略前沿材料、生物制药等新兴行业分别比上年增长18.8%、18.9%、39%、29.6%，呈现新动能加速成长的势头。加快企业数字化转型，松山湖高新区及周边9个镇电子信息产业列入省产业集群工业互联数字化转型试点。持续推动优势传统产业创新发展，工业技改投资比上年增长23.9%。着力打造先进制造企业梯队，累计培育“专、精、特、新”企业（专业化、精细化、特色化、新颖化）152家，国家“小巨人”企业（业绩良好，极具发展潜力和培育价值处于成长初期的小企业）34家，推动超1000家企业“小升规”（小微企业规范升级为规模以上企业）。抓好“双碳”（碳达峰、碳中和）工作，推动21家自备电厂“煤改气”（将烧煤炭改为烧天然气）。着力打造创新人才高地，谋划新一轮“十百千万百万”人才工程（用3年时间，引进10个国际一流水平的战略科学家团队，选拔100名博士专业人才进入党政机关和企事业单位，引进培养1000名重点领域的领军人才，引进培养1万名硕士研究生以上学历和中级以上职称的创新人才，推动100万人提升学历技能素质），全年引进“两院”（中国科学院和中国工程院）院士、外籍院士21人，博士以上人才683人，截至2021年底，全市有人才总量258.4万人（其中高层次人才18.3万人）。拓展产业发展空间，强化土地收储整备，建立“基础补偿+增值共享”市镇村利益共享机制，完成市级土地收储737.6公顷；推进城市更新，全年完成“工改工”（将现有存量工业用地或旧工业区，升级改造为用地性质为新型产业用地，或普通工业用地加新型产业用地的新兴产业园）整备、拆除700公顷，盘活存量土地800公顷，新增工业厂房面积477万平方米。

【城市品质提升】 2021年，东莞市加快完善“三心”（中心城区、松山湖、滨海湾新区“三位一体”都市核心区）与六大片区（城区片区、松山湖片区、滨海湾片区、水乡新城片区、东部产业园片区、东南临深片区）同频共振，全面铺开“一心两轴三片区”（指中心城区品质提升的重点地区。其中“一心”，指市行政文化中心区；“两轴”指东莞大道时代发展轴和鸿福路山水文化轴；“三片区”，指东莞国际商务区、三江六岸历史休闲区、黄旗南生态科技区）规划建设，完成民盈国贸中心等地标建设，并投入使用。拓展空间资源，市、镇两级收储土地3666.67公顷、盘活存量土地3733.33公顷，加快推进“工改工”、轨道站点TOD（以公共交通为导向的发展模式）规划建设。城市管理日趋精细，推进“洁净城市”，“厕所革命”，“五线”（广深铁路、广深港高铁、广深高速公路、莞深高速公路、环莞快速路沿线东莞段）整治等专项行动，建成4个美丽幸福村居特色连片示范区，全市干净整洁村达标率100%。推进生活垃圾分类示范片区建设，全年治理违法建设面积3001万平方米。打好打赢污染防治攻坚战。推进水生态环境治理，常态化推进完成地块雨污分流改造7179个，消除22条建成区和53条农村黑臭水体，7个国家考核断面优良水体达57.1%，其中茅洲河共和村国考断面水质达Ⅳ类水质目标。持续推进蓝天保卫战和净土防御战，全市空气质量优良天数达86.3%。是年，东莞市获批创建全省唯一的农村人居环境示范地级市，在污染防治攻坚、茅洲河流域整治等方面受到中央、省督察组好评，被授予"第五批国家生态文明建设示范区"称号。

【乡村振兴战略实施】 2021年，东莞市做好脱贫攻坚与乡村振兴有效衔接。坚持乡村振兴"全域项目化"，建立涵盖3730个项目、总投资4350亿元的乡村振兴市级重点项目库。加快推动农业高质量发展，成功申报国家农业特色产业集群，发展荔枝等特色产业，举办第六届中国国际食品配料博览会。全市村组集体总资产比上年增长10.5%，经营纯收入增长12.3%。全力巩固省内外帮扶地区脱贫成果。加力推进韶关市、揭阳市对口帮扶，推动韶关市在全省率先100%达标，启动省内驻镇、帮镇扶村工作，加强与贵州省铜仁市的东西部协作工作，扎实开展援疆援藏、与黑龙江省牡丹江市的对口合作，稳步推进西藏自治区林芝市巴宜区大柏树景区保护提升工作。

【共建共治共享社会治理格局构筑】 2021年，东莞市强化基层党组织领导核心作用。深入实施新一轮加强党的基层组织建设三年行动计划，常态化抓好软弱涣散村（社区）党组织的整顿，探索开展"双报到"（机关、企事业单位党组织到所在地社区报到，在职党员到居住地社区报到），构筑坚强有力的战斗堡垒；加快完善党领导下的基层协同共治格局，深入实施"双标工程"（推广标准化、建设新标杆），分类打造55个城市基层党建示范点，完善"32个镇级中心+593个村级中心+N个服务站点"体系，实现所有村（社区）和重点商业工业园区党群服务中心全覆盖；平稳有序推进镇、村换届工作，实现对新一届村（社区）"两委"［党组织委员会和村（居）民委员会］干部培训全覆盖。推进市域社会治理体系现代化。建成全新一代"智网工程"信息系统，提高社会治理社会化、法治化、智能化、专业化水平，推出网格化管理"十项全新举措"（组织领导的全新架构、疫情防控的全新战线、网格管理员待遇的全新标准、派发工单的全新机制、机动巡查的全新模式、社会治理多网融合的全新蓝图、公众参与社会治理的全新渠道、示范网格建设的全新范式、网格管理员培训的全新平台、网格主题宣传的全新品牌），巩固"二标四实"（标准地址、标准作业图，实有房屋、实有单位、实有设施、实有人口）长效机制，借助"莞e申报"系统加强出租屋治安管理、疫情防控等；全年发现隐患446万宗，处置率97.3%；深入推进扫黑除恶斗争常态化，保持打击"黄赌毒"问题力度不减，严打各类突出违法犯罪，"两抢"（抢夺、抢劫）犯罪下降15%；全市一般道路交通事故和死亡人数分别下降32%、20%。严抓安全生产工作，各类生产安全事故和死亡人数下降15.7%、13.5%；蝉联全国平安建设最高荣誉"长安杯"。

【民生福祉增进】 2021年，东莞市推进教育扩容提质与品质交通两大千日攻坚行动。全年新改扩建学校52所，新增学位5.38万个，新建扩建和回收改建26所公办幼儿园，新增学位7050个，全市5.5万人次享受学位补贴，随迁子女"两为主"（以流入地政府为主、以公办学校为主）占比达73.45%，比上年增长20%；新建道路及轨道104.36千米、人行天桥2座、停车位9.4万个，新改建人行道198.53千米，新建绿道62.24千米，完成90个堵点治理。

加快高水平医疗卫生服务体系建设。持续深化医药卫生体制改革和公立医院改革，医疗机构配备使用国家基本药物超过省定指标，全市公立医院药品收入（不含中药饮片）占比降至21.04%，10所公立医院和33所社区卫生服务中心接入全市分级诊疗信息平台并应用；完善公共卫生体系，提高基层卫生服务水平，截至2021年底，全市建成社区卫生服务机构398所，病床位3.5万张；全年新增养老床位447张，平均每千名老人床位数达35.27张。

加快打造品质文化之都。实施文化发展"十大工程"（核心价值观培育深化工程、文艺创作生产提质工程、文化空间布局优化工程、公共文化服务体系完善工程、文化遗产保护与利用工程、文化产业转型升级工程、全域旅游发展促进工程、体育运动活力增强工程、文化传播交流拓展工程、文体旅游市场安全保障工程），深挖本土历史文化资源，提升公共文化服务供给质量；广东宏远男篮第十一次勇夺CBA（中国男子篮球职业联赛）总冠军，"全国篮球城市"品牌进一步刷亮；推进3个新时代文明实践中心省级试点建设，城市文明程度和文明水平进一步提升。

做好民生兜底保障。健全多层次社会保障体系，截至2021年底，累计发放第三代社保卡279.7万张，签发电子社保卡2627万张，排名全国前列；做大做强"民生大莞家"品牌项目，解决民生热点难点和群众"小急难"问题近4.4万宗；全面提高低保、低收入家庭认定、特困人员供养和孤儿基本生活保障标准，做好养老、福利慈善、优抚安置等工作；坚持"房住不炒"，多元住房保障体系日趋完善，累计筹集安居房6710套。

（叶美伶）

中国共产党东莞市委员会

DONGGUAN MUNICIPAL COMMITTEE OF THE COMMUNIST PARTY OF CHINA

松山湖高新区　（2021年张超满摄）

编辑：赵书科

市委重要会议及活动

【中共东莞市委十四届十三次全会】　于2021年1月29日召开。东莞市委书记、市人大常委会主任梁维东代表市委常委会作工作报告，总结2020年工作，部署2021年工作。全会强调，以习近平新时代中国特色社会主义思想为指导，全面贯彻党的十九大和十九届二中、三中、四中、五中全会及中央经济工作会议精神，深入贯彻习近平总书记对广东系列重要讲话和重要指示批示精神，围绕在全省实现总定位总目标中承担更大责任、走在全省前列的使命任务，坚持稳中求进工作总基调，立足新发展阶段，贯彻新发展理念，构建新发展格局，以推动高质量发展为主题，以深化供给侧结构性改革为主线，以改革创新为根本动力，以满足人民日益增长的美好生活需要为根本目的，坚持系统观念，巩固拓展疫情防控和经济社会发展成果，更好统筹发展和安全，抢抓“三区”叠加重大机遇，深入实施省“1+1+9”工作部署和市“1+1+6”工作思路，扎实做好“六稳”工作，全面落实“六保”任务，努力保持经济运行在合理区间，坚持扩大内需战略，强化科技战略支撑，扩大高水平对外开放，推动“湾区都市、品质东莞”建设再上新台阶，确保“十四五”开好局，以优异成绩庆祝中国共产党成立100周年。

【中共东莞市委十四届十四次全会】　于2021年7月30日召开。东莞市委书记、市人大常委会主任肖亚非代表市委常委会作工作报告。会议强调，要准确把握新形势新任务，举全市之力对接、支持、服务横琴、前海两个合作区建设，松山湖、滨海湾新区、水乡新城、银瓶合作创新区等重大平台要率先行动、勇当主力，南部各镇要当好先锋、深度融入，推动粤港澳大湾区建设不断取得新成效。要持续抓好常态化疫情防控和经济社会发展"双统筹"，全力以赴冲刺完成年初确定的目标任务，确保GDP稳步过万亿元，为东莞在万亿GDP、千万人口新起点上加快高质量发展打下坚实基础。要坚持毫不松懈抓好常态化疫情防控和安全生产，严格落实安全生产责任制，全力守护人民群众生命安全和身体健康。要全力冲刺GDP稳步过万亿元大关，坚持"科技创新+先进制造"的定位不动摇，把战略性新兴产业基地建设作为产业立新柱的"一号工程"，更好支撑未来高质量发展。要全力拓展产业发展新空间，全力破解项目落地难、落地慢问题。要大力推动"创新+产业"紧密结合、整体提升，加快松山湖科学城建设，进一步发挥企业创新主体作用。要大力提升城市综合环境和民生保障水平，深入开展"我为群众办实事"实践活动，促进千万人口与城市共生共荣。要坚定不移加强党的全面领导和党的建设，坚持把党的政治建设摆在首位，推进全面从严治党向纵深发展，为推动高质量发展提供坚强保证。

【中共东莞市委十四届十五次全会】 于2021年12月3日召开。东莞市委书记、市人大常委会主任肖亚非主持会议并作总结讲话。全会决定中国共产党东莞市第十五次代表大会于2021年12月14—16日召开。大会的主要任务是，坚持以习近平新时代中国特色社会主义思想为指导，深入学习贯彻习近平总书记对广东系列重要讲话和重要指示批示精神，认真落实省"1+1+9"工作部署，总结市第十四次党代会以来的工作，明确未来五年东莞发展的总体要求和战略部署，动员全市广大党员干部群众，立足"双万"（地区生产总值过万亿元、人口超千万）新起点，聚焦科技创新和先进制造，奋力谱写东莞现代化建设新篇章。全会认为，即将召开的市第十五次党代会，是在"两个一百年"奋斗目标历史交汇的关键节点，在深入学习贯彻党的十九届六中全会精神的关键时期，在东莞即将迈上"双万"新起点的关键阶段，召开的一次十分重要的会议，是全市人民政治生活中的一件大事，对东莞未来五年发展具有重要意义。全会强调，当前是完成全年各项目标任务的集中冲刺阶段，全市各级各部门要全力做好当前经济工作，切实保障和改善民生福祉，坚决维护社会大局和谐稳定，科学谋划下年各项工作，维护风清气正的换届环境，确保完成各项目标任务。

【市委常委会会议】 2021年，中共东莞市委召开的常委会会议主要有：

市委十四届第207次常委会会议 于1月20日召开。会议传达省委十二届十三次全会精神，研究贯彻落实意见。会议强调，要深刻学习领会省委全会精神，进一步凝聚推动"十四五"时期高质量发展的强大动力。要围绕服务省打造新发展格局战略支点，进一步深化细化市"1+1+6"工作思路，牢牢把握"三区"叠加重大历史机遇，推动"湾区都市、品质东莞"建设再上新台阶。尤其是要全面对接"双区"（粤港澳大湾区、深圳建设中国特色社会主义先行示范区）建设，以建设省改革创新实验区、创建省外资外贸发展赋能升级实验区等为抓手，增强动力活力。同日，会议并审议通过《东莞市国民经济和社会发展第十四个五年规划和二〇三五年远景目标纲要（送审稿）》。

市委十四届第208次常委会会议 于1月27日召开。会议传达学习习近平总书记在中央政治局常委会会议听取全国人大常委会、国务院、全国政协、最高人民法院、最高人民检察院党组工作汇报和中央书记处工作报告时的重要讲话精神，传达省人大、政协"两会"精神，研究贯彻落实意见。会议强调，全市上下要深刻领会省人大、政协"两会"对"十三五"和过去一年工作的客观总结，从成绩中进一步坚定信心决心，扎扎实实办好东莞的事，努力为全省发展大局作出新的更大贡献。要大力推进民主法治建设，不断提高市人大、政协和司法工作水平。会议对各级党委、人大、政协、全市法院和检察院提出工作要求。

市委十四届第214次常委会会议 于3月15日召开。会议传达学习习近平总书记在全国人大、政协"两会"上的重要讲话精神和全国人大、政协"两会"精神，研究贯彻落实意见。会议强调，深刻学习领会习近平总书记重要讲话和全国人大、政协"两会"精神，要切实把思想和行动统一到习近平总书记、党中央决策部署上来，坚持以推动高质量发展为主题，立足新发展阶段、贯彻新发展理念、构建新发展格局，以一往无前的奋斗姿态和风雨无阻的精神状态，扎扎实实办好自己的事，推动"湾区都市、品质东莞"建设再上新台阶。

市委十四届第216次常委会会议 于3月26日召开。会议传达广东省委书记李希来莞调研指示精神，听取政法队伍教育整顿工作阶段性情况汇报，研究贯彻落实意见。会议强调，深入学习贯彻习近平总书记关于加强政法队伍建设的重要指示和训词精神，贯彻落实省委书记李希指示要求，努力锻造一支党和人民信得过、靠得住、能放心的政法铁军。要围绕筑牢政治忠诚、清除害群之马、整治顽瘴痼疾、弘扬英模精神"四大任务"，抓紧抓实学习教育、查纠整改、总结提升"三大环节"，落实把政治建队伍与业务强基础结合起来、把清除害群之马与弘扬英模精神结合起来、把整治顽瘴痼疾与建立长效机制结合起来、把惩治处理与教育管理结合起来、把开展教育整顿与更好地履职尽责结合起来"五个结合"要求，加强与省委教育整顿办和省驻点指导组的沟通协调，全力推动全市政法队伍教育整顿工作取得实效。为把广东建设成为全国最安全稳定、最公平公正、法治环境最好的地区之一作出东莞应有的贡献。

市委十四届第233次常委会会议 于7月2日召开。会议传达学习习近平总书记在庆祝中国共产党成立100周年大会上的重要讲话精神，研究贯彻落实意见。会议强调，要深入学习领会习近平总书记重要讲话精神的丰富内涵，以更加坚定的信心决心向第二个百年奋斗目标奋勇迈进。要深刻把握伟大建党精神，保护利用好各类革命遗址，挖掘红色资源、传承红色基因，引导教育广大干部群众特别是青少年自觉赓续共产党人的精神血脉。要更加自觉践行以人民为中心的发展思想，聚焦各类民生热点、堵点、难点问题持续攻坚，努力把东莞打造成为千万人口共生共荣的现代化都市。

市委十四届第238次常委会会议 于7月29日召开。会议传达省委十二届十四次全会精神，研究贯彻落实意见。会议强调，要牢牢把握重大改革、开放、发展和民生利好，研究切入点、合作项，在两个合作区开发建设中作出应有贡献。全力对接、支持、服务两个合作区建设，松山湖、滨海湾新区、水乡新城、银瓶合作创新区等重大平台要发挥示范作用，积极融入两个合作区建设，探索复制推广两个合作区制度创新经验，南部各镇要深度对接前海合作区建设，真正把政策红利转化为高质量发展成果。加快推动台资企业转型升级试验区创建工作。加快推动七大战略性新兴产业基地建设，围绕重点产业发展抓紧补短板、强弱项。

市委十四届第262次常委会会议 于11月13日召开。会议传达学习习近平总书记在党的十九届六中全会上的重要讲话精神和全会精神，研究贯彻落实意见。会议强调，要迅速开展宽领域、多层次的学习培训和宣传宣讲活动，结合学习贯彻六中全会精神，推动科技创新、产业发展、社会维稳、民生建设等工作取得更大突破。要把六中全会精神与习近平总书记对广东重要讲话、重要指示批示精神紧密结合起来一体贯彻落实，认真筹备市第十五次党代会，科学谋划今后五年东莞的发展，引领全市上下齐心协力推动东莞各项事业加快发展。

市委十四届第272次常委会会议 于12月30日召开。会议传达学习习近平总书记在中央经济工作会议上的重要讲话精神及省委十二届十五次全会精神，研究贯彻落实意见。会议强调，要学习领会中央经济工作会议和省委全会精神，深刻领会习近平总书记、党中央关于当前国内外经济形势的判断，按照省委工作部署，谋划做好明年各项工作，以优异成绩迎接党的二十大胜利召开。要聚焦科技创新和先进制造，深度参与“双区”（粤港澳大湾区、深圳建设中国特色社会主义先行示范区）和横琴前海两个合作区建设，努力实现经济在万亿新起点上加快高质量发展，实现千万人口与城市深度融合、共生共荣。

【全市传达贯彻习近平总书记重要讲话精神暨全国两会精神干部大会】 于2021年3月16日召开。会议强调，要以开展党史学习教育为契机，进一步提振担当作为精气神，全力推动各项工作落地落实。要扎实推进党史学习教育，加强党的全面领导和党的建设，把为民办实事作为学习教育的重要内容，从群众最急最忧最盼的问题入手，切实把学习教育成效转化为人民群众获得感幸福感安全感。要进一步增强斗争精神、提高斗争本领，更好实现稳增长和防风险长期均衡。要进一步锤炼过硬作风、强化真抓实干，真正把学习成果转化为改革发展成效。

【全市学习贯彻习近平总书记在庆祝中国共产党成立100周年大会上重要讲话精神干部动员大会】 于2021年7月2日召开。会议强调，要迅速部署安排，广泛兴起学习宣传贯彻习近平总书记重要讲话精神的热潮。各级党组织要把学习宣传贯彻习近平总书记重要讲话精神，作为当前和今后一个时期的重要政治任务来抓，迅速行动起来，精心制定学习宣传贯彻方案，在全市上下营造浓厚的学习贯彻氛围。要把感党恩转化为担当作为的新动力，统筹抓好重点工作，推动习近平总书记重要讲话精神落到实处、取得实效。

【全市传达贯彻党的十九届六中全会精神干部大会】 于2021年11月17日召开。会议强调，要立足“双万”（地区生产总值过万亿元、人口超千万）新起点，奋力推动党的十九届六中全会精神在东莞落地生根、结出丰硕成果。要把握“双区”（粤港澳大湾区、深圳建设中国特色社会主义先行示范区）建设机遇全面深化改革开放，不断增创城市发展新动力、新活力。要围绕在万亿GDP后实现经济可持续高质量发展这一目标，加快培育壮大新动能。要深入践行以人民为中心的发展思想，推动千万人口与城市深度融合、共生共荣。要统筹发展和安全，着力防范化解高质量发展路上的重大问题风险。要进一步加强党的全面领导和党的建设，为经济社会发展提供坚强政治保证。

【省委宣讲团党的十九届六中全会精神宣讲报告会】 于2021年12月1日召开。会议强调，要进一步增强学习宣传贯彻党的十九届六中全会精神的政治自觉、思想自觉、行动自觉，切实掌握丰富内涵和核心要义。要精心组织、周密安排，深入各镇街（园区）、各部门开展宣讲，把学习宣传贯彻党的十九届六中全会精神持续引向深入，进一步推动党史学习教育往深里走、往心里走、往实里走。要把学习贯彻十九届六中全会精神与统筹抓好年底各项工作结合起来，确保高质量完成全年发展目标任务。

【市委中心组学习会】 2021年，中共东莞市委组织召开市委理论中心组专题学习会12期，分别为：3月29日，邀请省委宣讲团成员、省委党史研究室副主任王涛作党史学习教育宣讲报告；3月31日，学习研讨习近平总书记在党史学习教育动员大会上的重要讲话精神；4月29日，邀请国际关系学院公共管理系教授刘跃进作“系统思维下的大安全格局——从总体国家安全观到总体国家安全布局”专题辅导报告；6月1日，邀请省委统战部副部长吕元元作辅导报告，专题学习新修订的《中国共产党统一战线工作条例》；7月8日，学习研讨习近平总书记在庆祝中国共产党成立100周年大会上的重要讲话精神；7月16日，邀请省发展改革委副主任、省能源局局长吴道闻作“全面贯彻新发展理念，着力推进高质量发展，确保实现碳达峰碳中和目标”专题辅导报告；9月1日，邀请省委宣讲团成员、省委党校（广东行政学院）常务副校（院）长张广宁作“学习贯彻习近平总书记‘七一’重要讲话精神”宣讲报告；9月27日，邀请中央党校（国家行政学院）教授、中国法学会副会长卓泽渊作“百名法学家百场报告会”专题辅导报告；10月20日，组织市委理论学习中心组成员集中观看《生命重于泰山——学习习近平总书记关于安全生产重要论述》电视专题片；11月4日，邀请深圳市智慧城市科技发展集团有限公司、深圳市城市交通规划设计研究中心股份有限公司董事长张晓春作“扎实推进城市公共空间品质提升，有力推动东莞高质量发展”专题辅导报告；12月1日，邀请省委宣讲团成员、省委宣传部副部长李斌作学习贯彻党的十九届六中全会精神宣讲报告；12月28日，学习研讨习近平总书记在十九届六中全会上的重要讲话精神和全会精神。

（市委办）

资料链接

广东省委“1+1+9”工作部署：第一个“1”是指坚定不移加强党的领导和党的建设。第二个“1”是指以新担当新作为不断把改革开放推向深入。“9”是指扎实推进9个方面重点工作：一是举全省之力推进粤港澳大湾区建设；二是加快建设科技创新强省；三是扎实推进高质量发展；四是加快建设现代化经济体系；五是坚决打好三大攻坚战；六是实施乡村振兴战略；七是构建“一核一带一区”协调发展新格局；八是加快文化强省建设；九是营造共建共治共享社会治理格局。

“三区”叠加：粤港澳大湾区建设、深圳建设中国特色社会主义先行示范区和东莞建设省制造业供给侧结构性改革创新实验区叠加。

东莞市委“1+1+6”工作思路：第一个“1”是指坚定不移全面加强党的领导和党的建设。第二个“1”是指以新担当新作为不断把改革开放推向深入。“6”是指以粤港澳大湾区建设为牵引，围绕全力打造“湾区都市、品质东莞”，大力实施城市品质提升、发展空间拓展、产业体系升级、基层基础强化、民生福祉增进、重点改革突破“六大工程”。

“六稳”：指稳就业、稳金融、稳外贸、稳外资、稳投资、稳预期。“六保”：指保居民就业、保基本民生、保市场主体、保粮食能源安全、保产业链供应链稳定、保基层运转。

市委重要决策

【全面加强党的领导和党的建设】 2021年1月15日，东莞市委书记、市人大常委会主任梁维东主持召开2020年度镇街党委书记抓基层党建工作述职评议会议。1月20日，梁维东主持召开市委十四届第207次常委会会议，听取全市2020年意识形态工作情况汇报。2月24日，梁维东主持召开市委十四届第212次常委会会议，审议《关于全市镇（街道）党委书记抓基层党建述职评议工作情况的报告（送审稿）》。4月8—9日，梁维东主持召开市委党的建设工作领导小组会议，传达学习省委党的建设工作领导小组会议精神，总结2020年全市党建工作，研究部署2021年党的建设重点工作，审议《中共东莞市委党的建设工作领导小组2021年工作要点》《东莞市贯彻落实〈广东省加强党的基层建设三年行动计划（2021—2023年）〉的实施方案》等文件。4月22日，梁维东主持召开全市加强基层党组织建设工作会议，深入学习贯彻习近平总书记关于加强基层党组织建设的重要论述，落实全省加强基层党组织建设工作会议精神，总结全市基层党组织建设三年行动计划落实情况，部署新一轮三年行动计划工作。5月7日，梁维东主持召开市委十四届第222次常委会会议，通报市委主要领导同志2020年度抓基层党建工作述职评议考核结果。7月9日，东莞市委书记肖亚非主持召开市委十四届第234次常委会会议，学习《中国共产党组织工作条例》，研究贯彻意见。8月6日，东莞市委书记、市人大常委会主任肖亚非主持召开市委十四届第241次常委会会议，听取上半年全市意识形态工作情况汇报，研究下阶段工作安排。8月17日，肖亚非主持召开市委十四届第243次常委会会议，学习《党委（党组）网络意识形态工作责任制实施细则》及省有关文件和会议精神，研究贯彻落实意见。9月9日，肖亚非主持召开市委十四届第249次常委会会议，传达学习广东省第二十期领导干部党章党规党纪教育培训班精神，研究贯彻意见。9月14日，肖亚非在全市第十九期领导干部党章党规党纪教育培训班讲话指出，要深入学习领会习近平总书记“七一”重要讲话和关于全面从严治党的重要论述精神，不断增强全面从严治党的责任感使命感紧迫感。把全面从严治党贯穿工作的全过程各方面，以管党治党新成效推动全市在新起点上加快高质量发展。10月25日，肖亚非主持召开市委十四届第256次常委会会议，传达学习习近平总书记在中央党校（国家行政学院）中青年干部培训班开班式上的重要讲话精神以及中共中央、国务院《关于新时代加强和改进思想政治工作的意见》精神，研究贯彻意见。12月10日，肖亚非主持召开市委十四届第265次常委会会议，传达全省城市基层党建工作交流会精神，研究贯彻意见。12月31日，肖亚非主持召开全市机关党的建设工作暨深化模范机关创建工作推进会，总结部署东莞机关党建和深化模范机关创建工作，宣读《关于对市直机关模范机关创建标兵单位、先进单位评选情况的通报》，提出要持续深入推进模范机关创建，加快推动全市机关党的建设高质量发展。

【深度参与“双区”建设】 2021年1月20日，东莞市委书记、市人大常委会主任梁维东主持召开市委十四届第207次常委会会议，强调要全面对接“双区”（粤港澳大湾区、深圳建设中国特色社会主义先行示范区）建设，以建设省改革创新实验区、创建省外资外贸发展赋能升级实验区等为抓手，增强动力活力。2月18日，梁维东主持市推进粤港澳大湾区建设领导小组第五次全体会议，强调要准确把握新发展阶段对粤港澳大湾区建设提出的新任务新要求，进一步增强使命感责任感紧迫感，锚定目标方向，推动大湾区建设不断取得新成效。4月28日，东莞市与香港中文大学视频工作会议召开，梁维东通过视频连线方式与香港中文大学校长段崇智进行交流。双方就推进全方位合作，努力打造粤港创新合作典范达成共识。7月29日，东莞市委书记、市人大常委会主任肖亚非主持召开市委十四届第238次常委会会议。会议强调，要全力对接、支持、服务两个合作区建设，真正把政策红利转化为高质量发展成果。充分把握“窗口期”，抓住用好两个合作区建设释放的巨大撬动效应，牵引带动全市在新起点上加快高质量发展。8月6日，肖亚非主持召开市委十四届第241次常委会会议，审议关于向省报送《东莞深化两岸创新发展合作试验区建设总体方案（送审稿）》有关事项。9月30日，肖亚非主持召开市委十四届第252次常委会会议，传达学习习近平总书记关于横琴、前海开发开放的重要论述精神，学习中共中央、国务院《横琴粤澳深度合作区建设总体方案》《全面深化前海深港现代服务业合作区改革开放方案》，研究贯彻落实意见。会议强调，要深刻领会两个合作区建设的战略意义，抢抓机遇、迎接挑战，举全市之力对接、支持、服务两个合作区建设。10月20日，肖亚非主持召开市委十四届第255次常委会会议，审议香港城市大学（东莞）项目（一期）工程建设规模和投资规模有关事项。

【松山湖科学城建设推进】 2021年7月2日，东莞市委书记肖亚非主持召开市委十四届第233次常委会会议，会议强调，要加快推进松山湖科学城建设，按照前期谋划的“四梁八柱”，扎实推进重点项目建设，加快实现从“园”到“城”的转变。要积极参与广深科技创新走廊建设，搭建创新平台与节点，鼓励企业开展自主研发。进一步挖掘低成本空间潜力，加快高新技术企业落地，培育发展新动能。

【新一轮人才强市战略实施】 2021年11月5日，东莞市委书记、市人大常委会主任肖亚非主持召开市委十四届第258次常委会会议暨市人才工作领导小组会议，传达学习习近平总书记在中央人才工作会议上的重要讲话精神，研究贯彻落实意见。11月25日，肖亚非主持召开市委十四届第265次常委会会议，审议《东莞市新一轮“十百千万百万”人才工程行动方案（2022—2024年）（送审稿）》及部分配套政策。12月3日，肖亚非在市委人才工作会议上讲话指出，要全面贯彻落实中央、省委人才工作会议的工作要求，研究部署东莞新一轮“十百千万百万”人才工程，加快实施新时代人才强市战略，努力打造大湾区创新创业人才高地、技能人才之都。

【加快构建具有国际竞争力的现代化产业体系】 2021年2月9日，东莞市委书记、市人大常委会主任梁维东主持召开市委十四届第211次常委会会议，会议强调，要主动抓住“量子信息产业”战略发展机遇，将培育量子信息产业放在优先发展的战略地位。适时启动东莞市量子通信建设试点，配合“泛珠三角量子通信网络”和“广东量子通信网”建设，与国家量子通信干线互联互通，走出一条具有东莞特色的量子信息产业发展道路。3月19日，梁维东主持召开市委十四届第214次常委会会议，提出要坚持以先进制造业为主体，大力发展现代产业体系，进一步做优做强支柱产业和龙头企业，推动传统优势产业向价值链中高端迈进，开展高水平精准招商，以新体制新机制加快推进七大战略性新兴产业基地建设，大力发展生产性服务业。4月9日，梁维东主持召开市委十四届第217次常委会会议，审议战略性新兴产业引导基金设立有关事项。5月21日，梁维东在2021东莞战略性新兴产业招商大会致辞中指出，东莞把发展战略性新兴产业作为培育壮大新动能的重中之重，将构建“1+N”政策体系，深化投资体制机制改革，进一步畅通审批绿色通道，大力提升基地周边的城市品质，全力把7大基地打造成为成本洼地、价值高地、兴业福地。6月30日，东莞市委书记肖亚非主持召开全市百个重大项目百日攻坚专项行动动员会，会议进一步研究部署重大项目推进集中攻坚、全面提速的问题，掀起新一轮重大项目建设热潮，加快培育壮大高质量发展新动能。10月9日，东莞市委书记、市人大常委会主任肖亚非赴塘厦调研战略性新兴产业基地建设并召开南部九镇高质量发展工作座谈会，强调要加快推动南部各镇高质量发展，推动南部各镇高水平对接和融入深圳先行示范区建设。11月25日，肖亚非主持召开市委十四届第265次常委会会议，会议强调，要深刻认识发展数字经济的重大意义，准确把握发展数字经济的基础优势。进一步提升抢抓风口的紧迫感，全面加大力度、提质增效，加快数字经济发展，打造新引擎。12月7日，肖亚非主持召开战略性新兴产业基地建设总指挥部第五次工作会议，听取关于基地建设总体进展情况通报和各基地重点工作落实情况汇报。会议要求，要更加突出打造产业集群，做好空间规划和土地整备，坚定不移打造发展新动能。12月30日，肖亚非主持召开市委十四届第272次常委会会议，审议《关于推动数字经济高质量发展的政策措施（送审稿）》。

（市委办）

市委重要工作

【党史学习教育工作部署】 2021年3月1日，东莞市委书记、市人大常委会主任梁维东主持召开市委十四届第213次常委会会议，传达学习习近平总书记在党史学习教育动员大会上的重要讲话精神，研究贯彻落实意见，审议东莞市开展党史学习教育的实施方案。3月2日，梁维东主持召开全市党史学习教育动员大会，会议学习贯彻习近平总书记在党史学习教育动员大会上的重要讲话精神和党中央《关于在全党开展党史学习教育的通知》精神，落实全省党史学习教育动员大会精神，对全市开展党史学习教育进行动员部署。3月18日，梁维东在市委党史学习教育领导小组会议上讲话指出，要坚决扛起开展党史学习教育的重大政治责任，强化统筹协调和组织保障，分级分类推进，严抓督促指导，有力有序推进党史学习教育各项工作，真正做到学党史、悟思想、办实事、开新局。5月28日，东莞市委书记肖亚非主持召开市委十四届第226次常委会会议，会议要求深入开展“我为群众办实事”实践活动，深挖东莞特色党史资源，打造东莞特色品牌，讲好东莞党史故事，推动党史学习教育走深走实。6月4日，肖亚非主持召开市委党史学习教育领导小组第二次会议，传达省委党史学习教育领导小组第三次会议、领导小组办公室第四次全体会议暨党史学习教育工作推进会精神，总结前一阶段全市学习教育开展情况，研究推进下一步工作。8月6日，东莞市委书记、市人大常委会主任肖亚非主持召开市委十四届第241次常委会会议，审议《关于在党史学习教育中开展“深调研”的工作方案（送审稿）》。8月11日，肖亚非主持召开市委十四届第242次常委会会议，传达学习习近平总书记在中央政治局第三十一次集体学习时的重要讲话精神和在参观“不忘初心、牢记使命”中国共产党历史展览时的重要指示精神，听取党史学习教育工作情况汇报，研究下阶段工作安排。11月5日，肖亚非主持召开市委十四届第258次常委会会议暨市委党史学习教育领导小组第四次会议，听取全市党史学习教育工作情况汇报，研究下阶段工作安排。

【庆祝中国共产党成立100周年活动】 2021年4月23日，东莞市委书记、市人大常委会主任梁维东主持召开市委十四届第220次常委会会议，审议《东莞市庆祝中国共产党成立100周年活动方案（送审稿）》。5月28日，东莞市委书记肖亚非主持召开市委十四届第226次常委会会议，强调要抓好中国共产党成立100周年系列庆祝活动，做好活动内容和细节审核把关，严格落实意识形态工作责任制，组织开展高水平庆祝活动。6月17日，肖亚非赴寮步镇走访慰问烈士遗属、老党员等，代表市委、市政府向他们致以诚挚问候和崇高敬意，并为入党50年以上的老党员颁发“光荣在党50年”纪念章。6月26日，肖亚非主持召开市委十四届第232次常委会会议，审议《东莞市迎接中国共产党成立100周年维稳安保攻坚阶段工作方案（送审稿）》。7月2日，肖亚非主持召开市委十四届第233次常委会会议，传达学习习近平总书记在庆祝中国共产党成立100周年大会上的重要讲话精神，研究贯彻落实意见。会议强调，要深刻把握伟大建党精神，扎实开展宣传宣讲，深入开展新一轮“深调研”，统筹抓好重点工作，推动习近平总书记重要讲话精神落到实处、取得实效。

【新冠肺炎疫情防控】 2021年1月11日，东莞市委十四届第206次常委会会议召开，传达国务院、省关于新冠肺炎疫情防控工作的会议和文件精神，通报全市疫情防控工作情况，审议《东莞市冬春季新冠肺炎疫情防控方案（送审稿）》《关于进一步加强2021年春节期间新冠肺炎疫情防控工作的通知（送审稿）》。1月27日，东莞市委十四届第208次常委会会议召开，通报全市疫情防控工作情况，审议《关于进一步加强村（社区）冬春季新冠肺炎疫情防控工作的通知（送审稿）》。4月29日，东莞市新冠肺炎疫情防控领导小组（指挥部）会议召开，传达中央、省有关会议精神，研究部署“五一”假期全市疫情防控工作。6月18日，东莞市委十四届第231次常委会会议召开，传达广东省委书记李希指示精神，通报全市疫情防控工作情况，强调要坚持全市“一盘棋”，各级各部门各负其责、协同作战，扎实做好应急准备，确保疫情升级能有效应对。7月9日，东莞市委十四届第234次常委会会议暨市新冠肺炎疫情防控领导小组（指挥部）会议召开，传达中央、省关于新冠肺炎疫情防控工作会议和文件精神，听取“6·18”本地疫情处置工作情况汇报，研究部署下阶段工作。7月13日，东莞市委十四届第235次常委会会议暨市新冠肺炎疫情防控领导小组（指挥部）会议召开，传达省委书记李希批示指示精神，研究部署筑牢疫情防线、守住防控成果有关工作。7月20日，东莞市委十四届第236次常委会会议暨市新冠肺炎疫情防控领导小组（指挥部）会议召开，传达省委书记李希指示精神，通报东莞市院感防控及防境外输入工作情况，研究部署下阶段工作。8月3日，东莞市委十四届第236次常委会会议暨市新冠肺炎疫情防控领导小组（指挥部）会议召开，强调要慎终如始抓好疫情防控，坚决筑牢“外防输入、内防反弹”严密防线。8月6日，东莞市委十四届第241次常委会会议暨市新冠肺炎疫情防控领导小组（指挥部）会议召开，传达国务院联防联控机制全国疫情防控工作电视电话会议精神，听取全市疫情防控工作情况汇报，研究相关工作部署。8月17日，东莞市委十四届第243次常委会会议暨市新冠肺炎疫情防控领导小组（指挥部）会议召开，传达学习习近平总书记向新冠疫苗合作国际论坛首次会议发表书面致辞精神，传达中央、省关于新冠肺炎疫情防控工作会议精神，听取全市疫情防控工作情况汇报，研究贯彻落实意见。8月27日，东莞市委十四届第245次常委会会议暨市新冠肺炎疫情防控领导小组（指挥部）会议召开，传达中央、省关于新冠肺炎疫情防控工作会议及文件精神，学习关于广州市疫情防控有关情况的通报精神，听取全市疫情防控工作情况汇报，研究部署相关工作。9月9日，东莞市委十四届第249次常委会会议暨市新冠肺炎疫情防控领导小组（指挥部）会议召开，传达中央、省关于新冠肺炎疫情防控工作会议及文件精神，通报全市疫情防控工作情况，强调要毫不放松抓实抓细集中隔离管理各项工作，建立健全“及时发现、快速处置、精准管控、有效救治”的常态化防控机制。9月18日，东莞市委十四届第250次常委会会议暨市新冠肺炎疫情防控领导小组（指挥部）会议召开，传达中央、省关于新冠肺炎疫情防控工作会议精神，强调要清醒认识当前疫情防控形势，始终保持严阵以待的高度警觉，聚焦重点环节关键领域，全面筑牢“内防反弹”坚固防线。9月30日，东莞市委十四届第252次常委会会议暨市新冠肺炎疫情防控领导小组（指挥部）会议召开，传达中央、省关于新冠肺炎疫情防控工作会议精神，通报全市疫情防控工作情况，强化全方位、全链条闭环管理，从严从细从实抓好输入风险防控，保障国庆假期安全稳定。10月20日，东莞市委十四届第255次常委会会议暨市新冠肺炎疫情防控领导小组（指挥部）会议召开，传达中央、省关于新冠肺炎疫情防控工作会议精神，通报全市疫情防控工作情况，强调要严防死守抓好当前重点任务，始终保持疫情防控指挥体系的高效运转状态。11月5日，东莞市委十四届第258次常委会会议暨市新冠肺炎疫情防控领导小组（指挥部）会议召开，传达中央、省关于新冠肺炎疫情防控工作会议精神，通报全市疫情防控工作情况，强调要坚决克服麻痹思想、厌战情绪，做好秋冬季常态化疫情防控。11月29日，东莞市委十四届第266次常委会会议暨市新冠肺炎疫情防控领导小组（指挥部）会议召开，传达中央、省关于新冠肺炎疫情防控工作会议精神，通报全市疫情防控工作情况，研究有关工作安排。12月10日，东莞市委十四届第269次常委会会议暨市新冠肺炎疫情防控领导小组（指挥部）会议召开，传达中央、省关于新冠肺炎疫情防控工作会议精神，通报全市疫情防控工作情况，强调要对当前疫情防控形势保持清醒认识，进一步把思想和行动统一到习近平总书记、党中央决策部署上来，全面落实省的工作要求，扎实抓好疫情防控各项任务。12月14日，东莞市委十四届第270次常委会会议暨市新冠肺炎疫情防控领导小组（指挥部）会议召开，通报东莞市本地疫情应急处置情况，要求全市上下要把疫情防控作为头等大事来抓，坚决扛起政治责任，沉着冷静、科学应对、果断处置，从严从实从细从快抓好疫情防控各项工作。12月30日，东莞市委十四届第272次常委会会议暨市新冠肺炎疫情防控领导小组（指挥部）会议召开，传达中央、省关于新冠肺炎疫情防控工作会议精神，通报东莞市疫情防控工作情况，强调要切实增强工作责任感和紧迫感，继续保持良好的精神状态，坚决巩固“12·13”疫情处置工作的阶段性成果，持续抓好疫情防控各项工作。

【政法队伍教育整顿深入开展】 2021年3月1日，东莞市委书记、市人大常委会主任梁维东主持召开市委十四届第213次常委会会议，传达学习习近平总书记对政法工作的重要指示精神和中央政法工作会议、省委政法工作会议精神，听取全市2020年政法工作情况汇报，研究贯彻意见。3月18日，梁维东在市委政法队伍教育整顿领导小组第一次会议讲话中指出，要深刻准确认识开展政法队伍教育整顿的重要性，坚持从严从实，推动政法队伍教育整顿工作有力有序开展。3月22日，梁维东主持召开市委十四届第215次常委会会议，传达学习《中共中央关于开展全国政法队伍教育整顿的意见》和全国、全省政法队伍教育整顿工作有关会议精神，研究贯彻落实意见。4月7日，梁维东在市政法队伍教育整顿查纠整改环节工作推进会上充分肯定全市学习教育环节工作成效，强调要客观正视问题，进一步增强抓好政法队伍教育整顿的信心决心，全面总结提升前一阶段的工作成果，推动教育整顿工作走深走实走好。4月17日，梁维东主持召开全市政法队伍教育整顿工作汇报会，传达习近平总书记重要指示精神和党中央关于政法队伍教育整顿重大决策部署，通报督导情况，并就做好政法队伍教育整顿工作提出明确指示和要求。6月3日，东莞市委书记肖亚非在市政法队伍教育整顿查纠整改环节工作推进会上指出，发扬连续作战精神，采取有针对性的举措，全力以赴、迎难而上，坚决打赢查纠整改攻坚战，努力把教育整顿的成果转化为更好为民服务的生动实践，推动政法工作高质量发展。6月29日，肖亚非在市政法队伍教育整顿总结大会上指出，要坚决履行教育整顿主体责任，切实持续推进教育整顿各项工作，保持标准不降，坚决扛起落实反馈意见整改的政治责任，不断拓展政法队伍教育整顿的实际成效。7月29日，东莞市委书记、市人大常委会主任肖亚非在市政法队伍教育整顿“回头看”反馈会上作表态发言，指出自全国政法队伍教育整顿进入“回头看”环节以来，东莞市深入学习贯彻习近平总书记“七一”重要讲话精神，按照中央和省委部署，全面落实省委书记李希来莞调研指示精神，围绕“走在前列、做出示范”目标，保持思想不松、力度不减、标准不降，教育整顿成效明显，完成第一批教育整顿任务。

【全面深化改革走深走实】 2021年3月26日，东莞市委书记、市人大常委会主任梁维东主持召开市委十四届第216次常委会会议，传达学习习近平总书记在中央全面深化改革委员会第十八次会议上的重要讲话精神。3月30日，梁维东主持召开市委全面深化改革委员会第七次会议，传达学习习近平总书记在中央全面深化改革委员会会议上的重要讲话精神，以及省委全面深化改革委员会会议精神，研究审议《东莞市委全面深化改革委员会2021年重点改革工作安排》《东莞市2020年全面深化改革工作总结》及滨海湾新区、石龙镇、塘厦镇、常平镇基层改革创新实验区实施方案等改革文件，通报东莞2020年度十大优秀改革项目和十个基层优秀改革创新案例。8月27日，东莞市委书记、市人大常委会主任肖亚非主持召开市委十四届第245次常委会会议，传达全省政法领域全面深化改革推进会精神，研究东莞市贯彻意见。强调要加快推进执法司法责任体系改革建设，切实提升执法司法质效和公信力。

【城市综合环境提升】 2021年1月11日，东莞市委书记、市人大常委会主任梁维东主持召开市委十四届第206次常委会会议，审议城市轨道交通2号线三期工程［虎门火车站（不含）—交椅湾站］工程可行性研究报告有关事宜。1月27日，梁维东主持召开市委十四届第208次常委会会议，审议《东莞市农村乱占耕地建房问题摸排工作情况报告（送审稿）》《东莞市农村乱占耕地问题分类处置建议（送审稿）》。3月15日，梁维东主持召开市委十四届第214次常委会会议，审议《东莞市碧道建设实施方案（送审稿）》。会议强调，要结合生产生活空间规划统筹布局，梳理吸收绿道建设的经验做法，树立经营城市理念，实事求是、创新形式鼓励引导社会资金参与，全力推动碧道建设。4月9日，梁维东主持召开市委十四届第217次常委会会议，审议《东莞市“供水一张网”整合工作方案（送审稿）》《东莞市户外广告设施和招牌设置管理条例（草案修改二稿）》。4月30日，梁维东主持召开市国土空间总体规划工作领导小组（扩大）会议，深入学习贯彻习近平总书记重要指示精神，落实中央和省对国土空间规划最新部署和工作要求，深入推进全市国土空间规划编制工作，强调要聚焦高质量发展主题，坚持系统思维，高水平编制市镇两级国土空间总体规划。10月20日，东莞市委书记、市人大常委会主任肖亚非主持召开市委十四届第255次常委会会议，审议《东莞市电动自行车管理条例（草案修改二稿）》。10月25日，肖亚非主持召开市委十四届第256次常委会会议，审议《东莞市城市内涝治理系统化实施方案（2021—2025年）》及相关事项。

【打好污染防治攻坚战】 2021年4月7日，东莞市委书记、市人大常委会主任梁维东主持召开全市生态环境保护大会，总结2020年和“十三五”时期全市生态环境保护工作，谋划部署“十四五”和2021年重点任务。8月17日，东莞市委书记、市人大常委会主任肖亚非主持召开市委十四届第243次常委会会议，审议珠江三角洲水资源配置工程东莞市配套供水项目沙溪分水口至五点梅水库群连通管工程、五点梅水库群物理隔离工程和清淤扩容工程的建设规模和投资规模有关事项。8月27日，肖亚非主持召开市委十四届第245次常委会会议，审议《中央第四生态环境保护督察组下沉东莞市期间保障工作方案（送审稿）》。会议提出，要高度重视环保督察工作，主动做好各项迎检工作。11月5日，肖亚非主持召开市委十四届第258次常委会会议，传达全省水利高质量发展大会精神，审议《2021—2022年枯水期东莞市抗旱防咸保供水工作方案》及其配套方案。11月11日，肖亚非主持召开市委十四届第261次常委会会议，审议《东莞市落实中央生态环境保护督察整改工作方案（送审稿）》。

【乡村振兴战略实施】 2021年3月19日，东莞市委书记、市人大常委会主任梁维东主持召开市委十四届第215次常委会会议，传达学习习近平总书记在全国脱贫攻坚总结表彰大会上的重要讲话精神，研究贯彻落实意见。4月8日，梁维东出席东莞·铜仁东西部协作座谈会，强调要按照党中央决策部署及粤黔两省工作要求，切实提高政治站位，凝聚思想认识，增强政治敏锐性和责任感，扎实做好新阶段东西部协作工作。4月23日，梁维东主持召开市委十四届第220次常委会会议，传达学习习近平总书记对深化东西部协作和定点帮扶工作作出的重要指示精神，通报随省党政代表团赴贵州考察对接东西部协作工作和东莞市党政代表团赴铜仁考察对接东西部协作工作有关情况，研究贯彻意见。4月27日，梁维东主持召开市委实施乡村振兴战略领导小组会议，审议东莞推进乡村振兴战略有关文件，总结2020年推进乡村振兴战略工作，研究部署2021年和今后一个时期全面推进乡村振兴、加快农业农村现代化工作。6月9日，东莞市委书记肖亚非在市委农村工作会议暨全市实施乡村振兴战略工作推进会上讲话指出，要深入学习贯彻习近平总书记关于“三农”（农业、农村、农民）工作的重要论述精神，贯彻落实中央农村工作会议和省委农村工作会议暨全省实施乡村振兴战略工作推进会议精神，总结东莞“三农”工作情况，研究部署新发展阶段工作任务。6月11日，肖亚非主持召开市委十四届第229次常委会会议，传达全省抓党建促乡村振兴现场推进会精神，研究贯彻落实意见。7月2日，东莞市委十四届第233次常委会会议召开，审议《关于全面推进乡村振兴加快农业农村现代化的实施意见（送审稿）》。7月13日，市委印发《中共东莞市委、东莞市人民政府关于全面推进乡村振兴加快农业农村现代化的实施意见》。8月6日，东莞市委书记、市人大常委会主任肖亚非主持召开市委十四届第241次常委会会议，传达学习习近平总书记对深入推进农村“厕所革命”作出的重要指示精神，学习《关于实施“三农”领域突出短板“九大攻坚”行动的指导意见》，研究贯彻落实意见。8月12日，肖亚非在全市脱贫攻坚总结暨新一轮对口帮扶工作动员部署会议上讲话指出，要切实做好巩固拓展脱贫攻坚成果同乡村振兴有效衔接各项工作，准确把握新一轮对口帮扶工作的任务要求，推动各项任务落地落实。

【社会共建共治共享】 2021年1月11日，东莞市委书记、市人大常委会主任梁维东主持召开市委十四届第206次常委会会议。会议强调，要结合学习贯彻十九届五中全会精神，落实总体国家安全观，牢固树立底线思维，统筹发展和安全，编制好东莞市社会治理现代化“十四五”规划，谋划好平安东莞建设具体举措。2月9日，梁维东主持召开市委十四届第211次常委会会议，听取全市2020年法治政府建设情况汇报。会议强调要持续深入学习贯彻习近平法治思想，科学谋划全市法治政府建设，全面加强党对法治政府建设的领导。4月23日，梁维东主持召开市委十四届第220次常委会会议，听取全市反走私反偷渡工作情况汇报，研究部署下一步工作。6月4日，东莞市委书记肖亚非主持召开市委十四届第227次常委会会议，传达学习习近平总书记对打击治理电信网络诈骗犯罪工作作出的重要指示精神，研究贯彻落实意见。6月18日，肖亚非主持召开市委十四届第230次常委会会议，传达学习习近平总书记对湖北十堰市张湾区艳湖社区集贸市场燃气爆炸事故作出的重要指示精神，听取全市安全生产工作情况汇报，研究部署相关工作。6月26日，肖亚非主持召开市委十四届第232次常委会会议，传达全省扫黑除恶专项斗争总结表彰大会暨平安广东建设工作会议精神，研究贯彻落实意见。7月20日，肖亚非主持召开市委十四届第236次常委会会议，听取全市安全生产和三防工作情况汇报，研究部署下阶段工作。8月6日，肖亚非主持召开市委十四届第241次常委会会议，听取全市禁毒工作情况汇报，研究下阶段工作安排。8月9日，肖亚非以“四不两直”（不发通知、不打招呼、不听汇报、不用陪同接待、直奔基层、直插现场）方式深入道滘镇、南城街道，对出租屋管理、安全生产及社区疫情防控工作进行督导检查，强调要深入排查化解矛盾纠纷，不断夯实基层治理基础，持续提升人民群众的幸福感和安全感。8月12日，肖亚非赴石龙镇对基层治理工作进行督导检查，强调要全面筑牢疫情防控和安全生产防线，做深做细做实基层社会治理，确保城市运行平稳有序、社会安全稳定。8月27日，肖亚非主持召开市委十四届第245次常委会暨市委全面依法治市工作会议，听取关于中央依法治国办赴广东开展法治政府建设督察的情况汇报，研究贯彻落实意见。9月18日，肖亚非主持召开市委十四届第250次常委会会议，听取全市食品安全工作情况汇报和全市扫黑除恶工作情况汇报，研究下阶段工作安排。10月27日，肖亚非到东城街道调研经济社会发展工作，强调要提升基层末端执行力，增强发展后劲，奋力推动东城率先发展、引领发展、走在全市前列。12月28日，肖亚非主持召开市委十四届第271次常委会暨市委全面依法治市委员会会议，学习中共中央、国务院《法治政府建设实施纲要（2021—2025年）》，学习省委全面依法治省委员会第八次会议精神，审议《法治东莞建设规划（2021—2025年）（送审稿）》。

【推进民生福祉提升】 2021年2月24日，东莞市委书记、市人大常委会主任梁维东主持召开市委十四届第212次常委会会议，传达学习习近平总书记致首届全国职业技能大赛的贺信精神，研究贯彻落实意见。强调要深入谋划推进“十四五”时期技能人才培养工作，加大政策引导扶持力度，充分调动企业主体作用，深入推进“技能人才之都”建设。6月4日，东莞市委书记肖亚非主持召开市委十四届第227次常委会会议，会议强调，要以系统观念推动东莞市社会保障事业高质量发展，满足人民群众多层次的保障需求，健全退役军人保障机制，完善帮扶残疾人、孤儿等社会福利制度，完善养老保险和工伤保险体系，抓好新业态从业人员、灵活就业人员等重点群体参保工作，落实对困难群众和特殊群体的兜底保障政策。7月2日，肖亚非主持召开市委十四届第233次常委会会议，传达学习习近平总书记对职业教育工作的重要指示精神，听取全市职业教育工作、教师队伍建设情况汇报，研究相关工作部署。7月23日，东莞市委书记、市人大常委会主任肖亚非主持召开市委十四届第237次常委会会议，审议东莞理工学院高水平理工科大学国际合作创新区项目建设规模和投资规模有关事项。8月17日，肖亚非主持召开市委十四届第243次常委会会议，传达学习习近平总书记在清华大学考察时的重要讲话精神、致厦门大学建校100周年的贺信精神，学习中办、国办《关于进一步减轻义务教育阶段学生作业负担和校外培训负担的意见》《关于规范民办义务教育发展的意见》，听取全市学校思政课建设、义务教育工作和“双减”工作情况汇报。8月17日，肖亚非赴松山湖高新区调研，强调要扎实推进品质交通千日攻坚行动，补齐交通短板，畅通松山湖与市中心城区、广州、深圳的对接联通，加快推进道路建设，完善轨道交通网络。9月10日，肖亚非在全市教育大会上讲话指出，要加强党对教育工作的全面领导，加快构建高质量教育体系，全面深化教育领域综合改革，推动基础教育优质均衡发展，深化职业教育产教融合，持续健全教育优先发展机制，凝聚教育现代化建设的强大合力。10月20日，肖亚非主持召开市委十四届第255次常委会会议，学习《广东省推动基础教育高质量发展行动方案》精神，审议香港城市大学（东莞）项目（一期）工程建设规模和投资规模有关事项。会议强调，要持续扩充公办教育资源，推进教育扩容提质千日攻坚行动，推动义务教育结构优化，推动基础教育高质量发展。11月23日，《中共东莞市委、东莞市人民政府印发〈关于促进中医药传承创新发展实施方案（2021—2025年）〉的通知》印发。11月25日，肖亚非主持召开市委十四届第265次常委会会议，审议《关于进一步完善东莞市医疗保障体系的通知（送审稿）》。12月31日，肖亚非主持召开交通强市建设大会，贯彻落实广东交通强省建设大会精神，听取《东莞市综合交通运输体系“十四五”发展规划》情况，对交通强市建设工作进行全面动员部署。

【东莞市党政代表团学习考察活动】 2021年4月15—16日，东莞市委书记、市人大常委会主任梁维东率东莞市党政代表团赴铜仁市，就学习贯彻习近平总书记关于深化东西部协作和定点帮扶的重要指示精神，落实粤黔协作联席会议精神，做好新发展阶段两市协作工作进行对接交流。9月27—29日，东莞市委书记、市人大常委会主任肖亚非率东莞市党政代表团赴贵州铜仁市，就学习贯彻习近平总书记关于深化东西部协作的重要指示精神，贯彻落实党中央决策部署及广东、贵州省委工作要求，共同谋划推进新阶段东西部协作结对帮扶工作。10月22日，肖亚非率东莞市党政代表团赴深圳市光明区学习考察，深入学习贯彻习近平总书记对广东系列重要讲话和重要指示批示精神，强调要紧紧抓住“双区”（粤港澳大湾区、深圳建设中国特色社会主义先行示范区）和横琴、前海两个合作区等重大平台建设机遇，全面准确把握新形势新任务，以强大执行力推动东莞在万亿元GDP、千万人口城市新起点上加快高质量发展。11月12日，肖亚非率东莞市党政代表团赴韶关市开展对口帮扶工作，总结过去一段时间对口帮扶工作，对接下来工作进行部署，共同推动莞韶对口帮扶工作再上新台阶。

【市委书记接受采访】 2021年3月6日，东莞市委书记、市人大常委会主任梁维东接受《人民日报》专访，刊发《梁维东代表：坚定不移“hold住”改革开放新优势》专访报道；3月8日，梁维东接受《羊城晚报》专访，A6版半版刊发《梁维东：培育壮大新动能打造广东高质量发展名片》专访报道；

2021年中共东莞市委机构设置情况表

类别	级别	单位名称
市直机关	正处级	纪律检查委员会监察委员会机关，巡察工作领导小组办公室，办公室（市档案局），组织部（非公有制经济组织和社会组织工作委员会、市公务员局），宣传部［市政府新闻办公室、市精神文明建设委员会办公室、市新闻出版局（市版权局）］，统一战线工作部（市民族宗教事务局、市侨务局），政法委员会，政策研究室（全面深化改革委员会办公室），台港澳工作办公室（市台港澳事务局，归口市委统一战线部管理），网络安全和信息化委员会办公室（市互联网信息办公室，归口宣传部管理），外事工作委员会办公室（市外事局），直属机关工作委员会，机构编制委员会办公室（归口组织部管理），老干部局（归口组织部管理），军民融合发展委员会办公室（市人民防空办公室），机要和保密局（市国家保密局、市密码管理局，归口办公室管理），民主党派办公室（未定级但实际按正处级机构管理），市委第一、二、三、四、五、六巡察组（未定级但实际按正处级机构管理）
事业单位	正处级	市委党校（市行政学院、市社会主义学院）、东莞日报社、广播电视台、党史研究室、接待办公室、粤桥山庄管理处、社会科学院（未定级但实际按正处级机构管理）、档案馆

3月9日，梁维东接受《南方日报》专访，DC01整版刊发《全国人大代表、东莞市委书记梁维东：当好广东地级市高质量发展领头羊》专访报道；3月9日，梁维东接受《南方日报》专访，刊发《全国两会专访|东莞市委书记梁维东：推动“湾区都市、品质东莞”建设再上新台阶》专访报道；3月10日，梁维东接受《21世纪经济报道》专访，02版半版刊发《专访全国人大代表、东莞市委书记梁维东：聚焦培育发展新动能，全力打造全国先进制造之都》专访报道；8月2日，东莞市委书记、市人大常委会主任肖亚非接受广东广播电视台专访，广东卫视《广东新闻联播》栏目刊播《奋斗百年路　启航新征程·牢记初心使命　争取更大光荣　东莞：科技引领加速新旧动能转换打造先进制造业发展高地》专访报道；8月5日，肖亚非接受《南方日报》专访，A05版刊发《权威访谈|肖亚非：确保GDP高质量稳定过万亿，向更高水平新一线城市挺进》专访报道。（市委办）

附：2021年中共东莞市委书记、副书记、常委、秘书长、副秘书长名录

市委书记：梁维东（任至5月）
　　　　　肖亚非（5月到任）
市委副书记：肖亚非（任至5月）
　　　　　　吕成蹊（5月到任）
　　　　　　白　涛（任至10月）
市委常委：梁维东（任至5月）
　　　　　肖亚非
　　　　　吕成蹊（5月到任）
　　　　　白　涛（任至10月）
　　　　　戚优华（任至1月）
　　　　　郑　琳（任至10月）
　　　　　杨晓棠（任至10月）
　　　　　杨东来（任至1月）
　　　　　刘松涛（任至10月）
　　　　　陈志伟
　　　　　刘　炜
　　　　　喻丽君
　　　　　梁杰钊（4月到任）
　　　　　武一婷（10月到任）
　　　　　冯国华（7月到任）
　　　　　吕元元（10月到任）
　　　　　卢建军（10月到任）
　　　　　刘光滨（10月到任）
市委秘书长：吴志刚（任至11月）
　　　　　　黄桥法（11月到任）
市委副秘书长：邓惠林
　　　　　　　芦　湛（任至2月）
　　　　　　　李汉年
　　　　　　　彭碧玲（任至11月）
　　　　　　　赖辉东（11月到任）

组　织

【党组织概况】　截至2021年底，东莞市有党的基层组织1.14万个［含“两新”组织（非公有制经济组织和社会组织）党组织3219个］，其中党委754个、总支部689个、支部9918个。全市有党员19.88万名，其中：“两新”组织党员4.55万人（含流动党员1.34万人）；女党员6.99万人，占全市党员的35.16%；35岁及以下党员6.77万人，36岁至45岁党员6.03万人，46岁至55岁党员3.17万人，56岁至65岁党员1.59万人，66岁及以上党员2.32万人；大专及以上学历14.56万人（其中研究生及以上学历1.18万人）、中专及以下学历5.32万人，大专及以上学历占73.21%；农村党员5.87万人，占29.54%。

【党史学习教育】　2021年，东莞市委组织部举办党史学习教育专题研讨班17期，组织党员、干部网络专题培训87万人次，分层分类教育培训72万人次，开展“两新”组织领域和流动党员“五进五送”（“五进”即进企业、进园区、进商圈、进小区、进楼宇；“五送”即送书籍、送党课、送培训、送政策、送温暖）宣讲活动800多场，发放学习资料9.4万册。做好庆祝中国共产党成立100周年有关工作，组织策划“七个一百”专题活动，统筹开展“两优一先”（在基层党组织和党员中评选表彰出的优秀党务工作者、优秀共产党员和先进基层党组织）评选推荐、“七一”慰问和颁发“光荣在党50年”纪念章等工作，引导党员干部学习先进、崇尚先进。开展“我为群众办实事”活动，组织实施惠民项目754个，全市各驻点团队走访村（居）民58.94万户，工商个体户（含企业）17.91万户，驻村（社区）单位2076个，解决问题2.08万项。

资料链接

“七个一百”专题活动：一百个“我为群众办实事”实践活动项目、一百场红色宣讲（党课）、一百场文化惠民活动、一百场红色研学活动、一百场党史学习教育展览、一百对“结对共建”单位、一百个“支部建在小区上”，打造特色系列党史学习教育品牌项目。

【高素质专业化干部队伍建设】　2021年，东莞市近距离识别考察干部，选拔政治过硬以及在疫情防控、对口帮扶、污染防治等重点领域中表现优秀的干部，实施公务员平时考核，建立省级平时考核联系点2个。面向未来加强干部教育培养，举办各类主体班次90期，培训各级各类干部8600多人次，推动142万人次网上参加学习，推进“莞青计划”，深化公务员队伍源头优化工程，优秀年轻干部来源渠道得到拓展。严管厚爱结合，激励干部担当作为，开展选人用人工作监督检查，配合做好政法队伍教育整顿，个人有关事项填报“一致率”稳步提升，加强先进典型激励和引领，全年嘉奖4768人、记三等功497人，完善工资管理机制，首次系统规范加强工资管理全链条工作，落实常态化全覆盖谈心谈话机制，激励干部担当作为。

【人才强市战略推进】　2021年，东莞市以人才强市战略为牵引，全方面培养、引进、用好人才。优化人才工作顶层设计，深化人才发展体制机制改革，牵头制定《关于实施新时代人才强市战略的意见》《东莞市新一轮“十百千万百万”人才工程实施方案》，整合优化28个配套政策。把握机遇引育人才，引进国际一流的科技领军人才和创新团队，全市人才总量258.4万人，其中高层次人才18.3万人。提升人才服务质量，实施“人才服务年”行动，674名市、镇、村领导干部联系走访高层次人才，协调解决问题717个，启动线上线下平台建设、人才创新创业环境提升等20项举措，落实人才安居政策和项目，筹集人才房2.2万套，涵盖住房、教育、医疗、社保、文化等全方位的人才保障体系更加完善。

资料链接

“十百千万百万”人才工程：东莞市从2019年起，实施“十百千万百万”人才工程，用3年时间，引进10个国际一流水平的战略科学家团队，选拔100名博士专业人才进入党政机关和企事业单位，引进培养1000名重点领域的领军人才，引进培养1万名硕士研究生以上学历和中级以上职称的创新人才，推动100万人提升学历技能素质。

【新一轮基层党建三年行动计划实施】 2021年，东莞市推进基层党建提质增效，推进6个镇街开展基层党建“全域推进、整镇提升”示范镇街创建，探索科创园区企业与党组织“双孵化”、楼宇党建“红色高地”工程、“莞香家园”样板小区建设等3项创新工作，推行街道“大工委”和社区“大党委”工作机制，铺开机关单位党组织和党员干部“双报到”［全市机关单位党组织和在职党员到村（社区）报道］工作，提高重点领域党组织的有效覆盖水平，305所民办中小学校全部单独组建党组织，当地龙头企业党组织覆盖率增至88%。构建党建服务中心工作机制，召开全市抓党建促乡村振兴现场推进会，建立基层党组织常态化疫情防控机制、机关党员干部支援一线防疫响应机制和党员支援防疫动员机制。

【市镇村集中换届工作完成】 2021年，东莞市坚持把加强党的领导贯穿市镇村换届全过程，落实新时代好干部标准，全覆盖做实思想教育工作，全过程严明换届纪律，换届工作严肃高效、平稳顺利、风清气正。协助完成市领导班子换届人事安排和推荐考察，牵头组织市第十五次党代会，市党代会和市人大、政协“两会”人事安排方案100%实现，省委批复人选100%全票当选。全市28个镇领导班子全部完成换届工作，组织意图100%实现，选举产生班子成员467人，市镇领导班子结构更加优化。村级换届选举完成，593个村（社区）选举产生“两委”［党组织委员会和村（居）民委员会］干部4119名，村（社区）党组织书记、村委会主任、集体经济组织负责人“三个职务一肩挑”［指村（社区）党组织书记、村（居）民委员会主任和村级集体经济组织负责人一肩挑］比例达99.4%，实现班子结构全面优化，“头雁”素质全面提升。 （王登鑫）

附：2021年中共东莞市委组织部主要领导名录

部　长：郑　琳（任至10月）
　　　　吕元元（10月到任）

宣　传

【宣传思想文化工作概况】 2021年，东莞市宣传思想文化战线面对百年变局和“6·18”“12·13”新冠肺炎疫情交织影响的复杂形势，围绕中心、服务大局，坚持用党的创新理论统一思想、凝聚力量，服务市委举办庆祝中国共产党成立100周年系列活动，高标准高质量推进党史学习教育，加快推进品质文化之都建设，打赢疫情防控宣传战，守好意识形态安全“南大门”，为助推东莞市迈进地区生产总值过万亿元、人口超千万的新赛道提供思想保证和强大精神动力。

【理论学习】 2021年，东莞市委宣传部推动实施理论武装“一把手”工程，围绕习近平总书记“七一”重要讲话精神、党的十九届六中全会精神等重点内容，组织市委理论中心组学习12次、市委宣传部部务会会议学习“第一议题”35次，推动开展各级中心组学习1500多场次。选优配强市委讲师团和市委宣讲团，用活用好“两中心一平台”（“两中心”指新时代文明实践中心、融媒体中心，“一平台”指“学习强国”学习平台），依托文明实践站点和文化站点创新实施“五个一百”（即“百场宣讲进基层”“百场巡展送上门”“百场节目惠民演”“百场故事我来讲”“百场培训大家学”）百姓宣讲活动，深入基层“六进”（即进企业、进学校、进机关、进农村、进社区、进网络）宣讲1900多场次，受众55万多人。“学习强国”学习平台全市注册上线人数近120万人、活跃用户近103万人，推广使用及供稿等工作继续走在全省前列。整合党史和社科力量，推出一批紧跟时代步伐、引领东莞市发展的社科研究成果，市直媒体开设专版专栏解读新思想，把党的创新理论“写进群众心坎里”。

【党史学习教育走深走实】 2021年，东莞市委宣传部落实好“牵好头”和“带好头”双重职责，制定实施“1+10+N”总体工作体系，围绕开新局形成“增强市民进取心、归属感，激发城市活力动力”和“东莞树立与新一线城市地位相匹配的城市品牌和形象”等专题调研报告。指导协调市直媒体开设专题专栏26个，推出融媒体产品170多个，“学习强国”广东平台采纳刊发东莞市专题稿件累计1600余条，上报省党史学习教育智慧平台信息6000多条，数量居全省第四位。推动认定全市革命遗址117处，策划推出纪念周恩来总理珍品展等10余个高品质党史专题展览，红色题材作品《东江水流长》《英雄母亲》在中央广播电视总台播出。深入开展“我为群众办实事”实践活动，协力市委打好疫情防控攻坚战，助力推动民生项目落地落实，抓好民生工作，全市新增中小学学位4.25万个、停车位4.86万个、解决企业刚性用工需求15.4万人。

资料链接

“1+10+N”总体工作思路（体系）：“1”，就是市委学习教育领导小组印发总体工作安排。“10”，就是10个方面重点工作：一是党员干部自学，做好指定学习材料和参考材料的发行使用工作，抓好对自学的组织指导；二是专题学习，围绕学习总书记重要讲话精神，围绕学习党的十九届六中全会精神，围绕学习百年党史，围绕东莞地方党史开展集中学习；三是专题培训，围绕党史学习教育，重点组织好对处级以上领导干部专题培训；四是专题研究，组织学习研讨、座谈交流，组织刊发一批高质量的理论文章；五是专题宣讲，参照省委宣讲团的做法组建市委宣讲团赴各镇街（园区）、各单位宣讲，推动开展面向基层的对象化、分众化、互动化宣讲；六是革命传统教育，组织党员干部参观革命遗址遗迹、革命博物馆、纪念场馆等开展现场教学，用好影视剧等可视化教材；七是“我为群众办实事”实践活动，聚焦解决群众最关心最直接最现实的利益问题，推动抓好深入调研、制定方案、实施方案、解决问题等各阶段工作；八是专题组织生活会和民主生活会，按照中央、省委部署安排，组织召开专题组织生活会和专题民主生活会，进行党性分析，开展批评和自我批评；九是党史进校园系列活动，突出青少年群体、贴近青少年需求，创新方式方法，推动党史进校园，引导青年学生知史爱党、知史爱国；十是宣传报道，系统生动宣传我们党的百年光辉历程、伟大成就和宝贵经验，营造党史学习教育浓厚舆论氛围。“N”，就是围绕总体安排和10个方面重点工作细化形成的一系列具体工作项目。

【主流舆论巩固壮大】 2021年，东莞市委宣传部策划庆祝中国共产党成立100周年、学习宣传贯彻党的十九届六中全会、全面建成小康社会等大型宣传活动50多场，组织中央、省重点媒体集中采访100多批次，召开新闻发布会近50场，各级媒体刊发涉莞正面报道超1万篇，“6·18”“12·13”疫情宣传引导和舆情处置工作得到省委宣传部肯定。做大做强市直媒体，联合做优镇街媒体，坚持移动优先、内容为王，形成台、网、微、端、报（电视台、网站、微信微博、手机客户端、报纸）联动格局和网上网下同心圆，市直媒体融合传播力位列全国地级市前列，《东莞日报》2个项目入选全国地方党媒融合发展创新案例。以小切口讲好东莞千万人口与万亿新城的共生共荣暖心故事。暴雨中抱着核酸检测样本奔跑的护士黄雪仪、东莞市城管员为环卫工妈妈多亮20分钟灯等暖心故事，得到中央和省市主流媒体的报道。

【文化产业发展】 2021年，东莞市委宣传部推动制定实施《东莞市文化发展“十四五”规划》，推进“十大工程”，高水平规划引领“品质文化之都”建设。围绕文脉传承，策划举办“容庚与东莞”大型系列展览活动。围绕“生态+文化+旅游”有机融合，打造茶山镇南社村等一批“最美村落”。东莞市近代商埠贸易游径入选第二批粤港澳大湾区文化遗产游径。东莞入选第二批国家文化和旅游消费试点城市。推动文化产业蓬勃发展，进一步完善文化产业相关政策，举办第十二届中国国际“漫博会”和2021粤港澳大湾区“文采会”，打响“东莞潮玩”品牌。印刷工业总产值650亿元，居全省首位；电影票房收入超5亿元，居全省第三位、地级市首位。

资料链接

“十大工程”：核心价值观培育深化工程、文艺创作生产提质工程、文化空间布局优化工程、公共文化服务体系完善工程、文化遗产

2021年11月18日，第十二届中国国际影视动漫版权保护和贸易博览会在广东现代国际展览中心开幕　（市委宣传部供图）

保护与利用工程、文化产业转型升级工程、全域旅游发展促进工程、体育运动活力增强工程、文化传播交流拓展工程、文体旅游市场安全保障工程。

【精神文明建设】 2021年，东莞市委宣传部推进长安镇等3个新时代文明实践中心省级试点建设，承办省精神文明建设工作推进会、省文明城市创建工作培训班（珠三角片区），总结交流各地工作经验，贡献东莞智慧、东莞方案。制定实施全市文明创建督导检查、实地考察点位参考标准等文件材料，梳理全市610个迎国检点位。推进精神文明创建行动，常态化开展文明创建督导检查，启动新一届文明村镇、文明单位、文明家庭等创建工作。聚焦庆祝中国共产党成立100周年、党史学习教育、“四史”（党史、新中国史、改革开放史、社会主义发展史）宣传教育等主题开展一系列重大主题宣传和群众性教育活动，统筹推进友善之城、好人之城、志愿之城、希望之城建设，评选第八届“东莞市道德模范”，评选一批“东莞好人”，擦亮东莞市志愿服务品牌。实施市民文明素养提升工程，推进文明行为立法，弘扬良好风尚，推动文明行为养成。

【城市对外宣传】 2021年，东莞市委宣传部建立健全对外宣传工作机制，强化全市外宣工作统筹协调，将地方城市形象传播融入国家、省外宣大局，打造与新一线城市相匹配的城市品牌形象。聚焦篮球、莞香等城市名片，推进《寻味东莞》《石头记》《花秘密》等主题图书制作，策划启动莞香文化影视项目并纳入中宣部“中华之美”海外传播计划，推动打造“东莞礼物”城市特色文创品牌，组织开展“大湾区·大未来”快闪、市民摄影周等活动，逐渐形成图、文、影像、活动多元构建的立体外宣体系。策划在海外开展《这就是东莞》系列宣传片传播推广活动，获600多家海外媒体关注报道。配合做好“国际青年中国行”在莞参访活动，推进大湾区传播工程，用好海外社交平台发出东莞声音。

【意识形态工作】 2021年，东莞市委宣传部制订落实《关于守好意识形态安全“南大门”的实施方案》，修订《党委（党组）意识形态工作责任制实施方案》，对各重点领域加强建章立制和日常管理，压实工作责任。将意识形态工作纳入市委巡察、市政府督查重点工作和党建工作考评等内容，推进考核评价机制落地落实。

【庆祝中国共产党成立100周年系列活动】 2021年，东莞市委宣传部策划庆祝中国共产党成立100周年、“奋斗百年路 启航新征程”等大型宣传活动超50场，营造同庆百年华诞、共铸历史伟业的浓厚氛围。围绕中国共产党成立百年主题实施“百年征程百图纪实”美术创作工程，开展“永远跟党走”第六届合唱节、书香东莞、“共享文化年”等系列活动，推出公益文化活动超过2600场，公益电影放映活动超过4200场。开展“到人民中去”“东莞好”等文艺品牌活动，不断提升市民文化获得感。

【《这就是东莞》系列宣传片传播推广活动】 2021年，东莞市委宣传部加强国际传播能力建设，聚焦时代课题，立足本土实践，服务国家外宣大局，以国际化形式表达对外宣介东莞故事、大湾区故事、中国故事。在全球发布《这就是东莞》（“This is Dongguan”）城市宣传短片，开展《画出你心中的东莞》欧洲青少年绘画竞赛等活动，获600多家海外媒体关注报道，对外展示追求高质量发展、携手世界应对挑战的品质都市形象，引导国际社会正确发现东莞、认识中国，受到海内外媒体和受众的广泛关注，为塑造可信、可爱、可敬的中国形象发出东莞声音。

（邹　章　靳诗毅）

附：2021年中共东莞市委宣传部主要领导名录

部　长：杨晓棠（任至10月）
　　　　武一婷（10月到任）

统一战线

【统战概况】 2021年，东莞市统一战线系统坚持强化党对统一战线工作的领导，以学习贯彻《中国共产党统一战线工作条例》为重点，巩固和壮大爱国统一战线，促进政党、民族、宗教、阶层、海内外同胞关系更加和谐，推动统一战线工作实现新发展。年内，东莞市统一战线系统获2021年度全省统战理论政策研究创新成果一等奖1篇、全省统战工作实践创新成果1篇，市委统战部获全省统战信息工作二等奖，被评为全市信息工作先进单位。

【民主党派和无党派人士协商议政】 2021年，东莞市组织各民主党派、工商联、知联会负责人召开民主协商会9次，畅通党外人士意见表达渠道。落实市领导与党外代表人士联系交友制度，推动出台市政府有关部门与市各民主党派、工商联、知联会对口联系制度，建立常态化沟通联系机制，提高建言献策质量。组织民主党派精干力量参与市委“深调研”工作，为深化莞港澳台融合发展、推进制造业高质量发展提供有价值的意见建议。统筹协调市各民主党派、知联会开展四大领域56项社会服务工作，创新性开展“同心义诊”“同心讲堂”等活动，并引导其参与东莞—铜仁市东西部协作工作，谋划17个项目，涉及金额近1100万元，促进乡村振兴战略实施。协助做好民主党派换届，支持各民主党派健全组织发展、理论学习中心学习、述职与民主评议、民主生活会等制度，优化各民主党派内部监督委员会建设，提高其解决自身问题的能力。

【民族宗教工作】 2021年，东莞市在民族团结进步宣传月期间，举办各类线下活动、教育培训、宣讲会等400多场次，举办网络有奖问答活动2期，吸引约50万人次参与，派发宣传资料和宣传小礼品4万余份，展示横幅标语、宣传海报1.7万次，刊播活动信息100余条。组织开展宗教政策、消防安全和宗教知识等宣传教育活动，吸引1.5万人次参与网络答题，指导全市宗教界开展“爱党、爱国、爱社会主义”主体教育活动，支持大岭山观音寺建设爱国主义教育基地，增进全市宗教人士和信教群众的“五个认同”（对伟大祖国、中华民族、中华文化、中国共产党、中国特色社会主义的认同）。做好宗教督查整改收尾，完成隐贤寺大型露天宗教造像补办审批手续，治理宗教活动场所未批先建、违规乱建等问题。做好宗教领域新冠肺炎疫情防控，指导各宗教活动场所和民间信仰场所在重点时期实行“双暂停”（暂停对外开放，暂停宗教活动），全市宗教领域持续保持“零感染”态势。开展民族团结进步创建活动，截至2021年底，全市创建民族团结进步示范单位、教育基地27个，其中国家级3个、省级11个、市级13个。开展整治非法宗教活动遏制宗教渗透蔓延专项工作，巡查发现依法查处非法宗教活动23起，通过“智网工程”处理可疑线索120余条。建立健全涉少数民族矛盾排查机制，注重吸纳少数民族代表人士参与矛盾调处，化解涉民族因素矛盾纠纷20起，巩固宗教和顺、社会和谐、民族和睦的局面。

【民营经济领域统战工作】 2021年，东莞市做好中央、省民营经济统战工作调研检查迎检，成立6个民营经济统战工作调研检查组，深入各镇街（园区）开展三轮实地调研检查和指导服务，督促指导各镇街（园区）民营经济统战工作落细落实。推动设立16个民营经济人士理想信念教育基地，组建民营经济人士理想信念教育讲师团，引领民营经济人士听党话、感党恩、跟党走。推进实施新生代企业家培育行动，加大青年企业家培养力度。以市镇工商联换届为契机，提升市镇两级工商联领导班子、领导机构履职能力和水平。建立市领导与53家代表商会协会、70名民营经济代表人士常态化沟通联系机制，助力构建亲清新型政商关系。建立完善市领导挂点走访重点企业机制、工商联联系商会和民营企业制度，听取企业诉求，收集企业意见建议并及时反馈相关部门，实现政企沟通制度化常态化。

【党外知识分子和新的社会阶层人士统战工作】 2021年，东莞市完善党外知识分子思想政治工作体制机制，落实省委关于党外知识分子思想政治引领的有关工作要求。依托市社会主义学院、实践创新基地等阵地，支持知识分子开展“学党史跟党走”主题教育活动；组织归国留学人员开展“传承红色基因，弘扬留学报国精神”系列活动。指导市党外知识分子联谊会修改完善章程，完善会员退出和纳新机制，向市各民主党派推荐高层次人才。加强新阶联（新的社会阶层人士联合会）组织建设，构建“1个市级新阶联+22个镇街新阶联+10个镇街联谊小组”组织架构，建立2122人的新的社会阶层代表人士数据库。推动成立市新阶联人民调解委员会，参与调解400多件案件，被评为2021年度全省统战工作实践创新成果。坚持“品牌+组织+基地+活动”四位一体建设模式，打造国家、省、市、镇街四级实践创新基地，依托各基地举办活动100余场次，吸引超1万人次参与。

【港澳台侨和海外统战工作】 2021年，东莞市重点强化香港莞籍社团建设，在“1+60”（“1”表示东莞社团总会，“60”表示香港东莞社团总会60个属会）香港莞籍社团组织布局的基础上，推动香港莞籍社团继续往基层化、实体化方向发展，推动“1+32”（“1”表示市内地港人联谊会，“32”表示32个镇街内地港人联谊会）市镇两级内地港人联谊会、各镇街同乡会在莞办事处“全覆盖”。根据莞港两地疫情反复的形势，向在港乡亲支援约150万个口罩和多批防疫物资，至年底，为3.92万名港澳台同胞接种疫苗，累计接种7.88万剂次，全市台胞接种数高居全省第一位，港澳同胞接种数居地级市前列；向海外侨胞捐赠防疫抗疫物资，做好在莞华侨华人接种疫苗预约服务。推动东莞深化两岸创新发展合作试验区和台博会（东莞台湾名品博览会）“一区一会”建设，2021年第十二届台博会升格为省级展会，吸引超过3000名专业采购商进场参观采购。支持港澳地区青年来莞交流就业发展，线上线下开展港澳青少年交流活动370多场，涉及7440人次，推出743个企事业公开招聘岗位和2212个实习岗位，为港澳青年提供“一站式”公共就业服务；依法高效办理涉侨政务业务37宗，解决华侨无法用护照号码网上预约办理政务事项问题。推动凤岗镇油甘埔村参评“广东十大美丽侨村”，加强“侨之家”和“侨胞之家”建设。优化《看东莞》办刊方式，向海外侨胞传播中华文化；举办海外华裔青少年线上夏令营、海内外华裔青少年“我身边的防疫抗疫故事”主题征文比赛等活动；举办“海外青年才俊云聚东莞”品牌活动，向海外宣传推介东莞市，吸引更多海外优质企业来莞投资发展。

【党外代表人士队伍建设】 2021年，东莞市抓好党外代表人士教育培训和实践锻炼，组织开展系列党外人士座谈会与政治教育活动，将民主党派领导班子成员纳入市管干部培训计划，全年组织开展党外代表人士专题培训班10期；做好第五批党外干部挂职锻炼工作，5名挂职干部完成挂职任务；开展党外人士摸底调研，建立完善全市党外干部、党外知识分子、留学人员3个数据库。统筹做好党外代表人士政治安排和实职安排，部分镇街和市政府工作部门领导班子、法院检察系统、市医院系统、群团组织、市人大常委会机关、市政协机关、重点市属企业、市各民主党派办公室等领域均配备党外干部。完善组织部门、统战部门党外干部培养选拔工作联席会议制度，做好全市党外干部的发现、培养、使用、管理。制订《市委组织部市委统战部关于政协东莞市第十四届委员人选推荐提名的工作方案》，完成市政协换届任务。

【《中国共产党统一战线工作条例》宣传贯彻】 2021年，东莞市委统一战线工作领导小组对照《中国共产党统一战线工作条例》提出的各项工作要求，制订实施方案和分工方案。市委常委会和市委统一战线工作领导小组会议专题学习条例，邀请专家就条例向市委理论学习中心组进行专题授课；将条例纳入市、镇两级党校主体班的授课内容；组织开展网上条例知识竞答活动，吸引全社会超过4万人次参与；在《东莞日报》开展条例学习专栏刊登12期文章，营造学习宣传贯彻条例的浓厚氛围。推动将市镇两级学习宣传贯彻条例情况纳入2021年市委、市政府督查事项，增强“统战工作是全党的工作”的思想认识。 （黄睿翔）

附：2021年中共东莞市委统一战线工作部主要领导名录

部　长：陈志伟

政策研究·深化改革

【政策研究和深化改革概况】 2021年，东莞市委政研室（市委改革办）服务市委中心大局，强化宏观谋划和政策研究，推进深化改革，完成市委交办的各项任务。牵头起草多项重要文稿、重要参阅资料，得到市领导直接批示58次，其中市委主要领导直接批示31次。年内，市委政研室党支部被评为市直机关先进基层党组织。

【参谋辅政】 2021年，东莞市委政研室（市委改革办）抓好抓实文稿服务、信息参阅等工作，履行以文辅政职能。做好重要文稿起草，配合市委办起草多项重要文稿，为市委提供更多具有思想性、前瞻性、可行性的思路举措建议。完成省委主要领导来莞调研、市委十四届十四次全会、市委第十五次党代会报告、市委主要领导党课报告等重要文稿起草任务，并完成多篇市委领导讲话、媒体采访参阅、工作总结、工作汇报等文稿，协助市委思考和谋划东莞市在“双万”（地区生产总值过万亿、人口超千万）新起点上的发展蓝图和工作思路。做好信息参阅服务，围绕市委主要工作安排，梳理上级部署要求，收集整理全市各领域工作情况，常态化做好参阅服务。牵头做好全国和全省人大、政协“两会”专题参阅等20多份参阅资料准备，梳理详实的工作情况，为市委提供建议参考。推动用好其他城市经验，每周密切关注先进城市发展动态，重点搜集梳理各地在产业发展、城市更新、社会治理、改革创新、区域合作等领域的先进经验做法，汇编形成《重点省市动态》供市委主要领导参阅，全年编印24期。

【调查研究】 2021年，东莞市委政研室（市委改革办）组织开展课题研究、起草政策文件，为东莞市加快高质量发展贡献力量。协助市委组织开展新一轮“深调研”，推动市领导牵头形成25份课题调研成果、各部门形成一批高质量调研报告，相关研究成果吸收转化为市第十五次党代会报告的有关内容。协助市委主要领导在“深调研”中开展“大力营造‘四个氛围’、激发基层活力，提升基层末端执行力”专题调研，提出一系列创新举措，介入相关政策措施后续落实和督查督导过程，参与筹备召开提升基层末端执行力全市三级干部大会，协助市委逐步释放“跑马勇争先、执行论英雄”工作信号，推动政策建议落地落实。开展专项调查研究，围绕全市经济社会发展的现实问题，聚焦群众关心的热点难点，通过自主研究、联合智库等形式开展系列课题，内容涉及经济发展、社会治理、城市建设等各个方面，形成一批具有较强理论性、实践性、前瞻性的研究成果，以调查研究助力市委开创发展新局。筹备市决策咨询委员会换届，研究起草换届方案，研究健全工作机制，聚焦核心问题和关键领域，提高资政研究实效。

【全面深化改革】 2021年，东莞市委政研室（市委改革办）按照市委全面深化改革委员会部署，加强改革统筹、协调、督查、考评和宣传，以重点领域和关键环节改革为突破，推动全面深化改革取得进展。加强改革统筹协调，组织召开市委全面深化改革委员会会议，传达学习中央、省委全面深化改革委员会会议精神，抓好上级改革工作部署，审议《关于进一步深化通过强化功能区统筹优化市直管镇体制改革的通知》《关于推进战略性新兴产业基地高质量发展的若干措施》等10份重要文件。起草制定《2021年东莞市全面深化改革工作安排》，明确24个方面89项年度重点改革任务，先后3次开展改革督查，推动年度重点改革任务落实。探索实施改革攻坚揭榜制，向基层征集筛选一批疑难事项纳入榜单，鼓励镇街（园区）主动揭榜。开展年度优秀改革项目考评工作，对10个优秀改革项目给予加分激励，评选出一批基层改革品牌，营造浓厚改革氛围。以省改革创新实验区建设为统揽推动各领域改革深化。梳理形成2021年实验区建设工作台账和政策清单，明确实验区建设年度24个方面84项具体任务。在省改革创新实验区建设牵引带动下，战略性新兴产业基地建设、产业空间拓展、科技体制改革、金融服务体系构建等一大批重点改革任务取得进展。推动出台滨海湾、石龙、塘厦、常平等基层实验区试点实施方案，鼓励基层加大改革力度。纵深推进通过强化功能区统筹优化市直管镇体制改革，修订出台“1+14”系列方案，拓展“五大统筹”（发展规划、区域开发、产业发展、重大项目建设、政务服务效能提升五大方面统筹），优化调整下放175项市级事权，完善功能区决策议事、财政管理、年度考评等机制，强化功能区统筹，激发发展活力。

资料链接

“1+14”：“1”为《关于进一步深化通过强化功能区统筹优化市直管镇体制改革的通知》，“14”为功能区涉及事权划分、重大发展规划、国土空间调整等方面共14份实施方案。

【参与起草市第十五次党代会报告】 2021年，根据市委工作安排，东莞市委政研室（市委改革办）参与市第十五次党代会报告起草工作。组织起草小组成员赴外省市学习取经，与市有关部门对碰磋商，开展一系列涉及东莞经济社会发展各方面的课题研究，结合东莞进入现代化建设新征程和“双万”新赛道，协助市委谋划东莞未来五年的发展思路和部署，推动全市上下形成坚持“科技创新＋先进制造”城市特色的广泛共识，为市委谋大局、开新局奠定基础。

【服务疫情防控】 2021年，东莞市委政研室（市委改革办）发挥党员干部先锋模范作用，抽调2名业务骨干到东莞市新型冠状病毒肺炎疫情防控领导小组（指挥部）办公室，完成疫情综合分析、决策参考、文稿起草等工作。响应市委组织部下沉基层抗疫倡议，组建常态化防疫志愿队，及时发动、组织全体党员干部投身抗疫一线，先后派出47人次支援全市全员核酸检测，与社区群众一起构筑疫情防控的铜墙铁壁。在疫情防控工作中发挥参谋辅政作用，收集整理各地关于统筹疫情防控和经济社会发展的经验做法报市委参阅；针对“12·13”疫情暴发刚好处于岁末年初这一经济运行接续的关键时期，牵头联合税务、供电、商务、发改等多部门开展研究，为市委做好经济社会发展与疫情防控工作提供决策参考。（市委政策研究室）

附：2021年东莞市政策研究室主要领导名录

主　任：芦　湛（任至2月）
　　　　李汉年（2月到任）

网络安全和信息化

【网络安全和信息化概况】 2021年，东莞市推进网络强市建设，召开市委网络安全和信息化委员会全体会议，审议通过《东莞市网络安全和信息化发展“十四五”规划》。制定《东莞市贯彻落实〈党委（党组）网络意识形态工作责任制实施细则〉重点任务分工》，开展网络意识形态专题督查和网络安全专项考核，推动各级党委（党组）落实工作责任。年内，市委网信办党支部被评为东莞市先进基层党组织。

【网络综合治理】 2021年，东莞市部署开展“清朗”“饭圈乱象”“打击新闻敲诈和假新闻”“移动应用程序PUSH弹窗突出问题整治”等各类网络专项整治行动，重拳出击，依法查处网上各类违法信息和违法行为，约谈违规平台，关停违法网站及账号，及时清理、下架违法违规应用，联合公安部门落地查处违法人员。健全互联网违法和不良信息举报机制，畅通举报渠道，受理处置网民举报，强化网络平台及从业人员监管。探索建立网信执法机制，制定网信“当场行政处罚决定书”，规范细化立案、取证、决定等环节程序。通过网络搜集整理涉劳动保障、经济运行、疫情防控、教育培训等领域社情民意，供领导决策参考，供部门改进工作，多次获省市领导批示肯定。成立“东莞市网络辟谣联盟”，主动参与网络谣言分析研判、核查澄清，获评“2021广东十佳网络公益团队”。

【网络主题宣传】 2021年，东

2021年11月2—3日，由东莞市委网信办主办的东莞市2021年网信干部能力培训班在市教师进修学校举行　（市委网信办供图）

莞市强化思想引领，统筹市内媒体平台做好庆祝建党百年网上传播，在《学习时间》专栏发布“党史学习教育”“我为群众办实事”等主题稿件。策划推出“永远跟党走”系列微视频，点击量超500万次；举办“党建引领　奋进力量”东莞第三届短视频大赛，征集作品295个，点击总量近240万次；将党史学习教育与网络传播深度融合，组织“百年征程　启航未来”网络打卡、“点赞一百　点赞东莞”传播活动。聚焦东莞市在“双万”城市新起点高质量发展，加强重点举措和成就宣传，推文累计阅读量超1000万次。做大做强市级政务新媒体“莞香花开”“东莞发布”的信息发布工作，深耕内容建设，原创网宣作品“外国人看东莞”获评广东省“网络传播精品工程”二等奖。

【网络安全保障】　2021年，东莞市部署对全市69个单位249个系统开展网络安全攻防演练，提升实战能力。统筹做好网络安全风险预警通报和安全事件应急处置，全年发出隐患预警通报41份，遴选6家单位组建全市网络安全应急支撑队伍。以查促改，组织开展建党百年网络安全专项检查、App（应用程序）违法违规收集使用个人信息专项检查、数据安全和个人信息保护专项评估等。做好网络安全宣传周活动，强化普法宣传教育，营造维护网络安全的浓厚氛围。指导麻涌镇、中堂镇开展“广东省数字乡村发展试点镇”建设，全市数字乡村建设初见成效。在“东莞干部培训云课堂”开设网络安全视频课程，举办网信干部能力提升培训班、新媒体学院常训营，提升网信队伍用网管网治网能力水平。组建24支队伍参加广东省“强网杯”比赛，5支队伍进决赛、1支队伍位列前三名。

【互联网行业党建】　2021年，东莞市推动互联网行业党建高质量发展，深入调研20多家重点企业，实地学习其他地市先进经验。发起“百家支部心连心　百台空调敬老人”公益活动，以“共建共治共享共赢”为理念成立东莞市首个“百家支部联盟”。《“党建+互联网”深度融合，党建与网信工作双同步》案例获评广东省第八届“粤治—治理现代化”优秀案例。

【网信系统助力新冠肺炎疫情防控】　2021年，东莞市网信系统做好疫情防控网络宣传与舆论引导，强化网络安全保障。围绕疫情进展、政策实施、返岗防护、感人事迹等主题，策划推出“防疫指南”“回家真好”“科学防疫小课堂”等系列短视频和海报，为基层一线防疫宣传提供样本和素材。发挥“莞香花开”“东莞发布”平台疫情防控“主窗口”作用，统筹全市政务新媒体平台多层次、高密度传播正面声音，权威解答热点问题，回应民众诉求，发布报道200多篇次，总浏览量1.2亿次。进一步规范网上涉疫信息发布转载，严厉打击造谣传谣行为，发挥“东莞市网络辟谣联盟”作用，及时驳斥多宗网络谣言和不实信息。做好网络涉疫信息收集分析，梳理反映复工复产、减租免租、隔离安置等舆情动向，撰写的信息简报多次获市领导批示。开展涉疫重点领域网络安全风险排查，强化对医疗卫生系统信息平台的监测预警和防范处置。发挥网信部门技术优势，及时上线“核酸采集点人流量分布查询”功能，总阅读量近3亿次，为全市实现“双统筹、双胜利”提供坚实网信支撑。（何　佳）

附：2021年中共东莞市委网络安全和信息化委员会办公室主要领导名录

主　任：黄　辉（任至11月）
　　　　彭碧玲（11月到任）

机构编制

【机构编制概况】　2021年，东莞市有机关事业单位1734个，比上年减少5个。其中：机关单位488个，包括市直行政单位231个，街道、乡镇机关32个，市直派出机构225个；事业单位1246个，包括市直事业单位563个，街道、乡镇事业单位683个。行政编制、政法专项编制、行政执法专项编制在省下达的限额内使用，事业编制没有突破管控基数。是年，东莞市委编办党员干部响应市委号召，投身疫情防控一线。

【党政机构职能体系完善】　2021年，东莞市重新修订市委编办“三定”（定机构、定职能、定编制）规定，将原直属行政单位市事业单位登记管理局调整为内设机构事业单位登记管理科，将原下属事业单位市中文域名服务中心（市机构编制电子政务中心）更名为市机构编制事务中心（市政务和公益机构域名注册中心），并优化机构设置和职能配置。将市扶贫开发办公室更名为市乡村振兴局，巩固拓展脱贫攻坚成果同乡村振兴有效衔接。调整优化市委办公室、市政协办公室、市委巡察办公室、市教育局、市公安局、市司法局、市住房和城乡建设局、市市场监督管理局、市城市管理和综合执法局、市林业局、市轨道交通局11个部门的内设机构和职能配置，推动机构职能运行协同高效。

【开发区管理体制机制优化】　2021年，东莞市争取中央编办备案同意，将松山湖高新区管理机构明确为副厅级。将水乡管委会规范设置为12个正科级内设机构并相应调整领导职数，将滨海湾新区管委会规范设置为12个内设机构和应急管理局并相应调整领导职数，加挂“东莞滨海湾高新技术产业开发区管委会”牌子。

【专项体制改革】　2021年，东莞市推进行政复议体制改革，明确市司法局作为市政府行政复议工作的承办机构，统一办理市政府一级除税务、国家安全外的行政复议事项，在市司法局行政复议科挂市人民政府行政复议办公室牌子，解决行政复议受理部门众多、案件裁判标准和裁判流程不统一、办理时间较长等问题。推进海洋综合行政执法体制改革，将广东省渔政总队东莞支队更名为东莞市海洋综合执法支队，不再加挂其他牌子，明确由市海洋综合执法支队集中行使辖区海洋监察、海岛管理、海洋环境保护、渔政管理、渔港监督、渔船监督检验等涉海综合执法职责。推进森林公安体制改革，将森林公安分局整建制划入市公安局，促进森林公安机关与属地公安机关业务融合和资源整合。

【事业单位改革】 2021年，东莞市成立市医疗保障事业管理中心，在镇街（园区）社会保险基金管理中心加挂医疗保障事业管理中心牌子，建立完善市镇两级医疗保障经办机构。将医养结合试点改革扩大到东莞市人民医院、东莞市松山湖中心医院、东莞市中西医结合医院、东莞市莞城医院、东莞市虎门中医院、东莞市石碣医院、东莞市道滘医院、东莞市大朗医院、东莞市清溪医院、东莞市企石医院10所公立医院，主要任务增加老年人养护服务和培训等内容。将市知识产权保护中心升格为副处级事业单位，推动优化营商环境。组建市住房事务中心，理顺房屋交易管理分工。调整市金菊福利院、市救助管理站、市社会福利中心的机构设置、人员配置和主要任务。撤销市生物技术研究所、市香蕉蔬菜研究所、市粮作花卉研究所、市畜牧科学研究所4个农业科研事业单位，将公益性任务划入市农业科学研究中心和市动物疫病预防控制中心。

【教育编制资源保障】 2021年，东莞市争取省委编办下达中小学教职工周转编制，数量是全省各地市最多，能够基本满足义务教育阶段公办中小学的用编需求。调剂补充中小学编制571名。创新建立中小学高层次人才专项编制周转池，计划利用3~5年引进百名高层次人才。将东城街道虎英幼儿园、凤岗镇第二幼儿园登记设立为事业单位，增加990个公办学位。

【机构编制监督与管理】 2021年，东莞市首次实行机构编制年度报告制度，组织市直单位、镇街向市委编委报告上一年度机构编制重要事项，由市委编办汇总后形成总体报告以市委编委名义上报省委编委。组织实施第二次机构编制核查，摸清全市机构编制资源的数量、结构、分布等实际配置情况，形成市核查报告上报省委编办。完成本轮事业单位法人证书换领，协助大湾区大学（筹）、东莞新能源研究院等科研机构登记设立为事业单位。

【党史学习教育获评优秀】 2021年，东莞市委机构编制委员会办公室推进党史学习教育取得实效，先后被评为市直机关先进党组织、市直机关模范机关创建先进单位、全市首批“五星党支部”，1名同志获评全市优秀党务工作者，1名同志获评市直机关优秀党员。高标准举办专题学习15次，邀请省委编办领导、市委党校教授开展专题宣讲。前往红军长征粤北纪念馆、莫萃华故居、大岭山抗日根据地旧址等14个红色地标开展革命传统教育。完成教育、住房、行政复议、知识产权保护等4个“我为群众办实事”民生项目，有关经验做法得到中国小康网、“南方+”等刊登推广，10篇信息被省、市党史学习教育办采用。 （陈灏雯）

附：2021年中共东莞市委机构编制委员会办公室主要领导名录

主　任：胡炽海

机关党建

【机关党建概况】 2021年，东莞市直机关各级党组织1153个，其中党委89个、党总支37个、党支部1027个。机关党员2.12万人，其中在职党员1.8万人。东莞市直机关工委直接管理的机关党组织81个，其中党委59个、党总支5个、党支部17个。年内，东莞市直机关工委围绕机关党建“围绕中心、建设队伍、服务群众”核心任务，强化政治统领，深化理论武装，夯实基层基础，服务中心大局，推进机关党建工作提质增效。

【机关政治建设】 2021年，东莞市直机关工委坚持以党的政治建设为统领，把学习贯彻习近平新时代中国特色社会主义思想作为头等大事和首要政治任务，带头严格执行“两个维护”十项制度机制，组织开展政治机关意识教育、对党忠诚教育等，推动机关党员提高政治判断力、政治领悟力、政治执行力。抓好党章党规党纪学习教育，推动“党员领导领学带学督学”落到实处；开展模范机关创建，推动市直机关把创建工作与破解难题、提升执行力、改进作风结合起来，培树40个模范机关创建标兵单位和先进单位，示范带动模范机关创建工作整体向前。

【机关思想建设】 2021年，东莞市直机关工委高标准高质量开展党史学习教育，推动市直机关学习贯彻习近平总书记“七一”重要讲话精神和党的十九届六中全会精神，牵头组织开展理论专题培训7期，培训1473人次。创新开展机关青年党员政治理论提升工程，组织100部“红色故事我来讲”线上展播，70多名青年党员参加4场线下“红色故事大赛”，推动机关各级党组织形成青年政治理论学习长效机制。落实意识形态工作责任制，围绕庆祝中国共产党成立100周年等重要时间节点，加强机关党建意识形态阵地的建设和管理，编发党建报道200多篇，累计流量突破800万人次，被省级以上媒体采纳20多篇。开展中国共产党成立100周年系列庆祝活动，开展省、市“两优一先”（在基层党组织和党员中评选表彰出的优秀党务工作者、优秀共产党员和先进基层党组织）评选推荐和“光荣在党50年”纪念章颁发活动；编印《百年风华——庆祝中国共产党成立100周年特刊》；挖掘本土红色资源，创作以“路”为主题的情景式主题党课，市领导以普通党员身份与机关党员共上一堂党课，线上直播点击量突破22万人次，该党课成为新党员培训的必修课。

【机关组织建设】 2021年，东莞市直机关工委贯彻《中国共产党党和国家机关基层组织工作条例》《中国共产党支部工作条例（试行）》等党内政策法规精神要求，推动以市委办名义印发《关于加强和改进市直机关党的建设的若干措施》。组织实施新一轮基层党建三年行动计划，重心下移完善组织体系，优化支部设置，推进支部建在科室上、建在项目上、建在急难险重任务上，消除组织覆盖弱点盲点，扩大党组织覆盖面。选优训强机关基层党组织领导班子，全年有239个基层党支部完成换届，精准培训在职党支部书记839人次。推进支部分层分类管理，推行党支部“评星定级”制度，试行组织生活通知单制度，探索解决“三会一课”（党支部应当组织党员按期参加党员大会、党小组会和上党课，定期召开党支部委员会会议）质效提高难问题。强化党员教育管理，注重在疫情防控等大战大考中检验党组织战斗力、淬炼党员思想，配合市委组织部发动6000多名党员参与疫情防控阻击战，指导大朗镇封控区内的机关党员成立临时党支部，服务封控区疫情防控工作。

【机关作风纪律建设】 2021年，东莞市直机关工委发挥市直机关纪检监察工委专责监督作用，推动全面从严治党各项工作落实到机关各级党组织。开展纪律教育学习月活动，常态化做好谈话提醒工作。发挥“阳光热线”问政平台作用，全年有24位市直单位“一把手”走进直播间与听众互动，138个政府部门和机构在平台进行答疑，为群众解决问题3.6万个；推动“阳光热线”问政平台与市民服务热线“12345”的优化互通，让群众急难愁盼问题得到快速受理和反馈解决；联合开办《直通12345》电视问政节目，搭建政府与群众的“连心桥”。力戒形式主义、官僚主义作风，组织市市场监管局等22个单位探索开展换位体验活动，组织机关党员到基层一线感受政策制定与执行落实的“温差”“落差”，查摆问题180余个，为基层群众和企业办实事超千件，机关作风得到改进。

2021年10月18日，东莞市举办挖掘本土红色资源，创作以“路”为主题的情景式主题党课
（市直机关工委供图）

【机关党建服务中心】 2021年，东莞市直机关工委以党建创新引领服务创优，服务改革发展中心大局。开展“我为群众办实事”实践活动，完成民生实事清单任务。推动各单位实施一批服务创新项目，涌现出“民生大莞家”“局长‘码上办’平台”等一大批服务品牌。推进“机关党员精准化志愿服务”党建品牌建设，按照“政策到基层、窗口到群众”思路，推动机关各级党组织开展“学党史办实事”党员主题志愿服务，全年有78个市直机关党组织开展志愿服务8000多场次，参与党员志愿者1.56万人次，服务群众超100万人次。

【党建特色品牌打造】 2021年，东莞市直机关工委在特色党建、服务中心、岗位创新等方面探索创新，擦亮机关青年党员领读计划等党建品牌，打造出更多可推广的特色品牌。组织市直机关参加广东省市直机关“先锋杯”工作创新大赛，东莞市8个作品入围第九届全省机关“先锋杯”决赛并全部获奖。其中东莞市残疾人托养中心作品“构建‘党建引领+N’助残新模式，提升残疾人品质托养”获得一等奖，实现东莞市参赛成绩一等奖“零的突破”。市直机关工委总结提炼的《“融媒”引导推进青年理论学习“三到三促”活动》获2020—2021年第八届“粤治—治理现代化”融媒体传播引导优秀案例。 （潘 瑛）

附：2021年中共东莞市直属机关工作委员会主要领导名录

书　记：张永艳

党　校

【党校概况】 2021年，中共东莞市委党校（东莞市行政学院、东莞市社会主义学院）坚持以习近平新时代中国特色社会主义思想为指导，坚持党校姓党根本原则，紧紧围绕中心大局，统筹推进干部培训与疫情防控两不误、两促进，高质量推动干部培训、思想引领、理论建设、决策咨询各项工作，指导33个镇街（园区）党校提高办学质量，为推动东莞在“双万”（地区生产总值过万亿元、人口超千万）新起点上加快高质量发展提供智力支持和人才支撑。设有11个科（室、部、中心），在职在编教职工60人，其中专兼职教师30人。

【干部教育培训】 2021年，中共东莞市委党校推动党史学习教育走深走实。举办5期习近平新时代中国特色社会主义思想学习讲座、1期市委理论学习中心组暨全市处级主要领导干部学习教育专题研讨班、5期全市市管干部党史学习教育专题研讨班、2期科技干部党史学习教育专题研讨班、1期市直机关党组织书记党史学习教育专题研讨班、9期党史学习教育专题讲座和1期中共党史学习教育网络专题培训班。全年举办各类班次118期，培训干部1.03万人次；在线学习培训超136万人次。各镇街党校培训87.6万人次。

【党校教学改革】 2021年，中共东莞市委党校践行质量立校、改革兴校理念，教学改革取得新进展。

强化主业主课，主业主课占总课时比重超73%，党性教育占24.8%，均超过《中国共产党党校工作条例》有关要求，推动“七种能力”（政治能力、调查研究能力、科学决策能力、改革攻坚能力、应急处突能力、群众工作能力、抓落实能力）、“八大本领”（学习本领、政治领导本领、改革创新本领、科学发展本领、依法执政本领、群众工作本领、狠抓落实本领、驾驭风险本领）等37项内容进课堂进头脑，引导领导干部不断提高政治判断力、政治领悟力、政治执行力。

完善课程体系，打造“七一”重要讲话“1+8”（学习贯彻习近平总书记在庆祝中国共产党成立100周年大会上的重要讲话精神；弘扬伟大建党精神、社会主义革命和建设时期的成就与经验、改革开放的历史与启示、坚持和加强党的全面领导、牢固树立以人民为中心的发展思想、习近平构建人类命运共同体重要论述及其实践、习近平总体国家安全观、习近平论新时代统一战线）课程体系，在全省党校系统中率先建设“四史”（党史、新中国史、改革开放史、社会主义发展史）课程体系。初步建成习近平新时代中国特色社会主义思想等六大课程体系，累计有课程242门。打造精品课程，邀请全国党校（行政学院）系统精品课获得者来校授课，2门课程获评全省党校（行政学院）系统精品课。组织校内精品课评选，评出精品课2门、优秀课4门。

丰富教学手段，加强运用互动式教学方法，主体班互动式教学课程占课时比例超过30%。组织中青班等班次学员开展研究式教学并将成果转化成资政报告，获得市领导肯定批示7项。组织开展行动学习法教学，部分研究成果被转化为政策文件内容。打造“党校巴士”教学品牌，开辟3条现场教学精品线路。建成党性和公仆意识教育主题教室，为全市开展党性教育提供新平台新载体。

优化组织管理，加强培训需求调研，召开座谈会64场次，收集“三带来”（带来“一个在党校培训时最需要解答的理论认识问题”“一个工作中遇到的困惑问题”“最想党校开设的一门专题课名称”）问题421个。

严把课程政治关质量关，开发新课33门。加快培训教材建设，出版《新时代党性教育的东莞实践》教材。强化学员管理，严格执行考勤、请休假制度，学员培训管理更加规范。

优化办学条件，推进维修维护工程和改扩建项目，校容校貌得到较大改善。加快打造“智慧校园”，安装市统一视频会议系统，在全市率先启动“数字政府”有关项目建设，提高信息化水平。

【党校科研资政】 2021年，中共东莞市委党校围绕习近平新时代中国特色社会主义思想，加强重大理论和现实问题研究，取得各项科研成果188项。发挥新型智库作用，加强与市委政研室等部门沟通协调，确定年度科研资政选题范围，做到精准聚焦、靶向发力。立项13个重点课题和42个一般课题，报送资政报告22篇，其中17篇获得市领导批示33次，资政报告总数量和获批示数量相比上年均大幅提升。推进教研资一体化，实行教学科研立项“一盘棋”统筹推进，推动科研课题结项条件上向教学、资政倾斜，完成教学专题研究33项并转化为新教学专题。推动开放办学，推动市委与省委党校战略合作框架协议落地落实，承办广东省科学社会主义学会2021年学术年会，多次举办校内外科研工作交流会，提升办学水平。

【党校理论宣讲】 2021年，中共东莞市委党校发挥阵地引领作用，开展基层宣传宣讲。选派4名骨干参加市委宣讲团，组织教师赴基层宣讲逾340场次，推动党的创新理论深入基层、深入人心。“周日党课”创新使用电视电话会议直播系统直播到镇街，举办4次培训6060人次。发挥思想引领作用，精心策划在权威媒体发表理论文章33篇，做到在重大节点、重大问题、重大时段及时发出党校声音。

【镇街党校建设】 2021年，中共东莞市委党校校领导带头深入基层党校调研指导逾40次并形成专题调研报告。组织举办全市党校系统工作会议，印发《2021年度全市镇街（园区）重点工作任务分解表》，压实责任、提升工作实质；开展镇街党校办学工作年度考核，推进镇街党校加强和改进镇街党校工作。加强教学指导，首次开展全市镇街（园区）党校精品课评选活动，评选出精品课一等奖1门、二等奖2门及三等奖5门。加强科研指导，组织举办学习习近平总书记“七一”重要讲话精神暨庆祝中国共产党成立100周年理论研讨会。建强师资力量，推动建立全市党员教育培训师资库，首批精选100名优质师资入库；把镇街（园区）党校师资纳入市委党校师资培训范围，举办3期全市党校系统师资培训。推动示范点建设，联合市委组织部对33个镇街（园区）党校进行评估打分，选取松山湖高新区、南城街道、大朗、茶山、望牛墩5个镇街（园区）党校作为示范点建设单位。（李　长）

2021年11月10日，全省首家挂牌的老年教育网络学院在东莞市成立
（市委老干部局供图）

附：2021年中共东莞市委党校主要领导名录

校　长：郑　琳（任至10月）
　　　　吕元元（10月到任）

老干部工作

【老干部工作概况】　截至2021年底，东莞市有离退休干部1.3万人，其中离休干部163人。中央省属离休干部18人，易地安置离休干部6人，市属镇属离休干部67人。市委老干部局直接管理的转制企业和差额拨款事业单位离休干部、转制企业副处级以上退休干部以及中华人民共和国成立前参加革命工作的老工人共148人。

【老干部待遇落实】　2021年，东莞市委老干部局抓好老干部政治待遇落实，以市委离退休干部工委为依托，在市老干部党校、老干部大学形成老党员老同志思想政治教育“开学第一课”学习机制。组织副厅级以上老领导围绕“全面推进乡村振兴”主题开展专题调研学习活动，举办离退休干部党支部书记培训班，加强“头雁”工程建设。组织全市老党员老干部老同志以及老干部工作者认真学习贯彻党的十九届六中全会、习近平总书记“七一”重要讲话精神，掀起学习热潮。打造党史党建陈列厅，建设“东莞市老党员共享驿站”，促进老干部党建活动阵地融合发展。坚持保障老干部生活待遇落实，全年为符合省有关文件精神的62名退休干部发放生活、医疗和护理等各类补助387.75万元。落实自雇人员服务费、易地安置离休干部生活补贴、企业离休干部遗孀定期生活补助及省属驻莞企业离休干部每年一次的增发生活补贴等发放工作，发放93.16万元。

【老干部工作品牌建设】　2021年，东莞市委老干部局构建全市老干部工作品牌体系，以市级“莞爱晚晴”大品牌为统领，以各镇街（单位）、党支部不同层次、不同领域特色“小品牌”为支撑，构建“市—镇—党支部”三级立体格局。制定《关于创建东莞市老干部工作品牌示范点的指导意见（试行）》，推动品牌建设制度化常态化。以创建老干部工作品牌示范点为抓手，以点带面、点面结合，从支部建设横向发散到老年教育、关心下一代工作、社会治理、关爱互助、文化养老、志愿服务等多个领域，指导基层老干部工作部门深挖细耕工作亮点，打造“理念好、导向强、成效佳”的品牌示范点。

【党建引领老干部服务】　2021年，东莞市委老干部局通过党建引领、整合资源、搭建平台，创新实施问候、问情、问需、问策“四问”服务工作法，推动机关党建在老干部服务工作中发挥示范带动效应。开展“党旗辉映爱晚晴”活动，全年为217名老同志提供“送学上门”“送法上门”“送医上门”“送温暖上门”“祝寿延年”等系列服务1335次，解决实际困难233个，为720人次送学，赠送书籍3500本，为200人次提供涉法问题回应、送调解、送公证等服务。建立完善“一人一档一策”离退休干部服务信息数据库，引入专业社工开展“外孙计划”“爱家行动”等活动，为独居、空巢和行动不便的离退休干部提供结对入户服务。

【老年教育创新发展】　2021年，东莞市老干部大学聚力打造“旗山云课堂”网络教育品牌，挂牌成立全省地级市首家老年教育网络学院，为学员提供优质的线上学习教育资源，春季学期以来，直播课开设82门1476次，招生9355人次，教学视频点击量16万次。加强共建共享，支持和指导单位（系统）、镇街、村（社区）建设市老干部（老年）大学分校（分教点），制定并实施分校（分校点）管理办法，并把当地传统特色文化有机融入老年教育。全年新设立市税务局分校、东坑分校、市公安分校和塘厦分校等4所分校，累计有7所分校、1个分教点，初步形成“市—镇街—村（社区）”三级老年教育网络。

【关心下一代工作】 2021年，东莞市关心下一代工作委员会举办“大手牵小手·永远跟党走”书画展，录制“银发耀莞邑·薪火永相传”视频，开展省少年儿童践行社会主义核心价值观主题征文等活动，指导各级关工委实施传承红色基因工程，受益青少年超84万人次。关心下一代工作首次纳入市镇（街道）领导班子、市直单位工作考评体系，实施“五老”（老干部、老战士、老专家、老教师、老模范）关爱下一代工程，推进“一镇街一特色品牌”，打造禁毒教育新品牌，开展市青少年禁毒教育专题报告会、大学生社会实践、助学等教育帮扶活动，受益青少年超150万人次。全市各级关心下一代工作委员会组织约有1150个，“五老”队伍人数1.1万人，其中长期固定从事关心下一代工作的有5531人。

【老干部“十个百”宣传教育活动】 2021年，东莞市委老干部局结合党史学习教育，以庆祝中国共产党成立100周年为主线，在基层离退休党组织及离退休干部中开展“十个百”（“百年课堂”“百年成就”“百年印记”“百年传承”“百年初心”“百歌齐放”“百花绽放”“百幅华彩”“百姓乐事”和“百尺竿头”）宣传教育活动。以话剧形式创新艺术党课，开展“精品党课”，评选“最美老党员”，鼓励老党员“讲好赞颂中国共产党的故事”，联合东莞广播电视台举办“百歌齐放声动湾区”活动，获得超40万人次的点击量和65万个点赞投票，开展“永远跟党走——东莞市老干部庆祝中国共产党成立100周年文艺汇演”线上直播，全网点击量8.4万次，通过活动引导全市老党员、老同志更好发挥优势和作用。

【东莞市老干部大学获评“全国老干部工作先进集体”】 2021年，东莞市老干部大学作为全省唯一的老干部大学（老年大学）受到国家表彰，获得“全国老干部工作先进集体”称号。年内，市老干部大学贯彻落实老干部工作和老年教育工作方针政策，坚持政治建校，以党建引领办好红色校园；坚持质量立校，办好家门口的老年校园；坚持文化强校，凝聚银发力量，打造活力校园，为莞邑老同志提供更多优质教学活动资源。（叶家宜）

附：2021年中共东莞市委老干部局主要领导名录

局　长：陈荣武

综合协调服务

【文件制发】 2021年，东莞市委办公室制发《关于开展党史学习教育的实施方案》《东莞市国民经济和社会发展第十四个五年规划和二〇三五年远景目标》等政策文件110多份，向省报备市委规范性文件6份，审查下级党内规范性文件234份；跟进贯彻落实习近平总书记重要讲话和重要指示批示98项，跟进办理省委主要领导批示件11项，市委主要领导批示件95项；办理各类文件电报1193份（含密件），办转市领导批示件2851份、各类市委办文件1695份。

【会务服务】 2021年，东莞市委办统筹全市性会议124场次，组织重要公务活动92场次；组织召开市委常委会会议68次、市委书记专题会议5次，安排“第一议题”72项；组织召开市委办室务会专题学习11次、安排“第一议题”学习内容67项，开展理论学习中心组学习11期、机关党委会学习8次。

【文稿起草】 2021年，东莞市委办公室高质量起草市委领导讲话、工作汇报、政策文件等重要文稿1000多篇，完成省委主要领导来莞调研、市第十五次党代会、市委全会、市委重要工作会议和疫情防控等方面重要文稿起草任务，协助市委谋划形成“立足‘双万’新起点，聚焦科技创新和先进制造，奋力谱写东莞现代化建设新篇章”的战略部署以及对接两个合作区建设、“6·18”与“12·13”疫情处置等方面工作思路举措。提升信息服务质量，多渠道拓宽信息来源，进一步丰富完善“国内GDP前20城市一周动态”信息，紧盯全市经济社会发展新形势新问题开展信息调研，二手房市场调研成果转化为“莞六条”二手房调控政策措施；全年向中央办公厅、省委办公厅上报信息859篇，信息工作在全省排第三名，在全省14个中央办公厅直报点排名第三，重大紧急信息无迟报、漏报。

【档案】 2021年，东莞市委办公室服务庆祝中国共产党成立100周年和党史学习教育，举办“光辉历程——庆祝中国共产党成立100周年东莞党史档案文献展”。落实新冠肺炎疫情防控、脱贫攻坚和党史学习教育档案的归集工作，收集脱贫攻坚档案目录7723条、疫情防控档案目录1.04万条。长安镇霄边社区、锦厦社区，大朗镇求富路社区、巷头社区，塘厦镇莲湖社区、林村社区完成档案工作服务农村基层社会治理国家级试点项目。全市2477个基层单位纳入监管范围，现场检查单位58家。组织举办档案培训13场，累计培训1000多人次，为200家单位提供档案业务指导。企石镇档案馆建成投入使用，各镇街、园区新增档案库房面积1.23万平方米。组织档案专业职称评审，131人获初级职称，13人获中级职称。

【督查工作】 2021年，东莞市委办公室围绕市委中心工作、市委主要领导指示要求和市委办公室各项工作部署，从严从实履行督促、检查、落实、反馈等职责要求，突出重点、创新方法、提高效能，完成各项工作任务。

决策督查 围绕市委重点工作决策部署，推动全市重点任务落地落实。印发《中共东莞市委关于做好推动落实2021年市“1+1+6”工作思路重点工作的通知》及重点工作目标任务分解表，对市委43项重点工作265个具体事项进行全年跟踪督办。5—9月开展全市重点工作“双百”（百个重大项目百日攻坚专项行动）专项督查，每月印发督查专报推动后进事项，并在8—11月开展重点工作每月测评，确保东莞市GDP（地区生产总值）稳步过万亿等重点工作高质量完成。开展安全生产、重大项目建设、拓空间、基层治理和社会面稳控等四条主线工作专项督导，并进一步细化分解25个重点事项，制定专题督查清单，梳理形成事项重点关注环节100多个，以“1报告+1指标情况汇总表+1进展表”形式报送督查专报。高效办好省委主要领导批示及市委主要领导交办事项和批示件，全年跟进办理省委主要领导批示件11项，市委主要领导批示件95项，办结率100%。

专项督查 坚决贯彻落实“两个维护”（坚决维护习近平总书记党中央的核心、全党的核心地位，坚决维护党中央权威和集中统一领导）十项制度，做好政治要件办理落实及完善工作机制闭环，全年跟进习近平总书记重要指示批示贯彻落实情况98条次，形成2021年市委常委会传达学习贯彻落实习近平总书记重要讲话和重要指示批示精神情况的台账和报告，提交市委常委会会议及市委十五届二次全会审议通过后报送省委。开展贯彻落实中央八项规定精神、解决形式主义突出问题为基层减负等专项工作，印发《中共东莞市委办公室关于进一步解决形式主义问题做好2021年为基层减负工作分工安排的通知》，对全市党委（党组）2021年贯彻落实中央八项规定精神情况进行检查抽查，整理形成市委全年贯彻落实中央八项规定精神情况综合性报告。开展防范化解重大风险专项工作，每季度督导有关工作小组召开专题会议研判形势并系统梳理重大风险的新情况、新问题，做好向市委常委会会议专题汇报各项工作。派出精干力量全职参与市污染防治攻坚战执行力督导工作组，全年组织开展专项督导211项次。统筹规范全市性督查检查考核，严格实施计划和备案管理，全年全市纳入督检考年度计划事项共37项，每个季度对镇街接受督检考情况开展统计抽查，及时发现基层减负中存在的问题和不足。协助做好2021年市委主要领导督办市政协重点提案工作，采取调研、考察、协商座谈等方式督促责任单位持续跟踪落实，提高市政协提案办理实效。持续跟进“我为群众办实事”专项落实工作，运用市直部门收集、重要数据平台分析、市人大建议和市政协提案梳理等多种形式，遴选出78个事项作为市委、市政府领导“我为群众办实事”备选项目。

督查考评 完善市委、市政府重点工作督查考评机制，优化“一对象一表格”清单式考评模式，围绕2021年市“1+1+6”重点工作、“双百”（百个重大项目百日攻坚专项行动）工作任务、市政府工作报告、市政府硬任务等提出的工作目标，共考评市直部门和园区牵头事项342项，镇街共性事项22项，做到应考尽考。将党史学习教育、疫情防控和经济运行监测调度作为单列考评事项，由市委党史学习教育办公室、市新冠肺炎疫情防控指挥部、市经济运行监测调度指挥部分别牵头制定考评标准和组织考评打分，增强督查考评针对性和精准度。加大事关全局重点工作考评力度，聚焦培育产业新动能、安全生产、重大项目建设、拓空间、基层治理和社会面稳控、污染防治攻坚等重点工作，对相关工作任务进行细化量化，并有指向性、针对性地加大督查考评权重，发挥督查考评风向标指挥棒作用。

督查调研 围绕制约市委中心工作和市委主要领导关注点开展系列督查调研，在加强和规范村（社区）停车收费管理、制造业上市公司高质量发展、实现老城新活力等方面形成一批有情况、有分析、有建议的调研报告，提出系列操作性强的对策建议，发挥参谋助手作用。 （市委办）

【机要和保密工作】 2021年，东莞市委机要保密局完成保密监督检查、保密技术服务保障、值班值守等工作，守护政令安全畅通、维护党和国家秘密安全，全年全市无发生重大失泄密事件。编制并以市委保密委员会名义印发《东莞市“十四五”保密事业发展规划》。修订并以市委保密委员会名义印发《中共东莞市委保密委员会工作规则》，优化委员会内部运作机制，明确委员职责。参加中央保密委、国家保密局举办的庆祝中国共产党成立100周年保密宣传教育作品征集评选活动，东莞市5个作品获奖。全年组织175个部门、镇街3500人观看保密教育警示专题片。持续推进中小学保密教育，组织169所中小学开展保密主题活动。提升公众保密意识，向社会公众普及《中华人民共和国保密法》《中华人民共和国密码法》及安全防范知识。

保密工作纳入市委巡察 2021年，东莞市委机要保密局落实中央保密委、省委决策部署，经市委常委会2021年第214次会议研究同意，从市委第十四轮巡察开始，将保密工作纳入市委巡察内容。市委机要保密局制定市委巡察保密专项检查的工作机制及流程。

保密工作会议 2021年3月8日，东莞市委十四届第214次常委会传达全省保密工作会议精神，研究部署全市保密工作。3月25日，市委保密委员会召开全体会议暨全市保密工作会议，传达贯彻全省保密工作会议精神，总结2020年东莞市保密工作情况，部署2021年工作。

保密考核监督 2021年，东莞市委机要保密局组织各镇街、各单位保密工作进行目标管理考核，按照考核结果，评选出66个保密工作先进单位和69名保密先进工作者，并在全市办公室系统总结会上通报表彰。开展8项专项保密检查，检查计算机230台，保密要害部位52个，对发现的保密违规行为进行查处，及时堵塞安全风险隐患。

机要保密保障服务 2021年，东莞市及时高效精准做好疫情防控常态化情况下的电报收发、重要会议通信保障工作，落实好节假日期间值班值守工作，确保政令安全畅通。全年完成多场次重要会议活动的保密技术服务保障任务。全年完成高考、公务员招考、法律职业资格、中考等多场大型重要考试的试卷保密室、试卷保管等监督指导任务。履行属地监管职能，主动靠前服务，推动全市获得保密资质（资格）企业数量稳居全省第三名。

（陈文坚）

【接待工作】 2021年，东莞市委、市政府接待办公室接待内宾、重要港澳台侨宾客共441批1.39万人次，批数比上年下降3.5%，人次下降41.6%。其中，党和国家领导人9批885人次，批数比上年下降40%；省部级领导152批2772人次，批次下降20.83%；厅局级以下领导280批10287人次，批次增长12%，其中商务接待72批，增长26.32%。全年接待工作呈现任务更加多元繁重、要求更加严格规范、疫情防控更加周密、应急处变更加常态化、个性化服务更加精细等特点。全年接待的党和国家领导人有中共中央政治局常委、国务院副总理韩正，中共中央政治局委员李希，全国人大常委会副委员长丁仲礼，全国政协副主席刘新成、邵鸿，中央老同志贾庆林、张高丽、热地、韩启德。

大型活动、会议接待 2021年，东莞市委、市政府接待办公室承办和保障的国家、省市大型活动、会议主要有：第六届中国国际食品配料博览会、5G行业应用规模化发展现场会、2021中国食品品牌创新发展大会、第十二届中国国际影视动漫版权保护和贸易博览会、2021年粤港澳院士峰会、大湾区综合性国家科学中心先行启动区（松山湖科学城）全面启动活动、第七届广东国际机器人及智能装备博览会、东莞战略性新兴产业招商大会、十二届东莞台湾名品博览会等。

重要团队来访及市领导外出保障 2021年，来莞省级党政代表团有吉林省、黑龙江省、湖南省、贵州省、青海省、新疆生产建设兵团、澳门特别行政区；地县级党政代表团有江西省南昌市和赣州市、海南省海口市、山东省菏泽市、贵州省铜仁市（含碧江区）、陕西省西康市、河南省洛阳市、四川省甘孜藏族自治州、新疆生产建设兵团第三师、江苏省江阴市等省外市区级代表团，以及佛山市（含三水区、南海区）、韶关市、揭阳市等省内市区级代表团。上级工作组包括全国政协文化文史和学习委员会调研组、中央第四生态环境保护督察组、中央政法队伍教育整顿第十一督导组、国务院联防联控机制广东工作组、国办电子政务办调研组等专项工作组，以及省各类调研、督导、检查组，来莞主要围绕党史学习教育、经济运行、乡村振兴、疫情防控、专项考核等调研考核内容。完成东莞市党政代表团赴贵州省铜仁市、黑龙江省牡丹江市、浙江省杭州市、江苏省苏州市和台州市、福建省泉州市，以及广东省佛山市、韶关市、深圳市光明区等地开展东西部协作、考察和招商的随行服务保障工作。

推动公务接待高质量发展 2021年，东莞市委、市政府接待办公室精准对接东莞市发展所需与接待辅政所能，推动品质接待提质增效、提档升级。坚持把接待工作摆在全市工作的大局中思考和谋划，打造与高品质现代化都市相适应的高品质接待。坚持疫情防控与公务接待两手抓、两手硬，抓实常态化疫情防控，及时部署公务接待疫情防控措施，修订接待工作流程，完善接待方案，健全工作预案，强化内部防控，确保“零感染”。以菜式和考察点为切入点，整合接待资源，提升接待精细化水平。坚持“接待+文化”的工作特色，将众多“莞味”元素融入细节安排上，通过接待窗口更好地展示东莞历史人文和风土人情。加强数据资源整合，通过密切与镇街、部门信息互通共享，掌握东莞市发展亮点。落实中央八项规定及其实施细则精神，完善公务接待制度体系和规范流程。强化对镇街部门统筹指导，整体提升全市公务接待工作的规范化、制度化、专业化水平。

（梁在烽）

附：2021年中共东莞市委机要和保密局主要领导名录

局　长：李　刚

附：2021年东莞市委、市政府接待办公室主要领导名录

主　任：钟海波

东莞市人民代表大会

DONGGUAN PEOPLE'S CONGRESS

东莞市中心广场一角 （2021年东莞日报社供图）

编辑：赵书科

人大重要会议

【东莞市第十六届人民代表大会第七次会议】 于2021年2月5—6日在市会议大厦举行。会议听取和审议东莞市人民政府工作报告，审查和批准《东莞市国民经济和社会发展第十四个五年规划和二〇三五年远景目标纲要》《东莞市2020年国民经济和社会发展计划执行情况与2021年计划草案的报告》《东莞市2020年预算执行情况和2021年预算草案的报告》，听取和审议东莞市人民代表大会常务委员会工作报告、东莞市中级人民法院工作报告、东莞市人民检察院工作报告。会议选举罗军文、梁荣业为市人大常委会副主任，选举连希波、赵文群为市人大常委会委员，选举陈友强为市中级人民法院院长。会议表决通过《关于东莞市人民政府工作报告的决议》《关于东莞市国民经济和社会发展第十四个五年规划和二〇三五年远景目标纲要的决议》《关于东莞市2020年国民经济和社会发展计划执行情况与2021年计划的决议》《关于东莞市2020年预算执行情况和2021年预算的决议》《关于东莞市人民代表大会常务委员会工作报告的决议》《关于东莞市中级人民法院工作报告的决议》《关于东莞市人民检察院工作报告的决议》。

【东莞市第十六届人民代表大会第八次会议】 于2021年7月22日在市会议大厦召开。会议表决通过《东莞市第十六届人民代表大会第八次会议关于接受梁维东辞去东莞市人大常委会主任职务请求的决定》《东莞市第十六届人民代表大会第八次会议关于接受戚优华辞去东莞市监察委员会主任职务请求的决定》《东莞市第十六届人民代表大会第八次会议选举办法》。会议选举肖亚非为东莞市第十六届人大常委会主任，选举吕成蹊为东莞市人民政府市长，选举冯国华为东莞市监察委员会主任。

【东莞市十六届人大常委会第四十四次会议】 于2021年4月16日，东莞市十六届人大常委会第四十四次会议召开。会议审议《东莞市户外广告设施和招牌设置管理条例（草案修改二稿）》等事项。会议表决通过《东莞市户外广告设施和招牌设置管理条例（草案表决稿）》，同意提请省人大常委会批准。该条例的制定有利于支持市政府依法行政、创造整洁优美安全的市容环境、提升城市品质。会议传达贯彻全省2021年立法工作会议精神，审议市人民政府《关于我市2020年度环境状况和环境保护目标完成情况的报告》《关于2019年度市级预算执行和其他财政收支审计查出问题整改情况的工作报告》，表决通过市人民政府《关于对2021年财政预算进行调整的报告》以及市中级人民法院、市人民检察院的有关人事任免事项。

【东莞市十六届人大常委会第五十二次会议】 于2021年10月27日召开。会议学习贯彻中央人大工作会议精神，表决通过《东莞市电动自行车管理条例（草案表决稿）》。会议听取和审议市监察委员会关于开展反腐败国际追逃追赃工作情况的报告，听取和审议市人民政府关于市公共卫生体系建设情况的报告并开展专题询问，表决通过人事任免事项。

【东莞市人大常委会党组理论学习中心组学习会】 2021年，东莞市人大常委会党组召开11期市人大常委会党组理论学习中心组专题学习会，学习主题分别是：深入学习领会习近平总书记关于军民融合发展的重要论述，发挥推动人大制度优势推动军民融合发展（第1期）；深入学习领会习近平总书记在第二十七次集体学习会上重要讲话精神和党的十九届五中全会精神，要更准确把握新发展阶段、新发展理念、新发展格局，推动人大工作取得新进展（第2期）；深入学习领会习近平总书记关于学习党史的重要论述，推动东莞人大工作高质量发展（第3期）；深入学习领会习近平总书记关于意识形态工作的重要论述，坚决守好意识形态安全“南大门”（第4期）；从百年党史中汲取智慧和力量，坚决扛起防范化解重大风险的人大担当（第5期）；深入学习改革开放新时期历史、党的十八大以来的历史，推动东莞人大工作稳中求进（第6期）；深入学习贯彻习近平总书记在庆祝中国共产党成立100周年大会上的重要讲话精神，奋力开创人大工作新局面（第7期）；深入学习领会习近平法治思想，更好发挥人大职能作用（第8期）；深入学习领会习近平总书记关于制度治党、依规治党的重要论述，推动人大全面从严治党向纵深发展（第9期）；深入学习领会习近平总书记关于全面推进乡村振兴的重要论述，强化人大监督助推乡村振兴（第10期）；深入学习领会党的十九届六中全会精神，为推动中央决策部署落地落实贡献人大力量（第11期）。 （温永强）

2021年2月5日，东莞市第十六届人民代表大会第七次会议在市会议大厦举行 （程永强 摄）

人大监督

【人大监督概况】 2021年，东莞市人大常委会推动全市重点工作任务落地见效，全年听取审议和审查批准专项工作报告22项，开展执法检查6项，开展专项视察3项，开展专题调研、工作调研87项，开展专题询问1项。全国人大常委会预算工委简报首次刊发东莞市推动镇街建立和实施国有资产报告制度的经验做法，东莞市“系统联动长效监督 推动劣五类断面清零”的做法入选2020年全省十大环保监督优秀案例。

【人大助力加快高质量发展】 2021年，东莞市人大常委会听取审议市政府《关于加快推进战略性新兴产业基地发展的若干措施》、2020年度国资管理综合报告和国有自然资源资产管理专项报告、实施“工改工”（将土地性质为普通的工业用地改变为新型产业用地，将旧工业区拆除重建升级改造为新兴产业园）情况报告、东莞市地方政府债务管理情况报告等，听取市政府关于投资项目管理办法出台前的报告。审查批准东莞市国民经济和社会发展第十四个五年规划和2035年远景目标纲要、东莞市国民经济和社会发展计划执行情况与2021年计划草案的报告及2021年国民经济和社会发展计划等。依法开展6项法定财经议题和5项预算的审查监督，做实加强国有资产管理情况监督决定起草前期工作，开展专利法、省专利条例执法检查，开展跨境电商、知识产权保护、镇村统筹发展、荔枝产业、农村基层治理等专题调研，形成高质量调研报告，其中《东莞市优化镇村组层级治理机制》被收入《中国农村集体经济蓝皮书（2021）》，推动全市经济行稳致远。强化审计整改"工作链"，首次探索开展审计查出突出问题的整改情况监督，推动5个突出问题全部完成整改。听取审议市政府"技能人才之都"建设情况报告，开展配建人才安居房使用管理情况专题调研，助力加快人才强市建设。

【人大助力打造高品质现代化都市】 2021年，东莞市人大常委会听取审议市政府关于2021年东莞市环境状况和环境保护目标完成情况的报告，推动抓实抓好"回头看"工作，推动重点环境问题整改落实，督促打好污染防治攻坚战，提升生态环境质量。落实穗莞惠三市四级人大联动监督机制，监督东江北干流水污染治理情况。开展大气污染防治法、固体废物污染环境防治法、省固体废物污染环境防治条例执法检查，开展东莞市固体废物处理能力建设情况调研，推进固体废物污染防治，拓展联动监督深度广度精度。视察品质交通千日攻坚行动进展情况，推动做好交通综合治理"后半篇文章"。推动乡村振兴战略全面实施，推动重点任务落地见效，市人大常委会办公室连续两年获评全市乡村振兴战略实绩考核"优秀"等次。视察农村人居环境示范市创建情况，推动魅力小城和美丽乡村串珠成链，城乡人居环境全面提升。

【人大助推社会事业发展】 2021年，东莞市人大常委会开展消防法执法检查，压实主体责任，推动全市安全生产形势持续稳定向好，维护人民群众生命财产安全。开展省人大制止餐饮浪费决定执法检查，推动全社会树立文明餐饮新风尚。回应社会关注关切，专题调研群众体育发展、红色旅游文化传承与教育情况，推动用好红色资源、赓续红色血脉，助力加快文化强市建设。开展省爱国卫生工作条例执法检查，听取审议公共卫生体系建设专项报告，并开展专题询问，交办12项整改问题清单，通过全程网络直播，吸引近20家主流媒体跟踪报道、55万人次点播回看，凝聚起全社会建设强大公共卫生体系的强大合力。

2021年9月17日，东莞市人大常委会视察组对市品质交通千日攻坚行动进展情况进行视察
（市人大常委会办公室 供图）

【人大聚焦执法监察司法工作】 2021年，东莞市人大常委会开展反走私、反偷渡工作专题调研，推动加快建设岸海雷达综合系统，增设5个水上派出所。听取审议市监委开展反腐败国际追逃追赃工作专项报告，推动反腐败国际追逃追赃工作。围绕落实"少捕慎诉慎押"刑事司法政策情况开展专题调研。开展"七五"普法决议执行情况检查，听取审议"七五"普法决议执行情况报告。 （温永强）

决定·任免

【重大事项讨论决定】 2021年，东莞市人大常委会践行全过程人民民主，依法履职尽责，坚持抓大事、议大事，落实"三重一大"（重大事项决策、重要干部任免、重大项目投资决策，大额资金使用）集体决策制度，听取审议市政府加快推进战略性新兴产业基地发展的若干措施、投资项目管理办法出台前的报告，推行重大民生实事项目代表票决制，反映民意、凝聚共识，确保讨论决定重大事项更好体现市委主张和全市人民共同意志。

【人事任免】 2021年，东莞市人大常委会坚持党管干部与人大依法任免相统一，严格落实任前见面、宪法宣誓等制度，不折不扣贯彻组织意图，使党组织推荐的人选通过法定程序成为国家机关工作人员。全年任免国家机关工作人员205人次，组织宪法宣誓52人次。
（温永强）

人大代表工作

【市镇两级人大换届选举完成】 2021年，东莞市是广东省唯一使用选民登记系统的地级市，全市

2021年11月19日，东莞市中心地标为市、镇人大换届选举亮灯宣传　（陈　栋　摄）

普及应用选民登记系统，用大数据实现精准登记，做到不错登、不漏登、不重登。在市委领导下，完成市、镇两级人大换届选举各项任务，选民登记率、投票率、选举投票一次完成率和组织意图人选当选率均明显上升，市人大代表选举一次性完成，首次实现非莞籍务工镇人大代表全覆盖，人大代表的广泛性和代表性进一步增强，东莞市新型社区选举的做法获省人大肯定并在全省总结推广。

【人大代表作用发挥】　2021年，东莞市人大常委会全面贯彻全过程人民民主，做好代表工作，落实服务保障措施，支持和保障人大代表依法履职尽责，更好发挥人大代表作用，展示新时代东莞人大代表风采。东莞市人大常委会领导每月开展约请代表日活动、赴基层联系代表，倾听意见建议。邀请各级代表209人次参加执法检查、调研、视察和各级各类听证会、研讨会等活动，组织在莞的全国、省人大代表围绕东莞公共卫生体系建设情况、推动粤港澳大湾区建设和深莞融合发展等开展实地视察调研，拓宽代表建言献策渠道。精心组织四级人大代表参与“更好发挥人大代表作用”主题活动，肖亚非、吕成蹊等19位市级领导的人大代表带头参加活动，全市各级代表接待群众1752人次，推动解决问题588件，形成建议254件。

【人大代表议案建议办理】　2021年，东莞市人大常委会完善工作机制，加大议案建议督办力度，提高议案建议办理质量。办结《推进教育扩容提质 加快公办中小学建设的议案》，促进教育扩容提质目标任务连续两年超额完成。市第十六届人大七次会议上代表提出的187件建议，其中8件重点建议由市人大常委会领导牵头督办，全部在法定期限内办理完毕并答复代表，满意率100%。出台《东莞市人民代表大会代表约见国家机关负责人暂行办法》。　（温永强）

人大自身建设

【人大自身建设概况】　2021年，东莞市人大常委会加强政治建设，坚持党对人大工作的全面领导，提高政治站位，强化政治担当，贯彻中央和省委、市委决策部署，确保东莞市人大工作始终沿着正确方向前进。推进人大常委会机关建设，提升全市人大系统末端执行力，推进新时代东莞人大事业与时俱进、完善发展、整体提升。

【人大常委会旗帜鲜明讲政治】 2021年，东莞市人大常委会健全和落实第一议题制度，学习贯彻习近平新时代中国特色社会主义思想，学习贯彻党的十九大和十九届历次全会精神，学习研究宣传贯彻习近平法治思想、习近平总书记关于坚持和完善人民代表大会制度的重要思想，学习贯彻习近平总书记“七一”重要讲话、在中央人大工作会议上的重要讲话以及对广东系列重要讲话和重要指示批示精神，坚持把学习领会习近平总书记最新重要讲话，中央和省委、市委重大决策部署作为市人大常委会党组会议的第一议题，在学深悟透中把握精髓、融会贯通。全年安排学习议题124个，举行市人大常委会党组理论学习中心组学习会11次。

【人大常委会落实市委部署】 2021年，东莞市人大常委会贯彻市委决策部署，依法行使重大事项决定权和人事任免权，确保市委重大决策部署和人事安排意图通过法定程序实现。组织市人大常委会班子成员开展“行走东莞”、督导重点河流治污、督导安全生产、督导乡村振兴、走访联系重点企业和高层次人才等工作。

【人大常委会党组作用发挥】 2021年，东莞市人大常委会把坚持党的全面领导贯穿到人大工作各方面全过程，发挥市人大常委会党组把方向、管大局、保落实的作用，全年向市委请示报告45件次，推动各项工作落实。聚焦市委中心工作，坚持每周召开市人大常委会党组会议，全年召开党组会议58次，研究议题557项，落实“三重一大”（重大事项决策、重要干部任免、重大项目投资决策，大额资金使用）集体决策制度，巩固涵养风清气正、团结和谐、干事争先的政治生态。

【人大常委会机关党的建设】 2021年，东莞市人大常委会抓好市委巡察反馈问题整改，推进市人大常委会机关政治建设、组织建设、纪律作风建设、制度建设。全年各党支部开展“三会一课”（党支部应当组织党员按期参加党员大会、党小组会和上党课，定期召开党支部委员会会议）175次，开展主题党日活动84次。面对“6·18”“12·13”本土疫情，东莞市人大常委会领导深入基层调研督导疫情防控，第一时间派出2批48人次的抗疫工作队驰援基层疫情防控一线，发动全市各级人大代表投身疫情防控。落实中央八项规定精神，反对和克服形式主义、官僚主义，落实市人大常委会机关改进作风为基层减负措施，持续改进机关作风。加强对镇街人大的指导督导，提高镇街人大工作水平。

【人大党史学习教育】 2021年，东莞市推动市人大及机关党史学习教育走深走实。全年开展集中学习研讨11次，举办党史学习教育专题讲座9次，开展革命传统教育312人次。组织党员参加“市直机关青年党员领读计划暨红色故事大赛”，位列人气榜第四名。发挥人大制度优势，开展“我为群众办实事”活动，全年完成21件民生实事项目，获省委党史学习教育第二巡回指导组肯定和《法治日报》报道。

【人大宣传创新】 2021年，东莞市人大常委会落实人大宣传和意识形态工作分层分级把关制度，掌握意识形态工作领导权、管理权、话语权，坚定制度自信，讲好人大故事。省人大微信公众号采用东莞信息数量连续3年居全省前列，连续5年获省人大优秀研究成果奖。

【市人大常委会助力新冠肺炎疫情防控】 面对2021年“6·18”“12·13”本土疫情，东莞市人大常委会贯彻市委决策部署，市人大常委会领导带头深入基层调研督导疫情防控工作，第一时间组织市人大常委会机关干部7批136人次参加抗疫工作队、复工复产工作队和经济运行监测调度小组，发动全市各级人大代表投身抗疫、复工复产和捐资捐物，为统筹推进疫情防控和经济社会发展贡献东莞人大力量。聚焦法治东莞平安东莞建设，深入开展反走私、反偷渡专题调研，推动加快建设岸海雷达综合系统，增设5个水上派出所，筑牢常态化疫情防控防线，维护经济秩序和人民群众健康安全。聚焦增进民生福祉，听取审议公共卫生体系建设专项报告，并开展专题询问，交办12项整改问题清单，通过全程网络直播，吸引近20家主流媒体跟踪报道、55万人次点播回看，进一步凝聚起全社会建设强大公共卫生体系的共识合力。

（温永强）

附：2021年东莞市人大常委会及机关领导名录

市人大常委会主任：
梁维东（任至7月）
肖亚非（7月到任）
骆招群（11月任市人大常委会主任候选人）
市人大常委会党组书记：
梁维东（任至6月）
肖亚非（6—11月）
骆招群（11月到任）
市人大常委会常务副主任：潘新潮
市人大常委会副主任：周楚良
陈锡江（任至2月）
黄耀成
何跃沛
罗军文（2月到任）
方灿芬
梁荣业（2月到任）
市人大常委会党组成员：黄庆辉
市人大常委会秘书长：朱斌华
叶向阳［11月任市人大常委会党组成员、机关党组（党委）书记，市人大常委会秘书长候选人］
市人大常委会副秘书长：
梁少虾（任至8月）
罗乐英（任至11月）
周玉佳（任至3月）
叶沃昌（8月到任，据2022年9月12日“东莞发布”讯：接受纪律审查和监察调查）

闵　斌
黎玉婷（7月到任）

附：2021年东莞市人大常委会各工作委员会主任名录

法制工作委员会主任：赵文群
财政经济工作委员会主任：吴　强
监察和司法工作委员会主任：
　　伍志鸿
城建环境与资源保护工作委员会
　主任：何伟光
农村农业工作委员会主任：
　　冉红宇（任至6月）
　　张志强（6月到任）
教科文卫华侨外事工作委员会
　主任：李炳球（任至1月）
　　　　连希波（1—6月）
　　　　孙爱平（6月到任）
选举联络人事任免工作委员会
　主任：孙爱平（任至6月）
　　　　黄　薇（6月到任）

2021年东莞市人大常委会机构设置表

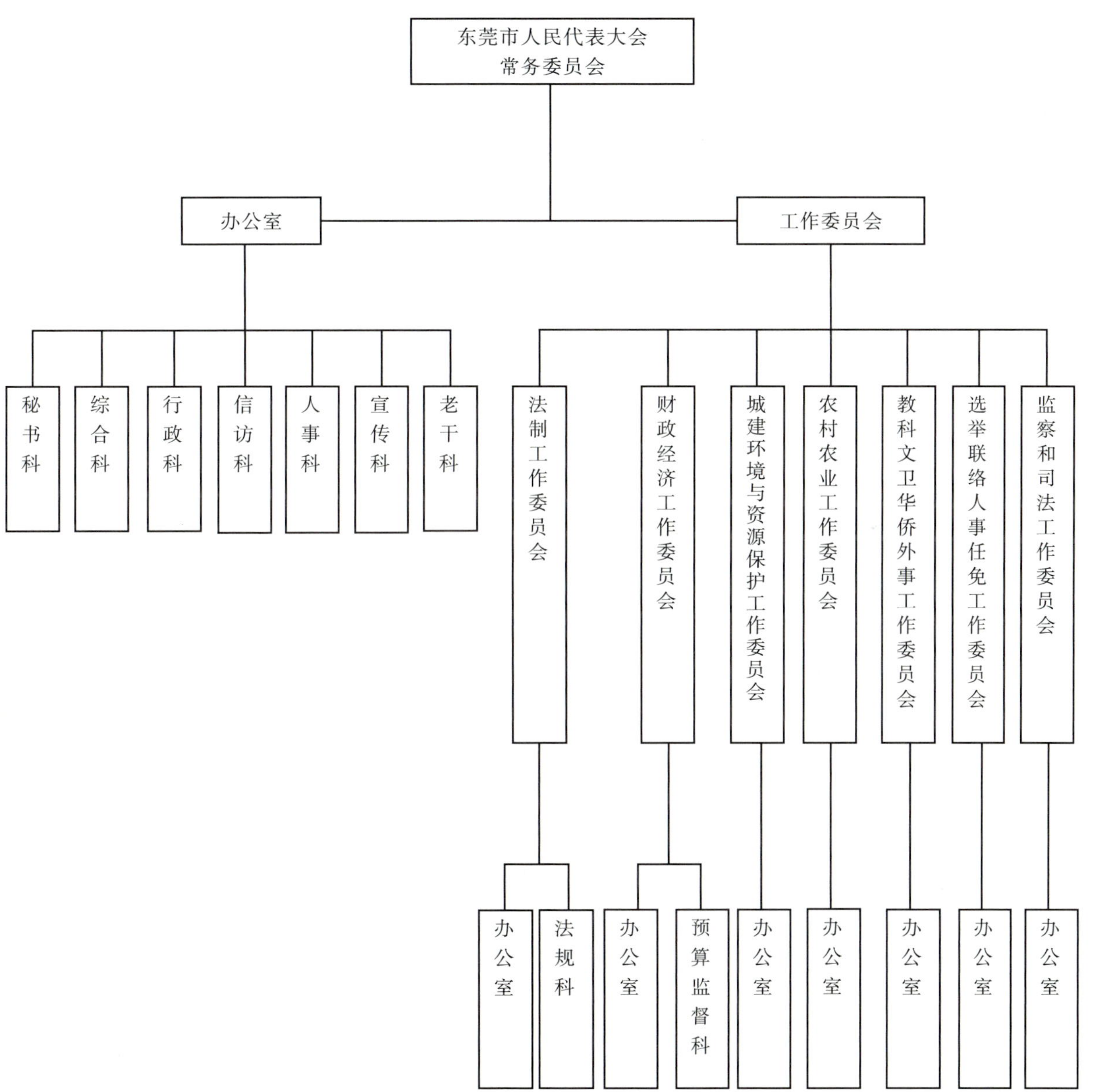

2021年东莞市人大常委会重点督办的市第十六届人民代表大会第七次会议代表建议情况表

案号	建议题目	领衔提出人	提出代表团	牵头督办领导	跟进部门	督办工委	备注
20210070	关于加大知识产权保护力度的建议	梁佛江	第10代表团（石碣）	潘新潮	综合科	教科工委	
20210187	关于激活纺织服装产业新动能推动经济高质量发展的议案	罗　斌	第06代表团（虎门）	周楚良	财经工委	财经工委	
20210024	关于加大“三旧”改造政策扶持力度的建议	朱国平	第28代表团（横沥）	黄耀成	环资工委	环资工委	此4件建议内容相似，合并督办
20210093	关于细化“工改工”与“工改居商”挂钩联动机制的建议	黄晓雯	第02代表团（南城）				
20210159	关于加快推进城市更新项目的建议	罗文洲	第03代表团（东城）				
20210177	关于加快推动我市“工改工”升级改造的议案	邓卫洪	第10代表团（石碣）				
20210057	关于加强我市村（社区）法治建设的建议	蔡国栋	第16代表团（长安）	何跃沛	法制工委	法制工委	
20210153	关于出台政策指引，规范我市中小学编外老师工资的建议	胡嵘苹	第03代表团（东城）	罗军文	教科工委	教科工委	此2件建议内容相似，合并督办
20210179	关于加强民办学校师资队伍建设的议案	张拔海	第18代表团（大岭山）				
20210005	关于加强水上交通监管，加大打击走私力度，防范疫情输入的建议	杜建军	第13代表团（道滘）	梁荣业	监察司法工委	监察司法工委	
20210060	关于加强和完善劳务派遣以及失业人员再就业管理的建议	潘结俭	第32代表团（茶山）	黄庆辉	社会委、农村农业工委	社会委、农村农业工委	
20210046	关于高标准对标深圳，加强莞深道路全面对接的建议	苏　东	第02代表团（南城）	朱斌华	秘书科	环资工委	

2021年东莞市人大常委会完成主要工作项目表

工作项目	项目内容	
立法工作项目	制定法规项目	《东莞市户外广告设施和招牌设置管理条例》（新制定，出台）
		《东莞市电动自行车管理条例》（新制定，出台）
		《东莞市气象灾害防御条例》（新制定，经二审审议）
	废止人大规范性文件项目	废止《东莞市普及高中教育暂行规定》
		废止《东莞市收费管理规定》
		废止《东莞市流动人员管理规定》
		废止《东莞市河道堤防管理规定》
		废止《东莞市人民代表大会常务委员会关于〈东莞市人民政府关于对电动自行车和其他安装有动力装置的非机动车不予登记、不准上路行驶的通告〉的决议》
		市人大常委会提请市人代会会议审议废止《东莞市农村集体资产管理规定》

续表

工作项目	项目内容	
监督工作项目	听取审议专项工作报告	听取和审议关于2021年备案审查工作情况的报告
		听取和审议关于2019年度市级预算执行和其他财政收支审计查出问题的整改情况报告
		听取和审议东莞市2020年度国有资产管理情况综合报告
		听取和审议东莞市2020年度国有资源资产管理情况报告
		听取和审议关于东莞市地方政府债务管理情况的报告
		听取和审议市政府关于实施百万劳动力素质提升工程 打造“技能人才之都”工作情况报告
		听取和审议市监委开展反腐败国际追逃追赃工作情况报告
		听取和审议市政府“七五”普法决议执行情况报告
		听取和审议市政府关于我市2020年度环境状况和环境保护目标完成情况的报告
		听取和审议市政府关于我市镇村工业园改造工作情况的报告
		听取和审议市政府关于公共卫生体系建设情况的报告
		听取和审议市政府《推动教育扩容提质 加快公办中小学建设的议案》办理情况报告
	计划和预算监督	听取和审议关于2021年财政预算调整的报告
		听取和审议关于2021年财政预算第二次调整的报告
		听取和审议关于东莞市2021年上半年国民经济和社会发展计划执行情况的报告
		听取和审议关于东莞市2020年决算草案和2021年上半年预算执行情况的报告
		听取和审议关于东莞市2020年度市级预算执行和其他财政收支情况的审计工作报告
		听取和审议关于2021年市级财政预算第三次调整方案的报告
		听取和审议关于东莞市2021年国民经济和社会发展计划执行情况及2022年计划草案的报告
		听取和审议关于东莞市2021年预算执行情况及2022年预算草案的报告
	执法检查	开展《中华人民共和国消防法》执法检查
		开展《中华人民共和国专利法》《广东省专利条例》执法检查。
	专项视察	视察农村人居环境示范市创建工作情况
		视察品质交通千日攻坚行动进展情况
		视察教育扩容提质议案办理进展情况
	跟踪监督	跟踪监督《推进教育扩容提质 加快公办中小学建设的议案》办理情况
	联动监督	配合省人大环境资源委开展广东省环境状况和环境保护目标完成情况专题调研
		参与广州、惠州、东莞三市人大常委会监督东江北干流污染整治工作第五次联席会议
		参加省人大常委会召开的固体废物污染环境联防联控及人大联动监督工作座谈会
	专题调研	《东莞市餐厨废弃物管理办法》备案审查调研
		战略性新兴产业基地发展情况专题调研
		★跨境电商产业发展情况专题调研
		地方政府债务管理情况专题调研
		完善市镇村统筹发展机制推动农村集体经济高质量发展专题调研
		群众体育发展情况专题调研
		★反走私反偷渡专题调研
		★配建人才安居房专题调研
		知识产权保护专题调研
		红色文化传承和发展专题调研
	专题询问	★开展公共卫生体系建设专题询问

续表

工作项目	项目内容	
作出决议决定工作项目	常委会会议表决通过的决议决定	东莞市人民代表大会常务委员会关于接受杨朝琴辞去东莞市人大常委会委员职务请求的决定
		东莞市人民代表大会常务委员会关于召开东莞市第十六届人民代表大会第七次会议的决定
		关于调整东莞市第十六届人民代表大会常务委员会代表资格审查委员会组成人员的决定
		东莞市人民代表大会常务委员会关于接受周玉佳辞职请求的决定
		东莞市人民代表大会常务委员会关于批准2021年财政预算调整方案的决议
		东莞市人民代表大会常务委员会关于接受肖亚非辞去东莞市人民政府市长职务请求的决定
		东莞市人民代表大会常务委员会关于吕成蹊副市长代理东莞市人民政府市长职务的决定
		东莞市人民代表大会常务委员会关于接受周玉佳辞去市第十六届人民代表大会代表职务请求的决定
		※东莞市人民代表大会常务委员会关于乡级人民代表大会代表名额的决定
		东莞市人民代表大会常务委员会关于召开东莞市第十六届人民代表大会第八次会议的决定
		※东莞市人民代表大会常务委员会关于推迟召开东莞市第十六届人民代表大会第八次会议的决定
		东莞市人民代表大会常务委员会关于召开东莞市第十六届人民代表大会第八次会议的决定
		东莞市人民代表大会常务委员会关于接受韩巨登、杨晓斌辞去市第十六届人民代表大会代表职务请求的决定
		东莞市人民代表大会常务委员会关于接受梁少虾辞职请求的决定
		东莞市人民代表大会常务委员会关于批准东莞市2020年市级决算的决议
		东莞市人民代表大会常务委员会关于批准2021年财政预算第二次调整方案的决议
		东莞市人民代表大会常务委员会关于市镇两级人民代表大会换届选举时间的决定
		东莞市人民代表大会常务委员会关于成立市选举委员会和批准镇（街道）选举工作机构的决定
		东莞市人民代表大会常务委员会关于接受黄晓雯辞去市第十六届人民代表大会代表职务请求的决定
		东莞市人民代表大会常务委员会关于批准部分市选举委员会和镇选举委员会组成人员调整的决定
		东莞市人民代表大会常务委员会关于接受袁怀宇辞去东莞市人民检察院检察长职务请求的决定
		东莞市人民代表大会常务委员会关于蔡永珊代理东莞市人民检察院检察长职务的决定
		东莞市人民代表大会常务委员会关于接受罗乐英辞职请求的决定
		东莞市第十六届人民代表大会常务委员会关于表彰优秀代表议案建议和先进承办单位的决定
		东莞市人民代表大会常务委员会关于批准部分市选举委员会组成人员调整的决定
		东莞市人民代表大会常务委员会关于授予王恩哥等17人“东莞市荣誉市民”称号的决定
		东莞市人民代表大会常务委员会关于废止部分涉行政处罚规范性文件的决定
		东莞市人民代表大会常务委员会关于批准市人民政府《推动教育扩容提质　加快公办中小学建设的议案》办理情况报告的决议
		东莞市人民代表大会常务委员会关于批准2021年市级第三次财政预算调整方案的决议

续表

<table>
<tr><th>工作项目</th><th colspan="2">项目内容</th></tr>
<tr><td rowspan="2">讨论决定重大事项工作项目</td><td rowspan="2"></td><td>听取和审议市政府《关于加快推进战略性新兴产业基地发展的若干措施》</td></tr>
<tr><td>听取市政府关于《东莞市政府投资项目管理办法》出台前的报告</td></tr>
<tr><td rowspan="16">配合上级人大开展工作项目</td><td rowspan="4">配合上级人大执法检查</td><td>配合省人大常委会开展《广东省人大常务委员会关于制止餐饮浪费的决定》执法检查</td></tr>
<tr><td>配合省人大常委会开展《中华人民共和国社区矫正法》执法检查</td></tr>
<tr><td>根据全国人大常委会开展固体废物污染环境防治法执法检查有关安排，受省人大常委会委托，省、市、镇街人大联动开展《中华人民共和国固体废物污染环境防治法》《广东省固体废物污染环境防治条例》执法检查</td></tr>
<tr><td>配合省人大开展《广东省爱国卫生工作条例》执法检查</td></tr>
<tr><td rowspan="11">配合上级人大调研</td><td>配合全国人大常委会开展野生动物保护法的修订工作立法调研</td></tr>
<tr><td>配合省人大常委会来莞调研省人口与计划生育条例的修改工作开展立法调研</td></tr>
<tr><td>配合省人大常委会来莞开展《广东省反走私综合治理条例（修订草案稿）》立法调研</td></tr>
<tr><td>配合省人大常委会来莞开展《广东省平安建设条例（草案修改稿）》立法调研</td></tr>
<tr><td>配合省人大常委会来莞开展刀具管理地方立法调研</td></tr>
<tr><td>配合省人大常委会围绕发挥海外侨胞在共建“一带一路”中的重要作用开展专题调研</td></tr>
<tr><td>配合省人大侨民宗委开展侨情调研</td></tr>
<tr><td>配合省人大常委会开展民办教育调研</td></tr>
<tr><td>配合省人大环境资源委开展水污染防治和万里碧道建设工作情况实地调研</td></tr>
<tr><td>配合省人大环境资源委开展土地管理条例立法调研</td></tr>
<tr><td>配合省人大常委会预算工委跟踪监督调研审计查出突出问题整改落实情况</td></tr>
<tr><td>为上级人大提供立法意见</td><td>协助上级人大对30项法律法规征求意见</td></tr>
<tr><td rowspan="3">备案审查规范性文件</td><td rowspan="3"></td><td>备案审查规范性文件23件。其中，市政府规章3件，其他规范性文件20件</td></tr>
<tr><td>按照市委规范性文件备案审查联动机制的要求，对市委、市政府及各部门发来的22份党内规范性文件及27份党政文件进行研究</td></tr>
<tr><td>开展2次法规、人大规范性文件专项清理工作</td></tr>
<tr><td rowspan="8">代表工作项目</td><td rowspan="3">组织代表闭会期间活动</td><td>市镇两级人大联动开展全市四级人大代表“更好发挥人大代表作用”主题活动</td></tr>
<tr><td>围绕全面推进健康广东建设为主题，组织全国和省人大代表开展专题调研活动</td></tr>
<tr><td>围绕推进粤港澳大湾区建设、深莞融合发展，全面推进乡村振兴；聚焦科技创新和先进制造，加快推动经济高质量发展；了解广东省和东莞市依法行政、公正司法等情况，组织全国和省人大代表开展集中视察活动</td></tr>
<tr><td rowspan="3">办理代表议案建议</td><td>常委会领导重点督办8项11件代表建议</td></tr>
<tr><td>督办《推动教育扩容提质 加快公办中小学建设的议案》</td></tr>
<tr><td>将人代会期间189件代表建议（含议案转作建议处理的17件，另有2件建议因代表个人原因撤案）移交给市政府办理</td></tr>
<tr><td rowspan="2">落实“双联系”制度</td><td>全年共统筹开展常委会领导约请代表活动9次，约请代表50人次</td></tr>
<tr><td>印发《关于东莞市人大常委会组成人员联系市人大代表和市人大代表密切联系人民群众的意见》的通知，全年常委会领导联系市人大代表25人次</td></tr>
</table>

注：1. 标注“★”项目，系市委主要领导作出肯定批示。

2. 标注“※”项目，系因疫情防控需要，市十六届人大八次会议延期召开，先后作出两份决定。

2021年东莞市第十六届人民代表大会第七次会议建议办理情况表

案号	建议标题	建议人	主办单位	办理情况	代表满意度
20210002	关于严厉查处船舶非法改装 船舶污染水域违法行为的建议	叶健雄	市生态环境局等	B	满意
20210003	关于“十四五”期间延续对次发达镇 经济发展能力帮扶政策的建议	叶建忠	市农业农村局	B	满意
20210004	关于加强水上交通监管、清理三无船只 防范安全事故风险的建议	黄兆科	海事局	B	满意
20210005	关于加强水上交通监管，加大打击走私力度，防范疫情输入的建议	杜建军	海事局	B	满意
20210006	关于培育发展云端智能机器人产业的建议	周汉标	市工信局	A	满意
20210007	关于东莞市社区转诊网上办理的建议	方桂萍	市卫生健康局	B	满意
20210008	关于加强我市儿童青少年近视防控工作的建议	周炜茹	教育局	A	满意
20210009	关于加快在建雨污分流工程进度，减少道路拥堵乱象的建议	陈建钦	市生态环境局	A	满意
20210010	关于放宽公办中小学校建设项目补助专项资金申领条件的建议	黄贵洪	教育局	C	满意
20210011	关于加快推进“三江六岸”滨水岸线示范段二期工程建设，打造高品质滨水空间的建议	刘永定	市自然资源局	B	满意
20210012	关于对防癌体检筛查的建议	杨红星	市卫生健康局	B	满意
20210013	关于积极探索具有东莞特色的中小学劳动教育模式的建议	胡毅超	教育局	B	满意
20210014	关于加快推进望万道联网路万江新村至望牛墩赤滘口段建设工程立项进度的建议	黄柱林	交通局	B	满意
20210015	关于加强劳动仲裁员的业务水平，减少劳动争议案件从仲裁转为诉讼案件的建议	董康	市人社局	A	满意
20210016	关于解决环城路谷涌段交通问题的建议	庾敬钦	交通局	B	满意
20210017	关于希望我市加强推广健康防护用品产业发展的建议	庾伟洪	市工信局	A	满意
20210018	关于推进青少年文化发展助力乡村文化振兴的建议	莫佩冰	市文化广电旅游体育局	B	满意
20210019	关于提高市民养生意识的建议	黄珍宜	市卫生健康局	A	满意
20210020	关于加强对农村古旧建筑物修葺维护的建议	袁家安	市自然资源局等	B	满意
20210021	关于保障女性哺乳期权益的建议	黎燕琴	市卫生健康局	A	满意
20210022	关于加快推进深圳市轨道22号线塘厦段建设的建议	唐耀文	市轨道交通局	B	满意
20210023	关于加快推进塘厦与深圳对接主要道路升级改造的建议	唐耀文	塘厦镇等		
20210024	关于加大“三旧”改造政策扶持力度的建议	朱国平	市自然资源局	B	满意
20210025	关于加大对低保、残疾等困难家庭就业帮扶力度的建议	吴玉华	市人社局	A	满意
20210026	关于加强东莞职教城学生接送服务管理的建议	卢艳娴	横沥镇	A	满意
20210027	关于加强对东莞市内县道以上道路工程施工全方位管理的建议	丁浩权	东莞市公路事务中心	A	基本满意
20210028	关于加强应急救护培训体系建设的建议	谢广中	市卫生健康局	A	满意
20210029	关于环莞快速与环城路石鼓连接线双方向拥堵问题的建议	谢广中	交警支队	A	满意
20210030	关于优化东莞市停车规划建设管理的建议	林飞	交通局	B	满意
20210031	关于尽快打通县道X241（厚虎路）断头路的建议	李远珍	交通局	B	满意

续表

案号	建议标题	建议人	主办单位	办理情况	代表满意度
20210032	关于建设莞番高速公路新围出入口连接线的建议	李远珍	交通局	B	满意
20210033	关于进一步加强服务留住人才的建议	方植麟	市人社局	A	满意
20210034	关于高质量推进乡村振兴工作的建议	方健强	市农业农村局	A	满意
20210035	关于加强对外省外市大型货车占道非法营运整治的建议	陈伟基	交通局	A	满意
20210036	关于加快推进莞港现代服务业融合发展先导区建设的建议	刘裕昌	常平镇	B	满意
20210037	关于市财政加大对村一级农村环境提升补贴力度的建议	钟兆华	市农业农村局	B	满意
20210038	提升东莞教育品质　全面推进劳动教育	郝洁	教育局	B	满意
20210039	关于加强水污染治理的建议	钟兆华	市水污染治理现场指挥部	B	满意
20210040	东坑镇关于加大松山湖国家高新区辐射作用建设区域产城融合示范区的建议	谭全河	松山湖管委会	A	满意
20210041	东坑镇关于进一步提升城市品质实现区域公共服务配套共建共享的建议	谭全河	财政局等	B	满意
20210042	关于东部快速干线拥堵治理工作的建议	苏庆中	交警支队	A	满意
20210043	关于化解基层“人少事多”的难题的建议	杨锦茹	市委编办	A	满意
20210044	关于镇级公民办初中推进品质教育建设的建议	曾素文	教育局	B	满意
20210045	关于加强信息技术应用促进教育品质提升的建议	田野	教育局	A	满意
20210046	关于高标准对标深圳，加强莞深道路全面对接的建议	苏东	交通局等	B	满意
20210047	关于大力推进深莞深度融合，加快我市临深片创新发展的建议	李冠洲	发展和改革局	B	满意
20210048	关于进一步加强基层社会综合治理工作的建议	陈泽深	市委政法委	B	满意
20210049	关于加快研究出台村（社区）停车保管收费管理办法的建议	梁伟忠	交通局等	C	满意
20210050	关于推动建立完善人居环境整治长效机制的建议	罗定龙	市城市管理和综合执法局	B	满意
20210051	关于加快基层公共卫生基础设施和医疗人才队伍建设，不断提升基层诊疗服务能力的建议	郑靖莉	市卫生健康局	B	满意
20210052	关于进一步提升我市会展业发展的建议	张长河	商务局	B	满意
20210053	关于疫情防控常态化下推动我市社区居家智慧养老建议	张长河	民政局	A	满意
20210054	关于疫情防控常态化下我市基层公立医院面临的压力及建议	张长河	市卫生健康局	B	满意
20210055	关于在我市启用外卖食品安全封签的建议	麦秀华	市场监管局	B	满意
20210056	关于增设城市阅读空间，建设书香东莞的建议	王辉敏	市文化广电旅游体育局	B	满意
20210057	关于加强我市村（社区）法治建设的建议	蔡国栋	市司法局	B	满意
20210058	关于推动东莞普法宣传进工厂企业的建议	蔡国栋	市司法局	A	满意
20210059	关于提升青少年儿童心理健康教育水平的建议	王嘉怡	教育局	B	满意
20210060	关于加强和完善劳务派遣以及失业人员再就业管理的建议	潘结俭	市人社局	A	满意
20210061	关于缓解茶山光正实验学校路段交通拥堵压力的建议	刘植彬	茶山镇	A	满意
20210062	一桥阻隔两地群众畅通出行——关于尽快扩宽温增大桥的建议	刘植彬	交通局	B	满意
20210063	关于抓紧解决东莞部分道路交通拥堵问题的建议	汤锡祥	交通局	B	满意

续表

案号	建议标题	建议人	主办单位	办理情况	代表满意度
20210064	关于完善水乡功能区体育设施建设的建议	莫伟鸣	市文化广电旅游体育局	C	满意
20210065	关于完善食品溯源体系建设，强化食品安全监管的建议	陈艳芬	市场监管局	B	满意
20210066	关于延续次发达镇、村帮扶政策的建议	吴润玲	市农业农村局	B	满意
20210067	关于推动石碣镇深度参与东莞城区片区统筹组团发展的建议	黄锦田	发展和改革局	B	满意
20210068	关于“三江六岸”石碣段开发建设的建议	香杰新	市自然资源局	B	满意
20210069	关于推动我市农产品冷链物流园建设的建议	翟志坚	市农业农村局	B	满意
20210070	关于加大知识产权保护力度的建议	梁佛江	市委宣传部	A	满意
20210071	关于缓解东部快速干线交通压力的建议	袁丽群	交通局	B	满意
20210072	关于构建高质量民办教育发展体系，支撑教育现代化强市建设的建议	陈超群	教育局	A	满意
20210073	关于东莞市东江大道快速路化的建议	姚灿光（企石）	交通局	B	满意
20210074	关于加大新型农业经营主体扶持力度的建议	谢柳欢	市农业农村局	B	满意
20210075	关于坚持节约集约用地的建议	胡毅峰	市自然资源局	A	满意
20210076	关于加快公办学校建设推进教育“扩容提质”的建议	胡毅峰	教育局	A	满意
20210077	关于协助解决谢岗镇银瓶合作创新区 打通对外交通要道瓶颈的建议	胡毅峰	交通局	B	满意
20210078	关于扶持谢岗建立创业孵化基地的建议	胡毅峰	市人社局	A	满意
20210079	关于推进调解人才培养、落实“枫桥经验”的建议	胡毅峰	市司法局	A	满意
20210080	关于落实以差异化政策支持谢岗人才工作的建议	胡毅峰	谢岗镇	B	满意
20210081	关于加强穗莞交通对接的建议	何俊聪	交通局等	B	满意
20210082	关于将市级审批权限全面合理下放到水乡管委会的建议	薛幼东	市自然资源局	B	满意
20210083	关于让交通标志重新“亮”出来的建议	张拔海	市城市管理和综合执法局等	B	满意
20210084	关于进一步加强对东莞狮舞（醒狮）的扶持的建议	王柱成	市文化广电旅游体育局	B	满意
20210085	关于在石排镇增加一间普通高中学校的建议	邓炳钦	教育局	B	满意
20210086	关于规范电动自行车使用和管理的建议	陈宝瑜	交警支队	A	满意
20210087	关于后疫情时期我市经济突围的建议	杨瑞芳	商务局	B	满意
20210088	关于广深高速天安数码城段桥下空间品质改造提升意见	李永凯	南城街道	C	满意
20210089	关于拓宽《出生医学证明》办理的特殊人群范围建议	梁婉红	市卫生健康局	A	满意
20210090	推动东莞市农贸市场品质提升的建议	陈锡稳	市场监管局	B	满意
20210091	实施住宅小区电梯智慧监管的建议	陈锡稳	市场监管局	B	满意
20210092	关于引导重大项目通过信托方式使用村组资金投资的建议	黄晓雯	东莞信托		
20210093	关于细化“工改工”与“工改居商”挂钩联动机制的建议	黄晓雯	市自然资源局	B	满意
20210094	关于促进建筑垃圾资源化利用的建议	叶有广	市城市管理和综合执法局等	B	满意
20210095	关于推进建设东深公路（国道G220）与东部快速路立交项目的建议	邓金焕	交通局	B	满意

续表

案号	建议标题	建议人	主办单位	办理情况	代表满意度
20210096	关于加大老旧小区改造力度的建议	叶有广	住建局	B	满意
20210097	关于在各镇区建立老年大学的建议	章芸	老干局	A	满意
20210098	关于缓解东部快速路拥堵问题的建议	叶有广	交通局	B	满意
20210099	关于打通X310断头路，推进交通一体化的建议	莫灿梁	交通局	B	满意
20210100	关于加强对工业固体废物及建筑	赖庆香	市生态环境局	B	满意
20210101	关于加强少年儿童健康教育的建议	罗汝珍	教育局	B	满意
20210102	关于加强村集体经济发展的建议	贯贵斌	市农业农村局	B	满意
20210103	关于加强截污管网运营管理的建议	刘振邦	市生态环境局	B	满意
20210104	关于为小学生松绑减负的建议	何邦琴	教育局	A	满意
20210105	关于加快环莞快速路三期项目建设的建议	方德佳	城建工程管理局	B	满意
20210106	关于活跃我市建筑设计市场增强建筑设计品质的建议	张燕姝	住建局	B	满意
20210107	关于开展我市综合交通体系规划研究的建议	张燕姝	交通局	B	满意
20210108	关于开展全市农贸市场综合治理提升农贸市场治理体系和治理能力的建议	史帅峰	市场监管局	B	满意
20210109	关于市政府财政扶持公立医疗机构发热门诊运营的建议	谭志斌	财政局	A	满意
20210110	关于东莞城市治理体系中加强楼盘小区治理的建议	陈焕明	住建局	B	满意
20210111	关于加强快递外卖配送行业电动自行车及三轮车管理的建议	陈军	交警支队	A	满意
20210112	关于进一步加强在校学生心理健康教育建设的建议	陈军	教育局	B	满意
20210113	关于进一步加强东莞市内涝整治的建议	陈军	水务局	B	满意
20210114	关于加大我市城市品质提升重点项目建设统筹力度的建议	崔建	市自然资源局	A	满意
20210115	关于拓宽城市空间、提升城市公共交通便民服务质量的建议	古志勇	交通局	B	满意
20210116	关于架起城市服务管理与市民群众“连心桥”，推动东莞市城市服务驿站、社区城管服务工作站建设的建议	郭怀晋	市城市管理和综合执法局	B	满意
20210117	关于建立健全东莞市公共厕所第三方监督考评机制的建议	郭怀晋	市城市管理和综合执法局	A	满意
20210118	关于我市村、社区停车设施规划、建设和经营管理的建议	刘亚亚	交通局	B	满意
20210119	关于充分利用高架桥在桥下建设临时停车场的建议	汤超荣	交通局	B	满意
20210120	关于扶持疫情冲击下的民企茁壮成长的建议	汤超荣	市工信局	A	满意
20210121	关于推动老年人顺利搭上智能技术“便车”的建议	汤超荣	发展和改革局	B	满意
20210122	关于推进社区居家养老服务多元化发展，满足老年人就近就便养老服务需求的建议	汤超荣	民政局	A	满意
20210123	关于推进东莞市“互联网+护理服务”创新模式建设的建议	温家慧	市卫生健康局	B	基本满意
20210124	关于民营企业减税降费的建议	袁斌	市工信局	A	满意
20210125	关于东莞慢行系统建设，促进城市品质出行的建议	张巧明	市城市管理和综合执法局	B	满意
20210126	关于进一步完善我市残疾人无障碍设施的建议	周汝彬	市残联	B	满意
20210127	关于完善对环卫工人管理的建议	周汝彬	市城市管理和综合执法局	A	满意

续表

案号	建议标题	建议人	主办单位	办理情况	代表满意度
20210128	关于双循环格局下推动我市传统产业供给侧重构的建议	邹润榕	商务局	B	满意
20210129	关于在我市高质量发展阶段建立改革创新容错免责机制的建议	邹润榕	市委政研室	A	满意
20210130	关于把握注册制红利、通过并购重组快速打造上市后备企业的建议	卫三芳	市工信局	A	满意
20210131	关于加强新形势下社区疫情防控常态化工作的建议	洪茜	市卫生健康局	B	满意
20210132	关于遏制通过虚假租赁关系逃废银行及国有资产债务行为的建议	古志勇	人民检察院等	B	满意
20210133	关于进一步完善“家校社三位一体”学生心理健康防护网络的建议	洪茜	教育局	A	满意
20210134	关于东莞市小学校内课后托管提质增效的建议	洪茜	教育局	A	满意
20210135	关于加快推进洪梅大桥拆除重建的建议	郭旺	交通局等	B	满意
20210136	关于建立青少年心理健康教育、辅导、救助工作体系的建议	梁志刚	教育局	B	满意
20210137	关于加强人员密集场所（单位食堂）食品安全管理的建议	孔旭航	市场监管局	B	满意
20210138	关于调整鸿福路与元美东路右拐弯车道的建议	龚道松	交通局	B	基本满意
20210139	关于对工程总承包（EPC）项目进行审计的建议	龚道松	审计局	B	满意
20210140	关于厘清建设工程余泥渣土消纳费的建议	龚道松	市城市管理和综合执法局	B	满意
20210141	关于加强对综合行政执法的协调指导的建议	刘盛洲	市委编办等	B	满意
20210142	东莞市文化传播产业中心构建建议	温祝秀	市委宣传部	B	满意
20210143	关于加强对政府采购项目进行监管及监督的建议	龚道松	财政局	A	满意
20210144	关于充分利用丰厚的文旅资源助推虎门文旅产业发展的建议	龚道松	虎门镇	B	满意
20210145	关于加强非机动车道升级改造的建议	钟伟宏	交通局	B	基本满意
20210146	关于培育“物业＋养老”居家社区养老新业态的建议	钟伟宏	民政局等	B	基本满意
20210147	关于提高公益普惠性幼儿园教师福利待遇的建议	钟伟宏	教育局	A	满意
20210148	关于进一步加强儿童青少年近视防控的建议	钟伟宏	教育局	A	满意
20210149	关于大力发展观光农业产业项目的建议	莫景坤	市农业农村局	B	基本满意
20210150	关于进一步支持和规范我市养老护理员资格培训认证工作的建议	吕琦玲	民政局	B	满意
20210151	关于加强我市建筑工程质量监管的建议	袁柱彬	住建局	A	满意
20210152	关于加大执法力度规范路面停车的建议	何惠娴	交警支队	A	满意
20210153	关于出台政策指引，规范我市中小学编外老师工资的建议	胡嵘苹	教育局等	B	满意
20210154	关于保障制造业企业租用未完善手续厂房物业权益的建议	钟彬	市自然资源局	A	满意
20210155	关于“脱虚转实”切实引进实用型人才以及降低提拔任用第一学历的建议	刘林宏	教育局	A	满意
20210156	关于推进我市公共场所免费wifi全覆盖的建议	胡嵘苹	市工信局	A	满意
20210157	关于进一步深化国有资产管理监督的建议	卢建均	国资委	A	满意
20210158	关于进一步推进基层集体经济发展的建议	祁树基	市自然资源局	B	满意
20210159	关于加快推进城市更新项目的建议	罗文洲	市自然资源局	B	满意
20210160	关于加快统筹推进电网建设的建议	袁柱彬	东莞供电局	B	满意

续表

案号	建议标题	建议人	主办单位	办理情况	代表满意度
20210161	关于加强交通拥堵治理的建议	詹耀东	交通局	B	满意
20210162	关于持续提升村居环境，助推品质东莞建设的建议	陈钧权	市农业农村局	B	满意
20210163	关于将定期体检纳入医保范围，为我市50岁以上参保居民每年提供一次免费体检的建议	曾艺东	市医保局	C	满意
20210164	关于推动创设东莞物业管理委员会的建议	廖京	住建局	B	满意
20210165	关于将水乡大道改造成快速通道，提高通行能力的建议	陈剑	交通局	B	满意
20210166	关于优化基本医疗用药机制的建议	刘妙云	市卫生健康局	A	满意
20210167	关于完善我市社会养老服务体系的建议	廖京	民政局	A	满意
20210168	关于加快东莞“技能人才之都”建设的建议	廖京	市人社局	B	满意
20210169	关于全面加强莞深联合治理的建议	巫惠平	市城市管理和综合执法局	B	满意
20210170	关于统筹新增教师编制，制定统一编外教师工资待遇方案的建议	傅其祯	教育局	B	满意
20210171	关于推动临深九镇率先开展社保同城化互认试点的建议	张耀洪	市人社局	A	满意
20210172	关于加快推进智慧居家养老服务的建议	宁康	民政局	A	满意
20210173	关于加强应对气候变化能力，切实推动我市低碳建设高质量发展的建议	沈志攀	市生态环境局	B	满意
20210174	关于进一步推进我市教育扩容提质的议案	曾庆云	教育局	A	满意
20210175	关于社区集体经济可持续发展问题的议案	方健强	市农业农村局	B	满意
20210176	关于推进清溪与龙岗市政道路建设的议案	叶锦锐	交通局	B	满意
20210177	关于加快推动我市“工改工”升级改造的议案	邓卫洪	市自然资源局	B	满意
20210178	关于进一步加强教育扩容提质工作的议案	谭叙棉	教育局	A	满意
20210179	关于加强民办学校师资队伍建设的议案	张拔海	教育局	B	满意
20210180	关于升级改造东北片区主要道路的议案	严继宗	交通局	B	满意
20210181	关于加强水环境监测管理信息平台作用，提升东莞现代环境治理能力的议案	黄晓雯	市生态环境局等	B	满意
20210182	关于深化教育扩容提质工作的议案	周伟森	教育局	A	满意
20210183	关于妥善解决“入学难”问题的议案	贾贵斌	教育局	A	满意
20210184	关于加强公共文化建设的议案	陈焕明	市文化广电旅游体育局	B	满意
20210185	关于加强师资及待遇配套任务助力“扩容提质”的议案	张健	教育局	B	满意
20210186	关于推进我市义务教育高品质发展的议案	罗斌	教育局	A	满意
20210187	关于激活纺织服装产业新动能推动经济高质量发展的议案	罗斌	市工信局	A	满意
20210188	关于提高农村环境品质推进乡村振兴的议案	王耀明	市农业农村局	B	满意
20210189	关于推动土地整备改革创新强化乡村振兴的土地资源支撑的议案	王维钢	市自然资源局	B	满意
20210190	加快完善“三江六岸”片区科学规划，推动片区高质量发展	郭荣新	市自然资源局	B	满意

说明：

1. 表中的“办理情况”是指：A、所提问题已经解决或基本解决；B、正在解决过程中或已列入计划解决；C、因条件限制或其他原因目前暂不能解决。

2. 表中的“代表满意度”反映三种情况，分别是满意、基本满意、不满意。

东莞市人民政府

DONGGUAN MUNICIPAL PEOPLE'S GOVERNMENT

东莞市中心区　（2021年张顺祥摄）

编辑：赵书科

政府重要会议

【市政府党组（扩大）会议】2021年，东莞市政府深化“第一议题”制度，推动学习常态化开展，全年筹办市政府党组（扩大）会议24次，传达学习习近平总书记重要讲话、重要指示批示精神、党中央和省委决策部署45项，主要包括：学习习近平总书记在庆祝中国共产党成立100周年大会上的重要讲话精神；学习习近平总书记在党的十九届六中全会上的重要讲话精神和全会精神；学习习近平总书记在党史学习教育动员大会上的重要讲话精神；学习习近平总书记在中央经济工作会议上的重要讲话精神；学习习近平总书记在中央政治局第二十四次、第二十五次集体学习时的重要讲话精神；学习习近平总书记在2021年春季学期中央党校（国家行政学院）中青年干部培训开班仪式上的重要讲话精神；学习习近平总书记在党外人士座谈会上的讲话精神；学习习近平总书记在中国共产党与世界政党领导人峰会上的重要讲话精神；学习中央全面深化改革委员会第二十一次会议精神；学习中央全面深化改革委员会第二十二次会议精神；学习中央财经委员会第十次会议精神；学习习近平总书记关于粤澳合作开发横琴、前海开发开放的重要讲话精神；学习习近平总书记在第三次“一带一路”建设座谈会上的重要讲话精神；学习习近平总书记在2021年中国国际服务贸易交易会全球服务贸易峰会上的致辞精神；学习习近平总书记向中国—上海合作组织数字经济产业论坛、2021中国国际智能产业博览会致贺信精神；学习习近平总书记关于安全生产的“六大要点”和“十句硬话”；学习习近平总书记关于意识形态、加强党的全面领导和党的建设重要论述精神；学习习近平总书记关于新冠肺炎疫情防控工作的重要指示精神；学习习近平总书记对革命文物工作的重要指示精神；学习习近平总书记关于卫生健康工作的重要论述和重要指示精神；学习习近平总书记在福建、广西考察期间重要讲话精神；学习习近平总书记在陕西榆林考察期间重要讲话精神；学习习近平总书记在青海考察期间重要讲话精神；学习习近平总书记在西藏考察期间重要讲话精神；学习《中共中央 国务院关于实现巩固拓展脱贫攻坚成果同乡村振兴有效衔接的意见》文件精神；学习《法治中国建设规划（2020—2025）》《法治社会建设实施纲要（2020—2025年）》文件精神；学习省委十二届十三次全会精神以及省人大、政协“两会”精神；学习第130届广交会广东省工作部署会会议精神；学习省委常委会会议精神；学习十二届省纪委六次全会精神。

【市政府常务会议】 2021年，东莞市政府将安全生产、各部门党建、巡视巡察和审计整改工作汇报常态化纳入市政府常务会议议题，全年召开市政府常务会议35次，讨论有关事项343项，主要包括：审议《东莞市国民经济和社会发展第十四个五年规划和二〇三五年远景目标纲要》；审议《东莞市人民政府关于加快打造新动能推动高质量发展的若干意见》；审议《关于培育发展战略性产业集群的实施意见》；审议《东莞市政府投资项目管理办法》；审议《东莞市生命科学和生物技术产业发展规划（2020—2035年）》；审议《松山湖科学城空间总体规划纲要（2020—2035年）》；审议《关于推进战略性新兴产业基地高质量发展的若干措施》；审议《东莞市碧道建设实施方案》；审议《东莞市“供水一张网”整合工作方案》；审议《东莞市三限房（共有产权住房）建设和分配试点方案》；审议《关于加快推动东莞市人力资源服务业实现高质量发展的实施意见》；审议《东莞市关于贯彻消防执法改革的实施意见》；审议《东莞市推动企业利用资本市场扶持办法》；审议《东莞市应急抢险工程管理办法》；审议《东莞市临时救助办法》；审议《关于全面推进乡村振兴加快农业农村现代化的实施意见》；审议《东莞市气象灾害预防条例（草案）》；审议《东莞市深入推动科技金融发展的实施办法》；审议《东莞深化两岸创新发展合作试验区建设总体方案》；审议《东莞市文化发展“十四五”规划》；审议《东莞市市场监管现代化“十四五”规划》；审议《关于促进中医药传承创新发展实施方案（2021—2025年）》；审议《东莞市金融业发展“十四五”规划》；审议《东莞市党政部门及中央、省驻莞有关单位安全生产工作职责》；审议《东莞市新一轮“十百千万百万”人才工程行动方案（2022—2024年）》；审议《东莞市综合交通运输体系发展“十四五”规划》；审议《东莞市教育事业发展第十四个五年规划和2035年远景目标纲要》；审议《东莞市制造业高质量发展“十四五”规划》；审议《关于推动数字经济高质量发展的政策措施》。

【全市性重要专项会议】 2021年，东莞市召开的全市性重要专项会议主要有：全市新冠肺炎疫情防控暨岁末年初工作会议；全市促增长、增后劲暨一季度开门红工作会议；全市推进品质教育建设大会；全市生态环境保护暨“两违”治理专项工作会议；全市住房城乡建设工作会议；全市招商引资创新工作领导小组扩大会议；全市生态环境保护大会；全市安全生产、消防、道路交通和森林防灭火工作会议暨第二季度防范重特大生产安全事故会议；东莞市百个重大项目百日攻坚专项行动动员会；全市深入推进“放管服”改革暨数字政府建设工作会议；全市实施乡村振兴战略工作推进会；全市安全生产、消防和经济运行调度工作暨第三季度防范重特大生产安全事故工作会议；全市2021年下半年疫苗接种工作电视电话会议；市生态环境保护督察动员会；全市脱贫攻坚总结暨新一轮对口帮扶工作会议；东莞市深入推进精细化管理暨环境卫生再提升动员部署会；全市禁毒工作电视电话会议；全市社会服务管理“智网工程”工作总结会议；全市系统防范化解道路交通安全风险暨道路交通安全百日攻坚工作推进会；东莞市法治政府建设专项工作会议；全市农房管理专项工作会议；东莞市镇村工业园改造工作现场会；东莞交通强市建设大会。

【市政府工作会议】 2021年，东莞市政府工作会议研究部署事项主要包括：战略性新兴产业基地建设；市“12345”政府服务热线扩容升级有关问题；数字政府改革建设；“证照分离”及“一照通行”改革；争取国务院2021年督查激励事项；住房体系建设有关问题；城市更新专题工作；房地产调控工作；泥头车规范化管理有关问题；土地出让工作；桑茶快速路及东延线工程、环莞快速路三期龙大高速至莞深高速段工程等项目建设；协调莞太路品质提升工程管线迁改问题；莞番高速二、三期工程建设；存量安居房处置工作有关问题；老旧小区改造工作有关事宜；系统防范化解道路交通安全风险工作；燃气安全有关问题；轨道建设管理和安全问题；禁毒委有关工作；协调珠江三角洲水资源配置工程用地；反走私、反偷渡工作；2021年生态环境重点工作计划及相关事项；全市公共污水管网“一张网”运营管理；“供水一张网”整合工作；自备电厂煤改气工作；数字产业和工业互联网建设；推动滨海湾新区开发建设有关问题；新增易涝点及积水点调查与整治；“3+1”（重点支持食品饮料、纺织服装和家具三大优势传统产业集群发展，及支持软件和信息技术服务业发展）产业集群工作；“工改工”（将现有土地性质为普通工业用地改变为新型产业用地，将旧工业区拆除重建升级改造为新型产业园）项目建设及工业稳增长工作；半导体及集成电路产业发展工作；内涝和抗旱工作；核心软件攻关工程建设；市人民医院硼中子俘获治疗（BNCT）项目建设相关问题；大湾区大学建设工作；香港城市大学（东莞）设计方案优化工作；协调推进减轻学生义务教育和校外培训机构负担工作有关问题；全市农贸市场品质提升工作；创建“东莞创新两岸合作综合试验区”工作；推动企业上市工作；立沙岛安全管理问题；山姆会员店项目问题；全市能耗双控工作。（市府办）

政府重要决策

【统筹新冠肺炎疫情防控和经济社会发展】 2021年，东莞市坚持外防输入、内防反弹，科学精准做好新冠肺炎疫情防控工作，统筹推进疫情防控和经济社会发展工作，推动全市经济总量稳步过万亿元。

筑牢常态化疫情防控安全防线　东莞市抓好疫情防控常态化工作，强化陆路水运口岸、跨境货运、进口冻品等的闭环管理，筑牢“外防输入、内防反弹”严密防线。1月，印发《东莞市“双反”和“四清”百日攻坚工作方案》，严防疫情通过走私偷渡途径倒灌输入。3月，出台《东莞市新冠病毒疫苗接种实施方案》，推进疫苗接种工作，截至2021年底，全人群全程免疫率88.8%，接种人数、全人群全程免疫率均位列全省地级市第一。高标准建成2000个房间规模的国际健康驿站。科学果断应对处置新华学院“6·18”和大朗“12·13”突发本土疫情，举全市之力抓好快流调、严管控、大筛查、防外溢工作，均在一个潜伏期内扑灭，得到国家和省的肯定。

推动全市经济总量稳步过万亿元　东莞市坚持稳中求进工作总基调，努力克服疫情形势复杂多变、限电限产等因素影响，做好“六稳”“六保”工作，推动全市经济运行总体平稳、好于预期。2月，出台市政府一号文《关于加快打造新动能　推动高质量发展的若干意见》，激发经济增长潜力，推动增长动力接续转换。3月，出台《关于2021年全市投资计划工作的意见》，坚决落实中央和省“稳投资”决策部署，推动全年固定资产投资比上年增长8.2%。4月，制订《东莞市2021年有序用电方案》，筛选出约1000家保用电企业，实施重点用电保障。10月，出台《关于推动工业促增长工作制度》，稳住工业基本盘。12月，出台《积极应对新冠肺炎疫情影响　着力支持大朗镇纾困解难的若干措施》，将疫情对大朗镇的影响降到最低，促进经济社会大局稳定。全年全市地区生产总值达到1.09万亿元，比上年增长8.2%，历史性突破万亿元大关。

资料链接

“六稳”：指稳就业、稳金融、稳外贸、稳外资、稳投资、稳预期。“六保”：指保居民就业、保基本民生、保市场主体、保粮食能源安全、保产业链供应链稳定、保基层运转。

【培育发展新动能】 2021年，东莞市以先进制造业、七大战略性新兴产业为抓手，培育发展新动能，加快推动制造业高质量发展，构建双循环新发展格局。

加快推动制造业高质量发展　1月，印发《关于培育发展战略性产业集群的实施意见》。2月，成立战略性新兴产业基地指挥部。4月，出台《东莞市推进战略性新兴产业基地高质量发展若干措施》。7月，出台《战略性新兴产业基地“一基地一政策”》《东莞市战略性新兴产业引导基金设立方案》，统筹60平方千米连片空间和100万平方米低成本空间，构建500亿元产业引导基金体系，开展全球“揭榜招商”，7个30亿元以上特大项目和97个强链补链新兴产业项目落户，推动全市全年实际投资突破1600亿元，比上年增长12.1%，推动集成电路及关键元器件、智能装备制造、战略前沿材料、生物制药等新兴行业分别增长18.8%、18.9%、39.0%、29.6%，呈现新动能加速成长的良好势头。加快企业数字化转型，松山湖及周边9个镇电子信息产业列入省产业集群工业互联数字化转型试点。推动优势传统产业创新发展，工业技术改造投资比上年增长23.9%。打造先进制造企业梯队，累计培育专精特新企业152家，国家“小巨人”企业（指业绩良好，极具发展潜力和培育价值处于成长初期的小企业）34家，推动超1000家企业“小升规”（鼓励小微企业规范升级为规模以上企业）。推动资本市场“东莞板块”壮大，7月，印发《东莞市推动企业上市发展三年行动鲲鹏计划》，促进东莞企业利用资本市场高质量发展，截至2021年底，东莞上市企业66家，其中A股上市企业45家，与佛山并列全省地级市首位。

扩大有效投资　6月，出台《东莞市2021年百个重大项目百日攻坚专项行动方案》和《2021年度东莞市重点企业增资扩产项目落地提速工作方案》，启动重大项目“双百”攻坚行动，加快重大项目落地建设和建成投产，推动华为南方工厂项目（二期）、华为团泊洼8号地块工业项目（一期）等53个项目建成投产，全年重大项目完成投资突破千亿元大关，比上年增长19.1%，省重点项目进度全省第一。

加快构建双循环新发展格局　5月，出台《关于大力发展首店经济　促进商业消费升级的若干措施（试行）》，招引国内外知名品牌和原创品牌开设首店，按品牌最高给予100万元奖励。开展“乐购东莞”等品牌活动，全年社会消费品零售总额增速13%。推进“粤贸全国”东莞行动计划，外资企业内销额比上年增长19.4%。加快发展外贸新业态新模式。实施出口产品转内销等六个三年行动计划，设立外贸稳增长专项资金，发展跨境电商、保税物流、市场采购等新业态。跨境电商进出口额690亿元，市场采购贸易突破500亿元，保税物流3200亿元，外贸新业态占比提高到30%，全年进出口总额比上年增长14.6%。

【深度参与大湾区建设】 2021年，东莞市以大湾区综合性国家科学中心建设为带动，营造最优创新生态。松山湖科学城发展总体规划获批，第一届松山湖科学会议、高层次人才活动周等活动举行，新能源研究院等一批中科院合作共建项目落地。

营造最优创新生态 举全市之力建设松山湖科学城，携手深圳光明科学城共建综合性国家科学中心先行启动区。3月，出台《东莞松山湖高新区关于加快松山湖科学城创新发展的若干政策意见》，并出台7项配套政策，形成“1+N”科技计划体系。高标准打造国际创新创业社区，6月，出台《东莞松山湖国际创新创业社区项目入驻管理及扶持办法》，推动松山湖国际创新创业社区常驻人员比上年增长50%。实施“十百千万百万”人才工程，全年引进中国科学院、中国工程院院士及外籍院士21人，博士以上人才683人，全市人才总量258.4万人，高层次人才18.3万人，省创新科研团队38个，居全省地级市第一，超过50位院士常年在莞开展科研活动。培育国家高新技术企业、科技企业孵化器、各类工程研究中心和重点实验室，推动各类新型研发机构提质增效，全市有国家高新技术企业7374家，位居全省地级市第一，全市规上工业企业研发机构建有率47.2%，研发投入强度提升至3.54%。

资料链接

“1+N”政策体系：指东莞市出台《关于贯彻落实粤港澳大湾区发展战略 全面建设国家创新型城市的实施意见》，以及《东莞市科技计划体系改革方案》《东莞市培育创新型企业实施办法》等一批创新型配套政策，配套政策涉及松山湖材料实验室建设、重点领域研发项目、中科院科技服务网络计划东莞专项、创新型企业培育、创新强镇建设和科技金融等领域。

“十百千万百万”人才工程：引进10个国际一流水平的战略科学家团队，选拔培养100名博士专业人才进入党政机关和企事业单位，引进培养1000名重点领域的领军人才，引进培养1万名硕士研究生以上学历名硕士研究生以上学历和中级以上职称的创新人才，推动100万人提升学历技能素质。

持续深化重点领域改革 5月，修订印发《关于功能区统筹事权划分的实施方案》，推进通过强化功能区统筹优化市直管镇体制改革，优化调整下放175项市级事权。深化“放管服”（简政放权、放管结合、优化服务）改革。印发《东莞市深化“放管服”改革优化营商环境2021年重点工作方案》。8月，印发《东莞市争创一流营商环境攻坚行动方案（2021）》《东莞市推进“一照通行”改革试点实施方案》《东莞市贯彻落实“证照分离”改革实施方案》，推动优化营商环境各专项改革落地见效，1943项政务服务事项实现“免证办”，21项政务服务事项实现“零等待”。

加强与大湾区各城市的互联互通 把东莞市南部九镇加快打造成深莞深度融合发展新样板，率先对接和融入深圳都市圈建设。推动水乡功能区与广州开发区共建“全面深度合作先导区”。推动滨海湾新区成为大湾区特色合作平台。促进东莞制造业优势与珠海及横琴、深圳及前海现代服务业优势互相促进、强强联合。推动基础设施互联互通，强化东莞与周边城市的交通规划对接，推动赣深高铁、莞番高速二期建成通车，加快虎门高铁站TOD（以公共交通为导向的开发）等项目建设，东莞—香港国际空港中心项目实现试运行。

【城市品质提升】 2021年，东莞市提升城市品质，蝉联全国综治最高荣誉“长安杯”，全国文明城市“五连冠”，全国双拥模范城“九连冠”，获评平安中国建设示范市、国家生态文明建设示范市、水生态文明城市、节水型城市、版权示范城市等。

实施新一轮城市品质提升计划 启动东城火炼树、南城亨美等“城中村”改造，推进2个优质生活圈和6个标准化街区建设，建成4个美丽幸福村居特色连片示范区。国际商务区首开区、黄旗南麓文体带、三江六岸滨水岸线（东江南支流、汾溪河、东莞水道三条水系及岸线）示范段、东莞大道品质提升等项目建设取得进展。

打赢污染治理攻坚战 推进水生态环境治理，常态化推进完成地块雨污分流改造7179个，实现建成区22条黑臭水体稳定消除黑臭和53条农村黑臭水体基本消除黑臭，7个国考断面优良水体比例57.1%，其中茅洲河共和村国考断面水质达到Ⅳ类水质目标。持续推进蓝天保卫战和净土防御战，空气质量优良天数比例86.3%。全市污染防治攻坚、茅洲河流域整治等工作受到中央、省督察组好评，被授予“第五批国家生态文明建设示范区”称号。8月，出台《中央第四生态环境保护督察组下沉东莞市期间保障工作方案》，配合完成第二轮中央环保督察。

优化拓展城市空间 4月，出台《东莞市土地储备管理实施办法（修订）》，全年督导完成“工改工”（将现有土地性质为普通工业用地改变为新型产业用地，将旧工业区拆除重建升级改造为新型产业园）整备拆除约700公顷、土地收储约840公顷、盘活存量土地约800公顷。11月，下发《关于实施城市更新（“三旧”改造）“头雁计划”第一批单元的通知》，谋划首批16个“头雁计划”单元，打造10个千亩（66.67公顷）以上产城融合示范片区。坚持全市“一盘棋”思维，加强农房建设管理，制定已批在建、未建农民住房项目清单，出台“严控新增违建十条措施”，全年治理农房违建面积299.8万平方米，其中拆除116.4万平方米。

加强城市精细化管理　9月，召开全市深入推进精细化管理暨环境卫生再提升动员部署会，印发《环境卫生整治提升“硬十条”》。12月，出台《东莞市城市精细化管理标准指引》，推进精细化管理和环境卫生再提升，推广城管片长、城市服务驿站、社区工作站、玉兰女子服务中队等新工作模式，强化“洁净指数”“红黑榜”监督考核作用，推动城市环境更加干净、整洁、安全、有序。

【民生保障巩固】　2021年，东莞市加大财政支持力度，民生支出持续增加，用于民生保障，提升人民群众获得感、安全感、幸福感。

做好基本民生兜底保障　完善全覆盖、多层次的社会保障机制，筑牢民生保障底线。12月，印发《东莞市人民政府关于进一步完善东莞市医疗保障体系的通知》，工伤保险和灵活就业人员参保范围扩大至新业态从业人员等群体，居家养老服务范围进一步拓展至村（社区），困难群众和特殊群体兜底民生服务实现100%全覆盖。坚持“房住不炒”，出台“莞六条”（《关于进一步加强房地产市场调控的通知》）、“房价申报新规”、“二手房参考价”等一系列“组合拳”调控措施，加快筹集公租房、共有产权房、保障性租赁住房。8月，印发《东莞市三限房（共有产权住房）建设和分配试点方案》，全年试点建设“三限房”（限地价、限房价、限销售对象）4000余套。

补齐民生短板　推进教育扩容提质和品质交通两个千日攻坚行动，完成52所公办中小学新改扩建项目，新增学位5.38万个，新建停车位8.73万个。千方百计保居民就业，9月，印发《东莞市人民政府关于贯彻落实〈广东省进一步稳定和扩大就业若干政策措施〉的实施意见》，制定3.0版“促进就业九条”（《关于贯彻落实〈广东省进一步稳定和扩大就业若干改革措施〉的实施意见》），市镇两级财政共投入2.4亿元，新出台6个配套政策文件，全面强化就业优先政策、创新就业服务举措，全年城镇新增就业11.3万人，比上年增长18.9%，排名全省第三。深化医药卫生体制改革，加快高水平医院、区域中心医院和专科建设，推动市人民医院入选省高水平医院重点建设医院，加快5家区域中心医院、市中医院国医馆改扩建工程建设，优化升级社区卫生服务机构诊疗水平，全年社区卫生服务机构诊疗量超过1700万人次。

提升人民群众安全感　3月，印发《东莞市2021年度预防与控制生产安全事故专项行动方案》《东莞市系统防范化解道路交通安全风险工作方案》，开展安全生产、道路交通安全、防灾减灾等10多个领域专项整治，推动各类生产安全事故宗数、一般交通事故宗数、火灾起数分别比上年下降15.7%、31.9%、22%，死亡人数减少134人，全年未发生重大及以上生产安全事故。严字当头，抓好平安东莞建设，部署整治突出毒品问题专项行动，推动扫黑除恶工作常态化，完成“迎‘七一’、防风险、保稳定”等安保维稳任务，推动违法犯罪警情数下降15.8%，降幅全省第三。

推动对口帮扶与协作　坚持“帮扶地所需、东莞所能”原则，抓好对口帮扶协作各项工作。4月，与贵州省铜仁市签订“‘十四五’时期莞铜东西部协作协议”，启动对口贵州省铜仁市协作帮扶任务，全年累计拨付财政援助资金5亿元，引导落地投产企业40家，实际到位投资21.4亿元。聚焦新任务、新要求，深化对口帮扶韶关、揭阳两市的产业提质升级、教育资源优化、医疗条件改善等工作，推动脱贫攻坚成果与乡村振兴有效衔接。推动援疆援藏、与牡丹江对口合作工作开展。推进西藏巴宜区大柏树景区保护提升工作。

【政府自身建设加强】　2021年，东莞市落实“第一议题”制度，传达学习习近平总书记重要讲话和重要指示批示精神。推动党史学习教育开展，提升政府服务能力。

加强政府系统党的建设　落实全面从严治党主体责任，推进政府部门党建和巡视巡察、审计整改，强化对重大决策落实、重点资金使用、重大项目建设等的审计监督。开展党史学习教育，7月市政府主要领导为市府办、市审计局党员代表讲授专题党课。

加快推进数字政府建设　打造服务型政府，在强化平台支撑、打造数字品牌、优化营商环境、提升政务服务水平等方面持续发力，加快数字化转型。“i莞家”“企莞家”“数莞家”等项目建设加快推进，“电子市民卡”实现防疫查验、医院就医、政务办事、图书借阅等20余个业务场景“多码合一”。9月，出台《东莞市优化提升“12345”政务服务便民热线　打造解决人民群众“急难愁盼”问题爱心线工作方案》，推动“12345”政府服务热线扩容提质，热线接听率提升至90%。

加强法治政府建设　贯彻中央依法治国工作会议精神，深化全面依法治市工作。全年召开涉及法治政府建设的市政府常务会议14次，审议相关法治事项25项。完成中央依法治国办法治政府建设督察组来莞督察各项任务。围绕环保、交通治理、城市精细化管理等领域，推进年度立法工作，协助完成机动车管理、自然保护地管理等4部管理办法的起草调研和论证听证工作。

（市府办）

重要政事活动

【重要政事活动概况】 2021年，东莞市政府举行的重要政事活动主要有：战略性新兴产业招商大会；大湾区大学专家咨询会；粤港澳院士峰会暨松山湖科学会议；大湾区综合性国家科学中心先行启动区（松山湖科学城）全面启动活动；松山湖建园20周年“改革、创新、再出发”系列活动；莞商·市长面对面协商座谈会；“广东扶贫济困日暨东莞慈善日”活动；第六届中国国际食品配料博览会；第十二届东莞台湾名品博览会；第七届广东国际机器人暨智能装备博览会；第十三届中国加工贸易产品博览会；松山湖科学与技术前沿论坛；华为开发者主题大会；跨国公司投资广东年会暨东莞市数字经济主题峰会；第十二届“中国统计开放日之广东”现场活动；中国IC30人圆桌会；全国“双创”活动周广东分会场启动仪式；与塞尔维亚潘切沃市友好合作关系备忘录“云签约”仪式；铜仁市党政代表团来莞考察。

【筑牢民生保障底线】 2021年，东莞市“十件民生实事”之一。年内，全市困难群众最低生活保障标准提升至每人每月1100元，特困人员供养标准、低收入家庭认定标准同步提升至每人每月1760元、1650元。7月，修订出台《东莞市临时救助办法》，逐步将非莞籍常住困难群众纳入东莞市临时救助范围。做好兜底民生服务社会工作，全市33个镇街（园区）社工站、191个社工点挂牌运营，实现社工站镇街（园区）全覆盖。推广学前融合教育，授牌33所学前融合教育推广园，帮助103名脑瘫、孤独症等特殊儿童快乐融入幼儿园生活。

【推进教育扩容提质】 2021年，东莞市“十件民生实事”之一。年内，完成新建改扩建公办中小学及幼儿园78所，新增公办中小学及幼儿园学位6.1万个。全市20所中职学校与省内高职院校实施“三二分段”中高职贯通培养，招生6970人。基本实现公办小学提供校内课后服务全覆盖，服务学生总人数44.3万人。新增培育品牌学校44所。

【改善交通出行环境】 2021年，东莞市“十件民生实事”之一。年内，高品质建设中心城区核心地段立体慢行连桥系统，强化鸿福路口片区空间联系。完成堵点治理56个，提升道路通行效率。坚持公交优先发展，系统优化公交线路74条，提高公交出行分担率。建成重点停车示范项目10个，缓解市民停车难问题。

【打造宜居湾区都市】 2021年，东莞市“十件民生实事”之一。年内建成2.8千米黄旗南麓文化带“香遇走廊”——香遇百花园并对公众开放。建成三江六岸滨水岸线（东江南支流、汾溪河、东莞水道三条水系及岸线）示范段，打造活力滨江地区。加快建设市儿童公园，新建、升级一批“园中园”儿童公园和公共场所母婴室。对12个城镇老旧小区进行改造，给予财政补助，惠及4609户住户。实施人才安居工程，统筹新增建设安居房6710套。优化无线网络，建设5031个5G基站，实现玉兰大剧院、市民服务中心、东莞图书馆等一批重点公共服务场所的无线东莞Wi-Fi覆盖。

【加强环境污染治理】 2021年，东莞市“十件民生实事”之一。年内，加大生态岸线修复治理，启动滨海湾至松山湖的碧道建设，新建碧道165千米。继续守护蓝天碧水，狠抓PM2.5（细颗粒物）和臭氧协同防治，推动河涌水环境综合治理再上新台阶。推进生活垃圾分类示范建设，创建72个生活垃圾分类示范社区，465个生活垃圾分类示范小区。

【提高医疗卫生服务水平】 2021年，东莞市“十件民生实事”之一。年内，全市培育婴幼儿照护示范机构10家，提高东莞市3岁以下婴幼儿照护服务水平。全面推广糖尿病早期筛查及干预行动，截至年底，糖尿病早期筛查28.33万人。推动42家公立医院及29家社区卫生服务中心开通“一码通用”服务。落实国家、省组织药品和医用耗材集中采购和使用政策，年内为患者减轻负担11.68亿元。

【巩固公共安全和食品安全】 2021年，东莞市“十件民生实事”之一。年内，全市培训6.4万人次现场心肺复苏、AED（自动体外除颤仪）仪器使用、创伤急救、意外事故急救、防灾避险等应急救护及公共安全知识。构建完善“东莞义警”队伍组织体系，发动26.9万人参加义警，构建精准“防管控”体系，深化“二标四实”（“二标”，指的是标准作业图、标准地址库；“四实”指的是实有人口、实有房屋、实有单位、实有设施）、群防群治、矛盾纠纷排查化解等工作。实施“菜篮子”工程，培育验收64家“放心肉菜示范超市”，农贸市场食用农产品快检快筛118.7万批次，食品抽检量5.65万批次。

【推动政务服务提质优化】 2021年，东莞市“十件民生实事”之一。年内，以第三代社保卡为基础，打造电子市民卡，完成90余项服务迁移，推动全城民生领域政务服务“线上线下”一卡通用。实现公安户政等政务服务“全市通办”和南部9镇政务服务“深莞通办”，加快推动政务服务一体化平台全市村（社区）全覆盖。推动“12345”热线扩容升级建设，坐席规模扩容至300席，群众满意度99%，服务能力和群众满意度进一步提升。做大做强“民生大莞家”服务品牌，全市收集办理“民生微实事”项目1700余个，办理“民生微心愿”项目4.4万个。

【稳住就业基本盘】 2021年，东莞市“十件民生实事”之一。年内，推动帮扶登记失业人员再就业1.72万人，困难家庭高校毕业生100%就业。“圆梦计划”资助2000名新生代产业工人攻读成人专科及本科。开展各类补贴性职业技能培训超48.28万人次。

【打造文化共享和完善全民健身体系】 2021年，东莞市“十件民生实事”之一。年内，举办东莞共享文化年系列活动超2600场。推动全民健身服务站点全市全覆盖，对2万名群众进行体质检测，提供健身指导时间超10万小时。

（市府办）

资料链接

东莞义警：指由公安机关发动、组织、管理、保障的，由平安志愿者组成的群众性综治力量，自愿、无偿开展社会治安防范公益服务活动。

“民生大莞家”：指通过进一步健全民生诉求收集、处理、反馈机制，切实解决一批群众身边的小急难问题。

附：2021年东莞市人民政府市长、副市长、党组成员、秘书长、副秘书长名录

市　长：肖亚非（任至6月）
　　　　吕成蹊（7月到任）
副市长、代理市长：
　　　　吕成蹊（6—7月）
副市长：喻丽君
　　　　刘光滨（11月到任）
　　　　黎　军
　　　　梁杰钊（任至5月）
　　　　万卓培（任至11月）
　　　　周兆翔（任至9月）
　　　　罗晃浩（任至11月）
　　　　毕洪波（9月到任）
　　　　王长青（8月到任）
　　　　李延振（11月到任）
　　　　刘旺先（11月到任）
党组成员：肖亚非（任至6月）
　　　　吕成蹊（6月到任）
　　　　喻丽君
　　　　刘光滨（11月到任）
　　　　万卓培（任至11月）
　　　　梁杰钊（任至5月）
　　　　周兆翔（任至9月）
　　　　罗晃浩（任至11月）
　　　　毕洪波（9月到任）
　　　　王长青（8月到任）
　　　　李延振（11月到任）
　　　　刘旺先（11月到任）
　　　　严小康
　　　　黄桥法（任至11月）
　　　　严继宗（11月到任）
　　　　叶葆华（挂职，任至1月）
秘书长：黄桥法（任至11月）
　　　　严继宗（11月到任）
副秘书长：
　　　　欧德文（挂职，3月到任）
　　　　梁绍光
　　　　赖少瑜
　　　　李志军
　　　　陈旭林
　　　　张健良（3月到任）
　　　　陈志军
　　　　姚慧怡（任至2月）
　　　　赖辉东（任至11月）
　　　　翟现春（挂职，5月到任）

2021年东莞市人民政府机构设置表

东莞市人民政府

办公室	发展和改革局	教育局	科学技术局	工业和信息化局	公安局	民政局	司法局	财政局	人力资源和社会保障局	自然资源局	生态环境局	住房和城乡建设局	交通运输局	水务局	农业农村局	商务局
文化广电旅游体育局	卫生健康局	退役军人事务局	应急管理局	审计局	国有资产监督管理委员会	市场监督管理局	统计局	医疗保障局	金融工作局	城市管理和综合执法局	信访局	政务服务数据管理局	林业局	投资促进局	轨道交通局	

说明：

东莞市人民政府设置工作部门33个。其中，发展和改革局挂粮食和物资储备局牌子；自然资源局挂海洋局牌子；农业农村局挂扶贫开发办公室牌子；商务局挂口岸局牌子；市场监督管理局挂知识产权局牌子。外事局与市委外事工作委员会办公室合署办公，不计入机构限额；民族宗教事务局列入政府工作部门序列，不计入机构限额。

信　访

【信访概况】　2021年，东莞市信访系统推进重复信访案件化解攻坚、基层群众信访诉求综合服务中心标准化建设等重点工作，解决信访突出问题，防范信访风险隐患，维护社会大局和谐稳定，全年重复信访案件审核化解率均达到较高水平，全市信访部门及责任单位信访事项的及时受理率和按期答复率均在99.9%以上。各镇街信访诉求服务综合服务中心总面积2.23万平方米。发挥信访工作联席会议综合协调、分析研判、督导推动作用，推动各级各部门加强信访隐患源头防范化解，做好重要节点信访安全保障工作。全年全市信访总体形势稳中向好。

【信访制度改革】　2021年，东莞市信访局贯彻落实中央、省、市的部署要求，指导推动各镇街（园区）完善信访工作联席会议制度，将本地信访工作联席会议总召集人调整为党委主要领导，加强党对基层信访工作的领导，通过健全机制、搭建平台，调动有关部门和单位做好信访工作的积极性、主动性，形成上下联动、运转有序、协调有力的工作机制，推动形成做好信访工作合力。

【信访矛盾攻坚和积案化解】　2021年，东莞市信访工作联席办公室强化统筹指导、加强督导通报，推动积案化解；各级各部门细化工作方案、倒排化解工期，成立工作专班、落实领导包案，合力攻坚。截至年底，涉及交办东莞市的第一批重复信访案件审核化解率97.18%。一些长期性复杂的重复信访案件得到化解。涉及交办东莞市的第二批重复信访案件，汇报化解率61.52%。

【信访诉求综合服务中心标准化建设】　2021年，东莞市推动信访诉求综合服务中心标准化建设。加强资源整合，落实“一个标准化接待大厅、一个综合性指挥平台、一批村级服务站点、一支平安员队伍、一套规范化工作流程”等标准化建设要求。规范完善综合服务中心“快速响应、访调对接、接访下访、教育帮扶、回访跟踪、研判分析”等六项配套机制，提升群众接待服务水平和信访案件办理质效。整合各方力量，组成一支经验丰富、覆盖面广、响应迅速的平安员队伍，充实基层信访工作力量。全市32个镇街群众信访诉求综合服务中心均完成硬件设施建设并挂牌运作。各镇街信访诉求服务综合服务中心总面积2.23万平方米，各项功能要素配备齐全，提前完成省提出的阶段性目标任务，相关工作成效获得《法治日报》《南方日报》等中央、省主要媒体的宣传报道。

【信访基础业务办理工作提质】　2021年，东莞市信访局推动群众信访合理诉求依法及时就地解决，做好回访、释法等工作，提升信访事项及时受理率、按期办结率和群众满意率，提高信访工作的效率、质量和公信力。加快案件办理进度，将初信初访受理转送时间由原来的15天压减为5天，办理时间由60天压减为30天，压减信访件流转时间、实现精准交办，全市信访部门及责任单位信访事项的及时受理率和按期答复率均在99.9%以上。实行全员包案督办，建立健全初次信访案件全员包案督办常态化机制，市、镇两级信访系统市包案督办初次信访案件3596件，对每一件初次信访案件的办理流程，做到全程跟踪、一跟到底，形成工作闭环，提升信访案件办理质量。加强信访案件满意度评价工作，建立完善工作机制，落实责任领导和责任人，引导信访人进行满意度评价，提高群众的满意率，做到从源头上防止初信初访转化为重复信访。

【信访系统“大督查大接访大调研”活动】　2021年，东莞市信访局制订《东莞市信访局深入开展“大督查大接访大调研”专项活动实施方案》，推动中央、省、市关于信访工作的一系列重大决策部署的贯彻落实。发挥督查作用，推动重复信访案件、上级交办重点案件等疑难复杂案件按期办结，推动群众信访诉求中心标准建设、信访满意度评价工作、初次信访案件办理等重点工作有序推进。坚持落实片区信访工作督导机制，由局班子成员、市挂职信访督查专员率队下沉镇街一线，督导重点信访案件办理，推动重点工作落实。落实领导干部接访下访制度，市主要领导带头接访下访，协调解决信访问题，听取信访工作汇报，指导信访工作。开展到基层巡回接访活动，制定印发《东莞市各镇街信访部门巡回接访工作制度（试行）》，指导全市各镇街组建巡回接访工作组，制定巡回接访工作计划，结合党史学习教育和信访宣传月活动等，开展定期接访、临时约访、上门走访等工作，“零距离”倾听群众诉求，推动系列矛盾能及时化解。强化调研辅政功能，发挥信访“晴雨表”作用，整理各类信息、专报，适时开展涉问题楼盘等重点民生领域专题调研，提供决策参考。　（杨嘉琪）

附：2021年东莞市信访局主要领导名录

党组书记、局长：陈旭林

政务服务

【政务服务概况】　2021年，东莞市深化政务服务“一网通办”，依托一体化政务服务平台，形成政务服务网、政务服务大厅、移动平台、自助终端于一体的政务服务体系，市民服务中心日均办理业务3254宗，政务服务全程网办率97.99%，“12345”热线接听率提升至90%，东莞市民服务中心被评为广东省政务服务市级标杆大厅。

【政务服务标准化建设】 2021年，东莞市推进全市政务服务标准化建设。逐步统一全市政务服务标准，按照“分级履职、严格执行”原则，组织全市各部门、各镇街（园区）开展标准化工作，通过意见征集、标准核验、检查自查、督促整改等方式，破解市镇办理标准不统一、线上线下标准不同步等问题。开展综合团队标准化收件培训，形成东莞市综合服务团队5项培训标准，实行窗口人员培训考试后上岗收件，通过在线培训考试系统，完成市镇2000余人、村（社区）1300余人培训及考试工作，综合收件能力整体提升。完善各级大厅现场管理标准化建设，制定《东莞市政务服务大厅建设与管理规范（第二版）》及基层政务大厅现场管理6项标准规范，建立部门事项进驻、窗口服务、物料流转、后台审核等运行机制。

【政务大厅建设】 2021年，东莞市打造大厅服务“新品质”。市民服务中心新进事项180项，日均办理业务3254宗，不动产、医保、社保、民政等多项业务“一窗集成”；窗口平均等候时间9.8分钟，比上年提速6.7%；平均办理时间15.46分钟，比上年提速12.6%；群众满意度、好评率接近百分百。镇街（园区）办事分厅全面整合、业务全面进驻。在首届全省市县级政务服务标杆大厅评估中，东莞市民服务中心被评为市级标杆大厅，东莞市大朗镇政务服务大厅被评为区县级标杆大厅，东莞市寮步镇政务服务大厅被评为区县级标杆培育大厅。

【数字政务服务】 2021年，东莞市打造数字服务“新体验”。优化一体化政务服务平台，在镇街（园区）、村（社区）全面部署，实现市镇村一网通办，平台收件量是上年的3倍以上，全程网办率97.99%。“粤省事”东莞专版可用服务1199项，注册1293万人，在全省排第三名；“粤商通”东莞专版上线服务498项，注册企业121.35万家，在全省排第一名。拓展通办服务，235项政务服务事项实现全市通办，791项全国通办，2176项跨城通办，其中，超500项湾区通办，超400项深圳事项、263项广州事项在莞可办。自助终端实现村（社区）全覆盖，上线232项服务。电子证照开通439种，工作经验被国务院办公厅以简报形式向全国推介。

【政务服务改革】 2021年，东莞市打造政务服务“新场景”。开展政务服务“走一线”，推动16个部门“一把手走窗口”、27个部门“首席审批代表坐窗口”，收集185条意见建议，协助解决痛点、堵点问题超150条。推出助老服务十条，开展政务服务进社区。打造政务“莞家”窗口，推出“莞家”代办、到户服务，实行“周末不打烊”“工作日不午休”，为群众提供咨询、办事、投诉、督办等一条龙服务。建设东莞市智能审批平台，政务服务事项实现31项“秒批”；1879项“免证办”、270项“容缺办理”，58项证明事项实行告知承诺制；提供东莞市大件运输申报审批、校车使用许可等48个“一件事”一次办主题服务。打造“企业开办一张表”“不动产一天办”改革品牌，“不动产”高频登记业务“一天办结率”98.8%。

【“12345”热线扩容升级】 2021年，东莞市打造民生响应“新速度”。“12345”热线全面扩容升级，坐席规模扩容至300席、450人，接听率提升至90%以上，在省内率先上线公积金智能客服热线，服务效率提升近2.5倍。开设企业服务专席、专家坐席、心理服务专席。建设线上线下联动办事大厅，选取高频网办事项，实现视频座席直接办理。人民网工单办理提速八成以上，最快两天内办结，办结率位居全国前列，实现群众诉求“一号响应”“一呼即应”“一刻不缓”。主动挖掘欠薪、环保、教育等民生“弱信号”，《校外培训机构诉求专题报告》被国务院办公厅采纳，向市委、市政府呈交高质量专报7份。

（沈盈盈）

2021年7月28日,东莞数字政府“莞家”系列发布会在市民中心举行

（市政务服务数据管理局供图）

附：2021年东莞市政务服务数据管理局主要领导名录

党组书记、局长：陈东成

机关事务管理

【机关事务管理概况】 2021年，东莞市机关事务管理局突出加强政治机关、行政机关、服务机关建设，以集中统一管理，以标准

化、信息化建设为切入点，聚焦资产管理、办公用房、公务用车、节约型机关创建、疫情防控、安全生产等重点领域，在推进治理能力现代化、推动机关事务工作高质量发展，在服务中心、服务大局、服务机关工作中展现新作为、取得新成效。东莞市机关事务管理局获评2021年度优秀市直单位、2019—2020年全省脱贫攻坚突出贡献集体，获得全国五四红旗团支部等2项表彰；推广公务用车配备使用新能源汽车工作位居全省第一。

是年，东莞市机关事务管理局抓好办公用房清理整改和统筹管理，建设办公用房信息系统于2021年8月上线运行，推动制定《东莞市市级党政机关办公用房维修管理暂行办法》。规范公务用车管理，统筹开展全市公务用车违规配备和使用管理专项整改，完成公务用车管理平台数据迁移核实等工作。推进“智慧后勤”项目建设，依托App打造“一站式、零距离”的服务保障新模式。开展“标准化+机关事务”行动，出台全市首个机关事务领域地方标准《党政机关办公物业服务与评价规范》。

【机关资产管理规范高效】 2021年，东莞市机关事务管理局完善市土地出让配建物业接收和日常监管。推动26套公房产权移交至国有企业盘活。推进公租房产权登记办理，依法做好政府物业公开出租，租金成交比上年提高67.7%。制定办公家具管理办法，开展办公家具、设施设备盘点，推动“谁使用、谁负责”，规范办公家具管理。

【节约型机关建设】 2021年，东莞市机关事务管理局落实过紧日子要求，从严控制机关运行成本。修订机关事务管理局政府采购管理办法，严格考核监督，确保政府采购运行规范。高效规范做好47个市直部门的财务代管。统筹推进市直集中办公场26家单位创建东莞市节约型机关。开展制止餐饮浪费行为，开展生活垃圾分类。制订落实

2021年9月29日，东莞国际健康驿站工作人员入驻动员会暨培训会召开　（市机关事务管理局供图）

节电节水实施方案，实施节水节电改造，降低能耗水平，实现年节电量超过330万千瓦时，年节约电费约300万元，年减少标煤405吨。开展“节能低碳、绿色发展”宣传，发挥示范引领作用。

【机关服务保障能力提升】 2021年，东莞市机关事务管理局修订完善物业考核方案，提升物业服务水平。加强机关饭堂管理，为干部职工提供优质餐饮服务。按防疫要求，严谨细致做好市党代会，市人大、政协“两会”等重要会务活动保障和公务用车服务保障。建设优捷洗车服务点，拓展服务范围。完成雨污分流改造、配电房改造等151项土建及设施设备维修改造项目，改善办公环境。推动莞翠邨小区成立首届业主委员会，提升小区居民自治管理水平。设立食品安全检测室，对每日食材实行全覆盖检测。创新模式筹办市机关幼儿园实训基地，缓解干部职工子女“入园难”问题。韶关南雄精准扶贫工作完成，选派1名干部驻揭阳市龙潭镇开展乡村振兴帮扶。

【平安机关建设强化】 2021年，东莞市机关事务管理局制订进一步强化安全生产管理的工作方案，签订安全责任书，压实安全生产主体责任，建立风险管控重点项目、安全隐患排查整治、会商会、工程施工监管等制度，组织开展燃气、消防、驾驶、电梯等安全知识技能培训及应急演练，加强安保、消防、施工安全管理，防范化解重大安全风险。

【机关疫情防控安全防线建设】 2021年，东莞市机关事务管理局慎终如始加强市直集中办公场所常态化新冠肺炎疫情防控，落实局领导分片防控工作机制，统筹做好3次疫苗接种、人员健康动态管理，建立常态化核酸检测机制，动员全体党员支援企石、大朗一线全员核酸检测，配合完成东莞国际健康驿站建设运营，“12·13”疫情防控期间统筹市直单位大朗镇内出租物业租金减免，主动对接全市防疫工作大局。　（黄绍东）

附：2021年东莞市机关事务管理局主要领导名录

党委书记、局长：郑晓徽

驻京、驻穗联络

【驻京联络】 2021年，东莞市人民政府驻北京联络处（简称驻京联络处）发挥好驻京“桥头堡”和“重要窗口”作用，聚焦科技创

新和先进制造，在党的建设、抗疫防疫、联络部委、招商引资、招才引智、信息搜集、政务保障、凝聚乡情、信访维稳等方面完成工作任务。在2021年度获评全市信息工作先进单位、广东省驻京信访工作先进集体等。

聚力招商引资　2021年，驻京联络处发挥东莞市规模市场优势和内需潜力，塑造以东莞制造、东莞创造为关键技术谱系的生产体系。5月，联络对接东莞水乡管委会，举办东莞数字经济产业基地、东莞新能源基地推介会，协调引进优质项目。10月，举行“莞韶企业行”活动，组织北京东莞企业商会会员企业和北京有关企业赴韶关考察，推进“京津冀—莞韶”经济联动发展。向市政府提议设立北京莞货展示推广中心。

推动招才引智　2021年，驻京联络处借用首都人才集聚优势，做好人才引进工作，把招才引智作为引领高质量发展的内生动力。7月，举办中央企业人才引进保留交流研讨会，拓宽与央企合作路径；11月，举办2021年东莞市第十二届校企合作洽谈会北京专场；深入参与海内外高层次人才东莞行以及高层次人才活动周活动的筹备工作。

做好信息搜集　2021年，驻京联络处整合北京的优势资源，组建高素质信息工作队伍，打通信息“搜集关”，摸索创新信息发布模式。围绕东莞市委、市政府重要决策部署，加强对国家、省、市政务动态的跟踪和研判，把准信息风向标，提高信息服务质量和水平，发挥信息参谋辅政作用。全年向市委、市政府报送《市驻京联络处信息》64期248条信息，采用信息及批示信息20条，采用率8%。

凝聚莞人莞企　2021年，驻京联络处组织慰问近百名年龄超过70岁的在京莞籍老同志。指导北京（东莞）企业商会组织各成员单位开展商务交流，推选出新一任商会领导机构。举办北京高校莞籍毕业生欢送会和北京高校莞籍学子迎新会。响应党中央弘扬科学家精神的号召，与东莞理工学院共同组织理想信念主题教育活动。主办“2021年北京高校东莞学子篮球赛”。组织莞籍高校学生拜祭袁崇焕活动。

筑牢安全保障　2021年，驻京联络处做好安全保障，践行依法合规。强化政治机关意识，提高综合政务保障水平，更新完善政务保障机制，优化政务服务保障举措。配合国家、省、市信访部门，靠前指导驻京信访工作，先后完成全国人大、政协“两会”、庆祝中国共产党成立100周年活动、北戴河暑期期间和党的十九届六中全会信访保障任务，维护首都良好秩序，连续三年因信访保障工作成绩突出被省驻京信访工作组评为先进单位。

（吴　毅）

【驻穗联络】　2021年，东莞市人民政府驻广州办事处（简称驻穗办事处）重点抓好信访维稳、信息协作、政务服务等主责主业基础上，发挥驻穗窗口作用，在招引外资、智库研究等业务职能拓展上取得新突破。驻穗办事处获得广州市协作办机关党委“工作成绩突出”及“五星级党支部”表彰。

献礼建党百年　推动联合制作的《敬礼！我的党——青少年百集党史课》在“学习强国”、南方+、哔哩哔哩、微信视频等20多家平台播出，点击量超5000万次。项目获工信部“绽放杯”二等奖，被团中央、广东省委组织部肯定。

开展信访维稳　2021年，驻穗办事处完成重要时间节点专项信访任务，确保重大信访事件零发生，维护穗莞两地社会稳定秩序。通过加强沟通、定期研判等，全年报送《信访专报》12期，供市有关领导决策参考。

提升信息质量　2021年，驻穗办事处根据市委、市政府不同阶段的工作重点，把握信息工作大方向，全年报送《驻穗信息》27期386条，信息主管部门采用15条。依托全国各地驻穗机构信息协会等平台，向广州市协作办和各地驻穗机构报送《东莞信息》26期238条，宣传推介东莞市充满活力的经济形象、生态宜居的城市形象及和谐友善的文明形象。

开展招商引资　2021年，驻穗办事处发挥链接穗莞两地特色功能，推动宝龙集团与东莞市一级层面达成全面战略合作；促成富力集团与国家级实验室松山湖材料实验室签订战略合作协议；引荐万宝盛华人力资源公司大中华区高层与有关镇街开展交流合作；推动广州越秀集团和东莞实业集团全面战略合作，下沉镇街开展具体项目合作等。全年完成市招引外资工作专班下达的招引外资工作任务指标。

拓展智库研究　2021年，驻穗办事处立足穗莞、聚焦湾区，开展《粤港融合发展试验区》《“双区”建设、“双城”联动背景下穗莞融合发展战略思考》等课题的研究落地工作。特别是穗莞融合发展课题，在总结穗莞深三地合作经验的基础上，提出在两市接壤区域规划东江协同科创合作试验带与湾区黄金海岸合作试验带的意见建议，得到穗莞两地主要领导的批示。

优化政务服务　2021年，驻穗办事处做好省委全会，省人大、政协“两会”以及其他省级会议涉东莞市在穗公务服务、后勤保障等工作。承接东莞市有关部门在穗公务的沟通联络、后勤保障工作，为市有关部门在穗公务交流提供服务。做好疫情防控工作，落实各项防控措施，驻穗联络处保持涉疫零感染零事故。

（廖剑锋）

附：2021年东莞市人民政府驻北京联络处主要领导名录

党组书记、主任：蔡俊文

附：2021年东莞市人民政府驻广州办事处主要领导名录

党组书记、主任：杨石光

中国人民政治协商会议东莞市委员会

DONGGUAN COMMITTEE OF THE CHINESE PEOPLE'S POLITICAL CONSULTATIVE CONFERENCE

东莞市中心区夜景 （2021年郑琳东摄）

编辑：赵书科

政协重要会议

【政协第十三届东莞市委员会第六次会议】 于2021年2月4—5日在东莞市会议大厦召开。中共东莞市委、市人大、市政府、东莞军分区、市中级人民法院、市人民检察院、松山湖管委会、广东医科大学、东莞职业技术学院等有关领导应邀出席会议。十三届市政协特邀人士应邀列席会议。市政协主席骆招群作政协第十三届东莞市委员会常务委员会工作报告，副主席蒋小莺作政协第十三届东莞市委员会常务委员会关于十三届五次会议以来提案工作情况的报告。大会表彰2020年度市政协37件优秀提案、38件表扬提案和18个办理提案先进单位。委员们列席东莞市人民代表大会十六届七次会议开幕大会，听取并讨论市政府工作报告和有关报告。会议选举何绍田为十三届市政协副主席，增补刘小媛、张炜为政协第十三届东莞市委员会常务委员。会议审议通过提案征集情况报告、会议决议等。

【东莞市政协十三届二十二次常委会议】 于2021年1月14日召开。会议听取东莞市政府关于《政府工作报告（征求意见稿）》的起草情况说明，并进行协商讨论；听取市发展和改革局关于《东莞市国民经济和社会发展第十四个五年规划和二〇三五年远景目标纲要（征求意见稿）》的起草情况说明，并进行协商讨论；听取市纪委监委、市中级人民法院、市人民检察院通报2020年有关工作情况。会议审议《关于召开政协第十三届东莞市委员会第六次会议的决定》（草案），审议市政协十三届六次会议议程（草案）、日程（草案），讨论并通过《中国人民政治协商会议第十三届东莞市委员会常务委员会工作报告（征求意见稿）》和《中国人民政治协商会议第十三届东莞市委员会常务委员会关于十三届五次会议以来提案工作情况的报告

2021年2月4—5日，中国人民政治协商会议第十三届东莞市委员会第六次会议在市会议大厦召开（谭志东 摄）

（征求意见稿）》等。会议审议有关人事事项。

【东莞市政协十三届二十三次常委会议】 于2021年2月5日召开。会议审议《关于接受罗军文同志辞职请求的决定》；听取东莞市委组织部关于增补市政协副主席、常务委员候选人协商名单情况的说明；审议通过增补市政协副主席、常务委员候选人建议名单；审议政协第十三届东莞市委员会第六次会议选举办法（草案）、政协第十三届东莞市委员会第六次会议监票员名单（草案）、政协第十三届东莞市委员会第六次会议决议（草案）。

【东莞市政协十三届二十四次常委会议】 于2021年3月30日召开。会议传达学习习近平总书记重要讲话精神和全国人大、政协“两会”精神，以及全省、全市传达贯彻大会精神，审议《2021年市政协常委会工作要点》《2021年市政协常委会和专门委员会工作计划》，审议《政协第十三届东莞市委员会关于增设联络工作委员会的决定》（草案）。

【东莞市政协十三届二十五次常委会议】 于2021年7月20日召开。会议传达学习习近平总书记在庆祝中国共产党成立 100周年大会上的重要讲话精神，以及全省、全市学习贯彻动员大会精神。会议听取东莞市政府副市长万卓培作关于推进东莞优势传统产业转型升级情况通报，围绕“强化资源集聚，推进优势传统产业转型升级”开展专题议政。会议审议有关人事事项。

【东莞市政协十三届二十六次常委会议】 于2021年9月26日召开。会议听取东莞市委常委、松山湖高新技术产业开发区党工委书记刘炜关于建设高质量创新型城市的情况通报，围绕“打造湾区一流科技创新生态，建设高质量创新型城市”开展专题议政。会议审议有关人事事项。

【东莞市政协十三届二十七次常委会议】 于2021年12月31日召开。会议听取东莞市政府秘书长严继宗关于《政府工作报告（征求意见稿）》的起草说明，并进行协商讨论；审议通过有关市政协委员请辞事项；听取市委常委、统战部长陈志伟关于政协第十四届东莞市委员会委员安排情况的说明，协商决定政协第十四届东莞市委员会参加单位、委员名额和人选及界别设置；听取市中级人民法院、市纪委监委、市人民检察院2021年工作情况通报；审议市政协《常委会工作报告（征求意见稿）》和《提案工作报告（征求意见稿）》，审议通过《关于召开政协第十四届东莞市委员会第一次会议的决定》；审议市政协十四届一次会议议程（草案）、日程（草案）等事项。

【东莞市政协党组会议暨主席会议】 2021年，东莞市政协召开党组会议25次、主席会议20次，讨论有关事项103项，主要内容有：传达学习习近平总书记系列重要讲话精神和中央有关决策部署和省委、市委有关重要会议精神等；审议《政协东莞市委会2021年协商计划》《2021年市政协常委会工作要点》《2021年市政协常委会和专门委员会工作计划》和有关人事事项；听取市政协十三届六次会议、十四届一次会议筹备工作情况等重要汇报；审议《关于市政协领导同志工作分工方案（草案）》《市政协秘书长、副秘书长、办公室领导分工方案（草案）》等；审议通过市政协十四届一次会议的筹备方案，十三届二十二次至二十七次常委会议召开方案，莞商·市长面对面协商座谈会召开方案；审议通过市政协2021年度重点提案确定方案等。

【东莞市政协换届工作会议】 于2021年10月20日召开，研究部署东莞市政协换届有关工作。会议强调，要加强党对政协换届工作的领导，按照党委总揽全局、协调各方的原则，全面贯彻落实党中央决策部署和宪法法律规定，确保党的领导贯穿换届全过程和各方面。要营造风清气正的换届环境，严守换届纪律，确保委员人选推荐提名清正廉洁，以铁的纪律保证换届工作顺利推进。要坚持协同配合，开展提名推荐人选的联合把关，形成工作合力，开创东莞政协工作新局面。

【东莞镇街政协小组工作会议】 于2021年9月24日在东莞市凤岗镇召开。会议贯彻落实中央、省委、市委政协工作会议精神，为东莞市政协委员工作室（凤岗镇）揭牌。会议强调，各镇街政协小组要提高政治站位，坚定不移坚持党的领导，肩负起“落实下去、凝聚起来”的政治责任，打造政协工作向基层延伸的“桥头堡”、发挥统战作用的“先锋岗”。要加强自身建设，让工作室成为“解难事、办实事”的基层平台，让群众感受到“委员在身边、身边有委员”。要服务基层发展，找准切口小、涉及面广、关注度高、可操作性强的议题开展协商议政。要大胆开拓创新，丰富活动形式，创新履职载体，打造质量高、影响大、叫得响的履职品牌、协商品牌。东莞各镇街分管政协工作的领导参加会议。凤岗、东城、虎门、大岭山、望牛墩、企石等6个镇街政协小组结合履职情况分别作交流发言。

（钟孟倩）

协商议政

【东莞市政协与市各民主党派、有关人民团体和无党派人士代表座谈会】 分别于2021年1月12日、8月12日、12月10日召开。会议通报东莞市政协履职工作情况，听取市各民主党派、有关人民团体和无党派人士对市政协工作，以及对《市政协常委会工作报告（征求意见稿）》《提案工作报告（征求意见稿）》的意见建议，共话合作初心，共商政协发展，共同推动新时代政协事业高质量发展，为推动东莞在“双万”（地区生产总值过万亿元、人口超千万人）新起点上加快高质量发展凝聚更强合力、作出更大贡献。

【莞商·市长面对面协商座谈会】 于2021年12月8日召开。东莞市委副书记、市长吕成蹊与莞商代表、政协委员共同学习贯彻习近平总书记关于推动高质量发展的重要论述，围绕“加快镇村工业园改造提升，促进我市高质量发展”主题进行深入交流，听取企业意见建议，政企同心、群策群力，共同破解全市镇村工业园改造难题，收集政协委员、莞商代表64条意见建议，其中10多条被相关职能部门落实采纳，促进企业土地利用规划、控制性规划等问题的解决，达到市领导点题、部门支持、政协委员和莞商代表满意的三方共赢的效果，推动东莞市经济可持续高质量发展。东莞市政协党组书记陈文明主持会议。

【住莞全国、省、市三级政协委员联动履职】 2021年9月8日，东莞市政协党组书记、主席骆招群率部分住莞全国、省、市三级政协委员联动履职，赴松山湖科学城开展“助力松山湖科学城建设”专题视察，实地视察华为云工业互联网创新中心、松山湖光大We谷产业园、中国散裂中子源、松山湖材料实验室一期项目、松山湖国际创新创业社区和东莞清华大学研究院创新中心，听取相关工作情况汇报。委员开展协商议政，为东莞举全市之力高位建设松山湖科学城，打造具有全球影响力的湾区创新高地建良言、聚共识、谋对策。推动广泛凝聚共识，增进共建科学城的强大合力；突出大科学装置集聚，加快建设重大原始创新策源地；强化互联互通，深度对接粤港澳大湾区；加快完善城市配套功能，提升综合承载能力。

【“优化产业组织、推动传统优势产业集群升级”政协专题协商】 2021年，东莞市政协围绕发展壮大纺织服装鞋帽、食品饮料加工、家具制造等传统产业，促进优势传统产业向高端迈进，联合中山大学创新研究中心深入调研，实地走访虎门、大朗、厚街、茶山等传统产业重镇，发挥界别特色、智力密集优势，召开8场座谈会听取职能部门、行业协会、专家学者意见建议，开展市政协常委会专题协商议政，为市委、市政府推动优势传统产业转型升级提供决策参考。

【“打造湾区一流科技创新生态，建设高质量国家创新型城市”政协专题协商】 2021年，东莞市政协围绕东莞科技创新生态开展调研，对全市2000多家高新企业、33家新型研发机构进行问卷调查，进行市政协常委会专题协商议政，提出着力强化科技生态“新理念”、着力培育科技创新“新动能”、着力构建现代产业“新体系”、着力建设人才集聚“新高地”、着力塑造未来城市“新格局”、着力激发改革开放“新活力”等6个方面22条建议。

【“充分利用港澳资源优势 推动东莞生产性服务业加速发展”政协专题协商】 2021年，东莞市政

2021年12月8日，莞商·市长面对面协商座谈会召开（谭志东 摄）

提升村居环境——横沥镇山厦村　（2021年胡克嘉摄）

协围绕利用香港、澳门地区的资源优势，推动东莞生产性服务业加速发展，促进莞港澳青年交流与合作，组织港澳委员深度调研，召开调研协商交流会，形成一批有决策参考价值、可操作性强的建言成果。

【“培优扶强，促进我市建筑业高质量发展”政协专题调研】 2021年，东莞市政协联合市住建部门深入30家“东莞建造”优质施工企业开展专题调研，形成高质量调研报告，其中持续开展“东莞建造”优质施工企业评价工作、设置常态化奖补机制、探索建立建筑材料集中采购平台等意见建议被吸纳进《东莞市建筑产业发展“十四五”规划》，且在实际工作中得到采纳。

【“全域提升村居环境，助推创建全省人居环境示范市”政协专题调研】 2021年，东莞市政协考察学习先进城市经验做法，组织相关部门、镇街、专家、委员召开协商座谈会，从科学编制规划、提升村民素质、健全管护机制、培养专业人才、推动文化振兴等方面，提出前瞻性、针对性强的意见建议，助推东莞创建全省人居环境示范市。

【“冷鲜肉加工交易中心及冷链物流建设情况”政协专题视察】 2021年，东莞市政协针对非洲猪瘟影响生猪供应、屠宰场整合难度大、热鲜肉存在安全隐患等问题，邀请职能部门、行业协会、专家、委员进行专题视察，召开协商座谈会，提出鼓励新建屠宰场配备冷鲜肉加工处理中心、打造高品质冷链物流储存运输体系等意见建议。

【“创新构建群众体育大格局，推动全民运动健身模范城市建设”政协专题调研】 2021年，东莞市政协围绕市委、市政府提出的“健康东莞”、全民运动健身计划开展专题调研，实地视察东城体育公园、万江龙湾湿地乐跑公园场地设施建设情况，前往德阳市考察，学习开展全民健身活动的经验做法，提出进一步完善服务体系、培育群众体育社会组织、打造特色体育项目、加强体育场馆设施建设等意见建议。

【“综合利用固废资源，推进无废城市建设”政协专题调研】 2021年，东莞市政协走访市生态环境局、发展和改革局等职能部门，前往麻涌、沙田等镇开展专题调研，实地考察海心沙资源综合利用中心等固体废物资源利用产业，听取各部门、镇街在固体废物污染防治不同领域的工作情况介绍，聚焦固体废物源头量减、资源化利用和安全处置等方面问题，提出构建一般工业固体废物分类贮存收集体系、完善工业固体废物综合利用“产学研用”技术体系、提升原有利用设施运行负荷率等6条建议。

【“整合特色资源，提升东莞饮食文化美誉度和竞争力”政协专题调研】 2021年，东莞市政协深入石龙、东城、道滘、寮步、厚街等镇街实地调研，前往潮州市、顺德区等地了解先进经验做法，形成专题调研报告。建言挖掘“莞味”文化，以美食为媒、产业联动，推动饮食+互联网、饮食+文旅、饮食+体育、饮食+休闲娱乐等跨界融合，提升东莞市饮食文化知名度、美誉度、辨识度，推动东莞市美食文化产业融合发展。

【“深化镇街综合行政执法改革　提升东莞社会治理水平”政协专题视察】 2021年，东莞市政协组织委员走访市委依法治市办、市委编办、市司法局等部门，召开多场专题座谈会，听取镇街推动综合行政执法改革进展情况和存在问题，提出科学划定综合行政执法职责边界理清职责范围、推进两平台信息互联互通实现信息共享、加强业务指导培训提高执法能力等五个方面意见建议。

【市委书记、市长督办市政协重点提案】 分别于2021年10月21日、11月8日召开，东莞市委书记、市人大常委会主任肖亚非，市委副书记、市长吕成蹊分别就督办《关于推动我市数字经济高质量发展的建议》系列提案、《关于加快“数字政府”建设，全面提升我市政务服务能力和现代化治理水平的系列提案》重点提案召开调研座谈会，听取提案办理情况汇报，与委员共商良策。

【市政协主席会议2021年重点提案办理座谈会】 于2021年11月12日召开，会议集中听取主席会议督办的7类8件重点提案办理情况汇报，组织提办双方交流意见建议，推动提案办理工作落到实处。会议由市政协副主席蒋小莺主持。全年收到提案397件，立案321件，确定9类（15件）重点提案，所有提案基本办理答复完毕。重点提案聚焦市委、市政府中心工作，具有较强的全局性、战略性、前瞻性和操作性，提案办理成效明显。

【《政协议政厅》电台节目】 2021年，东莞市政协办公室组织政协委员、各民主党派成员、职能部门负责人等参加节目，全年举办12期。围绕东莞幼儿园发展、挖掘和发展本土美食文化、红色文化资源利用、散裂中子源BNCT（硼中子俘获治疗）高端医疗建设、传统产业数字化转型等提案和热点议题进行访谈交流。 （钟孟倩）

政协专门委员会

【政协提案委员会工作】 2021年，东莞市政协提案委员会征集提案398件，经审查立案321件，党政主要领导和政协主席会议确定的重点提案9类15件。修订完善《东莞市政协优秀提案和先进承办单位评选表彰办法》，规范优秀提案和先进承办单位的评选表彰范围、程序。围绕“在全市中小学校教室装备光生物护眼灯”“有效提升和发挥我市生活污水处理厂提标工程综合效益”等议题，组织召开2场提案立案协商座谈会、4场次提案办理协商座谈会，邀请提案者、政协委员、相关职能部门负责人进行面对面协商。围绕“经济发展”“科学技术”等13个类别、38个专题、近200件提案，开展26次提案办理“回头看”活动。走访联系镇街政协小组委员约100人次，委员企业约20家。接待其他省、市政协考察组6批约60人次。全年报送5期《政协委员重要建议专报》，14期《政协工作动态》。编印《商以求同 协以成事——政协第十三届东莞市委员会提案办理成果图册》。做好提案管理系统日常运营和维护，以及“东莞政协提案”微信公众号、东莞阳光网“提案网上公开”信息发布工作。

【政协经济委员会工作】 2021年，东莞市政协经济委员会组织委员进行履职活动186人次，委员个人提案14件，走访联系镇街政协小组及委员17次，开展专题调研活动42次，走访对口职能部门、行业协会12家，接待其他省、市、区政协来莞考察18批次。以“优化产业组织、推动传统优势产业集群升级”“培优扶强，促进我市建筑业高质量发展”“加快镇村工业园改造提升，促进我市高质量发展”3个课题为切入点，开展协商议政工作。

【政协农业和农村委员会工作】 2021年，东莞市政协农业和农村委员会组织委员305人次，开展50多项履职活动，党史学习教育开展活动5次，专题调研视察、民主监督等开展活动16次，召开农业和农村委员会全体委员会议、主任会议3次，走访联系镇街政协小组5次、委员企业12次。起草出台《东莞市政协关于基层政协委员工作室建设工作的指导意见》，撰写专题调研视察报告3篇、《政协动态》9期。围绕“全域提升村居环境，助推创建全省人居环境示范市”“冷鲜肉加工交易中心及冷链物流建设情况”分别开展专题调研视察活动，形成相关报告，提供决策参考。协助广东省政协开展“破解承包地碎

2021年12月2日，“弘扬东纵精神 凝聚奋进力量”专题研讨会在莞城美术馆举行 （谭志东 摄）

片化、推进农业经营体制改革”专题协商、“脱贫攻坚与乡村振兴有效衔接”协商式民主监督。

【政协教科卫体委员会工作】 2021年，东莞市政协教科卫体委员会共组织委员开展履职活动352人次，开展专题视察、调研、协商8项，撰写调研报告、考察报告等5篇；联系镇街政协小组和委员10次，组织委员外出学习考察1次，撰写提案30件，接待省政协和其他市政协来莞考察14批151人次。承办“打造湾区一流科技创新生态，建设高质量国家创新型城市”专题调研，赴省内外学习先进经验，形成专题议政报告，获市党政主要领导批转松山湖研究落实。聚焦松山湖科学城建设，牵头组织住莞全国、省和市三级政协委员联动履职，开展专题视察。围绕“创新构建群众体育大格局，推动全民运动健身模范城市建设”开展专题调研。围绕加强劳动教育、助推东莞市中医药文化进校园等民生关注问题开展专题视察、协商座谈，建言献策。协助广东省政协开展“加快省实验室建设，助力提升我省科技创新水平”“加强中小学教师队伍建设，促进全省基础教育高质量发展”等专题调研。

【政协社会法制和人口资源环境委员会工作】 2021年，东莞市政协社会法制和人口资源环境委员会就“综合利用固废资源，推进无废城市建设”为题目开展专题调研和协商，提出落实责任构建一般工业固体废物分类贮存收集体系等6条建议，形成《强化工业固体废物综合利用 大力推进东莞“无废城市”建设》专题调研报告，提供决策参考。围绕“深化镇街综合行政执法改革 提升东莞社会治理水平”开展专题视察，提出科学划定综合行政执法职责边界理清职责范围等5条建议，形成专题调研报告，为助推东莞综合行政执法改革工作贡献智慧和力量。组织成立东莞市关注森林活动组织委员会，推动东莞市成为广东省第一个成立关注森林组织委员会的地级市。

【政协港澳台侨外事委员会工作】 2021年，东莞市政协港澳台侨外事委员会围绕“充分利用港澳资源优势 推动东莞生产性服务业加速发展”开展专题协商，联合香港东莞政协（港澳）委员联谊会开展“紧抓粤港澳大湾区建设机遇，创新加强莞港澳青年交流与合作”专题调研，形成协商、调研报告，为市委、市政府决策提供参考；举办3场专题讲座，帮助港澳委员学习《中华人民共和国香港特别行政区维护国家安全法》、香港新选举制度；联合联谊会组织委员赴福建省龙岩市，贵州省遵义市、铜仁市考察学习，走访红色革命遗址，感受红色力量，发动委员向结对帮扶的铜仁市思南县捐赠物资价值50万元，协调委员企业与思南县企业签订合作框架协议总金额1.2亿元；协助东莞公共外交协会组织举办“2021‘非洲日’——用影像珍藏友谊摄影展（东莞站）”活动、举办拉美国家图片展暨东莞—拉美友城展，增进了解和友谊。

【政协文化文史和民族宗教委员会工作】 2021年，东莞市政协文化文史和民族宗教委员会组织100多名委员开展各项履职活动，开展专题调研、视察考察18次，联系镇街政协小组和走访政协委员企业9次。接待省政协和其他市政协来莞考察12批次125人。开展“整合特色资源，提升东莞饮食文化美誉度和竞争力”专题调研，形成专题调研报告，提供决策参考。举办“风雨同舟‘红莞’足迹”主题活动、“弘扬东纵精神 凝聚奋进力量”专题研讨会和“惊心动魄绘春秋——文化名人大营救80周年特展”，受到社会各界关注与好评。开展知名莞籍人士相关史料整理，出版《东莞学人文丛》等文史资料，启动莞籍名家口述历史影像记录项目，推进东莞文脉传承。

【政协联络工作委员会工作】 2021年9月，东莞市政协联络工作委员会开始运作，全年组织100多名委员开展各项履职活动，党史学习教育开展活动2次，走访联系镇街政协小组和委员10次，联系委员80多人次。定期走访联系和考察督导东莞政协委员工作室建设情况，凤岗、企石镇委员工作室相继挂牌并投入使用，南城、厚街、望牛墩、大岭山、高埗、麻涌、长安、虎门、中堂等委员工作室基本筹建完成，筹建工作取得成效，为委员工作室所有镇街全覆盖布好局、开好头、起好步。（钟孟倩）

附：2021年政协东莞市第十三届委员会主席、副主席、秘书长、副秘书长名录

市政协主席：骆招群
市政协副主席：蒋小莺
李光霞
梁佳沂
程发良
陈树良
罗晓勤
曲洪淇
何绍田（2月到任）
市政协秘书长：李文峰
市政协副秘书长：梁丽江
黄 薇（任至7月）
熊仕权
麦才文（7月到任）

附：2021年东莞市政协各专门委员会主任名录

提案委员会主任：吕小华
经济委员会主任：李雄华
农业和农村委员会主任：张莉明
教科卫体委员会主任：卢 英
社会法制和人口资源环境委员会主任：黎达潮
港澳台侨外事委员会主任：尹照容
文化文史和民族宗教委员会主任：梁凤鸣
联络工作委员会专职副主任：吴美娇（7月到任）

2021年东莞市政协重点提案情况表

序号	案号	案由	提案者	承办单位	督办者	领办者
1	20210112 20210050 20210083	关于推动我市数字经济高质量发展的系列提案（共3件）	民进市委会、尹锐全、何思模	市工业和信息化局、市委网信办、市发展改革局、市科技局、市财政局、市人力资源社会保障局、市住房城乡建设局、市政务服务数据管理局、水乡管委会	肖亚非	万卓培
2	20210220 20210185 20210142 20210044	关于加快“数字政府”建设，全面提升我市政务服务能力和现代化治理水平的系列提案（共4件）	葛大勇、田　君、吴焯光、邓雪芬	市政务服务数据管理局、市委组织部、市财政局、市人力资源社会保障局	吕成蹊	罗晃浩
3	20210239 20210303	关于加快推进基于散裂中子源BNCT肿瘤医院建设，打造科技能级提升新动能的建议（共2件）	民盟市委会、周柯等3人	市卫生健康局、市科技局、市财政局、市发展改革局、松山湖管委会	主席会议	喻丽君
4	20210152	关于积极参与粤港澳大湾区科创基金建设的建议	杨松柏	市金融工作局、市发展改革局、市科技局、市财政局、市国资委，东莞银保监分局	蒋小莺	刘　炜
5	20210212	关于加快推进我市城市信息模型CIM基础平台建设，助力智慧城市建设的建议	郑金伙	市住房城乡建设局、市委网信办、市工业和信息化局、市财政局、市自然资源局、市城市管理综合执法局、市政务服务数据管理局、水乡管委会、滨海湾新区	李光霞	梁杰钊
6	20210115	扶持培育技术经纪职业群体，提升科技成果转化效益的建议	九三学社市委会	市科技局、市财政局、市人力资源社会保障局、市市场监管局、松山湖管委会	梁佳沂	刘　炜
7	20210215	关于充分利用东莞市红色文化资源，打造粤港澳大湾区爱国主义教育高地的建议	民革市委会	市委宣传部、市委党史研究室、市文化广电旅游体育局、大岭山镇、虎门镇	程发良	杨晓棠
8	20210253	打造千亿级粮油食品产业，为我市食品饮料产业高质量发展注入新动能	麻涌镇政协小组、农工党市委会	市工业和信息化局、市自然资源局、市农业农村局、市商务局、市市场监管局、市投资促进局、麻涌镇	陈树良	万卓培
9	20210255	关于发挥“东莞制造”品牌引领作用，实施品牌赋能我市制造企业发展的建议	蒋淑军、袁旭培	市商务局、市工业和信息化局、市财政局、市市场监管局	何绍田	罗晃浩

纪检·监察

DISCIPLINARY INSPECTION AND SUPERVISION

金鳌洲塔　（2021年市委宣传部供图）

编辑：贺　平

纪检、监察重要会议

【中共东莞市第十四届纪律检查委员会第六次全体会议】 于2021年7月29日在市会议大厦举行。会议坚持以习近平新时代中国特色社会主义思想为指导，深入学习贯彻习近平总书记“七一”重要讲话和习近平总书记在十九届中央纪委五次全会上的重要讲话精神，贯彻落实十九届中央纪委五次全会、十二届省纪委六次全会精神，总结东莞市2020年以来的纪检监察工作，研究部署2021年下半年工作任务。

东莞市委书记、市人大常委会主任肖亚非出席全会并讲话，市委副书记、市长吕成蹊传达十二届省纪委六次全会精神。全会审议通过市委常委、市纪委书记、市监委主任冯国华代表市纪委常委会所作的《推动新时代纪检监察工作高质量发展，为东莞在新起点上加快高质量发展提供坚强保障》工作报告，听取9名镇街、市直单位、国有企业党委（党工委、党组）书记述责述廉报告并进行评议。

全会认为，2020年以来，在省纪委和市委的坚强领导下，全市纪检监察机关增强“四个意识”（政治意识、大局意识、核心意识、看齐意识）、坚定“四个自信”（道路自信、理论自信、制度自信、文化自信）、做到“两个维护”，贯彻落实中央纪委四次、五次全会和省纪委五次、六次全会部署要求，围绕服务保障全市疫情防控和经济社会发展大局，积极协助市委推进全面从严治党，持之以恒正风肃纪反腐，努力推动纪检监察工作高质量发展，各项工作取得新进展新成效。全会部署2021年下半年工作任务。全会号召，要更加紧密地团结在以习近平同志为核心的党中央周围，不忘初心、牢记使命，感恩奋进、埋头苦干，以一往无前的奋斗姿态和风雨无阻的精神状态，推动全面从严治党、党风廉政建设和反腐败斗争向纵深发展，推动纪检监察工作高质量发展，为东莞市在新起点上加快高质量发展作出新的更大贡献。

【市委巡察工作领导小组第十一次全体会议】 2021年4月16日，市委巡察工作领导小组第十一次全体会议在市行政办事中心召开，传达学习《中共中央办公厅印发〈关于加强巡视巡察上下联动的意见〉的通知》《印发〈关于巡视巡察信息化建设的指导意见（试行）〉的通知》《李希、王鸿津同志在巡视指导督导工作专题培训会议上的讲话》《关于做好2021年全省巡察工作的通知》等有关文件和领导讲话精神，研究东莞市贯彻落实意见；听取十四届市委第十二轮巡察工作情况汇报，研究巡察发现的问题线索。参加会议的市委巡察工作领导小组成员包括东莞市委常委、市委组织部部长、市委巡察工作领导小组副组长郑琳，市纪委副书记、市监委副主任吴才华，市委组织部副部长吴雪明，市委第三巡察组组长、市委巡察办负责人叶鑑波。市委巡察组正副组长，市委巡察办有关人员列席会议。

【中共东莞市委第十四轮巡察动员部署会】 于2021年7月28日召开。东莞市委常委、市纪委书记、市监委主任、市委巡察工作领导小组组长冯国华出席会议并讲话。市纪委常委、市委巡察办主任王子健传达习近平总书记关于巡视工作的重要论述、全国巡视工作会议暨十九届中央第七轮巡视动员部署会、市委常委会精神。市委组织部副部长、市委巡察工作领导小组成员吴雪明宣布十四届市委第十四轮巡察组长授权任职及任务分工决定。

【市委反腐败协调小组工作（扩大）会议】 于2021年8月26日在市行政办事中心召开。东莞市委常委、市纪委书记、市监委主任、市委反腐败协调小组组长冯国华主持会议并讲话。市中级人民法院院长陈友强，市检察院检察长袁怀宇出席会议。会议传达学习中央关于反腐败协调工作文件，以及省委第二十期领导干部党章党规党纪教育培训班精神，研究部署下一阶段反腐败重点工作。

【市委巡察工作领导小组第十三次全体会议】 于2021年9月10日在市行政办事中心召开。由东莞市委常委、市纪委书记、市监委主任、市委巡察工作领导小组组长冯国华主持，听取各巡察组阶段情况汇报，研究解决巡察工作中的问题和困难，部署下一阶段工作。市纪委副书记、市监委副主任吴才华，市委组织部副部长、市委巡察工作领导小组成员吴雪明，市纪委常委、市委巡察办主任王子健参加会议。市委巡察组正副组长、市委巡察办有关人员列席会议。

【东莞市第十九期领导干部党章党规党纪教育培训班】 于2021年9月14日，在市行政办事中心举行。会上，东莞市委书记、市人大常委会主任肖亚非作讲话，市委副书记、市长吕成蹊传达省第二十期领导干部党章党规党纪教育培训班精神，市委常委、市纪委书记、市监委主任冯国华作专题辅导报告。培训班还组织参训学员集中观看警示教育片。

【市委巡察工作领导小组第十四次全体会议】 于2021年10月28日在市行政办事中心召开。由东莞市委常委、市纪委书记、市监委主任、市委巡察工作领导小组组长冯国华主持会议，传达学习习近平总书记听取十九届中央第七轮巡视汇报时的重要讲话精神和省委办公厅《关于加强巡视巡察上下联动的实施方案》精神，听取十四届市委第十四轮巡察工作情况汇报，研究部署巡察相关工作。市委常委、市委组织部部长、市委巡察工作领导小组副组长吕元元，市纪委副书记、市监委副主任吴才华，市委组织部副部长、市委巡察工作领导小组成员吴雪明，市纪委常委、巡察办主任王子健参加会议。市委巡察组正副组长、市委巡察办有关人员列席会议。

【市属金融企业班子集体廉政谈话会】 于2021年11月18日，在市行政办事中心举行。东莞市委常委、市纪委书记、市监委主任冯国华专题剖析黄晓雯案的深刻教训，要求相关职能部门切实抓好金融领域反腐和风险防控工作，推动全市正风肃纪反腐向纵深发展。

2021年7月29日，中共东莞市第十四届纪律检查委员会第六次全会在市会议大厦召开
（市纪委监委机关供图）

【市纪委监委机关青年干部审查调查业务交流会】 于2021年12月9日举行，市委常委、市纪委书记、市监委主任冯国华出席活动并讲话。市纪委监委领导班子成员，委机关及派驻机构干部近100人参加会议。 （秦长城）

监督·执纪

【纪检监察机关理论武装】 2021年，东莞市纪检监察机关落实第一议题制度，召开41次市纪委常委会会议、理论学习中心组学习会，跟进学习习近平总书记重要讲话和重要指示批示精神，努力掌握蕴含其中的马克思主义立场观点方法，提高政治判断力、政治领悟力、政治执行力。学习贯彻党的十九届六中全会精神，领悟“两个确立”（党确立习近平同志党中央的核心、全党的核心地位,确立习近平新时代中国特色社会主义思想的指导地位）的决定性意义，坚定理想信念、筑牢初心使命。把党史学习教育作为贯穿全年的重大政治任务，学习贯彻习近平总书记在党史学习教育动员大会、庆祝中国共产党成立100周年大会上的重要讲话精神，贯通学习党史、新中国史、改革开放史、社会主义发展史和纪检监察史。市纪委监委班子成员带头讲授专题党课，市纪委监委开设网上宣传专栏，举办“我的入党故事”分享会等系列活动，开展“我为群众办实事”实践活动，推动党史学习教育走深走实。按照市委部署，围绕精准监督执纪问责提升基层末端执行力开展专题调研，推进调研成果转化应用。

【政治监督】 2021年，东莞市纪检监察机关对坚持做到党中央决策部署到哪里，政治监督就跟进到哪里。围绕习近平总书记的重要指示批示精神，围绕党中央决策部署和省委、市委工作要求，开展监督检查，以严格的追责问责推动工作落实。抓好疫情防控监督，市纪委监委在“6·18”“12·13”新冠肺炎疫情防控中靠前监督、跟进监督、主动监督，开展监督检查363次，发现并督促整改问题492个，助力打赢全市疫情防控阻击战。深挖彻查违建别墅项目背后的责任、腐败和作风问题，成立专班核查省纪委监委交办的33条问题线索，追责问责167人，严防违建别墅问题反弹。开展粮食购销领域腐败问题专项整治，深入64个承储单位开展监督检查，开展涉粮问题专项巡察，督促业务主管监管部门自查自纠，细查深挖问题线索15条，以有力监督守护粮食安全。坚持从政治纪律角度审视违纪违法问题，处分违反政治纪律行为2人。

【从严治党主体责任落实】 2021年，东莞市纪检监察机关学习贯彻《中共中央关于加强对“一把手”和领导班子监督的意见》，督促推动党委落实全面从严治党主体责任、党委（党组）书记履行第一责任人职责、领导班子成员履行“一岗双责”（指既要抓好分管的业务工作，又要以同等的注意力抓好分管部门的党风廉政建设）。协助市委开好领导班子以案为鉴以案促改专题民主生活会，汲取黄少文、黄少峰、何嘉琪3人严重违纪违法案教训，研究制定30项整改措施并抓好落实。组织9名市管“一把手”在市纪委全会上述责述廉并接受民主测评。加强自上而下的监督，市委、市政府班子成员约谈提醒443人次，其中市委书记约谈提醒112人次，督促各级党组织“一把手”规范开展党内谈话2.09万人次。加大对“一把手”信访件举报问题的核查力度，立案查处市管、镇街（园区）主要部门、村（社区）“一把手”227人，占立案总数的25.5%。

【换届纪律监督】 2021年，东莞市纪检监察机关对32名镇街纪委（纪工委）书记、23名参与换届纪律风气监督工作的纪检监察干部开展集体谈心谈话，强调工作纪律。会同市委组织部组建5个督查组，对全市镇街换届风气进行巡回督查，落实换届纪律“十个严禁”（严禁结党营私、严禁拉票贿选、严禁买官卖官、严禁跑官要官、严禁个人说了算、严禁说情打招呼、严禁违规用人、严禁跑风漏气、严禁弄虚作假、严禁干扰换届）要求。对市镇领导班子、“两代表一委员”（党代表、人大代表、政协委员）等换届相关人选回复党风廉政意见3965人次，严把政治关和廉洁关。精准高效处置涉市镇班子换届人选问题线索39件，立案5人，处分3人，处理3人。

【不敢腐、不能腐、不想腐一体推进】 2021年，东莞市纪检监察机关一体化推进不敢腐、不能腐、不想腐体制机制，助力经济社会发展。

惩治腐败 2021年，东莞市纪检监察机关接收检举控告类信访举报1448件，处置问题线索2275件，立案审查调查860件，处分870人，移送检察机关审查起诉16人；立案审查调查处级干部28人、科级干部118人，留置11人。重点查处东莞信托有限公司原董事长黄晓雯、市住房和城乡建设局原局长谢晓明等市管干部严重违纪违法案件。强化监督检查审查调查安全监督管理，落实委领导督导责任制，强化谈话离点审批，组织开展专项督导检查，坚决守住安全底线。

配合开展政法队伍教育整顿 2021年，东莞市纪检监察机关发挥协同作用，推动监督执纪问责与教育整顿紧密衔接。成立专案组推进线索核查和案件办理，精准运用“自查从宽、被查从严”政策，处置涉政法干警违纪违法问题线索595条，立案208人，其中立案查处市中级人民法院原副院长罗念卫、市公安局原党委委员莫杰东等处级干部18人，处分162人。聚焦“六大顽瘴痼疾”（违反防止干预司法“三个规定”；违规经商办企业和配偶、子女及其配偶违规从事经营活动；违规参股借贷；有案不立、压案不查、有罪不究；违规违法减刑、假释、暂予监外执行；法官检察官离任后违规从事律师职业、充当司法掮客）问题整治，对全市政法干部开展廉政教育，推动各政法单位健全正风肃纪工作机制37项。

做好查案件“后半篇文章” 2021年，东莞市纪检监察机关坚持办案与整改、治理相结合，围绕黄晓雯案组织市属金融企业领导班子开展集体廉政谈话，督促案发单位召开专题民主生活会，制发监察建议书5份，敦促案发单位堵漏建制。注重办案与监督、警示贯通，协助市委举办第十九期领导干部党章党规党纪教育培训班，及时发布市管干部、基层干部审查调查信息，编印警示录和忏悔录，组织322批8931人次参观市反腐倡廉教育基地，用身边事教育身边人。继续办好《莞香廉风》等线上栏目，弘扬廉洁文化，营造正风肃纪反腐氛围。

【“四风”纠治】 2021年，东莞市纪检监察机关持续开展“四风”（形式主义、官僚主义、享乐主义、奢靡之风）纠治，维护风清气正的政治生态环境。

享乐主义、奢靡之风查处 2021年，东莞市纪检监察机关紧盯新形式新特点，持续整治违规收送礼品礼金、违规吃喝、违规发放津补贴等突出问题。开展公务接待中“吃公函”问题专项整治，重点纠治无公函接待、用一份公函接待多餐、利用虚假公函套取公款等问题。紧盯屡禁不止、多发高发的酒驾醉驾现象，一律倒查其背后的“四风”问题。查处享乐主义、奢靡之风问题60件115人，处分48人；通报曝光典型问题12起12人次，其中党员干部酒驾醉驾典型问题4起4人次。

形式主义、官僚主义整治 2021年，东莞市纪检监察机关坚持以典型问题为突破口，精准施治“包装式”“洒水式”落实、表现在基层根子在上面等突出问题，坚决防止不严不实做法成风成势，推动提升基层末端执行力。围绕安全生产、“两违”（违法用地、违法建设）整治、交通运输等重点工作，纠治工作中存在的思想麻痹、履职不力等问题。配合市委做好基层减负工作，推动有关职能部门持续治理督查检查考核过多过频、“指尖上的形式主义”等重点问题。查处形式主义、官僚主义问题139件227人，处分135人。

群众身边腐败和不正之风整治 2021年，东莞市结合“我为群众办实事”实践活动，紧盯教育医疗、养老社保、生态环保、食品药品安全、行政审批等领域，查处群众身边腐败和作风问题269件428人，处分244人。做好扶贫领域专项监督与乡村振兴衔接，查处扶贫领域问题3件4人，处分1人。对违规发放惠民补贴有关问题开展专项监督检查，发现并督促整改向死亡对象持续发放补贴、履行审核流程不严格等问题71个。配合市委、市政府开展农房违建问题专项整治，查处相关领域违纪违法问题94人，处分51人。常态化推进“惩腐打伞”，摸排问题线索112条，立案22人，处分11人。

【政治巡察】 2021年，东莞市委巡察机构加强政治巡察，实现巡察全覆盖，推动整改落地见效。

巡察全覆盖 2021年，东莞市开展第十二、十三、十四轮巡察，对38个市直单位党组织开展政治体检，实现巡察有形有效全覆盖，发现问题1213个，移交问题线索41条，推动立案审查调查41人，处分20人，移送检察机关审查起诉1人。组织开展涉粮问题专项巡察，突出对业务主管部门的政治监督，发现粮库粮所“靠粮吃粮”等问题56个，向市纪委监委移送问题线索13条。

巡察整改落实 2021年，东莞市建立健全巡察反馈、整改督促机制，市领导、市委巡察工作领导小组成员、市纪委副书记、市委组织部副部长参加巡察反馈会议，压实被巡察单位党组织的整改主体责任，推动整改落地见效。组建5个督查组，对10个市直单位党组织开展巡察整改“回头看”，从严传导整改压力。深化巡察成果运用，针对发现的问题向有关职能部门提出意见建议，形成专题报告50份，为市委决策提供参考。

巡察队伍建设 2021年，东莞市制定《关于进一步加强市委巡察队伍建设的实施意见（试行）》，拓宽选派和抽调干部渠道，强化对巡察干部的激励约束，健全新任领导干部、优秀年轻干部到巡察岗位锻炼等制度。开展市委巡察组巡察后评估，建立巡察工作日志，强化巡察队伍监督管理。完善市委巡察机构议事决策、内部管理等制度，坚持靠制度管人管事。

【监督问责】 2021年，东莞市纪检监察机关完善监督机制，开展专项监督检查，坚决防止问责不力及问责泛化、简单化，让干部真正把责任扛起来。

突出监督重点 2021年，东莞市开展专项监督检查，查找、坚决纠正业务背后的政治问题、工作推不动背后的作风问题714个，获得市委主要领导6次批示肯定。市纪委监委主要领导采取“四不两直”（不发通知、不打招呼、不听汇报、不用陪同接待、直奔基层、直插现场）方式，6次带队到石龙镇、石碣镇等镇开展实地检查，当场向镇党委书记指出存在问题，督促落实整改。聚焦“打招呼”“递条子”等违规安排入学现象，分级分层对全市教育系统相关责任人约谈提醒590人次，督促市教育局开展招生入学纪律执行问题专项整治，推动营造公平公正的教育环境。以处置寮步镇凫山村违法设卡收费问题为切入口，推动开展“围村收费”问题整治，督促51条乡道、249条村道完成违法设置闸口的整改。规范开展谈话函询61件次，让红脸出汗成为常态。精准运用“四种形态”（第一种：党内关系要正常化，批评和自我批评要经常开展，让咬耳扯袖、红脸出汗成为常态。第二种：党纪轻处分和组织处理要成为大多数。第三种：对严重违纪的重处分、作出重大职务调整应当是少数。第四种：而严重违纪涉嫌违法立案审查的只能是极少数。），批评教育帮助和处理2465人次，其中第一、二、三、四种形态分别占比72.8%、17.4%、4.4%、5.4%。

追责问责　2021年，东莞市坚决防止问责不力及问责泛化、简单化，让干部真正把责任扛起来，问责领导干部161人。制定市纪委监委开展较大生产安全责任事故追责问责审查调查工作制度及协作配合意见，明确职责定位、规范工作程序。市纪委监委对“4·16”道路交通事故、望牛墩镇“7·1”一般燃气泄漏事故、虎门镇“8·8”一般火灾事故、松山湖“9·25”较大火灾事故背后履职不力、失职失责等问题严肃追究责任，查处相关责任人34人，处分14人。通报3起生产安全事故责任追究典型案例，加强警示教育，督促全市各镇街（园区）、各部门汲取教训，落实安全生产责任。

监督机制完善　2021年，东莞市纪检监察机关建立“室组地”［指的是监督检查室、纪检监察组、镇（街道、园区）纪委（纪工委）］协作区制度，完善“室组”联动监督、“室组地”联合办案机制，提升攻坚突破能力和工作质效。推动10名派驻纪检监察组组长交流轮岗，加强对派驻机构的组织领导和业务指导，强化派驻监督。跟进镇街纪委（纪工委）、派驻（出）机构办案权限调整后的执行情况并推动整改有关问题，修订完善案件审理工作标准化指引，规范线索研判、初核评估等10多项工作机制，提高纪检监察工作规范化、法治化水平。

【纪检监察队伍建设】　2021年，东莞市纪检监察机关加强政治建设。市纪委常委会重视自身建设，严格执行民主集中制；执行请示报告制度，向省纪委监委请示报告8件，向市委请示报告40件；坚持政治要件落实情况督办制度，市纪委监委建账管理政治要件93项；深化模范机关创建，建立党支部规范化建设常态化工作机制，压实党支部书记日常教育监管责任，市纪委监委被评为模范机关创建标兵单位。

2021年，东莞市纪检监察机关加强人才建设。配合组织部门做好市纪委领导班子换届工作；向市委推荐使用优秀纪检监察干部，其中1名市纪委常委提任市直单位“一把手”，1名室主任提任省管市属高校正处职纪委书记，1名四级调研员和1名室副主任提任派驻纪检监察组组长，30名干部晋升职级，在全委形成“干事有动力、晋升有通道、发展有空间”氛围；跟进学习纪律检查委员会工作条例、监察官法、监察法实施条例等新法规，开展干部能力提升工程，组织培训班34期、片区培训14场，外派参训26期，培训干部3368人次；举办青年干部审查调查业务交流会，为青年干部搭建展示真才实学的平台；开展谈心谈话、家访及慰问活动，加强对纪检监察干部的心理疏导和人文关怀。

2021年，东莞市纪检监察机关加强自身监管。逐一核实镇街纪委（纪工委）组成人选廉政情况，严把政治关廉洁关；围绕反腐败国际追逃追赃，首次向市人大常委会报告专项工作，落实市人大常委会审议意见，自觉接受人大监督；开展警示教育活动，强化内部管理，坚决防治“灯下黑”，处置纪检监察干部问题线索34件，处理4人。

【“我为群众办实事”实践活动】　2021年，东莞市纪委监委将“我为群众办实事”实践活动与基层正风肃纪反腐结合起来，研究确定“解决基层‘微腐败’依然突出的问题”等4大项工作任务，由主要负责同志牵头推进，各部门紧扣职责职能，结合工作任务，形成工作合力，推动为群众办实事动真招、见实效，解决一批群众身边的痛点、难点、堵点问题，全年推进“我为群众办实事”具体工作项目104项。结合“双联”、志愿服务、主题党日活动要求，指导委机关各党支部与村（社区）党支部结对共建，联合开展“我为群众办实事”主题党日活动，引导每位党员为社会、基层、群众至少办1件实事好事，解决基层困难事、群众烦心事，增强群众获得感、幸福感、安全感。

【新冠肺炎疫情防控监督检查】　2021年，在“6·18”“12·13”

2021年12月22日，市纪委监委到石龙镇督导检查疫情防控工作

（市纪委监委机关供图）

新冠肺炎疫情防控中，东莞市纪委监委切实扛起疫情防控重大政治责任，坚决守护人民生命安全、身体健康和正常生产生活秩序。针对不同领域、不同阶段疫情防控工作重点，印发5份专项工作通知，通过健全工作机制、组建常态化监督专班等，将疫情防控常态化监督工作落实落细、责任到人。加强“室组地”联动，组建多个监督检查小组，到基层、企业、生产一线、疫情防控重点场所和三防问题隐患点开展监督检查，开展监督检查363次，发现并督促整改问题492个，并对问题整改情况开展“回头看”，形成发现问题、报告、整改、复核工作闭环，以严肃追责问责倒逼责任落实，助力打赢全市疫情防控阻击战。（秦长城）

2021年7月28日，十四届中共东莞市委第十四轮巡察动员部署会召开
（市委巡察办供图）

巡　察

【巡察概况】　2021年，东莞市委深化政治巡察，强化政治监督，开展第十二、十三、十四轮常规巡察和涉粮专项巡察，对38个市直单位党组织开展“政治体检”，发现各类问题1269个，移交问题线索54条，推动立案审查41人、党纪政务处分20人、移送司法1人，完成十四届市委巡察全覆盖任务。开展巡察整改“回头看”，持续释放巡察监督永远在路上的信号。

【巡察队伍建设】　2021年，东莞市委巡察办会同市纪委监委、市委组织部制定印发《关于进一步加强市委巡察队伍建设的实施意见（试行）》，明确拓宽选派和抽调干部渠道，完善选派和抽调程序，健全巡察干部激励约束机制，强化组织保障。选派新提任领导干部参加巡察工作锻炼，十四届市委巡察安排34名新任副处级领导干部担任巡察组副组长。全年向市委组织部推荐6名参与巡察工作半年以上的抽调干部为年度考评单列优秀指标人选，对表现优异的抽调干部55人进行通报表扬，实现干部成长与巡察监督双促进、双提升。

【巡察推动为群众办实事】　2021年，东莞市委巡察机构围绕学党史、悟思想、办实事、开新局总体要求，开展党史学习教育。召开党员大会5次，支部学习会22次，依托本土红色资源开展主题党日活动12次。结合党史学习教育中“我为群众办实事”的相关要求，立足巡察监督职责，发挥“探照灯”作用，结合巡察工作走访企业和群众609人次，推动整治和解决群众反映强烈的突出问题，以巡察质效的持续提升带动群众安全感、获得感、幸福感的持续提升。其中“道路路面标识标志、违法抓拍摄像头设置不规范”“助力外来工讨回血汗钱”“还学生学习生活好环境”等6个事例分别刊登在“学习强国”平台、省纪委《党风》杂志及《东莞日报》等媒体，《用好巡察利器维护群众利益》获市2021年“先锋杯”市直机关工作创新大赛优秀作品。

【常规巡察】　2021年，东莞市委开展第十二、十三轮巡察，对27个单位党组织进行深入检查。其间，结合正在开展的政法队伍教育整顿工作，检视市委政法委、市中级人民法院、市第一法院、第二法院、第三法院和市公安局履职尽责情况，发现并推动解决一批政法机关在社会管理、司法执法和队伍建设方面的问题。组织市委第十四轮巡察，对11个单位党组织进行“政治体检”发现问题428个、问题线索24条，聚焦土地、资金等问题形成专题报告5份。十四届市委组织开展14轮常规巡察、3轮专项巡察，累计对726个党组织（含村级党组织）开展“政治体检”，实现巡察有形有效全覆盖，发现问题9807个，向市纪委监委移交问题线索387条，推动立案112件，处分77人。推动建立完善制度3902项，组织调整3675人次，提醒谈话1.69万人次，收缴违规违纪款1.1亿元，挽回经济损失9.4亿元，发挥巡察利剑作用。

【巡察整改】　2021年，东莞市委巡察办强化标本兼治，统筹落实巡察整改日常监督，坚持举一反三与深化改革相结合，推动巡察“后半篇文章”取得明显成效，第十至十三轮被巡察单位党组织整改完成率均超过90%。组建5个督查组，对10个单位党组织开展“回头看”，聚焦整改实效、整改态度、整改工作组织情况和建立长效机制情况进行“再监督”，并由市委巡

2021年中共东莞市纪律检查委员会、东莞市监察委员会机关机构设置表

类别	数量（个）	名称
内设机构	20	办公室、组织部（机关党委）、宣传部、党风政风监督室、信访室、案件监督管理室（反腐败国际追逃追赃工作办公室）、第一至第六监督检查室、第七至第十二审查调查室、案件审理室、纪检监察干部监督室
派驻（出）机构	34	
事业单位	1	东莞市粤桥山庄管理处

察工作领导小组成员对存在整改不力、边改边犯问题的5个单位党组织进行约谈，推动落实全面整改。

【巡察监督指引编制】 2021年，东莞市委巡察办运用巡察工作成果，组织动员东城街道、寮步镇、大朗镇以及市科技局、农业农村局、发改局、经协办等有关镇街和职能部门，分类梳理汇总3类6项112条政策清单、3类12项119个问题清单和8个典型案例，编制形成《镇街政治巡察监督指引》，同时协助配合佛山市、河源市编制《科技领域巡察监督指引》《农业农村领域巡察监督指引》《乡村振兴领域巡察监督指引》《对口帮扶领域巡察监督指引》，为把准政治巡察定位、有效运用方式方法、提升精准发现问题能力、依规依纪依法履职提供参考和保证。

【巡察规范化建设】 2021年，东莞市委巡察办加强巡察监督管理，制定印发《市委巡察组巡察后评估制度（试行）》，以市委巡察组为评估对象，由市委巡察工作领导小组、市委巡察办、被巡察单位分别对每一轮巡察的工作质量、工作效率和纪律作风情况进行评估，建立巡察干部履职及纪律作风负面清单，增强巡察干部日常监督管理的针对性，提升巡察规范化水平。

【涉粮问题专项巡察】 2021年，东莞市委巡察办深入贯彻落实党中央关于国家粮食安全决策部署和习近平总书记关于根治粮食购销系统性腐败的重要批示精神，融入巡视巡察上下联动战略格局，配合做好粮食购销领域腐败问题专项整治工作，对市发展和改革局（市粮食储备中心）、市东站粮食储备库、市角美粮食储备库以及32个镇街粮所开展涉粮问题专项巡察，发现4方面56个问题和13条问题线索，形成5份专题报告，推动党中央重大决策部署落地见效，保障国家粮食安全。

【对村（社区）政治巡察专题调研】 2021年8月，东莞市委巡察办组织开展对村（社区）政治巡察专题调研，向全体在编巡察干部、12个镇街的领导班子成员和镇属部门正副职以及60个村（社区）“两委”［党组织委员会和村（居）民委员会］干部、村（居）民发放和回收调查问卷1250份，并与市农业农村局、东城街道等有关部门、镇街进行座谈交流，了解对村（社区）巡察工作成效、村级党组织建设面临的困难问题及相关意见建议，形成《对东莞村（社区）政治巡察调研报告》。 （雷 涛）

附：2021年中共东莞市纪律检查委员会书记、副书记、常委名录

书　记：戚优华（任至1月）
　　　　冯国华（7月到任）
副书记：吴才华（任至11月）
　　　　曾广华
　　　　鲁　罡（任至5月）
　　　　尹锡棋
　　　　李东华（10月到任）
　　　　钟汉腾（11月到任）
常　委：戚优华（任至1月）
　　　　冯国华（7月到任）
　　　　吴才华（任至11月）
　　　　曾广华
　　　　鲁　罡（任至5月）
　　　　尹锡棋
　　　　李东华（10月到任）
　　　　钟汉腾（11月到任）
　　　　黄　键（任至1月）
　　　　张卫红（任至9月）
　　　　古健康　吴汝涛
　　　　张家平　黄贵新
　　　　王子健（1月到任）

附：2021年东莞市监察委员会主任、副主任、委员名单

主　任：戚优华（任至7月）
　　　　冯国华（7月到任）
副主任：吴才华（任至11月）
　　　　曾广华
　　　　鲁　罡（任至8月）
　　　　尹锡棋（2月到任）
　　　　李东华（11月到任）
　　　　钟汉腾（11月到任）
委　员：黄　键（任至2月）
　　　　张卫红（任至9月）
　　　　古健康（2月到任）
　　　　温志强　马克刚
　　　　王福友（任至11月）

附：2021中共东莞市委巡察工作领导小组办公室主要领导名录

主　任：黄　键（任至1月）
　　　　王子健（1月到任）

民主党派·工商联

DEMOCRATIC PARTIES · FEDERATION OF INDUSTRY AND COMMERCE

香遇走廊　（2021年聂新建摄）

编辑：苏淑娴

中国国民党革命委员会东莞市委员会

【民革概况】　截至2021年底，中国国民党革命委员会东莞市委员会（简称民革东莞市委会）有支部13个，设专门工作委员会6个和监督委员会1个，党员232人（其中新发展党员7人），主要为医卫、教育和文艺、司法界的中高级知识分子。成员中，有省人大代表1人、市人大常委会委员1人、市人大代表2人，省政协委员1人、市政协常委2人、市政协委员7人。年内，民革东莞市委会获评民革中央“民革助力脱贫攻坚工作先进集体”，获民革广东省委会2020—2021年度参政议政工作先进集体一等奖、2020年度反映社情民意信息工作先进集体二等奖。莞城民革党员之家获评民革中央“全国优秀民革党员之家”。民革党员黎丽香获评“民革全国机关工作先进个人”，民革党员郑耀南获评民革中央“民革助力脱贫攻坚工作先进个人”。

【民革组织建设】　2021年，民革东莞市委会赴龙岩开展红色学习教育，举办“民革党员修养”专题讲座，加强对“四史”（党史、国史、改革开放史和社会主义发展史）、多党合作史和民革历史的学习，提高党员政治站位；发挥多党合作制度优势，与市委书记肖亚非、副市长黎军座谈交流；修订完善《民革东莞市委会组织工作细则（试行）》《市委会班子成员联系基层组织工作制度》等，促进工作制度化规范化发展；召开第五次党员大会，选举产生新一届市委会及领导班子；开展支部换届工作；调整专委会架构和人员组成；紧抓民革中央和省委会作风建设年契机，加强内部监督工作，提高解决自身问题能力；严把党员发展政策关、质量关，优化组织的年龄层次和界别结构；推进达标支部、示范支部和民革党员之家创建活动；加强思想政治理论研究，提交民革中央孙中山研究会理论文章3篇，其中2篇入选征文集；发挥微信、公众号、QQ立体宣传优势，发布工作信息、工作动态150多期。

【民革参政议政】 2021年，民革东莞市委会提交民革广东省委会调研报告14篇，其中《关于以“链长制”增强广东省产业链供应链自主可控能力的提案》《关于建立、健全青少年心理健康教育、辅导、救助工作体系的建议》被采用为省委会提案并分别被列为2021年省长督办重点提案和省政协主席会议督办重点提案、优秀提案。《关于多元化纠纷解决机制纳入立法规划的建议》《关于强化校外托管机构规范和管理，解决放学后孩子去处难题的建议》等4篇调研报告被采用为省政协大会书面发言材料；提交市政协集体提案10篇，人大代表个人或联名提交议案建议3篇，政协委员个人或联名提交提案10篇，其中《关于充分利用东莞市红色文化资源，促进粤港澳大湾区爱国主义教育的建议》被评为重点督办提案、优秀提案；《关于进一步推广社会化代建模式的建议》被评为优秀提案；《关于加快完善东莞植物园基础功能设施建设的建议》《关于“打造东莞市中小学生研学旅行目的地”的建议》《关于建立独生子女护理假，积极应对老龄化的建议》获评表扬提案。《关于疫情后青少年心理关爱进社区的建议》被民革中央采用为社情民意信息，《新形势下加强香港统战工作的建议》《关于禁止向未成年人出售电子烟的建议》等7篇建议被民革广东省委会、中共东莞市委统战部采用。提交暑期座谈会发言材料1篇，参加“政协议政厅·党派之声”电台节目2期。

【民革社会服务】 2021年，民革东莞市委会制定贵州省铜仁市、毕节市纳雍县滥坝村等地帮扶工作计划；参加东莞市统一战线部门赴铜仁市政治教育暨东西部协作活动，携手民革党员和党员企业捐款捐物14.5万元；参与市委统战部“同心·义诊”社会服务活动，组织医卫界党员为群众开展义务诊疗咨询；鼓励党员投身社会公益，党员企业向河南水灾捐赠物资总计1000万元。莞城支部党员黄海燕赴贵州省铜仁市进行为期一年的援建帮扶活动，助力提高当地医疗卫生水平。南城支部党员黄乐声入选2021年援藏律师服务团成员，赴西藏自治区进行为期一年的法律援助服务。近50名医护人员参与全员核酸检测和后勤服务等工作。

【民革祖国统一工作】 2021年，民革东莞市委会祖国统一工作委员会完成换届工作；赴台办开展“台胞台属在莞工作生活现状”课题调研，了解台胞台属在东莞市工作生活现状及遇到的问题，发挥参政议政、社会服务等职能，在为台胞台属解决实际困难的同时引导他们参与乡村振兴、扶贫开发等工作，增进民族认同感；开展统战理论研究，向中共东莞市委统战部提交《新发展阶段充分发挥大统战工作格局作用研究》《关于完善民主党派人才梯队建设工作的研究》《新冠疫情下网络舆情研究》等6篇统战理论文章；走访调研民革广州市委会“台青之家”，探索建立民革东莞市委会“台青之家”，为在莞台籍青年打造新的联谊交流平台。

【民革东莞市委会获评民革中央“民革助力脱贫攻坚工作先进集体”】 截至2021年底，民革东莞市委会贯彻落实各级党委政府关于打好打赢脱贫攻坚战的政策措施，开展广西壮族自治区百色市、贵州省纳雍县、云南省昭通市、韶关市乳源县、云浮市郁南县、东莞市滘联村等一系列对口帮扶活动，市委会、支部、党员和党员企业累计捐款捐物数千万元。共举行各种形式的义诊10余场，参与义诊民革党员140多人次，受惠群众4000余人。部分党员义务援藏或参与普法活动得到表彰，其中党员郑耀南带领都市丽人支部历年投入帮扶物资数千万元。特别是联合民革珠海市委会、广东丰诚集团等企事业单位、公益组织等参与民革中央结对贵州省毕节市纳雍县新房乡帮扶工作，投入物资30余万元，为新房乡河姆楷村贫困农户居住环境改善和生活环境改善及新房中学、新联小学教学环境的优化起到促进作用。因工作成绩突出，11月，市委会获评民革中央“民革助力脱贫攻坚工作先进集体”，郑耀南获“民革助力脱贫攻坚工作先进个人”称号。 （林宗辉）

附：2021年中国国民党革命委员会东莞市委员会主要领导名录

主　委：郑国洪

中国民主同盟东莞市委员会

【民盟概况】 截至2021年底，中国民主同盟东莞市委员会（简称民盟东莞市委会）有总支6个、专门工作委员会6个，有盟员491人（其中新发展盟员21人）。盟员中，教育界251人、文化艺术界45人、其他界别195人。担任市政协委员10人（其中市政协副主席1人、市政协常委2人），市人大代表3人（其中市人大常委1人），市特约人员6人。年内，民盟东莞市委会获评民盟中央“庆祝民盟80周年微视频宣传工作优秀集体”，获评民盟广东省委会“组织工作模范集体”，获民盟广东省委会“2020年度参政议政工作先进集体二等奖”；民盟东莞市委会办公室获评“2020年度全市统战信息工作良好单位”，获“2020年度全市统战理论政策研究创新成果三等奖”；南城总支、东城总支获民盟广东省“组织工作优秀基层组织”，松山湖总支、高校总支、虎门支部获民盟广东省委会“脱贫攻坚先进集体”；盟员林海川获评民盟中央“脱贫攻坚先进个人”，盟员蔡子萍获评民盟中央“组织发展工作先进个人”，朱伍坤、张念华、欧阳华金、段广亮、涂华、蔡子萍获评民盟广东省委会“脱贫攻坚先进个人”，援非盟员岳乾军获评2021年第一季度“东莞好人”。

【民盟组织建设】 2021年，民盟东莞市委会以“学党史、温盟史”为抓手，筑牢广大盟员思想根基。民盟广东省委主委王学成来莞开展中共党史学习教育现场教学，为东莞盟员授课；主委程发良通过《东莞日报》发表党史学习及贯彻落实《中国共产党统一战线工作条例（试行）》心得；为庆祝民盟成立80周年和民盟东莞市委会成立30周年，与民盟省委共同主办系列庆祝活动。7月11日，召开民盟东莞市第七次代表大会，选举产生民盟东莞市第七届委员会，程发良当选为主任委员，林海川、王雪萍、陈莉当选为副主任委员。

【民盟参政议政】 2021年，民盟东莞市委会向市政协十三届六次会议提交集体提案11件、委员提案18件，其中被定为市政协重点督办提案1件，获评优秀提案3件、表扬提案3件；获民盟广东省委会立项课题3件；协助民盟中央来莞进行课题《优化科技创新人才体系建设高水平人才高地》调研；参与“政协议政厅”“行走东莞”“洁净东莞”等电台、直播、城市论坛节目3期。

【民盟社会服务】 2021年，民盟东莞市委会整合盟内外爱心资源，捐助中小学生246人（广东省韶关市新丰县6人、贵州省铜仁市印江县30人、云南省勐海县50人、湖北省五峰县80人和广东省韶关市仁化县80人），为河南省洪涝灾害捐款2.2万元，盟员李溯向母校东莞理工学院捐资100万元，设立“鹏万里考研基金”。联合市图书馆举办主题为“新形势下东莞的城市水安全保障”的“市民学堂”1期，举办写春联送祝福活动2场、医疗卫生科普活动7场、健康义诊活动2场、“学业规划沙龙”讲座1场；多名盟员医生及志愿者助力全市核酸筛查。

【民盟东莞市委会获评民盟中央“庆祝民盟80周年微视频宣传工作优秀集体”】 2021年，民盟东莞市委会参加民盟广东省委会以“庆祝中国民主同盟成立80周年”为主题的微视频征集活动。报送微视频作品——《昨天、今天、明天》，作曲者为民盟东莞市委南城总支副主委、东莞市文化馆副研究馆员、东莞市音乐家协会副主席申明鹤，作品立意于“从过去到未来”的回顾和展望，抒发新时代不忘初心，继往开来，对伟大的中国共产党充满无限热爱的真挚情怀，以及紧密团结在以习近平同志为核心的党中央周围，阔步新时代，为夺取第二个一百年的辉煌胜利，为中华民族的伟大复兴而努力奋斗的坚定信念。12月，民盟东莞市委会获评民盟中央“庆祝民盟80周年微视频宣传工作优秀集体”。

（简锐娅 黄杰文）

2021年1月21日，民盟东莞市委会开展迎新春线上公益活动

（民盟东莞市委会供图）

附：2021年中国民主同盟东莞市委员会主要领导名录

主　委：程发良

中国民主建国会东莞市委员会

【民建概况】 截至2021年底，中国民主建国会东莞市委员会（简称民建东莞市委会）有总支1个、基层支部12个、专委会6个，有会员240人。会员主要分布在经济界、公务员队伍和教育界，具有中、高级技术职称会员占50%，有民建广东省委会副主委1人、委员1人，有省人大常委会委员1人、市人大常委会副主任1人、市人大常委会委员2人、市人大代表6人，有市政协常委4人、市政协委员10人。民建东莞市委会连续第10年被评为广东省民建参政议政先进集体，11人被评为省民建参政议政先进个人；连续第6年被评为省民建社会服务先进集体，10人被评为省民建社会服务先进个人；连续第10年获“民建广东省委理论研究优秀组织奖”。

【民建组织建设】 2021年，民建东莞市委会定期举行中心组学习活动，学习贯彻学习习近平总书记“七一”重要讲话和中共十九届六中全会精神等；举办庆祝中国共产党成立100周年系列活动，深入学习“四史”（党史、国史、改革开放史和社会主义发展史），举办中共党史主题讲座3次，在微信公众号开展“中共党史微课堂”学习活动，组织骨干会员赴重庆市、惠州市开展主题教育活动，会员参加广东统一战线庆祝中国共产党成立100周年朗诵比赛获一等奖，协助省委会在海战博物馆与东莞市共建教育基地；完成换届工作，推进队伍建设，强化专委会履职功能。建成“会员之家”2个，把“会员之家”建设成会员学习、交流、联谊、议政的平台。

【民建参政议政】 2021年，民建东莞市委会完善课题调研工作机制，各调研小组开展课题调研17个，形成一批高质量调研报告；参与中共东莞市委深调研课题《关于加快推进港澳台资企业转型升级，进一步焕发发展新活力研究》各项调研工作；《推动广东传统制造业数字化转型的对策研究》中标民建广东省委会重点课题；承接东莞市政协课题调研2个。及时跟踪民生热点，提交社情民意51篇，获民建中央采用3篇，获民建广东省委会采用9篇，被东莞市委统战部采用4篇。

【民建社会服务】 2021年，民建东莞市委会参与乡村振兴工作，捐资10万元用于建设黔西市新仁乡化屋村旅游接待中心项目；捐出10万元和价值300万元的线上教育培训课程帮扶贵州省铜仁市；发动全体会员消费帮扶韶关市农产品5万多元；拍摄公益纪录片《驻村干部》在互联网媒体上线，宣传东莞市对口帮扶韶关市、揭阳市各项工作。擦亮社会服务品牌，“建华课堂”举办“东莞制造业高质量发展及工信政策扶持体系”等4期专题讲座；开展“同心·思源·环保行”——探访海心沙资源循环利用基地，宣传垃圾分类活动。举办超级产品经理线上分享会以及组织会员“走进生益电子——探寻数字创新管理变革路径”，为企业提供更多学习交流机会。

【《推动广东传统制造业数字化转型的对策研究》中标民建广东省委会重点课题】 2021年5月，民建东莞市委会《推动广东传统制造业数字化转型的对策研究》中标民建广东省委会重点课题。调研组就广东制造业数字化转型进行数月调研，形成调研报告，报告于12月通过民建广东省委会专家论证评审结题。报告以详实数据和案例，深入分析广东传统制造业数字化转型总体现状、时代机遇、特点和优势，深入剖析面临的问题和困难，提出对策建议：加快推动传统制造业数字化转型的基础设施条件建设；加快全行业数字化改造速度，为数字化转型赋能；挖掘和拓展一批传统制造业转型的典型场景，推动正向示范带动作用；依托智能制造龙头企业和协会组织建立行业“数据大脑”；营造产业数字化转型的良好环境，培育产业数字化发展生态。

（叶尧斌）

2021年4月28日，民建东莞市委会举办“学党史 强信念 跟党走”主题讲座 （民建东莞市委会供图）

附：2021年中国民主建国会东莞市委员会主要领导名录

主 委：周楚良（任至6月）

中国民主促进会东莞市委员会

【民进概况】 截至2021年底，中国民主促进会东莞市委员会（简称民进东莞市委会）有支部10个、工作委员会7个，设监督委员会。有会员204人（其中年内新发展会员14人）。会员中，教育界106人、文化艺术界16人、出版传媒界9人、科技界13人、医卫界11人、政府和党派机关21人、其他界别28人。具有高中级职称的人数占70.6%。担任市政协副主席1人、市政协常委2人、市政协委员5人、市人大代表3人。是年，民进东莞市委会获评为“民进全国社会服务暨脱贫攻坚工作先进集体”“二〇二〇年民进广东省社会服务工作先进单位”，东城支部获评为“民进全国脱贫攻坚民主监督工作先进集体”，东莞理工学院支部获评为“民进全国反映社情民意信息工作先进集体”；会员卓奇文获“民进全国反映社情民意信息工作先进个人”“广东民进优秀会员”称号，蔡军获“民进全国社会服务暨脱贫攻坚工作先进个人”称号，温伟强获“民进全国脱贫攻坚民主监督工作先进个人”称号。

2021年11月19—20日，民进东莞市委会赴南雄市、乳源瑶族自治县开展幼儿园骨干教师专项技能培训　　（民进东莞市委会供图）

【民进组织建设】　2021年，民进东莞市委会开展中共党史学习教育，成立民进东莞市委会中共党史学习教育领导小组。市委会主委梁佳沂带领市委会委员、支部主任等骨干会员近30人前往江门市开展庆祝中国共产党成立100周年学习交流，参观雷洁琼祖居，周文雍、陈铁军烈士陵园。举办庆祝中国共产党成立100周年“大地回春”——程云教授高温颜色釉瓷画巡展、庆祝中国共产党成立100周年“朴实舒怀”——中国著名花鸟大写意名家陈大朴作品巡展。各基层支部通过参观革命遗址、收看庆祝中国共产党成立100周年大会直播、观看党史电影、交流座谈等多种形式，把学习中共党史与学习新中国史、改革开放史、社会主义发展史、多党合作史、民进会史相贯通。6月，召开民进东莞市第三次代表大会，选举产生民进东莞市第六届委员会，梁佳沂当选为主委，李书浩、刘川、何建鹏当选为副主委。

【民进参政议政】　2021年，民进东莞市委会向市政协十三届六次会议提交集体提案11件、个人提案10件，被评为市政协优秀或表扬提案4件。其中集体提案《加快我市数字经济高质量发展的建议》被列为中共东莞市委书记督办重点提案。《关于发挥大科学装置集聚优势加快申报综合性国家科学中心的提案》获民进广东委会2020年度参政议政成果二等奖；参与完成的《以科技创新平台为支撑推动粤港澳大湾区创新合作》建言材料获民进广东省委会2020年度参政议政成果一等奖。参加中共东莞市委、市政府、市政协以及有关部门召开的协商会、座谈会、通报会16次，就东莞市经济、社会发展相关议题以及有关人事工作提出意见建议。提交社情民意信息，被民进广东省委会采用7篇，其中被民进中央采用3篇。

【民进社会服务】　2021年，民进东莞市委会依托东莞开明美术馆助力东莞文化艺术繁荣发展作为社会服务工作品牌，先后在塘厦镇、松山湖高新区等镇街（园区）举办庆祝中国共产党成立100周年“大地回春”——程云教授高温颜色釉瓷画巡展、庆祝中国共产党成立100周年“朴实舒怀”——中国著名花鸟大写意名家陈大朴作品巡展、“黔风彩韵”2021贵州名家油画·水彩作品联展等6场展览，在基层营造良好的社会主义文化氛围。协助韶关市乳源瑶族自治县乳城镇岭溪朱屋村完成“四小园”墙绘项目，绘制6面360平方米乡村振兴主题文化墙，助力改善乡村的村容村貌，提高村民的精神文化生活品位，推动乡村文化建设。响应中共东莞市委统战部助力东西部协作的统一部署，向贵州省铜仁市沿河县捐赠网络培训中心建设资金5万元。选派医生会员赴万江街道滘联社区参加东莞统一战线“同心·义诊”服务活动，为滘联社区50多名群众提供诊疗和健康咨询。组织幼儿教育骨干会员赴韶关市南雄市、乳源瑶族自治县等地开展幼儿园骨干教师专项技能培训，培训幼儿教师150多人次。向乳源瑶族自治县教师发展中心捐赠图书1000册；向南雄市敬老院捐赠保暖被子18套。民进东莞市委会会员在“6·18”“12·13”两轮本土新冠肺炎疫情防控期间投身抗疫支援工作一线。文化传媒界会员利用自身优势，前往抗疫一线，记录和报道抗疫一线发生的点滴，传播抗疫正能量，参与制作抗疫歌曲。

【民进东莞市委会获评为“民进全国社会服务暨脱贫攻坚工作先进集体”】　2016年至2020年，民进东莞市委会参与民进中央、省委会和中共市委统战部的对口帮扶工作，发挥优势、整合资源，助力脱贫攻坚，取得良好成效。为广东、广西民进教育帮扶项目“瑶族女生班”、“少数民族女子高中班”、云南省昭通市镇雄县路灯工程建设、韶关乳源教育帮扶、万江街道滘联社区疾病困难家庭等帮扶项目累计捐款捐物20.09万元。联合会员所在企业向东莞市莞城第一幼儿园、石碣镇袁崇焕小学以及韶关市新丰县马头镇大席小学捐赠教育款项及捐建运动设施总计60万元，向东莞市环卫工人捐赠饮品价值468万元。2021年5月，在民进全国社会服务暨脱贫攻坚工作总结表彰大会上，民进东莞市委会被评为“民进全国社会服务暨脱贫攻坚工作先进集体”。（黄建英）

附：中国民主促进会东莞市委员会主要领导名录

主　委：梁佳沂

中国农工民主党东莞市委员会

【农工党概况】　截至2021年底，中国农工民主党东莞市委员会（简称农工党东莞市委会）有支部委员会12个、支部2个、工作委员会2个和专门委员会5个，有党员345人（其中2021年新发展党员15人）。农工党党员中，医药卫生界有206人、人口资源和生态环境界有26人、其他界别有113人。担任省政协委员1人、市政协副主席1人、市政协委员11人（含政协常委3人，特邀人士1人），市人大代表9人。年内，被农工党中央评为“农工党脱贫攻坚工作先进集体”，农工党党员蒋四清获评“2020年全省社情民意信息工作先进个人”。

【农工党组织建设】　2021年，农工党东莞市委会成立中共党史学习教育领导小组，把开展中国共产党历史学习教育作为一项重要政治任务，组织召开“学习中共党史，不忘合作初心”专题报告会、理论中心组读书会，观看主题教育影片，开展实地教学。召开5次理论学习中心组会议，发挥政治引领作用，各基层组织以点带面，以支委会会议、主题学习为载体，组织农工党党员开展政治学习。运用多媒体渠道扩大思想教育范围，通过微信公众平台推送学习资料逾百篇，鼓励农工党党员利用碎片化时间学习。加强宣传教育，报道各级组织学习教育开展情况和经验做法，营造浓厚学习氛围。开展政协、统战理论研究，《加强领导班子建设，发挥参政党效能》文章获东莞市统战理论政策研究创新成果三等奖，《新时代民主党派基层组织建设的路径探究》在广东省社会主义学院学报发表。6月13日，农工党东莞市委会召开农工党东莞市第七次代表大会，选举产生农工党东莞市第七届委员会。14名委员均具有民意基础，政治素质过硬，品德修养良好。新一届市委会班子学历层次有所提高，年龄梯次配备合理，界别构成更具优势。

【农工党参政议政】　2021年，农工党东莞市委会在市人大、政协“两会”期间，提交政协集体提案12件、个人提案6件，人大建议7件。《关于进一步强化广东省青少年心理健康教育的建议》被列为省政协主席会议督办提案，《关于加快硼中子俘获治疗项目建设，打造科技能级提升新动能的建议》被列为市政协主席会议督办提案，《打造千亿级粮油食品产业，为我市食品饮料产业高质量发展注入新动能》被列为市政协副主席督办提案。《关于建立健全我市突发公共卫生事件应急体系的建议》《关于大力推进安宁疗护国家级试点工作，提升人民群众生活品质的建议》《关于高水平建设第九人民医院，提升应对突发公共卫生事件救治能力及医疗服务水平的建议》和《关于治理民校“掐尖”，推进教育均衡化的建议》等4件提案分别获得集体优秀、集体表扬、个人优秀和个人表扬提案表彰。全年向农工党广东省委会、东莞市政协和中共东莞市委统战部提交社情民意信息57件（动态类44件、建议类13件），其中获农工党广东省委会采纳1件、获中共东莞市委统战部采纳15件。

【农工党社会服务】　2021年，农工党东莞市委会根据农工党广东省委会部署，连续3年赴韶关市曲江区枫湾镇开展乡村振兴系列活动。赴贵州省铜仁市参加东莞统一战线东西部协作活动，与当地签订服务协议，在医疗卫生等方面给予线上、线下帮扶支持。支持农工党广东省委会“乡村医生培训公益项目”，捐赠1.3万元。“同心助医”服务品牌连续5年走进校园，为青春期学生提供专业知识普及和答疑辅导，推动青少年健康成长。“中国疼痛周”主题义诊活动连续5年在望牛墩镇社区卫生服务中心举办，普及科学的疼痛防治观念。农工党东莞市委会“法律讲堂”社会服务基地连续9年开展校园法律讲座，围绕热点结合案例，加深学生对法律法规的理解。在“农工党2021年环境与健康宣传周”开展“强对流气象灾害防御”专题讲座，增强市民防灾减灾意识。在

2021年7月18日，农工党东莞市委会赴韶关市曲江区枫湾镇卫生院开展乡村振兴系列活动
（农工党东莞市委会供图）

“6·18”和“12·13”本土新冠肺炎疫情防控期间，农工党东莞市委会30多位医卫专家深入一线开展核酸检测、流行病学调查等工作；非医卫界农工党党员投身志愿服务，为前线工作提供后勤保障。

【农工党东莞市委会被农工党中央评为“农工党脱贫攻坚工作先进集体”】 2021年，农工党东莞市委会巩固脱贫攻坚成果，助力乡村振兴。连续第三年赴韶关市枫湾镇开展乡村振兴系列活动，组织疼痛科、中医科、内科等专家党员为当地村民提供义诊服务和健康知识普及宣讲，现场服务逾百人次，捐赠医疗设备和药品价值1.6万元；赴贵州省铜仁市参加东莞市统一战线东西部协作活动，联系捐款捐物239.5万元（含贫困生助学金7万元、“云上书院”学习系统23套价值230万元，图书1000册价值2.5万元），与当地签订服务协议，在医疗卫生等方面给予线上、线下帮扶支持；支持省委会“乡村医生培训公益项目”，捐赠1.3万元；基层组织联合开展乡村振兴活动，赴韶关市乳源县捐赠图书500余册。7月，在农工党脱贫攻坚工作总结表彰大会上，农工党东莞市委会被农工党中央评为“农工党脱贫攻坚工作先进集体”。 （余润熹）

附：2021年中国农工民主党东莞市委员会主要领导名录

主　委：赖少瑜

2021年9月11日，致公党东莞市委会召开“凝聚侨海心　献智大湾区——海归青年梦想”为主题的第四期“东莞致公论坛”

（市致公党供图）

中国致公党东莞市委员会

【致公党概况】 截至2021年底，中国致公党东莞市委员会（简称致公党东莞市委会）下设监督委员会以及基层支部15个，专委会12个，成员238人（其中2021年发展新党员9人）。成员中有归侨7人、侨眷侨属42人、港澳台属28人、留学及访问学者22人、其他有海外关系70人；界别分布以科教文卫为主体，其中教育界69人、医疗卫生界48人、新的社会阶层29人、政府机关干部36人；具有中高级职称的181人。有市政协副主席1人、市政协常委2人、市政协委员10人，市人大常委会委员1人（为河南省南阳市人大常委会委员）、市人大代表3人。2021年，致公党东莞市委会被致公党广东省委会评为脱贫攻坚先进集体、参政议政工作优秀组织，被东莞市委统战部评为统战信息优秀单位。致公党党员董斌被评为中国致公党脱贫攻坚先进个人，卢丹玲被评为脱贫攻坚先进个人，罗红辉被评为脱贫攻坚优秀组织工作者。

【致公党思想建设】 2021年，致公党东莞市委会在党员中进行理想信念教育、爱国主义教育，开展中国共产党历史、新中国史、改革开放史和社会主义发展史专题教育，贯彻落实中共党史学习教育。先后组织致公党党员参观广东东江纵队纪念馆、海丰红宫红场、彭湃烈士故居、北伐战争纪念馆和中共广东省委、中共粤北省委机关旧址，重温红色历史，传承爱国情怀。学习中共中央总书记习近平“七一”重要讲话精神、在纪念辛亥革命110周年大会上重要讲话精神暨中国致公党成立96周年纪念座谈会和中共十九届六中全会精神，引领全体致公党党员传承“致力为公、侨海报国”的传统。

【致公党参政议政】 2021年，致公党东莞市委会在市政协十三届六次会议期间提交党派提案6件、个人提案17件，其中被评为优秀提案2件、被评为表扬提案4件。在市政协十四届一次会议期间提交党派提案13件、个人提案22件。在市人大、政协“两会”期间，涉及致公党东莞市委会和致公党政协委员的报道20多篇，是各民主党派中最多的。致公党党员黄岳钧主笔的统战课题《提高港澳青年国家认同感融入大湾区发展大局的建议》获得东莞市统战理论政策研究创新成果二等奖。致公党东莞市委会承办各民主党派、无党派人士联合调研中“关于促进数字科技与制造业双效融合，做强做大我市数字经济产业基地研究”课题。向致公党广东省委会申报调研课题12个，全部获得立项，向中共市委统战部报送统战课题1个。向致公党广东省委会报送信息79件，其中社情民意信息16件；向中共市委统战部报送信息73件，其中建议类信息19件，内容涉及爱国主义教育、中小学生视力保护、企业绿色转型发展等，其中《关于引导中小学生学好百年党史植厚爱党爱国情怀的建议》《关于在全省中小学校教室装备光生物护眼灯的建议》等获采用；向市政协报送信息50件。

【致公党联络工作】 2021年，致公党东莞市委会拜访原苏里南总统高级顾问、苏理南东莞同乡会会长张丰年，斐济—中国农商发展促进会会长、广东省侨联第十一届委员会海外委员、广东国际商会副会长、斐济新侨联谊会副会长陈灿言，对其为东莞市新冠肺炎疫情防控作出的贡献表达敬意。5月，致公党东莞市委会受邀以贺函形式表达对菲律宾中国洪门致公党总部庆祝成立121周年暨第119连120届就职典礼的祝贺，加强互动交流，增进情谊。通过“五侨”（5家东莞涉侨单位：市委统战部、市人大教科文卫华侨外事工作委员会、市政协港澳台侨外事委员会、致公党东莞市委会、市侨联）联席会议，加强“五侨”联动，反映侨声、为侨服务。

【致公党社会服务】 2021年，致公党东莞市委会开展关爱东莞市自梳女活动，参与铜仁市对口协作帮扶项目，向沿河县地区提供艺术教育、电子商务、网络销售等帮扶，落实采购农产品120万元，捐赠图书1000册；参与“致公育蕾”行动，助力汕尾市城区捷胜镇乡村振兴计划，向捷胜镇捐赠图书328册、资金5000元用于助学行动，组建律师团队开展法制宣传进校园；动员致公党党员向致公党中央对口帮扶地区重庆市酉阳土家族苗族自治县开展“以购代捐”消费扶贫，消费采购农产品价值2万多元，助力酉阳地区乡村振兴。走访慰问韶关市曲江区、乳源瑶族自治县贫困群众，捐赠2万元助力乳源瑶族自治县岭溪村公共文化设施建设。致公党党员刘小伟向家乡河源市龙川县黄布镇宦境存教育基金会捐款10万元，助力家乡教育事业发展，受到当地政府的高度评价。

【东莞致公论坛】 2021年9月，致公党东莞市委会在寮步镇召开第四期“东莞致公论坛”。主题为“凝聚侨海心献智大湾区——海归青年梦想”，为致公党海归党员与东莞市海归青年搭建沟通交流平台，加强对海归青年的团结和引导。（罗红辉）

附：2021年中国致公党东莞市委员会主要领导名录

主　委：陈树良

九三学社东莞市委员会

【九三学社概况】 截至2021年底，九三学社东莞市委员会设监督委员会1个；设专委会6个；有基层委1个（下设3个支社）、支社11个。社员282人，其中年内新发展社员15人、转入4人、转出2人、病逝1人、退社1人；主要界别特色社员合计221人，占比78.4%，其中科学技术界重点分工社员90人、医药卫生界重点分工社员75人、高等教育界重点分工社员48人；中高级职称合计254人，占比90.1%；具有大学以上学历266人，占94.3%。有省人大代表1人、省政协委员1人；市人大代表2人、市政协委员9人。九三学社东莞市委员会被九三学社广东省委员会评为参政议政先进集体、机关建设检查先进集体。社员王坚被九三学社中央评为参政议政先进个人。

【九三学社组织建设】 2021年，九三学社东莞市委员会开展中共党史学习教育，公众号开设“党史百年天天读”，全年微信公众号推送信息311条。组织社员开展“五史”（中共党史、新中国史、改革开放史、社会主义发展史、多党合作史）学习交流会，分享在莞奋斗历程和履职感悟，得到九三学社中央常务副主席邵鸿指导认可。通过“社员之家”App推送信息27条。全年编印学习资料7期，全市各级社组织举办思想政治学习会65场。6月13日，九三学社东莞市委员会召开第六次代表大会，选举产生九三学社东莞市第六届委员会。开展领导班子民主生活会、述职与民主评议工作，推进社内监督机制建设。九三学社中央韩启德、邵鸿、丛斌，九三学社省委张少康等领导来莞调研，肯定九三学社市委及基层组织工作。全年各级社组织举行组织活动75场。中共东莞市委书记肖亚非等市领导与社市委新老班子座谈2次，与主委兰建锋进行交友活动1次。

【九三学社参政议政】 2021年，九三学社东莞市委员会提交省人大建议2件、省政协提案2件、市人大建议1件、市政协提案19件（集体10件、个人9件），其中被列为市长督办重点提案1件、市重点提案1件、市优秀提案3件、市表扬提案1件。与致公党东莞市委会完成“数字科技与制造业”主题联合调研。暑期座谈会以“社区党建”主题向中共东莞市委书记等市领导建言。全年提交建议类信息10篇。参加有市领导出席的协商会、暑期座谈会、党外人士座谈会等4次。承接完成社中央关于“双减”（减轻义务教育阶段学生作业负担和校外培训负担）方面的大调研子项目；向社省委提交省课题7份；提交统战理论调研课题6份。

【九三学社社会服务】 2021年，九三学社东莞市委员会在6月、12月两次新冠肺炎疫情防控期间，号召社员配合中共东莞市委和市政府有关疫情防控工作的安排。参与贵州省铜仁市东莞统一战线东西部协作活动，向沿河县捐赠图书4000册，向德江县捐赠10万元用于建设学校电子阅览室，向德江县贫困学生捐赠爱心助学金2万元，与当地签订采购农产品、线上医疗协作等服务协议。分4批向西藏自治区、内蒙古自治区等地捐赠冬季衣物近千套。向韶关市新丰县的小学捐赠价值约3万元书籍共建“学习园地”。成立“九三学社东莞市委员会志愿服务队”，发动社员注册成为志愿者。全年举办“水污染治理”“仿生科技”“糖尿病筛查”等科普活动3场。

【九三学社直通车】 2021年，九三学社东莞市委员会报送直通车《关于尽快推进先进核探测器技术发展的建议》，从东莞具备的技术优势、产业优势、区位优势分析推进该技术产业的可行性和必要性，获得中共东莞市委书记和市长批示，与市科技局多次沟通交流，共同探讨政策措施、项目立项、平台建设、人才引进、成果转化等方面工作，助推高效保障中国散裂中子源的建设与发展，培育中国自主可控的核探测器产业。 （卢力森）

附：2021年九三学社东莞市委员会主要领导名录

主　委：周爱军（任至6月）
　　　　兰建锋（6月到任）

东莞市工商业联合会

【工商联概况】 截至2021年底，东莞市工商业联合会（总商会）（简称东莞市工商联）有基层工商联商会32家，团体会员168家，其中异地商会97家（省级16家、省外市级31家、省外县级23家、省内市级8家、省内县级19家），协会商会71家，会员企业3万余家。会员中有全国人大代表1人、省人大代表1人、市人大代表43人，全国政协委员3人、省政协委员3人、市政协常委26人、市政协委员92人，省工商联副主席1人、常委3人、执委8人。获评2020年工作评价优秀地级以上市工商联、全省工商联系统2021年度信息工作先进单位、广东省脱贫攻坚先进集体、2021年度广东省民营企业及民营企业家人才库建设先进单位；《强化责任担当完善工作机制确保“两送一防”落地见效》被授予全国工商联系统2021年实践创新奖。

【工商联理想信念教育】 2021年，东莞市工商联推进实施“十百千”新生代企业家培育行动。推动在全市设立16个民营经济人士理想信念教育基地，组建民营经济人士理想信念教育讲师团，联合省工商联举办“百场党课进千家商会万家民企”理想信念教育活动启动仪式。举办4期“百场党课进千家商会万家民企”活动，青年企业家领航计划高级研修班等。举办“逆行的力量—东莞市非公经济界抗疫书画摄影暨粤港澳大湾区美术家联盟作品邀请展”、“韵墨金秋·星艺联谊”—祝贺祖国七十二华诞岭南名家书画展。推出《聚焦东莞两会》《致敬了不起的她》《东莞正青春奋斗故事励志，青年逐梦东莞》等报道及“莞香家书”“走访座谈送关怀·新春暖企行动”等主题报道。每季度召开意识形态专题工作会议。建立非公经济领域舆情管理工作机制，制定《东莞市工商联（总商会）舆情管理办法》，推出《东莞工商舆情月报》。开展东莞民营经济人士思想状况调研并形成调研报告。

【工商联公益事业】 2021年，东莞市工商联与广东省粤黔协作工作队铜仁工作组、市经协办、铜仁市工商联（总商会）加强联系，与铜仁市工商联缔结友好工商联并就东西部协作、产品采购协议、村企结对帮扶进行签约，捐资508万多元（含物资），进一步加强东西部协作。9月，东莞市工商联再次组织考察团到贵州省铜仁市开展协作工作，为铜仁市乡村振兴及项目发展捐赠200余万元（含物资）。对口帮扶道滘镇九曲村，落实捐赠20万元支持美丽乡村建设项目。发出倡议书，发动企业家参与2021年“广东扶贫济困日暨东莞慈善日”活动捐款等各类慈善活动，广大商协会、民营企业捐资捐物折合1.5亿元。开展“民营企业助力乡村振兴”专题调研活动。组织发动社会团体、企业参与“广东扶贫济困红棉杯”申报工作。与东莞市改革发展研究院联合启动2020年度民营企业社会责任调研工作。支持东莞市残疾人事业，资助市残疾人运动员调整休憩场所装修10万元。

【工商联会员服务建设】 2021年，东莞市工商联与市委统战部联合举办市政府“一号文”及支持战略性新兴产业基地建设政策宣讲会。推进“企业家工商管理在线培训”工作。联合东莞市零售行业协会举办“东莞零售品牌成长论坛”，与东莞世界莞商联合会、东莞市品牌促进会主办2021首届东莞品牌节。推动成立东莞市采购与供应链联合会。组织东莞工商界代表团赴洛阳市、郑州市、铜仁市等地考察，参加海博会、广交会、进博会、台博会、澳门国际贸易投资展览会、澳门国际品牌连锁加盟展2021及2021年葡语国家产品及服务站（中国澳门）联展等。组织企业参加2021东莞市工程师创新方法（TRIZ）应用成果大赛。建设“一带一路”数据库。推动建立《市领导联系商会协会和民营经济代表人士制度》。召开东莞工商界“庆中秋　迎国庆”座谈会，市四套班子领导参加座谈。开展“走访座谈送关怀·新春暖企行动”，召开基层组织建设交流活动8场，走访副会长以上69人。落实会员关怀制度。组织民营企业、金融机构代表走进滨海湾新区、谢岗银瓶合作创新区。与国家税务总局东莞市税务局联合搭建“税企心桥”联学共建平台，开展2021年助力小微企业发展“春雨润苗”专项行动，发动82家商会协会与当地税务机关共同开展活动。推进社会信用体系建设工作，帮助2家会员企业修复信用。推动成立检察院驻商会联络服务站、邀请民营企业家参加市中级人民法院教育整顿主题开放日、组织民营企业家参与市劳动人事争议仲裁院庭审观摩活动、举办行政检察服务保障民营经济座谈会等活动。与市司法局联合印发《关于建立健全东莞市司法行政机关与工商联沟通联系机制的实施意见》。与市司法局、市律师协会联合开展“律所联商会”专项活动，36家所属商会全部与律所开展对接。开展法律顾问移动接访活动4期，160余名民营企业家参与活动。组织企业参加劳动法进民企暨企业规范用工“云”讲堂启动活动、民营企业标准化公益大讲堂、“和谐同行”企业依法规范用工、应对劳动关系风险挑战课程培训等。推动东莞市湖南益阳商会、东莞市安徽商会、莞城工商联（商会）等成立人民调解委员会，截至年底，有38家商会成立调解组织。推荐指导7家商会被认定为广东省工商联系统“四好”商会（班子建设好、团结教育好、服务发展好、自律规范好），分别是厚街商会、大岭山商会、樟木头商会、石龙商会、长沙商会、名家具俱乐部、绿色建筑协会。

2021年5月10日，2021首届东莞品牌节开幕式举行

（市工商联供图）

【2021首届东莞品牌节】 2021年5月10—30日，东莞市工商业联合会（总商会）、东莞世界莞商联合会、东莞市品牌促进会联合主办2021首届东莞品牌节。首届东莞品牌节以“品牌强市、乐购东莞”为主题，以东莞民盈国贸中心为主会场，通过新闻发布会、开幕式、东莞品牌高峰论坛及2个分论坛、东莞品牌展示会、品牌消费嘉年华等5大活动内容，把东莞城市品牌建设成果和品牌消费驱动有机结合。100多家东莞本土知名品牌企业（中国驰名商标及原省著名商标企业）参与品牌展示会及相关活动，全市各镇街工商联（商会）、行业协会、东莞异地商会、企业负责人及知名企业家、专家学者800多人参加品牌高峰论坛及分论坛，东莞万达、嘉荣广场、珠三角汽车博览中心主流商业体及品牌企业近5000个商户参与品牌消费嘉年华活动。

【工商联助力新冠肺炎疫情防控】 2021年，东莞市工商联向全市民营企业、商会协会发出《关于迅速行动起来，积极参与疫情防控工作的倡议书》。多家商协会及数十家民营企业参与一线慰问及志愿服务活动。组建工商联机关抗疫志愿服务队，协助寮步镇、厚街镇开展大规模核酸检测服务。推出《守望相助，莞商爱心接力齐抗疫》《莞商化身抗疫一线后勤服务员》《我是党员我先行，众志成城齐抗疫》等专题报道。据不完全统计，全市工商联系统为疫情防控捐赠总额1376.7万元（含物资）。

（林玉婷）

【东莞世界莞商联合会】 截至2021年底，东莞世界莞商联合会有会员998名、团体会员46家。3月19日，经中共东莞市社会组织委员会同意，由中共东莞世界莞商联合会支部委员会牵头、联合知名企业、行业商协会、异地商会的优秀党组织组建的“莞商党建共建平台”启动。首批共建平台成员单位13家。中共东莞世界莞商联合会支部委员会于2月获评2020年度“五星级”党组织，于9月获评“先进基层党组织”，《坚持党建领航，激发商会发展新动能》案例于12月获广东省社会组织优秀案例。“世界莞商之家”项目建设稳步推进，该项目共14层，总建筑面积1.77万平方米（该项目于2016年9月奠基，2019年9月封顶），东莞市委、市政府无偿交由东莞世界莞商联合会使用，是东莞世界莞商联合会永久会址，“世界莞商之家”规划“1+5”功能（“1”是指世莞会的核心办公需求；“5”是指包括莞商发展文化展示中心及莞商产品展览中心、莞商学院企业经营管理分院、海外莞商分会联络办公室、商会文化交流中心、莞商俱乐部等促进莞商会务及会员发展的需求）。

（刘晓慧）

附：2021年东莞市工商业联合会（总商会）主要领导名录

党组书记：陈国良
主　　席：莫浩棠

附：2021年东莞世界莞商联合会主要领导名录

会　　长：尹洪卫

群众团体

MASS ORGANIZATIONS

南社古村　（2021年谢锐坚摄）

编辑：苏淑娴

东莞市总工会

【工会概况】　截至2021年底，东莞市工会组织有镇街总工会33家、市直属工联会39家、市直属基层工会40家、省属基层工会28家，全市各级工会组织2.62万家（其中基层工会1.42万家），工会会员214万人。2021年，东莞市总工会被授予广东省五一劳动奖状，在全省工会考核评比中获综合奖一等奖。

【企业建会入会】　2021年，东莞市总工会开展“明底数、强基础”专项摸查，对照有关部门提供的企业数据，全面掌握东莞市工会真实组建情况，理清历史遗留问题。在深入开展调研走访的基础上，制定组建计划，加强企业建会入会工作，全市新组建企业工会3351家。配合广东省总工会蹲点组进驻南城天安数码城开展工作，以探索新型园区建会入会模式为突破点，4个月内推动园区百人以上企业全部建立工会，新组建企业工会70家。

【新业态劳动者建会入会】　2021年，东莞市总工会成立首个市级新业态行业工联会，聘请全国人大代表曾香桂担任专职副主席，镇级工联会在33个镇街（园区）实现全覆盖。加强与邮政、交通等部门联动，成立市级行业工联会7个、镇级行业工联会40个。开展新就业形态劳动者专题调研，在东莞顺丰公司举办万人集中入会仪式，开展新就业形态劳动者“入会有礼”活动，累计发展新就业形态劳动者会员近3万人。

【工会经费管理】　2021年，东莞市总工会开展税务代收扩面工作，与市税务局召开座谈会，共同研究扩面工作措施。在石排镇、长安镇开展扩面工作试点，石排镇缴费企业由45家增加到189家，长安镇缴费企业由70家增加到350家。

召开全市工会经审工作经验交流会，加强对工会经费审查审计监督。贯彻落实新工会会计制度，举办多期业务培训班，修订《东莞市总工会机关财务管理办法》，加强工会预决算和收支管理，促进市总机关财务工作规范化、制度化。

2021年9月9日，顺丰集团工会广东区域职工万人集中入会仪式在东莞市举行，快递小哥拿到工会会员证 （市总工会供图）

【产业工人队伍建设改革】 2021年，东莞市总工会推动产业工人队伍建设改革工作纳入市党代会报告，高位推进改革工作向纵深发展。召开市产业工人队伍建设改革联席会议暨工作推进会，制定《关于进一步推进东莞市产业工人队伍建设改革的意见》，明确5个方面16条具体举措，形成强大工作合力。推荐东莞市以纯集团有限公司为广东省产业工人队伍建设改革试点企业，明确10个镇街和20个单位为试点单位，结合东莞实际从创新培养模式、拓宽发展空间、完善服务体系等方面着力，不断壮大技能人才队伍。

【职工权益维护】 2021年，东莞市总工会举办首届集体协商知识竞赛，召开协调劳动关系三方工作会议，成立联合调解中心，全面加强劳动争议多元化解工作。为全市161家300人以上企业安排工会法律顾问，到104家企业开展法律宣传，发动近万名职工参与“尊法守法·携手筑梦”法治答题活动，增强依法构建和谐共识。市、镇工会参与调处劳资纠纷658宗、30人以上群体性事件4宗，6名工会专职调解员进驻法院参与调解案件1824件，成功调解案值1769万元，实现维护职工权益和维护社会稳定有机统一。

【工会会员服务】 2021年，东莞市总工会推进“六送六促”（送技能，促素质提升；送文化，促文明建设；送健康，促身心舒畅；送法律，促和谐发展；送爱心，促普惠提质；送关怀，促体面安心）办实事行动，举办“情暖劳动者·喜粤过大年”迎新春系列活动，赠送万只烧鹅慰问一线职工。按照“六有”标准（有依法选举的工会主席，有独立健全的组织机构，有服务职工的活动载体，有健全完善的制度机制，有自主管理的工会经费，有会员满意的工作绩效）与市城管局共建工会爱心驿站34家，聚焦一线职工需求提供暖心服务，打通服务职工“最后一公里”。为新就业形态劳动者开展送健康体检活动，开展“双十一”关爱快递员“暖蜂行动”，得到全国总工会肯定。推动全市10万名职工参加互助保障计划，为2141名患病职工理赔508.5万元，开展工伤探视、职业病防治活动80多场次，帮助解决职工群众问题。

【工会服务阵地建设】 2021年，东莞市各级工会加大经费投入，推动全市建成各类工会服务阵地突破1000家，包括工人文化宫4家、先锋号职工服务中心140家、职工书屋700多家、户外劳动者驿站92家、爱心妈妈小屋150家，获得广东省级以上荣誉服务阵地超过200家。依托各级服务阵地，开展公益培训、爱心托管、送清凉、送温暖、送文艺等活动，直接受惠职工超过50万人次，“工”字服务品牌成效初显。

【劳模精神弘扬】 2021年，东莞市总工会高规格召开庆“五一”国际劳动节大会，表彰全国五一劳动奖章3个和工人先锋号1个、省五一劳动奖章17个和省五一劳动奖状11个，先进典型不断涌现。新建市级劳模和工匠人才创新工作室5家，开展“传技艺、练技能、带高徒”活动，推动全市广大职工开展发明创造978项、技术革新1595项，激励更多劳动者走技能成才、技能报国之路。

【职工劳动竞赛】 2021年，东莞市总工会在松山湖举办工程师创新方法应用成果大赛，联合举办首届“南粤家政”职业技能电视大赛、首届“绣匠杯”劳动技能大赛。通过多方协同，参与省级竞赛6场，举办市级竞赛17场、镇级竞赛37场、企业级竞赛641场，产生市五一劳动奖章24名，技术标兵145名。举办全市劳动竞赛总结大会，对竞赛涌现出来的先进典型进行集中表彰，打造“五一表彰劳动模范，年终表彰劳动竞赛”的双品牌效应，激励全市职工创先争优、建功立业。

【东莞市成全省首个“粤工惠”App实名认证数突破百万地级市】 2021年，东莞市总工会以“粤工惠”App为主要载体，更加精准、常态、普惠开展网上工会工作。市镇两级工会推进网上建会和实名认证，整合工会内外资源开展网上服务，举办一系列宣传推广活动。东莞市有115万会员下载和使用“粤工惠”App，成为全省首个实名认证数突破百万的地级市。在全省首届粤工惠平台运营者大会上，东莞市作经验介绍。

【工会助力新冠肺炎疫情防控】 2021年，东莞市总工会发挥工会组织在新冠肺炎疫情防控中作用，在“6·18”“12·13”疫情防控中，市、镇两级工会干部下沉一线，筑牢疫情防控“红色防线”。向全市职工发出防疫倡议书，开展“全民戴口罩”文明行动，强化广大职工防护意识。安排疫情防控专项资金，到麻涌镇、大朗镇、南城街道以及卫健、公安等系统开展“战疫有你、关爱有我”走访慰问活动。开通心理咨询专线，为300名符合条件的一线医务人员申报“求学圆梦行动”补贴，关心关爱抗疫一线职工。（黄爱和）

附：2021年东莞市总工会主要领导名录

党组书记、主席：
陈锡江（任至3月）
罗军文（3月到任）

中国共产主义青年团东莞市委员会

【共青团概况】 2021年，东莞市有共青团员25.2万人，其中学生团员14.7万人；有基层团（工）委335个，其中直属团市委管理的团（工）委96个［镇街（园区）团（工）委33个，机关企事业单位团委36个，学校、教育团（工）

2020—2021年度东莞市优秀团组织获奖情况表

获奖名称	获奖单位
全国五四红旗团委	广东省东莞市沙田镇团委
全国五四红旗团支部（团总支）	广东省东莞市机关幼儿园团支部
	广东省东莞技研新阳电子有限公司团支部
“广东省五四红旗团委”	东莞市清溪镇团委
	东莞市桥头镇团委
	东莞市东莞中学团委
广东省五四红旗团支部（团总支）	国家税务总局东莞市税务局黄江税务分局团支部
	东莞市望牛墩镇赤滘村团支部
	东莞市道滘镇中心小学团支部
	应急管理部消防救援局广东省总队东莞市支队石碣大队团支部
	广东唯美陶瓷有限公司职能部门团支部
	东莞市塘厦镇广东志成冠军集团有限公司团支部
	东莞深能源樟洋电力有限公司团支部
	东莞市道滘镇兴隆社区团总支
	东莞市高埗镇三联村团支部
广东共青团整治软弱涣散基层组织三年行动“命脉工程”优秀团组织	南方电网广东东莞供电局团委
	东莞市大朗镇团委
	东莞市桥头镇团委
	东莞市石排镇太和社区团总支
	东莞市横沥镇仙津保健饮料食品有限公司团支部

2020—2021年度东莞市优秀学生集体获奖情况表

奖项名称	获奖单位
广东省少先队工作先进学校	东莞市南城中心小学
	东莞市中堂镇中心小学
	东莞市凤岗镇镇田小学
	东莞市厚街镇涌口小学
广东省少先队红旗大队	少先队东莞市厚街镇新塘小学大队
	少先队东莞市高埗镇冼沙小学大队
	少先队东莞松山湖实验小学大队
	少先队东莞市莞城步步高小学大队
广东省少先队红旗中队	少先队东莞市谢岗镇谢岗小学大队六（1）中队
	少先队东莞市大朗镇中心小学大队六（5）中队
	少先队东莞市大岭山镇第五小学大队六（1）中队
	少先队东莞市松山湖第一小学大队508方舟中队
	少先队东莞市塘厦镇中心小学大队红日中队
	少先队东莞市长安雅正学校大队510中队
广东省少先队红旗中队	少先队东莞市厚街镇桥头小学大队五（1）中队
	少先队东莞市石排镇中心小学大队竹韵书香中队
	少先队东莞市莞城街道英文实验学校大队403中队

委27个]，二级团委239个，基层团总支757个，团支部1.26万个。全年发展新团员1.5万名，引导和支持“两新”组织（新经济组织、新社会组织）建立团组织800个。全市获共青团员领域省级及以上表彰先进集体126个、先进个人170名，其中6个集体（个人）获评全国“两红两优”（全国五四红旗团委、全国五四红旗团支部、全国优秀共青团员、全国优秀共青团干部）。在第十三届中国青年志愿者评选表彰活动中，东莞市获4项荣誉，实现优秀个人奖、组织奖、项目奖全覆盖。中国共产主义青年团东莞市委员会（简称共青团东莞市委）党支部获评为首批市直机关五星党支部建设点和市直机关模范机关创建先进单位。在2021年度广东共青团综合考评中，共青团东莞市委以全省第二名的成绩获评为2021年度广东共青团工作先进单位，调研成果连续三年获得广东共青团调研奖一等奖。

续表

奖项名称	获奖单位
广东省优秀学生会	东莞职业技术学院学生会
	东莞中学学生会
	东莞实验中学学生会
	东莞市技师学院学生会
	东莞理工学校学生会

【团员青年党史学习教育】 2021年，共青团东莞市委围绕机关、全团、青年三个层面，开展党史学习教育。推进“圆梦计划”“微心愿”等“我为群众办实事”“我为青年做件事”实践活动，引导机关团干部学党史、悟思想、办实事、开新局。抓实全团组织化动员，以全市1万多个基层团支部、1.9万支少先队中队为依托，带动青年联合会、学生联合会学生会组织、团属青年社团参与党史学习教育，围绕“四史”（党史、新中国史、改革开放史、社会主义发展史）等专题开展党史学习教育7.8万场次，覆盖团员青年221.1万人次、少先队员83.9万人次。抓实团员青年线上学，依托“青春东莞”公众号开设“党史天天学”专栏，全年累计发布文章160多期，吸引团员青年480万人次自主参与党史学习。实施“青年大学习”，形成“导学—督学—考学”全流程闭环，全市399.9万人次团员参与党史主题学习，“青年大学习”参学率连续10期居全省第一位。

【青少年思想政治引领】 2021年，共青团东莞市委突出仪式教育，通过举办2021年东莞市少先队员离队入团仪式、东莞市少先队“六一”主题队日、“请党放心，强国有我”东莞纪念少先队建队72周年主题活动等仪式教育，强化团员、少先队员身份光荣感和组织荣誉感。遴选“全国优秀共青团干部”“广东青年五四奖章”代表等52名优秀青年成立市级“灯塔领航宣讲队”，累计开展宣讲活动147场，覆盖党员干部、团员青年等2.7万人次。推进团干讲党团课工作，推动市镇两级专职团干下基层、进学校讲授党团课1253场次，覆盖青少年9.5万人次。动员全市中小学参与“百剧庆百年”“百佳微团课”评选活动，其中5个微团课、3个红色儿童剧作品获省级奖项，儿童剧作品获奖数量排全省第一位。联合举办莞港澳青年庆祝中国共产党成立100周年主题快闪活动，组织全市卫生、公安、科技、建筑等各领域莞港澳青年代表用唱响红色经典方式表达对党的热爱和祝福。结合“520”节点，创新举办“东莞青年城市告白夜”主题活动，展示“东莞爱青年、青年爱东莞”理念，宣传覆盖近1000万人次。“青春东莞”微信公众号凝聚粉丝78万人，全年新增用户20万人，累计阅读量1500万人次，综合影响力排行全市政务号第三名、全省地市团委第二名、全国地市团委第三名。

【青年志愿服务】 2021年，共青团东莞市委加强对青年志愿服务

2021年3月16日，共青团东莞市第十七届委员会第二次全体（扩大）会议召开
（共青团东莞市委供图）

工作谋划布局，组建东莞市青年志愿服务总队，依托市民服务中心打造全市首个青年志愿服务阵地“志愿莞家”服务站，举办“莞邑同行，志愿有你”——2021年东莞市“12·5”国际志愿者日主题活动。启动东莞市大学生志愿服务乡村振兴行动计划，推动8所高校与村（社区）结对开展志愿服务，在莞高校与贵州省铜仁市搭建志愿服务“云平台”，项目获评2021年广东乡村青少年健康成长“两帮两促”行动地方特色项目“优秀项目策划奖”。举办首届“志汇东莞”公益创投暨2021年东莞市“益苗计划”志愿服务项目大赛，累计吸引100多个项目参加，链接省市资金扶持25万元。在广东省“益苗计划”志愿服务项目大赛中，15个志愿服务项目、组织获奖并获省市专项扶持，获奖数量为历年之最，专项赛优秀项目获奖数量居全省第一位。深化“青字号”品牌建设，成功创建全国青年文明号1个、省级青年文明号标兵1个、省级青年文明号30个，推动新建市青年文明号集体38个、星级认定集体66个，全市各集体开展风采展示活动1906场。建立轨道1号线一期工程、深投控青湖湾科创中心项目等5支重点项目青年突击队，聚焦重大项目、重大平台、重点工程争先创优、岗位建功。

【青少年成长发展】 2021年，共青团东莞市委以青年发展规划实施为总揽，增强东莞青年获得感归属感。召开东莞市青少年工作党政联席会议第一次全体（扩大）会议，推出2021年青年发展十大重点项目，建立规划实施3个市级试点，推动松山湖高新区申报省中长期青年发展规划实施综合试点地区。优化“展翅计划”大学生实习见习行动，创新开发各类优质岗位4300个，吸引省内2.7万名大学生报名竞岗，岗位竞争率1：6.2，为历年之最，获全省专项工作“优秀工作单位”称号，共青团东莞市委获评为2021年度全市“单打冠军”。以“圆梦计划”列入2021年东莞十件“民生实事”为契机，升级合作院校，优化专业设置，创新宣传方式，吸引7134名新生代产业工人报名，录取资助2000名学员提升学历素养、拓宽发展空间。深化“青年同心圆计划”，举办莞港澳青年交流活动47场。推动中科云智孵化器获评第五批“广东省青年创新创业示范园区（基地）”，发动31个项目参与第八届“创青春”粤港澳大湾区青年创新创业大赛（东莞赛区），连续2年举办莞港澳青年创业伙伴行，联合举办2021年松山湖创新创业大赛，鼓励莞港澳青年融入湾区创新创业、成长成才。深化青年人才驿站建设，推动新建驿站分站5个，实现全市各片区青年人才驿站建设全覆盖，强化驿站服务效能，全市服务住宿青年近1000人次，累计帮助1300余人实现在莞就业，寮步镇、大朗镇分站获“莞爱人才”最佳案例和优秀案例。强化莞香花阵地体系建设，推动市莞香花青少年服务中心搬迁升级和功能拓展，以“市镇联动”模式加强合作共建，全方位开展青少年权益维护工作，全年累计跟进重点青少年帮扶个案547例/人，接听线上咨询热线1.22万通，开展线下团体辅导、普法宣传、关爱慰问活动1056场次。

【共青团基层组织建设】 2021年，共青团东莞市委以全团大抓基层为导向，不断夯实团的基层基础。贯彻落实扩大县域共青团基层组织改革工作，推动中堂镇成为第二轮全国县域共青团基层组织改革621个试点中唯一一个乡镇试点，制定39条措施并实施台账管理，推进改革试点工作。推动全市镇街团组织集中换届和调整，做好换届前期摸底调研，主动与镇街党委交换换届工作意见，强化党建带团建工作力度。完成全市村（社区）团组织集中换届选举工作，选优配强村（社区）团组织负责人，由村（社区）“两委”［党组织委员会和村（居）民委员会］成员中年轻干部兼任的占69.5%，比上届提升6.5%。推进团支部“万千百”达标创优专项行动，创建标准化建设团支部示范点846个。推进“一专一站两联”制度建设，组建6个共青团东莞市第十七届委员会专门委员会，推动全市各镇街（园区）建立团代表联络站，进站代表2046名。依托“智慧团建”系统，做好发展团员调控、团费缴管、毕业生关系转接等工作。学习贯彻《中共中央关于全面加强新时代少先队工作的意见》，开展东莞市少先队改革重点难点问题及对策研究调研，持续推动中学团委书记、少先队大队辅导员待遇落实，全面实施“分批入队”、初中建队等工作，加快构建少先队社会化体系，推动东莞市民服务中心、海战博物馆等多家单位建立首批东莞市少先队校外实践教育营地（基地）。

资料链接

“万千百”达标创优专项行动：实现一万多个团支部基本达标，打造一千个规范化建设团支部推广示范点，选树一百个模范团支部。

“五好五有”标准化建设团支部：支部班子好、团员管理好、活动开展好、制度落实好、作用发挥好，有计划、有台账、有活动、有效果、有保障团支部。

“一专一站两联”：按照“区分层次、抓住重点、逐步推进”的原则，根据团中央和地方各级团组织的功能定位、职责分工，重点抓住各级团的委员会成员、县域内团代表两个群体，拓展团的专门委员会建设，打通县域团代表联络站建设，建立团的委员会成员联系团代表、团代表联系团员青年的“两联”工作机制。

【团市委助力新冠肺炎疫情防控】 2021年，共青团东莞市委春节期间推出“青春荟聚情暖莞邑”“十大行动”，关爱服务春节留莞青年，响应市委号召，参与本土两轮疫情防控阻击战，动员组建青年战疫突击队、党员志愿服务队等各类队伍，助力新冠肺炎疫情防控。开展核酸检测、卫生事件应急处置、心理辅导等志愿服务活动1.78万场，志愿服务时长101.1万小时，相关志愿服务事迹获“中国青年志愿者”“广东志愿者”“南方+”“i东莞”等国家、省、市媒体专题报道40余次。结合疫情形势将“青春东莞”公众号升级为一天发3次，传播权威信息，发布疫情相关推文产品1400条，抖音短视频100个，总阅读量超2000万人次。（邱鼎添）

附：2021年中国共产主义青年团东莞市委员会主要领导名录

书　记：沈志攀（任至4月）
严　正（12月到任）

东莞市妇女联合会

【妇联概况】　截至2021年底，东莞市妇女联合会（简称东莞市妇联）有下属事业单位2个，下辖镇街妇联32个、园区妇联2个、村（社区）妇联593个。全市建有妇女维权与信息服务站6个，搭建“四新”领域（新领域、新业态、新阶层、新群体）妇女组织707个，建立含楼盘在内的“妇女之家”“妇女微家”1116个，白玉兰家庭服务中心（室）116个，白玉兰创业就业服务中心32个，市妇女创业就业孵化平台15个，白玉兰家事人民调解委员会33个。有妇女代表2.99万名，妇联执委1.04万名。年内，获“全国2016—2020年依法治理创建活动先进单位”称号，“玉兰花开·巾帼家美积分超市”经验案例入选国家推荐的7个典型案例并获第九届省市直机关“先锋杯”工作创新大赛创新创效类三等奖，承办2021年粤港澳大湾区女性科创大赛并获最佳组织奖，获评市直机关模范机关创建先进单位、机关党支部被评为市先进基层党组织，“楼嫂”巾帼志愿者项目获得市2021年“平安杯”社会治理创新大赛优秀奖。

【妇联改革创新深化】　2021年，东莞市妇联完善《单位、团体会员妇女组织建设和工作指引》等制度，明确机关事业单位妇女组织、女性社会组织、“四新”领域妇女组织具体工作内容和工作目标。通过“独立建”“依托建”“联合建”模式，在楼盘小区、商圈园区、社会组织、民办学校等“四新”领域建立妇联32个，妇委会427个，“妇女之家”“妇女微家”491个，织密织牢“妇联网”。指导全市593个村（社区）全面建成妇女议事会，妇女群众参与基层社会治理形式拓展。围绕“妇女之家”机构设置、工作创新等内容，交叉式开展检查验收，推动全市妇女工作阵地提质增效。

【妇女儿童思想政治引领】　2021年，东莞市妇联挖掘本地红色资源，结合妇女儿童兴趣点，创新开展“玉兰姐姐”妇联执委讲党史、“唱支山歌给党听”、“莞邑巾帼研学行”、“少年儿童心向党”等活动，推出巾帼莞邑研学行红色路线17条，展播视频256个，开展莞邑巾帼大宣讲488场，覆盖212万人，全市妇联工作经验做法被国家、省市媒体报道450多篇(条)，76条信息登上学习强国平台。创新打造“玉兰姐姐”东莞妇儿频道，发布妇女儿童工作动态，吸引网民点击访问超610万人次，转发分享超29万次，为妇女儿童提供全面、便捷资讯服务。开展“玉兰花开致敬最美女性”活动，表彰获得全国、省三八红旗手（集体）等称号的先进个人（集体）34名，表彰东莞最美女性100名。

【女性科技创新培育】　2021年，东莞市妇联承办2021年粤港澳大湾区女性科技创新大赛，全国10余个省（市、自治区）、中国港澳地区及国外899个高端装备制造、生命科学和生物技术等领域团队（企业）参与，促进重点科研项目攻关和科技成果转化；东莞企业磁性元器件自动化制造项目获一等奖，东莞市妇联获最佳组织奖。成立松山湖女科技工作者联盟，将“寻找最美科技工作者”等活动融入全市“十百千万百万”人才工程（从2019年起，用3年时间，引进10个国际一流水平战略科学家团队，选拔100名博士专业人才进入党政机关和企事业单位，引进培养1000名重点领域领军人才，引进培养1万名硕士研究生以上学历和中级以上职称的创新人才，推动100万人提升学历技能素质）中，助力东莞“技能人才之都”建设。发挥粤港澳大湾区妇女创新创业云服务平台作用，落实粤港澳大湾区女性创新创业人才护航计划。

【巾帼创业建功】　2021年，东莞市妇联继续实施妇女创业小额担保贷款贴息项目、女性专项金融支持服务项目，累计投放金额2.58亿元。引领女企业家加大关键核心技术攻坚力度，增强发展动力，对标世界一流做实做强做优民营企业，推动制造业加速向数字化、网络化、智能化发展。发动各行业女性参加全国和广东省妇女手工创新创业大赛，获省优秀组织奖，培育“莞香花开刺绣新融合”项目入围全国百强。引领妇女建功新征程，创建全国、省、市巾帼文明岗77个，省、市巾帼创业基地8个，发掘培育“巾帼新农人”创业典型、巾帼现代农业科技示范基地等，助力农村妇女创业就业。

【乡村振兴巾帼行动】　2021年，东莞市妇联联合市文明办、市农业农村局创新开展“美丽家园”建设，出台庭院建设“五法”和“六美”标准，引领全市家庭开展“小微治理”，建成首个美丽家园示范村常平镇漱旧村，率先实现“家院美、家风美、乡风美”建设目标。在各镇街（园区）新时代文明实践中心（站）、党群服务中心、省级“妇女之家”示范点，以“玉兰花开”为品牌标识，建设“积分超市”113家，将“绿色进我家”行动与乡村振兴“人居环境整治”有机结合，通过妇联“柔性”力量，激发家庭共建美丽乡村内生动力，撬动乡村全域振兴。实施“玉兰莞家”巾帼家政计划，通过举办技能大赛、寻找“最美巾帼家政人”、开展技能培训等方式，帮助1.53万名女性从业人员提升职业技能与创新创业综合素养，推动“粤菜师傅”“广东技工”“南粤家政”三项工程深入妇女群众中。接待新疆妇联、贵州妇联来莞调研，做好对口援疆和东西部协作工作。

资料链接

庭院建设“五法”：区块分割法——干净整齐、布局合理，无中生有法——矮墙篱笆、勾勒框架，见缝插绿法——藤蔓小竹、盆景盆栽，变废为宝法——旧砖旧瓦等废弃闲置物回收利用，怡情造景法——景观小品、点睛点缀。庭院建设“六美”：环境卫生清洁美，摆放有序整齐美，庭院设计布局美，种树栽花景致美，文明和谐家风美，常态管理长效美。

【“家家幸福安康”工程】2021年，东莞市妇联构建家庭教育大格局，联合11个部门建立市家庭教育工作联席会议制度，发布年度家庭教育十件实事，举办首届家庭教育高峰论坛，结合“双减”（减轻义务教育阶段学生过重作业负担和校外培训负担），常态化开展自然教育、生态环保等“玉兰姐姐家教计划”，验收36所社区（学校）家长学校入选东莞市优秀家长学校，促进666所社区家长学校提质增效，构建家庭、学校、社会、政府协同发力、“一站式”科学解决家庭教育新问题工作格局。打造家庭文明辐射圈，常态化开展寻找“最美家庭”“文明家庭”等活动，寻找到各级各类“最美家庭”229户，成立“小家大国·最美家庭”分享团，形成“寻、选、讲、传”工作法，让争做“最美”成为新时尚；聚焦社区，打造“玉兰花开愉阅东莞”亲子阅读品牌，形成亲子阅读进万家氛围。形成家风建设文化带，打造东莞市首届家庭文化节，开展寻找百户50年以上党龄最美家庭、“党徽熠熠放光芒，红色家风代代传”主题演讲比赛等“玉兰花开家·国传承”等4大篇章、13项特色活动，多元角度展现中国优秀传统“家”文化。开展东莞市城市流动儿童发展和母亲能力建设课题研究，为家庭儿童服务提供理论支持。

【妇女儿童福祉增进】2021年，东莞市妇联优化妇女儿童发展环境，协同各职能部门完成第三周期妇女儿童发展规划，推动市“十四五”规划设立妇女儿童发展专节，新规划编制工作稳步推进。联合市委党校举办男女平等基本国策专题辅导报告会，中小学性别平等教育工作渐成体系。坚持儿童优先原则，践行儿童友好理念，推进市妇女儿童活动新中心等阵地建设，建成南城街道“园中园”儿童公园和公共场所母婴室100个，拓展有利于儿童健康成长的公共空间。发挥“12338”妇女维权服务热线作用，依托白玉兰家调委、维权站、舒心驿站、白玉兰家庭服务中心等阵地，构建“一委两站一中心”维权服务网络，提供接访咨询、家事调解、心理健康、社区探访9244宗，累计服务妇女儿童48万人次。组建3000人的“法治进万家”巾帼法治宣传志愿服务队，举办妇女权益法治保障主题沙龙和最美巾帼普法宣讲视频展播等活动，宣传妇女权益保障法、反家庭暴力法等法律法规，提升妇女群众法律意识；推动建立市反家庭暴力联席会议制度，深化婚姻家庭矛盾纠纷化解和防范工作，探索“维权站前端接访+家调委后端调解”一站式服务。落实广东省妇联“关爱女童护苗成长”三年行动计划，落实对“两类女童”（智力残疾和精神残疾女童）等易受侵害未成年人帮扶，助力东莞创建市域社会治理现代化全国首批试点城市。联合推进服务妇女儿童公益项目品牌化发展，开展“玉兰关爱健康同行”、“两癌”（乳腺癌和宫颈癌）筛查等公益项目，惠及女性10万余人。聚焦妇女群众“急难愁盼”，联合市委组织部、市直工委开展妇女儿童“党群公益汇”活动，吸引82个基层党组织主动认领43个公益服务民生项目，带动爱心企业和热心人士认筹捐资近180万元，为妇女群众“办实事”。开展寒、暑假儿童关爱服务“四送”活动（送家风故事、送家教服务、送法治安全、送社会关爱），连续14年开展女工慰问、爱心父母大联盟活动，为特殊妇女儿童群体送去党和政府以及社会各界关心关爱。

【巾帼抗疫】2021年，东莞市妇联在6月18日和12月13日发生本地疫情后，第一时间组建机关志愿服务先锋队赴社区支援基层抗疫。号召全市巾帼志愿者、“楼嫂”和巾帼志愿服务组织参与疫情防控工作。挖掘巾帼抗疫先锋，激励各行各业女性立足岗位同心抗疫。发动“四新”领域捐资捐物，东莞市女企业家联合会党支部筹集首批900多箱生活用品物资，运送到麻涌镇广州新华学院东莞校区。东莞市女企业家商会向珠海支援东城街道全员核酸筛查医疗队赠送慰问品313份。东莞市女企业家协会组织6批次爱心物资。市妇联和各镇街同步开通“12338”心理援助24小时热线，为有需求家庭提供一对一政策咨询、心理疏导和法律维权等服务。在“东莞女性”微信公众号持续推送玉兰姐姐“特殊时期特别家教”专题，为家长和孩子答疑解惑，帮助妇女儿童和家庭疏导焦虑、恐慌等负面情绪。为帮助隔离人员安心度过医学观察期，市镇妇联紧急成立“您有需我就在”温情陪伴志愿服务队，为隔离点儿童送去儿童绘本、健康玩具、亲子阅读

2021年12月15日，东莞市妇联抗疫工作队支援道滘镇昌平村全员核酸检测（市妇联供图）

图书等“十合一”暖心慰问礼包。

【“楼嫂”巾帼志愿者参与基层社会治理】 2021年，东莞市妇联“楼嫂”巾帼志愿者项目获得市2021年“平安杯”社会治理创新大赛优秀奖。东莞市妇联创新基层妇联组织和巾帼志愿队伍建设，针对多元化人口结构带来的不同管理服务需求，号召妇联执委、小区妇委会成员、物管人员、女性业主等有能力、有爱心、肯奉献的“楼嫂”，建立“楼嫂”巾帼志愿服务队，主动参与基层社会治理新路径。“楼嫂”巾帼志愿者通过组织各类学习娱乐活动、协助妇女依法维权、参与调解家庭纠纷等，打通服务群众的“最后1米”，弘扬“邻里守望、姐妹相助”巾帼志愿服务精神。依托楼盘小区“妇女微家”，发挥“楼嫂”人熟事熟情况熟的优势，问需开展“妇女乐于参与、物业拍手叫好”志愿服务项目。新冠肺炎疫情防控期间，“楼嫂”巾帼志愿者参与社区防控，发挥独特作用。（龙江波）

附：2021年东莞市妇女联合会主要领导名录

党组书记、主席：黄伟青

东莞市科学技术协会

【科协概况】 截至2021年底，东莞市科学技术协会（简称东莞市科协）下辖东莞科学馆、东莞科技进修学院2个事业单位。第九届委员会委员181人，所属组织包括科技社团92个、镇街（园区）科协33个、企业科协297家，高校科协3所。年内，市科协先后被中国科协、省科协两级科协评为“青少年科学调查体验活动优秀组织单位”和“2021年全国科普日活动优秀组织单位”，主场活动被评为“全国科普日优秀活动”；被中国科协、省科协评为“2020年青少年科学调查体验活动优秀组织单位”；被省科协评为“2020年度广东省科协系统统计调查及财务数据汇总工作优秀单位”；在全市2021年度工作总结大会上，市科协获“2019—2020年全省脱贫攻坚突出贡献集体通报表扬”和“申报‘科创中国’试点园区贡献单位”等4项“单打冠军”。

【学术交流活动】 2021年，东莞市科协组织召开2021东莞院士年会问计院士座谈会暨综合性国家科学中心（松山湖科学城）发展战略座谈会，研究松山湖科技发展新动向。举办2021院士主题论坛，研究探讨先进技术融合工作开展。组织完成2019年度研究课题结题和成果发布，向党、政各级领导和部门推广研究成果，通过课题研究指导生产实践，完成2021年度研究课题申报评选和立项。围绕粤港澳大湾区智能终端产业发展和大湾区绿色低碳科技创新，举办2021年中国（东莞）智能终端高峰论坛暨第二届“绿色创科日”活动，促进粤港智能终端产业协同创新能力提升。举办2021国际复合材料科技峰会，发挥峰会作为“产学研用服”交流平台作用，促进复合材料领域人才、技术、成果、资金等资源有效整合与对接。通过学会科技服务站开展“厂会协作”行动，帮助13家企业破解技术攻关、成果转化、工艺提升与人材培训等难题。协助广东省科协在东莞市举办2020年度“海智计划”工作总结交流会，探索广东省“海智计划”工作实现新发展的良策，新建市级海智工作站1家、省级海智工作站1家。举办2021“欧创赋能东莞智造”海智论坛2期及海外项目线上路演活动，集聚东莞5G产业及消费电子领域企业代表、创业团队、海智工作站园区企业、投资机构及媒体等百余名嘉宾，与来自欧洲3个国家6个科创项目负责人进行大型线上路演。

【科技工作者服务管理】 2021年，东莞市科协开展530全国科技工作者日系列活动，由市委、市政府发布《致全市科技工作者的节日慰问信》，与市委宣传部、市科技局、共青团东莞市委、市妇联联合开展2021东莞市寻找“最美科技工作者”学习宣传活动，遴选确定“最美科技工作者”20名。指导松山湖科协联合松山湖妇联等组建东莞市首个女科技工作者联盟，团结凝聚松山湖高新区女科技工作者，为女科技工作者搭建学习培训、交流成果平台，为女科技工作者成长进步、施展才华、发挥作用提供支持和服务。开展“科技东莞”工程资助项目专家评审和管理工作，为全市经济社会发展提供有价值的咨询成果，组织完成市直部门移交的15个专项19个轮次1027项申报材料评审工作，完成率100%，向有关职能部门推荐专家9批次449名，为党和政府科学决策提供高层次人才资源支撑。有副高职称以上在库专家3966名，承接组建市机电、轻工、石油和化工三个专业中级职称评审委员会，评委会办公室设在市科协学会部，为科技工作者提供职称辅导培训、职称晋升资助、出版科技专著资助、参加高层次学术会议资助等服务，2021年资助科技人才职称晋升96人。探索开展粤港澳工程师资格互认宣讲培训工作。

【科技社团活动】 2021年，东莞市科协指导所属科技社团发挥自身专业优势，围绕产业转型升级和新技术应用与发展增强服务职能，如：东莞市电线电缆行业协会联合香港物联网商会、粤港澳大湾区环保建设总会（澳门）等龙头企业，制定首项USB充电数据线大湾区标准，为促进大湾区消费升级和推动产业高质量发展贡献东莞力量；东莞市中医药学会组织成立中医经典与临床应用专业委员会等16个分支机构，促进中医药在抗击新冠肺炎疫情发挥独特优势和积极作用；东莞市花卉协会与东莞广播电视台等网络平台共同举办东莞市首届“云花市”，方便新冠肺炎疫情防控期间市民购花，且缓解花农年花滞销困境；东莞市精益生产研究会举办“第三届东莞市工业工程与精益管理创新大赛”和“湾区都市、品质东莞”之精益智造转型升级研讨会，促进“东莞制造2025”战略加快落地。

【市科协获评“2019—2020年全省脱贫攻坚突出贡献集体”】 2021年，东莞市科协获“2019—2020年全省脱贫攻坚突出贡献集体通报表扬”单打冠军。东莞市科协落实脱贫攻坚收官工作，巩固脱贫攻坚工作成果，5年共协助揭西县五云镇京埔村落实各类资金2036.3万元，其中省定贫困村创建社会主义新农村资金1500万元，围绕清污拆违、两园建设、村道优化、雨污分流及污水处理等“四大示范工程”共9个项目的建设，全面助力揭西县五云镇京埔村如期完成脱贫攻坚目标任务，实现“双出列”（相对贫困村、相对贫困户达到脱贫标准）的省定贫困村。

【市科协获评为国家、省青少年科学调查体验活动优秀组织单位】 2021年，东莞市科协先后被评为2020年青少年科学调查体验活动全国、广东省优秀组织单位，获东莞市“单打冠军”。2020年11月10日，第十五届广东省青少年科学调查体验活动启动仪式在东莞市常平镇板石小学举行，广东省科协党组成员、副主席刘建军，东莞市科协党组书记、主席张春扬等领导嘉宾以及板石小学师生1000多人参加。有14所小学及3所中学的师生参与该活动，获得一等奖38项，二等奖54项，三等奖57项。2020年东莞市教师、学生参与青少年科学调查体验活动小组数、调查数据提交数及调查报告提交数均排在全国第一位。

【松山湖高新区入围第二批“科创中国”试点城市（园区）名单】 2021年，东莞市科协完成中国科协创新驱动助力工程项目——地方科协改革试点任务。与松山湖高新区以中国科协科技服务团工作任务为抓手，结合园区“十四五”发展规划，整合园区科技创新资源，申报中国科协“科创中国”试点园区。5月30日，中国科协第十次全国代表大会闭幕式上公布松山湖高新区入围第二批“科创中国”试点城市（园区）名单，获东莞市单打冠军。截至年底，市科协与松山湖高新区完成《松山湖高新区“科创中国”试点园区试点建设方案（讨论稿）》，分解相关工作任务并征求园区各部门意见，初步形成松山湖工作专班框架；在“科创中国”体系下，启动“科创中国”科技经济融通平台注册入驻，参与“科创中国”活动路演、推荐“科创中国”榜单遴选单位等，并协助举办“中国·巴西科技创新合作论坛”，获得中国科协新技术服务中心副主任秦久怡对园区“科创中国”试点工作的认可和关注；争取科协各类资源的倾斜和导入，在园区举办由中国科协港澳台办公室、中国香港特区政府环境局指导和主办的“2021年中国（东莞）智能终端高峰论坛暨第二届‘绿色创科日’活动”，由中国复合材料学会、省科协等单位主办的“2021国际复合材料科技峰会”等活动，进一步营造浓厚的学术交流氛围。

（钟剑青）

资料链接

“科创中国”是中国科协打造的创新、创业、创造服务品牌，旨在通过聚焦产学研金用多方力量，加速科技成果转化应用发展，促进地方经济发展。

附：2021年东莞市科学技术协会主要领导名录

党组书记、主席：张春扬

东莞市文学艺术界联合会

【文联概况】 截至2021年底，东莞市文学艺术界联合会（简称东莞市文联）有内设机构4个，下辖事业单位1个（东莞文学艺术院）。东莞市文联下辖市级文艺家协会21个，分会329个，有会员1.04万人，其中国家级会员598人、省级会员1815人、市级会员8010人。全市基层文联组织37个，其中镇街文联32个、村级文联1个、行业文联4个。

【主题文艺活动】 2021年，东莞市文联组织开展“我们的中国梦”—文化进万家系列活动，“小康东莞”美术书法专题作品展，“东莞爱乐季花园音乐会”，庆祝中国共产党成立100周年“百年诗韵、翰墨飘香”东莞市诗联书法专题创作展，“品质东莞音为有你”2021年东莞原创音乐评论会，“永远跟您走”原创音乐颁奖音乐会、“唱支山歌给党听”2021年客家山歌主题歌会，“筑梦同心”交响音乐诗会录制演出等系列活动。

【文艺创作】 2021年，东莞市文联开展“小康东莞”美术书法专题作品创作活动，“百年诗韵、翰墨飘香”东莞市诗联书法专题创作活动，“重走长征路”东莞文艺家粤北创作采风活动，东莞市第七届原创歌曲征集评选活动，第八届东莞荷花文学奖征集评选活动，以及“同一座城，同一个家”征文大赛和“第三届东莞校园文学大赛”等文艺创作活动，让精品创作带动品牌活动成为文艺创作工作新常态。组织召开2019年东莞文学艺术院重点文艺创作项目终结性评估验收会，邀请广东省内有关专家对28个签约项目进行终结性评估和验收，并撰写评审意见，16项签约作品通过验收，涌现出《即使雪落满舱》《源流：东深供水工程报告》《麒麟王》等一批优秀作品。

【文艺惠民】 2021年，东莞市文联创新开展“学党史跟党走—我为群众办实事”系列活动，团结号召全市广大文艺工作者，投身社会艺术实践，以文艺形式讴歌在党的领导下中华民族实现伟大复兴的奋斗历程。开展“光影溢彩歌声飞扬”红色经典影视歌曲讲党史艺术党课、“奋斗百年路 启航新征程”文艺展演和“文艺名家课堂进基层”等主题活动3场。

【文联助力新冠肺炎疫情防控】 2021年，东莞市文联号召全市文艺工作者投身疫情防控工作，开展各类文艺创作，以文艺作武器，鼓舞斗志、凝聚力量、温暖人心。全市文艺工作者创作抗击疫情主题文艺作品2000多件，艺术形式涵盖小小说、诗歌、散文、书法、美术、剪纸、楹联、诗词、快板、小品、摄影、戏剧、舞蹈、歌曲、微视频等，以艺术形式凝聚起众志成城、全力以赴、共克时艰的强大正能量，为全市打赢疫情防控阻击战贡献精神力量。 （何 伟）

附：2021年东莞市文学艺术界联合会主要领导名录

党组书记：陈 玺
主 席：周汉标（任至9月）
陈 玺（9月到任）

东莞市归国华侨联合会

【侨联概况】 截至2021年底，东莞市归国华侨联合会（简称东莞市侨联）系统有镇街侨联32个，归国留学人员组织1个，侨联法律咨询机构1个，村居（社区）侨联小组593个（含产业园区侨联小组1个），侨胞之家5个，侨联法律服务站（分点）2个。市侨界有省人大代表1名，侨联界别市政协委员4名。

【为侨服务】 2021年，东莞市侨联开展“惠侨暖企”活动，定期走访侨资企业。春节前后，拜访48名在莞侨商和侨领，赠送爱心包及《防疫健康指引》和《爱心服务卡》。开展困难归侨侨眷帮扶慰

2021年5月1日，举行“永远跟党走”第六届东莞市合唱节 （市文化广电旅游体育局供图）

问，全年省市两级侨联为11名归侨或其家庭发放帮扶金5.86万元。开展困难归侨节日慰问工作。组织侨界力量开展献爱心活动。参与举办2021年“客联客家大岭山”公益活动，协调广东客属海外联谊会向东莞市对口帮扶地区贵州省铜仁市捐赠价值50.38万元药品。通过免费法律咨询、健康义诊、农业科普、党史宣传等服务群众1000多人次。年内，市侨联协调侨界捐献公益事业100多万元。

【侨联助力经济社会建设】2021年，东莞市侨联动员归侨侨眷、侨商侨领和归国留学人员助力“湾区都市、品质东莞”建设。东莞市江夏实业有限公司获2020年“全国侨联系统助力脱贫攻坚先进集体”。助推侨商投资项目落地，助推道邦达新能源科技有限公司项目在塘厦镇签约，项目投资5亿元。做好侨商侨企服务工作，为塘厦镇、道滘镇、厚街镇、茶山镇等侨企协助解决投资建设、项目落地、融资、签证、土地纠纷等问题5个。引导市侨联归国留学人员联谊会开展创新创业活动，分别在现代农业、现代服务业、大数据等行业培育出一批优秀留学生企业。

【侨联宣传联谊】2021年，东莞市侨联利用微信群等线上平台讲好东莞故事，向世界70多个国家和地区侨界群众推介东莞市经济、社会、生态、文化等建设成果。做好相关联谊沟通工作，直接联系侨界群众3000多人，在海外宣传东莞城市形象。向东纵纪念馆提供涉侨素材，完成“华侨、港澳同胞积极支援抗战”专栏展出，完善东莞侨胞参加抗战历史展览。弘扬东莞市优秀传统侨文化，讲好法治故事。11月25—30日，在茶山镇和横沥镇开展东莞侨文化交流暨“法治中国你我同行”侨界法治宣传活动。11月25日，在茶山镇寒溪水社区举行开幕式，来自虎门镇、常平镇、茶山镇、横沥镇及东莞印尼侨友会的归侨侨眷50多人参加活动。

2021年6月16日，东莞市侨联爱心人士向中国驻斐济大使馆捐赠一批防疫物资　（市侨联供图）

开展文化交流活动，利用东莞市凤岗镇和横沥逸颐艺舍博物馆等2处“中国国际华侨文化交流基地”和传统文化设施以及爱国主义教育基地开展活动。

【侨联深调研】2021年，东莞市侨联深入各镇街和有关企业、机构开展深调研工作，通过调查问卷和座谈会等方式收集第一手资料，形成调研报告《团结引领侨界青年力量服务东莞高质量发展》《加强以中华文化凝聚海外侨界力量》，分别上报市委和市委统战部，为新时期侨联工作提供决策参考。在调研过程中，挖掘和联系一批具有侨属性的海外来莞创业高科技人才，盘点侨界重点人物300多人，为更好团结引领侨界青年力量服务东莞市高质量发展提供支撑。

【海外青年才俊“云”聚东莞】2021年10月13—15日，东莞市侨联以线上“云访问”直播方式，举行海外青年才俊“云”聚东莞活动。活动发动侨胞组织线下交流，动员80多个国家，190多个海外侨团，接近4000多名海外侨团侨领侨胞直接参与线上线下活动，活动浏览量约30万人次。

【侨联助力海内外侨胞抗击新冠肺炎疫情】2021年，东莞市侨联团结海内外侨胞共同做好抗击新冠肺炎疫情工作。加强海外社团沟通和联系，支持海外侨团参加住在国抗疫行动，发动国内侨胞向海外捐赠防疫抗疫物资。做好在莞侨胞接种新冠肺炎疫苗宣传动员和服务，协助40多名在莞华人到指定医院接种新冠肺炎疫苗。组织党员志愿者先后于6月21日与12月15日，前往茶山镇协助开展群众核酸检测。

（廖青山）

附：2021年东莞市归国华侨联合会主要领导名录

主席：陈志超

东莞市残疾人联合会

【残联概况】截至2021年底，东莞市残疾人联合会（简称东莞市残联）有直属事业单位9个，镇街残联32个，镇街残疾人康复就业服务中心31个。全市建有社区（村）残疾人协会552个，配备残疾人专职委员493名，登记备案民办残疾

2021年9月1日，东莞市残疾运动员陈敏仪获第16届夏季残奥会射箭女子W1级金牌 （市残联供图）

人康复服务机构33家。市残联教育就业部部长陈惠英被国务院残疾人工作委员会评为“全国残疾人先进工作者”、麻涌镇残疾人专职委员萧沛同被评为“全国残疾人工作先进个人”。

【残疾人精准康复服务】 2021年，东莞市为1.46万名残疾人提供基本康复服务，基本康复服务率99.92%。推动居家康复与家庭医生签约服务结合，为1263名服务对象提供居家康复服务，累计服务4.03万人次。为6595名精神障碍患者提供免费服药、辅助检查和随访等服务，对727名发病精神障碍患者进行送院治疗，施行白内障患者复明手术3186例。为3283名残疾人免费适配各类辅助器具3864件。为1352名符合条件的0~15周岁户籍残疾儿童少年，发放在民办机构接受康复教育补助2085万元；印发《关于做好东莞市0~6周岁残疾儿童异地康复补助通知》，明确异地康复补助申领条件、申办流程等。

【残疾人就业创业】 2021年，东莞市推进残疾人就业和培训实名制工作，动态监测残疾人就业、培训质量，全市新增户籍残疾人就业577人，新增户籍残疾人培训547人，超额完成省残联下达任务数，完成率排名全省前列。开展新业态新模式职业技能培训，全年举办市级残疾人职业技能培训班15期，培训残疾人496人次。实现“互联网+残疾人就业服务”，为残疾人提供求职服务234人次。举办东莞市首届残疾人创业创新大赛，全市入围项目66个，评出金奖2个、银奖4个、铜奖5个、优胜奖10个。

【残疾人权益维护】 2021年，东莞市印发《关于建立残疾人民事支持起诉工作协作机制的意见》，深化残疾人普法工作和法律援助。依托各级法律援助机构，建成“半小时法律援助服务圈”，受理残疾人法律援助案件49件，其中刑事法律援助案件17件，民事、行政法律援助案件32件。完成4.84万名持证残疾人信息采集和数据录入，其中入户调查4.75万名。优化辅具适配流程，对有适配需求的残疾人，将每年一次申请机会调整为可全年随时申请适配辅助器具；全面落实残疾人证“跨省通办”，落实省委重点督办项目，为严重精神障碍患者和疑似残疾孤儿开展评残办证工作，全年为市福利中心488名孤儿完成办证，对东莞市首批1777名严重精神障碍患者进行情况核查和办证动员。

【无障碍环境建设推进】 2021年，东莞市出台《东莞市无障碍环境建设五年行动方案》，构建无障碍环境建设长效机制。完成南城市民花园、樟木头镇政务服务中心无障碍改造，打造无障碍改造试点工程。落实无障碍设施新建单体工程竣工验收督查，对1794个新建单体工程进行监督验收。强化“厕所革命”（对发展中国家的厕所进行改造的一项举措），在1323座公厕设置无障碍设施。全市所有公交车辆（6630辆）配备语音报站系统，23个汽车客运站建成无障碍出入口、无障碍通道、无障碍厕所等无障碍设施，其中22个建成语音提示服务设施。在主城区选取8个路口新增行人过街音响提示系统，将该需求纳入《东莞市智慧交通（一期）建设项目》。

【助残模式创新】 2021年，东莞市残联结合“我为群众办实事”实践活动，推进各党支部与结对党组织细化落实“共驻共建1+1”工作方案，其中市残联直属单位市残疾人托养中心党支部与17个党组织或单位签约共建，设立8个党建助残工作室和1个无障碍爱心农场，实现党建工作与残疾人服务实际需求精准对接。市残联《构建“党建引领+N”助残新模式，提升残疾人品质托养》机关党建项目，首次入围第九届广东省市直机关“先锋杯”工作创新大赛并获“机关党建类”一等奖，实现东莞市参赛以来一等奖“零的突破”。

【东莞获残奥会历史最好成绩】 2021年，东莞市派出6名残疾人运动员参加第16届夏季残奥会，取得3枚金牌、3枚银牌，2个第四名，2个第五名，1个第六名，1个第八名，打破2项世界纪录、1项残奥会纪录，金牌数首次跃居全省第一位，是东莞运动员参加残奥会历史最好成绩。陈敏仪在射箭W1级混合团体赛中以138环成绩获得金牌、在射箭女子W1级个人赛中以142环成绩获得金牌，黄文娟在乒乓球女子TT级团体赛获得金牌、在乒乓球女子TT8级单打中获得银牌，王小梅在自行车女子C1—3级3公里个人追逐赛比赛获得银牌，叶继雄在举重男子88公斤级比赛，举起220公斤获得银牌。

【东莞在全国第十一届残运会上成绩斐然】 2021年，东莞市派出50名残疾运动员参加全国第十一届残运会暨第八届特奥会。在田径、游泳等11个项目比赛夺得33枚金牌、18枚银牌、12枚铜牌，打破4项全国纪录，超2项世界纪录，创东莞市参加历届全国残运会人数之最、奖牌之最，金牌数、奖牌数均居全省第一位。

【“学前融合教育推广支持计划”项目启动】 2021年，东莞市启动“学前融合教育推广支持计划”项目，并纳入市政府十件民生实事。印发《东莞市学前融合教育推广支持计划工作方案（2021—2023年）》。培育授予33所幼儿园“学前融合教育推广园”，组织举办种子教师培训班4期，培训400人，培训推广园骨干教师和融合教育督导专干137人。开展学前融合教育宣传倡导活动44场，7000多人参加。落实33所推广园学前融合教育支持经费165万元，帮助100名特殊儿童实现入园随班就读。

【残联织密常态化疫情防控网络】 2021年，东莞市残联督促指导残疾人服务机构严守疫情防控要求。在市残联系统动态实施日报制度和报备审批制度，落实工作人员定期核酸检测，以预约服务、延长服务时间、转变服务形式和实行无接触服务等方式，做好疫情防控时期残疾人服务。保障残疾运动员全力备战第16届夏季残奥会、全国第十一届残运会等赛事。定期探访重度残疾人、独居残疾人、“一户多残”等易受疫情影响的残疾人家庭。 （钟伟伦）

附：2021年东莞市残疾人联合会主要领导名录

党组书记、理事长：陈伟贤

东莞市红十字会

【红十字会概况】 2021年，东莞市红十字会推进应急救护培训、开展人道救助、参与备灾救灾、开展“三献”（无偿献血、捐献造血干细胞、捐献人体器官）宣传和红十字志愿服务，各项工作均取得良好成效。其中，普及性应急救护培训连续第8年被列入市政府民生十件实事，全年超额保质完成培训6.58万人次，救护员培训7582人次；完成造血干细胞捐献32例，创历史新高，该项工作被评为市2021年“单打冠军”；参与备灾救灾，为“防控新冠肺炎项目”募集款物，为河南特大暴雨受灾地区筹集捐款348.04万元。年内，在东城街道建立首个红十字救护站（大王洲岛站）；在大岭山森林公园建立红十字水上安全宣教实践基地。

【应急救护培训】 2021年，东莞市红十字会普及性应急救护培训工作连续第8年被列入市政府民生十件实事。超额保质地完成培训任务，对包括全市高一年级学生在内的人员开展培训6.58万人次；对市内一线从业人员开展标准化救护员培训7582人次。发挥生命安全体验馆作用，举办逃生避险、防灾减灾知识宣教活动297场，宣教5987人次。加强对AED（自动体外除颤器）设备维护管理，为设置单位举办急救技能及AED使用培训51场，培训1303人次。举办2021年东莞市红十字应急救护大赛，多所高校和多个社会团体上千人参加比赛。

【人道救助】 2021年，东莞市红十字会优化重疾救助项目申报流程，实现全程网办。全年重大疾病救助项目和郭言小巨人项目救助困难患者65人，拨付救助款88万元；帮助21名白血病儿童申请“中央专项彩票公益金大病儿童救助项目”，获得救助金75万元。关爱困难群体，开展“红十字博爱送万家”活动，为黄江镇631户困难群众送上慰问款物18.23万元；为东莞高级中学新疆班学生捐赠助学金10万元；向麻涌镇新基村捐款20万元用于慰问长者等。做好对口帮扶工作，向韶关市始兴县捐赠帮扶

2021年7月1日，东莞市首个红十字救护站（大王洲岛站）投入使用

（市红十字会供图）

2021年东莞市红十字会业务情况表

主要业务		业务量
捐赠款物募集及使用情况	捐赠款项	接收捐款568.92万元，拨付553.35万元
	捐赠物资	接收物资105批，价值519.47万元，拨付物资价值519.67万元
应急救护	应急救护培训	完成普及性应急救护培训6.58万人次，完成救护员培训7582人次
	推广AED设备	在市内工作场所新设置3台AED，为设置AED的单位举办急救技能及AED使用培训51场，培训1303人次
	生命安全体验馆宣教	举办宣教活动297场，宣教市民5987人次
人道救助	大病救助	重大疾病项目和郭言小巨人贫困恶性肿瘤患儿项目救助65人，拨付救助金88万元
	助困	“博爱送万家”活动为631户困难群众送上价值18.23万元慰问物资；向麻涌镇新基村捐款20万元用于慰问长者
	助学	为广东医科大学56名学生发放3.92万元营养午餐补助金；为东莞高级中学新疆班学生拨付助学款10万元
	对口帮扶	向韶关市始兴县、贵州省铜仁市、湖北省英山县共拨付价值82.68万元款物
备灾救灾		为大型活动赛事提供应急救护保障服务34场
造血干细胞捐献		完成采样入库631人份，完成捐献32例
无偿献血宣传		开展无偿献血宣传活动712场
红十字志愿服务		开展红十字志愿服务活动2684场，动员红十字志愿者2.2万人次，服务市民106万人次

资金5万元；向贵州省铜仁市和湖北省英山县拨付物资77.68万元。

【备灾救灾】 2021年，东莞市红十字会组织水上救援大队、赈济队、救护队等专业应急救援队伍定期开展培训及演练，提高队伍专业化水平。组织红十字志愿者为东莞市第四届市民运动会、东莞时尚运动节和同沙生态园竞速跑等34场赛事活动提供应急救护保障服务。为河南特大暴雨灾区筹集捐款合计348.04万元，及时拨付当地支援抗灾重建。

【红十字志愿服务】 2021年，东莞市红十字会有红十字志愿者7595名（其中新增1165名）、红十字志愿服务队21支，设有志愿服务项目13个。全年开展新晋志愿者培训、骨干拓展培训、专业技能培训19场。引领红十字志愿者开展志愿服务活动，组织志愿者开展无偿献血2.2万人次、造血干细胞捐献陪伴、大型赛事保障、应急知识宣教、护学服务等多种志愿服务活动2684场，在开展志愿活动时广泛传播人道理念。在多所高校和中小学开展红十字志愿活动，注重在青少年中开展人道主义和生命安全教育。

【东莞市第11次获“全国无偿献血先进市”称号】 2021年，东莞市红十字会组织献血队志愿者在市内各采血点开展志愿服务活动。通过发放宣传折页、面对面宣传招募，结合“五八”世界红十字日、世界献血者日等节日开展现场宣传活动，开展宣传活动712场，保障东莞市临床用血需求，助力东莞市连续第11次获“全国无偿献血先进市”称号。

【东莞市成为省内首个造血干细胞捐献数量突破100例地级市】 2021年，东莞市红十字会推动东莞康华医院成为中华骨髓库定点采集医院，东莞市成为省内首个可以开展非亲缘供者造血干细胞采集的地级市。全年完成造血干细胞捐献32例，创历史新高，市红十字会造血干细胞捐献工作被评为2021年度全市“单打冠军”。历年累计完成捐献113例，为省内首个捐献数量突破100例的地级市，市红十字会连续9年被评为省造血干细胞捐献工作先进单位。

【红十字会助力新冠肺炎疫情防控】 2021年，东莞市红十字会链接社会资源，为“防控新冠肺炎项目”募集款物。在市红十字会机关组建常态化防疫志愿工作队，扎实做好常态化疫情防控工作，主动参与一线抗疫工作，组织动员工作人员和志愿者65人次参与东莞市各种疫情防控活动30场。（朱熳华）

附：2021年东莞市红十字会主要领导名录

会　长：喻丽君

外事·侨务·台港澳事务

FOREIGN AFFAIRS · OVERSEAS CHINESE AFFAIRS · TAIWAN, HONG KONG AND MACAO AFFAIRS

松山湖国际创新创业社区　（2021年曹永富摄）

编辑：李俊玉

外　事

【外事概况】　2021年，东莞市开展对外交流合作，坚守涉外安全底线，优化外事管理服务。全年接待外国驻华使领馆官员24批253人次，办理因公出国团组2批3人次、外国人来华邀请函440批1512人次。

【涉外疫情防控】　2021年，东莞市加强邀请外国人来华管理，对辖区企业邀请外国人来华建立管理台账，完善检查、整改、报告、离境销签制度等闭环工作制度。制定下发《关于进一步做好涉外疫情防控工作的通知》等文件，落实教育、交通等9个行业无差别对待措施。推进外籍人员疫苗接种，全年为外籍人员接种疫苗1.42万剂次，居全省第四位。编辑翻译防疫政策措施文书材料180余篇，开通运作24小时英、法、德、日、韩、泰6个语种涉外防疫热线电话，解答疫情防控政策、疫苗接种等相关问题3000余次。

【使领馆访莞活动】　2021年，东莞市服务国家总体外交布局。3月，举办“驻穗领团看东莞”品牌系列活动，宣传东莞市打造高质量发展动力源、加强知识产权保护、鼓励自主创新发展、促进抗疫国际合作和共建人类命运共同体等方面情况和成就。广东省委外办一级巡视员罗军，东莞市常务副市长喻丽君、副市长罗晃浩出席活动。会上，喻丽君做招商引资主题推介发言。10月，举办拉美国家图片展暨东莞—拉美友城展，邀请19个拉美国家30多名驻华使领馆官员和机构代表参加，广东省委外办副主任仓峰、东莞市委常委陈志伟出席开幕式。展览集中展示拉美文化、民俗风情、自然风光、旅游特色及东莞市与拉美国家友好交往精彩瞬间。

【海外利益保护机制健全】　2021年，东莞市制定维护海外利益安全、共建“一带一路”安保、涉外

2021年10月13日，拉美国家图片展暨东莞—拉美友城展在东莞市展览馆开幕 （市委外办供图）

突发事件等方案，健全海外利益安全机制，提升海外利益保护能力，定期开展会商研判，防范化解东莞市海外利益风险隐患。截至2021年底，东莞市有103个海外投资项目，分布在27个国家，其中47个项目分布在“一带一路”沿线国家。

【国际友城经贸投资合作线上交流会】 2021年，东莞市创新对外友好交流模式，举办东莞市国际友城经贸投资合作线上交流会。巴西坎皮纳斯市市长萨阿迪、巴西马林加市市长尤利西斯、塞尔维亚潘切沃市议会主席基斯等7座友好城市或友好合作交流城市的15名市政府官员和30多名企业代表参与视频连线活动，与东莞市有关政府部门代表以及24名当地企业负责人共享合作机遇。东莞市副市长万卓培出席会议，并向友城参会嘉宾推介东莞市投资营商环境。截至2021年底，东莞市与超过200个国家和地区建立经贸合作关系，全市有外资企业1.2万家。

【东莞市与塞尔维亚潘切沃市缔结友好合作交流城市】 2021年，东莞市开拓国际朋友圈，与中东欧国家塞尔维亚的潘切沃市通过视频连线方式，签订友好合作交流关系备忘录。东莞市委副书记、市长吕成蹊出席“云签约”仪式并致辞。市委常委陈志伟与潘切沃市副市长德拉加纳·库普雷萨宁分别代表两市签署友好合作交流关系备忘录。截至2021年底，东莞市与7座城市建立友好城市关系，与15座城市建立友好合作交流城市关系。

资料链接

7座友好城市分别是：美国哈特福德市、希腊萨洛尼卡市、韩国牙山市、巴西坎皮纳斯市、德国伍珀塔尔市、汤加哈派地区、以色列霍隆市；15座友好合作交流城市分别是：罗马尼亚布里扎市、捷克奥帕瓦市、南非茨瓦内市、韩国金浦市、埃塞俄比亚的斯亚贝巴、澳大利亚莱德市、委内瑞拉解放者市、美国威尔逊郡、美国利百伦市、美国剑桥市、西班牙奥萨尔内斯城市联盟、俄罗斯杜布纳市、美国密尔布瑞市、墨西哥蒂华纳市、塞尔维亚潘切沃市。

（赖　娜　黎燕华）

附：2021年中共东莞市委外事工作委员会办公室、东莞市外事局主要领导名录：

主任、局长：谢玉华

党总支书记：骆伟东

塞尔维亚潘切沃市一景 （2021年市委外办供图）

2021年东莞市外事局接待外宾团组情况表

访问日期	团组	访问目的
1月5日	英国驻广州总领事馆大湾区事务主管毕伟（David Bull）一行	前往横沥镇参观座谈
1月14日	以色列驻穗总领事劳霈乐（Peleg Lewi）及广东理工学院副总干事Eran Galor	前往松山湖高新区交流
3月8日	西门子（深圳）磁共振有限公司总经理施安（Andreas Schneck）一行	考察
3月24日	外国驻穗总领事及部分外国驻粤新闻机构代表	考察
3月28日	外商及驻穗总领事代表团	参加华南美国商会在厚街镇东莞海逸高尔夫球会举行的“东莞厚街投资交流晚宴活动”
5月13日	乌克兰驻广州总领事馆代总领事德米特里·卡姆科夫（Dmytro Kamkov）一行	来访交流考察
5月21日	德国梅塞尔集团中国及东盟地区首席执行官黑克尔博士一行和日本DCI集团常务董事、大中华区董事长畠中一男一行	参加东莞市战略性新兴产业招商大会
5月22日	国际青年团组	参加由当代中国与世界研究院和全球化智库组织的“国际青年中国行”活动（广东站）
6月4日	由丹麦驻穗总领事安雅（Anja Villefrance）带领的丹麦水处理科技代表团一行	与东莞水务集团及东莞石鼓污水处理有限公司通过视频连线进行会晤交流
7月27日	格鲁吉亚驻华特命全权大使阿尔赤·卡岚第亚（Archil Kalandia）一行	赴道滘镇出席格鲁吉亚一带一路商务馆（东莞馆）开馆仪式暨交流会
7月30日	国际友城政企代表团	以视频连线方式参加2021年东莞国际友城经贸投资合作交流会
8月4日	以色列驻穗总领事劳霈乐（Peleg Lewi）一行	礼节性拜访
8月13日	国际友城青少年代表	以视频连线方式参加2021东莞国际友城青少年线上沙龙
8月19日	韩国驻穗总领事韩在嬿一行	礼节性拜访
8月25日	以色列驻广州总领事馆经济与商务领事柯雪莉（Shirly Coifman）一行	参加东莞市驻以色列经贸代表处举办的中以（东莞）先进制造业项目对接会
8月26日	日本驻穗总领事龟井启次及日本贸易振兴机构广州代表处领导一行	参加第十七次在莞日资企业政企联络会议
9月3日	马来西亚驻穗总领事马振财一行	拜访交流
9月8日	塞尔维亚潘切沃市副市长德拉加纳·库普雷萨宁	以视频连线方式参加东莞市与塞尔维亚潘切沃市友好合作交流关系备忘录“云签约”仪式
9月9日	格鲁吉亚工商会驻广东省代表处主任、格鲁吉亚一带一路商务馆创始人贝卡（Bekar Mikaberidze）一行	礼节性拜访
9月13日	马克·加戈迪克（Marko Jagodic）等在莞塞尔维亚籍友好人士一行	交流合作
9月18日	印度驻穗总领事何继往一行	礼节性拜访
10月8日	巴西驻穗总领事杜飞一行	礼节性拜访
10月13日	拉美驻华使领团官员和机构代表一行	参加在莞举办的拉美国家图片展暨东莞—拉美友城展
10月19日	比利时驻穗总领事杜律国（Luc Truyens）一行	礼节性拜访
11月3日	泰国驻穗总领馆代总领事康宁熹一行	考察新能源电动汽车配件相关企业
11月11日	沃尔玛中国区副首席执行官文安德（Andrew Miles）一行	向市主要领导汇报沃尔玛山姆会员店项目在莞落地情况

侨 务

【侨务概况】 2021年，东莞市开展侨界代表人士建设、促进文化交流、鼓励和引导华侨华人参与国家建设、为侨服务和维护侨益等工作。办理华侨回国定居、“三侨生”（归侨学生、归侨子女、华侨在国内的子女）身份确认、华侨华人子女入学等政务服务事项37宗。通过网络对申请人材料进行初审，实现全年业务办理一次性通过审核、零跑动。解决华侨无法用护照号码在网上办事大厅预约办理政务事项问题；依托《南方日报》、《东莞日报》、“莞香花开”微信公众号等媒体，加大涉侨政务服务事项政策宣传力度。依托“为侨法律服务工作站”，提供侨法宣传、法律咨询等服务，处理来函、来电、来访业务13宗。落实困难侨胞基本生活保障和日常关怀工作。

【“暖侨行动”促进常态化防疫】 2021年，东莞市开展“暖侨行动”，通过微信、电话、慰问信等形式，加强与侨界代表人士、海外侨团沟通联络，引导海外侨胞重视自我防护和遵守国内外防疫管控措施。向上级反馈海外侨胞接种国产新冠病毒疫苗诉求，做好在莞华侨华人接种疫苗预约服务。

【海外联谊“朋友圈”扩大】 2021年，东莞市完善侨界代表人士和海外莞籍侨团（商会）信息数据库。联合暨南大学开展《依托国际化大数据加强海外统战工作策略研究——以东莞市为例》课题研究。加强侨界代表人士队伍建设，举办“侨界心向党”主题日活动、抗疫主题电影《中国医生》观影分享会，邀请12个国家和地区海外侨团负责人参加2021年海外侨团中青年骨干线上研习班，推荐侨界代表人士参加国家和省举办的重要会议及培训活动。实施“惠侨暖企”行动，组织侨资企业参加惠企政策宣讲活动，发挥海外侨团和重点侨领优势，助力东莞市企业“走出去”和“请进来”。推动和谐侨社建设，支持海外侨团做好侨胞团结互助工作，新西兰基督城广东同乡会、牙买加东莞同乡会等侨团分别获得当地政府或中国驻当地使领馆表彰。

【侨界文化交流“同心桥”搭建】 2021年，东莞市向海外侨团赠送传统服装、书法字帖、节庆用品等文化用品，鼓励侨胞在住在国过好中国节并开展民间文化交流。优化《看东莞》办刊方式和提升期刊质量，向海外侨胞传播中华文化。发挥凤岗镇“中国华侨国际文化交流基地”作用，推动凤岗镇油甘埔村参评首批“广东美丽侨村”。组织来自五大洲9个国家约130名海外华裔青少年参加2021海外华裔青少年东莞线上夏令营，举办海内外华裔青少年“我身边的防疫抗疫故事”主题征文比赛，收到来自10余个国家和地区华裔青少年参赛作品，以文化为纽带做好华裔新生代工作。 （黄淑娟）

附：2021年东莞市侨务局主要领导名录

局　长：张　炜

台港澳事务

【莞台港澳交流概况】 2021年，东莞市加强与台港澳深度合作，推进东莞市创新两岸合作综合试验区创建，推动台港澳青年就业创业平台建设，促进莞台港澳青少年交流，深化莞台港澳交往。全年接待澳门来莞交流团2批53人次，受新冠肺炎疫情影响，台湾、香港没有团组来莞。办理因公赴港澳通行证业务167批446人次，其中因公赴香港93批221人次、因公赴澳门74批225人次；办理商务赴台18批78人次。年内，中共东莞市委台港澳工作办公室获得“全国对台工作系统先进集体”称号。

【莞台港澳机构合作交流】 2021年3月24—26日，东莞市组团到澳门交流，拜访澳门经济与科技发展局、澳门科学技术协进会以及澳门大学，就莞澳科技创新合作协议签订、产学研合作和研究生联合培养等方面进行交流，达成常态化交流共识，共同构建合作框架。4月22—23日，东莞市人大常委会赴澳门调研考察澳门葡语食品展示中心、澳门大学、澳门濠江中学。4月28日，与香港中文大学召开视频工作会议，就共同构建先进材料与绿色能源研究院展开探讨，达成合作共识；同日，澳门特区政府第二届公务人员领导力培训班一行33人到东莞市调研，参观海战博物馆及华为松山湖研发基地。8月25日，东莞市台港澳事务局拜访香港厂商联合会广州办事处、香港中华总商会广州办事处、香港贸易发展局广州代表处、澳门贸易投资促进局广州代表处。年内，加强与在莞重要台胞日常联络，通过在莞台胞加强维系台湾重要机构和人士。

【莞台港澳青少年交流】 2021年，东莞市搭建“青春你我荟莞邑”莞台港澳青少年交流平台。通过创作平台主题曲、设计logo（徽标）及视觉效果、搭建及推广“云平台”、拍摄制作活动视频等，为莞台港澳青少年搭建统一沟通平台，提升交流效果，形成品牌影响力。9月17—18日，开展莞台港澳青少年国防体验营活动，以“爱我中华　强我民族”为主题，吸引70多名莞台港澳青少年参加，参观海战博物馆、军事营地实践体验、装备体验、观看红色电影，加深对国家、国防及军队了解和认同。11月26—28日，举办莞台港澳青少年科技教育交流活动，93名莞台港澳学生通过破冰团建、科技竞赛、参观体验等形式，加深对东莞科技领域发展水平了解。12月3—5日，举办莞台港澳青少年羽毛球邀请赛，吸引91名台港澳学生参加。

【“美在东莞”数据库建设】 2021年，东莞市台港澳事务局建设“美在东莞”数据库。发掘东莞市在经济、社会、历史、文化、生态等方面特色，调研248个参观点，设计80条基本活动路线、20条精品活动路线，纳入36名专家学者、近千名学员信息。

【海峡两岸青年创业基地建设】 截至2021年底，海峡两岸青年创业基地储备青年创业项目230多个，其中完成落户注册195个，项目类型涵盖生物技术、电子信息、互联网、新材料、VR（虚拟现实）、无人机、文化创意等新兴产业领域。协助58名台湾青年通过科技创新创业人才认定。大部分项目企业运营正常，对接大陆市场；部分项目发展较快，在技术转化、获取投资、市场销售和参加省级以上创业大赛等方面表现不俗。

【台港澳同胞新冠病毒疫苗接种服务】 2021年，东莞市筹备2场台港澳同胞新冠病毒疫苗接种工作推进会，加强台港澳同胞接种疫苗政策和防护效果宣传，提高接种意愿。依托在莞台港澳社会团体，开展上门服务，组织12场团队预约，协调疫苗供应。截至2021年底，累计为3.92万名台港澳同胞完成7.88万剂次疫苗接种，在全省台港澳同胞疫苗接种工作中居前列，基本实现“应接尽接”。

【东莞台心医院建设】 2021年，东莞台心医院与中山大学附属第一医院、中山大学附属第三医院、中山大学孙逸仙纪念医院、广东省第二人民医院等大型三甲医院组成专家团队，共建眼耳鼻喉科，成为东莞台心医院重点专科。医院设有血液病特色专科，与南方春富（儿童）血液病中心共建儿童血液病诊疗中心，有移植舱36间，属全国最大儿童血液病治疗中心。2021年，该医院接诊53.51万人次，体检4.01万人次，住院8145人次，其中儿童血液病诊疗中心接诊2.34万人次。

【澳门行政长官贺一诚到莞考察】 2021年1月10日，澳门特别行政区行政长官贺一诚率澳门特区政府代表团到莞考察，受到东莞市委书记、市人大常委会主任梁维东，市委副书记、市长肖亚非接待。双方就加强生物医药领域、经贸、金融、文化等方面合作展开交流，探讨加快落实《粤港澳大湾区发展规划纲要》行动措施，尤其是在防疫常态化背景下，促进东莞市与澳门深化交流合作，实现优势互补。

【非遗文化进东莞台商子弟学校】 2021年4月20日，“莞脉传承之非物质文化遗产进校园”主会场启动仪式在东莞台商子弟学校举行。东莞台商子弟学校与非遗项目——莞城街道兴塘醒狮签订“非遗在校园”合作协议。学校设立醒狮社团，开设民俗体育特色课程，使“非遗在校园”常态化。

【东莞台港澳同胞歌咏比赛】 2021年5—7月，东莞市举办“感恩奋进　与你同行”台港澳同胞歌咏比赛，分别制作以市台港澳事务局工作人员和台港澳同胞为对象的《同一首歌》MV（音乐短片）。比赛征集参赛作品48件，评选获奖作品22件，并通过市台港澳事务局官方微信公众号进行25期视频展播。

【第八届台湾青年岭南行“国防学习体验之旅”在莞举行】 2021年，广东省海峡两岸交流促进会等11家单位共同主办“第八届台湾青年岭南行”活动，东莞市承办“国防学习体验之旅”。9月23—27日，近60名粤台青年切身感受东莞历史变迁、岭南文化以及国防发展。东莞市台港澳事务局获得该活动优秀组织奖、成果展演一等奖。

【第三届台港澳青年双创路演交流活动举办】 2021年9月24日，由东莞市台港澳事务局主办，松山湖海峡两岸青年创业基地承办的“智创新力量·创梦大湾区”暨第三届台港澳双创路演交流活动于松山湖高新区林润智谷二楼路演厅举办，来自智能检测、智能制造、生物技术、电子科技等领域6组团队展示台港澳青年创新创业新态势。活动邀请投资人为青年创业项目进行指导，吸引近百名台港澳青年参与，为台港澳创业青年提供资源对接、合作交流平台。同日，举办2021莞台港澳青年故事会，7名台港澳青年分享在莞创业故事，约150名莞台港澳青年参加，提升台港澳青年来莞创业信心。（陈文锋）

附：2021年中共东莞市委台港澳工作办公室、东莞市台港澳事务局主要领导名录

主任、局长：黄慧红

2021年11月26—28日，莞台港澳青少年科技教育交流活动举行

（市委台港澳办供图）

法　治

LEGAL SYSTEM

东江两岸　（2021年张新锋摄）

编辑：王学林

人大立法

【立法概况】　2021年，东莞市公布实施《东莞市户外广告设施和招牌设置管理条例》《东莞市电动自行车管理条例》2件地方性法规，《东莞市气象灾害防御条例》1件地方性法规通过二审，全面清理东莞市获得地方立法权以来颁布实施的6件现行有效的地方性实体法规及12件市人大通过的规范性文件，备案审查23件市政府规范性文件，联动审查市委、市政府及各部门49件党内规范性文件，协助上级人大对30项法律法规征求意见。

【立法计划编制】　2021年，东莞市根据立法规划以及2021年度立法计划的编制工作安排，经市人大常委会主任会议通过并报市委批准，编制形成2021年立法计划。2021年立法计划项目3件，分别为《东莞市户外广告设施和招牌设置管理条例》《东莞市电动自行车管理条例》《东莞市气象灾害防御条例》。同时，启动立法规划（2022—2026年）和2022年度立法计划编制工作。

【立法机制完善】　2021年，东莞市坚持党对立法工作的领导，加强和改进地方立法工作，以立法协调小组的活动为契机，根据工作规则做好全市各部门的立法协调，通报立法进展和协调有关问题。落实定期报送立法信息的制度，使各相关单位了解并协助共同做好立法工作。执行地方立法重大问题向同级党委请示报告制度，重大立法项目、立法中的重大问题和重大事项及时向市委请示报告。通过落实立法协调小组联席会议制度，每年组织相关部门就立法相关问题沟通协调，推进立法全流程。参与重点领域专项工作小组，参与市域社会治理、优化营商环境、创新基层治理、平安东莞建设等重点领域法治建设，发挥法治保障作用。

【规范性文件备案审查】 2021年，东莞市依法做好规范性文件备案审查，落实“有件必备、有备必审、有错必纠”，维护国家法制统一。全年接受报备规范性文件23件，向省报备地方性法规2件。发挥备案审查联动机制的协同作用，对市委、市政府及各部门发来的党内规范性文件49件进行审查研究，并就其中13件提出审查意见建议，全部获采纳。全面清理东莞市获得地方立法权以来颁布实施6件现行有效的地方性实体法规及12件市人大通过的规范性文件，包括《东莞市普及高中教育暂行规定》《东莞市收费管理规定》《东莞市流动人员管理规定》《东莞市河道堤防管理规定》《东莞市人民代表大会常务委员会关于〈东莞市人民政府关于对电动自行车和其他安装有动力装置的非机动车不予登记、不准上路行驶的通告〉的决议》《东莞市农村集体资产管理规定》。

【《东莞市户外广告设施和招牌设置管理条例》出台】 2021年4月16日，《东莞市户外广告设施和招牌设置管理条例》经东莞市第十六届人民代表大会常务委员会第四十四次会议通过，5月26日经广东省第十三届人民代表大会常务委员会第三十二次会议批准，于5月31日公布。自2022年1月1日起施行。该条例共7章53条，对部门职责、规划和技术规范的编制、大型户外广告设施和宣传品的许可审批制度、非大型户外广告设施和招牌的备案制度、设置人应当遵守的设置要求及维护责任等作出明确规定，保障人民群众“头顶上的安全”。

【《东莞市电动自行车管理条例》出台】 2021年10月27日，《东莞市电动自行车管理条例》经东莞市第十六届人民代表大会常务委员会第五十二次会议通过，12月1日经广东省第十三届人民代表大会常务委员会第三十七次会议批准，于12月9日公布。自2022年1月1日起施行。该条例共7章52条，对电动自行车管理中各单位和个人的职责，电动自行车及零部件生产、销售、维修、回收要求，登记上牌、变更、注销、过渡期制度，通行保障和要求等作出明确规定，为东莞市规范管理电动自行车提供法治支撑。（温永强）

2021年7月14日，东莞市人大常委会开展《东莞市电动自行车管理条例》立法调研
（市人大常委会法工委供图）

政法委与综治

【政法委与综治概况】 2021年，东莞市委政法委统筹推进政法队伍教育整顿和平安东莞法治东莞建设，各项工作取得成效。东莞市第二次获全国平安建设最高奖“长安杯”，获评2017—2020年平安中国建设示范市，平安建设考评连续三年排广东省第二名、获得“优秀”等次，第六次获评全国社会治理创新典范城市，完成全省教育整顿“走在前列、做出示范”联系点任务。

【政治安全和社会稳定】 2021年，东莞市委政法委以中国共产党成立100周年庆祝活动维稳安保为主线，把维护国家政治安全放在第一位，有效防范化解各类矛盾，妥善处置应对重大不稳定事件，维护社会安全稳定。

安保维稳 2021年，东莞市出台维稳安保工作总体方案和攻坚工作方案，及时启动应急响应机制和信访维稳联动处置机制，加大稳控力度，完成中国共产党成立100周年、党的十九届六中全会等系列维稳安保任务。

国家政治安全捍卫 2021年，东莞市开展维护政治安全专项行动，全年风险隐患化解率100%。全市破获一批邪教案件，缴获反宣品及作案工具1.7万份，专案侦破工作得到省领导肯定批示。完成专项“清零”任务以及核准入库任务。持续开展无邪教创建活动，新增无邪教示范村（社区）256个，全市创建覆盖率87.5%。

重大社会风险化解 2021年，东莞市开展社会矛盾问题专项治理，开展基层矛盾纠纷排查化解专项行动，对发现的各类风险隐患逐一列账，限期“清零”。全市群体性事件比上年下降72%，其中50人以上群体性事件“零”发生；全市涉稳案事件比上年下降44%，降幅明显。推进重大决策社会稳定风险评估，全年评估数上升19%，东莞经验做法得到省的肯定推广。“千木灵芝”案顺利执行，向6.4万名集资参与人返还损失8.3亿元，挽回损失率42.8%。

2021年7月13日，东莞市出租屋专题调研座谈会召开

（市委政法委供图）

【政法部门推进市域社会治理现代化】 2021年，东莞市委政法委在广东省率先出台《市域社会治理现代化“十四五”规划》，全面规划全市市域社会治理工作方向。牵头制定《关于完善社会治理体系建设更高水平平安东莞的意见》等系列政策文件，推进市域社会治理工作制度化长效化。

项目化推广社会治理创新典型 2021年，东莞市推出十大类市镇共建项目和23个省市共建项目、183个镇级复制和自主创新项目，并举办东莞市2021年度“平安杯”社会治理创新大赛，以项目化推动试点创建，东莞市委政法委在平安广东建设创新交流会暨市域社会治理现代化试点工作推进会上作经验介绍。

社会治理基层基础夯实 2021年，东莞市部署全市基层综治中心建立社会心理服务站（室），镇街“粤心安”心理服务站建成率100%，村（社区）“粤心安”心理服务站建成率99.8%。完善“智网人人拍”奖励制度，全年收到线索5.55万条，构建社会治理人人参与氛围。开发“全民莞家”小程序，引导社会多元力量组建群防共治队伍参与平安建设。

风险源头防范 2021年，东莞市全面启用新一代“智网工程”信息系统，推出网格化管理“十项全新举措”，全年发现隐患471.6万处，比上年增长35.9%，处置率97.2%。发挥调解协会作用，运行“莞邑调解”服务平台，各类调解组织全年受理矛盾纠纷近7万宗，成功率98%。深化诉调对接“1+2+3”工作机制，把矛盾纠纷化解在基层，全年通过诉调对接成功调解案件8.5万件，调解成功率66.3%，诉调对接机制获评全国社会治理创新典范。

资料链接

诉调对接“1+2+3”工作模式：1个中心、2个平台、3大调解：1个中心是东莞市法院全面设立诉调对接中心，全面推行调解前置。2个平台是建立线上线下2个平台，让当事人少跑路，构建“互联网+社会治理”在线调解模式。3大调解指的是全面加强专职调解、律师调解和特邀调解，打造全方位、立体化纠纷化解体系。

【平安东莞建设】 2021年，东莞市委政法委坚持把维护稳定、守护平安作为重要政治责任，以深化平安东莞建设为重要抓手，不断提升群众幸福感、安全感、获得感。

社会治安大局持续保持稳定 2021年，东莞市对社会治安重点问题8个村（社区）、5个命案发案较多镇街以及电信网络诈骗警情高发突出问题镇街、走私突出问题镇街开展挂牌整治，社会治安呈现出“三降三升”［全市110接报违法犯罪警情、刑事案件立案数、治安案件受理数分别比上年下降15.78%、1.75%、10.45%；行政拘留、刑事拘留、起诉人数（全省第三名、第二名、第二名）分别上升17.66%、11.87%、17.49%］的态势，命案发案数连续9年保持下降。保持对“黄赌毒”问题特别是“涉黄”违法犯罪的严打高压态势，坚决遏制“黄赌毒”死灰复燃。

社会面整体防控 2021年，东莞市深化“巡逻处警一体化”工作，组建1.6万名警力的专职巡处队伍，全面提升路面快速反应能力及盘查率、管事率；部署开展“夏季清源”“治乱清源”“缉刀断刃”“护航公交”专项行动，排查整治全市591万间出租屋，对梳理出的23.3万名独居无业男性人员开展“四个一”（发放一份健康告知书、开展一次健康问询、查验一次健康码、开展一次核酸检测）工作，并纳入管控2975名，收缴刀具27.9万把，降低发生极端案事件的风险。

【法治东莞建设】 2021年，东莞市委政法委发挥法治固根本、稳预期、利长远的保障作用，为推动东莞市开启“双万”（万亿生产总值、千万人口）城市新征程提供良好的法治环境。

政法改革推进 2021年，东莞市制定全市政法领域全面深化改革任务台账，对标中央部署的99项政法改革任务，88项完成，11项中长期任务持续推进。制订跨部门大数据办案平台建设试点工作方案，推动启用东莞市政法机关刑事案件一体化网上办案平台，提高执法办案协同效率。推动1007名机关警力下沉派出所、警务室，调整优化警务运行机制。

法治化营商环境优化　2021年，东莞市推动出台《全面推行证明事项告知承诺制工作实施方案》《关于为我市争创一流营商环境提供高质量司法服务保障的行动方案》，举办“以法兴企”文化沙龙活动服务企业1500余家，为2129家中小微企业开展法治体检，促进营商环境优化。

政法公共服务健全　2021年，东莞市法院创新“刷脸领款”等“微改革”，执行款平均发放天数比上年减少29.4天，执行到位率居全省法院第一位。公安推进“一窗办”“全市通办”，办证窗口群众平均等候时长缩短52.5%，群众预约信息录入量减少84%。东莞仲裁委运作，东莞公证处新设3个办证点，更加便捷群众办事。推进多层次多领域法治创建，2个村（社区）获评第八批全国民主法治示范村和社区。“七五”普法收官，普治工作网上量化考评成绩列全省第一位。

司法为民落实　2021年，东莞市办理救助案件134件，救助群众189人，救助金额789.2万元。开展涉法涉诉信访案件清查，全部办结进京到省案件166件。法院建立长期未结案件管理长效机制，一年以上长期未结案件存量比上年下降37.6%。全市中立法律服务社（站、点）受理各类咨询案事件1.04万件、服务群众1.91万人次。

【政法队伍教育整顿】　2021年，东莞市委政法委发挥整体谋划、统筹协调、推进落实等职能作用，组织全市政法系统开展政法队伍教育整顿。落实广东省委书记李希来莞调研指示要求，以作为全省教育整顿“走在前列、做出示范”联系点为动力，高质量完成各项目标任务，实现政治责任全面落实、忠诚根基有力筑牢、害群之马坚决清除、积弊沉疴有效净化、队伍形象显著提升。东莞市在全省政法队伍教育整顿查纠整改环节工作交流会上作经验介绍。中央督导组反馈的四批44个问题、9个建议，以及省指导组反馈的四个方面问题全部整改完毕。抓好政法委机关教育整顿，为全市政法机关树标杆、作示范。

《中国共产党政法工作条例》严格执行　2021年，东莞市推进落实《中国共产党政法工作条例》及省委实施办法，省要求贯彻实施的58项配套制度，东莞市完成57项，还有1项制定中，把党的领导贯彻到政法工作各环节、全过程。

案件线索深挖彻查　2021年，东莞市处置教育整顿问题线索2562件，立案审查调查207人，主动投案104人，留置2人，移送司法机关18人，处分处理1272人。

沉疴积弊全面清理　2021年，东莞市排查1607人2688个问题，核实甄别512人739个问题均处理完毕。

建章立制持续完善　2021年，东莞市突出加强政法队伍正风肃纪、执法司法制约监督、干警素质能力提升、政法干部交流轮岗任用等四大方面长效机制建设，全面梳理建立制度155项。在全省率先出台《东莞市政法干警禁业清单》等规范，为上级建章立制提供东莞实践。

英模教育持续抓好　2021年，东莞市在政法队伍教育整顿期间，涌现出黎伟标、陈进龙等一批先进英模，《人民日报》、中央广播电视总台等媒体宣传报道。全市政法系统2个集体、2人次获得国家级荣誉，17个集体、33人次获得省部级荣誉，展示东莞市政法队伍忠诚干净担当的时代风采。

为民办实事深入开展　2021年，东莞市政法单位推出为民办实事项目170个，解决群众“急难愁盼”问题，公安部门压减交通亡人事故，全年全市电信网络诈骗警情比上年下降43%，降幅排广东省第二名，发生交通事故、死亡人数下降32%、20%；法院深化两个“一站式”（一站式多元解纷机制、一站式诉讼服务中心）建设，检察院全面推进“12309”检察服务中心建设。经第三方测评，群众对政法工作满意度94.4%，比上年提升12个百分点。

【扫黑除恶斗争常态化开展】2021年，东莞市召开全市扫黑除恶斗争工作会议，部署常态化开展扫黑除恶斗争，印发年度重点工作任务，坚持“打早打小”，快侦快破涉恶案件，集中攻坚涉黑涉恶重大专案，打掉黑社会性质组织1个、恶势力犯罪集团25个、涉恶团伙165个，侦破涉恶九类案件1493起，查处“保护伞”22人，抓获部、省目标逃犯16人；执行涉黑恶财产案件19件，新增执行到位2.07亿元，新增入库3.82亿元；推进五大行业领域专项整治，发出“三书一函”（监察建议书、检察建议书、司法建议书、公安提示函）161份，推动正本清源。

【东莞市再获全国平安建设最高奖“长安杯”】　2021年12月15日，平安中国建设表彰大会在北京市召开，东莞市获评“2017—2020年度平安中国建设示范市”，这是东莞市连续四届（每4年一届）获评为平安中国建设示范市。

东莞市在全省率先出台市域社会治理现代化规划，出台社会治理政策体系，成立市镇两级平安建设领导小组，健全镇街政法委员统筹协调机制，设立镇街综合治理委员会，全面加强党对平安建设的领导。以安全感满意度为导向，纵深推进扫黑除恶，强力打击整治，“十三五”期间（2016—2020年），全市违法犯罪总警情下降19.9%，刑事立案下降22.9%，“两抢”（抢劫、抢夺）案件下降超九成、命案发案下降五成，人民群众对政法工作满意度和安全感连续四年上升。建立维稳机制，化解“团贷网”等重大涉稳风险，完成中华人民共和国成立70周年大庆、中国共产党成立100周年等重大节点维稳安保任务，茶山镇创建为全省唯一镇级维稳工作示范点。创建市域社会治理现代化全国首批试点城市，2020年被列入中央政法委联系点，打造“智网工程”“平安文化”“东莞义警”“莞邑调解”等具有东莞特色的社会治理品牌，努力推动共建共治共享社会治理格局走在全省前列。深入推动法治东莞建设，服务保障全市经济社会高质量发展，东莞市被评为“七五”中期普法全国先进城市，2018—2019年连续两年政商关系健康指数排全国第一名，2020—2021年连续两年获得法治广东建设考评优秀等次，2019年东莞市在省委依法治省专题会议上就履行法治建设第一责任人职责作经验介绍。

资料链接

“长安杯”是原中央综治委自2005年首次设立的全国平安中国建设（社会治安综合治理）最高奖，必须连续三届（每4年为一届）获评为“平安中国建设示范市”或“平安中国建设示范县（市、区、旗）”后方能参选。

【东莞市法学会在2020年度广东省地级以上市工作考核中获评“优秀”等次】 2021年，东莞市法学会在2020年度广东省地级以上市工作考核中获评“优秀”等次，成为广东省唯一自2016年开展年度考核以来连续5年获评“优秀”等次的地级以上市法学会，并在中国法学会2021年度“青年普法志愿者法治文化基层行”全国经验交流会上作经验介绍，法学会秘书处负责人王楚入围2021年度全国法治人物候选人，其个人事迹在中央广播电视总台社会与法频道多次展播。年内，东莞市法学会举办“双百”（百名法学家百场报告会）报告会、“青年普法志愿者法治文化基层行”等各类活动1995场次，普法受众79万人次；东莞市中立法律服务社（站、点）受理各类咨询案（事）件1.04万件，服务群众1.91万人次。

【政法系统助力疫情防控】 2021年，东莞市委政法委把打赢疫情防控阻击战作为重大政治任务，为全市疫情防控工作做出政法贡献。健全完善市、镇、村、网格四级架构，规范组建社区“三人小组”（由基层网格员、社区民警、社区卫生服务机构医务人员组成的基层疫情防控小组），动员政法干警和网格员力量，发挥3713个“三人小组”以及跨境货物作业点管理专班作用，落实“四个一”（一位分管市领导和一个部门牵头负责、成立一个工作专班跟进处置、制定一个专项工作方案统筹应对、统一一个口径上报和发布信息）应急处置和“网格化”防控机制，织牢联防联控和群防群治两张网，开展落地核查105万人次、核查率100%，对跨境货物作业点开展巡查24.96万次、上报1329条隐患线索，对全市7660家在册登记的药店实施哨点监测巡查，科学精准做好常态化疫情防控工作。组织政法委工作专班11人赴大朗镇一线抗疫，组建市、镇社会面稳控联合专班一体化运作，推动在全镇范围开展“扫楼查漏”“扫街排查”“扫码打卡”专项行动，疫情防控期间累计排查30.14万人，累计扫码754万余人次，劝导暂停开放各类经营主体1.37万间（处）。同时，回应“急难愁盼”群体诉求，解决过境司机滞留人员放行事宜，保障各类企业货运接驳需求，护航研究生、公务员“平安考试”。（唐三保）

附：2021年中共东莞市委政法委员会主要领导名录

书　记：杨东来（任至5月）
　　　　梁杰钊（5月到任）

法治政府建设

【法治政府建设概况】 2021年，东莞市紧扣中共中央、国务院《法治政府建设实施纲要（2021—2025年）》的要求，围绕省委、省政府工作部署，推进法治政府建设各项任务落实，配合中央法治政府建设实地督察工作，连续两年获“法治广东”考评“优秀”等次。

学深悟透习近平法治思想 东莞市委、市政府主要负责人分别主持召开市委常委会会议、市政府常务会议，专题学习习近平法治思想，将深入学习宣传贯彻习近平法治思想作为一项长期重大政治任务，紧扣习近平总书记赋予广东的总定位总目标，按照国家“一规划两纲要”［《法治中国建设规划（2020—2025年）》《法治社会建设实施纲要（2020—2025年）》《法治政府建设实施纲要（2021—2025年）》］法治建设部署，将法治东莞建设与经济社会发展大局统筹谋划，出台《法治东莞建设规划（2021—2025年）》《关于推进法治社会建设的实施意见》，研究制定未来五年东莞市法治政府建设实施意见。

落实“关键少数”法治主体责任 2021年，东莞市委、市政府召开涉及法治政府建设的市委常委会会议、市政府常务会议72次，审议相关法治事项88项，科学谋划推动法治政府建设。印发《关于组织开展党政主要负责人履行推进法治建设第一责任人职责述职工作实施方案》，将领导干部个人年度述法报告纳入政绩考核指标体系，将法治政府建设成效纳入领导干部绩效考核重要指标，推动“关键少数”落实法治政府建设主体责任。

聚焦法治问题短板开展督察 以中央依法治国办法治政府建设督察组下沉东莞市开展督察工作为契机，全面梳理东莞市法治政府建设工作，补短板强弱项，完善体制机制，推动东莞市法治政府建设提质增效。组建督察组对2020年度法治东莞考评排名靠后的3个镇开展实地督察调研，全面修订法治东莞建设考评办法和细则，推进上级各项法治政府建设任务部署落地落实见效。

提升法治思维和法治能力 东

莞市各单位落实领导干部“一培训两讲座”要求，做好新出台、新修订法律法规的宣传教育工作。将习近平法治思想纳入党校、行政学院主体班课程，利用东莞干部网络学院、云课堂等载体开展线上法治培训和学法考试。加大行政执法人员业务培训，全年举办6期培训班1226名执法人员接受综合法律知识培训，向基层政府定向推送政府法律顾问教学小视频36期。

落实依法行政报告制度　撰写《东莞市2021年法治政府建设情况报告》分别报送省委、省政府和市委、市人大常委会，并按要求通过“中国·东莞”政府门户网站和《东莞日报》向社会公开。

资料链接

“一培训两讲座”：《法治政府建设实施纲要（2021—2025年）》第（三十四）条健全领导干部学法用法机制：国务院各部门根据职能开展本部门本系统法治专题培训，县级以上地方各级政府负责本地区领导干部法治专题培训，地方各级政府领导班子每年应当举办两期以上法治专题讲座。

【东莞市政府重大行政决策】　2021年，东莞市出台《东莞市人民政府2021年度重大行政决策事项目录》，将《东莞市科学与技术发展“十四五”规划》《东莞市卫生健康事业发展“十四五”规划》《东莞市建筑产业发展规划（2021—2025年）》《东莞市人民政府关于加强高污染燃料禁燃区环境管理的通告》纳入市政府2021年度重大行政决策事项，按照《国务院重大行政决策程序暂行条例》和《广东省重大行政决策程序规定》的要求，履行决策调研、公开征求意见、专家论证、风险评估、合法性审查、市政府常务会审议以及向市委请示等法定程序，并公开发布实施。坚持和加强党对重大行政决策的全面领导，推进重大决策科学化、民主化和法治化。

【规范性文件管理】　2021年，东莞市司法局开展规范性文件管理工作，围绕市政府“打造品质教育十二项行动”“十件民生实事”等中心工作，做好文件审查审核及监督管理。办结并上报市政府出台《东莞市校车安全管理办法》《东莞市居家养老服务管理办法（修订）》等市政府规范性文件22件，前置审查《东莞市人力资源和社会保障局职业能力建设专家库管理试行办法》《东莞市住房和城乡建设局建设工程质量检测管理规定》等部门规范性文件135件，备案审查镇街规范性文件136件，对《关于加强和改进住宅小区党建工作的指导意见》等党内规范性文件征求意见稿提出意见建议2件次。督促起草单位对276件文件进行公平竞争审查，对71件涉企规范性文件征求企业及行业协会的意见，从源头上防止排除、限制市场竞争规定的出现。牵头组织开展多次规范性文件清理，梳理排查文件1000多件。经过清理并报请市政府修改、废止一批市政府规范性文件。报请市政府出台《东莞市人民政府关于公布行政规范性文件制定主体清单的通知》，推动落实《广东省行政规范性文件管理规定》的要求，印发《行政规范性合法性审查标准表》，从制定主体、制定程序、制定权限、制定内容、制定规范五个方面对规范性文件合法性审查标准作出明确。

【行政复议应诉】　2021年，东莞市司法局依法公正办理复议案件。全年收到行政复议申请2178件，其中市政府作为复议机关收到行政复议案件申请1911件，办结1920件（含上期结转174件）。承办以市政府为被申请人的行政复议案件23件。承办以市政府为被告的行政诉讼案件707件。加强对全市行政应诉工作的统筹指导，完成全市行政诉讼案件统计分析，形成《东莞市2021年行政复议行政应诉案件统计分析报告》报省司法厅，形成《东莞市2021年行政复议及应诉工作报告》报市政府。

败诉行政案件和行政机关负责人出庭应诉年度报告制度建立　经市政府同意，制发《东莞市司法局关于建立败诉行政案件和行政机关负责人出庭应诉年度报告制度的通知》，建立年度“双报告”制度，明确行政应诉工作的主体责任，推动行政机关依法行政。

推进行政复议体制改革　形成并印发《东莞市行政复议体制改革实施方案》，自2021年6月起，除

2021年5月25日，东莞市司法局举行“学党史 我为群众办实事 复议体制改革宣传”的主题开放日活动　（市司法局供图）

税务和国家安全机关外，市一级只保留一个行政复议机关，由市政府统一行使行政复议责任，实行“统一受理、统一审理、统一决定”。开展“复议为民促和谐”专项行动。2021年5—6月联合东城、万江等镇街司法分局举办复议改革主题系列宣传活动9场，制作及派发宣传资料1.2万份，解答法律咨询近万人次。组织“我为群众办实事”活动。畅通复议受理渠道，指导全市32个镇街司法分局推进行政复议咨询点的设立工作；优化审理机制，实行繁简分流、类案专办、统一标准，案件审理时间从以往平均55天缩减至49天；加大外出实地调查和调解力度，多次召开案件协调会，作出57件有利于行政相对人的复议决定，收到多封感谢信及锦旗。

【行政执法协调监督】 2021年，东莞市司法局加强镇街开展综合行政执法工作指导力度，印发《关于进一步加强镇街综合行政执法工作的指导意见》，组织市级部门制定下放职权的业务指引，压实推进镇街综合行政执法改革力度，促进同事项同情形同标准处罚、无差别执法。联合市政数局制订东莞市“两平台”（行政执法信息平台、行政执法监督网络平台）项目实施方案并报省司法厅和省政数局备案，市、镇两级执法主体同步上线运行“两平台”，完成部署68个执法单位，开通账号数6942个，“两平台”的部署促进行政处罚、行政强制、行政检查三类执法案件审批网络化、案卷电子化及办案全程规范化。组织全市1226名行政执法人员参加线上综合法律知识培训和网上考试，完成执法证件申领发放2945个。组织开展全市执法案卷评查工作，抽取306宗案卷评查，推动各行政执法单位规范执法流程、建立健全行政执法全过程记录相关制度和重大执法决定法制审核制度，提高办案质量，促进依法行政。

【政府法律顾问】 2021年，东莞市司法局推进政府法律顾问工作，发挥政府法律顾问参谋助手作用，拓宽政府法律顾问工作的广度和深度，将法律顾问服务打造成推动法治政府建设的有力引擎。全年对疫情防控、重大投资项目、征地拆迁、各类历史遗留问题、政府信息公开等领域重大行政决策、重大合同、重要协议、疑难问题提出合法性审查意见860份。以短视频形式创新开展政府法律顾问指导工作，全面提高机关单位工作人员运用法治思维和法治方式的能力和水平；推动各单位落实法律论证主体责任，发挥各单位政府法律顾问机构的作用；落实政府法律顾问资格审核制度，规范东莞市外聘政府法律顾问的管理。（肖岱彤）

公　安

【公安概况】 2021年，东莞市公安局抓好防风险、保安全、护稳定、战疫情等工作，确保全市社会大局持续平安稳定。全年社会治安呈现出“三降三升”的态势：全市“110”接报违法犯罪警情、刑事案件立案数、治安案件受理数分别比上年下降15.78%、1.75%、10.45%，行政拘留、刑事拘留、起诉人数（排全省第三名、第二名、第二名）分别上升17.66%、11.87%、17.49%。盗窃、电信诈骗、“两抢”（抢劫、抢夺）等多发性侵财犯罪刑事立案数分别比上年下降13.4%、5.68%、15.02%，治安大局全面向好。

年内，东莞市公安局获集体一等功1个、集体二等功9个、集体三等功241个、集体嘉奖204个；获“全国公安系统一级英雄模范称号”1人（追授），获“全国公安系统二级英雄模范称号”4人（其中追授1人）、个人一等功4人、个人二等功45人，个人三等功587人、个人嘉奖1093人。打私支队办公室、厚街公安分局政工监督室被评为“全省优秀基层单位”，黎伟标被评为全国平安英雄、中国好人、广东省优秀共产党员，陈建升、尹冠英、胡桂霞、蔡建锋、麦浩贤5人被评为“全省优秀人民警察”，苏志刚被评为全国成绩突出交警，肖添根被评为全国公安机关扫黑除恶专项斗争成绩突出个人，陈锦辉被评为全国公安机关信访工作成绩突出个人，张黎晖被评为全国公安机关成绩突出个人。

【打击电信网络诈骗犯罪】 2021年，东莞市公安局紧抓预警防范、技术反制、研判打击、治理管控，以及“断号”“雨箭”行动6大板块工作，推进“全警反诈”（反诈：反电信网络诈骗）专项行动。

研判打击　建立“反诈联勤作战中心”，构建多警种7×24小时联动作战工作机制，整合资源，开展重点打击工作，在全省率先打通“数字人民币”查询止付通道，全年破案6580件，比上年上升58.75%；抓获违法犯罪9559人，上升76.62%。其中，“断包1号”打击利用数字人民币洗钱犯罪专项行动，抓获犯罪嫌疑人232名，核破全国案件846件，涉案金额3.23亿元。

宣传防范　依托横幅、大喇叭等手段开展宣传，开展系列反诈宣传活动，构建“全民反诈”工作格局。全市电信网络诈骗警情、立案分别比上年下降43.81%、5.68%，“国家反诈中心”App（应用程序）注册率68.14%，覆盖人数741.8万人。

预警劝阻　制定全警预警劝阻工作机制，将全市路面巡处警力纳入预警劝阻队伍；制定预警劝阻倒查问责细则，全面压实各警种、各分局工作责任。全年避免72万名群众受骗，紧急止付涉案资金3.67亿元，守住市民的“钱袋子”。

管控整治　市公安局、市工业和信息化局、人民银行东莞市中心支行、市银保监分局联合开展“断卡”行动，压实通信运营商和商业银行责任，全面排查存量可疑账户、加大新开账户审核力度、强化对涉诈骗“两卡”（银行卡、手机卡）线索核查打击，共抓获涉“两卡”犯罪嫌疑人6390名，惩戒“两卡”失信人员4852名。

【严打严控暴力犯罪】 2021年，东莞市公安局严厉打击故意杀人、故意伤害、抢劫、强奸、绑架、劫持、投毒、放火、个人极端暴力等严重暴力犯罪，落实重特大案件反应机制，有关警种合成作战，快侦快破严重暴力现案，及时消除社会影响及安全隐患；全面落实完善紧急救治绿色通道、加强重点部位巡逻防控、加大普法宣传和矛盾化解力度等措施，压减命案发案；将传统侦查手段的原理和思路与大数据技术融合，应用各类技战法，深入推动命案积案攻坚工作，侦破常平“2001.7.15”抢劫杀人案等一系列重特大命案，彰显公平正义；加强涉枪案件的打击整治力度，涉枪犯罪案件快侦快破，追枪溯源；加强警企合作，查清贩卖、走私网络，对前科重点人员“监测、预警、防范、打击”。全市立八类严重暴力案件2128件，现案破案率99.34%；发命案63件，比上年下降1.6%，现案破案率100%，另破积案21件；立涉枪刑事案件31件，现案破案率100%。

【打击传统“盗抢骗”犯罪】 2021年，东莞市公安局树立“抢案必破、盗案多破”理念，完善市、镇两级公安机关“破小案”工作机制，落实市局“统筹组织、串并研判、集群打击”，公安分局“快速反应、快速打击、快速追赃”的两级打击传统“盗抢骗”（盗窃、抢劫、抢夺、接触性诈骗）犯罪工作模式。提前谋划布局、专题部署推动，以科技信息为支撑，加快破案速率，追赃挽损，实现传统“盗抢骗”案件打击效能、打击质量明显上升的目标。以打击“两盗”（入室盗窃、盗窃电动车）犯罪专项行动为抓手，多警种联合侦查，有针对性地连续发起多波次集中收网行动，大规模、全链条打击传统“盗抢骗”违法犯罪，精准打击惩处大批惯犯累犯，全面推动打击传统“盗抢骗”违法犯罪，提升群众安全感和对公安工作满意度。全市立传统“盗抢骗”案件1.75万件，比上年下降14.12%；打击处理传统“盗抢骗”犯罪嫌疑人1.40万人，上升13.29%。“两抢”（抢劫、抢夺）案件保持现案全破，盗窃案件破现案率首次突破50%。

【打击涉黄涉赌违法犯罪】 2021年，东莞市公安局将扫黄作为重要政治任务摆在突出位置，保持扫黄禁赌高压态势，紧盯全市涉黄赌违法犯罪动态，推进全市公安机关“飓风2021”“八大专项”等一系列行动。全市破获涉黄刑事案件1197件，查处行政案件2870件；刑事拘留2477人，逮捕921人、行政处罚7491人。破获涉赌刑事案件696件，查处行政案件3233件；刑事拘留3333人，逮捕1560人、行政处罚1.26万人。由于工作成效明显，先后获公安部、省公安厅贺电和通报表扬。2021年，“飓风2021”治安管理工作考核排名在全省并列第一名。

【禁毒】 2021年，东莞市公安局严打涉毒违法犯罪。以“集群打零”“拔钉追逃”为抓手，集中摧毁一批贩毒团伙，全市侦破毒品案件172件，逮捕涉毒犯罪嫌疑人427人；抓获涉毒逃犯90人；获公安部嘉奖令1封，公安部禁毒局贺电1封，省公安厅贺电3封。全面排查管控吸毒人员，结合“治乱清源”大清查大整治工作，加大吸毒人员查处力度，全市吸毒检测19.3万人，查处吸毒人员1758人次。重宣教抓建设，创新禁毒宣传方式，举办线上线下各类禁毒宣教活动4300余场、累计参与数超过1000万人（次），各类媒体对东莞市禁毒报道2800余次，其中中央广播电视总台4次，全国性媒体报道52次，省卫星电视、广播电台、报纸等媒体报道330余次，国家禁毒办和省禁毒办刊发东莞市禁毒工作消息194次。

【打击走私（水域治安管理）】 2021年，东莞市公安局（市打私办）推进“双反”（反走私、反偷渡）和“四清”（清岸、清湾、清船、清场）工作，组织协调海关缉私、海警等部门查获涉走私案件1242件（其中立走私刑事案件390件），案值42亿元，查获涉嫌走私冻品8000余吨、成品油600余吨，查扣各类“三无”（无船名船号、无船籍港、无船舶证书）船舶550余艘等走私物品。东莞市反走私工作成效在全省名列前茅，扭转水域猖獗走私态势，为疫情防控工作作出贡献。反走私工作纳入全市重点工作推动落实。东莞市公安局部署开展反走私百日攻坚等专项行动，坚持情报先导，深挖扩线，将警力安排在打击巡防和案件侦办一线，持续出击，侦破5件“飓风”号走私大案，打掉重大走私犯罪团伙30余个。

【基层反走私示范点建设】 2021年，东莞市公安局压紧压实基层反走私责任，探索“社区民警+网格员”的基层反走私模式。长安镇反走私示范点创建工作被省打私办评为“优秀”档次；望牛墩镇创新工作方法，综合治理成效明显。针对涉案物品处置困难问题，制定出台《东莞市不明来源冷冻肉和水产品无害化处置流程》等指导性文件，组织销毁涉走私冻品2.3万吨，拆解“三无”船舶230余艘，处置工作走在全省前列。建造指挥艇，开展沿岸雷达、视频监控、执法船艇等装备和技防建设，全面提升水上缉私装备性能和科技防控能力。利用电视、广播、微信公众号开展反走私宣传，举办反走私户外宣传活动，并在市场、码头、水域沿岸等重点部位悬挂横幅，增设宣传牌、警示牌，派发反走私宣传单张，营造反走私氛围。

【户政管理】 2021年，东莞市在上年推出市内户口迁移新政的基础上，先后出台亲属关系证明、户口迁移公告程序、港澳台居住证“全城通办”、业务告知承诺制度办理、重复（虚假）户口注销及因疫情无法回国人员委托国内近亲属代为办理居民身份证换领工作规范，解决一批群众“急愁难盼”问题。

全市公安机关深入开展“我为群众办实事”实践活动。推进户口迁移“跨省通办”，范围从原来的福建、海南和广西3省（自治区）逐步扩大至全国，其中：福建、海南和广西3省（自治区）基本实现全业务“跨省通办”，其他省（自治区）实现工作调动、大中专院校录取学生等5个户口迁移事项“跨省通办”。全面推行户政业务“全城通办”，事项范围扩大至51个户政业务事项，通办业务量占总业务量比例99%，受到社会各界及办事群众高度评价，完成2021年东莞市政府民生十件实事既定工作目标。深入推动户政业务“无证（证件、证明）办事”，按照省公安厅部署对参军服役注销户口和持证未落户在原迁出地恢复户口业务实施承诺制办理；严格执行省政府政务服务“四免优化”工作要求，通过数据共享、电子证照、告知承诺等方式压减人才入户申办材料；对于居民身份证、户口簿、人社部门签发的人才入户卡、结婚证及随迁人员的出生医学证明等材料，通过电子证明调取或通过大数据信息共享方式获取，减少申办材料数量。

【流动人口管理】 2021年，东莞市有流动人口905.88万人。按人口来源地分析，广东（除本市外）、湖南、广西、湖北、江西、四川、河南、贵州、重庆、云南等10个省（自治区）在东莞市的流动人口有830.34万人，占91.66%；按居住原因分析，以务工、就读、其他、投资经商4种原因居住的流动人口有889.8万人，占98.23%；按居住处所性质分析，以租赁房屋、单位内部、其他、自购房屋等4种形式为居住处所的流动人口有864.57万人，占95.44%。是年，东莞市公安局常态化开展“二标四实”（标准作业图、标准地址库；实有人口、实有房屋、实有单位、实有设施）基础信息采集更新工作。持续开展“二标四实”基础信息数据监测整治。运用数据分析、监测模型，每月监测实有人口信息数据，及时发现存疑数据并组织上门核查。持续强化出租屋治安管理。完善优化出租屋分级分类管理和“红黄绿”分色巡查提醒机制，针对不同类别、级别出租屋，设置不同走访周期、巡查任务以及管理要求，压实各级公安机关和社区民警巡查责任。持续优化“莞e申报”工具。及时收集工作中反馈出来的问题和不足，优化自主申报体系，完善“莞e申报”工具功能，提高申报效率和用户体验感。全年全市采集标准地址1152.5万条、实有房屋1152.5万间、实有单位72.9万家、实有设施286.4万个、实有人口1379.1万人（经申报责任主体申报1377.8万人，申报率99.9%），数据问题率持续保持在万分之三以下的较低水平。

【出入境“放管服”改革】 2021年，东莞市公安局严格执行“非必要非紧急不出境”疫情防控要求，劝导群众减少出国境，受理、签发各类出入国（境）证件、签注22.4万本次，办证量较疫情前压减近93%。在统筹做好疫情防控的基础上，提升窗口服务管理水平，收到53名群众送来锦旗、感谢信，并在9月14日全省公安出入境管理工作会议上就窗口服务工作作经验交流发言。首创推出重点企业出入境专属服务，为东莞市华为、京瓷等324家重点企业开通“线上”实时答疑、“线下”绿色通道专属服务，强化扶企惠民政策推广。实现港澳居民就近办理“回乡证”，为4175名港澳居民解决不便回港办理证件的难题，服务湾区建设。落实6项便利老年人办理出入境证件的新举措，为老年人提供各项便利服务937人次。主动提升外籍人才签证便利化，为1460名外籍人才及其随行外籍家属签发两年以上工作类及私人事务类居留许可，助力企业引才留才。畅通急事急办、绿色办证通道，为440人次提供加急服务，保障群众紧急必要的出入境需求。

【智慧警务建设深化】 2021年，东莞市公安局提升信息化建设应用水平，推动“12367”平台在东莞市落地启用，加强与市“12345”热线中心沟通协调，及时更新知识库，保障平台在东莞市运行稳定。参与大数据应用，牵头负责研发的“智审先锋”实质性审查预警模型，获全省大数据建模大赛优秀实战模型奖，在全省推广应用。推进落实外国人来华工作许可和居留许可“一窗通办、并联办理”便民措施，12月实施当月受理申请59人次，为来华工作的外国人提供“一次办”便捷服务。

【“科技护城墙”项目建设推进】 2021年10月，东莞市“科技护城墙”项目（一期）完成建设并通过终验，公安科技信息基础设施承载能力、前端感知网覆盖率、数据支撑服务能力大幅提升，初步实现汗水警务向智慧警务的转变。5月，启动东莞市“科技护城墙”项目（二期）可行性研究报告编制；8月，二期项目可行性研究报告通过市发改局评审。

【公安前端感知网织密织牢】 2021年，东莞市公安机关持续开展一类点、“慧眼”、卡口等视频前端建设，推动二、三类等社会视频联网工作，取得明显成效。至年底，全市可联网应用的视频前端总量26万路。深入开展视频图像数据质量专项治理，提升全市图像数据质量，全市一类卡口数据上传及时率均稳定在95%以上。

【公安大数据智能化应用能力提升】 2021年，东莞市公安局数据中心接入相关网络数据近千种资源，汇聚5432.80亿条数据，建设完善公安大数据相关基础应用。开发辅警移动警务平台，搭建“东莞义警”通信网络，依托警用地图平台实现巡处一体化警力上图作战，开展粤港跨境货运司机预警管控平台建设，火线推出抗疫核查登记工具，为各项公安实战工作和疫情防控工作提供科技支撑。

【公安执法规范化建设】 2021年，东莞市公安局推进年度法治公安行动计划，组织召开全市公安执法规范化建设暨“法治公安行动计划2021”动员部署会，对全市法治公安行动计划进行部署，并制订下发《东莞市公安局2021年“法治公安行动计划”实施方案》，组织各单位推进工作。创建执法示范单位，选取执法规范化建设成绩突出单位参加省级执法示范单位评选，其中虎门、厚街公安分局办案中心被评选为“全省公安机关执法示范单位”。开展执法巡查，于4月、9月分别对塘厦、樟木头公安分局开展专项执法巡查，发现并纠正执法突出问题，指导制定落实各项整改措施，促进规范执法。组织执法考评，全年组织开展执法考评9次。其中：案件质量考评3次，考评案件1986件；如实立案考评3次，考评警情396起；涉法涉诉专项考评1次，考评案件843件；现场执法视音频专项考核1次，考评接处警警情2303起；执法监督专项巡查1次。2021年全省公安机关执法质量考评中，东莞市获全省第三名，被评为优秀等次，莞城、茶山连续两年执法质量考评被评为优秀。强化执法服务保障，制定《东莞市公安机关涉刀等敏感警情处置工作指引（试行）》《东莞市公安机关涉失踪人员警情处置和案件受理侦办实施细则》《东莞市公安局办理养犬违法行为执法指引》等20多份指引，规范民警执勤执法行为，同时，选派法制民警进驻市局、分局指挥中心接处警指挥大厅，24小时为路面执法执勤提供法律服务保障。

【警综平台新执法办案系统建设】 2021年，东莞市公安局强化业务协同对接应用，突破公安网与政务、互联网域边界，实现非税罚没、物价认定、监所羁押等32项业务便捷协同流转，34类大数据服务支撑和162项智能风险监督功能，提升执法办案效能，规范保障执法安全。统筹推进执法办案场所、涉案财物、案管中心建设，通过信息化管理系统建设，逐步形成线上线下相结合的执法全要素管理模式，全面规范办案区暂押人员、涉案物品、涉案资金、卷宗材料的统筹管理，至年底，完成133个智能执法办案场所和152个涉案财物场所升级改造。推进政法跨部门协同平台试点工作，东莞市公安局作为省级跨部门大数据办案平台试点单位，配合省厅建设省级平台，优化完善业务流程；先行先试，根据实际情况和本地需求，牵头搭建东莞市政法机关一体化网上办案平台，初步打通公、检、法数据传送渠道，进行实时数据交互，实现网上业务办理、审批、送达文书。推广使用新版执法审批通，整合业务系统，优化办案流程，将原有线下审批业务嵌入新警综系统，整合成为新警综系统执法审批通子模块，分阶段在全局推广使用，年内，新版审批通上线业务23项，完成审批文书339份。

【社区警务深化】 2021年，东莞市公安局以“社区警务”为支点，强化基础工作，推动基层警务运作高效、基础支撑有力、基础防控严密，全面提升公安工作现代化水平，打造新时代身边警务。推行“警力下沉基层”，逐一划分社区民警责任田，完成1292个警格的划分，社区民警的职责任务、考核评定细分至个人。优化建设社区警务平台，将社区警务平台建设纳入东莞市“科技护城墙”2期建设，利用大数据手段全面支撑社区警务工作，利用信息化工具提高社区民警的工作效能，确保社区警务各项工作“下得去、完得成”。开展“铁脚板”行动，4—6月，组织全市社区警务力量开展以“访民情、送服务、纾纷争”为主题的“铁脚板”行动，按照平均每人每工作日至少走访5户（人）要求，走访实有单位、出租屋、自住自建房和住宅小区（商住楼）4类对象144万家，收集群众反映问题和建议75条，化解纠纷761起，走访被害人、困难群众等1.11万人次。

【基层警务优化运行】 2021年，东莞市公安局对33个公安分局以较大分局和一般分局的机构类别，分“整合优化”和“扁平化”两种模式优化警务运行机制。13个一般分局按照“一室四队”（指挥保障室、侦察办案队、综合管理队、路面巡处队、交警大队）实行派出所化运作；20个较大分局保留机关和派出所两个层级，并推进派出所合署办公。全面整合分局与交警资源，将33个镇街交警大队所有“人财物”统一纳入属地分局管理。

【“东莞义警”组建】 2021年1月，东莞市公安局立足建设“人人有责、人人尽责、人人享有的社会治理共同体”，坚持“警力有限、民力无穷”理念，部署组建“东莞义警”。至年底，有26.9万名群众加入“东莞义警”队伍，在公安机关的组织带领下，投入大庆安保、护校安园、疫情防控、反诈宣传等工作中，协助抓获698名犯罪嫌疑人，涌现好人好事1570余次。同时，为发挥“东莞义警”队伍作用，全市重点部位、人流密集场所的3300支“东莞义警”应急响应小组（最小应急单元）命名为东莞义警“先莞队”，并融入“1、3、5”分钟处置反应圈，将“先莞队”地理坐标全部上传到可视化指挥调度平台，实现路面巡处力量和义警应急处置力量的“一张图”展示，提高社会面应急响应能力。11月13日，东莞市举行“东莞义警”队伍誓师大会，市领导以及全市公

2021年11月13日，东莞市举行高素质“东莞义警”队伍誓师大会　　（市公安局供图）

安民警、辅警、铁骑、“东莞义警”1.1万人参加活动。会上，市委书记肖亚非为4个优秀“东莞义警”组织颁发牌匾；市委副书记、市长吕成蹊为12名“最美义警”代表颁发奖牌；全体“义警”在大会上庄严宣誓。12月11日，东莞市公安局举办第一批优秀东莞义警“先莞队”局长嘉许状颁发仪式，在义警中引起强烈反响。

【“夏季清源”专项行动】2021年，东莞市公安局根据省公安厅专项行动工作部署，为加强出租屋治安管理，净化社会治安环境，自7月16日起，在全市围绕出租屋排查整治工作开展“三合一”专项行动［出租屋排查、“三非”外国人排查、反诈宣传和防诈App（应用程序）推广安装］，通过“二标四实”（标准作业图、标准地址库；实有人口、实有房屋、实有单位、实有设施）基础信息采集、缉刀、“东莞义警”队伍组建、“三非”（非法入境、非法居留、非法就业）外国人排查、反电信网络诈骗等“五个结合”，组织全市公安机关开展“夏季清源”“治乱清源”专项行动。“夏季清源”专项行动中，集中全局优势警力和资源，连续奋战。至年底，排查出租屋居住人员1049.1万人，排查出租屋608.3万间，新增采集37.4万间，注销70.6万间，100%完成全市出租屋清查任务；在出租屋清查中，查处案件2371件，抓获违法犯罪嫌疑人3676人，关停问题隐患出租屋9493间，责令整改时租日租出租屋833栋；全市发展“楼栋长”义警5.12万人，建设“楼栋长”义警召集点878个，“亮警灯、挂牌子、配装备”，作为出租屋治安管理的前哨站。

【“护航巴士”专项行动】2021年8月13日，东莞市公安局牵头组织开展“护航巴士”专项行动，并成立“护航巴士”专项行动指挥部，由分管局领导任总指挥，指挥部下设由公共交通治安管理分局牵头组建的工作专班，开展实体化运作。通过提升公交安全“人

2021年8月20日，东莞市公安局在厚街汽车客运站指导东莞巴士有限公司开展公交车上突发事件应急处置演练　　（市公安局供图）

防、物防、技防”水平，全面提升应急处置能力，保障群众公交出行安全；并制定完善公交安全防范方案等相关工作制度机制，构建“四员”（专职安全员、兼职安全员、义务安全员、警力巡查员）立体护航体系；指导安装配备公交车驾驶室隔离设施、一键破窗装置以及“平安盾”等防护设施装备，推动实现公交车一键报警和全覆盖车载视频与公安机关联网。行动开展以来，组织全市1000名专职巡查警力及3000名兼职巡查警力，与公交企业的安全员叠加开展随车护航工作，累计投入巡查警力58万人次；全市公交区间未发生重大案事件，发生公交警情15起，比上年下降51.7%，发生刑事、行政案件3件，下降80%；查获违禁品1502件，查获在逃、临控人员4人，涌现安全员好人好事400余件，成效显著。

【粤港澳海上跨境走私联合执法行动】　2021年，东莞市公安局发挥水上派出所水上查缉作用，组织海关缉私、海警、海事、海洋综合执法等部门，采取多警种参战、多部门合成、水陆联动、立体化打击模式，实施常态化高密度巡逻防控，开展20余次较大规模的集中清港清湾联合行动、7波次打击“大飞”（经过动力改装的大型摩托艇）走私联合执法行动。建立24小时联动响应机制，组织各涉水部门对全水域特别是辖区“四大河口”（茅洲河口、太平河口、沙田河口、淡水河口）、“第三道防线”狮子洋水道、虎门大桥附近等重点水域实施24小时不间断巡防查缉，强化对来往船舶、人员的检查，水域走私“大飞”数量快速下降。

【公安部门助力疫情防控】　2021年，东莞市公安局发挥公安机关疫情防控生力军和维护安全稳定主力军作用，开展流调溯源、数据研判推送、人员核查等工作，支撑精准防控；全面加强疫情防控秩序维护，依法严厉打击涉疫违法犯罪活动，化解涉疫矛盾纠纷，为疫情防控创造良好治安环境。组建机关党员民警志愿服务队，助力大朗镇“12·13”涉疫事件处置，收到社会各界赠与锦旗51面，受到团省委“广东志愿者”微信公众号刊登推广。

涉疫风险人员排查　东莞市公安局作为市涉疫风险人员排查工作专班牵头单位，统筹做好全市涉疫风险人员信息数据推送研判工作，落实“三人小组”（由基层网格员、社区民警、社区卫生服务机构医务人员组成的基层疫情防控小组）排查管控，确保对省、市大数据推送涉疫风险人员的落地核查、核酸检测、健康管理等防控措施落实到位。全年接收、推送涉疫专项核查任务7498批次105万人次，核查率100%。

流调溯源　组建由专家队、数据研判队、现场流调队组成的流调专业队伍，一旦出现本土疫情，立即响应、迅速行动，会同疾控部门奔赴一线开展流调溯源，为精准防控提供支撑。全年流调专业队伍累计排查发现潜在密接人员2.8万人。

重点部位安保　维护疫情防控秩序，强化对定点医疗机构、隔离观察点、核酸检测点、涉疫封控区域等重点部位巡防值守和秩序维护。完成区域防控、交通管控以及大型核酸检测点、疫苗接种点秩序维护任务；在集中隔离场所投入警力1.47万人次，做好集中隔离场所安保工作。

反走私、反偷渡　严打严控走私、偷渡违法犯罪行为，筑牢外防输入防线。全年侦办妨害国（边）境管理刑事案件72件，刑事拘留261人，逮捕183人，查获“三非”（非法入境、非法居留、非法就业）外国人1553人；查办涉走私案件1242件（其中刑事案件390件），查获涉嫌走私冻品8000余吨、成品油600余吨，查扣“三无”（无船名船号、无船籍港、无船舶证书的船舶）船舶550余艘以及其他大量走私物品，案值42亿元。

跨境货车司机闭环管理　建立跨境货车司机违规智能预警以及信息核查反馈机制，实现跨境货车司机闭环管理，降低疫情传播风险。全年通过智慧预警管控系统累计发出预警4417条，实地核实违规行为256条，及时推送相关单位落实复核和惩戒措施。在5个跨境货车司机住宿点派驻安保警力43人，累计安全监管入住货车司机3万余人次。　（李锐滨）

附：2021年东莞市公安局主要领导名录

党委书记、局长、督察长：

周兆翔（任至9月）

毕洪波（9月到任）

检　察

【检察概况】　2021年，东莞市检察院推进法治化营商环境建设。起诉侵害知识产权犯罪案件162件283人，相关案件连续3年被评为全省检察机关精品案例；开展涉企挂案专项清理，118件“挂案”全部完成清理；审慎适用刑罚和羁押强制措施，维护企业正常生产经营秩序。依法维护市场经营秩序。参与防范化解重大风险，起诉涉众型经济犯罪案件220件589人，严厉打击电信网络诈骗犯罪，起诉723件1143人；严惩破坏市场经济秩序犯罪以及危害食品药品安全、危害安全生产等犯罪，起诉862件1699人；推动完善洗钱案件办理上游犯罪同步侦查工作机制，起诉洗钱犯罪案件12人。常态化开展扫黑除恶斗争。批捕涉黑恶犯罪案件22件61人，起诉27件94人；监督处置涉黑恶财产2.08亿元；开展五大重点行业领域整治，向相关部门发出检察建议20份，回复整改率100%。

年内，东莞市检察机关打击涉疫犯罪，批捕108件280人，起诉116件260人。保障“外防输入”，起诉偷越国（边）境犯罪案件44件107人，起诉涉疫走私冻品犯罪案件75件208人。提前介入并依法办理案值超8亿元的“9·18”特大走私冻品案，深挖背后“保护伞”“走私股东”，批捕16人，延伸打击下游洗钱犯罪，批捕2人。响应市委号召，派出2批779人次支援抗疫一线。

【刑事检察】 2021年，东莞市检察机关受理审查逮捕案件1.14万件1.63万人，受理审查起诉案件2.26万件2.71万人。

突出刑事犯罪打击重点 2021年，东莞市检察机关严惩各类严重危害人民群众安全的犯罪，起诉故意杀人、抢劫等严重暴力犯罪839件1075人，起诉毒品犯罪案件142件216人。保持反腐败高压态势，起诉监察机关移送的职务犯罪案件20人。

强化对刑事诉讼全流程监督 2021年，东莞市检察机关监督立案98件，监督撤案99件，纠正漏捕、漏诉、漏罪248人，书面提出监督纠正意见75件次。畅通“两法衔接”（指行政执法与刑事司法衔接），推动行政执法与移送刑事司法195件。对认为确有错误的刑事裁判提出、提请抗诉53件。加强刑罚变更执行同步监督，纠正减刑、假释、暂予监外执行不当602件。

【民事检察】 2021年，东莞市检察机关推动《中华人民共和国民法典》全面贯彻落实，受理各类民事申诉案件355件。坚持做好不支持监督申请案件的风险评估预警和释法说理工作，落实息诉服判255件。对认为确有错误的民事生效裁判、调解书，提出、提请抗诉17件，针对审查发现的审判程序问题发出检察建议33件。助力破解“执行难”，发出执行监督检察建议12件。加强虚假诉讼源头治理，发出再审检察建议30件。

【行政检察】 2021年，东莞市检察机关依法监督行政权行使，受理各类行政监督案件224件。开展行政非诉执行检察监督，发出行政执行检察建议158件，采纳146件。综合运用监督纠正、社会调解等方式，实质性化解行政争议案件38件。助力优化城市空间发展格局，推动纠正违法出让或占用土地17.6万平方米、拆除各类违建3.98万平方米，所办相关案件被最高人民检察院评为2021年典型案例。

【公益诉讼检察】 2021年，东莞市检察机关依法履行提起公益诉讼职权，在多个重点领域提起公益诉讼37件，同期法院判决支持64件，判决支持率100%。在诉前督促相关行政部门履职135件，推动解决违规围蔽村道收取停车费、一级水源地保护区内违法堆填建筑垃圾、居民区乱倒乱放垃圾等群众反映强烈的问题，实现法律监督共赢。加强红色资源保护，督促多处革命历史文物和纪念设施加强管理。与退役军人事务局等部门联合制定涉军公益诉讼协作机制，凝聚涉军公共利益保护合力。

【未成年人检察】 2021年，东莞市检察机关参与未成年人保护大格局建设，推动未成年人犯罪预防。严惩侵害未成年人犯罪，批捕650件764人，起诉610件727人。做到宽容不纵容，重在教育挽救，依法对未成年犯罪嫌疑人不捕547

2021年5月26日，东莞市人民检察院在市中小学德育基地开展“检爱同行，共护未来”检察开放日活动
（市人民检察院供图）

人，不诉370人，附条件不诉408人，移送92人接受教育矫治。抓实“检爱同行，共护未来”未成年人保护法律监督专项行动，聚焦“未成年人文身治理”“文化宣传”“食品安全”3个专项，督促相关部门依法履职、加强监管。持续深化“一号检察建议”治理成效，督促落实强制报告和入职查询制度，维护校园健康成长环境。

资料链接

“一号检察建议”：2018年10月，最高人民检察院向教育部发出检察建议书，建议进一步健全完善预防侵害未成年人的制度机制，加强对校园预防性侵害相关制度落实情况的监督检查，依法严肃处理有关违法违纪人员。

【检察工作助推市域社会治理现代化】 2021年，东莞市检察机关受理各类举报、控告、申诉等信访件2235件，两级院领导接访106人，均依法妥善处理。加强困难群体司法保护，开展司法救助59人，发放救助金172.52万元。联合相关部门建立支持农民工、残疾人起诉机制，弥补原告诉讼能力不足。关注视力残障人群出行安全，对违规占用盲道情况深入调查，公益诉讼立案34件。组织公开听证132场次，公开重要案件信息727条、程序性案件信息3.07万条、终结性法律文书2.13万份，以公开促公正、赢公信。 （梁建明 余泳晴）

附：2021年东莞市人民检察院主要领导名录

党组书记、检察长：

袁怀宇（任至11月）

蔡永珊（11月到任）

法 院

【法院概况】 2021年，东莞市两级法院受理各类案件24.53万件，办结22.44万件，分别比上年上升1.5%和2.2%，审判核心指标均居前列，结收案比99.8%，排全省第一名。其中东莞市中级人民法院受理案件2.77万件，办结案件2.50万件。全年86个集体、180名个人受到市级以上表彰奖励，其中东莞市中级人民法院获评广东省扫黑除恶专项斗争先进单位，东莞市中级人民法院民一庭、东莞市第三人民法院桥头法庭被评为广东省法院先进集体，罗永辉被评为全国脱贫攻坚先进个人，李任成被评为全国法院先进个人。

【刑事审判】 2021年，东莞市两级法院办结一审刑事案件1.57万件，判处罪犯2万人。严格落实宽严相济刑事政策，准确把握法定、酌定从宽情节，对3223名被告人依法适用缓刑、管制或免予刑事处罚。坚持罪刑法定、疑罪从无、证据裁判，依法启动非法证据排除程序，对6名被告人依法宣告无罪。集中攻坚大案要案，依法妥善办结涉黑恶案件39件，判处五年有期徒刑以上刑罚47人，判处财产刑金额4798.2万元。对所有涉黑恶案件实行台账管理，坚持“周盘点、月通报”，完成“存案清零”任务。纵深推进“黑财清底”专项执行，办结16件，执行到位财产2亿元，排名广东省前列。坚持标本兼治，发出司法建议37份，反馈率100%，推动相关部门堵塞管理漏洞，促进“行业清源”。

【民商事审判】 2021年，东莞市两级法院办结民商事案件10.1万件。推进“双区”（粤港澳大湾区、深圳建设中国特色社会主义先行示范区）建设，服务更高水平的对外开放，办结涉外、涉中国港澳台地区民商事案件2323件。东莞市中级人民法院出台《关于为我市争创一流营商环境提供高质量司法服务保障的行动方案》，从打造优质高效、多元便捷的司法服务环境等方面提出28项工作措施，助力营造一流营商环境。东莞市两级法院与市政府协作，建立破产审判府院联动机制，全年办结破产案件378件，处置债权389.5亿元，盘活土地资源95.49公顷、厂房75.6万平方米，推动155家企业有序退出市场，让3家有发展前景的企业通过重整走出困境。东莞市中级人民法院创新破产案件一体化办理机制，入选广东法院改革培育项目。

【法院助力法治政府建设】 2021年，东莞市两级法院办结行政诉讼案件3280件。推动行政机关负责人出庭应诉，引导参与矛盾化解。建立专门台账，成立工作专班，系统梳理涉土法律政策规定，理清裁判思路，妥善办理涉违规协议流转土地系列案件，以判促调推动案件类型化处理，为拓展城市发展空间、助力乡村全面振兴提供服务保障。依法审查涉“两违”（违法用地、违法建设）整治等非诉执行案件1.3万件，保障重大项目推进，提升城市品质。针对审判实践中发现的问题，向相关单位发送司法建议34份。注重司法与行政良性互动，深化“法治东莞实践基地”平台建设，定期组织领导干部、党校学员旁听行政诉讼庭审活动，传播法治理念，弘扬法治精神。

【法院办结案件执行】 2021年，东莞市两级法院办结执行案件7.85万件，执行到位151.32亿元。开展根治欠薪专项行动，开辟绿色通道，对追偿劳动报酬、涉农民工等案件实行优先立案、优先执行、优先划款，全年东莞市两级法院立案执行欠薪案件1.01万件，结案9508件，追回欠薪2.44亿元，其中追回涉农民工欠薪2.26亿元。开展涉农合专项行动，加强与农合机构联络对接，办结涉农合机构案件354件，执行到位1亿元。“千木灵芝”案执行，向6.4万名集资参与人返还损失8.3亿元，挽回损失率42.77%。开展“执行案款集中发放日”活动，其中东莞市第二法院执行款集中发放现场活动获中央广播电视总台报道。

2021年7月20日，东莞市中级人民法院与东莞银行合作开发的破产案件一体化平台启动

（市中级人民法院供图）

【法院司法改革】 2021年，东莞市两级法院深化“一站式”诉讼服务，持续健全“厅网线巡”一体化诉讼服务体系，为当事人提供综合性、低成本、高效率的诉讼服务。拓展完善网上诉讼服务平台，开发微信小程序，为当事人提供全流程诉讼服务，构建从起诉立案到执行完毕的全周期在线诉讼闭环。全面推行跨域立案，网上立案15.31万件，网上立案率93.59%。创新一站式多元解纷机制，主动对接党委领导的社会治理体系，注重抓前端、治未病，丰富“诉源治理示范社区”建设内涵，从源头上减少矛盾纠纷产生，减少衍生诉讼案件发生。全年东莞市两级法院通过诉调对接成功调解案件7.73万件，成功率66.16%。完善司法体制综合配套改革，出台各类人员权责清单，完善“四类案件”（涉及群体性纠纷，可能影响社会稳定的；疑难、复杂且在社会上有重大影响的；与本院或者上级法院的类案判决可能发生冲突的；有关单位或者个人反映法官有违法审判行为的）监管办法，压实院庭长办案和监管职责，让院庭长在审判一线“办好案”“尽好责”。出台实施方案，加强司法制约监督制度机制建设，让干警自觉接受监督成为常态，在监督下工作成为习惯。创新“刷脸领款”“悬赏寻车”等“微改革”举措，提高执行效率，执行款平均发放天数比上年减少29.4天，该“微改革”工作经验获省高级人民法院领导批示肯定并推广。

【“千木灵芝”案】 2021年，东莞市第一法院为“千木灵芝”案受损群众追赃挽损，处理7类266项资产，并开展线上集中资金清退，向6.4万名集资参与人返还损失8.3亿元，清退受偿比例42.77%。

资料链接

2019年1月8日，东莞市中级人民法院对全某林等23人非法吸收公众存款案作出终审宣判，以非法吸收公众存款罪判处上诉人全某林有期徒刑九年。全某林等人以销售灵芝类产品为幌子，推行“一返三消费返利”模式非法吸收公众存款，在不到一年的时间内吸引参与投资会员近10万人，非法吸收投资43亿多元。

【全国首例义务教育非营利性民办学校完成破产重整案件】 2021年4月9日，东莞市第一法院裁定批准尚城学校重整计划；年内，重整计划执行完毕。该案是全国首例义务教育非营利性民办学校完成破产重整的案件。

资料链接

南城尚城学校因实际经营者曹某某以该学校为个人债务提供担保而产生巨额债务，导致学校正常运营受到严重影响。2020年3月27日，东莞市第一法院裁定对南城尚城学校破产重整。

【孙某壮等11人涉黑案】 2021年4月1日，东莞市第三法院一审宣判，以组织、领导黑社会性质组织罪、抢劫罪、敲诈勒索罪、非法拘禁罪、诈骗罪、寻衅滋事罪、赌博罪、非法经营罪判处孙某壮有期徒刑二十年，并处没收全部财产及罚金55万元。其他10名被告人分别被判处有期徒刑十二年六个月至十个月不等。7月30日，东莞市中级人民法院二审裁定驳回上诉，维持原判。该案为以孙某壮为首的黑社会性质组织，通过暴力、威胁、滋扰、欺骗等手段，有组织实施多次违法犯罪，严重破坏当地群众的正常生活、工作秩序，社会影响极其恶劣。

【法院助力疫情防控】 2021年，东莞市两级法院参与联防联控，先后抽调1069名干警奔赴基层抗疫一线。依法严惩涉疫犯罪、化解涉疫纠纷、推进疫后治理，确保诉讼服务不停摆、司法办案不松劲，办结涉疫刑事案件103件。

（肖润东）

附：2021年东莞市中级人民法院主要领导名录

党组书记：陈　超（任至1月）
　　　　　陈友强（1月到任）
院　长：陈　超（任至2月）
　　　　陈友强（2月到任）

司法行政

【司法行政概况】 2021年，东莞市司法局全面统筹推进法治东莞建设，开展“全国法治政府建设示范市”综合示范地区、第六届“中国法治政府奖”创建申报工作，开展法治东莞建设考评工作。落实《东莞市人民政府2021年规章立法计划》《东莞市人大常委会2021年度立法计划》，全程参与立法项目起草、调研、审查等各个环节，提请市政府制定修订《东莞市城市轨道交通运营管理办法》《东莞市城乡建设档案管理办法》等政府规章2件，提请市政府审议《东莞市机动车停车设施管理办法（草案）》《东莞市生活垃圾分类管理规定（草案）》等政府规章2件，完成行政处罚法涉及规章专项清理工作。提请市人大常委会审议出台《东莞市户外广告设施和招牌设置管理条例》《东莞市电动自行车管理条例》等地方性法规2件，提请市人大常委会审议《东莞市气象灾害防御条例（草案）》，完成2022年立法计划编制工作。全年办文276件，其中国家、省、市立法征求意见64件，组织或参与立法调研、座谈59次。推动综合行政执法改革，组织制定下放职权业务指引，开展行政执法“两平台”（行政执法信息平台、行政执法监督网络平台）本地化部署及推广应用工作，完成市镇两级“两平台”同步试运行。推进行政复议体制改革，设立东莞市人民政府行政复议办公室和东莞市行政复议事务中心、镇（街道）行政复议咨询受理点，全年收办行政复议2178件，承办以市政府为被申请人的行政复议案件23件。承办以市政府为被告的行政诉讼案件707件。东莞市司法局获国家部委以上级别的表彰奖励4项，“单打冠军”9项：2021年度工作优秀市直单位、2019—2020年全省脱贫攻坚突出贡献集体、全国司法行政机关2020年国家统一法律职业资格考试工作表现突出单位、全国维护妇女儿童权益先进集体、2016—2020年全国普法工作先进单位、2020年度法治广东建设考评优秀、第二届广东省法治文化节特别组织奖、全国司法行政系统抗击新冠肺炎疫情先进集体、全省“谁执法谁普法”创新创先项目征集评选活动优秀组织单位、第四届全省法律援助工作先进集体。镇街司法分局获评为全国模范司法所1个，2人获评为全国司法所模范。

【公共法律服务实体平台建设】2021年，东莞市司法局将“深入推进公共法律服务实体平台规范化建设”作为“我为群众办实事”的举措，完成新增10个示范性镇街公共法律服务工作中心和50个示范性村（社区）公共法律服务工作站建设的工作目标。全市建成示范性乡镇公共法律服务中心30个、示范性村（社区）公共法律服务工作站150个。东莞市公共法律服务中心每天落实好法律服务人员（包括律师、公证员、司法鉴定人、法律援助人员）进驻广东法网网络平台值班工作。全年全市公共法律服务工单系统受理任务488个，其中法律援助146个，律师服务276个，律师管理10个，人民调解55个，办结484宗，办结率99%，公共法律服务实体平台累计提供法律咨询2.39万人次，跟进群众具体法律需求业务受理9648宗。此外，“广东12348法律服务热线”为东莞群众提供服务20.64万人次，居全省服务量的第三位，其中法律咨询14.13万人次。

【人民调解】2021年，东莞市司法局联合市调解协会对桥头镇莫满水调解工作室等20个“调解工作先进单位”和任庆祥等50名“调解工作先进个人”予以通报表扬。同时，组织开展年度东莞市典型调解案例征集评选活动，评选出2020年度十大典型调解案例。举办4场人民调解员实战培训，并通过“东莞市调解网络课堂”和市调解协会微信公众号，推出人民调解员线上培训网课238个，应对新冠肺炎疫情防控常态化下矛盾纠纷化解新形势。出台意见，在行业性、专业性人民调解委员会、镇村两级人民调解委员会、村（社区）法律顾问等领域深挖和培养63家“做得好、信得过、叫得响”的个人品牌调解室。根据《东莞市“数字政府”建设项目（2019—2021年）》总体规划，启动“莞邑调解”线上解纷平台全面上线试运行，与公安、法院、智网工程等部门打通信息壁垒，群众通过平台实现在线调解、在线立案、在线司法确认，平台数据实现共建共治共享。同时，通过科技赋能，发挥大数据在纠纷研判、分级预警响应等方面的作用，为做好调解“后半篇文章”做好科技支撑。“莞邑调解”平台项目入选东莞市2021年度“平安杯”社会治理创新项目，取得三等奖。东莞市在全省范围内率先完成调解员

2021年7月15日，东莞市新的社会阶层人士联合会人民调解委员会成立，图为揭牌仪式　　（市司法局供图）

等级评定工作，经过层层把关，评选出首批等级调解员286名。全年全市人民调解委员会1204个，其中行业性专业性调委会244个，调解员8312个，个人调解工作室63个，驻所调解工作室93个。全市各调解组织开展矛盾纠纷排查6644次，调解纠纷7.46万宗，成功调处7.33万宗，调解成功率98%，协议涉及金额10.43亿元。

资料链接

2020年度十大典型调解案例：1.东莞某轮滑培训班消费纠纷调解案；2.曾某、陈某与未成年人刘小某、张小某损害赔偿纠纷调解案；3.刘某甲与刘某乙土地权属纠纷调解案；4.真心调，耐心解，六旬环卫工人与七旬拾荒老人安心回家过年；5.陈某等33人与东莞市某实业有限公司劳动纠纷调解案；6.郭某与赖某、刘某、谢某人身赔偿调解案例；7.欧某与东莞市某科技有限公司合同纠纷调解案；8.调解双赢促邻里和睦——欧阳某某与李某某邻里纠纷调解案；9.多次反悔终平息——黎某与东莞某医院纠纷调解案；10.李某与唐某婚姻家庭纠纷。

【社区矫正】 2021年，东莞市监管社区矫正对象6413人，新增社区矫正对象4543人，解除矫正4054人，监管完成率100%。全市没有发生违反“六不准”（不准违法违规办理社区服刑人员执行变更事项；不准违法违规实施监督管理、教育矫正和社会适应性帮扶措施；不准徇私枉法办理调查评估案件；不准收受社区服刑人员及其亲友的财物和宴请；不准泄露社区矫正工作秘密；不准隐瞒不报影响社区矫正安全稳定的重要情况、重要事件）的情况，全年没有发生重大突发案（事）件，实现社区矫正“四个确保”的目标。深入贯彻实施社区矫正法，推进“法治、平安、精准、智慧”社矫四个建设，构建社区矫正新发展格局，实现市镇两级社区矫正委员会依法设立全覆盖。健全完善社区矫正委员会议事规则和工作机制，联合市法院建立《东莞市社区矫正交付执行与矫正接收工作机制》，配合市检察院建立《关于社区矫正执行工作情况的通报机制》《关于联合开展减刑、假释、暂予监外执行社区矫正专项整治活动的机制》，与市检察院持续开展“规范执法、廉洁社矫”联合执法检查活动，加强社区矫正执法监督，加大队伍教育整顿力度。新增长安司法分局远程会见点，推动视频会见工程纳入司法行政系统“我为群众办实事”重点民生项目，全年6个会见点开展视频会见2654次，参加会见超过5814人次，打造“司法为民”闪亮名片。印发《关于开展社区矫正风险隐患和矛盾纠纷排查化解专项行动的实施方案》，加强社区矫正风险隐患和矛盾纠纷排查，为庆祝中国共产党成立100周年营造和谐稳定环境。开展“减、假、暂”（减刑、假释、暂予监外执行）案件专项排查整治，组织全市社区矫正重点案件交叉评查工作，排查7939件社区矫正案件，其中瑕疵案件236件、问题案件1件，全市平均合格率97.01%。全面实施“五个一”［每月集中组织一次入矫宣告、一次教育学习、一次社区服务（公益活动），每季度开展一次集中点名，每半年开展一次“震撼教育”］教育矫正模式，推行“每月一主题”教育，公开择优购买社区矫正社会工作服务，为社区矫正对象在教育、心理辅导、职业技能培训、社会关系改善等方面提供必要的帮扶。印发《东莞市司法局“智慧矫正”建设方案》，指导茶山、大朗、长安等司法分局创建“智慧矫正中心”工作，完成创建“智慧矫正中心”首批申报工作，做好迎接司法部考核验收的准备。

【普法宣传】 2021年，东莞市做好“八五”普法启动工作，在全省普法依法治理工作网上量化评估工作中，东莞市普法工作与广州市等4市并列第一名。市委全面依法治市委员会守法普法协调小组召开第三次会议，会议审议《市委宣传部、市司法局关于在全市公民中开展法治宣传教育的第八个五年规划（2021—2025年）（审议稿）》《“八五”普法期间东莞市国家机关“谁执法谁普法”履职报告评议安排（审议稿）》等2个制度性文件。组织召开第四届国家机关“谁执法谁普法”履职报告评议活动，对市发展改革局、市人力资源社会保障局、市自然资源局、市卫生健康局、市

2021年12月4日，东莞市在市中心区举行2021年国家宪法日法治灯光秀
（市司法局供图）

供电局等5家单位进行评议。结合“3·15”“4·15”“6·26”“宪法宣传周”和《中华人民共和国民法典》颁布实施等重要时间节点，统筹组织全市各级普法责任单位开展形式多样的普法活动，累计开展各类民法典主题宣传活动128场次，组织民法典学法讲座350场次；“宪法宣传周”期间，东莞市开展230余项系列宣传活动，线上线下参与群众超60万人次。承办广东省第三届法治文化节活动，协助省级部门举行“视法·风尚”习近平法治思想宣传普法新媒体精品评选暨2021年广东省“宪法宣传周”活动启动仪式。推进多层次多领域依法治理，市级“民主法治村（社区）”基本实现全覆盖，截至2021年底，583个村（社区）获评省级“民主法治村（社区）”、38个村（社区）获评省级“民主法治示范村（社区）”及9个村（社区）获评“全国民主法治示范村（社区）”。344家规模以上企业获评省级“法治文化建设示范企业”。茶山、万江等12个镇街的法治文化主题公园达到省级创建标准。

【律师管理】 2021年，东莞市有律师执业机构总数332家，其中，律师事务所312家，法律援助处1家，公司律师所在单位19家，律师4338人；新增律师事务所23家，新增律师424人。律师事务所承办诉讼案件9.82万件，非诉业务1.69万件，业务收入10.28亿元。建立“律所联商会”工作机制，开展商务法律服务月活动，促进民营经济发展。组织村居法律顾问开展律师为乡镇企业“法治体检”专项活动，为2129家企业完成法治体检。联合市总工会、市律师协会在全市开展2020年“尊法守法·携手筑梦”服务农民工公益法律服务行动，为1.4万名农民工提供专业、优质的法律服务。推进律师服务粤港澳大湾区建设，指导市律师协会编辑司法文件汇编，委托合伙联营机构开展“全面融入‘双区’建设，优化法律服务工作队伍、优化涉外法律服务、优化法治化营商环境”活动。开展莞港澳法律交流活动等。开展全市律师行业突出问题专项治理，专项治理期间调查核查问题、线索171条，清理违规从业人员2名。全年作出行政处罚13宗、报送市纪委监委给予1名律师党内处理1宗，谈话提醒53宗。建立完善《关于法院、检察院离任人员从事律师职业的监管制度》《律师网络舆情监督管理制度》等制度、流程11项。完成行政审批1869宗，完成292家律师事务所、3830名律师和32家基层法律服务所、47名法律服务工作者的年度检查考核。开展“双随机、一公开”（随机抽取检查对象，随机选派执法检查人员，抽查情况及查处结果及时向社会公开）实地检查律所20家。跟踪指导群体性、敏感案件197件。完成村（社区）法律顾问年度考核，全市590名驻村（社区）法律顾问为群众提供各类法律服务1.92万件次。东莞市3名律师参与“1+1”中国法律援助志愿者（由司法部、团中央发起，每年向全国无律师县及中西部律师人才短缺的地、市、县派遣1名律师和1名大学生志愿者，参与当地法律援助工作的志愿行动）和援藏志愿者活动。东莞市广东百勤律师事务所被评为全国优秀律师事务所，李道君律师被评为全国优秀律师。广东华文律师事务所等9家律师事务所、王莹等10名律师被评为2017—2020年度全省优秀律师事务所和全省优秀律师。

【公证管理】 2021年，东莞市有东莞公证处、东部公证处、南华公证处3家公证机构，执业公证员41名。办结各类公证案件7.23万件（其中国内经济公证1744件，国内民事公证5.74万件，涉外公证8358件，涉中国港澳台地区公证4750件），涉及社会资产总额73.93亿元，为超过7.56万人次提供公证服务。落实司法部、省司法厅的工作部署，开展政法队伍教育整顿和公证行业突出问题专项治理活动，组织机构自查建立问题线索清单、查处整改台账，明确整改措施督促限期销号，实现存量问题清零。推进“我为群众办实事”实践活动，教育整顿活动期间，东莞市3家公证处开展“我为群众办实事”活动，为民办实事947件，办理公证业务6.06万件。推出远程视频公证服务，推进公证工作“最多跑一次”，年内，3家公证处通过远程视频方式，为当事人零距离办理公证95宗。为方便群众就近办理公证业务，在东莞市民服务中心、松山湖和麻涌政务服务中心设立公证办证点，3个办证点自3月运作以来，办结各类公证案件3469件，涉及社会资产总额1.53亿元，为9481人次提供公证服务。

【法律援助】 2021年，东莞市法律援助处获“第四届全省法律援助工作先进集体”称号。全年全市办理法律援助案件1.28万件，比上年增长5.4%。其中刑事法律援助案件6665件，民事法律援助案件6111件，行政案件11件。深入推进刑事案件律师辩护全覆盖试点工作，全面加强法律援助值班律师工作，推进认罪认罚从宽工作。全年开展法律帮助2.33万人次，其中办理认罪认罚从宽案件见证2.15万人次，分别比上年增长19%和19.73%。重点做好未成年人、妇女、老年人、残疾人、少数民族群众和军人军属等特殊群体的法律援助工作，开辟农民工欠薪法律援助“快速通道”，对于该类符合申请条件的案件，市法律援助处受理的实现当天审查和指派，在镇街受理的实现1个工作日内审查和指派，并快速办理。创新性开展“援你微心愿”活动，为受援群众舒缓燃眉之急。组织全市开展法律援助法宣传工作，提升群众对法律援助的知晓率。

【司法鉴定管理】 2021年，东莞市有司法鉴定机构11家、司法鉴定人134名，10家机构通过国家认证认可，全市各鉴定机构办理案件3.31万宗，鉴定费收入4130.3万元。开展司法部、省司法厅部署的司法鉴定行业突出问题专项治理活动。通过成立专项治理组、制订每一阶段活动方案，约谈机构法定代表人、机构负责人和部分鉴定人，行政管理与行业协会联手对全市11家机构覆盖两轮以上检查指导，邀请司法鉴定专家评查案件，对党的十八大以来司法鉴定投诉案件回头看，推动行业深入开展“我为群众办实事”等举措较好地统一鉴定机构和鉴定人对专项活动的思想认识，落实教育学习、深入排查、自查自纠、回头看、集中整改、总结提升等各阶段任务。对专项治理期间受理的投诉案件及检查中发现的行业违规行为予以行业通报、行政处罚。推广和试用司法鉴定业务管理系统，指导机构加强司法鉴定能力验证和认证认可工作。

【安置帮教】 2021年，东莞市司法局将司法部、省司法厅对特殊人群管理“外防输入、内防扩散、严防输出”的疫情防控工作要求贯穿于衔接、安置帮教全过程、全方位、全周期，实现刑释解矫对象零感染，做到疫情防控和安全工作两不误。创新工作思路，加强协调联动，强化制度建设，规范工作流程，全年妥善安置帮教刑释解矫人员2790人，含重点帮教对象66人、“三假”（假姓名、假地址、假身份）人员7人，确保不脱管、不失控。主动参与市域社会治理，全面开展涉邪教、涉精神障碍人员清查工作，排查出涉“邪教”组织人员4人、精神障碍患者安置帮教人员7人，有效排查防范风险隐患。

【仲裁联络】 2021年，东莞市司法局落实市政府交办的有关仲裁工作，统筹组织东莞仲裁委组成人员调整事宜；向省司法厅申请办理住所和人员变更备案手续；加强与市贸促会对接沟通，完成东莞仲裁委的公章、证照、文件等物品资料的交接；为东莞仲裁委提供前期临时办公场所，3月31日，东莞仲裁委进驻东莞市公共法律服务中心对外受案；向市财政申请专项经费用于东莞仲裁委员会前期运营，按规定拨付预算经费；指导召开东莞仲裁委委员会会议，审议通过委员会会议制度、仲裁规则、收费标准、收费和退费办法等制度；加强东莞仲裁委专职人员队伍建设，推动仲裁员选聘扩充工作，组织开展仲裁员、办案秘书培训学习，打造高水平仲裁业务队伍；加强对外宣传，上线启用东莞仲裁委官方网站和微信公众号；启用信息化办案系统和远程视频庭审设备，满足疫情和仲裁参与人便利化服务需求；融入基层社会治理，与基层调解组织搭建仲裁调解对接机制；加大对外交流和业务拓展，组织东莞仲裁委与境内外优秀仲裁机构对接交流，走访东莞市港航事务中心、东莞市上市公司协会、东莞市律师协会、东莞市调解协会等机构，与东莞农商行、东莞银行、中行东莞分行、农行东莞分行、中铁隧道集团等金融机构和央企建立业务关系；与中国政法大学签订全方位合作协议，开展相关课题研究和人才培养储备合作。至年底，东莞仲裁委受理案件203件，案件总标的额4.26亿元。

【市司法局获评为“2016—2020年全国普法工作先进单位”】 2021年，东莞市司法局获评为“2016—2020年全国普法工作先进单位”。2016—2020年，市司法局贯彻落实“七五”普法规划，率先以“清单化”落实国家机关“谁执法谁普法”普法责任制，全市57个普法责任单位与486部法律法规建立普法责任关系；建立由高校、国家机关、法律专业机构中从事法律教学和实践的专家学者以及热心普法工作的资深律师组成的3100人“法润莞邑”法治宣讲团；在全市中小学校推广“校园法苑”模式；打造法治文化“前沿阵地”，依托大小公园、广场、小区等建成99个各具特色、融实用性、教育性于一体的法治文化实体阵地，10个公园获评省级“法治文化主题公园”，位居全省第二；全市322家500人以上企业创建为省级法治文化建设示范企业，创建数量位居全省第一。

【市司法局获评为“全国司法行政机关2020年国家统一法律职业资格考试工作表现突出单位”】 2021年，市司法局获评为“全国司法行政机关2020年国家统一法律职业资格考试工作表现突出单位”。2020年，东莞市成立国家统一法律职业资格考试新冠肺炎疫情防控领导小组，制定疫情防控方案，组织防疫知识培训，统一配备防疫物资，设置专门防疫物品放置点并摆放防疫物品。强化考试、考务工作人员健康监测。向考生发送防疫提醒短信3.28万人次，考前每天开展体温监测工作，实现“零事故、零差错、零失误”的目标。2021年，东莞市司法局完成2020年1030名法律职业资格申请人员的审查、资格证扫描、备案和发放；完成疫情防控常态化下2021年国家统一法律职业资格考试工作，其中客观题报名4224人，主观题报名2059人。

【市司法局助力疫情防控】 2021年，东莞市司法局持续为市疫情防控常态化工作提供法律服务，为市依法抗疫100余份相关文件提供法律意见，开通调解、公证、法援等涉疫情等绿色通道，组织参与全市疫情防控志愿服务，组建88名党员干部组成的支援镇（街道）抗疫工作队，先后奔赴寮步镇、沙田镇，协助开展核酸检测等工作。完善疫情防控机制，制定办公场所新冠肺炎疫情防控常态化工作指引，修订应急预案，加强日常疫情防控工作，落实常态化防控管理措施。市司法局、东部公证处获“全国司法行政系统抗击新冠肺炎疫情先进集体”称号。（肖岱彤）

附：2021年东莞市司法局主要领导名录

党组书记、局长：陈鸿钧

军　　事

LOCAL MILITARY AFFAIRS

虎门大桥　（2021年虎门镇供图）

编辑：王学林

东莞军分区

【东莞军分区概况】　2021年，东莞军分区抓好中央军委主席习近平“七一”重要讲话精神和党的十九届六中全会精神学习贯彻，开展党史学习教育，汇编资料5册，组织党史知识考核20余场次，组队参加党史知识竞赛，获片区亚军。深化“传承红色基因、担当强军重任”主题教育，组织收看《守岛人》等教育影片，开展“中国共产党领导下东莞国防百年巡礼”活动，安排参观红色珍品展、东纵博物馆，领悟精神内涵。打造《东莞日报·国防专刊》宣传阵地，全年在各类媒体刊发稿件183篇，2次被中央广播电视总台军事频道报道。军分区政治工作处被评为广东省军区“新闻宣传工作先进单位”。组织召开东莞市民兵政治工作示范先行成果交流会，会上，大朗、望牛墩、茶山、凤岗、道滘镇武装部作交流发言。评选“新时代的东莞民兵”，形成广泛社会效应。

【应急备战】　2021年，东莞军分区贯彻落实中央军委主席习近平重要指示精神，召开党委议战议训会，制定民兵工作具体措施意见。狠抓首长机关和民兵训练，完成民兵基地化集中轮训比武、岗位自训和以勤代训。抓实寮步、南城、清溪、洪梅、樟木头、谢岗、高埗、莞城、凤岗、石碣等镇街民兵训练。先后组织民兵参加战区演习和国防动员专项演练，受到南部战区、广东省军区首长肯定。

【国防动员】　2021年，东莞军分区遵照广东省国防动员委员会潜力数据整改要求，协调市国防动员委员会各个专业办公室和成员单位配合，完成国防动员潜力数据统计。完成义务兵征集任务，市征兵办连续28年保持先进，并作为广东省唯一单位被推荐参评全国征兵工作先进单位。

东莞理工学院、广东创新科技职业学院、东莞职业技术学院被评为省征兵工作先进单位。茶山、寮步、凤岗、东坑、塘厦、横沥、南城、石碣、万江、洪梅等镇街把好宣传发动、体格检查、政治考核等关口，“五率”（报名率、上站率、合格率、择优率、退兵率）排名靠前，兵员质量整体较高。

推进国防后备力量建设，会同军地单位联合成立领导小组，组织召开任务部署会和工作推进会，全市编实建强基干民兵、国防动员专业队伍，举行集结点验仪式。军分区本级和沙田、厚街镇武装部接受省军区年度民兵工作综合检查考评，列全省第八名，比上年提高5个名次。军分区战备建设处被评为省军区“民兵工作先进单位”。莞城、南城、洪梅、沙田、谢岗、万江、麻涌、望牛墩、石龙、凤岗等镇街民兵整组成绩总体较好。全年开展地方党政机关、企事业单位“军事日”、国防教育活动。先后组织民兵营长、专职武装干部集训，专职武装干部资格认证严格正规。推动军事职业教育配套建设，分2批完成军队高等教育自学考试。深化学生军训工作，承训全市大中学校学生。

【军事综合保障】 2021年，东莞军分区抓好训练装备、经费保障，抓好民兵装备仓库调整改革，调整配备人员、整修设施设备、健全规章制度，推进正规化建设。军分区和各基层武装部投入经费购置卫星电话，补充应急专用装备器材，指导基层武装部与地方单位签订民兵通用装备预征预储协议，应急应战装备保障能力整体跃升。深入开展资产大清查、民兵经费检查、枪支弹药等清查清理。出台民兵优待激励政策，协调落实经费办理民兵公交免费卡和人身保险、伤亡保险，为基干民兵办理专属银行卡、手机优惠卡，增强民兵的荣誉感、获得感和归属感。健全市军事设施保护工作领导机构，协调处理市污水治理工程、涉军用光缆、军事坑道保护等问题，支持地方经济建设。

【军事基层建设】 2021年，东莞军分区聚焦建设“三个过硬”基层（全面锻造听党话、跟党走的过硬基层，能打仗、打胜仗的过硬基层，法纪严、风气正的过硬基层），落实军分区党委领导挂钩帮建基层、定期分析形势、机关为基层减负等要求，收集基层反映的民兵整组、兵员征集、双拥共建等方面问题，全部妥善解决。持续培养、推荐基层建设先进典型，开展“两优一先”（优秀党务工作者、优秀共产党员、先进基层党组织）评选表彰、基层争先创优活动，凤岗镇武装部作为全省唯一基层武装部在省军区“七一”先进事迹报告会上交流发言，市委、市政府、军分区对20个标兵、先进基层武装部和20个军事、宣教工作先进单位以及154名先进个人进行联合表彰。深入抓好基干民兵预建党组织建设，指导推动从优秀民兵中发展党员工作。下力抓好全民国防教育，全年为党政机关、社会团体讲授国防知识40余场次。依托南城街道开展基层武装部规范化建设试点观摩，形成试点成果，在省军区推广并受到军委国防动员部领导肯定。在全市民兵队伍中建立连部，全面推开“两室一库一家”（办公室、资料室，器材库，民兵之家）建设。

【军事安全管理】 2021年，东莞军分区推进“四个秩序”（战备秩序、训练秩序、工作秩序、生活秩序）建设，先后投入经费，改建军分区机关“三室两库”（办公室、资料室、国防教育室和器材库），完成网络系统改造，并同步引接地方三防（防台风、防暴雨、防干旱）、公安、气象、渔政等系统。先后修订安全管理工作制度、机关职责清单等10个规定规范。开展“条令月”、安全大检查、保密专项检查、“百日安全”、微信泄密专整顿行动，落实好学习教育、方案拟订、自查清查、问题整改、总结反思等规定动作，连续5年保持安全无事故、无案件、无重大违纪问题。

【东莞市委议军会议暨市委退役军人事务工作领导小组第三次全体会议召开】 2021年7月29日，东莞市委议军会议暨市委退役军人事务工作领导小组第三次全体会议召开。学习贯彻习近平强军思想，贯彻习近平总书记关于国防和军队建设、退役军人工作的重要论述，传达学习中央、省委退役军人事务工作领导小组有关会议精神以及省关于民兵工作的要求，审议有关文件，研究部署东莞市国防武装和退役军人工作的重点任务。

【东莞军分区史馆开馆】 2021年7月1日，东莞军分区史馆开馆。史馆重点展示自1924年东莞县成立中国共产党领导的第一支农民协会自卫军成立以来，东莞市（县）的人民武装从无到有，走过半个多世纪的艰苦历程和取得的辉煌业绩。史馆占地210平方米，分序厅、主厅、附厅三部分。序厅包括前言和组织沿革；主厅分为虎门抗英军民同仇敌忾（鸦片战争至大革命时期）、工农运动掀起革命巨澜（土地革命战争时期）、抗日烽火燃遍东莞大地（抗日战争时期）、解放斗争夺取最后胜利（解放战争时期）、巩固政权发展人民武装（社会主义革命和建设时期）、改革开放谱写崭新篇章（改革开放新时期）6个不同历史时期。重点放在1994年东莞军分区成立后，特别是2019年以来在党管武装、战备执勤、军事训练、后勤保障、国防动员、双拥共建等方面取得的成就。副厅包括个人荣誉、功臣模范、集体荣誉、亲切关怀、历任领导、群英风采、烈士英名永垂不朽、荣誉墙、结束语。史馆跨越180年的历史，用48块展板展出各类珍贵照片586幅，陈列各种实物42件。（贾少飞　田　柳）

退役军人事务

【退役军人事务概况】 2021年，东莞市坚持“为经济社会发展服务、为国防和军队建设服务”方针，做好全市退役军人服务管理保障工作，巩固东莞市第九次获评“全国双拥模范城”创建成果，推动全市退役军人工作发展。先后有1人被评为全国“最美拥军人物”，2人被评为全国“退役军人服务保障先进个人”，1人被评为全国“军休工作先进个人”；东莞军供站被评为“全国重点军供站”。

【双拥模范城创建成果巩固】 2021年，东莞市深入开展拥军慰问活动，1月开展“情系边海防官兵”专项慰问活动，向戍守西藏边防人民子弟兵赠送新春慰问品；元旦、春节期间，全市各级组织拥军优属慰问团（组）252个，深入驻莞部队慰问人民子弟兵送上敬意和问候；6月组织到东莞铁路口岸货场欢送驻莞部队赴西北演训，并向演训官兵赠送慰问品；“八一”建军节期间，全市各级开展军民文艺、文化、体育等联谊活动12场，对部队官兵、参战老兵等群体开展走访慰问；举办第九届“双百拥军行”活动，发动全市86个社会组织和企事业单位，开展援建和文化、法律等共建项目58个。

【退役军人移交安置】 2021年，东莞市提高移交安置质量，完善推进退役安置与服役贡献相挂钩的“阳光安置”机制，推行“阳光安置”“分类选岗”，尝试“考察直接安置”“双向选岗”的安置办法，提高安置精准度、满意度，同时加强安置后的跟踪服务，开展退役军人安置工作督导检查，推动服务管理从“一阵子”向“一辈子”转变，完成年度退役军人移交安置工作。

【退役军人就业创业】 2021年，东莞市全面落实《关于促进新时代退役军人就业创业工作的意见》，深入实施退役军人职业技能提升行动，对接市技师学院、东莞理工学院等院校，为退役军人开展就业创业技能培训、进高校培训等活动，组织退役军人教育技能培训891人次；开展为期3个月的“戎归莞邑，筑梦湾区”退役军人网络专场招聘季活动，举办线上、线下专场招聘会50场，提供多个就业岗位，多名退役军人达成就业意向。培育“东莞军创”品牌，支持道滘镇、松山湖高新区等镇街（园区）建设退役军人创业孵化基地，为退役军人创业者在资金、场地、技术等方面提供支持。

【退役军人思想政治引领】 2021年，东莞市结合党史学习教育、双拥工作实际，开展“老兵永远跟党走”系列活动，推荐3名选手到省参加“老兵永远跟党走·让退役军人成为全社会尊重的人”主题演讲比赛，1名获优秀奖，1名获三等奖；组织100多名军休人员开展“老兵永远跟党走”唱红歌快闪活动；通过各类媒体报道“老兵永远跟党走·百年华诞·百处红色足迹”主题党日活动100多篇次，引导全市退役军人坚定理想信念，感恩党、听党话、跟党走，集中展现全市退役军人一心向党、永葆本色的精神风貌，营造关心、关爱、尊崇军人的社会氛围。

【退役军人服务体系建设】 2021年，东莞市全面建立起包含1个市级退役军人服务中心，33个镇街（园区）退役军人服务中心，590个村（社区）退役军人服务站的市、镇、村三级退役军人服务保障体系。东莞市32家镇街服务中心全部获评全国示范型退役军人服务中心（松山湖功能区不参评），15家服务对象300人以上的村（社区）获评全国示范型退役军人服务站；33家镇街（园区）全部获评省星级示范退役军人服务中心，其中五星级19家、四星级5家、三星级9家。成立覆盖市、镇、村三级志愿服务队145支，吸纳志愿者，募捐资金，常态化开展“军号护苗”“莞爱荣军”“抗疫前线”“结对帮扶”等主题活动300余次。

【退役军人权益维护】 2021年，东莞市开展“深化退役军人就业创业服务”“照顾烈士后代”“帮扶援助生活困难退役军人家庭”“进一步关心关爱退役军人”“优化军休干部居住条件”等民生项目5个，先后为退役军人及其他优抚对象申请应急救助资金。聘请法律顾问在市中心定期坐班，为涉退役人员权益维护提供法律意见以及日常综合性的法律咨询服务，并指导镇级退役军人服务中心设立的法律援助工作站（联络点），为退役人员提供法律援助服务，形成覆盖全市退役人员法律服务的“一张网”。

【优抚褒扬工作落实】 2021年，东莞市建立军人军属、退役军人和其他优抚对象基本优待目录清单，给予退役军人和其他优抚对象公共服务等方面128项优先优惠；对重点优抚对象继续实行抚恤补助标准自然增长机制，全年发放抚恤生活补助经费，发放残疾抚恤金、护理费，拨付优抚医疗补助金，发放义务兵家庭优待金；与市检察院联合下发《东莞市烈士纪念设施管理保护专项行动实施方案》，开展烈士纪念设施管理保护专项行动，全面推动全市烈士纪念设施提质改造，全年全市举行17场次烈士公祭活动；继续开展“关爱功臣送医送药”活动，为800名重点优抚对象发放保健箱和血压计等医疗器械。

（罗 璇）

城乡建设

URBAN—RURAL DEVELOPMENT

长安镇　（2021年陈康水摄）

编辑：陈建枝

国土空间规划

【国土空间规划概况】 2021年，东莞市推进市、镇两级国土空间总体规划编制工作，坚守底线思维，初步构建耕地、生态保护体系，其中在耕地保护方面，探索划定耕地保护集聚区，提高耕地质量与连片性，引导耕地和基本农田集中布局。

探索分级分类的生态空间保护体系，形成生态核心区、生态控制区、生态协调区为主体的生态空间；贯彻落实“多规合一”思维，统筹全市空间类规划体系和关键领域规划设想，统筹全市关键领域的核心部门，形成30余份部门专项规划大纲，以及涉及产业、交通、生态环境、住房与民生保障、市政设施与城市安全等五大核心领域的专责小组报告，抽取核心内容融入市镇两级规划中落实，实现多类型、多层级规划的统一和统筹；加快市镇两级国土空间规划传导和落实，包括召开市国土空间规划领导小组扩大会议，传导国家、省规划编制理念和最新工作部署，督导指导市镇两级规划编制，统筹全市各领域规划编制设想，出台《六大片区空间规划指引》，指引核心内容在市镇两级规划中的统一和落实。

【“三条控制线”统筹划定】 2021年，东莞市根据国家和省的要求，推进永久基本农田、生态保护红线、城镇开发边界“三条控制线”的统筹划定。生态保护红线经国家、省、市、镇多轮核实举证，上报国家审查，并在日常业务和规划编制中进行严格贯彻落实。城镇开发边界及永久基本农田，分别于1月、4月在市层面开展两轮市镇联动划定，形成“三条控制线”划定初步思路和方案。

【镇级土地利用总体规划修改】 2021年，东莞市指导镇街（园区）开展57次镇级土地利用总体规划修改工作，其中包括镇级规划修改、有条件建设区使用、建设用地规模置换、预留建设用地规模使用等方式，保障教育千日攻坚行动、交通千日攻坚行动、广东电网直流背靠背工程、松山湖水厂、滨海湾新区东宝公园、芦花坑水厂等民生市政工程、省市重大项目落地。

【控制性详细规划管理】 2021年5月，东莞市自然资源局根据《广东省自然资源厅印发关于加强和改进控制性详细规划管理若干指导意见（暂行）的通知》等文件要求，对《东莞市控制性详细规划调整管理办法》进行修订，9月，出台《关于加强和改进控制性详细规划编制和审批工作的通知》，完善控制性详细规划管理体系，强化规划理念传导，完善控制性详细规划编制指引。9月，开展控制性详细规划第三方技术审查工作，探索行政审批与技术审查分离，提高审查精细度，提升审批管理效能。

【镇街（园区）密度分区规划编制】 2021年12月，东莞市自然资源局印发《东莞市镇街（园区）密度分区编制指引》，指导镇街（园区）在严格落实市域密度分级指引图确定的总体格局基础上，统筹考虑国土空间总体规划确定的总体发展目标、功能定位、空间结构、生态保护和设施承载力等要求，科学编制镇街（园区）密度分区规划，健全全市建设用地密度分区制度，推动构建集约高效、疏密有致、适度宜居的城市空间格局，引导城市空间高质量发展。

（张佩珊）

附：2021年东莞市自然资源局主要领导名录

党组书记、局长：赖健伟

重点工程建设

【重点工程建设概况】 2021年，东莞市城建工程管理局有27项工程纳入市重大项目，其中20个为市重大在建项目、7个为市重大预备项目。截至年底，20个重大在建项目累计完成投资39.14亿元，占年度投资计划109%。其中桑茶快速路及东延线、环莞快速路三期龙大高速公路至莞深高速公路段、东莞大道品质提升、东莞市人民医院分院、东莞市妇幼保健院扩建、东莞市救助管理站二期、南方光源研究测试平台、东莞市第三看守所选址新建、三江六岸滨水岸线示范段项目一期（龙湾段）、东莞理工学院松山湖校区人才周转公寓、东莞实验中学改扩建目、东莞市第一中学改扩建、东莞市中医院国医馆、东莞市松山湖中心医院心血管病诊疗中心大楼新建、东莞市人民医院硼中子俘获治疗项目治疗中心大楼15项工程超额完成年度下达任务。

2021年4月30日，东莞市国土空间总体规划工作领导小组扩大会议召开

（市自然资源局供图）

【东莞市救助管理站二期（市金菊福利院东城校区）工程】 该工程为2021年十件实事项目，于2021年9月完工移交。主要建设内容为新建精神病治疗中心和改造滞留人员安置中心。项目建成后可提供395张床位安置流浪乞讨滞留人员、流浪乞讨人员及城乡特困人员中的精神障碍患者，满足全市内滞留安置、精神病治疗的救助需求。

【三江六岸滨水岸线示范段一期工程】 该工程于2021年5月1日完工对外开放。主要建设内容为“三线”（漫步道、跑步道、骑行道）贯通工程、引桥工程、景观绿化、重要节点打造、灯光亮化工程及河道整治等内容。通过综合改造提升，打造交通便利、内外联系通畅、功能多元复合、空间节奏富有变化同时兼具文化内涵的高品质活力滨水岸线。

【东莞大道品质提升工程】 该工程于2021年3月开工，12月底完工。主要建设内容包括人行道、车行道、慢行道、绿道、路政设施带、退缩空间等道路全要素综合改造提升，入口广场品质提升，公交品质服务提升，公共慢行通道贯通。建成后，改善片区乃至整个东莞市的宜居环境。

【南方光源研究测试平台工程】 该工程于2021年12月基本完工。工程分为加速器技术创新研究分平台和X射线技术创新研究分平台，以建设具有国际领先水平的先进光源核心技术研发平台为目标。主要为南方光源预备研究和工程建设服务，也为东莞中子科学城其他大科学装置的建设和发展提供科学和工程技术支撑。

【松山湖材料实验室一期工程（第一批）】 该工程于2021年12月基本完工。主要建设内容为实验楼、办公楼、会议中心、危险化学品仓库及宿舍楼等24栋单体，建筑物功能涵盖科研、办公、住宿、会议及服务等。该工程投入使用后与南方光源研究测试平台，共同促进东莞中子科学城的快速崛起，提供重要的工程和科学技术支撑。

【东莞国际商务区市政配套设施建设工程】 该工程于2021年4月动工。主要建设内容包括13条道路（1条主干路、1条次干路、11条支路），双舱综合管廊，缆线廊，宏图路线性公园，新基河景观带示范段。

【东莞市松山湖大道同沙立交新建左转匝道工程】 该工程于2021年12月动工。主要建设内容为道路、桥梁总长度3.5千米，其中新建左转A匝道线路长度1.88千米，新建直行B匝道线路长度703米，设计时速50千米/小时，A匝道起点至A、B匝道分叉口段为单向三车道，道路宽11.5米，A匝道标准段为单向双车道，道路宽8米；B匝道为单车道，道路宽6.75米。全线设A、B匝道桥各一座，A匝道桥长1.3千米，B匝道桥长215米。

【东莞市人民医院硼中子俘获治疗项目治疗中心大楼】 该工程于2021年12月动工。主要建设内容为硼中子俘获治疗装置区、治疗区、术后观察区、检验室、回旋加速器和放射性药品制备车间、设备用房及医护、科研等办公用房。

【东莞市第一中学改扩建项目工程】 该工程于2021年1月动工。主要建设内容为1号女生宿舍楼、2号宿舍楼、3号教学综合楼、4号教学楼、5号地下室、6号电房和7号连廊等。

【东莞市实验中学改扩建项目工程】 该工程于2021年1月动工。主要建设内容为1栋教学楼、1栋食堂及宿舍楼（含学生宿舍楼、教师宿舍楼）、改造走廊及楼梯间和地下车库。 （贺丽君）

附：2021年东莞市城建工程管理局主要领导名单

局　长：祁志强（任至4月）
　　　　朱默河（5月到任）

【东莞实业投资控股集团有限公司】 2021年，东莞实业投资控股集团有限公司（以下简称“东实集团”）实现总收入51.45亿元，净利润2.38亿元。截至年底，东实集团总资产243.90亿元，净资产115.44亿元，全资子公司11家、控股企业2家、参股企业16家，员工6700多人（其中总部178人）。

城市综合运营　2021年，东实集团签订城市更新项目合作协议或框架协议3个，涉及土地面积161.87公顷，其中签约面积28.67公顷，超额完成年度目标。推动市属企业土地整备开发操作规范出台，为市属国企全面参与城市更新工作提供政策依据。道滘镇小河村

“三江六岸”滨水岸线示范段一期工程　（2021年市自然资源局供图）

“工改工”（将土地性质为普通工业用地改变为新型产业用地，将旧工业区拆除重建升级改造为新型产业园）项目总占地面积144公顷，其中启动区10公顷，改造模式为拆除重建，为东莞市首个采用市属企业土地整备模式实施的大型连片“工改工”项目，项目启动区于11月开工建设，为东莞市连片更新“头雁计划”（选取一批具有示范引领意义的大规模连片更新片区，给予特殊工作举措、特殊资源倾斜、特殊优惠政策支持，率先打造一批连片改造示范片区）第一批单元中唯一实现开工建设的项目。国际商务区壹号基坑项目总投资2.4亿元，年内完成第一阶段工程施工，是东实集团首个多地块联合统建的大基坑项目。在市属国企代建学校项目方面，参与全市教育扩容提质千日攻坚行动，高埗镇万科第五城小学新建项目和石排镇中心小学新建工程项目于8月动工。东莞迎宾馆国际学术交流中心项目总投资10.1亿元，年内实现整体完工并具备试营业条件。体育路东实停车楼项目位于市行政办事中心东北侧，规划用地面积4844平方米，总建筑面积2.23平方米，停车位378个，拟配套商业面积4536平方米，于11月完成初验，具备停车条件，是东莞市首个采用整板螺旋式无梁楼盖结构的建设项目，获10项国际设计大奖。东莞火车站TOD（以公共交通为导向的开发）项目位于东莞火车站TOD综合开发范围内，总用地面积7.47万平方米，项目居住地块“东实旗云花园”实现首批572套房源交付，为东实集团首个自主开发的房地产项目，是东莞市首个TOD开发项目。“三限房”（限房价、限转让、限对象）项目以底价竞得长安、虎门、凤岗、塘厦等镇东莞市首批四宗“三限房”地块，总占地面积8.5万平方米，总成交地价28.68亿元，总建筑面积27.2万平方米，总投资额53.5亿元。莞香印巷项目总投资1.1亿元，建筑面积7300多平方米，改造后商铺数量38家。鳒鱼洲项目占地面积9.5万平方米，新签约商户14家，新增招商面积1.3万平方米，推动淘宝天猫等头部企业开业，项目被《东莞市文化发展“十四五”规划》纳入“文化遗产保护与利用工程”和“文化产业转型升级工程”两大工程。松山湖国际创新创业社区创投大厦交付，标志着社区全面建成并投入运营，社区累计完成产业招商面积2.38万平方米，引进科技企业43家，高新技术企业数量新增20家，新型研发机构增至12家，聚集人才约3000人。引进落地包括南方知识产权中心等8个重要服务平台。

人才安居项目　2021年，东实集团推行轻资产运营模式，实现“莞寓”品牌管理输出。全年签约托管运营项目5个，新增筹集人才安居房源约1000套。截至2021年底，运营人才安居项目19个（其中自投改造12个），累计筹集房源约6000套，自投改造项目整体出租率87%。主动对接、沟通住建局等有关部门，推动简化人才补贴审批流程，协助入住人才申请租金补贴1500多人次。举办第三届青年人才交友联谊、第二届“莞寓杯”篮球赛、首届“莞寓”形象大使选拔赛等社区活动80多场，覆盖人数逾30万人次。“莞寓”获全国集中性公寓TOP5、大湾区品牌公寓TOP102项住房租赁广厦奖。

环保产业　2021年，东莞市海心沙资源循环利用基地建成，实现从高质量建设转入高水平运营阶段的转变。麻涌环保热电厂焚烧项目处理生活垃圾、陈腐垃圾58.51万吨，上网电量2.38亿千瓦时。海心沙环保热电厂处置生活垃圾、工业垃圾、陈腐垃圾48.4万吨，上网电量2.01亿千瓦时。中标东莞市生活垃圾焚烧处理服务采购项目，中标金额4.96亿元。麻涌餐厨垃圾处理厂单日收运处理量突破300吨，项目安全稳定运行达到最大产能，净利润突破1000万元。东南部卫生填埋场一期项目填埋飞灰11.78万吨。浓缩液处理项目实现满负荷运营，年处理浓缩液5.2万吨，是国内首个分散填埋场浓缩液集中处理项目。望牛墩垃圾清运项目完成验收。另外，东实集团下属东实新能源公司与中科院广州能源研究所、华南理工大学等多家单位共同承担“粤港澳大湾区特大城市资源循环利用基地集成示范”项目，为东实集团首次参与国家重点研发计划，属国家重点研发计划“固废资源化”重点专项。完成“餐厨垃圾处理处置工”企业标准认定，填补该项在国家标准和行业标准的空白。完成《生活垃圾焚烧飞灰处理产物填埋污染控制技术规范》编制，是广东省内第一部关于焚烧飞灰填埋处置方面的团体标准。完成电子设备间温度高技术改造工程、麻电电缆夹层烟感报警系统改造、餐厨废水处理曝气系统改造等8项技改工程，项目运营更高效稳定。全年申请专利11项。东实集团下属单位东实新能源公司通过2021年度东莞“技师工作站”认定。

援疆项目　2021年，新疆东纯兴集团销售产品13.63万吨，销售金额28.38亿元（不含税），产销率96%。打造“精品专线”，严把产品质量关，7个产品获棉纺协会质量评选奖项，其中：4个品种获“优质色织布用纱精品奖”，3个品种获“优质色织布用纱优质奖”。首次获实用新型专利技术1项。获中国棉纺织行业协会“2020年棉纺织行业营业收入百强企业”“非棉纱产品营业收入四十强企业”“粘胶短纤维产品营业收入三十强企业”称号。

公共服务项目　2021年，东莞市松山湖国际双创社区松湖迎宾里酒店开业，东莞迎宾馆完成二期开业筹备工作。“东莞礼物”项目落地，线下实体店鳒鱼洲店试营业。东鸿物业公司与汕尾市投控集团合资成立的广东星晟物业发展有限公司揭牌。　（廖　彦）

附：2021年东莞实业投资控股集团有限公司主要领导名录

党委书记、董事长：刘　波

中心城区建设

【中心城区建设概况】 2021年，东莞市推进“一心两轴三片区”（一心：市行政文化中心区，两轴：东莞大道时代发展轴和鸿福路山水文化轴，三片区：东莞国际商务区、三江六岸历史休闲区、黄旗南生态科创区）建设工作。鳒鱼洲文化创意园整体开园并成为东莞文化新地标，三江六岸（指东江南支流及其三条分支——中堂水道、汾溪河、东莞水道三条水系为依托的主城区城市滨水空间）滨水岸线示范段一期工程、黄旗南麓文体带香遇走廊一期工程建成开放，国际商务区首开区第三批土地完成出让，东莞大道品质提升工程完工，篮球中心及周边地区发展蓝图基本锚定；同时，国际商务区壹号基坑、市政配套设施、国际商务区中心公园与河道治理及市民活动中心项目、中心区核心地段立体慢行系统等一批市民关注度高的重点工程启动建设。

【行政文化中心区提升建设】 2021年，东莞市完成广发南市储备地出让前期准备工作；明确市博物馆新馆选址及用地规模，完成南广场国有建设用地确权手续，完成市博物馆新馆功能策划、展陈设计和建筑设计的编制成果草案；完成行政文化中心南广场城市设计和“鸿福路轴带”空间概念规划设计；形成市体育中心城市品质提升概念规划初步成果；完成中心绿地配套服务设施提升建筑设计方案，推进工程建设实施。

【“两轴三节点”项目实施】 2021年，东莞市推进中心城区核心地段——“两轴三节点”项目实施（两轴：东莞大道—东城中路、鸿福路，三节点：轨道2号线东城站、旗峰公园站和鸿福路站的周边地区）。完成东莞大道品质提升工程、体育路东实停车楼建设；完成中心区核心地段立体慢行系统建设3A号桥主体工程并启动2号桥工程建设；持续推进黄旗广场、广发南市储备地土地出让前期工作；稳定黄旗一号地块开发建设项目地块开发规模、建设指标等前期条件；明确市民服务中心三期项目建筑概念设计方案及土地出让条件，加快推动项目地块控制性详细规划调整；完成南城街道第一国际街区品质提升、海德集团第一国际街区城市公共空间功能与环境提升工程方案设计。

黄旗南麓绿道一期工程 （2021年市自然资源局供图）

【东莞国际商务区建设】 2021年，东莞国际商务区完成市政配套设施项目纬一路示范段及宏图路线性公园建设；水涧头村拆迁安置工作进入收尾阶段；推进东莞国际商务区中心公园与河道治理及市民活动中心项目、拆迁安置小区、商务区北部学校及壹号基坑等一批重大项目建设；完成首开区第三批3宗土地出让，开展首开区其他土地出让前期工作；编制出台重点片区项目设计改革政策，推行片区总设计师和城市综合运营商制度，推进项目管理办法编制，并启动商务区建设运营管理机制及土地梯级开发政策研究；完成夜景照明、广告招牌、新基河全流域提升、新基河水动力、视觉标识系统、地下空间开发运营等专项研究编制，推动智慧城市与绿色低碳发展规划、地名规划、北部片区建筑概念设计、220千伏篁村变电站选址及规划调整等规划研究。

【三江六岸片区实施进程加快】 2021年，东莞市“三江六岸”滨水岸线示范段一期工程建成并对外开放，同时推动二期工程建设前期工作；统筹重要战略空间土地收储并开展前期研究；推进五大镇街重点片区城市设计工作；启动迎宾慢行桥概念方案设计国际咨询工作；推进厚街水道慢行桥设计、莞城粮仓微改造项目整体策划及建筑方案设计、滨江体育公园策划方案开发运营及机制和策划方案、莞城骑楼街活化改造工程、和园项目前期策划等一系列重点工作；深化全域规划专题研究，完善空间管控、综合交通、历史文化专题规划，启动生态修复、产业旅游、城市更新、新型公共交通等专题研究。

【黄旗南片区开发推进】 2021年，东莞市完成黄旗南麓绿道一期及二期主线工程建设；启动黄旗南片区公共空间骨架开发建设，有序推进同沙小环、儿童公园、新源路TOD（以公共交通为导向的开发）综合开发等项目；引入片区综合运营商，搭建政企协同的高效运作机制；引入国际知名团队开展片区城市设计及专项专题研究，统筹谋划片区蓝图；锚定“保障企业合理权益和政府应有权益，政企共担开发成本”的土地权属重构原则，推进核心区土地整备工作；推进同沙片区重点文旅项目前期工作，推动同沙西片区高品质开发。

【东莞市篮球中心片区规划】2021年，东莞市完成篮球中心场馆建筑品质提升设计及开发运营策划、片区城市设计及综合交通规划编制工作；启动片区土地权属摸查、土地整备、土地开发经济测算工作。（张佩珊）

美丽幸福村居建设

【美丽幸福村居特色连片建设概况】　2021年，东莞市推进美丽幸福村居特色连片示范建设。建成东城街道（周屋—余屋—温塘）、万江街道（滘联—谷涌）、长安镇（涌头—霄边）、石排镇（塘尾—埔心—谷吓—李家坊—横山—田边—中坑—燕窝）4个美丽幸福村居特色连片示范区；推动建设谢岗镇（南面—大龙—大厚—黎村）、东坑镇（丁屋—彭屋—黄屋—角社）特色连片示范区。

【石排镇特色连片示范区】2021年，石排镇特色连片示范区结合全国重点文物保护单位塘尾古村落和省重点文物保护单位红石山燕岭古采石场遗址、云岗古寺、康王庙等历史文化资源，将红石山、古村、宗祠及美丽村居自然景观等多元文化资源，通过绿道、电瓶车道、生态公园等进行整合延伸，打造极具浓厚历史文化氛围的旅游带，同时挖掘康王宝诞、明德醒狮、传统非遗项目等文化遗产，通过展演、旅游文化节等形式，弘扬石排镇传统历史文化，展示石排镇人文环境。

【谢岗镇特色连片示范区】2021年，谢岗镇特色连片示范区围绕“生态活力银瓶社区、客家特色文化传承、生态旅游富裕传家”理念，重点对大龙旧村片区、银瓶山出入口片区、银瓶客乡村居区、森林户外拓展区进行环境综合整治和建设开发，结合市不可移动文物榕树岭先秦遗址、古树名木“荔枝王”，兼顾客家文化、荔枝文化和红色革命历史等文化资源，与片区打造的商业街立面、银瓶大道两侧改造提升、荔枝王公园、客家文化长廊等工程项目结合，建成人居环境优美、本土特色突出、银瓶生态旅游蓬勃发展、村民幸福安居富足的东莞市东部生态乡村振兴典范。

【东坑镇特色连片示范区】2021年，东坑镇特色连片示范区以“山水新天地”为主题，以传统山水人居理念为核心定位，以东坑镇角社、黄屋、丁屋、彭屋各自的自然村地域为底色，围绕月明湖湿地公园，通过增设田园湿地、景观平台等功能体验区，结合湿地、岸线景观等元素，打造集生态基底的田园风光体验区。同时围绕古围墙、三村祠堂、会堂、风水塘等传统历史文化，对旧村滨水区域内的滨水步道、栈道、巷道进行修复完善，营造独特的古围墙遗址段文化休闲步履体验段，激活旧村落文化记忆。（吴维彬）

城市体检

【城市体检概况】　2021年，东莞市按照“一年一体检、五年一评估”工作部署要求推动第二年城市体检工作。印发《2021年东莞市城市体检工作实施方案》，围绕“生态宜居、健康舒适、安全韧性、交通便捷、风貌特色、整洁有序、多元包容、创新活力”八个方面组织城市体检，在延续上年度重点指标和热点问题指标基础上，结合东莞市城市特色形成77项指标、180项分解指标的指标体系；开展社会满意度调查，通过行业调查、家校调查、线上问卷、线下访谈等方式面向市民多渠道进行满意度调查，深入基层社区（村）和企业座谈调研，获有效问卷近8万份；形成《2021年东莞市城市体检报告》《2021年东莞市城市体检社会满意度》等城市体检成果，并通过专家评审；推动成果转化应用，将城市体检报告由技术性文件转换为实施性文件，形成“成效、进步、预警、问题”四个维度评估诊断和整改措施建议，推进资源精准投放，助力城市品质提升。

【2021年城市体检研讨培训暨城乡建设重点工作观摩推进活动】于2021年5月在东莞市举行，住房和城乡建设部、广东省住房和城乡建设厅及各地级以上市有关领导出席活动。东莞市在会上分享2020年城市体检先行先试工作经验，通过“强统筹、显特色、深采集、精诊断”，探索形成城市体检“东莞样本”。（吴维彬）

老旧小区改造

【老旧小区改造概况】　2021年，东莞市开展53个老旧小区改造项目（含41个加装电梯项目），涉及房屋240栋、建筑面积46.79万平方米、住户5562户、预计总投资4888.97万元、累计完成投资3519.88万元。改造工作重点推进建筑本体及小区配套基础设施的基础类、完善类项目“微改造”，提升小区人居环境。

【老旧小区改造实施】　2021年，东莞市制订《东莞市老旧小区改造工作实施方案》，主要包括健全组织实施机制、成立工作领导小组，科学实施财政支持、减轻居民出资压力，优化资金支付方式、提高补助使用效率，建立合理共担机制、落实居民出资责任，构建共治

共享格局、充分发挥各方资源，打造审批绿色通道、全力提高服务效率等6个部分。（吴维彬）

水务建设与管理

【水务建设与管理概况】 2021年，东莞市用水总量21.06亿立方米，比上年增长7.4%；万元地区生产总值用水量19.4立方米，下降4.5%；万元工业增加值用水量12.99立方米，下降13.6%。全市水厂年供水总量16.73亿立方米，日供水量458.47万立方米。竣工重点水务工程项目7个。在建重点水务工程项目2个，完成投资23.84亿元。沿海水乡片堤防达标加固57.59千米，石马河干流防洪及景观提升工程建设完成42.6千米。全市各级河长累计巡河超6.8万人次，发现并落实整改问题超2.3万个，建成碧道165千米。治理污染河涌217条，城市建成区22条黑臭水体通过"长制久清"专家评审。治理水土流失面积8.11平方千米。抵御强降水等洪涝灾害天气76次，消除城镇易涝点16个，有效应对东江流域60年来遭遇的最严重旱情并咸潮上溯。全年拨付水库移民后期扶持资金4252.7万元，惠及扶持人口2.17万人。依法审批涉水行政许可657宗，投入使用电子证照15个，向镇街下放事权50项。水政监察执法查处、处置水事违法行为81宗。印发实施《东莞市城市内涝治理系统化实施方案（2021—2025年）》。年内，省通报东莞市水务局被评为2019—2020年全省脱贫攻坚突出贡献集体、东莞市2020年度水土保持目标责任制考核评为"优秀"等次。

【河长制湖长制推进】 2021年，东莞市修订《东莞市镇村级河长打卡巡河工作指引》，健全河长履职档案。河湖巡查监管纳入"智网工程"网格化管理。选取黄沙河作为河湖健康评价试点，研究建立河湖健康指数测评体系。市级河长挂点督办重点河涌治理22次、包镇现场督导治污工作50余次。全市各级河长累计巡河超6.8万人次，发现并落实整改问题超2.3万个。全市河湖巡查队累计巡查5418条河湖段，河湖治理曝光台播出34期，曝光问题河涌74条，市河长办发出交办通知书和督办函179份，落实整改督办交办问题超2900个。举办"河湖保洁日"12期、"河湖治理大家谈"论坛64期，累计参与人数超13.8万人次。举办"跟着河长走碧道"徒步活动1次，20余万人观看直播。开展"最美碧道""最美河长""最美巡河志愿者"评选活动1次，公众累计投票530余万票。480名民间河长、8.6万名护河志愿者巡河超5万人次，开展志愿者活动1923场。经市考核评定，道滘、企石、黄江、凤岗、东坑、寮步、麻涌7个镇2021年度河长制工作获"优秀"等次。东莞市2021年度河长制湖长制工作获国务院激励奖励。

【重点水务工程建设】 2021年，东莞市水务工程建设年度计划总投资39.29亿元，完成投资31.91亿元，其中在建重点项目2个，年度计划总投资22.72亿元，完成投资23.84亿元。沿海水乡片堤防达标加固建设完成57.59千米，石马河干流防洪及景观提升工程建设完成42.6千米。桥陇河河道综合整治工程塘厦段完成96%。鸿福西路东莞市民艺术中心片区内涝整治工程，东莞市中小河流治理重点：综合整治和水系连通试点麻涌—4项目区、麻涌—6项目区，中堂镇蕉利村堤防达标工程，东莞职教城、职业教育及模具产业融合区片区水环境综合整治工程，东莞大堤局部堤段除险加固工程，深圳外环高速公路东莞段塘厦高架桥涉及雁田水河段河道整治工程等项目通过竣工验收。茅洲河界河段综合整治工程（东莞部分）获中国水利工程优质（大禹）奖。

【河涌水环境综合治理】 2021年，东莞市完成污染河涌治理217条，河涌水环境综合治理攻坚战三年行动计划（2019—2021年）明确的641条污染河涌治理任务全部完成。城市建成区22条黑臭水体通过"长制久清"专家评审。12个镇街（园区）开展48条河涌暗渠（箱涵）清淤，完成清淤29.71千米，清淤总量9.62万立方米。15个镇街（园区）44条河涌按计划实施补水。总结石马河流域水环境生态补偿机制试点成功经验，推广到全市135条重点河涌。

道滘镇北海水道碧道　（2021年市水务局供图）

【水利工程运行管理】 2021年，东莞市有中型水库8座、小（1）型水库44座、小（2）型水库67座。成立水库泵站水闸堤防标准化建设工作专班，启动编制全市水利工程标准化管理指南。完成松木山和横岗等2座中型水库、108座水闸安全鉴定。对11座小型水库进行除险加固。完成15座小型水库安全运行管理标准化二级建设，所有111座小型水库安全运行管理达到标准化建设要求。按计划推进水利工程运行安全隐患整改落实，整改2018年以来广东省水利厅检查发现反馈问题28个、水利部暗访发现反馈问题247个。对市区及直属单位泵站、水闸开展机电设备隐患专项摸排，发现问题155个，年内完成整改19个。

【河湖水域岸线管护】 2021年，东莞市编制印发《东莞市石马河水域岸线保护与利用规划》，参与《广东省主要河道水域岸线保护与利用规划报告（东江片）》编制。持续推进全市河湖管理范围和水利工程管理与保护范围划界确权，根据广东省水利厅对2020年东莞市完成规模以上河湖划界成果的审核结果，对划界成果进行整改和衔接。截至年底，全市累计完成644宗水利工程（不含泵站）、59条（790千米）50平方千米以上和664条（1176千米）50平方千米以下河段划界。常态化开展河湖“清四乱”（清理乱占、乱采、乱堆、乱建）整治工作，巡查发现并整改问题46个。加强水源保护区围网保护及规范管理，完成一级水源保护区围网视频监控安装。建立以“水务+海事”为基础的联合执法机制，开展东江南支流道滘段非法采砂联合执法百日行动，9月起启动为期一年的河道非法采砂专项整治行动。

【水资源管理与保护】 2021年，东莞市开展取用水专项整治行动，查出移交超证取水行政案件11件。新发取水许可证39宗，延续取水许可证61宗，注销取水许可证37宗。推进市重要饮用水水源地安全达标建设，完成东江北干流水源地（东莞段）、东江南支流水源地、东深供水东江桥头水源地3个重要饮用水源地自评并上报省水利厅。下达122家市管取水户年度取水计划6.45亿立方米，比上年减少0.16亿立方米。全市万元地区生产总值用水量19.4立方米、万元工业增加值用水量12.99立方米，分别比上年下降4.5%和13.6%。

【水土保持监管】 2021年，东莞市推进生产建设项目水土保持工作“审批全网办、检查全覆盖、整改全销号、数据全录入”，全年完成水土保持方案审批556宗、验收报备审批307宗，查处销号违法违规建设项目136个，复核水土保持扰动图斑生产建设项目623个，录入全国水土保持信息管理系统信息863宗。年内，新增治理水土流失面积8.11平方千米，超额完成省下达的8平方千米治理任务。东莞市被省评为2020年度水土保持目标责任制考核“优秀”等次。

【水旱灾害防御】 2021年，东莞市水务局成立水旱灾害风险普查专班，编制全市水旱灾害风险普查实施方案，完成外业调查复核工作。开展防汛专项检查4次，组织全市民兵轻舟分队骨干集训、水上救援培训和市级防汛物资仓库物资调运训练。全市34支水上防洪救援队完成年度训练任务。市级防汛物资仓库新增防汛抢险物资装备（含3辆大流量排水抢险车）935万元，紧急调运一批应急物资支援珠海市处置隧道透水事故。全年抵御强降水等洪涝灾害天气76次，启动内涝应急响应2次（市区内涝Ⅳ级、Ⅲ级各1次），发布各类应急管理信息超15.1万条，编制《水情简报》215期，对市属重点水利工程发出调度批复75次。

【抗旱防咸保供水】 2021年，东莞市东江流域遭遇60年来最严重旱情并咸潮上溯。东莞市成立由市长任组长的抗旱防咸保供水领导小组，组建工作专班，制定落实《2021—2022年枯水期东莞市抗旱防咸保供水工作方案》和6个子方案，加密水质监测3000点次，按潮汐规律一天两次调度挡潮闸等水利工程，科学调度保障受影响区域取供水3.53亿立方米（第二、第三、万江、东城、高埗、第四、第六水厂），水库应急蓄水最高达1.11亿立方米，水厂应急复产1家制水602.23万立方米，每日压减用水计划6%（27万吨），紧急采购30辆应急送水车等应急装备，预购预置东江南支流临时挡潮围堰保底工程建设材料，每日发布咸潮信息，发出全市节水倡议，强化节水抗旱宣传，有效应对56天咸潮上溯侵袭，保障受影响较大的8个镇街约400万人口用水安全，全市供水基本正常，未对经济社会发展造成大的影响。

【碧道建设】 2021年，东莞市在市全面推行河长制工作领导小组下设立市碧道建设工作组，与市河长办合署办公，统筹推进全市碧道建设工作。编制印发碧道建设实施方案和技术指引，组织4期全市碧道建设工作业务培训。完成33个镇街（园区）碧道建设规划和40个碧道建设项目技术审查。年内，全市建成碧道165千米，完成150千米年度建设任务。

【珠江三角洲水资源配置工程（东莞段）建设】 2021年，东莞市完成珠江三角洲水资源配置工程东莞段永久建设用地报批，东莞分干线建设用地交付。东莞交水点完成调整。推进珠江三角洲水资源配置工程东莞配套项目，沙溪分水口至五点梅水库群连通管工程、五点梅水库群物理隔离工程及清淤扩容工程完成初步设计审批；芦花坑水厂一期及配水管线工程、松山湖水厂一期及配水管线工程完成项目立项核准及初步设计审查。

【城市节水】 2021年，东莞市发布造纸产品、啤酒制造、农业灌溉用水定额3项地方团体标准。全市累计创建省级节水型载体80家（企业15家、单位50家、小区15家），市级节水型载体423家（企业15家、单位271家、小区137家）。推动第三批县域寮步镇节水型社会达标建设工作。

【海绵城市建设】 2021年，东莞市调整市海绵城市建设领导小组并纳入市级议事机构，成立市海绵城市建设领导小组办公室。印发《东莞市建设项目海绵城市方案设计专篇大纲》《东莞市水务工程海绵城市建设技术指引（试行）》《东莞市海绵城市建设项目施工及运行维护技术指引（试行）》。海绵城市建设纳入河长制考核内容，全市34个镇街（园区）完成海绵城市专项规划编制。全市建成区海绵城市面积45.63平方千米，比上年增加10.13平方千米。启动申报国家、省系统化全域推进海绵城市建设示范城市。（周功成）

附：2021年东莞市水务局主要领导名录

党组书记、局长：
倪佳翔（任至7月）
陶　谨（7月到任）

【东莞市水务集团有限公司】 2021年，东莞市水务集团有限公司（以下简称“东莞市水务集团”）推进新一轮国企深化改革和供水治水主业主责，守卫城市水安全，美化城市水生态，各项经营指标向好发展。截至年底，东莞市水务集团资产总额534.89亿元，比上年增长9.72%；净资产183.04亿元，增长7.56%，全年实现营业总收入79.56亿元，增长89.09%。

城市供水保障　下属7家市级水厂总供水量（含原水）10.3亿吨，比上年增长13.16%，日均供水量281.56万吨，增长13.47%，出厂水水质合格率均为100%。水务集团联同市水务局研究制定《东莞市“供水一张网”整合工作方案》，经市委、市政府审定同意于4月印发实施。水务集团通过组建攻坚队伍、先托管后整合、镇整合村、市整合镇、试点先行等举措，推进东莞市“供水一张网”整合工作。成立专职项目部，组建5个片区工作组共70余人的攻坚队伍深入对接各镇，协助市“供水一张网”整合工作领导小组出台《东莞市“供水一张网”整合工作托管期间供水安全保障机制》等逾10万字的系列配套指引，保障整合各项工作高效推进。全年完成26个镇属供水企业进驻托管，协助完成207个村（社区）的供水资源整合，与各镇就整合事宜基本达成一致意见，实现全市供水业务平稳过渡，基本完成全市“供水一张网”整合硬任务。

供水工程建设　8月，东莞市水务集团完成市第二、第四水厂取水口迁移工程，改善高埗镇、中堂镇、麻涌镇、洪梅镇、万江街道、望牛墩镇、道滘镇、厚街镇、沙田镇、虎门镇等镇街的用水质量，缓解咸潮上溯的影响，涉及供水范围764平方千米，供水服务人口147万人。开展珠三角水资源配置工程东莞段配套工程，配套水厂一期工程新建总设计规模为160万立方米/天（松山湖水厂110万立方米/天，芦花坑水厂50万立方米/天），新建管网57千米，总投资82亿元，其中，松山湖水厂完成前期设计，并于12月动工。推进第五水厂与第六水厂配水干管连通工程、松山湖华为团泊洼供水管道工程、松山湖高新区环湖路给水管网改造工程等工程7项；开展老旧管网改造，完成东城街道峡口、万江街道康渠、莞城街道西隅等共9个片区107千米老旧管网更新改造。

便民利民惠民　执行《东莞市人民政府关于积极应对新冠肺炎疫情影响着力支持大朗镇纾困解难的若干措施》，12月15日起，对大朗镇相关工商业企业、个体工商户实施为期3个月用水价格下调30%的政策，惠及用户2.66万户。在原有7种缴费方式的基础上，上线招商银行App（应用程序）、中国邮政储蓄银行缴费功能；整合26个镇属水企的客服热线，统一并入水务集团24小时客服热线“96968”，实现“同城同服务”，提升供水服务质量；与市一体化政务服务平台对接，实现供水客服数据汇聚共享，上线网上营业厅，推进“零跑动”改革延伸扩面；推动智慧水务系统建设，加快促进水务数字化转型与智慧水务发展；加入供水服务促进联盟，携手联盟共探可持续发展的优质供水服务体系。

科研创新　开展新建水厂原水水质调查与工艺论证研究、水源切换下管网稳定技术、超滤膜技术、精准投加系统等8个科研试验项目；开展复合碳源选型与应用、污泥厌氧发酵制取碳源等3个科研试验项目；编印《排水管网数据采集与建库标准》，完善数据标准规范，并将以上科研成果应用于水厂设计与生产管理运营中，保障水厂设计科学合理性，解决水厂生产问题、节省生产药耗和原材料成本、提升管网管理水平。同时，水务集团结合研究成果在《中国给水排水》《净水技术》等国内水处理行业知名期刊公开发表学术论文14篇，获5项实用新型专利授权，4项软件著作权，其中，“自来水厂混凝剂自动精准投系统”案例获全国“2020—2021年度供水行业优秀创新案例奖”。（杨慧敏）

附：2021年东莞市水务集团有限公司主要领导名录

党委书记、董事长：尹锦容
党委副书记、总经理：朱伟强

市政建设

市政设施

【市政设施管理概况】 2021年，东莞市新建或改造人行道

198.53千米，新建绿道62.24千米，维修人行道25.20万平方米，增加挡车柱3562套和人行道护栏1983.55米。

开展“人行道畅通”行动，规范设置共享单车停车区域，清理乱停放车辆8.2万辆，清理废旧设施980余处，消除非机动车道与路面梯级高低差3700处，市民骑电动车或单车“上不去、下不来”的问题得到初步缓解。

推动隔音屏建设，全年完成隔音屏建设4604米，完成率100%。

【“千箱美化”和“万池修整”专项行动】 2021年，东莞市印发《2021年东莞市城市道路“千箱美化”专项行动工作方案》和《2021东莞市城市道路“万池修整”专项行动工作方案》，按照“谁设立、谁美化”原则，推动全市对城市道路行车可视范围内的市政箱体以及环卫设施进行美化提升，并对城市道路人行道上的树池因为树根自然生长导致人行道凹凸不平、损坏等问题进行修整改造，营造干净、整洁、有序的城市环境。年内，全市完成各类市政箱体美化4009个和树池修整2.75万个。

【户外广告设施品质提升】 2021年，东莞市印发《东莞市户外广告专项规划（2021—2026年）》及配套文件、《东莞市户外广告设施和招牌设置管理条例》，提升户外广告设置品质。

对东莞大道、港口大道、水乡大道等路段的市属公益户外广告设施进行维护管理，修复电气设施元件430件、电线电缆790米、更换灯具15套，确保设施正常运行和亮灯率99%以上。利用市属公益广告牌及中心区鸿福商圈大楼进行联动宣传，公益广告宣传面积2958平方米，鸿福商圈楼体联动宣传47次。开展莞味广告示范街（区）打造，全市打造莞味广告示范街（区）33条。 （陈佩珠）

城市供电

【供电概况】 2021年，东莞市电网保持安全稳定运行。最高负荷1849.97万千瓦，比上年增长6.61%；供电量993.26亿千瓦时，售电量975.12亿千瓦时，两者均增长14.62%，创近15年新高。全年营业收入602.5亿元，全员劳动生产率128.3万元/人。完成固定资产投资73.29亿元，完成率100.44%。有效资产总额389.42亿元，比上年增长11.67%。电费回收率99.99%。线损率1.83%。低压客户平均停电时间0.76小时/户，中压用户平均停电时间1.09小时/户。累计有效发明专利拥有数423项，比上年增长91%。东莞供电局连续12年获全市政府公共服务满意度调查第一名。连续20年被市委、市政府评为“中央和省驻莞机关先进单位”。

【电力安全有序供应】 2021年，东莞电网最高负荷1849.97万千瓦，比上年增长6.61%。供电量993.26亿千瓦时，比上年增长14.62%，增量排全省第一名。做好企业用电用能需求分析，科学合理安排灵活错峰，最大限度降低对企业生产的影响。提前投产东莞中堂悦湾电厂、中堂热电联产项目接入工程，提升电力供应能力120万千瓦。强化停电计划管理，避免因计划停电导致电力供应紧张局面加剧。将“刚性执行错峰计划”调整为“严格落实网供指标”，促进政府科学安排错峰。梳理符合要求的超计划限电线路478回、可切负荷167.2万千瓦，完成超计划限电序位表清理工作。做好用户分群管理，落实“动态+静态”错峰机制，签订1小时可调减负荷230.35万千瓦、可调增负荷154.7万千瓦，最大限度用足网供指标。开展安全风险隐患大起底大排查大整治，消除电缆沟火灾等重点安全隐患179处，完成124个村（社区）“三线”（电力线、通信线、电视线）治理。加强中压线路故障管控，中压线路故障率为2.24次/百千米，比上年下降29%。推动政企联动，促成政府部门印发《东莞市大面积停电事件应急预案》。建成全网首个应急指挥智能辅助决策系统，实现灾前科学备勤、灾中智能感知、灾后智慧决策。完成庆祝中国共产党成立100周年系列活动等重要保供电任务。

【电网规划建设】 2021年，东莞供电局开展政企合作推进一流电网千日攻坚行动，出台《东莞市电网项目建设管理办法》。推动全市镇街（园区）召开电网建设专题会，组建属地工作专班，推进电网建设项目落地。解决500千伏崇文至紫荆线路项目前期难题，完成500千伏生态输变电工程、西南部受电通道工程可研评审。核准输变电工程15项、变电容量476万千伏安、线路长度260千米。推进500千伏深圳鲲鹏—宝安线路工程投产，实现东莞主网长期挂账项目“清零”目标。完成南通道直流背靠背工程土建交安，并进入电气施工阶段。提前完成全网首个500千伏户内GIS（气体绝缘）变电站（崇焕站）等13项重点工程投产。投产输变电工程23项、变电站11座、变电容量563.7万千伏安。推进配网项目建设，完成862项配网项目投产，缓解部分片区用电受限问题。样板工程及金质工程数量均在全省排第一名。

【东莞市“获得电力”指标在国家营商环境评价中进入全国标杆行列】 2021年，东莞供电局在国家营商环境评价中“获得电力”指标进入全国标杆行列，第三方客户满意度连续六年排全网第一名。低压非居民业务扩展平均用时2.27个工作日，高压业务扩展平均用时19.73个工作日，均低于规范要求时限50%以上。全省首创“现场答复供电方案”，供电方案制定时间从1个工作日缩减至5分钟。全省首推客户受电工程自检和可视化验收功能，其经验在网级营销平台推广。200千瓦及以下小微企业用电报装实行低压接入，累计为客户节约用电成本891.91万元。深化政企共享融合，推动政务服务渠道实现电水气等多项报装业务一键受理。多措并举提高供电可靠性，打造城区CBD和松山湖不停电作业示范区，松山湖示范区低压客户平均停电时间降至3.43秒/户。推动出台全省首个地级市供电可靠性管制计划实施办法。推进电力市场化交易工作，市场化交易用户数量排全省第一名，全年成交电量371.17亿千瓦时，比上年增长21.72%。供电服务连续12年列市公共服务满意度调查第一名。

（张礼得）

附：2021年东莞供电局主要领导名录

党委书记：陈盛燃

总经理：罗旭恒

城市供气

【城市供气概况】 2021年，东莞市城镇天然气供气总量15.51亿立方米，瓶装液化石油气供气总量33.18万吨，天然气汽车加气总量0.59亿立方米，新建天然气管道185.18千米，全市燃气普及率99%。

【燃气安全管理】 2021年，东莞市按照“谁审批、谁监管、谁负责安全”的原则，以市府办名义印发《关于进一步加强城镇燃气安全管理工作的意见》，以市城管局名义印发4个子方案，厘清城镇燃气各方管理责任，规范城镇燃气工程建设管理、安全运行和燃气设施保护，梳理瓶装液化石油气全流程监管，建立纵向到底横向到边的燃气安全体系。此外，通过编制《东莞市城镇燃气发展规划（2021—2035年）》、签订主体责任承诺书、召开集体约谈会、开展燃气事故应急救援演练、推进全市城镇燃气安全“百日攻坚”行动和“万人敲门”入户行动，推动安全生产责任落实。

【燃气安全隐患排查整治】 2021年，东莞市落实燃气安全隐患排查整治工作，严查热水器安全隐患，坚持每日上报检查情况。9月，开展“万人敲门”入户行动，宣传燃气安全、排查燃气泄漏报警器，全年累计开展“万人敲门”入户行动9272次，出动执法人员7.36万人次，执法车辆2.09万车次，“敲门”入户14.88万户，派发燃气安全宣传资料40.23万份，张贴宣传海报5.12万张，引导1.32万家餐饮场所安装燃气泄漏报警器。11月，集中开展排查燃气热水器行动。全年排查用户5.82万户，排查燃气热水器2.45万台，责令整改不符合使用规范的热水器2125台，拆除直排式和超期使用热水器1053台。落实“送气入户安检”机制，建立、完善燃气管理信息化系统，实时上传入户安检的影像资料，确保每次入户安检有痕迹、有流程、可追溯。

【燃气信息化监管】 2021年，东莞市加强燃气信息化监管，组织燃气企业开展视频监控建设和接入工作。截至年底，全市24家液化石油气储配站、3家管道天然气企业共222路监控视频及东莞新奥天然气管道、门站等设施接入市城管局调度中心，实现对天然气管网运行和燃气场站等实时监控。推进瓶装供应站升级改造工作，全年完成升级改造瓶装燃气供应站300多座。组织开发居民管道天然气手机一键报装系统上线“东莞数字城管”公众号，市民可通过手机足不出户办理管道燃气报装业务，实现开户、置换通气、缴费、维修、安检一站式线上服务。

（陈佩珠）

【东莞新奥燃气有限公司】 2021年，东莞新奥燃气有限公司建设高压管网23千米，中压管网90千米，以及新建、改扩建场站5座。其中，蓝天保卫战管网建设聚焦宁洲气电和环城北路两大主线，在市政府协调下，解决手续、路由和征拆等关键协调问题。宁洲气电项目累计交付施工作业面42千米，环城北路主线明确全线路由走向，为项目推进奠定基础。

清洁能源推广　2021年，东莞新奥燃气有限公司推进管道天然气和综合能源发展，推进自备电厂煤改气，年内实现14家自备电厂点火通气，助力东莞市煤改气工作；推进老旧小区和小餐饮户“瓶改管”，并出台工程费“一口价”模式，降低小餐饮户改造成本80%，年内安装老旧小区居民用户1.3万户，发展小餐饮户1800余户；综合能源投运多个热力外包、热力托管和电能服务项目，全年蒸汽销售量260万蒸吨、电销售量近3000万千瓦时。截至年底，为全市120万户民用户、约6800家工商业用户和多家电厂提供安全、环保和清洁的天然气。

安全运营保障　2021年，东莞新奥燃气有限公司落实安全生产主体责任，结合业务完善安全生产规则及各业务场景操作规程，明确运营基础台账、培训管理标准；加大安全投入，全年投入安全资金近1亿元，整改老旧管网，以及户内胶管、热水器、报警器等各类工商和民用用户隐患；推进安全数智化建设，接入物联设备2800余套、研发试用激光甲烷云台、视频AI（人工智能）等系统7套，线上化开展业务5500余项，提升全业务场景数智化管理水平；加大安全宣传，与政府部门联动，开展燃气应急演练、行业技能大赛、“万人敲门”入户等行动，提升安全活动效果和宣传覆盖面，筑牢安全防线。

用气服务水平提升　2021年，东莞新奥燃气有限公司开展业务线上化和精简流程，提升客户满意度。线上服务方面，依托物联技术，普及物联网燃气表9万余块，累计用户近20万户，拓宽App（应用程序）、微信、支付宝、银联等购气渠道；推广NFC（近场通信）线上购气卡超10万张，以及掌上营业厅、在线管家等新产品，实现“一站式”报装，以及线上购气、维修、安检等服务，推动业务办理“零跑腿、零费用、零审批”，线上自助购气用户比例98%，新用户自助开户比例超80%；线下服务方面，推出工商户24小时自助购气设备，并为200余名社群网格员配备蓝牙智能宝，打造移动营业厅，同时完善业务网点，截至年底，公司业务入驻全市政务大厅24个，自有营业厅13个，拥有自助购气设备1200余台，小区覆盖率100%。

企业责任践行　截至2021年底，东莞新奥燃气有限公司累计供应天然气超100亿立方米，相当于减少标准煤1767万吨，减排二氧化碳1791万吨、二氧化硫42万吨、氮氧化物15万吨。另外，开展精准扶贫、爱心助学、志愿服务、植树造林等社会公益活动，累计公益捐款超3300万元。年内获广东省“两新”组织（新经济组织、新社会组织）党建工作示范点、广东省先进基层党组织、东莞市“优秀技师工作站”等称号。（黄炜燮）

附：2021年东莞新奥燃气有限公司主要领导名录

董事长：陈仲新

城市供水、排水（污）

【城市供水】　2021年，东莞市印发《东莞市“供水一张网”整合工作方案》，全面实施全市“供水一张网”整合，市水务集团与26家镇属供水企业签订托管协议，完成207个村（社区）供水资源整合任务，实现市、镇、村三级供水业务由市水务集团统一经营管理。截至年底，全市有水厂41座，日供水能力663.25万立方米，实际日供水量458.47万立方米，比上年增加36万立方米，年供水总量16.73亿立方米，增加1.27亿立方米。年内，完成东莞市第二、四水厂取水口迁移工程，投入4.78亿元新建改造供水管网528.02千米。向出厂水水质不达标的水厂发出“水质不合格通知书”2份，比上年减少21份，发出“东莞市水务局责令改正违法行为通知书”2份，减少10份。全市水厂出厂水水质综合合格率99.99%，公共供水管网漏损率9.3%，均优于国家指标要求。

市区污水处理厂一、二、三期及提高污水排放标准项目

（2021年市水务集团供图）

【城市排水】　2021年，东莞市印发实施《东莞市城市内涝治理系统化实施方案（2021—2025年）》。各镇街（园区）按照“市区范围不低于2万元/千米，其他范围不低于1万元/千米”的标准落实排水防涝经费。开展排水（雨水）管网清淤疏浚，完成清淤3205千米。定期排查通报全市34.77万个雨水检查井防坠网安装维护情况。在东城街道试点建设应急防涝驿站，在茶山镇试点开展“小海绵微改造”积水点整治。完成包括东城街道上山门易涝点、寮步镇刘屋巷易涝点、大岭山镇连平跨线桥底易涝点等在内的易涝点整治16个。

（周功成）

【排污许可】　2021年，东莞市开展《排污许可管理条例》的宣传培训，组织全市生态环境系统发证及执法部门参加全国宣传贯彻《排污许可管理条例》视频会议和相关专题培训班，在生态环境局官网和微信公众号发布《致全市排污单位的一封信》和10多篇相关宣传文章，向排污单位予以提醒和宣传，督促自觉落实环保主体责任，提高公众认知度。印发《东莞市生态环境局关于做好我市2021年固定污染源排污许可证质量及、执行报告审核工作的通知》。全年全市5054家排污单位按照排污许可证规定完成提交2020年年度执行报告，完成1999家排污单位排污许可证质量审核工作。全年办理排污许可证1058份（包括核发/重新申请排污许可证608份、变更排污许可证284份、延续排污许可证158份、补办排污许可证8份）。

【排污权有偿使用和交易】　2021年，东莞市完成排污权有偿使用和交易238宗、实现收入金额2811.33万元。年内，完善全市排污权交易综合监管系统建设，打通总量储备、排污权管理相关的业务系统。

【排水许可】　2021年11月4日，东莞市印发实施《关于加强排水户排污排水监管规范的通知》，加强排污排水监测，依法查处违法排污排水行为，同步加强宣传教育等工作，强化污水排放监督管理，推进污水处理提质增效，提高水环境质量。截至年底，全市核发排水许可证3.20万家，其中核发重点排水户0.63万家，核发一般排水户2.56万家。

【生活污水处理】 2021年，东莞市建成并投入运营的城镇二级生活污水处理厂61家，总设计规模为377万吨/日。通过实施全方位水质监管措施（在线监测、第三方检测等）、开展定期专家巡查及不定期专项检查，形成国家、省、市三级立体化监管体系，印发实施《东莞市生活污水处理厂运管分级监管工作方案》《东莞市生活污水处理厂异常突发事件应急处置快速响应工作指引（试行）》，对污水处理厂进行分级管理，建立应急响应机制，保障生活污水处理厂持续高效稳定运行。全年处理污水13.45亿吨，负荷率97.71%，其中COD（化学需氧量）、BOD5（生化需氧量）、氨氮进水浓度分别为189.36毫克/升、89.12毫克/升、18.40毫克/升，出水浓度分别为14.41毫克/升、1.34毫克/升、0.58毫克/升，削减量分别为23.52万吨、11.81万吨、2.40万吨。（冯航航）

【东莞市水务集团参与水污染治理】 2021年，东莞市水务集团推动污水处理厂提标改造及新扩建、截污管网建设运营、河涌水环境整治等各项工作。

污水处理项目运营 2021年，东莞市水务集团负责运营和投资建设的生活污水处理项目21个，总设计规模160万吨/日，全年污水处理总量5.72亿立方米，日均157万立方米，负荷率约98%，水污染削减量分别为COD（化学需氧量）9.72万吨、氨氮9892吨、总磷1887吨、总氮1.12万吨；36家污水处理厂提标项目全年污水处理总量8.8亿吨，日均241万吨，负荷率98%；樟村水质净化厂处理运河污水总量9.7亿立方米，日均267万立方米，氨氮去除率89%，出水水质达到排放标准。

治污基础设施建设 重点推进污水处理工程及截污主干管网改造工程等治污基础项目建设，全面建成樟木头裕丰污水处理厂。推动新一轮13家污水处理厂新扩建，近期总规模84.5万吨/日，远期总规模94.5万吨/日，其中东城温塘二期、寮步竹园三期项目动工。推动明确项目的资金来源、实施模式等事项，配合各镇街制定具体实施方案。另外，推进水业大厦市重大项目动工建设，截至年底，完成土建总工程量26.7%。

水环境综合治理工程建设 推进东引运河流域水环境综合治理工程，工程涉及东引运河流域沿线13个镇街（园区），需要整治河涌199条，年内，完成194条河涌清淤施工，累计完成清淤量254.21万立方米，其中，EPC（工程总承包）第一标段涉及105条河涌，获“2021年度广东省水利建设文明工地”“2021年度东莞市水利建设工程文明工地”称号。年内，工程获中国水利工程协会颁发的2019—2020年度中国水利工程优质（大禹）奖、2020年广东水利工程优质一等奖。（杨慧敏）

公共照明

【公共照明管理概况】 2021年，东莞市加强公共照明管理工作，做好东莞大道、松山湖大道、中心广场等市直管道路的路灯及照明设施管养工作。规范道路路灯养护标准，以日检夜修作为基调，提高路灯日常养护管理水平，每季度开展一次路灯灯杆清洗除尘行动。全年组织维修路灯2.74万盏（含日常修复），修复灯杆265支，清洗翻新路灯设施33.27万套。推进中心广场电气设施修缮、更换工作，完成中心广场北广场地块、展览馆及会议大厦配电箱的更换工作。

【城市“暗区”整治行动】 2021年，东莞市印发《东莞市夜景灯光照明设计工作指引》，开展城市“暗区”整治行动，要求各镇街（园区）开展城市照明暗区试点建设，着力解决道路有路无灯、有灯不亮、亮度不够等问题，逐步消除城市“暗区”，实现市区内功能性照明覆盖“零死角”。全年完成149处城市照明“暗区”整治。（陈佩珠）

公共交通

【汽车客运】 截至2021年底，东莞市有汽车客运站22个，其中一级站5个、二级站5个、三级站10个、简易站2个，另有汽车客运配客点有37个；完成全市20家三级以上汽车客运站联网售票工作，可实现网上预售票。全市有客运车辆1839辆，开通跨省客运班线190条，跨市客运班线144条。

【城市公交】 截至2021年底，东莞市有公交企业6家，其中，国有全资1家（东莞巴士公司，含直属的东部分公司），由东莞巴士公司国有控股的4家（城巴公司、小巴公司、滨海湾公交公司、松山湖公交公司），由市交投集团国有参股的1家（水乡新城公汽公司）。全市公交运力6330辆（全部为纯电动公交车）；全市有公交线路480条（含学生专线、假日专线，东莞巴士东部分公司线路105条，城巴公司线路111条，小巴公司线路24条，水乡新城公汽公司运营线路31条，滨海湾公交公司线路81条，松山湖公交公司线路128条），其中，接驳轨道交通2号线有145条，接驳穗莞深城轨、莞惠城轨分别有81条、40条，跨市公交线路22条（广州8条、深圳9条、惠州5条），部分跨市公交线路可直达毗邻市地铁站。

【出租车】 截至2021年底，东

莞市有巡游出租汽车企业9家，营运出租汽车1659辆；巡游出租汽车驾驶员2113人。全市共有网络预约出租汽车平台企业24家，取得网约车运输证车辆2.69万辆；网络预约出租汽车驾驶员8.17万人。

（姚　俊）

园林绿化

【园林绿化概况】　2021年，东莞市建成区绿化面积5.41万公顷，绿化覆盖率45.26%；全市建成区绿地面积5.02万公顷，绿地率42%；公园绿地面积2.01万公顷，人均公园绿地面积21.61平方米。

【园林绿化规范性文件编制】　2021年，东莞市出台《东莞市城市管理和综合执法局关于调整东莞市园林绿化工程招投标有关问题的通知（试行）》等，规范全市园林绿化工程招标工作。修订《东莞市城市绿化管理办法》和印发实施《东莞市园林绿化企业信用信息管理办法》，促进市园林绿化建设管理规范化和园林企业信用管理体系建设。编制绿化养护指导单价和养护标准，指导各镇街（园区）提高绿化养护质量。修订《东莞市园林绿化突发公共事件应急预案》，加强园林绿化紧急事件的处理能力。

【园林绿化品质提升项目】　2021年，东莞市编制印发《东莞市园林绿化品质提升“个十百千万十万”工程五年工作方案》等文件，提升市园林绿化品质，增加绿化内涵。推进东莞市儿童公园建设项目工作，完成项目勘察设计招标。开展植物园工程（二期）第一批完善提升项目。完成东莞大道沿线景观品质提升，推进市中心广场区域品质提升。塑造精品花园，东莞园“追梦者”获粤港澳大湾区2021深圳花展大金奖。年内，全市各镇街（园区）完成建设口袋公园100个、种植开花乔木6.49万株，33个镇街（园区）完成林荫大道打造工作。通过将原来的闲置地、卫生死角进行升级改造，增设一批健身设施、儿童活动设施等，为市民提供休憩场所，改善生活环境。

【园林绿化养护】　2021年，东莞市加强中心广场区域、市直管道路及东莞西站等各项目的养护工作，督促养护单位制定全年养护方案，实施精准养护办法，修订完善绿化养护管理标准及检查考核制度，及时发现问题，及时整改落实，完善“全覆盖、全时段”的养护管理机制。提高养护管理运行效率和工作水平，绿地养护管理达到全天候无缝隙，促进园林绿化养护管理规范化、精细化，形成绿化管理专业化全覆盖的管理模式。

（陈佩珠）

东莞大道绿化养护　（2021年市城市管理综合执法局供图）

环境卫生

【环境卫生概况】 2021年，东莞市围绕“扫干净、摆整齐”工作目标，推动全市环境卫生提升。9月22日，组织召开“深入推进精细化管理暨环境卫生再提升动员部署会”，开展全市域大扫除，各主次干道、背街小巷、卫生死角得到全面清理，初步达到城市干净、整洁、安全、有序的目标。完善环境卫生管理长效机制，先后到先进城市学习调研环境卫生管理经验做法，形成《关于赴上海、深圳、苏州等市考察学习城市管理工作的调研报告》。通过开展城市道路大扫除，生活垃圾、建筑垃圾乱堆乱倒大整治，“城市家具”大清洗，开展市容环境大清理，严格生活垃圾收集运输管理等工作，提升全市环境卫生水平。以每月“洁净东莞指数测评”及“红黑榜”评选，推动各镇街（园区）持续做好环境卫生日常维护；每月组织“洁净城市活动日”，对全市建成区内公共区域、背街小巷开展大清扫、大清洗活动，发动市民群众参与大清洁活动，持续做好环境卫生优化提升。

【垃圾分类工作推进】 2021年，东莞市“3+3”“1+1”生活垃圾分类示范片区［“3+3”指松山湖园区、滨海湾新区、莞城街道基本建成生活垃圾分类示范区，南城、东城、万江3个街道开展生活垃圾分类示范区建设。“1+1”指各镇的中心区和1个村（社区）开展生活垃圾分类示范片区建设，试点推行生活垃圾分类城乡一体化制度］创建进度超80%。厨余垃圾采取“集中与分散相结合”的处理模式，配置厨余垃圾专用收运车辆183辆，建有麻涌、市区餐厨垃圾处理厂，设置45座分散式厨余垃圾处理设备，厨余垃圾处理能力满足示范片区处理需求。有害垃圾采取定点收集、统一处理的模式，配置10辆有害垃圾专用收运车和虎门站收贮转运中心。全市建成520个有害垃圾收集箱房，全年有害垃圾收运量约280吨。建成1047个可回收物便民交售点，推动可回收物回收增量和其他垃圾末端处置减量。截至年底，全市有垃圾运输车辆531辆，建有5座环保热电厂，焚烧能力1.43万吨/日，生活垃圾无害化处理率100%。全市设置28个大件垃圾处理点和26个园林废弃物处理点。开创“东莞生活垃圾分类‘五进’宣传志愿服务活动”品牌，开展垃圾分类志愿服务活动累计882场，参与志愿者1.17万人次，全市建成36个垃圾分类主题宣教馆。

【生活垃圾收运体系优化】 2021年，东莞市推行生活垃圾收运车辆“文明出行”专项行动，开展垃圾收集点、转运站等基础设施专项体检，累计完成438座生活垃圾转运站升级改造工作，以“站长制”及智慧化监管为抓手，打造一批“质量有保证、作业有监督、污染有控制”的高水平生活垃圾转运站。

【垃圾终端处理体系完善】 截至2021年底，东莞市通过“开挖筛分+筛上物焚烧处理”方式，累计清理存量垃圾64.44万立方米；累计建成26座建筑垃圾资源化利用厂，处理能力2052.6万吨/年，资源化利用处理能力居全省前列；累计建成2个集中式厨余垃圾处理厂和45个分散式厨余垃圾处理项目，餐厨垃圾处理能力1198吨/日；建成海心沙环保热电厂项目，生活垃圾焚烧处理能力达1.43万吨/日，在全省率先实现新增生活垃圾全焚烧零填埋。

【公共厕所管理】 2021年，东莞市为巩固“厕所革命”工作成果，专门引入第三方巡检机构对全市公厕进行巡察检查，完善公共厕所“所长制”，加强公共厕所日常监管工作，推进公厕便民服务点建设，确保全市公共厕所监督考评实现常态化管理。在全市“星级公厕”及有条件的一类、二类公厕推广设置便民服务点，设置饮用水售卖机、共享充电宝、共享雨伞、公益纸巾机（免费）、休息桌椅等设施，提升公厕服务水平。年内，全市星级公厕便民服务点覆盖率100%。升级完善“东莞厕所地图”小程序，市民群众可通过关注“东莞城市服务码”，查找全市公厕位置，方面使用公厕，还可以共同对公厕在日常管理工作上建言献策。（陈佩珠）

城市管理

【城市管理概况】 2021年，东莞市为打造与“湾区都市、品质东莞”相匹配的城市环境，通过“行走·品鉴东莞”高位推进、“洁净指数”量化测评、“红黑榜”晒美亮丑、“活动日”邀全民参与、“城市论坛”广集民智，推动全市城乡环境得到明显提升。截至年底，市镇村三级领导行走30.9万次，发现并解决问题74.91万处，发布“洁净东莞指数测评”12次、红榜58处、黑榜40处，举办城市论坛5期、洁净城市活动日12次、通过定期组织黑榜“回头看”，推进黑榜整改，全市摘帽黑榜139处，人居环境逐步实现干净、整洁、安全、有序。

【城市管理“双百工程”推进】 2021年4月，东莞市城市管理委员会办公室根据市委、市政府提出的“把全周期管理理念贯穿城市规划、建设、管理全过程，建设安心、暖心、舒心的人民城市”的工作部署，印发《东莞市“双百工程”工作方案》，即打造100个城市精细化管理示范村（社区）和100个街道、村（社区）品质提升工程。截至年底，全市完成123个城市精细化管理示范村（社区）和107个街道、村（社区）品质提升工程建设。

【违法建筑治理】 2021年，东莞市完善政策制度，出台《东莞市历史遗留产业类和公共配套类违法建筑补办不动产权手续实施方案》，对历史违建进行分类处理。落实《东莞市农民安居房管理办法》，明确农房建设的标准规范，支持合法合规的农房建设。严查严控违建行为，严格执行《严控新增违建十条措施》，通过航拍、无人机、地面巡查和临时突击检查等手段，全年治理违建面积3127.8万平方米，超额完成省下达的工作任务。集中开展农房违建整治大督导、大检查，排查农房历史违建1.3万宗，落实14天内完成新增违建拆除的要求。

【城市综合执法】 2021年，东莞市推进城市综合执法及“六乱”（乱搭乱建、乱堆乱放、乱设摊点、乱拉乱挂、乱贴乱画、乱扔乱吐）治理。全年出动执法人员112.46万人次，查处各类违法行为66.75万宗，其中城市“六乱”41万宗。创新推进城管片长制，优化服务方式、提高服务速度，其中茶山分局到村处理问题的效率从20分钟压减为5分钟。

【“城管进一线，服务面对面”专项行动】 2021年，东莞市推进“城管进一线，服务面对面”专项行动。截至年底，全市建成城市服务驿站和城管社区工作站228座，配置156名城管片长。推行“721工作法”（七分服务、两分管理、一分执法），组建玉兰女子服务队，突出“管理+服务”理念，主动服务市民。全市组建“1个大队”（东莞玉兰女子城市执法服务大队）和“34个中队”（中心广场中队和33个镇街中队），有队员605名，承担城管执法、便民服务和宣传教育三大职能，通过“五进”（进社区、进商家、进企业、进校园、进机关）主动回应群众诉求，在进行市容市貌管理的同时开展业务知识的宣传、指导与普及。

2021年7月30日，第16期“洁净东莞·城市论坛之诗会万江”在万江街道龙湾湿地公园举行 （市城市管理综合执法局供图）

【城管系统助力疫情防控】 2021年，东莞市城管系统成立以局主要领导为组长的新型冠状病毒疫情防控应急工作领导小组，召开疫情防控工作会议，高位统筹全市城管系统抗击疫情。6月和12月，分别组织百名党员干部奔赴横沥镇、高埗镇，配合属地政府、村（社区）做好秩序维护、现场引导、信息采集等各项工作，确保属地全员核酸检测工作完成。

开展环卫设施消杀工作，截至2021年底，出动环卫保洁人员777万人次，清理卫生死角31.5万处，清理积存垃圾149.41万吨，收集废弃口罩超299万袋。开展市场周边城市秩序整治。出动执法人员逾83万人次，检查农贸市场周边环境秩序20余万次，查处纠正占道经营、无照经营行为23万宗，防止疫情传播。

建好单位人员健康状况台账，要求市镇两级城管部门以及行业企业形成“一人一档”的健康状况台账。建好高风险岗位人员台账。梳理在涉疫重点场所及周边，负责消杀、垃圾清运等岗位的人员并建立台账。建好新冠疫苗接种进度台账，动态跟进疫苗接种情况。

【城市智慧化管理】 2021年，东莞市依托市“数字政府”项目建设，推进智慧城管项目建设。年内，智慧城管一期项目建成“一中心三平台”（智慧城管调度中心、智慧城管分析决策辅助平台、智慧城管统一应用架构和数据管理平台、城管综合业务管控平台），初步建立市镇两级城管部门实时指挥调度体系，实现8类城市管理违规行为和风险事件的智能检测报警。围绕“主动发现、高效处置”的职能要求，推进全市城市精细化管理工作。截至年底，数字城管立案案件114.25万宗，处置率99.85%，结案率99.72%，立案数、处置率、结案率均达国内先进城市水平。4月，完成“12319”城建服务热线和“12345”政府服务热线的并线，实现“双号并行”，4月1日至12月31日，接派“12345”政府服务热线日常工单1.63万宗，紧急工单4648宗。 （陈佩珠）

附：2021年东莞市城市管理和综合执法局主要领导名录

党组书记、局长：

郭怀晋（任至7月）

刘永定（8月到任）

交通·邮政

TRANSPORTATION · POST

东莞西站　（2021年刘贻发摄）

编辑：苏淑娴

公路运输业

路桥建设

【路桥建设概况】　2021年，东莞市交通投资集团有限公司承担续建项目15个，新开工项目7个，筹建项目23个，在建项目完成投资105.6亿元，占年度投资计划110.92%；其中12个省市重大项目完成投资95.91亿元，占年度计划107.07%。年内，莞番高速公路二期工程、东莞南站配套道路一期工程、深外环高速公路东莞段剩余工程、望沙路升级改造工程、公常公路节点改造工程主线工程、厦边桥等3座桥梁拆除重建工程、角社大桥应急工程等7个项目（路段）完工；莞樟路下穿生态园大道通道工程、清溪谢坑至塘厦横塘路工程等2个项目开工建设；莞番高速公路桥头至沙田段三期工程、县道X232线环常东路段工程、东莞市疏港大道延长线工程等续建项目推进。

【莞番高速公路二期工程完工通车】　2021年12月31日，莞番高速公路二期工程完工通车。项目采用双向六车道高速公路标准建设，设计速度100千米/小时，全长38.1千米，分为东西两段建设，其中西段为广深高速公路至莞深高速公路段，长22.3千米，起点位于寮步枢纽互通，途经寮步镇、大岭山镇、厚街镇等地区，终于厚街南互通，与莞番高速公路一期工程顺接；东段为从莞高速公路至河惠莞高速公路段，长15.8千米，起点位于莞惠交界处，顺接河惠莞高速公路，途经桥头镇、谢岗镇、常平镇等地区，终于黄泥塘枢纽互通。项目设有新围、大岭山、寮步、黄泥塘、桥头东、桥头西等互通立交6处，规划设置同沙水库服务区，其中在寮步枢纽互通和黄泥塘枢纽互通处分别采用“高接高”（高速公路接高速公路）形式接驳莞深高速公路、从莞高速公路。项目总投资101.1亿元。项目建成通车后加快市内高速公路之间的交通转换，有助于推进粤港澳大湾区互联互通建设步伐。

【东莞南站周边配套道路一期工程完工通车】 2021年12月10日，东莞南站周边配套道路一期工程站前广场路段和樟木头大道完工通车，12月31日，工程龙林附路完工通车。项目位于塘厦镇林村社区，主要包括站前广场段规划一路、规划二路、规划四路、落客平台上下匝道桥，樟木头大道（改扩建）、龙林附路，道路全长6.34千米，道路等级为城市主干道，总投资8.15亿元。该项目是赣深高铁东莞南站配套设施，配套道路设计连接塘厦镇既有林电路、樟木头大道和龙林附路，以及惠塘高速田心收费站。项目建成通车后，可优化东莞南站进出站房道路网络、交通设施和交通组织，改善塘厦镇中心、周边城镇与东莞南站交通联系，使乘客进出站点更顺畅、便捷，提高站点通达性。

【望沙路升级改造工程完工通车】 2021年12月30日，望沙路升级改造工程完工通车。项目起于望牛墩镇望沙路与新联路交叉口，向南延伸与西部干道相交，终于洪梅镇望沙路与桥东路交叉口，全长4.54千米，横断面宽度33米，工程设计标准为一级公路（兼城市主干道功能），双向四车道，设计速度60千米/小时，采用沥青混凝土路面结构。项目总投资2.66亿元。

【公常公路节点改造工程主线工程完工】 2021年12月31日，公常公路节点改造工程主线工程完工通车。项目是在原莞深高速公路黄江出入口基础上进行改扩建，改造后为三层环形立交，公常公路新建下穿隧道承担直行连续交通，中间环形匝道及辅道承担转向交通，莞深高速位于最上层承担高速直行连续交通。项目采用一级公路标准（兼城市主干道功能），设计速度60千米/小时，采用沥青混凝土路面结构。项目总投资2.65亿元。项目建成通车后，缓解各向车流之间干扰，通过设置下穿隧道供直行车辆快速通过，设置环形匝道用于地方路与高速公路交通转换，改善黄江互通处交通拥堵情况。

【莞樟路下穿生态园大道通道工程动工】 2021年5月3日，莞樟路下穿生态园大道通道工程开工建设。项目起于生态园大道与莞樟路跨线桥东侧，路线沿莞樟路往西，下穿生态园大道跨线桥及拟建的莞番高速公路跨线桥，路线全长1.27千米，采用双向四车道一级公路标准，设计车速80千米/小时，包括下沉式隧道1座（全长590米，其中暗埋段230米，西敞开段180米，东敞开段180米）。项目总投资3.54亿元。莞樟路下穿生态园大道节点改造工程维持既有生态园大道主线桥梁不变，对莞樟路主线进

2021年12月31日，莞番高速公路二期路段完工通车

（市交通运输局供图）

2021年12月17日，东莞南站配套道路一期工程规划一路、规划四路与落客平台上匝道（桥）平交口

（市交投集团供图）

行双向四车道下沉，设置双向四车道辅道与生态园大道辅道灯控平交，对生态园大道辅道和莞樟路辅道平交口进行渠化设计，梳理平交口交通组织，项目旨在改善莞樟路交通拥堵情况。

【清溪谢坑至塘厦横塘道路工程动工】 2021年9月10日，清溪谢坑至塘厦横塘道路工程开工建设。项目起于塘厦镇横塘省道S358线（清塘路）与新兴路十字交叉处，沿新兴路往南与清溪镇谢坑路相接，与江背路、金龙路相交，沿谢坑路途经谢坑村，终于清凤路。路线全长2.6千米，采用双向四车道，一级公路设计标准（兼城市主干道功能），设计时速60千米/小时，采用沥青混凝土路面结构。项目总投资0.63亿元。清溪谢坑至塘厦横塘道路是清溪、塘厦两镇之间的重要来往通道，项目建成旨在解决两镇间存在“断头路”的问题，缓解周边交通压力。

【公交电子站牌走进东莞中心城区】 2021年12月30日，东莞市中心城区首批100个公交站牌在“交通大厦”“市民服务中心”“康华医院”等站台投入使用，覆盖莞城、东城、南城和万江4个街道，初步实现市中心区规模化应用。公交电子站牌项目是贯彻市政府公交优先发展战略、落实东莞市品质交通千日攻坚行动目标和系统防范化解道路交通安全风险工作方案的重点项目，由东莞交投集团下属企业东莞巴士公司主导实施。公交电子站牌可以实时播报最新公交到站信息，展示线路站点票价、首末班次时间、下班车预计到达时间和距离。

【全市停车一张网逐步成型】 截至2021年底，东莞市交通投资集团有限公司下属企业东莞静态交通投资有限公司累计统筹全市22个镇街、3个村（社区）公共停车泊位纳入统筹管理，年内实现14个镇街路内泊位、25个路外停车场1.6万个停车泊位上线启用，服务约1060万车次。完成广龙高速厚街下汴村段、从莞高速横沥段2个桥下空间停车场开发建设，推进莞深高速公路东城段莞温路及石羊街2个桥下空间项目，推进政府公共停车场资源统筹管理运营。完成智慧停车云平台搭建并推进累计339条路段、2743个路外停车场约71万个泊位数据接入。优化“莞停车”微信公众号功能，提供空余泊位查询、停车搜索导航、自助线上缴费、无感支付等停车全流程服务，公众号关注量超100万人，累计注册用户超55万人。

【东莞市交通投资集团有限公司资产总额、净资产均实现高位增长】 截至2021年底，东莞市交通投资集团审计前合并报表资产总额893.38亿元、比上年增长10.05%，净资产479.41亿元、增长12.62%，员工总数1.6万人，企业信用评级为AAA。东莞市交通投资集团有限公司获“‘双百拥军行’模范企业”称号，集团工联会连续4年获“全市工会工作‘综合工作先进单位’”称号；集团机关工会获“2021年广东省工会爱心妈妈小屋示范点”和“2021年东莞市职工书屋示范点”称号；市轨道公司电子工场获“广东省五一劳动奖状”；东莞轨道交通大厦、东江梨川大桥工程获第十三届广东省土木工程詹天佑故乡杯奖；市轨道公司运营分公司车辆检修党支部、市轨道公司运营分公司维修通号党支部、滨海湾公共交通公司党支部、东莞通公司党支部获“东莞市国资系统先进基层党组织”称号；城巴公司工会获“东莞市先进职工之家”称号；静态交通公司莞城解放横路停车场获“东莞市十大最美停车场”称号；滨海湾公共交通公司段文立获“2021年广东省五一劳动奖章”。

【东莞市交通投资集团有限公司助力新冠肺炎疫情防控】 2021年，东莞市交通投资集团有限公司组织超过1.5万名员工投入一线疫情联防联控、民生服务保障。

落实辖内交通运营领域疫情防控常态化，高速公路运营单位落实服务区防控措施，完善专用休息室、卫生间等配置，加强跨境车辆及人员管理，组织员工对司乘人员进行粤康码检查、体温检测。轨道交通、公共交通运营单位在站场、车辆加装红外温度检测仪，落实乘客进站100%佩戴口罩、100%亮绿码、100%测温。调用4千米铁马、水马等道路硬隔离设施，配合防疫部门对大朗镇外围道路进行临时封路围蔽。

持续做好境外来莞返莞人员转运工作外，在本土疫情发生时，派出140名公交车长24小时执行涉疫人员应急转运工作，累计安全发车1455辆次，转运相关人员2.16万人次。

配合村（社区）、企业开展医疗物资运送、疫苗接种，主动承接镇街大规模核酸检测交通保障任务，累计派出188台运力及302名车长，运送2126名医护人员前往市内各个核酸检测地点开展全员核酸检测。6月20日及12月15日，号召党员干部驰援抗疫一线，分别组建超200名志愿服务队伍参与支援核酸检测，2次协助完成35万人次核酸检测工作。（梁粤翔）

附：2021年东莞市交通投资集团有限公司主要领导名录

党委书记、董事长：罗沛强
党委副书记、总经理：
朱　铭（1月到任）

公路养护管理

【公路养护管理概况】 2021年，东莞市公路事务中心主要承担全市辖区内3条国道、6条省道、21条县道公路及14条市属城市道路的养护管理工作，管养道路总里程941.99千米，桥梁652座、隧道10座。管养的国省道公路技术状

省道S256线东莞厚街段（莞太路）入选2021年度广东省“十大最美普通国省干线公路”

（2021年市公路事务中心供图）

况指数89.69，优良路率96.37%；县道公路技术状况指数85.77，优良路率81.91%，优良路率均达到交通运输部和省交通运输厅“十四五”普通国省道和农村公路发展目标。

【公路养护】 2021年，东莞市公路事务中心加大道路养护维修和保洁力度，加强文明施工管理，提升道路精细化管理水平。提升道路维修快速响应能力，对道路养护维修工程进行流程再造，应急抢修项目统一按事后核实原则处置；常规道路养护维修项目，养护部门核准时间由5个工作日压减至2个工作日；对重点难点道路养护维修项目，采购第三方专业单位进行方案设计。协调交警部门加快市管道路占道施工审批，一般维修项目最快在3个工作日内批复。探索应用预防性养护新技术，累计对管养道路面积17.5万平方米路段实施预防性养护措施，完成路面灌缝约100万米，有效提升路况水平。养护维修安排资金2.66亿元，完成项目453个，完成沥青路面维修55.6万平方米，修复标线73.2万平方米。开展道路环境卫生再提升工作，围绕“扫干净、摆整齐”目标任务，针对国庆节等重要时段，制订《道路环境卫生提升行动方案》，建立养护保洁巡查监督机制和定期评估机制，在原有保洁措施基础上，租用社会洒水车，统筹调配中标保洁服务单位保洁力量，在国庆节前后开展为期1个月大清扫行动，保障道路环境卫生整洁。国庆节期间出动检查人员42人次，发现并整改问题93个。提升道路数字化管理水平，推广应用公路管理信息化系统，利用一张图功能实现养护单位履约监督智能化管理，同时实现重点桥梁、隧道、边坡等重点部位智能监控；完成国省道公路共13个交通量调查站点升级为连续式的建设工作，在下芦大桥等5座桥梁增设防撞预警系统。

【路网建设】 2021年，东莞市公路事务中心推进品质交通千日攻坚任务，负责实施6个在建基建项目完成投资1.65亿元，支付1.57亿元（其中使用专项债券资金1.19亿元）。其中，省道S357线莞惠公路樟木头镇至谢岗镇段路面大修工程，省道S256线、S358线受穗莞深城际轨道占道施工影响路段恢复工程完工，县道X231线凤岗镇铁路桥拆除重建工程完成旧桥拆除施工，《道路养护精细化指引》完成编制并印发实施。振安路升级改造工程、县道X239线谢常路及延长线升级改造工程等14个建设前期类（规划研究类）项目有序推进。开展系统防范化解道路交通安全风险工作，推进管养道路安全隐患排查整治，投入资金5407万元，完成11类31项555处道路交通安全风险整治任务。建立养护巡查监督机制和养护评估提升机制，开展巡查208次，发现并处理问题142个。落实落细道路交通安全管理路长制，完善中心道路养护“路长”责任制，落实专人担任市管道路副路长，通过“东莞路长”小程序处理道路交通安全问题63个。《东莞市深化农村公路管理养护体制改革实施方案》由市政府审定印发。指导和督促相关镇街、完成省交通运输厅下达的6千米村道安防工程和5千米公路建设工程任务。指导和督促相关镇街、单位完成厦边桥、锦厦小桥、涌头桥等3座四类桥拆除重建工程，南阁大桥完成全年工程量，组织启动县道X247线洪梅大桥拆除重建工程并开展前期方案设计工作。

【东莞市公路事务中心助力新冠肺炎疫情防控】 2021年，东莞市公路事务中心组织干部职工100人次分别支援茶山镇和高埗镇防疫工作，协助完成56万多人次核酸采样。“12·13”突发本土疫情发生后，组织干部职工100余人奔赴省道S357线莞樟路大朗路段开展道路防疫围蔽交通管控工作，新购水马等设施，完成道路围蔽任务，并建立围蔽设施巡查和维护机制，保障疫情防控工作稳定和道路通行安全。

【普通国省道干线公路示范路创建】 2021年，东莞市公路事务中心推进普通国省道干线公路示范路创建工作，推选省道S256线东莞厚街段（莞太路）参加2021年度广东省“十大最美普通国省干线公路”评选。与路政执法、镇街城管、交警部门建立联动协作机制，推进路域环境综合整治工作既“治标”更“固本”，保持良好路容路貌和路域环境。优化路口设置，以厚街旧汽车站路口为中心点，从点到面，优化整个片区的道路环境，包括厚沙东路南环路口、桥头村路口、将军路口、陈屋村路口、汇景城路口等6个路口。完善公路警示标志，创新引入振荡标线等，省道S256线东莞厚街段（莞太路）环境进一步提升。经路线审查、资格审查、公众投票、现场考核、专家评审等系列环节，省道S256线东莞厚街段（莞太路）获评为2021年度广东省“十大最美普通国省干线公路”。 （吴倩倩　李志东）

附：2021年东莞市公路事务中心主要领导名录

党委书记、主任：叶冠强

公路运输管理

【公路运输管理概况】 截至2021年底，东莞全市道路总里程7952.34千米，其中公路里程5266.22千米，城市道路里程2686.12千米。全市道路网密度323.27千米/百平方千米。

【公路交通规划编制】 2021年，东莞市编制完成《东莞市综合交通运输体系发展“十四五”规划》，启动编制《东莞市客运场站及公交综合车场专项规划》《东莞市品质道路详细设计导则》《三江六岸地区新型公交系统规划及首期线路详细规划》。组织开展《东莞市干线路网规划》《东莞市区域路网衔接详细规划》《东莞市国土空间规划交通专项规划大纲及交通规划专责小组报告》《东莞市国家公路国土空间控制规划》《广深、常虎、莞深高速改扩建衔接规划研究》《东莞松山湖第二通道交通详细规划》《泛松山湖地区对外交通通道详细规划》《东莞市中医院路段（黄旗南片区）周边道路详细规划》等规划研究。

【公路交通工程项目建设】 2021年，东莞市交通运输局加快在建公路工程建设进度，全年公路工程项目累计完成投资84.77亿元，其中在建项目27个，建设总里程280.20千米，建成项目14个，建成里程90.02千米。其中，推进莞番高速公路二期于12月31日建成通车。负责监督的公路、水运工程项目49个，总投资额397.69亿元，开展监督检查445次，发出检查情况通知126份，转发报告31份，交工质量核验意见10份，发现并处理主要问题2496个，公路工程质量首次抽检合格率96.6%，水运工程首次抽检合格率100%。对存在质量隐患工程，均按监督程序要求相关单位落实整改。

【公路运输行业管理】 2021年，东莞市交通运输局完善公交线网覆盖和设施保障，全市系统优化公交线路74条，协调有关镇街完成省道S357线莞惠路樟木头段和东深路塘厦段34座公交候车亭改造，以及城区片区14座公交站台港湾式改造，新建公交首末站7处和中心城区公交电子站牌100块。统筹建设公交基础设施，推动完善东莞市公交首末站配建制度和审查机制。鼓励各客运企业及汽车客运站企业在客流集中区域设置客运招呼站，供营运客车临时停靠，方便旅客出行。全年设置招呼站6个，落实招呼站进站车辆报备、行李安检等各项安全管理工作。

出租汽车服务水平提升　2021年，东莞市交通运输局完成《东莞市中心城区出租车停靠点专项规划》和相关建设实施方案，高标准规划建设中心城区出租车停靠点，与中心城区整体建设标准风格统一协调。全市879辆在营运出租车均更新安装新型出租汽车服务管理信息系统运营专用设备，实现智能计价、车内外视频监控。全市三大出租汽车集团公司重组分立为8家出租汽车公司，形成品牌创立、优化竞争态势。

车辆技术改革推进　2021年，东莞市引导鼓励检验检测机构自主完成“三检合一”（货车年审、年检和尾气排放检验一次上线、一次检验、一次收费）升级改造，全市完成升级改造机构93家，完成营运车辆等级评定检测6.87万辆次。完成115辆营运客车和8378辆营运货车的道路运输达标车辆实车核查。

规范驾培经营行为　2021年，东莞市开展驾培机构异地培训检查，通报教学车辆逾期未审验4034辆次、注销教学车560辆，向执法部门推送涉嫌伪造学时线索57条，核查教练场640个，发现存在问题83个。综合历史备案数据，整理全市驾培机构报名招生点核查明细1740条，指导各镇街（园区）落实核查工作，规范报名招生点经营活动。

【公路交通综合治理】 2021年，东莞市交通攻坚行动取得较好成效，各项目建设提速，计划完成总投资约220亿元，实际完成225.43亿元。完成道路及轨道建设104.36千米，完成慢行道建设198千米，建成停车位9.4万个，规范设置33条严管路，完成新增联网电子警察678个方向，完成中心城区公交专用道建设62.5千米、公交电子站牌建设100个，完成90个拥堵节点治理，智慧停车云平台系统接入595个停车场数据，按计划稳步推进规划研究或建设前期类项目94个。建成一批重大路网及轨道项目，莞番高速公路二期、赣深客专东莞段建成通车，狮子洋通道先行工程动工建设，莞番高速公路三期、东莞大道品质提升工程等项目建设加快推进。

【公路运输市场秩序规范管理】 2021年，东莞市查处交通运输违法案件8621件，办结案件6584件，办结率76.37%，处罚款3040.65万元。

执法信息化建设深化 2021年，东莞市加快推进普通公路打击超限超载违法行为非现场执法，打破传统模式，加强科技监管，提高执法效能，逐步实现智慧打击超限超载违法行为。开展道路运输市场执法监管，落实节假日执勤制度，强化联动执法，加强重点区域路面巡查。开展打击非法营运汽车、道路旅客运输、道路危险货物运输、道路货运物流安全监管、出租汽车经营服务、道路运输企业安全生产和重点营运车辆动态监管等专项执法行动，全年查处道路运政类案件5622件。

治理超限超载 2021年，东莞市严格规范货车超限超载治理行为，开展治理超限超载联合执法常态化制度化工作，加强货运源头单位监管，结合重型货车专项整治与国道G220线东莞段泥头车专项治理等专项行动，推进治超工作，全年查处超限超载车辆1.45万辆次，其中“百吨王”货车（指车货总重达100吨以上的严重超限超载违法货运车辆）221辆次，办结货运源头相关违法行为案件384件，“一超四罚”（对超限超载运输车辆进行承运人、装载企业、货运企业、驾驶员等四个方面进行处罚）案件503件。

公路路政 2021年，东莞市加强路政执法，重点查处擅自占用、挖掘公路、未经批准增设或改造平面交叉道口及擅自埋设管线设施等路政违法行为，处理市道路路政所移交线索170条，全年立案查处路政违法案件227件。稳步推进交通工程建设监督行政执法，查处交通工程行政处罚案件9件。

高速公路路政 2021年，东莞市推进“精神文明创建九大行动”路域环境专项整治，对全市高速公路路域环境清理整治对象进行2轮排查，形成上半年与下半年2期整治项目台账，分别下发117宗与64宗整治任务，全部如期完成整治。加强与高速公路路政部门、属地分局联动协作和信息共享，加强对高速公路路面、桥下、公路用地、建筑控制区、广告设置等重点区域执法监督检查，查处高速公路路政违法案件9件。落实高速公路车辆救援服务监督检查。每个季度进行专项检查，重点节假日期间开展不定期检查，督促各高速公路经营管理单位加强自查。每月不定期联合属地分局、高速交警，对高速公路服务区开展联合执法行动，重点检查公路客车、旅游客车、危化品运输车、重型货车、面包车运输车辆。

【交通运输部门助力新冠肺炎疫情防控】 2021年，东莞市交通运输领域疫情防控工作总体平稳，得到省市领导肯定。东莞市交通运输局成立市交通运输疫情防控工作专班，抽调精干力量，脱产集中办公，统筹做好全市交通运输领域（不含陆路口岸）疫情防控工作。持续落实“两站（汽车客运站、火车站）一港口一服务区”常态化疫情防控工作，督促企业严格落实清洁、消毒、通风，严格落实旅客测温、亮码、戴口罩“三个100%”，加强从业人员个人防护。抓好港口码头“外防输入”防控工作，落实“疫苗接种、核酸检测、集中居住、闭环管理”疫情防控措施，推动国际船舶及中国港澳线船舶的船员有序换班。加大重点行业疫情防控督导检查力度，年内督导检查企业1121家次，其中，道路运输企业276家次，港口航运企业378家次，高速公路服务区160家次，建设工程工地307家次。全力参与“6·18”“12·13”本土疫情处置，召开紧急会议部署应对工作，迅速落实道路运输管控措施，持续加大督查检查力度。

【交通运输领域蓝天“保卫战”推进】 2021年，东莞市推动实施绿色物流片区柴油货车限行政策，全市建成“绿色物流片区”4个，全天禁止柴油货车行驶，提倡使用新能源运输车辆。推动柴油车用车大户污染治理工作，建立柴油车超过10辆的用车大户清单，实施大户制管理，建立完善车辆维护、燃料等台账，配合做好每季度超标排放车辆占总车辆数10%以上的营运柴油车用车大户的约谈和整改工作。推进东莞市运输领域车辆纯电动化工作，全市有2家企业583辆厢式新能源货车参加城市配送车队，新增新能源营运客车59辆，122辆非新能源客车退出营运。推进汽修行业VOCs（挥发性有机物）综合整治，全年整治机动车维修行业涉及VOCs的维修企业959家，完成率100%。推广建设汽修钣喷共享车间，全年开业运营2家。规范机动车维修行业危险废物管理，全市有合法经营机动车维修企业7437家，其中不产生危险物的维修企业1580家，需要申报登记5857家（完成申报登记5565家）。推动机动车排放检测与强制维护制度（I/M制度）落实，陆续完成东莞市汽车检测与维修（I/M）制度管理平台部署、开通外部访问域名和对接省汽车维修健康档案系统，推动更多具备条件的维修企业申报成为M站（对车辆排放性能进行强制维护的修理站），累计公布7批73家M站。（姚　俊）

附：2021年东莞市交通运输局主要领导名录

党组书记：朱利民（任至4月）
　　　　　祁志强（4月到任）
局　　长：朱利民（任至6月）
　　　　　祁志强（6月到任）

交通安全管理

【交通安全概况】 2021年，东莞市机动车保有量364.85万辆，驾驶人总数359.17万人。机动车新增22.38万辆，驾驶人员新增22.66万人。东莞市开展系统防范化解道路交通安全风险工作，实现交通事故总量和死亡人数“双下降20%”目标。全市发生一般交通事故3827宗，比上年下降32%，死亡418人，下降20%，两项指标降幅均为系统有记录以来的最大值，比全省平均分别高出17.1个和3.5个百分点。

【交通违法行为打击】 2021年，东莞市公安交警部门开展3项重点交通违法行为打击行动。打击“泥头车”“百吨王”等重型货车违法行为，全年查处重型货车交通违法19.9万宗，比上年增长17.9%，查扣和封存“泥头车”1472辆，处罚“泥头车”运输企业45家，刑事拘留20人，行政拘留2人。全市涉货车的一般交通事故比上年下降25.2%。打击非法摩托车上路，查扣非法摩托车13.7万辆，增长137倍。全市涉摩托车事故死亡人数比上年下降45.1%。打击酒驾、醉驾违法行为，全市查处酒驾、醉驾3.15万宗，比上年增长42.2%，涉酒醉驾事故死亡人数下降31%。

【交通安全重点整治】 2021年，东莞市公安交警部门推进3项重点整治，夯实交通安全基础。重点整治道路隐患，开展843座桥梁隐患、167处隐患路段排查整改，以及十大事故多发道路治理和“路长制”工作。其中十大事故多发道路排查隐患677处，“路长制”滚动排查隐患1.5万处，均有效完成治理。重点整治施工路段，严格按照“三个一律”（未经审批的占道施工，一律停工并追究施工单位法律责任；已经审批但存在安全隐患的占道施工，一律停工并限期整改，因整改不到位导致发生交通事故的，一律追究施工单位及相关人员法律责任）强化安全管理，年内涉施工路段的亡人事故比上年下降28.6%。重点整治戴头盔问题，开发“莞微劝导”小程序，现场对行人和非机动车轻微交通违法行为进行宣传劝导，重点劝导骑乘人员戴头盔，全市头盔佩戴率从低于10%提升到83.1%，涉电动自行车事故死亡人数比上年下降3.9%。

2021年4月7日，民警劝导骑电动自行车的市民佩戴安全头盔
（市交警支队供图）

【交通事故预防机制】 2021年，东莞市建立健全预防交通事故“三个机制”。亡人事故研判机制，道路交通安全管理部门每周召开亡人事故研判会，分析事故成因、特点及存在隐患，提出整改措施，及时堵塞漏洞。危重伤员抢救机制，全市56家二甲以上医院作为重伤员抢救定点医院，143名高水平医师纳入医疗专家库，指定专人全程跟踪救治危重伤员，提升救治成功率；事故责任倒查机制，对亡人事故涉及道路运输企业的，严格按照“一线三排”（坚守发展绝不能以牺牲人的生命为代价这条不可逾越的红线，全面排查隐患、科学排序隐患、有效排除隐患）追究责任，全年追究刑事责任3宗6人、行政责任4宗5人。（黄勇军）

附：2021年东莞市公安局交通警察支队主要领导名录

支队长：杨方煜
政　委：罗高雄

水路运输业

航道管理

【航道管理概况】 2021年，东莞航道事务中心管辖航道100条，养护航道里程643千米，其中七级以上等级航道324千米（其中Ⅰ至Ⅳ级高等级航道154千米），等外航道319千米，航道维护水深年保证率100%。设标航道里程473千米，设置航标1325座、标灯1862盏，完成航标维护工程量40.5万座·天，航标维护正常率100%。6艘在册船舶和“东莞1”船舶技术状况良好，船舶完好率、优秀率均达100%。东莞航道指挥监测中心于1月投入运行，东莞航道应急保障基地项目建设加快推进，站房工程基本完成。全年完成航道建设项目支付672.19万元，其中码头工程完成支付346.24万元，配套工程完成支付325.95万元。对外经营收入3377.43万元，完成年度目标任务168.87%，比上年增长26.29%。航道安全畅通，实现连续24年安全生产无事故。

2021年1月，东莞航道指挥监测中心投入使用

（东莞航道事务中心供图）

【航道维护与管理】 2021年，东莞航道事务中心加强航道维护，全年养护航道643千米，其中等级航道324千米，东莞水道（南阁大桥—道滘粮所）段5千米航道维护等级由四级提升至三级，辖区千吨级航道维护占比14.3%；维护航标1325座，标灯1862盏，完成航标维护工程量40.5万座·天，处理航标非维护性失常32宗，更新水乡大道8座桥的桥涵标，新设供电局40座管线标；完成维护性水深测量25宗、船舶流量观测任务8项，修复东莞水道丁坝5座；开展航道养护巡查120次，养护巡查航道8573千米。加强航道行政审批事项服务，完成航道行政审批技术服务35宗（三河建筑物18宗，水上水下施工12宗，航标设置5宗），在省交通运输厅阳光政务平台累计发布8时水位信息445次，航道通告19份。5月起每月在阳光政务平台发布一次东莞辖区一至七级航道维护尺度，方便群众查询参考。推进航道养护模式创新，制定16项航道养护管理制度，制作33项操作流程图，要求基层一线严格执行。推动绿色航道建设，与相关单位合作开展适用于航标的高分子新材料研发，取得中期成果；完成东莞水道石龙镇、万江街道、道滘镇河段3个景观航标建造方案设计，并通过有关镇街审查。加强船舶管理，新建2艘船舶，其中“粤道政1311”于4月投入使用，“粤道政1312”于11月投入使用，全年6艘在册船舶和“东莞1”技术状况良好，船舶完好率、优秀率均达100%。

【航道管理信息化】 2021年1月，东莞航道指挥监测中心投入使用，通过东莞航道指挥监测系统应用，全辖区航道巡查由5天一巡延长为15天一巡，达到减少劳动强度、节能减排、提高航道管养指挥监测能力等效果。10月，依托东莞航道指挥监测系统创作的参赛作品在第九届广东省市直机关“先锋杯”工作创新大赛中，获创新创效类三等奖。完善东莞航道指挥监测系统功能，东莞航道事务中心筹措330多万元，组织实施东莞航道指挥监测系统业务移动办理系统开发项目，对系统进行升级扩能。项目主要建设内容：航道业务移动办理系统（App）、业务报表系统、智能会议系统的开发，以及航道态势分析功能完善和船舶流量自动观测终端完善。配合省航道事务中心推进智慧航道（一期）剩余4座桥梁净高显示终端安装工作，协助做好智慧航道（二期）项目立项方案编制工作，参与广东智慧生态航道建设。

【航道安全生产】 2021年，东莞航道事务中心落实安全生产责任制，签订安全生产责任书8份。做好春运工作，春运期间，实行24小时守船值班，出航40航次（含车巡），发现并及时处理航标非维护性失常情况5宗。开展航道巡查监管，全年巡查等级航道50余次，对20多个施工项目进行技术核查，累计巡查航道1700多千米，发现违法案件8件，全部报送交通执法部门。加强季节性危险天气防范和汛期航道安全保障工作，发现航道航标异常问题及时处理。加强安全检查及演练工作，全年开展日常安全检查13次，开展安全演练7次，处置航道突发应急事件2起。协助广深高速公路等桥梁业主单位排查桥梁航标情况，对东莞市公路事务中心管理的35座桥梁进行立面数据测量，对辖区铁路桥梁进行安全隐患排查。加强防范船碰桥专项治理工作，完成船舶碰撞桥梁突发事件应急处置演练视频拍摄并为示范教材，于9月在全省航道系统进行推广；与交通、海事部门共同防范船碰桥专项治理工作取得阶段性成效。全年航道安全生产态势总体稳定，实现连续24年安全生产无事故。

【东莞航道应急保障基地建设】 2021年，东莞航道事务中心加快推进东莞航道应急保障基地项目建设（立项名称：广东省航道支持保障系统工程太平航道管理站工程），项目包含站房工程、码头工程、配套工程。其中站房工程完成玻璃安装等收尾工作。码头工程于4月20日开工，完成冲孔灌注桩施工、部分上部结构和部分水利堤围施工，完成桩基检测。配套工程包含电房、外墙装饰、消防园林3个项目，电房工程完成验收和支付并投入使用；外墙装饰工程完工；消防园林工程进场施工。

【东莞航道指挥监测中心】 2021年1月，东莞航道指挥监测中心投入使用，该中心设在东莞航道事务中心办公楼内。东莞航道事务中心推进东莞智慧航道建设，在实现航道数字化基础上，通过硬件部署、主动融合和软件开发等，升级东莞航道指挥监测系统。系统升级达到“数据深挖、融通融合、汇总一体、智能智慧”效果，实现水位、桥梁净高、船舶流量和航标遥测等监测数据从原来可知、可见提升到可统计、可分析、可产生业务流的深度；融合航道内部电子数据及省航道测绘中心电子航道图、海事重点河段视频数据、南保中心的AIS（船舶定位技术）数据、第三方平台台风和气象数据等各类数据资源；开发航道信息态势图，汇总航道核心业务数据，为决策提供一体化数据资源；完成智慧道标船养护、智慧应急指挥和智能监控等核心功能的开发，航道养护和应急指挥实现电子化。（李文峰）

附：2021年广东省东莞航道事务中心主要领导名录

党组书记：赖远奎
主　任：黎绍泓

水路运输管理

【港航生产概况】 2021年，东莞市港航生产态势总体平稳，完成港口建设项目固定资产投资2.41亿元。全市持有港口经营许可证港口企业74家、码头97座、生产性泊位167个，其中万吨级及以上生产性泊位36个，全港年设计通过能力1.20亿吨、集装箱191.97万TEU（标准箱）、旅客70万人次、滚装汽车10万标辆。属交通运输部门监管的港区危化品仓储企业12家，共有储罐700个、罐容298.21万立方米，仓库21个、库容3.10万平方米。全年东莞港完成货物吞吐量1.89亿吨，比上年下降4.84%，其中外贸货物吞吐量完成3541.97万吨，增长6.54%。集装箱吞吐量完成368.49万TEU（标准箱），比上年下降2.93%，其中外贸集装箱吞吐量完成26.55万TEU（标准箱），下降4.10%。完成水路客运量2000人、客运周转量12.73万人千米，均比上年下降93.64%。完成水路货运量7404.61万吨、水路货运周转量424.19亿吨千米，分别比上年下降1.16%、5.71%。

【港航生产设施建设】 2021年，东莞市完成港口建设项目固定资产投资2.41亿元。坚持服务保障，推进全市4个港口重点项目建设，包括广州港新沙港区13号泊位工程、广州港新沙港区11号、12号通用泊位及驳船泊位工程（注：上述2个项目港政管理由广州市港务局负责），东莞市虎门港麻涌港区新沙南作业区2号、3号泊位散粮仓库三期工程（注：非水运工程建设项目，但被列为港航重大项目）和东莞中外运石龙码头改扩建工程（一阶段），其中东莞中外运石龙码头改扩建工程（一阶段）交工验收。东莞市虎门港同舟石化码头有限公司立沙岛石化公用码头扩建工程、东莞港麻涌港区淡水河口作业区件杂货码头（新港建材）装卸设备改造工程（一阶段）和东莞虎门港海湾石油化工码头改造工程完成

2021年10月28日，东莞市交通运输局联合东莞海事局开展水上交通安全检查
（市交通运输局供图）

竣工验收。

【港航安全生产监管】 2021年，东莞市建立健全港航安全监管机制，对全市港航企业开展全覆盖安全生产监督检查；强化港口设施保安工作，督促对外开放码头落实保安措施，对全市20家持有港口设施保安符合证书的对外开放港口企业开展港口设施保安年度核验。年内,经调度安排进出东莞港船舶1.75万艘次，比上年下降8.3%。协调引航2985航次，下降10.8%。

【水路运输市场管理】 2021年，东莞市加强港航执法业务协作，打击港口行政、水路运政、航道行政类违法行为，规范港口经营、水路运输经营等行为，维护航道通航安全。加强对水路运输市场执法检查，加大对港口码头、各类运输船舶、主要航道检查力度，全年查处港航违法违规案件28件。

（姚　俊）

海事管理

【海事管理概况】 2021年，东莞海事局辖区进出港船舶33.58万艘次，比上年下降2.65%；水运吞吐量3.48亿吨，下降5.13%；集装箱运输320万标准箱，下降5.9%；危险货物运输3368万吨，下降18.5%。市水上搜救分中心组织协调水上搜救行动5次，搜救遇险船舶8艘、遇险人员80人，人命救助成功率100%。妥善处置石洲东江大桥异常晃动等事件，事故宗数、死亡人数、沉船艘次、直接经济损失均为零，水上交通安全形势稳中向好。年内，东莞海事局被评为交通运输部先进基层党组织、全国水上无线电秩序管理专项整治工作先进集体、东莞市大气污染防治攻关攻坚工作表现突出集体、东莞市直机关模范机关创建先进单位。

【水上交通安全监管】 2021年，东莞海事局探索建立“五套组合拳”（宣传宣贯“快拳”、排查治理“实拳”、好预防预控“长拳”、严查严管“硬拳”、督查督办“铁拳”）安全监管机制，开展水上交通安全专项整治三年行动。开展风险隐患“扫雷”行动，1处重大、5处一般隐患完成销号，整改率100%。牵头开展全市水上交通安全专项整治，与市交通运输局、市农业农村局、广州海事测绘中心、广州航标处等单位签订合作备忘录，开展执法协作60次。针对立沙岛安全风险开展液货船专项检查，滞留30艘次，滞留率9.7%，暂停作业17次，促使公司开展安全管理复查40次、船舶进厂修理15艘。在全省率先推出船籍港“一机制一平台”（强化船籍港管理新机制；“莞航通”管理平台），出台强化船籍港管理工作机制，联合研发“莞航通”平台，东莞籍船舶滞留率、缺陷率、违法率全面下降。深化重点部位管控，实施电子巡航18.98万次，电子联动157次，发现并纠正不安全行为1877宗。全年实施行政处罚1876宗，位列广东海事系统第四位。打好中央环保督察整改攻坚战，参与洗砂泡砂督办案整改，检查砂石运输船390艘次，立案查处海事违法行为172宗，责令拆除围板22艘次。协助做好东江北干流岸线整治，助力完成省生态环境保护督察整改销号。运行“两动两静”（两动：在海巡船上设立两个移动大气污染监测站点。两静：在南沙大桥上设立两个固定大气污染监测站点）船舶大气污染监测体系，查处使用不合规燃油等违法行为39宗，获市大气污染防治表现突出集体。强化泗盛国考断面、饮用水水源保护区监督检查，查处船舶非法排污行为26宗，占全省的15%。管好用好东莞港水上危险品应急中心，完成“莞环1号”大型收油机改造，首次举办水上溢油应急技能提升及合成演练。

【海事工作品牌创建】 东莞海事局根据辖区水上货物运输、进出港数量大、危险品运输量大、航运公司多、船员数量多等实际，立足专业人才、综合人才不适应高质量发展的短板，主动承担广东海事局危管防污流动工作站、粤港澳大湾区海事劳工服务创新工作站（MLC工作站）、广东海事局行政处罚精细化管理示范点（“先行”创新工作室）等3个广东局站室，分别聚焦危险品水上运输监管与船舶防污染、船员权益保护、行政处罚的工作研究。建设液货船工作室、精智工作室、尺牍工作室、考牒工作室等4个东莞局站室，分别聚焦液货船监督、智慧海事应用、公文写作、党建与廉政建设工作研究。

2021年，危管防污流动工作站承接广东海事局危管防污流动工作站运行改造任务，升级“一室一场一坊”格局，危管防污流动工作站的“康有良却危工作室”被评为广东省劳模和工匠人才创新工作室。有序推进清洁能源和替代燃料研究室建设，研制小型双级堰式收油机、小型水面吸油毡自动回收装置获专利授权。参与编制氮氧化物排放、集装箱重量验证、集装箱危货码头应急和查验条件检查等工作指引。编译行业LPG（液化石油气）作业安全导则，开展LPG船上混装作业风险评估。深化“三制”（船岸安全检查机制、船舶质量选船机制、首靠船舶管理机制）运用，升级质量选船平台，优化船岸界面管理，船岸界面超流量、超压力、超流速违规作业基本消除。

MLC工作站牵头起草交通运输部二类立法项目《海事劳工规则》及其实施办法，完善履约法规体系。作为中国代表团成员参加国际劳工组织STC（《2006年海事劳工公约》专门三方委员会）第四次会议，牵头参加国际会议并完成报告编写。组织编译海事劳工公约常见问题问答。上报海事劳工公约第二次国家履约报告。更新船舶船员新冠疫情防控操作指南至第八版。完成第二期4人次进站实训，完善“漫游船舶”应用程序2.0版，获评为全国海事系统劳模先进创新工

2021年1月，东莞海事局组织PSC（港口国监管）检查员对靠泊在立沙岛九丰码头的外轮“BW ORION”开展登轮检查　（市海事局供图）

作室。签发国内首份海事劳工检查电子报告，完成海事劳工条件检查66艘次。

东莞海事局“先行”创新工作室开发广东海事局首个行政处罚便利缴费系统，完成线上缴纳罚款427宗。上线“零笔录”行政处罚App，办结案件170件，占总办结案件数55%。创新开展“线上+线下”相结合培训模式，承办广东海事局进驻人员培训2期。代交通运输部海事局起草《海事行政执法行为规范指南》。麻涌处获评为2021年度交通运输法治政府部门建设通报表扬的基层集体。

东莞海事局液货船创新工作室加强安检员队伍带教，2名成员分获“金锚杯”安检竞赛个人第二、第三名并被授予“金锚奖”。东莞海事局精智工作室研究智慧海事运行模式，完善配套制度，开展线上线下培训109人次。东莞海事局尺牍工作室上报政务专报138篇，推出尺牍政研32期、尺牍视界24期，开办“尺牍圆桌论坛”“尺牍聊吧”12期。东莞海事局考牒工作室参加交通运输部党员专题教材编写，党员积分管理案例在“旗帜网”刊登。

【海事服务效能升级】　2021年，东莞海事局建设服务粤港澳大湾区海事强局，全局7项工作得到交通运输部海事局“情况交流”采纳，其中无线电专项整治在全国海事系统作经验交流，智慧海事应用、党史学习教育等6项工作在广东海事系统作经验交流。获广东省第十届“金锚杯”安检竞赛团体第三名、“金锚杯”危防竞赛团体第五名、广东海事局执法知识竞赛团体三等奖。在华南地区率先实施跨部门“不停航”办证。探索建立“船舶转籍便捷登记”制度。试点运行政务自助服务站，使用指标位居广东局前列。保障国际空港中心项目试运行。为狮子洋通道、莲花山通道等重点工程提供专业支持，保障港湾大桥、滨海湾大桥合龙。助推中外运石龙码头3个1000吨级泊位投产。助力同舟石化、中远重工3个泊位对外开放。指导船员培训机构完成15门培训课程确认，数量位居省内同类型机构第一位，协助新增海船培训许可，创下国内同类型机构最快纪录。协调推动丰海公司解决673名船员5900余万元历史欠薪。联合辖区港航企业建成2家“幸福船员小屋”。

【在华南地区率先实施跨部门“不停航”办证】　2021年，东莞海事局组织开展专题研究，针对航运公司实际困难，分析“不停航”办证的可行性和存在风险，主动走访船级社、港航管理部门，联合制定“不停航”办证工作流程。6月，东莞市海昌船务有限公司所属的“新东莞1”轮、“新东莞5”轮、“新东莞7”轮、“新东莞10”轮提交业务申请后，东莞海事局综合运用“预约办理”“绿色通道”“一次通办”“容缺受理”等便民利民措施，一次性受理船舶所有权注销、船名核定、船舶所有权重新登记、船舶融资租赁、船舶国籍登记、船舶最低安全配员等9项申请，并按照海事、船级社、港航三方约定流程，加强数据互通及信息通报，联动开展技术检验及证书发放工作，首次在船舶不停航的情况下，仅用3个工作日就为4艘船舶办理船舶所有权及融资租赁登记，标志着完成华南地区首次跨部门“不停航”办证。该次“不停航”办证为海昌船务有限公司节约运营成本逾2000万元。

【签发国内首份海事劳工检查电子报告】　2021年5月1日，东莞海事局对停泊于东莞港5、6号泊位的多用途船“齐合11”轮实施海事劳工条件检查，向该艘船舶签发国内首份海事劳工检查电子报告，标志着中国海事主管机关面向国内航行海船开展的海事劳工条件检查工作启动。国内海船船员从此告别“内外双标”历史，与国际航行船舶船员享受相同的工作和生活标准。

【海事局获“全国水上无线电秩序管理专项整治先进集体”称号】　2021年6月1日，全国开展水上无线电秩序管理专项整治，东莞海事局创新推行“智能卡口+净海卫士+现场检查”方式，与工信、航保、船级社、海警、渔政等部门开展多层次的工作协同和执法联动，对无线电违法行为进行深度打击。远程核查船舶8129艘次、现场检查船舶3358艘次、联合执法45次，查处各类违法行为284宗（累计处罚金额40.2万元），核/补/换发各类无线电证照1086份，制作典型案例宣传资料8篇。通过专项整治，船员水上无线电守法意识明显增强，无线电突出违法行为得到有力遏制。东莞海事局获“全国水上无线电秩序管理专项整治先进集体”称号，并在全国专项整治工作总结大会上做经验交流。

【海事局助力新冠肺炎疫情防控】 2021年，海事局统筹做好疫情防控与水上货物运输保通保畅，开展重点物资水路运输专题调研，出台保障能源运输十大措施，协调解决粮食码头船舶压港问题，保障261万吨粮食、4509万吨煤炭、41万吨LNG（液化天然气）、232万吨LPG（液化石油气）运输安全。推动船员“应换快换”，协助设立换班船员隔离场所，协调处置3艘外轮91名船员换班中断事件，保障231艘船舶2127名国际航线船舶船员换班。完成627艘“外转内”（外贸转内贸）中国港澳航行船舶“打卡”，保障1327名港澳航线船员接种疫苗。（夏祎旻）

附：2021年东莞海事局主要领导名录

党委书记、局长：欧阳锦强

铁路运输业

【铁路概况】 截至2021年底，东莞市建成铁路运营线路3条，包括广深铁路（普铁）、京九铁路（广梅汕铁路，普铁）和广深港客运专线。其中，广深铁路东莞段长53千米，设东莞站、常平站和樟木头站，主要开行广深城际列车；广梅汕铁路东莞段长23千米，设东莞东站（位于常平），主要开行长途列车；广深港客运专线东莞段长28.5千米，设虎门站，于2005年12月动工建设，其中广州南至深圳北段于2011年12月开通运营，深圳北至福田站于2015年12月开通运营，香港段工程于2018年9月开通。

2021年，东莞地区主要火车站货物发送量950万吨，旅客发送量1272.21万人。

2021年东莞地区主要火车站客货运输发送量表

车站名称	货物发送量（万吨）	旅客发送量（万人次）
东莞火车站	42	324.6
常平火车站	55	88
樟木头火车站	0	54.8
茶山火车站	15	0
东莞东火车站	838	309.6
广深港高铁虎门站	0	493.73
赣深高铁东莞南站	0	1.48
合计	950	1272.21

【广深港高铁虎门站】 截至2021年底，途经虎门站的高铁线路2条，分别是从虎门出发至广州南、深圳北、福田、潮汕、长沙南、桂林北、永州、岳阳东、南宁东、武汉、南昌西、怀化南、邵阳、漯河西、郑州东、宜昌东、石家庄、西安北、北京西、重庆北等站，平均每日开出159班列车。全年高铁虎门站运送旅客1221.24万人次，其中发送旅客564.22万人次，到达旅客657.02万人次。

（曾玉婷）

【赣深高铁东莞南站投入使用】 2021年12月10日，赣深高铁全线开通运营，东莞南站投入使用，开通当月东莞南站开行旅客列车班次712趟，发送旅客1.48万人次，到达旅客9654人次。赣深高铁北起江西赣州，向南途经广东省河源、惠州、东莞，接入深圳，正线全长436千米，全线设14个车站，设计时速350千米/小时，规划运输能力5000万人/年。东莞段长28千米，途经谢岗镇、清溪镇、樟木头镇、塘厦镇、黄江镇，在塘厦镇设站为东莞南站。站点位于塘厦镇东北部的林村社区，站房设计最高聚集人数1000人，远期高峰小时发送量1200人，属中型站，是赣深高铁全线第二大站，也是东莞境内第二座高铁站，车站主体高度31.9米，规模为4台8线，站房2.84万平方米、雨棚1.8万平方米、停车场1.2万平方米等，是东莞高铁站中规模较大的站点。东莞南站除服务赣深高铁，还预留服务赣深高铁南沙支线、增城支线，中虎龙城际，轨道1号线支线、16号线等轨道线路。

东莞南站于2017年12月7日开工建设，配套设施建设包括站前广场、社会停车场、农业公园和彩色田园、市政配套停车场。站前广场总面积5.3万平方米，总投资6800万元；社会停车场3处，有停车位1070个；农业公园和彩色田园位于站前广场东西两侧，面积7.8万平方米，总投资2123万元；市政配套停车场位于站场东侧桥下，面积1.95万平方米，总投资3445万元，其中大巴区5700平方米、出租车区6800平方米，公交站场6000平方米，规划10条配套公交线路直达东莞南站，服务周边镇和中心城区乘客。周边配套道路一期工程包括站前广场段（规划一路、二路、四路、应急工程段、上下匝道桥）、龙林附路段、樟木头大道等道路，总投资7.78亿元。（陈渊 莫梓勋）

轨道交通建设

【轨道交通建设运营概况】 2021年，东莞市加快地铁1号线一

赣深高铁东莞南站　　（2021年市轨道交通局供图）

期工程建设，实现12座车站主体封顶和3个区间贯通，全年完成投资37.66亿元，占年度投资计划的110.8%。推进地铁2号线三期、地铁3号线一期前期工作。推进国铁、城际铁路建设，加快打造“轨道上的大湾区”。建成开通运营赣深客专（赣深高速铁路），完成东莞南站配套设施工程建设并按期投入使用，基本完成佛莞城际东莞段工程建设。加快推进深圳至江门铁路先开工段（珠江口隧道工程）建设，基本完成征地拆迁工作。虎门高铁站改扩建工程全年完成投资9.66亿元，约占年度投资计划的97.7%。启动首批东城站、麻涌站等10个轨道站点品质提升工程建设。促进公交、轨道、慢行三网融合,实现设施功能、空间连接、景观环境三大维度整体优化，提升乘客出行体验。截至2021年底，东莞市地铁运营线路1条（2号线一、二期），安全运营2045天，累计运营客运量2.36亿人次，日均客运量11.53万人次，日最高客运量30.1万人次，列车正点率99.97%，运行图兑现率99.98%。

【轨道站场TOD综合开发】 2021年，东莞市完成15个站场TOD（以公共交通为导向的开发）综合开发规划编制工作，推进东莞火车站、虎门高铁站、常平“香港城”、东莞国际商务区地标项目等一批TOD项目。打造功能立体复合、空间集约高效城市活力区，助力城市品质提升。

【轨道交通局助力新冠肺炎疫情防控】 2021年，东莞市轨道交通局应对本土“6·18”“12·13”涉疫事件，保障东莞市轨道交通疫情防控局势稳定。抓好轨道交通疫情防控，不定期对轨道交通2号线和国铁、城际铁路沿线车站疫情防控工作进行监督检查，严格落实乘客测温、亮码、戴口罩“三个100%”、站场环境定期消杀清洁通风等防控措施。强化旅客落地核酸检测工作，督促虎门高铁、东莞东、东莞站、东莞南站和属地镇街严格落实省交通运输防控专班要求，组织力量合力做好到站旅客核酸检测工作。10月22日至12月31日，东莞市对省外来莞列车旅客采样9.68万人次，结果均为阴性。持续督促全市各轨道交通客运场站开展新冠疫苗加强针接种。截至年底，轨道交通客运站场完成第三针接种5348人，第三针接种率98.06%。其中，轨道交通2号线完成第三针接种2022人，第三针接种率98.25%。协调省际火车站与市转运隔离专班建立紧密关系，做好解除入境集中隔离人员的火车通道闭环接转工作。8—12月，虎门高铁站、东莞东站、东莞站和东莞南站转运解除入境集中隔离旅客共2000多人。（莫梓勋）

附：2021年东莞市轨道交通运输局主要领导名录

党组书记、局长：李天海

邮政业

【邮政业概况】 2021年，东莞市邮政行业业务总量和业务收入分别完成316.21亿元和301.95亿元，分别比上年增长16.75%和10.45%，占全省比重分别为10.47%和11.38%；快递业务量和业务收入分别完成26.84亿件和281.07亿元，分别增长26.80%和12.35%，占全省比重分别为9.11%和11.45%。全市邮政普遍服务营业场所236处、投递处理场所59个、邮路总条数277条，行政村通邮率100%。全市主要快递品牌34个，邮（快）件分拨中心27个，依法取得快递业务经营许可法人企业353家，备案分支机构201家，备案快递末端网点5589家，智能快件箱5782组，快递从业人员5.5万人。年内，东莞市邮政管理局获评为东莞市“工作优秀中央和省驻莞单位”，在市委宣传部意识形态考核中获评为优秀等次，市邮政管理局党支部及2名党员分别获市直机关“两优一先”表彰。东莞顺丰公司党委获“东莞市五星级党组织”“东莞市先进基层党组织”称号。联昊通速递有限公司支部委员会“树快递行业党建标兵”党建工作案例入选新时代快递业党建创新案例。顺丰速运（东莞）有限公司被评为东莞市“友善企业”。

【快递员群体权益保障】 2021年，东莞市邮政管理局把加强快递员群体合法权益保障作为党史学习教育“我为群众办实事”实践活动的重要项目，联合市人力资源和社会保障局、市总工会、共青团东莞市委员会等部门出台《东莞市邮政业“暖蜂行动”服务关爱青年快递员实施方案》《关于做好快递从业人员单项参加工伤保险的工作指引》《开展关爱快递员“暖蜂行动”系列专题活动工作方案》等制度，打造涵盖技能培养、学历提升、工伤保障、关爱送暖、先进表彰的多项关怀机制，成立东莞市快递行业工会联合会，极兔、平安达等12家快递企业建立工会，全行业新增会员8000余人，累计开展慰问50余次。顺丰、德邦率先获得职业技能等级认定资质，获财政补助30万元，成功认定1964人，申报补助371万元；4595名快递员参加青年就业见习、岗前培训等培训，获地方财政资金补助178.2万元。2277名快递员单项参加工伤保险，345名快递员享受免费健康体检，10家快递企业、10名快递员分别获评“诚信企业”“最美快递员”。

【“快递进村”服务乡村振兴】 2021年，东莞市邮政管理局推进“快递进村”融入全市乡村振兴大局，联合市农业农村局出台《东莞市落实“快递进村”推动农产品出村进城实施方案》，指导各镇街（园区）推进“快递进村”工程，提升农村快递物流服务水平。规范末端网点建设，全市有村级服务点2438个，350个行政村均有4个以上快递品牌，提前实现村村通快递目标。鼓励发展“互联网+寄递+现代农业”模式，联合市农业农村局、大岭山镇政府等举办“2021东莞荔枝产业高质量发展暨首届大岭山荔枝品牌文化节”系列活动，组织大岭山荔乡社与东莞市邮政分公司、东莞顺丰等寄递企业签订合作协议，助力东莞荔枝产业品牌做优做强。东莞快递服务荔枝寄递项目快件业务量超100万件，获2021年全省快递服务现代农业银牌项目。指导邮政公司与顺丰、中通等6家快递企业签署“邮快合作”协议，丰富末端服务模式。

【省级财政专项资金扶持邮政业】 2021年，东莞市邮政管理局安排66万元省级促进经济高质量发展专项资金对绿色网点建设（购置废弃物回收装置和快递专用电动三轮车）、寄递企业配置安检机、邮政基础设施设备改造项目进行补贴。年内，有5家快递企业购置的6台安检机、7家企业44个网点成为补贴对象。

【邮政业道路交通安全风险防范化解】 2021年，东莞市邮政管理局推进防范化解道路安全风险工作，制订《东莞市邮政业防范化解道路安全风险工作方案》，构建“总部督促网点、网点督导快递员、专班人员具体推进”工作机制。印制派发“文明交通每日必读”宣传海报1800余份，组织开展交通安全承诺宣誓，强化安全出行共识。完成邮政业电动三轮车“六统一”（统一车辆标准、统一车辆标识、统一车辆编码、统一车辆保险、统一管理平台、统一人员装佩）车辆规范管理1.2万辆，联合交警部门、行业协会推进3261名快递员完成驾驶证D证考取，印制放大号车牌1.34万块，开展各类安全宣传培训10余期，受训快递员800余人。组建“随手拍”监督小组，印发违法行为通报16期。

【绿色邮政建设】 2021年，东莞市邮政管理局以推动“绿色包装”和“低碳寄递”为着力点，推进邮政快递业生态环保工作，制订《2021年东莞市邮政行业生态环境保护工作实施方案》，推进重金属和特定物质超标包装袋和邮件快件过度包装随意包装治理。全年全市邮政快递业重金属和特定物质超标包装袋库存量为零，采购使用符合标准的包装材料应用比例90%，按照规定封装操作比例85%，电商快件不再二次包装率97.4%，新增160个邮政快递网点设置标准包装废弃物回收装置，超额完成国家邮政局绿色邮政建设各项目标任务。

【寄递渠道专项整治】 2021年，东莞市邮政管理局以寄递安全“三项制度”（收寄验视、实名收寄、过机安检制度）为抓手，推进禁毒百日攻坚、涉枪涉爆涉恐、“扫黄打非”、扫黑除恶、消防安全、安全作业“四不”（指处理场所设备设施不达标、现场管理不到位、员工着装不规范、作业操作不合规）等专项整治工作，组织全行业层层签订《邮政行业业安全生产（消防）和服务质量责任书》《制毒物品范围、种类及法律法规告知书》，组织3.5万人次开展涉毒涉刀具辨识培训，派发5万多份宣传册。配合公安、禁毒等部门开展违规收寄专项检查行动，抓获涉嫌非法买卖、寄递易制毒化学品嫌疑人1名。年内，检查企业388家，出动893人次，约谈告诫7次，责令改正113次，立案53件，罚款23.8万元，停业整顿5件。

【邮政行业助力新冠肺炎疫情防控】 2021年，东莞市邮政管理局组织近百场新冠疫苗接种专场，实现全行业5.5万人新冠疫苗一、二针接种全覆盖，加强针“应接尽接”在99.7%以上。组织落实重点人群（快递员）每月1次新冠病毒核酸检测，从事清关完成后在省内流通的国际邮件快件运输、分拣、投递等工作的从业人员每周开展1次新冠病毒核酸检测。协同多部门保障“6·18”和“12·13”本土疫情防控期间封闭、封控区寄递服务，保障涉制造业、涉民生寄递需求。做好国际邮件快件寄递环节疫情防控工作，有效处置冷冻白虾、冷冻榴莲泥、冷冻帝王蟹等疑似受新冠病毒污染快件事件，实现从业人员“零感染”。

【“快递进厂”服务先进制造业】 2021年，东莞市邮政管理局鼓励引导寄递企业发展入厂物流、仓配一体化、订单末端配送、区域性供应链服务、嵌入式电子商务等五种模式，融入现代产业体系，丰富服务供给，提升竞争力，助力“莞货全国行”。东莞顺丰服务OPPO项目业务收入超5000万元，获2021年全省快递服务先进企业金牌项目。东莞顺丰服务vivo、东莞德邦服务徐记业务收入超1000万元，获2021年全省快递服务先进制造业银牌项目。

（陈子琪）

附：2021年东莞市邮政管理局主要领导名录

党组书记、局长：林　蔚

2021年9月8日，东莞市快递行业工会联合会成立

（市邮政管理局供图）

【中国邮政集团有限公司东莞市分公司】　2021年，中国邮政集团有限公司东莞市分公司（简称东莞邮政分公司）下辖邮政服务网点236个，揽投营业部54个，邮路277条，邮路总长度（单程）1.93万千米，服务范围覆盖全市所有行政村，实现百分百通邮。连续21年获评“广东省守合同重信用企业”。

邮政普遍服务均等化推进　2021年，东莞邮政分公司做好党报党刊、机要通信服务工作，保障公共服务均等化。邮政网点和邮路覆盖全市所有行政村，实现百分百通邮；党报党刊当日见报率100%；机要通信实现39年质量全红；落实“扫黄打非”（扫除有黄色内容的书刊、音像制品、电子出版物及网上淫秽情色信息等危害人们身心健康、污染社会文化环境的文化垃圾；打击非法出版物）工作部署，确保邮件寄递安全。全年处理信函、报刊、包裹等各类邮件6.98亿件，日均191万件。通过东莞邮政渠道流到全国各地的资金总量1102亿元，服务客户1180万户；为1万多家中小微企业提供金融信贷服务，发放个人经营性贷款、小企业贷款67亿元。

邮政民生服务公共平台建设　2021年，东莞邮政分公司融入“放管服”（简政放权、放管结合、优化服务）改革与“数字政府”建设，主动承接各类政务便民服务项目。东莞邮政分公司与各政府部门合作的“不见面审批”邮寄业务种类1200多项，年均服务群众1100万人次。新建村邮站88个，累计发展自提点1300个。打造“东莞邮政微管家”线上服务平台，累计粉丝70.9万人。

邮政助力文化强市建设　2021年，东莞邮政分公司发行党史学习教育图书23万册；开展“邮票上的党史”主题邮展45场；向援鄂医疗队赠送“众志成城抗击疫情”邮折；推出“问鼎十冠铸造辉煌”纪念邮品，建设横沥百年牛墟主题邮局，擦亮篮球城市、横沥牛墟等城市名片；以虎门销烟和可园为创作原型，设计东莞集邮文创产品，宣传东莞城市文化。开展“驿路邮爱”系列活动，活动覆盖8万多人，丰富群众文化生活。

邮政服务转型升级　2021年，东莞邮政分公司打造东莞首个以“乡村振兴”为主题的邮政服务站。该服务站为新型农业经营主体提供“邮政服务+惠农产品销售+文化展示+横沥制造”等一揽子综合服务，助力东莞乡村振兴战略。结合“我为群众办实事”，改造升级50个服务网点，推进网点转型、服务创新、服务叠加。

助力新冠肺炎疫情防控　在“6·18”“12·13”东莞本土新冠肺炎疫情防控期间，东莞邮政分公司确保全市邮政员工无确诊病例，邮政生产运行正常；确保各级党政机关和人民群众用邮需求和用邮安全，确保党报党刊及时投递和机要通信万无一失；第一时间开通防疫物资免费运输“绿色通道”，为政府部门和社会组织运送防疫物资。

（石志会）

附：2021年中国邮政集团有限公司东莞市分公司主要领导名录

党委书记、总经理：
林泽坚（任至4月）
刘锦南（4月到任）

信息业

INFORMATION INDUSTRY

松山湖高新区鸟瞰图　（2021年曹永富摄）

编辑：苏淑娴

信息化建设

【信息业概况】　截至2021年底，东莞市拥有固定电话用户185.4万户，移动电话用户1652.1万户。年末固定互联网宽带用户399.1万户，比上年增加55.7万户；移动互联网宽带用户1381.3万户，增加52.6万户。

【无线电管理】　2021年，东莞市推进5G基站建设，稳定电信业务总量增长，强化信息基础设施建设对经济社会发展支撑保障服务。对智博会、华为开发者大会、高考、公务员考试、司法考试等21次重大活动、重要考试进行无线电安全保障，出动人员279人次，出动保障车辆90辆次，累计保障时长424小时，确保各项重要活动顺利进行，各考试考场无发生无线电信号作弊或正常用频被干扰事件。办理承接无线电事项审批237宗，累计发放执照3.76万个。取缔非法台站12个，压制“黑广播”“伪基站”增长。

【5G基站建设】　2021年，东莞市成立市、镇两级推进5G基站建设工作领导小组，召开全市5G基站建设工作动员部署会、工作督导会、问题研究协调会等，发布建设任务，协调研究通信配套设施建设与新建楼宇“四同步”（同步规划、同步设计、同步施工、同步验收）和住宅小区分布式基站建设问题。公布《东莞市通信基站公共建筑与设施开放目录（第三批）》，开放公共建筑与设施682个，累计开放2310个。全年建成5G基站5077座，完成数量排全省第一名；累计开通5G基站1.51万座。

【电信业务总量稳步增长】　2021年，东莞市制定并印发实施《东莞市促进电信业务总量增长的实施方案》，从市保企业、促复苏、稳增长专项资金中新增安排1000万元支持东莞市电信业务总量稳增长系列工作，其中800万元用于电信业务总量增长奖励，200万元用于支持东莞市三大电信运营商在春节期间开展促销活动奖补。制订《2021年下半年电信业务总量稳增长工作方案》，从“3+1”（食品饮料、纺织服装和家具三大优势传统产业及软件和信息技术服务业）产业集群试点培育专项资金中调剂安排900万元，用于支持东莞市三大电信运营商下半年开展电信业务总量稳增长系列活动，撬动三大电信运营商开展5G促销主题活动，提速电信业务总量增长。全市实现电信业务总量（错月）184.52亿元，比上年增长30.02%，其中占全市电信业务量60.2%的移动运营商增长39%，联通运营商、电信运营商分别增长17.4%、19.7%。

【软件和信息技术服务业发展】2021年，东莞市规模以上信息传输、软件和信息技术服务业完成营业收入（错月）303亿元，比上年增长13.9%，全行业增长14.2%。规模以上互联网和相关服务业、软件和信息服务业完成营业收入（错月）116.9亿元，增长25.7%，全行业增长22.4%。（洪雅雯）

数字政府建设

【数字政府建设概况】2021年，东莞市推进数字政府改革建设，“云网数”等数字底座不断夯实，数字政府项目全线启动，打造空天地一体化感知基础服务平台、雪亮工程视频联网共享服务平台、生态环境监测、疫情地图、“莞家”服务等系列亮点品牌，数字化赋能社会治理和城市服务的驱动力明显增强。2021年，东莞市数字抗疫等工作获省领导批示肯定，电子化匿名投标及自动化资审系统入选国家发改委典型示范经验和创新成果案例，电子证照工作成效得到国办电子政务办采纳推广。

【数字政府改革建设机制】2021年，东莞市坚持整体统筹，数字政府改革建设机制逐步理顺。强化政策衔接和上下联动，完成数字政府改革建设中期评估，启动数字政府“十四五”规划编制，开展城市治理“一网统管”、首席数据官等政策制度理论研究。持续优化项目管理流程，建立例行沟通制、重点项目经理制、项目技术审核制等系列工作制度，加速数字政府项目建设落地。组建市属国有企业数字经济发展集团有限公司，加速构建数字政府“管运分离”模式。发布数字政府生态联盟，吸纳包括华为公司在内的70家合作伙伴，壮大数字政府建设专业领域力量。

【数字政府底座夯实】2021年，东莞市夯实“云网数”数字底座，数据支撑效用不断增强。搭建政务云平台和政务云管控平台，对接省政务云平台，推动信息系统迁云，实现云资源统一可视、可控和可管。完成1072.71千米骨干传输网建设，为政务信息化业务提供高可靠、大带宽、低时延、高安全的物理网络平台，实现万兆到市、到镇。政务外网全面升级改造，形成高效统一的电子政务网络。强化政务数据汇聚共享，政务数据大脑与全市71个部门共344个信息系统对接，汇聚数据超300亿条，打通国家、省、市共享通道，发布国家和省级数据接口122个。强化证照数据共享应用，推动省市电子证照系统互联对接、证照信息自动同步，支撑全省范围内互认通行；全年汇聚电子证照近700万张，累计使用超2100万张。深化公共数据试点应用，开展经济运行监测、授权模式下政银互动应用、“区块链+不动产”等试点建设，探索数据要素市场化配置改革工作。

【数字政府项目建设提速】2021年，东莞市提速数字政府项目建设，数字化治理和服务能力持续提升。规划建设数字政府项目近百个，覆盖基础支撑、营商环境、社会治理、生态环境、疫情防控等领域。发布“莞家”系列品牌项目，“i莞家”整合全市各类服务App（应用程序），上线政务、社保、交通等12个领域150余项服务，成为统一城市综合服务平台；“电子市民卡”融合防疫、健康、政务、社保、借阅、门禁、消费等码功能，成为全省融合度最高的电子码，打造特色应用23个，构建“一码通城”新场景；“企莞家”推出“政策直达”“诉求直通”

2021年7月25日，全国5G行业应用规模化发展现场会在东莞市举行
（市工业和信息化局供图）

2021年5月13日，全市深入推进“放管服”改革暨数字政府建设工作会议召开（市政务服务数据管理局供图）

特色应用，推送政策4600余项，企业诉求办结满意度98%；“数莞家”推出经济运行、社情民意、蓝天保卫、公共资源交易、疫情防控五大专题。空天地一体化感知基础服务平台全面服务于城市规划与实施、“两违”（违法占地和违法建筑）治理、农民房审批、污染治理等重点工作。建成雪亮工程视频联网共享服务平台，统一接入19.14万路视频资源，提供支撑30万路视频接入共享服务能力，形成全程全网的公共安全视频资源池和视频共享服务支撑体系，赋能东莞市治安防控、城市管理和民生服务领域深度应用。

【城市治理“一网统管”】 2021年，东莞市聚焦数字化城市治理，加快推进“一网统管”体系建设。强化顶层设计，启动城市治理“一网统管”深度研究，系统谋划东莞市城市治理“一网统管”体系建设。聚焦基层治理，启动基层治理综合调度平台试点建设，初步构建功能模块，全面融合基层治理数据，形成基层治理专题数据资源目录150多个和资源项4000多个；城市态势可视化感知，构建50个可视化应用专题，厚街镇重点场所、城市部件、风险源、治理力量实现可视化监测，1.2万路摄像头视频监控即时调取。

【数字化防疫水平提升】 2021年，东莞市提升数字化防疫能力，打造数字战疫“新样本”。强化大数据赋能疫情防控，建立疫情数据“总枢纽”，打通疫情数据共享渠道，全面汇聚核酸检测、疫苗接种、“粤康码”、边检入关等数据，构建热线外呼、短信提醒、走访排查等多维感知网，实现对涉疫人员的主动排查、及时赋码。建成市镇两级疫情地图，全面归集疫情风险、管控对象、防疫资源等信息，实现闭环管控、实时监控；打通智慧城市运行中心（IOC）与镇街视频系统，疫情防控期间支撑实时统一指挥调度。在省政数局支持下，全省率先升级上线公共场所“粤康码”打卡功能，服务群众快速通行，累计打卡超400万人次。上线疫情防控外呼机器人，引导应检未检人员进行核酸检测，完成外呼任务21批次，服务市民超60万名，有效防止疫情外溢。在东莞市“12345”政务服务热线微信公众号上线东莞市涉疫诉求平台，聚焦核酸检测、疫苗接种等高频热点诉求，为群众提供7×24小时便捷网上服务。建立“i莞家”疫情导航服务，上线核酸检测点查询、疫情实时数据、疫情智能客服、核酸疫苗查询、涉疫诉求平台等涉疫高频便民服务29项。（沈盈盈）

通信业

中国电信东莞分公司

【东莞电信分公司概况】 2021年，中国电信股份有限公司东莞分公司（简称东莞电信分公司）主营业务收入49.39亿元，比上年增长5.06%，移动用户275万户，宽带用户139万户。有全国青年文明号2个，全国五一劳动奖章获得者1人。年内，获评为东莞市年度工作优秀中央和省驻莞单位。5个集体分别获评为全国五一巾帼标兵岗、2021年最美工会户外劳动者服务站点、广东电信先进集体。9人分别获评为中国电信集团劳动模范、集团优秀工会工作者、广东电信劳动模范。

【东莞电信分公司网络基础强化】 2021年，东莞电信分公司建设开通5G室外基站4945个、室分系统239个，实现重点行业覆盖、核心城区连续覆盖；通过中心区域3.5G连续覆盖与边缘区域2.1G基础覆盖相结合，高低频协同打造差异化网络；完成SA（Standalone缩写，指在无线侧使用5G基站并在核心网络上使用5G核心网络的网络架构）核心网规模部署，并分区域逐步向SA单模演进。年内新增投资1.38亿元，新建光端口10.5万线，累计342.5万线；加快网络千兆升级，新增万兆PON（无源光网络）端口3.66万线，万兆PON端口占比44%，全市支撑千兆PON端口覆盖率从92%提升至100%；新增IDC（互联网数据中心）出口带宽400G，IDC出口带宽8800G。

【东莞电信分公司助力信息化建设】 2021年，东莞电信分公司助力全市信息化建设。在公安领域，聚焦平安东莞、科技护城墙、移动警务、执法上云、视频结构化、安全运维一体化等，建设11

中国电信信息大楼 （2021年中国电信东莞分公司供图）

万路视频转发及存储能力，建成覆盖全市、动静结合、地空一体全息感知网。在政务领域，聚焦数字政府、智慧城市明厨亮灶、智慧城管、应急指挥调度中心、智慧消防、智慧交通大数据等，支撑东莞市“12345”政府服务热线扩容升级。在教育领域，教育云承载300多个教育信息化应用系统，实现市教育局全部信息系统及部分镇街教育部门和公立学校信息化系统上云服务；建设东莞市市民素质提升平台；为东莞市教育局建设校园出入口一键报警平台，支撑约1800所学校实现一键报警功能。在医疗领域，协助市卫生健康局启动区域电子病历共享平台，推动电子健康码管理平台等核心信息化系统建设，与滨海湾中心医院共同挂牌建设5G智慧医疗实验室，推动东莞5G智慧医疗发展。在工业互联网应用领域，基于5G“云网一体，按需定制”服务理念，为行业客户提供“5G+”智能电网、“5G+”智能港口、vivo“5G+AGV”（自动导引运输机器）等定制网方案，推动企业核心业务上云上平台，实现工业互联网应用工作推广。

【东莞电信分公司客户服务优化】 2021年，东莞电信分公司践行国家“提速降费”工作要求，宽带用户平均速率提升到236M（兆字节），宽带带宽费用下降到0.31元/M，比上年下降31%，移动流量费用下降到5.5元/G（千兆字节），下降18%。开展适老服务改造，建成“爱心翼站”49个，组织适老服务“微讲堂”超20场。

【东莞电信分公司网信安全维护】 2021年，东莞电信分公司完成庆祝中国共产党成立100周年等重大活动和主要节假日通信安全保障，完成“三防”（防旱、防涝、防风）及战备应急保障。配合公安部门“断卡”和“打猫”行动，协查和处置工单987件，关停异常通信号码22.7万个，累计关停骚扰电话2.1万个，核查各类有害互联网信息1537条，关停网站306个，配合公安部门破获涉诈骗案件10件，抓获涉诈骗人员19人。

资料链接

“断卡”行动：是为了打击治理电信网络新型违法犯罪，依法清理整治涉诈电话卡、物联网卡以及关联互联网账号的行动。

“打猫”行动：是指针对利用GOIP（一种虚拟拨号设备）、多卡宝等猫池设备进行电信网络违法犯罪的一系列专项治理工作和打击行动，以保障人民财产安全。

【东莞电信分公司助力新冠肺炎疫情防控】 2021年，东莞电信分公司在抗击新冠肺炎疫情期间，以医院、疾控部门重点通信网络为核心，为东莞33个镇街（园区）多轮核酸检测和疫苗接种点提供7×24小时重点通信保障，全力支撑疫情防控指挥系统运行，助力疫情防控工作部署。重点封闭区域安装智能门磁，提供防疫慧眼、云会议、远程办公等信息化产品，累计发送疫情防控短信9.5亿条，7天交付跨境货柜车司机防疫视频监控近1万路，5小时交付中风险地区百悦尚城小区智能门磁1500套，连夜交付重点封闭区域智能门磁3350套。

【东莞电信分公司数字营销及渠道运营中心集约外呼团队获评“全国五一巾帼标兵岗”】 2021年，东莞电信分公司数字营销及渠道运营中心集约外呼团队获评“全国五一巾帼标兵岗”。该团队35人，其中女性员工占比超70%，业绩排名前五名均为女职工。团队激励全体女职工立足本职，争创先优，做智慧女性，彰显巾帼风采。秉承“用户至上，用心服务”服务理念，为客户提供方便快捷的线上服务。

（吴 兰）

附：2021年中国电信股份有限公司东莞分公司主要领导名录

党委书记、总经理：

胡志良（任至2月）

胡 平（2月到任）

中国移动东莞分公司

【东莞移动分公司概况】 2021年，中国移动通信集团广东有限公司东莞分公司（简称东莞移动分公司）加快打造“连接+算力+能力”新型信息服务体系，助力东莞统筹推进疫情防控和经济社会发展。全年营业收入超111亿元，比上年增长6.9%，净利润34.5亿元；完成投资13.44亿元，电信业务总量增长38%，超额完成目标任务。公司服务个人客户1200万户、5G客户超464万户、家庭客户超192万户、电视客户超122万户、集团客户超22万户、物联网连接数超2118万户，保持行业领先地位。连续12年获广东省“守合同重信用企业”称号，获评2021年通信行业用户满意企业、2021年广东移动公司先进单位。30人获广东省五一劳动奖章、东莞市最美职工、东莞市三八红旗手等荣誉。

【东莞移动分公司新型数字基础设施建设】 2021年，东莞移动分公司打造5G精品网络，2019—2021年累计投入35亿元，开通超9000个5G基站，占东莞市5G基站63%，所有镇街5G网络能力均实现行业领先。推进光网建设，传输光缆比上年增长40%，至14万皮长千米，300米半径光交覆盖率99.93%，全面健壮信息运行大动脉。建设算力网络，生态园数据中心投产机架5623个，边缘云算力规模达1804个VCPU（虚拟处理器），开通华为5G极简办公、OPPO智慧平台等边缘云业务，东莞市成为中国移动首批具备边缘云端到端开通能力地市之一。

【东莞移动分公司推动产业数智化转型】 2021年，东莞移动分公司以“5G+”赋能各行业，依托“连接+算力+能力”，打造30余项5G应用名片，其中联合华为打造全球首个5G无人工厂，获工业和信息化部认可。以“平台+信息化”助力中小企业提质增效，打造系统解决方案“移动e企”，赋能4万家中小企业转型升级。全力支撑数字经济融合发展工程，注智1.5万家传统企业转型升级，如在大朗镇推出5G+纺织物联网Cat.1（LTE-UE-Category1，指LTE网络下用户端无线连接，是物联网通信的一种模式）智能终端，质检效率比人工提升30倍。

【东莞移动分公司助力提升政府数智化治理水平】 2021年，东莞移动分公司参与“数字政府”建设，搭建政务云、信创云等平台，推动69家政府单位系统上云虚拟机超1400个。助力社会数智化治理，协助打造“科技护城墙”“雪亮工程”，为市公安局建设慧眼视频监控站点超1.5万个，开通“辅警通”（专为公安机关辅警进行管理和服务的手机办公软件）超5000户，构建立体治安网络。推进乡村振兴工作，落实政府打造“50个特色精品示范村”工作部署，为东莞市村（社区）建设4万套群防群治智能监控系统，打造高度城镇化地区的乡村振兴样板，提升农村人居环境。

【东莞移动分公司网信安全维护】 2021年，东莞移动分公司做好网络安全保障，完成庆祝中国共产党成立100周年等重大活动和抗台防汛保障，实现重大安全生产事故和重大网络安全事件零发生。落实“断卡”行动（为打击治理电信网络新型违法犯罪，依法清理整治涉诈电话卡、物联网卡以及关联互联网账号的行动），配合公安机关落实打防管控措施，累计踢网诈骗异常号码12.8万个，协助抓捕犯罪嫌疑人超121人，收缴黑卡660多张，公司涉诈骗号码数量占比从年初77.1%下降至57.83%。深化网络提速降费，流量单价比上年下降27%，中小企宽带和专线平均资费分别较上年底下降33.3%和20%。

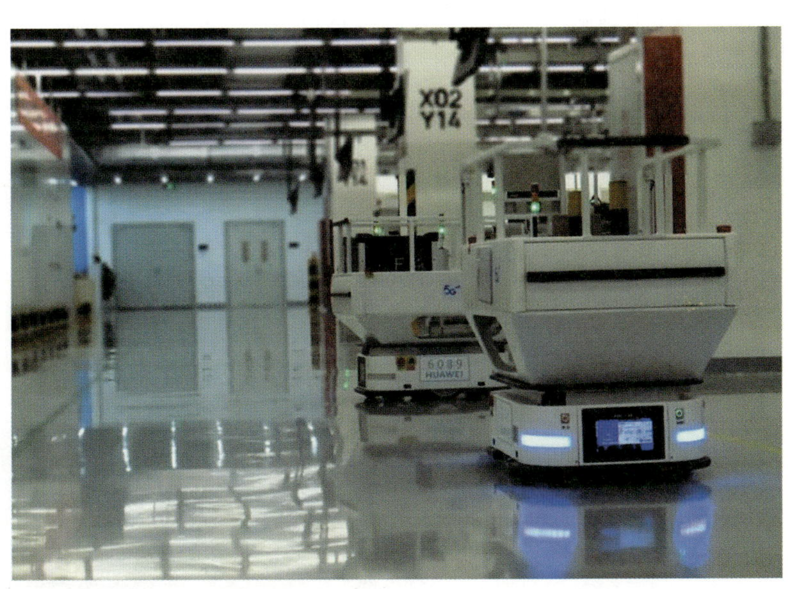

2021年11月，全国首个5G室内定位试商用项目在华为团泊洼工厂落地

（东莞移动分公司供图）

【700兆频道5G示范站开通】 2021年8月24日，东莞移动分公司在东莞市石碣镇开通全市首个700兆频道5G示范站，拉开全市700兆基站建设序幕。700MHz（兆赫）频段由东莞移动分公司与广播电视网络股份有限公司东莞分公司共建共享，是无线频率中的黄金频段，具有频率低、覆盖距离远、绕射能力强、穿透效果好、组网成本低等优势，可快速实现城市深度覆盖和郊区、农村广域覆盖。

【东莞移动分公司助力新冠肺炎疫情防控】 2021年，东莞移动分公司助力精准高效科技抗疫，创新推出5G健康防疫核验系统、智能门磁等信息化服务，累计出动1.3万人天，保障通信可靠运行。联合市网信办开发核酸检测点人流量查询工具，累计访问量超1000万人次；发送应急防疫短信超52亿条，为东莞打赢疫情阻击战提供科技支撑。

【全国首个5G室内定位项目率先试商用】 2021年，东莞移动分公司联合华为公司在东莞松山湖团泊洼打造5G全连接智能制造商用标杆项目，推动工业互联网赋能制造业数字化转型。在产线全面铺开应用5G网络的基础上，全国首个5G室内定位试商用项目落地东莞华为团泊洼厂区。基于“5G室内定位技术”可同时满足“5G通信+精准定位”需求，实现一网两用，基本实现1～3米范围内精准定位。针对传统制造行业存在生产效率难提升、按需定制难变通、产线流程难更替，以及关键设备难突破、生产安全难保障等痛点，该项目验证5G全连接工厂制造全流程数智化转型的可行性。 （江南梦）

附：2021年中国移动通信集团广东有限公司东莞分公司主要领导名录

党委书记、总经理：周济雄

中国联通东莞分公司

【东莞联通分公司概况】 2021年，中国联合网络通信有限公司东莞市分公司（简称东莞联通分公司）年主营业务收入30.67亿元，比上年增长10.3%。投诉量环比下降24%，客户满意度增长18%。东莞联通分公司连续13年获“广东省守合同重信用企业”称号，是东莞市“守合同重信用企业联合会”理事单位；连续2届获评为“全国文明单位”。全年获省级、市级及以上集体荣誉27项。

【东莞联通分公司新型数字基础设施建设】 2021年，东莞联通分公司网络覆盖能力提升。5G千兆累计4388站，100%开通即共享；4G推进电信、联通一张网试点，新增共享小区3473个，载扇规模比上年增长17%；千兆小区规模731个、千兆楼宇834栋，千兆宽带端口26.9万个。科技创新能力增强，研发项目数量比上年增长37.5%，研发投入人员增长76.2%，专利提案增长357%；加快技术演进，自研能力、产品化能力快速提升，全省首个实现5G边缘云与工业自研天极平台应用融合、全省首个实现5G网络软切片商用部署。

【东莞联通分公司客户服务】 2021年，东莞联通分公司构建高质效交付体系，生产效率持续提升，全量跨域电路开通历时提速到8.1个工作日，故障处理及时率提升到99.2%，客户故障量比上年下降9%，客户网络质量改善。着力差感预判、聚类短板攻坚与闭环评价，提前解决投诉隐患，修复用户感知。实现用户感知NPS（净推荐值）口碑推荐度比上年增长241倍，CES（客户费力度）满意度增长17%，用户申诉率下降43%。

【东莞联通分公司产业转型升级推动】 2021年，东莞联通分公司聚焦数字政府、智慧城市、工业互联网、医疗健康四大领域，举办工业互联网、5G等发布会，助力企业推进数字化转型，引领产业升级；推进全市医疗信息化建设升级，加强5G+医疗、区域医疗、医院信息化、健康云、疫情防控等服务供给；发挥运营商云网资源禀赋，结合东莞市产业特点，聚焦政府引导方向及工业企业转型升级需求，打造工业互联网品牌；坚持创

2021年7月24日，中国联通东莞分公司在5G行业应用规模化发展现场会展位 （东莞联通供图）

新驱动发展，拓展多元场景，做优产品服务，强化5G及千兆网络在数字消费领域融合应用，为人民群众提供丰富多样的信息化产品；聚焦互联网，推动产品互联网化转型，聚焦实体门店，拓展合作，满足市民通讯服务需求。

【东莞联通分公司履行社会责任】 2021年，东莞联通分公司落实重要活动通信保障工作要求，出动队伍963支，抢修人数2839人次，抢修车辆958辆次，保障重要节点通信保障任务。开展垃圾短信治理、防范打击通信网络诈骗等专项行动，主动监控关停风险号码9.14万个，证件黑名单添加1.08万个。配合东莞市委、市政府，发送疫情防控信息5381万条，《东莞联通保障通信守护初心，优质网络助力疫情阻击战》被中国精神文明网播报，阅读量超10万人次；《东莞联通工业互联网为复工复产按下"加速键"》被"学习强国"平台、中央广播电视总台新闻播报。

（梁沁媛）

附：2021年中国联合网络通信有限公司东莞市分公司主要领导名录

党委书记、总经理：胡卫红

中国铁塔东莞分公司

【东莞铁塔分公司概况】 2021年，中国铁塔股份有限公司东莞市分公司（简称东莞铁塔分公司）持续满足3家电信企业（中国电信、中国移动、中国联通）的快速建网和稳定运营要求，秉承共享发展理念，夯实通信基础设施共建共享水平，实现电信网络基础设施效率和效益双提高。开展面向社会的跨行业站址应用信息服务、能源服务，助力东莞加快数字化转型。年内，实现总体营收6.83亿元。

【5G基础设施建设提速】 2021年，东莞铁塔分公司新增完成5G基站配套设施建设5057个，其中开通5G站点4028个。截至年底，在线运营基站1.4万座，资产规模近17亿元。减少重复建站4682座，节约投资12.88亿元、土地46.82万平方米。新建基站共享率提升至55%，全市站址综合共享率35%。

【铁塔网络质量保障提升】 2021年，东莞铁塔分公司夯实故障及应急保障能力，提升站点网络质量。开展应急防火演练2次，防汛演练2次，出入站流程演练1次，提升应急保障能力；完成基站大面积停电应急保障8次，配合完成台风"圆规""雷伊"、春运及节假日应急通信保障72次，完成各项应急保障任务；新冠肺炎疫情防控期间累计出动保障人员358人次、保障车辆137辆次，出动应急发电油机273次，保障全市192个政府机关、18家大型定点治疗医院、89个大型场馆与重要交通枢纽7×24小时通信在线。深化社会共享，为行业降成本，开展精准维修整治，强化机房电池续航能力，优化站点发电流程，提高发电及时率，持续加强站址运营维护能力，全年累计复通长断站544个，减少停租损失198.7万元，获3家电信企业认可与信任，提升行业用户满意度。

【资源共享助建智慧城市】 2021年，东莞铁塔分公司推进跨行业信息服务发展，将"通信塔"向"社会塔""智能塔"转变，利用铁塔资源，提供数据采集、中高点视频监控等服务，通过物联网和互联网技术将传统"通信塔"应用于多个领域。与东莞市生态环境局、市无线电监测站、市林业局等合作，提供专业配套服务，放大铁塔共享效益，成为数字经济、智慧社会战略性基础设施，助力城市治理体系现代化。

【东莞铁塔分公司部署智能换电网络】 2021年，东莞铁塔分公司在全市部署以智能换电网络为代表的新型智慧能源基础设施，满足市民安全、便捷充电和换电需求，解决骑手"急难愁盼"问题。将换电的"骑手之家"升级为"爱心驿站"，关心关爱骑手，成为"我为群众办实事"创新举措。截至年底，在全市15个居民区、产业园、商业中心建设铁塔智能充电桩206个，全市智能换电柜覆盖点位805个，服务市民、外卖骑手等超2.5万人。

【东莞铁塔分公司助力新冠肺炎防控】 2021年，东莞铁塔分公司在抗击新冠肺炎疫情期间，通过"抓全面、盯重点、强攻坚"，48小时内开通市卫健局大楼、市人民医院、市第九人民医院等重点场所5G信号，24小时内完成重点区域核酸检测点通信基站排查，确保各家电信企业通信设备正常运行、关键地区的5G、4G信号满格。高峰期间东莞铁塔分公司投入应急抢修人员298人、车辆97辆，油机47台，确保全市各类大型场馆与重要交通枢纽7×24小时通信畅通，确保各级抗疫指挥网络通畅。

（周思玙）

附：2021年中国铁塔股份有限公司东莞市分公司主要领导名录

党委书记、总经理：吴　华

区域合作·对外帮扶

REGIONAL COOPERATION · COUPLET-ASSISTANCE

滨海湾新区　（2021年叶瑞和摄）

编辑：王学林

推进粤港澳大湾区建设

【粤港澳大湾区综合性国家科学中心先行启动区（松山湖科学城）建设】 2021年，东莞市加快推进粤港澳大湾区综合性国家科学中心先行启动区（松山湖科学城）建设。松山湖科学城规划建设取得阶段性成效，《松山湖科学城发展总体规划》经省政府审定通过并印发，明确“北湖南山、一核四区”的空间布局。重大科研基础设施布局优化，中国首台多物理谱仪通过验收并开放运行，散裂中子源二期、先进阿秒激光设施被纳入国家重大科技基础设施“十四五”规划。南方光源研究测试平台、松山湖材料实验室一期（一批）基本完工。重大科研成果涌现，散裂中子源累计完成6轮开放，完成课题实验超600项；自主研制成功全国首台加速器硼中子俘获治疗实验装置。松山湖材料实验室研究成果入选“2020年中国重大技术进展”。高标准举办2021粤港澳院士峰会，同期启动松山湖科学会议，吸引46名海内外院士、来自粤港澳的200多名顶级知名学者专家和科技企业高管出席峰会，香港特别行政区行政长官林郑月娥、澳门特别行政区行政长官贺一诚以及全国政协副主席梁振英发表视频致辞。

资料链接

“北湖南山”是指彰显北湖、南山的生态区位特色，保育山湖生态绿核，修复山湖生态联系，建立“双核、多廊”的生态安全格局。依托北湖南山的稀缺景观资源，重点在依山环湖布局科技研发功能，营造一流的科研环境与氛围。外围邻近布局中试验证与成果转化功能。

“一核四区”是指依托中国散裂中子源等重大科技基础设施

打造大装置集聚区为核心，布局大学院所、新材料产业、新一代信息技术与生命科学、深莞科技成果合作等“四区”，推动产业链、创新链、人才链、生态链等多链融合协同发展。

【东莞市推进粤港澳大湾区基础设施互联互通】 2021年，东莞市推进粤港澳大湾区交通基础设施互联互通，加快融入交通一体化。参与建设“轨道上的大湾区”，赣深客专实现通车运营，佛莞城际轨道加快建设；全面推进地铁1号线一期工程建设，实现12座车站主体封顶和2个区间贯通；实施虎门高铁站站房扩建及配套工程，完善周边配套设施，实现与市地铁2号线、穗深城际轨道的便捷换乘；完成市城市轨道交通第二期建设规划调整报告并上报国家发展改革委审批；推进佛山经广州至东莞城际轨道、深惠城际轨道前期工作，做好广深第二高铁、中南虎城际轨道、广深中轴城际轨道和深莞增城际轨道等项目东莞市境内线路前期研究。加快构筑珠江口东西两岸的跨江通道，莞番高速公路二期工程按期建成通车；狮子洋通道先行标段动工建设；开展莲花山通道前期工作。推动高速公路提质扩容，推进常虎高速公路延长线工程和广深高速、莞深高速以及常虎高速公路改扩建工程前期工作。加强与广深惠跨市路网对接，推进松山湖科学城至光明科学城通道、丹平快速路二期、新槎大桥、东江大桥改扩建工程等与周边城市的衔接项目。

【东莞市推进粤港澳大湾区规则衔接】 2021年，东莞市推进粤港澳大湾区规则衔接对接。东莞银行获香港金融管理局授予银行牌照，成为全国首家在境外设立分行的城商行；东莞农商银行在香港联合交易所主板挂牌上市，成为全国第13家上市农商银行。“香港国际机场物流园暨空侧海空联运码头”项目建设加快推进，明确项目通关模式，推动香港机场管理局在东莞市成立项目运营公司，开展项目试运行。全面落实《东莞市贯彻落实〈关于金融支持粤港澳大湾区建设的意见〉行动方案》，推出落地跨境贸易投资便利化等新政，持续扩大大湾区内人民币跨境使用规模和范围，跨境人民币累计结算金额近3000亿元。莞港商事登记合作优化，落实《东莞市港资企业全程电子化登记实施方案》，开发港资企业全程电子化商事登记系统，该系统上线后，香港投资者将足不出户就可在东莞市投资兴业。

【东莞市推进粤港澳大湾区重大合作平台建设】 2021年，东莞市以重大合作平台建设为重点，打造粤港澳大湾区融合发展核心载体。滨海湾新区主动谋划与前海自贸区联动发展，争创中国（广东）自由贸易试验区联动发展区；统筹约20平方千米土地，布局推动建设7个新兴产业基地；高起点谋划建设大湾区大学科技园，加快建设滨海湾5G综合创新示范区；出台招商引资政策，与深圳鹏瑞、华润（深圳）、粤丰环保等企业达成总投资228亿元的合作协议；滨海湾港澳青年之家创新创业基地吸引29家港澳企业入驻。松山湖高新区加快集聚港澳青年人才，实施《关于推动东莞市港澳青年创新创业基地高质量发展的实施意见》专项扶持政策，松山湖港澳青年创新创业基地累计引进92个具有港澳籍或港澳高校教育背景的人才项目在园区落地发展。国际商务区香港中心项目加快建设，引进港式特色轻医疗服务、港资企业和高端国际化服务业，打造香港服务业在莞聚集基地。水乡功能区高质量统筹发展稳步推进，打造数字经济和新能源基地初见成效，完成统筹土地面积

中国散裂中子源 （2021年殷子豪摄）

466.67公顷，出台推动东莞市数字经济、新能源产业基地高质量发展的若干措施，引进粤港澳大湾区青商联盟数字智造中心项目。

【东莞市推进粤港澳大湾区宜居宜业优质生活圈建设】 2021年，东莞市以深化粤港澳民生领域合作为保障，全面建设宜居宜业优质生活圈。印发实施《东莞市境外高端人才和紧缺人才认定及个人所得税财政补贴办法》，全过程实现“网上办”及“不见面”审批。落实港澳居民社保政策，印发实施《东莞市“湾区社保服务通”实施方案》，在参保缴费和待遇享受等方面推出一系列便利港澳居民的措施。加快社保政策衔接，全市港澳居民参加社会养老、工伤、失业保险均超过5000人。落实港澳籍学生招生政策，将港澳籍随迁子女纳入积分入学范畴，全市港澳籍中小学和幼儿园学生超1.4万名。大湾区大学、香港城市大学（东莞）筹建工作推进。高质量举办2021粤港澳大湾区文采会、粤港澳（东莞）非遗墟市等活动，深化大湾区城际文化产业交流合作。推动莞港澳青少年交流合作，开展莞台港澳青少年科技教育交流、莞台港澳青少年羽毛球邀请赛等活动。

（刘莹清）

经济协作

【经济协作概况】 2021年，东莞市的市外帮扶任务有所调整，东西部协作由结对帮扶云南省昭通市6个县（区）调整为结对帮扶贵州省铜仁市10个县（区）；省内对口帮扶由省内精准扶贫精准脱贫调整为对口帮扶韶关市30个乡镇、60个重点村，揭阳市20个乡镇、40个重点村的乡村振兴驻镇帮镇扶村工作。做好脱贫攻坚工作过渡和交接，推动市外帮扶工作重心从脱贫攻坚向巩固拓展脱贫攻坚成果与推进乡村振兴转变。2021年6月，东莞市人民政府经济协作办公室党支部被中共广东省委授予“广东省先进基层党组织”称号。

【脱贫攻坚工作获得党中央、国务院表彰】 2021年2月25日，全国脱贫攻坚总结表彰大会在北京人民大会堂举行。党中央、国务院对全国脱贫攻坚先进集体和个人进行表彰，其中东莞市人民政府经济协作办公室获得“全国脱贫攻坚先进集体”称号。从2016年起，东莞市承担对口帮扶云南省昭通市6个贫困县（区）的东西部扶贫协作工作任务，以及对口帮扶韶关、揭阳两市323个相对贫困村的省内精准扶贫工作任务。市经协办作为东莞市的主管部门，构建帮扶工作体系，发挥统筹协调作用，在2020年底如期帮扶云南省昭通市6个县区全部获批退出贫困县，帮扶韶关、揭阳两市323个相对贫困村、1.57万相对贫困户全部达到脱贫标准。钟雅哲、彭松柏、罗永辉等3名东莞扶贫干部获得“全国脱贫攻坚先进个人”称号。

【东西部协作】 2021年，东莞市与贵州省铜仁市结成东西部协作对口帮扶关系，安排32个镇街和4个园区组成10个帮扶组团，分别与铜仁市10个县区结对帮扶。选派25名干部进驻贵州省铜仁市，派出医生、教师、社工等专业技术人才169人，向铜仁市拨付财政援助资金5亿元。采购、帮助销售扶贫产品18.02亿元。新增帮助农村劳动力转移到广东省就业8337人，转移到其他地区就业4396人，省内就近就业2.20万人。新增引导落地投产企业40家，实际到位投资21.39亿元；共建产业园区13个；帮助铜仁市援建帮扶车间52个。

【省内驻镇帮镇扶村】 2021年起，东莞市承担对口帮扶韶关市30个乡镇、60个重点村，揭阳市20个乡镇、40个重点村的乡村振兴驻镇帮镇扶村工作。东莞市安排32个镇街、45个市直单位（含园区、军分区）、10个事业单位和13家市属企业共100个单位组成50个组团对口帮扶韶关、揭阳两市50个重点帮扶镇。组建2个驻市帮扶工作组和10个驻县帮扶工作组，选派驻镇帮扶工作队员256名组建50个驻镇帮扶工作队，组成驻市、驻县、驻镇、驻村四级前线帮扶队伍。向韶关、揭阳两市拨付帮扶资金6.63亿元。截至2021年底，东莞市各单位采购韶关、揭阳扶贫产品1400.95万元。韶关、揭阳两市50个重点镇筛查出易返贫人口447户1583人；已确权属镇级扶贫公益类资产151万元，村级扶贫公益类资产3.24亿元；落实管护经费村级

2021年8月12日，全市脱贫攻坚总结暨新一轮对口帮扶工作动员部署会议在市行政办事中心北楼召开

（市经协办供图）

公益项目621个；已确权属镇级扶贫收益类资产8219万元，村级扶贫收益类资产4.47亿元，年收益总额3393万元，收益覆盖低收入人口2.98万人；镇级列入县级项目数96个，村级列入县级项目数139个；社会企业投入帮扶资金4167万元。

【民族地区帮扶】 2021年，东莞市对口帮扶韶关市乳源瑶族自治县、始兴县深渡水瑶族乡，向两地拨付驻镇帮镇扶村专项资金2786万元。挖掘瑶族亮点文化、特色资源，提升9个乡镇综合文化站设施建设水平，推广瑶乡文化，组织民族表演队到莞参演，举行“长安人游乳源”旅游推介会。开展教育、医疗结对帮扶，组织62名骨干教师、82名大学生、45名医护人员赴民族地区支教支医。（张武国）

附：2021年东莞市人民政府经济协作办公室主要领导名录

党支部书记、主任：陈慧贞

对口支援

【对口援疆】 2021年，东莞市财政向新疆生产建设兵团第三师图木舒克市（简称“三师图市”）投入援建资金2.06亿元（广东省全年向三师图市投入援疆资金8.08亿元），实施援疆项目73个，支持基础设施、富民安居、公共服务、就业培训等工程，项目资金到位率、项目开工率和验收通过率均实现100%。推动三师图市乡村振兴示范点建设，44团18连入选2021年“中国美丽休闲乡村”。加大产业援疆力度，动员35批次200多家企业赴三师图市考察洽谈；协助三师图市前往珠三角、长三角、成渝等地开展招商推介40余场，签约引进企业项目74个，落地项目4个，投资总额95.5亿元。推动智力援疆，加大医疗、教育帮扶，培训三师图市总医院医护人员1200多人次，通过课题研究、师徒结对、优质课展示等方式培养三师图市青年教师队伍。开展“千名干部赴粤培训和跟班学习”计划，全年举办27个培训班累计939人次参与，为三师图市高质量发展提供智力支持和人才保障。深化粤兵合作共建，协助41团草湖镇新增投资项目9个，26个在建投资项目形成投资实物量6.03亿元，比上年增长超过160%。开展消费帮扶，推动新疆特色农产品在广东省销售2.1万吨，销售额1.78亿元，带动2000多户果农增收。深化结对交流，全年有11个镇街党政代表团到三师图市开展结对交流工作，捐赠资金和物资价值600多万元。推进文化润疆，落实广东援疆“一十百千万”工程（建设一个爱国主义教育基地、培育十个少数民族致富带头人、培养百名少数民族中国共产党党员、培训千名少数民族技术型人才、教会万名少数民族群众流利说国家通用语言），建成唐王城千年屯垦文化体验中心（爱国主义教育基地），铸牢各族群众中华民族共同体意识。

2021年5月12日，东莞市·第三师图木舒克市对口支援工作座谈会在东莞举行 （郭莉雯 摄）

【对口援藏】 2021年，东莞市财政向西藏自治区林芝市巴宜区投入援藏资金5084万元，实施援藏项目5个，巴宜区百巴镇开朗村、布久乡甲日卡村乡村振兴示范村项目完工。推进巴宜区大柏树景区保护提升工作，完成“一树一档”建档、“一树一策”保护方案编制、生态本底调查、生态监测方案编制等工作。加大产业援藏力度，协助巴宜区藏香猪养殖企业与东莞肥仔秋食品有限公司签订30吨藏香猪腊肉腊肠生产协议；以“直播带货”方式销售松茸等林芝特产超过500千克，开发线上小程序“林芝源·藏小鲜”，为林芝农产品打造线上销售新途径。推动智力援藏，派出东莞中小学名校长及骨干教师共34名赴巴宜区开展教研活动，安排东莞9所中小学、幼儿园与巴宜区中小学、幼儿园结对，组织志愿者96人赴巴宜区支教，推动两地交流学习25人次；派出医疗领域技术骨干16人，提高巴宜区医疗卫生水平。推动松山湖高新技术产业开发区与林芝经济开发区管理委员会合作共建，在经济、贸易、旅游、科技、文化、教育等领域开展合作。深化结对交流，全年有10个镇街党政代表团到巴宜区开展结对交流，捐赠资金和物资价值363万元。 （刘萱清）

【对口支援巫山县】 2021年，东莞市加大帮扶三峡库区重庆市巫山县力度。划拨290万元（比上年增加26万元）帮扶资金到巫山县财政局，用于支持县卫生健康委乡村振兴配套设施建设，完成改造农村户厕1208户、新建农村公厕23座。 （张武国）

开放型经济

OPEN ECONOMY

东莞港　（2021年巫业通摄）

编辑：陈建枝

对外经贸合作

【对外经贸合作概况】　2021年，东莞外贸进出口额1.5万亿元，总量排全国第五名、全省第二名。实际利用境外投资95.3亿元，总量排全省第四名。全市跨境电商进出口额730亿元，其中出口额719.03亿元，进口额10.97亿元。年内，东莞市国际邮件互换局的国际小包累计出口量812.7万件。全市社会消费品零售总额4239.24亿元，增速全省第二，总量全省地级市第一。东莞市对“一带一路”沿线国家（地区）进出口额3461.8亿元，比上年增长10.3%，占全市22.7%。东莞市始发的国际班列119班次，集装箱1.19万标准箱，货运量7.24万吨，货物贸易额5.55亿美元。

【企业境外投资】　截至2021年底，东莞市有472家企业在全球52个国家和地区的597家境外企业进行非金融类直接投资，累计协议投资29.91亿美元。企业对外投资大多以东莞制造相关的批发业、零售业和制造业为主。“走出去”企业在亚洲设立的境外企业数量最多为474家，占投资境外企业总数的79.40%，其次是北美洲和欧洲，投资境外企业数量分别为63家和32家，占比分别为10.55%和5.36%。年内，东莞市企业赴全球17个国家和地区投资的备案项目73个，涉及中方协议投资金额9.12亿美元，比上年增长6.6倍，规模与增速均创历史新高。全年全市对外投资主要流向批发和零售业、制造业等领域，其中，批发和零售业项目有62个，中方协议投资额7.5亿美元，占比82.5%；制造业项目有14个，中方协议投资额1.58亿美元，占比17.3%。

【“一带一路”沿线项目投资】　2021年，东莞市对“一带一路”国家和地区开展投资合作项目21个（新设16个、增资5个），比上年增加2个，中方投资额5078万美元。截至年底，投资到“一带一路”沿线国家和地区的项目有91个，涉及17个国家和地区，中方投资额6.91亿美元，占东莞市对外投资总额的23.2%，投资排名前三的国家分别是越南、印度和印度尼西亚。东莞企业在“一带一路”沿线国家地区的投资范围涵括制造业、医药研究、建筑安装、水利发电等领域，带动产业技术、设备和服务“走出去”。其中，广东省水利水电第三工程局有限公司作为市对外承包工程标杆企业，承接老挝沙湾拿吉塔潘通道路升级工程、怀博莱水电站、缅甸莱比塘铜矿工程等多个基建项目的建设合作，助力推动“一带一路”沿线国家地区基础设施取得新进展。

【“走出去”服务体系升级建立】 2021年，东莞市完善政策措施、平台建设、专题活动、机制制度、服务保障等机制，结合“暖企”行动升级建立“走出去”服务体系。市商务局会同市外事局、镇街商务部门、行业协会、专业服务机构、海外企业，组建“东莞市走出去企业之家”线上联盟，定期为企业提供行业管理、共享业务、政策咨询、信息供给、项目促进、活动交流、沙龙讲座等全面立体的多维度服务网络。搭建涉外法律公共服务平台，加强引导企业用好市商务局和市司法局联合打造的涉外法律公共服务平台，及时发布外国政府有关贸易、投资、反倾销等法律法规信息和管理要求，为企业提供涉外法律援助，提出投融资、合同签订和项目执行环节的法律意见。年内，分别举办“走出去”企业安全生产及疫情防控线上宣讲会和东莞市“走出去”企业实务专题辅导会，对企业进行详细宣讲解读，为企业走出去投资提供保障服务，促进海外项目更好应对疫情时代下的各类运营风险。

【国际班列开行】 2021年，东莞市国际班列开行119列，石龙国际班列开行80列，常平中欧班列开行39列，集装箱1.19万标准箱，货运量7.24万吨，货值5.55亿美元。

【国家市场采购贸易方式试点推进】 2021年，东莞市国家市场采购贸易累计结关出口11.63万票，货值约560亿元，主要商品涉及日用百货、家具、机器、机械类制品机器附件、贱金属及其制品、塑料橡胶类制品等产品，主要出口欧美、东南亚等198个国家和地区。

（李 倩）

资料链接

国家市场采购贸易方式试点：2020年9月，商务部会同国家发展改革委、财政部、海关总署、税务总局、市场监管总局、外汇局联合发文，决定在广东、浙江、广西、安徽、云南等11个省和自治区的17家市场新增第五批国家市场采购贸易方式试点。广东省有东莞市大朗毛织贸易中心、深圳华南国际工业原料城、汕头市宝奥国际玩具城3家市场位列其中。东莞市试点于2020年11月2日启动试运行，2020年12月29日正式运行，在全省新获批的三个试点中率先运行。

2017—2021年东莞市国际班列货运情况表

项目	2017年	2018年	2019年	2020年	2021年
班列数量（列）	106	122	210	132	119
货运量（标准箱）	10008	11450	18510	12500	11876
货运量（吨）	60072	84931	130258.91	92568.95	72428.54
货物金额（万美元）	50885	50987	81188.87	77604	55451

莞台经贸

【台商投资经营概况】 截至2021年底，东莞市经营的台资企业3665家，历年累计合同利用台资216.7亿美元，累计实际使用台资203.9亿美元。年内新增台资企业280家，合同利用台资1.18亿元，实际利用台资1.25亿元。是年，东莞推进产业结构调整，加快转变经济发展方式，引导和推动台企转型升级，台企发展向好的态势明显。

【台资企业获表彰】 2021年，东莞市台资企业在规模效益成长性、进口等方面获表彰。台达电子（东莞）有限公司获评为2021年度东莞市规模效益成长性前20名企业。台达电子（东莞）有限公司、明门（中国）幼童用品有限公司、东莞东聚电子电讯制品有限公司获评为2021年度东莞市实际出口总额前20名企业。东莞徐记食品有限公司、东莞联茂电子科技有限公司、东莞华科电子有限公司、台达电子（东莞）有限公司获评为2021年度东莞市效益贡献企业。

【台湾青年创业】 截至2021年底，东莞松山湖海峡两岸青年创业基地储备青创项目230多个，其中完成落户注册的195家，项目类型涵盖生物技术、电子信息、互联网、新材料、VR（虚拟现实）、无人机、文化创意等多个新兴产业领域。协助58名台湾青年通过科技创新创业人才认定。全年接待各级参访32次，举办各种联谊、路演、企业参访活动52场，32节培训课程。

【莞台金融合作】 截至2021年底，玉山银行东莞分行资产规模25.45亿元，实现净利润2407.86万元，累计为246家企业提供贷款，贷款余额16.95亿元，其中台资企业占4.41%；彰银商业银行东莞分行资产规模8.31亿元，实现净利润9016.24万元，累计为66家企业提供贷款，贷款总额折合人民币37.06亿元，其中台资企业（台资背景）占83.98%。

【第十二届东莞台湾名品博览会】　于2021年11月11—14日在厚街广东现代国际展览中心举行。该届台博会升格为省级展会，首年便实现实力、活力“双提升”。展会以“聚焦创新科技　聚力融合共赢”为主题，展览面积达3万平方米，全国多个省、市455家知名企业参展，江西省、深圳市等10个省、市首次设馆，为历届规模最大、规格最高的台博会。该届台博会吸引3287名专业采购商入场参观采购，超25万人次通过“南方+”、“云端台博会”等平台线上观展，促成合作意向26.6亿元。

【东莞深化两岸创新发展合作试验区申报】　2021年，东莞深化两岸创新发展合作试验区申报工作取得实质性进展。3月26日，国台办、国家发改委、工信部、商务部组成联合调研组到东莞调研试验区申报创建工作。由于试验区申报创建目标升格，争取国务院授牌及建立部省际联席会议机制均需国家发改委牵头，领导小组办公室设在市发改局。8月19日，东莞市将试验区有关请示、总体方案以及首批14项争取国家部委支持事项上报省政府，请示提出恳请国务院同意设立试验区，批复试验区建设方案，并建立由国家发改委、国台办牵头，有关部委和广东省政府组成的部省际联席会议制度，指导和支持试验区建设。（陈文锋）

莞港经贸合作

【莞港经贸概况】　截至2021年，东莞市有港资企业8061家，累计合同吸收港资638.0亿美元，占全市比重61.6%；累计实际吸收港资466.8亿美元，占全市比重57.1%。在所有港资企业中，以制造业为主，主要集中于造纸及纸制品业，通信设备、计算机及其他电子设备制造业，商务服务业，电气机械及器材制造业，纺织业等行业。年内，东莞市与香港地区贸易总额1702.8亿元，占全市11.2%。其中，销往香港贸易额1687.4亿元，占全市17.7%；香港销往东莞贸易额15.3亿元，占全市0.3%。全年，东莞市境外贸易前300名企业中，港商投资企业有58家，占19.3%。

【港资引进】　2021年，东莞市引进港资服务业企业2750家，合同引资118.0亿美元，行业涵盖批发和零售、租赁业、商务服务业、科学研究等领域。全市有港资企业8061家，累计合同吸收港资占全市比重61.6%；累计实际吸收港资占全市比重57.1%。

2021年东莞市投资总额前30名港资企业表

序号	企业名称	所在镇街（园区）
1	玖龙环球（中国）投资集团有限公司	松山湖高新区
2	玖龙纸业（东莞）有限公司	麻涌镇
3	东莞睿绅产业投资有限公司	虎门镇
4	广东理文造纸有限公司	洪梅镇
5	米亚精密金属科技（东莞）有限公司	凤岗镇
6	东莞粤海银瓶开发建设有限公司	谢岗镇
7	东莞联丰科艺金属有限公司	凤岗镇
8	东莞德永佳纺织制衣有限公司	麻涌镇
9	中粮（东莞）粮油工业有限公司	麻涌镇
10	东莞深能源樟洋电力有限公司	樟木头镇
11	东莞粤海银瓶发展有限公司	谢岗镇
12	东莞长安新科电子制品有限公司	长安镇
13	广东晨讯科技有限公司	黄江镇
14	广东生益科技股份有限公司	松山湖高新区
15	东莞超盈纺织有限公司	麻涌镇
16	东莞建晖纸业有限公司	中堂镇
17	东莞市宝瑞投资咨询有限公司	厚街镇
18	东莞市优澜航空科技有限公司	谢岗镇
19	广东创世纪智能装备集团股份有限公司	长安镇
20	东莞美维电路有限公司	东城街道
21	东莞新能德科技有限公司	东坑镇
22	东莞市新东元环保投资有限公司	麻涌镇
23	东莞虎门电厂	市直单位
24	东莞中电九丰新能源热电有限公司	沙田镇
25	粤丰科维环保投资（广东）有限公司	横沥镇
26	众高（东莞）实业发展有限公司	市直单位
27	东莞南玻太阳能玻璃有限公司	麻涌镇
28	东莞传星物联网技术有限公司	麻涌镇
29	东莞时富花园开发有限公司	寮步镇
30	东莞澳晓织造有限公司	常平镇

【重点港资企业】 截至2021年底，在东莞投资超1000万美元的港资企业有641家，占港资企业总数的8.0%。投资超1亿美元的有玖龙集团、理文造纸集团、米亚精密金属科技（东莞）有限公司、东莞德永佳纺织制衣有限公司等。重点港资企业有：

玖龙（中国）投资有限公司

由玖龙环球投资有限公司于2014年在松山湖高新区投资成立，投资总额和注册资本32.2亿美元，主要为企业提供从国内外采购自用的机器设备、办公设备及生产所需的原材料、元器件、零部件和在国内外销售其所投资企业生产的产品。

米亚精密金属科技（东莞）有限公司 由米亚精密科技有限公司于2007年在凤岗镇投资设立的港资企业，投资总额7.9亿美元，注册资本4.9亿美元，主要生产和销售五金件、汽车零配件等。2021年进出口额4.7亿元。

东莞联丰科艺金属有限公司

由联丰表壳厂有限公司于2013年在凤岗镇投资成立的港资企业，投资总额5.4亿美元，注册资本2.5亿美元，主要生产和销售表壳及钟表制品等。2021年进出口额3.1亿元。

东莞德永佳纺织制衣有限公司 由德永佳（中国）发展有限公司于1994年投资成立的港资企业，投资总额4.9亿美元，注册资本3.7亿美元，主要生产和销售高档织物面料的织染及后整理加工。2021年进出口额27.5亿元。

中粮（东莞）粮油工业有限公司 由时丰泰有限公司于2014年在麻涌镇投资成立的港资企业。投资总额4.8亿美元，注册资本3.8亿元。主要生产、精炼木本食用油料。2021年进出口额16.1亿元，比上年增长106.9%。

东莞南玻太阳能玻璃有限公司 由中国南玻集团股份有限公司、合泰企业有限公司于2005年在麻涌镇投资成立的港资企业。投资总额2亿美元，注册资本7785万美元。2021年进出口额4.8亿元，比上年下降0.3%。

东莞晶苑毛织制衣有限公司

由香港晶苑工业有限公司于1993年在常平镇投资成立的港资企业，投资总额1.2亿美元，注册资本5628万美元。主要生产和销售毛衣、针织服装、袋类制品、针梳织制品、鞋面等。2021年进出口额2.4亿元。

【莞港签署备忘录深化经贸合作】 2021年11月25日，东莞市商务局与香港贸发局签署“关于加强全方位合作 共同推进粤港澳大湾区经贸合作备忘录”，在便利港人港企在东莞投资创业新举措、协助港企开拓内销、继续支持东莞企业透过香港贸发局的线上线下展会及“贸发网采购”平台开拓国际市场、开展企业国际化服务计划、共同搭建经贸合作平台及开展大湾区调研等6个方面开展合作。

（李　倩）

重大项目建设

【重大项目建设概况】 2021年，东莞市发展和改革局推动重大项目建设，完成市重大项目投资1171.4亿元，首次突破千亿元，比上年增长19.1%；省重点项目全年完成投资552.7亿元，完成年度计划的152.3%，增长24.3%，建设进度居全省前列。大族科技研发制造项目、vivo研发中心、高伟增资扩产项目、博力威锂电芯及储能电池研发生产总部等190个项目开工建设，总投资规模约1080亿元。华为南方工厂二期、新太阳中汇瑞德电子、凤岗天安数码城项目一组团、长安宇瞳光学视频监控高清镜头研发生产等118个项目建成投产。莞番高速二期建成通车，中堂燃气热电联产项目点火，海心沙环保热电厂三炉两机并网发电，东江下游片区水污染综合治理工程建成通水；香港城市大学（东莞）一期、松山湖未来学校动工建设；大湾区大学、高水平理工科大学国际合作创新区加快筹建。

【重大项目管理服务】 2021年，东莞市发展和改革局优化重大项目管理机制，提升重大项目服务水平。开展“标准地”（对同一区域内的产业类项目用地，在供地条件中设定亩均投资强度、亩均财政贡献、亩均产出比、容积率、科技投入标准、单位能耗标准等控制指标，按照统一的标准进行供应和监管的产业类项目用地）改革试点，推动能评、环评等十多类事项前置评估，在战略性新兴产业基地完成10宗土地（标准地）出让。实行重大项目“绿色通道”审批政策，为市重大项目颁发“绿色通道卡”，享受事项报批“优先办理通道”待遇，年内新开工重大项目中，产业项目从取得投资备案证到开工建设平均耗时11.8个月。修定重大项目管理办法和考核办法，明确重大项目推进责任，完善资源要素配置、服务保障、协调督导、项目退出等机制。

【重大项目资源要素保障】 2021年，东莞市发展和改革局加强重大项目资源要素保障。为项目争取上级资金支持，获批地方政府专项债232亿元，排名全省第三（除深圳）；获批中央预算内补助资金8.55亿元；获省发展改革委安排的前期工作经费2390万元。申报国家和省重大项目，争取用地指标支持，大湾区大学、香港城市大学（东莞）、松山湖材料实验室、常虎高速改扩建等5个项目列入国家保障用地需求的项目清单，可使用国家用地指标；17个项目完成报省核销或争取国家用地指标，涉及用地186.67公顷。搭建企银沟通桥梁，保障项目融资需求，协调银行推出“政银双服”“工银湾区兴莞通”等特色产品，全年累计为156个重大项目授信657亿元。

【重大项目“双百”行动】 2021年，东莞市发展和改革局牵头开展重大项目“双百”攻坚行动（百个重大项目、百日攻坚专项行动）。提请市领导召开重大项目专题调度会议11次，现场督导重大项目建设15次，协调解决莞番高速三期、城市轨道交通1号线一期、广东电网直流背靠背东莞工程、香港城市大学（东莞）项目一期、正中科学园、菜鸟华南核心节点等50多个项目推进中的重难点问题。统筹协调各攻坚组牵头部门及时掌握项目情况，协调项目问题，现场督导抓落实。督促各镇街（园区）主要领导亲自抓重大项目，切实解决项目建设中存在的问题和困难。所有镇街（园区）均完成年度重大项目投资任务，其中松山湖高新区、滨海湾新区、虎门镇、塘厦镇完成投资超50亿元。（刘萱清）

投资促进

【投资促进概况】 2021年，东莞市引进内外资项目4541个，协议（合同）投资3235亿元，首次突破3000亿元，比上年增长10.1%；实际投资1684亿元，增长12.3%；实际外资95.3亿元，增长19.7%；推动91个项目完成土地摘牌，招商引资工作实现量质齐升。

【重特大项目招引】 2021年，东莞市新引进内资超1亿元、外资超1000万美元项目362个，投资金额2781亿元，其中引进30亿元及以上产业项目7个，投资金额526亿元，比上年增长18.4%；引进10亿至30亿元产业项目25个，投资金额390亿元；引进5亿至10亿元产业项目42个，投资金额262亿元。

【新兴产业投资引进】 2021年，东莞市推进新兴产业基地建设，推动新兴产业项目落地，编制《产业链招商图谱》1.0版本，梳理形成300多家重点企业招商目录，市、镇领导带队赴外招商593批次，拜访企业1267家，其中，市领导分别带队赴北京、上海等地开展招商20批次共66家企业。截至年底，东莞市引进超1亿元战略性支柱产业和新兴产业项目协议投资818亿元，比上年增长85.9%。其中：引进新一代电子信息技术项目协议投资31亿元，占比38.9%；半导体及集成电路项目协议投资196亿元，占比23.9%；高端装备制造项目协议投资96亿元，占比11.7%；新能源项目协议投资77亿元，占比9.4%。

【外商引进】 2021年，东莞市加强市级外资招商统筹，组建市、镇两级外资招引工作专班，制定部署全市外资招引工作要点，梳理形成外资招商图谱，建立70家目标企业库。截至年底，东莞市引进外商直接投资项目1205个，合同外资232亿元，比上年增长40.6%；实际外资95.3亿元，增长19.7%，总量排全省第四名，增幅分别高于全国（增长14.9%）、全省（增长13.6%）4.8个百分点和6.1个百分点，创近三年新高；超1000万美元项目98个，外资金额258亿元，增长97%。

【增资扩产投资】 2021年，东莞市对492家重点企业走访摸查，筛选优质项目形成84个重点增资扩产项目库，实行项目动态管理。全年召开34次专题协调会、推进会，市、镇联动解决问题35个，推动150个增资扩产项目实现签约。全年办理工业仓储用地变更土地使用条件业务161宗，面积638.01公顷，增加工业厂房建筑面积444.8万平方米。完成10批17个增资扩产项目申报用地指标，配置指标27.67公顷；推动60个增资扩产项目完成土地出让，合计面积322.67公顷。截至年底，东莞市、镇两级联动推动150个投资亿元以上的增资扩产项目签约，比上年增加20个，投资金额868.5亿元，增长19.9%。其中：新增用地增资项目88个，投资金额591.99亿元；原地增资及技改项目62个，投资金额276.5亿元，本土优质企业根植性不断增强。

【现代服务业招商】 2021年，东莞市引进现代服务业项目1339个，投资金额668亿元，比上年增长35.8%。其中，软件和信息服务业项目158个，投资金额91亿元，增长198.4%。国际商务区首批4个项目开工建设，华润置地地标、东莞香港中心、招商局集团东莞总部项目摘牌，国际四大会计事务所之一毕马威东莞办事处开业，世界500强企业思爱普（SAP）集团在东莞设立大湾区首个创新中心。

【招商引资产业项目管理】 2021年，东莞市投资促进局建立分级评估机制，成立投资咨询委员会，实现招引项目评估全覆盖，提升项目评估水平和风险防控能力。优化经济效益审查流程，推动市级部分审查事项“下放”，设立市、镇两级分层效益审查范围，新设增资扩产、租赁集体自用土地、“工改工”（将土地性质为普通工业用地改变为新型产业用地，将旧工业区拆除重建升级改造为新型产业园）项目、拆迁补偿物业等四类项目准入门槛。

【投资促进宣传】 2021年，东莞市投资促进局打造线上宣传平台，构建“公众号+视频号+小程序”的新媒体宣传矩阵，全年公众号阅读量、访问量超54万次，粉丝量增长至3万人。组织招商推介宣传片评比活动，邀请市委宣传部、媒体、影视制作机构等人士担任专业评委，对33个镇街（园区）参赛作品进行评比，评选出2个最佳投资宣传片、8个优秀投资宣传片。招商宣传片《制造新精彩　东莞再出发》参评东莞第三届短视频大赛获一等奖。

【东莞战略性新兴产业招商大会】 2021年5月21日，东莞战略性新兴产业招商大会举行。大会在东莞设立主会场，在日本、德国、以色列、阿联酋、中国香港、中国澳门6个国家和地区设立分会场。大会发布签约重大项目投资总额1483亿元，聘请毕马威、戴德梁行、粤科金融、粤财基金、深创投为东莞首批全球“招商合伙人”。大会播放《制造新精彩　东莞再出发》先导片，举行“论道东莞：聚焦新兴产业，铸造全新动能”主题对话、东莞全球招商合伙人授牌仪式、东莞战略性新兴产业基地成立暨东莞新动能“全球揭榜招商”启动仪式、东莞战略性新兴产业签约仪式。各平台直播流量及各大媒体报道阅读量、关注量超2000万人次。　（官伟政）

附：2021年东莞市投资促进局主要领导名录

党组书记、局长：陈顺娇

贸易促进

【商事认证服务】　2021年，东莞市贸促会办理商事认证项目3.28万份，比上年增长6.9%。包括商事证明书1945份，代办领事认证277份，中国出口商品品牌3份，自由销售证明书2份，转口证书48份，加工装配证2份，ATA（高技术配置）单证册1份，原产地证3.06万份，其中签发自贸区优惠原产地证书5694份，比上年增长11.6%，按照FOB（船上交货的离岸价格）金额1.95亿美元的10%计算，为莞企节约进口国关税1952.6万美元。

【商事法律服务】　截至2021年底，东莞市商事调解中心接收调解案件420件，涉案金额超4.2亿元。其中进入调解程序225件，签订调解协议150件，金额4000余万元，调解成功率66.7%。东莞市商事调解中心加强与中国贸促会调解中心对接合作，参加2021年国际调解高峰论坛。加强与市两级人民法院诉调对接，启动商事在线调解平台并加入东莞市调解协会，加入东莞市国际商会法律服务专业委员会。6月，与香港G2G调解中心联合调解成功首宗涉外商事纠纷。4月，在全国贸促系统调解工作会议上，东莞市商事调解中心被评为“2020年度中国贸促会优秀调解中心”。

【中美经贸摩擦应对】　2021年，东莞市贸促会开展中美经贸摩擦应对防范工作。协助省贸促会开展“走出去”法律服务“深调研”工作，组织企业参加稳外资稳外贸调研工作座谈会，推广中国贸促会企业跨境贸易投资法律支援平台“贸法通”，组织企业参加多场涉外法律知识线上培训班。全年通过官方网站、公众号发布经贸预警信息306期1162条，及时提供最新经贸预警信息。

【贸易促进推动】　2021年11月，由东莞市贸促会牵头组建的东莞外资外贸智库方案经市政府审定同意予以实施。深入东莞进出口企业调研FTA（自由贸易协定）政策实际应用情况，完成《关于东莞市外贸企业利用自贸协定的调查报告情况》课题研究，并上报市政府。组织企业参加62场RCEP（区域全面经济伙伴关系）相关工作培训，提升企业风险防范意识和应对能力。

【国际经贸联络】　2021年，东莞市贸促会发挥其联系管理的东莞市驻南非经贸代表处的作用，举办“东莞品牌携手开拓南非市场—东莞外贸企业协会2021年出口专场座谈会”；向市外办转达“七一”前夕收到南非夸纳省政府外事办、夸纳省贸易投资促进署以及当地工商界代表发来的贺函。其间上报工作简报9期，经贸资讯120则，及时发布风险预警，帮助东莞企业深入了解南非的营商环境。年内，东莞市贸促会接待南非德班理工大学孔子学院、中国瑞士商会、新加坡星迈黎亚集团、美洲工业集团等来访团体。拜访墨西哥驻穗总领事馆商务处，分别与广东省贸促会驻法国经贸代表处代表、马来西亚驻穗总领事馆商务处、厄瓜多尔共和国驻穗总领事馆商务处、伊朗驻穗总领事馆、赞比亚驻穗总领事馆进行线上友好交流；出席德国北威州商务署举办的“德国北威州国际商务署成立相关活动”、省贸促会和泰国驻广州总领馆举办的“粤港澳大湾区与泰国东部经济走廊线上研讨会”。

【贸促会组织企业参展】　2021年，东莞市贸促会组织企业参加台博会、广交会、食博会、进博会等10多个国家、省重点展会的参展采购工作，助力企业拓展国内外市场。开拓线上渠道，组织企业参加“如何在墨西哥的工业中心开始生产——中企在墨西哥的商机”线上推介会，“东莞—菲律宾广东商品展销中心对接洽谈会”等活动挖掘

2021年12月10—12日，东莞市贸促会在澳门举办“东莞—澳门经贸投资交流会”
（市贸促会供图）

对外合作商机。

【东莞市国际商会运作】 2021年，东莞市国际商会新增会员321个，增设文化艺术、商务考察等专业委员会7个，新增唐格朗、金边、曼谷、仰光驻境外办事处4个，加强商会的代表性。全年合办、协办、承办活动10余场，组织企业参加由中国贸促会、中国国际商会、省贸促会、省国际商会及相关单位主办的线上活动32场，以及举办“贸促讲堂”系列活动2场、“有商有量”沙龙1场，助力企业在稳步发展国内外市场。

【中国（东莞）—俄罗斯、白俄罗斯家具产品线上对接洽谈会】 2021年5月19日，东莞市贸促会联合俄罗斯联邦列宁格勒州工商会、俄罗斯中小企业协会鞑靼斯坦分会主办“中国（东莞）—俄罗斯、白俄罗斯家具产品线上对接洽谈会”，35家境外采购商与东莞市72家家具家居企业开展线上对接洽谈，中外双方在线参会人员130余人。

【东莞—澳门经贸投资交流会】 于2021年12月10—12日在澳门特别行政区举行。该次交流会由东莞市贸促会主办。中国贸促会驻澳门代表处、澳门贸易投资促进局、澳门厂商联合会、澳门出入口商会、澳门供应商联合会等政商代表，以及东莞市台港澳事务局、东莞市投资促进局、东莞松山湖管委会、东莞水乡管委会、东莞滨海湾管委会、寮步镇、企石镇、塘厦镇、谢岗镇等代表共约100人出席活动。会议期间，举办东莞投资营商环境主题推介、澳门企业在莞投资经验分享和战略合作协议签约等活动，深化莞澳的经贸合作，共同推动在莞澳两地企业拓展国内外市场。

（陈伟荣）

附：2021年中国国际贸易促进委员会东莞市委员会主要领导名录

党组书记、会长：郑文志

口岸管理

【口岸管理概况】 2021年，东莞市水运口岸进出境货物4076.44万吨，比上年增长11.5%；铁路口岸4.98万吨，下降45.95%；车检场进出境货运车辆3.08万辆次，下降34.7%；口岸进出境船舶7193艘次，下降23.58%。

【口岸营商环境改善】 2021年，东莞市在国际贸易“单一窗口”（参与国际贸易和运输的各方，通过单一的平台提交标准化信息和单证）推广应用货物、舱单、船舶申报，在主要申报业务应用率达到100%的基础上，继续推广出口信保、出口退税、金融服务、海关查验信息推送、船舶转港数据复用、通关物流全程评估等功能模块应用。使用国际贸易“单一窗口”标准版以来，已上线17大类106项应用功能，全面实行免费申报，覆盖全市所有口岸，基本上满足企业“一站式”作业要求。截至年底，使用企业1.7万家，累计单证总申报量突破550万票。在口岸现场和广东国际贸易“单一窗口”公示76家口岸经营服务企业收费。全年为货主企业减免货物港务费、港口设施保安费44.55万元，3月1日至12月31日，降低货物港务费及港口设施保安费收费标准；年内免征港口建设费；免除查验没有问题外贸企业吊装移位仓储费用330万元；取消非油轮货船强制应急响应服务及收费；鼓励港口经营人对受疫情影响提货困难的企业，特别是小微企业，继续给予减免库场使用费等优惠。

【口岸功能优化】 2021年，东莞市促成广东中远海运重工有限公司造船项目配套码头于10月13日经省口岸办批复同意对外开放。截至年底，纳入东莞市虎门港口岸对外开放的一类货运码头有27座，泊位68个。 （李　倩）

海关监管

【海关监管概况】 截至2021年底，黄埔海关在东莞地区设置7个正处级隶属海关，包括东莞海关、新沙海关、常平海关、太平海关、凤岗海关、东莞长安海关、沙田海关等。其中，东莞海关是联络关，根据黄埔海关的授权，代表驻莞海关负责与东莞党政机关、司法、驻军等单位及企业协会的日常工作联系。主要业务包括：负责东莞地区的企业认证、邮件监管、统计分析以及加工贸易备案、结转、核销；辖区进出境货运监管、加工贸易及保税监管、邮件监管、跨境电商监管、快件监管、企业核查及出入境动植物检疫、卫生检疫、商品检验、进出口食品安全等。

年内，东莞海关统筹推进口岸疫情防控和促进外贸稳增长，坚持“外防输入、内防反弹”总策略，持之以恒强化内部疫情防控，落实联防联控机制，参加东莞市疫情防控指挥部办公室疫情防控、外事、台港澳、防控物资保障、督查督办、陆路与航空口岸疫情防控、交通运输疫情防控、农贸市场和进口冷链食品疫情防控、流调溯源、涉疫风险人员排查、不明来源冷冻肉和水产品消杀处置等11个工作组。

【进出口货物监管】 2021年，东莞海关统筹推进安全生产专项整治三年行动，开展专项安全检查。严防非洲猪瘟等重大动物疫情疫病输入，加强进出口食品安全监管，强化对进出口危险化学品等重点敏感商品检验。加强知识产权海关保护，代表驻莞海关同东莞市市场监督管理局签署知识产权保护合作备忘录，严厉打击进出口侵权违法行为，有效净化消费市场。推动三级监控指挥中心实体化运作，实现精准监控。推进综合治税工作，核查补税额居各隶属海关首位。保持对毒品、武器弹药、冻品、洋垃圾、象牙等濒危动植物及其制品走私的高压严打态势，严厉打击防疫物资、疫苗非法出境，为守好国门安全贡献海关力量。

【“关助力”专项行动实施】 2021年，东莞海关从广东省制造业龙头企业、重大外资项目企业、东莞市“倍增计划”（重点企业规模与效益倍增）企业以及重点税源企业中筛选出重点对接企业，开展企业对口帮扶，每季度深入企业宣讲海关政策，对企业反映的问题实行清单式交办和销号式管理，为进出口企业办实事、解难题。通过“关助力”专项行动，先后为企业协调解决全工序外发、内销缓税利息等问题，多家企业进出口业务大幅增长。

【跨境贸易改革】 2021年，东莞海关落实“放管服”（简政放权、放管结合、优化服务）改革任务，着力减单证、优流程、提实效、降成本，推进申报通关便利化措施，巩固压缩通关时间成果，优化口岸营商环境。加强宏观经济研究和外贸监测预警服务，服务地方经济社会发展。探索全业态嵌入式智慧监管改革，支持跨境电商等新业态高质量发展，为东莞外贸发展提供支撑。

【海关帮扶企业】 2021年，东莞海关加大以企业为单元改革推广力度，超额完成全年推广任务。推进企业集团加工贸易监管改革，简化集团成员企业之间保税料件流转的办事流程，降低企业的运营成本。推进AEO（经认证的经营者）认证工作，加大信用培育力度，帮助企业在境外享受海关通关便利措施。推动原产地证书智能审核模式改革，实现企业申领证书零等待，助力企业“走出去”扩大出口。推动关税减让及税收优惠政策落地，减轻企业负担。

【海关服务“一带一路”倡议】 2021年，东莞海关主动服务“一带一路”倡议建设，铁路跨境快速通关模式顺利试点，支持广东（石龙）铁路国际物流基地设立出口监管仓，解决中欧班列货物拼货、配货难题。为中欧班列特色专列打造“定制化”监管方案，保障广东省首趟“家电专列”、中越首发班列及邮政班列顺利开行，增强石龙中欧班列的竞争力。

东莞海关关员对供港蔬菜进行监管 （2021年东莞海关供图）

【供港蔬菜监管服务】 2021年，东莞海关参与粤港澳大湾区建设，加强源头监管，以全国首个供港蔬菜监管中心为依托，探索一站式监管服务模式，助力东莞集散的供港蔬菜销往香港市场。 （张 铄）

附：2021年东莞海关主要领导名录

党委书记、关长：潘英启

2021年新沙海关主要领导名录

党委书记、关长：

陈健华（任至8月）

汤 勇（8月到任）

2021年常平海关主要领导名录

党委书记、关长：陶理清

2021年太平海关主要领导名录

党委书记、关长：

刘 锋（任至3月）

钟 声（3月到任）

2021年凤岗海关主要领导名录

党委书记、关长：刘荣水

2021年东莞长安海关主要领导名录

党委书记、关长：林 臻

2021年沙田海关主要领导名录

党委书记、关长：贺韶辉

出入境边防检查

【出入境边防检查概况】 2021年，东莞出入境边防检查站围绕口岸管控服务和疫情内控外防工作任务，保持口岸辖区与队伍内部“双稳定”，疫情防控保持“零输入、零感染、零传播”。年内，成立安保工作专班，细化部署15个方面的安保任务，开展专项排查2次，实地督导7次，排查安全隐患及管理薄弱环节11项。安保实战阶段，站机关民警下沉支援一线，累计派出警力320余人次参与口岸一线执勤。全年，查验出入境人员7.55万人次，船舶6108艘次，办理登轮许可9062份、搭靠船舶许可1156份，无发生业务事故和失控漏管情况，口岸辖区保持安全稳定。开展“辖区码头大清查活动”，全量排查立沙岛、麻涌、沙田、沙角等码头5028名员工人员身份、出入境证件办理、违法违规等信息，确保东莞口岸辖区安全可控。全年共编报情报信息30篇，被广东省公安厅采用1篇，推送国家移民管

东莞边检站工作人员在东莞港开展执法执勤工作 （2021年陈兰芳摄）

理局3篇。

【出入境边防检查应急处置机制】 2021年，东莞出入境边防检查站绘制东莞口岸勤务组织、处突警力、疏散引导部署图53张。修改完善4类18个应急处置预案库，分级分类开展“遭遇式”对抗演练，开展口岸涉港、疫情条件下不法分子“冲闯关”“喊口号”“快闪举牌”等政治敏感事件处置演练28次、桌面推演4次，有效锻造快速反应、能力过硬的口岸处突力量。

【出入境边防检查部门助力新冠肺炎疫情防控】 2021年，东莞出入境边防检查站加强新冠肺炎疫情防控工作，确保疫情内控外防各项措施落实落细落到位。健全例会分析、应急指挥、巡查督导等防疫工作制度，召开防疫领导小组会议90次，开展视频及实地督察200余次，查纠整改问题隐患70余处。6月18日，召开站防疫专题会议，制定8项措施强化内部及口岸疫情防控工作。推行落实口岸一线执法执勤独立作战模式，确保执勤人员不交叉，口岸防疫精准“闭环”。参与东莞市疫情联合督导组，做好“国际航行船舶登轮和港口码头作业人员防疫专项整治”“来往港澳小型船舶疫情防控交叉检查”等专项工作。深化信息共享和协作配合，向市联防联控单位通报发现的涉疫重点关注人员及船舶数据。全年排查旅客员工2.17万人次，向驻地联防联控部门通报涉疫重点关注国家人员1.88万人次，向东莞市防控指挥部提供核查人员数据信息1000余条。

【“放管服”改革推进】 2021年，东莞出入境边防检查站推动广东中远海运重工有限公司造船项目配套码头、东莞玖龙码头、同舟码头二期等三个码头对外开放建设，提前介入边检配套设施建设。贯彻落实国家移民管理局《关于促进服务航运企业发展十六项新举措》，细化外籍船舶移泊边检手续办理措施。服务支持地方企业业务开拓，协助虎门港澳客运码头改增内贸码头建设，协调推动常平口岸出入境通道隔离设施改造升级。

【澳门航线复航保障】 2021年，东莞出入境边防检查站贯彻落实市委、市政府领导的批示指示精神及市防境外输入工作专班部署安排，做好太平口岸澳门航线复航的边检勤务，做好常态化疫情防控下的勤务组织保障。探索实施“前置审查、前台盘查、深度核查”分段劝阻模式。通航期间，验放出入境人员2741名，核查旅客846人次。

【边检“12367”服务平台启用运行】 2021年，东莞市启用运行边检“12367”服务平台，专设服务咨询热线，组织话务人员到“12345”政府服务热线和“110”报警中心交流学习，从基础通用共性解答、口岸差异化事项以及疫情防控常态化工作3个维度开展话务技巧培训，确保每位群众来电都能得到专业的边检解答与建议。截至年底，接咨询来电600余次，解答满意率100%。

【法治口岸建设】 2021年，东莞市推进沙田口岸执法办案场所及常平口岸候问室与检查室建设项目，开展口岸监控镜头建设调研，持续优化口岸执法办案硬件设施。坚持定期开展案件集中交叉评审、模拟现场办案及执法考核，采取授课辅导、旁听庭审、警务训练等方式，提高民警执法水平和办案质量，案件办理实现零差错、零投诉。截至年底，全站民警执法资格考试基本级通过率100%，5人通过高级执法资格考试，3人通过国家法律职业资格考试。

【边检服务企业发展】 2021年，东莞出入境边防检查站依托边检行政许可网上办理平台、黄埔系统及“港口通”便民小程序等边检网上服务平台，探索“互联网+”服务，推行边检通关手续网上预约、自助办理、无纸化证件申领等便利措施。年内，共保障沙田口岸近680亿元产值货物快速通关，累计为船舶节省通关时间900余小时。走访了解码头企业实际困难，协助码头企业开展安保、业务和法律法规培训17次，10家码头企业赠旗致谢。紧急救助病重船员离船治疗3起3人次。 （顾茂良）

附：2021年东莞出入境边防检查站主要领导名录

党委书记、政治委员：黄　鹏
党委副书记、站长：吴振标

农业·农村工作

AGRICULTURE · COUNTRYSIDE

东城街道周屋社区创意稻田“建党100周年　中国梦”
（2021年市农业农村局供图）

编辑：陈建枝

农业·农村工作综述

【农业农村工作概况】　2021年，东莞市农林牧渔业总产值53.38亿元，比上年增长13.12%，农林牧渔业增加值34.66亿元，增长11.8%。农村居民人均可支配收入4.32万元。全市村组两级集体总资产2305.4亿元，净资产1918.2亿元，经营总收入282.8亿元，经营纯收入214.7亿元。全市80%村（社区）达到美丽宜居村标准，基本建成50个特色精品示范村。东莞市连续在全省乡村振兴实绩考核、省粮食生产考评和“菜篮子”市长负责制考核中获“优秀”等次，市农业农村局获“广东省脱贫攻坚先进集体”称号。

【农村和渔民疫情防控】　2021年，东莞市农业农村局根据新冠肺炎疫情防控工作要求，牵头成立市农村和渔民疫情防控专班，配合市疫情防控指挥办做好农村和渔民疫情防控，指导镇街落实防控措施，筑牢“外防输入、内防反弹”防线。落实农村返乡重点人员排查管控；严控农村聚集性活动，坚持“非必要不举办”；强化宣传引导，营造群防共治氛围。加强港澳流动渔民防控管理，严防港澳流动渔民违反疫情防控规定上岸；指导督促渔民群众接种疫苗，做到“应接尽接”。指导协调农村集体经济组织落实防疫开支，为疫情防控工作提供坚实的物质支持。

【乡村振兴战略实施】　2021年，东莞市围绕推进乡村振兴、加快农业农村现代化、推进城乡融合发展，全年确立30项重点工作、64项重点任务。召开“抓党建促乡村振兴现场推进会”并制定工作清单，部署落实党建引领乡村建设、基层治理、集体经济发展、改革创新等重点工作。创建农村人居环境示范市，推动农村基础设施、公共服务、治理体系等建设水平提升。强化乡村振兴投入保障，资金保障方面，继续实行市镇参与税收分成收入中计提一定比例补助村（社区）基本公共服务支出机制，农业银行广东分行为东莞市乡村振兴提供500亿元融资额度支持；用地保障方面，落实从市统筹用地指标中预留10%用于乡村振兴项目的政策，为12个乡村振兴项目配置11.06公顷新增建设用地指标；人力保障方面，通过“粤菜师傅”、高素质农民、精勤农民、科技下乡等活动培训农民3万多人次，同时放宽亲属投靠入户政策，畅通市内居民城乡间流动渠道。

【田间窝棚整治】 2021年，东莞市加强田间窝棚整治，开展排查和包干暗访。33个督导组实行每周深入镇街（园区）开展一次暗访、每周更新一次台账，一旦发现问题线索，将拍摄的图片、影像以及位置定位，同步通报属地镇街（园区）。督促各镇街（园区）做好重建后农田工具房农业生产需要，明确用于农药、肥料和农具存放。截至年底，全市累计排查田间窝棚4.1万个（含拆除后反弹复建窝棚），其中拆除4.09万个，拆除率99.98%。全市计划重建农田工具房5006个，重建5006个，重建率100%。

【高标准农田改造提升】 2021年，东莞市推进高标准农田改造提升试点，在“十二五”（2011—2015年）以来建成的高标准农田项目区（不包括2018—2020年高标准农田建设项目）中选取有条件的项目进行改造提升，年内推进改造提升项目面积80公顷。探索高标准农田改造提升项目金融保险试点，率先签订全省首笔高标准农田建设工程质量潜在缺陷责任保险保单。

【农业物资装备】 2021年，东莞市有在册登记拖拉机和联合收割机1535台。全年补贴购机户35户，补贴农业机械461台（其中2台报废），其中补贴轮式拖拉机2台、插秧机4台、耕整地机械5台、鱼塘增氧机448台，补贴金额32.17万元。

【农业经营主体培育壮大】 2021年，东莞市培育壮大农业经营主体。

农业龙头企业培育 2021年，东莞市永益食品有限公司被认定为第七批农业产业化国家重点龙头企业，广东山农农业集团有限公司等2家企业被认定为省重点农业龙头企业，东莞市中心定点屠宰场股份有限公司等7家企业被认定为市农业龙头企业。截至2021年底，全市有农业龙头企业48家，其中省级以上27家、国家级5家，全年发放农业龙头企业各类扶持资金1100万元；全年全市农业龙头企业销售收入202亿元，带动全国范围内农户13万多户，带动农户增收4亿多元。

农民合作社规范发展引导 2021年，东莞市开展市级示范社认定复评，落实市级财政资金支持合作社建设一批合作经营项目。截至2021年底，全市有农民合作社185家，其中市级示范社14家、省级示范社7家、国家级示范社1家。

家庭农场培育发展 2021年，东莞市新认定省级示范家庭农场2家、市级家庭农场21家及市级示范家庭农场9家，发放市级家庭农场奖励资金140万元。截至2021年底，全市有市级家庭农场122家，其中省级示范家庭农场15家，市级示范家庭农场31家。

农村创业创新促进 2021年，东莞市太粮米业有限公司、东莞市石碣润丰（国际）蔬菜交易中心入选全国农村创业园区（基地）目录；松湖优谷项目获“建行杯”广东省农村创业创新大赛初创组一等奖，代表广东省出战全国农村创业创新大赛并获三等奖。

【农业产业园建设】 2021年，东莞市各级农业产业园建设稳步推进，全市农产品冷链物流优势产区产业园累计投资额3.25亿元，完成计划投资总额的50.7%。望牛墩农业产业园基本完成一期温室大棚项目建设；麻涌春田新绿农业科技园基本完成二期温室大棚项目建设；东莞万江花溪湾现代农业产业园、凤岗顺成农业科技生态园等建成一批功能区并投入生产。截至2021年底，东莞市规划建设省、市、镇级农业产业园23个，年产业总产值超20亿元，从业人员超1万人。

【农业品牌建设】 截至2021年底，东莞市获广东省认定“粤字号”农业品牌产品53个。2021年，东莞荔枝、洪梅笋壳鱼入选全国“名特优新”农产品名录。

【荔枝“12221”市场体系建设】 2021年，东莞市落实荔枝“12221”（推出“1”个农产品大数据平台，组建销区采购商和培养产区经纪人“2”支队伍，拓展销区和产区“2”大市场，策划采购商走进产区和农产品走进大市场“2”场活动，实现品牌打造、销量提升、市场引导、品种改良、农民致富等“1”揽子目标）市场体系，强化东莞荔枝宣传推介，组织荔枝企业赴上海等地开拓销区市场，开展“一带一路·甜蜜出发”2021年广东荔枝丝路行活动等系列产区市场活动，主动对接省级平台助力荔枝销售，发动采购商和市民采购荔枝，主动对接物流企业、电商平台等，助推东莞荔枝甜遍全国。被省农业农村厅评为广东荔枝“12221”市场体系建设——“我为荔农办实事”优秀政务服务奖。

【休闲观光农业发展】 2021年，东莞市致力推动休闲观光农业发展，建设美丽乡村。

休闲观光农业示范点创建 2021年，东莞市新增省级休闲农业与乡村旅游示范镇1个，省级休闲农业与乡村旅游示范点2个，市级休闲观光农业示范点3个。截至

2021年底，全市有全国休闲农业与乡村旅游示范点2个，全省休闲农业与乡村旅游示范点14个和示范镇7个，市级休闲观光农业示范点22个。

休闲观光农业项目发展　截至2021年底，东莞市2公顷以上休闲农业场所120多个，经营面积超1333.33公顷。2021年，全市打造创意稻田项目4个；接待游客610万人次，经营主体实现经营收入超2亿元。

【政策性农业、渔业保险】

2021年，东莞市农业农村局等部门联合推动农业保险高质量发展，将省新增的险种一并纳入新一轮政策性农业保险投保险种，全市累计险种26个，与省险种数量保持一致，范围涵盖粮食作物、特色水果、生猪、蔬菜、花卉、水产、农业设施等。其中，水稻、水稻制种、玉米、花生、马铃薯、甘蔗、能繁母猪、仔猪、育肥猪、奶牛1—3岁、奶牛3—7岁、奶牛7—8岁、简易大棚、钢结构大棚、肉鸡、肉鸡批发价格等16个险种维持不变，原有的香蕉、木瓜、荔枝、龙眼和柑桔橙柚等5个险种合并为“岭南水果”新险种，新增茶叶、露地蔬菜、大棚蔬菜、露地花卉苗木、大棚花卉苗木、肉鸭、蛋鸡、淡水水产和海水网箱养殖风灾指数等9个险种。

农业保险保障标准提高　2021年，东莞市根据新一轮政策性农业保险政策，原有的16个险种中，除水稻制种、奶牛1—3岁、奶牛3—7岁、奶牛7—8岁、简易大棚、肉鸡批发价格等6个险种外，其他10个险种的保险金额均有不同程度提高，其中水稻从1.2万元/公顷提高到1.5万元/公顷、玉米从1.2万元/公顷提高到1.5万元/公顷、花生从1.2万元/公顷提高到1.5万元/公顷、马铃薯从1.8万元/公顷提高到2.25万元/公顷、甘蔗从1.2万元/公顷提高到2.25万元/公顷、能繁母猪从1000元/头提高到1500元/头、仔猪从200元/头提高到500元/头、育肥猪从800元/头提高到1400元/头、钢结构大棚从12万元/公顷提高到15万元/公顷、肉鸡从12元/羽提高到30元/羽。同时，原有的香蕉、木瓜、荔枝、龙眼和柑桔橙柚等5个险种合并为“岭南水果”新险种后，保险金额从原来的1.5万元、2.25万元/公顷，统一提高到4.5万元/公顷。

【农产品质量安全】　2021年，东莞市镇两级检测蔬菜、生猪、水产品等样品69.56万份，蔬菜农药残留、牲畜“瘦肉精”药物残留和水产品药物残留检测合格率分别为99.68%、99.99%、99.65%。全年无害化处理屠宰环节不合格肉品291.34吨、病死生猪（牛羊）1.53万头，活禽集中交易市场病死家禽19.43万羽，养殖环节不合格水产品8.13吨，生产环节农药残留超标蔬菜2.83吨，发出不合格农产品处理通知书71份。开展农产品及农资产品执法行动，全市累计出动农业执法（工作）人员5.2万人次，检查生产经营企业3.8万家次，查办涉及农产品和农资产品的行政处罚案件29件，其中9件案件（线索）移交公安部门处置，罚没金额12.8万元。

【农业安全生产】　2021年，东莞市农业农村局制订《安全生产职责分工方案》，与局系统单位签订安全生产责任书。建立健全安全生产责任体系，推动实施农业行业动态监管，构建长效监管机制。动态掌握工作底数，建立并动态更新全市农业行业安全生产及局系统单位物业安全生产监管工作台账，实行每月定期报送工作机制。不定期分析研判，不定期召开研判会议，针对排查出的风险进行分析研判，及时商讨对策，整改安全生产薄弱环节。

渔船渔港安全监管　截至2021年底，东莞市有渔船251艘（其中海洋捕捞船201艘、内陆江河捕捞船50艘）。全年市、镇、村各级开展渔业安全检查567次，出动检查人员2263人次，检查渔船2237艘次，巡查修造船厂97家次，完成安全隐患整改75处，查获涉渔“三无”（无船名号、无船舶证、无船籍港）船舶46艘，核实涉渔乡镇船舶（生计船）111艘，开展宣传活动18次，派发宣传资料1300多份，发布手机宣传短信5000多条。

农机安全监管　2021年，东莞市出动执法人员650人次，检查农机635台次，查扣手扶拖拉机

2021年6月11日，2021东莞荔枝产业高质量发展暨首届大岭山云上荔枝品牌文化节在大岭山镇举行　（市农业农村局供图）

（变型拖拉机）14台；为482台拖拉机进行安全检测，其中手扶拖拉机466台、大中型拖拉机14台、联合收割机2台；建设平安农机示范村3个，开展农机安全生产培训班3期；发布安全信息13次，安全短信3.6万条次，派发宣传资料1300份（册）。

【农资打假】 2021年，东莞市做好农资打假和监管，制订农资打假专项治理行动方案，通过市镇联动、部门联动打防结合，保障农业生产顺利进行。全年印发宣传资料5010份，出动执法人员1920人次，检查农资生产经营单位467家次，执法抽样409份，检出不合格样品5个，立案26件，涉案货值1.88万元，罚没款8.35万元，销毁不合格产品26批次。跟踪处理涉农资投诉案件（工单）11件。

【农业行政执法】 2021年，东莞市累计出动农业执法人员4.59万人次，检查生产经营单位3.61万家次，检查、检验渔船2390艘次，办理案件79件，罚没金额48.73万元。涉嫌犯罪移交公安机关案件（线索）18件。

【农业政务服务】 2021年，东莞市农业农村局办理政务服务事项4660宗，包括行政许可3507宗、其他服务事项1153宗。4月，推动3个许可事项纳入全市“证照分离”改革试点范畴，实行告知承诺制，占全市改革事项数30%。9月，在农业领域21个涉企业经营事项（含上述3个试点事项）推开“证照分离”改革，改革事项数量列市直单位第一位。改革案例《广东省东莞市农业农村局探索推行告知承诺制　实现提速办证》入选农业农村部发布的《地方农业农村部门深化“放管服”改革典型经验汇编》，是广东省唯一入选汇编的地级市案例，并在全国农业系统宣传推广。推行“水生野生保护动物利用审批”流程优化案例，流程优化后，减少物料流转环节，市级部门实现电子化审批；减少申请人跑动，市级部门发证直接寄送给申请人；减少办理时间，办理总时长由12个工作日压缩至5个工作日，惠及全市1000多户养殖户。推行行政许可“两减一即”（减时间、减跑动、即办件）服务，办结时限压减率94.96%。

【东莞市农业农村局获“广东省脱贫攻坚先进集体”称号】 2021年6月，中共广东省委、广东省人民政府授予东莞市农业农村局“广东省脱贫攻坚先进集体”称号。2019—2020年，东莞市农业农村局发挥农业行业特点，推动对口帮扶地区脱贫攻坚。推动消费帮扶，通过举行产销对接会、在中国国际食品配料博览会上设立对口帮扶专区等形式，邀请对口帮扶地区农业企业免费参与展示，着力打造扶贫产品销售平台。组织东莞市农业企业赴对口帮扶地区调研考察，推动企业与对口帮扶地区签订合作框架协议、生猪产销合作协议等。加强社会帮扶，组织开展“广东扶贫济困日暨东莞慈善日”“万企兴万村”等活动，引导社会力量参与帮扶。2019—2021年，“广东扶贫济困日暨东莞慈善日”活动募集资金3.15亿元，累计发动310家企业在广东省“千企帮千镇　万企兴万村”信息管理平台登记注册，参与“万企兴万村”行动。派驻帮扶干部强化对翁源县新江镇东方村的帮扶，协助东方村于2019年达到十项指标出列标准，贫困户100%达到脱贫标准，率先完成脱贫攻坚任务。

【东莞市农业农村局获评为“广东省乡村振兴先进集体”】 2021年4月，东莞市农业农村局、4名农业农村工作者分别被省委实施乡村振兴战略领导小组评为广东省乡村振兴先进集体和先进个人。东莞市全方位推动乡村振兴工作开展，全市农村人居环境持续改善，乡村善治格局更加完善，城乡融合发展体制机制更加健全，农村居民收入水平实现稳步增长。80%的村（社区）达到美丽宜居村标准，连续五届入选全国文明城市，东莞市1个镇、2个村入选全国乡村治理示范镇（村）；镇村经济大跨越，村组集体总资产2016—2020年连上6个百亿台阶，突破2000亿元大关；全市8个次发达镇实现地区生产总值破百亿元，70个次发达村经营纯收入实现五年翻一番；农村居民人均可支配收入绝对值连续3年居全省首位；全市户籍人口城镇化率95.58%，初步实现城乡基本公共服务均等化。年内，东莞市在省委实施乡村振兴战略领导小组开展的全省推进乡村振兴战略实绩考核中，连续第三年获“优秀”等次，其中8个参与考核的镇均获评为“优秀”。全年有4篇乡村振兴工作信息被广东省乡村振兴工作简报采用，1篇被中央农办和农业农村部主管的《农村工作通讯》采用。

【东莞市获评广东省“菜篮子”市长负责制考核“优秀”等级】 2021年7月，东莞市人民政府在广东省“菜篮子”市长负责制考核中连续获“优秀”等级。年内，东莞市统筹推进新一轮“菜篮子”工程建设，通过加强疫情防控期间应急保障、健全“菜篮子”市场体系、加强当地蔬菜生产、强化市场供给稳定及调控等措施，保障“菜篮子”产品稳定供应和质量安全。全市“菜篮子”产品供给量充足，价格总体较为稳定，其中供莞生猪345.99万头，日均9479头；蔬菜188.41万吨，日均5162吨（含当地菜约1000吨/日）；活禽1.08亿羽，日均29.6万羽。

【东莞市农产品质量安全监督检测所获“广东省三八红旗集体”称号】 2021年3月，东莞市农产品质量安全监督检测所获广东省妇女联合会授予“广东省三八红旗集体”称号。该所通过党建引领带动妇女工作发展，保障妇女权益，注重发挥妇女特别是女党员的作用。

2021年10月16日，第六届中国国际食品及配料博览会在东莞市开幕

（市农业农村局供图）

【《新型高致病性禽流感灭活疫苗及综合防控技术推广与应用》科研项目获广东省农业技术推广奖一等奖】 2021年12月，东莞市动物疫病预防控制中心参与的科研项目《新型高致病性禽流感灭活疫苗及综合防控技术推广与应用》，获广东省农业技术推广奖评审委员会颁发广东省农业技术推广奖一等奖。2014年11月至2020年12月，东莞市动物疫病预防控制中心与华南农业大学等单位合作开展新型高致病性禽流感灭活疫苗及综合防控技术推广与应用项目。项目组创建由全禽源病毒基因构建的禽流感病毒基因载体和反向遗传疫苗研发平台，并在国际上率先开发出4个基于该系统的重组H5和H7亚型禽流感疫苗，均通过农业农村部新兽药证书评审或应急评价。东莞市动物疫病预防控制中心制定覆盖家禽养殖产业链的工作方针，提高家禽从业人员防控意识和技术水平，降低禽流感暴发风险，推动企业转型升级，保障家禽育种工程和养禽业健康发展。

【第六届中国国际食品及配料博览会】 于2021年10月16—18日在东莞市广东现代国际展览中心举行。农业农村部副部长、总畜牧师马有祥，广东省委常委叶贞琴，联合国世界粮食计划署驻华机构副代表玛哈·艾哈迈德，省农业农村厅厅长顾幸伟，东莞市委书记、市人大常委会主任肖亚非等参加开幕式。该博览会由农业农村部农业贸易促进中心（中国国际贸促会农业行业分会）主办，以“味自东来，保莞有料”为主题，线下展览面积超3万平方米，吸引来自全国29个省（自治区、直辖市）及丹麦、上海合作组织成员国及观察员国等16

2020—2021年东莞市农业总产值情况表

指标	2020年绝对值（亿元）	构成（%）	2021年绝对值（亿元）	构成（%）	2021年比2020年增长（%）
农林牧渔业总产值	46.52	100	53.38	100	13.12
#种植业	34.35	73.8	39.35	73.72	13.47
林业	0.32	0.7	0.44	0.82	32.98
牧业	0.82	1.8	0.87	1.63	36.05
渔业	9.52	20.5	11.07	20.74	10.07
农林牧渔专业及辅助性活动产值	1.52	3.3	1.65	3.09	7.79
农林牧渔业增加值	30.89		34.66		11.8

2020—2021年东莞市农村集体经济情况表

指标	单位	2020年实绩	2021年实绩	2021年比2020年增长（%）
村组两级集体总收入	亿元	254.6	282.8	11.1
村组两级集体纯收入	亿元	189.7	214.7	13.2
村组两级总资产	亿元	2040.4	2305.4	13
村组两级净资产	亿元	1713.4	1918.2	12

个国家的660家企业参展，现场观展人数2万人，超1000家大型团体采购商到会洽谈采购。该届“食博会”线下、线上交易额达4亿元，签署战略合作协议金额50亿元。35家东莞市优秀食品配料行业企业进驻东莞馆参展。11月，农业农村部农业贸易促进中心、中国国际贸促会农业行业分会向东莞市农业农村局颁发“优秀组织奖”。

【2021东莞荔枝产业高质量发展暨首届大岭山云上荔枝品牌文化节】 2021年6月11日，由广东省农业农村厅、东莞市委宣传部作指导单位，市农业农村局、市邮政管理局、大岭山镇人民政府、东莞广播电视台等单位主办的“2021东莞荔枝产业高质量发展暨首届大岭山云上荔枝品牌文化节”在大岭山镇图书馆举行启动仪式。活动主要由展览、直播及线上销售等内容组成，集中展示2021年东莞市及大岭山镇荔枝产业、市场、科技、文化高质量融合发展成效，助推荔枝营销；活动重点宣传东莞市特色荔枝品种，发布172个优质荔枝供应基地名录、5条东莞荔枝主题旅游路线、36个荔枝休闲采摘点。

【东莞市乡村振兴局挂牌】 2021年7月15日，东莞市乡村振兴局挂牌成立。根据广东省委编办、省农业农村厅关于调整扶贫工作机构有关要求，经报市委同意，中共东莞市委农村工作办公室调整为中共东莞市委农村工作领导小组办公室，仍设在东莞市农业农村局。东莞市扶贫开发办公室更名为东莞市乡村振兴局，在东莞市农业农村局加挂牌子，主要负责巩固拓展脱贫攻坚成果、统筹推进实施乡村振兴战略以及开展东西部协作等有关工作。

（刘见娣）

附：2021年东莞市农业农村局、市委农办、市扶贫办主要领导名录

党组书记、局长、主任：

张永忠（任至9月）

附：2021年东莞市农业农村局、市委农办、市乡村振兴局主要领导名录

党组书记、局长、主任：

张永忠（9—11月）

吴美良（11月到任）

种植业

【种植业概况】 2021年，东莞市农作物播种总面积2.38万公顷，其中，粮食总播种面积1885.7公顷，总产0.95万吨；蔬菜总播种面积1.97万公顷，总产41.3万吨；花卉种植面积2019公顷，鲜切花产量5537万枝，盆栽观赏植物（包括盆景）2259.7万盆。水果总种植面积1.41万公顷，总产7.5万吨，其中荔枝1.06万公顷，香（大）蕉1728.5公顷，龙眼1187.3公顷，其他杂果550.6公顷（包括火龙果、杧果、番石榴、无花果、葡萄和百香果等）。

【粮食生产面积产量实现“双增”】 2021年，东莞市动员镇村抓好粮食生产尤其是早稻任务落实等工作，粮食生产面积和产量实现“双增”。全年粮食播种面积1885.7公顷，比上年增长16.8%，其中：早稻面积677.1公顷，增长11.5%；粮食产量0.95万吨，增长15.9%。全年发放市级种粮补贴资金688.52万元，涉及水稻种植面积1366.5公顷、玉米和马铃薯面积113.8公顷，惠及种粮大户57户次、种粮农户1066户次；全市有超三分之二的镇街配套出台镇级种粮补贴政策。

【荔枝产业实现高质量发展】 2021年，东莞市贯彻落实广东省委书记李希到东莞调研荔枝产业时的指示精神，围绕产业、市场、科技、文化“四张牌”发展战略，制定出台《东莞市荔枝产业高质量发展实施方案》，设立荔枝产业高质量发展专项资金，统筹实施“10+4+40”（制定10条扶持措施、实施4项重点工程、启动40个重点项目）行动计划，加速布局涵盖品种培育、种植、加工、销售文旅融合和数字化管理等举措，推动荔枝产业高质量发展。截至年底，全市荔枝面积1.06万公顷，当年总产量2.4万吨，比上年增产0.66万吨，增长38%，实现两年连续增长，创近十年历史新高；总产值3.84亿元，增长22.7%。

东莞市市级“一村一品、一镇一业”示范基地，图为望牛墩镇无花果基地

（2021年市农业农村局供图）

【国家级荔枝优势特色产业集群申创】 2021年，东莞市联合广州市、惠州市组团成功申报中央财政扶持广东岭南荔枝优势特色产业集群建设项目。2021—2023年，中央财政计划安排东莞市扶持资金3750万元，通过实施建设广东优质中晚熟荔枝示范基地、广东中晚熟荔枝种质资源圃、荔枝全产业链化运营等项目，支持加快打造结构合理、链条完整的荔枝产业集群，构筑具有国际竞争力的现代荔枝产业体系，促进荔枝产业高质量发展。

【“一村一品、一镇一业”发展】 2021年，东莞市组织镇街推荐申报国家级、省级“一村一品、一镇一业”专业村镇。年内，大岭山镇获评全国“一村一品”示范镇，黄江镇和樟木头镇获评为省级专业镇，裕丰社区、漳澎村等11个村（社区）获评省级专业村，涵盖荔枝、香蕉、盆栽花卉和水产养殖等产业类别。2021年，由东莞市问道电子商务科技有限公司等5家企业承担实施市级“一村一品、一镇一业”建设项目，带动发展荔枝、中华鳖等地方特色产业。

【红火蚁疫情防控】 2021年，东莞市印发《东莞市防控红火蚁若干措施》，明确市有关单位和各镇街（园区）红火蚁防控属地责任；以市农作物重大病虫疫情防控指挥部名义下发《关于加强红火蚁监测防控工作的通知》《关于开展2021年秋季红火蚁统一防控行动的通知》《关于全市红火蚁发生防控情况的通报》等文件，市镇联动发力，强化监测巡查，抓好红火蚁疫情阻截防控；在全市红火蚁防控现场会上与镇街（园区）签订“东莞市红火蚁防控责任书”。截至年底，全市红火蚁发生面积呈下降趋势，发生程度以轻度发生（一级）为主，基本达到省政府有关“红火蚁四级及五级发生水平面积控制在总发生面积1%以下，公共区域疫情基本控制在一级轻发生水平”的防控目标要求。

【撂荒耕地复耕复种】 2021年，东莞市根据《2021年广东粮食生产行动方案》对撂荒耕地复耕实行“双指标”考核（2020年底各地市上报的撂荒耕地面积要完成复耕复种50%以上，对连片1公顷以上撂荒耕地必须完成复耕），对涉及7个镇街85.47公顷撂荒耕地开展复耕复种，督促镇街通过责令复耕、收回代管和土地流转等措施，推进撂荒耕地复耕复种。截至年底，完成复耕复种73.01公顷，其他12.46公顷撂荒耕地土地性质发生变化而不再属于耕地，复耕完成率100%。 （刘见娣）

畜牧业

【畜牧业概况】 2021年，东莞市畜牧业总产值0.84亿元，比上年增长31%；肉类总产量0.22万吨，增长15%；截至年底，全市生猪存栏0.86万头，比上年增长3.4%；家禽存栏25.80万羽，下降18.81%；全年生猪出栏1.34万头；全年家禽出栏90.33万羽，增长40.06%。

【饲料生产】 2021年，东莞市39家饲料生产企业饲料总产量682.26万吨，比上年增长3.4%；总产值223.18亿元，增长1.82%；其中，单一饲料570.20万吨，增长6.7%。东莞市单一饲料产量排全省第一名，浓缩饲料产量和添加剂预混合饲料产量排全省第二名。

【畜禽遗传资源普查】 2021年，东莞市开展第三次全国畜禽遗传资源普查，市镇两级投入畜牧兽医畜禽遗传资源普查技术人员2027人次，为期半年，对601个行政村进行入村入户摸底调查，确保基层普查做到“不漏一户、不漏一畜”。全市发现有畜禽遗传资源村187个，饲养蜜蜂3.26万群，遗传资源主要是华南中蜂和意大利蜂。

【屠宰量增长】 2021年，东莞市定点屠宰生猪392.37万头（日均1.08万头）、牛7.89万头（日均216头）、羊14.41万头（日均395头），分别比上年增长30.81%、13.17%、135.12%。其中，生猪、牛、羊肉品供应东莞市的数量分别为345.99万头（日均9479头）、6.42万头（日均176头）、8.55万头（日均234头）。

【屠宰监督管理】 2021年，东莞市强化屠宰监督管理，保障肉品稳定供应与质量安全。生猪定点屠宰场整合推进，关停黄江镇、望牛墩镇、寮步镇、大朗镇、樟木头镇、大岭山镇6家屠宰场，全市生猪屠宰场总数减少至10家，水乡新城片区新规划生猪屠宰场完成封顶，东南临深片区新规划生猪屠宰场启动建设。中堂镇牛羊定点屠宰场投产运营，全市牛羊定点屠宰场总数增至3家。举办安全生产培训和消防实操演练，压实屠宰企业安全生产责任。出台定点屠宰场新冠肺炎疫情防控应急处置方案、疫情防控期间屠宰生产指引，督促屠宰企业疫情防控与屠宰生产两手抓、两不误。组织开展全市定点屠宰企业年度监督检查、夜间屠宰监督检查、无害化处理专项监督检查、环境整治专项行动、屠宰行业“不安全、不屠宰”专项行动等，强化日常监督检查和视频监控。全年未发生肉品质量安全事故。（刘见娣）

渔　业

【渔业概况】 2021年，东莞市有渔业人口1.6万人（专业从业捕捞人员约1100人），有各类渔业捕捞渔船251艘，捕捞产量0.7万吨。水产养殖面积4466公顷，渔业产值10.53亿元，水产品总产量4.95万吨。

【水产健康养殖】 2021年，东莞市推进水产健康养殖，发挥政策

“中国渔政44121”进行海上执法 （2021年市农业农村局供图）

资金引导作用，实施都市现代渔业奖补政策，市财政投入200多万元，引导社会投入400多万元，完成13个都市现代渔业发展项目，尾水治理5个国家级水产健康养殖示范场86.67公顷，新立项项目14个。

【渔业资源保护】 2021年，东莞市加强渔业资源保护，开展海洋渔业增殖放流活动。5月26日，市农业农村局在滨海湾新区东宝公园临近海域开展海洋渔业增殖放流活动，投放黄鳍鲷鱼苗25万尾、斑节对虾苗750万尾；6月9日，在石龙镇金沙湾公园举行东莞市江河水生生物增殖放流活动，投放鳙鱼、草鱼、鲮鱼、鲢鱼350万尾；7月23日，在虎门威远岛开展东莞市海洋水生生物资源增殖放流活动，投放黄鳍鲷、鲻鱼、刀额新对虾、近缘新对虾苗等1100万尾。

【渔业安全生产】 2021年，东莞市出台“建渔港、保平安”专项行动实施方案，落实渔港6个100%（出海渔船100%检验，出海船员100%持证上岗，安全检查100%实施，安全规程100%执行，防台风要求100%落实，涉渔“三无”船舶100%清理）目标。协调建立由公安、应急、海事等部门进驻的联合执勤点，形成监管合力，规范渔港经营秩序、卫生清洁、防灾减灾等要求，完善渔业安全生产闭环管理，推动构建渔业安全生产长效监管机制。指导虎门、沙田、中堂等镇建立健全港长制，落实管人管船管安全的责任。在虎门镇、沙田镇、中堂镇举行3期渔业渔船安全政策宣讲及生产培训班，培训渔民400多人次，派发宣传小册子400本，张贴海报100张，摆设展板12块。提升基层社区和渔民安全生产责任意识。为虎门镇新湾渔港、沙田镇先锋渔港、中堂镇渔船停泊点新增配备灭火器400个，完善渔港消防设施配备。

【渔港渔船建设】 2021年，东莞市配合完成渔港基础信息核查和《珠江口渔港经济区建设规划（2021—2030年）》编制；同时，将实施渔港建设纳入“三农”（农业、农村、农民）领域突出短板“九大攻坚”行动任务之一。

渔港管理规范 2021年，东莞市落实“一港一章”管理，制定《东莞市新湾渔港管理章程》《东莞市先锋渔港管理章程》，明确渔港港域港界范围，厘清部门职责，规范渔港经营活动，强化安全监管。渔港所有权、管理权、经营权和建设主体在渔港所在地镇人民政府。

渔港设施建设 2021年，东莞市完善渔港基础设施建设，推动中堂镇红锋小艇码头升级改造项目、东莞渔政支队浮趸码头、石龙镇东江内河渔船停泊码头、虎门镇新湾小艇码头、振兴码头更新改造工程和先锋渔港设施等项目建设。

渔港规划建设 2021年，东莞市按照《东莞市现代渔港建设规划（2020—2025年）》，推进渔港规划建设，完善渔业生产作业条件，提升渔港配套功能，促进渔村渔业多元化和可持续发展。

【休禁渔制度落实】 2021年，东莞市印发《珠江禁渔工作方案》《海洋伏季休渔制度工作方案》，组织召开休、禁渔工作会议，落实休禁渔公告、宣传和相关工作要求，督促执法检查巡查工作及安全生产各项措施落实。休禁渔期间，全市注册登记的50艘江河渔船、192艘应休渔船和7艘免休渔业船舶，无发生违法非法捕捞行为，无发生休、禁渔期渔业生产安全事故。落实休、禁渔补助政策，开展2021年东莞市休、禁渔渔民生产生活补助发放工作，发放补助资金416万元，惠及渔船223艘、渔民1071人。

【渔业渔政执法】 2021年，东莞市办结渔业违法案件48件，罚款金额33.67万元。暂扣涉嫌“三无”（无船名号、无船舶证、无船籍港）船舶48艘，拆解涉渔“三无”船舶50艘；查获海上及江河非法捕捞行为29起，清除和没收各类违法捕捞设施45张7000米，放生鱼苗8万余尾；监督销毁不合格水产品8.13吨，救助水生野生保护动物71只。

渔船安全生产监管 2021年，东莞市办理渔船违反安全生产规定行政处罚案件19件，案件数及罚款金额均为历年之最，保障大中型渔船AIS（船舶自动识别系统）设备上线率100%、渔船进出港申报率100%、渔港渔船安全隐患整改率100%。

渔业违法行为整治 2021年，东莞市查处并办结1件涉及约700千克渔获的电鱼案件，查获并销毁8.13吨不合格水产品；查处并移交东莞市首宗水生野生动物“两法衔接”（行政执法和刑事司法衔接）案件；通过“两法衔接”平台移交案件13件，追究13名当事人刑事责任；监督修复渔业资源环境1次，加大管辖海域及东江水域渔业生态环境执法力度。

渔船监督检验 2021年，东莞市完成76艘渔业船舶建造检验任务，完成8艘执法船艇、200艘海洋渔业船舶和35艘内河渔业船舶船、4艘市外委托渔业船舶的营运检验，完成100艘渔船船用燃油质量抽检任务，开展渔业救生筏检修站和渔船GMDSS（全球海上遇险与安全系统）设备岸上维修站分别开展监督检查12次。（刘见娣）

农村集体经济

【农村集体经济概况】 2021年，东莞市村组集体总资产2305.4亿元，净资产1918.2亿元，经营总收入282.8亿元，经营纯收入214.7亿元。年内，村民从集体直接或间接获收入220.2亿元，人均1.81万元，占东莞市农村居民人均可支配收入4.32万元的42.0%。全年村组两级累计疫情防控开支2.9亿元，村均52万元。

【农村集体经济组织管理】 2021年3月，东莞市结合村（社区）“两委”［党组织委员会和村（居）民委员会］换届，完成全市农村集体经济组织换届选举工作。全市560个村级集体经济组织产生新一届理事会成员、监事会成员和股东代表，选举产生理事会成员3055人，其中女性成员508人，占16.6%；选举产生监事会成员2200人，股东代表3.76万人。除去莞城、黄江两个实行“政经分开”的镇街及3个新型社区，全市有村级集体经济组织的534个村（社区）中，530个实现三个职务“一肩挑”［指村（居）党组织书记、村（居）民委员会主任和股份经济联合社理事长三个职务“一肩挑”］，占99.3%。办好换届选举后组织法人信息变更登记，结合登记赋码，完善统筹后续管理、管理架构、组织章程、股权登记及流转等机制。

【农村政策培训】 2021年，东莞市统筹开展党史和行业史学习教育，开展农村会计委派制推行20周年回顾活动，评选170名第六届优秀农村会计人员；组织专家撰写《集体经济蓝皮书No.2：中国农村集体经济发展报告（2021）——东莞篇》；组织学习《村庄经济六十年——中国农村集体经济的岗头村样本》行业史资料。开展以“集体经济展新颜 扬帆奋进新时代”为主题的宣传报道，展示东莞农村集体经济改革发展成果。开展“乡村讲堂”92次，面向新任公务员、银行信托机构高管、村（社区）“两委”干部、贵州铜仁干部、镇村农资管理人员等1.3万人开展政策制度专题培训。加强典型经验推广，虎门、大朗、清溪三镇农村会计管理经验在《广东省财政厅简报》《中国会计报》上进行专题报道。

【农资财务管理规范】 2021年，东莞市出台集体收款合同对方逾期付款违约金管理指南，修订财政支农资金管理制度，规划建设集体资产地图；督导镇街出台农村集体建设工程招投标制度，落实村组下属单位管理制度；指导镇村开展开支“白条账”、违规交易和下属单位情况检查，健全问题台账落实整改。跟踪各村（社区）集体经济重要指标，梳理股东分红发放、集体承担村民社保费用情况；完善核算统计体系，增加村组参与城市更新、出租物业升级、农民获得感等指标，规范土地款收益分配、城市更新、财政支农资金管理等五类业务核算。

【农村审计监督】 2021年，东莞市出台农村审计工作指引，推进村组“一年一审”全覆盖，开展审计抽查和工作交流会，提升工作质量和效率，推动常态化审计“经济体检”。完善法治东莞考评标准，推进农村审计与农资监管、纪检巡察、信访举报等渠道信息互通和协助配合，严肃责任追究。全年完成审计资产金额1507亿元，提出意见建议7910条。

2021年，东莞市农村集体资产突破2000亿元（市农业农村局供图）

2021年1月27日，全市农村人居环境整治工作现场推进会在东坑镇井美村举行　（市农业农村局供图）

【农村集体资产交易平台和“三资”监管平台建设】　2021年，东莞市通过集体资产交易平台交易1.95万宗，成交金额276.3亿元，总体溢价率4.8%。推广农村一体化金融服务，出台银行接入“两个平台”系统实施集体租金跨行代扣业务工作流程指引，推动农村集体经济组织租金收入跨行代扣，提升收租时效性和缴租便利性，全年代扣集体租金2.5万笔，总金额7.2亿元。修订集体资产交易工作指引，规范合作开发、集体建设用地流转、交易条件设置和免租等事项。印发加强平台交易秩序管理通知，落实应上尽上平台交易。推动“东莞村财”App（应用程序）交易信息与“i莞家”对接，为群众提供监督渠道。（刘见娣）

美丽乡村建设

【美丽乡村建设概况】　2021年，东莞市委、市政府持续高位统筹，围绕乡村振兴工作主线，以创建全省人居环境示范市为牵引，实施乡村建设行动，推进农村人居环境品质提升，全域打造东莞美丽乡村。截至2021年底，有50个市“特色精品示范村”基本建成，70个“特色精品村”全面启动创建工作。

【农村人居环境基础治理】2021年，东莞市开展村庄清洁行动，巩固农村人居环境整治三年行动成果，全市清理堆存垃圾20.7万吨，清理房前屋后巷道杂物、生产工具等9.05万处，清理沟渠池塘溪河淤泥、漂浮物和障碍物数量约3万吨。基本建成生活垃圾“村（社区）收集、镇街转运、市处理”的三级管理网络，生活垃圾无害化处理率和村庄保洁覆盖率100%。全市农村无害化卫生户厕普及率100%；标准公厕管护良好。自然村基本实现生活污水管道或暗渠收集，基本完成1340个自然村生活污水治理，农村污水治理率100%。

【人居环境品质提升“四十百千”工程】　2021年，东莞市因地制宜建设群众生产生活需要的小花园、小菜园、小果园、小公园等“四小园”建设，指导镇村盘活闲置零散土地。年内，全市各村（社区）完成7711件“微实事”。50个市“特色精品示范村”基本建成，70个“特色精品村”全面启动创建工作。推动开展“千村碧塘”工程，提升农村“风水塘”、内河涌环境整治水平，截至年底，全市打造“千村碧塘”318个。

【连线连片建设美丽乡村】2021年，东莞市推进美丽幸福村居特色连片建设，完成万江街道、东城街道、长安镇、石排镇4个美丽幸福村居特色连片建设，谢岗镇、东坑镇2个片区开展项目深化设计和施工图设计，部分项目开工。打造美丽乡村风貌提升带，规划建设市级乡村振兴示范带。（刘见娣）

市内帮扶

【市内帮扶概况】　截至2021年底，东莞市原8个次发达镇生产总值1168.38亿元，比上年增长9.9%；70个原次发达村（社区）村组两级经营性纯收入8.2亿元，增长6.4%；50个重点帮扶村（社区）村组两级经营性纯收入3.0亿元，增长13.9%。

2021年12月，东莞市出台政策，巩固拓展市内帮扶成果，全面推进乡村振兴实施。减轻原定70个次发达村支出负担两年，对因财政体制改革导致一般公共预算财力减少的8个原市定次发达镇，市财政给予50%的特殊补助。核定50个市级乡村振兴重点帮扶村（社区），支持重点帮扶发展产业项目，提升农村人居环境品质；减轻50个重点帮扶村在社保、基本公共服务等方面支出；安排50个市直单位（中央、省驻莞单位）定点帮扶50个重点帮扶村（社区），强化对低保困难群众的保障性兜底。

【社会帮扶】　2021年，东莞市发动企业通过“广东扶贫济困日暨东莞慈善日”活动平台，参与乡村振兴“万企兴万村”美丽乡村风貌提升行动。向各镇街收集乡村风貌提升项目需求，推动镇街商会发动企业与镇村对接项目。年内，“广东扶贫济困日暨东莞慈善日”

活动募得资金1.27亿元。其中，发动298家企业通过“广东扶贫济困日暨东莞慈善日”活动定向捐赠4912.47万元，参与美丽乡村风貌提升建设，涉及项目140个，惠及村庄97个。推动企业与村庄在广东省“千企帮千镇　万企兴万村”信息管理平台的帮扶对接，累计发动310家在信息平台上登记注册，对接村庄357个。年内，东莞玖龙纸业（控股）有限公司、广东唯美陶瓷有限公司、东莞市能源投资集团有限公司、东莞市交通投资集团有限公司4家企业被评为广东省乡村振兴“万企帮万村”行动突出贡献爱心企业。

【革命老区建设】　2021年，东莞市下拨专项补助资金1190万元，支持12个镇街13个革命老区村共13个项目建设，主要涉及村道巷道建设和改造提升、路灯改造、排水整治等基础设施。3月，完成《东莞市革命老区发展史》编撰工作和出版发行，并向市直机关单位、图书馆、革命老区镇村免费赠送。（刘见娣）

林　业

【林业概况】　2021年，东莞市林业产业总产值1639.9亿元，其中：第一产业产值6.02亿元，第二产业产值1563.68亿元，第三产业产值70.2亿元。全年落实财政预算资金3.81亿元。截至2021年底，全市建立森林公园21个，面积339.61平方千米；湿地公园24个，总面积21.21平方千米；自然保护区6个，面积88.3平方千米。年内，全面推行林长制，健全完善森林资源保护发展长效机制。完成珠三角国家森林城市群东莞核验工作。大屏嶂林场获评“全国康养林场”，广东省樟木头林场、东莞市银瓶山森林公园、东莞市大岭山森林公园星野自然教育基地获评“广东省自然教育基地”。

【自然公园疫情常态化防控】　2021年，东莞市加强自然公园疫情常态化防控，制定完善各自然公园疫情防控工作方案与应急预案，实施公园游客流量管控，严控人员聚集性活动，设置临时安置场所，严格执行测温亮码入园。组织林业系统党员志愿者深入镇村，为超10万名群众提供核酸检测志愿服务，协助下属各森林公园落实疫情防控措施。同时，加强野生动物疫源疫病监测，严格执行野生动物疫源疫病监测信息直报制度和重点时期应急值守，配合开展人禽流感疫情防控专项督导，掌握野生动物疫病信息。

【国土绿化】　2021年，东莞市开展水源涵养林改造抚育和透光伐抚育800公顷，抚育生物防火林带447千米，抚育红树林5.33公顷，综合核查桉树林、相思林、松林7946公顷，送苗下乡6500株，三大森林公园（大岭山、大屏嶂、银瓶山森林公园）彩色林建设初见成

大屏嶂林场　　（2021年市林业局供图）

效。落实薇甘菊防治防控3987.73公顷、松材线虫病治理1.41万株，完成红花油茶寄生植物防治一期13.33公顷第三、四次抚育，二期项目333.54公顷质保期清理及三期169公顷防治，开展全市古树名木巡查和保护，重点开展19镇、57株古树名木挽救复壮。

【自然保护地整合优化】 2021年，东莞市开展自然保护地整合优化预案“回头看”工作，完善《东莞市自然保护地整合优化预案》。编制《东莞市自然保护地管理和保护成效评估体系》《东莞市湿地保护规划（2021—2025年）》。筹设宝山国家级森林公园，完成可行性研究报告等申报材料。

【自然公园建设】 2021年，东莞市完成《湾区绿色中心公园总体规划》初稿编制。完成市政府民生十件实事——建成开放企石镇虾公山森林公园、东清湖市级湿地公园及横沥镇三角湖市级湿地公园。基本完成凤岗园岭公园建设。银瓶山森林公园三期项目完工，新建樟木头多功能服务中心2.5万平方米，谢岗综合服务楼1.9万平方米，配建森林游憩区7.2万平方米，增加亲水步道13.53千米，新增停车位约920个。

【林业行政执法】 2021年，东莞市推进森林督查及专项审计违法占用公益林图斑整改，林业行政立案101件，自行拆除复绿案件129件。开展省毁林乱象清理专项行动和国家打击毁林专项行动，完成911个疑似图斑的外业核查，确定涉及违法占用林地图斑309个，面积432.9公顷。开展林地窝棚整治，接收线索1258条，完成整改1221条，完成率97.10%。建立打击野生动植物非法贸易部门间联席会议制度，查获收缴国家重点保护动物112头（只），收缴国家保护动物515头（只），收缴国家重点保护动物制品122.6千克，总涉案金额3124万元。

茶山镇南社村细叶榕古树　（2021年市林业局供图）

【森林防火和安全生产】 2021年，东莞市林业局建立局务会议安全生产“第一议题”制度，构建林业系统安全生产交叉检查机制。推进隐患排查整治，累计出动人员1407人次，检查企业等场所478处，发现整改安全隐患472处。开展森林火灾风险普查，启动《东莞市森林火灾防治规划和防护标准》编制，联合多部门开展“五清”（清理公墓、坟地；清理生物防火林带；清理防火区内电力、电信设施；清理铁路、高速公路等沿线边坡；清理旅游景区隔离带的可燃物）专项行动、野外火源治理专项行动，出动人员3.3万人次，整改火灾隐患336处，清理坟边杂草1878处，排查录入森林火灾风险隐患点3975个。全市所有国有林场、森林公园、自然保护区实现防火码全覆盖。

【林业生态补偿】 2021年，东莞市出台《东莞市省级生态公益林效益差异化补偿实施方案（2021—2025年）》，市镇两级财政对2.37万公顷（含樟木头林场）省级生态公益林给予补贴，补贴标准为Ⅰ级1230元/公顷、Ⅱ级1080元/公顷、Ⅲ级930元/公顷，补偿2155.85万元。落实集体非经济林（面积1.4万公顷）补偿资金2113.25万元。政策性森林保险全面落地，完成公益林森林保险投保目标，参保面积2.13万公顷，投保率达100%。

【林长制推行】 2021年，东莞市委、市政府成立全面推行林长制工作领导小组，由市委书记肖亚非任组长，市委副书记、市长吕成蹊任常务副组长。印发《东莞市全面推行林长制的实施方案》，明晰三级林长责任，落实“一长两员”（村级林长、基层监管员、护林员）森林资源源头管护架构。成立林长办和争取国务院督查激励工作小组，推行林长制工作开展。

【“数字林业”推进】 2021年，东莞市林业局成立“数字林业”工作领导小组，以智慧林业云系统为中心，统筹规划建设高效便捷一体化的“数字林业”综合应用平台和信息共享平台，林火远程视频监控系统被纳入市雪亮工程，林业综合业务管理系统被纳入东莞市“数字政府”建设项目启动计划。

【自然教育活动】 2021年，东莞市林业局协助市政协成立关注森林活动组委会。设立市林学会自然教育专业委员会，组织“2021年国际森林日主题宣传活动暨东莞自

然教育共建启动仪式”，制定《东莞市林学会自然教育专业委员会管理办法》《东莞市林业局自然教育基地认定和管理办法（试行）》，开展全市自然导师培训和优秀公益课程评选。开展自然、健康、亲子等主题的自然教育活动325场，受众4.4万人。

【生物多样性监测启动】 2021年，东莞市启动陆生野生动物多样性监测，在广东宝山省级森林公园、市银瓶山森林公园和同沙生态公园等重要生态区域布设65个监测点开展红外相机全天候实时监测，初步构建可视化陆生野生动物数据信息管理平台。在樟木头林场监测到野生中华穿山甲繁殖种群，为东莞市2001年来首次发现；在城市中心绿地——同沙生态公园发现国家二级保护物种豹猫健康种群。建立东莞市村科园相思改造林、桉树改造林和大岭山森林公园次生林三个固定样地，开展森林植物多样性监测。（陈　馨）

附：2021年东莞市林业局主要领导名录

局　长：安连天

2021年东莞市森林公园情况表

序号	公园名称	级别	面积（公顷）	所属
1	广东观音山国家森林公园	国家级	657.18	樟木头镇
2	广东宝山省级森林公园	省级	536.15	广东樟木头林场
3	广东大岭山森林公园	省级	5433.8	东莞市国营大岭山林场
	东莞市大岭山森林公园	市级		虎门镇、厚街镇、大岭山镇
4	广东大屏嶂森林公园	省级	2578.81	东莞市国营大屏嶂林场
	东莞市大屏嶂森林公园	市级		塘厦镇，黄江镇
5	广东清溪森林公园	省级	11103.31	东莞市国营清溪林场
	广东九洞省级森林公园	省级		广东樟木头林场
	东莞市银瓶山森林公园	市级		谢岗镇、清溪镇、樟木头镇
6	东莞市水濂山森林公园	市级	2001.47	南城街道、东城街道、大岭山镇、厚街镇
7	东莞市黄旗山城市公园	市级	411.60	东城街道
8	东莞市同沙生态公园	市级	2905.88	同沙林场、东城街道、大岭山镇、寮步镇
9	东莞市南门山市级森林公园	市级	1255.66	凤岗镇
10	东莞市碧湖森林公园	市级	160	凤岗镇
11	东莞市旗岭森林公园	市级	277.30	常平镇
12	东莞市山水天地森林公园	市级	1374.55	清溪镇
13	东莞市黄牛埔森林公园	市级	850.23	黄江镇
14	东莞市威远岛森林公园	市级	538.8	虎门镇、滨海湾新区
15	东莞市巍峨山森林公园	市级	1040	黄江镇
16	东莞市红门山森林公园	市级	174.35	清溪镇
17	东莞市亚公山森林公园	市级	743.30	清溪镇
18	东莞市崖山森林公园	市级	228.35	谢岗镇
19	东莞市雁田森林公园	市级	575.81	凤岗镇
20	广东九洞省级森林公园	省级	含在银瓶山森林公园内	广东樟木头林场
21	东莞红花油茶市级森林公园	市级	1114.75	广东樟木头林场

2021年东莞市湿地公园情况表

序号	名称	面积（公顷）	所属镇街（园区）	级别
1	广东麻涌华阳湖国家湿地公园	352.09	麻涌镇	国家级
2 3 4 5 6	东莞城市湿地公园（包括下沙湿地公园、大圳埔湿地公园、中央群岛湿地公园、燕岭湿地公园、月塘湖湿地公园）	651.1	松山湖高新区（生态园）	国家级
7	燕窝湿地公园	28	石排镇	镇级
8	荔香湿地公园	90.7	大朗镇	镇级
9	莲湖湿地公园	37	桥头镇	镇级
10	蔡白湿地公园	25	道滘镇	镇级
11	龙湾湿地公园	36	万江街道	镇级
12	水乡公园	8	望牛墩镇	镇级
13	穗丰年湿地公园	319.2	沙田镇	镇级
14	新沙湿地公园	8	麻涌镇	镇级
15	大罗沙湿地公园	8.6	道滘镇	镇级
16	乌沙洲仔湿地公园	15	洪梅镇	镇级
17	东莞银山市级湿地公园	105.06	谢岗镇	市级
18	东莞东清湖市级湿地公园	104.5	企石镇	市级
19	塘厦镇清湖头湿地公园	13.7	塘厦镇	镇级
20	东莞三角湖市级湿地公园	33.07	横沥镇	市级
21	谢岗银瓶湖湿地公园	184.9	谢岗镇	镇级
22	东坑镇月明湖镇级湿地公园	20.8	东坑镇	镇级
23	清溪镇契爷石湿地公园	9.45	清溪镇	镇级
24	清溪镇铁矢岭湿地公园	70.88	清溪镇	镇级
合计		2121.05		

2021年东莞市自然保护区情况表

序号	名称	所属	面积（公顷）	主要保护对象	建立年份
1	东莞自然生态保护区	同沙林场、大岭山镇、寮步镇	2034	南亚热带季风常绿阔叶林和野生动植物	1998
2	东莞银瓶山自然保护区	谢岗镇	2518.3	南亚热带季风常绿阔叶林和珍稀动植物	2000
3	东莞马山自然保护区	大岭山镇、大岭山林场	2356	南亚热带季风常绿阔叶林和珍稀动植物	2000
4	东莞莲花山自然保护区	长安镇、大岭山林场	757.9	南亚热带季风常绿阔叶林	2000
5	东莞灯心塘自然保护区	厚街镇	500	水源林	2000
6	东莞黄唇鱼自然保护区	虎门镇、滨海湾新区	663.7	黄唇鱼	2005
合计			8829.9		

2021年东莞市一级古树名木表

树种名	保护级别	树龄（年）	树高（米）	所属地	管理职能部门
秋枫	一级	1018	16	企石镇	旧围村委会
木棉	一级	814	15	东城街道	樟村村委会
篦齿苏铁	一级	804	8	常平镇	松柏塘村委会
高山榕	一级	769	16	茶山镇	超朗村委会
榕树	一级	648	15	寮步镇	横坑社区居委会
榕树	一级	619	8	厚街镇	大迳社区居委会
榕树	一级	617	22	万江街道	梅树墩村民小组
榕树	一级	614	12	东坑镇	坑美村委会
黄葛树	一级	614	7	凤岗镇	溏沥村委会
高山榕	一级	611	20	茶山镇	超朗村委会
榕树	一级	611	16	大朗镇	石厦村委会
杧果	一级	604	20	清溪镇	大王山森林公园
榕树	一级	564	10	塘厦镇	林村村委会
榕树	一级	554	13	东城街道	主山村委会
榕树	一级	549	12	茶山镇	南社村委会
榕树	一级	544	18	茶山镇	南社村委会
榕树	一级	539	12	大岭山镇	大塘朗村委会
榕树	一级	529	13	大岭山镇	鸡翅岭村委会
榕树	一级	528	18	莞城街道	市政府
榕树	一级	528	18	莞城街道	东莞市机关事务局
榕树	一级	528	14	莞城街道	莞城街道中心小学
榕树	一级	528	11	莞城街道	莞城街道中心小学
杧果	一级	524	16	寮步镇	横坑社区居委会
榕树	一级	524	12	寮步镇	上底村委会
滇糙叶树	一级	524	12	清溪镇	罗马村委会
榕树	一级	519	13	大岭山镇	大塘村委会
假苹婆	一级	519	9	大岭山镇	水朗村委会
假柿木姜子	一级	519	5	大岭山镇	水朗村委会
假柿木姜子	一级	519	8	大岭山镇	水朗村委会
榕树	一级	519	7	大岭山镇	龙江村委会
榕树	一级	519	9	大朗镇	犀牛陂村委会
榕树	一级	518	15	虎门镇	怀德社区居委会
榕树	一级	514	12	东城街道	主山村委会
榕树	一级	514	15	厚街镇	珊美社区居委会
榕树	一级	514	15	厚街镇	河田社区居委会
榕树	一级	512	18	寮步镇	向西村委会
榕树	一级	511	18	茶山镇	超朗村委会
龙柏	名木	26	7	东莞理工学院莞城校区	东莞理工学院
龙柏	名木	26	4	东莞理工学院莞城校区	东莞理工学院
龙柏	名木	23	5	东莞理工学院莞城校区	东莞理工学院
龙柏	名木	23	4	东莞理工学院莞城校区	东莞理工学院
罗汉松	名木	11	3	松山湖高新区	东莞理工学院

工 业

INDUSTRY

vivo公司总部 （2021年廖志忠摄）

编辑：翁舒洁

工业综述

【工业概况】 2021年，面对中美经贸摩擦、新冠肺炎疫情等严峻风险挑战，东莞市坚持稳中求进工作总基调，推动工业经济平稳运行和提质升级，筑牢经济"压舱石"，为东莞市GDP高质量破万亿提供重要支撑。

工业经济规模迈上新台阶 截至2021年底，东莞市规模以上工业增加值5008.8亿元，占全省工业比重由2013年的8.2%提升至2021年的13.4%。从近五年来看，2021年规模以上工业增加值总量分别是2017年、2018年、2019年、2020年的1.51倍、1.28倍、1.12倍、1.21倍，工业总体规模迈上5000亿元台阶，为全市GDP过万亿作出决定性贡献。

规模以上工业增加值继2017年后首次实现两位数增长 2021年，规模以上工业增加值比上年增长10.2%，分别比全国、全省高0.6、1.2个百分点。与历年完成情况比，2021年规模以上工业增加值增速继2013年（11.3%）和2017年（10%）之后，再次实现双位数增长。

规模以上工业增加值与广州、佛山差距不断缩小 与珠三角九市比，东莞市规模以上工业增加值总量排名第四，增速排名第五；与广州、佛山比，差距不断缩小，东莞市2020年、2021年规模以上工业增加值分别是广州的90.6%、98.5%及佛山的84.2%、92%。

【内资工业经济活跃】 2021年，内资企业完成规模以上工业增加值比上年增长9.7%，占规模以上工业61.1%，拉动规模以上工业增长6个百分点。外资企业完成规模以上工业增加值比上年增长11%，拉动规模以上工业增长4.2个百分点。

【中小微型企业对规模以上工业贡献率超七成】 2021年，中型企业完成规模以上工业增加值比上年增长13.9%，拉动规模以上工业增长3.3个百分点，对规模以上工业贡献率32%；小微型企业完成规模以上工业增加值比上年增长12.8%，拉动规模以上工业增长4.4个百分点，对规模以上工业贡献率42.9%。

【产值总量前800名企业保持稳定增长】 2021年，东莞市产值总量前800名企业完成工业增加值2870.2亿元，比上年增长13.7%，拉动规模以上工业增加7.6个百分点，对规模以上工业贡献率由上半年的67.5%提升至74.4%。从增长结构来看，该批企业增长面80.3%，642家正增长，其中，376家、93家、46家企业增速分别在10%～50%、50%～100%、超100%。

【"倍增计划"试点企业持续引领】 2021年，东莞市410家"倍增计划"（重点企业规模与效益倍增）市级试点企业完成规模以上工业增加值1381.4亿元，比上年增长18%，占规模以上工业27.6%，比全市水平高7.8个百分点，对规模以上工业拉动力由上年的3.3个百分点提高至4.6个百分点。

【"专精特新"企业加快成长】 2021年，东莞市208家"专精特新"企业（指主营业务和发展重点符合国家产业政策及相关要求，专业化、精细化、特色化、新颖化特征明显的中小企业）完成规模以上工业增加值216.5亿元，比上年增长18.2%，高于全市水平8个百分点，占规模以上工业4.3%，拉动规模以上工业增长0.7个百分点。

【"小升规"企业高速增长】 2021年，东莞市1697家2020年"小升规"企业［规模以下小微企业（即年主营业务收入2000万元以下的企业）升级为规模以上企业］完成规模以上工业增加值275.3亿元，比上年增长35.5%，高于全市水平25.3个百分点，占规模以上工业5.5%，对规模以上工业拉动力由上年的1.2个百分点提高至1.5个百分点。

【工业投资和技改投资实现高位增长】 2021年，东莞市完成工业投资1020.2亿元，比上年增长25.3%，增速比上年提高14.3个百分点，对全市固定资产投资增长的贡献率103.8%。从珠三角九市来看，工业投资总额和增速均居珠三角第四位，增速比全省平均水平（19.5%）高5.8个百分点。其中，完成工业技改投资648.6亿元，比上年增长23.9%，增速比上年提高20.3个百分点。从珠三角九市来看，工业技改投资总额和增速分别居珠三角第二、第三位，增速比全省平均水平（10%）高13.9个百分点。（洪雅雯）

2021年东莞市规模效益成长性排名前20名企业表

序号	企业名称	所在镇街（园区）	主营业务
1	步步高系	长安	OPPO：生产和销售家用小电器、平板电视机、手机、各类通信终端设备、手机周边产品及零配件、手机饰品、平板电脑及其周边产品、零配件；电子产品贴片加工；电子产品和移动通信终端设备软、硬件的开发及相关配套服务；手机及其周边产品、配件的技术开发服务 Vivo：生产销售各类电话机、手机、手机配件、手机周边设备、各类通信终端设备、电脑及周边设备；电子产品软、硬件技术开发与销售；通信产品维修；信息系统集成服务 广东小天才科技有限公司：研发生产销售中小学生辅助学习产品和学龄前儿童益智产品
2	东莞南方中集物流装备制造有限公司	凤岗	生产销售、制造、修理集装箱；加工制造各类相关机械零部件、结构件和设备；公路、港口新型特种机械设备设计与制造；货物或技术进出口；集装箱材料销售；集装箱堆存业务
3	台达电子（东莞）有限公司	石碣	生产和销售散热风扇、电源供应器等产品
4	广东生益科技股份有限公司	松山湖	设计、生产和销售覆铜板和粘结片、陶瓷电子元件、液晶产品、电子级玻璃布、环氧树脂、铜箔、电子用挠性材料、显示材料、封装材料、绝缘材料
5	陆逊梯卡华宏（东莞）眼镜有限公司	高埗	生产和销售眼镜、智能眼镜及其零配件，内设配套电镀车间；眼镜及智能眼镜制造设备、模具，并提供相关售后服务；提供眼镜及智能眼镜包装服务

续表

序号	企业名称	所在镇街（园区）	主营业务
6	广东菲鹏生物有限公司	松山湖	生物制品（不含药品）的研发、生产和销售；医疗器械、体外诊断试剂（第一类、第二类、第三类）生产及销售
7	信义超薄玻璃（东莞）有限公司	虎门	生产和销售无机非金属材料及制品（特种玻璃：超薄本体着色特种玻璃、低辐射镀膜特种玻璃）、玻璃机械及其配件。设立研发中心，从事无机非金属产品的研究和开发
8	广东电网有限责任公司东莞供电局	东城	电网经营管理，调峰调频电厂经营管理；电力购销，电力过网和交易服务，电力工程建设，经营电力有关的信息产业，电力设备、电力器材的销售
9	东莞巨正源科技有限公司	沙田	生产：丙烯、氢气、食品添加剂、聚丙烯、多功能改性聚丙烯、聚丙烯合成纸、聚丙烯薄膜、聚丙烯无纺布、聚丙烯薄壁产品、聚丙烯管材等聚丙烯制成品；批发（不设储存）：危险化学品；移动式压力容器充装；气瓶充装；聚丙烯开发；能源技术研究、技术开发、熔喷布聚丙烯材料及熔喷布的生产与销售
10	快意电梯股份有限公司	清溪	生产销售电梯、自动扶梯
11	东莞市唯美陶瓷工业园有限公司	高埗	销售陶瓷制品
12	玖龙纸业（东莞）有限公司	麻涌	生产和销售高档包装纸和文化用纸
13	东莞建晖纸业有限公司	中堂	生产和销售高档包装纸品
14	东莞三星视界有限公司	厚街	生产和销售新型显示器件（平板显示器及显示屏）及新型平板显示器件、OLED平板显示屏
15	东莞新能源科技有限公司	松山湖	研发生产可充电锂离子电池电芯、封装和系统整合
16	东莞市民兴电缆有限公司	凤岗	生产销售电线电缆
17	东莞市水务集团供水有限公司	莞城	自来水生产与供应；建设工程勘察；建设工程设计；建设工程施工；现制现售饮用水。一般项目：住宅水电安装维护服务；工程和技术研究和试验发展；环境保护专用设备制造；环境保护专用设备销售；供应用仪器仪表制造；供应用仪器仪表销售；环境保护监测；水资源管理；水质污染物监测及检测仪器仪表销售；水质污染物监测及检测仪器仪表制造；市政设施管理；水资源专用机械设备制造
18	东莞怡合达自动化股份有限公司	横沥	生产自动化零部件研发、生产和销售，提供FA工厂自动化零部件一站式供应
19	东莞市金田纸业有限公司	万江	生产销售灰纸板、瓦楞纸
20	广东众生药业股份有限公司	石龙	生产销售中成药、化学药、中药材和中药饮片、化学原材料

注：广东电网有限责任公司东莞供电局、东莞市水务集团供水有限公司为非工业企业

支柱产业

【支柱产业概况】　东莞市五大支柱产业包括电子信息制造业、电气机械及设备制造业、纺织服装鞋帽制造业、食品饮料加工制造业、造纸及纸制品业。2021年，东莞市五大支柱产业完成规模以上工业增加值3295.3亿元，比上年增长9.1%，占规模以上工业65.8%，对规模以上工业增长贡献率60.2%。

【电子信息制造业】　2021年，东莞市电子信息制造业完成规模以上工业增加值1592.0亿元，占规模以上工业比重31.8%，比上年增长6.4%，对规模以上工业增长贡献率21.3%。东莞市电子信息制造业连续10年保持两位数增长，支柱产业地位进一步巩固。东莞市电子信息制造业基础扎实、产品门类广泛，涵盖通信设备、集成电路及关键零部件、3C（计算机类、通信类和消费类电子产品）产业、5G及下一代通信技术、电子元件及电子专用材料制造等领域。产业链配套较为完善，从产品设计到产品制造和检测，从基础零部件到终端产品制造，从消费类产品到投资类产品的完整产业体系，产业配套率90%以上。东莞市电子信息产业遍布全市各镇街（园区），产业链布局以松山湖、长安为“两核”，其他各镇多点分布、配套完备。其

中，在智能移动终端领域，东莞市成为全球重要的生产基地，产业规模位居全国之首，有华为终端、欧珀移动、维沃通信等一批龙头企业。是年，东莞市智能手机产量2.45亿台，占全国总产量12.72亿台的19.3%，即全国每生产5部手机，就有一部产自东莞。此外，近年来东莞市引进星星光电、蓝思科技等显示屏企业及气派科技、合泰半导体、赛微微电子等集成电路相关企业，在松山湖形成一定规模的集成电路设计产业集聚。

【电气机械及设备制造业】 2021年，东莞市电气机械及设备制造业完成规模以上工业增加值1081.3亿元，比上年增长14.7%，占规模以上工业21.6%，对规模以上工业增长贡献率29.9%。东莞市电气机械及设备制造业产业链条较完整，从研发设计到零部件生产、设备制造，再到运营服务，均分布有较多企业，整体发展处于较高水平。截至2021年底，东莞市形成长安五金模具、横沥模具、虎门电子线缆、寮步汽车等规模较大、特色鲜明的产业集群，松山湖机器人及智能制造装备、麻涌新能源汽车及海工装备制造业等高端装备产业集群崛起。在研发设计方面，东莞市引进广东省智能机器人研究院、广东华中科技大学工业技术研究院、东莞华中科技大学制造工程研究院等在数控装备、电子制造方面拥有较强研发实力的科研院所。在通用零部件方面，东莞市拥有大根（东莞）光电、日本电产（东莞）、东莞捷荣技术股份有限公司、东莞新能源科技有限公司等行业领先企业。在设备制造方面，东莞市拥有东莞中汽宏远汽车有限公司、东莞中集专用车有限公司、东莞京滨汽车电喷装置有限公司和东莞阿尔卑斯电子有限公司等汽车、助动车制造领域企业和东莞创机电业制品有限公司、京瓷办公设备科技（东莞）有限公司、东莞华新电线电缆有限公司、柯尼卡美能达商用科技（东莞）有限公司、东莞金宝电子等专用器材、设备制造企业。

【纺织服装鞋帽制造业】 2021年，东莞市纺织服装鞋帽制造业完成规模以上工业增加值260.5亿元，比上年增长7.1%，占规模以上工业5.2%，对规模以上工业增长贡献率3.9%。

东莞市纺织服装鞋帽制造业体量大、韧性强、产业集群效益明显，截至2021年底，形成以虎门为中心，向沙田、中堂等镇沿珠江口海岸线延伸的纺织服装产业带；以大朗为中心，向常平、寮步等镇扩展的毛针织产业带；以厚街为中心，向东城、道滘等镇街扩展的制鞋产业带。覆盖纺织印染、研发设计、机械设备制造、配件及辅料生产、组装加工、品牌销售等环节。有东莞市以纯集团有限公司、广东都市丽人实业有限公司、广东小猪班纳服饰股份有限公司等大型纺织服装鞋帽品牌企业，形成品牌、营销、展会、电商于一体的生态圈。

【食品饮料加工制造业】 2021年，东莞市食品饮料加工制造业完成规模以上工业增加值132.8亿元，比上年增长10.5%，占规模以上工业2.7%，对规模以上工业增长贡献率2.7%。

东莞市食品饮料加工制造业有良好的产业基础，产业链条完善，包括食品添加剂等原材料，农副产品、食品、饮料的加工制造生产环节，食品检测检验及会展、线下门店销售等环节，上下游企业集聚，产业分工细化，形成多元化发展趋势。东莞市拥有一批粮油加工方面实力雄厚的企业，均位列全市工业百强之中。东莞市麻涌镇是世界粮油食品企业投资密度最大的地区之一，与天津港、张家港并列全国三大粮油生产基地，亦是华南地区最主要的粮油加工集散基地。世界四大粮商有三家（丰益国际、嘉吉、路易达孚）在麻涌镇投资，全国十大食用油品牌前四名（金龙鱼、福临门、鲁花、香满园）均落户麻涌镇。在食品饮料方面，东莞市在广东传统食品产业中占有重要地位，拥有徐福记、可口可乐、雀巢、华美、东鹏特饮等一批知名品牌企业。

【造纸及纸制品业】 2021年，东莞市造纸及纸制品业完成规模以上工业增加值228.6亿元，比上年增长5.2%，占规模以上工业4.6%，对规模以上工业增长贡献率2.4%。东莞市造纸企业主要分布在水乡片区，以中堂镇为中心，聚集在麻涌、洪梅、万江、

2021年6月17日，全市工业和信息化工作推进会在东莞市行政办事中心召开 （市工业和信息化局供图）

道滘和望牛墩等镇，形成生产包装用纸（纸板）、生活用纸、包装、印刷、造纸机械等较为成熟的产业链。

特色产业

【特色产业概况】 2021年，东莞市特色产业包括玩具及文体用品制造业、家具制造业、化工制造业、包装印刷业。截至2021年底，东莞市四个特色产业完成规模以上工业增加值462.9亿元，比上年增长16.6%，占规模以上工业9.2%。

【玩具及文体用品制造业】 2021年，东莞市玩具及文体用品制造业有规模以上工业企业410家。全年完成规模以上工业增加值150.6亿元，比上年增长21.9%，占规模以上工业的3%，拉动规模以上工业增长0.6个百分点。

【家具制造业】 2021年，东莞市家具制造业有规模以上工业企业416家。全年完成规模以上工业增加值110.8亿元，比上年增长18.9%，占规模以上工业的2.2%，拉动规模以上工业增长0.4个百分点。

【化工制造业】 2021年，东莞市化工制造业有规模以上工业企业384家。全年完成规模以上工业增加值122.1亿元，比上年增长9.7%，占规模以上工业的2.4%，拉动规模以上工业增长0.2个百分点。

【包装印刷业】 2021年，东莞市包装印刷业有规模以上工业企业227家。全年完成规模以上工业增加值79.3亿元，比上年增长14.3%，占规模以上工业的1.6%，拉动规模以上工业增长0.2个百分点。

工业转型升级

【工业转型升级概况】 2021年，东莞市坚持制造业立市不动摇，以供给侧结构性改革为主线，推进产业链稳链补链强链，培育发展新动能，促进东莞制造业向中高端跃升，推动经济发展质量变革、效率变革、动力变革。年内，东莞市产业集群取得进展，智能移动终端集群、广深佛莞智能装备集群晋升“国家队”，三大优势传统产业集群（食品饮料、纺织服装和家具）认定7大核心区（麻涌镇、茶山镇、道滘镇、厚街镇、大岭山镇、虎门镇、大朗镇），电子信息产业集群达万亿级规模。产业氛围提升，“创客广东”大赛首次落户东莞市，举办“智博会”、“食创会”、“东莞杯”工业设计大赛、首届工业软件创新应用大赛。惠企政策体系形成，全年统筹拨付惠企政策资金16亿元，政策惠及8000家次企业。“企莞家”服务支撑增强，关注用户数151万户、注册企业数4.08万家，企业诉求办结率近100%，企业满意度近100%。

【工业产业集群打造】 2021年，东莞市聚焦集群发展布局和国家级先进制造业集群打造，推动传统产业提质集聚。出台《关于培育发展战略性产业集群的实施意见》，印发《东莞市制造业高质量发展“十四五”规划》，构建东莞市“4+5”战略性产业集群体系（新一代电子信息、高端装备制造、纺织服装鞋帽、食品饮料4个战略性支柱产业集群，软件与信息服务、新材料、新能源、生物医药及高端医疗器械、半导体及集成电路5个战略性新兴产业集群），推动空间、人才、金融等制造业发展要素供给水平和产出效率提升。推动智能移动终端集群、广深佛莞智能装备集群晋升“国家队”。组建智能移动终端先进制造产业联盟，推动集群开展12项技术攻关，申请发明专利94件、开发新产品51种。设立“3+1”产业集群（食品饮料、纺织服装和家具三大优势传统产业集群及软件和信息技术服务业）试点培育专项资金，全市认定7个优势传统产业核心区，涵盖食品、家具和服装产业。推进银瓶高端装备产业基地建设。创新举办承办“智博会”、全国5G行业应用规模化发展现场会、“创客广东”大赛、2021中国食品品牌创新发展大会、服务型制造万里行——走进东莞、华为开发者大会、东莞国际芯片及半导体博览会、东莞物联网展会及CMM展、勇敢的芯——芯片半导体论坛、东莞纺织服帽产业高质量发展论坛、首届工业软件创新应用大赛等活动。

【工业企业梯度培育体系构建】 2021年，东莞市实施“倍增计划”，推动“小升规”，抓好“专精特新”企业服务和单项冠军企业培育，推动企业技术改造与技术创新，鼓励企业技术改造投资，推动企业创建技术中心，推进制造业数字化转型，认定一批数字化转型赋能中心，推进产业集聚载体建设，推动工业化与信息化融合发展，促进数字化转型供需对接，升级“企莞家”服务平台。获国家级资质2项，参与国家标准制定7项，服务集群企业1600家次。

【工业“倍增计划”实施】 2021年，东莞市升级“倍增计划”，形成以客观指标评价为依据的考核遴选机制，助力优质企业内涵式倍增。年内，东莞市“倍增计划”市级试点企业完成规模以上工业增加值1381.36亿元，比上年增长18%，拉动全市规模以上工业增加值增长4.6个百分点。

【工业企业“小升规”措施落实】 2021年，东莞市分档建立目标企业库，落实升规稳规奖励措施，推动“小升规”、保“在规”（保住规模以上企业数量）任务完成。年内，东莞市完成“小升规”

2021年8月12日，东莞市举行“企莞家2.0”上线仪式

（市工业和信息化局供图）

企业2300家，居全省第一位。

【“专精特新”企业服务】 2021年，东莞市出台“专精特新”企业培育方案和遴选办法，建立企业培育库并提供专业培训服务。年内，东莞市推动新增国家级“专精特新”小巨人企业（指业绩良好、发展潜力和培育价值处于成长初期的、专业化精细化特色化新颖化特征明显的中小企业，通过培育推动其健康成长，最终成为行业中或本区域的巨人）45家，全市累计79家，排全国（不含直辖市）第五名，省级以上“专精特新”企业234家。

【工业企业技术改造投资支持】 2021年，东莞市加大运用省市技术改造奖励政策力度，鼓励企业设备更新和升级换代，引导企业引进先进技术、装备，进行消化、吸收和再创新，实现生产流程自动化、数字化、智能化技术改造，提升生产效率和产品质量，实现减员增效。年内，东莞市支持省技术改造项目154个，居全省第一位。支持市技术改造设备奖补项目223个。全年工业技术改造投资比上年增长23.9%，总量648亿元，居全省第二位。

【工业企业技术中心建设】 2021年，东莞市鼓励企业在各自领域开展核心关键技术攻关，通过技术和创新驱动加快自身转型升级，提升企业核心竞争力。年内，推荐广东利扬芯片测试股份有限公司、广东大普通信技术有限公司、东莞记忆存储科技有限公司、东莞市宇瞳光学科技股份有限公司等35家企业申报广东省第20批省级企业技术中心。截至2021年底，全市建设集生产、科研于一体的省级企业综合性研发技术中心127个，数量居全省地级市第四位。

【工业化与信息化融合推动】 2021年，东莞市优化调整工业化与信息化融合政策，申报门槛从150万元降低至75万元，贴近中小企业数字化转型需求。年内，认定工业化与信息化融合应用项目49个，资助1723.08万元，撬动企业数字化转型投入7000万元。

【“企莞家”服务平台建设】 2021年，东莞市重点面向工业企业建设“企莞家”信息化服务平台，在原有电脑端基础上，推出为企业高管量身打造的“企莞家”微信端，企业可随时随地登录平台体验政府便捷服务，提升对企业服务水平。年内，“企莞家”实现市重点部门惠企政策在线申报功能，整合全市20多个部门和镇街、园区对企业服务力量，对接服务151万关注用户和4.08万家注册企业，企业诉求办结率和企业满意度均接近100%。

【“促进软件人才集聚活跃产业氛围”系列活动】 2021年，东莞市促进数字化转型供需对接，针对企业普遍反映数字化转型缺乏产业氛围和专业人才问题，组织“促进软件人才集聚活跃产业氛围”系列活动。全年开展软件人才公益讲堂10场，跨行业主题沙龙5场，政企对话会4场，参加企业700家次。

【生益科技公司高性能刚性覆铜板获评为工业和信息化部第六批制造业单项冠军产品】 2021年，工业和信息化部、中国工业经济联合会联合发布第六批制造业单项冠军及通过复核的第三批制造业单项冠军企业（产品）名单，广东生益科技股份有限公司（简称“生益科技”公司）高性能刚性覆铜板入选第六批制造业单项冠军产品。该产品素有“电子工业地皮”之称，广泛用于通讯、电脑、汽车电子、手机、传统家电、工业仪器仪表、医疗测量、能源、通讯基站、物联网、核心网路由器、交换机和数据中心等领域，补齐中国5G通讯用高性能刚性覆铜板、芯片封装用高性能刚性覆铜板短板，解决行业关键“卡脖子”技术，东莞市单项冠军企业培育取得历史性突破。（洪雅雯）

【工业软件创新应用大赛】 于2021年11月在东莞市举办。这是国内首个以工业软件命名的全国性赛事，由东莞市人民政府主办，收到650位行业精英计136支团队提交的作品129份。大赛参赛单位覆盖高等院校、企事业单位、科研院所等，参赛作品覆盖多行业应用场景。大赛评选出入围奖38个，工业软件创新奖及优秀产品奖12个。

【广东国际机器人及智能装备博览会】 2021年，广东国际机器人及智能装备博览会（以下简称广东“智博会”）在东莞市举行，由东莞市人民政府主办。展会总体展览面积3万平方米，展位1000多个，中国、日本、德国、瑞士、美国、韩国等国家和地区300余家知名企业参展，包括工业机器人四大家族成员瑞士ABB集团、日本发那科及川崎机器人、爱普生、史陶比尔、菲尼克斯、三菱电机、松下、李群自动化、凯宝机器人、凡诚机器人等国内外知名自动化、智能装备企业。智能制造装备类企业参展占比95%以上。东莞市本土参展企业超50家，展览面积超3000平方米。展会组织举办多场专业论坛活动及行业活动，如2021中国智能移动终端产业发展暨数字化转型高峰论坛、2021中国智造业年会、2021年机械装备制造业数字化转型发展论坛、数字化转型展示以及专题论坛、“AI释放新机遇，东莞数智再升级”论坛等。

【全国5G行业应用规模化发展现场会】 2021年，由工业和信息化部主办的全国5G行业应用规模化发展现场会在东莞市举行。会议对《5G应用“扬帆”行动计划（2021—2023年）》进行解读。中国电信、中国移动、中国联通、华为、中兴、中国信科、中国信通院等30多家企业展以多种形式展示5G+智能工厂、5G+智能电网、5G+智慧港口等5G行业应用规模化发展成果。工业和信息化部、广东省相关领导，运营企业、制造企业、行业用户、行业协会、高等院校等参加会议。

【2021中国食品品牌创新发展大会】 2021年，第二届中国食品品牌创新发展大会暨粤港澳大湾区食品博览会在东莞市举行。大会由中国食品工业协会联合东莞市人民政府主办，中国食品工业协会常务副会长、市场监督管理总局食品经营司二级巡视员、上海东锦食品集团、加多宝集团、今麦郎食品股份有限公司等食品行业企业代表、地方食品工业协会代表、科研机构代表等200人出席大会。展会吸引广东省经销商创新联盟、百联商会、零售协会、粤港澳大湾区各地市食品行业协会等组织采购商和美宜佳、嘉荣在内大型超市、连锁便利店和各地实体零售终端批发商、进出口贸易商、电商批发及零售商等300家企业、采购商参加。博览会设有东莞采购商联盟专区，东莞市政府牵头发动市内大型商超、连锁店、团餐采购前往参观采购。

【2021DiDAward（东莞杯）国际工业设计大赛颁奖典礼暨创新设计论坛】于2021年11月30日在东莞市举行，由东莞市人民政府主办。“智能潜水动力背包”获创新产品组金奖和最具人气奖，“脱卸交互系统”获创新概念组金奖，“智能婴儿车”获亿方电子信息专业赛金奖，“可拆卸式医疗康复机械臂”获得网纳泛家居专业赛金奖。大赛征集参赛作品超1万件，数量创历史新高。

【第六届“创客中国”广东省中小企业创新创业大赛暨第五届“创客广东”大赛决赛】于2021年10月12日在东莞市举行，由工业和信息化部等主办。大赛主题为“创客广东，匠心南粤”，50余名赛事组织单位代表，知名龙头企业、投资机构代表及专家学者参与。东莞市辅导16个项目入围“创客中国”总决赛500强，为历年最多，并实现广东省在“创客中国”大赛最高奖奖项新突破。

【东莞纺织服帽产业高质量发展论坛】于2021年9月24—26日在东莞市举行，由东莞市人民政府主办。论坛包括主论坛及大朗镇、虎门镇两个分论坛。大朗分论坛主题为“再造毛织产业集群新优势”，虎门镇分论坛主题为“数字经济激活产业升级新空间”。中国纺织工业联合会、中国针织工业协会及重点企业代表参加。

（翁舒洁　郭佩文　苏淑娴）

战略性新兴产业

【战略性新兴产业概况】 截至2021年底，东莞市统筹60平方千米土地，高起点谋划、高标准建设松山湖生物医药产业基地、东部智能制造产业基地、东莞新材料产业

2021年7月24—25日，全国5G行业应用规模化发展现场会在东莞市举行

（郑家雄　摄）

基地、东莞数字经济融合发展产业基地、东莞水乡新能源产业基地、临深新一代电子信息产业基地和银瓶高端装备产业基地等七大战略性新兴产业基地，打造全市产业集群发展引领极。2021年，东莞市以超常规政策支持基地发展，设立规模100亿元引导基金，撬动社会资本参与形成总规模500亿元战略性新兴产业基金体系；出台基地建设系列政策，通过配套优质产业空间和专项政策，推动战略性新兴产业加速集聚。5月，七大基地启动首批666.67公顷（1万亩）土地面向全球“揭榜招商”，签约项目总投资额1500亿元。培育新一代电子信息、高端装备制造、纺织服装鞋帽、食品饮料作为战略性支柱产业集群，软件与信息服务、新材料、新能源、生物医药及高端医疗器械、半导体及集成电路作为战略性新兴产业集群，构建相关产业集群培育体系。

【新一代电子信息产业集群成万亿级规模产业集群】 2021年，东莞市新一代电子信息产业集群营业收入超万亿元规模，占全省新一代电子信息产业集群四分之一。东莞市新一代电子信息产业集群包括华为、OPPO、vivo等全球领先智能手机龙头企业，汇聚整机制造、电路板及元器件、触摸屏、电池、机背板、结构件生产制造等领域一批行业领先企业和“隐形冠军”。

【“4个千亿规模产业集群”形成】 2021年，东莞市“4个千亿规模产业集群”形成。其中：装备制造产业集群营业收入4488亿元，形成上游研发设计，中游零部件生产、设备制造，下游运营服务全产业链条，机器人及智能制造装备、新能源汽车等高端装备产业；新材料产业集群营业收入规模1200亿元，产业链涵盖半导体材料、电子新材料、新能源材料、先进金属材料、生物医用材料等；食品饮料产业集群营业收入1260亿元，涵盖粮油加工、烘焙、饮料、糖果、调味品、食品添加剂等领域；纺织服装鞋帽产业集群营业收入870亿元，覆盖纺织印染、研发设计、机械设备制造、配件及辅料生产、组装加工、品牌销售等环节。

【“4个百亿规模产业集群”发展】 2021年，东莞市“4个百亿规模产业集群”发展迅速。其中：软件与信息服务产业集群中，东莞市认定松山湖高新区、南城街道为“市软件和信息技术服务业集聚区”，引领全市软件产业高质量发展，截至年底，规模以上互联网和相关服务、软件和信息技术服务业企业实现营业收入116.9亿元；新能源产业集群中，东莞市着力发展氢能源产业，从制氢、加氢站建设运营到整车生产的氢燃料电池产业链进行布局，申报国家燃料电池汽车示范城市，截至年底，锂电产业规模占全国15%，拥有一批知名企业；生物医药及高端医疗器械产业集群中，涌现菲鹏生物、东阳光药业等细分行业龙头企业，建成广东省医疗器械质量监督检验所（东莞中心）、东莞市食品药品检验所、松山湖生物医药创新研发公共仪器平台等产业公共服务平台，全年生物医药及高端医疗器械产业集群营业收入230亿元；半导体及集成电路产业集群中，形成以第三代半导体、封装测试、集成电路设计、材料及器件等环节为支撑产业链结构，全年全市半导体及集成电路产业集群营业收入240亿元。

【东莞市软件和信息技术服务业集聚区建设】 2021年7月2日，《东莞市软件和信息技术服务业集聚区创建管理工作方案》印发，支持松山湖高新区、南城街道创建首批软件和信息技术服务业集聚区。年内，东莞市加强落实国家、省、市发展软件和信息技术服务业战略部署，推进全市软件和信息技术服务业产业集聚。截至年底，松山湖高新区、南城街道实现规模以上营业收入65.78亿元，占全市比重56.2%，规模以上营业收入比上年增长40%，增速高于全市平均水平，产业集聚效应明显，带动全市软件与信息服务产业发展。出台《东莞市工业和信息化局关于市级数字产业集聚试点园区的认定管理办法》，新认定松山湖中集智谷、南城南信产业园为2021年批次试点园区，全市试点园区数量增至4个。

【《关于培育发展战略性产业集群的实施意见》出台】 2021年，东莞市出台《东莞市关于培育发展战略性产业集群的实施意见》，聚焦新一代电子信息、高端装备制造、纺织服装鞋帽、食品饮料等4个支柱产业集群，以及软件与信息服务、新材料、新能源、生物医药及高端医疗器械、半导体及集成电路等5个新兴产业集群。意见规划到2025年，分梯度培育形成一批国际一流、国内领先、地方特色产业集群。

【银瓶高端装备产业基地建设】 2021年，银瓶高端装备产业基地编制总体城市设计及规划、产业规划、产业链图谱和重点招商目录等系列规划，制定《关于推动银瓶高端装备产业基地高质量发展的若干措施》《银瓶高端装备产业基地高质量发展专项资金实施细则》等配套政策。划定基地总规划面积1427.2公顷和首期启动区335.47公顷。制订短、中、长期土地收储计划，推动电子电气互联产业中心项目、碧桂园智造创新中心建设。新增面积4万平方米低成本空间，新签约超亿元项目10个，总投资115.9亿元，招引数量和企业质效均创历史新高。其中，超然通用航空项目总投资5.2亿美元。

（洪雅雯　翁舒洁　苏淑娴）

建筑业·房地产业

CONSTRUCTION · REAL ESTATE

东莞市中心城区　（2021年陈栋摄）

编辑：郭佩文

建筑业

【建筑业概况】　2021年，东莞市加大对建筑业企业发展扶持力度，通过完善政策引导、强化经济监测和改进纳统工作等手段，推动建筑业发展。全年建筑业总产值841.04亿元，比上年增长26.6%；建筑安装投资1541.89亿元，增长8%；建筑业增加值247.56亿元，增长7.5%；税收总额60.5亿元，增长13.7%。扶持本土企业晋升资质，同时加大对外市优质企业招引力度。全年新增建筑工程施工总承包一级资质企业19家（招引7家，本市企业晋升12家），总数48家，比上年增长65.5%。全市总承包资质施工企业1582家。其中一级企业48家、二级企业179家、三级企业1355家。

2021年，东莞市受理登记劳资纠纷信访案件61件，涉及金额4166万元，涉及工人约2170人。开展转包、违法分包及挂靠等违法行为整治，对涉嫌违法违规的责任主体依法调查取证，对存在转包、违法分包及挂靠等违法行为的企业依法作出处罚，营造良好的市场竞争氛围。对13条违法线索进行调查，其中立案3件，作出行政处罚3件。开展建筑市场专项检查，督促企业落实保障农民工工资支付各项制度，对不及时整改的企业依法作出处理。市镇两级检查在建房屋市政工程1620项次，发出整改通知书超230份，出动检查人员超4150人次。

【建设领域疫情防控】　2021年，东莞市成立建设工地疫情防控工作专班，统筹全市建设工地疫情防控工作。年内，召开专班会议2次研究部署全市建设工地疫情防控工作，印发《关于切实做好我市建设工地疫情防控工作的紧急通知》等12份文件，根据不同时期不同防控形势制定防控措施。推进全市1449个在建建设工地参建人员疫苗接种，参建人员14.57万人，完成一针接种14.54万人、一针接种率99.73%，完成二针接种14.33万人、二针接种率98.29%。1月，在厚街万科金域公馆项目进行实地疫情防控应急演练，并通过“南方+”、市住房城乡建设局微信公众号、光盘等形式发布演练视频。是年，东莞市统筹做好569栋楼宇场所、2000余个物业小区疫情防控，并开展疫情隔离观察场所安全风险隐患排查整治工作。

【建筑工程质量安全管理】 2021年，东莞市在建受监房屋建筑及市政基础设施工程5545项，总受监建筑面积6994.46万平方米，市政基础设施工程总长度5830千米。完成分部验收监督8799项，竣工验收监督2275项，一次验收合格率100%。受理消防验收637项，通过办结474项；受理消防备案1959项，通过办结1735项。全年在监污水治理项目318个，其中在建21个、竣工验收260个、完工但未验收37个；年内完成次支管网工程预验收4709.83千米、竣工验收3320.84千米。开展既有超高层建筑安全隐患排查整治、在建工程钢筋原材使用情况专项检查、全市基坑工程质量专项抽查、住宅工程质量常见问题专项治理行动，召开观摩会2次。出动执法人员3.49万人次，检查工地1.58万个次，发出质量安全监督执法文书7606份，对2309家次企业、1437人次安全管理人员进行扣分，对20家企业及35名相关责任人实施行政处罚31.8万元，公示安全生产红色警示信息6条、黄色警示信息1210条，约谈存在安全生产违法违规行为的27项工程参建企业。全年77个项目获评为省建设工程优质结构奖，19个项目获评为省建设工程优质奖，14个项目获评为省建设工程金匠奖。

【既有房屋使用安全管理】 2021年，东莞市完成涉及全市33个镇街、569个村（社区）、174万栋房屋的房屋建筑承灾调查。经评估，全市需要治理的D级、C级房屋共1646栋，其中完成治理276栋。对尚未消除安全隐患的，由属地镇街做好房屋加固、巡查避险等工作。是年，东莞市继续开展削坡建房整治，将剩余76处一般风险和低风险纳入2021年治理任务，实现资金落实率100%。其中，治理施工待进场阶段1处；治理施工阶段27处，实现竣工率64.4%。

【建设工程监理】 2021年，东莞市实行监理单位向政府质量安全监督主管部门报告质量监理情况制度，实行监理报告常态化研判制度。每周定期召开会议对监理周报、月报进行研判，掌握施工现场质量形式及安全状况。年内，收到监理周报6.85万份，月报1.53万份。

【建设工程造价管理】 2021年，《东莞市住房和城乡建设局建设工程施工过程结算管理办法》发布，于7月1日施行，有效期5年。印发《东莞市工程造价改革试点工作方案》，组织实施造价改革试点。完善《东莞建设工程造价信息》信息采集、数据处理和编辑发行，发布《东莞市主要建筑材料综合价格》25期、超3750条信息，发布《东莞市建设工程常用材料综合价格》12期、1.44万条信息。全年经备案的招标控制价项目675个，招标控制价备案总额323.2亿元；新增备案企业47家，在东莞市开展工程造价业务咨询企业271家。

【勘察设计管理】 2021年，东莞市不定期聘请相关专家组成督查组开展监督抽查，抽查位于东坑、茶山、石碣、凤岗、清溪、黄江、中堂等镇街的房屋安全鉴定项目21个，位于轨道交通保护区范围内的重点勘察作业现场项目26个，并对施工图审查机构审查合格的80项（单体）房屋建筑和市政基础设施工程施工图设计文件进行抽查，暂未发现有违反强制性标准等情况，施工图设计文件质量、房屋安全鉴定、工程勘察现场作业成果质量基本符合要求。

【工程项目审批事项改革】 2021年，东莞市优化工程审批流程，形成政府投资、社会投资和简易低风险项目等10类工程审批流程图。其中，实施完全告知承诺制的政府投资项目审批时间压缩至40日、社会投资项目审批时间压缩至30日；社会投资简易低风险建设项目审批时间压缩至15个工作日。开展工程建设项目审批“体外循环”“隐性审批”专项治理，规范工程建设项目审批。

【东莞市首个奖励“东莞建造”优质施工企业经济贡献政策出台】 2021年，《东莞市人民政府关于加快打造新动能推动高质量发展的若干意见》首次提出“‘东莞建造’优质施工企业增产奖”等4条建筑业扶持措施。年内，东莞市修订印发《“东莞建造”优质施工企业评价工作方案》并开展2021年度优质施工企业评价，评定2021年“东莞建造”优质施工企业名录30家。比上年首次评价结果相比稳中有变，24家企业继续入列目，出列和新入企业各6家。印发《“东莞建造”优质施工企业增产奖励实施细则》，该措施以保企业、促复苏、稳增长专项资金为奖励资金来源、2021年评价的东莞市建造优质施工企业名录为奖励对象范围、以相关企业2021年比上年产值的增量为奖励基数、1000万元产值增量为奖励起点，单个企业奖励额度不超过其产值增量的0.5%、奖励金额不超过500万元，全部企业奖励金额在4000万元内。

【建设工程创新实现全行业全流程电子化招投标工作改革】 2021年，东莞市上线涵盖全行业、全类型建设工程的通用版本电子标交易系统，降低企业投标成本；完成东莞市首个异地评标项目工作，实现省内跨区域“线上开、异地评”；

是年，东莞市房建市政项目完成招投标203项，其中服务类（勘察、设计、监理、代建服务等）106项，施工类76项，EPC类21项。发布《关于开展全市各园区、镇街房屋建筑和市政基础设施工程项目招标投标监督管理季度抽查工作的通知》，对镇街（园区）实行“双随机”检查，检查结果在东莞市住房和城乡建设局官网及东莞市公共资源交易平台公示；完善房建市政工程招投标评定分离制度，修订《东莞市住房和城乡建设局房建市政工程评定分离操作导则》，强化落实招标人主体责任，引导健全内控机制，规范完善招投标流程，促进实现招标“评优定优”目标，保障项目高质高效建设。　（吴维彬）

2021年10月25日，房屋维修资金政策宣传走进虎门镇丰泰华园山庄小区
（市住房城乡建设局供图）

资料链接

EPC（Engineering Procurement Construction）是指公司受业主委托，按照合同约定对工程建设项目的设计、采购、施工、试运行等实行全过程或若干阶段的承包。通常公司在总价合同条件下，对其所承包工程的质量、安全、费用和进度进行负责。

房地产业

【房地产业概况】　截至2021年底，东莞市有房地产开发企业560家（包括品牌房企设立的项目公司），其中一级资质企业3家、二级资质企业10家、三级资质企业82家、四级资质企业275家、暂定资质企业190家。2021年，全市房地产开发投资972.3亿元，比上年增长11.7%，占全市固定资产投资37.3%。新建商品房网签销售面积666.73万平方米、比上年下降25.53%，销售金额1568.16亿元、下降21.63%，其中住宅销售面积506.55万平方米、下降31.3%，销售金额1368.22亿元、下降23.4%，销售均价2.7万元/平方米、增长11.5%。全市核准预（现）售商品房789.62万平方米，比上年下降3.06%，其中住宅582.34万平方米、下降10.5%。

【房地产去库存】　2021年，东莞市商品房库存面积922.04万平方米，其中住宅库存面积391.08万平方米，去库存周期9.19个月。

【房地产市场调控新政出台】　2021年，东莞市发布《关于进一步加强房地产市场调控的通知》，非户籍二套房社保年限、商品住房限售年限均由2年延长至3年，个人住房转让增值税免征年限由2年调整为5年。是年，东莞市加强商品住房销售价格指导，出台《关于进一步加强新建商品住房销售价格指导的通知》《关于新建商品住房项目销售价格申报有关事项的通知》，从定价、价格涨幅、办理预售及时性和明码标价制度监管等方面进行调控。9月30日，印发《关于发布商品住房价格地图的通知》，创新发布一手住房“房价地图”。10月8日，印发《关于建立二手住房交易参考价格发布机制的通知》，建立二手住房交易参考价格发布机制，首次发布218个成交活跃住宅小区的二手住房交易参考价格，遏制房价过快上涨，加强房价信息公开，引导房地产市场合理交易。

【房屋租赁管理】　2021年，东莞市加快培育市场供应主体，发展住房租赁企业，建立健全租赁管理制度，加强住房租赁价格监测，形成覆盖全市33个镇街（园区）及596个社区（村）、具体到楼盘或居民（村民）小组的房屋租金参考价格评估成果。开展长租公寓风险排查，加强租赁企业（机构）管理。全年办理房屋租赁企业（机构）备案1053家；办理房屋租赁登记备案2073宗、面积198.12万平方米，其中：办公楼登记备案206宗、面积12.33万平方米，商铺用房登记备案1040宗、面积32.69万平方米，厂房登记备案103宗、面积90.87万平方米，住宅（含物业小区、居住、长租公寓和商务公寓）617宗、面积8.81万平方米，企业宿舍70宗、面积2.08万平方米，仓库10宗、面积9.74平方米，综合（含混合用途自建房）9宗、面积27.1万平方米，其他18宗、面积14.49万平方米。年内，强化住宅小区和公寓式住宅租赁管理，全市各物业服务企业报送住宅租赁信息6303条。

【房屋维修资金管理】 2021年，东莞市修订《维修资金业务办事指南》，简化业务流程，提高办事效率；通过公开招标方式增加邮储银行、广发银行、中国银行专户银行3家，提升服务效率。全年归集维修资金2.75亿元，比上年下降47.2%，归集维修资金余额57.87亿元，办理维修资金使用业务285宗、退款业务5339宗。

【物业管理监管】 2021年，东莞市将物业管理和业委会违法违规问题整治纳入全市行业乱象专项整治工作范围，处理物业管理投诉和纠纷1.19万宗，加强信息搜集和风险隐患排除，及时发现掌握影响社会稳定的苗头性、倾向性、潜在性问题，做到防范在先、发现在早、化解在小，维护群众合法权益，促进物业管理行业健康发展。

【红色物业管理试点】 2021年，东莞市推进“红色物业”管理，坚持以“党建引领共建融合”为统揽，将物业管理纳入基层治理体系，构建党组织领导下的街道、社区、物业等多方联动的“红色物业”体系，以解决群众身边的“关键小事”为着力点，破解物业管理难题，提升居民群众品质生活。12月28日，广东省住房和城乡建设厅公布100家全省“红色物业”试点单位名单，其中东莞市有6家住宅小区被评为“红色物业”试点单位。

（吴维彬）

不动产登记

【不动产登记概况】 2021年，东莞市办理不动产登记业务55.57万宗，日均办理2129宗。其中，抵押登记15.13万宗。颁发纸质不动产权证书20.93万本、不动产权证明8.8万本，颁发电子证照、电子证明63.87万份。办理各类不动产查询业务175万宗（含线上）。

【不动产登记全程网办全覆盖】 2021年，东莞市商品房买卖合同备案和预告登记、按揭抵押13.25万宗，平均办结时限1.16个小时，同期网办业务率100%；微信掌上办理一手房办证6.56万宗，平均办结时限2.78个小时，同期网办业务率55.9%。实现二手商品房限购查询、网签合同、核税缴税、转移登记和水电气过户全程网办，企业群众办事全程零跑腿、零纸质材料、1个工作日、最快1个小时办结出证，通过手机即可在线办理。

【“不动产登记+金融服务”改革深化】 2021年，东莞市实现不动产登记系统与全市主要商业银行业务系统信息互通和业务对接。企业群众在市内银行网办抵押登记最快1个小时办结、4个小时放款。推出新建商品房抵押权预告登记和招商银行App办理商品房抵押权登记智能化“秒批”功能，实现随时随地在线申请、7×24小时审核、即时办结、银行快速放款，大幅压减企业群众的融资周期和融资成本。推进“总对总”服务系统推广工作，全市40家银行（金融机构）可网办抵押（注销）登记，省内异地银行可通过“总对总”模式在线申

东莞市中心区 （2021年聂新建摄）

办抵押登记。

2021年，东莞市通过“不动产+金融”网办抵押登记4.67万宗，平均办结时限2.18个小时。办理新建商品房抵押权预告登记（即预购商品房抵押权预告登记、新建商品房不动产抵押权预告登记）网上“秒批”业务3.44万宗。11月起，实现全市商品抵押注销登记及其全部关联前置事项（银行出具关联证明文件）全流程在银行便民窗口“一窗办结”，抵押登记类业务实现线上和线下两种渠道并行。

【“区块链＋不动产登记”试点工作完成】 2021年，东莞市完成“区块链＋不动产登记”平台搭建和不动产交易、登记、缴税、金融等4类数据上链工作，7月，“区块链＋不动产登记”技术应用于个人查询、证件验证、电子委托、购房资格查询、二手商品房转移登记和抵押登记等网办业务场景，实现不动产登记业务材料再精简、平台更智能、零接触零跑动、免交纸质材料、全程留证可追溯。

【“不动产登记+司法查控”全程网办】 2021年，东莞市实行“不动产登记+司法查控”全程网办。市两级法院可根据案件需要，通过网上系统实时发起需求，不动产登记机构实时接收、办理和反馈，相关信息和业务线上全留痕、回溯可查，节约司法资源，提高不动产查询的时效性，确保法院对涉案不动产的有效控制和处置效率；完成与省自然资源厅“不动产登记+法院服务”全省通办平台对接，实现省内各级人民法院不动产查解封及协助过户备案业务的线上办理。

【不动产登记“全市通办”】
2021年，东莞市市民服务中心不动产专区二手房转移登记业务范围调整为“全市通办”，市民可通过“莞家政务”微信公众号预约前往市民服务中心办理市内任何一个镇街（园区）的二手房过户业务，交易、缴税、登记同步办理、一个工作日办结，可一并申请办理水电气业务，全程提供“一次叫号、一套材料、综窗受理”的一站式服务。截至年底，不动产专区办理不动产业务28.67万宗，占同期全市不动产业务总量51.69%；不动产专区的企业优先窗为企业特事特办业务311宗，抵押登记办理311宗。

【不动产登记业务实现东莞、珠海两市“跨城通办”】 2021年，东莞、珠海两市首宗“跨城通办”不动产登记业务在东莞市民服务中心不动产公积金业务区办理。抵押权人及抵押人双方通过专窗递交资料申请办理抵押权登记（首次登记），业务人员收件受理、扫描材料后，通过系统发送材料到珠海市不动产登记中心，珠海市不动产登记中心完成网上审批并出具电子登记证明，全程1小时办结。

【“不动产一天办”改革品牌建设】 2021年5月，东莞市不动产登记中心联合市政务服务数据管理局打造“不动产一天办”改革品牌，将市级不动产交易登记业务模式推广至镇街，全市不动产登记部门需在当天完成审批、办结当天16时前受理的一手商品房办证（网签）、二手商品房买卖过户、商品房抵押权登记、新建商品房预告登记（设立、注销）、商品房首次登记、商品住房限购查询等6类不动产高频登记业务。截至年底，全市不动产高频登记业务“一天办结”率99.06%。

【“交房即发证”工作开展】
2021年6月28日，东莞市不动产登记中心在东城街道峰景湾商住小区启动“交房即发证”试点工作，采用“专项申请、专人对接、有序开展”模式，项目在完成首次登记后，业主在现场收房时通过手机微信端线上缴税及申请办证，待后台完成审批后，在交房时即可通过手机端下载不动产权证书电子证照。

【不动产登记系列惠企便民措施出台】 2021年5月17日，东莞市不动产登记中心推出“存量商品房变更登记+转移登记”等8项存量商品房并办登记业务，组合业务流程调整为“一审一核定”，办结时限均为3个工作日。7月1日，对办理新建商品房登记业务颁发的不动产权证书附图启用“二维码”记载方式。市民服务中心不动产公积金业务区周末继续对外开放不动产登记收件服务，在“企业优先窗”对企业办理不动产登记实行专窗专人协办，实现全程1个窗口、1套材料、1个环节、1个工作日、最快1小时办结。3月1日起，实施小微企业免收登记费告知承诺制，全年减免小微企业（含个体工商户）不动产登记费用3386宗。其中交易登记1180宗，包括一手办证893宗和首次登记89宗。探索积分入学数据共享审核模式，改进积分入学工作。采取数据对接方式进行积分入学审核，基本实现家长“零跑动”。

（陈奕西）

附：2021年东莞市不动产登记中心主要领导名录

主　任：叶绍焜

商贸流通业

COMMERCE

东莞市鸿福路商业区　（2021年陈栋摄）

编辑：郭佩文

商贸流通业综述

【商贸流通业概况】　2021年，东莞市社会消费品零售总额4239.24亿元，比上年增长13.3%，增速全省第二，总量全省地级市第一。日用品类、家具类、通讯器材类等生活类商品，分别实现零售额77.8亿元、15.7亿元、106.1亿元，分别比上年增长40.8%、70.6%、84.6%，拉动限额以上零售额增长5.1个百分点。是年，东莞市商务局印发《关于报送做好2021年春节期间生活必需品保供稳价工作相关材料的通知》《东莞市新冠肺炎疫情封闭、封控区域生活物资供应工作指引》《东莞市新冠肺炎疫情局部暴发生活必需品保供应急工作预案》《东莞市新冠肺炎疫情封闭、封控区域生活物资供应响应流程》《东莞市新冠肺炎疫情封闭、封控区域生活物资供应一线工作人员管理制定》等文件，规范做好疫情下各地区生活必需品保供工作。联合市发展和改革局、市农业农村局等部门每周对粮油肉菜等主要生活必需品市场供应和价格情况进行监测，严格执行假期24小时专人值班和领导干部带班等制度，落实市场监测预警工作和应急演练。

【消费促进】　2021年，东莞市发放各类消费券、消费补贴超3500万元。市镇两级开展线上线下促消费活动超180场次，包括“乐购东莞，春节有礼”、“东莞手信年货节”、“乐购东莞·全城至HI消费日”餐饮促消费主题“你吃饭我送券”活动、汽车专题促消费活动、家居和5G主题消费节活动及开学季亲子嘉年华活动、京东618狂欢节促消费活动、“乐购东莞·抖in中秋生活节”活动等。

【肉类蔬菜流通追溯体系建设】　2021年，东莞市肉类蔬菜流通追溯体系有备案主体41家，自然人备案4166条，包括批发市场1个、屠宰场4个、配送中心3个、超市卖场1个、采购团体32个。实现与重要产品追溯管理平台对接，月均传输数据量超10万条，历年累计报送数据293万条，排名全省前五。

【特色商圈改造升级】 2021年，东莞市优化城市商圈布局，打造东莞CBD（中心商务区）成为新型国际级消费集聚区，鸿福路和东城商圈打造成时尚休闲消费中心，西城楼商圈打造成历史商业街区，万江商圈打造成体验消费中心；是年，组织相关街道召开部署会，指导街道研究建设方案，发挥城区街道在打造重点商圈、步行街工作中的引领示范作用。推动鸿福商圈升级改造，加强与深圳华侨城、戴德梁行等专业机构联系，围绕商圈改造工作进行前期沟通接触。做好协调海德汇一城与市民服务中心制定商业提升改造方案的准备工作。推动鸿福路商圈申报省级第二批示范特色商圈，经过省专家组对商圈现场考评、答辩、实地复核工作等工作，11月29日，广东省商务厅确认东莞市鸿福路商圈为省级示范特色商圈。 （李　倩）

商品经营

【批发零售贸易】 截至2021年底，东莞市限额以上批发业实现销售额6059.4亿元，比上年增长20.8%；限额以上零售业实现销售额1544.11亿元，增长13.2%。新增限额以上批零企业107家，其中批发业78家、零售业29家，批零行业新增企业分别实现销售额228亿元、销售额92.49亿元，分别拉动限上批发业、限额以上零售业增长4个、6.6个百分点。

【成品油供应】 截至2021年底，东莞市有取得成品油零售经营资格加油站326座，成品油年销售量291.5万吨、比上年增长18.78%。其中：柴油销售80.93万吨，比上年增长14.25%；汽油销售210.57万吨，增长20.62%。中石化、中石油、中海油三大集团公司系统内加油站149座，成品油年销售量133.56万吨、比上年增长10.17%。其中：汽油销售84.86万吨，比上年增长9.95%；柴油48.7万吨，增长10.57%。民营加油站126座，成品油年销售量123.95万吨、比上年增长38.33%。其中：汽油销售99.58万吨，增长40.5%；柴油24.38万吨，增长30.11%。外资企业（含中油BP、加德士、延长壳牌）加油站51座，成品油年销售量33.99万吨、比上年下降1.7%。其中：汽油销售26.13万吨，比上年下降1.45%；柴油7.85万吨，下降2.51%。

（刘萱清）

物流业

【保税物流发展】 2021年，东莞市保税物流进出口额3305.8亿元，比上年增长26.4%，高于全市进出口增速14.6%，占进出口比例21.7%。虎门港综保区进出区总货值（含一线、二线）1606亿元，比上年增长17%，其中，一线进出口总值620亿元，增长86%；区内保税维修项目累计维修货值1.38亿元，维修通讯产品数量4.41万台。截至2021年底，清溪保税物流中心进出园区货值786亿元，比上年增长18%。

【“香港国际机场物流园暨空侧海空联运码头”项目试运行】 2021年12月，香港机场管理局在东莞选址合作建设“香港国际机场物流园暨空侧海空联运码头”项目试运行。该项目按照香港机场货站标准建设，逐步把安检、打板、集拼、报关等核心功能前移至东莞，国泰航空、香港空运货站、亚洲空运中心等香港机场三大货站将在东莞开展航空货运业务。该项目打破香港与珠三角城市之间物流传统监管模式藩篱，实现货物跨越不同关税区的制度突破，促进物流更加便捷与高效，纳入省政府推进粤港澳大湾区建设重点工作。（李　倩）

会展业

【会展业概况】 截至2021年底，东莞市有专业展馆3个，分别是广东现代国际展览中心、常平会展中心、虎门会展中心，室内可展览面积约15万平方米，室外可展览面积约8万平方米。年内，东莞市财政资金支持重点展会和成长型展会16个，涉及支持金额约848万元。在中国会展城市产业合作峰会暨会展城市竞争力指数发布会中，东莞市连续六年获“中国最具竞争力会展城市”称号，位列《中国城市会展业竞争力指数报告》涵盖的111个地级市中第三名，成为地级市会展业发展第一梯队。

【疫情期间办会办展防控机制建立】 2021年，东莞市编制《东莞市会议展览活动新冠肺炎疫情常态化防控工作指引》，建立办会办展临时审批机制，形成“属地疫情防控指挥部初审+市疫情防控指挥部再审”的多部门联动工作机制，严格展会活动疫情防控方案审批工作，推动疫情常态化防控与会展业高质量两手抓。

【第45届国际名家具（东莞）展览会】 2021年3月15—19日在广东现代国际展览中心举行，由广东现代会展管理有限公司主办。该展以“品牌新势能、设计新领地、渠道增量场”的展会定位，选品涵盖成品家具、定制、整装、设计、材料选材等多个家居参展品类。设十大展馆，规模14万平方米，参展企业1275家，到场观展采购观众超20万人次。

【第21届东莞国际车展（春季）展会】 2021年5月1—4日在广东现代国际展览中心举行，由中国机械国际合作股份有限公司主办。展会规模5万平方米，参展商80家，展期4天，入场参观购车观众6.72万人次，现场意向成交各类品牌汽车1.2万辆（非全品牌统计），成交金额21.6亿元。

【第五届电子制造自动化&资源展】 2021年5月18—20日在广东现代国际展览中心举行，由东莞惠智协展览有限公司主办。该展会规模2万平方米，展品范围覆盖电子制造全制程，联动工业自动化&工业装配与传输技术展，推动电子工厂无人化，来自国内外参展的品牌企业376家，展期3天，参展观众3.38万人次。

【中国食品品牌创新发展大会暨第二届粤港澳大湾区食品博览会】 2021年7月30日至8月1日，在广东现代国际展览中心举行，由中国食品工作协会、东莞市人民政府主办。展会规模2.2万平方米，有参展商275家，入场参观采购观众1.5万人次。由中食协与市政府联合共建的“中国粤港澳大湾区食品品牌创新发展基地”举行启动仪式，并发布《中国食品品牌百年发展报告》等多份具有行业影响力的报告。

【第七届广东国际机器人及智能终端装备博览会】 2021年10月11—13日在广东现代国际展览中心举行，由东莞市人民政府主办。展会规模为3万平方米，参展商300家，入场参观采购观众2万人次。该届智博会以“AI+让智造更智慧”为主题，设有AI+智造体验、机器人技术及应用、工业自动化解决方案、协作机器人及智慧物流5大精品展区；有超过50家东莞本土企业参展，借助展会平台展示东莞智能制造实力。

【第六届中国国际食品及配料博览会】 2021年10月16—18日在广东现代国际展览中心举行，由农业农村部农业贸易促进中心主办。展会面积3万平方米，设国际展区、省市组团、专题展区、主题展区及活动区，举办会议和论坛活动10个，来自国内外参与线上线下展示展销活动企业超600家，吸引过万名观众入场观展，助力东莞市打造千亿级食品饮料加工产业集群。

【中国国际汽车改装展览会】 2021年10月22—24日在广东现代国际展览中心举行，由中国汽车工业协会主办。该展会内场面积4.2万平方米，外场活动区面积5万平方米，汇集国内外300家企业，超600种新品首发，吸引观众超2.6万人次。举办论坛及活动超20场。

【第十二届东莞台湾名品博览会】 2021年11月11—14日在广东现代国际展览中心举行。该届台博会由市级展会升级为省级展会，在推动莞台产业合作、加快台企转型升级、促进两岸经贸融合方面发挥重要作用。以“聚焦创新科技聚力融合共赢”为主题，展览面积3万平方米，设展位超1200个，参展商超450家。

【第十二届中国国际影视动漫版权保护和贸易博览会】 2021年11月18—21日在广东现代国际展览中心举行，由广东省人民政府等单位主办。该届漫博会采取“线上云平台”和“线下漫博会”协同推进的办展模式，以“线上展示、线下展览、专业论坛、产业活动、版权保护”等5大板块为主题内容，促进产业化落地服务向数字化、智慧化、平台化转型。“漫博会”线下展览面积2万平方米，有参展商500家，吸引约5000人次入场参观采购。

【东莞国际机床展】 2021年12月10—13日在广东现代国际展览中心举行，由东莞华墨展览服务有限公司主办。该届DME展开设金属切削机床、金属成型机床、磨削工量具、智能工厂及自动化、机床附件、压铸铸造6大主题展区，汇集包括马扎克、西铁城、哈斯、三菱、津上、SMC、巨冈、国盛、百盛激光等品牌展商。展览面积超7.5万平方米，参展品牌企业超1000个，超3.2万专业观众、采购商以及代理商等制造业终端客户到场参观、洽谈采购。 （李 倩）

2021年11月18—21日，第十二届中国国际影视动漫版权保护和贸易博览会在广东现代国际展览中心举行 （市商务局供图）

拍卖业

【拍卖业概况】　截至2021年底，东莞市取得从事拍卖业务许可的拍卖企业48家，从业拍卖师80人。年内，举办拍卖会1346场次，比上年下降83%；成交总额11.11亿元，下降58%。其中，法院委托成交额6.95亿元，占总成交额62.6%，比上年下降39%；政府部门委托成交额1.39亿元，占总成交额13%，下降77%；金融资产机构委托成交额2738万元，占总成交额2%，增长103%；其他机构及个人委托成交额2.43亿元，占总成交额22%，下降72%。拍卖企业主营业务收入2999万元，比上年下降23%，营业利润596万元。

【拍卖行业年度核查】　2021年3—6月，东莞市商务局开展2020年度全市拍卖行业年度核查工作，组织全市45家拍卖企业开展年审工作。年审结束后，发挥镇街商务部门属地监管作用，要求有关镇街按照上级部门工作指引督促整改企业制定整改方案，落实整改措施，完善各项制度，按时按质完成整改。（李　倩）

再生资源回收行业

【再生资源回收行业概况】　截至2021年底，东莞市领取营业执照的再生资源回收市场主体4815家，比上年增长38%。4月13日，东莞市商务局印发《关于推进我市再生资源回收体系建设提高行业发展质量的通知》，对各镇街（园区）推进再生资源回收网点建设、加强再生资源回收行业专项整治、启动再生资源回收网点样板工程建设、培育龙头示范企业及推广先进回收模式等方面作出部署。

【再生资源回收行业专项排查整治】　2021年8月，东莞市商务局先后印发《关于开展东莞市再生资源回收行业生态环境安全隐患专项整治工作的通知》《关于进一步加强我市再生资源回收站点生态环境安全隐患排查整治工作的通知》《东莞市2021年进一步深入开展再生资源回收行业安全隐患排查整治工作方案》《东莞市2021年进一步深入开展再生资源回收行业安全隐患专项整治行动督导方案》，开展全市专项整治行动督导检查工作。组织各镇街（园区）持续集中开展辖区内再生资源回收站点的生态环境安全隐患排查整治工作。截至2021年底，各镇街（园区）排查从事再生资源回收站点5303家，出动检查人员3.05万人次，整顿回收站点2709家（取缔违规站点1314家）。（李　倩）

供销合作商业

【供销合作商业概况】　2021年，东莞市供销社系统销售总额198.03亿元，比上年增长46.34%；利润总额8196.84万元，增长38.64%；创税2513.09万元，增长14.68%。年内，获全省供销社系统综合业绩考核二等奖及经济发展奖。

【供销合作社综合改革】　2021年，东莞市供销社合作联社出台“十四五”发展规划，开展综合改革“深调研”活动，围绕《广东省进一步深化供销合作社综合改革打造为农服务生力军行动计划》和“十四五”规划开展专题调研，形成调研报告9份。印发《东莞市进一步深化供销合作社综合改革打造为农服务生力军工作方案》，全年完成3大类、12分项、29小项任务。

【供销合作社为农服务功能增强】　2021年，东莞市成立以“一体一社”方式的市岭供荔枝产业联合体和市东供荔枝合作社联合社，带动全系统培育新农民专业合作社20个，截至年底，销售荔枝鲜果超32万斤，销售总额280万元，带动新农户229户，新增荔枝土地托管面积28.2公顷。新建村级供销合作社11个，建成和完善社区综合服务站31个。与贵州省铜仁市建立东西部消费协作常态化工

消费协作专店　（2021年市供销合作联社供图）

作机制，加强与西藏、新疆和省内韶关、揭阳等帮扶地区优质农副产品购销关系，全年采购销售消费帮扶农副产品超300种，购销总额9265.7万元。

【供销服务领域平台拓宽】2021年，东莞市供销社合作联社投资400万元参与广东供销农产品股份有限公司（省级平台）建设，石碣供销合作社探索参与建设区域农产品直供配送子平台。打造生活垃圾回收利用体系，以“智能回收亭+上门回收”模式，在全市22个镇街完成站点建设222个，提升加贸废料网上交易平台软硬件性能，截至年底，平台注册加工贸易企业3772家、废料买方企业1123家。推进“粤菜师傅”工程，全年完成培训10期504人次，完成“一镇一品”培训46期2091人次。

（莫志良）

附：2021年东莞市供销社合作联社主要领导名录

党组书记、理事会主任：黄启光

专营专卖

【烟草专卖】2021年，东莞市烟草专卖局（公司）实现税利32.13亿元，比上年增长5.8%；销售卷烟34.87万箱；获“2021年度东莞市效益贡献奖”、“2021年度东莞市主营业务收入前20名企业”称号。

【跨区联动打击涉烟违法犯罪行为】2021年，东莞市烟草专卖局与市海警局、公安局、黄埔海关缉私局签订协作机制，与深圳、惠州等周边城市烟草专卖局签署涉烟违法犯罪备忘录，其中与黄埔海关缉私局签署联合打击协议书、成立联合办公室，在广东省地市级烟草专卖局中属首家。其中“5·19”跨省烟草专卖中转分销假烟案获公安部、国家局贺信表扬；“7·08”“7·16”特大假烟运输仓储系列案入选“省烟草打假打私典型案例”。

【烟草专卖管理】2021年，东莞市查处各类涉烟违法案件1278件，其中涉刑事案件127件，查获涉案卷烟2.47亿支、原辅材料一批、商标标识2.09万张、大型烟机4台及其他烟草制假设备10台，涉案总值2.04亿元，比上年增长84.89%。其中，假烟1.73亿支，私烟1615.61万支。破获5万元以上大要案351件,100万元以上大要案38件。抓获涉案人员203人次、刑事拘留156人次、逮捕犯罪嫌疑人95人次。获批符合国家烟草专卖局标准的烟草打假打私重大网络案件10件、符合广东省烟草专卖局标准的烟草打假打私重大网络案件29件。（招敏华）

【食盐销售】2021年，广东省盐业集团东莞有限公司销售盐产品5.78万吨，其中小包装食盐3.29万吨、食品加工用盐2.48万吨、其他盐销量122吨。全年实现销售收入1.06亿元，实现利润总额1489.04万元。

【食盐储备】2021年，广东省盐业集团东莞有限公司承储政府食盐储备9600吨，其中省级储备量4300吨、市级储备量5300吨，全年储备均符合要求，储存于东莞市茶山镇南社村南塘路中铁二局仓库。

【食盐公益宣传】2021年，广东省盐业集团东莞有限公司助力多项科普公益活动，结合“3·15”“5·15”“全民营养周”主题活动，开展“食盐安全公益行，科普知识进校园”主题活动及线下食盐安全科普活动65场。

（李诗馨）

附：2021年东莞市烟草专卖局（公司）领导名录

党组书记、局长、总经理：
钟荣林（任至4月）
朱伟优（6月到任）

附：2021年广东省盐业集团东莞有限公司主要领导名录

党支部书记、执行董事（法定代表人）、总经理：陈洪晓

电子商务

【电子商务概况】2021年，东莞市跨境电商进出口总额730亿元，比上年增长91.8%，位居广东省第一；全市网络零售额2572.2亿元，增长12.5%。东莞市跨境电商企业广东尚睿网络技术有限公司获批为国家级电子商务示范企业。东莞市宝涵国际物流有限公司泰国仓、菲律宾仓获批为省级第二批公共海外仓，成为广东省仅有的10个海外仓之一，实现省级公共海外仓从零到1的突破。

【跨境电商发展】2021年8月，东莞市出台《东莞市跨境电商新业务专项资金管理暂行办法》，推动跨境电商B2B（企业与企业间通过互联网进行产品、服务及信息的交换）出口业务及保税区外展销业务发展。截至年底，企业申报跨境电商B2B出口货值292亿元，比上年增长256%。

【2021东莞跨境电商采购峰会】2021年10月22日，东莞市举办东莞跨境电商采购峰会。有300家制造企业超千款东莞制造优品参展，邀请阿里巴巴、亚马逊、Ebay、indiegogo等国内外知名平台12家，举办论坛主题活动18场，与国外包括沃尔玛在内的四大商超达成战略合作，成交额超1.5亿元。（李　倩）

旅游业·餐饮业

TOURISM · CATERING

香遇百花园 （2021年东城街道供图）

编辑：郭佩文

旅游业

【旅游业概况】 2021年，东莞市拥有国家A级旅游景区24家，其中国家AAAA级旅游景区14家、国家AAA级旅游景区10家。至年底，A级旅游景区接待游客1428.75万人次，比上年增长58.02%；营业收入3.81亿元，增长4.11%。有星级饭店22家，其中五星级饭店11家、四星级饭店7家；旅行社208家，其中国际旅行社21家、国内旅行社150家、非法人分社37家。

年内，东莞市整合特色旅游资源，推出“走读红色东莞”主题旅游线路10条、美丽乡村游主题线路10条、亲子研学游主题线路5条、体育休闲游主题线路5条。

【乡村旅游资源】 2021年，东莞市寮步镇入选第一批“全国乡村旅游重点镇（乡）”，为广东省3个镇之一；寮步镇西溪村、清溪镇铁场村、茶山镇寒溪水村、大岭山镇鸡翅岭村入选第三批“广东省文化和旅游特色村”；风情石排休闲游、醉美清溪之旅、“横沥·百年牛镇”乡村休闲游入选第三批“广东省乡村旅游精品线路”；寮步镇西溪古村活化项目和负责人廖芬芳入选文化和旅游部办公厅2021年度乡村文化和旅游能人支持项目名单；年内，整合推出10条“‘乡’约莞邑、‘村’光无限”美丽乡村旅游线路，5条亲子研学游主题线路、5条体育休闲游主题线路。

【工业旅游资源】 2021年，东莞市印发《东莞市工业旅游示范点（区）评选办法（试行）》；太平手袋厂陈列馆、粤海智造工业旅游基地、永益食品调味品生产车间、工农8号、稻香饮食文化中心、力嘉环保包装印刷产业园、鳒鱼洲工业遗存保护和活化利用项目、鑫源食品文化体验区8个项目入选2021年广东省工业旅游培育资源库项目；东莞鳒鱼洲与太平手袋厂工业旧址之旅、东莞道滘裹蒸粽与寮步豆酱体验之旅入选第二批“广东省工业旅游精品线路”；整合推出匠心智造探索之旅、工业遗存体验之旅、莞邑美好“食”光之旅3条工业旅游线路。

【旅游交流合作】 2021年，东莞市组织优质文旅企业参加第九届澳门国际旅游（产业）博览会、2021中国—东盟博览会旅游展、以独立组团形式参加广州国际旅游展览会，扩大旅游交流合作渠道。联合深圳、惠州、汕尾、河源、韶关等城市赴牡丹江、大庆、长春、沈阳等城市举办区域旅游宣传推介活动，宣传东莞市文旅资源，展示东莞市城市形象，开拓客源市场。支持澳门、赣州市、铜仁市江口县等城市来莞举办旅游推介会，以旅游推介会为纽带，搭建旅游业界沟通合作平台，促进交流合作。

（梁笑溢）

2021年东莞市旅游情况表

项 目	单位	实绩	比上年增长（%）
星级以上宾馆（酒店）	家	22	-15.38
#四星级宾馆（酒店）	家	7	-30.00
五星级宾馆（酒店）	家	11	-8.33
客房（已评1星以上）	间	6674	-20.53
床位（已评1星以上）	张	9096	-24.69
开房率	%	29.73	
旅行社	家	208	4.00
#国际旅行社	家	21	0.00
国内旅行社	家	150	7.14

位于东莞市寮步镇的香市动物园 （2021年邹锦考摄）

续表

项　目	单位	实绩	比上年增长（%）
非法人分社	家	37	-5.13
全年接待人数	人次	45535606	17.46
#境外旅游者	人次	228784	-7.85
外国人	人次	54409	34.02
中国港澳台同胞	人次	174375	-16.03
#境内旅客	人次	45306822	17.63
旅游总收入	万元	3795765.61	5.84
#国际旅游外汇收入	万美元	13317.00	13.86
外出旅游人数（旅行社数据）	人次	702538	87.99
#国内旅游人数	人次	702538	91.77
出国（境）游人数	人次	0	——

2021东莞市国家A级旅游景区名录表

序号	名称	等级	地址	行政电话
1	鸦片战争博物馆	AAAA	东莞市虎门镇解放路88号	85512065
2	松山湖景区	AAAA	东莞市松山湖高新区内	22891733
3	广东观音山国家森林公园	AAAA	东莞市樟木头镇石新社区笔架大道	87700691
4	东莞市科学技术博物馆	AAAA	东莞市南城街道元美中路2号	22835268
5	粤晖园旅游景区	AAAA	东莞市道滘镇粤晖路1号	88389236
6	龙凤山庄影视旅游区	AAAA	东莞市凤岗镇官井头村嘉辉路12号	87562288
7	东莞市香市动物园	AAAA	东莞市寮步镇药勒村	82819988 82813399
8	东莞展览馆	AAAA	东莞市南城街道鸿福路97号	22834000
9	广东东江纵队纪念馆	AAAA	东莞市大岭山镇大王岭村	85651000
10	东莞市清溪银瓶山森林公园	AAAA	东莞市清溪镇石田林中二街53号	87386638
11	南社村和塘尾村古建筑群景区	AAAA	东莞市茶山镇南社村	82680082
			东莞市石排镇塘尾村古村路	86527111
12	可园博物馆	AAAA	东莞市莞城街道可园路32号	22227039
13	东莞市逸颐艺舍博物馆	AAAA	东莞市横沥镇彩霞路129号	81172888
14	香市文化旅游区	AAAA	东莞市寮步镇祥富路1号	83526066
15	隐贤山庄	AAAA	东莞市常平镇丽城隐贤山庄大道8号	83395737
16	唯美陶瓷博物馆	AAA	东莞市高埗镇北王路草墩桥侧	81133333
17	森晖自然博物馆	AAA	东莞市莞城街道可园路博厦社区	22227899
18	仙溪福地欧公文化景区	AAA	东莞市石龙镇新城区欧仙路	86103663
19	稻香饮食文化旅游区	AAA	东莞市横沥镇西城科技园三区稻香集团公司	88975122

续表

序号	名称	等级	地址	行政电话
20	华阳湖国家湿地公园	AAA	东莞市麻涌镇兴华路	81903067
21	牙香街文化旅游区	AAA	东莞市寮步镇寮步社区牙香街	81100600
22	大王山森林公园	AAA	东莞市清溪镇三中村顺峰路102号	82526633
23	鑫源食品饮食文化体验区	AAA	东莞市厚街镇下汴社区汴康工业区	85875688
24	黄大仙公园	AAA	东莞市企石镇东江大道企石段2号	86768713

餐饮业

【餐饮业概况】 截至2021年底，东莞市持证餐饮服务经营者11.5万家。建成优秀餐饮街区31个，覆盖25个镇街。是年，东莞市市场监管局印发《东莞市餐饮服务提供者从业及管理人员培训提升工作方案》《东莞市餐饮从业人员培训实施方案》，以“食安快线”线上培训、食安员抽考小程序结合组织现场培训考核的方式推动从业人员培训考核工作。全年完成培训99.09万人次，食品安全管理人员现场监督抽考合格率94.3%，从业人员合格率96.7%，全市“明厨亮灶”建设覆盖率85.3%，均居于全省前列。

【东莞市“互联网+明厨亮灶”智慧监管系统建设】 2021年，东莞市市场监管局打通食品安全相关数据“感知用”链条，自动化采集视频监控、传感器、食材供应链、关键人员等多元数据，将数据融合分析转化为知识，变可视为可知，转报警为预警，实现以技防代替人防。截至年底，该智慧监管系统覆盖单位2072家，归集各类基础建档信息4.83万条、过程管理信息260万条、食材采购信息49万条；推送预警信息17.2万条，排查从业人员健康证明失效1310人次，直接排查停用高风险食材2010批次，消除化解食品安全风险隐患，提升应用单位食品安全保障水平和监管效能。

【网络订餐监管】 2021年，东莞市市场监管局构建“平台自查—线上排查—线下整治”的网络订餐监管机制，加强对网络餐饮服务的食品安全监管。通过开展入网食品经营单位现场检查和开展线上线下监测，打击网络订餐无证及超范围经营行为，督促入网餐饮单位和网络订餐第三方平台落实主体责任。截至年底，网络餐饮服务第三方平台提供者全部配置食品安全管理机构和食品安全管理人员，入网餐饮服务单位3.42万家，入网餐饮服务经营者持证数3.42万家，持证率99.8%；入网餐饮服务经营者公示许可证数3.41万家，持证公示率99.6%。

【“一起查餐厅”活动】 2021年，东莞市市场监管局和东莞报业集团联合开展“一起查餐厅”活动，定期或不定期对餐饮单位实施现场突击检查，现场直播检查过程，发现问题，曝光问题，解决问题，打击餐饮单位违法违规行为，促进餐饮单位主动关注并杜绝食品安全隐患，推进餐饮单位主体责任落实。活动创新采取市民票选方式筛选被检单位的方式，邀请人大代表、政协委员、律师、教师、家长、记者、消费者等社会各界人士参与直播行动，强化社会共治共管，共同监督，共同维护餐饮消费安全。截至年底，开展“一起查餐厅”活动16期，检查各类餐饮单位36家，在线观看群众超110万人次。（肖　胤）

东莞市“互联网+明厨亮灶”智慧监管系统

（2021年市市场监管局供图）

金融业

FINANCIAL SECTOR

东莞市中心区夜景 （2021年张顺祥摄）

编辑：贺 平

金融业综述

【金融业概况】 2021年，东莞市金融业实现增加值697.43亿元，比上年增长5.1%，拉动地区生产总值（GDP）增长0.3个百分点。至年底，全市本外币存款余额2.03万亿元，比上年增长11.4%，增速居全省首位，成为全国第四个存款规模突破2万亿元的地级市；本外币贷款余额1.49万亿元，比上年增长16.86%，全年新增贷款2154亿元，增量保持全省地级市首位；银行业不良贷款率降至0.75%，保持低位区间；证券交易额5.65万亿元，比上年增长19.7%；保费收入525.2亿元，比上年增长0.77%。至年底，全市境内外上市企业66家，当年新增上市企业8家，新增上市企业家数全省地级市排第一名。全市银行机构40家、证券期货机构53家、保险机构66家，另有小额贷款公司16家、融资担保公司9家、典当行48家、纳入监管名单的商业保理公司2家，金融机构密集程度居全国地级市前列。

【金融业助力新冠肺炎疫情防控】 2021年12月，东莞市人民政府印发"纾困解难八条"（减轻经营主体租金负担；降低经营主体要素成本；减轻经营主体税收负担；加强住房公积金服务保障；加大贷款支持力度；全力保障产业链供应链稳定；保障群众基本生活需求；建立支持大朗镇纾困解难的工作机制），其中提出鼓励金融机构对大朗镇内企业、个体工商户予以支持，不得盲目抽贷、断贷、压贷、缓贷等帮扶措施。东莞市金融系统落实要求，通过发布倡议书、强化服务保障、提升服务效率等措施，保障大朗镇各界群体的金融需求。"纾困解难八条"出台后，东莞市金融工作局联合人民银行东莞市中心支行、东莞银保监分局共同发布《关于切实强化对疫情影响重点区域金融服务保障的倡议书》，鼓励金融机构从提供融资支持、用好贷款贴息及风险补偿政策、保障市场主体资金链稳定、发挥保险保障功能等方面，重点做好大朗镇内金融服务保障。东莞市金融工作局贯彻市委号召，把投身疫情防控第一线作为“我为群众办实事”具体实践，组建抗疫工作队分别在6月21日、12月15日投身疫情防控一线，工作队员秉持“应检尽检、不漏一户、不落一人”原则，按照市、镇的统筹安排，协助村、社区开展全员核酸检测，坚决防止疫情扩散蔓延，助力打赢疫情防控硬仗。

【金融业支持实体经济】 2021年，东莞市采取多种金融措施支持实体经济发展。

莞企上市全流程服务 年内，东莞市修订《东莞市推动企业发展利用资本市场扶持办法》，出台《东莞市推动企业上市发展三年行动鲲鹏计划（2021—2023年）》。推动市政府与深交所签订战略合作协议，成功争取深交所、上交所资本市场服务东莞基地落户，协助北交所与重点企业建立联系对接机制，走访、培训拟上市企业、高新技术企业、专精特新企业近500家。全年22家次企业获得资本市场奖励资金4770万元。

银行资源向实体经济倾斜 年内，东莞市制造业、普惠小微企业和高新技术企业贷款分别突破2800亿元、2300亿元和1500亿元，分别比上年增长31.15%、46.6%和85.2%，均远高于贷款平均增速；依托“省中小融平台”实现政银互动数据共享，支持轻资产、无抵押的中小微企业融资，企业注册1.22万家，企业申请融资4610笔，融资额40.59亿元；银行机构与358个基础设施建设、城市更新（“三旧”改造）、产业园区建设项目建立授信合作关系，授信金额1707.51亿元；银行机构新发放企业贷款加权平均利率降至4.70%，累计让利27亿元。

引资引商力度加大 年内，东莞金控集团与战略性新兴产业基地开展合作，以“基础设施建设基金+产业投资基金+定向招商基金”联动的方式定向引入前沿科技创新项目；东莞科创金融集团设立总规模10亿元松山湖天使投资基金，重点培育、孵化一批具有成长潜力的优质创业项目，并与国家开发银行广东省分行合作实施5亿元东莞制造业发展资金合作计划，以“创投+跟贷”模式，重点支持有融资需求但缺少正常贷款抵质押物的科技型、高成长型中小微企业。

用好莞企转贷专项扶持资金 2021年，东莞市协助在莞法人企业按时转贷，解决企业短期资金周转困难，至年底，进入企业名录数据库的企业1977家，转贷资金累计成功运作1007笔，累计转贷金额263.77亿元。

【金融改革发展】 2021年，东莞市编制《东莞市金融业发展“十四五”规划》，落实东莞市大湾区发展“金融80条”，推动金融改革发展。

编制《东莞市金融业发展“十四五”规划》 规划以深度参与粤港澳大湾区国际金融枢纽建设为目标，落实金融空间布局优化、现代金融产业发展、金融服务能力提升、产融深度融合、金融开放合作、金融生态优化等六大措施和推进实施制造业金融、普惠金融、绿色金融、上市融资、金融人才、金融安全等六大行动计划，以金融赋能“科技创新+先进制造”提速发展。

东莞大湾区发展“金融80条” 强化粤港澳大湾区建设金融支持，推进落地跨境贸易投资便利化、贸易新业态外汇管理、资本项目收入支付便利化、非投资性企业开展股权投资试点等多项新政，督促辖区金融机构用好用活跨境人民币政策，推广跨境人民币资金池业务，扩大大湾区内人民币跨境使用规模和范围，降低企业汇兑风险。制定印发《东莞市外商投资股权投资类企业试点管理暂行办法》《东莞市外商投资股权投资企业试点工作联合会商机制》等政策文件，QFLP（合格境外有限合伙人，指经认定在本市依法由境外投资者参与设立的，以非公开方式向投资者募集资金在境内进行股权投资活动的企业）试点政策落地，境内外资金融通效率得到提升。

地方金融实力增强 截至2021年底，东莞市7家地方法人金融机构资产总额1.09万亿元，较年初增长11.90%；营业收入374.50亿元，比上年增长5.17%。其中，东莞农商银行在港交所上市，成为东莞市第一家上市的地方金融机构、全国第四家在H股上市的农商银行；东莞银行香港分行开业，成为全国唯一在香港设立分行的城商行；东莞科创融资担保公司增资2亿元，与19家银行机构建立合作关系，业务累计发生额突破100亿元；全年有178家基金管理人在莞注册办公，数量居全省地级市首位；作为省内首批推进供应链金融平台试点城市的政策契机，推动第一批试点申报项目广东产通供应链金融服务有限公司完成登记注册。

【金融安全稳定维护】 2021年，东莞市落实《防范和处置非法集资条例》，加强地方金融组织监管，防范化解金融风险，维护金融安全稳定。

落实《防范和处置非法集资条例》 东莞市金融工作局是市防范和处置非法集资牵头部门，强化执法工作力量配备，指导镇街配备专职金融监管人员；针对部分风险企业及相关行业协会、各镇街（园区）处置非法集资工作人员、各园区管理者及运营团队等不同对象进行15次重点培训和政策宣讲，多渠道多形式开展普法宣传；利用省市两套风险监测系统对非法集资等行为进行监测预警，完善“主动发现—精准预警现—深度分析现—协同处置现—持续监测”的全链条防控和闭环管理。

地方金融组织监管 东莞市对58家次小额贷款公司等五类地方金融组织开展现场行政检查，检查五类地方金融组织的经营管理、安

2021年9月29日，东莞农商银行在香港联合交易所主板挂牌上市，成为全国第13家上市农商银行（市金融工作局供图）

全生产、内部控制、合规和风险情况，并利用省非现场监管系统持续开展非现场监管，结合监管评级、年审结果，其中小贷公司评级等级A类以上7家、典当行年审A类的20家，对地方金融组织实施分类监管，营造“扶优限劣”监管氛围。开展非持证融资担保机构清理规范工作，推动18家非持证融资担保公司良性退出市场。对东莞市425家融资租赁公司开展清理规范，对其中187家非正常经营企业予以公告并按规定进行处置。

防范化解金融风险　东莞市组织镇街（园区）联合相关部门对P2P网贷（个体和个体之间通过互联网平台实现的直接借贷）、非法集资、私募基金等重点领域开展涉众金融专项治理，全面排查机构超4000家，现场核查机构近百家，开展行政约谈29次，发布风险提示9条。全市P2P网贷机构基本完成出清，有效化解东莞市潜在金融风险。（王文敏）

附：2021年东莞市金融工作局主要领导名录

局　长：钟正良

【金融支持疫情防控】　2021年，东莞市面对新冠肺炎疫情冲击，尤其是“6·18”“12·13”本土疫情暴发以后，中国人民银行东莞市中心支行组织开展风险排查，落实对外窗口、重点场所等疫情防控。向辖区金融机构发出通知，组织金融机构开展金融支持疫情防控、稳企业保就业及金融风险防控，保障金融服务不断档，为统筹疫情防控和经济社会发展提供支撑。

信贷投放　2021年疫情防控期间，中国人民银行东莞市中心支行发挥结构性货币政策工具作用，引导金融机构加大对抗疫保供企业及受疫情影响较大的中小微企业、个体工商户的融资支持，缓解企业资金压力。

货币发行　2021年疫情防控期间，中国人民银行东莞市中心支行加强发行库区安全管理及疫情排查，保障发行基金业务顺利开展。坚持现金投放、收缴两手抓，督导金融机构加大对医疗卫生部门的支持力度，满足中小面额等各券别现金需求，对缴存现金严格消毒，保障群众用上“放心钱”。

支付结算　2021年疫情防控期间，中国人民银行东莞市中心支行推广“非接触”移动支付服务，指导银行机构启动账户绿色通道，畅通资金汇划渠道，满足疫情影响下的支付结算需求。

征信服务　2021年疫情防控期间，中国人民银行东莞市中心支行加强征信服务大厅防疫管理，实行征信查询预约制，宣传代理点和线上查询方式，通过提前预约、分时段查询，减少现场人员聚集。

外汇管理　2021年疫情防控期间，国家外汇管理局东莞市中心支局贯彻上级关于简化防疫物资进出口及名录登记、免给予开立捐赠账户等一揽子举措，保障防疫物资及资金及时到位。启用远程办、非接触式外汇服务渠道，制定相关业务办理指南，引导市场主体通过国家外汇管理局政务服务网上办理系统、银行代办、电子邮件及邮政快递等线上方式办理外汇业务，降低业务办理“脚底成本”。

金融稳定　2021年疫情防控期间，中国人民银行东莞市中心支行密切监测金融运行状况，督导金融机构完善应急准备、加强监测预警，强化重大事项报告和每日报告制度，确保金融系统平稳运行。针对不法分子利用疫情防控、疫苗接种等实施电信诈骗的情况，组织金融机构开展反电信诈骗等专题宣传，确保辖区金融稳定。

【存款规模破2万亿元】　2021年11月底，东莞市本外币存款余额20004亿元，成为全国第四个存款规模突破2万亿元的地级市。截至2021年底，东莞市本外币存款余额2.03万亿元，比上年增长11.4%；本外币贷款余额1.49万亿元，增长16.9%，存贷款增量均居全省地级市首位。2021年，东莞市小微企业贷款余额2514亿元，比上年增长23.6%，增量占全部新增企业贷款比重50.4%；普惠小微贷款余额2327亿元，增长46.6%。

【货币信贷管理】　2021年，中国人民银行东莞市中心支行加大货币政策工具运用力度，累计投放结构性货币政策工具资金299.44亿元，资金投放量居全省地级市首位，引导更多金融资源流向普惠小微、乡村振兴等重点领域。其中，发放普惠性再贷款再贴现282.29亿元，惠及市场主体7568家，用量居全省地级市第一位。落地发放东莞首批支农再贷款；在全省率先开办“科创通”再贴现业务；以票款对付结算方式办理全国首批、全省首笔再贴现业务。支持地方法人银行在银行间债券市场成功发行金融债券140亿元，是2020年的1.6倍；推动地区非金融企业在银行间市场发行中期票据融资13亿元。

【地方金融稳定】 2021年，中国人民银行东莞市中心支行优化金融风险跟踪监测机制，强化金融业重大事项报告机制，加强监管协调和信息共享，及时开展风险提示预警，推动金融风险应对处置。实施金融稳定评级评估、金融机构压力测试、存款保险等工作，组织开展法人银行流动性风险、互联网金融风险应急演练，筑牢地区金融安全网。关注存量风险事件，依法依规会同有关部门妥善应对辖区新发风险事件。

【非法金融活动打击整治】 2021年，中国人民银行东莞市中心支行联合有关部门加强房地产领域反洗钱和反恐怖融资工作，推动洗钱罪判决，实现广东省首例地下钱庄洗钱和首批“自洗钱”判决。保持对电信网络诈骗、跨境赌博及假币违法犯罪的高压打击态势，配合开展扫黑除恶、打击地下钱庄、打虚打骗等专项行动，推动全市网络诈骗警情大幅下降。全年配合捣毁地下钱庄窝点31个，涉案金额360亿元。

【绿色金融发展】 2021年，中国人民银行东莞市中心支行联合东莞市金融工作局、东莞银保监分局、市发改局、市财政局、市生态环境局等六部门发布《关于大力发展绿色金融 加快推动东莞实现碳达峰碳中和目标的实施意见》，从六方面提出金融支持碳达峰碳中和的19项具体措施，在市级层面设计绿色金融体系建设。年内，中国人民银行东莞市中心支行出台实施《关于优化运用货币政策工具促进绿色金融发展的通知》，正向激励地区银行发放广东省首笔零碳工业园区贷款。年内，东莞市绿色贷款余额685亿元，比上年增长47.5%，居全省地级市首位。建立完善绿色票据专项再贴现机制，累计办理绿色票据再贴现业务31.9亿元，是上年的1.7倍，惠及市场主体489家。

【人民币跨境融资】 2021年，中国人民银行东莞市中心支行推动东莞银行和东莞农商行成为全省首批上线接入CIPS（人民币跨境支付系统）标准收发器的地方法人银行，跨境人民币结算再提速。全年东莞市跨境人民币结算额3687.3亿元，稳居全省地市首位，比上年增长52%。扩容辖区跨境人民币结算优质企业名单，推进跨境双向人民币资金池、全口径跨境人民币融资等创新业务发展。企业跨境双向人民币资金池收支额866.83亿元，比上年增长279%；全口径跨境人民币融资收支额35.3亿元，比上年增长80%。举办面向台资及对台贸易企业的跨境人民币政策宣讲会，全年东莞市对台贸易结算的跨境人民币占比35%。

【外汇管理与服务】 2021年，中国人民银行东莞市中心支行优化外汇管理与服务，开展汇率风险中性宣导，提升企业汇率风险管理水平。持续扩容跨境金融区块链服务平台，东莞市80%以上出口贸易融资均借助平台完成，其中中小企业融资金额占比超70%。

外汇政革创新 东莞市简化贸易收支管理，推进贸易外汇收支便利化试点，试点银行和企业数量居省内地级市首位，推动跨境电商、个人贸易持续领跑，收支规模居全省前列。将资本项目收入支付由“先审核后支付”调整为“先支付后抽查”，增强跨境投资便利性。推广一次性外债登记试点政策，惠及企业家数居省内地级市首位。

金融支持大湾区建设 东莞市粤港澳跨境贷款业务取得突破性进展，累计向注册地为港澳地区的债务人发放跨境贷款440.5万美元。开通“跨境理财通”试点业务，落地外商投资股权投资（QFLP）试点政策，推动全省首家地级市农商行在香港上市。

跨境资本流动风险防范 东莞市加强国际收支统计数据质量管控，强化经常项目重点主体和可疑交易监测核查，防范资本项目跨境资金流动风险，密切监测重点行业、业务及交易行为。

【基础金融服务】 2021年，中国人民银行东莞市中心支行开展支付结算、征信管理、国库经理、货币发行等基础金融服务，优化金融管理与服务，为实体经济发展提供良好的金融环境。

支付体系建设与监管 东莞市出台小微企业账户服务22条负面清单，在全国率先开展账户分类分级管理试点，优化企业账户开户服务。推动移动支付便民工程，开展移动支付促消费工作，建成9个广东省移动支付示范镇和1个广东省移动支付精品示范镇。指导东莞通公司开通东莞轨道交通2号线云闪付“乘车码”服务，打通地铁云闪付“乘车码”服务，成为省内开通银联“乘车码”的三个地市之一。全年大小额支付系统发起业务2166.36万笔，清算金额24.61万亿元；收到业务2279.60万笔，清算金额24.43万亿元。

征信系统建设与监管 东莞市在原有1家人民银行服务网点和27家代理点的基础上，推动增设12家个人信用报告查询代理点（累计40个），实现全市六大片区全覆盖。增加征信查询供给，推动首台支持港澳台居民自助查询的征信查询设备于2021年1月4日投入运行。全年辖区提供个人信用报告查询服务48.79万笔、企业信用报告查询服务1.34万笔。推广运用“广东省（东莞市）中小微企业信用信息和融资对接平台”（粤信融），完成银企融资撮合6043笔，金额310.62亿元。依托中征应收账款融资服务平台推广政府采购合同线上融资业务，促成政采贷融资成交103笔，金额1.6亿元。

国库系统建设与监管 东莞市

推进跨省异地电子缴税业务，办理跨省异地电子缴税62笔，金额206.72万元，业务量居全省（不含深圳市）第二位。全面启动个税汇算清缴，全市个税汇算清缴退税业务量121.42万笔，比上年增加38万笔，增幅46%，金额4.74亿元，实现辖区国库支出无纸化、标准化，使预算单位资金到账速度从3～5天缩短至实时到账。全年办理国库收支业务1919万笔，金额6847.77亿元，其中办理各级预算收入业务1747万笔，金额2871.57亿元。

货币发行管理 东莞市推进发行库联合值守改革、第二代货发系统物流模块上线。组建人民币流通管理专业化队伍，推动整治拒收现金工作常态化开展。聚焦群众企业难题，回笼调出巴士公司750万元积压硬币。组织反假货币知识技能竞赛，制作反假货币微电影。全年发行库现金投放回笼总额880.66亿元。

金融消费者权益保护 东莞市加强对老年人和青少年“一老一少”的金融知识普及教育，推动建立市金融纠纷调解中心，指导金融消费者权益保护协会联合松山湖法庭在中信银行信用卡中心东莞分中心内设立全市首家金融纠纷调解驻点工作站。推动建立实施小额金融纠纷快速解决机制，指导金融消费者权益保护协会与工商银行东莞分行等7家金融机构分别签订“小额金融纠纷快速解决机制合作备忘录”。全年指导金融纠纷调解委员会调解案件384件，涉案金额1.9亿元。

（倪佩敏）

附：2021年中国人民银行东莞市中心支行主要领导名录

行　长：周开禹

2021年9月29日，东莞银行香港分行开业，成为全国唯一在香港设立分行的城市商业银行，图为开业电车广告　（东莞银保监分局供图）

银行业

【银行业概况】 截至2021年底，东莞市有8类40家银行业金融机构（不含7家信用卡中心、1家银行代表处、1家汽车消费金融中心）。辖区1385家分支机构分布在全市33个镇街，分支机构较年初减少1家；从业人员2.67万人，较年初减少150人。银行业继续保持平稳运行，资产、负债、存款规模稳步增长，信贷投放力度加大。截至2021年底，银行业总资产2.37万亿元，比年初增加2220.3亿元，比上年增长10.34%；总负债2.27万亿元，比年初增加2042.58亿元，增长9.91%；各项存款余额1.94万亿元，比年初增加1730.22亿元，增长9.82%；各项贷款余额1.49万亿元，比年初增加2154.31亿元，增长16.86%，贷款增速和增量分别居珠三角和全省地级市首位。存贷比较年初提高4.65个百分点，达到77.17%，信贷服务实体经济能力明显增强。

【银行业服务经济社会】 2021年，东莞银行业落实支持制造业高质量发展系列文件，引导资金优化布局科技创新、先进制造等重点领域，制造业新增贷款占各行业新增贷款近1/3；辖区小微企业贷款余额较“十三五”期间实现翻番，整体完成“两增”（增贷款增速、增户数）目标；鼓励机构为外贸企业提供表内外资金支持近2400亿元，为8007家外贸企业提供风险保障2289.11亿元，助力外贸行业发展量稳质升。推动辖区350个行政村基础金融服务100%全覆盖，涉农、普惠型涉农贷款余额分别比上年增长14.87%、23.53%。支持乡镇政务服务数字化转型，推广“东莞村财”“莞家服务”等政务数字化应用，便利村民、村组资金收付。

【银行业改革创新】 2021年，东莞市支持银行机构“走出去”，指导东莞银行香港代表处升格为分行，是内地第一家城商行“走出去”在境外设立分行；提升法人机构竞争力，东莞农商行在港交所挂牌上市，募资折合人民币73.78亿元。

支持大湾区金融市场互联互通 东莞银保监分局推动首批“跨境理财通”业务试点落地，有17家机构进行试点备案；指导辖区外资银行在全国率先推出粤港澳三地“信贷通”服务，实现三地共享信贷额度。截至2021年底，辖区银行机构对省内港澳资企业贷款383.37亿元，比上年增长

34.27%，对港澳地区开立保函余额增长32.71%。

创新绿色金融产品　东莞市完善特色化知识产权金融工作体系建设，辖内科技企业贷款超1300亿元，落地涵盖专利、商标和版权等16个知识产权险种，累计提供风险保障金额超2700亿元，比上年增长56.68%；碳配额融资、排污权融资、零碳工业园贷款等一批创新性绿色产品相继推出，辖区绿色信贷余额近700亿元。

【银行业金融风险防控】　2021年，东莞市落实“房住不炒”，出台“莞六条”（调整商品住房限购年限、进一步加强房地产金融管理、加强新建商品住房价格指导与监管、强化房地联动调控机制、完善房地产市场监测及信息公开工作、持续规范房地产市场秩序）、“莞八条”（稳控住宅用地出让价格、强化住房限购措施、加强房地产金融管理、加强房地产税收监管和调节力度、建立二手房成交指导价制度、加强商品住房销售监管、持续规范房地产市场秩序、完善住房保障体系建设）。东莞银保监分局强化房地产领域风险防控，推动全市房地产贷款集中度比上年下降2.39个百分点；配合市政府开展东莞信托风险处置、搜于特集团信用风险化解；防范不良贷款反弹，全年辖区银行累计处置不良贷款87亿元。

涉众型金融风险处置　应对电信诈骗涉案银行账户风险，联合东莞电信部门及银行机构向“两卡”（信用卡和电话卡）群体发送风险提示；联动公检法等部门有力打击“代理退保”不法机构；推动银行业涉枪风险隐患集中清理整治，促进枪弹规范化管理；常态化推进扫黑除恶及非法集资专项工作，推进P2P网贷机构处置，完成出清目标。

【中国银行东莞分行跨境金融服务】　2021年，中国银行东莞分行发挥跨境金融服务优势，为外贸企业提供跨境结算、担保、融资等全方位的跨境金融服务，利用境外资金降低企业融资成本，助力企业经营生产和转型升级，全年国际结算业务量突破550亿美元、跨境人民币结算量接近1321亿元，均排全省同业第一名；在个人跨境金融服务方面，个人结售汇业务量全口径市占比超过50%，通过整合个人跨境金融系列产品，优化金融与非金融服务体系；为支持粤港澳大湾区金融市场互联互通，于10月19日落地东莞市首批“跨境理财通”业务，为超130户客户签约跨境理财通业务，市场份额居四大行（中国工商银行、中国农业银行、中国银行、中国建设银行）首位。

【中国农业发展银行支持农村基础设施建设】　截至2021年底，中国农业发展银行东莞分行支持水利建设项目7个，投放8160万元，贷款余额12.18亿元，资金主要投向河道整治（污水管网铺设、污水站建设、生态河岸景观等建设）；改善农村人居项目4个，投放5.73亿元，贷款余额18.97亿元；城乡一体化项目3个，投放4.62亿元，贷款余额6.88亿元，改善人居项目和城乡一体化项目资金主要投向垃圾无害坏处理设施建设（垃圾焚烧发电站建设）。　（彭丹月）

附：2021年中国银行保险监督管理委员会东莞监管分局主要领导名录

党委书记、局长：朱永绯

2021年末东莞市部分银行机构主要数据表

单位：亿元

机构名称	资产总额		各项贷款余额		各项存款余额	
	年末值	比年初增减额	年末值	比年初增减额	年末值	比年初增减额
农发行东莞市分行	91.29	-20.53	104.96	-7.06	19.66	4.24
工商银行东莞分行	2047.15	122.45	1792.38	303.76	1929.59	113.02
农业银行东莞分行	1966.99	204.11	1349.33	200.37	1876.42	184.88
中国银行东莞分行	1689.41	189.78	1366.64	154.40	1591.82	177.42
建设银行东莞市分行	2233.72	194.69	1453.28	251.84	2018.67	149.68
交通银行东莞分行	257.73	14.31	242.47	54.26	239.81	13.84
邮储银行东莞市分行	784.98	91.19	457.68	100.38	711.71	79.89
广发银行东莞分行	1065.08	97.05	349.87	88.69	1015.31	97.12
中信银行东莞分行	605.42	42.37	368.44	37.60	566.11	39.31
招商银行东莞分行	899.45	160.18	629.84	98.34	828.91	149.60
兴业银行东莞分行	572.22	118.10	568.13	117.32	503.89	85.04
光大银行东莞分行	193.26	-44.71	150.14	-26.46	181.61	-41.94

续表

机构名称	资产总额		各项贷款余额		各项存款余额	
	年末值	比年初增减额	年末值	比年初增减额	年末值	比年初增减额
平安银行东莞分行	245.70	−4.69	192.99	15.35	229.55	−0.47
浦发银行东莞分行	320.25	5.62	320.30	5.91	271.81	−10.29
民生银行东莞分行	434.50	57.74	413.58	86.41	413.31	51.30
华夏银行东莞分行	180.69	32.90	92.84	2.32	175.76	33.73
渤海银行东莞分行	56.55	−5.66	50.37	−2.32	50.90	−6.45
广东南粤银行东莞分行	98.90	7.95	11.66	−2.32	95.27	12.45
广东华兴银行东莞分行	212.53	24.26	142.73	41.53	202.06	20.76
珠海华润银行东莞分行	87.57	−14.57	83.58	25.81	83.74	−12.62
东莞银行	4163.46	617.55	1929.97	271.56	2555.71	235.16
东莞农村商业银行	5036.00	298.15	2575.71	272.80	3461.52	350.81
东莞长安村镇银行	43.55	3.22	25.29	5.29	36.85	2.77
厚街华业村镇银行	9.77	0.94	7.24	0.65	8.51	0.94
常平新华村镇银行	6.92	1.48	6.08	1.08	5.69	1.51
玉山银行东莞分行	25.45	−3.66	16.95	0.08	22.73	−3.83
汇丰银行东莞分行	49.22	6.12	33.98	6.76	41.94	5.40
恒生银行东莞分行	19.39	0.68	12.62	0.35	14.27	0.26
彰银商业银行东莞分行	8.31	−0.33	6.68	1.67	6.14	−0.32

数据来源：东莞银保监分局

证券、期货、信托业

【证券业】 2021年，东莞市有证券分支机构及网点265家；股票账户756万户，比上年增加73万户。全年证券交易额5.65万亿元，比上年增加9308亿元。

【期货业】 2021年，东莞市有独立法人资格期货公司1家，期货营业部8家。全年累计代理交易额2.37万亿元，比上年增长18.29%。

【上市公司】 2021年，东莞市有境内外上市公司66家，当年新增8家，其中境内上市公司45家、境外上市公司21家。截至2021年底，A股上市公司总市值3494亿元。

（王文敏）

【东莞发展控股股份有限公司】 2021年，东莞发展控股股份有限公司实现营业收入53.21亿元、净利润9.33亿元。截至2021年底，总资产达166.65亿元，净资产112.96亿元。

综合交通体系建设 东莞发展控股股份有限公司发挥上市公司资本运作优势，支持东莞市高品质综合交通体系建设。轨道1号线项目新增施工作业面38.7万平方米，新增9座车站封顶、3个区间贯通，

2021年3月10日，轨道1号线项目首个盾构区间（滨江体育馆站—莞太路站区间）双线贯通仪式举行 （谢思佳 摄）

盾构始发22台，实现投资37.66亿元，超额完成年度计划。莞深高速公路改扩建项目可行性研究评审、勘察设计招标文件分别取得省交通厅评审意见、核备意见。

新能源充换电服务网络建设 东莞发展控股股份有限公司与奥动新能源汽车科技有限公司、深圳蔚来能源有限公司建立战略合作伙伴关系，在充电平台互通、换电站落地运营等领域的全方位合作，完成东莞市南电鸿运能源有限公司100%股权收购。公司旗下东莞市东能新能源有限公司、东莞市康亿创新能源科技有限公司新增及扩容4个充电站33台充电桩，新增7座换电站，完成2座站点光储充一体化改造，公司发展成为东莞市最大和广东省领先的独立运营商。

金融投资 2021年，东莞发展控股股份有限公司强化类金融服务功能，聚焦城市基础设施、公共交通等领域，为民生公益、建筑制造等类型企业提供融资租赁、商业保理服务，投放资金3.23亿元。出资3000万元参与广东东阳光药业有限公司上市前融资，支持医药企业药物研发和创新发展。

（陈迪莎）

附：2021年东莞控股股份有限公司主要领导名录

党委书记、董事长：

张庆文（任至3月）

王崇恩（3月到任）

【东莞证券股份有限公司】 截至2021年底，东莞证券股份有限公司有分支机构88家（其中营业网点86家、上海分公司1家、深圳分公司1家），全资拥有东证锦信投资管理有限公司、东莞市东证宏德投资有限公司，参股华联期货有限公司。

年内，东莞证券股份有限公司实现营业收入27.29亿元，比上年增长12.33%；净利润9.42亿元，增长22.32%；资产总额494.83亿元，比年初增加52.79亿元；净资产78.59亿元，比年初增加8.09亿元；整体入库税费5.98亿元，比上年减少1.20亿元；东莞地区入库税费3.78亿元，减少0.18亿元。

年内，公司保荐IPO（首次公开募股）项目“生益电子”成功发行，成为国内首家A股分拆上市案例。主承销各类公司债券30只，发行规模210.8亿元，承销规模合计125.03亿元。首只量化私募产品发行、运行，募集规模1.07亿元；首批公募基础设施基金场内上线，累计销售3.3亿元。全年发行浮动收益凭证8只，募集资金2495万元。

年内，东莞证券股份有限公司两度组建战疫志愿服务队，赴常平镇、樟木头镇支援全民检测，服务群众14.12万人次；参与韶关市翁源县坝仔镇的驻镇帮扶、组团帮扶，铜仁市松桃县东西部协作，以及东莞市“万企兴万村”行动，奖学助学、农村人居环境整治等系列帮扶项目实施，推进乡村振兴落地见效。结合“我为群众办实事”，投入917.14万元推进投资者教育，创新打造群众能读、能听、能用的投资者教育产品。承办“股东来了”2021广东赛区活动，并获网络初赛、全国总决赛“双冠军”。

（潘 娇）

附：2021年东莞证券股份有限公司主要领导名录

党委书记、董事长：陈照星

党委副书记、总经理：潘海标

【东莞信托有限公司】 截至2021年底，东莞信托有限公司管理信托资产总额653.57亿元，总资产75.66亿元。全年实现营业收入7.44亿元，利润总额1.10亿元，净利润0.77亿元。

莞企转贷专项扶持 东莞信托有限公司发挥金融对东莞市先进制造业发展推动作用，支持创新型中小微企业可持续发展，根据《东莞市转贷专项扶持资金管理暂定办法》，市、镇两级财政出资5亿元，委托东莞信托有限公司成立“莞企转贷专项扶持单一资金信托计划”，帮助本土中小企业按时转贷。项目转贷利率对标银行贷款利率，低于转贷市场平均水平，降低转贷成本。2020年6月8日至12月31日（疫情防控期间），东莞信托有限公司按转贷银行新发放贷款利率下浮50%发放莞企转贷资金，助力东莞市“保企业、促复苏、稳增长”。至年底，向407家企业发放贷款1007笔，发放规模263.77亿元。项目获东莞市金融系统“金融赋能 便企利民”服务项目大赛三等奖。

慈善帮扶 受东莞市慈善会委托东莞信托有限公司成立“东莞信托·善信——乡村振兴慈善信托”，东莞市慈善会筹集慈善资金200万元，投向东莞市各镇街及东莞市对口帮扶支援、东西部协作帮扶地区，用于开展扶贫济困、乡村振兴等慈善公益项目。自2018年开展慈善信托，东莞信托有限公司设立5单慈善信托，总规模751万元。捐建27个乡村班级图书角，为100户孤独症家庭送去慰问，为近20户山区贫困家庭改善住宿，为86名优秀师生颁发奖教奖学，受东莞市慈善会委托为大朗镇抗疫提供100万元慈善资金。 （翟 乐）

附：2021年东莞信托有限公司主要领导名录

董事长：廖玉林

党委书记、监事会主席：庞张欢

保险业

【保险业概况】 截至2021年底，东莞市有保险机构66家，其中财产险机构25家、人身险机构41家；保险专业中介机构125家。保险业总资产1834.87亿元，比上年增长9.17%。辖区保险机构累计为全社会提供风险保障金额62.60万亿元，比上年增长71.77%，其中：财产险机构提供风险保障金额52.02万亿元，比上年增长103.82%；人身险机构提供期末有效保险金额10.58万亿元。全年保险机构原保费收入564.07亿元，比上年增长0.77%；赔付支出205.0亿元，比上年增长26.15%，高于全省平均水平5.81个百分点。

【多层次医疗保障体系构建】 2021年，东莞银保监分局支持机构开展定制型商业医疗保险业务，指导升级“市民保”，在价格不变基础上，下调免赔额、提高赔付比例并扩展特定高额药品目录，全年为115万人提供风险保障；指导机构成立专业部门对接大病保险服务，承保633.90万人，赔付4.72亿元；优化安全生产责任险服务，累计承保9296笔、提供保障额度787亿元，实现全市危险化学品企业、烟火爆竹和民用爆炸品企业、金属冶炼企业全覆盖；应对5月底暴雨理赔工作，完成赔付超1300万元；指导寿险机构推广湾区跨境医疗产品和专属重疾产品，承保9792件，保障金额37.24亿元。

【保险市场综合整治】 2021年，东莞银保监分局执行车险行业自律、异地车险监管、营运车市场服务管理要求，车险市场综合改革呈现保费价格、手续费率“两降”和承保利润率、综合赔付率、200万至300万元第三者险车辆占比“三升”的局面。出台全国地级市首份自保件、互保件管理规范性文件，推动上线销售人员电子执业证，指导行业协会开发辖区违规保险从业人员名单查询应用程序，治理人身险行业潜规则。

【全国首个县区级统保公共卫生巨灾保险项目落地】 2021年，中国人民财产保险股份有限公司东莞市分公司配合地方政府健全公共卫生应急管理体系，提高应对突发公共卫生事件能力，联动市卫生健康局、市财政局、东城街道等单位有序推进全国首个由县区级统保的公共卫生巨灾保险项目落地东城街道。项目创新应用“政府主导协调+责任部门牵头解决+保险公司经济补偿”业务模式，按照东城街道常住人口1元/人的标准计算

2021年1月20日，中国人民财产保险股份有限公司东莞市分公司推出全国首个春节疫情防控专属保险方案（人保财险东莞市分公司供图）

保费，为辖区居民及政府相关部门提供一次性伤亡救助金、超预算费用转移、防疫经费三大保险保障，提高政府应对突发公共卫生事件的能力，平滑突发公共卫生事件所致的财政支出波动，推进公共卫生突发事件商业保险机制创新提供试点样板。

【全国首个春节疫情防控专属保险方案出台】 2021年1月20日，中国人民财产保险股份有限公司东莞市分公司推出全国首个春节疫情防控专属保险方案“东莞安心保”，提供包括感染新冠肺炎在内的12种法定传染病的确诊给付、住院津贴、身故给付以及意外身故或伤残等保险保障，并提供保险期限3个月或1年的灵活选择方案，同时向全市7万多名医护人员赠送该保险，为东莞市民提供留莞过年安全保障，支持地方防疫工作。

【全省首单高标准农田建设工程质量保险落地】 2021年11月19日，中国人民财产保险股份有限公司东莞市分公司与万江街道农林水务局签发全省首笔高标准农田改造提升项目建设工程质量潜在缺陷责任保险保单，为农田改造项目提供长达5年的质量保障和管护保障，并增加工程完工后超过280万元保险金额的财产保障，实现高标准农田工程全方位综合保障。

【政策性森林保险落地】 2021年3月1日，中国人民财产保险股份有限公司东莞市分公司与东莞市林业局签订战略合作框架协议及东莞市2021—2023年政策性森林保险合同。森林保险将在3年合同期内为全市商品林、公益林提供政策性森林保险服务，主要承保因自然灾害等造成的林木损失。全市公益林、商品林每公顷保险金额1.8万元，在政府政策保险补贴的支持下，东莞市商品林户只需支付30%保费就可获得全额保险保障，公益林则可获得政府100%保费补贴。

【进口冷链新冠污染损失险推出】 2021年，中国人民财产保险股份有限公司东莞市分公司推出进口冷链新冠污染损失保险，并在全省率先将冷链食品无害化处理的相关费用损失和因冷链食品确诊阳性后进行隔离等待处理的仓储费用损失纳入保障范围。至年底，承保国外冷柜进口运输120货次，为15个冷链进口商提供风险保障逾6000万元。 （彭丹月）

财政·税务

PUBLIC FINANCE · TAXATION

东莞市中心城区　（2021年郑志波摄）

编辑：施雪芬

财　政

【财政收支概况】　2021年，东莞市一般公共预算收入769.46亿元，比上年增长10.75%。一般公共预算收入中税收收入632.68亿元，比上年增长10.78%，占一般公共预算收入比重为82.22%，市级税收收入占比在全省稳居前列；非税收入136.78亿元，增长10.62%，占一般公共预算收入比重为17.78%。以上收入加上上级补助收入、下级上解收入、再融资一般债券收入、调入资金以及上年结转结余后，一般公共预算总收入1094.92亿元。全年全市一般公共预算总支出1088.3亿元，比上年增长10.87%。其中，市本级支出461.68亿元，包括：派驻镇街及园区单位基本支出46.34亿元，一般性转移支付支出76.73亿元，市直部门基本支出104.35亿元，一般项目（含预备费）支出204.88亿元，基本建设支出29.38亿元。收支相抵，一般公共预算年末结转结余6.62亿元。年末预算稳定调节基金滚存余额55.09亿元。

年内，东莞市政府性基金预算收入702.15亿元，比上年下降13.4%。其中，土地出让收入667.22亿元，比上年下降14.4%。加上上级补助收入、地方政府专项债券转贷收入及上年结转结余后，全市政府性基金预算总收入1006.05亿元。全年全市政府性基金预算总支出981.93亿元，比上年增长0.06%。其中，市本级支出138.75亿元，包括：一般项目支出62.75亿元，基本建设支出51亿元，一般性转移支付支出25亿元。收支相抵，政府性基金预算年末结转结余24.12亿元。

年内，东莞市国有资本经营预算收入10.79亿元，比上年增长9.46%。加上上年结余0.08亿元，国有资本经营预算总收入10.87亿元。国有资本经营预算总支出10.87亿元。收支相抵，国有资本经营预算结余为0。

年内，东莞市社会保险基金

预算总收入194.99亿元，同口径对比增长20.19%。全市社会保险基金预算总支出174.6亿元，同口径对比下降0.36%。收支相抵，全年收支结余20.39亿元，年底累计结余2363.34亿元（含企业职工基本养老保险基金省级统收统支前累计结余2122.16亿元）。

年内，东莞市汇总一般公共预算、政府性基金预算和国有资本经营预算收支，剔除重复计算的部分，征收收入1482.4亿元，加上上级补助收入、地方政府债券转贷收入、下级上解收入、调入资金和上年结转结余等，东莞市财政总收入2081.89亿元，财政总支出2051.15亿元。收支相抵，年末结转结余30.74亿元。年末预算稳定调节基金滚存余额55.09亿元。

2021年10月18日，省政府财政管理专题工作视频会议暨东莞市财政管理专题工作会议召开（梁淑瑜　摄）

【财政支持疫情防控】 2021年，东莞市加大资金投入力度，支持新冠肺炎疫情防控。市级财政投入6.27亿元，连同镇街（园区）财政投入的13.73亿元以及医保基金安排的10.56亿元，全市投入30.56亿元，用于疫情防控物资购置、核酸检测费用补助、新冠疫苗接种补助及市传染病医院运转，支持建设国际健康驿站。

疫情防控资金应急拨付机制。年内，东莞市对疫情防控经费按照“特事特办、急事急办”原则快速拨款，优化用款计划审核和资金实拨程序，确保疫情防控各项资金第一时间拨付到用款单位。落实政府采购绿色通道机制，对卫健、疾控、医院等部门采购疫情防控相关货物、工程和服务的，明确以紧急采购方式实施采购，可不执行政府采购法规定的方式和程序，采购进口物资无需审批，提高防疫物资采购效率，确保疫情防控相关物资供应及时、储备充足。东莞市财政局面对“6·18”和“12·13”本土疫情，迅速启动疫情防控经费应急保障机制，预拨疫情防控与居民生活保障经费，迅速安排新冠肺炎定点收治医院和特定非定点收治医院疫情专项资金。

【财政支持全链条创新体系】 2021年，东莞市市级财政投入14.89亿元，支持建设松山湖材料实验室和南方光源研究测试平台等高新科技项目；投入3.66亿元，支持源头创新、平台载体、技术创新、企业培育、成果转化等；投入9262万元，支持科技企业贷款贴息和风险补偿；投入8677万元，打造国家知识产权运营服务体系建设重点城市；投入3亿元，支持东莞理工学院建设高水平理工科大学；投入3.31亿元，加快推进湾区大学和香港城市大学（东莞）建设；投入1.17亿元，支持新时代创新人才和研发人才的引进和培养；投入6694万元，支持博士后培养和高技能人才国际培训计划。

【财政支持多元支撑的产业体系构建】 2021年，东莞市市级财政投入30亿元，支持设立战略性新兴产业基金；投入10亿元，继续巩固保企业、促复苏、稳增长各项工作成果，设立市“3+1”产业集群（食品饮料、纺织服装和家具三大优势传统产业及软件和信息技术服务业产业集群）试点培育资金；投入1.79亿元，推进东莞市建设广东省制造业供给侧结构性改革创新实验区，重点打造“倍增计划”（重点企业规模与效益倍增）升级版；投入2.28亿元，支持技术改造、智能制造、产业信息化、绿色制造、产业链补强、工业设计能力提升，推动中小企业发展；投入1.42亿元，支持企业开拓境内外市场，推动电商业务发展。

【财政助力城市品质提升】 2021年，东莞市市级财政投入29亿元，支持国际商务区建设；投入6.95亿元，支持市政设施和城市公园养护，推进“厕所革命”；投入1.45亿元，支持“三旧”（旧城镇、旧厂房、旧村庄）改造，推进城市更新；投入12.6亿元，加强网络信息化建设，支持打造“数字政府”；投入42.74亿元，推动东莞市水生态工程、东引运河流域樟村断面综合治理、全市截污主干管网工程、石马河流域综合治理等治污项目开展；投入13.13亿元，用于全市污水达标处理；投入11.33亿元，支持珠江三角洲水资源配置、东江与水库联网供水水源工程、茅洲河界河环保清淤及底泥处置等水务工程建设；投入1.34亿元，用于全市生活污水处理厂污泥处理。

【财政助力城市交通体系完善】 2021年，东莞市市级财政投入

26.32亿元，保障品质交通千日攻坚行动基础设施建设，其中投入8.96亿元，支持轨道交通1号线加快建设；投入10亿元，支持莞番高速公路桥头至沙田段建设；投入6.35亿元，支持铁路东莞站配套工程建设；投入5.92亿元，连同镇街（园区）财政投入的14.45亿元共投入20.37亿元用于公交运营补贴，优化公交线网；投入4.12亿元，支持轨道交通2号线运营。

【财政支持区域统筹协调发展】 2021年，东莞市市级财政投入36.37亿元，加大对镇街的均衡性转移支付力度，减轻镇街在治安、教育、社会保障、医疗卫生、就业等方面的支出压力；投入25亿元，实施村（社区）基本公共服务补助，补助力度向次发达村（社区）和水乡地区倾斜；投入10亿元，支持水乡功能区发展，打造大湾区全面深度合作先导区；投入1.13亿元，对滨海湾新区建设提供补助；投入3.66亿元，实施乡村振兴战略，开展农村人居环境整治，对创建“特色精品示范村”和“特色精品村”的村（社区）实施奖补；投入14.22亿元，对口支援新疆维吾尔自治区、西藏自治区，支持铜仁市东西部协作以及帮扶巫山县，推进韶关市、揭阳市乡村振兴驻镇帮镇扶村工作。

【财政支持高质量教育体系建设】 2021年，东莞市市级财政投入30.79亿元，补助镇街（园区）教育经费；投入18.68亿元，开展市属公办学校扩容提质行动，加快推进学校新建和改扩建；投入3.28亿元，为义务教育阶段随迁子女发放积分制入学民办学位补贴；投入9149万元，发放民办学校教师从教津贴；投入4687万元，继续实施中小学校集团化办学和品牌学校培育。

【财政助力医疗卫生水平提高】 2021年，东莞市市级财政投入6.27亿元，连同镇街（园区）财政投入的13.73亿元以及医保基金安排的10.56亿元，全市合计投入30.56亿元，用于疫情防控物资购置、核酸检测费用补助、新冠疫苗接种补助及市传染病医院运转，支持建设国际健康驿站；投入3.86亿元，推动市人民医院、市中医院建设高水平医院，提升区域中心医院医疗服务水平；投入1.33亿元，加强医疗卫生人才队伍及学科建设，支持市属公立医院与高等院校合作共建附属医院。

【财政促进就业创业】 2021年，东莞市市级财政投入6.09亿元，推进职业技能提升行动，提高劳动者技能水平；投入5385万元，落实各项促进就业创业政策，确保全市就业形势稳定；投入1816万元，连同镇街（园区）财政投入的5656万元以及失业保险基金8600万元，全市投入1.61亿元，继续实施创业贷款担保贴息，帮助创业者解决资金困难。

【财政助力社会保障水平提升】 2021年，东莞市市级财政投入12.3亿元，补助城乡一体社会养老保险、农（居）民医疗保险等缴费支出；投入2.44亿元，用于发放残疾人津贴及生活补助，支持镇街（园区）残疾人康复就业中心运转；投入1.63亿元，完善社会救助体系，将低保标准和特困供养标准分别提高到每人每月1100元和1760元，将临时救助范围拓宽到非户籍对象；投入1.05亿元，资助养老机构建设和运营，提供居家养老服务；投入1.05亿元，打造“民生大莞家”品牌。

【财政改革推进】 2021年，东莞市财政局实施“十四五”财政体制，市镇两级财力格局总体保持4：6的水平，财力分配更加合理。落实新一轮预算管理改革，紧扣“加强统筹，保障重点”的核心任务，建立大事要事的保障机制，加强财政资源统筹，形成“大财政、大预算、大资产”格局，增强预算管理能力。通过创新投融资模式加快重大项目建设，推动东引运河流域樟村断面综合整治工程作为首个“基础设施+政府配建物业”模式投融资试点项目落地实施，解决市镇财政13.69亿元工程资金需求；完善并加快实施轨道交通2号线三期“基础设施建设+土地增值反哺”投融资方案，推动东莞市轨道交通建设成网。

【东莞市财政管理工作首次获得国务院督查激励】 2021年，东莞市财政局多渠道筹措财政资金，深化与税务部门沟通合作，加强对重点税源的分析监控，拓展非税收入来源。向上级争取到232亿元新增政府债券和52.94亿元转移支付资金，为东莞市财力提供有力补充。盘活低效利用土地和老旧物业，加强配建物业管理，提高财政挖潜增收的能力。加强财政支出管理，坚持政府“过紧日子”，严格压减一般性支出，加强预算约束。实施预算绩效管理，强化市镇两级预算绩效管理制度建设，规范全流程预算绩效管理，实现绩效自评全覆盖，扩大部门评价试点，邀请人大代表、政协委员参与监督，提高绩效评价的权威性和透明度。严格防范政府债务风险，债务水平始终处于安全可控范围，通过妥善化解存量，坚决遏制增量，实现隐性债务“清零”，按时完成省交办重大任务。上线“数字财政”信息化系统，实现预算管理业务规范和技术标准一体化，通过信息化手段实现各层级财政资金动态大监控，促进全市财政管理水平提升。东莞市财政管理工作首次获得国务院督查激励，成为2021年广东省唯一获此荣誉的地级市。 （袁颖桢）

附：2021年东莞市财政局主要领导名录

党组书记、局长：

罗军文（任至1月）

姚慧怡（2月到任）

税务

【税务概况】 截至2021年底，东莞市税务系统管辖正常状态纳税人90多万户、自然人1000多万人，人均管户、人均组织税收收入、人均办理出口退税数量居广东省第一位。2021年，东莞市税务局获“全国模范职工之家”“全国巾帼文明岗”“全国税务系统文明单位”“广东省先进基层党组织”等省部级荣誉4项、市厅级荣誉24项、县处级荣誉68项。

2021年8月21日，东莞市税务局做客东莞广播电视台“阳光热线”直播栏目，与市民和纳税人、缴费人交流 （市税务局供图）

【税收收入组织】 2021年，东莞市税务局完成税费收入3207.36亿元，比上年增长20.7%。其中：税收收入（含海关代征）完成2412.84亿元；实现国内税收收入（不含海关代征）2004.22亿元，比上年增长12.4%（其中：地方级收入1081.35亿元，增长11.8%；市级收入642.43亿元，增长12.0%）。全市国内税收收入、地方级收入和市级收入等累计增幅从4月开始均位居广东省、珠三角前列。

【减税降费】 2021年，东莞市税务局创新减税降费“事前—事中—事后”链条式落实机制，完善税费优惠政策直达快享机制，新增减税降费207亿元，其中新出台的政策减税降费127亿元。支持煤电保供和制造业中小微企业发展。创新推出“税惠享”模式，依托大数据筛选出“应享未享”的目标纳税人，经确认信息后将红利“直退”纳税人账户。推行“精准送”服务模式，定向推送专属优惠政策包14批次。上线应用“一键查”模块，基层部门可“一键”查询疑点数据。

【税务服务重大发展战略部署】 2021年，东莞市税务局发挥税收职能支持粤港澳大湾区建设，为外商投资企业办理延迟缴纳税；率先推行预约定价简易签，将谈签时间压缩83%，预约定价谈签户数位居广东省前列，提振外企在莞投资信心。支持创新驱动战略，组建科技创新团队开展精准辅导，享受新政优惠金额占全省1/3；组建“税收服务资本市场工作专班”，为上市后备企业解决涉税问题。支持乡村振兴战略，创新应用产业链智联平台助力云南昭通农产品。基层领导班子深入全市350个自然村开展“向村社组织问需问计”专项行动，制订“一村一策”税务方案，在市委推进乡村振兴战略实绩考核中获评“优秀”等次。支持地方党政决策，打造税收经济分析“3D”画像，以税收大数据为支撑，开展东莞市与GDP相近城市对比、东莞市数字经济发展概况、从个税看东莞市就业用工情况、调研加油站经营监管等系列调研分析。

【纳税人缴费人满意度提升】 2021年，东莞市税务局制订《优化税收营商环境三年行动计划》，推出5大类21项举措（减少纳税次数、压缩办税时间、减轻税费负担、优化税后流程、规范税收执法），在国家发改委最新发布的中国营商环境报告中，东莞市纳税次数、总税收和缴费率获得满分，成为全国最佳表现；在2021年广东省营商环境评价中，东莞市“纳税”指标获广东省地级市第一名。出台纳税人满意度优化提升方案，推出4大类（强化组织保障和绩效考核，形成齐抓共管氛围；注重基础性保障，确保整体工作平稳运行；搭建高效税企沟通渠道，畅通征纳互动渠道；做好关键指标的重点突破，实现整体成绩提升）28项举措，在2021年全省纳税人满意度评价中，东莞市满意度评价取得历史最好成绩和最高排名。优化整合办税服务资源，在东莞市民服务中心打造5G新型标杆办税服务厅；拓宽东莞市电子税收业务集约处理中心业务范围，人均业务处理量排全省第一名；实施全预约办税，通过后台分析预约数据，引导纳税人网上办税；推广上线优化版“V-Tax”远程可视化自助办税（纳税人、缴费人可通过该系统与税务人员远程视频、线上传递资料并办理多项涉税费业务），受理业务量位居全省前列。用好纳税信用评价结果实施守信联合激励和失信联合惩戒，深化“银税互动”项目，全年帮助1.45万户中小微企业获得信贷支持150.1亿元。

【税收征管改革】 2021年，东莞市税务局推开深化税收征管改革，形成“1+4+N”（“1”是建设一流的“智慧莞税”，“4”是探索构建智数监控、智能服务、智控执法、智享共治“四位一体”新型税收征管生态圈，“N”是推出N项创新措施，形成各项税收工作深度融合、有机联动的税收工作新生态）改革总体思路，建设广东省一流的“智慧莞税”生态体系。

推进精确执法，率先开展协查案源分类分级改革，推进打虚打骗专项工作，常态化开展打击“假企业、假出口、假申报”专项行动，集中力量打击大案要案。

打造税警协作示范基地，联合公安部门破获“飓风279号专案”，获公安部经侦局肯定表扬。推进精细服务，上线局长“码”上办问需平台，获广东省市直机关“先锋杯”工作创新大赛服务群众类项目二等奖。开辟“非税收入数据交换通道”，率先实现“零跑动”缴费。

打造“莞慧退”平台，在全省率先实现留抵退税“当天受理、当日到账”。

推出“反向预约机制”，实现东莞市留抵退税审批速度全省第一名；全省首创二手房“买房掌上办”服务，购房者足不出户稳妥办理全套手续。推进精准监管，完善城市更新税收管理服务体系，打造“旧改360”全景风险防控系统，实现“三旧”（旧城镇、旧厂房、旧村庄）改造项目全方位、全维度、全周期、全过程的监控。

率先打造“智能扫雷”体系，对专票电子化试点初选名单进行重点扫雷排查，助推东莞市纳入试点纳税人数居全省第一位。

推进精诚共治，建设智慧型地方税种管理服务体系，作为试点任务之一，持续优化“土增慧算”平台，以项目为单位进行“一项式”信息归集、查询应用和风险管理，提升土地增值税管理质效。

探索多部门协同涉税专业服务机构评价结果应用，作为试点任务之一，以行业党建为抓手，强化信用评价结果激励惩戒措施，探索涉税中介信用积分指标体系及积分规则，实现对涉税中介动态评价。

【税收助力疫情防控】 2021年，东莞市税务局面对“6·18”和“12·13”本土新冠肺炎疫情，第一时间出台“莞税稳企十条”，第一时间组建志愿团队支援地方联防联控。全系统参与抗疫志愿服务累计达745人次，累计服务时长8678小时。加快“非接触式”办税缴费推广，满足全市90多万户纳税人和1000多万名自然人办税缴费需求。启动办税服务厅疫情防控预案，做好大厅防控用品配备、卫生消杀、人员体温检测和健康码检测等工作，抓实重点区域循环消杀工作。开展“全预约”办税，利用预约办税时间差实现人员分流，对能够线上办理的业务，电话通知并远程辅导纳税人线上办理。发挥电子税收业务集约处理中心作用，实行“不见面”申领发票，将代开发票业务全部纳入邮政配送范围，引导纳税人通过网上申领、邮政配送的方式领购发票，降低疫情传播风险；推广粤税通、电子税务局、“V-Tax”等网上办税渠道，引导辅导纳税人缴费人通过掌上、网上等方式办理税费业务。

资料链接

“莞税稳企十条”是东莞市税务局紧随东莞市委、市政府支持大朗镇“纾困解难8条”政策之后发布的进一步落实支持疫情防控有关政策措施，梳理十大项税收优惠政策和征管服务措施：一、全力帮扶经营主体共渡时艰；二、全面稳住困难经营主体生产经营；三、倾力支持中小微企业；四、大力推行“非接触式”办税缴费服务；五、全力保障发票领购正常；六、推行特殊事项免予处罚；七、全力服务特定区域纳税人、缴费人；八、推广局长“码”上办问需服务；九、畅通退税“绿色通道”；十、全面推行“容缺办理”。

【税务“壹十百千万”行动】 2021年，东莞市税务系统努力为群众办实事，开展“壹十百千万”行动（通过“壹”整项行动，汇聚起“十”方力量，创新推出“百”条便民利民措施，汇集“千”名党员先锋力量，服务好全市纳税人缴费人，助力数“万”户企业高质量发展，以为群众办实事的实效践行建党百年初心），创新推出“智能咨询服务”“税务顾问”等6大类300项“我为群众办实事”项目，惠及纳税人80多万户。该活动获省税务局党委书记、局长批示肯定，各类办实事举措获中央级媒体报道108篇次、省级媒体报道110篇次。

【广东省首个“东江纵队红色税史展览馆”建成】 2021年，东莞市税务局开展域内红色税站旧址史料收集、文物保护工作，把红色税收发展历程、红色税史地图、税收先烈感人事迹等珍贵史料，搬入东莞市文物保护单位——东江纵队大片美税站旧址，率先建成广东省首个“东江纵队红色税史展览馆”。凝练“铁心向党 赤心为民 能征善战 百折不挠”的东江纵队东莞红色税史精神，全景绘制东江纵队红色税站分布图，汇编成《东江纵队东莞红色税史简介》。（彭颖菁）

附：2021年国家税务总局东莞市税务局主要领导名录

党委书记、局长：

曹益镇（任至1月）

李漫天（1月到任）

经济监督管理

ECONOMIC SUPERVISION AND MANAGEMENT

松山湖高新区　（2021年张超满摄）

编辑：陈建枝、贺平

发展、改革

【发展、改革概况】　2021年，东莞市聚焦“科技创新+先进制造”，以重大战略、重大平台、重大项目、重大规划、重大政策（重大问题）、重大改革等“六个重大”为主要抓手，推动全市经济社会加快高质量发展，经济总量迈入万亿元大关。

【固定资产投资】　2021年，东莞市加强投资运行监测调度，提高项目服务管理水平，完成固定资产投资2603.5亿元，比上年增长8.2%，快于全国、全省水平。年内获专项债资金232亿元，比上年增长43%，全省排第三名（深圳单列）；获中央预算内资金8.55亿元，增长71%；取得省级项目建设专项资金共3190万元，比上年增长210%，其中，重大项目前期工作经费2390万元。争取大湾区大学、香港城市大学（东莞）、松山湖材料实验室、莞深高速公路和常虎高速公路改扩建5个项目列入国家保障用地需求项目清单。

【战略性新兴产业基地建设】　2021年，东莞市建立健全战略性新兴产业基地建设领导组织机制，构建扶持政策体系。组建500亿元产业基金体系，基金管理委员会实质性投资运作，推动过会项目4个，出资总额16亿元。划定1933.33公顷首期启动区，形成666.67公顷招商地块方案，引进松山湖信濠光电等一批总投资30亿元以上特大产业项目。

【南部九镇高质量发展】　2021年，东莞市统筹南部九镇（长安镇、虎门镇、大朗镇、樟木头镇、清溪镇、塘厦镇、凤岗镇、黄江镇、大岭山镇）发展，建立市政府定期沟通协商机制，召开3次市政府专题会议，审议45项重点事项，推进一批牵引和体现高质量发展的项目。编制《东莞市南部九镇产业规划（2021—2035年）》，明确各镇产业定位和聚焦方向，优化产业布局、完善产业生态，构建南部九镇高质量发展指标体系。主动对接深圳先行示范区，在交通互联、产业协作、服务共享等方面谋划推进一批合作项目和事项。

【绿色低碳发展】 2021年，东莞市推进碳达峰、碳中和工作有关部署，加快编制碳达峰实施方案。推进“煤改气”，全市21家自备电厂有3家关停退出，7家全部改气，9家部分改气。普及新能源汽车应用，全年新增纯电动网约车超1.2万辆，建成充电站超1000座、充电桩超1万个。全年单位地区生产总值能耗比上年降低4%，超额完成省下达年度任务。

【重大规划编制实施】 2021年，东莞市印发实施《东莞市国民经济和社会发展第十四个五年规划和2035年远景目标纲要》，出台分工落实方案。首次建立全市专项规划编制目录清单制度，统筹推进59项市级专项规划编制，包括25项重点专项规划和34项一般专项规划。编制人口发展、现代产业体系、服务业发展、能源发展、信用体系5项重点专项规划，以及生物技术产业、粮食安全保障、新能源产业、汽车能源基础设施、节约能源等5项一般专项规划。根据东莞市第七次人口普查常住人口为1046.66万人的实际，组织重新测算《东莞市人口发展规划（2020—2035年）》中的人口发展目标，对教育、医疗、社会保障、公共交通等基本配套公共服务指标目标进行调整。

【重大政策研究制定】 2021年，东莞市发展和改革局推进东莞深化两岸创新发展合作试验区申报创建工作。制定试验区总体方案，提出4个方面目标定位、首批14条政策诉求，得到国家发展改革委、国台办和省领导支持。牵头会同市有关部门起草《关于支持东莞新时代加快高质量发展打造科创制造强市的意见》，明确4大战略定位、16项具体任务和25项重点政策事项，文件由省委、省政府印发。

【经济形势监测研判】 2021年，东莞市发展和改革局发挥统筹牵头作用，研究制定季度稳增长方案，做好主要经济指标运行监测，强化服务业营业收入相关指标监测，及时提出政策建议。牵头研究测算和参与讨论确定市十五次党代会报告重点经济指标目标。

【社会信用体系建设】 2021年，东莞市以创建全国社会信用体系建设示范为统领，推进社会信用体系建设，优化提升全国信用信息共享平台（广东东莞）功能，被国家公共信用信息中心评为“2021年全国一体化建设特色平台网站”。务实公共信用信息数据基础，累计归集信用数据8.95亿条，在53个行业领域开展分级、分类监管，推出首批270项事前信用承诺容缺办理政务服务事项，参与省信用修复和异议同步区块链试点。推广“信易+”便企惠民场景应用27个，排名全省地级市前列。

【营商环境改革】 2021年，东莞市开展营商环境改革，首次被纳入国家营商环境评价并取得优异成绩，营商便利度得83.35分，在全国80个参评城市中排第16名，在全省排第三名。政商关系健康指数连续三年居全国第一位。制定《东莞市争创一流营商环境攻坚行动方案》，分解18个指标的改革任务，明确具体责任分工。贯彻落实省委深改委在东莞市开展要素市场化配置综合改革试点工作部署，制定《东莞市试点工作方案》。

【经济社会发展重大问题研究】 2021年，东莞市发展和改革局开展全市经济社会发展重大问题研究，牵头完成政府投资管理、产教融合型城市建设、城市信用状况监测预警、市场主体发展环境优化等23项专题研究。做好全市研究类课题专项管理，提高课题研究成果质量，全年审核批复6项课题。

【粮食与能源安全保障】 2021年，东莞市落实82.78万吨粮食储备任务，新增2万吨面粉和1500吨食用油储备。加快角美粮库建设，完成一期工程土建工程，推进二期前期工作。开展粮食购销领域腐败问题专项整治。提升粮食安全保障，被省政府授予“广东省粮食和

2021年2月26日，东莞市推进战略性新兴产业基地建设暨一季度重大项目、增资扩产项目集中动工仪式举行 （肖 翔 摄）

物资储备工作先进集体”称号。加强能源供应保障，实施一流电网千日攻坚行动，推动樟洋电厂、中堂电厂如期建成投产，宁洲、洪梅电厂等电源项目建设推进，新增7座电厂纳入全省能源设施规划布局。组织落实气源，保障全市全年约16亿立方米天然气增量需求；鼓励发展清洁能源，全市光伏累计装机470兆瓦。全年对粮食、能源等行业安全生产工作进行全覆盖督导检查142次。查处“黑油”窝点604个，查扣涉“黑油”车辆751辆，查扣“黑油”1166.07吨。办理各类刑事案件涉及财物价格认定1.56万件，涉及金额11.5亿元，办结率100%，实现“零复核”。

【价格惠民惠企】 2021年，东莞市完善教育、养老等公共服务收费政策，审定民办中小学收费标准，制定公办公营养老机构政府指导价标准；出台线下学科类校外培训收费标准。支持大朗镇纾困解难，下调工商企业水价、减半征收住宿餐饮垃圾处理费、用水用电用气欠费不停供，为大朗镇相关企业和个人减轻负担约590.49万元。

（刘萱清）

附：2021年东莞市发展和改革局主要领导名录

党组书记、局长：

陈庆松（任至5月）

叶惠明（5月到任）

自然资源管理

【自然资源管理概况】 2021年，东莞市推进第三次全国国土调查工作，并以第三次全国国土调查成果为基础，组织开展2020年度国土变更调查工作，查清4930个监测图斑约3140公顷的国土利用变化情况，按要求上报2020年度国土变更调查成果，并开展变更调查分析研究。年内，在2019、2020年镇村工业园区摸底调查工作的基础上完成村镇工业园区调查成果及工商业专项调查成果融合，实现3项数据成果检校、整合及衔接，建立基本覆盖全市镇村工业园区的综合信息数据库。开展全市10个产业单元资源调查与分析，对单元内土地整备难易程度进行初步评价，最终针对每个单元形成“两图、一台账、一数据库、一报告”（“两图”指产业单元调查综合情况总图以及产业单元调查详细情况图，“一台账”指产业单元资源摸查台账，“一数据库”指产业单元资源摸查数据库，“一报告”指产业单元资源摸查分析报告）等成果，支撑服务产业单元土地整备工作。

【自然资源开发利用】 截至2021年底，东莞市盘活存量用地283宗814.05公顷，超额完成市政府“硬任务”533.33公顷；实际累计处置闲置地200.55公顷，其中属于省下达年度任务基数内的闲置地41公顷，占省任务基数的33.82%，超额完成省下达的闲置地处置率在16%以上的年度处置任务。建立经济运行监测机制，实行容缺受理、并联审批，快审快批工作机制，全要素全流程提升审批效率，高效促进重大项目落地建设。实现国有工业、仓储用地使用条件变更、规划条件、建设用地规划许可证“三合一”办理，审批时限从38日压缩为8个工作日，全年累计办理工业仓储用地变更土地使用条件业务181宗，面积762.25公顷（其中提容137宗，面积446.88公顷），增加工业厂房建筑面积504.89公顷。

【城市更新】 2021年，东莞市加快镇村工业园改造提升工作，推进实施“工改工”（将现有土地性质为普通工业用地改变为新型产业用地，将旧工业区改造为新型产业园）三年行动计划，完成“工改工”整备、拆除700公顷，任务完成率105%，盘活存量工业用地，承载制造业高质量发展。全年累计完成审查标图建库地块199宗，面积994公顷；更新单元划定方案48份次（含松山湖、水乡功能区审批的28份），面积988公顷；“1+N”［“1”是指一份请示文件，“N”是指城市更新单元（项目）审批涉及改造方案、征地方案、收储方案、收地方案、供地方案等若干份方案］总体实施方案14宗（含松山湖、水乡功能区审批的8宗），面积77.4公顷。全年城市更新完成投资529亿元，新增实施改造面积717公顷，累计完成各类改造面积635公顷。

【国土空间用途管制】 2021年，东莞市按照《东莞市土地利用年度计划指标管理办法》，做好用地指标管理，做好全市各类项目用地指标保障。通过统筹全市用地指标，优先保障市重大项目、市“倍增计划”（重点企业规模与效益倍增）项目，落实“三旧”（旧城镇、旧厂房、旧村庄）改造奖励、乡村振兴、“优城市、拓空间”项目和未达省核销条件的民生设施用地保障，争取国家指标、省核销指标，全年为222个项目落实736.13公顷用地指标。完成建设用地审批会审并通过市政府审批的批次259宗，涉及用地面积1131.13公顷，其中省管权限批次104宗，涉及用地面积669.07公顷；市管权限批次152宗，涉及用地面积382.73公顷。全年获省级批准单独选址项目3个［潼湖围陈屋边水闸重建工程建设项目用地、新建铁路赣州至深圳客运专线（东莞段）项目、珠江三角洲水资源配置工程建设项目（东莞段）用地］，用地总面积79.33公顷。

【土地出让】 2021年，东莞市完成土地公开出让成交额653.29亿元，其中商住（商业）用地成交41宗，出让面积179.30公顷，出让总价款607.50亿元；产业用地成交85宗，出让面积385.35公顷，出让总价款45.79亿元。全年供应重大项目建设用地110宗，面积554.46公顷，其中工矿仓储用地80宗，面积339.49公顷；科研设计用地3宗，6.55公顷；医疗卫生用地2宗，1.65公顷。累计供应“倍增企业”的项目用地25宗，面积共50.16公顷。

【耕地保护监督】 截至2021年底，东莞市耕地保有量3.55万公顷，完成2.46万公顷耕地保有量责任目标，实现年度耕地占补平衡。划定永久基本农田2.05万公顷，完成省下达指标任务2.04万公顷。年内，东莞市实际占用耕地253.39公顷，其中批准占用253.39公顷，全部采用有偿受让补充耕地形式落实耕地占补平衡、占优补优。

【地质与海洋勘查防灾】 2021年，东莞市排查确定地质灾害隐患点146处，威胁人口506人，威胁财产1.4亿元，其中橙色风险1处、黄色风险17处、蓝色风险128处。做好汛期地质灾害防御工作，全年出动地质灾害巡排查3400余人次，组织转移2700余人次，保障群众生命财产安全，实现连续12年地质灾害“零伤亡”。推进地质灾害综合治理，全年安排资金1.35亿元，通过工程治理、搬迁避让、专业监测等方式完成83处地质灾害隐患点综合治理。开展多要素城市地质调查调研工作，吸收基础地质、水文地质、工程地质、岩土工程勘察等数据资料，编制多要素城市地质调查实施方案并报送项目预算。截至2021年底，落实预算经费5991.38万元。强化海洋灾害预测预报工作，每天制作东莞市沿岸麻涌港区、沙田港区、威远岛、沙角半岛、新湾渔港、先锋渔港、交椅湾等7个站点逐时潮位、高低潮时、海浪高度、表层水温等数据预报；每天制作东莞市邻近的狮子洋海域、伶仃洋海域、外伶仃洋海域、桂山岛海域4个海域浪向、浪高和表层水温预报。风暴潮、灾害性海浪等海洋灾害发生时，及时发布相关预警报信息。全年发布风暴潮预警报7次，海浪预警报1次，短信1.46万条。

【矿产资源管理】 2021年，东莞市审批通过采矿权延续登记3宗、矿山地质环境保护与土地复垦方案审查通过4个、矿山开发利用方案审查通过1个。开展矿业权人勘查开采信息填报和实地核查，全年核查矿山企业9家，各矿山企业均依法依规开展矿产资源开采，履行各项义务到位，不存在违法行为。核查期间对各矿山企业安全生产、绿色矿山创建等工作进行督导和宣传，全年完成3家绿色矿山建设。完善压覆矿查询审批流程，完成压矿查询5宗；开展矿业权出让收益征收调研，完成征收意见拟定，截至2021年底，完成编制6个矿山出让收益评估报告。

【海域海岛管理】 2021年，东莞市推进“阳光用海”工程、“互联网+政务服务”和“数字政府”改革，20个海域使用行政许可审批、征收、检查等事项收编纳入市一体化平台管理，实现网上申请、受理、审核、审批一体化运作。对接“十四五”省市重点用海需求和镇街用海项目需求，落实用海资源保障；实施专人负责、主动靠前服务，做好狮子洋通道、深江铁路、轨道2号线三期、宏川石化码头等省市重大项目用海审批，加快重大项目开工建设。实行海洋卫片监测、一周巡海两次、一月一通报、在建用海项目每月一监测等制度，全年开展用海联合监管15次，发现异常用海17起，在建用海项目监测90次，加强用海管海秩序。

【海岸带保护与利用】 2021年，东莞市推进4个项目填海施工、3个项目补办以及8个生态修复工程实施，完成广州港新沙港区11号、12号通用泊位及驳船泊位工程填海竣工验收，增加土地34公顷。以麻涌镇大盛村海洋生态修复工程为试点，探索“市镇统筹、企业出资、村级实施”海岸线生态修复路径。开展海岸带高效率保护利用调查研究、东莞市陆海资源一体化配置及海洋资源价值研究、涌口沙历史遗留问题用岛现状勘查研究，初步摸清海岸带陆海资源底数底图，识别部分统筹单元，加强陆海统筹资源谋划。

2021年5月12日，东莞市粤华学校防灾减灾应急疏散演练活动举行　　（市自然资源局供图）

【国土测绘】 2021年，东莞市自然资源局成立两支测绘专业队伍。"多测合一"全流程网办系统录入904个项目，服务重大项目114个，数据共享利用1360次，参与测绘单位93家，测量总面积37平方千米，涉及测绘金额8355万元，入库面积17.93平方千米，好评率99.6%。全年完成东莞市建成区1∶500全要素地形修补测量41.29平方千米；完成高山区樟木头、黄江、塘厦、清溪、大岭山5个镇建成区1∶500地形图6.08平方千米，非建成区1∶2000地形图66.85平方千米测量工作；完成松山湖片区和滨海湾新区670平方千米1∶2000地形图缩编。向社会200多家单位、企业累计提供3000万次网络定位服务；非涉密小图斑地形图基础数据利用动态更新系统，开设使用账户229个，地形图申请使用1179次，为市直部门、镇街（园区）提供地形数据2.06万平方千米，影像数据3714平方千米。

【地理信息管理】 2021年，东莞市完成测绘资质复审换证和新申请审核276次，在莞注册乙级测绘单位53家。开展2次测绘质量监督管理（含安全生产）检查，抽检6家乙级、6家丙级、8家丁级测绘资质单位；开展地图市场检查，排查网站132个；开展测绘数据安全管理检查，抽查全市25家相关单位。向各部门、各单位提供地图服务，累计派送地图900份；开拓"天地图·东莞"专题服务。开发汇聚全市2460平方千米1∶2000和1∶500矢量地形数据、影像及20大类、86小类近百万条地名地址地理信息数据，累计发布基础测绘成果目录约6万条，日均访问量超100次。

【自然资源执法监督】 2021年，东莞市依法查处各类土地违法行为287宗，作出罚款3664.89万元，申请法院强制执行处罚案件66宗，推动将拒不履行行政处罚的土地违法案件当事人纳入失信被执行人名单39宗。向公安机关移送土地违法涉嫌犯罪线索11条，涉及犯罪嫌疑人14人。

【土地储备】 2021年，东莞市收储土地837.39公顷，办理土地出库手续111宗357.27公顷，完成土地出让收入712.62亿元，盘活存量土地813.33公顷，"工改工"整备拆除700公顷，拉动投资约530亿元。发挥"拓空间"统筹推动作用，谋划"拓空间"接续创新升级。深化"拓空间"改革创新，统筹推动自然资源管理改革、优化空间规划新格局、探索打造标准化街区、加强产业用地精准保障、提升城乡环境品质等方面集中创新攻坚，推进集体土地公开出让、"标准地"模式供地等一批成果。

【东莞市自然资源局获"2020年中国营商环境评价市场监管指标标杆城市创建工作贡献单位"称号】 2021年，东莞市自然资源局获评2020年中国营商环境评价市场监管指标标杆城市创建工作贡献单位。东莞市自然资源局不动产登记中心在推进不动产登记提速增效方面取得一系列成效，"互联网+不动产登记"工作持续领跑全国。通过区块链、人脸识别、电子签章、电子证照、电子合同、数据共享等技术应用，东莞市实现商品房交易登记业务全程网办、最快1小时办结，新建商品房确权即可微信办证，二手房转移登记+纳税+水电气过户等多项业务"指尖办"。深化"不动产+金融服务"，东莞市内39家银行（金融机构）294个网点可在线办理抵押登记，并推行新建商品房抵押权预告登记和招商银行App（应用程序）办理抵押登记智能化"秒批"，企业、群众融资更便捷。（张佩珊）

国有资产监督管理

【国有资产经营概况】 2021年，东莞市属国有企业资产总额、净利润居全省前列，市属国有企业资产主要分布在金融行业、交通运输、投资与资产管理等第三产业。截至2021年底，东莞市属国有企业（含园区企业）资产总额7648.05亿元，比上年增长13.44%；净资产1533.76亿元，增长5.39%；全年实现营业收入493.86亿元，增长28.99%；净利润82.02亿元，增长40.17%；实现劳动生产总值281.27亿元，实缴税费30.35亿元。

【国资国企改革】 2021年，东莞市完成东莞日报社印刷厂、东莞市有线电视公司、东莞产权交易中心和东莞市交业工程质量检测中心等4家企业的公司制改制工作。推进事业单位改革及经营性国有资产移交划转，完成东莞产权交易中心、东莞市交业工程质量检测中心、东莞市伟信科技服务有限公司、东莞光明眼科医院以及东莞健力口腔医院等经营性国有资产的移交划转及原东莞环境保护技术服务中心转企改制和资源整合。印发《东莞市市属企业投资监督管理办法》和《东莞市市属企业投资项目负面清单（2021年版）》，规范市属国有企业投资决策体系，更好落实国有资本保值增值责任。

【国资国企新领域】 2021年，东莞市统筹指导市属国有企业深度参与全市七大战略性新兴产业基地建设，推动出台《关于推进市属国有企业参与战略性新兴产业基地建设的指导意见》。8月，东莞市组建市数字经济发展集团有限公司，布局东莞市数字经济领域。该集团位于广东省东莞市松山湖高新技术产业园区，主要从事数字政府项目建设、运维和运营，开展数字经济及其他相关领域项目拓展、产业培育、生态构建、投融资等业务，是东莞市政府推动数字经济发展的重要平台。

【国资国企薪酬制度完善】 2021年，东莞市完成14家纳入工资

2021年9月9日，东莞市国资系统纪律教育学习暨风险防范工作会议召开 （市国资委供图）

总额管理的市属国有企业2020年度预算执行情况清算工作，编写《市属国有企业2020年度工资总额预算执行情况报告》。指导市属国有企业编制2021年工资总额预算方案，同步进行核审、备案。各市属国有企业完善负责人薪酬方案及员工薪酬方案并报国资委审核、备案。印发《东莞市试点市属金融企业负责人倍增发展增量奖励支付与管理办法》。研究出台《东莞市直属国企创新发展容错纠错实施办法》。

【国资国企经营考核监督】 2021年，东莞市出台《东莞市市属企业负责人经营业绩考核评价办法实施细则》，并组织实施2020年度市属国有企业负责人经营业绩考核，向市政府报送《关于2020年度市属企业负责人经营业绩考核评价情况的报告》。指导各市属国有企业报送2021年度及本届董事会任期经营业绩责任书，督促企业落实董事会对经理层成员经营业绩考核及薪酬分配权，并将考核制度及考核结果报国资委备案。

【国企产权管理】 2021年，东莞市国资委办理产权占有登记事项12项，产权变动登记事项22项，产权注销登记事项2项。审核市属国有企业预决算情况、国有资本经营预算、发债等事项。处理划拨各企业2021年国有资本经营预算支出款项2.72亿元；组织市属国有企业上缴国有资本经营预算收入10.59亿元。

【国企内部审计】 2021年，东莞市印发《东莞市市属企业内部审计管理暂行办法》，从市属国有企业内部审计领导和管理体制机制、内部审计机构和人员管理、内部审计机构职责和权限、内部审计程序和结果运用等方面全面规范市属国有企业内部审计工作。聘请第三方中介机构天健会计师事务所完成对东莞市交通投资集团有限公司、东莞市水务集团有限公司、东莞实业投资控股集团有限公司、东莞科技创新金融集团有限公司、东莞市能源投资集团有限公司的常规内部审计工作，完成对东莞市资产经营管理有限公司原董事长离任经济责任审计工作。与东莞实业投资控股集团有限公司、韶关市莞韶产业转移工业园开发公司三方股东组成内审小组，聘请第三方中介天健会计师事务所完成对广东东韶实业投资开发有限公司内部审计工作。

【国企人才队伍建设】 2021年，东莞市国资国企系统新招聘员工4505人，招聘高校毕业生1040人，新引进博士5人、硕士267人、高级职称专业技术人才53人。落实百名博士党政国企人才计划，公开招聘选拔8名博士。

【国资国企安全生产】 2021年，东莞市国资委编制《东莞市国资系统2021年安全生产工作要点》，制定市属国有企业贯彻落实《中华人民共和国安全生产法》及省、市关于安全生产工作的指示、批示精神。组织开展安全生产和消防工作培训，对13家市属国有企业开展8轮安全生产和消防工作督导检查，召开2021年安全生产工作总结会议。年内，市属国有企业无发生较大以上安全生产责任事故，市国资委在安全生产责任制及消防工作考核中被评为优秀等级。

【镇街属资产指导管理】 2021年，东莞市32个镇街完成清产核资工作。截至2021年8月12日，经各镇街核定纳入清产核资范围的712家企业全部由中介机构出具清产核资报告，清产核资完成率100%。各镇街推进镇街属非公司制企业公司化改造工作，截至2021年底，存量非公司制企业中，有130家企业完成公司化改造，28家企业完成清算注销。全市镇街属企业资产总额852.74亿元，负债总额363.13亿元，所有者权益总额489.61亿元。

【国资国企推进乡村振兴】 2021年，东莞市推进市属国有企业“千企帮千镇万企兴万村”行动，全年累计投入资金总额超750万元。其中，围绕东莞·铜仁国资东西部协作工作，动员市属国企力量参与，推动10家市属国有企业在铜仁每个县区结对1个重点村，签订结对帮扶协议，明确帮扶内容，全年累计投入资金物资或者采购农产品103万元。

【国资国企抗疫志愿服务】 2021年，东莞市国资委做好公共交通、港口码头、供水供气、建筑工程、农贸市场、物业服务等重点行业疫情防控工作。面对“6·18”“12·13”本土疫情，东莞市国资委发动2600多名志愿者组成72支抗疫工作队全力支援全市大规模核酸检测。各市属国有企业在承担重点人员转运任务、集中隔离点用房保障、处理走私冻品和涉疫垃圾、应急供水等方面发挥作用。　（李　曦）

附：2021年东莞市人民政府国有资产监督管理委员会主要领导名录

党委书记、主任：
　　卢汉彪（任至11月）
　　周伟森（11月到任）

市场监督管理

【市场监督管理概况】　2021年，东莞市市场监督管理局落实市委、市政府和省市场监管局决策部署，实现“十四五”（2021—2025年）良好开局。东莞市“开办企业”和“市场监管”两项指标入选全国营商环境评价标杆城市。在全省食品安全、质量工作考核中东莞市均获评最高等级“A级”，东莞市商标受理窗口获国家知识产权局商标局表彰，东莞市消委会获评“全国消费维权先进集体”，东莞市个体私营企业党委获评“全国‘小个专’党建工作表现突出集体”。东莞市市场监管局获市2021年度工作优秀市直单位（社会建设类）以及7项全市“单打冠军”，获评“市直机关模范机关创建标兵单位”。

【市场监管政策制度设计】　2021年，东莞市市场监管局编制并报请市政府印发《东莞市市场监管现代化“十四五”规划》，构建适应市场需要、服务高质量发展的现代化市场监管治理体系。起草《东莞市促进经济高质量发展专项资金（市场监督管理）管理办法》，配套制定质量提升战略、知识产权战略两个实施细则，发挥资金杠杆效应，撬动质量、知识产权发展动能。报请市政府修订印发《东莞市市场主体住所（经营场所）登记管理办法》《东莞市企业信息公示和信用约束管理办法》，出台《东莞市关于深化改革加强食品安全工作的实施方案》《东莞市贯彻落实“证照分离”改革实施方案》《东莞市推进“一照通行”改革试点实施方案》，修订《东莞市食品生产加工小作坊禁止生产加工食品目录》，立足东莞市千万人口和庞大市场主体加快完善制度性供给，持续释放市场改革红利。

【市场监管领域新冠肺炎疫情防控】　2021年，东莞市市场监管局结合新冠肺炎疫情常态化精准防控与局部应急处置，突出加强农贸市场疫情防控和冷链食品管控，推动“冷库通”系统全面应用，完成“三强化三覆盖”（强化冷库、冷链物流企业直接接触人员、产品和环境核酸检测每周全覆盖，强化落实市场环境每日清洁通风消毒全覆盖，强化进口冷冻肉制品和水产品安全监管全覆盖）核酸检测75.22万批次，查处涉及冷库及进口冻品相关案件75宗，查获和销毁无合法来源证明进口冻品187.55吨。市进口冷链食品集中监管仓建设运营模式在全国、全省推广，累计入库3595个货柜9.4万吨货物，把好首站拦截关口，守住不发生“物传人”防线。加强防疫物资、生活必需品价格监管，做好疫情防控期间保供稳价。开展新冠疫苗及接种单位专项检查，推动大规模疫苗接种有序进行。发挥“哨点”作用，强化零售药店监管，检查药店4.64万家次，责令停业整顿1738家次，推送购药信息444.2万条。面对“12·13”本土新冠肺炎疫情，提档升级市场监管领域防控措施，强化执法检查和暗访督导，组建抗疫志愿队配合开展全民核酸检测，3天完成全市零售药店全覆盖检查，关停整顿农贸市场25家，立案查处相关案件99件，保供应、稳物价、守安全。

【商事制度改革】　2021年，东莞市市场监管局推进住所登记管理制度改革，建立“一照多址”（指对无需前置审批并符合条件的企业，可以申请在企业营业执照上加载经营场所地址，免于分支机构登记）备案管理机制，全面取消住所申报负面清单，为企业发展松绑减负。深化“证照分离”（将企业经营所需要的营业执照和能分离的许可类证相分离）改革，推动6部门10个改革事项优于全省，搭建市“一照通行”系统，在全省率先完成前两批“一照通行”改革事项，实现多个证照“一次申办”“一码展示”。创新推出全省首个人工智能咨询小程序，探索打造“企业注销服务专区”。新增市场主体27.59万户，实有市场主体146.34万家，比上年增长9.13%。其中，企业68.82万家，比上年增长10.32%。市场主体总量、企业量均居全省地级市第一位。启动智慧市场监管一体化平台和移动监管端建设，以企业年报为试点开发智能

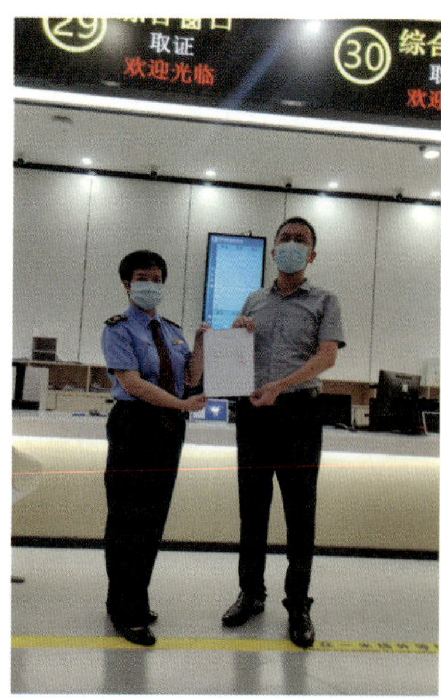

2021年8月1日，东莞市发出首张“一照多址”备案证明
（市市场监管局供图）

辅助服务功能，升级改造协同监管信息化系统，拓宽“大数据+市场监管”场景应用。推进“守合同、重信用”企业公示活动，3994家企业公示为省“守合同、重信用”企业，比上年增长11%。强化企业信用风险分类监管，创新“双随机”（随机抽取检查对象，随机选派执法检查人员）对碰抽查，归集公示涉企信息1548.73万条，企业年报率（95.38%）创历史新高。

【市场安全监管】 2021年，东莞市市场监管局开展食品安全示范城市创建，推动东城街道、茶山镇开展省食品安全示范县（区）建设，首次以食品安全和疫情防控“双合一”形式组织应急演练，推动食品生产单位全覆盖监管。开展校园及周边食品安全专项治理“百日行动”、“湿粉统一查”、“九号查酒”、农村假冒伪劣食品等专项整治，创建“放心肉菜示范超市”64家，完成食品抽检4.58万批次、食用农产品快检117.3万批次，超额完成全市民生实事项目任务。强化学校食堂“互联网+明厨亮灶”运用，推动系统向259家大型餐饮单位、集体食堂等拓展覆盖，推送预警信息17.7万条，年末预警总量较年初下降近八成。“东莞餐饮智慧监管实现新突破”入选第一届全国食品安全智慧监管案例。依托“食安快线”平台培训餐饮单位6.19万家102.87万人次，培训数居全省第一位。加强药品、医疗器械安全监管，开展儿童化妆品专项检查，加大“两品一械”（药品、化妆品、医疗器械）不良监测力度，形成全链条高压监管态势。组织市场监管风险研判会商，研判风险点133个。开展市场监管领域安全生产大检查、特种设备安全生产专项行动，检查特种设备单位1.84万家次，检验特种设备18.4万台次，消除安全隐患5753处。全面铺开“互联网+电梯”智慧监管平台建设，全市106个小区、2647台电梯上线应用。开展钢筋建材、电动自行车等产品质量整治，抽查产品2417批次，合格率95.04%。年内，东莞市市场监管局获评为市安全生产责任制和消防安全工作考核优秀单位。

【质量强市建设】 2021年，东莞市市场监管局调整成立市委书记、市长任双组长的质量强市领导小组，组建质量基础设施“一站式”服务联盟，成立东莞市质量基础设施发展基金会，推广卓越绩效管理模式，建立镇街（园区）质量发展水平评价指标体系，在厚街镇成立质量基础设施协同服务与应用中心，形成市、镇、行业、企业“四位一体”综合服务体系。实施标准化战略，打造技术标准创新平台，建设“先进标准+”试点，推动31个企业标准入选全国标准“领跑者”榜单。新增社会公用计量标准48个，企事业单位最高等级计量标准114个。国家级一次性口罩制造包装生产设备标准工作组落户东莞市，横沥镇国家新型城镇化标准化试点、国家农产品跨境电子商务标准化示范区通过中期评估。提升检验检测认证能力，市质检中心研究成果获首届市场监管科研成果奖，市标码所制定企业标准207个，东莞检测院出具法定检验报告17.72万份，东莞计量院检定强检计量器具超36万台，市食药检所重点实验室获省药监局科技创新立项。省医疗器械质量监督检验所业务受理中心落地松山湖高新区，全省小微企业质量管理体系认证提升行动现场会在东莞市召开，全市有2.57万家企业获有效认证证书8.49万张，证书数居全省地级市第一位。

【知识产权建设】 2021年，东莞市市场监管局推进知识产权运营服务体系建设，完成国家知识产权局中期绩效评价，获批成为商标专用权质权登记申请受理点，推动知识产权质押融资和保险工作，设立知识产权运营基金并完成首个1000万元项目投资。年内，东莞市企业获第二十二届中国专利奖18项、第八届广东专利奖9项。全年专利授权量8.4万件，其中PCT（国际专利）申请量3876件、发明专利授权量1.1万件，分列全省第二、第三位。国内有效发明专利量4.78万件，居全省第三位。实施商标品牌战略，起草商标品牌赋能高质量发展三年行动计划，成功申办第十三届中国国际商标品牌节，全市有效注册商标突破50万件。完善知识产权保护体系，推动市知识产权保护中心升格副处级，与东莞海关签署“加强知识产权保护合作备忘录”，成立东莞市知识产权纠纷人民调解委员会，联合广州知识产权法院成立“刘培英法官工作室”，开展“铁拳”“蓝天”专项行动，处理专利行政案件242件，立案查处商标违法案件292件，知识产权保护质量和效能提升。

【农贸市场品质提升】 2021年，东莞市市场监管局聚焦民生福祉增进和城市品质提升，全面启动农贸市场品质提升三年行动，建立“1+N”政策体系，印发《东莞市农贸市场品质提升三年行动方案》，制定农贸市场升级改造、发包磋商、土地建筑、国有市场、综合管理等5份配套子方案以及工作指引，组织召开全市现场会，创新推进“互联网+农贸市场”智慧管理平台建设。年内，推动160个市场升级转型，打造石龙中心市场、虎门市场、东坑百顺市场等示范标杆市场，高埗第一综合市场入选全省精神文明建设推进会现场观摩点，得到省文明委好评。推进诚信计量承诺建设，全省率先开展“溯源公平秤”试点，首批33台在石排镇、南城街道15个农贸市场投入使用。

【市场秩序规范】 2021年，东莞市市场监管局加强公平竞争审查和反不正当竞争执法，开展水电气、停车服务及涉企业收费专项检查，建立企业商业秘密保护联系点52个。加强消费维权服务站建设，累计建成维权服务站501家，创建

2021年2月24日，广东省“溯源公平秤”试点项目启用仪式在东莞市石排镇石兴市场举行 （市市场监管局供图）

“放心消费承诺”及“线下无理由退货承诺”单位3258家，完成“12345”平台与全国“12315”平台对接优化，推广在线消费纠纷解决机制，处理投诉举报咨询14万件，为消费者挽回经济损失6800余万元。全省地级市首个开展公益广告备案，“普法多多”项目获省优秀普法项目奖，推出的短视频入选全国年报宣传优秀作品。开展“双打”（打击侵犯商标知识产权和制售假冒伪劣商品）、扫黑除恶、“打传规直”（严打传销、涉传行为，严管类直销模式）、合同、广告、计量等整治，查处案件6153件，维护市场正常秩序。

【东莞市“市场监管”指标入选全国营商环境评价标杆城市】 “市场监管”指标是国家和省营商环境评价18个指标之一，主要考察各城市加强公正监管促进公平竞争、推行“双随机、一公开”监管、基于信用监管提升监管效能、推进“互联网+监管”协调监管机制以及规范执法等内容。东莞市贯彻落实党中央国务院关于推进“放管服”改革决策部署，在做好简政放权优化服务基础上，在“管”上下功夫，对标“市场监管”指标工作要求，高位统筹、精准施策、放管结合、科学监管，通过推动“一平台三工程”等牵引性工作，提升市场监管工作水平，在2020年国家营商环境评价中，东莞市“市场监管”指标排名第7，2021年5月13日，作为标杆受邀在苏州举办全国优化营商环境经验交流现场会发言，是省内唯一做典型经验发言城市。在2021年广东省营商环境评价中，“市场监管”指标得分全省排第四名。

【东莞市“开办企业”指标入选全国营商环境评价标杆城市】 2021年，东莞市在全省率先上线企业登记档案网上查询系统，推出全省市场监管领域第一个业务咨询微信小程序“东莞市场监管咨询易”，率先在全省打造全程电子化流程，形成从前端业务咨询，到商事登记全程电子化，再到企业档案网上查询完整闭环。破解“准入不准营”难题，推行食品经营“证照同办”改革，实现即来即办、证照合发；推进“证照分离”改革全覆盖，推动6个部门10项改革事项优于全省标准。5月，东莞市“开办企业”一级指标排名全国参评城市第18名，全省参评地市级第1名，入选2020年全国营商环境评价标杆城市。

【东莞市推进住所登记管理改革】 2021年7月14日，为推进“放管服”改革，减证便民，东莞市政府常务会议审议通过新修订的《东莞市市场主体住所（经营场所）登记管理办法》，推出住所登记管理改革进阶3.0版本，8月1日实施。《办法》落实证明事项告知承诺，取消住所申报负面清单，简化“住改商”材料清单；在全省率先对“一照多址”进行制度设计，市场主体在住所以外地址经营，可以选择备案经营场所，无需申请分支机构营业执照；结合东莞“二标四实”工作，应用全市统一标准地址库，建立部门联动机制，为全省摸索可复制推广改革经验。

（李晓恩）

附：2021年东莞市市场监督管理局主要领导名录

党组书记、局长：
　　陈锡稳（任至11月）
　　张永忠（11月到任）

审　计

【审计概况】 2021年，东莞市审计局聚焦经济健康发展、权力规范运行、民生保障落实等重点工作，完成经济责任、财政、企业、民生等各类型审计项目34个，查出违规金额15.84亿元、损失浪费金额8612万元、管理不规范金额243.85亿元，促进整改落实有关问题资金104亿元、拨付资金到位9146万元，出具审计报告、专项调查报告、整改函等结果文书87篇，提交审计信息62篇，移送处理事项8件，发挥审计“查病、治已病、防未病”监督保障作用。

【经济责任审计】 2021年，东莞市审计局加强对权力运行的制约监督，审计党政和企事业单位主要领导干部15名，提交审计结果报告28篇，促进规范权力运行。10月20日，组织召开2021年市经济责任审计工作联席会议全体会议，各成员单位就做好经济责任审计、强化协作配合提出意见建议，发挥联席会议在重大事项共商、数据资源共享、审计成果利用等方面的平台作用。

【财政审计】 2021年，东莞市审计局紧抓财政资金和政策措施服务保障“两统筹”发展主线，对市本级、23个市直一级部门和2个街道（园区）年度预算执行和其他财政收支情况开展审计，持续关注社会保险基金预算执行情况，以及新冠肺炎疫情防控和促企业、保复苏等专项资金的使用绩效情况，促进规范财政管理。

【民生审计】 2021年，东莞市审计局组织对乡村振兴、技工人才培养政策资金、社保基金和重大城市垃圾处理设施建设管理运营情况等开展审计，把民生政策落实、民生资金使用和民生事业发展作为经济责任审计等专业审计的重点内容，在市本级预算执行审计中加入教育扩容提质和品质交通千日攻坚推进情况专题内容，促进提升民生保障水平。

【内部审计】 2021年，东莞市审计局利用内部审计“以干代训”实践和业务专题培训“两个平台”，加强内部审计业务培训和指导。11月，组织开展两期内部审计业务培训班，为近200名内部审计业务骨干讲授政府采购、固定资产等方面的审计案例和技巧，提升内部审计人员业务能力。

【“三大攻坚战”审计】 2021年，东莞市审计局围绕市委、市政府在推动乡村振兴建设、生态环境综合治理等“三大攻坚战”所作的重点工作部署，结合开展领导干部自然资源资产离任（任中）审计，对镇街落实高标准农田建设和污染防治目标任务情况、重污染河涌综合整治和三大流域综合治理等重点工程项目开展审计，推动防范工程项目建设风险，提升工程质效。

【政策专题跟踪审计】 2021年，东莞市审计局组织对危险化学品安全生产及管理、食品安全、新冠疫苗流通和预防接种安全情况、电子警察规划建设和运行管理情况等8项政策专题进行跟踪审计，出具审计结果文书23份，促进政策措施落地见效。

【审计队伍建设】 2021年，东莞市审计局开展党史学习教育，在市文化馆举行“许党报国 执审为民”主题演讲比赛，围绕立足岗位、为国为民而审、担当奉献等内容作演讲；6月、12月，响应全市全员核酸检测工作部署，派出107人次党员先锋队志愿者，协助厚街、横沥镇完成超过9万人次的核酸检测；推进“人才强审”，选调、招录审计人才11人，填补各专业领域人才的空缺；选派人员参加大数据审计培训24人次，突出信息化工作能力培养，选派人员参加上级举办的培训班64期，累计培训干部390人次，提升审计干部综合素养和专业能力水平；将新修订《中华人民共和国审计法》等法律法规纳入局法治学习内容，通过专题学习研讨会、审计系统集中整训等方式，强化用法专题培训，提升审计人员依法审计能力，确保在新修订《中华人民共和国审计法》框架下，依法履行审计职责。

【东莞市委审计委员会第三次会议召开】 2021年8月16日，东莞市委书记、市委审计委员会主任肖亚非主持召开市委审计委员会第三次会议。研究部署全市审计工作，审议通过《东莞市审计工作发展“十四五”规划》，为新时期东莞市审计事业实现高质量发展明确方向要求。 （黄珊珊）

2021年9月26日，“许党报国，执审为民”演讲比赛在市文化馆举行

（市审计局供图）

附：2021年东莞市审计局主要领导名录

党组书记、局长：卢炳辉

统计、调查

【统计调查概况】 2021年，东莞市统计系统加强经济监测分析，开展专题调研，推进统计改革创新，抓实抓细统计法治建设，提高统计数据质量，为东莞市迈进万亿GDP（地区生产总值）、千万人口的“双万”新时代提供统计保障。坚持疫情防控和统计两手抓、两不误，结合疫情防控实际，采取线上和线下相结合的形式，加强经济运

行监测和分析研判，为镇街提供精准化的统计指导和服务。

【统计研究分析】 2021年，东莞市统计局开展《东莞迈入“万亿俱乐部”的路径研究》《东莞战略性新兴产业情况分析》《碳达峰、碳中和背景下的东莞节能分析》《东莞农贸市场统一结算的可行性报告》等10项“深调研”课题，《东莞与新晋万亿城市发展情况分析报告》《东莞战略性新兴产业现状与路径研究》分别获2021年度全省优秀统计分析报告一等奖、三等奖。创办《情况与建议》，年内编印11期，为市委、市政府研判经济形势提供精准统计分析。建立市镇两级统计监测机制，实行局经济运行监测分析会制度，及时监测预警经济运行变化情况。与发改、工信、商务、住建、税务、政数等部门加强工作协同联动，强化工作合力。深入基层开展经济运行监测情况调研，指导各镇街（园区）做实做细经济监测。

【统计改革创新】 2021年，东莞市统计局推进统计改革创新，开展数字经济统计，主动争取国家、省统计局支持开展数字经济统计监测试点，获得国家统计局批复同意东莞作为全国数字经济统计监测试点地区之一，启动数字经济统计监测试点前期准备。推进战略性新兴产业统计监测，制订《东莞市战略性新兴产业统计监测方案》，初步建立东莞市战略性新兴产业监测体系，布置启动战略性新兴产业统计监测。修订完善镇街统一核算制度，完善镇街核算基础指标的评估方法，科学合理反映各镇街经济发展情况。

【统计宣传服务】 2021年，东莞市统计局做好统计数据对外发布解读咨询，每月编发数据速递、统计快报和月报给市、镇领导，刊发《东莞发展动态》45期、镇街专项通报10篇、数据速递11篇，定期公布主要经济指标及季度新闻稿，发布年度统计公报、统计概要、统计年鉴等，制作发布年度东莞市经济社会运行亮点H5产品、“数说‘十三五’时期东莞经济社会发展成就”宣传册、“一张图解说东莞经济”等统计宣传产品，全面宣传东莞市经济社会发展亮点。组织同步收听收看省统计局上线《民声热线》节目，及时回应社会公众的来电、来访以及统计信息公开查询，为社会各界人士提供优质的统计咨询和数据查询服务。举办2021年第十二届“中国统计开放日之广东”东莞现场活动，增强社会公众对政府统计工作的了解。

【统计法治建设】 2021年，东莞市统计局加强统计法治建设，召开全市统计法治工作专题会议，传达学习习近平总书记在中央全面深化改革委员会第二十一次会议上的重要讲话精神，学习《关于更加有效发挥统计监督职能作用的意见》，贯彻落实党中央关于强化统计监督职能的重大决策部署。开展数据质量核查，加强统计全过程质量管理，市镇两级共对4880家企业开展数据质量核查。加大统计执法检查力度，检查27个镇街（园区）117家企业。全方位开展统计法治教育，推动统计法进党校、进部门和下基层，在培训班中开设统计法治专题课程，多形式举办统计法治宣传活动，向全市各行业2万多个统计调查对象推送统计法治宣传微课视频和宣传折页，提高社会各界统计法治意识。

【统计基层基础建设】 2021年，东莞市统计局加强统计基层基础建设，落实省统计局《关于进一步加强统计基层基础建设的实施意见》，对各镇街（园区）统计基层基础现状进行深入调研，制订《关于进一步加强统计基层队伍力量的实施方案》，推动各镇街（园区）加强统计基层队伍建设，夯实统计基层基础。结合疫情防控措施，采取线上、线下等形式，开展统计业务培训，举办全市统计年报培训会和统计专业培训班，组织“四上”（规模以上工业企业、资质等级建筑业企业、限额以上批零住餐企业、国家重点服务业企业）企业统计员培训136期，培训参训人员6000多人次，提升统计人员的业务素质和统计工作能力。

【第七次全国人口普查】 2021年5月22日，东莞市统计局联合东莞市第七次全国人口普查领导小组办公室发布《东莞市第七次全国人口普查公报》，做好人口普查数据解读工作。人口普查结果显示，2020年11月1日零时，东莞常住人口为1046.66万人。与2010年第六次全国人口普查比较，全市常住人口增加224.64万人，增长27.33%，年平均增长率为2.45%。东莞常住人口首次突破1000万大关，成为继广州、深圳后，广东省第三个常住人口1000万以上的人口大市。东莞市统计局被国务院人口普查领导小组授予“第七次全国人口普查先进集体”称号，东莞市4名业务骨干被授予“第七次全国人口普查先进个人”称号。

【第十二届“中国统计开放日之广东”东莞现场活动】 2021年9月28日，第十二届“中国统计开放日之广东”东莞现场活动举办。该活动以“赓续红色血脉　奋进统计未来”为主题，由广东省统计局和国家统计局广东调查总队联合主办，东莞市统计局、国家统计局东莞调查队联合承办，采取多方式、多渠道宣传，“南方+”直播平台全程直播，近9万人观看直播。国庆期间，持续吸引近1.3万人次参观统计主题展览。 （张锡铃）

【统计调查基层基础建设】 2021年，东莞市印发《东莞市政府办公室关于进一步支持配合东莞调查工作的通知》《关于进一步强化劳动力调查工作的通知》，要求各部门、各镇街把加强统计调查基层基础建设纳入重要议事日程，压实责任，强化组织协调，保障镇村

2021年9月28日，第十二届"中国统计开放日活动之广东"活动在东莞市举行　（市统计局供图）

两级统计调查力量，支持东莞调查队在辖区内开启调查网点网络，确保调查工作开展。8—9月，东莞调查队开展专项督查，由队领导班子成员分别组成5个督查小组，到全市33个镇街（园区）以及部分村（社区）现场督查。年内，印发《国家统计局东莞调查队网站管理办法》等22份文件，完善调查工作管理和数据质量管理制度体系建设，强化调查工作全流程数据质量管控，夯实调查工作基础，提高调查数据真实性。贯彻落实《国家统计局关于进一步加强统计基层基础建设的意见》等文件精神，争取基层对统计调查工作支持，确保镇街（园区）统计调查机构为统计调查业务开展提供人员与经费支持，夯实统计调查基层基础，为统计调查业务规范开展提供必要保障。

【统计调查服务】　2021年，东莞调查队执行《东莞调查队信息分析写作"双争双创"行动实施方案（2019—2021年）》，成立分析信息写作突击小组等举措，推动东莞统计调查监测、分析信息和政务信息在全省国家调查系统中实现"双一流"、全面"走前列"。东莞调查队开展《高质量发展背景下城市对非户籍人口落户吸引力研究——以东莞为例》等4个广东调查总队重点招标课题及专题研究；形成《建幸福包容之城谱民生事业华章——"十三五"时期东莞民生发展报告》等多份系列分析报告，被国家统计局、广东调查总队网站刊登。年内，东莞调查队向《中国信息报》投稿21篇，其中10篇获采用；向总队"广东调查与你同行"微信公众号报送18篇，其中16篇获总队采用，4篇被总队报送至国家局并采用，1篇被总队报送到中国信息报微信公众号并采用；向总队抖音公众号报送视频素材4篇并获采用，1篇被总队报送至国家局并获采用。东莞调查队发挥统计监测职能，强化趋势研判，及时做好预警，6次向市政府专题报告房地产市场最新变动情况，有2次报送房地产情况分析，协助东莞市政府落实城市主体责任，及时完善相关政策，加强地产市场调控。

【统计执法宣传】　2021年6—9月，东莞调查队对全市有关统计机构、统计调查对象集中开展"双随机"（随机抽取检查对象，随机选派执法检查人员）统计执法检查工作。成立统计执法检查工作领导小组，并组建5个检查小组，分别负责若干镇街（园区）现场执法检查工作，实现全市33个镇街（园区）开展检查全覆盖。聚焦民生服务，推进"党建+统计法治"品牌建设，作为推动"我为群众办实事"实践的重要举措，打造普法品牌。7—9月，东莞调查队开展"统计普法上公交活动"，借助公交线路"辐射作用"，拓宽普法宣传渠道与广度，让统计调查更加贴近社会公众。东莞调查队借助各调查专业回访企业、执法检查等契机，向36家企业开展面对面统计普法宣传。利用关键时点开展统计普法宣传,以统计开放日、统计法颁布日等关键时点为契机，与市统计局、部分镇街统计办合作，开展大型统计法治宣传活动，集中向社会公众宣传统计法，提升东莞统计调查普法质量和成效。

【统筹疫情防控和统计调查】　2021年6月和12月，东莞出现新冠肺炎本土确诊病例，东莞调查队启动紧急应对机制，上半年完成队员疫苗接种。疫情防控期间，启动分区分级统计调查工作机制，确保"调查不乱、数据不断"。运用非接触调查方式开展各项快速调研和约稿任务，为地方党政部门提供及时准确调查服务。　（陈德斌）

附：2021年东莞市统计局主要领导名录

党组书记：朱默河（任至5月）
　　　　　陈文东（5月到任）
局　长：梁佳沂（任至6月）
　　　　陈文东（6月到任）

附：2021年国家统计局东莞调查队主要领导名录

党组书记、队长：欧阳湘

应急管理

EMERGENCY MANAGEMENT

旗峰山森林公园　（2021年张超满摄）

编辑：张德全

安全生产监督管理

【安全生产概况】　2021年，东莞市安全生产形势保持稳定，全市发生各类生产安全事故247起，死亡173人，分别比上年下降15.7%和13.5%，其中发生较大生产安全事故3起，死亡10人，未发生重大及以上事故。茶山应急管理分局作为全省唯一一个基层应急管理部门获评全国应急管理系统先进集体，获得习近平总书记接见；厚街应急管理分局被广东省委宣传部、省应急管理厅评为“2021年度广东最美应急集体”。

【安全生产工作机制健全】　2021年，东莞市制定《东莞市党政部门及中央、省驻莞有关单位安全生产工作职责》，进一步理清50个部门、单位安全生产工作职责，细化明确部分监管交叉、职责不清的重点行业领域监管责任，实现安全生产各司其职，各负其责。制订《东莞市进一步加强分租式厂房安全监管工作方案》，从夯实各方安全管理工作责任、开展分租式厂房综合整治、建立综合治理长效机制等方面，加强分租式厂房安全监管。建立市委、市政府领导分片督导安全生产工作制度和市政府常务会议每周安排研究安全生产议题制度，推动各级、各部门从严从实从细做好安全生产各项工作。建立重点行业领域危险作业班前警示制度和工贸行业危险作业报备管理制度，有力压减危险作业事故。

【安全生产专项整治】　2021年，东莞市强化生产安全事故防范。部署开展预防与控制生产安全事故专项行动，明确8个重点行业领域防控任务，提出7项跟踪督促措施，将事故防控工作成效纳入2021年度安全生产责任制考核，层层压实各镇街（园区）和各相关部门单位事故防控责任。将生产安全事故防控工作纳入全市党史学习教育“我为群众办实事”重点事项，实施每月事故分析通报及“亡人事故一事故一通报”工作机制，组织各镇街（园区）、各有关单位制订防范较大以上事故工作实施方案。

统筹推进安全生产专项整治三年行动　将2021年需完成的79项重点整治工作任务，纳入市政府督办事项，落实每月督办机制，确保工作落实。2021年，市安委办督促全市系统攻坚安全生产专项整治三年行动有关部门成立检查组4714个，开展督导检查1.46万次，检查单位5.98万家，发现问题10.3万个，排查安全隐患14.4万处，行政处罚1.32万次，责令停产整顿232家，罚款1.29亿元，组织约谈警示1602次。

推进系统防范化解道路交通安全风险工作　全市成立领导小组和工作专班，制订《东莞市系统防范化解道路交通安全风险工作（1+13）实施方案》，围绕20个方面突出风险点，提出74项工作措施，制订工作方案和责任清单，全年全市累计发生道路交通事故3827起、死亡418人，分别比上年下降32%和20%，未发生重特大道路交通事故。

推进安全生产重点攻坚专项整治　统筹开展“迎七一、防风险、保稳定”百日攻坚整治行动，针对典型事故分别开展危险化学品、锂离子电池制造、液氨制冷、有限空间、城镇燃气、环保工业园区、工贸行业使用危险化学品等安全专项整治。建立重点行业领域滚动攻坚机制，聚焦道路交通、道路运输、建筑施工、消防、轨道交通、水上交通和渔业船舶、危险废物、危险化学品、工业园区、特种设备、城镇燃气等11个重点行业领域，分别制订安全生产专项整治行动方案，整治事故易发多发的薄弱环节22个。

【安全生产监管执法】　2021年，东莞市制订《东莞市专职安全生产监督检查员管理办法》《东莞市专职安全生产监督检查员工作绩效考核办法》，开发完善全市专职安全员巡查系统App，全面规范队伍管理。全年向社会公开公示存在事故隐患企业3.02万家、问题隐患11.98万处，推动5.77万家企业设立隐患公开公示牌，促进企业自行公示问题隐患34.28万处。统筹督促各级各部门分级分类落实安全生产巡查，实现规模以上企业、规模以下企业和小作坊监督检查全覆盖。全年应急管理部门作出行政处罚4751次，罚款8651.19万元，分别比上年上升319.5%和171.2%；其中监督监察处罚4637次，罚款6790.85万元，上升282%。

【应急保障能力建设】　2021年，东莞市开展应急保障能力建设。制定《东莞市极端天气城市重要基础设施突发事件应急处置机制》《东莞市突发事件应急处置联动工作机制》，提升较大以上事故灾害应急应对能力。完成《东莞市突发事件总体应急预案》及6个相关专项应急预案修编工作，全市组织开展应急演练557场，推进市应急消防救援训练基地建设，提高救援实战水平。市应急管理局初步完成应急指挥中心场所改造和信息化系统建设，各镇街（园区）应急管理分局共配备77台卫星终端。

【安全生产宣传教育提升】　2021年，东莞市开展以安全生产为主题宣传专项活动。组织开展学习习近平总书记关于安全生产重要论述活动，组织观看电视专题片1342场。“东莞应急管理”微信公众号热度排名连续7个月居全省地级以上市应急管理微信公众号第一位，视频号、抖音号、快手号三大平台累计阅读量突破1.1亿人次。联合《南方日报》《广州日报》《羊城晚报》《东莞日报》、东莞电视台等新闻媒体，建立“东莞应急媒体沟通群”，通过“一次采集、多元发布、资源共享”的形式，每日推送最新东莞应急新闻资讯，实行全时段、全媒介、分众化开展应急管理宣传报道。开设“线上安全培训课堂”，开展复工复产、有限空间、高处作业、触电防范等在线安全培训，参与培训超过130万人次；推出“打通最后一公里安全生产宣传教育”活动，被省应急管理厅作为先进工作经验向全省各地级市推广；《城市安全使者东莞专职安全员》视频作品在第二届全国应急管理普法作品征集展播活动中获三等奖，《东莞市生产安全事故预防与应急处置》《东莞应急“五心”服务》系列作品在广东省第一届应急管理优秀宣传作品评比展播活动中分别获视频类和创意海报作品设计类二等奖。

【应急管理系统强化疫情防控】　2021年，东莞市应急管理局抓好全市新冠肺炎防控隔离场所安全隐患排查整治，履行市安委办综合监管职责，积极督促各镇街（园区）、市有关部门履行属地监管职责、行业监管职责，开展隔离场所安全隐患排查。2021年，督促各镇街（园区）检查隔离点2752次，发现隐患169个，全部完成隐患整改。支援抗疫一线，6月21日、12月15日市应急管理局机关党员志愿服务队分别到高埗镇、麻涌镇支援核酸检测工作。落实重点人群疫苗接种工作，每周更新应急管理系统工作人员疫苗接种情况，对接种进度落后的应急管理分局实行通报，督促接种全覆盖落实。落实常态化离莞报备制度，强化市应急管理局工作人员日常和节假日期间离莞管理，非必要不离莞、不出省。（甘子熙）

附：2021年东莞市应急管理局主要领导名录

党组书记、局长：

张志强（任至6月）

唐耀文（6月到任）

消防安全管理

【消防安全管理概况】　2021年，东莞市消防救援队伍接报处置各类警情1.05万起，出动消防救援人员13.2万人次、消防车3.1万辆次，疏散营救被困群众2226人，保护财产价值2.5亿元。全市消防安全形势保持平稳。是年，东莞市消防救援支队被总队评为“先进支队党委”、年度工作“先进支队”，被东莞市政府评为“2021年度工作优秀中央和省驻莞单位”。

【火灾防范】 2021年，东莞市在全省率先推动消防救援支队主官兼任市应急委副主任，市、镇两级消安委主任全部由政府主要领导担任，明确17个部门职责，推动镇街领导挂点督办7000多家隐患突出场所，全力遏制“小火亡人”。出台《东莞市电动自行车管理条例》，简案快办等47项制度落地实施，全市通过简案快办当场处罚2159件，占全省总量70%，1件案例被应急管理部消防救援局评为优秀执法案例。提升消防科技含量，为全市40多万家“三小”场所（小档口、小作坊、小娱乐场所）、出租屋，1.2万家重点工厂企业、1200多个住宅小区和9000多个出租屋集中区域配备4类技防设施，覆盖率超过50%。全年全市火灾数量、火灾死亡人数、火灾受伤人数、直接财产损失分别比上年下降19.6%、25%、15%、21.9%，消防安全形势保持平稳。

【消防救援能力提升】 2021年，东莞市消防救援支队出台特种灾害救援专业队建设规划，组建150人的尖刀队伍，形成“1＋3＋N”（1个培训教学训练中心、3支特种灾害尖刀队、N支专业救援分队）力量布局，得到应急管理部消防救援局专家组肯定。推进“三大重点工程”（训练基地、战保新站、指挥中心改造）建设，建成8个新消防站，另有8个继续建设。投入1.64亿元，新购消防车32辆、器材4万多件（套）。开展每月会操，全年开展桌面推演、大型综合实战演练24次。全力备战全国和省市消防行业职业技能大赛，以5个项目夺2金1银2铜的成绩获得全省桂冠，1人获得装备维护员项目全国第四名。全年全市18个大队完成正规化达标创建，3支政府专职消防队收编入列。

【消防宣传演练】 2021年，东莞市消防救援队伍开展消防宣传“暖企行动”等系列“五进”活动（进机关、进院校、进园区、进企业、进基层），“大队长讲消防”、全民大疏散大演练等多次网络直播吸引百万人同屏观看。中央广播电视总台播报支队宣传素材51次，“东莞消防”微信公众号年内有9个月位居全国支队级公众号前三名。 （李　斌）

附：2021年东莞市消防救援支队主要领导名录

支队长：陈　全

政治委员：陈小公

自然灾害和减灾救灾

【自然灾害概况】 2021年，东莞市出现20场强降水，遭遇5个台风影响（“查帕卡”“卢碧”“狮子山”“圆规”和“雷伊”），累积降雨量1426.6毫米，比常年同期（1826.1毫米）偏少22%。“龙舟水”期间，石马河、东引运河、寒溪水流域各发生1次涨水过程。全市启动防暴雨应急响应9次，防汛Ⅳ级应急响应1次，防风Ⅳ级应急响应2次。全年因灾直接经济损失1182万元。

【防汛备汛】 2021年，东莞市抓好防汛备汛工作。各水利工程单位明确防汛责任人和技术责任人，对内涝点、地质灾害隐患点、削坡建房、危房、在建交建工程等分别落实相关责任人。规范三防信息报送、汛期值班、联合值守、会商制度等工作，健全工作机制，印发《东莞市强降雨防御工作指引》《东莞市台风防御工作指引》《东莞市“五停”工作指引》，制定《东莞市三防工作制度汇编》，梳理应对极端天气的做法。全市高标准创建8个全国综合减灾示范社区，创建129个示范社区（村）；各镇街（园区）基本完成三防气象服务体系建设。制定汛期领导带班、24小时值班、联合值守制度，督导各级各部门严格贯彻落实；轨道交通部门根据市三防办要求牵头编制修订《东莞市地铁防汛应急联动工作方案》，加强极端恶劣天气下运营地铁的应急准备。

【监测预警和汛期隐患整改】 2021年，东莞市强化监测预警和汛期隐患整改工作。全年发布防御通知41份，高频次开展专题会商研判及视频调度，及时准确报送信息，科学部署落实防汛措施。市三防办联合气象部门多次向全市三防责任人发布提醒，提醒各责任人严格到位履职，并在应急指挥系统平台、广播电台、各大网络媒体发布强降雨可能带来的影响和防灾提示，引导市民群众做好防灾避险。开展汛前、汛中防汛检查，解决一批三防隐患问题。强化防洪排涝工作措施督导检查，在暴雨台风影响期间深入有关江河流域开展督导检查，确保各项防御措施落实。

【防旱抗旱】 2021年，东莞市强化防旱抗旱和抗震救灾工作。市三防指挥部加密会商分析，制订《东莞市2021—2022年防旱抗旱应急工作方案》《2021—2022年枯水期东莞市抗旱防咸保供水工作方案》等，指导各级各部门开展防旱抗旱工作，累计有效应对93天的咸潮上溯侵袭，全市供水基本正常，未对经济社会发展造成大影响，多次获省有关部门表扬肯定。

【抗震救灾】 2021年，东莞市成立抗震救灾指挥部，明确市抗震救灾指挥部49个成员单位及其职责，理顺全市抗震救灾工作机制。修订完善《东莞市地震应急预案》，经市政府审批，于2021年11月印发。 （甘子熙）

科　学

SCIENCE

中国散裂中子源与南方光源　（2021年陈栋摄）

编辑：张德全

科技创新

【科技创新概况】　2021年，东莞市聚焦“科技创新+先进制造”总定位，构建区域创新体系，强化科技创新赋能先进制造和产业高质量发展，科技创新工作取得良好成效。其中国家创新型城市建设获科技部评估通过，松山湖科学城获批纳入大湾区综合性国家科学中心先行启动区；全市科技创新综合竞争力进入全国城市20强，居全国地级市第三位。全市R&D（科学研究）投入强度提升至3.54%，跃居全省第二位；全市有国家高新技术企业7374家，居全省地级市第一位；在2020年（2021年公布）省创新驱动八大举措监测评估的59个指标中，有31个指标居全省前三位，高新技术企业、科技企业孵化器、科技金融结合整体排名靠前。

【松山湖科学城建设】　2021年，松山湖科学城建设全面启动。中国散裂中子源首台合作共建的多物理谱仪成功出束，并以此为依托联合港澳组建粤港澳中子散射科学技术联合实验室。散裂中子源二期及先进阿秒激光纳入国家重大科技基础设施“十四五”规划，南方光源研究测试平台基本完工，组建100人科研团队。松山湖材料实验室由中科院物理所、中科院高能所与市政府联合共建，是首批四个省实验室之一，目标是建成有国际影响力的新材料研发南方基地。实验室由院士王恩哥牵头组建，截至2021年底，总人员规模超过900人（其中两院院士8人），承担国家、省各类科研项目90个，项目经费超过4.3亿元；引进25个创新样板工厂团队，孵化32家产业化公司。在省实验室三年建设期评估考核中取得优秀成绩，获得省级财政投入奖补3.05亿元。支持基础与应用基础研究。支持引进全球知名高校办学办院，推进香港城市大学（东莞）、湾区大学落地建设。广东省基础与应用基础粤莞联合基金增加松山湖1500万元经费投入，资金规模从原来每年4000万元扩大到每年6000万元。

【产学研协同创新发展】 2021年，东莞市紧抓新兴产业发展和传统产业转型需求，推动产学研协同创新发展，强化科技对产业发展赋能作用。联合龙头企业推进工业软件技术攻关，推动自主可控工业软件研发和应用推广，为全市制造业数字化转型提供支撑。依托高校建设新型研发机构，与清华大学、北京大学等共建新型研发机构32家，其中省级26家，依托其母校院所在莞设立19个国家重点实验室、工程中心分支机构以及11个省级检验站；全年全市新型研发机构承担省科技项目立项67个，全年服务企业1.02万家，签订技术合同8.63万份、技术服务合同金额13.55亿元；以新型研发机构为主要依托单位建有国家级孵化器10家，培育高新技术企业超过200家、市倍增计划企业4家。支持企业建设研发机构和加大研发投入，鼓励企业搭建技术创新平台、中试验证平台等研发机构，全市建有研发机构的规模以上工业企业5292家，建有率47.2%；全市拥有省级工程技术研究中心497家，居全省前列。出台规模以上企业研发投入后补助专项政策，针对研发投入增量超过100万元的规模以上高新技术企业，按增量给予一定比例补助，最高不超过100万元。

【创新型企业梯队建设】 2021年，东莞市建立“高新技术企业—瞪羚企业（指创业后跨过死亡谷，以科技创新或商业模式创新为支撑进入高成长期的中小企业）—百强创新型企业”梯队培育机制，实行分类支持，构建创新性企业矩阵，推进高技术产业集聚发展。全力培育高新技术企业，出台专项奖励政策，调动企业申报积极性。截至2021年底，全市有高新技术企业7374家，保持全省第三位。全市境内上市高新技术企业37家，占上市企业总量的82%。开展科技型中小企业评价，4686家通过入库，数量居全省第四位。重点遴选一批创新能力强、成长速度快、发展潜力好的高新技术企业认定成为东莞市创新型企业（百强创新型企业和瞪羚企业）。推进创新型企业发展深度服务工作，在研发投入、人才引进、行业交流、融资贷款等方面给予专项支持，全年向市创新型企业发放研发投入补助约3000万元。首批63家瞪羚、百强企业中，年复合增长率在30%以内实现平稳式增长的有36家。统筹生物医药基地建设，优化基地扶持政策，搭建生物医药公共创新平台，引进博迈医疗总部、阿瑞医疗等一批生物医药项目落地。

【科技成果转化落地】 2021年，东莞市推动科技创新创业载体建设，全市纳入统计的科技企业孵化器119家，其中国家级孵化器24家，孵化面积200.75万平方米，在孵企业3784家，累计毕业企业2733家；众创空间61家（含国家级22家）。其中松山湖国际创新创业社区探索“园区、社区、校区”融合的成果转移转化新模式，打造承接华为、高校院所科研资源以及广深产业资源外溢的新型载体，引进奥芯智能、傲声智能、小豚智能、中科院声学所电声产业化基地等硬科技项目43个；全年社区申报高新技术企业存量37家，数量较往年提升；社区常驻人员从2020年不到2000人增长至近3500人；全年企业入库直接税收约8100万元，比上年增长36.8%。香港科技大学教授李泽湘牵头组建松山湖国际机器人产业基地，培育李群自动化、优超精密、云鲸智能等一批高成长性企业，初步形成以机器人系统集成商、核心零部件企业和智能装备企业为主体的机器人产业集群。持续推动院地合作，推动以国科控股为主出资成立新公司，联合开展中国首台自主研发加速器硼中子俘获治疗（BNCT）项目建设；与中科院联动组织中科院科技服务网络计划（STS）—东莞专项，促成60家东莞市企业与24家中科院直属院所对接，资助13个合作项目在莞转化。搭建科研仪器设备共享和技术交易服务平台，截至2021年底，“莞仪在线”科研仪器设备共享平台注册单位242家，录入科研仪器设备4889台（套），实现预约947次。技术交易服务平台全年完成技术合同交易额67.79亿元，技术金额62.36亿元，数量均居全省第三。推动省科技奖申报，院士陈和生牵头的“散裂中子源国家重大科技基础设施项目”获省科技进步奖特等奖，广东华中科技大学工业技术研究院牵头的项目获省技术发明奖一等奖，东莞理工学院、广东菲鹏生物有限公司牵头的项目获省科技进步奖二等奖。

【科技计划体系改革】 2021年，东莞市对市级科技计划项目的设置进行整体性、系统性梳理和谋划，明确设立源头创新、平台载体、创新人才、技术创新、企业培育和成果转化6个专项、21类科技计划项目，形成支持全链条创新、全科技要素创新的科技计划体系。先后出台《东莞市科技发展专项资金管理办法》《东莞市科技计划项目管理办法》和《东莞市科研诚信管理办法》，以为科研人员“松绑”为着力点，建立权责清晰、程序规范、简化高效的科技项目管理机制，大力推进简政放权，释放科研创新活力。在资金管理上，赋予项目承担单位更大的资金管理自主权，取消科研资金各科目支出比例限制，简化预算编制。在项目管理上，建立全流程项目跟踪管理模式，简化项目申报手续，合并财务验收和技术验收。进一步加强科研活动诚信审核制，将科研诚信管理覆盖科研活动事项申报、评审、实施、验收和评估评价等全过程，完善全市科技创新治理体系。

【科技人才工作体系完善】 2021年，东莞市出台新一轮科技人才政策，以主动组织方式引进战略科学家团队，以租金补贴和“里程碑”成长激励等方式支持科技人才来莞创新创业。全年引进省级创新创业团队38个，市级创新科研团队53个。拓展研究生联合培养“东莞专项”合作高校达153家，全年吸引650名博士、硕士研究生到东莞市438家企事业单位进行联合培养（实践），新认定17家研究生联合培养工作站。优化海外人才政策服务，应防疫要求采用非直接见面方式帮助外国人办理业务，办理外国人来华工作许可4917人次。落实境外高端人才认定及个税补贴政策，受理超过1000名境外高端人才个税补贴申请。东莞市在科技部人才中心发布的2020年（2021年公布）“魅力中国—外籍人才眼中最具吸引力的中国城市”中跻身第16位，列为最具潜力城市。

【金融支持科技企业创新发展】 2021年，东莞市用足用活9000万元“三融合”（科技、金融、产业融合）贷款贴息专项资金以及普惠性科技金融政策，引导16家合作银行发放纯信用科技贷款合计4858笔，贷款金额194亿元，惠及企业2175家。受理3家银行的10笔风险补偿申请，共计代偿2183.08万元，用“真金白银”降低信用风险发生时银行机构的损失，激发银行机构面向科技企业发放信贷积极性。

【莞港澳科技交流深化】 2021年3月，东莞市邀请由澳门立法会议员、澳门科学技术协进会会长崔世平带领的成果转化考察团一行近30人来莞考察松山湖科学城和滨海湾新区。在省科技厅、澳门科学技术发展基金支持下，东莞市纳入粤澳科技创新联合资助计划地市联动项目试点，对重点支持领域的莞澳合作项目，由省、市及澳门三方财政给予立项资助。依托粤港澳中子散射联合实验室面向大湾区实施首批开放课题，支持26个中子散射技术项目，其中对香港中文大学、香港城市大学等项目给予立项支持。依托松山湖材料实验室向香港高校拨付省级科研经费146.5万元。

【创新创业活动举办】 2021年，东莞市连续四年承办粤港澳院士峰会，累计邀请超过200名院士来莞参会。2021粤港澳院士峰会暨松山湖科学会议于11月30日至12月2日在松山湖科学城举行。活动围绕半导体与集成电路、新材料等领域举办一系列专题活动，共有46位两院院士和发达国家院士以及超过200名专家和企业家齐聚东莞，共谋发展。举办松山湖创新创业大赛、技术经理人培训班、科创训练营、华为开发者大会分会场等大型活动，营造创新氛围。

【国家创新型城市建设通过科技部评估】 2021年9月14—15日，科技部委托中国科学技术信息研究所组织专家来莞开展创新型城市建设情况评估，12月31日，东莞市通过国家创新型城市通过科技部评估。东莞市于2018年4月获科技部、国家发展改革委函复支持开展国家创新型城市建设工作，建设期3年。围绕创新型城市建设，东莞市出台《关于贯彻落实粤港澳大湾区发展战略　全面建设国家创新型城市的实施意见》，形成建设国家创新型城市政策体系，围绕“源头创新、技术创新、成果转化、企业培育”4个主要链条环节构建起较为完备的全链条区域创新生态体系，全面完成国家创新型城市建设试点各项任务。通过创新型城市建设，科技创新综合竞争力挺进全国城市20强、居全国地级市第三位；产业技术含量和竞争力增强，2020年先进制造业、高技术制造业增加值分别占规模以上工业增加值的50.9%、37.9%。

（罗月浣）

附：2021年东莞市科学技术局主要领导名录

党组书记、局长：卓　庆

行业科技

【农业科技】 2021年，东莞市农业系统科研单位科技项目获国家、省、市立项14个，获得资助经费310.9万元，获得科研成果奖3项，获授权专利10项。市农业系统开展科技下乡、农技培训、“田间课堂”、“农技直通车”、科普参观等活动546期，出动技术人员1585人次，发放种苗、农药、肥料、疫苗等农资物品价值62.9万元，服务群众2.38万人次。评定5个农业科技成果转化示范基地、11个科技示范户，15个农业主导品种、5个农业主推技术。市农业系统开展高素质农民培训11期、培训504人次。选定虎门镇陈浩恩农场、麻涌菇菇农场作为2021年高素质农民实训基地，并签订合同。组织镇街发动农业从业者参加广东精勤农民网络学院培训，参加人数2.49万人。（刘见娣）

【林业科技】 2021年，东莞市林科所加入全国首个林业生态监测科技创新联盟——广东林业生态监测科技创新联盟。有序推进科研项目实施，与中国林业科学研究院林业研究所共建“广东珠江口城市群（东莞）森林生态系统国家定位观测研究站”，成立广东樟木头国家级野外科学观测研究站，东莞市生态观测监测跨入国家级行列。与广东省林业科学研究院合作开展广东省林业科技创新平台项目“林业生态监测网络平台”建设，新建气象指标观测站点2个。发表《香港古树名木资源特征与分布格局》《不同长势古树土壤真菌群落组成和多样性》《东莞市古树名木无损诊断和健康评价》《不同荔枝品种砧穗组合对嫁接成活率与亲和性的影响》和《东莞5种生态公益林枯落物及土壤水文效应》5篇科研论文，其中《东莞市古树名木无损诊断和健康评价》获粤港澳大湾区生态保护与生态系统治理高端学术论文三等奖。与华南农业大学园艺学院共同选育的“粉红1号火龙果”（粤评果20210005）和“红冠2号火龙果”（粤评果20210006）通过省品审会评定。加强苗木推广与培育，在市林科园新建19.33公顷森林经营样板基地，抚育面积23.33公顷，补植苗木8000余株。新育红锥、滇润楠等乔灌木7万多株。向黄江镇、东实集团、宝山部队等单位推广种植闽楠等20多种苗木2.16万株。（陈　馨）

【工业科技】 2021年，东莞市围绕技术、装备应用创新，推动工业企业新一轮技术改造，共支持省技术改造项目154个，位居全省第一，支持市技术改造设备奖补项目223个。推动企业创建技术中心，有国家企业技术中心3家、省级企业技术中心127家。推动行业创新型龙头企业牵头组建制造业创新中心，选准发动、培育、指导龙头企业，成功争取广东省宽禁带半导体材料及器件创新中心获省批复为第三批广东省制造业创新中心，实现省级制造业创新中心零的突破。（洪雅雯）

【建设科技】 2021年，东莞市新增绿色建筑面积878万平方米。申领绿色建筑评价标识项目8个，建筑面积68万平方米；其中获得运行评价标识项目3个，建筑面积6万平方米。推广装配式建筑，完成装配式建筑设计阶段预评价项目76个，通过装配式建筑预评审面积合计661.22万平方米，新开工装配式建筑面积占新开工工程总面积19.5%。新增民用节能建筑面积约1150万平方米，设计、施工阶段执行节能强制性标准比例均为100%；新增既有建筑节能改造面积约35万平方米。建筑能耗监测平台新增纳入5栋建筑，累计146栋；认定新型墙体材料生产企业115家，年总生产能力约3526万立方米。推进城市信息模型（CIM）基础平台建设和建筑信息模型（BIM）技术应用工作，编制印发《东莞市城市信息模型（CIM）基础平台建设工作方案》，构建东莞市BIM技术应用标准体系，依托重点示范项目，面向全市推广工程代建模式下的BIM技术应用。开展“绿色校园同心共建”——“绿协杯”东莞市第六届绿色建筑设计比赛，收到15组社会组和39组学生组有效作品，评选出创意奖4组，优秀指导奖5名，社会组和学生组三等奖各3组、二等奖各2组、一等奖各1组。举办城市高品质发展论坛暨绿色建造项目观摩活动，邀请6名相关行业专家学者，围绕城市高品质发展作专题报告。（吴维彬）

科学技术普及

【科普阵地建设】 2021年，东莞市组织实施《东莞市科普和学会科技服务项目实施办法》，指导开展科普阵地创建。全年创建东莞市科普示范镇3个、东莞市科普示范社区4个、东莞市创客培育学校6所、东莞市科普教育基地8个。全市2个科普教育基地进入省科协《2021—2025年度全国科普教育基地拟推荐名单》；莞城街道、南城街道成为2021—2025年度全国科普示范县（市、区）广东省第二批创建单位；9个单位被命名为2021—2025年度“广东省科普教育基地”，1个单位被授予“2021年度广东省十佳科普教育基地”称号。

松山湖材料实验室　（2021年市科技局供图）

2021年9月16日，2021年东莞市全国科普日活动启动仪式在松山湖国际创新创业社区举办　　（市科协供图）

【科普活动】　2021年，东莞市科协加大“互联网+科普”工作力度，增强“东莞i科普”影响力，举办2021年东莞市“我是科学小达人”评选活动，推出有声科普电台“科普FM”，开启“科代表探莞”直播栏目。市委宣传部、东莞电视台、东莞日报社创作系列疫情防控宣传作品，市委党校推动科学素质教育培训进课堂，市教育局举办2021院士专家湾区校园行，市科技局组织举办“莞安全”大讲堂科普讲座，市人力资源和社会保障局举办技能节系列活动，市农业农村局开展“科技下乡”精准对接农民需求，市文广旅体局依托市民志愿讲师力量线上线下策划举办各类讲座100余场次，市总工会加强劳模和工匠人才创新工作室建设，团市委开展“河莞家”志愿者河长系列志愿服务，东莞理工学院举办全校性科技学术节。

【全国科普日活动】　2021年，东莞市在全国科普日期间，呈现多个“首次”活动。启动仪式首次在松山湖科学城举行，邀请中科院高能所副所长陈延伟举办科普讲座，介绍“国之重器”（散列中子源）；现场展出1.5米直径的月球模型和1：1型号的探月车模型，展示中国探月工程等科技成就；举行首次全国科普日城市亮灯。谢岗镇全国科普日活动被中国科协评为全国科普日优秀活动。松山湖高新区、石排镇、东城街道、塘厦镇、常平镇、麻涌镇科协被广东省科协评为广东省全国科普日优秀组织单位，谢岗镇、长安镇、厚街镇、南城街道、莞城街道等镇街的全国科普日活动被广东省科协评为广东省全国科普日优秀活动。

【科普项目管理】　2021年，东莞市完成2020年度81个科普和科技服务项目验收和整改工作，全部项目整改验收合格。组织开展2021年度科普项目申报工作，有近300个项目申报，确定资助项目132个，年度资助经费1739.61万元。

【东莞市科学技术博物馆获评广东省十佳科普教育基地】　2021年，东莞市科学技术博物馆被广东省科学技术协会获评“广东省十佳科普教育基地”。全年接待游客31.2万人次，接待团体518批次8.9万人次；开展科普活动及演出416场次，受众11.8万人次；创新打造“红色记忆”沉浸式党史学习教育阵地；完成二楼高新技术展区700平方米改造升级工程，推出全新展品20件（套）；推出科普新项目10余个；举办5次临时展览，参观者17万人次；开展科普进校园（社区）活动，走进市内19个镇街开展科普活动110场次，在市外9个地市开展科普活动55场次；少年科学院招生179人次。行业影响力持续巩固，获得省级及以上行业赛事一等奖2个，通过国家AAAA级旅游景区五年复核。　（钟剑青）

防震减灾

【防震减灾概况】　2021年，东莞市辖区内无地震事件发生。截至2021年底，东莞市建成省、市地震监测设施点67个，包括中国散裂中子源地震监测台阵1个，地震预警信息接收终端16个，地震群测群防点16个，测震台、强震台、烈度台、GNSS（全球导航卫星系统）基准站、重力联测点、地下流体观测等设施点34个，配备专业观测设备50套，具备对辖区及周边地区1.5级以上地震监测能力。年内，东莞市地震局获中国地震局颁发全国防震减灾工作优秀奖，是广东省唯一地市地震部门获奖，该奖项每3年评选一次，该次评奖周期为2019—2021年。

【地震监测】　2021年，东莞市地震局执行震情监测24小时在岗值班制度，报送《震情简报》33期、《震情周报》53期。完善地震监测制度，完成修订《东莞市地震局震情监测预报制度》《东莞市地震局地震台网运行管理规定》《东莞市地震局地震应急处置工作程序》。做好中国散裂中子源地震安全监测与警报系统运行维护，为国家重大科学装置提供强震动监测保障服务。协助广东省地震局开展“粤港澳大湾区浅层三维结构探测（一期）”项目，完成全市159个野外短周期密集台阵点位观测和8个人工主动震源激发野外作业工作。协助开展国家地震烈度速报与预警工程广东子项目实施，完成大岭山、洪梅、大朗、石排4个基本站台站观测房、观测环境改造任务，做好地震预警信息接收终端运行维护。

2021年5月11日，桥头镇组织全镇中小学校开展地震应急避险疏散演练（市地震局供图）

承办2021年珠江三角洲地区防震减灾工作联席会议暨2022年度珠江三角洲地区地震趋势会商会。

【建设工程抗震设防要求检查】2021年，东莞市开展建设工程抗震设防要求检查，检查建设单位、勘察设计单位、施工图审查企业自查报送的学校单体工程489个、医院单体工程24个、一般建设工程项目单体工程3047个，现场抽查学校单体工程122个、医院单体工程14个、一般建设工程48个。检查显示，全市受检建设工程均符合《中华人民共和国防震减灾法》《建筑抗震设计规范》以及《关于我市学校、医院等人员密集场所建设工程抗震设防要求有关问题的通知》要求，学校医院严格执行抗震措施及地震作用“双提高”规定。

【震灾预防】 2021年，东莞市开展地震易发区重要公共建筑物加固实施工作进展情况联合检查，印发检查情况通报和完成自评估报告，做好加固工程信息采集更新工作。做好地震灾害风险点危险源排查治理，完成槎滘小学、黄江中学、沙田镇中心小学、长安镇信东小学等地震灾害风险点危险源核销。做好年度481个市重大项目和233个预备项目“地震安全咨询”公共服务保障，对45个完工学校建设项目和69个计划动工学校建设项目进行提前介入、跟踪服务，确保抗震设防要求落实。探索开展区域性地震安全性评价，为市产业类项目“标准地”（在国土空间规划确定的城镇开发边界内具备供地条件的区域，对新建工业项目用地先行完成区域评价、设定控制指标，并实现项目动工开发所必需的通水、通电、通路、土地平整等基本条件的可出让的国有建设用地）提供地震动参数及建设工程抗震设防要求、地震地质及周边地震监测环境设施和地震观测环境情况。

【地震灾害防治能力建设】2021年，东莞市推进自然灾害防治能力建设。地震部门牵头做好地震灾害风险调查和重点隐患排查、全民防震减灾意识和自救互救能力提升工程、加强现代化地震监测预警能力建设、推进地震应急响应技术保障能力建设等4项工作任务；参与自然灾害综合风险与减灾能力调查评估、加固改造地震易发区重要公共建筑物、加固地震易发区市政设施、持续创建全国综合减灾示范社区等4项工作任务。

【防震减灾宣传教育】 2021年，东莞市在防灾减灾宣传周、唐山大地震纪念日期间，在市图书馆、松山湖图书馆开展防震减灾科普知识展，东莞市东方明珠学校、洪梅中学等开展防震减灾科普知识图片实物展，东莞科学馆开展防震减灾宣传亲子家庭教育讲座，在桥头镇开展建设工程抗震设防业务培训讲座。桥头镇第四小学、南城阳光实验中学、松山湖实验中学成功创建2021年度广东省防震减灾科普示范学校。全年在市档案馆、南城街道家禾幼儿园等机关、学校开展防震减灾科普讲座19场，受众约3200人次；在桥头镇全镇中小学、市第七高级中学等开展地震应急疏散演练18场，参加演练人员3.2万人次，提高社会公众防震减灾意识和地震避险技能。

【地震部门疫情防控专项工作】2021年，东莞市地震局按做好新冠肺炎疫情防控和震情监测值班工作，完善《防控新型冠状病毒肺炎疫情期间值班人员预案》和《应对新型冠状病毒疫情政务服务应急预案》，做好疫情防控期间政务服务工作。加强单位内部防控，参加住建系统抗疫工作队，支援基层开展大规模核酸检测。

【谢岗地震综合观测站建设】2021年，东莞市地震局与谢岗镇政府共同新建一个具备强震、测震观测手段的100米深井地震综合观测站。该台站选址谢岗镇银瓶湖湿地公园，建筑面积70平方米，年内完成台站整体设计、地基和基础结构施工。

【广东河源东源3.7级地震事件处置】 2021年4月2日5时40分，广东省河源市东源县（北纬23.85度、东经114.50度）发生3.7级有感地震，震源深度10千米。震中距东莞市中心城区约120千米，东莞市多个镇街（园区）震感明显，未造成东莞市人员伤亡和财产损失。东莞市地震局及时核实震情，上报和发布震情信息，稳定市民情绪和社会秩序。（黄远峰）

附：2021年东莞市地震局主要领导名录

局　长：陈伟东（任至11月）

董伟斌（12月到任）

气　象

【气象概况】　2021年东莞市天气气候主要特点是：年降雨量偏少，月平均气温普遍显著偏高。年总降水量1426.0毫米，较常年平均偏少22.1%；年平均气温24℃，较常年平均偏高1.4℃，年平均气温破纪录；年日照时数为2052.9小时，较常年平均值偏多9%。汛期总降水量1335.3毫米，较常年平均值偏少13.9%。年内月平均气温偏高，3月、5月和9月平均气温破纪录。全年高温日数（≥35℃）为24天，年内日最高气温出现在7月23日，为37.4℃；有3天低温（≤5℃）天气出现，年内日最低气温出现在1月12日，为3.8℃。

2021年，东莞市气象局被中国气象局记集体二等功，获评2021年度工作优秀中央和驻莞单位。清溪镇成为全省首个气象防灾减灾第一道防线示范镇，获评2021年度全市“单打冠军”，气象工作首次纳入市委、市政府“单打冠军”评定内容。

【气候特点】　2021年，东莞市呈现高温日多、开汛偏晚、区域暴雨强、台风影响轻、入秋偏早的气候特点。

气温破纪录，高温日多　年平均气温24℃，破有记录以来年平均气温纪录。除10月平均气温较常年同期偏低以外，其余月份均偏高。

开汛偏晚，年降水偏少　全年降水较常年偏少，年内月降水极端化。开汛偏晚，4月15日开汛，汛期降水总量较常年同期偏少，期间共出现10次强降水过程，其中部分过程降水强度大，暴雨时段集中。

区域暴雨强，城乡积涝重　全年发布暴雨红色预警5次，区域暴雨强度大，城乡积涝重，其中有3次过程暴雨红色预警发布范围较广。

台风影响轻，“雷伊”历史最迟　主要影响东莞的台风有4个，分别为台风“查帕卡”“卢碧”“狮子山”和“雷伊”，整体影响较轻。终台“雷伊”于12月20—21日影响东莞，这是有记录以来影响东莞最晚的台风。

入秋偏早，年末寒潮来袭　正式入秋时间是10月18日，是2011年以来最早入秋的一年。2021年12月25日夜间至12月29日，出现2021年下半年以来最强冷空气过程，27日日平均气温低至8.9℃，过程最低气温6.8℃，出现在27日早晨，为2021年下半年来最低气温。

【气象防灾减灾预警信息发布到位】　2021年，东莞市气象局发布预警信号7种共230次，发布地质灾害气象风险预警信号5次，发送重大气象信息快报38期，决策短信786条，覆盖各级防灾责任人和基层信息员接收人1.9万人。“东莞天气”微信用户24.3万户，推送文章48篇，总阅读量98.75万人次；“东莞天气”新浪微博粉丝93.52万人，发布信息5549条，总阅读量7862.6万人次，被转发1356条，被评论1.75万条，被点赞2.02万条。为市新冠肺炎疫情防控指挥部提供防控气象服务，发布《新型肺炎防控气象服务专报》366期；为春运、中高考等重要活动提供气象保障服务，发布《春运气象预报服务专报》81期，《中高考天气保障专报》13期。

【气象工程规划】　2021年，东莞市印发实施气象“十四五”规划，气象重点工程纳入《东莞市国民经济和社会发展第十四个五年规划和2035年远景目标纲要》。落实粤港澳大湾区气象发展三年行动计划相关建设任务，东莞市智慧气象综合防灾保障工程纳入市政府2022—2024年三年滚动建设规划。

【气象综合观测能力提升】　2021年，东莞市在大岭山、石排、麻涌镇建成3部双偏振X波段相控阵天气雷达并组网运行。提升城市内涝气象风险监测预警能力，增设内涝监测点至75个，实现内涝监测全覆盖。在全市35个镇街、园区新增99个区域自动气象站，其中33个落地。全市有220个区域自动气象站，站网密度提高到3.4×3.4千米。开展交通气象站布网，首期

2021年6月2日，东莞市气象局对高考考点开展防雷装置检测

（市气象局供图）

2020—2021年东莞市气象情况表

指标	2020年	2021年
雨量（毫米）	1898.0	1425.3
平均气温（℃）	23.6	24.0
日照时数（小时）	1824.2	2052.9
暴雨日数（日）	10	8
热带气旋（个）	2	5
低温（日）	1	3
高温（日）	21	24
霜日（日）	0	0

注：所有数据除特别注明者外，均来源于东莞国家基本气象站。

建设南沙大桥、虎门大桥、沿江高速公路3个交通气象站。

【气象防雷安全巡查】 2021年，东莞市开展危化企业、旅游场所、燃气站场等场所气象防雷安全巡查检查600多次，发现隐患企业150多家，全部实现闭环管理。各镇街自行组织检查企业场所防雷安全230多次。规范防雷检测行为监管，实施检测质量抽查制度、信用监管制度和隐患信息曝光制度。

【清溪镇建成全省首个气象防灾减灾第一道防线示范镇】 2021年，东莞市气象局与清溪镇政府签订合作备忘录建成气象防灾减灾第一道防线示范镇，从健全基层气象灾害防御组织体系、落实气象灾害防御和气象公共服务法定权责、加强基层气象监测预警设施建设、强化气象灾害风险管理等方面加强合作，共同提升基层气象灾害防御“强响应”能力。清溪镇被省气象局认定为全省首个气象防灾减灾第一道防线示范镇，并获评2021年度全市“单打冠军”。

（王雪婷）

附：2021年东莞市气象局主要领导名录

党组书记、局长：凌汉强

社会科学

【社会科学工作概况】 2021年，东莞市社会科学界联合会（简称市社科联）与东莞市社会科学院（简称市社科院）合署办公。2021年，东莞市社科联（院）团结全市社会科学工作者，围绕省委、市委以及市委宣传部有关工作要求，发挥“联”的活力和“研”的优势，参谋咨政、建言献策。2021年，组织多项专题研究，推出一批高质量咨政课题研究报告和调研成果。市社科院被评为“全国城市社科院先进单位”，市社科联获得“2021年东莞第十七届读书节活动优秀组织奖”。

【社科课题评审及研究管理】 2021年，市社科联（院）推动课题规划，加强课题管理，完善并印发《东莞市哲学社会科学规划课题管理办法》，实现科研工作规范管理。做好市级哲学社会科学规划课题，对10个重点咨政课题和90个常规课题予以立项，评选出20个优秀课题，形成一批既有理论深度又有实证价值的论文成果。筹划社科院年度课题，市社科院印发《关于东莞市社会科学院2021年哲学社会科学课题申报的通知》，面向全市发布“东莞建设新时代文化强市研究”等三项课题，按制度完成申报、评审、公示等程序，完成结题。

【社科交流】 2021年，市社科联加强社科社团指导，丰富社科交流活动。4月14日，市社科联（院）和湖北省荆门市社科联调研组一行，前往长安镇实地调研。调研组走访铭皓照明有限公司的生产车间，双方对企业的生产经营状况和自主创新情况进行调研与交流，并就长安镇经济发展进行座谈研究。8月3日，市社科联召开2021年东莞市哲学社会科学规划重点咨政课题座谈会。市社科联（院）分管领导和课题指导员听取各课题负责人关于课题研究开展进度、写作框架、当前取得的阶段性成果等情况汇报，并对课题下阶段研究提出针对性建议，指导各课题负责人高质量完成课题结题报告和咨政报告。3月26日、5月28日、9月29日市社科联先后召开挂靠社科社团工作座谈会。各挂靠社科社团在会上分别汇报近期工作情况和下阶段工作计划，并就党建工作、开展业务活动等进行交流。同时，对东莞社会与法治研究会、东莞市沉香协会等进行年审工作，指导东莞社会与法治研究会、东莞市东江纵队历史研究会完成换届选举工作。加强对挂靠社科社团意识形态工作的管控，指导各社团开展形式多样的党史学习宣传活动。11月3—4日，市社科联（院）调研组赴广东省社科院、广州市社科院、深圳市社科院调研交流。各单位分别介绍在科研队伍和科研平台建设、参谋咨政作用发挥、科研成果出版、激励机制和绩效考核制度建立、课题和科研经费管理等方面的做法和经验。通过此次调研交流，市社科联（院）调研组广泛学习了兄弟社科院在科研、咨政、管理方面的先进经验，为谋划东莞市社科院“十四五”发展提供借鉴。11月22日，市社科联与珠海市社科联调研组一行开展交流，双方就新时期如何进一步做好社会组织管理、社科普及基地建设、新型智库建设等方面进行座谈并前往广东省人文社会科学普及示范基地、东莞市社会科学普及标兵基地——东莞香博园参观考察，了解其在科普管理建设、科普宣传、科普推广合作以及科普团队建设等方面的经验做法。

【社科基地建设】　2021年，市社科联深入贯彻落实《广东省社会科学普及条例》精神，整合全市社科资源，开展社科普及基地遴选工作，坚持设立社科普及基地专项扶持经费，用于基地的软环境建设及开展社科普及活动，推动社科普及向基层、社会延伸，提升全市社科普及基地的影响力和美誉度。做好省人文社科普及基地申报推荐工作，推荐东莞市钱币博物馆等13个社科普及基地参加2021年广东省人文社科普及基地评选，顺利完成认定工作。提升全市社会科学普及基地建设水平，新打造15个市级社科普及基地，认定5个市级社科普及标兵基地，充分发挥社会科学普及基地在社科普及工作中的“示范、带动、辐射”作用。截至2021年底，已认定53个市级社科普及基地，12个社科普及标兵基地，培育17个省级人文社科普及基地（其中1个为省级人文社科普及示范基地）。

【社会科学普及】　2021年，市社科联大力开展科普工作，不断丰富活动形式，深化科普内容。组织开展2021年“莞邑社科沙龙——一封家书”征集活动，确定50篇获奖家书，结集形成作品集《难忘的回忆——家书篇》，并将获得一至三等奖的10篇家书刊登在东莞日报，同步在东莞社科网发布。组织举办以“学党史守初心履使命奋斗新征程”为主题的2021年东莞市社会科学普及周主题日活动，作题为“光辉历程伟大成就——中国共产党的一百年”的党史专题讲座。举办东莞市第二届“社科杯”征文演讲大赛，以“学党史、颂党恩”为主题，面向全市高校、社科社团专家学者和社会各界人士广泛征集文稿近300篇，在东莞广播电视台举行演讲大赛决赛，引导广大市民抒发建党百年东莞情怀，讲好建党百年东莞故事，大力发扬红色传统、传承红色基因。举办东莞人文社科知识进校园专题讲座，在东莞市经济贸易学校、东莞市东城虎英小学分别举办主题为“中国共产党的光辉历程和伟大贡献”“快乐恰恰恰——‘双减’政策下小学生的快乐圆舞曲”的人文社科知识进校园专题讲座。探索社科普及新形式，将市社科联卡通IP形象（“阿联”）作为切入点，以“碳达峰、碳中和”“东江纵队”“社科普及基地”等为主题，打造3个动漫视频短片，向市民群众普及人文社科知识。组织开展“社科专家进基层”活动，专题学习宣传党的十九届六中全会精神，邀请省优秀社科专家、市委宣讲团成员黄琦走进樟木头镇作“百年奋斗　再启新程”的专题宣讲，樟木头镇各部门有关党员干部、省人文社科普及基地——东莞双拥文化传播有限公司全体员工共约90人聆听报告。

2021年10月28日，市社科联在东莞市经济贸易学校举办党史学习教育进校园系列人文社科知识专题讲座　　（市社科联供图）

【社科研究成果】　2021年，市社科联（院）组织科研人员，围绕中心服务大局，深入开展专题研究，撰写多篇研究报告和理论文章。组织全市社科专家围绕习近平总书记“七一”重要讲话精神，结合东莞实际开展专题研究，形成《党建引领东莞经济社会高质量发展经验研究》《中国共产党伟大建党精神与东莞实践重大启示》等4项研究成果。面向各高校、学会（协会、研究会）、有关单位征集党史学习教育、学习习近平总书记“七一”重要讲话精神、学习贯彻党的十九届六中全会精神理论文章24篇，择优刊登在《东莞日报》专版上。收集与党史有关的高质量研究成果报告和理论文章34篇，汇编成册。根据省社科联下发征稿要求，发动组织全市社科理论工作者撰写高质量理论文章，以省决策咨询基地东莞产业转型升级研究中心名义向省社科联投稿11篇。在“2021广东社会科学学术年会”优秀论文评选中，全省共有80篇论文入选，市社科院于鹏杰、赵金阳联合撰写的《基层社会治理创新的“互联网+”思维——以东莞研究为例》论文，获学术年会优秀论文，并在“新时代基层社会治理：使命与趋势”分会暨第二届社会治理学术研究工作坊上作主题发言。

【咨政课题研究】　2021年，市

社科联（院）开展重大决策咨政课题研究，推出10期《东莞咨政内参》报告，呈送给市委市政府领导作决策参考，其中，《东莞数字经济发展趋势与促进路径研究》《融合协商多元发展——以对石龙镇的剖析，探索我市基层治理现代化的对策》等8篇咨政内参以及专题调研报告《东莞发展困难村（社区）存在问题及对策建议》获得市领导的批示肯定，并转相关部门参阅，实现研究成果落地转化，批示率创历年新高。

【《粤港澳大湾区建设背景下东莞加强创新体系建设推动经济高质量发展研究》】 2021年，市社科联（院）策划推出报告，在分析东莞科技创新现状和不足的基础上，建议东莞市继续深入实施创新驱动发展战略，突出体制创新，强化靠前协同指挥、统筹创新合力、优化利益导向，进一步加强全市制造业创新体系、创新投入体系、重大平台体系、产学研深度融合体系、高层次人才体系和科技成果转移转化体系建设，推动东莞实现以科技创新为主要驱动力的内涵型高质量增长。

【《东莞市中小学生极端行为分析及对策建议》】 2021年，市社科联（院）策划推出报告，在深入了解个案、咨询相关心理老师并向公安局、教育局等相关部门核实记录的情况下，认真汇总、梳理、分析近三年东莞中小学生极端行为的发展特点和趋势，进一步分析探究其行为背后的主要原因，并提出防范和减少中小学生极端行为的对策建议。

【《乡村振兴中的东莞古村落保护开发的建议》】 2021年，市社科联（院）策划推出报告，指出当前东莞古村落保护开发主要存在保护主体缺位、产权归属分散、保护经费紧缺、文化内涵不够、管理机制不健全等问题，提出打破“多龙治水”格局，强化“一体化”保护；建立融合机制，培育“新旧”产业发展；明晰产权责任，激发各方活力等建议。

【《东莞加快推进5G产业发展策略研究》】 2021年，市社科联（院）策划推出报告，课题组深入研究近年来东莞5G产业发展现状与不足，提出优化政策链完善产业扶持政策、提升产业链打造世界级产业集群、推进生态链构建5G产业生态圈等建议，以此推动政策链、产业链、创新链、生态链、要素链等多链条深度融合，推进5G产业发展示范城市建设，增强经济发展新动能，引领全市经济高质量发展。

【《东莞乡村振兴——村域经济发展不平衡不充分专题研究》】 2021年，市社科联（院）策划推出报告，研究人员赴市有关部门、镇街、村（社区）进行了深入调研，了解掌握村域经济发展的现状、存在问题和困难，提出搭建发展新时期新型农村集体经济政策框架、继续做好疫情应对工作、强化集体经济运行监测、完善集体资产监管体系等构建新时期新型农村集体经济发展新格局的对策建议。

【《东莞流动儿童发展现状分析及对策建议》】 2021年，市社科联（院）策划推出报告，深入部分镇街、学校、社区开展调研，了解东莞市流动儿童总量大占比高、学有所教基本保障、关爱帮扶全面覆盖等发展现状，分析东莞市流动儿童发展存在的突出问题及制约因素，结合实际，提出加强家庭家教家风建设，提升流动家庭教育能力；有序推进教育同城化，保障流动儿童受教育权利；深化政策配套，减轻流动儿童家庭负担等建议。

【《东莞数字经济发展趋势与促进路径研究》】 2021年，市社科联（院）策划推出报告，课题组构建数字经济发展趋势评价指标体系，分析发展趋势，借鉴北京、上海、苏州、深圳的做法，围绕广东省赋予东莞市发展数字经济的使命，立足实际，提出促进数字经济发展路径。

【《临深片区推进深莞一体化发展问题与策略》】 2021年，市社科联（院）策划推出报告，深入探讨临深片区推进深莞一体化发展问题与策略，提出片区建设“深莞深度融合发展示范区”，对内需强化统筹规划管理，推进土地整备利益统筹、产城“拓空间”尤其“工改工”和集体经济改革创新；对外应努力争取深莞政府间合作，共建产业合作平台，重点支持科产城合作发展的建议。

【《东莞新动能发展趋势及培育战略研究》】 2021年，市社科联（院）策划推出报告，课题组构建新动能发展趋势评价指标体系，分析了东莞市新动能发展趋势，对标广东省地级以上市分析东莞市新动能发展能力，立足全市新动能培育需求，提出促进新动能发展的九维路径。

【《融合协商　多元发展——以对石龙镇的剖析，探索我市基层治理现代化的对策》】 2021年，市社科联（院）策划推出报告，课题组在深入相关职能部门、代表村（社区）调研的基础上，梳理石龙镇开展基层社会治理的经验和不足，并提出相关对策建议，以期为促进东莞基层社会治理现代化提供剖析样本。 （荣　婷）

附：2021年东莞市社会科学界联合会领导名录

党组书记：王炜东（任至9月）
　　　　　张卫红（9月到任）
主　　席：王炜东（任至9月）

2021年东莞市社会科学院领导名录

院　　长：王炜东（任至9月）
　　　　　张卫红（9月到任）

教　育

EDUCATION

东莞职业技术学院　（2021年东莞职业技术学院供图）

编辑：贺　平

教育综述

【教育概况】 2021年，东莞市有各级各类学校1879所，在校生184万人。其中，幼儿园1244所，在园幼儿38.8万人；小学337所（不含九年及十二年一贯制学校），在校生84.9万人；初中205所（不含完全中学及十二年一贯制学校），在校生27.6万人；普通高中学校53所（含完全中学和十二年一贯制学校），在校生10.7万人；中等职业教育学校28所（含技工学校7所），全日制在校生8.4万人；在莞高校10所，其中普通高等院校9所（其中普通本科院校5所、高等职业教育院校4所），开放大学1所，全日制在校生13.9万人；特殊教育学校2所，在校生926人（含中职）；专门教育学校1所，在校生117人，累计矫治教育528人。

【教育综合改革】 2021年，东莞市委、市政府高规格召开全市推进品质教育建设大会和全市教育大会，着力提升"九大品质"（坚持党对教育工作的全面领导，提升党的建设品质；全面落实立德树人根本任务，提升五育融合品质；加快教育扩容提升供给能力，提升学位供给品质；推进基础教育高质量发展，提升结构优化品质；提升教育服务经济社会发展能力，提升服务发展品质；打造新时代莞邑良师队伍，提升师资建设品质；促进教育信息化融合创新发展，提升智慧教育品质；构建现代化教育治理新格局，提升教育治理品质；深入推进教育改革开放，提升综合改革品质），实现"六个新"（打造区域基础教育高质量发展新名片，打造高等教育创新发展新范例，打造湾区职业教育产教融合新高地，打造智慧教育治理新标杆，打造教育综合改革新品牌，打造增进民生福祉新窗口）和"五个翻一番"（实现义务教育公办学位增量、普通高中公办学位总量、教育经费总投入、公办中小学专任教师增量、高级职称教师增量）的目标。聚焦教育改革发展工作重点和瓶颈问题，制定实施教育事业“十四五”发展规划、打造品质教育行动计划、《东莞市深化基础教育领域综合改革推动教育高质量发展的实施意见》等系列文件，明确教育改革发展实施路径。实施新时代教育评价改革，东莞市成功申报广东省深化新时代教育评价改革试点市，麻涌镇入选省试点镇，东莞中学、松山湖北区学校、茶山镇中心小学入选省试点校，32个项目入选省单项试点项目，东莞市义务教育质量综合评价项目、学校体育评价改革项目被评为广东省教育厅第一批教育评价改革典型案例。深入推进集团化办学改革，全市累计组建教育集团40个，镇街（园区）覆盖率85%，9个教育集团入选省优质基础教育集团培育对象。推进职业教育产教融合改革，打造8个特色专业群，2所中职学校被教育部认定为现代学徒制第三批试点单位，7个专业入选全省中等职业教育“双精准”（校企精准对接、精准育人）示范专业立项建设名单，东莞理工学校成为全省首家与华为公司开展深层次合作的中职学校。深化“莞式慕课”改革，“‘莞式慕课’改革推进教育均衡发展”被评为“粤治-治理现代化”2020—2021年广东优秀案例。深化招生入学制度改革，创新建设“东莞招考通”平台，优化招生报名流程和民办学校电脑派位录取方式，招生入学期间群众投诉及咨询量比上年同期下降74%，义务教育统一招生平台被评为全市“数字政府”改革建设优秀案例。推进中小学教师“市管校聘、镇管校聘”管理改革，铺开中小学校长职级评定工作，完善竞聘上岗机制，推动建立“岗位能上能下、待遇能升能降”的专业技术岗位聘用激励机制。

【基础教育结构品质优化】 2021年，东莞市落实义务教育结构调整，完成压缩总量占比32%的年度目标，义务教育公办学校在校学生（含购买学位和学位补贴）占比73.57%，比上年提高11.36%。推进随迁子女积分制入学和民办学位补贴政策，大幅增加民办学位补贴，扩大进城务工人员随迁子女入读民办学校学位补贴规模，秋季补贴学位数35.5万个，进城务工人员随迁子女入读公办学校（含购买学位和补贴学位）占比73.45%，增长19.43%。实施教育扩容提质千日攻坚行动，完成52所公办中小学校新改扩建项目，新增学位5.38万个，超额完成年度目标任务；设立10亿元公办学校建设补助专项资金，引导各镇街加快公办学校建设，发放补助资金2.11亿元，补助学校建设项目11个；强化用地保障，全市预留配备73.33公顷用地规模，累计解决30个急需动工学校项目用地规模需求；完善义务教育公办学位供给与商住用地出让联动机制、高中教育用地保障机制，11个镇街（园区）承诺向市政府提供85.27公顷高中教育用地。全面推动教育品质提升，召开全市品质课堂建设推进会、全市“双特色”（明确特色导向，提升特色品牌）普通高中建设推进会，遴选8所“双特色”普通高中，累计认定品牌学校120所；高考成绩实现高位提升；东莞市入选为普通高中新课程新教材实施省级示范区、成为广东省“三个课堂”（指“专递课堂”、“名师课堂”和“名校网络课堂”）实验区，“莞式慕课”项目作为教学成果优秀案例在全省推广。成立市特殊教育指导中心，组建市残疾人教育专家委员会，启动首批普通学校开设特教班试点。

【教师队伍建设】 2021年，东莞市坚持把师德师风建设摆在首位，开展全员师德培训、“我为什么当老师”大讨论、师德专题教育全员培训等活动，为教龄满40年的男教师、满35年女教师颁发纪念牌，推选10名第三届东莞市“最美教师”，认定320名东莞市优秀教师、30名东莞市优秀教育工作者，新增72名南粤优秀教师、3名南粤优秀教育工作者和25名特级教师；制定《东莞市中小学幼儿园教师违反职业道德行为负面清单》等文件，开展全市中小学有偿补课和教师违规收受礼品礼金专项整治，查处师德失范行为。启动“莞邑良师”行动计划，制定《东莞市打造“莞邑良师”行动计划（2021—2025年）》，印发东莞市基础教育教师队伍建设改革系列文件，完善教师校长专业发展培养体系，启动遴选第一批10名基础教育领军人才培养对象、50名教育家型校长和教师培养对象、250名市级名师、名班主任和名校（园）长工作室主持人、60名未来名校长后备人才。招引优秀教育人才，健全高层次人才引育体系，建立编制周转池，集中公开引进公办中小学高层次人才和短缺专业人才77人，公开招聘优秀毕业生639人（含博士7人）。加强临聘教师管理，印发《关于加强公办中小学校临聘教师规范管理的通知》，对统一用人标准、规范招聘流程、严格合同管理，提高临聘教师工资福利待遇等作出明确规定。全面铺开中小学校长职级评定工作，对259名公办民办校长后备干部队伍进行遴选、培训和考核，选派校长后备干部到民办中小学担任第一书记。

【教育领域安全防范】 2021年，东莞市委、市政府高规格召开全市防范化解教育领域风险暨招生考试安全工作会议和全市学校安全工作会议，市委教育工作领导小组办公室印发《东莞市校园安全专项整顿工作方案》，市教育局印发《东莞市2021年学校安全工作要点》，全面加强校园安全工作统筹。从严从紧抓好校园疫情防控工作，完成师生新冠疫苗接种超400万剂次、排名全省前列，春季秋季学期学生安全有序返校；妥善应对“6·18”“12·13”突发新冠肺炎疫情，做好15.4万名中考考生、2.8万名高考考生和1.1万名研究生考试考生的考试保障，完成平安高考、中考和研考工作，校园疫情处

2021年1月13日，东莞市推进品质教育建设大会在市行政办事中心召开 （市教育局供图）

置做法被省教育厅推广。加强心理健康教育，印发《构建"家校社"协同育人机制全面加强中小学生心理健康工作的意见》，开启防范学生心理危机的现代社会治理模式；组建610支学校学生心理防护团队，建成"市、镇、校"三级学生心理防护团队和学生心理健康管理平台，建立学生心理健康电子档案，完成小学四年级以上的学生心理健康普查；开通市中小学生健康成长心理热线电话（0769-21682999），实现全市1200人以上小学和1000人以上中学配备专职心理教师。开展校园安全监管检查（巡查），强化防溺水、校园安保和校车管理等督导检查，完成7个轮次924所中小学幼儿园的督查，发现并督促整改隐患1.06万处。推进防范化解教育领域道路交通安全风险，启用校车安全管理平台加强校车运行监管，100%处置平台监控发现的违规问题和违规行为；开展"黑校车"专项治理行动，配合打击查处22辆"黑校车"。联合公安交警、交通运输部门开展校车路查路检执法行动91次，组织家长2.14万人次参与"东莞义警"，进行"一盔一带"劝导。做好学生防溺水工作，扩大规模并完成70场防溺水体验式宣教活动，开展防溺水安全教育慕课评选、防溺水创意微视频评选和防溺水宣传口号评选等系列活动，收到400份参选作品。加强校园及校园周边安全管理，全市中小学幼儿园专职保安配备率100%、全市中小学幼儿园封闭化管理达到100%、一键式紧急报警与视频监控达标率100%；对60岁以上保安员全部清零，55周岁以上的保安员基本清零。强化校园周边环境整治，开展管制刀具排查整治行动，检查指导学校1932所，排查校园周边200米范围内各类涉刀具商家3928个，发现并现场整改隐患141处，收缴刀具等危险品304件；创建533个校园应急避险和安全防范疏散演练达标单位。全市致学生死亡安全事故数比上年下降26.5%。

【教育监督执纪】 2021年，东莞市教育局深化教育督导体制机制改革，召开市人民政府教育督导委员会扩大会议；健全督学责任区制度，修订《东莞市督学责任区制度实施方案》，选聘新一届市督学417名并遴选20名特聘督学；配合做好省政府2021年对市政府履行教育职责评价工作，开展对镇街（园区）政府2020年履行教育职责评价。提升依法治执教水平，举办党章党规党纪教育培训班，开展招生入学问题专项监督执纪，排查整改隐患6类92处；举办依法治教专题培训班，全市教育系统超5000人参加培训；探索建立现代学校治理体系，持续开展依法治校创建活动，全市371所中小学校获得依法治校示范校称号，达标学校应评尽评比例达100%。实现"一校一章程""一校一法律顾问”“法治副校长”全覆盖。推进“数字政府”智慧教育项目建设，重点打造“一中心两平台”（即1个教育大数据中心，“莞教通”和“莞易学”2大平台）；推进信息技术与教育教学融合创新发展，“莞式慕课”获评中央电化教育馆“新时代学校美育劳动教育数字资源建设与应用众筹众创”共同体，获评教育部“利用学籍信息开展基础教育教学大数据专项研究”共同研究单位，《东莞慕课赋能催生未来变革》案例入选《2021年中国智慧教育区域发展研究报告》。压实“两个只增不减”（一般公共预算教育支出逐年只增不减，确保在校学生人数平均的一般公共预算教育支出逐年只增不减）财政投入责任，制定新一轮公办中小学生均公用经费标准。

【教育科研】 2021年，东莞市教育局组织开展年度规划课题申报评审，申报项目2472个，批准立项1000个。开展年度专项课题申报评审，收到有效申报项目291个，评出立项课题200项。组织申报年度省“强师工程”项目，42个项目被批准立项，为历年最多。22项课题被批准立为省三科统编（道德与法治、语文、历史）“铸魂育人”专项研究课题，10项课题被省教育研究院批准为集团化办学专项研究课题，1项课题被省教育厅批准立为党史教育专项课题。组织开展全市第十六届教育教学成果申报，收到申报项目406个，经组织评审，评出获奖项目260个（其中一等奖46个、二等奖104个、三等奖110个）。组织做好2021年广东省教育教学成果奖申报，获省教育教学成果奖基础教育类一等奖1项、二等奖8项，中等职业教育类特等奖1项、一等奖2项、二等奖3项。组织做好2021年广东省中小学教育创新成果奖的申报，111项成果获广东省中小学教育创新成果奖，获奖数量占全省46.0%，列全省第一位，其中特等奖1项、一等奖2项、二等奖18项、三等奖90项。在年度学术讨论会及第十七届广东省中小学校（园）长论坛论文征集评选中，东莞市教育学会获评“优秀组织单位”，茶山镇中心小学获评“优秀组织学校”，有954篇论文获奖，获奖总数占全省16.3%。组织开展东莞市基础教育国家级优秀教学成果推广应用基地遴选，认定茶山中学等88个单位为东莞市基础教育国家级优秀教学成果推广应用基地。

【党史、劳动、德育、文体、科技教育全面发展】 2021年，东莞市推进党史进校园，高标准制订党史进校园方案，明确37项具体活动和10个重点项目，高质量开展中小学校际党史知识竞赛、主题演讲比赛、红色剧目展演、一起学东莞党史微视频、红色歌曲校园拉歌接力等5项重点活动，推动各直属党组织开展活动近600场次，参与师生超过50万人次。配齐配强思想政治课教师，东莞市小学、初中、高中、高职和本科院校5个思政课课例均获全省大中小学思政课一体化教学展示一等奖。推动劳动教育落地落实，印发《东莞市推进中小学劳动教育行动计划（2021—2025）》，成立全省首个中小学劳动教育研究团体“东莞市中小学劳动教育研究会”，承办全省首场中小学劳动教育现场观摩会，开展首届东莞市中小学劳动教育指导师研训活动，5所学校入选省级中小学劳动教育特色学校，《多元主体协同推进区域中小学劳动教育实施路径》获展第六届中国教育创新成果公益博览会。提升德育水平，开展广东省中小学“三全育人”（全员育人、全程育人、全方位育人）体制机制建设实验区创建，石碣镇、长安镇被认定为广东省首批中小学“三全育人”体制机制建设实验区；成立市学校德育研究会初中德育干部专业指导委员会，举办市初中学校“一校一案”德育工作展示活动，东莞中学松山湖学校和寮步镇中心小学2所学校入选教育部基础教育司第二批“一校一案”落实《中小学德育工作指南》典型案例。丰富文体艺术活动，深化体育教育改革，东莞市学校体育评价改革被列为省第一批教育评价改革典型案例；开展中小学生体质健康测试评估，在省对东莞市学生体质健康抽查中，东莞市学生体质健康优良率高达61%；组织参加各级各项学生体育竞赛，东莞市粤华学校黄文娟代表中国参加东京残奥会获得乒乓球女子TT6-8级团体赛金牌、个人单打WS8级银牌；获得第十四届全国学生运动会游泳中学组团体和个人项目的金牌5枚、银牌3枚、铜牌4枚；评审出市普通高中学校高水平运动队建设学校25所、高水平运动队45个，15名队员入选2021年全国青少年校园足球夏令营，17个单位被认定为全国青少年校园足球特色学校，20个单位被认定为全国足球特色幼儿园；以“让歌声伴我快乐成长”为主题在中小学校创新开展“每周一歌”活动，4所学校被教育部办公厅评为第三批全国中小学中华优秀传统文化传承学校，8所学校被评为第三批广东省中小学中华优秀传统文化传承学校，8所学校被评为第五批广东省中小学艺术教育特色学校。推进科技教育，举办2021年院士专家湾区校园行——“我心向党科学报国”院士面对面活动，开展科创教育品牌活动，参与学校达3000校次，学生近2万人次，在第36届广东省青少年科技创新大赛中获48个奖项。

【“双减”工作推进】 2021年，东莞市把“双减”（有效减轻义务教育阶段学生过重作业负担和校外培训负担）工作作为一号工程，成立“双减”工作领导小组和工作专班，建立专门协调机制，组织召开“双减”工作重要会议22次，推动制定《东莞市义务教育阶段学生课后服务工作指引》《东莞市校外培训机构专项整治行动方案》《东莞市校外培训机构预收费管理办法》（试行）等文件22份。减轻作业负担，建立市镇校三级长效管理机制，作业时间控制达标学校、不给家长布置作业或要求家长批改作业学校占比均达100%。推进基础教育国家级优质教学成果推广应用示范区建设，举办东莞市义务教育“品质课堂”作业优化设计专题研训活动，全市1.4万名教师线上线下收看。全面提升校内课后服务质效，推行校内课后服务“5+2”（学校每周5天都要开展课后服务，每天至少开展2小时）模式，实现课后服务义务教育学校全覆盖、有需求的学生全覆盖，接受课后服务的中小学在校生超44万人，学校教师参与课后服务人数占比58%。试点开展暑假托管服务，选取松山湖高新区等10个园区、镇街作为试点，为近3000名学生提供安全优质的暑假托管服务，得到家长和学生认同。压减校外培训机构规模，制定学科类培训机构政府指导价，督促指导学科类校外培训机构统一登记为非营利性机构，推动建立资金监管平台，拟按“一课一销”资金监管方式，对所有培训机构施行资金监管，保障预收费资金安全。高强度开展联合执法检查行动，在校外培训机构集中治理行动基础上，结合校外培训机构治理阶段性特征，定期组织开展违规校外培训行为摸排查处行动、联合督导检查执法行动、预收费资金监管排查行动等。至年底，全市校外培训机构压减率97.23%；继续营业的36家学科类培训机构全部转为非营利性机构，资金监管率100%。8月18日后，建立日报制度，全市各镇街（园区）开展校外培训执法检查行动（检查学科类与非学科类）累计出动执法人员9168人次，检查校外培训机构1.33万家次，整顿违规办学机构203家。（罗小玲）

2021年9月1日，东莞中学举行2021—2022学年第一学期开学典礼（东莞中学供图）

基础教育

【学前教育】 2021年，东莞市有幼儿园1244所，其中：公办、集体办幼儿园222所，民办幼儿园1022所；全市有“广东省规范化幼儿园”1218所，省、市一级优质幼儿园669所（含省一级幼儿园21所、市一级幼儿园648所）。全市有普惠性幼儿园907所（普惠性民办园685所），公办幼儿园和普惠性民办幼儿园可提供普惠性学位32.4万个。公办幼儿园（含创新方式扩充的公办学位）在园幼儿占比达56.65%，比上年增长4.16%；公办幼儿园（含创新方式扩充的公办学位）和普惠性民办园在园幼儿占比达84.25%，增长2.03%，全市各镇街（园区）均实现‘5080’（公办园在园幼儿占比达50%，公办和普惠性民办园在园幼儿占比达80%）目标任务。年内，新建改扩建公办幼儿园26所，新增公办幼儿园学位7050个，超额完成建设计划。

【义务教育】 2021年，东莞市有小学337所，在校生84.9万人（比上年增加0.63万人），户籍学龄儿童小学入学率100%，小学毕业生升学率100%。全市有初中205所，在校生27.6万人（增加约1万人），户籍适龄少年初中入学率100%，初中毕业生升学率98.72%。义务教育学校非东莞市户籍学生73.16万人，减少2.86万人。非东莞市户籍小学生57.36万人，减少2.63万人，其中在公办小学就读的有9.21万人；非东莞市户籍初中生15.80万人，减少0.24万人，其中在公办初中就读的有2.69万人。

【普通高中教育】 2021年，东莞市有普通高中（含完全中学和多层次学校高中部）53所，在校生10.7万人，比上年增加1.6万人。其中，东莞高级中学内地新疆班招收新生160人，全市内地新疆高中班累计在校生672人。

【东莞中学教育教学】 截至2021年底，东莞中学有专任教师216人，其中：正高级职称3人、副高级职称80人、中级职称103人；省校长工作室主持人1人、省中小学教师工作室主持人1人、东莞市名教师工作室主持人4人、东莞市名班主任工作室主持人2人、东莞市普通中小学学科带头人43人；全国优秀教师2人，省特级教师4人，省优秀教师、优秀教育工作者15人。英语、化学、信息科组被评为广东省优秀学科教研组，语文、数学、英语、生物、化学、历史、音乐、通用技术、信息等科组被评为市优秀学科教研组。语文、数学、英语、物理、化学、生物、音乐、美术、通用技术、信息技术、心理健康教育等科组被评为东莞市“品质课堂”实验教研组。2021年，学校春季开学学生数3093人，其中：初一级397人；高一级901人，复学5人；高二级905人，复学8人；高三级890人，复学3人。学校秋季开学3093人，其中：初一级398人，转入1人；高一级905人，复学5人，转入3人，休学4人；高二级904人，复学3人，休学2人，退学2人；高三级886人，休学4人。

2021年9月，东莞中学时隔18年恢复初中办学，首批398名学生第一年在高中校区绿瓦楼上课。学校以复办初中、扩容校区作为新起点，完善初中年级师资队伍建设，构建学校、家庭、社会三位一体的初中德育体系，推进初中校本课程建设，落实“双减”政策。

年内，东莞中学组织参加全国及省市学科、体育、艺术、科技、人文等方面竞赛，获评为“2021年度东莞市财政管理成绩良好单位”“第四届全国青少年人工智能创新挑战赛先进组织单位”“2020年度广东省空军招飞工作先进单位”。（卢泳欣）

【特殊教育】 2021年，东莞市特殊教育学校在校生926人（含中职学生），户籍“三残”（智残、体残、肢残）儿童入学率100%。年内，完善残疾学生入学机制，加强随班就读和送教上门管理及指导，开展45人次巡回指导工作，累计开展700人次特殊教育师资培训。

（罗小玲）

高等教育

【高等教育概况】 2021年，东莞市有高校10所，分别为东莞理工学院、广东医科大学（东莞校区）、东莞城市学院、广东科技学院、广州新华学院（东莞校区）、东莞职业技术学院、广东创新科技职业学院、广东亚视演艺职业学院、广东酒店管理职业技术学院、东莞开放大学。按类别分，有普通本科院校5所、高职院校4所、成人高校1所。全市高校在校生22.32万人，其中全日制在校生13.93万人，毕业生3.32万人，毕业生就业率96.38%，留莞就业率36.94%。9所普通高校的学科专业设置涵盖军事学、哲学和历史学以外的10个学科门类，有博士专业点1个、硕士专业点21个、本科专业点211个、专科专业点179个；有省级重点学科18个，省级特色示范专业52个、校级特色示范专业65个。拥有各类实验室和实训中心1200个、国家级重点实验室1个、省重点实验室6个、各类实习基地2432个；与21个国家和地区的50所高等教育机构开展教育合作与交流。全市高校设立研发机构175个，开展科研项目1559个，研发活动总经费投入5.07亿元。

2021年4月22日，东莞市举行香港城市大学（东莞）奠基仪式

（郑家雄　摄）

【大学建设】 2021年，大湾区大学和香港城市大学（东莞）筹设工作加快推进。成立大湾区大学（筹）独立实体机构，松山湖校区取得用地预审与选址意见书，并举行奠基仪式，滨海湾校区完成校园规划及一期设计招标任务书编制，并推进一期用地土地整备；举行香港城市大学（东莞）奠基仪式，依托东莞市香港城市大学研究院成立4个研究中心，制定《香港城市大学（东莞）启动资金使用管理办法》并通过市政府常务会议审定，完成一期校园林地、城市规划、土地规划及生态线调整。东莞理工学院入选广东省高水平大学建设计划（重点学科建设高校）行列，材料学科进入ESI（基本科学指标数据库）全球前1%，新增土木工程、材料与化工等8个硕士学位授权点，获批博士学位授予立项建设单位。（罗小玲）

职业教育、成人教育

【职业教育】 2021年，东莞市有独立设置的中职学校28所（含技工院校7所），特殊学校附设中职班2个，高职院校附设中职部2个，

在校生8.44万人，招生约3万人，毕业生升学就业率98.63%。有省级以上重点中职学校18所，其中国家级重点学校10所、国家示范性中职学校2所；省“双精准”（校企精准对接，实现精准育人）建设专业23个。

【职业教育发展】 2021年，东莞市深化职业教育产教融合，制定《东莞市推进职业教育产教融合行动计（2021—2025年）》《东莞市高水平校企合作基地认定管理办法》，举办2021年广东省暨东莞市职业教育活动周启动仪式和2021年东莞市职业教育活动周，支持东莞理工学校与华为公司签订校企合作协议，该校成为全省首家与华为公司多维度、深层次合作的中职学校。推进高水平中职学校和特色专业群建设，有省高水平中职学校建设和立项单位7个，并确定电子技术应用、汽车运用与维修等8个专业群为东莞市特色专业群。搭建人才成长立交桥，指导中职学校做好组织学生参加高考工作，2021年，全市有9877名中职学生被高校录取；扩大“三二分段”（在中职学校和高职院校选取对应专业，制定中职学段三年和高职学段二年一体化的人才培养方案，分段开展教学活动）中高职贯通培养规模，全市20所中职学校的62个专业与省内的36所高职院校实施“三二分段”中高职贯通培养，招生6970人，比上年增长30.6%。加强职业教育对外合作交流，全市有9所中职学校与职教先进的国家和地区开展教育合作和交流，相关在校生1431人；与东莞台商育苗教育基金会签订引进国际认证体系合作协议补充协议书，指导中职学校做好组织台湾课程班学生考证工作，有545人报名参加考证，其中483人通过，通过率88.62%。

【东莞职教城发展】 东莞职教城是东莞市推进职业教育和技工教育创新发展重点工程项目。2021年，进驻单位有东莞市技师学院、东莞理工学校、东莞市高技能公共实训中心。另外，引进一批校企合作项目，建立学生创意创业园。

东莞市技师学院提质扩容 2021年，为贯彻落实《广东省推动技工教育高质量发展若干政策措施》，东莞市人力资源和社会保障局推动技工教育高质量发展。其中，东莞市技师学院是技工教育高质量发展重要抓手之一。年内，东莞市技师学院在校生1.32万人。推进东莞市技师学院职教城校区提质扩容，整合职教城未开发地块与及周边生态绿地进行校区扩建，以东莞市战略性新兴产业、龙头企业、乡村振兴等对技能人才的需求为导向设置专业，围绕“粤菜师傅”“南粤家政”等城市服务业和文化创意产业，建成集学制教育、职业培训、技能评价、就业服务等功能于一体的城市服务校区。

技能莞家 2020年初，职教慕课更名为“技能莞家”。“技能莞家”整合职教城内各院校职业课程资源，向社会开放的公益性学习平台。2021年，上线89门课程，1142节课时，涵盖经济管理、信息工程、烹饪、物流、智能楼宇、机械工作、酒店服务、艺术媒体等。技能莞家累计有166门课程，1968节课时，注册用户数6615个，学习22万人次。 （罗成钊）

【成人教育】 2021年，东莞市有广东省社区教育实验区26个，乡镇成人文化技术学校29所、民办教育培训机构1780所，年培训量69万人次，各类成人高等学历教育规模2.27万人（不含在莞高校成人学历在校生8.39万人）。依托“莞易学”平台向市民提供免费学习内容，截至2021年底，“莞易学”平台有51.7万人注册，其中非全日制中职学历教育报名36万人。

（罗小玲）

民办教育

【民办教育概况】 2021年，东莞市经批准开办的民办幼儿园1022所；民办普通中小学300所，其中小学116所、初中（含九年一贯制学校）157所、高中（含完全中学、十二年一贯制学校、国际学校、台商子弟学校）27所。民办中小学（幼儿园）在校生102.44万人，其中幼儿园幼儿31.12万人、小学生51.55万人、初中生15.28万人、普通高中生4.49万人。

【民办教育规范提质】 2021年，东莞市制定实施《东莞市推进民办学校规范提质行动计划（2021—2025年）》，研究制订规范民办义务教育发展实施方案。全面加强民办幼儿园、义务教育学校、普通高中审批管理，开展2020年度民办学校（幼儿园）年检，年检合格率97.9%。制定《关于加强民办学校招生宣传和广告管理的通知》，明确民办学校宣传广告负面清单13条，加强民办学校招生宣传和广告管理。开展民办学校章程修订，制定民办学校章程模板，明确要求将党建有关内容写入学校章程。

【公办、民办教育均衡发展】 2021年，东莞市向2.1万名教师发放从教津贴9300万元，向约6000名原民办代课教师发放生活困难补助约3000万元。推进64对公办、民办学校结对帮扶，针对民办学校开展教研活动413次，展示教学课例758节，听课、评课1154节。（罗小玲）

附：2021年东莞市教育局主要领导名录

党组书记、局长：叶淦奎

附：2021年东莞中学主要领导名录

党委书记、校长：黄灿明

文　化

CULTURE

松山湖望野博物馆

（2021年市文化广电旅游体育局供图）

编辑：陈建枝

文化综述

【文化事业概况】　截至2021年底，东莞市建成市文化馆总馆1个、镇街（园区）文化馆分馆34个、村（社区）文化馆支馆583个。东莞在全市建成市图书馆总馆1个、图书馆分馆52个、图书流动车服务站102个、村（社区）基层服务点485个、城市阅读驿站42个、绘本馆25家、绘本阅读服务点44个。有博物馆53座，其中国有18座、非国有35座，全年各博物馆组织举办展览271项1026场次，观众450万人次，比上年增长55%，开展中小学教育教学活动63场，全市在册电影院145间，观影人数合计1467.4万人次，电影票房收入5.12亿元。

【红色文化事业推进】　2021年，东莞市加强革命文物保护利用，推动广东东江纵队纪念馆基本陈列全面升级、重新开放，鸦片战争博物馆成为2021年全国首批红色基因库建设试点单位，修缮大岭山抗日根据地旧址、中共东莞县委机关旧址等革命文物15处，为全市党史学习教育打造一批重要阵地，超300万人次走进红色文博场馆参观学习。整合发布“走读红色东莞，坚定理想信念”红色主题旅游路线10条，累计游览超78万人次。举办“百年征程、百图纪实”美术创作展，引进舞剧《永不消逝的电波》等红色经典剧目14个、演出18场，组织“永远跟党走”第六届合唱节，1000支队伍超4万人参赛，推动全市党史学习教育发展。

【文旅融合】　2021年，东莞市推动莞城运河创意公社、万科769获评省文化产业示范园区，茶山南社明清古村落景区获评省文化和旅游融合发展示范区，东莞入选第二批国家文化和旅游消费试点城市。举办第十二届漫博会，500多家企业1000多个动漫IP（动漫知识产权）参展，超700万人次线上线下观展，意向成交金额50.2亿元。举办2021粤港澳大湾区公共文化和旅游产品（东莞）采购会，大湾区345家文旅体企业参展，意向成交金额7492万元，直播点击量、抖音话题曝光量近1亿人次。全面发展全域旅游，出台实施《东莞市旅游发展三年行动计划（2021—2023）》，推动麻涌、茶山镇创建省全域旅游示范区，在全省率先开展优良级旅游资源调查。推进“旅游+”产业融合，发展乡村旅游、工业旅游、生态旅游，寮步镇入选第一批全国乡村旅游重点镇。松山湖生态景区获评国家AAAA级旅游景区，全市AAAA级景区数量居全省前列。

【文化安全】 2021年，东莞市加强文广旅体系统和行业疫情防控的安全工作，抓好文广旅体阵地意识形态安全和安全生产管理，全年播出零事故。组织开展文化旅游体育市场专项整治行动，查处一批大案要案。市文广旅体局执法二科被国家版权局评为2020年度查处重大侵权盗版案件有功单位，获2020年省“扫黄打非”先进集体，市文广旅体局查办的文某未经著作权人许可，复制、发行、通过信息网络向公众传播其作品案被评为2020—2021年度全国文化市场综合执法重大案件。（梁笑溢）

2021年12月3日，2021粤港澳大湾区公共文化和旅游产品（东莞）采购会在东莞市举行（市文化广电旅游体育局供图）

2021年3月27日，2021年东莞市民艺术大学堂——“走进艺术”公益培训班开学典礼举行（市文化广电旅游体育局供图）

公共文化服务

【公共文化服务概况】 2021年，东莞市完善公共文化服务网络，建成村（社区）文化支馆583个，基本实现文化馆总分支馆体系建设全覆盖。以“书香镇街”建设为抓手，完善图书馆服务体系，新建成城市阅读驿站14个、绘本馆8个，整合社会力量建成家庭图书馆129个，举办第十七届读书节，书香东莞让阅读成为全民新风尚。创新举办“共享文化年”活动，打造“四个100”（营造100个“文化莞家”共享文化空间，打造100个“都市活力”共享文化活动，培育100支“红色莞邑”志愿代言团队，生产100个“品质文化”共享服务产品）共享文化项目，推出2600项活动，线上线下惠及310万人次。组织举办文化四季、文化年历、森林诗歌节、中国旅游日、“同饮一江水”广东劳动者歌唱大赛等大型文旅活动。

【全民艺术普及行动】 2021年，东莞市文化馆推进全民艺术普及行动计划，总分馆联动开展“学、演、展、诵”四大行动服务。全民艺术普及行动计划强化市镇联动，“走进艺术”培训班全市总分馆教学点同步启动，同步推进。全年开展“走进艺术”公益培训班培训3140场，惠及群众10.4万人次，举办演出、讲座、展览和各类型活动合计427场次，线下惠及11.5万人次，线上参与65万人次。开展爱心文化馆系列活动，星星联盟、心目影院等开展活动248场，惠及视障人士、孤独症儿童等特殊群体5120人次。

【2021东莞共享文化年活动】 2021年，东莞市策划推出共享文化年系列活动，围绕贯彻共享理念，通过总分馆体系推动“四个

100”共享文化项目，通过整合资源、发动社会力量，在企业、街区等盘活100个共享文化空间，以企业、机构为主体举办100个共享文化活动，培育100支志愿代言团队宣讲红色故事，推出100个具有时代特色的文化产品。活动被纳入市政府十件民生实事，全年向社会提供2600项活动，线上线下惠及310万人次。（梁笑溢）

文艺展演

【文艺活动概况】 2021年，东莞市围绕庆祝中国共产党成立100周年等主题，举办“凝聚时代的记忆——吴劲潮美术作品捐赠展”“百年征程 百年纪实——庆祝中国共产党成立100周年美术创作工程作品展”“河山阔廓——梁世雄中国画艺术展”，开展“艺术为了人民”当代东莞塑像系列创作活动。组织“峥嵘百年文化铸魂”——庆祝中国共产党成立100周年系列演出。举办“百年心向党奋进新时代”东莞市庆祝中国共产党成立100周年粤剧曲艺展演和第十九届东莞“粤剧黄金周”，深化与广东粤剧院战略合作。与中国音乐剧协会建立战略合作关系，推进音乐剧《大湾小湾》剧本创作；联合东莞保利文化演艺团有限公司等机构启动篮球题材音乐剧创作。实施东莞市青年文艺人才培育与推广项目，组织东莞青年文艺人才赴铜仁举办“梦同心，艺‘铜’行”创作采风交流活动，通过开展创作采风、书画联展等活动推动两地艺术繁荣发展。推出东莞市青年文艺人才《山连山、水连水、心连心》等扶持项目6个，用文艺精品讲述东莞故事，展现新时代风貌。持续打造“文艺矩阵——东莞市重点文艺创作基地”艺术品牌，联合相关镇街举办“文艺矩阵·书乡雅韵”——东莞市“百书颂党辉”庆祝中国共产党成立100周年书法作品展、“文艺矩阵光影百年”——东莞市第二届“大美东江”摄影艺术展等系列活动。

【“永远跟党走”东莞市第六届合唱节等主题活动】 2021年3月，“永远跟党走”第六届东莞市合唱节全面启动，从镇街（园区）分赛区初赛、合唱大师班，到全市各组别复赛决赛，历时半年；9月14—18日，合唱节复赛和决赛在东莞市星剧场举办，最终36支队伍获得金奖、50支队伍获得银奖、10支队伍获得铜奖；该届合唱节市镇联合发动近1000支队伍、超4万人参与，是历届以来规模最大、参与面最广的一届。另外，举办“百年华章——庆祝中国共产党成立100周年书画展”“东莞百名女摄影人献礼建党百年摄影作品展”等，推出原创作品《春风中国》《今天，你的生日》《我们都是追梦人》《不忘初心》等系列视频。联合本土文艺团队，策划推出“文化致敬·红心向党”系列快闪和线上视频展播，分别以“百人”阵容，推出包括钢琴、街舞、麒麟、广场舞、古筝、中国鼓、戏剧等7个项目展演，约60万人次在线观看视频展播。

【“东莞文化四季”活动】 2021年，东莞市创新开展“东莞文化四季”活动，先后推出“舞游季”“青少年艺术季”“非遗

2021年5月1日，“永远跟党走”第六届东莞市合唱节主会场启动仪式举行（市文化广电旅游体育局供图）

季”“红色文化季”。

“舞游季” 围绕“红心向党·齐舞莞邑”主题，以“舞蹈+旅游”为特色，全新编排6支广场舞，上线新编广场舞云课堂，推出6条“舞游莞”路线，举办“‘迎接十四五，我们这样舞’创意短视频大赛”等一系列活动。“舞游季”系列活动线上点击超430万人次。

“青少年艺术季” 依托总分馆体系，发动海量的社会力量，围绕“红色主题”，推出夏令营、培训、互动、展览、演出、赛事、亲子等九大类别、70多场活动。

“非遗季” 以传承中华历史传统文化为核心，以弘扬东莞非物质文化遗产为主线，以青春自带光芒、传承百年力量为主题，11—12月期间，推出十大主题活动，其中东莞非遗新青年推广活动、国家非遗“千角灯”3D（三维数字化技术）金属拼图拼装大赛、“致敬非遗传承人”城市码推广、2021年东莞非遗购物节、“东莞香典”2021年莞香采香日、“2021·岭南开腊日系列活动”、“青春自带光芒”非遗新青年十堂课等，整季活动打造线上、线下参与格局，为市民参与活动提供便捷。

“红色文化季” 聚焦党的十九届六中全会精神宣讲，以文艺的形式开展宣讲活动，统筹整合全市文化馆总分馆资源，利用红色文化资源，讲好东莞党史故事，举办“群心向党文化为民——东莞红色文化季”线上活动。12月，通过线上方式开展微宣讲、文艺党课、微故事、微展览、微演出五大类文化活动。

【“东莞文化年历”活动】 2021年，“东莞文化年历”创新线上线下传播方式，挖掘文旅资源，根据东莞市10条红色主题旅游精品路线，结合节气特点，自4月起，每个月推出一条“时令东莞”文旅推荐路线，并打造“文旅体验官”形象，以亲子共游的形式，以VLOG（是博客的一种类型）形式呈现，带着市民走访路线。该项目全年开展线上活动24场，点击量超225万人次。另外，结合二十四节气和传统节日，还举办春分麻涌稻田插秧、清明“走读红色东莞”、端午龙舟亲子活动、古韵中秋以及“孝行天下情暖重阳”等6场线上线下相结合的主题活动。

【东莞市第三届群众戏剧曲艺花会】 于2021年8月3—7日在东莞市星剧场举行，全市29个镇街共60个作品同台竞技，最终评出金奖13个、银奖17个、铜奖30个，创作奖13个、导演奖11个、作曲奖3个，演员奖13个、辅导奖13个以及优秀组织奖13个。8月18日，第三届群众戏剧曲艺花会颁奖晚会在星剧场举行，晚会采用线上直播的形式，吸引近4万名网友在线观看。以市级花会比赛获奖作品为基础，组织作品参加2021广东省群众艺术花会（戏剧曲艺）决赛，获得2金6银2铜的成绩，总成绩仅次于深圳，名列全省第二，东莞市文化广电旅游体育局获优秀组织奖。另外，市文化馆还举办其他大型品牌活动，包括2021中国（东莞）森林诗歌节暨“莞香杯”第四届东莞市诗歌大赛、“同饮一江水——2021广东劳动者歌唱大赛”“我要上‘村’晚——2021年东莞百村文艺展演暨美育沙龙进百村”系列活动等；完成第五届东莞市美术书法摄影联展，并在镇街巡展；完成2021年东莞市社会主义核心价值观（庆祝中国共产党成立100周年专题）原创文艺作品征集评审；推荐作品参加第十九届“群星奖”比赛广东省候选作品评选等。

（梁笑溢）

文艺团体活动

【文艺团队活动概况】 2021年，东莞有文艺表演团队25个，包括东莞市桥头金荷艺术团、东莞塘厦松雷音乐剧剧团、东莞塘厦农民工艺术团、东莞市巷头朗声木偶粤剧团、东莞市长安戏剧曲艺协会粤剧团、东莞市魅力岭南艺术团、东莞市艺青粤剧团、东莞市精战杂技艺术团、东莞市度香亭杂技艺术团、东莞市魅力岭南艺术团、东莞保利文化演艺团、广东艾利发剧院管理有限公司东莞儿童艺术剧团、广东心灵之声艺术团、东莞市残疾人艺术团、东莞市龙吟艺术团等。

【东莞市长安戏剧曲艺协会粤剧团】 2021年，东莞市长安戏剧曲艺协会粤剧团创排的粤剧《使命》《仙侠》《母亲》应邀到北京梅兰芳大剧院交流演出；创作的粤剧《浴火凤凰》入选广东省文化和旅游厅举办的“庆祝中国共产党成立100周年百场精品展演活动”；与广东广播电视台南方卫视合作，举办“庆祝中国共产党成立100周年——‘颂歌献给党’东莞市长安戏剧曲艺协会精品粤剧展播”活动；参加中央广播电视总台《听乡音过大年》节目录制；承办2021年长安镇第十五届粤曲大赛。

【东莞塘厦松雷音乐剧剧团】 2021年，东莞塘厦松雷音乐剧剧团为庆祝首个中国人民警察节，国内首部缉毒题材音乐剧《重生》在北京天桥艺术中心上演。9月，在上汽上海文化广场举行音乐剧《飞天》主题音乐会。10—12月音乐剧《星火》顺利排练合成推出。12月底，上海视觉艺术学院毕业大戏——青春版《重生》跨年献演4场。因为新冠肺炎疫情原因，首场演出采用线上直播形式，当晚有2.5万名观众在线观看。

（梁笑溢）

【文学艺术协会】 2021年，东莞市文联下属各文艺家协会按照东莞市第八次文代会的总体部署，围绕“同心抗疫”等主题，开展“到人民中去”“东莞好”等文艺品牌活动，推进东莞文艺“飘香”“繁星”“传薪”“扎根”“筑巢”五

大型粤剧《浴火凤凰》剧照　（2021年东莞粤剧发展中心供图）

大行动，组织创作一大批弘扬主旋律、传播正能量、贴近实际生活的精品力作，获得多个文艺奖项，开展各式各样的文艺活动，弘扬社会主义核心价值观，展示东莞美丽形象，为"品质文化之都"建设作出贡献。截至2021年底，东莞市文联下辖市级文艺家协会21个，分会329个，有会员1.04万人，其中国家级会员598人，省级会员1815人，市级会员8010人。

【作家协会】　2021年，东莞市作家协会举办"同一座城，同一个家"征文大赛、"抗疫路上，我们在一起"抗疫文学作品展、第八届东莞荷花文学奖、第三届东莞市校园文学大赛等文学活动。市作家协会党支部获"东莞市先进基层党组织"称号，党支部书记胡磊获"东莞市优秀党务工作者"称号。

【书法家协会】　2021年，东莞市书法家协会举办庆祝中国共产党成立100周年"百年诗韵、翰墨飘香"东莞市诗联书法专题创作展、"万家灯火总关情党的恩情比海深"全国百名书家献礼建党百年专题书法创作邀请展暨东莞供电局专题书法创作展、"文艺矩阵·书乡雅韵"——东莞市"百书颂党辉"庆祝中国共产党成立100周年书法作品展、"小康东莞——美术书法专题作品展"等主题创作活动，获得2020年"同心同书——祖国新春好"中国文联、中国书协"书法家送万福进万家"志愿服务公益活动先进集体称号。

【音乐家协会】　2021年，东莞市音乐家协会举办"品质东莞绽放玉兰"艺术普及系列公益活动、"永远跟您走"庆祝中国共产党成立100周年东莞市第七届原创歌曲征集活动和颁奖晚会、"湾区畅想，我想走近你心里"崔臻和作品音乐会等活动，成立东莞市音乐家协会民族管弦乐学会。

【美术家协会】　2021年，东莞市美术家协会举办庆祝中国共产党成立100周年东莞市美术书法专题创作展、第五届东莞美术探索展、"小康东莞"美术书法专题作品展等展览活动，与麻涌镇合作举办庆祝中国共产党成立100周年"翰墨丹青颂党恩"2021年东莞市麻涌镇美术书法作品展。

【文艺评论家协会】　2021年，东莞市文艺评论家协会完成国家社科艺术学项目《近代戏曲批评与戏曲观念的嬗变（1840—1949）》，创作的课件《光影百年，红心向党——从红色经典电影看百年党史》参加东莞市委组织部庆祝中国共产党成立百年"百堂精品党课"评选获一等奖。

【民间文艺家协会】　2021年，东莞市民间文艺家协会举办"唱支山歌给党听"客家山歌主题歌会、"百年风华莞邑剪艺——曾凡忠、王宇慧剪纸作品展"等活动，获评为"2020年度广东省民间文艺先进集体"。

【摄影家协会】　2021年，东莞市摄影家协会举办"时代的观看Ⅱ——中国摄影金像奖（广东）学术研讨会"、"红色风景"第七届中国东莞·长安摄影周、"奋斗百年路　启航新征程——庆祝中国共产党成立100周年广东红色主题摄影展"、"艺术放歌——东莞摄影经典作品展"、"莞昭同心携手同行"摄影展、"莞人莞爱"平安东莞影像巡展、"青春季——东莞市青少年摄影作品展"等展览活动，承办"学党史跟党走——我为群众办实事"系列活动之"送文艺名家课堂进基层"，摄影作品《今年春节不回家》《南疆民兵骑兵连》（组照）分别入选第28届全国摄影艺术展览和中国第18届国际摄影艺术展。

【曲艺家协会】　2021年，东莞市曲艺家协会举办"以艺抗疫"原创曲艺作品点评会，录制"在党的旗帜下"东莞市曲艺家协会庆国庆曲艺专场和《我在东莞过大年》《欢欢喜喜闹新春》两台相声专场，情景相声《第一书记》获2021全国"马季杯"大学生作品展演"传承才俊"奖和广东省曲艺展演优秀奖，原创快板《激战百花洞》《东江向东》参加第十三届北京快板邀请赛入围决赛并分别获二等奖和三等奖，相声《规矩论》参加2021年北京少儿曲艺大赛获一等奖。

【戏剧家协会】 2021年，东莞市戏剧家协会开展3期戏剧沙龙，参演大型原创现代粤剧《浴火凤凰》《火种》，在常平小戏小品创作基地举办全国戏剧培训班。

【电影电视家协会】 2021年，东莞市电影电视家协会举办首届中国（东莞）影视创意作品征集、“红色经典电影看百年党史”座谈会等活动。由东莞市、深圳市影视公司联合摄制的公益题材电影《呼吸的音乐》，在中央广播电视总台电影频道播出。 （何 伟）

传播媒体

报 刊

【报业概况】 2021年，东莞日报社（东莞报业传媒集团）拥有三大媒体平台：传统媒体“两报”（《东莞日报》《东莞时报》）、新兴媒体（“i东莞”新闻客户端，东莞时间网，短视频融媒体品牌——“东视频”，微信微博矩阵，抖音、快手、微视频等视频号）、户外媒体（近1000个党报阅报栏）。旗下有东莞报业传媒集团有限公司、东莞时报传媒发展有限公司、东莞日报印刷有限责任公司、东莞市万家通报刊发行物流有限公司、东莞市时间数字传媒发展有限公司、东莞报业传媒集团多维新媒体广告有限公司、东莞市南城报天下培训中心有限公司、东莞报业文化传播有限公司等8家下属经营公司，员工808人。年内，东莞日报社在脱贫攻坚工作中表现突出，获得广东省委农村工作领导小组通报表扬；被评为“2021年度工作良好市直单位”；在2021年度获“东莞市2018—2020年度争创第六届全国文明城市工作先进单位”称号；东视频项目获评“2021年度全国地方党媒融合发展创新示范项目”，全媒体名记名编工作室项目获评“2021年度全国地方党媒融合发展创新优秀项目”，抖音号、快手号传播力位居全国地市前列。169件作品获得各类新闻奖，其中94项作品获得省级以上新闻奖（全国性一等奖10个、省级一等奖5个）。

【《东莞日报》新闻主业】 2021年，《东莞日报》策划开展习近平总书记重要讲话重要指示批示精神、中国共产党成立百年、党史学习教育、市第十五次党代会、全国及省市人大政协“两会”、“十四五”规划等重大主题宣传。坚持团结稳定鼓劲、正面宣传为主方针，围绕建设“湾区都市、品质东莞”的目标，策划推出疫情防控、文明创建、科技创新、乡村振兴等宣传报道，为东莞改革稳定发展提供统一的思想认识和强大的舆论支持。贯彻落实习近平总书记关于“意识形态工作是党的一项极端重要的工作”的指示精神。修订完善“三审三校”制度，定期召开意识形态工作研判会议。贯彻落实中央八项规定中关于新闻报道的精神，做好公务活动报道的审核把关工作，把握好时、度、效，增强党报党媒的传播力、引导力、影响力、公信力。

【媒体融合发展】 2021年，东莞日报社按照中办国办《关于加快推进媒体深度融合发展的意见》和《东莞市推动传统媒体和新兴媒体融合发展的实施意见》，坚持传统媒体和新兴媒体同步发展，融合推进。贯彻落实《东莞日报社推动媒体融合发展三年行动计划》，推动媒体融合向纵深发展。建成报业融媒体中心，引进融媒体生态系统，推出i东莞客户端新版本，建立“一次采集、多种生成、多端发布、多元传播”的全媒体生产与传播体系，初步形成“报、网、端、微、屏”融于一体、合而为一的全媒体矩阵，综合覆盖人群超1200万，其中“i东莞”新闻客户端、“东莞日报”微信公众号下载量（粉丝数）均破100万人次。全年有94项作品获得省级以上新闻奖，4000多件新闻作品被新华社、《人民日报》等媒体采用或转载，多个抖音号、快手号等传播力排名全国地市级媒体前列。东视频项目获评“2021年度全国地方党媒融合发展创新示范项目”，全媒体名记名编工作室项目获评“2021年度全国地方党媒融合发展创新优秀项目”。

【东莞日报社助力疫情防控】 2021年，东莞日报社做好关于新冠肺炎疫情防控新闻宣传，为全市抗疫工作提供精神动力和营造良好舆论氛围。其中，《东莞日报》累计推出60多个疫情防控专版专题，撰写多份舆情分析报告，全媒体平台刊登《我市多镇街启动3至11岁儿童新冠疫苗接种工作提高接种人群覆盖率筑牢免疫屏障》《坚持人民至上，生命至上！市第十五次党代会延期 东莞全力投入疫情防控》《散布疫情谣言，东莞一男子被依法调查》等相关稿件1000余篇；“i东莞”App（应用程序）推出的《直播丨“接种新冠疫苗共筑免疫防线”防疫公开课》，累计135万人次收看。

【舆情采访调研】 2021年，东莞日报社成立舆情与智库研究院，针对停车管理、洪涝治理、教育管理、交通建设、交通安全、楼市调控、安全生产等领域热点、焦点问题开展舆情监测，先后撰写《东莞近期涉房价上涨及楼市发展舆情专报》《东莞整治摩托车、电动车交通违法舆情研判专报》《涉村（社区）治理问题舆情专报》《东莞路内停车位使用管理及公众意见调研报告》《关于基层疫情防控力度减弱的情况反映》《东莞“围村收费”被质疑引网友热议舆情专报》等近50份报告，并报送有关部门及市领导。

【“人留莞·爱回家·云团圆”2021年公益特别行动】 2021年2月2日，“人留莞·爱回

2021年10月28日，“我把青春献给党”东莞高校师生共享“文艺党课”在东莞理工学院举行 （陈 帆 摄）

家·云团圆”2021年公益特别行动于东莞市启动，该活动由市民政局、市人社局、市工商业联合会（总商会）担任指导单位，东莞日报社主办。活动形式创新，由送人回家转变为送心意回家，乘车补贴改为“爱心大礼包”，倡议“留莞过年”，减少疫情传播风险。近5000份的“爱心大礼包”从东莞发出，送到全国30多个省区市、近200个城市的外来务工人员的家乡亲人手中。

【东莞日报社承办“七个一百”优秀作品发布活动】 2021年7月30日，由中共东莞市委组织部主办，东莞日报社承办的“百年征途红心向党”——“七个一百”系列征集评选优秀作品发布暨组织系统主题党日活动于东莞市举行。活动深入学习贯彻习近平总书记“七一”重要讲话精神，围绕“学党史、悟思想、办实事、开新局”，推动党史学习教育“入脑入心”。

【东莞日报社承办“青春献给党”东莞市高等院校党史学习教育“文艺党课”】 2021年10月28日，由东莞市委党史学习教育领导小组办公室主办、市教育工作委员会协办、东莞日报社承办的“青春献给党”东莞市高等院校党史学习教育“文艺党课”在东莞市举行。党课以“党史+文艺”的形式，回顾党的光辉历程，讴歌党的丰功伟绩，抒发师生“听党话、感党恩、跟党走”的炽热情怀。 （董珊伶）

附：2021年东莞日报社（东莞报业传媒集团）主要领导名录

党委书记、社长（总编辑）：
张树坚

网络媒体

【网络媒体概况】 截至2021年底，东莞市在运行政府网站41个，在运行政务新媒体309个；各类网站8万余家，有影响力的自媒体平台150多个，平均粉丝数约20万人。年内，东莞市网络新媒体宣传矩阵建设持续深化，重大主题网络传播“一呼百应、群策群力”工作格局不断巩固。

2021年，东莞日报社实现传统媒体和新兴媒体同步发展。以《东莞日报》为龙头的纸媒越办越好，以i东莞新闻客户端为旗舰的新媒体矩阵（一网一端一频两微两号）越来越强；从根本上打破传统媒体在时间空间上的局限。东莞日报社可以做到文字与视频现场直播即时推送，全平台全方位全天候发布。促进网上网下与内宣外宣的统一联动。打通向央媒推送稿件的渠道，拓宽网络传播的空间，达到内促工作外树形象的良好效果，增强东莞的影响力竞争力，提升东莞知名度和美誉度。围绕建设新型主流媒体目标，以“两增两减一平台”思路做优做强头部平台，设立i东莞运营中心，i东莞客户端下载量突破百万，东莞日报-i东莞抖音号稳居东莞政媒号第一名。截至2021年底，拥有“10万+”党报订户、“100万+”App（应用程序）下载量、“1200万+”新媒体矩阵粉丝、近千个户外宣传栏（屏）。

【政务新媒体宣传引导】 2021年，东莞市加大城市形象网上宣传策划力度，原创网宣专题“东莞匠人”“东莞手艺人”等获较好反响，约50期内容累计阅读量超300万人次。打造“网信科普局”创意传播品牌项目，推动网信工作宣传普及，更加寓教于乐、易于传播。

加强网络舆论品牌阵地建设，平台知名度、传播力、活跃度得到明显提升。年内，“莞香花开”微信公众号粉丝数突破100万人，推文平均阅读量比上年增长50%。“东莞发布”抖音号粉丝数123.3万人，累计发布原创短视频超1400条，获赞数1960.4万次，视频总点击量超14亿次。推动形成以“东莞发布”平台为核心，市直驻莞主流媒体、市镇政务新媒体、市内网络商业平台和民间自媒体为支撑的东莞市网络新媒体传播矩阵，组织开展2021年“莞香花开”东莞市新媒体学院常训营。

在广东政务新媒体2021年度奖项评选中，东莞市16个镇街、部门的政务新媒体平台获得其中的8项大奖，获奖数量居全省前列。

【市直媒体融合】 2021年，东莞日报社整合全媒体资源，东莞日报官微粉丝量101.4万，东莞时报官微粉丝量达65.5万人，产生10多万推文共40篇，阅读量约4100万人次。成立i东莞运营中心，“i东莞”移动客户端下载量突破百万人次，日活量比上年增长115%。“东视频”实现总点击量超1231万次；“东莞日报—i东莞”抖音号稳居东莞“政媒号”第一名，粉丝量逾420万人，多个作品点击量过1000万次。

年内，东莞广播电视台构建新平台，媒体融合工作稳步推进。“知东莞”移动客户端下载量206万人次，注册用户量193万户。东莞阳光网微信号稳居全国微信公众号500强，在新榜生活资讯类公众号影响力排广东省前五名。东莞阳光网抖音号发布短视频超4500条，粉丝量152.3万人。

【网络自媒体传播正能量】2021年，东莞市网络自媒体平台坚守正确导向，发挥自身在网络宣传推广方面的优势，参与庆祝中国共产党成立100周年、新冠肺炎疫情防控等主题的网络传播策划，设计制作各类宣传海报文案、短视频等创意传播作品80多个，引导凝聚网民群众支持配合东莞市经济社会发展各项工作的信心力量。组织开展“学在大湾区”“偷偷丢暖宝宝行动”“随迁老人手机上网公益课堂”等形式多样的党建和公益活动。

（黄锐钧）

【新媒体报道】2021年，东莞日报社发力短视频、创意视频和海报制作，不断创新报道形式，扩大新闻舆论传播力和影响力。全年制作发布自采高品质视频近1000条。打造原创“爆款”视频精品。“东视频”品牌建立以来，通过一年多的运营，成为本土具有较强创新力和较大影响力的视频品牌，发布原创视频作品300多条，总点击量1300多万次，获“2021年度全国地方党媒融合发展创新示范项目”。涌现一批“爆款”精品。其中：《28年守护6797亩林地的东莞“守山大叔”》被新华社客户端转发，总点击量1000多万次；微信视频号发布的《东莞百年精彩瞬间》，总阅读量100多万次；微纪录片《红色档案：东莞记忆》等六个作品被省委党史学习教育小组纳入新闻阅评。

围绕新冠肺炎疫情防控、中国共产党成立百年、党史学习教育、政法队伍整顿教育、乡村振兴等题材，拍摄专题视频近40条，制作动漫短视频30多条、创意视频海报逾100条，形成系列化风格。其中，“东莞医护人员雨中奔跑保护样本”视频经报社新媒体平台首发成为全国热搜，在抖音点击量约3000万次、点赞近100万人次、登上抖音全国热点榜第三名，并引发全国多家媒体，尤其央媒“三大官微”（人民日报、新华社、央视新闻）跟踪报道；与央视社会与法频道、市交警支队联合开展的《拒绝酒驾文明你我》直播，超500万人次观看。

【新型传播途径探索】2021年，东莞日报社坚持以融合传播构建全媒体格局，创新传播和创作手段，开拓音视频、长图文、H5（第五代超文本标记语言）、直播等沉浸式融媒产品。主动策划，推出党史学习教育主题电影《觉醒之门》、无人机航拍《瞰东莞之变》、“庆祝中国共产党成立100周年说唱MV”、“东莞百年沙画”、“东莞百年百米长卷”、“脊梁——东莞‘两优一先’系列短视频”等创意产品。如《瞰东莞之变》系列视频，集航拍、VR（虚拟现实）、延时摄影等技术，展现东莞镇街园区巨变，推出28期总阅读量1000多万人次；电影《觉醒之门》上映引发全城关注，首映仅24小时，首发平台“东莞日报”视频号点击率10多万人次，全网点击量逾500万次，人民日报客户端、央视频、澎湃新闻、腾讯等平台纷纷转播；7月1日，在南城街道、厚街镇、石碣镇等9个镇街文化广场线下展播。（董珊伶）

广播、电视、电影

【广播、电视、电影概况】2021年，东莞广播电视台总收入1.61亿元；省广电网络东莞分公司总收入9.13亿元，全市有线数字电视用户规模达160万户。年内，加强广播电视安全管理工作，省广播电视局报告零报告信息30条，接收各安全播出责任单位零报告信息76条，全年无出现任何安全播出、网络安全事故和事件，东莞市广播电视安全保障工作获得省广播电视局通报表扬。

截至2021年底，东莞市在册电影院145间，观影人数1467.4万人次，电影票房收入5.12亿元，连续10年全省排名第三位、地级市第一位。

【广播电视节目】2021年，东莞广播电视台播发广播新闻3万余条（次），电视新闻6000余条（次），原创网络新闻1万余条（次），摄制《我为群众办实事》《扫黑除恶》《廉正警示教育》等专题片约70部。采制的涉莞正面新闻报道被各平台采用率位于全省地级市前列，中央广播电视总台刊播超70条（次），其中，《新闻联播》10余条（次）；中央人民广播电台“大湾区之声”节目刊播超60条（次）。广东省电视台刊播约250条（次），其中，《广东新闻联播》100余条（次）；广东省电台刊播约500条（次），电台采用率连续12个月排全省地级市第一名。“学习强国”平台刊播1000余条（次）。采制上送的作品多件获省级奖项，6件获2020年度广东新闻奖（二等奖2件、三等奖4件），31件获2020年度广东省广播影视奖（一等奖2件、二等奖13件、三等奖16件）。

【广播电视融媒体】2021年，东莞广播电视台重点策划推出《十佳主持人讲党史》短视频系列宣传，由十佳主持人介绍东莞十大

2021年11月3日，全媒体新闻中心“对标先进”报道组在江苏南通采访（市文化广电旅游体育局供图）

红色主题旅游路线。创新推出东莞首个融合VR（虚拟现实）、短视频、创意手绘等新媒体技术制作的《东莞红讲台—VR云看展学党史》项目，被接入省委党史学习教育领导小组办公室推出的“打卡广东红粤学党史·粤爱党”小程序，上线后总点击量550多万人次。推出“家书里的东莞党史”“打卡东莞‘红’—先辈们战斗过的地方”等H5产品，通过融媒体展示东莞党史发展进程中有代表性的地点和场景，缅怀东莞革命先烈。在春节期间，推出“在莞过年”大型跨城直播，利用“知东莞”App（应用程序）和东莞电台，与上海、昭通、常德、武汉等15个城市的广电媒体，以“直播间+外景现场”的方式进行互动直播，该直播在线观看数近500万人次。东莞广播电视台联合中央广播电视总台，策划大型融媒体直播活动《百年百城——先进制造之都东莞的科技与生态之美》，直播观看量超100万人次。东莞阳光网阳光热线问政平台入选“2020年度全国新闻出版深度融合发展创新案例”，成为广东省唯一入选的网络问政平台。

【广播电视产业发展】 2021年，东莞广播电视台总收入1.61亿元；省广电网络东莞分公司总收入9.13亿元。年内，东莞市有线数字电视用户规模达到160万户，其中高清电视用户90万户、智能网关用户34万户；宽带用户59万户，其中百兆及以上宽带用户达30万户。传输的电视节目数达160套，其中标清基本电视节目41套、标清付费电视节目16套、高清电视节目54套、高清付费节目32套、4K电视节目6套、广播频道11套。有线电视网络光节点4.1万个；光缆总长度2.1万千米，其中主干光缆1.58万千米。

【广播电视便民服务】 2021年，广东省广电网络东莞分公司响应国家乡村振兴建设的号召，着力构建起以“镇街之窗”资讯服务平台和“智慧广电·乡村振兴公共服务平台”为依托的基层社会管理服务一体化体系，开展“千村千面”智慧广电乡村工程，为村委（社区居委/小区物业）和行业客户提供本地化、个性化的宣传窗口和平安乡村监控平台，为终端用户提供政策法规学习、政务公开、新闻资讯、旅游信息、文化教育、医疗健康等综合信息资源。在7个镇街的8个村（社区）上线“智慧广电·乡村振兴公共服务平台”，新建26个村（社区）的治安监控系统，为21个镇街提供疫苗接种点服务保障。推进“光改转换”惠民工程，助力智慧家庭、智慧社区、智慧城市的建设与发展，至年底全市实现光纤化网络覆盖95%以上，光口型家庭智能网关终端转换20万户。全年开展光网升级便民服务活动3540场。安装时长比对外服务承诺时间提速46.81小时/单，维护提速14.92小时/单，客户满意度99.9%。优化服务事项“零跑动”，增加政务网预约渠道，实现进驻服务事项网上可办率100%，缩短2个进驻事项的承诺办结时限，快速解决群众问题。

（梁笑溢）

【电影放映、拍摄】 2021年，东莞市开展电影院疫情防控及安全生产专项检查，确保全市电影院严格落实《电影放映场所恢复开放疫情防控指南（第三版）》等要求。在落实疫情防控工作的前提下，开展电影放映活动。其中，5月15日，举办全国首部4K全景声粤剧电影《白蛇传·情》超前点映活动；7月9日，举行电影《中国医生》东莞首映礼暨答谢医护人员观影活动，活动专门邀请180多名东莞援鄂医护代表和东莞抗疫医护代表参与观影，提振市民观影信心，助力观影市场回暖。年内，重点统筹做好中宣部改革开放题材电影《奇迹年代》等在莞拍摄的协助和管控，在支持拍摄的同时要求剧组落实防疫措施，确保安全有序。

【公益电影放映】 2021年2月8日，东莞市印发《2021年东莞市公益电影放映实施方案》，在落实疫情防控工作的前提下，开展2021年东莞市公益电影放映活动，放映4391场，超额完成省要求的放映任务。（袁炜荣）

新闻出版和版权保护

【新闻出版】 2021年，东莞市委宣传部完成全市报刊年检和新闻记者证年度核验工作，4家公开发行出版物和5家省内新闻单位驻莞机构通过年度核验。市、镇两级审批一次性内部资料性出版物62种，全市有连续性内部资料性出版物26种；根据省委、省政府部署中华版本传世工程要求，先后征集两批实物版本资源合计7346套，征集数量位于全省地级市最前列。做好南国书香节东莞分会场工作，各分会场展出图书6万余种100万册，吸引近7万人次参与，总销售图书近9万册，销售额300万元。年内，有7件作品获评农家书屋办2020年“我的书屋我的梦”征文活动全国优秀作品，获奖数量列全省首位。协助全市执法部门完成出版物鉴定1.39万种，办结国家、省和市各类信访案件20件。

【版权保护】 2021年，东莞市委宣传部指导市版权协会完成著作权登记4920件，受理著作权登记资助申请2555件；支持东莞市版权纠纷人民调解委员会调解版权纠纷830件，东莞市版权纠纷人民调解委员会被评为“2021年东莞市人民调解工作先进单位”。东莞市作为广东省的全国版权示范城市代表，独立参展在杭州举办的第八届中国国际版权博览会。协助举办第十二届中国国际漫博会，展会主打的“潮玩”主题吸引中央广播电视总台财经频道等主流媒体专题深度报道。推选东莞市微石文化科技有限公司获“广东省版权兴业示范基地”称号，并由省版权局推荐参选“全国版权示范单位”；推荐纪录片《寻味东莞》和东莞市原创作品“十里红妆系列”（3D金属拼图）”获“广东省最具价值版权产品”称号，“十里红妆系列”（3D金属拼图）”还成为东莞市唯一被省委宣传部推荐入选中宣部2021年“优秀地方文化外宣品”的原创版权产品。完成机关软件正版化工作，以“场地授权”方式一揽子解决全市市、镇两级政府机关及事业单位和公办学校、医院办公软件正版化和国产化问题。重点提升宣传教育，抓住“4·26”保护著作权宣传周和“6·1”新著作权法正式实施日等重要节点，以青少年群体为重点，结合“扫黄打非·绿书签”行动，连续3年组织全市大中院校参与广东省大学生版权知识演讲大赛并获二等奖2个、三等奖3个。

【印刷发行管理】 2021年，东莞市完成3333家印刷企业年度报告和900家出版物发行单位年度核验工作，并录入信息管理平台。组织印刷发行企业完成全国新闻出版统计抽检工作。开展印刷发行企业审核审批，全市新设立印刷企业296家，变更311家，注销备案50家；新设立出版物发行单位162家，变更185家，注销备案40家；审批审核境外出版物印件2904宗8.77万种22.8亿册；办理境外包装装潢和其他印刷品来（进）料加工备案769宗，出口总值130.2亿元。开展2021年新闻出版行业安全生产和疫情防控检查工作，并完成全市3585家印刷企业的普法宣培训。

【“扫黄打非”】 2021年，东莞市委宣传部围绕庆祝中国共产党成立100周年主线，通过组织开展“正道”“新风”集中行动，严厉打击政治性有害出版和传播活动，清除网上网下文化垃圾，全年办结国家和省“扫黄打非”转办线索14条，核查处理凤岗镇“10·12”特大出版物侵权盗版案，守好意识形态安全“南大门”。年内，市委宣传部出版版权科获中宣部国家版权局授予“全国打击侵权盗版有功单位”称号。 （周永强）

文化遗产保护

【文化遗产保护概况】 截至2021年底，东莞市有市级以上文物保护单位155处，其中全国重点文物保护单位9处、省级文物保护单位30处、市级文物保护单位116处；有东莞市不可移动文物459处。

【文物保护利用】 2021年，东莞市推动文物坐标纳入国土空间规划，在城市更新中加强文物保护。推动文物保护提档升级，新增市级文物保护单位9处。实施文物工程15项。推动东莞近代商埠贸易游径纳入第二批粤港澳大湾区文化遗产游径。

【革命文物保护利用】 2021年，东莞市贯彻落实习近平总书记在中央政治局第二十三次集体学习时的重要讲话以及对革命文物的重要指示精神，市委常委会就革命文物保护利用工作进行传达部署；完成广东东江纵队纪念馆升级改造、重新开放，市四套班子领导参观并重温入党誓词；以“革命文物活化利用”为题联合南方+拍摄制作孙中山石龙东征径、虎门炮台海防径宣传视频，宣扬东莞革命故事。

【文物安全保护】 2021年，东莞市组织召开全市文物安全工作会议，传达全国打击文物犯罪专项行动电视电话会议精神，对文物消防安全、打击预防文物犯罪、文物执法与管理、文博场馆疫情防控和文物安全等进行全面部署；建立林则徐销烟池与虎门炮台旧址文物保护联动工作机制，妥善处理好文物保护与城镇经济发展、驻军基建的关系；落实文物安全月巡查通报制度，全年出动1.6万人次，巡查文物459处，编制《文物安全工作简报》12期，推动整改安全隐患52处。

【非物质文化遗产保护】 2021年，东莞市出台《东莞市非物质文化遗产保护与管理暂行办法》，非物质文化遗产（简称“非遗”）保护工作遵循“见人、见物、见生活”的原则，坚持以传承弘扬优秀传统文化为中心，以各项品牌活动为平台，以“互联网+数字化”为手段完善制度设计，促进东莞非遗现代转变和产业转变，非遗保护与

2021年9月20日，“‘容’归故里邀明月”活动在可园博物馆夜间开放
（市文化广电旅游体育局供图）

传承工作发展。

【非遗保护体系完善】 2021年2月1日，《东莞市非物质文化遗产保护与管理暂行办法》施行，该办法对非遗的内涵、调查、保存、认定、保护、传承和利用等各环节进行规范，推动全市非遗保护传承工作进入有规可依、有章可循的新阶段；茶山镇茶园游会、桥头镇莫家拳两个项目入选国家级非遗代表性项目，东莞国家级非遗项目增至10个；做好2021年非遗濒危项目补助的考察、评定及发放工作。

【非遗文化传承普及教育】 2021年，东莞市升级“非遗墟市”品牌，完成“非遗墟市”场地升级造、打造粤港澳（东莞）非遗墟市；深化“非遗进校园”活动，推动“非遗进校园”向“非遗在校园”转变，全年开展线上线下进校园119场次，惠及27万人次；启动“非遗在四区”（四区：景区、社区、小区、园区）系列活动，全年开展配送活动26场次，向市民宣传普及非遗知识；举办2021年“龙舟月”活动，“龙舟月”启动仪式线上直播点击量650万次；结合6月12日文化和自然遗产日，举办“东莞非遗购物节”活动。

【非遗传播方式创新】 2021年，东莞市推出“青春自带光芒”东莞非遗新青年系列视频10期，并获得东莞第三届短视频大赛二等奖；《传承醒狮精神，年轻不服输》结合粤康码的小狮子进行介绍，单条微信推文阅读量突破5.7万人次，在新冠肺炎疫情防控期间精准阐释醒狮精神，传播传统文化知识，鼓舞齐心抗疫的士气；在非遗季期间推出青春自带光芒”非遗新青年十堂课，对系列视频进行集中推广。（梁笑溢）

2021年东莞市市级以上文物保护单位情况表

序号	名称	年代	地点	级别	公布登记日期
1	林则徐销烟池与虎门炮台旧址	清	虎门镇	全国重点文物保护单位	第二批，1982年2月23日
2	东莞可园	清	莞城街道	全国重点文物保护单位	第五批，2001年6月25日
3	南社村和塘尾村古建筑群	明—清	茶山镇石排镇	全国重点文物保护单位	第六批，2006年5月25日
4	却金亭碑	明	莞城街道	全国重点文物保护单位	第六批，2006年5月25日
5	大岭山抗日根据地旧址	抗日战争	大岭山镇	全国重点文物保护单位	第六批，2006年5月25日
6	蚝岗贝丘遗址	新石器时代	南城街道	全国重点文物保护单位	第七批，2013年3月5日
7	广九铁路石龙南桥	1911年	石龙镇	全国重点文物保护单位	第七批，2013年3月5日
8	东莞村头遗址	夏商	虎门镇	全国重点文物保护单位	第八批，2019年10月7日
9	蒋光鼐故居	1930年	虎门镇	全国重点文物保护单位	第八批，2019年10月7日
10	金鳌洲塔	明	万江街道	广东省文物保护单位	第三批，1989年6月29日
11	燕岭古采石场遗址	明—清	石排镇	广东省文物保护单位	第四批，2002年7月17日
12	康王庙	清	石排镇	广东省文物保护单位	批四批，2002年7月17日
13	黎氏大宗祠及古建筑群	明—民国	中堂镇	广东省文物保护单位	第四批，2002年7月17日
14	国殇冢	1949年	道滘镇	广东省文物保护单位	第四批，2002年7月17日
15	卫佐邦墓	清	东城街道	广东省文物保护单位	第五批，2008年11月18日
16	方氏宗祠	明	厚街镇	广东省文物保护单位	第五批，2008年11月18日

续表

序号	名称	年代	地点	级别	公布登记日期
17	苏氏宗祠	明—清	南城街道	广东省文物保护单位	第五批，2008年11月18日
18	容庚故居	清	莞城街道	广东省文物保护单位	第五批，2008年11月18日
19	牛眠埔洪仁玕避难遗迹（含永培书室遗址、福音堂、鼎和堂、张彩廷纪念碑、张声和夫妇墓）	清	塘厦镇	广东省文物保护单位	第五批，2008年11月18日
20	朱执信纪念碑	民国	虎门镇	广东省文物保护单位	第五批，2008年11月18日
21	松岗碗窑遗址	明—民国	清溪镇	广东省文物保护单位	第七批，2012年10月20日
22	道滘大坟	清	道滘镇	广东省文物保护单位	第七批，2012年10月20日
23	榴花塔	明	东城街道	广东省文物保护单位	第七批，2012年10月20日
24	余屋进士牌坊	明—清	东城街道	广东省文物保护单位	第七批，2012年10月20日
25	云岗古寺	明—清	石排镇	广东省文物保护单位	第七批，2012年10月20日
26	石龙公园史迹（含周恩来演讲处、李文甫纪念亭、莫公璧殉难纪念碑、凯旋门）	民国	石龙镇	广东省文物保护单位	第七批，2012年10月20日
27	雁田抗英指挥部旧址	1899年	凤岗镇	广东省文物保护单位	第七批，2012年10月20日
28	郑氏大宗祠	清	虎门镇	广东省文物保护单位	第八批，2015年12月10日
29	虎门医院旧址	1933年	虎门镇	广东省文物保护单位	第八批，2015年12月10日
30	陈益家族墓	明	虎门镇	广东省文物保护单位	第九批，2019年4月19日
31	迎恩门	明	莞城街道	广东省文物保护单位	第九批，2019年4月19日
32	余屋余氏宗祠	明清	东城街道	广东省文物保护单位	第九批，2019年4月19日
33	新基莫氏祠堂	明—清	麻涌镇	广东省文物保护单位	第九批，2019年4月19日
34	彭屋彭氏大宗祠	明	东坑镇	广东省文物保护单位	第九批，2019年4月19日
35	中坑王氏大宗祠	明	石排镇	广东省文物保护单位	第九批，2019年4月19日
36	下桥钱氏宗祠	明清	东城街道	广东省文物保护单位	第九批，2019年4月19日
37	大汾何氏大宗祠	明—清	万江街道	广东省文物保护单位	第九批，2019年4月19日
38	邓尔雅故居	晚清	莞城街道	广东省文物保护单位	第九批，2019年4月19日
39	东莞中学旧址	民国	莞城街道	广东省文物保护单位	第九批，2019年4月19日
40	金刚经云石塔	清	莞城街道	东莞市文物保护单位	第三批，1982年8月24日
41	广东人民抗日游击队东江纵队路东干部训练班旧址	抗日战争	清溪镇	东莞市文物保护单位	第三批，1982年8月24日
42	宋皇姑赵氏墓	宋	东城街道	东莞市文物保护单位	第四批，1989年1月7日
43	熊飞墓	明	东城街道	东莞市文物保护单位	第四批，1989年1月7日
44	李恺墓	明	桥头镇	东莞市文物保护单位	第四批，1989年1月7日
45	东岳庙	明	茶山镇	东莞市文物保护单位	第五批，1989年5月31日
46	海月岩	宋	厚街镇	东莞市文物保护单位	第五批，1989年5月31日
47	东莞县博物馆旧址	民国	莞城街道	东莞市文物保护单位	第五批，1989年5月31日
48	欧仙院	民国	石龙镇	东莞市文物保护单位	第六批，1990年2月1日
49	黄旗胜迹	宋	东城街道	东莞市文物保护单位	第七批，1993年6月22日
50	大汾古桥	明	万江街道	东莞市文物保护单位	第七批，1993年6月22日
51	单氏小宗祠	明	石碣镇	东莞市文物保护单位	第七批，1993年6月22日
52	郭真人古庙	明	虎门镇	东莞市文物保护单位	第七批，1993年6月22日
53	黄氏宗祠	明	企石镇	东莞市文物保护单位	第七批，1993年6月22日

续表

序号	名称	年代	地点	级别	公布登记日期
54	逆水流龟村堡	明	虎门镇	东莞市文物保护单位	第七批，1993年6月22日
55	巍焕楼	清	道滘镇	东莞市文物保护单位	第七批，1993年6月22日
56	薰莱亭	清	桥头镇	东莞市文物保护单位	第七批，1993年6月22日
57	叶氏宗祠	清	大岭山镇	东莞市文物保护单位	第七批，1993年6月22日
58	马山古迹	清	大岭山镇	东莞市文物保护单位	第七批，1993年6月22日
59	神仙水	明	厚街镇	东莞市文物保护单位	第七批，1993年6月22日
60	观音山古迹	明	大岭山镇	东莞市文物保护单位	第七批，1993年6月22日
61	崖山古迹	清	谢岗镇	东莞市文物保护单位	第七批，1993年6月22日
62	万福庵贝丘遗址	新石器时代	企石镇	东莞市文物保护单位	第八批，2004年1月8日
63	龙眼岗贝丘遗址	新石器时代	石排镇	东莞市文物保护单位	第八批，2004年1月8日
64	叶永青家族墓	明	茶山镇	东莞市文物保护单位	第八批，2004年1月8日
65	郑瑜墓	明	虎门镇	东莞市文物保护单位	第八批，2004年1月8日
66	温皋谟家族合葬墓	明	寮步镇	东莞市文物保护单位	第八批，2004年1月8日
67	钟氏祠堂	明	寮步镇	东莞市文物保护单位	第八批，2004年1月8日
68	孙杜古桥	明	石龙镇	东莞市文物保护单位	第八批，2004年1月8日
69	鸡啼岗黄氏宗祠	明	黄江镇	东莞市文物保护单位	第八批，2004年1月8日
70	丁氏祠堂及丁屋村古围墙	明	东坑镇	东莞市文物保护单位	第八批，2004年1月8日
71	埔心村古建筑群	明—清	石排镇	东莞市文物保护单位	第八批，2004年1月8日
72	福隆文阁	明—清	石排镇	东莞市文物保护单位	第八批，2004年1月8日
73	江边村古建筑群	明—清	企石镇	东莞市文物保护单位	第八批，2004年1月8日
74	迳联村古建筑群	明—清	桥头镇	东莞市文物保护单位	第八批，2004年1月8日
75	西溪村古建筑群	明—清	寮步镇	东莞市文物保护单位	第八批，2004年1月8日
76	半仙山村古建筑群	明—清	横沥镇	东莞市文物保护单位	第八批，2004年1月8日
77	桥梓村古建筑群	明—清	常平镇	东莞市文物保护单位	第八批，2004年1月8日
78	文光庙	明—清	大朗镇	东莞市文物保护单位	第八批，2004年1月8日
79	大井头村古建筑群	明—清	大朗镇	东莞市文物保护单位	第八批，2004年1月8日
80	慕香书室	清	凤岗镇	东莞市文物保护单位	第八批，2004年1月8日
81	礼屏公祠	清	虎门镇	东莞市文物保护单位	第八批，2004年1月8日
82	浮竹山文阁	清	寮步镇	东莞市文物保护单位	第八批，2004年1月8日
83	兰田别墅	清	横沥镇	东莞市文物保护单位	第八批，2004年1月8日
84	颂遐书室	清	常平镇	东莞市文物保护单位	第八批，2004年1月8日
85	陈氏宗祠及胜起家祠	清	中堂镇	东莞市文物保护单位	第八批，2004年1月8日
86	福庆桥	清	中堂镇	东莞市文物保护单位	第八批，2004年1月8日
87	铁场客家围	清	清溪镇	东莞市文物保护单位	第八批，2004年1月8日
88	清厦客家围	清	清溪镇	东莞市文物保护单位	第八批，2004年1月8日
89	恬甲村古建筑	清—民国	南城街道	东莞市文物保护单位	第八批，2004年1月8日
90	中山路民国建筑群	民国	石龙镇	东莞市文物保护单位	第八批，2004年1月8日
91	保安墟古街	民国	大朗镇	东莞市文物保护单位	第八批，2004年1月8日
92	新埠正街	民国	横沥镇	东莞市文物保护单位	第八批，2004年1月8日
93	殷氏宗祠	明	大岭山镇	东莞市文物保护单位	第八批，2004年1月8日
94	洪全福故居	清	凤岗镇	东莞市文物保护单位	第八批，2004年1月8日
95	大沙村西门楼	清	大岭山镇	东莞市文物保护单位	第八批，2004年1月8日
96	大片美游击队税站旧址	清	大岭山镇	东莞市文物保护单位	第八批，2004年1月8日
97	孙中山先代故乡旧址	清—民国	长安镇	东莞市文物保护单位	第八批，2004年1月8日

续表

序号	名称	年代	地点	级别	公布登记日期
98	霄边农会旧址	清—民国	长安镇	东莞市文物保护单位	第八批，2004年1月8日
99	张廷辅墓	民国	南城街道	东莞市文物保护单位	第八批，2004年1月8日
100	李任之故居	民国	常平镇	东莞市文物保护单位	第八批，2004年1月8日
101	东江纵队第一支队三龙大队部及驻军营地旧址	民国	高埗镇	东莞市文物保护单位	第八批，2004年1月8日
102	东圃小学旧址	民国	高埗镇	东莞市文物保护单位	第八批，2004年1月8日
103	高埗大桥旧址	中华人民共和国	高埗镇	东莞市文物保护单位	第八批，2004年1月8日
104	太公岭村抗日旧址	民国	大岭山镇	东莞市文物保护单位	第八批，2004年1月8日
105	东莞县新二区区府旧址	民国	大岭山镇	东莞市文物保护单位	第八批，2004年1月8日
106	翟氏宗祠	明—清	莞城街道	东莞市文物保护单位	第九批，2012年11月6日
107	宋氏宗祠	清	南城街道	东莞市文物保护单位	第九批，2012年11月6日
108	白衣庙遗址	南宋—清	南城街道	东莞市文物保护单位	第九批，2012年11月6日
109	李氏大宗祠	明—清	南城街道	东莞市文物保护单位	第九批，2012年11月6日
110	陈氏宗祠	明—清	南城街道	东莞市文物保护单位	第九批，2012年11月6日
111	陈氏大宗祠	明—清	万江街道	东莞市文物保护单位	第九批，2012年11月6日
112	元信陈公祠	清	万江街道	东莞市文物保护单位	第九批，2012年11月6日
113	节度陈公祠	清	厚街镇	东莞市文物保护单位	第九批，2012年11月6日
114	李氏宗祠	明—清	东坑镇	东莞市文物保护单位	第九批，2012年11月6日
115	福隆当铺	明—清	石排镇	东莞市文物保护单位	第九批，2012年11月6日
116	谷吓文阁	清	石排镇	东莞市文物保护单位	第九批，2012年11月6日
117	埔心古塔	清	石排镇	东莞市文物保护单位	第九批，2012年11月6日
118	明伦堂财产信条碑亭	1937年	莞城街道	东莞市文物保护单位	第九批，2012年11月6日
119	讴歌亭	1921年	莞城街道	东莞市文物保护单位	第九批，2012年11月6日
120	郡驸公祠	1923年	厚街镇	东莞市文物保护单位	第九批，2012年11月6日
121	济川善堂	1936年	道滘镇	东莞市文物保护单位	第九批，2012年11月6日
122	崖山碉堡	1943年	塘厦镇	东莞市文物保护单位	第九批，2012年11月6日
123	莫萃华故居	20世纪20年代	洪梅镇	东莞市文物保护单位	第九批，2012年11月6日
124	主山黄氏宗祠	明清	东城街道	东莞市文物保护单位	第十批，2014年9月15日
125	乌石岗黎氏宗祠	明—民国	东城街道	东莞市文物保护单位	第十批，2014年9月15日
126	绍贤家塾	1937年	东城街道	东莞市文物保护单位	第十批，2014年9月15日
127	温塘文阁	清	东城街道	东莞市文物保护单位	第十批，2014年9月15日
128	周屋周氏宗祠	明清	东城街道	东莞市文物保护单位	第十批，2014年9月15日
129	修鳌峙塘围堤记碑	1948年	东城街道	东莞市文物保护单位	第十批，2014年9月15日
130	雅园张氏宗祠	清—民国	南城街道	东莞市文物保护单位	第十批，2014年9月15日
131	雪松李公祠	1917年	南城街道	东莞市文物保护单位	第十批，2014年9月15日
132	五玉翟公祠	清中期	南城街道	东莞市文物保护单位	第十批，2014年9月15日
133	上甲谢氏宗祠	明清	万江街道	东莞市文物保护单位	第十批，2014年9月15日
134	耕乐祖祠	清—民国	万江街道	东莞市文物保护单位	第十批，2014年9月15日
135	耕读祖祠	清—民国	万江街道	东莞市文物保护单位	第十批，2014年9月15日
136	谷涌庾氏宗祠	清—民国	万江街道	东莞市文物保护单位	第十批，2014年9月15日
137	鲇鱼山周氏古墓葬	南宋	常平镇	东莞市文物保护单位	第十一批，2018年10月26日
138	寒溪水村古民居	清	茶山镇	东莞市文物保护单位	第十一批，2018年10月26日
139	中共东莞特别支部机关旧址	1925年	莞城街道	东莞市文物保护单位	第十一批，2018年10月26日
140	中共东莞县委机关旧址	1940年	东城街道	东莞市文物保护单位	第十一批，2018年10月26日

续表

序号	名称	年代	地点	级别	公布登记日期
141	东莞县新四区人民政府旧址	1949年	中堂镇	东莞市文物保护单位	第十一批，2018年10月26日
142	东莞新三区抗日民主政府旧址	1944—1945年	寮步镇	东莞市文物保护单位	第十一批，2018年10月26日
143	东江纵队铁东大队大队部旧址	1944—1945年	桥头镇	东莞市文物保护单位	第十一批，2018年10月26日
144	东莞县国民政府旧址	1938—1943年	樟木头镇	东莞市文物保护单位	第十一批，2018年10月26日
145	明园	民国	莞城街道	东莞市文物保护单位	第十一批，2019年1月16日
146	明生中学图书馆旧址	民国	莞城街道	东莞市文物保护单位	第十一批，2019年1月16日
147	榕树岭遗址	新石器时代晚期至商	谢岗镇	东莞市文物保护单位	第十二批，2021年5月6日
148	竹园发祥祠	明清	寮步镇	东莞市文物保护单位	第十二批，2021年5月6日
149	浮竹山叶氏宗祠	清	寮步镇	东莞市文物保护单位	第十二批，2021年5月6日
150	观察黎公家庙	清	中堂镇	东莞市文物保护单位	第十二批，2021年5月6日
151	通政陈公祠	清	厚街镇	东莞市文物保护单位	第十二批，2021年5月6日
152	秋成公祠	清	厚街镇	东莞市文物保护单位	第十二批，2021年5月6日
153	寒溪水罗氏宗祠	明清	茶山镇	东莞市文物保护单位	第十二批，2021年5月6日
154	东莞中学黎村办学旧址	1944年	谢岗镇	东莞市文物保护单位	第十二批，2021年5月6日
155	中共东莞县工作委员会机关旧址	1937年	[illegible]	东莞市文物保护单位	第十二批，2021年5月6日

注：全市共有市级以上文物保护单位155处，其中全国重点文物保护单位9处，省级文物保护单位30处，市级文物保护单位116处。

2021年东莞市非物质文化遗产名录表

序号	项目名称	项目类别	保护单位	获市级名录	获省级名录	获国家级名录	传承人情况
1	灯彩（东莞千角灯）	传统美术	莞城街道文化服务中心	第一批（2007年）	第一批（2006年）	第一批（2006年）	张金培，国家级第三批（2009年），张树祺（2009年去世），国家级第五批（2018年）、省级第二批（2011年）
2	龙舟制作技艺	传统技艺	中堂镇文化广播电视服务中心	第一批（2007年）	第二批（2007年）	第二批（2008年）	冯怀女，国家级第三批（2009年），霍灼兴（2021年去世），省级第一批（2008年），2016年4月去世 冯沛潮，市级第四批（2017年）、省级第六批（2020年） 霍沃培，市级第四批（2017年） 霍沃标，市级第五批（2020年）

续表

序号	项目名称	项目类别	保护单位	获市级名录	获省级名录	获国家级名录	传承人情况
3	麒麟舞（“樟木头舞麒麟”为国家级名称）	传统舞蹈	樟木头镇文化广播电视服务中心	第一批（2007年）	第一批（2006年）	第三批（2011年）	蔡玉财，省级第一批（2008年） 刘伟团，市级第二批（2014年）省级第六批（2020年）
4	木鱼歌	曲艺	东坑镇文化广播电视服务中心	第一批（2007年）	第三批（2009年）	第三批（2011年）	李仲球，省级第二批（2011年） 黄佩仪，市级第三批（2016年）
5	龙舟月（“赛龙舟”为国家级名称）	传统体育、游艺与杂技	万江街道文化服务中心	第一批（2007年）	第三批（2009年）	第三批（2011年）	
6	彩扎（麒麟制作）	传统美术	清溪镇文化广播电视服务中心	第一批（2007年）	第二批（2007年）	第四批（2014年）	黄素明，国家级第五批（2018年）、省级第一批（2008年） 黄志成，省级第一批（2008年）
7	传统香制作技艺（莞香制作技艺）	传统技艺	东莞市尚正堂莞香发展有限公司	第二批（2010年）	第四批（2012年）	第四批（2014年）	黄欧，国家级第五批（2018年）、省级第四批（2014年） 汤锦华，市级第二批（2013年）省级第六批（2020年）
8	寮步香市	民俗	寮步镇文化广播电视服务中心	第一批（2007年）	第二批（2007年）	第四批（2011年）	
9	莫家拳	传统体育、游艺与杂技	桥头镇文化广播电视服务中心	第一批（2007年）	第三批（2009年）	第五批（2021年）	莫柏许，省级第三批（2012年） 莫锦满，市级第三批（2016年）
10	茶园游会	民俗	茶山镇文化广播电视服务中心	第三批（2014年）	第六批（2015年）	第五批（2021年）	骆炳根，市级第四批（2017年）、省级第六批（2020年）
11	咸水歌	传统音乐	沙田镇文化广播电视服务中心	第一批（2007年）	第二批（2007年）		黄锦玉，省级第一批（2008年） 叶敬银，市级第四批（2017年）
12	东莞龙舞	传统舞蹈	大朗镇文化广播电视服务中心	第一批（2007年）	第二批（2007年）		叶沃筹，省级第一批（2008年），2009年去世 叶伍槐，省级第一批（2008年）
13	醒狮	传统舞蹈	石排镇文化广播电视服务中心	第一批（2007年）	第二批（2007年）		王裕坤，省级第一批（2008年） 王荏滔，市级第五批（2020年）
14	莞草编织	传统技艺	厚街镇文化广播电视服务中心	第一批（2007年）	第二批（2007年）		梁女，市级第一批（2010年）

续表

序号	项目名称	项目类别	保护单位	获市级名录	获省级名录	获国家级名录	传承人情况
15	乞巧节	民俗	望牛墩镇文化广播电视服务中心	第一批（2007年）	第二批（2007年）		陈杰芳，省级第一批（2008年） 黄妍，省级第一批（2008年）
16	东坑卖身节	民俗	东坑镇文化广播电视服务中心	第一批（2007年）	第二批（2007年）		
17	塘尾康王诞（"康王宝诞"为省级名称）	民俗	石排镇文化广播电视服务中心	第一批（2007年）	第二批（2007年）		
18	草龙舞	传统舞蹈	企石镇文化广播电视服务中心	第一批（2007年）	第三批（2009年）		
19	石龙醒狮头制作技艺	传统美术	石龙镇文化广播电视服务中心	第一批（2007年）	第三批（2009年）		郭润棠，省级第二批（2011年）
20	盆菜（"长安大盆菜"为省级名称）	民俗	长安镇文化广播电视服务中心	第一批（2007年）	第三批（2009年）		
21	舞木龙	民俗	厚街镇文化广播电视服务中心	第一批（2007年）	第三批（2009年）		陈锦柱，市级第五批（2020年）
22	端午游木龙	民俗	常平镇文化广播电视服务中心	第一批（2007年）	第三批（2009年）		
23	中堂龙舟景	民俗	中堂镇文化广播电视服务中心	第二批（2010年）	第三批（2009年）		
24	麒麟引凤	传统舞蹈	道滘镇文化广播电视服务中心	第一批（2007年）	第四批（2012年）		刘东良，省级第三批（2012年）
25	茶山公仔	传统美术	茶山镇文化广播电视服务中心	第一批（2007年）	第四批（2012年）		林暖钦，省级第三批（2012年） 林伟强，市级第五批（2020年）
26	七夕贡案	民俗	道滘镇文化广播电视服务中心	第一批（2007年）	第四批（2012年）		
27	横沥牛墟	民俗	横沥镇文化广播电视服务中心	第一批（2007年）	第四批（2012年）		
28	麒麟舞（清溪麒麟舞）	传统舞蹈	清溪镇文化广播电视服务中心	第二批（2010年）	第四批（2012年）		黄鹤林，省级第三批（2012年） 黄谨行，市级第五批（2020年）
29	白沙油鸭制作技艺	传统技艺	虎门镇文化广播电视服务中心	第二批（2010年）	第四批（2012年）		方咸仔，省级第三批（2012年）
30	厚街腊肠制作技艺	传统技艺	厚街镇文化广播电视服务中心	第二批（2010年）	第四批（2012年）		陈什根（2017年12月去世），省级第三批（2012年） 余立新，市级第五批（2020年） 陈颢承，市级第五批（2020年）

续表

序号	项目名称	项目类别	保护单位	获市级名录	获省级名录	获国家级名录	传承人情况
31	道滘裹蒸粽制作技艺	传统技艺	道滘镇文化广播电视服务中心	第二批（2010年）	第四批（2012年）		李志平，市级第一批（2010年） 卢细妹，省级第四批（2014年）
32	客家山歌（清溪客家山歌）	传统音乐	清溪镇文化广播电视服务中心	第一批（2007年）	第五批（2013年）		刘国权，省级第四批（2014年）
33	客家山歌（凤岗客家山歌）	传统音乐	凤岗镇文化广播电视服务中心	第一批（2007年）	第五批（2013年）		杜带娣，市级第二批（2014年）、省级第六批（2020年） 杨艳芬，市级第四批（2017年）
34	麒麟舞（塘厦舞麒麟）	传统舞蹈	塘厦镇文化广播电视服务中心	第二批（2010年）	第五批（2013年）		黄汉光，省级第四批（2014年）
35	莞草编织技艺	传统技艺	道滘镇文化广播电视服务中心	第一批（2007年）	第六批（2015年）		叶小玲，女，市级第三批（2016年），省级第五批（2017年）
36	厚街濑粉制作技艺	传统技艺	厚街镇文化广播电视服务中心	第二批（2010年）	第六批（2015年）		余球（2018年1月去世），市级第一批（2010年）
37	石龙新昌鼓制作技艺（扩展项目）	传统技艺	石龙镇文化广播电视服务中心	第二批（2010年）	第六批（2015年）		叶仁和（2017年1月去世），市级第一批（2010年）、省级第五批（2017年） 叶浩和，市级第五批（2020年）
38	庾家粽制作技艺（扩展项目）	传统技艺	东莞市花园粥城服务有限公司	第三批（2014年）	第六批（2015年）		庾美连，女，市级第三批（2016年）、省级第五批（2017年） 黎振雄，市级第四批（2017年）
39	高埗矮仔肠制作技艺（扩展项目）	传统技艺	高埗镇文化广播电视服务中心	第三批（2014年）	第六批（2015年）		吕衬婵，女，市级第三批（2016年）、省级第五批（2017年）
40	节马传说	民间文学	虎门镇文化广播电视服务中心	第四批（2016年）	第七批（2018年）		
41	茶山绸衣灯公	传统美术	茶山镇文化广播电视服务中心	第四批（2016年）	第七批（2018年）		李翠薇，市级第五批（2020年）
42	东莞荔枝蜜酿造技艺	传统技艺	清溪镇文化广播电视服务中心	第四批（2016年）	第七批（2018年）		梁伟东，市级第五批（2020年）
43	莞香制作技艺	传统技艺	清溪镇文化广播电视服务中心	第四批（2016年）	第七批（2018年）		刘东晓，市级第五批（2020年）
44	大步巡游	民俗	麻涌镇文化广播电视服务中心	第三批（2014年）	第七批（2018年）		祝志财，市级第五批（2020年）
45	过洋乐	传统音乐	莞城街道文化服务中心	第一批（2007年）			

续表

序号	项目名称	项目类别	保护单位	获市级名录	获省级名录	获国家级名录	传承人情况
46	貔貅舞	传统舞蹈	横沥镇文化广播电视服务中心	第一批（2007年）			吴子成（2012年去世），市级第一批（2010年） 吴满水，市级第二批（2014年）
47	龙舞	传统舞蹈	长安镇文化广播电视服务中心	第一批（2007年）			
48	草龙舞	传统舞蹈	横沥镇文化广播电视服务中心	第一批（2007年）			
49	粤剧	传统戏剧	长安镇、望牛墩文化广播电视服务中心	第一批（2007年）			李应梅（2021年去世），市级第四批（2017年）
50	木偶戏	传统戏剧	大朗镇文化广播电视服务中心	第一批（2007年）			陈绍初，市级第三批（2016年）
51	粤曲	曲艺	道滘镇、麻涌镇文化广播电视服务中心	第一批（2007年）			黄日辉，市级第二批（2014年）
52	龙舟说唱	曲艺	石碣镇文化广播电视服务中心	第一批（2007年）			卢锦全，市级第五批（2020年）
53	麒麟制作技艺	传统技艺	石龙镇文化广播电视服务中心	第一批（2007年）			何滚流，市级第四批（2017年）
54	灯笼仔制作技艺	传统技艺	石龙镇文化广播电视服务中心	第一批（2007年）			叶安，市级第一批（2010年） 刘淑如（2021年去世），市级第五批（2020年）
55	客家服饰制作技艺	传统技艺	樟木头镇文化广播电视服务中心	第一批（2007年）			
56	“百岁”制作技艺	传统技艺	中堂镇文化广播电视服务中心	第一批（2007年）			胡葵（2019年12月去世），市级第一批（2010年）
57	凉帽制作技艺	传统技艺	桥头镇文化广播电视服务	第一批（2007年）			邓佰稳，市级第一批（2010年）
58	交盘会	民俗	石碣镇文化广播电视服务中心	第一批（2007年）			
59	放河莲花	民俗	道滘镇文化广播电视服务中心	第一批（2007年）			
60	东莞粥品	民俗	东莞市花园粥城饮食有限服务公司	第一批（2007年）			
61	东莞小吃	民俗	东莞市花园粥城饮食有限服务公司	第一批（2007年）			
62	海月风帆传说	民间文学	厚街镇文化广播电视服务中心	第二批（2010年）			
63	盲佬话	民间文学	洪梅镇文化广播电视服务中心	第二批（2010年）			

续表

序号	项目名称	项目类别	保护单位	获市级名录	获省级名录	获国家级名录	传承人情况
64	老人歌	传统音乐	东城街道文化服务中心	第二批（2010年）			
65	哭嫁歌	传统音乐	大朗镇文化广播电视服务中心	第二批（2010年）			
66	客家山歌（市级扩展项目）	传统音乐	大岭山镇、塘厦镇文化广播电视服务中心	第二批（2010年）			
67	红漆描花传统木屐制作技艺	传统技艺	石龙镇文化广播电视服务中心	第二批（2010年）			梁锦泉，市级第一批（2010年）
68	李全和麦芽糖、糖柚皮制作技艺	传统技艺	石龙镇文化广播电视服务中心	第二批（2010年）			李凤丽，市级第一批（2010年） 王凯茵，市级第四批（2017年）
69	冼沙鱼丸	传统技艺	高埗镇文化广播电视服务中心	第二批（2010年）			黄淦林，市级第四批（2017年） 冯耀昆，市级第四批（2017年）
70	糖不甩	传统技艺	东坑镇文化广播电视服务中心	第二批（2010年）			黄瑞珠，市级第四批（2017年）
71	焙荔枝干	传统技艺	大朗镇、常平镇文化广播电视服务中心	第二批（2010年）			叶茂水，市级第四批（2017年）
72	客家酿酒	传统技艺	清溪镇文化广播电视服务中心	第二批（2010年）			张凤英，市级第一批（2010年） 张淑恩，市级第三批（2016年）
73	阴菜	传统技艺	东坑镇文化广播电视服务中心	第二批（2010年）			卢善波（2017年11月去世），市级第一批（2010年） 卢国华，市级第二批（2014年） 卢德光，市级第五批（2020年）
74	厚街什锦菜头制作技艺	传统技艺	厚街镇文化广播电视服务中心	第二批（2010年）			王慧婵，市级第一批（2010年）
75	寮步豆酱	传统技艺	寮步镇文化广播电视服务中心	第二批（2010年）			陈柱和，市级第四批（2017年） 梁健华，市级第五批（2020年）
76	土法凉茶“春明茶”	传统医药	大朗镇文化广播电视服务中心	第二批（2010年）			刘金玉，市级第二批（2014年）
77	浸冬瓜水	传统医药	常平镇文化广播电视服务中心	第二批（2010年）			
78	开灯习俗	民俗	东城街道文化服务中心洪梅镇、大朗镇文化广播电视服务中心	第二批（2010年）			

续表

序号	项目名称	项目类别	保护单位	获市级名录	获省级名录	获国家级名录	传承人情况
79	东莞传统婚俗	民俗	东城街道文化服务中心麻涌镇、常平镇、横沥镇文化广播电视服务中心	第二批（2010年）			
80	疍家传统婚俗	民俗	沙田镇文化广播电视服务中心	第二批（2010年）			
81	客家传统婚俗	民俗	凤岗镇、大岭山镇文化广播电视服务中心	第二批（2010年）			
82	入伙习俗	民俗	东城街道文化服务中心	第二批（2010年）			
83	喊惊习俗	民俗	东城街道文化服务中心东坑镇文化广播电视服务中心	第二批（2010年）			
84	中秋习俗	民俗	东城街道、麻涌镇、桥头镇文化广播电视服务中心	第二批（2010年）			
85	祝寿习俗	民俗	黄江镇文化广播电视服务中心	第二批（2010年）			
86	新年习俗	民俗	常平镇文化广播电视服务中心东城街道文化服务中心	第二批（2010年）			
87	端阳节	民俗	望牛墩镇文化广播电视服务中心	第二批（2010年）			
88	古琴音乐（岭南派）	传统音乐	莞城街道文化服务中心	第三批（2014年）			王可逊，市级第二批（2014年）
89	竹塘麒麟舞	传统舞蹈	凤岗镇竹塘村委会	第三批（2014年）			张马通，市级第三批（2016年） 张家发，市级第五批（2020年）
90	中国象棋（凤岗）	传统体育、游艺与杂技	凤岗镇文化广播电视服务中心	第三批（2014年）			
91	龙形拳	传统体育、游艺与杂技	塘厦镇文化广播电视服务中心	第三批（2014年）			林效明，市级第三批（2016年）
92	道滘蟛蜞酱制作技艺	传统技艺	道滘镇文化广播电视服务中心	第三批（2014年）			
93	莞城花灯制作技艺	传统技艺	莞城街道文化服务中心	第三批（2014年）			王浩均，市级第三批（2016年）

续表

序号	项目名称	项目类别	保护单位	获市级名录	获省级名录	获国家级名录	传承人情况
94	樟木头麒麟制作技艺	传统技艺	樟木头镇文化广播电视服务中心	第三批（2014年）			刘金星，市级第四批（2017年）
95	万江新村腐竹制作技艺	传统技艺	万江街道文化服务中心	第三批（2014年）			
96	东莞传统建房风俗	民俗	南城街道文化服务中心	第三批（2014年）			
97	东莞卖懒习俗	民俗	南城街道文化服务中心	第三批（2014年）			
98	鸦片战争民间故事	民间文学	虎门镇文化广播电视服务中心	第四批（2016年）			
99	金鳌传说	民间文学	万江街道文化服务中心	第四批（2016年）			
100	银瓶山传说	民间文学	谢岗镇南面村村民委员会	第四批（2016年）			
101	紫霞道人传经传说	民间文学	大岭山镇文化广播电视服务中心	第四批（2016年）			
102	黄大仙传说	民间文学	企石镇文化广播电视服务中心	第四批（2016年）			
103	兴塘醒狮	传统舞蹈	莞城街道办事处兴塘社区居民委员会	第四批（2016年）			陈汝森，市级第四批（2017年）
104	莞城粤剧	传统戏剧	莞城街道文化服务中心	第四批（2016年）			
105	道滘木鱼歌	曲艺	道滘镇文化广播电视服务中心	第四批（2016年）			刘淦堂，市级第四批（2017年）
106	莞城龙形拳	传统体育、游艺与竞技	莞城街道文化服务中心	第四批（2016年）			简应球，市级第四批（2017年）
107	双手洪拳	传统体育、游艺与竞技	厚街镇文化广播电视服务中心	第四批（2016年）			王汉辉，市级第四批（2017年）
108	陈氏太极拳（张志俊功夫）	传统体育、游艺与竞技	横沥镇文化广播电视服务中心	第四批（2016年）			邓锦华，市级第四批（2017年）
109	林旁粽制作技艺	传统技艺	虎门镇文化广播电视服务中心	第四批（2016年）			林容弟，市级第四批（2017年）
110	洪梅花灯技艺	传统技艺	洪梅镇文化广播电视服务中心	第四批（2016年）			
111	保安围扣肉	传统技艺	高埗镇文化广播电视服务中心	第四批（2016年）			
112	东莞腊猪头皮制作技艺	传统技艺	东莞市真宜食品有限公司	第四批（2016年）			吕辉，市级第四批（2017年）
113	糍粑制作技艺	传统技艺	樟木头镇文化广播电视服务中心	第四批（2016年）			蔡运娇，市级第四批（2017年）
114	中式茶点烘焙技艺	传统技艺	南城街道文化服务中心	第四批（2016年）			詹树安，市级第四批（2017年）

续表

序号	项目名称	项目类别	保护单位	获市级名录	获省级名录	获国家级名录	传承人情况
115	寮步面豉制作技艺	传统技艺	东莞市寮步美味副食品有限公司	第四批（2016年）			
116	苏木红团制作技艺	传统技艺	东莞市谢岗镇居民股份经济联合社	第四批（2016年）			谢日容，市级第五批（2020年）
117	荔枝柴烧鹅制作技艺	传统技艺	谢岗镇居民股份经济联合社	第四批（2016年）			罗谭炳，市级第四批（2017年）
118	方氏正骨	传统医药	虎门镇文化广播电视服务中心	第四批（2016年）			石润财，市级第四批（2017年）
119	南社九大簋	民俗	东莞南社创意文化旅游发展有限公司	第四批（2016年）			谢荏良，市级第四批（2017年）
120	黎村谭公诞	民俗	谢岗镇黎村股份经济联合社	第四批（2016年）			何英有（2020年2月去世），市级第四批（2017年）
121	樟木头客家山歌	传统音乐	樟木头镇文化广播电视服务中心	第五批（2019年）			
122	长安狮舞	传统舞蹈	长安镇文化广播电视服务中心	第五批（2019年）			
123	咏春拳	传统体育、游艺与杂技	企石镇文化广播电视服务中心	第五批（2019年）			梁毅钊，市级第五批（2020年）
124	莞城腊肠制作技艺	传统技艺	东莞市食品有限公司旗峰腊味厂	第五批（2019年）			王景康，市级第五批（2020年）
125	古书画修复技艺	传统技艺	莞城街道文化服务中心	第五批（2019年）			钱桂荣，市级第五批（2020年）
126	糖冬瓜制作技艺	传统技艺	莞城街道文化服务中心	第五批（2019年）			许志敏，市级第五批（2020年）
127	传统红木家具制作技艺及其创新	传统技艺	东莞市福木源家具有限公司	第五批（2019年）			胡鑫，市级第五批（2020年）
128	火麻仁茶饮料制作技艺	传统技艺	港亨食品（广东）有限公司	第五批（2019年）			
129	岭南古琴修复与斫制技艺	传统技艺	万江街道文化服务中心	第五批（2019年）			
130	东莞沙琪玛制作技艺	传统技艺	东莞市同发食品有限公司	第五批（2019年）			陈锦祺，市级第五批（2020年）
131	广式红木家具制作技艺	传统技艺	东莞市鸿普轩家具有限公司	第五批（2019年）			
132	厚街酱油酿造技艺	传统技艺	厚街镇文化广电服务中心	第五批（2019年）			
133	东莞鸡蛋卷制作技艺	传统技艺	东莞市邓福记食品有限公司	第五批（2019年）			邓永福，市级第五批（2020年）
134	寮步石埗羊肉制作技艺	传统技艺	广东石埗传承食品有限公司	第五批（2019年）			陈伟强，市级第五批（2020年）

续表

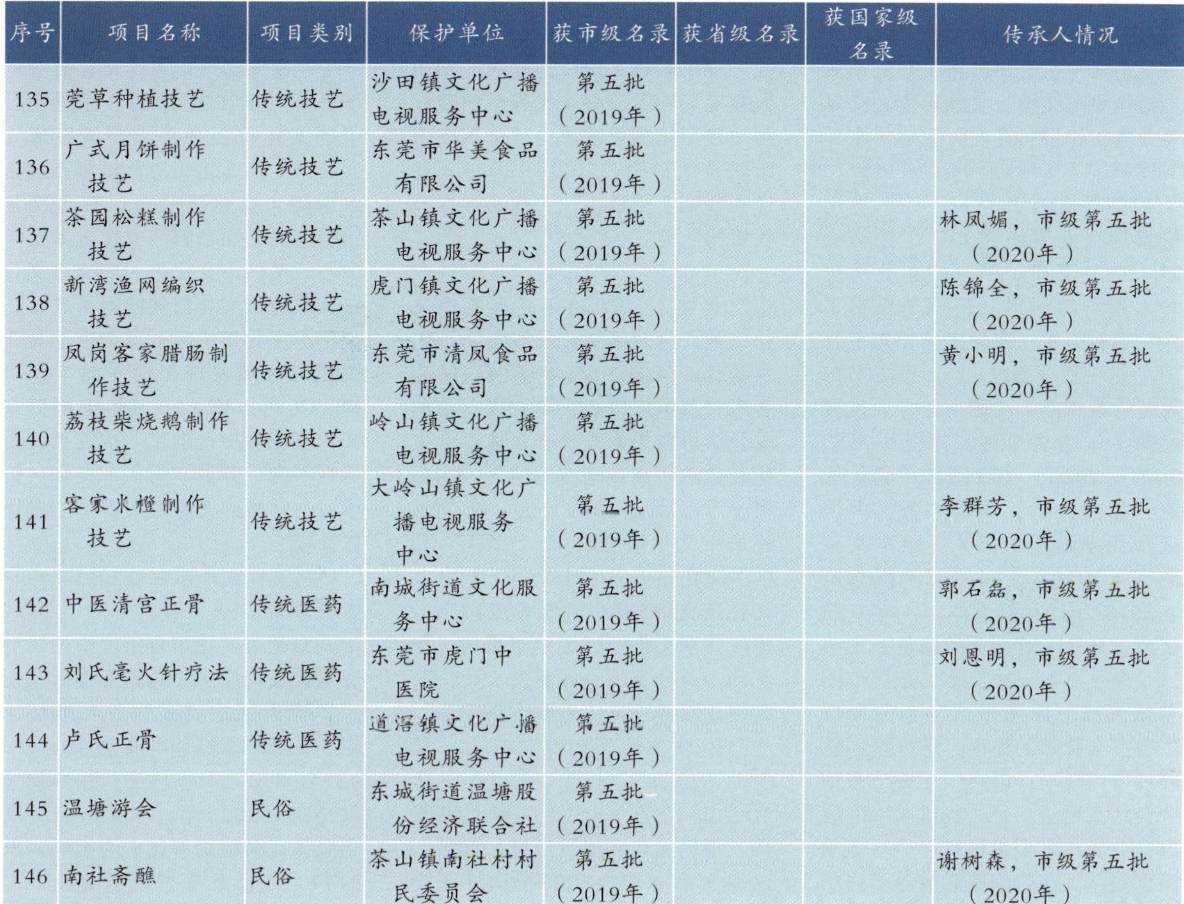

序号	项目名称	项目类别	保护单位	获市级名录	获省级名录	获国家级名录	传承人情况
135	莞草种植技艺	传统技艺	沙田镇文化广播电视服务中心	第五批（2019年）			
136	广式月饼制作技艺	传统技艺	东莞市华美食品有限公司	第五批（2019年）			
137	茶园松糕制作技艺	传统技艺	茶山镇文化广播电视服务中心	第五批（2019年）			林凤媚，市级第五批（2020年）
138	新湾渔网编织技艺	传统技艺	虎门镇文化广播电视服务中心	第五批（2019年）			陈锦全，市级第五批（2020年）
139	凤岗客家腊肠制作技艺	传统技艺	东莞市清凤食品有限公司	第五批（2019年）			黄小明，市级第五批（2020年）
140	荔枝柴烧鹅制作技艺	传统技艺	岭山镇文化广播电视服务中心	第五批（2019年）			
141	客家米橙制作技艺	传统技艺	大岭山镇文化广播电视服务中心	第五批（2019年）			李群芳，市级第五批（2020年）
142	中医清宫正骨	传统医药	南城街道文化服务中心	第五批（2019年）			郭石磊，市级第五批（2020年）
143	刘氏毫火针疗法	传统医药	东莞市虎门中医院	第五批（2019年）			刘恩明，市级第五批（2020年）
144	卢氏正骨	传统医药	道滘镇文化广播电视服务中心	第五批（2019年）			
145	温塘游会	民俗	东城街道温塘股份经济联合社	第五批（2019年）			
146	南社斋醮	民俗	茶山镇南社村村民委员会	第五批（2019年）			谢树森，市级第五批（2020年）

备注：1.市级名录四批共146项，其中含省级以上44项、国家级10项。国家级传承人5名（其中2人去世），省级传承人29名（其中5人去世），市级传承人83名（其中7人去世）。
2.七夕贡案保护单位为望牛墩镇、道滘镇，2007年望牛墩镇成功申报省级第二批名录，名称为“乞巧节”。

文化场馆

【博物馆】 2021年，东莞市有博物馆53座，其中国有18座、非国有35座；有国家一级博物馆1家（鸦片战争博物馆）、国家二级博物馆3家（东莞市博物馆、可园博物馆、东莞展览馆）、国家三级博物馆6家（广东东江纵队纪念馆、袁崇焕纪念园、蚝岗遗址博物馆、石龙博物馆、钱币博物馆、唯美陶瓷博物馆），国家三级以上博物馆10家。博物馆总数仅次于广州市，与深圳市并列全省第二位。

年内，东莞市深化“博物馆之城”建设，推进市博物馆新馆建设，完成选址、初步设计方案等工作；中国举重博物馆在石龙镇动工建设，计划建成全国唯一的国家级举重项目专题博物馆；挖掘本土名人资源，举办“容庚与东莞”大型系列展览，吸引超13万人次线上线下参观。在展览馆增设莞籍“坪石先生”事迹展示内容，完成邓植仪和邓盛仪故居修缮、环境整治和陈列布展。东莞近代商埠贸易游径入选第二批粤港澳大湾区文化遗产游径。促进历史文化浸润城市生活，组织梁世雄中国画艺术展、吴劲潮美术作品捐赠展，举办6期“新时代明伦堂”文博主题系列讲座，开展“博物馆进校园”“非遗进校园”“戏曲进校园”等活动，岭南文化、莞邑文化影响力持续提升。全年各博物馆组织举办展览活动271项1026场次，观众450万人次，开展中小学教育教学活动63场。

【图书馆】 截至2021年底，东莞市图书馆新馆建筑面积4.46万平方米，设有大陆首家漫画图书馆、全国首家自助图书馆、全国首家粤剧图书馆、东莞书屋等多个馆中馆。此外，在莞城街道新芬路另设9000余平方米的少年儿童图书馆。2021年，依托348万册馆藏文献资源坚持开展公益性文献服务、阅读推广和社会教育活动，全年接待读者126万人次，书刊文献外借195万册次，举办各类读者活动1150场次，参与读者78.5万人次。

文献开发　2021年，东莞市图书馆围绕东莞地方文献、专题文献及业务工作进行开发，完成《东莞文库概览》8种8册的编辑出版，《东莞报道（一）》、《东莞明伦堂历史发展研究》、《伦明交游》、晚清和民国时期东莞历史名人资料的搜集、整理与编辑工作；编辑出版《东莞图书馆规范管理工作手册（2021）》《图书馆规范管理指南》《图书馆专业发展之路》《追求卓越：东莞图书馆2001—2020》《我们在一起》等业务发展文献；编辑出版《中国近现代漫画艺术家》《绘本文献总览（2020）》《漫画文献总览（2018/2019年续编本）》等专题文献；增补《粤剧文献总览》。

读者服务　2021年，东莞市图书馆发挥中国图书馆学会阅读推广委员会挂靠的作用，承办全国性阅读推广活动；以南国书香节东莞分会场系列活动、“我讲书中的故事”儿童故事大王比赛、“东莞动漫之夏”、东莞阅读联盟等系列活动促进东莞读书节品牌活动开展；围绕春节、“4·23”世界读书日、“六一”儿童节、父亲节、中国共产党成立100周年纪念日、暑假、中秋节等重要时间节点策划全市联动活动；选取大朗、大岭山、茶山等镇街分馆为试点，探索联合网格员推送资源进家庭服务模式，加大数字阅读推广力度。

图书馆管理　2021年，东莞市围绕《东莞图书馆“十四五”战略规划》，加强贯彻与执行；围绕重点绩效指标，加强绩效管理工作；围绕市巡察清单，加强问题整改工作。在图书馆体系发展方面，继续加强各类服务网点的建设和管理，截至2021年底，全市建成总馆1个、分馆52个、图书流动车服务站102个、村（社区）基层服务点485个、城市阅读驿站42个、绘本馆25家、绘本阅读服务点44个的总分馆服务体系，推进体系建设。东莞市图书馆在《图书馆报》主办的“年度影响力图书馆”评选活动中获“年度影响力图书馆”称号；在“中华传统文化百部经典”知识大赛等三项活动中获优秀组织奖；再次被国家图书馆评为“全国图书馆联合编目中心2020—2021年度优秀数据上传机构”“优秀数据监督机构”等。

【文化馆】　2021年，东莞市文化馆被评为全国文化和旅游系统先进集体；入选2021年度中国民族音乐普及推广中心；牵头成立中国文化馆协会摄影委员会；建立含文化和旅游研究基地在内的三大国家级平台。截至2021年底，东莞市建成市文化馆总馆1个、镇街（园区）文化馆分馆34个、村（社区）文化馆支馆583个，服务点12个，建成共享文化馆15个，市镇村三级联动、总分支馆一体化的文化馆公共文化服务网络体系基本建立。

2021粤港澳大湾区公共文化和旅游产品（东莞）采购会　于2021年12月3—5日在东莞市举行。根据文化和旅游部统一部署，该届文采会作为2021全国文采会“东莞站”，是全国三大区域文采会之一。累计吸引来自粤港澳大湾区的345家文旅体企业参加，达成意向成交156单7492万元，线上抖音话题点击量超1亿人次，直播在线观看超5153万人次。

牵头成立中国文化馆协会摄影委员会　于2021年5月在东莞举行中国文化馆协会摄影委员会成立大会。中国文化馆协会摄影委员会由东莞市文化馆联合广东省文化馆、上海市浦东新区文化艺术指导中心、厦门市文化馆、广州市文化馆、成都市文化馆共同筹备成立，是中国文化馆协会下属为推动文化馆摄影领域发展而设立的工作机构。其间，举办2021年全国群众文化摄影骨干培训班。依托摄影委员会平台，开展“时代·文化·传承——首届群文摄影大展”主题摄影征稿。

东莞民族乐团入选2021年度中国民族音乐普及推广中心　2021年，东莞市文化馆自年度中国民族音乐普及推广中心遴选工作启动以来，完成遴选要求的各项准备工作，并最终通过评审及公示。

公共文化服务社会组织孵化中心建设　2021年，东莞市公共文化服务社会组织孵化中心组织入驻的37个团队开展培训、交流、考察，并开展10场专业讲座。孵化期间，14个团队参与“文化致敬红心向党”东莞市社会文艺团队公益行

2021年12月3—5日，2021粤港澳大湾区公共文化和旅游产品（东莞）采购会在东莞市举行
（市文化广电旅游体育局供图）

动。最终评选出优秀组织11个、合格团队13个，为东莞社会力量孵化培育探索经验。

【岭南美术馆】 2021年，岭南美术馆（岭南画院）围绕庆祝中国共产党成立100周年的主题，将百年党史学习、贯彻习近平总书记重要讲话精神和展览工作紧密结合，策划举办“凝聚时代的记忆——吴劲潮美术作品捐赠展”“百年征程 百年纪实——庆祝中国共产党成立100周年美术创作工程作品展”“‘容庚与东莞’和‘方寸精镌鉴古今——《颂斋藏印》艺术展’”“河山闳廓——梁世雄中国画艺术展”等9个展览；策划举办“艺述党史”“岭南艺课”等73场次线上线下公教活动；编辑出版展览同名画册2本。组织画家参加各类重要艺术展览，在国家级大展中，1件作品获优秀奖，13件作品入选；在省级大展中，1件作品获三等奖、13件作品入选。2021年，征集藏品397件（套）。

【玉兰大剧院】 2021年，东莞玉兰大剧院演出152场，其中自营演出85场（A类35场、B类32场、C类18场）、公益演出23场、其他演出44场，接待观众13.4万人次，全年平均上座率81%，平均票价199.51元，顾客综合满意度99.16%。其中，上演《中国爱乐乐团新年音乐会》、音乐剧《面试》中文版、京剧传统大戏《龙凤呈祥》、杨丽萍作品舞蹈剧场《十面埋伏》、周杰伦作品音乐剧《不能说的秘密》等高水平演出。同时在“庆祝中国共产党成立100周年”之际，组织“峥嵘百年文化铸魂”——庆祝中国共产党成立100周年系列演出，引进大型民族歌剧《江姐》、话剧《上甘岭》、舞剧《永不消逝的电波》《烽火皮影

2021年东莞市博物馆情况表

序号	名称	性质	建筑面积（平方米）	展厅面积（平方米）	所在地
1	鸦片战争博物馆	国有	35000	9000	虎门镇
2	东莞博物馆	国有	5800	3300	莞城街道
3	可园博物馆	国有	41771.58	2534.68	莞城街道
4	广东东江纵队纪念馆	国有	5001	3989	大岭山镇
5	东莞展览馆	国有	26000	10000	南城街道
6	东莞市袁崇焕纪念园	国有	10582	860	石碣镇
7	东莞科学技术博物馆	国有	40000	10000	南城街道
8	东莞蚝岗遗址博物馆	国有	2659	1260	南城街道
9	石龙博物馆	国有	2600	700	石龙镇
10	石龙镇举重博物馆	国有	560	560	石龙镇
11	石龙东征博物馆	国有	1500	450	石龙镇
12	塘厦城市展示馆	国有	2600	700	塘厦镇
13	凤岗历史博物馆	国有	1500	1400	凤岗镇
14	容庚故居纪念馆	国有	203	203	莞城街道
15	李任之生平事迹陈列馆	国有	200	200	常平镇
16	卢子枢艺术纪念馆	国有	350	350	虎门镇
17	太平手袋厂陈列馆	国有	570	350	虎门镇
18	郑师许陈列馆	国有	300	110	虎门镇
19	中国建筑陶瓷博物馆（唯美陶瓷博物馆）	非国有	10000	16000	高埗镇
20	钱币博物馆	非国有	3000	2400	东城街道
21	森晖自然博物馆	非国有	7800	6500	莞城街道
22	观音山古树博物馆	非国有	2000	2000	樟木头镇
23	旗峰山艺术博物馆	非国有	10000	5782.2	东城街道
24	圣心糕点博物馆	非国有	16000	3000	茶山镇
25	福木源紫檀博物馆	非国有	20000	1000	莞城街道
26	塘厦鑫嘉鸿红木艺术博物馆	非国有	3000	700	塘厦镇
27	松山湖望野博物馆	非国有	4160	2169	松山湖高新区

续表

序号	名称	性质	建筑面积（平方米）	展厅面积（平方米）	所在地
28	乐人谷茶文化博物馆	非国有	1215	1153	高埗镇
29	尚正堂莞香文化博物馆	非国有	8000	1000	东城街道
30	东桥艺术品博物馆	非国有	2892	914.4	大岭山镇
31	成铭热熔胶博物馆	非国有	480	400	高埗镇
32	麻涌小英雄粤剧博物馆	非国有	2100	1100	麻涌镇
33	逸颐艺舍博物馆	非国有	6000	5000	横沥镇
34	磊祥瑞国石博物馆	非国有	11000	8000	万江街道
35	东莞市厚麟古文物博物馆	非国有	1100	450	石碣镇
36	东莞市沉香文化博物馆	非国有	2500	800	寮步镇
37	东莞饮食风俗博物馆	非国有	1000	880	万江街道
38	陈伯陶史迹陈列馆	非国有	210	210	中堂镇
39	蚝岗民俗文物馆	非国有	1798	900	南城街道
40	啤酒博物馆	非国有	167333	3000	松山湖高新区
41	潢涌陈列馆	非国有	2050	2050	中堂镇
42	婚庆微雕艺术博物馆	非国有	1030	1500	凤岗镇
43	稻香饮食文化博物馆	非国有	576	550	横沥镇
44	众生药业公司展示馆	非国有	609.2	500	石龙镇
45	正业仪器装备科技馆	非国有	3000	3000	松山湖高新区
46	石源馆	非国有	200	200	松山湖高新区
47	第八人民医院院史陈列馆	非国有	198.4	198.4	石龙镇
48	佰媚堂岭南婚俗博物馆	非国有	158	158	茶山镇
49	牛文化展示馆	非国有	1000	800	横沥镇
50	鑫源食品文化博物馆	非国有	1200	1800	厚街镇
51	力嘉包装印刷博物馆	非国有	3110	3110	桥头镇
52	中共东莞县委机关旧址陈列馆	非国有	473	128	常平镇
53	寒溪水罗氏革命史迹陈列馆	非国有	586	586	茶山镇

团》等14个红色主题经典剧目，演出18场，吸引党员干部和群众接受红色文化熏陶和精神洗礼。

（梁笑溢）

党史·地方志·档案

党史研究

【党史研究概况】　2021年，东莞市委党史研究室聚焦主责主业，开展党史学习教育和中国共产党成立100周年系列活动。坚持研究立室，以史料征集与研究编纂为基础，全面系统征集整理党史资料，助力和服务全市党史学习教育。继续做好党史存史、资政工作，做好改革开放时期东莞口述史征集整理工作，完成广东省部署的“脱贫攻坚口述史”的征集整理稿件。推进地方党史基本著作编写，修改制定《中国共产党东莞历史》（第三卷）提纲和编撰计划。开展专题研究和党史执政纪事征编，围绕中国共产党成立100周年和党史学习教育，全面总结中国共产党在东莞百年奋斗历程和成就，从东莞党组织近百年来奋斗历程中总结经验，撰写《发挥东莞丰富的红色文化资源作用，助力全市党史学习教育走深走实》《党史学习教育要树立正确的党史观》《中国共产党在东莞100年的历史实践与基本启示》《中国共产党东莞百年百件大事》《新民主主义革命时期东莞党建的历史脉络》《东莞在华南敌后抗战中的历史地位与影响》《敢为人先、走在前列——太平手袋厂成立的政策背景、经过及影响》等10多篇资政专题文章在《东莞日

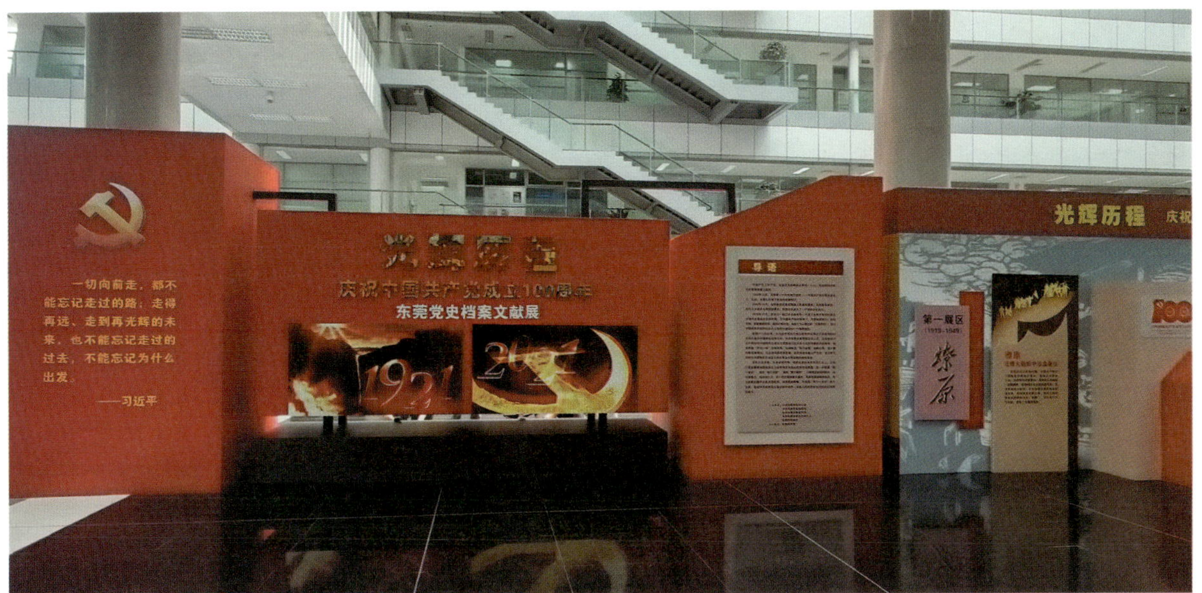

2021年6—8月，光辉历程——庆祝中国共产党成立100周年东莞党史档案文献展在东莞市图馆展出

（市委党史研究室供图）

报》刊登。

【党史宣传教育】 2021年，东莞市委党史研究室在广东党史宣讲二团东莞分团的基础上，成立由室主任和中青年业务骨干组成的党史宣讲团，利用东莞党史研究成果，为全市党史学习教育和机关党建做好服务。室主任、副主任分别作为市委党史学习教育宣讲团成员、十九届六中全会宣讲团成员，带头做好宣讲工作，推进党史学习教育进机关、进企业、进社区、进学校、进农村、进军营、进网络“七进”宣讲活动。以“牢固树立正确党史观，不断提高政治判断力、政治领悟力、政治执行力”“践行伟大建党精神，接续奋斗新征程”“以赶考的状态，踏上第二个百年奋斗目标的新征程”“以史为鉴开拓未来——学习党的十九届六中全会精神”等为主题，深入基层宣讲党史课60多场（次），听众2万多人。利用“两网一刊”（东莞党史网、东莞党史微信公众号、《东莞党史》）宣传阵地，开展党史宣传教育。开辟党史学习教育研究专栏，推出一批有价值的研究成果。出版《东莞党史》两期，开设“党史学习教育”“专题史料”“历史文献”“专题研究”等专栏。及时准确发布权威信息和党史重要理论文章，更新东莞党史网站和东莞党史微信公众号，党史微信公众号推送信息100多条。

【革命遗址普查】 2021年，东莞市委党史研究室持续做好革命遗址普查和红色资源保护利用工作，完成第五批共9处革命遗址的立碑挂牌。引导、支持帮助全市各镇街将有价值的革命遗址扩展为党史教育基地和党员教育基地，评选东莞中学、太平手袋厂陈列馆等13家单位为第四批东莞市中共党史教育基地。

【党史学习教育开展】 2021年，东莞市委党史研究室组织推出一系列党史展览、党史专栏、党史视频作品和党史学习资料，营造浓郁的党史学习教育氛围。一系列宣传报道被市委党史学习教育领导小组简报组和市委办《业务交流》采纳有13条，被广东党史网推送的有14条，被中央党史网推送的有9条，被“学习强国”转载的有7条，被《东莞日报》等采用的有14条，另外有近20条在东莞时间网、“i东莞”平台转载。发挥现代科学技术和互联网等现代传媒的作用，将实体展厅与网上展览、VR（虚拟现实）体验展馆有机融合，打造线上线下党史学习教育新平台，推出一系列党史展览。与市委办、市委组织部、市委宣传部等多个部门联合举办一系列党史展览10多场。其中，“光辉历程——‘庆祝中国共产党成立100周年’东莞党史档案文献展”，线上线下参观人数达60万人次。加强与传统媒体的合作，推出一系列党史专栏200多期，其中“东莞红讲台——VR云看展、学党史”创意宣传9期（推出3期后，全网点击量约60万人次），VR展示环节作为优秀创新案例被广东省委党史教育办采纳推广，接入“广东红色地图打卡”微信小程序项目。挖掘本地红色资源，与相关部门合作编纂“东莞红色革命史迹诗词选”，制作100期“一起学东莞党史”中小学生微视频、《红色档案·东莞记忆》微纪录片、庆祝中国共产党成立100周年微电影《觉醒之门》等，推出一系列党史专题作品。其中微电影《觉醒之门》（首发平台在“东莞日报视频号”），中央广播电视总台视频号、中央党史和文献研究院和广东省委党史研究室分别进行报道。做好党史咨询和业务指导，为社会各界提供党史咨询服务。抓好涉党史题材的电影、文稿、展陈大纲、党史宣讲稿的审读工作，严把党史审读政治关、史实关，意识形态关。为全市70多个镇街和部门的展陈内容、稿件信息、艺术创作、宣讲课件等进行审阅300多份（件）500多万字。

【《中国共产党东莞历史大事记（1921—2021）》出版发行】 2021年7月，由东莞市委党史研究室编撰的《中国共产党东莞历史大事记（1921—2021）》出版发行。该书以中国共产党的历史文献、党报、党刊为主要依据，梳理1921—2021年间东莞地区所发生的大事要事，全方位记述中国共产党东莞组织建立、发展、壮大，进行新民主主义革命、社会主义革命和建设、改革开放和社会主义现代化建设过程中所发生的政治、经济、军事、文化、民生等方面的重大事件，突出各个时期党的活动的主要方面，揭示事件发生、发展、变化的内在联系和必然规律，从而客观地、实事求是地勾画出100年来中国共产党东莞历史的大致轮廓。该书以编年体为主，兼采纪事本末体之长。在编纂上以年为经，以事为纬，编年系月，按月排序，原则上一事一记，坚持做到大事突出，要事不漏。全书97万字。

【《东莞市革命遗址通览》出版发行】 2021年6月，《东莞市革命遗址通览》出版发行。《东莞市革命遗址通览》全书收录167处遗址，其中红色革命遗址117处、红色重要线索26处、其他遗址24处，全面立体地呈现东莞市的革命遗址基本情况，展示广东省革命遗址大普查成果，对东莞市党史征集研究与宣传教育有一定作用。全书36万字。

【《东莞党史学习教育读本》出版发行】 2021年3月，《东莞党史学习教育读本》印行。在全党开展党史学习教育，喜迎中国共产党成立100周年之际，东莞市委党史学习教育领导小组办公室与东莞市委党史研究室在原来《东莞党史知识读本》《东莞党史知识话你知》的基础上进行调整，编印《东莞党史学习教育读本》。该书由大事纪要、知识问答题两部分组成，收录党史条目216个，简要记述自1919年五四运动以来的中共东莞历史，包括重大事件、重要活动、重要人物、重要会议等展现党艰辛而辉煌的历程，总结党的建设成就与经验，及时为全市党史学习教育提供丰富的地方党史资料。（蔡瑞芬）

附：2021年中共东莞市委党史研究室主要领导名录

主　任：李炳球

地方志

【地方志概况】 2021年，东莞市出版发行《东莞年鉴（2021）》，推动15部镇街（园区）2021卷年鉴年内出版。草拟《东莞市扶贫志》《东莞市全面小康志》编纂工作方案。在第八届全国地方志优秀成果（年鉴类）通报表扬中，《东莞年鉴（2020）》获市级综合年鉴一等奖；在广东省年鉴质量评价工作中，《东莞年鉴（2020）》《寮步年鉴（2020）》《石碣年鉴（2020）》等3部年鉴获一等奖。《东莞影像志》第三期电视片（10集）在各类平台点击量突破20万次，再创新高，其中6部作品入选“学习强国”广东平台；“东莞市地情信息资源管理系统”纳入“数字政府”建设，完成该系统的项目申报、调研、方案设计及阶段性测试；东莞市新方志馆建设被写入《东莞市国民经济和社会发展第十四个五年规划和2035年远景目标纲要》；参与2021年省“多彩乡村 学史奋进”主题教育实践活动，54件作品获奖，东莞市志办等11个单位被评为优秀组织单位。1名党员被市直机关工委授予“东莞市直机关优秀党员”称号。

【年鉴质量评价】 2021年，东莞市坚持开展年鉴质量评议，推荐的9部年鉴在省年鉴质量评价中，均被评为优秀等级年鉴，其中《东莞年鉴（2020）》《寮步年鉴（2020）》《石碣年鉴（2020）》等3部年鉴获一等奖。在第八届全国地方志优秀成果（年鉴类）通报表扬中，《东莞年鉴（2020）》获市级综合年鉴一等奖，《寮步年鉴（2020）》《石碣年鉴（2020）》获专业年鉴三等奖。在《广东年鉴（2020）》供稿工作评价活动中，东莞市志办在各地级以上市地方志工作机构中排第二名。

【地方志开发利用】 2021年，东莞市推进《东莞影像志》系列电视片纳入省志办“我为群众办实事”100条微视频项目；《东莞影像志》第三期10集，点击量突破20万次，6部作品入选“学习强国”广东平台。做好“方志东莞”微信公众号运营，全年推送信息约260篇。参与广东省情网“产业·产品”栏目共建，编写提交稿件59篇；向省报送《广东名村系列丛书》《广东乡村集萃系列丛书》文稿8篇，报送《粤故事》5篇。办好《东莞史志》等地方史志出版物。完成村史馆建设情况调研。

【地方志数字化建设】 2021年，东莞市重点开展“东莞市地情信息资源管理系统”建设，该系统纳入东莞市“数字政府”建设项目。完成该项目申报、调研、方案设计并确认，进入建设阶段，完成阶段性测试。做实地情宣传推介，参与广东省情网《工作动态》栏目供稿，有12篇被采用，其中获“中国方志网”转发市志办工作动态8篇。推送“红心向党洒热血永‘志’不忘照汗青”系列东莞革命先辈事迹文章，梳理提炼《东莞年鉴》记载的扶贫援建条目并推送系列文章。

【方志馆（驿站）建设】 截至2021年底，东莞市建成市方志馆1个，镇级方志馆3个（大朗、南城、企石方志馆），镇、村史馆24个，挂牌方志驿站10个。市方志馆保存6.7万册地方志。推动市新方志馆建设，该馆建设被写进《东莞市国民经济和社会发展第十四个五年规划和2035年远景目标纲要》；东莞市并在全省方志馆建设推进视频会议上就推进基层方志文化场馆建设作经验介绍。推动方志驿站建设，企石镇聚盈公司、茶山镇南社村和寒溪水村、南城街道白马社区、莞城图书馆等5个方志驿站陆续揭牌。做好志书赠阅发行工作，全年赠阅发行书籍3986册，其中赠送各有关单位、镇街和企业1819册、方志驿站970册、国家方志馆660册、市委宣传部173册。

【东莞市在广东省“多彩乡村”活动中获奖】 2021年，东莞市组织参与广东省2021年“多彩乡村学史奋进”主题教育实践活动，发动32个镇街和8所在莞高校约5万人次参与。向省提交711件作品，其中54件作品获奖，分别是一等奖4件、二等奖14件、三等奖19件、优秀奖17件，提交作品数、获奖作品数均创新高，东莞市人民政府地方志办公室、东莞理工学院、东莞城市学院、广东科技学院、东莞职业技术学院、东莞实验中学、道滘镇人民政府、大岭山镇人民政府、大朗镇人民政府、东坑镇人民政府、石碣镇鹤田厦村等11个单位被评为优秀组织单位。东莞市并在2021年“多彩乡村学史奋进”主题教育实践活动总结暨成果推介会上，作为地方志工作机构代表做交流发言。

【《东莞年鉴（2021）》出版】 2021年11月24日，《东莞年鉴（2021）》公开发行，全面系统记述东莞市2020年经济建设、政治建设、文化建设、社会建设、生态文明建设等方面情况，这是东莞出版的第21部市级年鉴。全书170万字。该卷年鉴突出年度重点和东莞特色，封面图片以两位全副武装的抗疫一线工作人员作为人物原型，寓意面对新冠肺炎疫情等严峻挑战，东莞夺取新冠肺炎疫情防控和经济社会发展“双胜利”；封底图片为松山湖高新区，寓意东莞坚定“科技创新+先进制造”的定位，打造大湾区国际科技创新中心。框架创新调整，新增“生态文明”类目；“民主党派·工商联·人民团体”类目调整为“民主党派·工商联”和“群众团体”；新增“信息业”类目；“体育·卫生健康”类目更名为“卫生·体育”。卷首专题图片设“东莞市中心城区图、东莞名片、湾区都市品质东莞、‘十三五’时期东莞市发展成就”，卷末附《在市委十四届十三次全会上的报告》《政府工作报告》《2020年东莞市国民经济和社会发展统计公报》《东莞市第七次全国人口普查公报》。

【《东莞市革命老区发展史》出版】 2021年4月，《东莞市革命

2021年7月，2021年东莞市“多彩乡村·学史奋进”主题教育实践活动开展　（市志办供图）

老区发展史》出版，全书共6章27节，总计30万字。该书客观准确记录东莞市革命老区从大革命时期到抗日战争、解放战争时期的革命历史，以及中华人民共和国成立后的艰苦奋斗历程，尤其是改革开放后革命老区在物质文明、政治文明、精神文明、社会文明、生态文明建设等方面取得的成就，传承红色基因，弘扬老区精神。

【企石镇方志馆揭牌】 2021年6月9日，企石镇方志馆揭牌，成为东莞市第三个镇街方志馆。市志办向企石镇方志馆赠送162种书籍340册。企石镇方志馆（与档案馆合建）占地978平方米，建筑面积3120平方米，分4层，设12个功能室，总投资1400万元。

（王学林 赵书科）

附：2021年东莞市人民政府地方志办公室主要领导名录

主 任：李文蔚

档 案

【档案信息化建设】 2021年，东莞市档案馆继续统筹推进“全国示范数字档案馆”创建工作，为助推政府数字化转型提供支撑。在全市范围内推广档案数据中心系统，截至2021年底，有98个全宗单位使用该平台的数字档案室系统进行档案整理、归档、统计、利用等工作。完善系统各项功能，通过数字档案室进行档案整理、归档、统计、利用等工作，争取实现全宗单位全覆盖。

【档案资源建设】 2021年，东莞市档案馆参与市领导重要政务活动和市重大活动照片拍摄工作217次，归档照片4996张。主动跟进收集东莞在打造新发展格局战略支点中形成的各类档案，全年接收11个全宗单位的纸质档案24卷又2.1万件。推进脱贫攻坚和疫情防控档案收集工作，征集疫情防控档案2949件，接收市新冠肺炎疫情防控指挥部疫情防控档案1.04万件；建立脱贫攻坚档案数据库，收集东莞市各镇街、单位脱贫攻坚档案目录7723条、档案数据量7.58G。加强名人档案工作，截至年底，市档案馆已入库名人共269个，档案总量1.58万件/张/册/盒。按照《东莞市人民政府关于印发〈2021年市政府主要目标任务分解表〉的通知》的有关要求，制订《建立莞籍历史名人名迹档案和作品藏品资料库工作方案》并成立建立莞籍历史名人名迹档案资料库工作小组，收集市图书馆、岭南美术馆等单位有关莞籍名人作品及资料目录等506件。

【档案宣传】 2021年，东莞市档案馆围绕庆祝中国共产党成立100周年，结合党史学习教育，与市委办公室、市委组织部、市委宣传部、市委党史研究室等单位联合主办《光辉历程——庆祝中国共产党成立100周年东莞党史档案文献展》，共吸引22万名观众观展，37万名观众通过扫码参观线上的“云展览”。协办《“百年恰是风华正茂”主题档案文献展》，生动展示中国共产党的奋斗历程和伟大成就，服务党史学习教育大局。与东莞广播电视台联合录制10集《红色印记——庆祝中国共产党成立100周年》微视频；与东莞日报社合作录制5集微记录片《红色档案·东莞记忆》，全网点击量突破100万次。开展“档案人讲档案故事”活动，组织全馆干部职工撰写红色档案背后的红色故事，在微信公众号《档案揭秘》栏目发布公众号文章7篇。开展送党史展览进基层活动，到寮步镇、松山湖中心小学、南城白马社区、广东长盈精密技术有限公司等单位送展，观展人数1.6万人次。开展2期中小学生暑期档案实践活动，为全市青少年学生创造良好的暑期课外活动和社会实践活动环境，引导青少年学生践行社会主义核心价值观。

【档案利用服务】 2021年，东莞市档案馆开展查阅利用大厅“党员服务先锋岗”活动，全年接待来馆查阅利用档案683人次，利用单位603个，利用档案2706卷又399件，复印1.2万页。推动深圳、惠州、东莞三地市档案馆合作项目，签订“民生档案跨馆利用协议”。运用互联网技术，推进东莞各区域档案馆、专业档案馆跨馆合作，提升基层档案利用率，实现档案查阅利用一站式服务。

【重点档案抢救、保护】 2021年，东莞市档案馆推进改革开放以来全市历史新闻视频档案抢救保护工作，完成5700小时视频档案抢救保护。截至年底，完成1.84万小时的视频数字化加工。

【《东莞明伦堂档案（第一辑）》入选中国历史学年度重大成果】 2021年7月30日，“全国主要史学研究与教学机构年度重大成果发布会（2020—2021）”在中国历史研究院举行，《东莞明伦堂档案（第一辑）》入选中国历史学年度9项重大成果之一，成为展现新时代中国史学研究取得新进展的重要文本。《东莞明伦堂档案（第一辑）》共50册，由广东人民出版社出版公开发行，收集各类档案5098件，包括合同、条约、信函、公牍、章程、账册账单、报表、电报等几十种，共约888万字。

（钟生文）

附：2021年东莞市档案馆主要领导名录

馆 长：翟婵莹（1月到任）

卫生·体育

HEALTH · SPORTS

东莞市篮球中心　（2021年张新锋摄）

编辑：施雪芬

卫生健康

卫生健康综述

【医疗卫生概况】　2021年，东莞市有医疗卫生机构3434个，其中医院117个、基层医疗卫生机构3298个、专业公共卫生服务机构9个、其他卫生机构10个；实有床位3.45万张，其中医院3.37万张、妇幼保健院和专业疾病防治院800张，全市每千常住人口床位数3.27张；在岗职工7.32万人，其中卫生技术人员6.10万人，含执业（助理）医师2.29万人、注册护士2.92万人，全市每千常住人口执业（助理）医师数、注册护士数分别为2.17人、2.77人。全市诊疗量6453.5万人次，出院量111.1万人次。全市常住人口1053.68万人，出生人口3.22万人，出生人口性别比109.44，出生率12.03‰，自然增长率7.95‰。全年全市引进高层次人才169人。全市报名参加卫生专业技术资格考试（中级、初级）9210人，通过4727人，通过率51.3%；报名参加护士执业资格考试1574人，通过1154人，通过率73.3%。

年内，东莞市卫生健康局获评为广东省脱贫攻坚先进集体、国际健康驿站建设运营工作先进单位，中国（东莞）援赤道几内亚第30批医疗队获赤道几内亚国家独立勋章、获评为2020年援外医疗工作表现突出集体，东莞市人民医院党委获评为广东省先进基层党组织，松山湖、石龙、南城、麻涌、厚街、沙田、长安、大岭山、大朗、东坑、樟木头11个社区卫生服务中心在“优质服务基层行”活动中获评为“表现突出、成效显著机构”，樟木头镇、望牛墩镇、洪梅镇、沙田镇、凤岗镇、谢岗镇、东坑镇、茶山镇获评为国家卫生镇。市卫生系统获全省脱贫攻坚突出贡献集体9个、东莞市先进基层党组织13个。市卫生系统有100人获

“光荣在党50年”纪念章，1人获评为广东省优秀共产党员，1人获评为广东省脱贫攻坚先进个人，22人获评为全省脱贫攻坚突出贡献个人，21人获评为东莞市优秀共产党员，7人获评为东莞市优秀党务工作者。

【基本药物政策实施】 2021年，东莞市围绕基本药物配备使用、上下级医疗机构用药衔接、药品使用监测、短缺药监测预警与应对、药品临床综合评价、降低慢性病用药负担等，提高医疗机构基本药物配备率、使用率和上下用药衔接率，基层（社区卫生服务机构）、二级、三级公立医疗机构采购品种数占本单位用药目录品种数的比例分别为68.58%、57.34%、50.66%，使用金额占比分别为61.43%，46.87%、43.01%，均超过省要求的目标。建立短缺药品、急（抢）救药品储备与监测机制，全年供应保障短缺药品和急抢救药品品种数100个。加强医疗机构重点药品监控，全市公立医院药品收入（不含中药饮片）占比降至21.04%。

【卫生健康信息化建设】 2021年，东莞市推进全民健康信息化建设，全市42所公立医院、33所社区卫生服务中心实现“一码通用”服务，全市10所公立医院、33所社区卫生服务中心接入全市分级诊疗信息平台并应用，群众可通过“健康东莞”App（应用程序），实现“便捷预约、线上转诊”等“一键诊疗”服务。建设联动“市—镇—社区”三级医疗机构的远程医疗平台，实现业务联动、远程会诊、远程教育、远程手术指导等功能。与省远程医疗平台实施对接，初步实现远程问诊功能。全市远程医疗平台建设项目完成最终验收。全市建成35所互联网医院。

【医药卫生体制改革项目入选“广东医改十大创新典型”】 2021年，东莞市加快建立现代医院管理制度，实施“公立医疗机构经济管理年”活动，实施预算管理，强化医疗服务成本核算。印发《东莞市市属公立医院总会计师管理办法》，落实公立医院总会计师制度。推进公立医院人事薪酬制度综合改革，出台有关改革实施方案、年薪制、绩效考核、全员岗位聘用等7个配套文件，落实“两个允许”（允许医疗卫生机构突破现行事业单位工资调控水平，允许医疗服务收入扣除成本并按规定提取各项基金后主要用于人员奖励），完善和建立八大机制（完善公立医院薪酬水平决定机制、建立薪酬总量核定和调控机制、建立绩效工资总量增长机制、建立绩效工资总量激励机制、建立公立医院内部自主分配机制、建立绩效考核三大评价机制、建立公立医院主要负责人薪酬激励约束机制、建立推进医院改革发展的新型用人薪酬分配机制），初步建立符合市医疗行业特点体现医务人员技术劳务价值的薪酬分配制度，实现绩效考核结果与薪酬分配联动运用，提高医务人员合法收入水平。2021年41所公立医院人员薪酬水平比改革前（2018年）增长37.38%，医务人员共享改革红利。此改革项目入选“广东医改十大创新典型”。2021年，中央广播电视总台、人民日报客户端等主流媒体以及新媒体刊发东莞市医改工作宣传报道200篇。

（梁静兰）

医疗服务体系

【医政管理】 2021年，东莞市水乡中心医院、莞城医院、谢岗医院、中堂医院、沙田医院等5所医院被评为广东省普通高等医学教育一类学习医院。沙田医院、石碣医院、清溪医院、东坑医院、谢岗医院、横沥医院等6所医院评定为二级甲等综合医院。评出东莞市临床重点专科26个、特色专科13个。新增国家级胸痛中心1个（东莞市中医院）、国家高级卒中中心2个（东莞市人民医院、东华医院）、广东省防治卒中中心5个、创立省级“限制临床应用医疗技术”培训基地1个、市级质量控制中心5个。全市有东莞市人民医院、东莞市中医院、东莞市松山湖中心医院、东莞市滨海湾中心医院、东莞市东部中心医院、厚街医院、大朗医院、东华医院、康华医院9个国家级胸痛中心，有东莞市人民医院、厚街医院、东华医院3个国家高级卒中中心。东莞市有9家医疗机构进行国家级“限制临床应用医疗技术”备案，涉及技术项目7类；39家医疗机构进行省级“限制临床应用医疗技术”备案，涉及一级项目21类、二级项目技术项目101类。实施“民营医院管理年”活动，成立东莞市开展不合理医疗检查专项治理行动领导小组，规范医疗行为。

【高水平医院建设】 2021年，东莞市人民医院入选广东省第二期高水平医院建设单位，医院硼中子俘获治疗（BNCT）项目治疗中心大楼动工，围绕肿瘤治疗的基础和临床研究及应用，引进李振华等高层次人才5人，吸收博士后21人进站工作，医院肿瘤科申报国家级临床重点专科。东莞市中医院被列入国家中医特色重点医院预选单位，医院国医馆完成主体工程，骨伤科研究中心提速建设，与香港浸会大学、澳门科技大学合作建设东莞市粤港澳大湾区中医药工程技术研究院，通过广州中医药大学附属医院复审，启动广州中医药大学临床医学院建设项目，国家“5G+中医诊疗”应用试点项目建设进程加快。打造国家级胸痛中心、国家卫生健康委脑卒中防治工程委员会高级卒中中心、国家标准化心脏康复中心建设单位、国家高血压达标中心建设单位、一级癫痫中心、国家三级医院呼吸与危重症医学科建设单位、东莞溶栓地图中的急性脑卒中医疗救治医院。引进韦贵康、杨春波两名国医大师并设立传承工作室，引进10个国家区域医疗中心输出医院团队及高层次人才8人，包括高级职称3人、博士研究生5人。首次获得国家自然科学基金和广东省自然科学基金面上项目立项。

【医疗卫生校地共建】 2021年，东莞市继续推进区域中心医院和校地共建，市东部中心医院、市东南部中心医院分别与暨南大学、广东医科大学建立新型合作关系，完善校地共建管理机制。市东南部中心医院甲状腺乳腺中心、皮肤整形美容医疗中心、心血管中心等专科挂牌成立。市东部中心医院引进妇科、心血管内科、消化内科等10个学科22名知名专家、博士，建立与暨南大学附属第一医院远程会诊系统，成功申报暨南大学临床医学博士后创新实践基地并准备招收博士后进站。4所校地共建医院的市级以上重点(特色)专科72个，占全市36%,其中国家级2个、省级以上33个。

【中医药事业发展】 2021年，东莞市出台《关于促进中医药传承创新发展实施方案（2021—2025年）》，制订《东莞市中医药康复服务能力提升工程实施方案（2021—2025年）》《东莞市中医药文化进校园推进工程实施方案（2021—2025年）》《东莞市名中医药专家传承工作室分站建设实施方案（试行）》《东莞市社区卫生服务中心中医馆设立中医护理专科门诊试点工作方案》等配套措施。东莞市中西医结合医院被定为东莞市中医康复中心，启动创建省中医康复示范单位。虎门中医院创建成为二甲中医医院，获省专项资金奖励3000万元。全市33个社区卫生服务中心均建设中医馆，337个站点提供中医药服务。16个社区卫生服务中心建立基层名中医工作室。宣传贯彻中医药法及广东省中医药条例，宣传作品获得国家级奖项。

【医学科技与教育】 2021年，东莞市立项科研项目519个，其中：国家自然科学基金面上项目3个、青年项目2个；广东省自然科学基金面上项目3个、省基础与应用基础研究基金联合基金项目19个（含重点项目7个）、省医学科研基金项目15个（含1项指令性课题）；市级重点项目65个；一般项目412个。立项继续医学教育项目1609个，其中国家级44个、省级334个、市级691个。做好住院医师规范化培训，招收学员164人，住培学员139人参加2021年住院医师规范化培训结业考核，通过率96.4%。招收全科医生转岗（岗位）培训学员467人，308人参加全科医生转岗（岗位）培训结业考核，300人通过考核，通过率96.4%。

【“优质服务基层行”活动】 2021年，东莞市开展“优质服务基层行”活动，新增企石、石碣、塘厦、虎门、茶山、东城、中堂等7个社区卫生服务中心达国家推荐标准。选派56名医生、35名护士参加东莞—香港金牌家庭医生（护理）培训，22家香港金牌家庭医生服务工作室投入使用。29类基本公共卫生服务项目人均补助经费87.81元，基本公共卫生服务可及性和服务水平提升。全年全市社区卫生服务机构诊疗量1673万人次，占全市医疗机构门诊总量25.6%；社区卫生服务机构次均门诊费用117.9元，占全市医院门诊费用的39.7%。居民电子健康档案建档数增至821.57万份，建档率97.06%。推进家庭医生签约服务，完善慢性病、残疾人等重点人群的健康服务，常住人口签约率35.2%，重点人群签约率73.14%。

（梁静兰）

公共卫生服务体系

【职业健康】 2021年，东莞市建成全省首个地市级职业健康科普教育基地，为全民提供“防治一体”全程式职业健康知识科普服务。成立职业卫生专业讲师团，举办主题宣讲活动90场、宣传咨询活动79场、警示教育活动38场。组织开展重点行业职业病危害专项治理，提高重点行业的用人单位职业病危害项目申报率、工作场所职业病危害因素定期检测率等，全年立案处罚478件，罚没金额320.5万元。

【“知音莞家”心理关爱热线启用】 2021年，东莞市设置全市统一的“知音莞家”公益心理援助

2021年10月25日，东莞市“知音莞家”心理关爱热线“88881111”的启用仪式在市第七人民医院举行

（市卫生健康局供图）

热线“88881111”，整合卫健、教育、工会、团委、妇联等部门的心理热线功能，为群众提供心理援助服务，各镇街（园区）组建相应的危机处置应急响应队伍，做好落地排查、精准甄别、干预处置和保障服务等工作，做到快速响应和联动，实现全流程无缝对接闭环管理，完善线上与线下的心理干预、帮扶分流和现场应急处置机制，做到“有问必答、有求必应、有单必接”。

（梁静兰）

健康服务管理

【妇幼健康】 2021年，东莞市优化妇幼健康服务，开展第三轮妇女“两癌”（宫颈癌和乳腺癌）筛查项目，免费筛查人群延伸至在东莞市缴交社保满5年的35～64岁非户籍妇女，全市筛查23.5万人。实施出生缺陷综合防控工作，为6.9万名孕妇开展免费产前筛查，为8.6万名新生儿开展免费先天性疾病筛查，0～6岁儿童健康管理率为99.75%，0～6岁儿童眼保健和视力筛查覆盖率为99.75%。推进3岁以下婴幼儿照护服务发展，成立养育照护指导中心，创建10家优质服务示范托育机构，全市有托育机构377家，备案机构173家，占45.89%，备案机构数排全省第一名；向市民提供托位2.25万个，常住人口每千人拥有托位2.15个。

【人口监测与家庭发展服务】 2021年，东莞市落实三孩生育政策及配套支持措施，取消社会抚养费，清理和废止相关处罚规定。推进特殊家庭联系人制度、就医绿色通道、家庭医生签约服务“三个全覆盖”，向4.05万名对象发放养老奖励金1.53亿元，特殊家庭成员618人发放扶助金1007.4万元，节育奖励对象4761人发放456.22万元。

【老龄健康管理】 2021年，东莞市健全老年健康服务体系，成立东莞市医养健康协会，31家医疗机构创建老年友善医疗单位，康怡护理院入选为广东省第一批医养结合示范机构，企石镇上洞村为2021年全国示范性老年友好型社区，东坑医院护理院、洪梅医院护理院、东莞康怡护理院3家机构被确定为国家第二批老龄健康医养结合远程协同服务试点机构。在市松山湖中心医院、福星女儿家护理院试点开展安宁疗护服务。全市“银龄安康行动”覆盖率146.53%，为35.9万名60周岁及以上户籍老年人提供意外伤害风险保障，累计1.16万人次受益。65岁及以上老年人健康管理率67.7%。

【医疗卫生保障】 2021年，东莞市委成立干部保健委员会，选定干部保健基地医院，举办5期“健康云课堂”公益线上科普培训，开展中医三伏贴、口腔保健和眼科保健等“送健康进机关”公益活动。为市人大政协“两会”、市委第十四届十三次全体会议、春运、公务员招考、高考、中考和初中学业考试、市民运动会、华为开发者大会、台博会等重大活动（会议）实施医疗保障工作86个，派出救护车714辆次，派出保障医护人员2297人次。

（梁静兰）

卫生健康法治与宣传

【医疗卫生行政审批】 2021年，东莞市卫生健康局试点将公共场所卫生许可（告知承诺制）、生育登记等事项实现全市通收，全市范围同标准受理、无差别办理。将城镇独生子女父母计划生育奖励、计划生育情况证明、生育登记等事项列入在一体化政务服务平台上线第一批村级事项。精简优化行政审批流程，推出公共场所卫生许可“秒批”模式，行政许可事项的即办率和网办率保持100%。

【医疗卫生执法】 2021年，东莞市卫生健康局依法向法院申请强制执行案件8件，向公安移送涉嫌犯罪案件2件。查处医疗类案件734件，罚没金额407.5万元。

【医疗卫生宣传】 2021年，东莞市卫生健康局发布推文1096篇，总阅读量超4300万人次，超过前三年总和。其中：护士黄雪仪冒雨转移核酸样本的事迹，被众多主流媒体报道后走红全国。先后组织召开20场新闻发布会，为新冠肺炎疫情防控注入“心理疫苗”。东莞市大规模接种经验，先后被中央广播电视总台、《人民日报》等推荐。

【第六届东莞市“最美医护”评选】 2021年，东莞市举办第六届“最美医护”评选活动，以“每一个人都是英雄”为主题举办发布仪式，邀请市四套班子主要领导出席，邀请4名受全国表彰的先进人物代表颁奖，将“最美精神”“建党精神”“援外精神”和“劳模精神”“抗疫精神”“拥军精神”“宏远精神”融合，该活动线上观演数102.2万人次。组织最美天使志愿者服务队赴铜仁市义诊，最美天使志愿者服务队被省委宣传部推荐参评全国“三下乡”典型案例。

（梁静兰）

医疗援助

【医疗援建与扶贫】 2021年，东莞市卫生健康局与铜仁市卫生健康局对接东西部协作事宜，前往铜仁市，对铜仁市（2区8县）24个医疗机构进行实地调研，签订协作框架协议，选派57名医务人员赴铜仁市结对单位驻点开展工作，接收铜仁市55名医务人员来莞进修学习。选派29人进藏、9人进疆开展工作，92多人次到韶关市对口支援医院帮扶，接收韶关市45人来莞进修学习。

【中国援赤道几内亚第30批（东莞）医疗队获评援外医疗工作表现突出集体】 2021年，中国援赤道几内亚第30批（东莞）医疗队结束为期一年半多的国家医疗援外任务，被授予中国援赤道几内亚第30批（东莞）医疗队国家独立勋章。援助期间，该医疗队完成门诊1.98万人次，参与手术2438台，管床查房2.30万人次，开展临床业务培训93场次420人；为赤道几内亚国家领导人提供医疗保健服务543天，随同出访14个国家；开展“光明行”义诊2次，免费白内障手术30人次；完成高层保健、驻外人员和中资企业员工门诊1100多人次；开展体检服务300人次；建立健康档案300多份，为大型群体活动医疗派出医疗保障18次；参与治疗、检验新冠肺炎疑似病人66例（其中确诊39例）。中国驻巴塔总领馆为该医疗队发出表扬信。国家卫生健康委发出《关于通报表扬2020年援外医疗队工作表现突出集体的通知》，对中国援赤道几内亚第30批（东莞）医疗队等援外医疗队、援外专家组、管理服务单位予以通报表扬。 （梁静兰）

抗疫主力军

【卫生健康系统抗击新冠肺炎疫情概况】 2021年，东莞市卫生健康系统贯彻落实“外防输入、内防扩散”总体防控策略，把疫情处置作为头等大事抓紧抓实，提级指挥、快速流调、精准管控、闭环隔离、核酸筛查、高效救治、发布及时，助力全市迅速控制疫情传播，在一个潜伏期内妥善处理“1·14”“6·18”“12·13”疫情，有效处置全国首宗高校疫情。

【新冠病毒疫苗接种】 2021年，东莞市卫生系统推进新冠病毒疫苗接种，在塘厦镇开展大规模人群接种新冠疫苗试点后，助力全市建成并投入使用大型临时接种点40个，东莞市推进大规模人群接种工作经验先后被中央广播电视总台、《人民日报》等推荐；全市设置88个固定新冠病毒疫苗接种门诊，1183个接种单元可提供接种服务，日接种能力在35万剂次以上。截至2021年底，全市累计接种2869.89万剂次、1334.88万人，完成全程免疫人数1230万人，各年龄组的全程免疫率均列全省第一位。

【新冠病毒核酸检测】 2021年，东莞市卫生系统助力新冠病毒核酸检测能力建设，选定市人民医院作为“城市检测基地建设单位”，按照片区原则选取6所综合实力较强、基础较好的二级综合医院作为“区域核酸检测基地建设单位”，制订第三方检测机构快速反应方案，做到在紧急状态下快速扩容，确保能够24小时内完成全市大规模人群核酸检测的需求。

【定点医院医疗救治】 2021年，东莞市第九人民医院被市指定为入境隔离医学观察人员罹患躯体疾病定点收治医院，市人民医院、市松山湖中心医院、市滨海湾中心医院、市东南部中心医院、市东部中心医院和厚街医院被市指定为后备重症定点救治医院。制定医疗救治和转诊流程，建立入境隔离医学观察人员罹患躯体疾病专家组，保障入境隔离医学观察人员的身体健康和生命安全，确保有效闭环管理。全年收治罹患躯体疾病的入境隔离医学观察人员49人，所有患者均得到有效救治。

【中医药医疗救治】 2021年，东莞市成立东莞市中医药防治专班，建立中西医协同救治机制，为全市新冠肺炎密切接触人群提供预防调养方22.11万剂。

【国际健康驿站启用】 2021年，东莞市通过改造沙田镇坭洲岛公租房的方式，建设国际健康驿站，并于10月15日启用。至年底，接收入境人员和本土涉新冠肺炎隔离人员1.02万人，累计发现阳性病例55人。国建健康驿站落实集中隔离医学观察场所各项工作要求，感染防控工作落实到位，无一例疫情外泄，无一例场所内感染个案。

（梁静兰）

附：2021年东莞市卫生健康局主要领导名录

党组书记、局长：
叶向阳（任至11月）
张巧利（11月到任）

疾病预防控制

【疾病预防控制概况】 2021年，东莞市成立由市长兼任组长的东莞市公共卫生与重大疾病防治工作领导小组，领导小组下设急性（烈性）传染病、艾滋病、结核病、职业病、地方病、精神卫生、重大慢性病等7个防治专项小组。全年全市无甲类传染病报告，报告乙、丙类传染病6.64万例，发病率633.53/10万，死亡38例，死亡率0.36/10万，报告发病数比上年上升59.25%。推进高血压和糖尿病早期筛查干预行动，全市社区卫生服务机构首诊血压测量率90%以上，糖尿病累计筛查28.5万人，在管高血压和糖尿病患者分别为35.62万人和12.26万人，规范管理率分别达69.72%和68.78%，超省推荐标准60%要求。肺结核患者规范管理率达99.57%。开展儿童青少年近视筛查及干预工作，对全市2021年小学入学（一年级）学生免费开展视力健康筛查，筛查学生14.2万人。开展以“文明健康绿色环保”为主题的全国第33个“爱国卫生运动月”宣传活动，开展以“四个整治一个宣传”（开展人员集中场所环境整治行动、开展重点场所综合整治行动、开展机关团体企事业单位环境整洁行动、开展社区村庄环境清理行动，开展科普宣传和群众动员活动）为主要内容的

“爱国卫生运动周活动”。

（梁静兰）

【传染病防控】 2021年，东莞市无甲类传染病发生。年内，东莞市疾控中心将新冠肺炎监测纳入流感样病例监测、住院严重急性呼吸道感染病例和不明原因肺炎监测，每2周开展11类重点场所外环境、人员和重点食品监测，每周开展跨境货车司机活动场所外环境和人员监测，定期开展集中隔离点外环境监测。定期结合各项监测信息及国内外疫情态势对市新冠肺炎疫情防控形势进行评估，向市委、市政府提出防控建议。落实流感、人感染H7N9禽流感、手足口病等其他急性传染病报告、监测、分析研判、预警、处置等防控措施，健全急性传染病监测体系，做好传染病信息报告。加强对疫情信息的分析利用，每周、每月定期对全市流感、手足口病、重点感染性腹泻病等重点传染病进行监测，形成监测“周报”和“月报”报送省疾控中心并反馈给各有关医疗卫生单位。

【新冠肺炎疫情防控】 2021年，东莞市发生“1·14”“6·18”“12·13”3起本地新冠肺炎疫情，市疾控中心第一时间启动应急指挥体系，成立应急处置工作组，实行每日一总结、一研判、一部署。处置工作坚持快流调、快管控、快检测，流调队伍与公安部门以“三同时”（同时赶赴现场、同时开展调查、同时处置疫情）、“前台混编、后台合署”机制，利用大数据技术和智能化手段，查清病例活动轨迹，在最短的时间内甄别判定密接、次密和重点人群，防止出现社区传播，3起疫情均在一个潜伏期内被扑灭。其中：“6·18”疫情在国内无先例可循的情况下，以最快速度组建流调队伍进驻新华学院，深挖病例活动轨迹，扩大包围圈快速锁定管理人员范围、切断传播链条，推动全国首宗高校疫情在最短时间内得到妥善处置，保持校园平稳安全；“12·13”疫情，市疾控中心实验室首次对病例开展病毒基因检测工作，为疫情溯源、明确传播链提供直接证据，实现5天内社区病例清零，12天内确诊病例零新增，将疫情控制在一个潜伏期、一个镇内、一条传播链上。

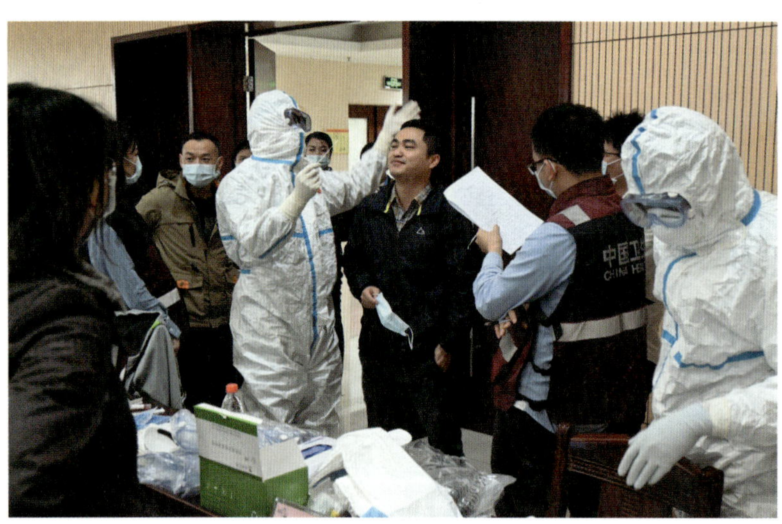

2021年12月7日，东莞市疾控中心在专题培训中对流调队员开展实操考核

（市疾控中心供图）

2021年3月22—27日，塘厦镇临时集中接种点为5万人接种新冠疫苗。图为接种点疫苗接种现场

（市卫生健康局供图）

【艾滋病防控】 2021年，东莞市疾控中心响应世卫组织提出的“2030年消除病毒性肝炎公共卫生威胁”愿景，启动期3年的消除丙肝公共卫生危害的试点工作。落实各项病例管理，完善艾滋病监测网络，开展哨点监测和高危行为干预和持续开展自愿咨询工作。提升艾滋病服务质量，落实“四免一关怀”政策，举办多期次艾滋病感染者关怀支持活动，帮助恐艾者排除心理痼疾，帮助厌世感染者重回生活正轨。全市3个戒毒药物维持治疗门诊按相关要求开展相关实验室检测。

资料链接

“四免一关怀”政策：“四免”指对农村居民和城镇未参加基本医疗保险等保障制度的经济困难

人员中的艾滋病病人免费提供抗病毒药物；在全国范围内为自愿接受艾滋病咨询检测的人员免费提供咨询和初筛检测；为感染艾滋病病毒的孕妇免费提供免费母婴阻断药物及婴儿检测试剂；对艾滋病病人的孤儿免收上学费用。“一关怀”指将生活困难的艾滋病病人纳入政府救助范围，按照国家有关规定给予必要的生活救济。

【免疫规划】 2021年，东莞市在做好新冠病毒疫苗大规模人群接种工作的同时，保证常规免疫疫苗接种工作不受影响、如期开展，全年东莞市常规疫苗接种相关预约平台日均放号1.5万个，放号数量较新冠肺炎疫情前增长83%，满足常规疫苗接种需求，确保各项免疫规划疫苗接种率维持高水平。首次将托育机构纳入预防接种证查验对象，在“粤苗”App（应用程序）上开启自助查验预防接种证功能。全年各项免疫规划疫苗接种指标均达到国家、省的考核标准。规范开展AEFI（疑似预防接种异常反应）监测和调查诊断，并做好预防接种单位建设的技术指导。全市有预防接种门诊58间、成人接种门诊2间、特需人群接种门诊1间、集体单位接种门诊3间、产科接种门诊79间。

【公共卫生监测】 2021年，东莞市规范做好食品安全风险和食源性疾病监测。全市118家食源性疾病监测医疗机构及时报送相关病例信息，提高全市食源性疾病暴发和食品安全隐患的早期识别、预警与防控能力。开展食品安全风险监测，对各项监测数据进行分析评估并通报相关部门，为市食品安全实行有针对性的监管和防控食源性疾病提供科学依据。完成各项公共卫生监测及保障任务。开展饮用水水质、游泳池水等各项卫生监测工作，把各项监测数据汇总分析并编制监测报告，就监测中发现的安全隐患进行风险提示。开展地方病监测。年内市碘缺乏病工作达到消除标准，消除率100%。全市未报告新发地方性克汀病病人，儿童甲肿率低于5%，人群碘营养状况为碘充足。全市1个饮水型氟中毒病区达到控制水平，控制率100%。

【学校卫生监测】 2021年，东莞市推进儿童口腔疾病综合干预项目，对六龄齿免费窝沟封闭开展3～4年效果评价，为全国首创。开展学生常见病和健康影响因素监测与干预项目，对全市18所监测学校持续开展学生常见病监测工作，围绕学生常见病及其健康影响因素开展健康教育与干预工作，要求各镇街（园区）结合新冠肺炎疫情防控实际情况统筹做好各项学生常见病干预工作。开展学生因病缺勤症状监测，通过广东省儿童青少年健康监测信息平台系统，掌握全市96所学校学生症状及症状聚集性疫情预警情况，接报预警后督促镇街（园区）疾控中心及时向学校了解预警情况并指导学校对病例进行跟踪处置，所有预警得到处置。撰写东莞市学生因病缺勤和症状监测月报，让上级卫生健康部门和各教学机构及时掌握学生疾病发生情况。规范开展学校教学环境与生活环境监测，全年持续对30所学校的生活饮用水、学校教学与生活环境卫生开展监测工作。

【消毒杀虫】 2021年，东莞市开展病媒生物监测，全年开展鼠、蚊、蝇、蟑螂、诱蚊诱卵指数、布雷图指数的密度监测，开展鼠类病原微生物携带率调查，评价各类防治措施实施状况，协助市爱卫办开展蚊媒防控工作飞行检查，指导镇街（园区）开展有害生物防治。规范做好各项消毒质量监测，全年对54家二级及以上医疗机构、5家市属托幼机构、6家消毒健康相关产品生产企业及产品进行卫生学监测及评价，合格率98.7%。

【慢性非传染性疾病监测】 2021年，东莞市疾控中心推进慢性非传染性疾病各项监测。开展人口死亡监测、肿瘤随访登记、产品伤害监测、常住居民慢性病及其危险因素监测等各项监测；完善各项慢性病健康管理，重新编写并详细解读《2021年慢性病患者健康管理工作指引》，制作系列管理和随访工作流程图供基层单位参考使用。采取全市集中培训和镇街跟班培训相结合的方式，做到基层人员应培尽培、服务内容应会尽会。开展慢病综合防控项目，全省首创利用智慧数字化系统规范医疗机构就诊人群中18岁及以上人群血压测量，开展35～49岁户籍人口糖尿病早期筛查，慢性阻塞性肺疾病早期筛查、疑似高血压和糖尿病患者健康干预，落实慢病“三早”（发现、早诊断、早治疗）预防，筑牢慢病防控综合体系。

【健康教育与促进】 2021年，“东莞疾控”微信公众号推送科普文章1457篇，总阅读量近6500万人次，关注数近200万人，有23篇原创作品分别在广东健康科普大赛、第二届南方健康科普大赛和中国健康科普大赛中获奖，在2021年中国疾控中心公布的9次全国疾控机构微信公众号传播影响力月排行榜中，“东莞疾控”一直位居前列。年内，市疾控中心做好新冠肺炎疫情防控宣传教育工作，宣传普及健康素养基本知识与技能，推进千场健康讲座活动，加强健康教育业务培训，规范开展居民健康素养和烟草流行监测工作，举办全市健康教育技能竞赛活动，推进健康促进示范创建活动。全市完成健康讲座活动2856场，受益人群30.6万人次；全市城乡居民健康素养水平28.53%，吸烟率17.65%；截至2021年底，全市建成全国健康促进区2个，广东省健康健进区20个，在建广东省健康促进区11个；建成广东省健康促进单位1271个，广东省健康家庭19.90万户；建成和在建广东省无烟单位2478个。

（唐苹菲）

附：2021年东莞市疾病预防控制中心主要领导名录

党委书记、主任：姚旭芳

卫生监督

【疫情防控卫生监督】 2021年，东莞市卫生监督所组织对全市33个镇街361家基层医疗机构新冠肺炎疫情防控措施落实情况开展暗访和“飞行”检查，发现问题490个并督促落实问题整改。开展医疗机构、公共场所、学校疫情防控常态化监督检查等专项检查，派出执法人员参加上级组织的各类疫情防控督导。特别是面对3起本土疫情，组织人员下沉疫情防控前线开展监督检查。

【卫生监督抽检】 2021年，东莞市卫生监督所接收国家“双随机”（随机抽取检查对象、随机选派执法检查人员）任务134单，最终，任务完成113单、任务关闭21单，任务完成率84.33%，完结率100%。

【卫生监督投诉处理和案件查办】 2021年，东莞市卫生监督所登记受理投诉84宗，均做到有问必答、有诉必受、有受必查。加大案件查处力度，查处违法案件40件，罚款17.65万元。

【职业健康监管】 2021年，东莞市卫生监督所开展职业健康检查机构专项监督检查，对22家医疗机构进行职业健康检查风险评级。东莞市实施“五大硬招”（刚柔并济,做到集约用力；锁定靶心,做到精准发力；严格执法,做到重拳出力；严抓质控,做到多点着力；优化服务,做到不遗余力），强化落实职业健康检查机构事中事后监管的工作经验在国家卫健委《卫生健康工作交流》刊登。

【省级卫生监督实训基地建设】 2021年，东莞市卫生监督所承建广东省卫生监督实训基地（东莞），承担全省卫生监督员法治稽查专业的培训。年内，对全省卫生监督员开展培训3期。该培训项目获评为广东省国家机关“谁执法谁普法”优秀普法项目。（张效斌）

附：2021年东莞市卫生监督所主要领导名录

党总支书记、所长：肖文忠

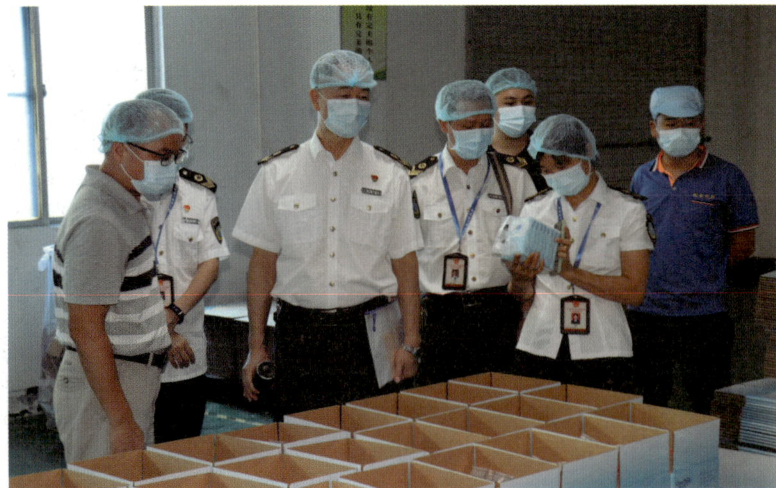

2021年8月19日，东莞市卫生监督所执法人员检查某企业消毒产品生产情况

（市卫生监督所供图）

医疗保障

【医疗保障概况】 2021年，东莞市基本医疗保险参保658.27万人，比上年增长4.29%；生育保险参保507.02万人，增长2.81%。社会基本医疗保险（含生育保险）基金总收入135.73亿元、增长21.41%，基金总支出136.40亿元、增长13.97%。

【新冠肺炎疫情防控医疗保障】 2021年，东莞市医疗保障局坚持落实“两个确保”政策，确保患者不因费用问题得不到及时救治，确保定点医疗机构不因医保总额预算管理规定影响救治。落实费用保障，按照不分户籍、就地免费接种的要求，将疫苗和接种费用纳入医保专项资金保障范围，全年支出15.06亿元；对“应检尽检”范围内东莞市参保人核酸检测，医保按比例支付费用2.2亿元。降低防控成本，核酸检测全年降价3次，单人单检均价33元，混合检测每人次8元，促进特定人群大规模筛查。保障临床救治，将新冠肺炎患者所需的医用耗材“体外膜肺支持”纳入医保支付范围。缓缴政策助企纾困，对大朗镇内因受疫情影响的用人单位，允许其在调整为非中高风险地区或解除封闭封控管理的次月起3个月内缴费，其间不加收滞纳金，不影响参保人社会医疗保险权益。

【医保制度改革】 2021年，东莞市医疗保障局推进分类保障改革，为逐步落实国家和省基本医保待遇清单，实施职工和城乡居民基本医保分类保障做好准备，拓宽全民医保覆盖范围，规范职工医保参保缴费政策。完善多层次医保体系，出台《关于促进普惠型商业健康保险发展的意见》，推动基本医疗保障和商业健康保险紧密衔接、融合发展，提升市参保人医保待遇水平。贯彻落实省新生育保险规定，以实际举措支持三孩生育政策落地实施，全市生育保险待遇水平进一步提高。保障新门诊特定病种，门诊特定病种由38个增至63个，门特申请认定前移至定点医疗机构。

【医保惠民政策落实】 2021年，东莞市把低收入家庭成员全部纳入医疗救助范围，支出型贫困医疗救助对象认定条件进一步放宽。全年全市有1.12万名困难人员纳入医疗救助范围，医疗救助金支出2099.71万元。药品及耗材价格持续降低，落实药品和医用耗材集中采购，将其纳入“2021年市政府十件民生实事”，完成5批218种药品和4批6种医用耗材带量采购落地东莞，为患者减负11.68亿元。推动全省统一的医保药品、诊疗项目、医用耗材“三大目录”在东莞实施，建立国家谈判药“双通道”（通过医保定点医疗机构和医保定点零售药店两个渠道）管理机制，参保群众用上更多的新药好药。提升待遇水平，基本医疗保险及大病保险的年度最高支付限额分别提升至56万元、84万元，社会基本医疗保险（含大病保险）年度最高支付限额近140万元。

【医保服务效能提升】 2021年，东莞市通过政策需求适配、三大目录匹配、历史数据迁移、系统联调测试等前期工作，于5月在莞上线国家医保信息平台，至年底，全市通过国家平台结算1742万人次，结算医疗费用95.58亿元。5月，市医保事业管理中心挂牌成立，医疗待遇核发等28项市级医保窗口业务进驻市民服务中心综合窗口，实现“一门集中”“一窗受理”。推广医保电子凭证，实现医保电子凭证扫码支付、扫码认证、线上结算三大应用场景，至年底，医保电子凭证累计激活391.62万人，激活率60.34%，位居全省前列。推进“互联网+医保”服务，市人民医院、市中医院等7所医院开通医保移动支付，参保人可在线无接触进行医保结算；依托国家医保服务平台App、“粤省事”“粤医保”小程序，一批与群众息息相关的高频医保业务实现“省内通办”“跨省通办”。全市纳入异地就医结算平台的医疗机构新增至88家，开通省内异地就医门诊费用直接结算。

2021年5月10日，国家医疗保障信息平台在东莞市上线

（市医疗保障局供图）

【医保基金安全维护】 2021年，东莞市医疗保障局贯彻落实《医疗保障基金使用监督管理条例》，建立医保基金综合监管部门间联席会议、医保基金社会监督员等制度，形成多方联动、社会参与的医保监管格局。创新医保基金监管方式，推动上线国家平台智能监管子系统，通过智能监控实现对定点医药机构履行协议情况及基金使用情况的监管，提升监管工作成效。联合公安、卫生健康部门在全市开展打击医疗保障领域“三假”（假病人、假病情、假票据）专项整治行动，通过组织定点医疗机构自查自纠、多部门联合现场检查、全省交叉检查等工作，检查定点医药机构980家，实现监督检查全覆盖，行政执法立案12件，依法作出行政处罚4件，移送公安机关处理20件，全年追回医保基金约4460万元。在全市开展“学习贯彻条例 加强基金监管”集中宣传月，通过创作宣传片《守护救命钱》、开展线上有奖活动、组织召开宣讲会等宣传活动，树牢东莞市“医疗保障 你我同享”的医保形象，强化“基金安全 人人有责”的社会共识。

【医保政策宣传】 2021年，东莞市医保网站频道发布信息稿件904篇，“东莞医保”微信公众号推送文章177篇，总阅读量超过197万人次，累计关注数突破174万人，医保事业的社会影响力和群众知晓度扩大，被评为全市政府网站与政务新媒体优秀单位。组建全市医保分局热线回复队伍，优化与“12345”政府服务热线衔接。

（廖 乐）

附：2021年东莞市医疗保障局主要领导名录

党组书记、局长：林岚

体 育

体育综述

【体育概况】 2021年，东莞市运动员获169枚金牌、150枚银牌、200枚铜牌。其中获全国赛金牌16枚、银牌12枚、铜牌16枚，广东省赛金牌153枚、银牌138枚、铜牌184枚。全年举办全市全民健身活动1065次，参加人数107.77万人次。全市有体育彩票发行网点1748个，销售总额20.06亿元，体彩公益金5.05亿元（其中市级公益金1.5亿元）。

【体育强市建设】 2021年，东莞市作为“全国篮球城市”，篮球运动成绩突出，宏远男篮队第11次获CBA（中国男子篮球职业联赛）总冠军，东莞男女篮队分别完成广东省篮球联赛“七连冠”和“四连冠”，东莞市培养的运动员在东京奥运会女子三人篮球取得铜牌，举办东莞市篮球联赛。竞技体育水平更高，东莞市输送的82名运动员代表广东省参加第十四届全国运动会，获6金7银7铜。举办东莞市第十届运动会，设29个大项、895个小项，8000多名运动员参加，比赛项目、参赛人数均创历史新高。群众体育发展更快，完善全民健身公共服务体系，新建6个社区体育公园，建成东莞市首个综合型智能健身园、智能户外全民健身路径体验园，实现全民健身服务站点建设全覆盖，建成15分钟健身圈。组织举办市民运动会、时尚运动节等系列体育赛事，承办南粤古驿道定向大赛、粤港澳大湾区自行车比赛等省级大赛，全民运动健身成为市民生活新时尚。国家体育总局授予东莞市文广旅体局、市体育中心等10家单位“2017—2020年度全国群众体育先进单位”称号，李泽等6人获“2017—2020年度全国群众体育先进个人”称号。东莞体育运动学校校长王峰获“全国体育系统先进工作者”称号。

（梁笑溢）

群众体育

【公共体育场地设施建设】 截至2021年底，东莞市建有各类体育场地1.90万个，体育场地面积3367.74万平方米，人均体育场地面积3.22平方米。有标准体育场23个、带固定座位的体育馆58个、篮球场（馆）6664个、游泳池（馆）703个、羽毛球场（馆）2416个、网球场（馆）336个。33个镇街全部建有3000平方米以上全民健身广场，实现15分钟健身圈100%覆盖、新建社区体育设施100%覆盖，公共体育场地设施100%开放。围绕中心区、工业园区和大型社区，利用闲置土地建设社区体育公园，建成凤岗镇儿童公园、金凤凰体育公园、碧湖体育公园和谢岗镇黎村、曹乐村、五星村等6个体育公园。公园内有文体广场、羽毛球场、篮球场、健身路径以及儿童游乐配套设施，满足不同年龄群体的需求，推动体育多元化发展。

【体育设施智能化建设】 2021年，东莞市推动公共体育场馆智能化升级。在市体育中心、滨江体育公园等市级体育场馆建成智能运动健身园，购建一批智能化健身器材，覆盖日常健身涉及的力量训练、有氧、体能辅助等环节，运用智能大数据为市民参与健身增加趣味性。推动高科技产品与全民健身融合，支持松山湖华为运动健康科学实验室建设与发展，开发精准、专业的智能运动穿戴产品，打造运动和健康场景孵化区，为消费者提供更细微的健康管理和服务体验。

【全民健身科学指导服务】 2021年，东莞市将完善全民健身服务体系纳入市政府十件民生实事。东城街道、南城街道、塘厦镇、常平镇等18个镇街建立体质测定与运动健身指导站，指导服务群众2万多人。在全市建立33个社会体育指导员服务站、600个指导员服务点，覆盖全市所有的村（社区），每个点配备2名指导员，取得社会体育指导员技术等级证书者每1000常住人口3人，完成健身指导时间超10万小时。为加强体医融合，在市中西医结合医院、市中医院、中堂潢涌医院建立体质测定指导站，将体质测试纳入健康体检范畴。利用信息技术助力全民健身。邀请郭建力、陈小平、张冠豪、陈海祥等4位莞籍体育运动员，推出4期“体育冠军进社区”系列全民健身公开课，推广体育健身知识，促进科学健身的普及，公开课通过“南方+”等媒体进行传播。开发建立东莞市全民健身信息化平台，支持制定全市“电子地图”等智能化服务平台，提供健身设施查询预订、体育培训报名、健身指导、健身信息获取等服务，逐步形成信息发布及时、服务获取便捷、信息反馈高效、线上线下融合互动的全民健身智慧化服务机制。

【篮球运动品牌发展】 2021年3—11月，东莞市举办第十届运动会成年篮球赛暨东莞市篮球联赛，赛事分甲乙丙级进行，有1100多人参加，举办200多场比赛。细化“441900”规定（2020年东莞市篮球联赛首次对“东莞市原籍居民”即身份证前六位为“441900”的本土球员数量提出要求，每队必须至少有4名东莞市本土球员，并且在每节比赛必须有1名本土球员在场上比赛。在甲级男子、甲级女子的比赛中，东莞市原籍居民参赛运动员将身穿0至15号球衣），为东莞市原籍居民创造更多的上场机会。市联赛不设赛区，增加网络直播场次，让球迷在疫情之下同样能够享受精彩的赛事。麻涌队、大朗队组队代表广东省参加第十四届全运会群众篮球项目，分别获得男子青年城市街道（社区）组冠军和农村乡镇组季军。组队参加省篮球联赛，实现男子篮球“七连冠”、女子篮球“四连冠”。

【东莞市第四届市民运动会】 于2021年5月15日至7月31日举行。主题为“全民运动新活力，品质东莞新风采”。在继续强化羽毛球、体育舞蹈等传统人气项目的基础上，增加万米接力跑、环山徒步等创意项目，有18个线上线下特色项目。该届运动会有10多个线上线下特色项目赛事在各个镇街举办，超过1万名选手参赛，有100多万名市民通过线上线下的形式参与活动。

【2021年时尚运动节】　于2021年9月11日至10月9日举行。该届时尚运动节秉承“运动、潮流、活力、全民健身”的办赛宗旨，打造“文化+旅游+体育”的融合项目，设置滑板、速度轮滑、飞盘、赛车、健美健身、花样滑冰、冰球、趣味投篮、攀岩等多个时尚项目。

【粤港澳大湾区“香港赛马会杯”网球团体赛暨广东省业余网球公开赛】　于2021年11月13—14日在东莞市网球中心举行。竞赛项目为团体赛，每场团体赛由3对双打组合组成。来自广州、深圳、珠海、东莞、中山等城市300多名网球爱好者参加。最后，东莞网协一队以2比1击败深圳大生网球队获得冠军。

【粤港澳大湾区自行车联赛首站赛】　于2021年10月31日在东莞市滨海湾新区举行。该联赛设5个分站赛，东莞首站赛有320名选手参加。该次比赛分男子公路精英组、男子公路大众组、女子公路组3个组别，在沿海湾的L形赛道进行，赛道单圈7.2千米。其中，男子公路精英组进行7圈50.4千米的较量，男子公路大众组比赛为6圈43.2千米，而女子公路组为5圈36千米。KUNG·环广东车队的马泽全获男子精英组冠军，英豪智能车队的李子达获男子公开赛冠军，美和居瑞豹女子力量车队的曾璐瑶获女子组冠军。

【南粤古驿道定向大赛第二站赛】　于2021年10月23—24日在东莞市石排镇塘尾村举行。赛事设置有专业组、成年组、少儿组、体验组，专业组、成年组分为短距离定向赛、团队定向赛；少儿组分为短距离定向赛、团队定向赛；体验组为短距离定向赛。在线路设计上，赛事终点采用国际上最流行的双通道设置，提升赛事观赏性，增加运动员与观众的互动性。东莞发挥赛事独特优势，展现南粤古驿道活化利用成果，促进赛事与全民健身、乡村振兴、生态保护等方面的深度融合，带动乡村振兴，助推乡村人居环境提升和经济发展。

【广东省无线电测向锦标赛】　于2021年12月5日在东莞市道滘镇花茶湾·冠军营地举行，设置M21W21、M18W18、M15W15、M12W12、M10W10等5个组别，分设3.5MHz（兆赫兹）、144MHz短距离测向个人、团体竞赛项目和3.5MHz快速测向个人、团体竞赛项目。项目设置测试选手身体素质、实战能力的测向赛，吸引广东省各地运动员参赛。

【广东省台球锦标赛】　于2021年10月16—22日在东莞市东城街道东英桌球俱乐部举行。有来自梅州、惠州、肇庆、广州、佛山、东莞、深圳、中山等城市的32支俱乐部代表队341名选手参加，赛事分为斯诺克团体赛、个人公开组和个人业余组等3个项目。最终，东莞市盈通桥架队获团体赛冠军，东莞市青少年台球协会获团体赛亚军，李建兵台球训练基地队和广州顺龙桌球队并列团体赛季军。（梁笑溢）

竞技体育

【东莞市选手参加东京奥运会】　2021年，东莞市有9名运动员入选中国代表团参加东京奥运会比赛，分别是：王凯华（男子20千米竞走第七名）、吴瑞庭（男子三级跳远第十四名）、李月汝（女子篮球第五名）、黄思静（女子篮球第

2021年11月16日至12月5日，东莞市第十届运动会举行。图为东莞市第十届运动会闭幕式

（市文化广电旅游体育局供图）

五名）、杨力维（女子篮球第五名）、杨舒予（女子三人篮球获铜牌）、李振强（马术场地团体障碍赛第十二名）、李耀锋（马术场地团体障碍赛第十二名）、张全（赛艇男子四人双桨第七名）。来自东莞WCBA（中国女子篮球联赛）球队的女篮运动员杨舒予参加女子三人篮球比赛。她在三人队内展现出较强的防守能力和投射能力，与队友最终战胜法国队获得铜牌，创造中国篮球新的历史，是中国篮球队时隔29年再次拿到奥运奖牌。

【东莞市选手参加全国运动会】 2021年9月，东莞市输送82名运动员参加广东省代表团，参加在陕西省举行的第十四届全国运动会竞技体育组比赛。其中在田径（男子三级跳）、篮球（成年女子、男子U19）、跳水（男、女子团体）、举重（女子64公斤级）、羽毛球、击剑等项目上夺得6枚金牌、7枚银牌、7枚铜牌。

【广东男篮成为CBA“十一冠王”】 2021年5月1日，广东东莞大益队在2020/2021赛季CBA联赛（中国男子篮球职业联赛）总决赛第三场争夺中击败劲旅辽宁本钢队，以2比1的总比分战胜对手，问鼎总冠军。这是广东男篮队连续三年夺得总冠军，以“十一冠王”的成绩继续保持获最多CBA联赛总冠军的球队的纪录。

【东莞市第十届运动会】 于2021年11月16日至12月5日举行，部分项目提前开赛。该届运动会设篮球、游泳、田径、皮划艇、举重、击剑、跳水等29个大项895个小项，8000多名运动员参赛。最终，获代表团奖牌前八名的代表团依次是：南城街道、东城街道、虎门镇、莞城街道、长安镇、厚街镇、石龙镇、麻涌镇；获代表团总分奖前八名的代表团依次是：虎门镇、东城街道、南城街道、莞城街道、麻涌镇、厚街镇、长安镇、道滘镇。 （梁笑溢）

东莞市体育中心智能健身园 （2021年市文化广电旅游体育局供图）

体育产业

【体育市场主体】 截至2021年底，东莞市有体育从业主体5028家。其中：从事体育服务业的单位3041家，占全市体育从业单位数量的60.5%；体育用品及相关产品制造企业有1955家，占38.9%；从事体育场地设施建设的单位有32家。在体育服务业中，从事体育用品及相关产品销售、出租与贸易代理的单位1603家，占全市体育从业单位数量的31.9%；体育健身休闲活动、体育教育与培训以及其他体育服务分别为530家、328家和276家，分别占10.5%、6.5%和5.5%；体育管理活动、体育竞赛表演活动、体育场地与设施管理、体育经纪与代理、广告与会展、表演与设计服务以及体育传媒与信息服务的从业单位数量较少。

【体育场馆设施】 截至2021年底，东莞市体育场地设施规模水平位居全国、全省前列，人均体育场地设施面积3.22平方米，有23个镇街超过国家标准的人均体育场地面积。从体育场馆类型来看，室外篮球场有6171个，健身路径和室外羽毛球场分别为1376个和1511个，足球馆、篮球馆和室外游泳池的数量均处于400～700个（座）区间，室内游泳池（馆）有159个。从发展态势来看，体育运动场地数量不断增加，2021年比2016年增加2668个（座），年均复合增长4.3%；增速呈现稳定上升趋势，从2016年的0.9%提高至2021年的6.0%。

【体育基地发展】 2021年，东莞市塘厦镇入选广东省体育产业示范基地，广东五环奥体体育产业有限公司、广东三狼体育产业发展有限公司、东莞市斯波阿斯体育用品科技有限公司入选广东省体育产业示范单位，形成“一基地、三示范单位”的发展格局。东莞篮球学校背靠中国篮球协会和新世纪篮球俱乐部，与NBA（美国职业篮球联赛）达成合作，拥有一流的硬件设施以及国内高水平的专业教练团队，为中国篮球输送一大批优秀人才，被认定为“国家高水平体育后备人才基地”。 （梁笑溢）

2021年东莞市运动员参加国家级比赛成绩表

项目	时间	地点	比赛名称	小项	姓名	性别	名次	输送镇街
田径	9月20—26日	陕西省西安市	中华人民共和国第十四届运动会田径比赛	三级跳远	吴瑞庭	男	1	大朗
				20公里竞走	王凯华	男	2	莞城
	7月9—11日	浙江省杭州市	“韵味杭州”2021年田径邀请赛	三级跳远	吴瑞庭	男	1	大朗
	3月12—14日	四川省成都市	2021年全国室内田径邀请赛	三级跳远	吴瑞庭	男	2	大朗
篮球	9月20日	陕西省西安市	中华人民共和国第十四届运动会篮球比赛	女子成年组	李月汝	女	1	长安
	9月18—23日			男子青年组（U19组）篮球	徐　昕	男	1	南城
					佟佳俊			
	9月21—26日			男子成年组（U22组）篮球	张皓嘉		2	
					徐　杰			
					胡明轩			
					杜润旺			
				男子成年组篮球	赵　睿			
	9月14日			女子成年组篮球	于　悦	女	3	长安
					胡　珂			
	9月20日			女子青年组三人篮球	王艺丹	女	3	麻涌
	11月14日至12月31日	安徽省蚌埠市	2021—2022（WCBA）中国女子篮球联赛	（WCBA）总决赛	李月汝		1	南城
举重	9月	陕西省西安市	中华人民共和国第十四届运动会举重比赛	女子举重64公斤级	曾田甜	女	1	石龙
				女子举重76公斤级	彭翠婷		3	
跳水	9月6—14日	陕西省西安市	中华人民共和国第十四届运动会跳水比赛	跳水男子团体	郭昊宇	男	1	长安
				跳水女子团体	何小洁	女	1	长安
					罗春晓			南城
				青年女子双人跳台	别诗晗	女	2	道滘
				青年组女子单人跳台	别诗晗	女	3	道滘
摔跤	9月	陕西省西安市	中华人民共和国第十四届运动会摔跤比赛	自由式摔跤女子50公斤级	黎彩萍	女	2	石排
				自由式摔跤女子53公斤级	罗兰暖			
三人篮球	9月	陕西省西安市	中华人民共和国第十四届运动会三人篮球比赛	男子成年组篮球	黄文威	男	2	中堂
					曾冰强			
					刘康能			麻涌
羽毛球	4月17日至5月2日	河南省郑州市	2021年全国羽毛球冠军赛暨运动会资格赛	羽毛球男子团体	任翔宇	男	2	东城、莞城
					雷兰曦			莞城
				羽毛球混合双打	任翔宇		3	东城、莞城
				团体赛	雷兰曦		男单第一	莞城

续表

项目	时间	地点	比赛名称	小项	姓名	性别	名次	输送镇街
羽毛球	4月17日至5月2日	河南省郑州市	2021年全国羽毛球冠军赛暨运动会资格赛	团体赛	任翔宇	男	男双第一	东城、莞城
					任翔宇		混双第二	东城、莞城
					程　星			莞城
击剑	9月22日	天津市蓟州区	中华人民共和国第十四届运动会女子重剑团体赛	女子重剑团体	赖江玲	女	3	莞城、厚街
皮划艇	9月22—26日	陕西省西安市	中华人民共和国第十四届运动会皮划艇比赛	男子划艇	王梓航	男	3	虎门
				女子500米双人皮艇	姜　涵	女		
竞走	3月20—21日	安徽省黄山市	2021年全国竞走锦标赛暨奥运会选拔赛	男子20公里竞走	王凯华	男	1	莞城
女篮	2020年10月1日—2021年1月3日	四川省成都市	2020—2021（WCBA）中国女子篮球联赛	中国女子篮球联赛	李月汝	女	1	长安
男篮	2020年10月17日—2021年5月1日	浙江省诸暨市	2020—2021年中国男子篮球职业联赛	中国男子篮球职业联赛	胡明轩 杜润旺 徐　杰 张皓嘉	男	1	南城
跆拳道	12月18—23日	江苏省无锡市	2021年全国跆拳道精英赛	2021年全国跆拳道精英赛46公斤	张　莹	女	2	虎门
				2021年全国跆拳道精英赛49公斤	谭林佳 罗婷婷	女	3	
				2021年全国跆拳道精英赛63公斤	肖邵红	男	3	
游泳	7月11—18日	山东省青岛市	2021年全国学生运动会游泳比赛	中学组女子100米蝶泳	王婵桐	女	1	虎门
				中学组女子4×100米混合泳接力	王婵桐 陈晓君			虎门 中堂
				男女中学组4×100米混合泳接力	王婵桐			虎门
				中学组4×100米自由泳接力	王婵桐 陈晓君		2	虎门 中堂
				男女中学组4×100米自由泳接力	王婵桐 陈晓君		3	虎门 中堂
				中学组女子100米仰泳	陈晓君		3	中堂
				中学组200米仰泳	杨屃溢	男	3	道滘
				大学甲组4×100米混合泳接力	苏其彬			
帆船	12月14—19日	海南省海口市	2021年全国帆船锦标赛	水翼风筝板级长距离赛	王　思	女	1	东城
				水翼风筝板场地赛			2	
柔道	10月15—20日	河南省商丘市	2021年全国U16组、U14组柔道锦标赛	柔道U16组55公斤	范文彬	男	2	东城

社会生活

SOCIAL LIFE

水乡特色示范村——道滘镇大岭丫村

（2021年水乡管委会供图）

编辑：贺 平

重点人群

妇女、儿童

【妇女儿童权益保障】 2021年，东莞市通过实施妇女儿童发展规划，保障妇女在政治、经济、文化和社会生活各领域的权利及儿童生存、发展、受保护和参与的权利。推动建立市反家庭暴力联席会议制度，深化婚姻家庭矛盾纠纷化解和防范，落实省妇联“关爱女童 护苗成长”三年行动计划，落实对智力残疾、精神残疾“两类女童”等易受侵害未成年人帮扶，加强妇女儿童合法权益保护。坚持儿童优先原则，践行儿童友好理念，推进市妇女儿童活动新中心等阵地建设，建成南城街道“园中园”儿童公园和公共场所母婴室100个。

截至2021年底，东莞市社会基本养老保险在职参保女性226.76万人；失业保险参保女性182.37万人；工伤保险参保女性194.16万人。将新业态从业人员、超龄劳动者等8类特定人员纳入工伤保险范围，覆盖女性10.53万人。最低生活保障标准提高至每人每月1100元，特困人员供养标准和低收入家庭认定标准分别同步提高至每人每月1760元、1650元。孤儿基本生活保障标准提升到每人每月1883元。市财政全年安排市社会福利中心集中供养孤儿（弃婴）基本生活保障专项资金1371.55万元，安排市社会福利中心集中供养孤儿（弃婴）基本生活保障专项资金支出1603.84万元。全年向散居孤儿和艾滋病病毒感染儿童发放基本生活保障金70.8万元，社会基本医疗保险个人缴费部分支出1.69万元，教育保障金12.12万元；发放事实无人抚养儿童基本生活保障金176.60万元。连续14年开展女工慰问、爱心父母大联盟活动。

【妇幼保健服务】 2021年，东莞市完成妇幼信息平台二期建设，做好出生缺陷综合防控项目，推动妇幼健康事业高质量发展。打造婚前孕前、孕产期、产时产后、儿童保健、妇女保健全生命周期连续系统跟踪、数据分析。医院和社区卫生服务机构协同工作，信息全流程对接，群众可享受"一站式"妇幼健康服务，所有妇幼重大公共卫生项目实现系统结算。整合全市婚前孕前优生健康检查信息系统，为1.3万名服务对象进行免费婚前与孕前优生健康检查。印发《东莞市出生缺陷综合防控项目管理方案（2021—2023年）》，整合地中海贫血综合防控项目、唐氏综合征产前筛查、新生儿听力筛查项目和新生儿疾病筛查项目，将受益人群扩大至常住孕产妇。成立全市新生儿疾病筛查和听力筛查中心，对全市筛查阳性个案集中跟踪随访。为广东省户籍6.9万名孕妇开展免费产前筛查，为8.6万名新生儿开展免费先天性疾病筛查。

【妇女发展水平提高】　2021年，东莞市有市管女干部231名，其中，在32个镇街领导班子成员中，女干部62名，实现全市各镇街党政领导班子女干部配备率100%。完善基层就业服务网络，依托市、镇、村三级600多个公共就业服务平台，为女性劳动者提供政策咨询、职业指导、推荐就业等"一站式"公共就业服务。深化"技能人才之都"建设，提供全链条培训政策、多元化培训平台，鼓励妇女提升技能、实现更好发展。举办2021年粤港澳大湾区女性科技创新大赛，成立松山湖高新区女科技工作者联盟，实施妇女创业小额担保贷款贴息项目、女性专项金融支持服务项目，投放金额2.58亿元。创建全国、省、市巾帼文明岗77个，省、市巾帼创业基地8个，涌现全国、省、市三八红旗手和省抗疫先进个人38人。

【儿童受教育水平均衡发展】　2021年，东莞市出台教育"十四五"规划，打造品质教育。教育扩容提质千日攻坚行动新增中小学幼儿园学位超6万个，超额完成年度任务。"双减"（减轻义务教育阶段学生过重作业负担和校外培训负担）工作成效显著，校内课后服务实现"5+2"（每周5天、每天至少2个学时开展课后服务）全覆盖，学科类培训机构压减率97.23%，压缩数量和比例位居全省前列。基础教育综合改革全面深化，东莞市入选为全省首批深化新时代教育评价改革试点市。建立市家庭教育工作联席会议制度，发布年度家庭教育十件实事，举办首届家庭教育高峰论坛，结合"双减"，常态化开展自然教育、生态环保等"玉兰姐姐家教计划"。开展学前融合教育推广支持计划，并纳入市政府十件民生实事，在全市设立33所融合教育实验幼儿园，学前康复机构和融合教育实验幼儿园在校残疾幼儿348人。　（龙江波）

2021年9月27日，2021广东省科技创新巾帼行动暨粤港澳大湾区女性科技创新大赛启动仪式在东莞市举行　（市妇联供图）

附：2021年东莞市妇女联合会主要领导名录

党组书记、主席：黄伟青

老年人

【老年人概况】　截至2021年底，东莞市60岁以上户籍老年人38.17万人，占户籍人口13.59%，其中：60～69周岁21.17万人，70～79周岁11.53万人，80～89周岁4.54万人，90～99周岁0.91万人，100周岁及以上191人。

【老年人关爱】　2021年，东莞市创新敬老优待卡服务模式，市民服务中心"莞家政务便民自助终端"推出敬老优待卡"一证（身份证）申请"和自助充值，提升便民服务水平。全年发放敬老优待卡2.44万张，其中莞籍2.01万张、非莞籍4283张，为17万名高龄老人发放高龄津贴1.43亿元。

【敬老宣传】　2021年，东莞市开展以"实施积极应对人口老龄化国家战略，乐享智慧老年生活"为主题的"敬老月"系列活动。通过主流媒体、新媒体平台宣传老年人健康管理等国家方针政策，普及老年人健康核心信息等老年人健康保健知识。开展老年人新冠肺炎疫情防控、意外伤害防范等知识宣传活动，组织中医膳食知识及八段锦培训，提升医养结合服务质量。开展安宁疗护病房开放日宣传活动，总结推广东莞市安宁疗护试点工作的经验和做法，逐步扩大试点范围。开展老年人智能手机使用及防诈骗培训活动，消除老年人面临的“数字鸿沟”，提高老年人防范意识，弘扬养老孝老敬老传统，共建共享老年友好社会。

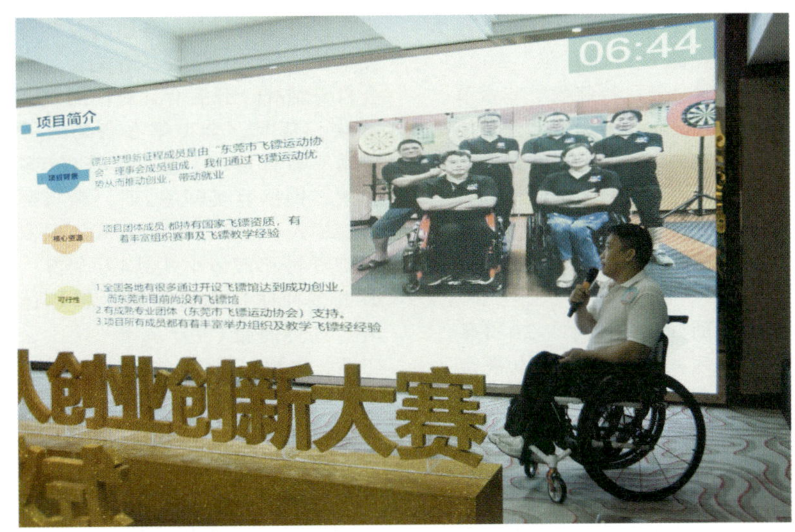

2021年5月26日，东莞市首届残疾人创业创新大赛启动

（市残联供图）

【老年人医疗护理服务】 2021年，东莞市人民医院、市松山湖中山医院等29所综合医院设立老年病科，全市二级以上综合性医院设置中医科、康复科或相近科室，为养老机构开通绿色通道，为入住老人提供医疗巡诊、健康管理、保健咨询、预约就诊、急诊急救和中医养生保健等服务。

【“银龄安康”行动全覆盖】 2021年，东莞市形成市、镇、村（社区）、个人多渠道参与“银龄安康”行动局面，在全市596个村（社区）挂牌驻点服务，为35.9万名60周岁以上户籍老年人提供意外伤害风险保障，实现“银龄安康”行动全覆盖。至年底，全市累计理赔受益1.16万人次，赔付金额1876万元，受惠人群比上年增长2%，赔付金额增长1.5%。

（贺　伟　黄云芬）

附：2021年东莞市民政局主要领导名录

党组书记、局长：黎雪琴

残疾人

【残疾人概况】 截至2021年底，东莞市户籍残疾人11.23万人，占户籍人口4.03%，其中：视力残疾1.57万人，听力残疾2.83万人，言语残疾2392人，肢体残疾2.87万人，智力残疾5660人，精神残疾1.09万人，多重残疾2.07万人。

【残疾人工作宣传】 2021年，东莞市通过主流媒体宣传残疾人事业新政策、新举措、新动态及专项活动报道120多篇，《广州日报》微博发布的《陈敏仪摘得东京残奥会广东首金》信息点击量一周内突破1.2亿人次，“学习强国”App（应用程序）转载发布10篇报道，营造全市关注2020东京残奥会的社会氛围，宣传市残疾人体育事业。发布市残联网站稿件1235篇，发布“东莞残联”公众号稿件496篇，出版《东莞残疾人》内刊4期，策划每周《爱心有约》电台广播节目52期，每周播出手语电视新闻104期。举行18期“心目影院”讲电影活动，参与视障人士150人次，举办2期培训班，扩大“心目影院”志愿者队伍。开展3场残疾人励志报告会，宣传残疾人自强不息精神。参加广东省第九届残疾人美术作品大赛，获得2个二等奖，2个三等奖。

【社会助残】 2021年，东莞市残联开展志愿助残扶残活动，组织参与“2021年益苗计划大赛”，开展残联助残志愿者交流会，加强助残志愿服务队联系。联合市文化广电旅游体育局、文联及各专门协会、狮子会东莞办事处举办“2021年南粤扶残·艺海友爱志愿服务活动”，收到来自残疾人的诗歌朗诵、儿童绘画、摄影、书法、海报近200件参赛作品。根据“i志愿”系统统计，东莞市残联助残志愿服务总队开展助残志愿服务活动382次，累计服务时数11.46万小时。

【残疾人“两项”补贴】 2021年，东莞市实现残疾人“两项”补贴（困难残疾人生活补贴和重度残疾人护理补贴）资格认定申请“跨省通办”，发放资金8002.37万元，其中困难残疾人生活补贴769.76万元、重度残疾人护理补贴7232.61万元。

【残疾人专门协会工作】 2021年，东莞市残疾人五个类别的专门协会根据残疾人具体需求，开展多种服务。市盲人协会组织开展诗歌散文朗诵比赛、爱眼科普讲座、盲人听电影、关爱慰问等活动，吸引470人次参加；市肢残人协会组织开展C5驾驶员交通安全法律知识培训及体验活动、“铁人轮椅三项赛”、参观香市文化旅游区等活动，有450人次参加；市精神残疾人及亲友协会组织开展亲子户外徒步活动、音乐培训课程等，有1528人次参加；市智力残疾人及亲友协会开展2021年度“牵着蜗牛去散步”全国联动大型公益活动、“一路童行话百年”2021广东省“瑕之美”特殊孩子艺术节、心智障碍群体才艺训练营公益活动等，有755人次参加；市聋人协会组织开展关爱听障人义诊活动、飞镖比赛、国家通用手语培训等活动，有220人次参加。

【全国助残日活动】 2021年，东莞市残联、东莞广播电视台、东莞市文化馆联合举办“永远跟党走 奋进新时代”——庆祝中国共产党成立100周年暨东莞市第三十一次全国助残日活动文艺晚会，并在“知东莞”App上全程网络直播，10.8万名观众同步观看。

【“七色花”百名重残妇女帮扶行动】 2021年，东莞市通过调研和入户走访，掌握到涵盖麻涌镇、中堂镇、大朗镇、石碣镇等19个镇街的100名重残妇女服务对象的需求与困难，为重残妇女链接社会资源，提供就业指导、职业培训、心理支持、社会交往、文化活动等服务，服务重残妇女180多人次，改善重残妇女生存与发展状况。

（贺 伟 黄云芬）

民族宗教

民族事务

【民族团结进步宣传】 2021年9月，东莞市围绕各民族“共同团结奋斗、共同繁荣发展”民族工作主题和铸牢中华民族共同体意识这一新时代民族工作主线，以“立足‘四个共同’ 增强‘五个认同’”（四个共同：各民族共同开拓辽阔疆域、共同书写悠久历史、共同创造灿烂文化、共同培育伟大精神。五个认同：认同伟大祖国、认同中华民族、认同中华文化、认同中国共产党、认同中国特色社会主义）为主题，开展民族团结进步宣传月活动。全市各镇街、各有关单位、社区、学校、有关企业结合自身情况，开展有针对性的宣传活动。其间，全市举办各类线下活动、教育培训、宣讲会等400多场次，网络有奖问答2期，参与群众、工人、学生等50余万人，派发宣传资料和宣传小礼品4万余份，通过多种途径和媒介展示横幅标语、宣传海报1.7万余条（次），广播、电视、报纸、微信公众号、头条号、人民号、“学习强国”App等新闻媒介刊报活动信息百余条。

【民族团结学习教育活动】 2021年，东莞市以中国共产党成立100周年为契机，结合党史学习教育，宣传中国发生历史性巨变的伟大历程，宣传各民族团结奋斗、守望相助“一起走过”的历史经验，宣传党的民族理论政策和法律法规及中华民族优秀传统文化。各单位通过微信公众号转载《人民日报评论员：深刻认识铸牢中华民族共同体意识的重大意义》《中央民族工作会议召开，习近平总书记重要讲话信息量很大！》等文章。

【民族团结主题文艺作品】 2021年，东莞市凤岗镇雕塑艺术品《鼓舞中华》获得国家民委点赞并亮相中国民族博物馆，《东莞虎门：少数民族学生研学 促进民族团结》等多条短视频被“学习强国”广东平台采用。寮步镇以加强民族团结、促进民族进步、深化民族融合为宣传脉络、特别创编民族团结进步原创动漫广告，在电视台、微信、微博等媒体平台传播。东莞广播电视台《时尚慧生活》广播栏目在9月16日的节目中，专门围绕“民族团结一家亲，同心共圆中国梦”主题，介绍各地中秋习俗，尤其是少数民族特有的风俗，让市民对少数民族风俗民情有更多了解。

【民族共同体意识强化】 2021年，东莞市各大中小学校根据不同年龄段学生的认知能力和认知特点，突出综合实践课程中的民族文化内容，通过召开“民族团结一家亲，同心共圆中国梦”“增强民族团结，迈进新时代，共建中国梦”等主题班队会、“国旗下讲话”、升旗仪式等，强化民族团结进步主题教育。

【东莞高级中学获评全国民族团结进步示范单位】 2005年起，东莞高级中学承办内地高中班，把办好内地高中班作为重大任务抓紧抓实，取得显著成效，为国家民族教育和民族团结进步事业作出贡献。先后获评东莞市民族团结进步模范学校、东莞市民族融合品牌学校；2016年，获广东省民族宗教委评为广东省民族团结进步创建活动示范单位；2021年1月，获国家民委命名为全国民族团结进步示范单位。

（李熙铮）

宗教事务

【宗教事务概况】 2021年，东莞市有佛教协会、伊斯兰教协会、天主教爱国会、基督教三自爱国会、基督教协会、佛教文化传播促进会6个宗教团体，合法审批开放的宗教活动场所（含临时活动地点）79处，全市宗教教职人员156人，有履行皈依、受洗等宗教仪轨的信教群众约4万人。

【宗教领域疫情防控】 2021年，东莞市委统战部（市民族宗教局）结合国内外新冠肺炎疫情防控形势和节假日、各大宗教节日人员流动特点，动态调整防控措施。修订印发《东莞市宗教活动场所2021年春节期间新冠肺炎防控工作方案》《东莞市宗教活动场所新冠肺炎疫情防控工作指引》，根据不同时期的疫情防控形势，及时修正防控要求；常态化督导检查，组织力量在重要节日、关键节点对宗教活动场所进行专项督导检查，建立问题台账，逐一督促对应镇街、场所及时整改。发挥社区民族宗教工作兼职联络员、网格员作用，利用“粤政易”电子巡查功能，适时发起电子巡查任务，健全联防联控工作机制；筑牢群防群控屏障，指导场所教职人员、工作人员响应属地疫情防控措施，主动接受核酸检测和疫苗接种。至年底，全市宗教教职人员、场所工作人员疫苗应接尽接率100%。宗教活动场所响应“全民戴口罩”倡议，通过张贴海报、悬挂横幅、电子滚屏播放等形式，加强防疫知识宣传。

【宗教领域安全生产】 2021年，东莞市委统战部（市民族宗教局）排查治理宗教活动场所安全隐患，明确安全责任，市民族宗教局与宗教活动场所负责人签订东莞市宗教活动场所安全管理目标责任书，细化主体责任，明确宗教活动场所主要负责人为消防安全第一责任人；明确安全标准，制订《东莞市宗教活动场所消防安全达标工程实施方案》《东莞市宗教活动场所安全生产大排查大整治专项行动工作方案》，明确检查内容和达标标准，要求各镇街宗教工作部门对标对表，对辖区宗教活动场所安全隐患进行自查自纠，建立问题台账，明确整改时限和责任人。对隐患问题进行“回头看”，及时督办整改进度慢的项目，确保问题一治到底；举办宗教教职人员线上消防安全培训，普及油、气、电、木等易燃易爆物的火灾防控知识，和各类消防设施、器材的使用方法、适用范围，全市约180人参加。

【宗教政策法规宣传教育】 2021年，东莞市委统战部（市民族宗教局）制订《2021年宗教政策法规学习月活动方案》，组织各镇街、各宗教团体、各宗教活动场所结合实际，细化学习形式，丰富活动载体。通过东莞阳光网、“东莞统一战线”微信公众号、宗教团体和宗教活动场所网站等线上平台举办“宗教工作知识知多D”有奖竞答活动，吸引近3万人次参与。各镇街通过展板展览、现场咨询、派发宣传单张、传阅政策法规书籍、举办互动小游戏、赠送特色礼品等形式，推动宗教政策法规宣传进场所、进社区、进企业、进学校，近1万人参与。举办全市宗教教职人员政策法规培训班，邀请省民族宗教研究院宗教研究所副所长陈延超作专题辅导，全面解读新修订的《宗教事务条例》《广东省宗教事务条例》等宗教政策法规，市各宗教团体班子成员、各宗教活动场所负责人约100人参加，强化东莞市宗教教职人员的责任意识和法制意识。举办宗教政策理论培训班，以网络视频会议形式开至各镇街（园区），邀请省民族宗教委宗教工作一处处长罗龙作专题辅导，解读习近平总书记关于宗教工作重要论述，剖析宗教领域存在的问题和做好宗教工作的方法。各镇街和村（社区）宗教工作部门负责人、网格指挥中心民宗工作业务负责人约750人参加。

【宗教团体爱国主义教育】 2021年，东莞市委统战部（市民族宗教局）多次召开宗教团体联席扩大会议，组织宗教团体班子成员、各宗教场所负责人集中观看“四史”（党史、新中国史、改革开放史、社会主义发展史）学习视频。协助市伊斯兰教协会、基督教三自爱国会、基督教协会人员先后赴广西壮族自治区百色市和江西省井冈山、南昌、庐山等市红色教育基地开展“四进”（国旗、宪法和法律法规、社会主义核心价值观、中华优秀传统文化进宗教活动场所）经验交流和“四史”现场教学。指导市佛教协会举办书法活动、合唱爱国歌曲，庆祝中国共产党成立100周年。组织各宗教代表集体观看红色电影《长津湖》。向各宗教团体、宗教活动场所派发“四史”学习书籍。全年，举办有关教育活动近30场，吸引1000多人次参与，派发“四史”学习书籍1000本。指导大岭山林场观音寺建设爱国主义教育基地，用80多块展板，展出“井冈山会师”“红军长征胜利会师”等党史故事，打造“四史”学习阵地，并结合各项培训活动，组织宗教界人士观看学习。支持宗教团体集中办公场所升级改造，增设“四进”内容的陈列、贴画。指导各宗教活动场所悬挂国旗，张贴“庆祝中国共产党成立100周年”海报、横幅、标语。

【宗教活动场所财务管理】 2021年，东莞市委统战部（市民族宗教局）依据宗教活动场所财务监督管理有关规定，围绕“收”和“支”两个关键环节，列出检查清单，通过组织填报财务监督管理自查表、实地走访等方式，对东莞市宗教活动场所财务监督管理情况进行深入调研检查。针对发现问题，要求各宗教团体逐一指导场所落实整改工作。举办全市宗教活动场所财务管理培训，通报前阶段调研检查发现的问题，要求各宗教活动场所细化财务管理制度，健全财务管理组织架构，落实年度财务报告和财务预算报备要求。邀请财会专业人员详细讲解民间非营利组织会计制度知识和宗教教职人员参加社会保障政策等内容。现场派发《民间非营利组织会计轻松做》《广东省宗教教职人员社保办理宣传手册》等学习书籍，各宗教团体、宗教活动场所负责人、财务工作人员等160人参加。采取分批分类方式逐步推广财务审计全覆盖，将全市33处中大型宗教活动场所纳入第一批试点范围，由各宗教活动场所自行联系具备资质的会计师事务所开展财务审计工作，推进宗教财务规范化、信息化、科学化管理。

【宗教工作部门协调联动机制优化】 2021年，东莞市发挥市、镇街两级党委（党工委）统一战线工作领导小组办公室牵头协调作用，明确有关职能部门在民族宗教事务管理中的职责任务，完善联合执法、综合执法等工作机制。印发《东莞市宗教工作三级网络和两级责任制工作方案》，明确市、镇街、村（社区）宗教工作职责。举办全市宗教事务行政执法培训，各镇街宗教工作干部、执法人员60余人参加，提升镇街综合行政执法部门对30项市级宗教行政处罚、行政检查事权的承接能力。与智网调度中心沟通对接，细化14个入格事项的作业流程，对重点检查的79处宗教活动场所和670处民间信仰活动场所进行入库管理。将春节期间对宗教（民间信仰）活动场所疫情防控，和斋月、开斋节期间对私设聚会点排查处置工作列入例行专项任务安排，发挥网格部门的哨点作用。全年巡查发现可疑线索120多条，全部妥善处理。（李敏瑜）

附：2021年东莞市民族宗教事务局主要领导名录

局　长：胡炳棋

人力资源

【人力资源工作概况】 2021年，东莞市人力资源和社会保障局实施“塑造品质人社　共建成长之城”改革服务行动，“响应人社、贯通人社、共治人社和效能人社”建设取得明显效果。

年内，东莞市人力资源和社会保障局完成广东省28项事业发展计划目标，落实东莞市“一号文”《东莞市人民政府关于加快打造新动能推动高质量发展的若干意见》关于打造“成长之城”、加快构建“人才正循环”的要求，完成十件民生实事关于筑牢民生保障底线、稳住就业基本盘等重要任务。承办省新职业技能大赛和全省社保卡居民服务“一卡通”现场会，继续保持组织人事考试18年无事故的纪录。就业实名制就业登记534.75万人，比上年增长4.80%；规模以上人力资源服务业营业收入132.06亿元，比上年增长31.8%，均排全省第三名。继续推动市促进就业、保障农民工工资支付、社保基金运行和监督等多个领导小组的高位高效运行，东莞市获省就业工作目标责任制考核“优秀”等次，企业养老保险省级统筹考核、省保障农民工工资支付考核均获“A级”。劳动力市场监管指标在2020年营商环境评价中排全国第八名，进入全国标杆城市行列。东莞市人力资源和社会保障局和相关单位还获评全国巾帼文明岗、广东省脱贫攻坚先进集体；东莞市帮扶昭通市“四精准四协同”（精准对接、实现机制协同，聚焦精准组织、实现动员协同，聚焦精准推动、实现市场协同，聚焦精准落地、实现稳岗协同）劳务协作被指定在全国东西扶贫协作推进会上做经验介绍；技能人才“三化”（市场化导向、国际化标准、工厂化教学）培养模式获评全国人才工作创新最佳案例。

【人力资源改革攻坚】 2021年，东莞市人力资源和社会保障局着眼于产业转型升级需求和劳动者发展需求，实施“塑造品质人社”10项改革行动。从提升就业植根性、优化人才服务模式、创新人才评价机制、创新技能等级认定、促进人力资源服务业集聚发展、完善多层次社会保障、创新社保卡功能集成、治理劳务派遣用工、优化人社服务、构建综合监督机制等10个方面，推动人社领域综合改革，激发治理和发展的新动能。成长生态逐渐形成，市镇投入2.4亿元，实施3.0版“促进就业九条”。200家重点企业完成用工画像，探索构建品质用工生态。特色人才和技能人才政策完成修订，举办高层次人才活动周多场洽谈和招聘活动。全市有博士后工作平台76个，累计招收博士后549人，引进博士人才4990人，数量居全省前列。优化人才资源供给侧改革获评全省组织工作改革创新案例。塑造技能生态的做法被全省推广。松山湖高新区持续强化人才专项扶持政策和资金保障，港澳青年创新创业基地成为首批12个省级基地之一。体制机制更有活力，实施“莞爱人才”7项行动，累计办理优才卡1.1万张。成为全省首个获批人工智能专业副高职称评审权的地级市，向市委党校下放职称评审权，职称评价渠道拓宽，自主化人才评价更加活跃。深化公立医疗机构薪酬制度改革，全面实行院长年薪制，推动医务人员编内编外同岗同酬。为169名受表彰医护人员落实岗位晋升。事业单位招聘实现公开招聘港澳居民的突破。“定级+晋级”做法被列为全省技能等级认定工作规范。出台实施人力资源服务业高质量发展实施意见和市民卡建设方案。在全省率先推出人力资源服务机构等级评定和告知承诺制。

【人力资源服务提升】 2021年，东莞市人力资源和社会保障局深化“放管服”（简政放权、放管结合、优化服务）改革，聚焦问题短板和服务热点，按照手续简便、经办畅顺、体验提升的目标，从就业创业、技能培训、人才服务、社保经办、监察仲裁等10个方面，改进和完善政务服务效能。264个对外服务事项全部实现“最多跑一次”，其中222个实现网办、203个实现“零跑动”、106个实现跨省通办。全市所有基层服务机构全部录入“人社政务电子地图”，打通服务群众“最后一公里”。

开展“春风令”用工服务保障行动，为1929家企业解决刚性用工需求15.44万人。全年举办“就业服务日”公共就业专项活动851场。“链群对接”校企合作洽谈会吸引386家院校和1551家企业参与，开展职业指导“三进”（进基层、进企业、进社区）服务活动308场。

截至年底，开发认定技能培训标准规范110个，开展补贴性技能培训52.44万人次，完成省任务的291%。举办“粤菜师傅”“广东技工”“南粤家政”三项工程职业技能电视大赛等系列市级竞赛18项，带动镇街办赛、企业练兵，吸引1464名行业精英参赛，其中：359人获得奖项，114人被授予

“东莞市技术能手”。首届“东莞技能节”开展8大类42项活动。横沥、寮步、长安、虎门四个镇率先围绕“技术进步、员工成长、产业集聚”目标，打造“镇街技谷”。寮步镇发挥村级人力资源服务站的作用，横坑社区获评第五批国家级充分就业社区。虎门分局举办多场港澳青年交流和赋能活动。

【人力资源系统协同】 2021年，东莞市人力资源和社会保障局协同市委组织部等部门，推动新一轮“十百千万百万”（十大战略科学家团队计划、百名博士专业人才计划、千名拔尖领军人才计划、万名创新创业人才计划、百万技术技能人才计划）人才工程政策落地实施，人才政策的集成和优势更加突出。在发改、财政、工信等部门的支持下，就业优先地位在经济发展中得到贯彻和落实。在市经济运行监测调度指挥部和工信等部门的帮助下，人力资源调度及时有效满足企业用工需求。依托风险预警系统排查风险隐患4275处，全部予以化解。健全市镇村三级联动机制，信访案件按期办结率100%、回访满意率在90%以上，54件重复信访案件全部化解，市信访局、“12345”热线年度考评均实现零扣分。强化裁调审衔接，95%以上的劳动争议案件在调解和仲裁阶段“案结事了”。联合城管、公安等部门，采取市镇协同、部门联动、社会共治等30项行动，劳务派遣秩序得到转变。是年，东莞市人力资源和社会保障局向社会公布23家用人单位的重大劳动保障违法行为，向公安机关移送涉嫌欠薪犯罪案件24件、涉嫌骗取工伤保险案件2件。在“信用中国（广东东莞）”网等处公示304件行政处罚案件，配合发改部门完成13件信用信息修复。强化综合治理，在工会、住建等部门的参与下，做实基层协调机制。部署开展根治欠薪和劳资纠纷预防化解专项行动，落实根治欠薪“硬十条”。通过“大排查”，发现化解劳资纠纷和欠薪隐患193处，落实“快响应”，防范群体和极端事件的发生。压实“硬要求”，确保春节前欠薪线索办结付清。推行“强监督”，每日汇总欠薪线索和舆情，动态清零。每周公布各镇街欠薪线索、舆情数量、处置效果的正反面排名。强化源头治理和前端防范，加强管控和治理力度，保障农民工工资及时足额支付。全年召开欠薪企业主约谈会议134场，为1.13万名劳动者补发工资8211.39万元。将7家企业纳入“黑名单”管理，会同20多个部门实施联合惩戒。

2021年11月25日，东莞市“粤菜师傅”金箸奖烹饪电视大赛总决赛举行

（市人力资源社会保障局）

【农民工工资支付保障】 2021年，东莞市人力资源和社会保障局贯彻落实国家、省欠薪治理工作部署，加强欠薪隐患排查，加大欠薪整治力度，压实根治欠薪责任，综合运用欠薪约谈、移送、社会公布、黑名单管理以及联合惩戒等手段，全面落实《保障农民工工资支付条例》，切实保障农民工工资权益。在2020年度全省保障农民工工资支付工作考核中获得A级。

【东莞市获2020年度就业工作目标责任制考核“优秀”档次】 2021年，东莞市贯彻党中央、国务院关于统筹推进新冠肺炎疫情防控和“六稳”（指稳就业、稳金融、稳外贸、稳外资、稳投资、稳预期）、“六保”（指保居民就业、保基本民生、保市场主体、保粮食能源安全、保产业链供应链稳定、保基层运转）的决策部署，做好稳就业、保就业工作，建立稳就业机制，调集资源，强化政策、资金和机制保障，实现全面复工复产，援企稳岗扩就业，保持就业形势稳定。东莞市连续两次在广东省就业工作目标责任制考核中获评“优秀”档次。

【东莞市职业介绍服务中心获“全国巾帼文明岗”称号】 2021年3月，东莞市职业介绍服务中心被评为“巾帼文明岗”。该中心有女干部职工13名，占全中心人员65%，平均年龄38岁；女党员5名，占党员总数62.5%；该中心主任和支部书记为女性。该中心以党建、业务、文化“三融合”为引领，创新开展跨地区、跨省份劳务对接帮扶、就业脱贫服务，成效显著。

【首届南粤家政职业技能电视大赛】 2021年5月，东莞市第一届“南粤家政”职业技能电视大赛在东莞广播电视台举办。32名家政技能好手同台竞技，经过比拼，最终家政服务员组的雷丹阳、育婴员组的何琴、养老护理员组的林海胜、

2021年10月15日，东莞市国家级高技能人才培训基地揭牌

（市人力资源社会保障局供图）

医疗护理组的郑芳芳获得各组别一等奖。赛事吸引在线观看直播人数32.4万人。

【东莞3.0版“促进就业九条”出台】 2021年9月9日，东莞市出台《关于贯彻落实〈广东省进一步稳定和扩大就业若干政策措施〉的实施意见》（简称“东莞3.0版‘促进就业九条’”），从“稳岗位、育增长、促重点、强技能、优服务”五个方面，提出九条27项政策措施，强化就业优先政策、创新就业服务举措。全年，发放各项就业创业补贴4.32亿元，惠及14.2万人次。根据省要求新增职业技能鉴定评价补贴等4项政策；根据东莞市实际新增“共享用工”就业创业服务补助等6项政策，并对标省政策最高标准上调就业见习补贴等7项政策的补贴标准，调整高校毕业生基层岗位补贴等2项政策的条件。围绕劳动者全生命周期发展需求，制定贯通职业成长全链条的政策措施，包括毕业生就业扶持链条、创业全程扶持链条等。提出构建品质用工生态、塑造技能生态、打造品质服务生态等具体措施。

【东莞市人社局获“广东省脱贫攻坚先进集体”称号】 2021年，东莞市人力资源和社会保障局坚持劳务协作、技能脱贫，精准帮扶昭通市、韶关市等地。建立“四精准、四协同”帮扶模式，每年提供就业信息20多万条，组织扶贫招聘专场，累计招收昭通市劳动力14.5万人、建档立卡贫困户1.2万人。选派3名驻村干部、安排58名党员干部“二对一”结对帮扶韶关市下陂村，该村集体收入由扶贫前3.8万元增至2020年38万元，贫困户年人均可支配收入由2968元增至1.43万元，提前一年全面脱贫。是年，东莞市人社局获中共广东省委、广东省人民政府授予“广东省脱贫攻坚先进集体”称号。

【职业技能等级认定模式创新】 2021年，东莞市人力资源和社会保障局率先探索定级+晋级职业技能等级认定机制，实施“三专”精准服务，即：做到政府服务有专员、企业落实有专岗、指导开展有专家，为全省创新企业自主评价工作提供可复制的“东莞模式”。全年指导259家企事业单位完成职业技能等级认定备案、定级等系列工作，8.5万余名技能人才获得职业技能等级证书。

【人力资源服务产业园建设】 2021年，东莞市开始建设人力资源服务产业园。该园以市镇共建的方式，由东莞市人力资源和社会保障局牵头，联合寮步镇人民政府共同打造的人力资源服务产业集聚区，按照“供需精准对接、服务功能优化、区域辐射面广、产业带动力强”定位，采取政府主导、政策扶持、市场运作的模式，建设“一先行区、两基地、三平台”，即：一个人力资源服务产业园先行区；人力资源服务机构集聚和职业技能培训交流两个基地；人力资源综合服务、人力资源供需对接、人力资源服务机构合作三大平台。

【人社“纾困六条”出台】 2021年，东莞市人力资源和社会保障局为应对“12·13”本土新冠肺炎疫情，支持大朗镇纾解辖区内各类经营主体和群众面临的困难问题，出台包括实施社保费缓缴政策、加强就业用工服务对接、开展“就莞用”精准帮扶、免费提供在线技能培训、快速维护劳动者合法权益、实行在线或延期办理仲裁等“纾困六条”措施。政策措施适用于被列入中高风险和封闭封控管理地区，政策措施有效期为2021年12月27日至2022年3月15日，并根据疫情防控形势动态调整。其中，社保费缓缴政策为大朗镇用人单位缓解5亿元资金压力。 （周巧云）

附：2021年东莞市人力资源和社会保障主要领导名录

局　长：司　琪（任至1月）
　　　　陈智武（1月到任）

社会保障

社会保险

【社会保险概况】 2021年，东莞市五项险种参保1535.36万人次，其中社会养老保险（含退休）参保590.81万人、失业保险参保454.58万人、工伤保险参保474.36万人、城乡居民基本养老保险（含退休）参保5.53万人、机关事业单位养老保险（含退休）参保10.08万人。社保基金征缴582.07亿元，比上年增长95.08%。核付各项社保待遇151.63亿元，比上年增长9.72%。全市社会保险基金累计结余2229.80亿元，其中企业职工基本养老保险2112.10亿元、机关养老保险83.44亿元、城乡居民养老保险0.38亿元、工伤保险14.64亿元、失业保险19.24亿元。

【社会保险助力疫情应急】 2021年，东莞市人力资源和社会保障局面对“6·18”和“12·13”本土新冠肺炎疫情，启动应急响应机制，在动员党员干部参加抗疫服务的同时，拓宽业务办理渠道，开设业务承接通道，由市民中心和临近镇街社保经办机构临时承接业务；通过畅通经办服务渠道，推广“不见面”服务，推行“网上办、预约办、指导办、就近办”线上线下综合服务模式，确保疫情防控期间群众利益不受损，社保服务不断档。支持大朗镇企业的社保费缓缴政策，助力企业疫后恢复发展。

【养老保险省级统筹制度规范】 2021年1月起，东莞市按照广东省规范和完善企业养老保险统筹制度的要求，在养老保险政策、基金收支管理、基金预算管理、责任分担机制、信息系统建设、经办管理服务、激励约束机制等方面按规范统一的办法实施，东莞市企业职工养老保险单位缴费比例从当月起调整为14%，无雇工的个体工商户和灵活就业人员缴费比例调整为20%。

【基本养老金17年连涨】 2021年1月起，东莞市根据国家和省有关规定，调整增加退休人员基本养老金，该次调整是自2005年以来的连续第17年上涨，涉及企业职工基本养老保险退休人员41.89万人，人均养老金增加103.17元/月。

【全民参保计划推进】 2021年，东莞市人力资源和社会保障局落实灵活就业人员在就业地参加企业职工养老保险政策，省内外市、外省户籍灵活就业人员可凭有效身份证件和就业登记证明在东莞市参加企业职工基本养老保险；查核60周岁以上户籍人口参保情况，引导符合条件的未参保人员参加城乡居民养老保险；将超过法定退休年龄的劳动者等8类特定人员纳入工伤保险参保范围，开展新业态从业人员职业伤害保障试点；上线“湾区社保通”，拓展港澳人员在东莞市参保。

【社会保险降费减负政策落实】 2021年，东莞市继续执行阶段性降低失业保险费率政策、失业保险浮动费率政策。5月起，东莞市工伤保险费率按照工伤保险省级统筹行业基准费率标准执行，并阶段性下调工伤保险费率50%。

【稳岗返还“免申即享”】 2021年，东莞市根据广东省延续实施稳岗扩围的政策要求，将企业裁员率标准放宽至6%、30人（含）以下的企业放宽至20%，将不裁员、少裁员，符合条件的社会团体、基金会等用人单位纳入发放范围，省内率先实现失业保险稳岗返还“免申即享”。全年向17.26万户用人单位发放2021年度失业保险返还资金9056.06万元，惠及参保职工144.33万人。

【工伤协议机构全省联网结算】 2021年，东莞市完成82家工伤医疗（康复）协议机构上线省集中式系统联网结算的目标任务，在原来依托全市城乡一体化信息系统进行工伤住院费用联网结算的基础上再次升级提质，在省平台实现工伤医疗（康复）住院及门诊费用的联网结算。

【社会保险经办服务提质增效】 2021年，东莞市人力资源和社会保障局开展专题深调研工作和“领导干部走流程”活动，挖掘解决群众办事的堵点、梗点、难点23个，完善主动告知和便捷查询机制、异常业务进度告知解释机制、业务督导和跟踪处理机制、特殊群体服务机制，推进“减证便民”“简易快办”。启动社保服务“一窗式”改革，高频社保业务全量进驻全市政务服务中心综合窗，推动“一窗通办”和“全市通办”。拓展“全程网办”线上服务渠道，依托“东莞社保”微信公众号，陆续上线“智能客服”“社保待遇随时查”“基本养老金模拟计算器”等应用功能以及非东莞市户籍灵活就业人员参保、灵活就业人员绑定社保卡代扣社保费、特殊人群上门服务预约等线上服务。

【社保“一窗通办”】 2021年，东莞市人力资源和社会保障局破解社保经办难点痛点问题，协调争取市镇两级的资源，以市级和部分镇街分局作为试点，推进窗口改革模式，建立“前台接单、内部流转、后台审核、专窗出件”经办运转模式，实现业务办理提速50%～70%。东莞市人力资源和社会保障局黄江分局驻政务服务中心社保经办窗口率先推行“一窗通办”试点，被评为“2021年全国人力资源社会保障系统优质服务窗口”。

【社会保险“清数”“筑墙”专项行动】 2021年，东莞市人力资源和社会保障局根据广东省人力资源和社会保障厅和广东省社会保险基金管理局工作要求，以“清数据、除隐患、堵漏洞、筑屏障”为总目标，开展社保基金风险防控“清数”和“筑墙”行动，全面清理历史数据，核查纠正各类数据问题，防范和化解社会保险经办风险。截至年底，东莞市核查“清数”数据375.10万条，核查率99.97%。

【社保卡居民服务“一卡通”】 2021年10月，东莞市成立市民卡建设工作领导小组，推动实施以社会保障卡为载体的居民服务“一卡通”建设东莞市民卡，按照“一年建机制、二年上台阶，三年扩应用”时间节点要求，推进建设任务。截至年底，东莞市社保卡累计发行1288.66万张，电子社保卡实现同步申领，累计签发936.58万人，超前完成省人社厅下达的“十四五”工作目标任务。在政务服务、公共交通、医疗服务、资金发放、文旅体验、生活消费等领域拓展“一卡通”服务集成，全年通过社保卡发放各类补贴资金163亿元，惠及1227万人次；社保卡“诊疗一卡通”平台提供就诊服务1069万人次，结算占比20.8%；市民卡公交出行20.3万人次；20多个本土知名品牌、6800多家门店参与社保卡消费减免优惠活动。

【社保宣传咨询】 2021年，东莞市人力资源和社会保障局运营“东莞社保”微信公众号、视频号和“东莞社保姐姐”抖音媒体号等新媒体平台，对接“南方+”App、“i东莞”App、“知东莞”App等省市新媒体平台，帮助企业和群众熟知最新社保政策和经办指引。其中，“东莞社保”微信公众号关注超过476万人，推送文章头条篇均阅读量10多万人次，获2021年第九届广东省互联网政务论坛“十大政务新媒体年度影响力服务号”，成为全省乃至全国社保服务政务微信矩阵影响力的排头兵。搭建“东莞社保智能客服”线上服务平台，日均群众提问3281次，问题解决率97%。全年，东莞市社保业务咨询通过“12345”热线中心语音渠道接入43.9万次，直接解答43.1万次，直接解答率98.1%。

【东莞市社会保险基金管理中心获评全国农民工工作先进集体】 2021年1月，东莞市人力资源和社会保障局下属单位东莞市社会保险基金管理中心获国务院农民工工作领导小组授予“全国农民工工作先进集体”称号。东莞市社会保险基金管理中心通过不断强化信息建设，优化服务流程，创新服务方式，推进社会保障服务均等化，维护农民工的社保权益。注重保障农民工职业安全，推进预防、补偿、康复“三位一体”工伤保险体系建设；聚焦“六稳”（指稳就业、稳金融、稳外贸、稳外资、稳投资、稳预期）、“六保”（指保居民就业、保基本民生、保市场主体、保粮食能源安全、保产业链供应链稳定、保基层运转），落实各项支持企业特别是小微企业和个体工商户纾困的社保政策，让企业得到更多实惠，稳定就业岗位，减轻新冠肺炎疫情对农民工在内的劳动者就业和收入的影响，保障基本民生。

【东莞市人社局获全省2020年度企业养老保险省级统筹考核A级】 2021年，东莞市人力资源和社会保障局获全省2020年度企业养老保险省级统筹考核A级。2020年，通过加强疫情防控期间企业参保情况的动态监测分析，实现法定人群参保基本全覆盖。落实各项社保待遇及时足额正常发放，确保全市参保人权益记录不受影响。推进省级统筹有关工作，及时完成省级基金调拨，社会养老保险上解支出374.40亿元。落实惠企政策为企业送去“真金白银”，为企业减负219.08亿元。东莞市围绕省人社厅发展计划目标，推进扩面征缴工作，完成下达的企业职工养老保险扩面征缴任务。 （罗成钊）

社会救助

【社会救助标准提高】 2021年1月，东莞市提高困难群众社会救助标准，最低生活保障标准提高至每人每月1100元，特困人员供养标准和低收入家庭认定标准分别同步提高至每人每月1760元、1650元。全市发放低保金9076.87万元、特困供养金1414.25万元、食品燃气水电补助金747.03万元、补助低保和特困人员参加基本养老保险个人缴费部分1503.48万元、元旦春节价格补贴918.94万元、特困护理补贴517.53万元。全年全市各镇街（园区）加强对分散供养特困人员的探视巡访，压实照料服务人责任，强化监督指导，确保特困供养人员的人身安全和健康；优化和整合力量，通过上门探访、电话视频等方式，重点加强对低保对象中的单独居住和分散供养特困人员每日走访跟进，委托市救助申请家庭经济状况核对中心每日进行电话回访抽查，发现问题及时督促整改。

【临时救助范围拓宽】 2021年7月9日，《东莞市临时救助办法》印发，将临时救助范围从东莞市户籍居民逐步拓宽至常住人口，扩大临时救助覆盖面，构建“急难型”救助和“支出型”救助相结合的临时救助制度；明确救助对象及类型，细化临时救助标准，规范临时救助申请流程，丰富临时救助内容，保障困难群众基本生活。全年全市临时救助76人次，发放救助金33.55万元。

【社会救助帮扶机制健全】 2021年，东莞市组织召开市困难群众基本生活保障工作协调机制专题会议，研究做好困难群众冬春季新冠肺炎疫情防控和基本生活保障等问题，探索建立困难群众“民生综合大平台”，健全完善“大救助”体系，加强部门之间数据共享对比，做好主动发现、精准识别，实现困难群众精准救助、高效救助、温暖救助、智慧救助。12月，印发《东莞市关于完善急难社会救助帮扶机制的实施方案》，做好常住人口中非户籍困难群众急难社会救助帮扶，畅通线上、线下民生诉求反映渠道，确保困难群众“求助有门”。整合各部门力量开展常态化排查，发现困难人群，实现救助帮扶从“人找政策”向“政策找人”转变；运用信息化、数字化手段，提升民生诉求响应效率，推动民生诉求“一键通”办理；落实困难群众救助帮扶闭环管理，健全困难群众救助实效跟踪问效机制。开展全方位立体式宣传，深入基层、深入群众宣传推广救助帮扶政策、诉求反映渠道等内容，扩大救助帮扶知晓度。

【困难群众社会救助】 2021年，东莞市实现救助申请家庭经济状况核查核对全覆盖。通过健全社会救助信息核对和入户核查联动工作机制，实现困难群众入户核查和信息核对“两个100%”覆盖，完成32个镇街5906户1.1万人入户核查，开展家庭经济状况核对1.08万人次。1月26日至2月3日，市委书记、市长等领导分别率队赴各镇街，开展2021年春节慰问老党员（困难党员）、低保家庭（特困人员）和困难异地务工人员家庭和抗疫一线医护人员活动；4月，开展“解忧暖心传党恩”行动，印发《“解忧暖心传党恩”行动实施方案》，指导各镇街（园区）聚焦特殊困难群众，走访慰问低保、特困人员等特殊困难群众2.25万人次，支出资金1675.09万元。开展农村低保专项治理巩固提升、社会救助数据专项治理、巩固社会救助兜底脱贫成果“回头看”等专项行动，压实主体责任，加强社会救助信息化建设，提升管理水平和服务能力，筑牢基本生活保障底线，防止发生冲击社会道德底线的事件，守住不发生规模性返贫的底线。

【救助管理服务质量提升】 2021年，东莞市推进“政府+社会组织+志愿者”救助管理模式，加强寻亲送返工作，努力实现全市街面流浪乞讨人员和市救助管理站内长期滞留人员“双减少”目标。全年东莞市救助管理站救助来站求助的流浪乞讨人员4563人次，其中开展街面巡查救助855次、救助1809人次，为长期滞留的95名受助人办理落户安置手续。开展寒冬送温暖活动，督促指导各镇街（园区）开展流浪乞讨人员街面巡查救助，及时劝导流浪乞讨人员到辖区避灾救护场所或市救助管理站求助。12月26—27日寒潮天气期间，各镇街（园区）开展联合巡查71次，街面救助279人次，发放保暖衣物和食物等近2000份。

【东莞市救助管理站二期工程建设】 2021年，东莞市救助管理站二期工程项目全面建成启用，可提供395张床位。其中，改建救助安置中心一栋，呈“L”字形布局，地上4层，建筑面积8106.10平方米，安排300张床位，用于安置市救助管理站内超过3个月无法查明身份信息滞留人员；新建治疗康复中心一栋，呈“回”字形布局，地上4层、地下2层，建筑面积1.94万平方米，安排95张床位，用于流浪乞讨人员和城乡特困人员中精神障碍患者的康复治疗。12月16日，市救助管理站将长期滞留的91名流浪乞讨人员分批迁移至安置中心，二期项目投入运营。

【疫情防控期间社会救助】 2021年12月，《东莞市民政局关于贯彻落实〈东莞市人民政府关于积极应对新冠肺炎疫情影响　着力支持大朗镇纾困解难的若干措施〉的十条措施》印发，畅通困难群众求助渠道，兜牢困难群众基本生活，做好特殊困难群众照料护理，发动社会力量助力新冠肺炎疫情防控。对大朗镇低保边缘人口、家庭和个人基本生活出现困难的群众，通过临时救助、“民生大莞家”项目及慈善会给予及时救助；为暂时滞留在大朗镇的困难群众提供临时住宿、饮食、御寒衣物，确保做好民生兜底保障。发挥民政部门兜底保障低保边缘人口、家庭和个人基本生活出现困难群众的职能作用，支持大朗镇做好困难群众纾困解难的工作。（贺　伟　黄云芬）

社会福利

【居家养老服务】 2021年，《东莞市居家养老服务管理办法（修订）》印发，将服务资助范围优化拓宽为各年龄段的失能老年人和特殊困难老年人，实现经济困难的老年人全覆盖。服务资助对象可享受生活照料、卫生清洁、助餐配餐、文化娱乐、精神慰藉、“平安铃”等服务。截至2021年底，全市有1.3万名老人享受居家养老服务资助，实现有居家养老服务需求的村（社区）100%全覆盖。东莞市居家养老“大配餐”服务实现镇街（园区）全覆盖，全市有47家长者饭堂投入使用，形成自建自营集中配送、社会化集中配送、养老机构对外辐射服务、“社区自营+助餐点助餐”等多元化的服务模式，为有需求的居家养老服务资助老人提供助餐配餐服务。市慈善会对各镇街的享受居家养老服务的政府资助对象按照6～10元/人/天的标准予以餐费补助，以及最高50万元的长者饭堂建设补助。同时，配餐助餐服务面向东莞市全体常住老年人开放，对于社会老年人按不高于成本价的标准提供服务。

【困难老年人家庭适老化改造】 2021年，《东莞市民政局关于将“东莞市困难老年人家庭适老化改造项目”纳入“民生大莞家”项目管理的通知》印发，由市慈善会为414户困难老年人家庭提供每户最高3000元改造资助，并将特困、低保、低收入家庭中的户籍老年人纳入改造资助范围，实现经济困难的老年人家庭适老化改造资助全覆盖。

【“互联网+养老”服务】 2021年，东莞市开发建成“平安铃”社区老年人应急呼救系统，有9000多名老人通过“平安铃”终端智能设备享受应急救援、定位、紧急呼叫、精神慰藉等24小时在线服务。截至2021年底，全市智慧养老服务平台完成服务订单305.24万张，服务评价满意率95%，日均订单5200.07单，单次服务平均服务时长超70分钟，构建“菜单式”居家养老服务网络。

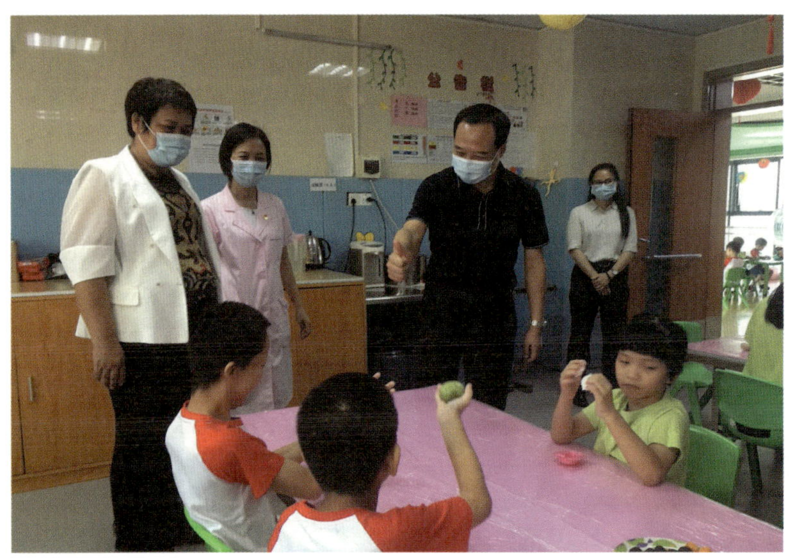

2021年9月21日，东莞市委副书记、市长吕成蹊（左三）前往市社会福利中心开展中秋节慰问（市民政局供图）

【养老机构服务能力提升】 2021年，东莞市12家养老机构获评广东省星级养老机构（其中五星级1家、四星级3家、三星级3家、二星级4家、一星级1家）。印发《东莞市民政局关于加快推进养老机构护理型床位建设工作的通知》，明确护理型养老床位界定标准，提出阶段性目标任务，推进公办养老机构护理型床位建设与特困人员供养服务设施（敬老院）改造提升工程相融合，引导民办养老机构加强护理服务能力建设。截至2021年底，全市投入运营的养老机构52家，共有涉老床位12236张，每千名老人床位数35.27张。其中：公办养老机构33家（市级养老机构2家、镇级敬老院29家、公办医养结合机构2家），床位3005张；民办养老机构18家，床位2909张；社区养老设施、医院老年病区等涉老床位6472张。

【医养结合养老服务】 2021年，东莞市有医养结合机构8家，床位1037张。其中：养老机构办医疗机构4家、医疗机构办养老机构4家；社会办医养结合机构6家，其中，5家纳入基本医疗保险定点范围；52家养老机构与医疗机构建立合作关系，可提供医疗服务；全市各医院及社区卫生服务中心均建立为老年人提供挂号、就医等便利服务的绿色通道。

【养老服务人才队伍建设】 2021年，东莞市结合广东省养老护理员继续教育及岗位培训，组织养老服务从业人员参加养老服务线上培训班5期3798人次。其中：岗位培训班2期2125人次,获证1040人次；技能提高班2期1507人次，获证884人次；管理人员培训班1期166人次，获证130人次。培训内容包括老年人常见疾病及护理、康复训练及运动、压疮预防及护理等方面的理论知识和实践技巧。

【儿童基本生活保障】 2021年，东莞市将符合条件的困境儿童按政策分别纳入低保、特困和临时救助等范围。提高孤儿基本生活保障标准，经市政府同意，市孤儿基本生活保障标准由2020年每人每月1820元提升到2021年每人每月1883元。艾滋病病毒感染儿童、事实无人抚养儿童基本生活保障金标准参照孤儿基本生活保障金标准调整。截至2021年底，东莞市有困境儿童3332人，其中孤弃儿童594人（集中供养563人、分散供养31人），自身困境儿童1918人，家庭困境儿童1269人，临时困境儿童21人；依法办理收养登记业务12宗（收养登记10宗、解除收养登记2宗）。全年向市社会福利中心集中供养孤儿（弃婴）发放基本生活保障专项资金1600.92万元，向全市散居孤儿和艾滋病病毒感染儿童、事实无人抚养儿童发放基本生活保障金、教育保障金、春节慰问金、“六一”儿童节慰问金等资金129.85万元。

【儿童医疗、教育保障】 2021年，东莞市贯彻落实广东省巩固拓展医疗保障脱贫攻坚成果有效衔接乡村振兴战略实施方案，孤儿、事实无人抚养儿童参照特困供养人员有关规定享受市重大疾病医疗保险、医疗救助及二次医疗救助待遇。同时，将低保对象的大病保险起付标准下调至4000元，低保儿童获得大病保障的门槛大幅降低。联合市教育局整合全市助学项目，完善义务教育控辍保学工作机制，确保农村留守儿童和困境儿童入学和不失学，依法完成义务教育。对散居孤儿接受学前教育、义务教育、高中阶段教育以及高等教育给予资助。在中学期间寄宿的，给予寄宿生活补助。

【康复辅助器具产业国家综合创新试点启动】 2021年7月，民政部等7个部委印发通知，将东莞市确定为康复辅助器具产业第二批国家综合创新试点，试点期限为2年。9月，东莞市印发《2021年东莞市康复辅助器具社区租赁服务试点项目实施方案》，对符合条件的老年人、残疾人、伤病人以租赁方式消费基本型康复辅助器具提供资助和服务。全市建成康复辅助器具综合体验馆1个、社区租赁服务点6个，为1716人有需求人员提供康复辅助器具租赁6154件，累计资助305.62万元。11月18日，举办2021首届大湾区（广东）康复辅助器具产业发展论坛暨综合创新试点系列活动，邀请9位专家、学者及业内人士作主旨演讲，为东莞市康复辅助器具产业基地、政产学研用基地、配置服务人才培训基地、配置服务人才实训基地、科普教育基地集中揭牌，为2家康复辅助器具先进制造企业品牌联盟单位授牌，发布《东莞市重点康复辅助器具目录》《东莞市推进康复辅助器具产业发展若干扶持措施》《东莞市中医药康复服务能力提升工程实施方案（2021—2025年）》《东莞市康复辅助器具社区租赁服务慈善资助办法（试行）》等政策文件。

（贺　伟　黄云芬）

慈善事业

【慈善事业高质量发展行动方案印发】 2021年，东莞市印发《关于推动东莞市慈善事业高质量发展行动方案》，提出2021—2025年规划，要求弘扬中华民族传统美德，推动善心善举，发挥慈善事业的第三次分配作用，加快“莞邑慈善”建设，逐步形成规范有序、公开透明、人人参与、惠及大众的慈善事业发展新格局，促进东莞市慈善事业高质量发展。

【“广东扶贫济困日暨东莞慈善日”活动】 2021年，东莞市响应号召，向社会发出募捐倡议，组织募捐活动，发动党政机关和事业单位、爱心企业及个人、社会组织等社会力量奉献爱心，募集慈善款物1.27亿元。引导、鼓励爱心企业和社会组织通过“广东扶贫济困日暨东莞慈善日”活动，参与美丽乡村风貌提升、乡村产业振兴、人才振兴等行动，鼓励、支持爱心企业依托企业的资源优势，建设一批精品乡村风貌带，为巩固脱贫攻坚、助力乡村振兴作出贡献。

【慈善帮扶协作】 2021年，东莞市参与东西部协作帮扶，整合资源对口帮扶贵州省铜仁市，巩固脱贫攻坚成果助力乡村振兴。做好物资接收和扶贫物资运送，接收捐赠物资20万余件。开展“东莞慈善·爱心小书包”项目，分别向西藏自治区林芝市及其巴宜区、新疆维吾尔自治区第三师图木舒克市、广东省揭阳市普宁市广太镇山后村、韶关市翁源县江尾镇中心小学、东莞市社会福利中心各捐赠“东莞慈善·爱心小书包”（每份包括：书包1个、儿童绘本6本、绘画本1本、图画簿1本、水彩笔1盒、蜡笔1盒）100份，合计600份，折合价值21.03万元。

【慈善公益项目创投】 2021年，东莞市慈善会启动第二届慈善公益项目创投，投入410万元资助49个慈善公益惠民项目。实施慈善公益惠民项目，依托双百社工站点推行“临终关怀”，联动社会慈善资金开展“民生大莞家”、“大配餐”、“海豚计划”、“玉兰关爱”、“关爱环卫工疫期送爱心”、“爱心小书包”、“抗疫爱心包”、参战退役人员临时救助、康复辅助器具社区租赁服务试点等项目，推动慈善与民政各领域业务融合发展。

【“中华慈善日”暨虎门镇首届慈善文化月】 2021年，东莞市虎门镇举行“中华慈善日”暨虎门镇首届慈善文化月启动仪式。现场介绍慈善文化月及爱心资源库，以视频和展架的形式对第二届“创意种子计划”公益创投项目进行展示，并邀请东莞理工学院教授到场授课。

【道滘镇慈善爱心角项目发布暨云品家现场捐赠仪式】 2021年，东莞市道滘镇举办慈善爱心角项目发布暨云品家现场捐赠仪式，实现

2021年6月，东莞市2021年“广东扶贫济困日暨东莞慈善日”活动仪式举行　（市民政局供图）

慈善货架、慈善展示、便民普惠功能，困难群众可以凭镇慈善会发放的爱心卡到慈善爱心角货架上挑选生活必需品；市民也可以通过东莞市社会捐助接收站，将购买的爱心商品统一配送到帮扶地区、东莞市内困难群众等有需要的群体，实现以购代捐。（贺 伟 黄云芬）

彩票发行

【体育彩票】 2021年，东莞市体育彩票发行在售网点1748个，销售20.06亿元，体育公益金筹集5.05亿元，其中市级体育公益金筹集1.5亿元，代扣代缴个人偶然所得税4979万元。

【福利彩票】 2021年，东莞市福利彩票发行中心从销售网点建设、创新营销理念、践行责任等工作着手，应对新冠肺炎疫情和福利彩票政策调整的影响，确保全市福利彩票发行量保持平稳健康的发展势头。全年销售福利彩票20.04亿元，比上年增长2.78%，销售总额在全省排第三名，完成省民政厅下达销售目标110.29%；缴纳中奖所得税5029.34万元；筹集公益金5.92亿元，其中市级留成2.13亿元。东莞市获评“全国即开型福利彩票销售十强城市”、获省民政厅颁发“全省福利彩票销售工作综合奖一等奖”。（贺 伟 黄云芬）

住房保障

【住房保障申请审批】 2021年，东莞市完成5768户住房困难群众的申请审批，其中户籍家庭431户、新就业职工481户、外来务工人员4051户、新入户人员805户。

【公租房管理】 2021年，东莞市建成公租房3580套，其中谢岗镇粤海银瓶合作创新区公租房1580套、沙田镇虎门港坭洲岛公租房2000套。在实物保障方面，分配公租房1679套；在货币补贴方面，通过租赁补贴、租房补贴、租金优惠等方式，保障东莞市户籍家庭、新就业职工及新入户人员2028户，拨付补贴资金784.52万元。

【保障性租赁住房建设】 2021年，东莞市通过存量房升级改造、新供应国有建设用地建设、工业园区配套租赁住房等3种不同方式探索开展保障性租赁住房建设。全年筹集保障性租赁住房3638套，获批中央预算内投资资金9660万元。

【共有产权住房试点】 2021年8月7日，《东莞市三限房（共有产权住房）建设和分配试点方案》印发，标志着东莞市租购并举的住房保障制度建立。全年全市在长安、虎门、凤岗、塘厦、大朗等5个镇筹集5宗地块10.49公顷土地，试点建设三限房（限房价、限转让、限对象）4000余套。

【人才安居工程实施】 2021年，东莞市将“大力实施人才安居工程，多渠道统筹新增建设安居房约5000套，有序配租配售一批人才住房”纳入2021年市政府十件民生实事，并作为市党史学习教育“我为群众办实事”实践活动重点民生项目。全年筹集安居房6751套（含企业人才房），超额完成全年5000套筹集任务。市属人才住房运营机构通过市场化旧物业改造、市属闲置物业接收改造、镇街合作旧物业改造等途径筹集租赁型房源，新增“莞寓”项目1002套。（吴维彬）

住房公积金管理

【住房公积金管理概况】 2021年，东莞市住房公积金新开户单位8572家，净增单位7036家；新开户职工43.17万人，净增职工18.79万人。实缴单位5.56万家，比上年增长14.48%；实缴职工206.57万人，增长10.01%。缴存额186.78亿元，比上年增长11.36%；提取额113.35亿元，增长9.58%；发放个人住房贷款0.87万笔61.18亿元，分别减少46.39%、54.39%；回收个人住房贷款29.07亿元；实现增值收益6.78亿元，增长20.68%。

截至2021年底，东莞市住房公积金缴存总额1356.67亿元，比上年增长15.97%；缴存余额497.70亿元，增长17.31%；提取总额858.97亿元，增长15.20%；累计发放个人住房贷款12.60万笔646.95亿元，贷款余额424.62亿元，分别增长7.46%、10.44%和8.18%；资金运用率85.32%，减少7.19个百分点；个贷率85.32%。

2021年，东莞市结合最低工资标准调整要求，将住房公积金缴存基数下限由1720元调整至1900元。

【住房公积金行政执法】 2021年，东莞市凝聚住房公积金扩面合力，把扩面主力从镇街（园区）转移到归集银行，通过寄送普法宣传资料、提醒函的方式，对新成立企业、申请财政资金补贴的企业和民办学校等进行宣传和缴存督促；利用归集银行的网点和人力资源，制定并实施《住房公积金缴存督查规则》。全年立案5989件，发出“责令限期改正违法行为通知书”3815份，发出“催告书”1994份，向人民法院申请强制执行938件，为职工追缴资金1.66亿元。

【住房公积金风险防范】 2021年，东莞市开展住房公积金业务稽核，对“超年龄缴存、一人多缴、一人多贷”等情况持续开展清理整改，稽查归集、提取、贷款业务4.55万笔51.2亿元，纠正资金差错9万元；开展征信业务活动管理、内部控制风险及执行等专项稽核，修订资金运行内部监督管理制度、财务管理办法等，规范资金运行监督管理。抓实逾期贷款催收和违规骗提治理，贷款逾期率保持在0.011%较低水平；稽查全量876笔外市购房提取，查处违规骗提案件27笔。加强公积金定期资金考评配置，实施新制定的《东莞市住房公积金资金存放管理暂行办法》；严格归集银行、贷款银行年度考核，引导和督促受托银行依规开展业务、提升服务水平。

【东莞市在省内首创住房公积金“智能语音客服”】 2021年8月26日，东莞市“12345”热线公积金智能语音客服上线，基本实现来电100%接通、需求100%识别、回访100%覆盖。至年底，日均接通量提升2.5倍，热线接通率提高至100%，累计接听11.87万通。

【东莞市在省内首创住房公积金贷款“一网通办”】 2021年12月20日，东莞市住房公积金个人住房借款及担保合同（电子版）启用。借款人及相关的合同签署个人无需临柜，可在线签订借款合同、抵押申请表等文件，实现公积金贷款申请、合同签订到抵押登记全程网办。东莞市在省内率先实现住房公积金贷款“一网通办、全流程电子化、全链条打通、全程零跑动”。

【住房公积金“跨省通办”】 2021年，东莞市住房公积金管理中心推进8个“跨省通办”事项全部实现全程网办，优于省确定的标准。年内，办理“跨省通办”业务5348.89万笔（含查询业务），其中全程网办5346.40万笔，线上办理率99%以上。通过代收代办、两地联办方式办理“跨省通办”业务的职工125人次，节约职工往返费用约20万元，节省职工往返时间336天。

【住房公积金网上办事大厅升级】 2021年，东莞市住房公积金管理中心启动升级后的网上办事大厅（个人业务），上线38项业务功能，涵盖所有高频事项业务的办理及查询。首次在个人网厅增加“刷脸”和“短信”认证功能，严控安全风险。结合“跨省通办”以及异地购房提取全程网办、商转公在线申请等升级改造，市公积金59项业务实现100%可网办、80%可全程网办，提前完成省数字政府“十四五”规划政务服务事项全程网办率目标。

【住房公积金管理部门助力营商环境优化】 2021年，东莞市住房公积金管理中心推出单位自助服务“证书版”免费开通使用，单位缴存登记和单位缴存登记信息变更业务，实现电子证照获取功能，单位设立证明材料在业务系统成功获取后无需提供营业执照等原件；缴存单位可通过中心网厅申请出具单位住房公积金守法情况证明、查询守法情况证明的审核进度、打印审批通过的证明，并可通过该中心网站查验证明，无需进行书面申请，助力营商环境优化。是年，该中心被评为市党内法规制度建设、保密工作、档案工作先进单位和政府网站与政务新媒体考评（承担对外服务职能的市直单位类）优秀单位。

【住房公积金管理部门助力疫情防控】 2021年12月24日，东莞市印发《市住房公积金管理中心关于支持大朗镇纾困解难住房公积金服务保障政策的办事指引》，经营地址在大朗镇辖区的单位，可在2022年11月30日前，申请阶段性缓缴或阶段性降低缴存比例至5%以下（最低1%）。年内，市住房公积金管理中心两次组织96名党员干部职工奔赴常平镇和石排镇协助开展核酸检测支援任务，并组建一支50人的常态化防疫志愿工作队。

（裴家宏）

附：2021年东莞市住房公积金管理中心主要领导名录

党组书记、主任：林儒森

社会事务

婚姻家庭

【婚姻登记概况】 2021年6月，东莞市婚姻登记管理中心和市民政局松山湖婚姻登记处等2个市级婚姻登记机关开展内地居民结婚和离婚登记“跨省通办”试点，21个镇级婚姻登记处相继实现“全城通办”。至年底，撤销高埗镇人民政府婚姻登记处、望牛墩镇人民政府婚姻登记处。2021年办理婚姻登记业务3.79万宗，其中，办理结婚登记1.98万对、离婚登记申请9184对、离婚登记5928对，补领结（离）婚证3039宗，办理婚姻登记“跨省通办”异地业务6890对。

【婚姻家庭辅导服务】 2021年，东莞市婚姻登记管理中心运用“社工+法律+婚姻家庭辅导”服务模式，开展“幸福加油站—婚姻护航”“幸福花开”新婚辅导等婚姻家庭辅导项目，为有需要的婚姻当事人免费提供法律咨询服务和婚姻家庭辅导服务。开展婚姻家庭即时辅导850人次、其他咨询服务3.04万人次，个案27个，婚姻调解284宗。法律咨询线上和电话预约178人，回复178人次，回复率100%。

【婚俗改革宣传】 2021年8月，东莞市启动婚俗改革实验区工作。各镇街（园区）婚姻登记处组织开展“婚姻法律法规进社区”、“好家风好家教好家训进校园——中学生普法教育”“缘定七夕‘疫’然爱你”“奋斗路上觅真情　执手相伴奔金婚”等10场宣传活动，深化家庭家风家教建设，扩大婚俗改革社会影响力。（贺　伟　周海亚）

人口生育

【人口生育概况】 2021年，东

莞市有常住人口1053.68万人。年内出生人口32156人，出生人口性别比 109.44，出生率12.03 ‰，自然增长率7.95 ‰。

【妇幼健康】 2021年，东莞市优化妇幼健康服务，开展第三轮妇女“两癌”（宫颈癌、乳腺癌）筛查项目，免费筛查人群延伸至在东莞市缴交社保满5年的35～64岁非户籍妇女，全市筛查23.5万人。全面实施出生缺陷综合防控工作，为6.9万名孕妇开展免费产前筛查，为8.6万名新生儿开展免费先天性疾病筛查，0～6岁儿童健康管理率99.75%，0～6岁儿童眼保健和视力筛查覆盖率99.75%。推进3岁以下婴幼儿照护服务发展，成立养育照护指导中心，创建优质服务示范托育机构10家，全市有托育机构377家，备案机构173家，占45.89%，备案机构数量全省排第一名；向市民提供托位2.25万个，常住人口每千人拥有托位2.15个。

【人口监测与家庭发展】 2021年，东莞市落实三孩生育政策及配套支持措施，取消社会抚养费，清理和废止相关处罚规定。推进特殊家庭联系人制度、就医绿色通道、家庭医生签约服务“三个全覆盖”，向4.05万名对象发放养老奖励金1.53亿元，特殊家庭成员618人发放扶助金1007.4万元。 （梁静兰）

殡葬管理

【违规坟墓排查整治】 2021年，东莞市健全完善殡葬设施巡查制度，开展镇街日常巡查。印发方案，开展违规坟墓清理整治专项行动，摸清殡葬设施底数，推动违规坟墓及时整改。

【殡葬习俗改革】 2021年，东莞市举办第10次骨灰树葬活动，对符合补贴条件的遗体予以补贴。在清明、重阳等节假日，以短视频、海报、文字报道等方式宣传绿色生态、低碳环保的殡葬新风尚。

【殡葬设施建设管理】 2021年，东莞市起草《东莞市殡葬设施规划（2021—2035）（征求意见稿）》，衔接东莞市国土空间规划，为市、镇、村三级殡葬设施规划建设提供政策指导。对22家公墓（骨灰楼）开展年度检查，加强公墓建设管理，促进公墓单位依法经营、优质服务。

（贺　伟　周海亚）

2021年3月29日，东莞市“民生大莞家”品牌打造工作推进会召开

（市民政局供图）

基层政权建设和社区治理

【村级组织换届选举】 2021年，东莞市依法依据开展第八届村（居）委会换届选举工作，选出村（居）委会成员2262名，党组织建议人选当选率、书记主任“一肩挑”及“两委”［党组织委员会和村（居）民委员会］成员“交叉任职”比例较上届显著提高，基层自治组织建设得到巩固。

【“民生大莞家”品牌项目】 2021年，东莞市做大做强“民生大莞家”品牌，从完善工作机制、拓宽服务项目、凝聚社会力量、提升民生诉求办理效率、树立工作品牌等五方面下功夫，兜牢底线民生。截至年底，全市累计建成596个“莞家驿站”，1372家爱心企业、社会组织及热心市民参加的爱心资源库；解决5.8万宗困难群众的“民生微心愿”，办成1700多宗“民生微实事”。“民生大莞家”品牌项目被评为“2021年度全国基层治理创新典型案例”、第八届“粤治—治理现代化”优秀案例、市域社会治理现代化创新实践省市共建项目、东莞市十大优秀改革项目、市“平安杯”社会治理创新项目，“数字政府”建设优秀案例。

【村规民约（居民公约）普及推广】 2021年，东莞市印发《关于进一步做好村规民约（居民公约）普及推广工作的通知》，指导各村（社区）结合村情民情和群众反映强烈的热难点问题，修订完善和普及推广村规民约（居民公约），健全基层党组织领导下自治、法治、德治相结合的乡村治理体系。组织开展优秀村规民约（居民公约）评选，寮步镇井巷村、道滘镇大岭丫村、东城街道花园新村社区、桥头镇禾坑村、沙田镇中围村、高埗镇塘厦村等6个村（社区）的村规民约（居民公约）获评“广东省优秀村规民约（居民公约）”。

【社区综合服务中心建设运营】 2021年，东莞市实施“以奖代补”机制，对政策有效期内125个社区综合服务中心的运营服务和7个新建社区综合服务中心的服务设施拨付“以奖代补”资金。开展社区综合服务中心实地督导工作及培训交流活动，全市实地督导社区综合服务中心143个，提供改善建议238条，举办交流培训9期418人。

【基层社会治理人才培育提升】 2021年4月2日，东莞市举办人才培育提升工程启动仪式，启动“十四五”期间基层社会治理人才培育工作，明确将村（社区）“两委”［党组织委员会和村（居）民委员会］干部、乡贤、社会组织、社会工作、社区服务五方面人才纳入重点培育对象范围。至年底，全市培训村（社区）“两委”干部、社会组织骨干人才、社会工作人才等基层社会治理人才5699名。

【村级议事协商常态化开展】 2021年，东莞市建立村（社区）协商工作进展月报机制，推动民主协商常态化开展。至年底，全市596个村（社区）累计开展协商活动7866场次，协商议题1.35万个。

【社区“万能章”治理】 2021年，印发《东莞市关于改进和规范基层群众性自治组织出具证明工作的实施方案》，明确将52项村（社区）证明事项列入清理范围。建立基层群众性自治组织出具证明工作规范化制度体系和长效机制，从根本上改变“社区万能章”“社区成为证明大本营”等现象。

【村（社区）新冠肺炎疫情防控】 2021年，东莞市建立“四社联动”（以社区为平台，以社会组织为载体，以社会工作人才为支撑，以社会志愿者为依托的社区治理机制）线上线下疫情防控模式，指导各村（社区）落实组织动员、宣传引导、信息传送、疫情监测、环境整治、爱心帮扶、协助企业复工复产等任务，筑牢社区联防联控防线。印发《东莞市疫情防控一线城乡社区工作者临时工作补助发放工作方案》，对2020年1月23日至4月8日参与疫情防控的社区工作者予以每人每天100元补助。建立疫苗接种日通报制度，推进社区工作者疫苗接种，全市18～59岁应接种的3.77万名城乡社区工作者全部接种新冠疫苗。

【正常离任村（社区）干部信息采集】 2021年，东莞市在完成首轮离任村干部信息采集工作的基础上，指导镇街和村（社区）按照《东莞市民政局关于常态化做好我市正常离任村（社区）干部信息采集和生活补助有关工作的通知》要求，常态化做好离任村（社区）干部的信息采集和生活补助工作。

（贺　伟　周海亚）

社会组织

【社会组织概况】 2021年，东莞市依法登记社会组织4755家。其中，社会团体1289家（联合性748家、行业性167家、学术性78家、专业性296家），民办非企业单位3406家（教育类1585家、文化类65家、科技类109家、体育类96家、劳动类238家、民政类1177家、法律服务类4家、其他类132家），基金会60家。全年新登记社会组织261家（其中社会团体151家、民办非企业单位105家、基金会5家），注销社会组织132家（其中社会团体7家、民办非企业单位125家）。

【社会组织党建】 2021年，东莞市社会组织党委管辖党总支2个、党支部56个，在册党员525人。年内，开展党史学习教育，动员社会组织举办活动1158场，服务群众10万余人次。打造省社会组织党建工作示范点5个，五星党组织4个、四星党组织7个，社会组织“阳光雨”党群服务中心1个，市级“双标工程”（在全市基层党组织中实施以推广标准化、建设新标杆为主要内容的“双标工程”）示范点1个，表彰“两优一先”（优秀党员、优秀党务工作者，先进基层党组织）先进党组织及个人50个；东莞市社会组织党建经验入选全省社会组织党建十佳案例，5家社会组织党组织党建成果被评为“广东省社会组织党建优秀案例”。

【社会组织专项治理行动】 2021年，东莞市开展社会组织专项整治行动，取缔、劝散非法社会组织8家；逐步规范涉企收费，引导84家行业协会商会为全市1524家企业减负360.78万元；持续规范法人治理，对3367家社会组织开展法人治理自查自纠，规范内部治理313家，督促党建入章70家，责令财务整改18家；加大“僵尸型”社会组织整治力度，梳理清理名单293家，完成首批65家“僵尸型”社会组织执法工作。

【社会组织培育发展】 2021年，东莞市社会组织发展扶持专项资金资助社会组织项目15个，资助资金624.5万元；资助社区服务活动21个，资助金额56.147万元；确认社会组织符合2020—2022年度公益性捐赠税前扣除资格31家。市社会组织创新服务基地挂牌“东莞市社会组织人才培育基地”，开展主题培训8期，387人次参与。全市挂牌社会组织品牌展示点19个，寮步镇、东城街道等15个镇街（园区）成立社区社会组织联合会（服务中心），全市33个镇街（园区）挂牌成立“社区社会组织培育基地”，实现镇级社区社会组织孵化培育场所100%覆盖，114个村（社区）建立村级社区社会组织服务点。

【社会组织风险防范】 2021

年，东莞市开展重点商协会秘书长法律、税务业务培训8期，对100多家社会组织进行安全风险评分，对19家社会组织进行约谈；引导异地商会成立人民调解委员会，协助化解矛盾纠纷1000多宗。全年社会组织领域未发生重大风险事件。

【东莞市社会组织工作联席会议召开】 2021年10月20日，东莞市社会组织工作联席会议在市行政办事中心主楼电视电话会议厅召开，全面总结2021年市社会组织管理工作成绩，对"十四五"期间推动社会组织高质量发展工作进行部署。加强社会组织管理顶层设计，推进登记管理机关、业务主管单位、行业管理部门统筹联动，用新观点、新思路、新举措推动社会组织服务管理改革创新，引导社会组织在参与构建新发展格局、助力乡村振兴、创新社会治理等方面发挥更大作用。 （贺 伟 周海亚）

2021年10月20日，东莞市"广东兜底民生服务社会工作双百工程"社会工作服务站挂牌仪式在寮步镇举行 （市民政局供图）

专业社会工作

【专业社会工作概况】 2021年，东莞市有社会工作专业人才10318人，一线社工2344人，登记在册民办社工机构50家。社会工作专业服务涉及禁毒、教育、残康、医务、司法矫正、救助帮扶、婚姻家庭、企业、青少年、妇女儿童等领域，全年开展小组工作服务3087个1.58万节，开启个案服务5285个，即时辅导14.23万人次，完成家访及探访220.08万次，发动志愿者21.47万人次，志愿服务时长超过23.77万小时。

【社会工作政策出台】 2021年，东莞市印发《东莞市政府购买社会工作服务实施办法》《政府购买社会工作服务资金使用管理办法》《政府购买社会工作服务考核评估实施办法》《东莞市社会工作专业职级管理办法》《东莞市社会工作督导人员管理办法》等社会工作发展政策。首次将社工人力成本对标政府聘员供给标准，推动购买经费提高标准并实现标准动态调整，实现政府购买社会工作服务由岗位向项目转变；提出社会工作专业职级管理和督导人才管理双向人才发展措施，拓宽社会工作专业人才发展空间；强化社会工作服务考核评估，规范政府购买社会工作服务行为及资金使用管理，推动社会工作行业健康有序发展。

【社会工作专业职级评定】 2021年，东莞市组织开展首次社会工作专业人才专业职级评定工作，1884名社会工作者完成社会工作专业职级认定。其中，三级高级社会工作师6名，一级社会工作师32名、二级社会工作师25名、三级社会工作师483名，一级助理社会工作师22名、二级助理社会工作师1316名，形成3类8层级社会工作领域专业人才发展格局。

【社会工作服务监测】 2021年，东莞市开展社会工作服务监测工作，对社工机构运营、人才队伍建设、社会工作服务实施等情况进行监测监管，把脉行业发展动态，剖析存在问题，提出工作建议。至年底，收集服务监测数据336份，实地走访社会工作服务点835次，形成监测报告1份。

【社会工作督导人才管理】 2021年，东莞市通过"数据报表+工作抽查+电话访谈"等方式，开展督导人才监管工作。累计收集督导人员月报表2160份、实地走访督导人员103人、听取督导人员工作汇报227人次、电话访谈受督导一线社工480人。一线社工对社会工作督导人员整体评价优秀，月评平均分9.5分。

【"东莞兜底民生服务社会工作双百工程"启动】 2021年，东莞市启动"东莞兜底民生服务社会工作双百工程"，建立"东莞兜底民生服务社会工作双百工程"联席会议制度，印发《"东莞兜底民生服务社会工作双百工程"实施方案》《"东莞兜底民生服务社会工作双百工程"园区、镇街社会工作服务站管理办法》《"东莞兜底民生服务社会工作双百工程"社工管理办法》《"东莞兜底民生服务社会工作双百工程"社工薪酬管理实施办法》等政策文件，规范社工站建设、管理及运营，保障经费投入。全市建成33个社工站、191社工点，推动政府直聘近700名社工为困难群众和特殊群体开展兜底民生服务。截至2021年底，社工累计走访服务对象2.17万户，发展志愿者1854名，培育社区社会组织495个，链接公益慈善资源287万元，在全省率先实现社工站镇街（园区）100%覆盖、困难群众和特殊群体社会工作服务100%覆盖。东莞市民政局获第九届广东省市直机关“先锋杯”工作创新大赛“服务群众”类二等奖。

【贵州省铜仁市社会工作服务帮扶】 2021年，东莞市结对帮扶铜仁市发展社会工作服务，全市32个镇街组成10个结对帮扶小组，投入83.62万元，聘请22名本土社工督导，对26名铜仁市一线社工开展“传、帮、带”服务，帮扶铜仁市10个县（区）32个社区，开展个案服务32个，小组服务8个，社区活动76场次，走访安置群众1444户，组建社区居民队伍20支，培育志愿者310人，受益人数2.77万人。另外，开展东莞市帮扶铜仁市碧江区灯塔街道易地搬迁安置区社会工作服务项目，委托社会工作服务机构派驻社工督导、购买当地社工，采用“东莞社工督导+铜仁本地社工”的协同服务工作模式针对脱贫边缘户和特殊困难群众开展社会工作服务。（贺　伟　周海亚）

地名与行政区域界线管理

【区划界线管理概况】 2021年，东莞市会同惠州市召开两次联席会议，完成莞惠线第四轮联合检查。印发《东莞市民政局关于做好2021年行政区域界线及行政管辖范围分界线联合检查工作的通知》，指导有关镇街完成茶山—寮步线等18条镇级界线的联检。

【地名信息完善与文化宣传】 2021年，东莞市有地名存量8.4万条，新增道路标志牌1.5万个，增补乡村地名155个，采集照片336张，为群众留存乡愁记忆。举办“记住红色地名　赓续红色基因”地名文化宣传活动，在全市征集红色地名作品26件。

【建筑物命名审批】 2021年，东莞市审批同意73宗建筑物（住宅区）命名（更名）。分别是：万科松悦花园、万科臻山悦花园、上东原筑花园、东益智能装备新能源汽车集聚园、东莞平安信息科技智造中心、东莞邮储银行大厦、中和居、中和轩、中堂天安数码城、中堂宝翠园、中梁拾光公馆、中海春晓东苑、中海春朗花园、中海松湖华庭、中海松湖雅颂花园、中海麒瑞花园、予安花园、予康苑、予泽苑、云樾半山花园、云樾花园、云瑞花园、云禧花园、保利城央花园、保利琥珀府、保利阅江花园、凯旋湾雅苑、利丰综合市场、华堂星光园、华堂阳光园、南太珑玺花园、南山悦府、南山花园、城市星光公馆、城邦花园、堂悦花园、大中阳光花园、天安深创谷产业中心、天集磁海产业中心、奥园誉江苑、宏发开元广场、富安花园、恒动科技园、悦溪花园、悦珑花园、招商雍祥府、时区广场、松湖智谷科技产业园、松湖智谷科技大厦、松湖沁心园、林悦花园、柏悦公馆、柏龙湾花园、正中科学园、水岸君悦东方花园、江山阅花园、滨海之星花园、熙元花园、玖珑山花园、玥尚府、珑远翠悦湾大厦、珑远翠珑湾云景花园、珑远翠珑湾豪园、盛和星岸轩、翡翠滨江花园、莞瑞花园、都市慧谷智能产业中心、金地名著花园、金地城市广场、金地格林名轩、金成大厦、铂瑞公馆、锦上花园。

【道路命名审批】 2021年，东莞市审批同意116宗道路名称命名（更名、销名）。分别是：禾荔园一路、下禾荔园二路、东围一路、东围二路、东岳路一街、东引码头路、乐信街、九转湖路、仁爱街、公园长石路、兴学路、凤天路、凤宝路、凤展路、凤泰路、凤科路、凤锦路、南面上围新区四巷、博涌博学路、博雅街、合康新区一街、合康新区七街、合康新区三街、合康新区九街、合康新区二街、合康新区五街、合康新区八街、合康新区六街、合康新区四街、吉丰路、启明街、喜乐路、嘉和街、培兰二巷、大井公路三巷、大井公路四巷、大岭头街、大村中路、大村中路一巷、大村中路三巷、大村中路二巷、大村中路五巷、大村中路八巷、大村中路六巷、大村谭屋路、大村谭屋路一巷、大村谭屋路三巷、大村谭屋路二巷、大村谭屋路五巷、大石西路、宏一街、宏二街、市心坊新村西街、广华路、广锋路、康居一路、康居二路、建卫中街五巷、建卫中街四巷、思前路、振华东五巷、振华东六巷、晟新科技街、智盛路、曹乐横街、朗洲旗岭公园路、朗洲洲寮林场路、朗洲渔场巷、朗洲田园巷、朗洲约坑巷、望河街、林科路、桐山南路、桥常大堤路、水韵路、江亭路、沥圳路、沥竹路、泽下街、源兴街西十九巷、滨河湾路、澄元路、澄河谷街、照东路、甲海巷、白马先锋一街、科培路、科海路、稔子园路、职教路、花溪湾路、苏屋坡一巷、苏屋坡二巷、苏屋坡路、英菊岭一巷、英菊岭三巷、英菊岭二巷、英菊岭五巷、英菊岭四巷、英菊岭路、西坑巷、西湖路、谷元路、豪景巷、金龙路、镇口东方六路、镇爱路、长塘巷、阅江路、鞍月路、马鞍三路、高升路、高昌路、鱼氹一街、鱼氹二街、鸿联路。（贺　伟　周海亚）

学生校外托管机构管理

【学生校外托管机构登记概况】 截至2021年底，东莞市办理注册登记学生校外托管机构存量为908家，主要集中在南城街道、莞城街道、东城街道、虎门镇等镇街。

【学生校外托管机构监管】 2021年，东莞市推进《东莞市学生校外托管机构管理办法》修订工作，厘清有关部门的职责分工，规范东莞市学生校外托管机构的管理。印发《2021年东莞市学生校外托管机构专项清理整治工作方案》，开展无证无照、证照不全、存在安全隐患等托管机构的清理整治，排查出292家托管机构存在经营不规范问题，督促立行立改，消除安全隐患。（贺 伟 周海亚）

居民收入、消费支出

【居民收入】 2021年，东莞市居民收入持续恢复增长，与经济增长基本同步。全年居民人均可支配收入62126元，比上年增长9.9%。其中，城镇常住居民人均可支配收入63740元，比上年增长9.8%；农村常住居民人均可支配收入43188元，增长11.2%，城乡收入差距进一步缩小。全年城镇登记失业率1.55%，控制在3%的目标内。

从收入构成上看，居民人均工资性收入43236元，占人均可支配收入的69.6%，是居民收入的首要来源；其次是人均财产净收入，达12637元，占人均可支配收入的20.3%。

【居民支出】 2021年，东莞市居民人均生活消费支出39079元，比上年增长14.1%。其中，城镇常住居民人均生活消费支出39803元，比上年增长14.7%；农村常住居民人均生活消费支出30584元，增长13.7%。全市居民恩格尔系数为32.5%，比上年减少0.9个百分点；其中城镇常住居民为32.3%，农村常住居民为36.3%。

受2020年低基数影响，八大类支出呈现全面增长态势。其中，人均食品烟酒支出比上年增长11.0%，居住支出增长11.5%，生活用品及服务支出增长11.0%，医疗保健支出增长16.7%，衣着支出增长13.9%，交通通信支出增长11.8%，教育文化娱乐支出增长33.6%，其他用品和服务支出增长19.9%。

【消费品市场增长】 2021年，东莞市消费品市场呈现恢复性增长，全市实现社会消费品零售总额4239.24亿元，站稳4000亿元大关，比上年增长13.3%，两年平均增长2.9%，呈较快增长态势，复苏势头持续巩固。

是年，东莞市消费品市场复苏势头好于全国、全省水平，增速分别高于全国（12.5%）、全省（9.9%）0.8个、3.4个百分点。东莞市社会消费品零售总额总量在全省排第三位，增速在全省和珠三角中均排第二位，两年平均增速排全省第二位。

全年全市商品零售持续改善，全年实现商品零售额3896.45亿元，占社会消费品零售总额的91.9%，比上年增长13.3%，提高19.7个百分点，两年平均增长3.0%。随着居民外出就餐逐步恢复正常，全年全市餐饮收入342.78亿元，比上年增长13.4%，提高22.0个百分点，两年平均增长1.8%。

这一年，全市线上消费需求持续释放，全年限额以上批发和零售业通过公共网络实现的商品零售额492.75亿元，占全市社会消费品零售总额比重11.6%，比上年增长39.5%。全市限额以上住餐和餐饮业通过公共网络实现的餐费收入8.68亿元，比上年增长79.9%。（张锡玲）

【消费者权益保护】 2021年，东莞市组织开展“守护安全 畅通消费”消费维权年主题活动，以消费者诉求为导向，加强投诉处置、宣传教育、放心消费创建、共建共治等工作，提升消费维权工作效能。全年受理处理消费者各类咨询投诉举报14.01万件，为消费者挽回经济损失6803.75万元。获评为全国消委会系统“2020—2021年度消费维权先进集体”。东莞市志愿者拓展服务总队副总队长王庆余获中消协“2020消费维权年度人物”。

【消费维权多元共治格局构建】 2021年，东莞市制订《2021年东莞市提升消费者满意度工作实施方案》，理顺市级消委会组织架构，畅通消费维权渠道，提升消费品和服务质量。加强基层消费维权服务站建设，制订东莞市消费维权服务站规范化建设提升工作方案，提高硬件建设及制度建设水平，截至年底，全市建设消费维权服务站501家，完成33家消费维权服务站规范化升级建设。推进跨境消费维权体系建设，建立东莞、澳门房地产销售问题常态化沟通渠道，构建消费维权领域共商共建共管新机制。

【“3·15”消费维权活动】 2021年，东莞市围绕“守护安全 畅通消费”主题，召开“3·15”新闻发布会，联合电台制作“3·15”专题节目，制作消费维权宣传小视频、横幅700余条、海报1100余张，群发手机短信70余万条，提高市民对消费维权工作的关注度。结合消费热点，组织开展儿童读物印刷产品比较试验。通过各大媒体发布7期消费提示警示和典型消费维权案例，“以案说法”引导消费者科学、理性消费。开通“东莞市消费者委员会”微信公众号，建立东莞市消费维权宣传教育的新窗口，发布消费讯息471条。联合东莞市市场监管共建共治联合会、东莞市汽车行业协会、东莞市健身健美协会开展“首届东莞‘3·15’共建诚信市场系列宣传活动”。参与省消委会抖音“#放心消费粤来粤好”话题，组织在移动通信、零售药店领域开展放心消费创建活动，全市创建“放心消费承诺”及“线下无理由退货承诺”单位3258家。（刘海琴）

生态环境

ECOLOGICAL ENVIRONMENT

生态新城　（2021年陈兆良摄）

编辑：郭佩文

环境质量

【水环境质量】　2021年，东莞市2个城市集中式饮用水源地（东江南支流和中堂水道）年均水质类别为Ⅱ类，水质状况属优，水质达标率（按频次计算）为100%，与上年持平。全市9个国考、省考地表水监测断面水质总体有效改善，水质优良率（达到或者优于Ⅲ类）66.7%（6个），Ⅳ类比例33.3%（3个），无劣Ⅴ类断面。樟村（家乐福）断面水质由Ⅳ类好转至Ⅲ类，旗岭、沙田泗盛、共和村断面保持Ⅳ类不变，黄大仙、石龙南河、大墩、石龙北河断面保持Ⅱ类不变，角尾村断面保持Ⅲ类不变。全年优良水库比例66.6%，比上年（69.6%）下降3个百分点；劣Ⅴ类水库比例8.3%，下降0.4个百分点。

【大气环境质量】　2021年，东莞市环境空气质量指数（AQI）范围19~206，达标天数315天，达标天数比例86.3%，比上年下降5个百分点。细颗粒物（PM2.5）年均浓度下降至22微克/立方米，比上年（24微克/立方米）下降8.3%，创历年最好水平，持续达到世界卫生组织第二阶段标准。二氧化硫（SO_2）年均浓度9微克/立方米，比上年（8微克/立方米）增长12.5%；二氧化氮（NO_2）年均浓度29微克/立方米，比上年（27微克/立方米）增长7.4%；可吸入颗粒物（PM10）年均浓度42微克/立方米，比上年（38微克/立方米）增长10.5%；一氧化碳日均值第95百分位数浓度0.9毫克/立方米，与上年（0.9毫克/立方米）持平；臭氧日最大8小时值第90百分位数浓度165微克/立方米，比上年（155微克/立方米）增长6.6%。

【土壤环境质量】　2021年，东莞市完成土壤环境背景值调查，落实土壤污染重点监管单位规范化管理24家，建设用地按要求完成土壤污染状况调查197宗。全市受污染耕地安全利用率99.12%，重点建设用地安全利用得到有效保障，地下水国考点位Ⅴ类水比例为0，达到省下达目标要求。

【声环境质量】 2021年，东莞市城市区域环境噪声昼间等效声级平均值56.5分贝，比上年（57.2分贝）下降1.2%，区域噪声环境质量总体水平等级为三级，处于一般水平。影响区域声环境主要声源构成为生活源和交通源，分别占64.9%和24.3%。城市道路交通噪声昼间等效声级平均值68.8分贝，比上年（67.1分贝）增长2.5%，道路交通噪声强度等级为二级，处于“较好”水平。城市功能区噪声昼间达标率93.3%，比上年（52.8%）增长40.5个百分点；夜间达标率75%，增长33.3个百分点。（冯航航）

环境规划

【生态环境保护规划】 2021年，东莞市编制《东莞市生态环境保护“十四五”规划》，经多轮征求意见、召开专家咨询会，网上公开征集社会意见和建议，3月通过专家评审，并报送省生态环境厅审查，12月上报市政府审定。同年开展土壤、水、海洋、固废、环境信息化等专项规划编制工作。其中，《东莞市工业固体废物污染防治规划(2019—2035年）》于9月1日印发实施。4月，《东莞市土壤和地下水污染防治“十四五”规划》形成初稿。截至年底，基本完成《东莞市水生态环境保护“十四五”规划》《东莞市海洋生态环境保护“十四五”规划》《东莞市生态环境局信息化建设“十四五”规划》编制工作。

【《东莞市工业固体废物污染防治规划（2019—2035年）》实施】 2021年9月1日印发实施《东莞市工业固体废物污染防治规划（2019—2035年）》，优化完善东莞市工业固体废物污染防治管理体系，系统规划全市工业固体废物污染防治基础设施建设，分近期、中期、远期三个阶段实施，补充全市工业固体废物处理处置缺口，提升东莞市工业固体废物污染防治能力和水平。

【“碧海2021”海洋生态环境保护专项执法行动】 2021年，东莞市生态环境局与东莞海警局共同签署《东莞市生态环境局与东莞海警局执法协作配合办法》，联合东莞海洋综合执法支队、东莞海事局等单位共同打击海洋环境违法行动。生态环境部门出动巡查与执法人员超1058人次，开展入海排污口巡查296个次，检测海岸海洋工程193个次，查处案件1件；东莞市海洋综合执法支队出动执法船艇218艘次，执法人员957人次，检查海岛159个次、各类用海项目67个次、海洋工程48个次、疏浚及运输船52艘次、陆源入海排污口40个次，核查疑点疑区8处，查处海洋违法案件1件。（冯航航）

污染防治

【水污染治理攻坚战】 2021年，东莞市地表水7个国考断面水质基本稳定达标（溶解氧除外），国考断面优良率57.1%，完成下达的目标要求。完善市级—流域—镇级指挥体系，加大统筹和资金投入力度，以大兵团作战推进茅洲河、石马河、东引运河—寒溪河、东江下游片区、磨碟河片区等重点流域综合整治。是年，茅洲河共和村、石马河旗岭断面水质均为Ⅳ类，东引运河樟村断面水质为Ⅲ类，东江下游片泗盛断面水质不计溶解氧为Ⅱ类。持续推进截污管网完善工程，新增截污管网1337.91千米；全市建成污水管网超1.39万千米；全市排水地块1.33万个；完成地块污水接驳1.33万个，完成率100%；源头雨污分流重点排水户（工厂、公共建筑、住宅小区）3.51万个，完成雨污分流3.51万个，完成率100%。重点排水户基本做到雨水接入市政雨水管道（或自然水体），污水接入市政污水管道，逐渐实现雨污分流；推进污水处理提质增效，新增污水处理项目1个，持续推进污水处理厂新扩建工程13项，截至年底，污水处理总规模377万吨/日，35家污水处理厂提标改造工程投入运营，完成150座（处理能力54.44万吨/日）分散式及一体化污水处理设施建设。推进全市内河涌“剿黑消劣”工作，4月，城市建成区22条黑臭水体通过“长制久清”专家评审会议，达到“长制久清”。是年，新增完成水环境整治任务河涌217条；农村黑臭水体基本消黑53条，内河涌消劣比例72.6%；规范入河排污口整治，对37个重点水库、6个湿地补充开展入河排污口排查，落实“一口一策”溯源整治，全市摸查1.8万个明渠市政入河排污口基本完成整治；完成纳入广东省农村生活污水治理民生实事储备库50个自然村生活污水治理。加强饮用水源安全保障，于7月30日印发实施《东莞市饮用水水源保护区规范化建设工作方案》，推进东江沿线水库型饮用水水源规范化工程建设14个。

【新一轮大气污染防治行动】 2021年，东莞市持续改善空气质量。6月2日，印发实施《东莞市2021年大气污染防治工作方案》，全市21家自备电厂关停退出3家、实现改气7家、部分产能改气9家。中堂热电联产项目一期1号、2号机组，二期1号机组投产运营。完成淘汰燃生物质锅炉14台。完成325家VOCs（挥发性有机物）企业原辅材料替代，推广1748家VOCs企业实施第三方管理运营，完成核心控制区VOCs企业现场排查3822家，整改1544家。推动建成汽修行业共享钣喷中心3家。开展VOCs重点企业专项执法，检查VOCs

企业5954家，发现问题企业1455家，依法查处605家，查封178家。开展常态化VOCs走航监测，精准识别异常点378个，涉及企业478家，其中整改企业308家，立案查处企业127家。建成绿色物流片区4个，新增推广纯电动出租车（含网约车）5363辆，发布实施机动车排放检验和维护制度，定期检测145.53万辆，督促12.59万辆不合格车辆维修治理，现场抽检柴油车7863辆、非道路移动机械1631台次。查处“黑油”窝点604个，查扣涉黑油车辆751辆，查扣“黑油”1166吨。强化使用环节油品质量抽查，开展车用油品硫含量1085辆、非道路移动机械油品116台次，强化不合格油品追踪溯源。开展船舶燃油取样检测889艘次，查处使用燃油硫含量超标船舶39艘次。是年，强化扬尘源管控，检查工地2.6万个，责令整改问题工地1287个，查扣违法违规泥头车2782辆，完成新型泥头车更新换代4898辆。截至年底，启动污染天气应急106次，通过引导工业源错峰减排、强化交通拥堵疏导和机动车执法抽检、落实增湿降温抑尘等措施，减少污染天气发生。

【净土防御战】 2021年，东莞市出台《2021年土壤及地下水污染防治工作方案》，编制《东莞市土壤和地下水污染防治“十四五”规划》并征求意见。完成重点行业企业（含重点工业园区）用地调查行政验收与评估总结，开展典型行业企业用地及周边耕地调查。开展全市土壤环境背景值调查，完成21个剖面和152个分层点位现场样品分析，研究报告及图集成果于11月24日通过专家评审，同步着手地方标准制订。8月12日，公布《东莞市2021年土壤污染重点监管单位名录》，纳入重点单位24家，督促企业落实开展隐患排查、自行监测等法定义务。印发实施《东莞市企事业单位拆除土壤污染防治工作方案》。是年，落实建设用地土壤调查制度，按规定完成土壤污染状况调查地块197宗。强化第三方从业市场监管，运用土壤调查全过程监管软件及后督查措施，确保土壤调查工作质量；公布上半年全市土壤调查报告评审通过情况。推进洪梅镇污水处理中心等污染地块修复工作。印发《东莞市建设用地土壤污染防治信息公开工作指引》，开展《土壤调查报告评审指南》等管理体系文件编制。开展地下水环境状况调查评估及污染防治区划分工作，截至年底，完成全市监测井采样分析123个，初步形成调查及区划成果；启动“十四五”地下水国考点位水质保持技术方案编制；启动省级化工园区地下水环境状况调查等工作。

【固体废物污染防治】 2021年，东莞市纳入危险废物规范化管理企业2.62万家。推进固体废物申报登记，完成上年度一般工业固体废物申报登记企业5.31万家，危险废物申报登记2.78万家。东莞市医疗废物处理中心处置医疗废物1.48万吨。是年，建成海心沙项目焚烧单元二期、物化处理单元、表面处理废物处置单元及东莞市供联新裕环保科技有限公司等危险废物处理处置项目，全市危险废物收集处理处置能力95.5万吨/年，比上年增长65.87%，加快补齐工业固体废物处置短板。推进市污泥集中处理处置项目、医疗废物技改扩容项目建设、危险废物填埋场建设。工业危险废物利用处置率99.98%，医疗废物无害化处置率100%，均达到省要求99%以上的目标。9月1日，印发实施《东莞市工业固体废物污染防治规划（2019—2035年）》，从2019年至2035年分近期、中期、远期三个阶段实施，逐步补齐固体废物处理处置缺口，提升全市工业固体废物污染防治能力和水平；推动“无废城市”建设，编制《东莞市“无废城市”建设实施方案》并于12月27日报送省生态环境厅评审，推进东莞市工业、农业、建筑和生活领域固体废物源头减量、资源化利用、无害化处理处置和精细化管理，加快构建现代环境治理体系。

【入海排污口监管及整治】 2021年，东莞市编制完成《东莞市入海排污口名录》，出台《东莞市入海排污口分类规则》《东莞市入海排污口命名与编码规则》《东莞市生态环境局入海排污口监督管理工作规程》；54个河涌沟渠类入海排口纳入整治范围，以消除劣Ⅴ类水体直排入海为目标，要求相关镇街（园区）制订“一口一策”整治方案，明确整治任务清单，截至年底，全市70%河涌沟渠类入海排口基本消除劣Ⅴ类水质。探索研究总氮减排政策，开展全市总氮排放底数摸查，提出总氮削减对策措施，沙田福禄沙污水处理厂二期工程列为城市污水处理厂总氮削减改造试点项目，优化治理工艺及措施，强化脱氮效果，尽可能降低出水水质总氮浓度。

【港口码头及船舶水污染物治理】 2021年，东莞市实施船舶防污染检查2980艘次，实施涉污行政处罚272件；选择重点船舶排放生活污水取样检测工作，查处船舶非法排污26宗；结合事中、事后监管，运用智慧远程监管手段，加强船舶污染物接收作业监管，实施远程监管325艘次。摸查港口码头雨污分流、生活污水与公共污水处理设施衔接情况，推进港口码头污水管网建设，推动港口码头生活污水处理。（冯航航）

环境监管

【环境监管执法概况】 2021年，东莞市保持执法高压态势，查处环境违法行为5334宗，罚款6.14亿元，移送拘留案件63件，移送涉嫌环境犯罪案件92件，其中，行政处罚案件数量、罚款金额、五类案件数量均位列全国地级市榜首。通过开展“双随机”、专项、交叉、跨部门、跨界等各类执法检查，提升监管执法广度、精度、深度。执法监管覆盖面全年持续提升，执法检查家数、巡查家次、人均巡查监管量年末较年初涨幅均超100%；开展污水处理厂进水异常、饮用水源地环境问题整治、大气污染防治80天攻坚、打击危险废物非法转移倾倒处置、打击自动监测数据弄虚作假等专项行动，污水处理厂进水异常比上年下降75.4%、固体废物危险废物类案件比上年上升7.49%；执法方向逐步转变为以打击主观、恶意的环境违法行为为主。全市超标排放、逃避监管、危险废物固体废物、篡改伪造监测数据等大案要案查处数量比上年均有所上升，移送拘留案件比上年增长1.42倍，移送涉嫌环境犯罪案件中，非法处置危险废物类占比近三分之一。

【环境监管改革优化】 2021年，东莞市组建1288名专管员的生态环境队伍，执法监管覆盖面达54.31%，比上年增长36个百分点，累计巡查监管企业家次比上年增长1.38倍。完善“人防+技防”监管防控体系，利用走航车、“无人机+”、全过程在线监控等技术提高监管效率；借助QV检测（一种采用管道潜望镜对井内管道进行检测的方法）、CCTV管道机器人等现代感知装备查处一批环境违法行为。实施生态环境领域监管执法正面清单制度，对守法企业无事不扰。是年，对清单内企业通过非现场方式发现问题101个，立案查处10件。用好监管执法排名指挥棒，完善考核指标，引导规范监管执法行为。修订印发《东莞市企业环境规范化管理指南（2021年修订版）》，制作成册派发企业，提高环境管理水平。

【环境信访及应急管理】 2021年7月24日，东莞市重新出台《东莞市环境违法行为有奖举报办法》，扩大奖励举报范围和提高奖励额度，全年受理有效举报56条，查实36条，不属实20条，核发奖金31万元；东莞市生态环境局通过制订开展集中治理重复信访、化解信访积案专项工作方案，成立领导小组，组织开展信访包案工作，对列入的128宗重点环境信访案件进行集中化解，常态化开展涉环保项目“邻避”问题专项治理。截至年底，东莞市生态环境系统受理各类环境问题信访投诉2.14万宗，比上年下降7.11%，实现连续三年下降。接报、指导、调度处置各类突发事件29起，其中一般（IV级）突发环境事件4起。东莞市34个镇街（园区）完成应急预案修订，完成环境风险应急预案备案企业2625家，投保环境责任保险企业266家，保额超5.8亿元，投保企业数量和投保保额在全省地市多年保持前列。

【中央生态环境保护督察整改】 2021年，第一轮中央环保督察、“回头看”及固体废物环境问题专项督察涉及东莞市整改事项33个，均整改完毕。配合完成第二轮中央第四生态环境保护督察组下沉督察工作，督察期间未发现典型案例、未发生重大生态环境问题，污染防治攻坚、茅洲河流域整治等工作受到督察组好评；信访交办案件数量明显下降，制订《东莞贯彻落实第二轮中央生态环境保护督察整改方案》，开展涉及东莞市问题整改14项。截至年底，接到交办案件33批次293件（占全省总数4.33%，排全省第十名），全部办结，比2018年中央环保督察“回头看”案件数量下降15.8%；责令整改86家，罚款1697.19万元，立案侦查2家，行政拘留2人，刑事拘留5人，约谈75人次。

【环保监管信息化建设】 2021年，东莞市加强生态环境监管信息化建设，结合物联网、大数据、人工智能（AI）、云计算、视频监控等信息化技术，构建“人防+技防”管理体系，打造“市镇村”一体化生态环境信息化监管平台，推动全市在线监控建设，包括重点排污单位267家、一般重点行业企业2.1万个、重金属废水排放企业25家及垃圾焚烧厂6家，污染源在线监控实现平台联网9297家，提高企业监管效能。设立监测站201个（包括水质监测站15个、大气监测站176个、噪声监测站10个）和自动站32个，实现生态环境监测网络全覆盖。

【疫情防控环境监管】 2021年，东莞市医疗废物收运量1.48万吨，日均40.43吨，其中集中隔离场所医疗废物2128.75吨，日均5.83吨；全市医疗废物处置量1.48

2021年8月28日，东莞市生态环境保护督察动员会召开
（郑家雄　摄）

万吨，其中安德宝公司处置1.01万吨，转移横沥焚烧发电厂应急处置4694.62吨。做好防疫相关监测工作，建立预报预警值班制度，每天密切关注空气质量和饮用水源水站水质状况；每周汇总上报由市疾控中心提供和各镇街分局上报的集中隔离医学观察场所外排污水监督性监测结果；每月对8家定点收治医院、6家接纳定点收治医院医疗污水的污水处理厂消毒情况进行监测；同时对2个饮用水水源地（东江南支流和中堂水道）余氯、生物毒性指标进行加测；每季度对其他发热门诊重点医院废水消毒情况进行监测，对安德宝医疗废物环保处理有限公司废气进行监测。组织开展全市医疗机构、医学观察点环境监管检查行动，排查医疗废物及污水处置排放，截至年底，全市生态环境系统检查医疗机构2.25万家次，医学观察点2840家次，发现问题单位120家，建立问题清单，按照问题类型进行分级处理，落实整改医疗废物转移不及时等问题。（冯航航）

华阳湖国家湿地公园（2021年麻涌镇供图）

生态保护

【国家生态文明建设示范区创建】 2021年，东莞市印发《东莞市2021年生态文明建设示范市创建重点工作》，推进生态文明建设示范市创建工作。申报第五批国家生态文明建设示范区，通过省级预审推荐，以及专家评审，10月14日，生态环境部在云南省昆明市召开《生物多样性公约》缔约方大会第十五次会议（COP15）的生态文明论坛上，授予东莞市“国家生态文明建设示范区”称号，是年，东莞市生态环境局被东莞市人民政府评为2021年度“创建第五批国家生态文明建设示范区贡献单位”单打冠军。

【农村农业生态环境保护】 2021年，东莞市印发《东莞市农村生活污水治理民生实事办理方案》，开展问题排查、专项督导、成效评估等工作，基本完成污水管网建设和污水收集处理的自然村50个，并通过省有关部门评估复核。3月，东莞市华阳湖、中堂北海仔和道滘掌洲河3个美丽河湖优秀案例申报广东省生态环境厅审核，其中华阳湖初入选全省十个美丽河湖优秀案例之一，面向全省展示、推广，并作为省5个美丽河湖优秀案例之一推荐至生态环境部参与全国美丽河湖优秀案例竞评。围绕生活污水治理、黑臭水体整治、集中式饮用水水源地规范化整治等方面，推进农村环境整治，是年，确定东莞市51个行政村农村环境综合整治完成名单，上报省生态环境厅，比上年增加完成行政村整治工作32个。（冯航航）

节能减排

【污染物总量减排】 2021年，东莞市推进总量减排各项工作开展。根据《广东省生态环境厅办公室关于做好2021年主要污染物重点工程减排量核算工作的通知》，广东省下达东莞市2021年主要污染物总量减排任务为化学需氧量、氨氮、氮氧化物和挥发性有机物四项主要污染物指标减排量为2400吨、110吨、700吨和900吨。截至年底，东莞市化学需氧量、氨氮、氮氧化物和挥发性有机物四项主要污染物重点工程削减量分别为4380吨、520.1吨、2820吨和602.86吨。

【能源供应保障】 2021年，东莞市发展和改革局建立差别化电力保障机制，重点保障1000家重点企业用电，协调发电企业顶峰发电。实施一流电网千日攻坚行动，推动樟洋电厂、中堂电厂如期建成投产，宁洲、洪梅电厂等电源项目建设加快推进。统筹协调推进天然气管网建设，多渠道组织落实气源，保障全市全年16亿立方米天然气增量需求，比上年增长52%。鼓励发展清洁能源，全市光伏装机470兆瓦。

【能源结构调整优化】 2021年，东莞市发展和改革局推动自备电厂“煤改气”提速，全市自备电厂关停退出3家，全部实现改气7家，部分产能改气9家，其他将陆续在2021年上半年点火燃气。积极争取立沙岛LNG（液化天然气）调峰储备库及其配套码头项目建设。新增纯电动网约车1.2万辆，累计建成充电站超1000座、充电桩超1万个。（刘萱清）

水乡功能区　（2021年程永强摄）

编辑：苏淑娴

松山湖高新区

【松山湖高新区概况】　松山湖高新区位于东莞地理几何中心，坐落于“广深港”黄金腹地，南邻中国香港、深圳，北靠广州，是广深港澳科技创新走廊重要节点，总规划控制面积103平方千米。截至2021年底，松山湖高新区实现国内生产总值689.23亿元，全年固定资产投资261.8亿元，创历史新高，比上年增长7%，其中工业投资126.05亿元，工业技改投资92.5亿元，总量均居东莞市第一位；税收155.97亿元，地方级税收收入86.93亿元，市级税收收入53.15亿元，均居东莞市第一位；限额以上批发零售业销售额874.22亿元，比上年增长25.5%；规模以上服务业营业收入216.29亿元，增长21.4%，其中规模以上互联网和相关服务业营业收入4.23亿元，软件和信息服务业实现营业收入32.25亿元，均居东莞市第一位。年内，松山湖高新区管委会获得“2021年广东省全国科普日优秀组织单位”“‘科创中国’试点园区”“粤港澳大湾区港澳青年创新创业基地”“广东省数字服务出口基地”“2020年‘优质服务基层行’活动表现突出、成效显著机构”“引领科技创新工作”等东莞市“单打冠军”。松山湖材料实验室党总支获评“全国先进基层党组织”。

【松山湖高新区科技创新能级提升】　2021年，松山湖高新区创新生态日趋完善，科技创新能级持续提升。大湾区综合性国家科学中心先行启动区（松山湖科学城）建设全面启动，松山湖科学城创新载体不断丰富，创新要素有序集聚。以“源头创新—技术创新—成果转化—企业培育”创新全链条为“梁”，以“重大科技设施、重大科研平台、高水平研究型大学、新型研发机构、科技型龙头企业、高端创新人才、高品质城市配套、一流创新环境”为“柱”的“四梁八柱”载体建设取得良好效果。《松山湖科学城发展总体规划》获广东省政府批复实施，《松山湖科学城科学功能规划》《松山湖科学城空间总体规划纲要》获东莞市政府批准实施；核心创新区启动建设，金菊福利院第一批3号厂房拆除以及新院选址加快推进；南方光源研究测试平台、松山湖材料实验室基本完工；香港城市大学（东莞）、大湾区大学（松山湖校区）、东莞理工学院国际合作创新区建设有序推进；深化校地合作，与华中科技大学、香港中文大学、香港城市大学等6所知名高校签署共建协议。院市合作取得新成效，与中科院联合申报的散裂中子源二期、先进阿秒激光设施项目纳入国家重大科技基础设施“十四五”规划；多物理谱仪建成投入使用。与东莞理工学院、中科院合作共建东莞新能源研究院。推动中科院声学所在松山湖新建电声产业化基地。园区有3个项目获中科院STS（科技服务网络计划）东莞专项立项；松山湖材料实验室启动首批月壤研究；国产三光束共溅射脉冲激光薄膜沉积系统打破国外禁运和技术垄断。园区有2个科技项目获广东省科学技术奖二等奖，分别是东莞理工学院的“全自动高速PCB封装点胶机关键技术研究及产业化”和广东博迈医疗器械有限公司的“新一代冠脉介入球囊导管的研发及产业化”。松山湖材料实验室研究成果入选年度“中国重大技术十大进展”。创新平台与主体不断壮大，松山湖国际创新创业资源集聚与企业孵化能力提升，全年引进硬科技项目48个，集聚科技企业超500家，企业家和科学家近3000名，成为珠三角源头创新最为集中区域。高新技术企业数量创历史新高，全年净增高新技术企业144家，比上年增长39.3%，增量、增速居东莞市第一位，园区高新技术企业总量509家；优利德公司登陆科创板，实现松山湖企业科创板零的突破；华为运动健康科学实验室揭牌；新增省级以上工程技术研究中心15家；园区企业R&D（科学研究）比重提升至15.28%。金融赋能效应彰显，上海证券交易所资本市场服务东莞基地挂牌。通过区属国企设立10亿元天使投资基金，支持中小科技企业发展壮大，2021年拨付投资款2000万元。松山湖高新区获中国农业发展银行等10家金融机构3800亿元授信额度支持。集聚战略科学家和科技创新人才能力增强，办理“优才卡”1543张；新增博士工作站4家、博士后科研工作站下属分站2家、博士后创新实践基地2家，为建设国际一流科学城打下人才基础。科技创新氛围日益浓厚，举行建园20周年“改革、创新、再出发”大会，策划《飞跃松山湖20年》《新高地》等系列宣传，中央级媒体刊播报道比上年增长超50%。举办粤港澳院士峰会暨首届松山湖科学会议，近50名院士齐聚松山湖共谋科学城发展。华为开发者大会、国际复合材料科技峰会、全国双创活动周、中国创新挑战赛、松山湖创新创业大赛、粤港澳大湾区女性科创大赛、东莞高层次人才活动周、清华校友三创大赛等一系列重大活动赛事相继举办，园区创新创业氛围更加浓厚。

【松山湖高新区产业结构优化】 2021年，松山湖高新区战略性新兴产业发展迅猛，三大战略性新兴产业基地建设初见成效，获省级数字服务出口基地认定。生物技术产业产值比上年增长49.8%，高端装备制造产业产值增长37.1%，新能源及新能源汽车产业产值增长21.5%，新材料产业产值增长35.8%。试点建设东莞市软件和信息技术服务业集聚区，为优质现代服务业提供约140万平方米低成本空间。19家新投产的“四上”企业月度入库；32家2020年“小升规”企业产值比上年增长140.2%。推进92家企业纳入“倍增计划”，14家企业实现产值倍增。新增省级“专精特新”中小企业12家。成立企业家联盟，强化企业服务沟通。引进光大半导体、信濠光电、国星宇航、阿里云等一批科技含量高的重大产业项目，引资总额超400亿元。推动天域半导体、新能安、菲鹏生物、云鲸智能、记忆科技等一批高科技企业增资扩产，投资总额超35亿元。新增零地招商971宗，盘活载体面积60万平方米。园区62个市重大建设项目累计完成投资149.48亿元，完成年度计划的150.3%。促成生技大厦等14个项目开工建设、松山湖国际机器人产业基地等19个项目竣工投产。全年为企业减税降费58亿元，占东莞市减税降费总额的

2021年12月1日，粤港澳院士峰会暨松山湖科学会议及第七届广东院士联合会学术年会在松山湖高新区举行　　（康乐伟　摄）

1/3。“企管家”平台实现企业全覆盖；领导挂点推动重点企业全年产值回归172亿元；拨款6478万元支持111家企业上云用云，拉动企业信息化投入约2亿元。

资料链接

三大战略性新兴产业基地：松山湖生物技术产业基地、东部智能制造产业基地与东莞新材料产业基地。

“四上”企业：规模以上工业企业、规模以上服务业企业、限额以上批发零售业企业、限额以上住宿餐饮业企业。

“小升规”企业：规模以下小微企业（即年主营业务收入2000万元以下的企业）升级为规模以上企业。

“倍增计划”：重点企业规模与效益倍增。

“专精特新”中小企业：指主营业务和发展重点符合国家产业政策及相关要求，专业化、精细化、特色化、新颖化特征明显的中小企业。

零地招商：主要是指引进落地的新项目不再需要重新征用土地，不再需要重新申请用地指标，而是从已经被征用的土地资源中进行挖潜和再利用的一种招商理念。

企业上云：指企业以互联网为基础进行信息化基础设施、管理、业务等方面应用，并通过互联网与云计算手段连接社会化资源、共享服务及能力的过程。

【松山湖高新区城市功能品质提升】 2021年，松山湖高新区城市中心建设加快，三大城市中心规划形成阶段性成果。通湖礼廊（示范段）一期工程、北部体育公园建成开放，南部滨湖未来社区600套人才房交接。推进华润万象汇、悦榕庄酒店建设；加快推动松山湖科学公园、巍峨山科学家森林公园、粤港澳科技交流中心等配套建设。公共服务供给持续完善，东莞中学松山湖学校完成改扩建，扩增学位3600个；东莞职业技术学院附属幼儿园、松山湖人才房配建幼儿园、东莞理工学院附属幼儿园等公办幼儿园基本完工；新增与企石镇、东坑镇集团化办学，功能区教育均衡发展迈出新步伐。加快推进卫生服务中心迁建，谋划高水平公立医院建设。文化软实力增强，松山湖代表团创东莞市运动会历年最好成绩，松山湖女篮获得市“战马杯”冠军；松山湖社区综合服务中心开展文体活动近百场，服务群众近3万人；设立文化惠民服务点10个。设立全市首个“政府采购产教融合实践教学基地”。城市精细化管理水平再上台阶，持续开展“洁净城市”“行走松山湖”等专项行动，完成“千箱美化”（各类市政箱体进行彩绘美化）、“树池修整”、“人行道畅通”等一系列微改造；拆除违法建筑超2万平方米，超额完成市下达的任务。开展“厕所革命”（对发展中国家的厕所进行改造的一项举措），新建14座星级标准公厕和将园区全部公厕升级改造为二类以上标准；推进生活垃圾分类，垃圾分类覆盖率100%。推进“智慧园区”示范项目建设。生态品质持续改善，开展河涌水污染治理，樟村国考断面水质稳定达标。开展第二轮环境整治“百日攻坚战”，犀牛陂排渠“黑臭”现象全面消除，象山垃圾全部清运。编制松木山水库水质提升方案；完成东部工业园节点景观改造。

【松山湖高新区改革攻坚推进】 2021年，松山湖高新区出台科技、产业“1+N”政策体系，建立完善全链条产业支撑服务体系，支持各创新主体开展创新创业活动。加快推出更具竞争力的“1+N”人才政策体系，以超常规手段抢占湾区人才制高点。“放管服”（简政放权、放管结合、优化服务）改革推进，政务服务“一网式”建设持续深化，全面启动企业注册“一窗通”，探索实施跨省通办、深莞通办、东莞市通办。推广“标准地出让”“带方案出让”等高效供地方式，促进项目快速落地。优化重大项目审批流程，开展重大项目“小围合”服务保障，推进建设项目供地整体时长缩短20～30天，工程许可核发时间最大压缩60%。国有企业活力加速释放，组建科学城集团公司，壮大园区国有企业规模，资产总额84.85亿元；推动国有企业清晰定位，促进企业聚焦主业、抱团错位发展；建立园区“1+2”国有企业监管制度，完善公司法人治理架构，加快推动园区国有企业构建现代企业制度。

资料链接

“1+N”政策体系，即由1份纲领性、指导性实施意见和若干项具体政策措施构成的政策文件体系。

“标准地出让”：是指按照“标准”实施储备土地开发，带“标准”出让土地，同步签订《国有建设用地使用权出让合同》和《工业项目“标准地”履约监管协议》，企业按“标准”用地，各有关部门对照“标准”实施全生命周期联合监管，形成“按标做地、明标供地、履标用地、对标管地”的出让制度。

“带方案出让”：指意向企业签订土地出让合同前，依托工程建设项目联合审批平台，提前开展策划生成、设计方案联合审定及公示，完成施工图设计审查（或备案）等前期工作。企业在取得土地后，直接进入工程审批平台，并联办理国有建设用地使用权首次登记、用地规划许可、建设工程规划许可以及人防工程审批、消防设计审查、施工许可等审批事项。

“1+2”国有企业监督管理制度：“1”是指《东莞松山湖高新区国有企业监督管理暂行办法》；“2”是指《东莞松山湖高新区国有企业投资管理暂行规定》《东莞松山湖高新区国有企业负责人经营业绩考核评价管理暂行规定》。

“小围合”：东莞市推进重大

项目建设的一种工作机制。东莞市要求对于重大项目要从体制机制上加快审批，落实好“小围合”工作机制，建立市重大办、市级主要部门和镇街（园区）三个层面的“小围合”，进一步加快我市重大项目建设。《东莞市重大项目管理办法》（东府办〔2018〕103号）第二十五条规定：建立重大项目“小围合”机制。各镇街（园区）及市规划、国土、环保、住建部门应成立重大办，负责本辖区、本部门重大项目问题进行会商处置。对重要问题，由市重大办牵头，适时召开会商会议协调解决。

【松山湖高新区风险意识强化】 2021年，松山湖高新区安全生产形势持续向好。落实安全生产“党政同责、一岗双责”制度，推进安全生产专项整治三年行动，系统推进道路交通、消防、建筑、食品等领域安全生产专项治理，实现安全事故总数及死亡人数比上年“双下降”10%。维护社会面安全稳定，完成中国共产党成立100周年等重要节点安全保卫任务，实现全年警保卫工作“零事故”。开展涉众金融风险隐患排查，防范化解金融风险。全面夯实反电信网络诈骗工作，电信网络诈骗警情与立案比上年下降近20%。东莞市首批5个消防所、中心特勤消防站投入使用。

【松山湖高新区新冠肺炎疫情防控】 2021年，松山湖高新区应对新冠肺炎疫情境外输入和国内疫情重点地区输入双重风险。完善指挥体系，结合园区没有村（社区）设置的实际情况，适时调整架构，在园区指挥办下设23个工作组、专班，将园区划分为13个片区，形成“以条为主，块抓落实”“条块联动，合力攻坚”态势，深入基层、解决困难。在跨境货物方面，园区通过完善慧眼监控设备、安排驻点干部现场督导作业，人技联防，落实作业点工作人员集中居住闭环管理，确保货物输入不出纰漏。在进口冷链方面，园区充分发挥“冷库通”优势，100%上报产品信息，市场落实“一日一清洁消毒、一周一大扫除、一月一彻底清洁消毒”，处置4起涉阳性进口冷链食品同批次产品流入园区事件。在落地排查方面，按照“增量当天清零、存量三天清零”要求，分级分类管控风险人员，建立“一红码一团队”微信群管理制度，完成落地排查任务。在院感防控方面，多形式开展院感知识培训，完善院感检查机制，形成院感检查工作台账，逐一整改销账。在重点场所方面，按照管行业必须管疫情防控要求，条块结合开展排查摸底工作，定期做好督导检查工作，确保重点场所等不留盲区。创新人群接种新冠疫苗组织方式，制定接种计划。截至2021年底，松山湖实际第一针接种28.39万人，接种率100.17%，第二针接种26.60万人，接种率93.86%，第三针疫苗加强针累计接种4.75万人，加强免疫率30.36%。发挥属地防控责任，班子领导提级指挥，成立13个临时党支部，科学调度园区力量。在“6·18”“12·13”东莞市发生新冠肺炎疫情期间，有序完成流调溯源、大规模核酸检测等处置工作。

【松山湖高新区入选“科创中国”试点园区】 2021年，松山湖高新区整合园区科技创新资源，6月10日入围中国科协第二批“科创中国”试点园区，成为全国65家试点之一。在试点工作中，松山湖建立区会联动机制，与上级科协组织形成合力推动试点建设；坚持创环境构生态，出台《东莞松山湖高新区关于加快松山湖科学城创新发展的若干政策意见》及7项配套政策；提升企业自主创新能力，加快企业创新需求输出，推动科技成果转化。试点工作取得成效，松山湖科学城建设迈出新步伐，散裂中子源、先进阿秒激光、南方光源研究测试平台、松山湖材料实验室等一批重大平台项目建设取得新进展；获得中国科协关注和支持，引进中国科协各类资源，启动“科创中国”科技经济融通平台注册入驻，推荐“科创中国”榜单遴选单位等；举办“中国·巴西科技创新合作论坛”、2021年粤港澳院士峰会、2021年中国（东莞）智能终端高峰论坛暨第二届“绿色创科日”活动和“2021国际复合材料科技峰会”等一批高端学术活动。

【粤港澳大湾区港澳青年创新创业基地】 2021年11月，“松山湖港澳青年创新创业基地”获批“粤港澳大湾区港澳青年创新创业基地”。“松山湖港澳青年创新创业基地”是国务院《粤港澳大湾区发展规划纲要》建设任务之一，基地建设取得初步成效。2019年入选全省首批10个“粤港青年创新创业基地”，2020年纳入东莞市9个“东莞市港澳青年创新创业服务先行区”，并建设完成基地多功能厅。园区创新创业环境得到港澳人才认可。截至2021年底，累计引进92个具有港澳籍或港澳高校教育背景的人才项目在园区落地发展，集聚效应初步显现。

【松山湖高新区获评“2021年广东省全国科普日优秀组织单位”】 2021年，松山湖高新区被广东省科协评选为“2021年广东省全国科普日优秀组织单位”。松山湖高新区人才、创新主体等科技要素集聚，为园区科学普及提供资源供给。抓住园区科技创新亮点和特色，加强科普建设，品牌活动和精品场所频现。园区推动各类创新平台创造条件建设科普基地；利用园区自然区位优势发展自然科普；推动科技和教育结合，营造科教融合科普氛围。园区科普教育基地逐年增多，截至2021年底，有省级科普教育基地7家、市级科普教育基地10家。打造自然科普教育、散裂中子源“公众开放日”等一批科普品牌。

【松山湖高新区获“广东省数字服务出口基地”称号】 2021年

2021年12月9日，松山湖高新区建园20周年“改革、创新、再出发”大会举行　（康乐伟　摄）

12月29日，广东省商务厅、省网信办、省工信厅联合发出《关于公布广东省数字服务出口基地名单的通知》，全省有7个，松山湖高新区位列其中（是东莞市唯一）。2021年，松山湖信息传输、软件和信息技术服务业实现营收36.48亿元，比上年增长49.3%。松山湖高新区初步形成以华为终端等企业为代表的产业集群，以及以东莞软通动力计算机技术有限公司、深圳中软国际科技服务有限公司东莞分公司、易宝软件（东莞）有限公司、华微软件（东莞）有限公司等一批互联网、软件信息、大数据等细分产业领域企业为代表的数字服务领军企业，具有较强竞争力和较大影响力。

【松山湖高新区社区卫生服务效能提升】　2021年2月2日，国家卫生健康委办公厅、国家中医药局办公室联合发出《关于通报表扬2020年“优质服务基层行”活动表现突出、成效显著机构的通知》，松山湖高新区社区卫生服务中心是东莞市获得该项荣誉的11家社区卫生服务中心之一。2020年，松山湖高新区社区卫生服务中心，加强基层医疗卫生服务体系建设、加快建设分级诊疗体系，加强应对突发公共卫生事件和疫情防控能力。通过专家组评审遴选，成为广东省基层卫生协会培训基地。规范诊疗行为、危急值报告、医院感染防控、疾病防治、医疗废物(垃圾)管理、合理用药等。提升医疗质量，改善医疗服务能力，患者满意度提高，达到国家推荐标准。

（陈　钔）

附：2021年东莞松山湖高新技术产业开发区管理委员会主要领导名录

党工委书记：刘　炜

管委会主任：欧阳南江

滨海湾新区

【滨海湾新区概况】　东莞滨海湾新区地处粤港澳大湾区几何中心，位于狮子洋珠江出海口东岸，通过虎门大桥与广州南沙自贸试验区相连，与深圳前海合作区隔河相望，毗邻中国香港、中国澳门，由交椅湾、沙角半岛和威远岛三大板块组成，是东莞“三心”（中心城区、松山湖、滨海湾）都市核心区之一。2021年，滨海湾新区连续5年获评年度园区工作优秀单位，3项工作获得市“单打冠军”，连续2年获评“最具投资吸引力新区”，重大建设项目完成投资总量连续3年排全市第二名。

【滨海湾新区城市品质提升】　2021年，东莞滨海湾新区牵头推进滨海湾片区国土空间总体规划编制，取得7个重大专题研究最终成果、片区规划大纲和新区国土空间总体规划方案初步成果。同步开展三大板块控规编制，交椅湾板块（东部片区）控规完成备案。推进滨海湾站、港澳码头站TOD（以公共交通为导向的开发）综合开发规划及TID（轨道交通站点综合开发）规划设计，谋划打造滨海湾城市中轴线。开展威远岛门户地标、东湾大道跨太平水道桥设计等城市重要节点规划设计国际竞赛，其中，威远岛森林公园概念设计获IFLA（国际景观设计师联盟）亚太地区风景园林专业奖。

【滨海湾新区项目建设提速提效】 2021年，东莞滨海湾新区开展重大项目“双百”行动（百个重大项目百日攻坚专项行动）、重点任务“百日攻坚”行动，新区25个市重大建设项目完成投资56.65亿元，完成市下达投资任务的108%，完成投资总量连续第三年排全市第二名。OPPO、vivo、正中等6个在建产业项目年内完成投资48.06亿元，累计完成投资117.25亿元。从单一交通基础设施向城市综合环境配套转变，完成基础设施投资约24亿元。东莞市首批8条、总长15.5千米智慧道路建成，滨海湾智慧城市管理中心同步启用。

【滨海湾新区三大板块空间拓展】 2021年，东莞滨海湾新区调整优化新区土地整备总指挥部、现场指挥部运作架构及人员配置，形成区镇工作合力。威远岛完成土地整备482.67公顷，254宗私宅完成初测187宗，签约7宗。沙角半岛交付深茂铁路先行段2.28公顷用地，深茂铁路、轨道2号线停车场涉及的75家工厂、222栋私宅100%完成确权，测绘完成率分别达99%、90%。开展滨海湾青创城、站北市政公园、AI+未来产业园、环保产业基地、信义玻璃厂等城市更新项目前期工作和沙角电厂“土地共建”协商洽谈。交椅湾初步制定厦岗片区1.8平方千米土地预测绘及补偿方案；2个获批围填海项目竣工，可利用土地63.2公顷。

【滨海湾新区培育新兴产业发展动能】 2021年，东莞滨海湾新区聚焦“科技创新+先进制造”，统筹约20平方千米土地，谋划建设数字经济、生命健康、现代服务业等战略性新兴产业基地。港澳青年之家创新创业基地进驻粤港澳台侨企业38家，其中港澳企业29家，入选2021年东莞市基层人才工作创新优秀案例。持续优化营商环境，启动信用服务实体经济试点；制定鼓励企业利用资本市场、总部经济、促进生产性服务业发展、资本招商、新基建等五个方面政策实施细则；印发实施新区人工智能、生命健康两大产业规划；提升滨海湾版权产业服务中心区域服务能力，年内，为大湾区市场主体办理软件、作品等著作权登记3966件，排全省第三名。

【滨海湾新区对接“双区”“两个合作区”建设】 2021年，东莞滨海湾新区争创4个高能级平台，推动3项集成型改革。争创广东自贸试验区新片区、联动发展区，联动发展区申报方案上报省自贸办。谋划大湾区一体化发展示范区，对接支持服务好“两个合作区”（横琴粤澳深度合作区和前海深港现代服务业合作区），主动谋划与前海联动发展平台。谋划打造莞港“三链”（产业链、创新链、供应链）融合创新区，形成中期研究成果。谋划打造大湾区先进制造业离岸创新实验区，相关方案获省领导批示，报送给相关部委。《东莞滨海湾新区建设高水平对外开放综合改革创新实验区实施方案》由市委深改委印发，“十大改革创新”项目形成阶段性成果。《滨海湾片区复制推广功能区统筹试点经验实施方案（试行）》上报市委深改委，体制机制新动力厚积成势。

资料链接

“十大改革创新”项目：人事制度改革、园区平台公司改革、投融资体制改革、区镇共建共享机制探索、城市更新模式创新、产业用地供应模式创新、营商环境优化、人才高地打造、科技金融创新、“一网统管”模式创新。

【滨海湾新区常态化疫情防控工作】 2021年，东莞滨海湾新区完成重点人员落地排查55次、中高风险专项排查等60余次。加强督导检查，组织对在建工地、农贸市场、药店超市开展“四不两直”（不发通知、不打招呼、不听汇报、不用陪同接待、直奔基层、直插现场）督导检查47次。全年完成2次疫情防控应急实战演练、3次桌面推演，进行大规模核酸筛查5次、采样2.8万人次。新区党政机关、企事业单位、交椅湾板块在建工地人员18~59岁人群疫苗接种实现全覆盖。

【滨海湾新区获评“2021年最具投资吸引力新区”】 2021年1月10日，由人民日报社旗下《环球时报》主办的“第二届环球城市招商引资推介大会”在海口市举行，东莞滨海湾新区获评“2021最具投资吸引力新区”，被评为2021年东莞市“单打冠军”。年内，滨海湾新区联合省创投协会高规格举办创投峰会，在深圳市举办滨海湾新区价值投资分享会，与鹏瑞、华润、复星、金地等知名企业达成合作，总投资228亿元。

【交椅湾段综合管廊建设】 2021年，东莞滨海湾新区交椅湾段综合管廊基建工作被评为2021年东莞市“单打冠军”。滨海湾新区东湾大道（交椅湾段）综合管廊是东莞市投资额最大的在建综合管廊项目，项目总投资额约15亿元，总长度3679米。东湾大道综合管廊沿路线布置于道路中央绿化带下，将电力、通信、燃气、供热、给排水等各种工程管线集于一体，设有专门检修口、吊装口和监测系统，有效集约利用城市地下空间，完善城市组团规划及新区创新产学研区发展单元、生活综合服务区发展单元的路网结构，缓解城市规划与市政管线发展变化之间矛盾。

【威远岛森林公园设计获国际奖项】 2021年10月18日，东莞滨海湾新区威远岛森林公园概念设计项目获2021年IFLA（国际景观设计师联盟）亚太地区风景园林专业奖公园与环境类优秀奖，被评为2021年东莞市“单打冠军”。该

2021年10月11日，“交椅同湾　前海共潮”滨海湾新区价值投资分享会在深圳市举行（滨海湾新区管委会供图）

设计着眼整个威远岛，深度剖析研判区域及森林公园的现状问题与未来发展愿景，提出“一个岛屿，一个公园”概念，通过应用全岛范围生态修复、功能活化及“全岛游览+通勤系统”三大策略，塑造森林公园五大门户，强化炮台历史、生态自然、岭南人文、高等教育、未来智慧城市五大特征，实现全域山—城—海和谐共生。

（巫　丹）

附：2021年东莞滨海湾新区管理委员会主要领导名录

党工委书记：罗　斌

党工委副书记、管委会主任：孙海波

水乡功能区

【水乡功能区概况】　东莞水乡特色发展经济区（简称东莞市水乡功能区）位于东莞市西北部、粤港澳大湾区地理中心，是省级重点发展平台，也是东莞市委、市政府统筹优化市直管镇体制改革的试点功能区。地域范围包括麻涌镇、中堂镇、望牛墩镇、洪梅镇和道滘镇，面积270平方千米，常住人口69万人，其中户籍人口32万人。2021年，水乡功能区完成地区生产总值798亿元，比上年增长7%；实现规模以上工业增加值435亿元，增长8.9%；固定资产投资总额287亿元，增长29.2%；社会消费品零售总额460亿元，增长10.3%；各项税收总额125.8亿元，增长10.5%。

【水乡功能区统筹改革】　2021年，东莞市水乡功能区建立水乡功能区统筹发展联席会议制度，由水乡管委会定期召集五镇（麻涌镇、中堂镇、望牛墩镇、洪梅镇、道滘镇）举行联席会议，协商破解统筹改革重大问题，加快推动水乡高质量发展。抓好重点工作统筹，制定年度工作要点、年度“硬任务”工作事项，统筹推动工作落实见效。研究制定《全面推进水乡功能区大建设三年行动计划》，谋划开展六大行动共30项具体工作。开展为期100天的“奋战四季度、喜迎党代会”攻坚行动，发动五镇党员干部围绕57项重点任务进行攻坚。抓好建设资金统筹，落实使用16.48亿元地方专项债资金，设立两个10亿元专项补助资金，加快水乡新城、民生设施、交通道路、特色示范村庄等五镇基础设施及民生项目建设。抓好疫情防控统筹，由水乡管委会统筹做好水乡五镇防疫物资发放，累计调派600多人次分赴五镇支援防疫，常态化抓好疫情防控工作，全力保障人员健康安全。

【水乡功能区发展规划】　2021年，东莞市水乡功能区优化统筹发展格局。编制完成《东莞水乡功能区高质量统筹发展“十四五”规划》，作为水乡统筹发展指南纲要，明确水乡功能区2021—2025年发展总体安排、战略路径和策略举措。完成国土空间规划发展框架和大纲方案，统筹推进水乡功能区国土空间规划编制，完成底图底数细化和转换，初步形成整体发展框架和规划大纲草案，研究空间资源统筹配置规则，构建空间资源配置和利益平衡机制。开展永久基本农田、生态保护红线和城镇开发边界“三区三线”预案划定。在全市率先开展耕地保护集聚区建设工作，并在五镇分别划定不少于1平方千米的连片耕地提质建设启动区，推进耕地整治恢复。高质量开展水乡功能区核心单元规划设计，完成东莞西站单元、麻涌站单元、夏汇黎洲角和梅沙单元城市设计，形成东莞西站核心区

TID（站城一体化）综合开发策略研究与概念性建筑方案设计成果，编制完成麻涌站单元控制性详细规划，完成水乡新城夏汇黎洲角单元和梅沙单元相关街坊的控制性详细规划修改，相关规划设计项目获得全市优秀城乡规划设计奖5个。开展水乡城市设计管控，出台东莞市首个区域级城市设计管控通则，划定重点特色区域和一般性管控区域，形成强制性和引导性两级差异化管控标准，构建具有水乡特色的城市设计管控模式。制定实施首个区域级国有闲置土地处置工作实施细则，助力盘活闲置空间资源。建成试用水乡自然资源地理空间大数据应用平台，构建自然资源一体化数据库，为统筹规划、项目决策等提供可视化辅助支持。

【水乡功能区区域开发】 2021年，东莞市水乡功能区实施空间拓展，夯实统筹发展基础支撑。围绕水乡9个核心单元计划统筹1022公顷土地，镇村合力攻坚，累计表决移交土地面积539.6公顷，收储入库土地面积106公顷。拆除刘氏胸围厂，东莞西站拆迁取得关键突破。东莞西站洪梅单元回迁房样板房如期开放，回迁小区动工建设。探索创新“政府主导，连片开发，单元平衡，增值共享”的水乡土地整备模式，由水乡管委会主导划定66.67公顷以上连片单元，对建成区（旧村、旧厂房）和空地进行连片统筹收储及更新改造，平衡单元整体建设成本和收益，增值收益大部分留归镇村，实现共建、共治、共享。推动水乡辖区内数字经济和新能源两大市级战略性新兴产业基地建设，在水乡五镇10个产业园划定产业基地面积1561.47公顷，包括产业用地584公顷，远期开发352公顷，完成产业用地统筹163公顷（含空地与“工改工”），其中洪梅河西片区“工改工”（将土地性质为普通工业用地改变为新型产业用地，将旧工业区拆除重建升级改造为新型产业园）项目完成拆除平整26.67公顷，道滘小河9.33公顷“工改工”项目完成挂牌招商。推进首批5个连片“工改工”试点项目，完善“工改工”1+N（1是指《水乡功能区建设市连片“工改工”基层改革创新实验区实施方案》，N是指配套的政策和实施细则）全流程政策体系，在全市率先出台实施工业上楼指南、城市更新工改平衡系数试点项目实施办法等政策措施。全年五镇完成“工改工”拆除整备面积102.93公顷，带动镇村工业园区改造升级。

【水乡功能区产业发展】 2021年，东莞市水乡功能区整合五镇招商资源，实行分区域精准招商，深度对接一批优质企业，在龙头型、标杆型企业引进上实现突破，深入开展重大项目快速落地攻坚行动，促进成熟项目、市重大项目加快建设，助力水乡大开发大建设。推广开展企业分等定级评价，按照“升级一批、腾退一批”思路，对辖区范围内723家规模以上工业企业开展调研评价工作，组织指导功能区五镇举办培训动员会4场，为五镇提供企业分等定级评价资金补助，推动造纸、食品加工等低效产业转型升级。开展水乡功能区“聚焦培育、金融赋能”融资对接推进会，加强政金企对接，引导各类金融资源向基层倾斜，提高金融服务精准度。赴北京市、福建省开展精准招商，与SAP公司、北京中关村龙门加速器有限公司、亿华通科技公司、国家新能源汽车技术创新中心、清华工研院、中关村新型电池技术联盟等一批优质战略性新兴产业企业、协会达成合作协议。在水乡功能区举办全市战略性新兴产业招商大会分会场活动，东莞数字经济产业基地、东莞新能源产业基地两大产业基地协议投资累计117亿元，联东U谷科技智造中心、平安信息科技港、中铁水乡科技智造中心等一批新兴产业发展平台动工建设。

东莞水乡科创孵化中心　　（2021年水乡管委会供图）

【水乡功能区城市品质提升】 2021年，东莞市水乡功能区聚焦基础建设及民生项目建设，全面提升发展环境品质。实施重大项目代办制、项目审前辅导、一站式全科会审等创新举措，保障重大项目全程跟进、高效审批、快速落地，推动实施市重大建设项目84个，计划总投资601.63亿元，全年累计完成投资113.01亿元。印发实施《水乡管委会基础设施项目2021年实施计划》，谋划实施总投资214亿元的45个项目建设，其中13个项目进入施工建设阶段。按照“两环三横四纵五轨”交通规划，推进东江通道、东江大桥扩建、新槎大桥等广州市与水乡功能区连接通道项目，推动中心大道等功能区骨干路网建设，完善功能区内部交通路网，其中望沙路升级改造工程完工通车，中洪路、望中路中线工程、水乡大道中洪路节点升级改造工程有序推进，梅沙大桥及其连接线工程如期开工建设，中心大道（二期）、望万路、沿海公路（水乡段）等项目加紧推进前期工作。加快编制实施水乡新型基础设施建设专项规划，明确智慧灯杆、5G基站、新能源汽车充电桩等新型基础设施布局。推动水乡功能区教育扩容提质，推进水乡未来学校选址。统筹水乡中心医院建设，打造成为区域性医疗中心。深入实施乡村振兴战略，加快推进水乡特色示范村庄建设，12个村基本完工，12个村加快设计和施工。全面打造水乡特色生态农业空间，洪梅镇率先启动千亩连片稻田建设试点项目，建成洪屋涡村濠洲26.67公顷稻田整治提升首期试验田和本洲16公顷巨型稻种植试验田，带动城乡品质整体提升。

资料链接

“两环三横四纵五轨”：两环指内环（中洪路—中心大道—粤晖路—桥东路）、外环（沿海公路水乡段—兴南路—中麻路—环城西路—港口大道—疏港大道延长线）；三横指望万路、中心大道、水乡大道；四纵指麻涌大道、中洪路、望洪路、粤晖路；五轨指轨道1号线、佛莞穗城轨、穗莞深城轨、莞深快轨、轨道11号线西延线。

【水乡功能区营商环境优化】 2021年，东莞市水乡功能区深入推进行政审批改革，以“通收通办、即来即办、智能审批、快速秒批”创新模式，提升政务服务水平，着力打造一流营商环境。受理业务4.2万宗，日均办理169宗，办结率100%，每宗事项审批平均用时1.87天，比平均承诺时间提升51.3%。高频事项审批再提速，不动产类事项“抵押权登记”事项最快1个小时办结。创新开展核审分离改革，围绕已承接的市级审批事项，对审批全链条进行划分重构，将68项事项核查环节前移，打造政务服务部门与业务审批部门协同审批新模式。强化行政服务统筹管理，开展政务大厅标准化建设，带动水乡五镇推进政务服务大厅标准化。加快推动数据共享，率先实现区与镇两级联动的城市更新项目全流程信息化管理。推动政务服务跨区域通办，全市102个事项率先在水乡实现“全市通办”。探索“穗莞”政务服务合作，广州市级78项及天河区级86项服务事项在水乡实现“跨城通办”。谋划建设“智慧水乡新城”，探索研究智慧城市顶层设计，谋划建设新型城市管理智慧指挥中心，打造镇级“一网统筹”指挥调度平台，构建“一网统管”新型城市治理体系。

【水乡功能区率先出台全市首份“工业上楼”指南】 2021年，水乡功能区以创建连片“工改工”基层改革创新实验区和建设市级战略性新兴产业基地为契机，印发出台全国首份“工业上楼”系统性指南，从产业引导、园区规划、建筑设计三大方面，系统性的提出科学的工业上楼标准指引，增强企业上楼信心。通过环保安全、减振隔振、设备承重、工艺需求、垂直运输等要素筛选模型，提出建立“工业上楼”导向产业目录，快速判断适宜上楼产业类别。结合先进园区规划理念，提出城市关系、空间布局、交通物流、配套设施、绿地景观、智慧园区六大规划设计要点，引导水乡特色风貌设计，提升产业空间利用效率。细化各类产业平面设计、垂直物流、减振隔振等10方面建筑设计指标，鼓励细化各类产业工艺需求，进一步增强工业上楼的可操性，确保工业平台建设品质，助力水乡拓展产业发展空间。

（吴　琼）

附：2021年东莞水乡特色发展经济区管理委员会主要领导名录

党工委书记：叶葆华

管委会主任：肖必良（任至11月）

银瓶合作创新区

【银瓶合作创新区概况】 东莞市银瓶合作创新区涵盖谢岗镇全域，总面积91.04平方千米，地处粤港澳大湾区腹地，位于广州市、深圳市、香港特别行政区、东莞市、惠州市的“一小时生活圈”内，是“深莞惠”几何中心，是新时期代表东莞市参与粤港澳大湾区建设和对外开放的战略平台，是省级经济技术开发区、广深港澳科技创新走廊省级节点、国家新型城镇化试点。

【银瓶合作创新区规划编制】 2021年，东莞市银瓶合作创新区规划引领城市建设，完成专项规划编制20项，完成控规调整32项，保障重点项目加快建设。国土空间规划编制统筹划定“三条控制线”（生态保护红线、永久基本农田、城镇开发边界），开展总体城市设计，以及银瓶站TOD（以公共交通为导向的开发）、八卦村、东部科创小镇、银瓶山文旅小镇等重要节点城市设计，做好风貌管控。完成银瓶站TOD综合开发规划备案。

【银瓶合作创新区基础设施PPP项目】 2021年，东莞市银瓶合作创新区基础设施PPP（公共基础设施中政府和社会资本合作的项目运作模式）项目建设再上新台阶，“五纵四横”［“五纵”包括东莞市镇际联网路29号路、赵林大道（爱民大道）、潼谢路（广场中路）、谢岗大道（厚龙路）、大黎路；“四横”包括桥沥路、工业大道（粤海大道）、谢常路（X239线）、莞惠路（S357线）］城市主干道网络逐步成型，在建成爱民大道、粤海大道基础上，29号路二

粤海产业园夜景　（2021年谢树森摄）

标段、大黎路非涉铁路段以及于谢岗大道非涉铁路段完成交工验收，29号路五标段、三标段（涉铁路标段）动工建设，一标段、四标段有序推进。

【粤海产业园】　截至2021年底，粤海产业园完成75.11公顷工业用地出让，包括粤海置业投资开发项目63.51公顷、碧桂园智造创新中心项目10.27公顷和连接器生产项目1.33公顷。其中粤海规划建设厂房74万平方米，投资总额31.96亿元，建成48.5万平方米，在建25.5万平方米，引进企业41家（24家投产），总投资26.93亿元。

资料链接

粤海产业园是东莞市首个政企合作建设的园区，源于2014年4月18日市政府与粤海集团签订的《广东粤海装备技术产业园项目合作协议》，协议约定在谢岗镇建设粤海产业园，政企合作面积17.4平方千米。

【银瓶高端装备产业基地】
2021年，东莞市银瓶高端装备产业基地成为全市七大产业基地之一，重点以高端装备制造、新一代电子信息、新材料三大产业为主导。基地位于银瓶合作创新区核心区域，划定基地红线14.27平方千米，国土开发强度41.64%，已批未供建设用地162.91公顷。启动335.47公顷首开区，确立3块标准地挂牌，制定土地三年整备计划，明确打造不少于3万平方米低成本空间。年内，基地新签约投资超亿元产业项目10个，总投资115.9亿元。基地内实现规模以上工业总产值134.5亿元，占谢岗全镇规模以上工业总产值54%；规模以上工业增加值39亿元，占全镇规模以上工业增加值58%。其中位于基地内的华能热电联产项目，年内产值22.8亿元，年税收约7000万元，二期计划总投资28亿元，是华能集团在粤港澳大湾区投资建设的首个大型能源项目。新签约的超然项目，总投资5.2亿美元（折合人民币33亿元），占地面积11.6公顷。

【市级统筹银瓶产业单元】
2021年，东莞市为推动统一规划、成片开发土地，划定包括银瓶单元在内的十大产业单元。谢岗镇银瓶产业单元紧邻广梅汕铁路谢岗站和莞惠城际轨道银瓶站，占地558.07公顷，其中完成土地统筹453.6公顷。单元内有66.67公顷以上连片土地加快整备，用以承接投资50亿元以上重特大产业项目。

（朱晨光）

附：2021年东莞市银瓶合作创新区（谢岗镇）党委、人大、政府主要领导名单

镇委书记：胡毅峰（任至6月）
　　　　　叶可阳（6月到任）
镇人大主席：罗满桥（任至11月）
　　　　　　刘俊全（11月到任）
镇　长：李惠勤

镇　街

URBAN AND TOWNSHIP

东城街道

（2021年巫业通摄）

编辑：梁炜强　贺　平　张德全　苏淑娴

莞城街道

【莞城街道概况】　莞城街道位于东莞市北部偏西，东江下游南支流东岸，地处东莞市区中心。截至2021年底，辖区面积11.16平方千米，下辖8个社区，常住人口17.43万人，其中户籍人口20.95万人。莞城街道是“全国精神文明建设工作先进单位”。

2021年，莞城街道实现地区生产总值242.39亿元（第二产业53.6亿元，第三产业188.79亿元），比上年增长10.96%；全社会固定资产投资总额26.84亿元，增长15.13%；社会消费品零售总额121.38亿元，增长5.81%；实际利用外资1.04亿元，下降70.15%；外贸出口总额79.34亿元，增长89.61%；各项税收总额44.99亿元，增长4.06%；地方财政总财力21.09亿元，下降0.87%。年内，获“全国民主法治示范村（社区）”“广东省脱贫攻坚先进集体”“2021年广东省‘民主法治示范村（社区）’”“2020年度省级健康促进县（市、区）”“广东省五星级示范退役军人服务中心”“2021—2025年度全国科普示范县（市、区）广东省第二批创建单位”“广东省乡镇（街道）社会体育指导员服务站”“全省脱贫攻坚工作突出贡献集体”8个“单打冠军”。

【莞城街道新冠肺炎疫情防控】　2021年，莞城街道做好新冠肺炎疫情防控工作，全面加强重点环节、重点部位、重点场所、重点人群排查管控，科学果断处置“6·18”“12·13”涉疫事件，有序开展新冠疫苗接种，推动全程免疫率达105%，排全市第三名。做好新冠肺炎疫情防控工作。全年排查人员1.66万人次，居家隔离508人，进行5次大规模核酸检测，检测111.64万人次。全街道无确诊病例报告。为助力企业复工复产，截至2021年底（2020年起），莞城街道为企业争取177.74万元贷款、962.04万元政策资金。落实“外防输入、内防反弹”防控策略，做好常态化疫情防控，全面筑牢公共卫生安全屏障。

【莞城街道经济发展】 2021年，莞城街道致力于抓产业、提能级，经济发展稳中有进。鼓励企业科技创新，精准匹配政策红利，实施高新技术企业培育计划，全年新增国家高新技术企业34家。发展生产性服务业，优先发展智能制造、大数据、产业链金融等生产性服务业，总投资5亿元的广东智慧广电数字产业中心（一期）动工建设。发展总部经济，瞄准总部企业，做好精准招商，引进东莞中石油昆仑燃气有限公司总部和东莞市不凡电子有限公司跨境电商总部落户。支持企业增资扩产，实施“倍增计划”（重点企业规模与效益倍增），支持企业通过加强产业链整合、强化资本运作等路径实现集约发展，推动日立安斯泰莫、那智建信等6家企业的7个工业投资和技改投资项目落地，全年完成投资6.98亿元。抢抓消费升级新风口，成立东莞首个由镇街主导的电商直播学院，结合“乐购莞城”系列活动，鼓励企业开拓电商新业态、拓展国内市场。

【莞城街道城市品质】 2021年，莞城街道致力于拓空间、优环境，城市品质持续提升。加强各项规划与国土空间规划协调衔接，完成《城外片区城市设计》《莞城城市更新专项规划》等规划编制，优化城市空间布局。加大土地统筹力度，对13.33公顷土地开展“工改工”（将土地性质为普通工业用地改变为新型产业用地，将旧工业区拆除重建升级改造为新型产业园）改造，提升土地综合利用效率。推进“东莞记忆”项目、粮仓片区单元及戴屋庄单元等城市更新重点项目建设。开展人居环境整治，建立城管片长制，推行城市服务码，开展人行道环境秩序等“百日攻坚”行动，打造2个精细化管理示范社区和1个品质示范社区，完成北隅社区榕树广场、步步高小公园等17个“民生大莞家”（指通过进一步健全民生诉求收集、处理、反馈机制，切实解决一批群众身边的小急难问题）项目。加强水污染防治，实施东江下游片区水污染综合治理工程，新建截污次支管网和雨污分流管网21.1千米，完成排水管网清淤长度约25千米，建成681米厚街水道右岸碧道。打好蓝天保卫战，整治157家“散乱污”企业（不符合产业政策，不符合产业布局规划，未办理工信、发改、土地、规划、环保、工商、质监、安监、电力等相关审批手续，不能稳定达标排放的企业）和14家VOCs（挥发性有机物）企业，PM2.5（细颗粒物）浓度23微克/立方米，比上年下降8%，全年空气质量达标天数占比89%。

【莞城街道民生事业】 2021年，莞城街道财政投入11.1亿元用于民生保障，支出占比70.4%；实施积极就业政策，登记失业率下降至0.26%，创历年新低；落实帮扶解困政策，保障率100%。推动教育扩容提质，完成中心小学分校扩建工程，配合开展东莞中学、市经贸学校改扩建征收工作，实施教育集团化办学，深化教育综合改革，保持基础教育在全市领先水平。提升医疗服务能力，加强基层医疗基础建设，推进社区卫生服务中心二期建设，更新莞城医院医疗设备，引进专业医疗人才，深化医联体建设，基本满足群众医疗服务需求。

莞城街道航拍图 （2021年莞城街道供图）

推进交通品质千日攻坚，将东正路、县正路等打造为品质示范路，将体育路、旗峰路等打造为人行道环境秩序整治示范路，在美峰路、解放横路等13个路段实行夜间免费停车。优化文化产品供给，加强精神文明建设，深化“文化惠民”服务，开展各类展览、培训、非遗等文艺活动约1650场，受惠群众88万人次。提升政府行政效能，深化“放管服”（简政放权、放管结合、优化服务）改革，优化“12345”服务热线工作机制，推进政务服务事项“就近办”，成为“全市通办”试点镇街之一。

【莞城街道社会治理】 2021年，莞城街道加强社会治安防控，强化大数据应用，开展治安排查、命案防控等各项工作，违法犯罪警情数、刑事案件立案数、治安案件受理数分别比上年下降24.58%、21.02%、11.84%。筑牢安全生产底线，压紧压实各方责任，开展建筑施工、道路交通、危化品、消防、旅游等重点行业领域专项整治，全年没有发生重特大安全生产事故。推进法治政府建设，完善依法决策机制，依法化解社会矛盾，加大政务公开力度，自觉接受社会和群众监督，推动决策科学化、民主化、法治化。

【莞城街道获评为2020年度广东省健康促进区】 2021年6月，莞城街道被广东省卫健委授予“2020年度广东省健康促进县（市、区）”称号。截至2020年底，莞城街道为建设省健康促进区配备每年30万元创建经费。建成东正、罗沙等8个健康社区，创建率100%；建成1.3万户健康家庭，创建率30.1%；建成莞城医院、莞城社区卫生服务中心2家健康医院，创建率100%；创建莞城中心小学、建设小学等8所健康学校，创建率89%；创建人社分局、自然资源分局等12个健康机关单位，创建率92%；创建东莞京滨汽车电喷装置有限公司、万宝至马达（东莞）有限公司2家健康企业，创建率25%。创建省级无烟单位22个，建成健康步道1条、健康街区1个、健康主题公园2个。开展健康巡讲活动6场，健康讲座61场，儿童青少年预防近视活动2场。开展2020年莞城“安康杯”居民健康素养知识竞赛活动；组建莞城代表队参加市级竞赛活动，获得大赛团体三等奖和最佳人气奖。

【莞城街道获评为广东省脱贫攻坚先进集体】 2021年，莞城街道获“广东省脱贫攻坚先进集体”称号。莞城街道对口帮扶韶关市南雄市坪田镇、界址镇、邓坊镇、黄坑镇、乌迳镇16个相对贫困村期间（2009年起），发展烟稻轮种，投资光伏发电、中草药、茶叶基地，实现村集体收入稳定增长。打造位于乌迳镇田心村的阳光玫瑰葡萄园，种植规模66.67公顷，总投资约3600万元。通过“农业产业园+合作社+基地+贫困户+农户”的利益联结模式，把农户和贫困户链接在产业链上。开展产销对接，通过“市场+企业+合作社（农户）”等模式，将大米、葡萄等农产品推向东莞乃至广东的市场，促成东莞市城区商会等一批企业进行消费扶贫，采购额700多万元。结

智慧小镇创意产业园 （2021年莞城街道供图）

合农村人居环境综合整治工作，通过修筑三面光水渠、文化室、广场、饮水工程等，完善各项基础设施建设，提高村民幸福感和获得感。累计投入财政帮扶资金4500万元，募集社会帮扶资金272.32万元，投入阳光玫瑰葡萄园、泉水谷漂流、基础设施建设等，惠及贫困群众近8万余人。截至2020年，对口帮扶地区贫困人口和贫困村全部达到脱贫标准，村集体收入均超过10万元，退出率100%。

【莞城街道退役军人服务中心获评为广东省五星级示范退役军人服务中心】 截至2021年底，莞城退役军人服务中心为退役军人提供就业创业扶持、走访慰问、帮扶解困、信访接待、权益保障等服务。落实优抚政策和拥军优属工作，定期对退役军人、重点优抚对象等开展入户走访、免费体检活动。通过上门走访、电话慰问、微信联系等方式，走访服务对象，走访率86.2%。2021年，莞城街道退役军人服务中心获评为“广东省五星级示范退役军人服务中心”。

【莞城街道北隅社区获评为全国民主法治示范社区】 截至2021年底，莞城街道北隅社区不断健全完善组织建设，基层民主规范有序，推进民主法治建设常态化。成立由社区党委书记任组长，班子成员、社区法律顾问为成员的“民主法治示范社区”创建工作领导小组，制定和完善《居务、财务公开制度》《民主监督小组工作制度》等一系列工作制度。在社区日常工作中，北隅社区以“四民主两公开”（民主选举、民主决策、民主管理、民主监督，重大事项公开、党务居务财务公开）为重点，建立社区议事协商制度，规范社区党组织、社区居委会、居民之间关系。北隅社区投入60多万元建成泰景小区法治文化小公园、榕树角广场法治景观带，在原有景观基础上增加雕像、石刻、“莞城风仔”普法吉祥物等元素。开展法治宣传教育，结合禁毒、反邪教、扫黑除恶等工作任务，举行户外法治宣传活动150多场次，开展“以案说防”及普法知识竞赛活动60多场次，宣教群众3万余人次。以“一村（社区）一法律顾问”为抓手，不断提升基层法律服务群众能力，逐步解决居民群众关心的热点、难点等问题。社区法律顾问“每月10日普法日”设立现场法律咨询平台，开展法治宣传教育，每季度开展法律专题讲座，受理法律咨询230余次，处理矛盾纠纷及信访件300余宗。2021年，莞城街道北隅社区获评为“全国民主法治示范村（社区）”。（余文诗）

可园北路小公园升级改造　（2021年莞城街道供图）

附：2021年莞城街道党工委、人大、办事处主要领导名录

党工委书记：陈　钊

人大工作委员会主任：

张建均（任至7月）

林汝辉（7月到任）

办事处主任：麦允谦

2020—2021年莞城街道主要经济社会指标情况表

指标	2020年	2021年
户籍人口（人）	206565	209472
常住人口（万人）	17.42	17.43
面积（平方千米）	11.16	11.16
地区生产总值（万元）	2184504	2423944
第一产业（万元）	0	0
第二产业（万元）	421395	536011
第三产业（万元）	1763109	1887933
总用电量（万千瓦时）		
全社会固定资产投资总额（万元）	233150	268445
社会消费品零售总额（万元）	1147224	1213784
外贸出口总额（万元）	418440	793385
实际利用外资（万元）	34954	10433
地方财政总财力（万元）	212732	210887
各项税收总额（万元）	432294	449858

注：2017年起，受4个街道供电合并城区供电分局影响，不能分出4个街道用电量数据。

石龙镇

【石龙镇概况】 石龙镇位于东莞市最北部。截至2021年底，辖区面积13.83平方千米，下辖7个村和3个社区，常住人口14.59万人，其中户籍人口8.72万人。石龙镇是"全国文明镇""国家星火技术密集区""国家信息化试点镇""国家电子信息产业基地""中国历史文化名镇""国家卫生县城（乡镇）""举重之乡"。

2021年，石龙镇实现地区生产总值127.96亿元（第一产业0.01亿元，第二产业57.90亿元，第三产业70.05亿元），比上年增长7.5%；全社会固定资产投资总额23.81亿元，增长6.1%；总用电量8.88亿千瓦时，增长10.8%；社会消费品零售总额54.78亿元，增长9.2%；实际利用外资3907万元，增长146.8%；外贸出口总额103.47亿元，增长2.5%；各项税收总额21.24亿元，增长10.8%；地方财政总财力17.62亿元，增长2.5%。年内，石龙镇在全市镇街领导班子工作考评中排第18名，比2020年提升12名，获评综合排名进步前三名镇（街道）、领导班子工作良好镇（街道）；获"广东省脱贫攻坚先进集体""全省脱贫攻坚工作突出贡献集体""广东省民主法治示范村（社区）""'优质服务基层行'活动表现突出、成效显著机构""广东省零酒驾示范社区""广东省乡镇（街道）社会体育指导员服务站"等6个全市"单打冠军"。

【石龙镇新冠肺炎疫情防控】 2021年，石龙镇迅速建成新冠疫苗接种点，从筹建到投入使用仅用4天时间，疫苗接种基本实现"当日清零"，单日接种量最高6000多剂次，在全市第一个推出新冠疫苗"预约码"。截至2021年6月24日，全镇18～59岁人群新冠病毒疫苗第二剂接种任务完成率102%，成为全市第一个完成第二剂次疫苗接种任务的镇街。提供在龙升路接种点定点接种与在村（社区）设置临时接种点流动接种相结合的接种服务，并对有特别需求的人群或集合200人及以上的群体、企业等，由镇社区卫生服务中心提供上门接种服务。石龙镇在2021年6月7日全市首轮全员核酸筛查中成为第一个启动、第一个完成，且唯一具备独立完成采样和检测能力的镇街，在20小时内完成14.5万目标人群采样工作，并超任务额20%完成。落实常态化排查防控、疫情防控督导工作，发挥村（社区）、医疗机构、药店、公共场所的疫情防控"哨点"作用。石龙镇全年无确诊病例。

【石龙镇经济发展】 2021年，石龙镇规模以上工业增加值52.05亿元，比上年增长14.1%；一般公共预算收入12.01亿元，增长1.18%；地区生产总值、税收、规模以上工业增加值保持全市前列。生物医药产业基地首批12个重点产业项目集中签约落地、破土动工，投资和金融支持额度超100亿元。先进制造业、高技术制造业占规模以上工业比重达54.2%、56.2%，比全市平均水平分别高出8.2个、19个百分点。R&D（科学研究与试验发展）占比2.99%，全市排第13名，比上年提升13名。规模以

石龙镇 （2021年朱梓佑摄）

上工业企业研发机构覆盖率83%，超出全市平均水平37.5个百分点，24家优质企业成功申报国家高新技术企业，超额完成全年目标，全镇高企数量由35家提升至48家。众生药业入选2021年度东莞市规模效益成长性排名前20名工业企业、2021年度东莞市效益贡献企业。深度融入“一带一路”建设，广东（石龙）铁路国际物流基地成功创建“国家多式联运示范工程”；中欧班列全年开运80列，货值4.5亿美元。出口监管仓开仓运营，拉动出口数据回归东莞3亿元，比2020年增加7.44倍。

体育馆片区升级改造 （2021年朱梓佑摄）

【石龙镇城市品质提升】 2021年，石龙镇融入“三江六岸”（以东江南支流和中堂水道、汾溪河、东莞水道三条水系为依托的主城区城市滨水空间）滨水空间建设，碧道建设首期3.6千米建成。完成“供水一张网”整合工作，更新公共路灯6454套、新建“多杆合一”智慧路灯135套。精致交通建设有效推进，统筹搭建信控系统平台，更换11个主要路口信控主机，精细化整治拥堵。新增路外停车位、配建停车位2354个，分别超过市定目标的31%、46%。完成东江大道（星际湾段南面）、新洲大桥、裕发街、石龙头路等道路（桥梁）维修或改造工程7项，修复破损市政道路、人行道近1.3万平方米。深化城管领域机构改革，成立城管片长队伍、玉兰女子城市执法服务队、绣匠无人机飞行队，建立“一村（社区）一城管片长”制度。开展“行走石龙”、“厕所革命”（对发展中国家的厕所进行改造的一项举措）、“洁净城市日”、“城管大巡查”等专项行动，完成26座公厕升级改造并建成2座星级公厕，超额完成违建治理面积23.1万平方米，完成镇内4座垃圾转运站升级改造工程，创建12个生活垃圾分类示范小区，新增生活垃圾实现全焚烧、零填埋。镇村人居环境优化。投资11.6亿元实施41个乡村振兴重点项目，建成村（居）“四小园”（小菜园、小果园、小花园、小公园）33个，新建或升级改造街头小景30个，口袋公园、树池修整、植花造景、千箱美化、人行道畅通工程均超额完成市下达任务，全镇10个村（社区）全部评为市级干净整洁村，7个村成功创建市级美丽宜居村，西湖村创建为市级特色精品示范村。

【石龙镇生态建设】 2021年，石龙镇坚决打好碧水攻坚战，各级河长巡河发现并处理河湖问题776个，问题处理率100%，新建污水管网69.88千米，东江石龙段国省考断面水质均值达到II类标准，饮用水源水质达标率100%。坚决打好蓝天保卫战，严抓重点行业污染整治，完成VOCs（挥发性有机物）企业治理34家，全年空气质量优良天数比例92.2%，高于全市平均水平。打好净土防御战，工业危险废物安全处置率100%，全年辖区内未发生土壤污染事件。石龙镇在全市环境保护责任考核中连续9年获“优秀”等次。

【石龙镇社会治理】 2021年，石龙镇实施安全生产专项整治三年行动，全年无发生一般生产安全事故；开展品质交通千日攻坚和60天专项整治行动，道路交通安全短板有效补齐；消防应急力量不断强化，投入466万元筹建黄洲消防分站，建成840个市政消火栓，完成旧城区300多户老旧民房电气线路改造。全年火灾事故总数比上年下降28.6%，实现事故“零伤亡”，石龙消防救援站连续16年获评“基层建设标兵消防站”。“两抢”（抢劫、抢夺）案件下降近九成，盗窃刑案和诈骗警情下降四成以上，侦破2件10年以上的命案积案，创建10个无邪教示范村（社区），群众安全感不断提升。石龙镇获评2021年度“智网工程”优秀镇街。入选市基层治理“一网统管”试点，对“人、事、网”进行全方位摸底，征集梳理各部门综合巡查和信息采集事项337条，借力开普云公司等专业力量，共同探索数据小脑和调度平台系统建设，为治理体系和治理能力现代化提供信息化支撑。推进“党建+物管”和“业委会+物管”新模式，小区党建实现“零”的突破。打造出“社区智囊团”“微友邻”“党员微心愿”等一批创新治理品牌项目，并入选全国2021年政法智能化建设十大创新案例。开展社区社会组织培育专项行动，成立社会工作与志愿服务协会，启动实施基层社会治理人才培育提升工程，建立社会工作服务“一站四点”（党群服务站、文体活动点、群众说事点、妇女微家点、科普宣传点），推进社会工作服务100%覆盖。

【石龙镇民生实事】 2021年，石龙镇民生支出9.4亿元，比上年增长3.8%，占财政支出78%。民生实事全面完成，擦亮“民生大莞家”服务品牌，统筹投入市镇资金500万元，办结“微实事”“微心愿”等近千宗。稳就业政策不断完善，高校毕业生初次就业率100%，城镇登记失业率控制在0.25%，压减至市定限度的1/12。开展技能培训和职业技能等级认定，惠及3500余人。根治欠薪，全国欠薪平台线索按期结案率100%。发放低保金、残疾人津贴、高龄津贴等各类民生资金2439万元。启动新一轮“东西部协作”“驻镇帮镇扶村”“莞韶对口帮扶”等工作，做好对口贵州省铜仁市沿河县，广东省韶关市浈江区新韶镇、乳源瑶族自治县和西藏林芝市巴宜区白玛岗街道等地区帮扶工作。国防教育、双拥共建、优抚安置等工作推进，工会、共青团、妇联作用彰显，连续第26年获评市征兵工作先进单位，成功创建全国示范型退役军人服务中心、全国模范职工之家、全国工人先锋号、全国青年文明号、全国巾帼文明岗。

【石龙镇教科文卫体事业】 2021年，石龙镇新增公办义务教育学位900个。全镇获评市品牌学校的公办中小学占比三分之二，覆盖率位居全市前列。撬动1000多万元社会资本投入教育事业，石龙三中实验楼项目加快推进，爱联学校技能培训楼、西湖学校扩建方案编制完成。教育“双减”（有效减轻义务教育阶段学生过重作业负担和校外培训负担）落地落实，整治全镇线下学科类校外培训机构，校内课后服务覆盖率100%。卫生健康服务强优补短，石龙镇成功复评2021年度国家卫生城镇；全国健康促进区技术复评迎检。市儿童医院创建三甲医院，推进市松山湖中心医院心血管病诊疗中心项目，镇社卫中心标准化建设完工。中国举重博物馆筹建纳入市重大项目；石龙博物馆上榜中国博物馆协会名单，成功创建为全省镇级博物馆中首个“国家三级博物馆”。举办“百年风华、游阅石龙、月光墟”等一系列历史文化街区品牌活动。原创快板情景剧《“举”世无双》、石龙合唱团在市两个品牌赛事中连获金奖。完成石龙体育馆片区升级改造；石龙镇输送、培养的运动健儿在国际、国家和省市赛场上获得51金20银23铜，其中陈敏仪在东京残奥会连获两枚金牌，打破赛会纪录。

【石龙镇获“广东省脱贫攻坚先进集体”称号】 截至2021年，石龙镇先后推进云浮市云安县和揭阳市普宁市扶贫开发“双到”（规划到户、责任到人）工作、普宁市精准扶贫精准脱贫工作、省外云南昭通东西部协作工作，累计投入帮扶资金9974万元，共派出4期42名干部及专业技术人员参与，累计成功助力1433户贫困户如期脱贫出列，脱贫率100%。2020年如期完成脱贫攻坚任务，石龙镇工商联（商会）参与脱贫攻坚战。与云南昭通鲁甸县水磨镇拖麻村签订结对帮扶协议，向该村捐赠5万元作为公共基础设施建设基金。石龙镇工商联（商会）与市内结对帮扶村望牛墩镇杜屋村、横沥村签订结对帮扶协议，捐赠5万元助力两村开展脱贫攻坚工作。在广东扶贫济困日暨东莞慈善日活动中，石龙镇工商联（商会）会员企业累计捐款340多万元。2021年，石龙镇人民政府获评为“广东省脱贫攻坚先进集体”；东莞市石龙镇工商业联合会（商会）获评为“全省脱贫攻坚工作突出贡献集体”。

【石龙镇社会体育指导员服务站获评为省A级服务站】 截至2021年底，石龙镇10个村（社区）均建立社会体育指导员服务站，培训325名社会体育指导员。各服务站根据群众兴趣，定期开展广场舞、乒乓球、太极拳等体育活动。每年7—8月，开展面向指导员及群众的羽毛球、广场舞、篮球等项目的社会体育指导员培训班，为指导员和群众提供交流机会，推动群众投身社会体育指导员队伍。2021年，石龙镇社会体育指导员服务站通过2021年度广东省乡镇（街道）社会体育指导员服务站评估，被评定为A级服务站。

【石龙镇社区卫生服务中心在“优质服务基层行”活动中表现突出】 截至2021年底，石龙镇社区卫生服务中心创新提供医疗健康服务，成为港式家庭医生服务模式试点单位；凭借全市预约服务平台试点契机，全面铺开预约诊疗服务；镇社卫中心、住宅小区、社工团队等联合开展“乐安健住宅小区”项目，推进城镇特色家庭医生签约服务；以“社卫+社工+社区”三社联动服务模式，探索城镇老年健康服务，实施长者健康管理；开展基本公共卫生服务等相关活动，增强应对突发公共卫生事件和疫情防控能力。2021年，石龙镇社区卫生服务中心在2020年“优质服务基层行”活动中受到国家卫生健康委办公厅、国家中医药局办公室通报表扬为“表现突出、成效显著机构”。

【石龙镇兴龙社区创建为广东省“民主法治示范社区”】 2021年，石龙镇兴龙社区结合“民生大莞家”等民生公益项目、楼栋长制度建立等工作实际，推进各项法治建设工作。建设公共法律服务体系，发挥“一社区一法律顾问”和居民调解委员会作用；建立“法治带头人”“法律明白人”普法队伍，常态化开展普法宣传，组织广大党员干部、居民学习《中华人民共和国宪法》《中华人民共和国民法典》；建立法治宣传“三个阵地”：即一个法治阅览室、一个法治云平台、一个法治楼道；开展“法律六进”（法律进机关、进乡村、进社区、进学校、进企业、进单位）、安全生产月、禁毒宣传日、“12·4”专题法制宣传等活动。年内，石龙镇兴龙社区创建为广东省“民主法治示范村（社区）”。

【石龙镇兴龙社区创建为广东省零酒驾示范社区】 2021年，石龙镇兴龙社区制定《兴龙社区“零酒驾”安全教育宣传工作制度》等相关文件，建立社区机动车和驾驶人管理台账。推行“党建+文明交通”志愿服务模式，发挥社区线上线下多个宣传平台优势，落实以组织引领、培训教育、“落实执法+倡导劝喻”联动宣传等多项措施。制作宣传海报，在社区出入要道、人员流量大等地方设置交通安全标语、口号、警句，利用户外显示屏滚动播放交通安全宣传标语，在辖区内营造“拒绝酒驾、共建共享”文明新风尚。年内，石龙镇兴龙社区创建为“广东省零酒驾示范社区”。

【“他吸引了全世界的目光——纪念周恩来总理珍品展”在石龙博物馆开展】 2021年7月1日，由中国国际文化交流中心、周恩来思想生平研究会、中共东莞市委宣传部、中共东莞市委党史研究室、中共石龙镇委员会、石龙镇人民政府联合主办的“他吸引了全世界的目光——纪念周恩来总理珍品展”在石龙博物馆开展。展览分为“昭”“公”“清”“爱”和“周恩来与东莞”五个部分，展品200多件。主要内容为《百年恩来》摄制组在拍摄过程中，收集并珍藏多年的有关周恩来珍贵文献、书画、题词、摄影作品和访谈实录摘记等，其中绝大部分是真迹原件。最为珍贵的是，意大利著名摄影家焦尔乔·洛迪面赠周恩来亲属并题词的《沉思中的周恩来》原版照片。

2021年7月1日，“他吸引了全世界的目光——纪念周恩来总理珍品展”在石龙博物馆开展 （石龙镇供图）

珍藏于俄罗斯国家档案馆的“周恩来历史档案”，也在这次展览中罕见地与公众见面。原定展出至8月2日，在众多市民群众和团体强烈请求下，展期延至9月1日结束，并成为全市党史学习教育亮点，共招待团体345个，其中党支部280多个，参观总人数线上线下超过20万人次。 （林秋江 朱梓佑）

附：2021年石龙镇党委、人大、政府主要领导名录

镇委书记：梁寿如（任至5月）
　　　　　陈庆松（5月到任）
镇人大主席：王敬波（任至6月）
　　　　　　陈细钿（6月到任）
镇　长：李亚鹏

2020—2021年石龙镇主要经济社会指标情况表

指标	2020年	2021年
户籍人口（人）	84985	87196
常住人口（万人）	14.50	14.59
面积（平方千米）	13.83	13.83
地区生产总值（万元）	1155546	1279650
第一产业（万元）	113	129
第二产业（万元）	502992	578984
第三产业（万元）	652442	700538
总用电量（万千瓦时）	80090	88773
全社会固定资产投资总额（万元）	224469	238078
社会消费品零售总额（万元）	501510	547818
外贸出口总额（万元）	1009588	1034704
实际利用外资（万元）	1583	3907
地方财政总财力（万元）	171790	176152
各项税收总额（万元）	191787	212416

虎门镇

【虎门镇概况】 虎门镇位于东莞市滨海湾片区，珠江口东岸，粤港澳大湾区几何中心，与南沙自贸区经虎门大桥一桥相连，是全市唯一集高速铁路、城际轨道、地铁、高速公路与粤港澳客运航线于一体的区域性综合交通枢纽。截至2021年底，辖区面积178.5平方千米，下辖30个社区。常住人口83.8万人，其中户籍人口17.85万人。虎门镇是“全国重点镇”“中国女装名镇”“中国童装名镇”“全国服装（休闲服）知名品牌创建示范区”“国家电子商务示范基地”“国家电子信息产业基地”“国家特色景观旅游名镇”。

2021年，虎门镇地区生产总值720.14亿元（第一产业1.95亿元，第二产业374亿元，第三产业344.19亿元），比上年增长8.9%；全社会固定资产投资总额89.41亿元，增长30.95%；总用电量62.85亿千瓦时，增长12.92%；社会消费品零售总额345.07亿元，增长11.91%；实际利用外资1.87亿元，增长293.58%；外贸出口总额853.2亿元，增长54.25%；各项税收总额100.41亿元，增长13.91%；地方财政总财力152.01亿元，增长38.89%。

【虎门镇新冠肺炎疫情防控】 2021年，虎门镇做好粤港跨境货车司机管控、重点人员落地排查、隔离场所管理、密闭通风不良场所防控等“外防输入、内防反弹”各项工作。全年落地核查9万人次，开展5轮共520万人份大规模核酸检测，设置全市规模最大、接种能力最强的新冠疫苗临时接种点，累计完成接种超250万剂次，成为全市首个新冠肺炎疫苗接种超百万剂次的镇街。

【虎门镇产业发展】 2021年，虎门镇创建成为东莞纺织服装产业集群核心区，推进大湾区国际时尚谷、衣流时尚产业园等服装服饰业重大产业项目前期工作，加快维峰电子华南总部等产业项目建设，重点推进总投资超70亿元的11个招商引资项目，推动虎彩印艺、康源电子、汉涛金属等企业产业数字化项目加快实施，累计成功培育国家级、省级“专精特新”企业（指主营业务和发展重点符合国家产业政策及相关要求，专业化、精细化、特色化、新颖化特征明显的中小企业）4家，成功培育全镇首家“百强企业”和首家“瞪羚企业”（指创业后跨过死亡谷，以科技创新或商业模式创新为支撑进入高成长期的中小企业），成功举办、承办大湾区时装周、华南（虎门）国际电线电缆展等一系列行业活动。

【虎门镇空间拓展】 2021年，虎门镇推出5宗地块，完成25宗、564公顷更新单元招引前期服务商工作，虎门高铁站TOD（以公共交通为导向的开发）综合开发项目全面动工，北栅智汇城、大宁生态智慧产业园等一批社区自改新型产业项目加快推进。投入3500多万元安全加固、升级改造一批水利设施，完成“千日攻坚”电网升级行动年度任务和52个电网建设项目，

虎门镇 （2021年王敬新摄）

建成5G基站275个，水电气、5G网络等基础设施不断完善。推进21项品质交通千日攻坚项目，建成富民停车楼等停车场13个，新增停车位2900多个，启动虎门大道东（县道X241段）、金宁路（大宁村头段）等一批道路项目筹建前期工作，推动虎门大道（大沙河段）改造工程动工建设，完成铁路、轨道、高速路、快速路、省市镇主要干道以及民生基础设施工程等11个项目1.77公顷土地征收工作，加快内畅外通交通网络构建。

【虎门镇城市品质提升】 2021年，虎门镇推进城市精细化管理，落实路长、巷长、所长、站长制，整治城市“六乱”（乱搭乱建、乱堆乱放、乱设摊点、乱拉乱挂、乱贴乱画、乱扔乱吐）行为1.2万宗，整治违法建筑195万平方米；全面推行垃圾无害化处理，“洁净城市”指标全市排名从第33名跃升至第11名，城市洁净程度实现大幅提升。全面推进乡村振兴，达标完成“厕所革命”（对发展中国家的厕所进行改造的一项举措），高标准建设农田34.27公顷，升级改造4个口袋公园和8家农贸市场，建成“美丽宜居村”20个，农村人居环境品质不断提升。全面推进污染防治攻坚，完成磨碟河、东江下游和白沙片区“三大片区”总长约520千米雨污分流管网工程和污水管网系统排查，启动虎门镇东江下游片区和白沙片区排水地块内污水收集完善工程，常态化开展清“四乱”（乱占、乱采、乱堆、乱建）工作，完成官涌、龙眼新涌等4条河道清淤7.4千米，清理580多家“散乱污”企业（不符合产业政策，不符合产业布局规划，未办理工信、发改、土地、规划、环保、工商、质监、安监、电力等相关审批手续，不能稳定达标排放的企业），全年全镇范围内河涌完成“剿黑”目标。整治和推动搬迁虎门电镀印染专业基地B区。持续深化治气、治土、治固废，整治提升VOCs（挥发性有机物）企业176家，推动6300多家产危险废物企业和产一般固体废物企业完成申报登记。

【虎门镇社会治理】 2021年，虎门镇开展“扫黑除恶”“飓风”等专项行动，落实强化巡处一体化，组建全市人数最多、近2万人的义警队伍，盗抢骗案件比上年下降16.3%，命案、“两抢”（抢劫、抢夺）案件破案率100%。成功创建1个省级民主法治示范社区，打造一批法治文化公园和法治文化广场，依法化解社会矛盾纠纷。建立安全生产常态化监管机制，专项整治15个行业领域安全隐患，组建全省首支消防“蓝骑”小分队和全市首个流动消防站，创建4家“放心肉示范超市”，安全加固、升级改造一批水利设施，生产安全事故宗数、死亡人数和受伤人数分别比上年下降25.7%、14.4%、18.5%。

【虎门镇民生保障】 2021年，虎门镇推进教育扩容提质千日攻坚，建成启用博涌小学新校、怀德小学新建教学楼，新增普惠性民办幼儿园4所，新增公办中小学学位1890个。投入2.66亿元发展医疗卫生事业，推进虎门医院住院楼和专家楼建设，推动虎门中医院成功创建为二甲中医院。发放城乡低保救助、特困供养、残疾人福利等基本保障资金超1700万元；投入1100多万元实现“民生微心愿”2160宗、“民生微实事”51项，完成重点民生实事40件；新增养老床位100张；在全市率先实现户籍内困难群众、特殊群体社会工作服务全覆盖。首创广东省政务“互联网+旅游”慢直播城市宣传，安排6辆融入虎门旅游元素、配备5G+VR设备的公交车，将海战博物馆、林则徐纪念馆、太平手袋厂陈列馆等特色景点“串珠成链”，推出虎门红色线路一日游活动；成立全市唯一的改革开放亲历者宣讲团并率先启动宣讲，组织开展革命传统教育活动3128场次。

【2021虎门科技金融发展论坛暨“科技金融月”】 2021年4月12日，2021虎门科技金融发展论坛暨“科技金融月”启动仪式举行。活动重点聚焦“人工智能产业”和“引进创新人才”两大方向，为促进地区产业发展持续注入新动能。活动从3月11日起举办人才专题宣讲会、中小微企业融资对接会、金融知识普教宣传活动等12项活动，包括2场风险普教、4场政策宣传、6场交流对接活动，有13家金融机构、1000家（次）企业参与。截至年底，各银行在谈授信2.45亿元，达成授信16.03亿元。

【2021第六届华南（虎门）国际电线电缆展览会】 2021年5月7日，2021第六届华南（虎门）国际电线电缆展览会在虎门会展中心开幕。展会以“新时代·新动力·持续创新”为主题，围绕“十四五”规划、绿色低碳、“中国制造2025”等核心发展战略，并划分为产品展览和高峰论坛两大功能模块。产品展览方面，参展商涵盖智能设备制造加工、电线电缆生产、金属（合金）导体生产及供应、检测检验等领域。通过新媒体平台、印刷品直邮、协会合作等多种渠道，为有需求的采购商匹配相应参展商进行业务洽谈。高峰论坛方面，以“奋进‘十四五’，质创新未来”为题，结合消费类电子线缆行业“十四五”发展规划，探讨5G技术应用与发展、医疗线缆市场机遇、智能线缆技术应用和发展、航天军工线缆产业对新材料及其应用环境的新要求等话题，探索引导线缆行业主动对接新兴产业路径。

【2021大湾区时装周（秋季）】 2021年9月10—18日，2021大湾区时装周（秋季）在虎门镇举行，主会场设在虎门会展中心，分会场设在镇内各大酒店及相关服装企业。举办启动仪式、服装品牌新品发布会及订货会、服装设计师流行趋势

2021年5月13日，虎门镇启动“党史学习教育党员志愿宣讲”活动　　（王敬新　摄）

发布、服装院校专场发布、少儿时尚盛宴、时尚买手和DCI原创设计讲座等时尚活动21场，吸引以纯、富民、卡蔓、意澳、陌、例格、布衣班纳、艾宝依等品牌企业及深圳蝶讯网科技股份有限公司、广州大学纺织服装学院等企业及机构参加，旨在展示原创设计、碰撞时尚灵感，汇聚自主品牌、促进商业落地，推动虎门服装产业向高级化、高端化升级。

【第八届虎门国际电商节】 2021年12月3日，第八届虎门国际电商节在虎门电商产业园1840公共服务中心开幕。国际电商节以“数智新引擎逐梦新发展”为主题，在线上与阿里1688、天猫淘宝等国内外主流电商平台合作，搭建为期2天的线上展览会。在虎门全镇设立电商节专场直播间，充分联动各直播机构、主播、达人、供应链企业等，举行各类对接会及沙龙活动，推动东莞优品畅销全球。

【2021湾区时尚品牌贺岁乐购展】 2022年1月1—10日，2021湾区时尚品牌贺岁乐购展在虎门会展中心举行。展会以“欢乐新春”为主题，汇集百家品牌企业，涵盖女装、童装、男装及鞋类、包包等服装服饰产品，通过折扣促销、发放代金券及礼品，并配套设置童模大赛、音乐节、美学美妆讲座、美食节等活动，助力企业清理库存，推动虎门镇消费能力提升。（曾玉婷）

附：2021年虎门镇党委、人大、政府主要领导名录

镇委书记：罗　斌（任至6月）
　　　　　蒋亚军（6月到任）
镇人大主席：王维钢
镇　长：王耀明（任至3月）
　　　　吴庆球（3月到任）

2020—2021年虎门镇主要经济社会指标情况表

指标	2020年	2021年
户籍人口（人）	168995	178543
常住人口（万人）	83.95	83.8
面积（平方千米）	178.50	178.50
地区生产总值（万元）	6424909	7201394
第一产业（万元）	17143	19543
第二产业（万元）	3188514	3739998
第三产业（万元）	3219251	3441853
总用电量（万千瓦时）	556577	628466
全社会固定资产投资总额（万元）	682806	894062
社会消费品零售总额（万元）	3083501	3450736
外贸出口总额（万元）	5531400	8532000
实际利用外资（万元）	4753	18707
地方财政总财力（万元）	1094524	1520142
各项税收总额（万元）	881454	1004062

东城街道

【东城街道概况】 东城街道位于东莞市中心区。截至2021年底，辖区面积105.9平方千米，下辖23个社区和2个国营林场，常住人口60.25万人，其中户籍人口17.21万人。东城街道是“全国文明单位”“全国敬老文明号先进集体”。

2021年，东城街道实现地区生产总值670.02亿元（第一产业2090万元，第二产业275.23亿元，第三产业394.58亿元），比上年增长6.5%；全社会固定资产投资70.05亿元，下降31.15%；社会消费品零售总额278.25亿元，增长11.1%；实际利用外资3.12亿元，增长177.21%；外贸出口总额459.7亿元，增长11.07%；各项税收总额134.99亿元，增长9.16%；地方财政总财力40.74亿元，增长3.71%。年内，获“广东省脱贫攻坚先进集体”“广东省第七次全国人口普查先进集体”“2021年广东省‘民主法治示范村（社区）’”“广东省巾帼文明岗”“2021年度广东省移动支付精品示范镇”“2020年度省级健康促进县（市、区）”“广东省‘儿童友好示范社区’”“2020年度广东省民营企业调查点工作示范单位”“广东省全国科普日优秀组织单位”“广东省总工会城市困难职工解困脱困工作重要贡献集体”“广东省先进女职工集体”“2021年全省最美工会户外劳动者服务站点”“2021广东省工商联法律服务示范点”等13个省级“单打冠军”。

年内，东城街道健全疫情防控应急指挥机制，10个工作组和13个工作专班高效运转，流行病学调查、核酸检测、社区管控三支队伍快速阻断疫情传播风险。面对“6·18”“12·13”突发疫情，发动4000多名党员火速支援社区防疫工作。支持东城医院推进PCR（聚合酶链式反应）实验室建设，每日核酸检测能力达到3000管（单人）。常态化开展哨点监测、冷链防控、跨境货物等管控措施。持续提供隔离酒店承接国内境外隔离人员管控任务。开放大型接种点（东城体育公园）和社区、学校、企业接种专场，累计核酸检测365万人次、疫苗接种177.66万剂次。

【东城街道产业发展】 2021年，东城街道聚焦高质量招商，招引中建铁投、博力威、奕东电子等企业总部落户。通过“小围合”、挂图作战等工作机制，完成工业投资27.47亿元，比上年增长38.16%。培育上市企业梯队，年内孵化上市企业4家。强化对“专精特新”（专业化、精细化、特色化、新颖化）企业的政策扶持和资源倾斜，年内推动7家企业通过“专精特新”评定，其中国家级“专精特新”“小巨人”企业（指业绩良好、发展潜力和培育价值处于成长初期的、专业化精细化特色化新颖化特征明显的中小企业，通过培育推动其健康成长，最终成为行业中或区域的巨人）3家。建立2021年小微工业企业重点培育名单，及时做好监测、调度、服务，推动71家企业达到“小升规”［规模以下小微企业（即年主营业务收入2000万元以下的企业）升级为规模以上企业］条件。深化“首席服务官”制度，重点帮扶街道龙头企业、倍增企业，协调解决企业生产经营过程中存在的困难，发放倍增券815万元；向倍增企业项目定向供给地块3个。

【东城街道城市品质提升】 2021年，东城街道推进黄旗南片区规划建设，构建“一带一轴一环”的空间格局，黄旗南一期工程完工，二期建设正在开展，黄旗南公共空间初见成效。加快城市更新步伐，东莞市首宗功能混合型新型产业类更新单元［桑园社区工改MO（利用旧城镇、旧村庄、旧厂

东城街道鸿福路商圈 （2021年东城街道办事处供图）

房资源建设新型产业用地项目）项目］摘牌，火炼树社区城市更新项目启动签约。加强城市空间拓展，完成“工改工”（将土地性质为普通工业用地改变为新型产业用地，将旧工业区拆除重建升级改造为新型产业园）拆除任务30.08公顷，收储用地面积12公顷，盘活存量土地面积32.162公顷。推进“洁净城市”“五线”（城市红线、城市绿线、城市蓝线、城市紫线和城市黄线）整治等专项工作，创建周屋社区稻乡文化主题小镇、温塘社区等多个特色精品（示范）村（社区），全市城市精细化管理工作年度考核居全市第二位。补齐生态环境短板，新建污水管网136.6千米，建成区7条黑臭水体和18条内河涌整治成效显著，推进“无废城市”（以创新、协调、绿色、开放、共享的新发展理念为引领，通过推动形成绿色发展方式和生活方式，持续推进固体废物源头减量和资源化利用，最大限度减少填埋量，将固体废物环境影响降至最低的城市发展模式，也是一种先进的城市管理理念）试点建设。

黄旗山南麓香遇走廊　　（2021年东城街道办事处供图）

资料链接

“一带一轴一环”：“一带”指黄旗南麓文体带，西起东城体育公园，东至环城东路，沿八一路一字铺开，意在打造重要的景观、人文休闲活动廊道；“一轴”指中央绿轴，位于黄旗南片区中心位置，短短1千米长的生态绿廊，连山接水，实现黄旗山与同沙水库山水对话。“一环”指同沙滨水环道，在同沙公园15千米环湖路的基础上，增设6千米小环路径，通过碧道、浮桥串起同沙生态公园里的驿站、凉亭、停车场、观景台，打造亲水生态廊道。

【东城街道改革深化】 2021年，东城街道深化“就近办”“一次办”，推动900多项街道事项上线一体化政务服务平台，率先实现两批共103项高频政务服务事项“全市通办”，推动各社区搭建综合服务窗口。推动市场监管标准化试点建设，推广企业开办“一网通办”系统、手机端“粤商通”服务平台以及“银政通”企业开办智能服务一体机等办理平台，确保24小时内完成企业开办业务。依托市跨境电商等优惠措施，及时引导企业调整生产经营战略，抢抓“一带一路”订单，推动跨境电商快速转型发展。

【东城街道民生事业】 2021年，东城街道办好人民满意的教育，新改扩建公办中小学、幼儿园6所，新增学位3490个。新增路外停车位2943个，推进共享停车场和公共停车场接入市智慧停车云平台系统工作。开展“春风行动”、高校毕业生专场招聘会等线下招聘5场，提供岗位4000多个。聚焦高层次和急需紧缺人才，引进本科以上人才1.6万人，其中硕士高层次人才410人、博士以上高层次人才25人。开展“首席技师”评选，47人获评市“首席技师”，人数居全市第一位。健全人才政策保障，完善《旗峰英才卡暂行管理办法》，充实服务内容和加大对高层次人才扶持力度。打造青年人才驿站，租用33小镇碧家国际社区公寓，为符合入住条件的新兴青年提供最长7天免费住宿等优质服务，实现拎包入住。

【东城街道“白兰花”党建模式入选全省优秀案例】 截至2021年底，东莞市民盈国贸商圈党总支部（成立于2019年8月，组织阵地位于东莞市体量最大的购物中心——民盈国贸中心）在东城街道“两新”组织党委的引领下，以民盈国贸党群服务中心为主阵地，结合红蓝税屋、白兰花广场、民盈美术馆等多个商户服务点和“民盈党建”小程序，强化服务功能，突破区域限制，推动商圈区域实现组织共建、资源共享、事务共议、难题共解，形成“社区党委+商圈党总支部+非公企业和社会组织党组织”工作格局。2021年，东城街道“白兰花”党建模式入选全省优秀案例。

【东城街道打造新时代文明实践中心省级试点】 2021年，东城街道打造新时代文明实践中心省级试点，践行“1+23+N”的新时代文明实践体系建设思路，形成1个实践中心、23个社区实践站、N个各具特色的新时代文明实践点的格局；聚力打造“理论+教育+文化+科普+体育”五大服务平台，探索集宣传、服务、沟通、展示、互动于一体的多功能小程序，构建全街道新时代文明实践数据库；整合组建新时代文明实践志愿服务总队，注册志愿者累计超5万人，志愿者服务总时数超过100万小时；推动品牌项目提炼建设，“33艺术夜校”系列活动——“东城·33都市文化季系列活动”等为市民带来丰富艺术体验之旅。

【东城街道工商联（商会）获评“2021广东省工商联法律服务示范点”】 2021年，东城街道工商联推动“法治东城”建设，与东城法庭党支部签署“职工之家”共建项目，为企业提供法律知识培训、化解涉诉纠纷等服务；成立东城街道工商联（商会）调解委员会，整合法律咨询、人民调解和法律援助协办功能，提供企业和员工“一站式”服务；创新劳动争议调解模式，联合东城街道总工会、东城人社分局组成劳动争议三方联合调解中心，通过劳动关系三方四家的沟通协作，及时有效化解争议纠纷，构建和谐的劳动关系。年内获“2021广东省工商联法律服务示范点”称号。

【东城街道周屋社区获“广东省‘儿童友好示范社区’”称号】 截至2021年底，东城街道周屋社区坚持“儿童优先”原则，创建儿童健康成长社会环境。建立儿童友好社区工作制度，统筹协调多部门联合工作，设立儿童暴力报告热线，并制定儿童暴力事件应对机制，预防和制止家庭暴力。投入47.54万元升级改造社区儿童康体设施和图书馆，创建“东莞市家教家风实践基地”，完善周屋社区综合服务中心儿童服务设施。融合水稻文化科普教育基地、农业中心、周氏宗祠等开展儿童健康成长活动，其中推出稻田保护志愿者培育计划，为社区及周边居民、学校、企业等提供稻田导赏、农耕文化以及现代农业生产知识科普服务。2021年获“广东省‘儿童友好示范社区’”称号。

【东城街道岗贝社区获“广东省民主法治示范社区”称号】 2021年，东城街道岗贝社区打造法治文化宣传服务阵地，营造文明和谐的社会环境。挖掘当地“最美女性”、书香家庭、道德故事、法治案例等元素，结合“岗贝社区妇女之家”“岗贝老年大学”“社区文化家园”等阵地，定期开展法治宣传教育，培养居民遇事找法、解决问题靠法的习惯；与东城法庭共同建立“诉源治理示范社区”，践行“我为群众办实事”实践活动，设立“心晴”热线和家庭暴力投诉点，常态化提供法律培训、司法咨询、矛盾纠纷化解等服务。年内获“广东省民主法治示范社区”称号

【东城街道公共法律服务中心获“广东省巾帼文明岗”称号】 2021年，东城街道成立公共法律服务中心，该中心8名女性工作者用自身过硬的专业知识，承担法律咨询、法律援助、人民调解、法治宣传等工作，展现着新时代妇女的形象。打造15分钟法律服务圈，实现23个社区法律顾问全覆盖，依托广东省公共法律服务热线“12348”、广东法律服务网等方式完善线上服务模式。打造和谐稳定的法治环境，创建23个“民主法治社区”及13家企业获评“广东省法治文化示范企业”，建有4个法治文化主题公园。弘扬法治精神，成立巾帼志愿者服务队，送法进机关，进校园，进社区，营造法治文化氛围。年内获“广东省巾帼文明岗”称号。

【东城街道总工会户外爱心驿站获“2021年广东省工会户外劳动者爱心驿站”称号】 截至2021年底，东城街道总工会户外爱心驿站（于2019年11月建成，由东城街道总工会与东莞市城市管理和综合执法局东城分局合作共建，由“爱心企业”定期补充货品，面积102.4平方米）坚持为市政工人、环卫工人、园林绿化工人以及快递员、送餐员、交通警察、出租车司机等户外劳动者，提供热饭、饮水、休息、避雨、如厕等服务。该爱心驿站建章立制，规范接待流程、服务承诺、文明公约、值班制度、物品申领发放流程等，并在站点内上墙明示，确保服务运行规范。2021年，获“广东省工会户外劳动者爱心驿站”称号。

（黄韵纹）

附：2021年东城街道党工委、人大、办事处主要领导名录

党工委书记：刘林宏

人大工作委员会主任：

詹耀东（任至7月）

邹顺高（7月到任）

办事处主任：钟 彬

2020—2021年东城街道主要经济社会指标情况表

指标	2020年	2021年
户籍人口（人）	159773	172170
常住人口（万人）	59.72	60.25
面积（平方千米）	105	105
地区生产总值（万元）	6006400	6700180
第一产业（万元）	1825	2090
第二产业（万元）	2222390	2752307
第三产业（万元）	3782184	3945783
总用电量（万千瓦时）		
全社会固定资产投资总额（万元）	1017402	700530
社会消费品零售总额（万元）	2505566	2782548
外贸出口总额（万元）	4139000	4597000
实际利用外资（万元）	11264	31225
地方财政总财力（万元）	392868	407445
各项税收总额（万元）	1236685	1349919

注：2017年起，受4个街道供电合并城区供电分局影响，不能分出4个街道用电量数据。

万江街道

【万江街道概况】 万江街道位于广东省东莞市西部，地处粤港澳经济走廊，临近珠江入海口。截至2021年底，辖区面积48.5平方千米，下辖30个社区，常住人口33.11万人，其中户籍人口11.74万人。万江街道是“国家全民健身活动先进单位”。

2021年，万江街道实现地区生产总值193.53亿元（第一产业1.04亿元，第二产业89.86亿元，第三产业102.64亿元），比上年增长9.0%；全社会固定资产投资总额49.33亿元，增长29.8%；社会消费品零售总额111.93亿元，增长9.8%；实际利用外资2000万元，增长12.55%；外贸出口总额67.88亿元，增长36.44%；各项税收总额48.71亿元，增长19.98%；地方财政总财力46.15亿元，增长17.4%。年内，获评“2021年度领导班子工作优秀镇（街道）”，并获得2019—2020年全省脱贫攻坚工作突出贡献集体、2021年广东省“民主法治示范村（社区）”、2021年度广东省移动支付精品示范镇、广东省“儿童友好示范社区”、广东省交通安全文明示范村（社区）、广东省乡镇（街道）社会体育指导员服务站等6项“单打冠军”。

【万江街道经济发展】 2021年，万江街道拓展优化产业空间，成立拓展优化产业发展空间指挥部和工作专班，出台产业招商地图，形成“历史遗留问题地块”项目库。推进镇村工业园改造，出台《万江街道统筹发展奖励办法（试行）》，重点推进新村、小享两个产业园建设，将滘联工业园打造成社区级工业园改造升级示范项目。内年，整合24.16公顷产业用地，建成市镇联合招商基地示范试点；镇村工业园“工改工”（将土地性质为普通工业用地改变为新型产业用地，将旧工业区拆除重建升级改造为新型产业园）改造累计拆除平整土地16.71公顷，收储土地12.65公顷，盘活存量土地3宗5.76公顷。开展精准招商，完成协议投资71.75亿元，实际投资49.98亿元；合同利用外资2.6亿元，实际利用外资2000万元。推进项目落地，4个项目纳入市重大建设项目，胜高通信智能电工研发生产中心项目纳入市重大预备项目，全年10个市重大建设项目共完成投资额7.24亿元，完成年度投资比例109.8%。持续优化营商环境，推动政银企信联动，促成银行为企业新增授信183笔，授信额度6.38亿元；成立“小升规”［规模以下小微企业（即年主营业务收入2000万元以下的企业）升级为规模以上企业］服务小组，推动76家企业实现“小升规”，推动东莞市力博得电子科技有限公司纳入市级“倍增计划”（重点企业规模与效益倍增计划）试点企业；组建异业联盟，实现企业共生共赢和经营升级。

【万江街道科技创新】 2021年，万江街道通过东莞市创新强镇建设项目立项，打造以MR（混合现实）技术为基础的科普教育实践基地，推进沃德智能自动化装备研

万江街道 （2021年姚泽林摄）

发制造产业中心、胜高研发生产中心等一批重大科技平台、重大科技基地建设。培育高新技术企业，建立“四库”（企业数据库基本信息库、注册人员数据库基本信息库、工程项目数据库基本信息库、诚信信息数据库基本信息库）企业名单，巩固发展以都市型智能装备和新一代电子信息制造业为主的智能制造产业，年内，94家高新技术企业通过认定，总数250家；新增市瞪羚企业1家、市百强创新型企业2家。全年规模以上高新技术企业产值占规模以上工业比重达75.55%，规模以上智能装备制造业产值118.35亿元，占规模以上工业产值47.41%。强化人才支撑，做好技师工作站建设、企业新型学徒制培训、“一镇一品”产业人才培训，推进“三大工程”（广东技工、南粤家政、粤菜师傅）建设，全年开展补贴性职业技能培训6071人次。实施人才素质倍增计划，承办2021年海内外高层次人才东莞行（万江专场）活动，引导7家企业与高等院校、科研院所的专家初步达成产学研合作意向，全年引进博士11人、硕士138人、高级职称及以上人才178人。

金鳌洲塔　（2021年黄功满摄）

【万江街道人居环境】 2021年，万江街道建成两岸长度4.24千米的“三江六岸”龙湾示范片区省级示范碧道，以及全长5.3千米的赤滘口河、中堂水道等2条高质量碧道，全方位激活沿岸滨水活力。推进小享、流涌尾等精品示范社区建设，所有社区完成干净整治村和美丽宜居村创建验收。坚决打赢污水防治攻坚战，完成约100千米雨污分流管道、约30千米截污次支管网建设；内河涌整治成效显著，全街道黑臭水体全面消黑，重点河涌5条达到V类水质以上，一般内河涌32条达到V类水质以上，劣五类河涌由20条减少至8条。坚决打赢蓝天保卫战，推进“散乱污”（不符合产业政策，不符合产业布局规划，未办理工信、发改、土地、规划、环保、工商、质监、安监、电力等相关审批手续，不能稳定达标排放的企业）企业（场所）清理整顿，清理整顿工业企业4683家，查处、取缔“散乱污”企业（场所）62家；完成新富发纸业、金田纸业（一期）煤改气项目。实施“创双百工程”（社会工作服务站100%覆盖、困难群众和特殊群体社会工作服务100%覆盖）行动，打造30个具有城管特色“城市精细化管理示范社区”和品质示范社区，建成9个精细化示范村。推进垃圾分类，完成1个垃圾分类主题馆、30个示范社区和34个示范小区建设。开展农贸市场品质提升三年行动，完成6个农贸市场品质提升工作。推进“数字城管”建设，组建无人机编队，数字城管平台处理案件15万件，结案率99.98%。

【万江街道社会治理】 2021年，万江街道打造“政企连心桥”异地商会参与社会共治等6个市级推动社会治理创新项目；以坝头、共联、小享3个社区为示范点，创新网格化服务与管理。法治建设纵深推进，万江街道法治文化主题公园获评省级“法治文化主题公园”，大汾社区、拔蛟窝社区获评“广东省民主法治示范村（社区）”，1家企业获评省级“法治文化建设示范企业”。破获刑事案件803件，比上年下降13.93%；辖区违法犯罪警情3066起，下降39.5%；全年生产安全事故起数下降20%。

【万江街道民生福祉】 2021年，万江街道推进社会工作“双百工程”，建设社工站1个、社工点11个，发放创业就业补贴、最低生活保障金、残疾人津贴、高龄津贴、特困供养经费共2410.44万元，兜牢基本民生底线。推进教育扩容提质工程，投入1.46亿元，完成8个教育扩容提质项目，新增4120个学位、学生住宿床位1850个。实施品质交通千日攻坚战，全年投资4.92亿元用于道路的新建或改造，完成12项道路工程建设，新建或改造道路14.8千米；推动南洲桥扩建、新村桥重建、汾溪桥扩建等工程完工通车。持续强化基本公共卫生服务，完成“1个中心+11个站点”的标准化建设工作，人均公共卫生服务经费增加至77元；万江街道社会福利中心主体结构完成封顶；推进谷涌社区老年人心理关爱国家级项目，打造“万江模式”并成为典型经验在全省推广。启用政务服务中心新办事大厅，全面整合23个行政审批部门的政务事项集中进驻，实现“一站式”服务。打造“莞家”服务品牌，全年办结

万江街道市民文化服务中心　（2021年万江街道供图）

18个民生项目、“民生微心愿”项目2065个。初步建成城市规划展示馆、茶文化博物馆，推进市民文化服务中心、历史文化陈列馆、龙舟文化展示馆建设；继续擦亮龙舟节、敬老节、戏剧曲艺节品牌，精心办好文化惠民系列活动，文体建设活力迸发。

【万江街道新冠肺炎疫情防控】 2021年，万江街道做好新冠肺炎疫情防控工作，组建约5300人的防控队伍。全年排查人员3.58万人次，集中隔离53人、居家隔离518人、核酸检测191万人次。推进疫苗接种，累计接种疫苗91.2万剂次，全人群全程免疫率91.8%。报告确诊病例0例。促进经济复苏，促成银行为企业新增授信183笔，授信额度6.38亿元，协助企业获得1017.19万元政策资金。设立300万元资金开展促消费活动，拉动消费1.36亿元。在重要交通枢纽——东莞市汽车总站，落实“逢车必查、逢人必检”措施，在进站口和落客区设置红外体温检测仪，设立联合检疫点，检查旅客约90万人次，落实车辆消毒1.4万辆次。以“全面检查+暗访抽查”的形式，加强诊所、药店“哨点”监测作用，全面开展院感防控专项检查，全年检查医疗机构1258家次，责令关闭因接诊发热患者和防控不到位的医疗机构21家，启用万江医院发热门诊，高分通过发热门诊规范化建设验收，构筑起抗击疫情的坚固防线。“6·18”“12·13”疫情发生后，第一时间成立涉疫事件防控应对处置工作组，搭建“1+66”统一指挥视频调度平台，统筹辖区所有医疗系统资源，组建医护采样队伍和新冠疫情防控先锋队，推动核酸检测全面铺开。

【“三江六岸”滨水岸线示范段一期工程完工】 2021年5月，万江街道配合市“三江六岸”建设，完成“三江六岸”滨水岸线示范段一期工程建设，建成两岸长度4.24千米的“三江六岸”龙湾示范片区省级示范碧道对外开放。项目设计景观总用地面积20.26万平方米，市、街道两级投资1.8亿元。项目建设内容主要包括：滨水岸线范围内慢步道、跑步道、骑行道“三线”贯通，三个活力节点设计，曲海大桥和东莞水道特大桥慢行坡道建设及景观绿化、灯光亮化。全方位激活沿岸滨水活力，是东莞市中心城区“一心两轴三片区”的重要组成部分。

【万江街道办事处获评为全省脱贫攻坚工作突出贡献集体】 2021年6月，万江街道办事处获评为“2019—2020年脱贫攻坚工作突出贡献集体”。2019—2020年，万江街道对口帮扶揭西县河婆街道、龙潭镇等2个镇（街道）7个省定贫困村。万江街道重点通过强化产业扶贫，提升贫困村的造血能力，帮助贫困村打造特色种养业——菜仔园村“归来田园”、龙东村“龙盛果园”、井田村井下村“百果园”、乡新村新四村茶叶种植等一批特色种养项目。2020年，每个贫困村村集体平均每年增收8.28万元，带动各村有劳动能力贫困户年增收人均1300～2600元不等，实现372户1002人稳定脱贫，有劳动能力贫困户年人均可支配收入达1.76万元，比2020年省定标准高出93.83%。

【万江街道获评为广东省移动支付精品示范镇】 2021年12月，万江街道获评为2021年度“广东省移动支付精品示范镇”。是年，万江街道联合各大银行落实移动支付镇建设，开展云闪付宣传工作、自启动建设工作。通过前期考察和选点，分发推广云闪付业务网络调查问卷，确定“万江茶叶街”示范圈；通过搭建“智慧生活”场景，完成联网商户改造、云闪付拓展拉新以及示范门牌改造和智能终端升级工作，营造良好的移动支付使用环境。

【万江街道社会体育指导员服务站获评为广东省乡镇（街道）社会体育指导员A级服务站】 2021年12月，万江街道社会体育指导员服务站获评2021年广东省乡镇（街道）社会体育指导员A级服务站。年内，万江街道社会体育指导员服务站推动各社区社会体育指导员服务点全覆盖，加强社会体育指导员培训持证上岗服务，指导群众科学健身，组织全民健身活动10场，开展体育公益培训班8场，免费培训约1000人次，完成国民体质监测1500人次。

【万江街道谷涌社区获评为广东省儿童友好示范社区】 2021年4月，万江街道谷涌社区被广东省妇女联合会评为“广东省儿童友好示范社区”。谷涌社区以儿童健康成长为目标，从政策、服务与空间环境等方面入手，成立儿童工作小组，聚焦儿童需求，按“五有标准”（有场所、有队伍、有活动、有项目、有机制）整合儿童公园、新时代文明实践站、综合服务中心、少儿醒狮培训基地等资源，健全儿童社会参与支持体系。以家教家风文化为底色，投入150多万元，建成示范性“园中园”儿童公园，建设妇女儿童之家、农田观光区、厨余处理中心、蔬菜种植区、家风家训步道、儿童体能区等“儿童友好”软硬件设施。以“德智体美劳”五育并举，促进儿童全方位发展，发挥巾帼志愿队伍力量，常态化开展家庭教育、绿色环保实践、精准帮扶、节日主题等活动，为儿童成长保驾护航。

【万江街道共联社区获评为广东省交通安全文明示范社区】 2021年9月，万江街道共联社区获评为2021年广东省“文明交通安全示范社区”。年内，共联社区实施“保护生命、平安出行”交通安全教育工程，深化“五进”（进社区、进企业、进农村、进校园、进家庭）宣传，利用多种形式开展社会化宣传教育，提高居民的交通法制观念和安全意识，抵制交通违法行为，营造交通安全宣传氛围。通过自设物业公司，加大在停车物业管理方面的投入，缓解居民停车难、市民停车乱等问题。联合万江交警大队共建交通文明，开展“零酒驾示范社区”“交通安全文明社区”“电动车交通安全宣传活动”等交通安全文明宣传，加强社区道路交通管理，社区的交通安全状况得到明显的改善。

【万江街道拔蛟窝社区获评为2021年广东省“民主法治示范村（社区）”】 2021年10月，万江街道拔蛟窝社区获评为2021年广东省“民主法治示范村（社区）”。拔蛟窝社区持续树立“一手抓经济发展，一手抓民主法治建设”的原则，推进经济社会双转型，扎实开展基层民主法治建设。推进法治宣传，将东文化广场打造为占地3000多平方米的法治文化广场，创建更富社区特色的法治宣传阵地，营造法治氛围。健全民主管理制度，制定民主自治章程，推进自治、法治、德治“三治融合”的法治化治理体系，完善民主监督制度。促进社区和谐发展，建立社区人民调解委员会、公共法律服务站、法援联系点、综治信访维稳工作站、劳动服务站等群防群治体系，一站式受理群众来信来访、化解矛盾纠纷、提供便民服务；开展“文明示范社区”“文明标兵社区”“文明家庭争创”等文明创建工作。（谢　力）

附：2021年东莞市万江街道党工委、人大、办事处主要领导名录

党工委书记：黄贵洪（任至6月）
　　　　　　郭怀晋（6月到任）
人大工作委员会主任：
　　　　　　陈榴基（任至7月）
　　　　　　郭陈明（7月到任）
办事处主任：刘永定（任至7月）
　　　　　　黄冠煊（7月到任）

2020—2021年万江街道主要经济社会指标情况表

指标	2020年	2021年
户籍人口（人）	113000	117354
常住人口（万人）	32.94	33.11
面积（平方千米）	48.5	48.5
地区生产总值（万元）	1717239	1935350
第一产业（万元）	9085	10357
第二产业（万元）	770686	898635
第三产业（万元）	937468	1026358
总用电量（万千瓦时）		
全社会固定资产投资总额（万元）	380198	493307
社会消费品零售总额（万元）	1019398	1119290
外贸出口总额（万元）	497510	678827
实际利用外资（万元）	1777	2000
地方财政总财力（万元）	393123	461523
各项税收总额（万元）	405990	487093

注：2017年起，受4个街道供电合并城区供电分局影响，不能分出4个街道用电量数据。

南城街道

【南城街道概况】 南城街道位于东莞市中南部，是东莞市的新城市中心，是市委、市政府所在地。截至2021年底，辖区面积56.62平方千米，下辖18个社区，常住人口42.38万人，其中户籍人口17.09万人。南城街道是“全国文明单位”“全国城市体育先进社区”“全国群众体育先进单位”“全国文物工作先进县”“全国综合减灾示范社区”。

2021年，南城街道实现地区生产总值701.84亿元（第一产业0.16亿元、第二产业144.89亿元、第三产业556.79亿元），比上年增长7.8%；全社会固定资产投资总额103.41亿元，增长23.17%；社会消费品零售总额395.31亿元，增长7.7%；实际利用外资21.21亿元，增长1110.76%；外贸出口总额317.08亿元，增长10.3%；各项税收总额165.01亿元，增长9.51%；地方财政总财力106.65亿元，增长40.62%。在全市总结大会上，南城街道被评为“2021年度领导班子工作优秀镇街”，并获得“全国群众体育先进单位”“广东省脱贫攻坚先进集体”“2019—2020年全省脱贫攻坚工作突出贡献集体”“广东省第七次全国人口普查先进集体”“2021年度广东省移动支付精品示范镇”“2020年‘优质服务基层行’活动表现突出成效显著机构”“广东省最美志愿服务组织、社区”“广东省民族宗教法治工作基层联系点”“2021—2025年度全国科普示范县（市、区）广东省第二批创建单位”“广东省乡镇（街道）社会体育指导服务站”10项“单打冠军”。

【南城街道经济发展】 2021年，南城街道完成内资协议投资269.23亿元，内资实际投资额44亿元，外资及港澳台资实际投资额21.9亿元，引进超千万美元项目5个，超50亿元的产业龙头项目1个，提前完成2万平方米低成本空间申报任务数。集聚12家软件市级倍增企业，占全市40%，数量和占比均居全市镇街第一位。辖区内40家规模以上互联网和相关服务、软件和信息技术服务企业实现错月营业收入32.22亿元，比上年增长26.4%。金融业实现税收贡献度接近街道总税收的四分之一，社区集体总资产突破100亿元、年度总收入突破10亿元，增长均在9%左右。巩固以第三产业为主、第二产业为重的经济发展格局，服务业继续成为南城支柱产业，占比达79.34%，经济结构得到持续优化。市场主体登记8.24万家，营商环境更加优越、城市竞争力不断提升。

【南城街道科技创新】 2021年，南城街道累计有市级以上孵化器9家，经认定的市级以上科技园区面积101.7万平方米，园区入驻科技型企业超过4000家，累计企业研发投入达7亿元，形成以市场化形式培育新兴产业的格局。引入国家高新技术企业268家，国家级科技企业孵化器数量4个，5个市级以上科技孵化器，1个市级创新科研团队，建成10个省级工程中心以及12个科技金融工作站。专利申请累计超过8000件、专利授权超过5300件。建成国家级科普示范社区2个，省级社区3个。

【南城街道城市品质提升】 2021年，南城街道累计完成东华机械厂片区、胜和对海洲片区等“三旧”（旧城镇、旧厂房、旧村庄）改造项目，面积94.21公顷，完成揭商大厦、碧桂园湾区国

南城街道（2021年叶瑞和摄）

际、西平新地中心等项目资产投资34.63亿元。推动辖区10个重大建设项目完成投资37.26亿元，超出年度目标任务达67.6%。东莞大道品质提升项目、莞太路快速化改造项目、交通堵点治理、道路微改造、垃圾分类、“厕所革命”等工作有序推进，人居环境卫生提升工作全面开展，房屋建设管理机制不断完善，美丽幸福村居、特色精品（示范）村建设成效明显，“四河两涌”（鸿福河、新基河、石鼓河、三禾市河、水陂涌、棺材涌）基本消除黑臭，配合完成第二轮中央环保督察，高端文化资源、高层次人才、先进产业不断集聚。鸿福路商圈入选第二批广东省级示范特色步行街（商图），汇聚X11旗舰店等多家知名品牌的东莞首店，商圈内安装城市级裸眼3D炫酷大屏，彰显商业魅力。洁净城市考核评比连续7个月获全市第一名。

【南城街道社会治理】 2021年，南城街道运用智慧监管手段，率先在簪花路开展全市“市容AI感知微执法试点”，推动执法手段信息化、现代化。武装部规范化建设受到中央军委国防动员部和省军区领导的肯定。抓好平安建设，防范各类风险，发挥“智网工程”基层社会治理作用，开展社会矛盾问题专项治理，以及国家安全、道路交通风险防范、生产安全、防灾减灾等领域专项整治，辖区安全生产事故、伤亡人数比上年均实现双下降，全年未发生较大及以上生产安全事故。

【南城街道文体活动】 2021年，南城街道厚植文化底蕴，举办文化活动669场，参与人次近152万人次。参加文化展赛，获得国家、省和市级各类奖项72个。提升“艺之南”品牌建设工程，举办活动119场，线上线下总参与人数超104万人次。“茶点制作技艺（东莞茶点制作技艺）”和“中医清宫正骨”入选第八批省级非遗代表性项目。推动体育事业蓬勃发展，在东莞市第十届运动会上，南城街道获得全市奖牌总数第一名、团体总分第三名以及体育道德风尚奖。

南城宪法广场　（2021年张顺祥摄）

【南城街道抗击新型冠状病毒肺炎疫情】 2021年，南城街道坚持疫情防控外防输入、内防反弹，科学精准扎实做好防疫各项工作，强化药店哨点、高速公路、跨境运输、进口冻品、医药牙具等闭环管理，全年落地排查核查涉疫人员13.78万人，累计接种新冠疫苗107.3万剂次，全人群全程免疫率94.8%，总量排在全市前列。6月18日，南城街道发现1例新冠肺炎确诊病例，街道及时开展大规模核酸检测，6月18—19日完成采样48.92万人，6月21日完成45.32万人的采样任务（不包括封闭区、封控区人员），结果全部为阴性。6月25日，完成35个封控小区有序解封。6月27日，完成6个封闭区域有序解封。南城街道严格落实管控措施和防疫要求，迅速扑灭“6·18”本土疫情，为全市打赢疫情防控阻击战作出应有贡献。

【东莞国际商务区建设】 2021年，南城街道推动水涧头村拆迁安置工作进入收官阶段，家庭户数栋数及建筑面积签约率均超过99%，超额完成商务区首开区地块收储年度任务地面积10.79公顷。东莞中央商务区首开区建设加快推进，2019—2021年东莞中央商务区首开区出让土地8宗37.76公顷，行政划拨土地1宗3.95公顷，在建及拟建的华润万象府、商务区北部学校、华润万象城（地标建筑）、南城商贸金融大厦、东莞香港中心等项目建设11个，总投资404亿元。总部基地一、二期总建筑面积约140万平方米，总计完成投资68.98亿元。引进中建八局、华侨城等10多家优质企业落户。

【南城街道举行“兜底民生服务社会工作双百工程”揭牌仪式】 2021年10月20日，南城街道举行“兜底民生服务社会工作双百工程”揭牌仪式，社会工作服务站、社会工作与志愿服务协会、社区社会组织培育基地同步揭牌。至年底，南城街道建成一站五点：设立1个南城街道社会工作服务站点与胜和、新基、周溪、西平、宏远等5个社区的社会工作服务点，负责各社区精准识别和常态化联系服务对象、开展社会工作服务、开发与实施社会服务项目、培育社区社会组织以及开展其他兜底民生服务，改善困难群众和特殊群体的生活品质。

南城街道特色精品示范——石鼓社区　（2021年梁开业摄）

【南城街道获评为国家“优质服务基层行”活动表现突出成效显著机构】 2021年3月，南城社区卫生服务中心通过创建国家优质服务基层行“推荐标准”，被国家卫健委评为表现突出成效显著机构。南城社区卫生服务中心持续推进落实社区卫生服务机构标准化建设，打造强而有力的健康卫生服务体系。先后完成蛤地、西平、亨美、胜和、雅园、篁村、水濂、袁屋边、白马、元美等10个社区站点的升级改造工程，其中蛤地、西平、亨美、篁村、元美5个社区站点升级为二类站；新增周溪、三元里2个社区卫生服务站，新增周溪、元美2所社区预防接种门诊。至年底，南城街道共有1个中心门诊、13个社区卫生服务站、4所预防接种门诊，基本医疗、基本公共卫生及疾病预防控制服务覆盖全街道18个社区常住居民。

【南城街道获评为全国科普示范县（市、区）广东省第二批创建单位】 2021年，南城街道获评为“2021—2025年度全国科普示范县（市、区）广东省第二批创建单位”。南城街道推动创新驱动发展、贯彻落实全民科学素质行动规划纲要，按常住人口人均不少于3元的标准安排科普专项经费，用于开展科普工作；推动科普阵地建设，累计认定国家级科普示范社区、国家级科普教育基地、省级科普社区、省级科普教育基地、市级科普社区等阵地29个；开展线上、线下科普活动，科普活动多点开花、缤纷呈现，包括科普视频线上大赛、垃圾分类线上答题大赛、创客教育、科普拓展活动、全国科普日活动等，其中2021年全国科普日活动获评“广东省科普日优秀活动”。

【南城街道获评为全国群众体育先进单位】 2021年9月，南城街道获评“2017—2020年度全国群众体育先进单位”。2017—2020年，南城街道先后举办多项、各类群众体育活动，加快全民健身运动发展，其中，从2003年开始举办的南城社区篮球联赛，每年有25支社区球队参与，1000名以上运动员参赛。举办“你好，南城！”欢乐城市体育汇、市政府十件实事南城体育公益培训班、社会体育指导员培训班、国民体质监测等活动赛事，组织参加东莞市市民运动会、市羽毛球、市公务员篮球和市乒乓球比赛等活动赛事，推进全民健身活动深入进行。扶持广东宏远篮球俱乐部，支持世纪城羽毛球队承办全国、广东及东莞各级别羽毛球赛事，提升南城街道乃至东莞市羽毛球运动氛围。

【南城街道获评为广东省移动支付精品示范镇】 2021年5月，南城街道获评为“广东省移动支付精品示范镇”。南城街道根据人民银行东莞市中心支行的统筹部署，在完成2020年示范镇建设目标的基础上，联合东莞市金融工作局等政府部门，组织辖区银行机构抢抓开局、持续加码、巩固成果，在南城街道深入开展移动支付精品示范镇建设，至9月底，南城街道移动支付交易笔数498万笔,比上年增长23%,全省排第一名;银联移动支付交易金额4276.5万元,增长120.23%。新增云闪付注册用户数超1.3万户，目标商户的受理终端联网通用标准移动支付环境改造率100%；商户留存率超85%，移动支付商户活跃率41%。南城街道内商户银联云闪付保持活跃状态，月均交易笔数53万笔。南城街道对移动支付+的服务提质升级，不间断地在示范商圈各类商户、示范点商户和知名商户中推出各类云闪付宣传活动，以点聚面，形成南城街道浓厚的移动支付便利生活氛围，不断向南城街道居民传播“支付先看云闪付”的支付观念。

【南城街道获评为广东省第七次全国人口普查先进集体】 2021年10月，南城街道获评为“广东省第七次全国人口普查先进集体”。南城街道18个社区（其中新型社区有新城社区、鸿福社区、宏远社区、宏图社区）全面铺开第七次全国人口普查工作，每个社区为一个普查区，18个普查区细分为2087个普查小区，包括建筑物2.89万个、大型楼盘147个。各社区通过企业微信注册普查指导员602人、普查员1992人。通过派发宣传单张、悬挂横幅、张贴海报、派发小礼品、搭建现场咨询台、播放宣传视频等多渠道宣传形式，向群众介绍和宣传人口普查工作，为人口普查的开展创造良好的舆论环

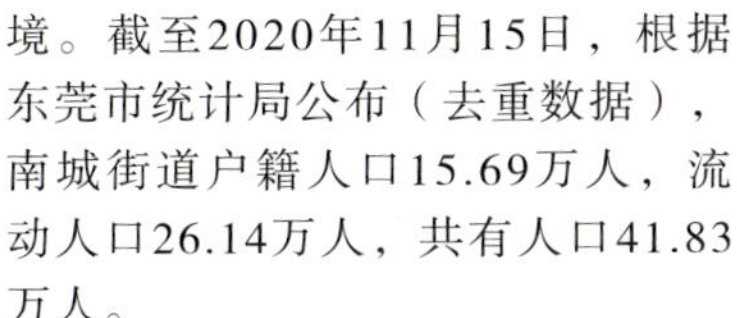

境。截至2020年11月15日，根据东莞市统计局公布（去重数据），南城街道户籍人口15.69万人，流动人口26.14万人，共有人口41.83万人。

【南城街道获评为广东省脱贫攻坚先进集体和2019—2020年全省脱贫攻坚工作突出贡献集体】 2021年，南城街道党政综合办获评为“广东省脱贫攻坚先进集体”，南城街道获评为“2019—2020年全省脱贫攻坚工作突出贡献集体”。2017年开始，南城街道与巴宜区八一镇开展结对工作，2017—2020年统筹帮扶资金193.45万元，支援民生项目建设，推进产业交流合作，实现两地优势互补。2009—2020年，南城街道与南雄市开展结对帮扶，统筹帮扶资金近1.2亿元，帮助界址、主田、坪田、南亩、珠玑、湖口6个镇的1388户贫困户4581名贫困人口实现脱贫。2019年，南城街道倡议辖区大型企业为南城对口帮扶的珠玑、湖口两镇其他11个省定贫困村各建设1栋幸福楼，得到广东宏远集团等11家企业响应，分别捐赠30万至40万元，共捐赠约400万元，为各贫困村建设幸福楼。截至2020年，共有37家南城街道企业、单位和协会通过“万企帮万村”行动参与到脱贫攻坚工作中来，走访慰问贫困户184户，捐献爱心帮扶资金约50万元和价值13万元的爱心帮扶物资，并通过消费帮扶，采购价值12万元的农产品。

【南城街道获评为广东省乡镇（街道）社会体育指导服务站】 2021年，南城街道获评“广东省乡镇（街道）社会体育指导服务站”。南城街道实现全民健身服务站点全覆盖，建立1个社会体育指导员服务站、19个社会体育指导员服务点、1个体质测定与运动健身指导站、1个健身气功站、1个全民健身志愿者服务队、7个体育协会，所有站点完成挂牌并常态化开展服务。南城街道有1028个体育场地、场地面积112.03万平方米，形成以文化广场、学校体育设施、各社区广场、住宅小区、企业场地等健身场地。开展群众体育健身活动，提高人民群众健康素质。

【南城街道创建为全市首批特色精品示范村】 2021年6月10日，南城街道特色精品示范村迎来市级评审验收。水濂社区、周溪社区、石鼓社区特色精品示范村项目按要求完成创建任务，并通过市级的评审验收，成为东莞市首批创建“特色精品示范村”，入选数量居全市第三位。

【南城街道白马社区获评为全国最美志愿服务社区】 2021年，南城街道白马社区获评为“广东省最美志愿服务社区”“全国最美志愿服务社区”。白马社区主要运用“社区+社工+社区志愿者”三社联动的模式，充分运用社会工作者的专业能力，培养社区居民，建立社区居民志愿服务队，搭建多元化志愿服务平台，广泛开展社区志愿服务活动。2021年1—10月，社区注册志愿者2209人，服务人次328人次，服务时长1343.5小时。

【南城街道宏远社区获评为广东省民族宗教法治工作基层联系点】 2021年9月，南城街道宏远社区被评定为第一批“广东省民族宗教法治工作基层联系点”。宏远社区打造民族宗教法治工作基层联系点活动阵地，定期开展富有民族特色的民族交流以及法制宣传活动，成立少数民族调解委员会，除正常受理并调处汉族与少数民族内部的民间矛盾纠纷，并不定期在少数民族相对集中居住的地方开展法制宣传、法律咨询、送法到人等活动。全年宏远社区联合社区驻点律师开展法制主题讲座3场，参加群众约150人；开展户外宣传活动5次，设立政策法规宣传咨询台，提供免费咨询服务，参与群中有1000多人次，发放宣传资料1000份。（钟文婧）

附：2021年南城街道党工委、人大、办事处主要领导名录

党工委书记：詹文光（任至4月）
朱利民（4月到任）
人大工作委员会主任：
邱　刚（任至7月）
黄向阳（7月到任）
办事处主任：黄淦洪（任至11月）
韩暖渠（11月到任）

2020—2021年南城街道主要经济社会指标情况表

指标	2020年	2021年
户籍人口（人）	156854	170946
常住人口（万人）	41.9	42.38
面积（平方千米）	56.62	56.62
地区生产总值（万元）	6233968	7018447
第一产业（万元）	1399	1594
第二产业（万元）	1116534	1448932
第三产业（万元）	5116036	5567920
总用电量（万千瓦时）		
全社会固定资产投资总额（万元）	839560	1034124
社会消费品零售总额（万元）	3670589	3953123
外贸出口总额（万元）	2874613	3170836
实际利用外资（万元）	17516	212077
地方财政总财力（万元）	758424	1066499
各项税收总额（万元）	1506801	1650075

注：2017年起，受4个街道供电合并城区供电分局影响，不能分出4个街道用电量数据。

中堂镇

【中堂镇概况】 中堂镇位于东莞市西北部。截至2021年底，辖区面积59.88平方千米（含水域面积约10平方千米），下辖20个村（社区），常住人口19.79万人，其中户籍人口8.94万人。中堂镇是“中国民间文化艺术之乡”“中国曲艺之乡”“中国龙舟文化之乡”“中国龙舟之乡”“国家卫生镇”。

2021年，中堂镇实现地区生产总值162.96亿元（第一产业2.3亿元，第二产业97.54亿元，第三产业63.12亿元），比上年增长8.9%；全社会固定资产投资总额73.7亿元，增长53.49%；总用电量16.98亿千瓦时，增长10.71%；社会消费品零售总额52.48亿元，增长9.34%；实际利用外资1836万元，下降47.57%；外贸出口总额33.21亿元，增长17.72%；各项税收总额24.55亿元，下降1.96%；地方财政总财力36.34亿元，下降33.85%。在2021年度镇街考评中，中堂镇获评年度领导班子工作良好镇，获得2021年度广东省移动支付精品示范镇、2020年度省级健康促进区、广东省乡镇（街道）社会体育指导员服务站、广东省数字乡村发展试点镇、2019—2020年全省脱贫攻坚工作突出贡献集体、2021年广东省“民主法治示范村（社区）”等6个市“单打冠军”。

【中堂镇经济发展】 2021年，中堂镇推动造纸企业节能减排，实施错峰用电，全镇压减燃煤量50.6万吨，燃煤消费量比上年下降20.7%。加快热电联产项目建设，一期投入运营，二期一机组点火，4家纸厂实现集中供热。推动祥兴纸厂、鼎源实业公司、南天玻璃厂、昊上钢材厂等4家高耗能企业关停退出。确立北海产业园、潢涌片、槎滘片等3个重点发展区域，促进战略性新兴产业集聚，全力汇聚发展新动能。其中，北海产业园落户10个省市重大项目（其中9个动工），计划投资98亿元；潢涌智造产业园动工；槎滘产业园“天安智能制造项目”首发示范区主体结构封顶。全年新增（调转）重大项目4个，新签订框架协议项目3个。全镇有20个省市重大项目（建设项目16个、预备项目4个），计划投资159亿元，其中产业项目13个，计划投资144亿元，产业集聚后劲充足。全镇33家倍增企业（规模与效益倍增重点企业）年产值196.61亿元，比上年增长12.8%，比全镇快3.9个百分点，“小升规”［规模以下小微企业（即年主营业务收入2000万元以下的企业）升级为规模以上企业］企业新增36家。持续完善推动高质量发展和“倍增计划”机制，激发创新驱动内生动力，奖励幅度提升至每年2000万元，全年奖励96家企业共245个项目1653.63万元，金额比上年增长357.54%。完善“四个一”（一个项目、一名领导、一个团队、一抓到底）抓项目机制和“小围合”机制，累计解决企业、重大项目发展问题79个。为诚捷智能装备研发、华迅电子科技等项目申请贴息208万元，增强企业投资信心。

中堂镇觉华公园 （2021年中堂镇供图）

【中堂镇城市品质】　2021年，中堂镇完成德本公园、进埗路、槎朗路等一批工程项目建设，推动中洪路等交通工程项目开展，完善内畅外联的交通系统。建立完善智慧停车体系，新增停车位920个，滨江体育公园停车场获评“东莞十大最美停车场”之一。完成北海仔河、中堂水道沿线5千米碧道建设任务，打造东江北干流中堂段岸线示范段，推进国道G107线、省道S120线中堂段景观提升，城市品质进一步提升。提升镇数字城管系统管理效能，案件结案率达99.9%。创建“三员一机”（城管执法队员、村社区网格员、村级城管员、无人机）联防联控机制，加强违法建筑管理，全年强制拆除违法建筑（含违法搭建物）112宗，拆除面积3.4万平方米。推进“洁净城市”、环境卫生再提升等工作，完成“六乱”（乱搭乱建、乱堆乱放、乱设摊点、乱拉乱挂、乱贴乱画、乱扔乱吐）整治8086宗、清理“脏乱差”黑点1976处，完成镇村两级17座生活垃圾转运站升级改造。潢涌、下芦、凤冲等3个村创建成为“城市精细化管理示范村”。高要求推进国土空间规划、北海产业园规划，以高水平规划引领高质量发展。推进全镇25个城市更新项目建设，改造面积446.67公顷。其中，潢涌村银洲地块完成改造，鹤田村鹤兴路西侧连片“工改工”（将土地性质为普通工业用地改变为新型产业用地，将旧工业区拆除重建升级改造为新型产业园）项目被纳为水乡功能区试点项目；潢涌智造产业园项目动工，成为全镇首个村集体自行改造的“工改工”项目。北海产业园土地整备加快推进，完成整备33.8公顷、拆除建筑面积4万多平方米。建立镇村两级乡村振兴重点项目库，推进“项目全域化”管理，完成镇、村（社区）两级289个项目建设，全镇20个村（社区）100%达到“干净整洁村”“美丽宜居村”标准。推进美丽乡村建设，潢涌村创建成为市特色精品示范村，凤冲、东泊、中堂等3个村（社区）创建成为水乡特色示范村庄，鹤田村等4个村申报创建第二批特色精品村。

【中堂镇生态文明建设】　2021年，中堂镇按照第二轮中央环保督察的标准和要求落实整改，涉及的22件信访案件全部阶段性办结。完成川槎涌（中堂段）、蕉利河、下芦涌等10条河涌整治，全镇32条河涌基本消除黑臭，河涌水质进一步改善。饮用水源水质月均达到Ⅱ类，实现100%稳定达标。提升污水处理效率，污水处理率提升至92.7%。完成北海仔河流域综合整治，沿岸景观进一步美化。铺开东江北干流中堂段岸线整治，清理或复绿沿线堆场地块44块，复绿面积18万平方米。推进锅炉淘汰整治和“煤改气”（将烧煤炭改为烧天然气），累计淘汰改造燃生物质锅炉35台、燃煤锅炉6台，推动7家自备电厂完成“煤改气”年度任务。加强移动源污染防控，推行VOCs（挥发性有机物）企业环保管家管理模式，大气环境质量持续好转，全年优良天数比率达94.7%，PM2.5、PM10平均浓度分别下降至26、49微克/立方米，空气质量各项指标均达到市考核标准。加强固体废物规范化管理，分别完成危险废物企业、一般工业固体废物企业申报登记479家、566家。联合开展打击固体废物非法转移、倾倒、处置行为等专项行动，立案查处9宗涉工业固体废物环境违法行为。严守耕地保护红线，完成永久基本农田和耕地集聚区试划方案，落实耕地占补平衡，整治存量违法用地，拆除并复耕复绿2.17公顷。

【中堂镇社会治理】　2021年，中堂镇发挥公安铁骑大队、特勤机动队和便衣伏击队的联动作用，完善“武装巡逻，动中备勤”常态化建设，实现全天候、高密度巡逻，见警率和管事率明显提高。组建4200余人的“中堂义警”队伍，建成480支义警义务巡逻队，形成齐抓共管、群防群治的治安管理格局。深化“智网工程”建设，潢涌、一村和中心社区等3个村级“智网工程”指挥调度工作站达到优秀水平。构建更加精准的“防、管、控”管理体系，组建执法、巡防、反诈、义警等专业队伍，紧盯全镇治安重点单位，守重点、压发案。全年接处违法犯罪警情、涉电信网络诈骗警情分别比上年下降27%、21%；打掉1个涉恶犯罪集团，违法犯罪打击效能进一步提升。是年公安工作满意度排全市第一名。进一步优化警务运行机制建设，社区警务有效扩容，办事效能持续提升，江南警务室被评为“2021年岭南标杆警务室”。推进安全生产三年整治专项行动，高标准建成镇应急指挥中心，提升应急处置效能。全年安全生产事故起数比上年下降40%，死亡人数下降25%，超额完成双下降10%的任务。整治交通安全隐患，国道G107线中堂段整治工程被评为全市道路风险隐患整改示范工程之一。完成镇火灾预警处置平台统一建设，建成槎滘消防分站，推动下马四消防分站建设，加快形成“一中心四分站”的消防保障格局。镇消防救援大队获评“2021年全省先进消防大队”“全省先进专职队”“全省执勤训练先进专职队”，镇消防中心站获评“2021年度全省先进消防救援站”。全市首创“来莞乡贤”调解组织、24小时家庭矛盾纠纷求助热线，全镇村级调解组织成功化解矛盾纠纷300宗，比上年增加200宗，成效显著，获得市级、中央媒体报道。开展基层社会矛盾隐患的排查化解，确保全国人大政协“两会”、中国共产党成立100周年、党的十九届六中全会等重要节点全镇大局平安稳定。

【中堂镇民生事业】　2021年，中堂镇做好新冠疫苗接种、“双反”（反走私、反偷渡）等工作，累计完成新冠疫苗接种51.8万剂次。有效应对

中堂镇中心区 （2021年中堂镇供图）

“6·18”“12·13”等两次本地疫情考验，高质量完成多轮大规模核酸检测，守护人民群众的生命安全和身体健康。全年累计发放低保金、孤儿保障金、困难残疾人补贴、救助金等1373万元；连续3年为全镇户籍人口购买重大疾病商业保险，为群众减负1759万元；发放市、镇级就业创业补贴约1003万元；完成1633个“民生微心愿”，增强群众获得感、幸福感。推进教育扩容提质，中堂中学新教学楼、第四幼儿园等投入使用，新增公办学位1200个。槎滘小学、第二小学等8个在建项目加快建设。中堂实验中学、中心小学被认定为市品牌学校。扎实推进“双减”（有效减轻义务教育阶段学生过重作业负担和校外培训负担）工作，实施“5+2”（义务阶段学校每周5天都要开展课后服务，每天至少开展2小时，结束时间要与当地正常下班时间相衔接）课后服务，加强校外培训机构治理。持续加强品质课堂建设、莞邑良师培育，新增一批市“教学能手”、市级名师。创建成为广东省健康促进区。完成潢涌、鹤田等2个社区卫生服务站点升级改造，形成“1中心10站点”的社区卫生服务体系。推动中堂医院改扩建，启动新社区卫生服务中心建设，提升基层医疗水平。落实儿童青少年近视防控、慢性病免费筛查、“两癌”（宫颈癌和乳腺癌）筛查项目等公共卫生服务，服务超7万人次。完成新一轮文体振兴三年规划。举办中堂镇龙舟民俗文化节。累计完成19个村（社区）风雨球场建设。加快数字乡村省级试点建设，在潢涌、东泊、四乡、江南等村（社区）新增“互联网+公共文化服务”“村村享——数字乡村”等微服务平台，提升文化服务水平。

【中堂镇获评为“2020年度省级健康促进区”】 2021年6月，中堂镇获评“2020年省级健康促进区”。中堂镇2018年9月全面启动“广东省健康促进区”创建工作，从强化组织管理、建设健康场所、注重健康科普、打造健康环境等四方面加大健康促进工作力度，全面提升居民健康素养水平。中堂镇共有6个健康村（社区）、5530户健康家庭、2家健康促进医院社卫中心、10所健康促进学校、10个健康促进机关和5家健康促进企业；设有119个村级篮球场（含4个室内篮球场）、26个乒乓球场、21个镇村级健身路径场地、11个足球场、9个村级体育公园、7个游泳场（馆）、2个室内羽毛球馆等运动场所；创建广东省无烟单位33个，“广东卫生村”16个，“东莞市卫生村”19个。2020年全镇居民健康素养水平达到26.07%，居民吸烟率下降至18.91%，经常参加体育锻炼人口比例达42.68%，95.28%的学生体质达到合格以上等级。

【中堂镇获评为2019—2020年脱贫攻坚工作突出贡献集体】 2021年6月，中堂镇获评为“2019—2020年脱贫攻坚工作突出贡献集体”。2019—2020年，中堂镇对接帮扶揭阳市惠来县2个镇4个省定贫困村，以及东西部扶贫协作云南昭通鲁甸县、镇雄县2个国家督战贫困村。省内定点帮扶方面，中堂镇以稳定增加村民收入为主要目标，以产业扶贫为主要手段，落实扶贫引导资金600万元，启动实施种植百香果、冬瓜、光伏发电等产业扶贫项目，推动4个省定贫困村289户贫困户1156人年人均收入全部达到贫困户退出标准，年人均收入达1.53万至1.87万元。东西部扶贫协作方面，落实帮扶资金1081.97万元，支持鲁甸县、镇雄县实施扶贫产业帮扶项目，推动中堂江南市场经营管理有限公司与昭通签订2000万元农产品采购协议，加强扶贫农产品产销对接，实现互利共赢。

【中堂镇被列为广东省数字乡村发展试点镇】 2021年8月，中堂镇被列为“广东省数字乡村发展试点镇”。截至2021年，中堂结合本地实际，从做好顶层谋划、推动乡村数字经济发展、推进乡村治理能力现代化建设、深化信息惠民服务等方面发力，推动中堂产业转型升级、社会管理服务提质增效。数字经济创新发展，高标准引进20个省市重大项目，建设开通131座5G基站，推进建晖、金洲等大型传统企业开展“5G+工业互联网”生态应用。以数字化助推乡村治理，建成中堂镇“智网工程”二级管理平台，利用信息化技术打造镇级应急指挥中心和“三防”服务体系。以数字化赋能民生事业，建成社卫中心数字化门诊，全镇36家学校（幼儿园）建成“明厨亮灶”系统。政务服务数字化转型，通过搭建一体化政务服务平台和“莞家政务”自助终端，镇村两级办事大厅实现政务服务“一网通办”、24小时自助“就近办”。通过配置朗读亭、VR观景台等智能设备，推进乡村文化资源数字化，不断丰富群众精神文化生活。

【中堂镇四乡村获评为广东省民主法治示范村（社区）】 2021年9月，中堂镇四乡村获评为2021年广东省“民主法治示范村（社区）”。2021年，四乡村围绕实施乡村振兴战略、法治乡村建设的总体部署，制定创建计划措施，并配齐配强工作人员负责落实日常工作。加强党建引领，成立以村书记为组长、副书记为副组长的工作小组，统筹民主法治建设。切实抓好普法知识宣传工作，每季度开展普法宣传讲座，有效提升村民法治意识，营造良好的法治氛围。健全和完善村的公共法律服务体系，深化一村居一法律顾问工作，加强人民调解委员会建设，成立24小时矛盾纠纷求助热线，成功调解一批群众纠纷案件。加强村务管理，健全完善《村民自治章程》等村民自治制度，增强农村干部群众的民主法制意识，维护农村的社会稳定。

【中堂镇获评为广东省移动支付示范镇】 2021年12月，中堂镇获评为“广东省移动支付示范镇”。中堂镇积极谋划部署，加强与银行部门的沟通和协调，推动移动支付便民工程建设，持续扩大移动支付使用覆盖面和影响力，创建1个示范商圈、30个示范点和3个移动支付便民场景。加强宣传推广，全面铺开“移动支付进乡村”活动，云闪付App用户累计超5万户。探索“移动支付+”模式，推动移动支付在智慧交通、智慧医疗、智慧生活等公共服务和民生领域规模化应用，支持用云闪付App付款码乘坐公交；全镇社区卫生服务中心上线全新的“诊疗一卡通”服务平台，可通过刷卡、银联扫码等多种身份认证方式完成挂号、社保结算、个人缴款支付等就医环节；铺设13个共创智能电动车充电桩服务点，支持通过云闪付App扫码支付；各大主流百货店、超市、便利店、餐饮店等均支持移动支付，充分为商户和居民带来便捷的支付体验。

（黎乐诗）

附：2021年中堂镇党委、人大、政府主要领导名录

镇委书记：王耀明

镇人大主席：薛幼东

镇　长：曾庆云

2020—2021年中堂镇主要经济社会指标情况表

指标	2020年	2021年
户籍人口（人）	87389	89350
常住人口（万人）	19.72	19.79
面积（平方千米）	59.9	59.9
地区生产总值（万元）	1453139	1629628
第一产业（万元）	20219	23049
第二产业（万元）	848531	975396
第三产业（万元）	584389	631183
总用电量（万千瓦时）	153376	169803
全社会固定资产投资总额（万元）	480143	736972
社会消费品零售总额（万元）	480123	524948
外贸出口总额（万元）	282089	332083
实际利用外资（万元）	3502	1836
地方财政总财力（万元）	549372	363428
各项税收总额（万元）	250441	245526

望牛墩镇

【望牛墩镇概况】 望牛墩镇位于东莞市西北部，东江下游。截至2021年底，辖区面积31.6平方千米，下辖21个村和1个社区，常住人口8.75万人，其中户籍人口5.45万人。望牛墩镇是“国家卫生镇”“国家第一批绿色村庄”“全国综合减灾示范社区”。

2021年，望牛墩镇实现地区生产总值107.54亿元，比上年增长4.8%；全社会固定资产投资总额22.13亿元，增长4.15%；总用电量8.36亿千瓦时，增长16.04%；社会消费品零售总额17.35亿元，增长12.66%；实际利用外资4559万元，增长26.92%；外贸出口总额25.75亿元，下降1.98%；各项税收总额13.52亿元，增长10.97%；地方财政总财力13.52亿元，增长50.59%。年内，获“全国村级议事协商创新实验试点单位”“广东省民主法治示范村（社区）”“广东省五四红旗团（总）支部”“广东省五星级示范退役军人服务中心”“广东省健康促进县（市、区）”5个“单打冠军”。

【望牛墩镇疫情防控和经济发展】 2021年，望牛墩镇常态化开展疫情防控，形成高效疫情防控指挥体系，坚持外防输入、内防反弹，强化陆路水运口岸、跨境货运、进口冻品等闭环管理，面对“6·18”“12·13”本土疫情，高效完成9824人次的落地排查，做到“每日清零”。高质量开展3次大规模核酸检测，累计核酸采样31.5万份，推进全人群疫苗接种，接种率多次排名全市前五，有力筑牢全社会免疫屏障。全年共招引广合、卓蓝、思索、博力威等优质项目8个，总投资47.3亿元，数量和质量为近年来最佳。储备高义、华川建筑、俊泰液压等优质产业项目10个。推动卓蓝、中扬、琏柏和博力威等4个项目实现年内从签约、供地到开工建设，投资30亿元博力威项目2个月内实现从签约落地到动工建设，实现高效、高质招商。推动兆威、鸿富瀚等8个市重大项目建设，投资5.34亿元，完成年度目标。

【望牛墩镇空间拓展】 2021年，望牛墩镇加速推进东莞西站望牛墩单元和洲涡（鸡心岛）单元土地整备，以赴抓发展空间的提质增效。1个月完成洲涡（鸡心岛）单元南组团清表移交，为产业发展腾出53.8公顷土地。完成东莞西站望牛墩单元集体物业征收及空地表决，23天私人住宅整体签约率突破40%。全速推动城市更新。完成望联+赤滘村、洲涡村、横沥村等3个产城融合类和中心区1个商住类更新单元前期服务商招引，完成11.832公顷镇村工业园“工改工”整备拆除平整任务。收储洲涡（鸡心岛）南组团、本丰公司等地块14.076公顷。采取协商及诉讼方式收回违规出让、转让、出租地块25宗32.288公顷，着力解决土地历史遗留问题。

【望牛墩镇城市品质提升】 2021年，望牛墩镇推进“洁净城市”“行走望牛墩”“河湖保洁日”等专项行动，整治城市“六乱”（乱搭乱建、乱堆乱放、乱设摊点、乱拉乱挂、乱贴乱画、乱扔乱吐）行为，打造1个品质示范

望牛墩镇中心区　（2021年望牛墩镇供图）

村、2条品质示范路、3个口袋公园。推动完成望沙路、望沙路延长线（洲涡段）、横海桥路口节点等升级改造；新增智慧公共停车位597个，推动建筑退让红线停车秩序整治，清除停车泊位标线265个。开展横海桥红绿灯路段、中心小学路段等一批交通拥堵节点整治。完成10千米“机非分离”建设任务。农房建设管理不断加强，拆除违法建设44宗，完成54万平方米违建治理任务。多措并举提升村级收入，村组两级纯收入比上年增长2.7%，15个次发达村实现村组两级纯收入增长2.6%，资产负债率降至12.9%。推动官洲村创建为全国村级议事协商创新实验试点单位、省民主法治示范村、省乡村治理示范村。

【望牛墩镇环境治理】 2021年，望牛墩镇高质量开展人居环境整治，完成官洲、赤滘、横沥、芙蓉沙4个水乡特色示范村建设，投入3000万元启动杜屋、朱平沙2个特色精品村建设。完成4个垃圾转运站升级改造和6个垃圾分类示范社区（小区）建设。完成2.94千米赤滘口河堤防达标和碧道工程建设。累计完成78.394千米截污管网建设，推动19个普通住宅地块雨污分流改造。开展397个入河排污口整治，完成寮厦村、上合村2条河涌水环境综合整治，25条内河涌消除劣Ⅴ类水质。整治砂场14个，清理再生资源回收站136个，拆除养殖场10个。整治VOCs企业95家，淘汰“散乱污”企业（不符合产业政策，不符合产业布局规划，未办理工信、发改、土地、规划、环保、工商、质监、安监、电力等相关审批手续，不能稳定达标排放的企业）286家，全年空气质量优良天数同比增加23天，空气质量指数达标率90.3%。

【望牛墩镇民生事业】 2021年，望牛墩镇开展“我为群众办实事”实践活动，43个重点民生项目清单全部提前办结。十件民生实事办结率100%。望牛墩中学成功创建市第三批品牌学校，中考成绩超市平均分；完成152间教室灯光照明改造；打造2个共享文化空间，3个共享文化活动，2个志愿服务团队；开展各类文化惠民活动470多场，受惠群众超4万人次；镇合唱队荣获市比赛金奖；成功申报市级文物保护单位1处。落实“双拥”（地方拥军优属，军队拥政爱民）政策，镇退役军人服务中心获评省五星级退役军人服务中心。公共医疗卫生服务不断优化，获评省级健康促进区。完成“一镇一品”产业人才培训1150人次，利用“村民车间”安置本地劳动力1142人，帮扶困难人员就业638人，困难高校毕业生就业率100%，全年发放各项就业补贴共600多万元。推动兜底民生服务社会工作“双百工程”（社会工作服务站100%覆盖、困难群众和特殊群体社会工作服务100%覆盖）“民生大莞家”（指通过进一步健全民生诉求收集、处理、反馈机制，切实解决一批群众身边的小急难问题）服务品牌达成群众微心愿3500多个。

【望牛墩镇社会治理】 2021年，望牛墩镇推进平安建设，组建3000人“东莞义警”队伍，建成“慧眼”2000多路，违法犯罪警情比上年下降27%。破获涉黑涉恶案件4件、涉黑恶犯罪团伙

望牛墩镇官洲村一河两岸

（2021年望牛墩镇供图）

1个。完成全国“两会”、中国共产党成立100周年庆祝活动、国庆节、十九届六中全会等重大敏感节点安保维稳工作任务。信访及时受理率100%，按期答复率100%。组织应急救援演练30场，全年没有发生较大以上生产安全事故，生产安全事故宗数和死亡人数分别下降20%、50%，实现“双下降”；火灾事故率同比下降33.3%，交通道路事故下降49%，群众安全感进一步提升。

【望牛墩镇政务提效】 2021年，望牛墩镇推进法治政府建设，始终坚持依法行政、依法治镇，健全完善政府法律顾问、合法性审查等制度，不断规范政府重大行政决策及规范性文件制定，政府信息公开申请答复率100%。案件调解成功率99.1%；受理法律援助案件14件，提供法律服务397人次。主动接受人大监督，人大代表建议办结率和满意率均为100%。开展“数字政府”建设，完成政务服务中心扩容提质，进驻909项事项，承接事项为100%，一次受理率为100%。完善基层政务服务和“12345”政府服务热线等便民服务体系，完成政务服务一体化平台村（社区）全覆盖。

【望牛墩镇获评为全国村级议事协商创新实验试点单位和广东省民主法治示范村】 2021年，望牛墩镇获评为“全国村级议事协商创新实验试点单位”“广东省民主法治示范村”“东莞市水乡特色示范村庄”“东莞市品质示范村庄”。望牛墩镇以官洲村为试点，通过“党建引领、群众自治、社会参与、多元共治”模式，建立民主协商议事平台，把党政工作的要事、民生改善的实事、社区治理的难事、群众反映的急事“商量着办”，以民主议事协商提升群众对干部的信任，干成一系列大事喜事，办成一系列好事实事，村民积极参与到村中的各项建设，扭转基层党组织软弱涣散局面，实现从“软弱涣散”到“凝心聚力”的转变。

【望牛墩镇获评为广东省五星级退役军人服务中心】 望牛墩镇按照“有机构、有编制、有人员、有经费、有保障”的“五有”标准，强化服务阵地建设、创新服务方法，以退役军人和其他优抚对象为中心，全面提供就业创业扶持、走访慰问、帮扶解困、信访接待、权益保障等服务，推动服务保障工作提质增效，为广大退役军人提供“一站式”“标准化”“规范化”的综合服务；2021年，获评为“广东省五星级退役军人服务中心”。

【望牛墩镇赤滘村团支部获评为“广东省五四红旗团（总）支部”】 2021年，望牛墩镇赤滘村团支部获评为“2020—2021年度广东省五四红旗团（总）支部”“2020—2021年度东莞市‘五好五有’标准化团支部”。望牛墩镇赤滘村团支部发扬“党有号召，团有行动”的优良传统，集合青年力量围绕全镇的中心工作和各项基层团建任务，发动团员青年组成“团员先锋队”“青年志愿者服务队”“文明交通志愿服务队”，活跃在基层团建、政策宣传、疫情防控、社会公益的第一线，并通过加强团支部自身建设、开展丰富的实践活动、拓展教育引领青年渠道等途径，开创共青团各项工作的新局面。

【望牛墩镇创建为广东省健康促进区】 2021年，望牛墩镇创建为“广东省健康促进县（市、区）”。望牛墩镇通过政府主导、社会参与、多部门协作等综合措施，建立健全教育促进工作长效机制，建设促进健康的场所和环境，开展健康素养促进活动，召开创建动员会和推进会，开展创建督导，加强健康支持性环境建设等，全面推进完成创建工作。 （陈思颖）

附：2021年望牛墩镇党委、政府、人大主要领导名录

镇委书记：吴润玲
镇人大主席：陈艳芬（任至5月）
　　　　　　莫献来（7月到任）
镇　　长：莫伟鸣（任至6月）
　　　　　梁志豪（7月到任）

2020—2021年望牛墩镇主要经济社会指标情况表

指标	2020年	2021年
户籍人口（人）	53215	54484
常住人口（万人）	8.71	8.75
面积（平方千米）	31.57	31.57
地区生产总值（万元）	1008252	1075432
第一产业（万元）	5395	6150
第二产业（万元）	566378	632154
第三产业（万元）	436479	437128
总用电量（万千瓦时）	72078	83641
全社会固定资产投资总额（万元）	212501	221315
社会消费品零售总额（万元）	153986	173477
外贸出口总额（万元）	262689	257502
实际利用外资（万元）	3592	4559
地方财政总财力（万元）	204515	307972
各项税收总额（万元）	121826	135192

麻涌镇

【麻涌镇概况】 麻涌镇位于东莞市西北部，与广州黄埔区一桥相通。截至2021年底，辖区面积91平方千米，下辖13个村和2个社区，常住人口18.36万人，其中户籍人口9.1万人。麻涌镇是“中国粮油物流加工第一镇”“中国现代港口物流重镇”“全国文明镇”“全国美丽宜居小镇”“全国生态文明先进乡镇”“中国最具特色魅力乡镇”“中国曲艺之乡”“中国美丽乡村建设示范镇”“国家卫生镇”。

2021年，麻涌镇实现地区生产总值276.7亿元（第一产业1.85亿元，第二产业168.55亿元，第三产业106.3亿元），比上年增长5%；全社会固定资产投资总额113.23亿元，增长8.4%；总用电量23.7亿千瓦时，增长18.75%；社会消费品零售总额341.29亿元，增长10.2%；实际利用外资6.26亿元；外贸出口总额105.1亿元；各项税收总额46.35亿元，增长23.6%；地方财政总财力52.37亿元，下降1.76%。华阳湖通过国家级验收并挂牌国家湿地公园，入选“广东省十大美丽河湖优秀案例”“全市最美碧道”。麻涌镇连续三届获评“全国文明镇”，获“国家全面推行河长制湖长制工作先进集体”“广东省数字乡村发展试点镇”“2019—2020年全省脱贫攻坚工作突出贡献集体”“全省乡村振兴先进集体”等11个全市“单打冠军”。

【麻涌镇产业发展】 2021年，麻涌镇引进超千万美元外资项目5个。内资项目协议投资95亿元，实际投资63亿元。引进中国中铁·东莞总部智造产业园、越海智慧供应链基地等优质产业项目，投资总额16亿元，超额完成市下达的年度任务。推进东莞穗丰智能化食品加工仓储配送项目等4个增资扩产签约项目。全镇21个市重大建设项目总投资188.5亿元，全年完成投资33.4亿元，完成年度目标任务的133.4%。规模以上粮油、造纸、纺织产业分别实现工业总产值542.7亿元、239.3亿元、64.6亿元，分别比上年增长20.8%、21.4%、13.5%；产业增加值分别达35.9亿元、58.2亿元、18.6亿元。市食品饮料产业集群核心区创建取得重大进展，食品饮料产业总产值546.2亿元，比上年增长20.7%；完成工业投资8.5亿元，占全镇工业投资总额22.6%。市场主体数从2020年1.3万户增加到1.6万户，增长22.2%。开展“暖企行动”。推动批发零售、住宿餐饮、服务业企业发展，引导企业升规入库。发展科技型中小企业46家，新增省级专精特新企业2家，通过国家高新技术企业29家，全镇国家高新技术企业累计68家。鼓励企业技术改造，技术改造投资24.8亿元，比上年增长48.7%，超额完成市目标任务。发展创新平台。温度溢智众创空间被确定为省众创空间，实现省级创新载体“零”突破；规模以上工业企业自建研发机构比例61.7%，覆盖率排全市第三名。挖掘培育上市企业，全镇上市后备企业总数达6家。围绕“双碳”（碳达峰与碳中和）目标推进绿色发展，玖龙纸业、德永佳纺织公司完成阶段性煤改气任务。建成光伏发电项目53.2兆瓦，每年生产绿色电力5320万千瓦时。110千伏漳澎输变电工程建成投产，建设完成5G站点149个、新能源汽车充电站18座144支桩。

【麻涌镇城市品质提升】 2021年，麻涌镇实施新一轮城市品质提升，“洁净城市”、“厕所革命”、“五线”（城市红线、城市绿线、城市蓝线、城市紫线和城市黄线）整治等专项行动推进，治理

麻涌镇中心区 （2021年麻涌镇供图）

违法建设面积65.4万平方米。加强精细化管理，打造“干净、整洁、有序、安全”城市环境。推进品质交通千日攻坚，新建或升级改造华阳湖大桥、兴南路、中心大道、东环路、西环路等一批路桥项目。完成兴华路、古梅北路2个交通拥堵节点整治。统筹约2700个停车位并实施智能化管理。4个特色精品示范村通过市验收。6个村（社区）纳入水乡特色示范村庄创建范围，建设28个项目，其中17个项目完工。黎滘等3个村入选市特色精品村创建名单。加强农村集体资产管理，村组两级集体资产成功交易570宗，网上交易率72.9%。建立镇乡村振兴全域项目库，推动37个项目建设。推进数字乡村发展试点，推动智慧公共法律服务平台、智慧旅游体系、智慧交通工程等数字化建设。完成南洲原香洲花园和大步东环路地块的公开出让。城市更新项目固定资产投资完成率103%；“工改工”（将土地性质为普通工业用地改变为新型产业用地，将旧工业区拆除重建升级改造为新型产业园）拆除平整面积32.33公顷，完成率108%。加强临港产业区规划设计，强化与广州市黄埔区产业对接，加强穗莞港口合作，港口功能显著提升。以更高标准打好蓝天、碧水、净土保卫战，持续改善生态环境质量，推进生态环境治理体系和治理能力现代化。全面推动河长制、湖长制，水环境治理取得重要成果，建成30.2千米截污主干管网、129千米截污次支管网和87千米雨污分流管网。水环境质量考核成绩在全市保持第一位，成为全市6个环保管家试点镇街之一。

【麻涌镇社会治理】 2021年，麻涌镇坚持“快准狠严实”治理社会，妥善处置走私冻肉检出阳性、“6·18”本土新冠肺炎疫情等突发事件，坚持常态化疫情防控不松懈，持续抓严抓实风险点、哨点、重点场所、重点单位、重点人员的监测防控和港口疫情防控、反走私反偷渡工作。开展安全生产专项整治三年行动，排查隐患2600多处并全部落实整改。组织开展春运、汛期、消防、中秋节和国庆节假期安全等安全生产检查活动及系统防范化解道路交通安全风险、“迎七一、防风险、保稳定”百日攻坚等专项整治活动。生产安全事故比上年下降28.6%，死亡人数下降16.7%，全年未发生较大及以上生产安全事故。组建4000多人的“东莞义警”，织密社会治安防控网。持续开展扫黑除恶专项斗争，破获涉恶案件42件。基层法治建设水平持续优化。深化“一村（社区）一法律顾问”工作，新增麻二、南洲2个示范性村（社区）公共法律服务站。

【麻涌镇惠民事业】 2021年，麻涌镇改扩建古梅一中等3所学校，新增小学学位1620个，中学宿位2016个。集团化办学成效显著，古梅一中中考平均分居镇街同类学校前列，高于全市平均水平14分。深化“放管服”改革，办事大厅全年受理业务24.5万宗，政务服务中心获评省“巾帼文明岗”。建成水乡中心医院（一期），新增500张床位。川槎站、大盛站、鸥涌站、漳澎一站等4个社区卫生站点完成标准化建设改造投入使用。村组两级集体总资产88.7亿元，比上年增长19%；集体经营总收入5.5亿元，增长23.7%；纯收入4.4亿元，增长26.9%。全体居民人均可支配收入5.9万元，比上年增长12.7%。加大转移支付力度，补助村（社区）基本公共服务支出2366万元、养老保险支出2520万元。审核市、镇两级促进就业创业补助资金2550万元。建成岭南水乡文化艺术中心及14个村（社区）文化支馆。麻涌篮球队参加第十四届全运会为广东代表团夺金。推进新时代文明实践中心（站）建设，

2021年6月5日，华阳湖国家湿地公园入选广东省十大美丽河湖 （麻涌镇供图）

打造“1+15+201”文明实践“三级覆盖”格局和“1+20+N”志愿服务工作架构。

资料链接

“1+15+201”：“1”指麻涌镇新时代文明实践中心；“15”指麻一村、麻二社区、麻三村、麻四村、东太村、新基村、大步村、华阳村、南洲村、大盛村、漳澎村、川槎村、黎滘村、鸥涌村、居委会；“201”指12所大中小学、24间幼儿园、5个培训机构、15个农业园、8家企业，以及麻涌镇资源服务中心、古梅体育馆、镇文化广场、爱国主义教育基地等20个公共服务站点和117个分布在各村（社区）的祠堂、公园、村史馆等服务阵地。

“1+20+N”：在麻涌镇志愿服务总队的基础上，组建理论宣讲志愿服务队、教育志愿服务队、文化艺术志愿服务队、科普志愿服务队、体育志愿服务队等20支行业志愿服务队和N支群众性志愿服务队。

【麻涌镇战略性新兴产业基地建设起步】 2021年，东莞水乡特色发展经济区管理委员会与麻涌镇达成合作共识，划定279.2公顷TOD（以公共交通为导向的发展模式）产业园为东莞数字经济产业基地，169.67公顷新沙产业园和30公顷大盛产业园为东莞新能源产业基地。麻涌镇制订战略性新兴产业基地建设实施方案，按照“一年起好步、三年成雏形、五年见成效、十年大跨越”的要求，紧抓战略性新兴产业基地工作落实，启动土地统筹和土地整备，推动全镇战略性新兴产业集聚发展。

【华阳湖入选“广东省十大美丽河湖优秀案例”】 2021年6月5日，广东省生态环境厅公布全省十大美丽河湖，麻涌镇华阳湖入选“广东省十大美丽河湖优秀案例”。20世纪90年代以来，华阳湖周边陆续聚集大量禽畜养殖场以及化工、电镀、洗水漂染等企业，河水发黑发臭，农田大片丢荒，成为东莞市的“龙须沟”。“十三五”期间（2016—2020年），麻涌镇坚持绿色发展理念，运用“截污、清淤、活源、治堤、修复”的方式，对华阳湖实施系统化综合治理，让原本的污染区蜕变成为“清水绿岸、鱼翔浅底”的美丽河湖。2021年，华阳湖通过国家级验收并挂牌国家湿地公园。

【“古梅乡韵”景观修复提升工程】 2021年8月，麻涌镇全面启动“古梅乡韵”美丽乡村景观修复提升工程，在100天的时间内对“古梅乡韵”4条村沿线的景观进行提升，对麻一、麻二、麻三、麻四4个村（社区）6.2万平方米开展景观修复提升及碧道建设，提升“麻涌八景”（魁楼晚望、西园夜市、白鹤榕荫、归义钟声、花桥佛庙、南坦禾云、北丫蕉雨、渔歌晚唱）等特色景点魅力，展示环境更优、绿化更美、文化气息更浓的水乡美景。

【麻涌镇“创新强镇”建设项目立项】 2021年，麻涌镇创建东莞市“创新强镇”项目立项。该项目以“城市更新+港口经济+穗莞同城”作为创建特色，全面优化创新发展生态，在政策支撑体系、创新载体建设、创新企业培育、传统产业提升、科技服务业发展等方面下功夫，推动创新强镇建设。

【麻涌镇列为东莞市食品饮料产业集群核心区】 2021年，东莞市将麻涌镇列为食品饮料产业集群核心区，配套食品产业聚集政策，提升未来产业聚集潜力。粮油产业一直是麻涌镇的优势产业。该镇围绕港口经济，全面打造食材供应链及中央厨房产业集群，推动仓储型业态转型为生产加工业态，从粗加工向深加工转型，吸引以粮油、面粉加工为主的面条、汤圆、面包、糕点、饼干等深加工企业集聚。

（罗冠文）

附：2021年麻涌镇党委、人大、政府主要领导名录

镇委书记：谭叙棉

镇人大主席：薛幼东（任至7月）

赖锡池（7—11月）

谭叙棉（11月到任）

镇　长：何俊聪

2020—2021年麻涌镇主要经济社会指标情况表

指标	2020年	2021年
户籍人口（人）	88113	90922
常住人口（万人）	18.27	18.36
面积（平方千米）	91	91
地区生产总值（万元）	2595446	2766978
第一产业（万元）	16239	18512
第二产业（万元）	1529148	1685486
第三产业（万元）	1050058	1062980
总用电量（万千瓦时）	199566	236976
全社会固定资产投资总额（万元）	1044263	1132348
社会消费品零售总额（万元）	3095809	3412901
外贸出口总额（万元）	839548	1051000
实际利用外资（万元）	10464	62580
地方财政总财力（万元）	533094	523696
各项税收总额（万元）	374924	463509

石碣镇

【石碣镇概况】　石碣镇位于东莞市北面，北接广州市增城区，南与东莞市区隔江相望。截至2021年底，辖区面积36.2平方千米，下辖14个村和1个社区，常住人口28.43万人，其中户籍人口6.8万人。石碣镇是“全国文明镇”“中国电子信息产业名镇”“国家生态镇”“国家卫生镇”“中国绿色名镇”“国家出口农产品质量安全示范区”“全国综合减灾示范社区”“全国亿万农民健康促进行动示范区”。

2021年，石碣镇实现地区生产总值230.89亿元（第一产业0.47亿元，第二产业166.85亿元，第三产业63.57亿元），比上年增长9.8%；全社会固定资产投资总额46.54亿元，增长10.2%；总用电量22.56亿千瓦时，增长9.2%；社会消费品零售总额61.23亿元，增长11.6%；实际利用外资1.71亿元，下降39.69%；外贸出口总额280.49亿元，增长7.91%；各项税收总额42.77亿元，增长5%；地方财政总财力39.79亿元，增长55.8%。年内，获得“家庭健康促进行动试点地区”“东莞市2021年广东省‘民主法治示范村（社区）’”“广东省健康促进区”“2021年广东省五星级示范退役军人服务中心”“2021年全省优秀年鉴”“2021年广东省‘互联网+护理服务’试点单位”“广东省‘儿童友好示范社区’”“广东省首批中小学‘三全育人’体制机制建设实验区”“全省公共型农业社会化服务体系改革试点”“2019—2020年全省脱贫攻坚工作突出贡献集体”“2021年‘多彩乡村学史奋进’主题教育实践活动优秀组织单位”等11个“单打冠军”。

【石碣镇经济发展和疫情防控“双统筹”】　2021年，石碣镇新增专精特新“小巨人”企业（指业绩良好、发展潜力和培育价值处于成长初期的、专业化精细化特色化新颖化特征明显的中小企业，通过培育推动其健康成长，最终成为行业中或本区域的巨人）3家，上市后备企业2家。孵化器及众创空间运转良好，专利技术成果转化再上新台阶。华科城孵化器入驻企业103家，入驻率93%，累计培育自主知识产权企业36家、授权及公开专利154件，发展高新技术企业7家、科技型中小企业6家。全镇规模以上企业R&D（科学研究与试验发展）经费支出6.4亿元，占全镇地区生产总值的3.1%，规模以上工业企业设立研发机构比例46.2%。科学防疫精准施策，全年组织核查重点人员超2.3万人次，集中隔离点收住1251名集中隔离人员，落实居家隔离368人。坚持“人物同防”，落实境外输入防控，强化跨境监控。发挥哨点监测预警作用，加强院感防控工作，筑牢织密“四早”（早发现、早报告、早诊断、早隔离）重要防线。做好镇内全员核酸检测，推进疫苗接种。

【石碣镇城市品质提升】　2021年，石碣镇水环境质量不断优化，污水收集系统完善工程基本完工，

石碣镇　（2021年夏钊昇摄）

铺设截污次支管网82.7千米，新建雨污分流管网102千米。开展河涌整治，投资5400万元对7条河涌进行清淤，清淤量12.9万立方米；投资约9300万元对18条河涌进行水质提升；总投资1.6亿元的内河涌碧道建设项目基本完工。开展河涌“四乱”（乱占、乱采、乱堆、乱建）整治，清拆274宗，清拆面积4.9万平方米。开展镇、村级河长巡河1375次，落实整改问题430个。“工改工”（将土地性质为普通工业用地改变为新型产业用地，将旧工业区拆除重建升级改造为新型产业园）进展顺利，推进200公顷工业用地改造，与东实集团开展战略合作，在全市率先探索“工改商居”（工业用地改商业居住用地）反哺“工改工”的改造新模式，首期66.67公顷“工改工”项目全面铺开。制定《石碣镇镇村工业园改造提升的指导意见》《石碣镇农村集体经济组织“工改工”财政补助办法》《石碣镇城市更新单一主体挂牌招商项目公开招引前期服务商操作指引（试行）》。实施城管“片长制”，将全镇划分为四大片区，设立4个片区站、15个社区工作站。常态化开展“洁净城市活动日”“行走石碣”专项行动，梁家村、西南、桔洲通过市“城市精细化管理示范村（社区）”考评。建成口袋公园7个，街头小景27个，推进“1+3”（1个中心区+3个村）垃圾分类示范片区建设，城中社区、水南、梁家村、沙腰、唐洪基本建成“1+3”生活垃圾分类示范片区，打造6个住宅小区垃圾分类示范点。总投资12亿元的10项环境提升工程全面铺开，打造起航广场、南堤江岸、光明路商圈等特色景区街区。农村人居环境整治三年行动如期完成。投资1.2亿元打造水南、沙腰、梁家村“特色精品示范村”，通过市评审验收。投资约5700万元推动四甲村、桔洲村、单屋村列入市“特色精品村”创建名单。聚焦攻坚农村人居环境整治，坚持实施乡村振兴“全域项目化”工作路径，全力打好农村“清洁、清拆、治水、绿化、基础建设、示范创建”六大战役，全镇15个村（社区）实现干净整洁村和美丽宜居村“双达标”。投入130多万元完成15个村（社区）“三线”（电力线、通信线、电视线）整治，改善村容村貌。投资8000万元开展供水管网连接工程，完成村级水厂整合工作，实现全镇“供水一张网”。投入3300万元改造新装供电设施，满足刘屋村、沙腰村、水南村用电需求。品质交通方面，新增路外停车位708个，新建改造候车亭及站牌31个，组织停车设施普查和综合交通体系规划，开展交通拥堵节点治理，满足群众出行需求。推进退役军人工作，全面升级镇退役军人服务中心，成功创建广东省五星级示范退役军人服务中心，通过省对镇退役军人工作综合督查。较好完成5G基站建设任务，5G基站配套125个，完成率100%。

【石碣镇民生事业】 2021年，石碣镇成功申报中国计划生育协会家庭健康促进行动综合试点。石碣医院成功创建二级甲等综合医院，推进医联体建设，与广东省骨科医院合作推动建设“广东省骨科医院东莞分院”。石碣社区卫生中心获评为2021年中国家庭健康守门人、广东省“互联网+护理服务”示范单位，投入1700万元建设建筑面积5300平方米的新社卫中心大楼。袁崇焕中学等3所学校被认定为市品牌学校，落实教育扩容提质千日攻坚行动，加快完善教育硬件设施，袁崇焕小学和石碣中学扩建工程投入使用，新增小学36个班1620个学位，初中33个班1650个学位。设立500万元文化发展专项资金，举办“东江文化艺术节”，建成24小时自助图书馆和首个城市阅读驿站。挂牌成立石碣综合养老服务中心，石碣敬老院获得全市唯一省级三星养老机构称号。投入690万元打造“民生大莞家”品牌（指通过进一步健全民生诉求收集、处理、反馈机制，切实解决一批群众身边的小急难问题）。脱贫攻坚取得良好成效，获评为省脱贫攻坚突出贡献集体和揭阳市脱贫攻坚优秀帮扶单位，8人被评为省、市脱贫攻坚工作突出贡献个人。与东城街道、万山区（贵州省铜仁市）共同打造敖寨乡食用菌产业园，发动社会力量捐款捐物合计125万元。助力“黔货出山”，建设消费协作专馆、专区各1个，全年累计转移劳动力262人，通过消费帮扶金额162万元。

【石碣镇社会治理】 2021年，石碣镇深化扫黑除恶专项斗争，对容易滋生涉黑涉恶犯罪的废品收购、违法发放高利贷、暴力讨债等重点领域进行全面摸排，打击操纵经营“黄赌毒”、非法高利放贷、插手民间纠纷等违法犯罪问题。人民调解机制发挥实效，全年受理矛盾纠纷案件317件，成功调处310件。坚持把“智网工程”作为加强和创新社会治理核心工程，建成公安分局110指挥中心、交警指挥中心及“智网工程”指挥调度中心等3个监控中心，一类、二类视频监控点2600个，酒店、娱乐场所等行业视频监控点631个。深化群防群治，组建义警队伍，发展队员近6000名。群众信访诉求综合服务中心建设顺利，为群众提供一站式信访诉求服务平台。完成辖区7家大型餐饮、企事业单位饭堂“互联网+明厨亮灶”智慧监管工程建设。优化社会治安环境，打击电信网络诈骗等突出违法犯罪，全年接报110违法犯罪类警情比上年下降38.8%，其中刑事案件和行政案件分别下降16.6%、32.6%。开展新《中华人民共和国安全生产法》宣传，做好“三防”（防火、防灾、防事故）及减灾等工作，全年生产经营性事故起数和死亡人数分别下降64%和25%。投入300万元，为1万家“三小”场所（小档口、小作坊、小娱乐场所）安装智慧烟感报警器，出台《石碣镇“三小”场所和出租

2021年4月2日，东莞市2021年“我们的节日——清明祭英雄”活动在袁崇焕纪念园举行（石碣镇供图）

屋消防安全监管长效机制实施方案》，完善全镇消防工作网络，4个基层消防所集中挂牌，整合村（社区）、应急、公安、网格等资源，形成闭环管理机制，实现隐患消除在基层工作目标。

【石碣镇政务服务】 2021年，石碣镇严格执行《重大行政决策程序暂行条例》，全面推行行政规范性文件合法性审核机制，推进基层综合行政执法改革，组建镇综合行政执法委员会，形成全镇执法工作“一盘棋”格局。落实政务信息公开，将行政处罚、行政许可等6类主要执法事项和行政执法责任制相关系列配套制度集中上网公开，全年在广东省行政执法信息公示平台上公示行政许可66项、行政检查106项。以优化营商环境、便民利企为重点，坚持“一站式”服务理念，持续推进“一窗受理”模式，整合全镇18个部门917项政务服务事项纳入综合窗受理。引导群众通过“粤省事”“粤商通”“莞家政务”等途径办理业务，推动“指尖办”“马上办”，实现“24小时不打烊”政务服务。落实“放管服”（指简政放权、放管结合、优化服务），推动构建“1+15+N”政务服务体系，全面搭建15个村（社区）党群服务中心综合窗口，上线第一批村（社区）32个通用服务事项。

【石碣镇获评为全省公共型农业社会化服务体系改革试点】 2021年，石碣围绕“三农”工作大局，坚持为农服务根本宗旨，全面加强组织领导，通过综合协调、政策支持、组织保障，以农民实际利益为核心，推动生产、供销、信用“三位一体”综合合作，加快构建面向小农户和新型农业经营主体的农业社会化服务体系，为全面推进石碣乡村振兴贡献力量。年内，获评为“全省公共型农业社会化服务体系改革试点”。

【石碣镇获评为2021年广东省五星级示范退役军人服务中心】 2021年，石碣镇退役军人服务中心以“两个创建”促进全镇退役军人服务保障体系建设提质发展，退役军人安置就业、教育培训、优抚优待、困难帮扶等各项工作和服务得到有效落实，创建为全国示范型退役军人服务中心和广东省五星级示范退役军人服务中心，为全镇退役军人打造温馨的家。（钟烨朗）

附：2021年石碣镇党委、人大、政府主要领导名录

镇委书记：邓卫洪

镇人大主席：叶仲球（任至7月）

陈耀林（7月到任）

镇　长：香杰新

2020—2021年石碣镇主要经济社会指标情况表

指标	2020年	2021年
户籍人口（人）	63466	67960
常住人口（万人）	28.27	28.43
面积（平方千米）	36.2	36.2
地区生产总值（万元）	2049447	2308927
第一产业（万元）	4099	4673
第二产业（万元）	1428118	1668522
第三产业（万元）	617230	635732
总用电量（万千瓦时）	206661	225572
全社会固定资产投资总额（万元）	422505	465415
社会消费品零售总额（万元）	548884	612295
外贸出口总额（万元）	2599160	2804879
实际利用外资（万元）	28356	17102
地方财政总财力（万元）	255399	397859
各项税收总额（万元）	407503	427693

高埗镇

【高埗镇概况】 高埗镇位于东莞市北部，在东江下游南支流稍潭水北、潢涌水南岸、挂影洲围西部，三面环水，是东莞市中心城区“一心两轴三片区”中“三江六岸”重要组成部分。截至2021年底，辖区面积34.6平方千米，下辖18个村和1个社区。常住人口17.09万人，其中户籍人口4.78万人。高埗镇是“全国文明镇”“国家卫生镇”“全国亿万农民健身活动先进乡镇”。

2021年，高埗镇实现地区生产总值176.95亿元（第一产业1.10亿元，第二产业119.03亿元，第三产业56.82亿元），比上年增长5.1%；全社会固定资产投资总额20.03亿元，下降21.19%；总用电量16.15亿千瓦时，增长14.78%；社会消费品零售总额40.4亿元，增长20.8%；实际利用外资8522万元，增长106.1%；外贸出口总额144.28亿元，增长2.88%；各项税收总额35.3亿元，增长30.1%；地方财政总财力41.44亿元，增长177.49%。年内，获“2020年度全国综合减灾示范社区”“2019—2020年全省脱贫攻坚工作突出贡献集体”“2021年广东省‘民主法治示范村（社区）’”“广东省五四红旗团支部”“2020年度省级健康促进县（市、区）”“2018—2019年度广东省节能先进集体”“2021广东省工商联法律服务示范点”等7项市“单打冠军”，2021年度领导班子工作考评获评为“良好”。

资料链接

“一心两轴三片区”指中心城区城市品质提升的重点地区。其中，“一心”指市行政文化中心区，“两轴”指东莞大道时代发展轴和鸿福路山水文化轴，“三片区”指东莞国际商务区、“三江六岸”历史休闲区、黄旗南生态科创区；“三江六岸”指以东江南支流和中堂水道、汾溪河、东莞水道3条水系为依托的主城区城市滨水空间。

【高埗镇拓空间促发展】 2021年，高埗镇以“拓空间”为突破口，为全镇高质量发展再提速。建立健全“基础补偿+增值共享”模式，提前3个月成功整备并出让“兰州地块”。开展违规出让、转让、出租土地清理，帮助宝莲村收回闲置16年近2万平方米土地。推进上江城、低涌、高埗等村126.67公顷城市更新项目，推动裕元稍潭厂区产城融合改造模式。促成卡酷尚工业园区、宏光光学制品厂、黄宝石电子厂、高埗毛纺厂等14.87公顷工业项目改造，完成永邦箱包厂、朱磡工业厂房等12.93公顷“工改工”（将土地性质为普通工业用地改变为新型产业用地，将旧工业区拆除重建升级改造为新型产业园）项目拆除。

【高埗镇防控新冠肺炎疫情】 2021年，高埗镇坚持外防输入、内防反弹，做好集中隔离场所、重点人员排查管理、跨境货运、进口冻品、反走私反偷渡等疫情防控工作，积极回应、妥善解决隔离观察对象合理诉求，做好沟通解释与人文关怀，落地核查1.4万人次，接种疫苗40万人次。特别是面对突如其来的东莞市“6·18”“12·13”突发本土新冠肺炎疫情，广大医务工作者、公安干警、流调人员、社区人员、志愿者等舍身忘我、冲锋在

高埗镇鸟瞰 （2021年高埗镇供图）

前，党员干部下沉一线，市民群众高度配合，全镇开展全员核酸检测3次，每轮采样均超22万人，检测结果全部呈现阴性。

【高埗镇城市品质提升】 2021年，高埗镇开展“洁净城市活动日”“河湖保洁日”“行走高埗”“奋战60天，高埗换新颜”等专项行动，加快改造“莞味广告示范街”，城市“暗区”整治成效明显。完成生活垃圾分类示范片区建设，10座垃圾转运站升级改造，生活垃圾分类工作位居全市前列。开展“千箱美化”和“万池修整”专项行动，鼓励各村（社区）因地制宜建设“四小园”（小菜园、小果园、小花园、小公园），启动“千村碧塘”净化工程。围绕美丽宜居标准，加强整治垃圾、污水、厕所、窝棚等重点内容。完成镇内22条内河涌清淤，推动南片区18条内河涌畅流活水工程，超额完成农村雨污分流改造，护安围渠、欧邓三支渠、高埗排站渠、凌屋村一、二支渠、宝莲一支渠等黑臭水体整治成效明显。基本完成重点排污单位自动监控设备安装联网，“散乱污”企业（指不符合产业政策，不符合产业布局规划，未办理工信、发改、土地、规划、环保、工商、质监、安监、电力等相关审批手续，不能稳定达标排放的企业）排查完成率超100%。开展再生资源回收站点专项整治，危险废物、医疗废物处置率100%。保持严治“两违”（违法用地、违法建设）高压态势，市镇联合在朱磡村召开拆违现场会，依法拆除单体面积1.2万平方米的违章建筑，全年累计完成违法用地整治84宗，面积11.33公顷，治理违法建设69万平方米，超额完成市下达任务。

【高埗镇产业发展】 2021年，高埗镇利用市镇村三级联合招商基地和低成本产业空间平台资源，加强对外招商宣传推介和精准招商，累计引进战略性新兴产业、支柱产业项目3.5亿元，完成3个增资扩产项目签约，低成本空间累计认定3万平方米。推动铧美电子、博朗科技等8个项目签约落地并投产运营。涌固精密治具、顺力智能物流等5个在建的市重大项目累计完成投资3.7亿元。实施“保姆式”全链条企业服务机制，发挥扶持惠企政策作用，推动64家企业成功申报国家高新技术企业，累计131家。完善镇领导干部联系高层次人才机制，新引进高层次人才110人，超额完成市下达任务。针对不同层级市场主体实施政策和服务精准推送，重点关注龙头骨干企业，帮助企业解决用工、用地等问题，支持马可波罗等优质企业扎根高埗、做大做强。拓展市场规模、优化市场结构、完善市场环境，市场主体近2.2万户，新增4179户，比上年增长21.3%。镇内陆逊梯卡华宏（东莞）眼镜有限公司、东莞市唯美陶瓷工业园有限公司、东莞市众佑进出口有限公司、东莞高豪花园建造有限公司、东莞市六泰房地产有限公司、马可波罗系等企业在规模效益成长性、实际进出口总额、效益贡献等方面获评为全市先进单位。

【高埗镇乡村振兴】 2021年，高埗镇发挥“头雁效应”，完成19个村（社区）“两委”［党组织委员会和村（居）民委员会］换届选举，实现“三个职务一肩挑”［村（社区）党组织书记、村（居）民委员会主任和村级集体经济组织负责人一肩挑］，新一届“两委”干部的年龄结构、文化程度、女性委员职数比例等均有提升。建立健全“传帮带”机制，举办农村新任职“两委”干部培训班和农村基层干部乡村振兴主题培训班。完善镇村统筹资源、增值共享体制机制，加快推进城市更新项目落地落实，盘活闲置低效土地资源。镇属企业出资与宝莲、护安围等村合作，建设高标准厂房物业，引进优质项目。推动宝莲、朱磡等村依法收回历史违规出让土地。帮助冼沙村等高负债村化解长达30多年的债务，统筹解决村组稳定和发展问题。镇村组两级资产总额24.2亿元，比上年增长21%；经营总收入3.4亿元，增长8.9%；纯收入2.7亿元，增长12.3%；资产负债率29.6%，下降3.8个百分点。投入100万元，支持革命老区村项目建设。投入近600万元，完成190件农村人居环境“微实事”。动员528名高埗籍党员干部回乡挂点督导，整治环境卫生，加快美丽乡村建设。芦村村特色精品示范村项目完成验收，塘厦村、横滘头村特色精品村建设加速推进。卢溪村整合利用47.33公顷连片农田，巩固田间窝棚整治成效，推动美丽乡村建设。

【高埗镇民生福祉】 2021年，高埗镇开展“我为群众办实事”实践活动，群众幸福指数不断提升。保持财政支出80%以上用于民生事业，征集形成涉及教育、医疗、就业、文化等13类重点民生项目清单25项并全部完成。“民生大莞家”办理民生微实事20件、微心愿1246个，惠及2000多人。投入近2000万元用于民生兜底服务，惠及困难群众约6800人。落实好“双拥”政策，主动服务退役军人。优先“稳就业”，落实帮扶就业创业资金467万元，举办11场就业服务活动。开展妇女创业集市及技能培训活动16期、“一镇一品”特色培训班33期。办理及支付各项社保待遇超16万人次3.67亿元。完成社区卫生中心及8个站点标准化建设，形成“步行15分钟就诊圈”。投入135万元，建设具有传统文化特色的中医药服务中心，着力打造中医药服务强镇。开展慢性病综合防控项目，助力提升居民健康水平。推进教育扩容提质，总投资超6.5亿元，推进新中心幼儿园新建、实验小学新建、东圃小学改扩建、低涌中学原址重建等项目。开展品牌学校培育、实施名师培育工程，落实教育“双减”（有效减轻义务教育阶段学生过重作业负担和校外培训负担）政策，全镇教育教学质量稳步提升，有86名高埗籍考生分别考取研究生、第一批本科院校和东莞中学。三联村团支部和广东唯美陶瓷有限公司职能部门团支部获评为广东省五四红旗团支部。推动第一综合市场进行超市型智慧化改造，打造成为全市首个国有资本“莞篮子”标杆示范农贸市场。提升交通品质，重点完善支路网，完成创业路、塘沙路升级和冼沙桥改造。

【高埗镇文明建设】 2021年，高埗镇发挥高埗红色资源优势，开展党史学习教育和庆祝中国共产党成立100周年系列活动，开展宣讲活动232场次，覆盖干部群众1.3万人次，全镇形成学党史、悟思想、办实事、开新局的生动局面。开展“大学习、深调研、真落实”，形成20份调研报告。保护利用红色资源，升级改造爱国主义教育基地——东圃小学旧址，打造东江纵队第一支队三龙大队驻军营地旧址展览馆，举办高埗镇革命斗争史展览。推动东莞茶酒文旅博览园成功申报国家AAA级景区，构建起以中国建筑陶瓷博物馆、乐人谷茶文化博物馆、成铭热熔胶博物馆等为主体的博物馆文化体系。成立高埗镇党史学习教育党员志愿宣讲团，举行“听老党员讲当年的故事”。出版并首批印刷700套2800本高埗镇《红色印记》系列连环画，为全镇党员发放学习资料。创新文化惠民服务，实行文化活动百分百上数字平台，开展文化活动420场，放映电影142场，读书活动278场，受惠群众15.9万人次。响应“全民健身”号召，开展第三届“游泳进校园”活动。

【高埗镇社会治理】 2021年，高埗镇紧盯工贸、危险化学品、分租式厂房、出租屋、“三小”场所（指小档口、小作坊、小娱乐场所）、废品回收站点等重点行业领域，开展安全整治和应急救援演练，没有发生较大或以上生产安全事故。做好道路交通安全工作，交通事故数量比上年下降27.9%。率先启动心理服务站点建设，建成“粤心安”中心站和19个社会心理服务站（室）。探索发展新时代“枫桥经验”，深化“阳光调解”线下服务，推行“莞邑调解”线上调处，重点打造个人调解室品牌，完善矛盾纠纷多元化解机制，有效调解矛盾纠纷案件近500件，全年没有发生较大以上群体性事件。完成庆祝中国共产党成立100周年、党的十九届六中全会等维稳安保任务。扫黑除恶专项斗争常态化推进。完成政法队伍教育整顿，第一阶段验收获评优秀等次。组建4000多人“东莞义警”（指出于奉献、友爱、互助和社会责任，自愿、无偿开展社会治安防范和公益服务活动的群众性治安志愿者队伍）队伍，实施“屯警街面、亮剑街头”行动，接报违法犯罪警情比上年下降17.8%。推动“智网工程”提质增效，建成全市首个“网格主题公园”，芦村村、下江城村成功创建市示范网格，累计完成巡查工单24.95万条，处置各类问题隐患3.36万处，处置率99.8%，将安全隐患发现并消除在萌芽状态。冼沙村和横滘头村成功创建为“全国综合减灾示范社区”。

2021年7月15日，东莞市首个国有资本超市型智慧化“莞篮子”标杆示范农贸市场（高埗第一综合市场）开业 （李淦斌 摄）

【高埗镇获评为2019—2020年全省脱贫攻坚工作突出贡献集体】 2021年，高埗镇获评为“2019—2020年全省脱贫攻坚工作突出贡献集体”。高埗镇对口帮扶韶关市武江区重阳镇黄岸村、万侯村、九联村，江湾镇梁屋村、湖洋村，龙归镇方田村、山前村等7个贫困村。在前期帮扶工作中，高埗镇统筹各类扶贫资金1.06亿元，投入帮扶资金3282.05万元（其中引导资金2100万元、“6·30”慈善资金283.57万元、党建资金7万元、到户资金891.48万元），用于扶贫各项工作。截至2020年底，7个贫困村280户868人通过落实产业帮扶等政策与开展科技下乡等活动，人均收入达9000元以上，均达脱贫标准脱贫率100%。促进贫困村集体增收脱贫，投入898.3万元（其中高埗镇资金858.3万元）通过入股亿兆商贸有限公司等项目，7个贫困村集体收入每年增加10万元以上，均达到出列标准。促进农村环境不断改善，投入1333.52万元（其中高埗镇资金307.1万元）用于建设公园、广场等34个基础设施项目。

【高埗镇获评为2020年度广东省健康促进区】 截至2021年底，高埗镇落实“将健康融入所有政策”策略，以健康促进区创建为抓手，建立由“政府主导，多部门共同促进”的工作机制，着力建设健康村（社区）、家庭、医院、学校、机关、企业，发挥健康促进场所示范作用，建设促进健康支持性环境，提高全镇居民健康水平。创建省健康促进社区（村）11个（创建覆盖率57.89%），健康家庭3872户（创建覆盖率32.10%），健康促进机关12个（创建覆盖率75%），健康促进医院3个（创建覆盖率100%），健康促进企业12个（创建覆盖率54.55%），健康促进学校13所（创建覆盖率81.25%），无烟单位46个。2021年6月7日，高埗镇成功通过2020年度省级健康促进区技术评估，被评为“广东省健康促进区”。

【高埗镇获评为2018—2019年度广东省节能先进集体】 2019年，高埗镇落实节能目标责任，单位地区生产总值能耗下降11.60%，超额完成2019年度节能目标。开展节能减排工作，每年开展节能宣传周活动。落实镇街节能扶持资金。2017年开始配套市节能减排相关奖励项目；2019年对唯美公司等6家企业进行奖励，节能类奖励金额19万元。高埗镇在2019年度东莞市镇街节能考核中被评为超额完成等级。2021年2月，高埗镇被评为“2018—2019年度广东省节能先进集体”。

【东莞市高埗商会被认定为2021年广东省工商联法律服务示范点】 2021年，东莞市高埗商会发挥人民调解委员会作用，提高服务水平。严格把好入会关、确保商会整体素质，明确商会会员入会条件要求：“既要看经济实力，更要看思想表现”。服务会员，把思想工作寓于具体行动中。以先进典型为楷模，在会员企业中成立党组织。2021年12月31日，东莞市高埗商会被认定为“2021年广东省工商联法律服务示范点”。

【高埗镇横滘头村、冼沙村创建成为2020年度全国综合减灾示范社区】 截至2021年底，高埗镇着力构筑生命安全防线，制定灾害风险分布图、应急庇护场所分布图、应急疏散路径等，整合区域有效资源，配套救援工具和应急物资，不断提高风险评估能力。结合“5·12”全国防灾减灾日、“国际减灾日”宣传防灾减灾知识，不定期组织村民、企业、学校等开展综合减灾应急演练，向广大群众普及自救互救基本技能,提升全镇人民防灾减灾应急处置能力。向全镇普及和推广综合防灾减灾工作标准，提升全镇防灾减灾综合能力。2021年，高埗镇横滘头村、冼沙村创建成为2020年度全国综合减灾示范社区。

【高埗镇护安围村获“2021年广东省民主法治示范村（社区）”称号】 2021年，高埗镇规范村务制度，加强民主监督，落实“一事一议”工作制度，保障民主决策，完善村规民约。深化学习教育，抓好学法用法的“关键少数”，以历史文化村落建设为依托结合人文历史、党建、法治打造主题公园，营造人文法治氛围。推进法律服务，建立公共法律服务点，完善法律顾问工作制度，建设村法治宣传队伍，建立健全治保调解网络，开展矛盾纠纷排查走访，摸排各种影响社会稳定的不安全因素。年内，高埗镇护安围村成功创建成为广东省民主法治示范村（社区）”。

【高埗镇三联村团支部获评为2020—2021年广东省五四红旗团支部】 截至2021年底，高埗镇三联村团支部团员投身新冠肺炎疫情防控工作中，看望居家隔离户、在卡口检查点协助测量体温记录数据等，服务1.48万人次。协助村做好疫情防控和全员核酸检测工作，协助村内开展核酸检测22次。开展暑期实践活动，将暑期实践活动与防溺水应急救护培训等相结合。坚持志愿服务常态化，村团支部有在册志愿者34名，协助村开展各类志愿服务活动，包括建设孝义主题公园、志愿服务主题公园等。2021年，高埗镇三联村团支部获共青团广东省委员会“2020—2021年广东省五四红旗团支部”称号。（苏晓珊）

附：2021年高埗镇党委、人大、政府主要领导名录

镇委书记：郭荣新
镇人大主席：李建雄（任至9月）
王健文（11月到任）
镇　长：邓炳华

2020—2021年高埗镇主要经济社会指标情况表

指标	2020年	2021年
户籍人口（人）	45909	47780
常住人口（万人）	17.02	17.09
面积（平方千米）	34.62	34.62
地区生产总值（万元）	1653082	1769479
第一产业（万元）	9652	11003
第二产业（万元）	1087003	1190314
第三产业（万元）	556428	568162
总用电量（万千瓦时）	140673	161514
全社会固定资产投资总额（万元）	254194	200339
社会消费品零售总额（万元）	334389	404011
外贸出口总额（万元）	1402427	1442758
实际利用外资（万元）	4134	8522
地方财政总财力（万元）	149348	414419
各项税收总额（万元）	271365	352972

洪梅镇

【洪梅镇概况】 洪梅镇位于东莞市西北部，地处水乡功能区核心腹地和水乡新城中心区域，是广深港澳科技创新走廊重要节点。截至2021年底，辖区面积33.2平方千米，下辖9个村和1个社区。常住人口8.7万人，其中户籍人口2.77万人。洪梅镇是“中国花灯之乡”“国家卫生镇”。

2021年，洪梅镇实现地区生产总值达115.28亿元（第一产业0.5亿元，第二产业83.32亿元，第三产业31.45亿元），比上年增长10.2%；全社会固定资产投资总额36.82亿元，增长113.5%；总用电量6.4亿千瓦时，增长8.29%；社会消费品零售总额10.45亿元，增长13.46%；实际利用外资7247万元，增长774.19%；外贸出口总49.71亿元，增长0.5%；各项税收总额18.72亿元，增长10.32%；地方财政总财力37.26亿元，下降3%；年内，获“2019—2020年全省脱贫攻坚工作突出贡献集体”及“整县（市、区）屋顶分布式光伏开发试点”等2项“单打冠军”。

【洪梅镇经济提质增效】 2021年，洪梅镇聚力动能转换。印发并施行《洪梅镇企业分等定级评价管理办法》，促进高污染高耗能低效益企业转移或转型，加快引进、培养和发展高端制造业和数字经济产业等战略性新兴产业。规模以上工业总产值298.01亿元，比上年增长4.6%；规模以上工业增加值70.29亿元，增长6.1%。完成工业投资18.71亿元，比上年增长101.08%；完成工业技改投资10.87亿元，增长91.36%，增速排全市第一名。全年有45个项目被纳入市重大项目（重大建设项目22个，重大预备项目23个），总投资222亿元，项目数量和投资总额比上年分别增长114.3%和95.6%。市重大建设项目总投资110.3亿元，实际完成投资21.52亿元、增长44%，完成年度目标任务151.9%，完成比例排全市第三名。全年有29个产业项目被纳入市重大项目，其中东莞洪梅天然气热电联产项目等3个项目更被纳入省重大项目，慈能自动化设备项目在土地摘牌当日即动工建设，刷新项目开工速度。新引进洪梅河西新一代电子信息港、粤港澳大湾区青商组织联盟数字制造中心等9个优质产业项目，助推洪梅河西连片“工改工”（将土地性质为普通工业用地改变为新型产业用地，将旧工业区拆除重建升级改造为新型产业园）示范区打造市战略性新兴产业基地（数字经济产业基地）。共有13家企业通过国家高新技术企业认定，新增上市企业1家、“小升规”［规模以下小微企业（即年主营业务收入2000万元以下的企业）升级为规模以上企业］入库企业18家。

洪梅镇鸟瞰　（2021年方竣星摄）

【洪梅镇新冠肺炎疫情防控与复工复产“双统筹”推进】 2021年，洪梅镇落实“双统筹”（统筹推进疫情防控和经济社会发展）工作。抓紧抓实新冠疫苗接种工作，截至年底，全镇全人群累计接种近19万剂次，全人群全程免疫率超九成，加强免疫率66.48%，完成市下达的各年龄段接种目标。提升区域核酸检测能力，科学划分30个标准化网格采样点，动员全镇机关事业单位、各村（社区）千余名人员赴一线参与工作，12月15日及22日开展的两次区域核酸检测均在16个小时内完成全镇常住人口8万余人采样。完成跨境货车司机作业点“压点减频”任务，年压减4个作业点，累计压减比例62.5%，设置公安慧眼系统42个，开展24小时监测。常态化落实农贸市场、冷链冷库、零售药店、建筑工地巡查监管，从严抓好重点场所从业人员管理。实现本地病例零确诊、社区传播零报告、院感事件零发生、特殊场所零感染目标。洪梅镇全面加强经济运行监测调度。成立企业防疫专班，下设6个小组，对重点企业进行全覆盖走访，指导企业分区、分级、分类实施差异化疫情防控措施，收集企业实际诉求，稳生产保增长。协助中小微企业通过全国中小企业融资综合信用服务平台解决疫情防控期间融资难问题。截至年底，镇内有33家企业完成注册，累计发布融资需求26笔，成功授信18笔共计1.66亿元，切实提高中小微企业信贷获得率。贯彻省3.0版“促进就业九条”政策，落实省、市、镇各项就业补贴374.88万元，惠及1590人次，企业63家次。实施稳岗返还“免申即享”举措，拨付待遇27万元，惠及企业439家。

【洪梅镇城市空间拓展】 2021年，洪梅镇聚焦空间拓展。配合水乡管委会科学编制面向2035年的国土空间规划，作为首批试点参与全市控制性详细规划修编评估工作，高标准谋划城市空间发展蓝图。紧扣“政府主导、连片开发、单元平衡、利益共享”原则，推进东莞西站洪梅单元、夏汇（黎洲角）单元、梅沙单元三大单元土地整备440公顷，完成土地移交面积244公顷。其中，东莞西站洪梅单元土地整备取得重大突破，项目重启仅一年，事项累计表决同意率和累计移交房屋率均超80%，签约率超70%，回迁房奠基，样板房展厅开放，22批次回迁房选房工作完成，首期回迁房建设以高标准推进。位于东莞西站广场中央的刘氏胸围厂被依法强拆，水乡新城及东莞西站广场建设取得历史性成果。全市规模最大的连片“工改工”项目——面积233.33公顷的河西连片“工改工”示范区加快建设。片区清拆工作全面铺开，90%权益人完成签约，《东莞数字经济产业基地（洪梅河西片区单元）开发建设管理办法（试行）》获审议通过，片区范围内的城市更新、土地收储、开发建设、招商引资、运营管理等工作实施全流程管理，项目进入冲刺落地阶段。洪梅镇洪屋涡村面积303.33公顷稻田建设项目全面启动，43公顷荒草地恢复成耕地，千亩高标准水稻田农业园建设稳步推进，以此为契机，洪梅镇申报成为全市首个省级全域土地综合整治试点，全域土地空间结构进一步优化。

【洪梅镇城市品质提升】 2021年，洪梅镇完善交通基础设施，中洪路、望洪路（洪梅段）、沿江高速公路出入口连接线等道路工程顺利推进；广场南侧、洪梅站前绿地公园等4个停车场投入使用，新增停车位近800个，道路交通状况明显改善。优化生态环境，推进生活垃圾分类，新建生活垃圾转运站6座，生活垃圾回收率36.9%；全域水污染治理工程扎实开展，东江下游片区洪梅镇水污染综合治理工程竣工验收；滨水岸线整治提升工程有序推进，清退搅拌站、洗砂场等一批临水污染项目，建成堤防12千米。聚焦提升农房管控能力，实施洪梅镇农房报批报建预审制度，印发并施行《洪梅镇实施农房建设挂牌公示管理工作方案》，建立常态化无人机航拍更新比对机制，构建陆空一体全方位动态监管网络，维护农房建设秩序；加大对违法违规建筑整治力度，完成存量违建治理28.3万平方米，改善城乡风貌与人居环境。

【洪梅镇社会治理优化】 2021年，洪梅镇创新实施党建引领基层治理“雁行计划”，梳理基层治理先进经验案例162个，选定镇有关部门与9村1社区结对共建，推动社会治理服务重心下移、资源下沉。建立148个以“118红雁”党群服务先锋联盟为支撑的红色雁行驻村梯队，开启“订单式、责任制”服务联系群众新模式，开展“我为群众办实事”活动500场次，实现党建引领网格化治理全覆盖。上线智慧消防云平台，安装无线烟感9000个、电气火灾远程监控系统8套，开展“打通生命通道”等隐患清零专项行动，全年未发生亡人及有影响的火灾事故。落实安全生产全覆盖工作，镇领导班子开展企业监管检查770次，安全监管部门开展企业检查209家，覆盖率100%；工贸商行业、危险化学品生产经营企业安全生产零事故零死亡，安全生产形势总体稳定。建立“东莞义警”群防群治机制，建立一支由1500人组成的洪梅义警队伍，设立21个义警应急响应小组。开展“治乱清源”“飓风2021”“扫黑除恶”“双反”（反走私和反偷渡）和反电信诈骗等专项行动，诈骗类案件比上年下降6.97%，故意伤害案件下降80%，实现全年“双抢”（抢劫和抢夺）零发案、零命案。

【洪梅镇民生事业发展】 2021年，洪梅镇推进教育扩容提质，天御湾天诺幼儿园建成开园，翰林高级中学奠基动工，水乡未来学校落户洪梅，洪梅中学、中心小学扩建工程稳步推进，洪梅小飞象幼儿园教学部获2021年度广东省“巾帼文明岗”称号，教育服务能力持续增强。升级医养服务体系，洪梅医院建成全市首个综合型伤口治疗护理中心，医院医养结合项目一期工程竣工验收，洪梅敬老院公建民营创新改革。落实发放各类社保待遇1.13亿元，城镇职工养老金人均月发放待遇1439元，城乡居保养老金人均月发放待遇512元，养老保障水平稳步提升。落实困难群众兜底保障，面向城乡低保、低收入、特困对象、残疾人发放各类资金约400万元。完善公共服务配套设施，市文化馆洪梅分馆和市图书馆洪梅分馆建成开放，全镇首个人才安居房项目启动建设，满足市民文娱需求、人才居住需求。

【洪梅镇行政效能提升】 2021年，洪梅镇深化政务服务“一门一窗一网”改革，政务事项实现近90%“最多跑一次”、近80%“零跑动”，镇政务服务中心办事大厅被评为“2021年东莞市青年文明号”。开通重大项目绿色审批通道，落实容缺审批，企业开办审批时限压缩至0.5个工作日。构建部门交互联动、工单高效流转、诉求快速响应的24小时全方位响应模式，全年受理“12345”热线工单1530件，按时办结率100%，满意度98%；受理群众求助快速响应工单8件，满意度100%；收到表扬单4件。深化法治政府建设，政府重要政策文件实现合法性审查全覆盖。完善政府投资项目审查，严格执行工程项目建设与投资标准，审查修改完善项目86个，总投资压减5000万元，优化压缩成本4.70%。持续深化基层减负，精文简会，减数量增质量。

【洪梅镇推进乡村振兴】 2021年，洪梅镇做好村（社区）“两委”［党组织委员会和村（居）民委员会］换届工作，当选人员平均年龄38岁，中共党员占100%，大专以上学历占97.9%，女性委员占29.2%，推进“两委”干部队伍年轻化、精干化、高学历化。创新实施农村干部素质提升工程，依托头雁工程，加强新任农村党组织书记实践锻炼。分批推进党建引领“一村一品”建设，投入2.4亿元推进创建2个市级特色精品村和5个水乡特色示范村。农村集体资产加快增长，至年底，全镇农村集体资产总额29.61亿元，比上年增长43.44%；农村集体经营总收入1.73亿元，增长11.61%。农村集体资产交易有序进行，印发并实施《洪梅镇农村（社区）集体资产交易办法》，网上交易普及。

【洪梅镇获评为广东省脱贫攻坚工作突出贡献集体】 2021年，洪梅镇达成精准扶贫精准脱贫工作目标。在结对帮扶揭阳市揭西县的金和镇金溪村、仙坡村和钱坑镇大茶石村、钱北村4个贫困村期间（2016年5月至2021年7月），投入扶贫开发资金1454.41万元，助力建档立卡贫困户285户1113人100%实现脱贫。开展乡村振兴驻镇帮镇扶村工作，选派4名优秀干部进驻

2021年9月26日，广东省2021年第三季度重大项目集中开工活动东莞会场活动在洪梅镇举行

（洪梅镇文化服务中心供图）

韶关市南雄市黄坑镇开展结对帮扶，组织洪梅镇爱心人士到黄坑镇耶溪村慰问困难群众、开展爱心助学。推进东西部协作，选派1名教师、1名医疗人员到铜仁市万山区开展支教支医工作，劳务协作137人，消费协作79.26万元，社会捐赠65万元，落实财政帮扶资金120万元。年内，洪梅镇获评为“广东省脱贫攻坚工作突出贡献集体”。

【洪梅镇入选“整县（市、区）屋顶分布式光伏开发试点”】 2021年，洪梅镇被纳入国家整县（市、区）屋顶分布式光伏开发试点名单。年内，推动社会各界开展屋顶分布式光伏建设工作，引导各大企业加快推进光伏项目，进一步落实党政机关建筑及公共建筑屋顶光伏工作，组织开展分布式光伏发电科普和宣传活动，提高社会认知度和认同感，营造节能氛围。至年底，在洪梅镇备案的农村居民屋顶光伏项目13个，备案容量269.78千瓦，折合0.27兆瓦；在洪梅镇备案的工商业厂房屋顶光伏项目9个，备案容量1.13万千瓦，折合11.34兆瓦；其中台玻华南玻璃有限公司5300千瓦及东莞市锐峰制品有限公司1500.3千瓦项目建成投产，其他项目加快建设。

【洪梅镇成为全市首个省级全域土地综合整治试点】 2021年，洪梅镇以打造千亩（1亩=1/15公顷）高标准水稻田农业园为目标，全面启动洪屋涡村面积303.33公顷稻田建设项目，是水乡功能区首个连片稻田建设试点项目。引进专业农业公司和科研团队，梳理土地现状，开展土壤修复，分期种植水稻田，推进金色水乡稻田公园建设工作。11月，洪屋涡村本洲面积16公顷巨型水稻试验田迎来首个丰收季，巨型水稻拉直后可达2米，稻田里同时套养鱼和鸭，每公顷产量收益超过15万元。至年底，该项目统租地块面积74.87公顷，种植农田面积43公顷。立足该项目，洪梅镇申报成为全市首个省级全域土地综合整治试点，对闲置、利用低效、生态退化及环境破坏的区域实施国土空间综合治理，着力解决乡村耕地碎片化、空间布局无序化、土地资源利用低效化和生态质量退化等问题，促进耕地保护和土地集约节约利用，改善农村生态环境，助推乡村振兴。通过连片稻田建设和全域土地综合整治，洪梅镇着力建设“未来生态之城”。

【广东省2021年第三季度重大项目集中开工活动东莞会场活动在洪梅镇举行】 2021年9月26日，广东省重大工程建设项目总指挥部会议暨第三季度省重大项目集中开工活动举行。作为全省6个会场之一的东莞分会场设在洪梅天然气热电联产项目现场。活动中，东莞市共有40个项目集中动工，其中，洪梅镇集中动工项目5个，总投资超22亿元，包括以洪梅天然气热电联产项目、望洪路（洪梅段）升级改造工程为代表的基础设施工程项目，以慈能自动化设备项目、南华西电气研发生产项目为代表的产业项目，以及以洪梅医院提标改造项目为代表的民生保障工程项目。这批项目的落地动工，加快推动洪梅镇高质量发展，转型蝶变为“未来产业之城”注入强劲动力。

【东莞西站洪梅单元土地整备迈入回迁房选房阶段】 2021年8月18日，水乡功能区核心单元（东莞西站洪梅单元）回迁房奠基暨样板房开放仪式在洪梅镇氹涌村举行，覆盖5种户型样板房全新亮相。经过回迁房样板房开放、权益人积分累积、选房方案制定等环节，于10月30日，启动东莞西站洪梅单元回迁房选房工作。至年底，完成22批次选房，选定回迁房1096套，首期回迁房建设有序推进。（袁悦晴）

附：2021年洪梅镇党委、人大、政府主要领导名录

镇委书记：叶葆华
镇人大主席：郭　旺（任至11月）
　　　　　　李旭峰（11月到任）
镇　长：刘学东（任至5月）
　　　　莫　伟（5月到任）

2020—2021年洪梅镇主要经济社会指标情况表

指标	2020年	2021年
户籍人口（人）	27010	27738
常住人口（万人）	6.53	8.7
面积（平方千米）	33.2	33.2
地区生产总值（万元）	1019254	1152768
第一产业（万元）	4370	4981
第二产业（万元）	738874	833241
第三产业（万元）	276010	314545
总用电量（万千瓦时）	59110	64035
全社会固定资产投资总额（万元）	172475	368237
社会消费品零售总额（万元）	92138	104480
外贸出口总额（万元）	331443	497077
实际利用外资（万元）	829	7247
地方财政总财力（万元）	385115	372572
各项税收总额（万元）	169660	187163

道滘镇

【道滘镇概况】　道滘镇位于东莞市西部，紧邻东莞市中心，莞惠城轨、市轨道1号线、广深高速公路、沿江高速公路、东莞大道、西部干道、港口大道等重大交通设施贯穿辖区，形成纵横结合的快速交通大格局，尽享广深莞“1小时生活圈”之便利。截至2021年底，辖区面积54.3平方千米，下辖13个村和1个社区，常住人口16.05万人，其中户籍人口6.85万人。道滘镇是“中国游泳之乡”“中国曲艺之乡”“中国民间文化艺术之乡”“中国特色食品名镇”“国家卫生镇”。

2021年，道滘镇实现地区生产总值135.65亿元（第一产业1.26亿元、第二产业82.13亿元、第三产业52.26亿元），比上年增长8.4%；全社会固定资产投资总额41.03亿元，增长31.5%；总用电量13.18亿千瓦时，增长13.2%；社会消费品零售总额38.62亿元，增长10.5%；实际利用外资4787万元，增长15.8%；外贸出口总额44.95亿元，增长35.39%；各项税收总额22.72亿元，增长2.5%；地方财政收入29.31亿元，增长65.5%。年内，道滘镇在全市镇街领导班子年度工作考评中获“国家义务教育质量监测实施优秀组织单位”“2019—2020全省脱贫攻坚工作突出贡献集体”“广东省五四红旗团支部”“2021—2023年度广东省民间文化艺术之乡”“广东省财政管理工作先进典型”“2020年度省级健康促进县（市、区）”“2021年‘多彩乡村学史奋进’主题教育实践活动优秀组织单位”7项“单打冠军”，并连续第三年挺进全国百强镇队列。

【道滘镇实体经济发展】　2021年，道滘镇全力支持企业发展，组织186家次企业成功申报市商务局专项扶持资金、扶持现代服务业及开放型经济专项资金、扶持非公有制经济产业发展专项资金，搭建“企业沙龙”政企直接沟通平台，精准兑现各类扶持资金约1300万元。组织28家小微企业申领免费出口保险服务，涉及保额1亿美元，引导银行为300多家企业发放贷款56.16亿元，为360多家企业达成授信超77亿元。实施重大项目快速落地攻坚行动，推动全镇14个重大项目投资15.48亿元，其中，时尚产业供应链项目、得利钟表项目、中心小学蔡白分校、金瑞压缩机项目总部、和乐电子总部项目等5个重大项目开工，黄家圣幸项目投产并试运营。全镇固定资产投资额比上年增长31.5%，发挥投资带动生产效应。持续开展“乐购东莞·乐享道滘”促消费专项行动，累计发放电子优惠券100万元，带动1.7亿人次参与消费，撬动社会消费总金额300万元；组织线上直播带货，累计成交订单100万单，成交金额约9700万元，有效带动社会消费品零售总额比上年增长10.5%。

【道滘镇产业转型升级】　2021年，道滘镇推进产业集群培育发展，新一代电子信息、高端装备制造、新材料等支柱产业均保持20%以上增长，新增上市后备企业3家、市级电子商务示范型直播基地1个。强化科技创新赋能，新增国家专精特新“小巨人”企业（指业绩良好、发展潜力和培育价值处于成长初期的、专业化精细化特色化新颖化特征明显的中小企业，通过培育推动其健康成长，最终成为行业中或本区域的巨人）2家、百强创新型企业2家、瞪羚企业1家、省级工程技术研究中心1家以及国家高新技术企业26家，推动华科城·创新岛连续2年获评为优秀（A类）国家级科技企业孵化器。精准发力抓招商促投资，新招引内外资项目20个，实际投资金额比上

道滘镇中心区　（2021年道滘镇供图）

年增长17.7%。高位部署推进国土空间规划、产业空间盘整等工作，初步划定城镇开发边界和耕地保护集聚区，推动全镇土地厂房"一盘棋"，统筹实施15宗总面积超346.67公顷的"工改工"（将土地性质为普通工业用地改变为新型产业用地，将旧工业区拆除重建升级改造为新型产业园）、产城融合城市更新项目，其中小河、大罗沙项目纳入市城市更新"头雁计划"首批单元。全年完成城市更新改造面积超32公顷，推进"工改工"拆除平整面积达17公顷。实施土地储备三年滚动计划，全年收储土地面积31.27公顷，盘活存量土地面积24.53公顷，如期完成九曲产城融合项目3万平方米厂房拆除和3.33公顷空地回收协议签订。

【道滘镇民生事业发展】 2021年，道滘镇坚持办好民生实事，投入超9亿元用于民生建设。完成十件民生实事，高质量办理民生微实事27宗、微心愿1418宗。促进居民就业，建成"就莞用"广场6个，完成"粤菜师傅""广东技工""南粤家政"技能培训超1860人次，发放各类就业创业补贴超950万元。严格落实"双减"（有效减轻义务教育阶段学生过重作业负担和校外培训负担）政策，新增公办小学学位270个，推动中心小学分校（蔡白学校）项目完成总工程量的50%。如期完成道滘医院新住院大楼主体工程和发热门诊标准化建设，启用新社区卫生中心和预防接种门诊，公共卫生服务机构诊疗量超51万人次。构建多层次社会保障体系，全镇铺开居家养老"大配餐"服务，推动将医疗救助覆盖范围100%拓展至低收入家庭，成功创建全国示范型退役军人服务中心。高标准建成"1+23"新时代文明实践阵地［1是1个新时代文明实践中心；23是9支志愿服务队伍加14个村（社区）建成文明实践志愿服务站］，举办各类文化惠民活动超840场，其中大型现代粤剧《火种》得到社会各界认可。新一轮省内乡村振兴驻镇帮镇扶村工作全面启动，落实扶贫劳务协作对接，走深走实乡村振兴路。赴石阡县开展劳务洽谈会和校企合作洽谈，签订"道滘·石阡劳务协作协议"，推送近60家企业超280个岗位信息至石阡县宣传，促成超60名铜仁市籍人员到道滘镇务工。建立林芝市巴宜区—东莞市道滘镇劳务协作服务站，创新举办劳务协作远程招聘会，深化劳务协作平台建设，促进东西部用工对接高效开展。

【道滘镇社会安全治理】 2021年，道滘镇持续开展安全生产、道路交通安全、防灾减灾等专项行动，排查整治各类安全隐患1.5万处，全年没有发生较大及以上生产安全事故。持续加强食品药品安全监管，推动学校食堂"互联网+明厨亮灶"建设全覆盖，立案查处食品安全违法案件超80件。以扫黑除恶斗争为抓手坚决打击走私偷渡、电信网络诈骗等违法犯罪，完成中国共产党成立100周年等各重要节点维稳安保工作。推进"平安道滘"建设，组建东莞义警队伍，建成群众信访诉求综合服务中心，调处各类矛盾纠纷超600宗。推动"智慧道滘"与"智网工程"深度融合，系统归集房屋、城市部件等信息数据21.5万条，新建一类、二类高清视频118路，智慧安防能力得到提高。

【道滘镇城市建设管理】 2021年，道滘镇深入实施品质交通千日攻坚，完成粤晖路辅道、创意路升级改造以及虹桥重建，新增停车位超760个。持续巩固污染防治攻坚成果，建成全市首个花园式污水处理站，完成2家自备电厂"煤改气"（将烧煤炭改为烧天然气），依法整治"散乱污"企业（不符合产业政策，不符合产业布局规划，未办理工信、发改、土地、规划、环保、工商、质监、安监、电力等相关审批手续，不能稳定达标排放的企业）472家、VOCs（挥发性有机物）企业147家，严厉查处非法倾倒固废案件2件。以全周期理念加强城市精细化管理，开展环境卫生再提升工作，加快"1+1"［1个镇中心区和1个农村（社区）］生活垃圾分类示范片区建设，成功打造3个市级城市精细化管理示范村和3个市级品质提升示范街道。擦亮"百舸争流"乡村振兴品牌，初步建成3个特色精品示范村和6个水乡特色示范村，推动村组两级集体总资产、经营总收入、经营纯收入分别比上年增长19.4%、7.4%和8.3%。以更大力度推进新一轮城市品质提升，新改建口袋公园6个、街头小景20个，累计建成休闲碧道超30千米，推动北海河、流涌河、沥江围河两岸滨水景观品质显著提升。坚决打赢"两违"（违法用地、违法建设）治理攻坚硬仗，严格规范农房建设管理，累计整治违法建筑面积60万平方米、违法用地面积4.27公顷。

【道滘镇政务效能提升】 2021年，道滘镇始终把政治建设摆在首位，隆重举办庆祝中国共产党成立100周年系列活动，扎实开展党史学习教育，严格落实"两个维护"（指坚决维护习近平总书记党中央的核心、全党的核心地位，坚决维护党中央权威和集中统一领导）十项制度机制，风清气正、干事创业的政治生态得到持续巩固。坚决纠正"四风"（形式主义、官僚主义、享乐主义、奢靡之风），做好巡察整改和审计整改"后半篇文章"，强化对重点资金使用、集体资产管理等领域审计监督，以"新官必须理旧账"的坚决态度开展集体债权债务追收工作，有效处理农村历史遗留问题9个。建立重点工作全过程督查督办机制，有效推动17项重点任务提标提速、高效落实。深化"一门式"政务服务改革，开通4个跨部门"大综窗"，推动103项"全市通办"事项和34项村级政务服务通用事项落地，实现群众办事"就近办""少跑路"。主动接受人大法律监督和政协民主监督，累计办结人大建议25

件，办理率和满意率均达100%。

【道滘镇防控新冠肺炎疫情】 2021年，道滘镇做好防控新冠肺炎疫情工作，狠抓“内防反弹、外防输入”各项工作。内防方面，做好常态化疫情防控，实行“三人小组”（社区民警、医务人员、社区网格员）24小时待命制度，利用大数据筛查及村（园区）、行业网格化排查双结合的方式，对中高风险地区来道滘镇人员逐一上门摸排、信息登记，实现落地核查清零，累计排查1.85万人次，集中隔离467人，居家隔离1898人，推送至镇辖区重点人员任务落地核查率和核酸采样率均为100%。着力提升核酸检测能力，面对“6·18”“12·13”本土疫情，抽调党员干部近200人，组建近1000人的防控队伍，成立道滘镇疫情防控应急队，制定全镇大规模核酸采样点设置“作战图”，以村（园区）、大型楼盘、大型企业、学校为单位设置72采样点，累计完成核酸检测23.37万人次，更快更有序地完成全镇全员核酸检测。外防方面，严格落实跨境司机闭环跟车管理，针对全镇7个粤港跨境货车司机作业点，累计开展粤港跨境/接驳货车司机作业督导373人次，落实企业防疫人员接种率100%。

【广东省首个镇级京东平台地方特产馆落户道滘镇】 2021年3月1日，“中国特产·东莞道滘馆”上线京东平台，成为广东省首个镇级京东平台地方特产馆。该项目是道滘镇联合京东集团、云品家云平台有限公司打造的东西部兴农协作电商线上商铺，承载产品展示、直播、销售等多个功能。线上馆将为道滘镇对口帮扶的彝良县、揭西县和贵州省部分县的兴农产品及道滘镇的鸡蛋卷、道滘粽等特色产品拓宽销售渠道。此外，该线上馆将帮助特色食品进行互联网包装营销推广，使有本土特色、高品质的食品在电商成熟的运营模式下实现高效率的线上交易。

【道滘镇兴隆社区团支部、中心小学团支部获评为2020—2021年度广东省五四红旗团支部】 2021年4月，道滘镇兴隆社区团支部、中心小学团支部被共青团广东省委员会授予“2020—2021年度广东省五四红旗团支部”称号。道滘镇兴隆社区团支部和中心小学团支部持续发挥“微课堂”作用，动员全体团员进行“青年大学习”网上主题团课学习，并进行签到打卡，先后开展党的十九大精神及和十九届历次全会精神、《习近平关于青少年和共青团工作论述摘编》等思想理论学习15场次；组织观看《守边人》《特别追踪》等爱国、法制教育电影6场次；参观东江纵队、叶挺将军纪念园等红色教育基地4次。举办形式多样的志愿服务，开展节日慰问、关爱空巢老人、环境卫生整治、助力义诊、维护交通文明出行等志愿活动，组织倡导团员及青少年群体积极参与其中，传递正能量，年内先后开展志愿服务活动53次，参与人数超900人次，服务人群超4500人次。

【道滘镇新的社会阶层人士联合会成立】 2021年5月28日，道滘镇新的社会阶层人士联合会（简称“新阶联”）揭牌仪式在华科城举行。新阶联下设合作交流委员会、参政议政委员会等8个委员会，各委员会坚持“充分尊重、广泛联系、加强团结、热情帮助、积极引导”的方针，打造属于自己的品牌活动，提高新阶联的影响力；建立同心朋友圈，加强新阶联的凝聚力；完善各项工作机制，更好服务社会，保持创新力，发扬“品质道滘”的优势，并计划在华科城设立道滘新阶联统战工作实践创新基地，为道滘镇新阶层人士提供资源共享、融合发展的平台，提供培训

道滘镇小河村“花园式”再生水站 （2010年道滘镇供图）

锻炼、自我提升、建言献策、政治参与的平台。

【道滘镇获评为广东省脱贫攻坚突出贡献集体】 2021年6月，道滘镇被广东省委农村工作领导小组评为广东省脱贫攻坚突出贡献集体。道滘镇在广东省新时期精准扶贫精准脱贫中，对口帮扶坪上镇4个深度贫困村及200户贫困户，完成200户贫困户520人建立遍访制度和档案台账，并切实为贫困群众落实“三保障”（基本医疗、义务教育、住房安全），投入超2100万元协助建立包括光伏发电、水电站入股项目、供港蔬菜种植项目等，建成造血增收项目18个，为村集体及贫困户带来超100万元的收入，在2020年底全面实现贫困村和贫困户的双退出。因群众满意反响强烈、个人工作成绩突出，镇内帮扶干部1人被省委授予“省脱贫攻坚先进个人”称号，3人被省委农村工作领导小组授予“脱贫攻坚突出贡献个人”称号。

【道滘镇获评为2021—2023年度广东省民间文化艺术之乡】 2021年8月，道滘镇被广东省文化和旅游厅评为“2021—2023年度广东省民间文化艺术之乡”。道滘镇坚持发展粤曲文化，以《道滘镇业余粤剧曲艺扶持办法》为抓手，设立超300万元专项资金支持曲艺文化工作，扶持成立私伙局21个、省曲艺创作基地1个、市曲艺创作基地1个、1个青少年粤剧曲艺培训中心、6个粤剧曲艺培训基地，建成东莞粤剧曲艺文化馆。面向广大群体受众，利用粤韵馆、粤剧曲艺文化馆及村组基层文化广场、公园等设施，打造以粤韵馆为主阵地、辐射各村组基层的品牌曲艺活动，扩大道滘曲艺美誉度和知名度。面向年轻一代受众群体，推进“戏曲进校园”工作，开展“一校一架头（乐器）”民乐培训和粤剧粤曲演唱培训工作，实现“戏曲进校园”全镇公办小学、幼儿园全覆盖。

2021年10月13日，道滘镇大型原创现代粤剧《火种》在东莞市文化馆星剧场首演（道滘镇供图）

【东莞市首座花园式分散式污水处理站在道滘镇建成】 2021年，道滘镇建成东莞市首座花园式分散式污水处理站。该站位于道滘镇小河村大新南路旁边，于2020年9月动工，2021年8月中旬投入使用。再生水站外观为休闲娱乐的小公园，看不到污水处理设施，水站是按照标准污水厂建造，化验室、中控室、在线检测室等设施一应俱全。投入使用后，每天可以处理小河村内工业生活污水5000吨，再生水利用率40%，处理后的再生水可以进行生态补水，用于公园绿地喷溉、道路洒水等。分散式污水处理模式，片区内就近收集、就近处理、就近再生后充分利用，杜绝水体污染问题，提高水环境品质及污水的再生利用，最终达到“污水收集率高、进厂浓度高、出水标准高、环境质量高”的水环境质量可持续发展目的。

【道滘镇大型原创现代粤剧《火种》首演】 2021年10月13日晚，道滘镇大型原创现代粤剧《火种》在东莞市文化馆星剧场首演，《火种》旨在谱写出一曲大革命时期东莞共产党人在极其艰难的时刻，依然坚定信念，坚持斗争，浴血奋战，用生命点燃革命火种的颂歌。《火种》取材道滘镇革命先烈叶铎辉的事迹为题材，采用创新模式联合创作，由道滘镇邀请省专业团队深度参与，合力创排而成。其主创团队阵容强大，由国务院特殊津贴专家、中共中央宣传部“五个一工程奖”与“文华奖”的梁郁南担任编剧和导演，国家一级演员、第十八届中国戏剧梅花奖得主梁淑卿和著名粤剧演员、导演潘少星担任副导演，特邀著名粤剧表演艺术家、中国戏剧梅花奖“二度梅”获得者冯刚毅加盟演出。主要演职人员，绝大多数都是道滘镇的粤剧人才以及道滘镇曲艺社成员。《火种》有望走向全省、全国，成为活跃在国内各个地方的“长青作品”。

【东莞市首宗国有企业主导“工改工”项目落户道滘镇】 2021年，道滘镇将镇村工业园改造作为产业转型升级的“头号工程”，制定镇一级镇村工业园改造提升指导意见，开创建设用地规模等量置换新模式，破解连片“工改工”（将土地性质为普通工业用地改变为新型产业用地，将旧工业区拆除重建升级改造为新型产业园）权益整合难、用地零散等难题。创新“工改工”利益分配机制，调动村集体参与改造的积极性。探索运用多种改造路径激活全盘活力，成功推动小河片区广深港澳科技创新走廊小河片区新兴产业研发制造项目改造项目入选第一批“头雁计划”，成为全市首宗完成挂牌招商及拆除工作的市属企业整备开发项目。

【道滘镇获东莞市环境保护责任考核第一名】 2021年，道滘镇贯彻落实市委、市政府关于打赢蓝天保卫战的工作部署，着力推进生态环境高水平保护和经济高质量发展，交出“绿水青山”新答卷，获东莞市环境保护责任考核第一名。开创性建成全市首个试点零星废水在线监控系统，实现环保管理和智能操控高效结合，协助执法人员24小时监控，使环境违法行为无所遁形。年内，内河涌剿黑消劣任务完成率100%，污水处理厂BOD(生化需氧量)进水浓度达标。空气质量优良天数比例达91.3%，推动产能“煤改气”工作。设置生态环境严管区实施先进监管，开启全民监督模式，全部办结中央生态环境保护督察交办案件。

【道滘镇获得2021年“多彩乡村，学史奋进”主题教育实践活动优秀组织单位奖】 2021年，道滘镇响应广东省2021年“多彩乡村，学史奋进”主题教育实践活动，结合全镇乡村丰富的红色资源和乡村振兴实践，联合部门、村举办“多彩乡村，红色经典”摄影活动、“向党说说心里话”“水乡儿女心向党”视频制作大赛、红色经典读书会、“南粤儿童心向党”“我为群众办实事”等活动，利用广播、电视、报刊、网络等媒体开展多种形式的宣传活动，增强社会各界参与的积极性、主动性，扩大社会影响。12月，道滘镇获得广东省“多彩乡村，学史奋进”主题教育实践活动优秀组织单位奖。

【道滘镇获评为2021年国家义务教育质量监测实施县级优秀组织单位】 2021年，道滘镇作为水乡新城片区牵头镇街，带领水乡新城片区4个兄弟镇参加国家义务教育质量监测工作。成立水乡新城片区领导小组，制订实施方案和应急方案，完成12所小学、8所中学，共597名测试学生和261名测试校长及教师的2021年国家义务教育质量监测实施工作。12月，被教育部基础教育质量监测中心评为2021年国家义务教育质量监测实施县级优秀组织单位。

【道滘镇获评为广东省健康促进区】 2021年，道滘镇探索区域健康促进综合干预模式，建立健全健康促进长效机制。投入超150万元专项资金，设立独具特色的健康加油站15个，建设蔡白湿地公园健康主题公园1个和健康步道5个，成功创建广东省健康促进机关、村（社区）、学校、医院、企业27个，广东省无烟单位55个，广东省健康家庭3520户。发挥“互联网+”等新媒体优势，累计推送健康短信超60万条及健康小视频24个，结合卫生宣传日活动，完成健康讲座及健康素养巡讲进社区、进企业、进学校和进机关活动超300场，受益人群3.6万人次。年内，道滘镇被广东省卫生与健康委员会评为广东省健康促进区。

【道滘镇获评为广东省财政管理工作先进典型】 2021年，道滘镇树立“大财政、大预算、大资产”理念，紧扣积极财政政策落实落地，战疫情、强保障、促发展，财政收支平稳运行，民生工程保障有力，财政改革不断深化。严格落实过紧日子要求，制定下发通知，严格预算约束，严控新增支出，压减一般性支出，压支额度超1500万元。兜牢“三保”底线，按照“保主、保重、保基”的原则，集中财力优先保障“三保”支出需求，合计安排“三保”支出5.70亿元。做好疫情防控保障，设立超600万元配套资金帮助企业复工复产，用好抗疫特别国债资金作发热门诊改造，构建防疫屏障。年内，道滘镇被广东省财政厅评为广东省财政管理工作先进典型。 （卢润志）

附：2021年道滘镇党委、人大、政府主要领导名录

镇委书记：谢卫东（任至4月）
曾平治（4月到任）
镇人大主席：赖锡池（任至6月）
王敬波（6月到任）
镇 长：陈 涛

2020—2021年道滘镇主要经济社会指标情况表

指标	2020年	2021年
户籍人口（人）	66515	68490
常住人口（万人）	15.98	16.05
面积（平方千米）	54.29	54.29
地区生产总值（万元）	1219773	1356464
第一产业（万元）	10984	12578
第二产业（万元）	685107	821322
第三产业（万元）	523682	522564
总用电量（万千瓦时）	116509	131853
全社会固定资产投资总额（万元）	311951	410360
社会消费品零售总额（万元）	349673	386234
外贸出口总额（万元）	332023	449465
实际利用外资（万元）	4134	4787
地方财政总财力（万元）	312625	523062
各项税收总额（万元）	221740	227282

厚街镇

【厚街镇概况】 厚街镇位于珠江三角洲东岸，穗港经济走廊中段，北连东莞市区，南邻东莞港，东倚大岭山镇，西南毗连沙田镇，西北与道滘镇、洪梅镇等隔河相望。东莞市域轨道交通R2线、穗深城际轨道、广深高速公路、莞番高速公路、省道S256线、环莞快速路纵横厚街镇全境，广深港客运专线虎门站和穗深城际轨道厚街站坐落其中。截至2021年底，辖区面积125.7平方千米，下辖24个社区，常住人口55.43万人，其中户籍人口14.05万人。厚街镇是“珠三角工业重点卫星镇”“全国乡镇企业百强镇”“全国出口创汇十强镇”“中国会展名镇”“中国钻石餐饮名镇”“中国最佳会展目的地名镇”。

2021年，厚街镇实现地区生产总值474.23亿元（第一产业2.54亿元，第二产业265.28亿元，第三产业206.41亿元），比上年增长10%；全社会固定资产投资总额86.36亿元，增长17.1%；总用电量43.06亿千瓦时，增长16.6%；社会消费品零售总额257.86亿元，增长12.4%；实际利用外资2.62亿元，下降75.6%；外贸出口总额719.74亿元，增长18.6%；各项税收总额105.87亿元，增长29.1%；地方财政总财力67.15亿元，下降13.6%。年内，厚街镇被评为“2021年度领导班子工作优秀镇（街道）”“2021年度金五星优秀会展城市”“中国最佳会展目的地名镇”“中国家具行业示范产业集群”，获得“2021—2023年度广东省民间文化艺术之乡”“2021年度广东省移动支付精品示范镇”“广东省财政管理工作先进典型镇”“广东省脱贫攻坚先进集体”“广东最美应急集体”等8个市“单打冠军”，列全国综合实力百强镇第15位。

【厚街镇经济发展】 2021年，厚街镇注重企业培优育强，新增“小升规”［规模以下小微企业（即年主营业务收入2000万元以下的企业）升级为规模以上企业］工业企业91家、上市后备企业3家、国家专精特新“小巨人”企业（指业绩良好、发展潜力和培育价值处于成长初期的、专业化精细化特色化新颖化特征明显的中小企业，通过培育推动其健康成长，最终成为行业中或本区域的巨人企业）1家、省“专精特新”中小企业4家。加速产业集聚发展，新增认定总部企业1家（汇景集团公司），总部经济实现“零”的突破。制定镇家具产业集群培育发展行动计划，申报认定为“东莞市家具产业集群核心区”。推动三星、鼎泰公司等一批优质企业实现增资扩产，其中三星公司续租20年，坚定在厚街镇扎根发展的信心决心。启动智能装备、家具、食品等行业质量变革战略试点，率先建成全市首家质量基础设施协同服务与应用中心。全年完成工业技改投资15.89亿元、比上年增长11.7%；国家高新技术企业申报完成率位居

厚街镇中心区 （2021年谢超均摄）

全市第一位，全镇有效高新技术企业286家，增长27%。推动博钺电子公司和邦泽创科电器公司两家企业认定为省工程技术研究中心，全镇省市工程技术研究中心达16个。持续加强招商策划和服务对接，全方位开创招商引资工作新局面，全年引进内资协议投资111.4亿元，实际投资53.04亿元，分别比上年增长48.7%和10.1%。引进超千万美元外资项目5个，促成南兴、鼎泰二期、安域、华科等4个项目签约，推动黄金小镇二期项目地块摘牌。新增省重点项目1个、市重大项目4个，金龙科创港等4个项目实现开工，慕思总部项目投产。重大项目全年完成总投资16.7亿元，完成年度投资目标任务143.6%，完成率居全市前列。高起点推进东莞国际会展新城规划建设，新引进7个“国”字头展会，全年举办展会21个，展出面积66万平方米，获“金五星优秀会展城市奖”等奖项，助力东莞市获“2021年中国最具竞争力会展城市”称号。

【厚街镇城市品质提升】 2021年，厚街镇推进省城乡融合发展中心镇试点建设，完善镇国土空间总体规划（2020—2035）及TOD（以公共交通为导向的开发）规划编制，科学谋划城市发展蓝图。推进行政办事中心、文化艺术中心、医疗健康中心、体育运动中心建设，“一中心五片区”城市发展格局初步形成。强化城市建筑风貌、城市色彩、外立面、天际线等整体设计管控，完成文化公园、厚街高速公路路口等区域景观提升工程，实施省道S256线厚街路段、环莞快速路段等区域灯光亮化工程，打造湖景大道景观示范道路，其中省道S256线厚街段获评省“十大最美普通国省干线公路”之一。推进“工改工”（将土地性质为普通工业用地改变为新型产业用地，将旧工业区拆除重建升级改造为新型产业园）三年行动计划和镇村工业园改造，全年盘活存量地块6宗34.67公顷。启动黑山片区土地整备工作，释放土地35.67公顷。推动黑山、白濠2个产城融合单元纳入市首批城市更新“头雁计划”项目。统筹推进品质交通千日攻坚和社区停车位建设，新增停车位1.14万个，新建慢行道10千米、非机动车道30千米，厚街大道乐购路口等多个重点路口治堵成效明显。系统推进断头路、泥泞路升级改造和停车场建设，梳理整治一批拥堵节点黑点。整治违法建设138.8万平方米，完成22个社区“三线”（电力线、通信线、电视线）整治任务和全镇供水“一张网”建设，新建5G基站241个。启动厚街镇农贸市场品质提升三年行动，完成新围、双岗市场的硬件设施、软件管理升级改造，城市综合环境日益完善。

【厚街镇生态环境治理】 2021年，厚街镇整治“散乱污”企业（不符合产业政策，不符合产业布局规划，未办理工信、发改、土地、规划、环保、工商、质监、安监、电力等相关审批手续，不能稳定达标排放的企业）187家、VOCs（挥发性有机物）问题企业499家，建成4个大气标准监测站和22个微型监测站。推进节能降耗，推动19个分布式光伏发电项目、11个充电站点完成备案。统筹推进截污管网建设、雨污分流改造、入河排污口整治，新建雨污分流管网约302千米，完成横岗水库一期、沙溪水库等4段碧道12.73千米建设，完成新涌、大陂河等9条河涌生态治理，全镇22条河涌稳定消除黑臭，V类水达标率提升至91.3%，环境质量持续向好。

【厚街镇乡村振兴】 2021年，厚街镇成功创建新围、大迳等4个市级特色精品示范村，创建数量列全市第一位。统筹3.6亿元推动宝屯等10个社区创建特色精品村，打造大塘公园、鳌台公园等一系列亮点工程，累计建成“四小园”（小菜园、小果园、小花园、小公园）82个、“干净池塘”69个，“开窗见绿、出门见景”环境逐步呈现。启动冬春季人居环境整治大行动，谋划部署13项专项整治，生活垃圾处理、污水治理、“厕所革命”成效明显。制定社区分类管理、分类奖补政策，推进老区建设，推动农村集体经济增收减债，全镇社区集体总资产、净资产分别比上年增长10.1%、10.6%，提前消灭收不抵支社区。厚街镇获评为2021年全省乡村治理示范镇。巩固拓展脱贫攻坚成果与乡村振兴有效衔接，厚街翁源组团产业共建新签约亿元以上产业项目30个，总投资增长近10倍，创历史之最，获评东莞市2021年度产业帮扶工作“优秀”等次，厚街镇人民政府被授予“广东省脱贫攻坚先进集体”称号。

【厚街镇民生保障】 2021年，厚街镇持续加大民生投入力度，民生支出25.3亿元、比上年增长17.6%。用心用力办好民生实事，完成256个“我为群众办实事”项目和2084个“民生微心愿”项目，年度十件民生实事全部交出满意“答卷”。织密社会保障网，社会保险征收比上年增长67.6%，发放社保待遇款10.5亿元。升级改造敬老中心，成立镇综合养老服务中心，推动居家养老和“平安铃”服务全覆盖，“大配餐”（指向纯老、独居、孤寡、高龄、计划生育特扶、失能老人等特殊困难老年人提供助餐配餐服务）试点工作取得成效。推进“粤菜师傅”“广东技工”“南粤家政”工程，发放就业补贴1031.3万元，培训近万人。制定高层次人才入户、住房、子女入学等系列政策，落实科技创新人才、研发人才引进培养奖励机制，全镇本科以上人才总量5.58万人，增长17.87%。聚焦“民生五个位”（学位、医疗床位、停车位、养老床位、就业岗位），加快补齐教育、医疗、交通出行等民生领域短板，完成河田小学综合楼项目，启动三屯小学、新塘小学等5所学校改扩建工程，规划建设厚街医院新院部，启动社区卫生中心及20个社区卫生服务站升级改造。创建广东省文明镇，规划建设镇文化艺术中心，建成启用厚街镇新图书馆，改造升级鳌台书院周边区域，鳌台书院创建为全市唯一的“广东省十大岭南书院”。文化事业发展，原创红色广播剧《东江水流长》首次登上中央人民广播电台，获得2个国字号大奖。自觉接受人大工作监督和政协民主监督，组织召开镇长约请人大代表座谈会，主动公开政府信息2957条，办理人大代表议案5条、建议182条，办结率100%。加强法治政府建设，落实重大决策征询法律顾问机制，推进领导干部学法懂法用法，依法行政能力提升。深化“放管服”改革，全镇26个行政部门、112个业务窗口、1362项政务服务集中进驻新政务中心大厅，基本实现企业群众“进一扇门、办所有事”。

【厚街镇社会治理】 2021年，厚街镇启动“一网统管”试点，建成镇、社区两级城市指挥中心，处置问题隐患23.9万处，推动基层治理问题隐患抓早化小。探索开展“门禁+视频”出租屋管理模式，4558间出租屋接入门禁系统。安装出租屋喷淋系统8332套，电动自行车火灾事故比上年下降80%，厚街镇火灾防控经验获全省推广。常态化推进扫黑除恶工作，“全民反诈”、道路交通安全治理等工作成效明显，安全事故总数和死亡人数分别下降36.6%和25%，连续7年实现火灾“零亡人”，安全生产形势和社会大局总体稳定，镇应急分局获评“广东省最美应急集体”。深化“互联网+明厨亮灶”模式推广运用，实现全镇95所学校食堂“互联网+明厨亮灶”建设全覆盖，同时拓展运用至镇内大型餐饮、集体食堂、养老院等21家餐饮单位，全镇食品安全风险隐患防范水平提升。

【厚街镇防控新冠肺炎疫情】 2021年，厚街镇坚持“外防输入、内防反弹”总策略和“动态清零”总方针，抓实抓牢常态化疫情防控，坚决筑牢疫情防控屏障，全镇无报告确诊病例，防疫形势整体平稳。全年开展三轮合计228.3万人次核酸大筛查，组织医护人员1200人次支援应对市内市外突发疫情，守护人民群众生命健康安全。完善镇社区协同排查机制，做好重点地区来莞人员落地排查及核酸检测管理，全年累计核查重点地区来莞人员4.66万人，确保核查人员100%完成核酸检测。做好集中隔离场所管理及居家健康管理，先后启用丰汇、天茂等7家酒店作为集中隔离场所，累计接收集中医学观察人员5720人，接收总人数排在全市前列，获得省市督察组督导认可，全年累计完成居家隔离人员1269人。紧盯农贸市场、冷库冷链、跨境货运司机等重点场所领域管控，组建专职督导队伍落实镇内农贸市场及冷链冷库经营企业每周全覆盖巡查督导，抓好商超、影剧院、网吧等密闭半密闭场所防控措施检查，压减镇内跨境货车作业点至16个。对全镇97所学校10.5万名师生，落实“日报告”健康管理制度。设立会议展览工作专班，做好

2021年3月15—19日，第45届国际名家具（东莞）展览会在厚街镇举行　　（厚街镇供图）

各展会防疫演练等防控应急保障。全面推进新冠疫苗接种，于4月6日启用广东现代国际展览中心1号馆作为厚街镇新馆疫苗大型临时接种点，全年完成新冠疫苗接种160万剂次。

【第45届国际名家具（东莞）展览会在厚街镇举行】 2021年3月15—19日，“中国家具行业开年第一展”——第45届国际名家具（东莞）展览会在厚街镇广东现代国际展览中心举行。该届展会以“新生态，新引擎”为主题。启用10个展馆，展览面积超70万平方米，汇聚包括台升、慕思、顾家、楷模等全球超1500个高端优质品牌，展会特别开设“DongGuanShow全球设计灵感新领地”展区，构建“设计+选材”的大家居展览会。展会累计接待专业观众人数再创新高，达19.3万人。

【厚街镇图书馆新馆启用】 2021年4月25日，厚街镇图书馆新馆举行开馆仪式，新馆位于厚街镇政务服务中心西副楼，占地6000平方米，藏书20余万册，内设综合书库、24小时自助图书馆、少儿阅览室、电子阅览室、多功能自修区等多个功能区，阅览座位500余席，是1座面积大、功能全的现代化图书馆。该馆建设是厚街镇2020年十大民生实事项目之一。

【厚街党建文化园和新大楼启用】 2021年6月29日，厚街镇升级改造后的厚街党建文化园、新大楼投入使用。两者联通使用面积1.2万平方米，通过设置中心轴线的布置手法，按照“一轴多节点”整体规划，以厚街镇委党校为终点，将园林区域、大广场等党建文化节点串联融合，营造出庄重而不呆板的党建文化氛围。党建文化园及镇委党校新大楼的启用，进一步展示厚街镇党建文化内涵，打造党员教育新阵地，完善厚街镇“镇委党校+N个教育基地”的党员教育阵地模式。

【厚街镇获评为2020年“优质服务基层行”活动表现突出、成效显著机构】 2021年2月，国家卫生健康委员会办公厅、国家中医药管理局办公室发文通报表扬2020年“优质服务基层行”活动中表现突出、成效显著机构。经过机构自评、县区级审核、地市级和省级复核、国家专家组现场一致性评价等环节考核，厚街镇社区卫生服务中心上榜，厚街镇成为全市获得该表彰的11个镇街（园区）之一。为提升社卫机构服务能力和服务质量，厚街镇社区卫生服务中心开展“优质服务基层行”活动，对标国家社区卫生服务中心能力有关标准，补短板强弱项，在质量安全管理、业务技术能力、医疗服务质量、基本公共卫生服务能力等方面优化提质，服务保障能力获得认可。

【厚街镇获评广东省健康促进县区】 2021年6月，广东省卫生健康委办公室印发《关于公布2020年度省级健康促进县（市、区）技术评估结果的通知》，公布2020

升级改造后的厚街镇鳌台书院周边区域（2021年谢超均摄）

年度省级健康促进县(市、区)技术评估通过名单，厚街镇获“广东省健康促进县（市、区）”称号。自2018年9月，厚街镇将创建省健康促进区工作纳入政府工作任务，实施“将健康融入所有政策”战略。建立“政府主导，多部门合作，全社会参与”的工作机制，着力打造健康促进场所，建设健康步道、社区公园绿地等健康支持性公共环境，广泛开展健康促进活动，有效改善居民生活环境，健康促进氛围日益浓厚，居民健康素养水平得到全面提升。

【厚街镇获评为广东省脱贫攻坚先进集体和广东省脱贫攻坚工作突出贡献集体】 2021年6月23日，广东省脱贫攻坚总结表彰大会在广州市召开，对全省脱贫攻坚先进集体和先进个人进行表彰。其中，厚街镇人民政府被省委、省政府评为“广东省脱贫攻坚先进集体”“广东省脱贫攻坚工作突出贡献集体”。厚街镇从2016年起，承担对口帮扶韶关市翁源县12个省定相对贫困村精准扶贫工作任务。厚街镇遵循“翁源所需，厚街所能”的工作思路，因地制宜抓产业，因人而异助脱贫，以“抓铁有痕、踏石留印”的精神，对翁源县展开全方位、全领域、全覆盖的对口帮扶工作，截至2020年底，对口帮扶的12个村及702户1951名贫困户全部脱贫。

【厚街镇获评为广东省民间文化艺术之乡】 2021年12月3—5日，2021年全国公共文化和旅游产品采购大会“东莞站”——2021粤港澳大湾区公共文化和旅游产品（东莞）采购会开幕式在东莞市文化馆举行。开幕式上，举行2021—2023年度“广东省民间文化艺术之乡”授牌仪式。其中，厚街镇书法项目获评为“广东省民间文化艺术之乡”。是继2018年获评2018—2020年度“广东省民间文化艺术之乡（书法）”后，厚街镇再次获此殊荣。书法是厚街镇最具特色的民间文化艺术项目之一，厚街镇通过制定全市首个镇级文化名家扶持办法、打造全国书法教育示范学校、书法创作研究基地等举措，形成浓厚的书法创作和教育氛围。

【厚街镇获评为广东省移动支付示范镇】 2021年，厚街镇推动移动支付示范镇建设工作，配合制订移动支付示范镇建设专项工作方案，组织协调主办行及协办行共同做好移动支付示范镇各项指标任务，成效显著，高效便捷的移动支付方式助力乡村振兴发展，获评为“广东省移动支付示范镇”。

【厚街镇获评为“广东最美应急集体”】 截至2021年底，厚街镇应急管理分局率先从深化应急管理机制改革，消除安全监管痛点上大胆创新探索。2021年出台《关于进一步加强厚街镇安全生产常态化管理工作的若干意见》，制定11项安全生产有关机制、制度，联合各相关部门、单位、社区基层，全面堵塞安全生产监管执法漏洞。由镇委镇政府与各部门和社区、社区再与企业分别签订安全生产责任书，层层压实安全主体责任。创新推行“基础网格+专业队伍”巡查模式，自5月运行该模式至年底，建档生产经营单位1万家，检查生产经营单位超8000家次，查处安全生产隐患1.6万处。创新基层应急管理人才建设，联合网格管理部门打造集风险排查、检查执法、宣传教育、自救互救组织等于一体的“近进响应队伍”，该队伍是全国首支持证上岗的基层应急救援近进响应队伍。通过一系列创新探索，厚街镇全年生产安全事故数及亡人数“双下降”22.2%，未发生较大以上生产安全事故。2022年1月20日，广东省应急管理厅通报表彰2021年度全省应急管理工作先进单位及个人，东莞市应急管理局厚街分局获授予“2021广东最美应急集体”称号。 （方丽萍）

附：2021年东莞市厚街镇党委、人大、政府主要领导名录

镇委书记：刘学聪（任至4月）
　　　　　黎寿康（4月到任）
镇人大主席：方活力（任至11月）
　　　　　　杜学民（11月到任）
镇　长：叶可阳（任至7月）
　　　　陈尚荣（7月到任）

2020—2021年厚街镇主要经济社会指标情况表

指标	2020年	2021年
户籍人口（人）	133290	140531
常住人口（万人）	55.17	55.43
面积（平方千米）	125.7	125.7
地区生产总值（万元）	4186615	4742314
第一产业（万元）	22301	25423
第二产业（万元）	2294934	2652788
第三产业（万元）	1869380	2064103
总用电量（万千瓦时）	369409	430589
全社会固定资产投资总额（万元）	737247	863588
社会消费品零售总额（万元）	2294337	2578607
外贸出口总额（万元）	6070884	7197412
实际利用外资（万元）	107591	26245
地方财政总财力（万元）	777387	671521
各项税收总额（万元）	819971	1058705

沙田镇

【沙田镇概况】 沙田镇位于东莞市西南部，地处粤港澳大湾区中部轴线和广深科技创新走廊腹地，东江南支流出海口与狮子洋交汇处。截至2021年底，辖区面积107.29平方千米，下辖16个村和2个社区，常住人口21.16万人，其中户籍人口5.94万人。沙田镇是“全国重点镇”“中国港口物流重镇”“全国龙舟之乡”“中国水上民歌（咸水歌）之乡”“国家卫生镇”。

2021年，沙田镇实现地区生产总值241.12亿元，（第一产业2.29亿元，第二产业116.31亿元，第三产业122.52亿元），比上年增长15.2%；全社会固定资产投资总额111.29亿元，增长8.5%；总用电量28.76亿千瓦时，增长10.9%；社会消费品零售总额43.85亿元，增长13.2%；实际利用外资4.84亿元，增长19.9%；外贸出口总额557.7亿元，增长43.3%；各项税收总额50.01亿元，增长20.6%；地方财政总财力48.23亿元，下降2.3%。年内，沙田镇在镇街领导班子年度工作考评中排第10名，连续8年获评优秀镇街。获“2019—2020年全省脱贫攻坚工作突出贡献集体”“2020年度省级健康促进县（市、区）”“广东省乡镇（街道）社会体育指导员A级服务站”“综合保税业务改革先进镇”“东莞国际健康驿站建设运营工作先进单位”和“全国五四红旗团委”“2020年‘优质服务基层行’活动表现突出、成效显著机构”“2021年广东省民主法治示范村(社区)”“广东省森林乡村”“广东省‘一村一品、一镇一业’专业镇、村”等10项“单打冠军”。

【沙田镇防控新冠肺炎疫情】 2021年，沙田镇筑牢新冠肺炎疫情防线，配合全市疫情防控大局，仅用45天就完成国际健康驿站2000个房间改造，做好配套设施、人员保障，确保驿站运营。建成市进口冷链食品集中监管仓，对进口冷链食品做到批批检测、件件消毒，妥善处置39起涉新冠肺炎病毒阳性冻品事件。对全镇17个外贸港口码头作业点实行领导班子分片挂点，落实“闭环管理、集中居住、高频次核酸检测、全程接种疫苗”措施，无发生国际船员疫情外溢事件。筑牢全镇113.3千米水域岸线（含28千米海岸线）反走私、反偷渡防线，在桥梁、码头、易上岸点、水域复杂沿岸等部位建设101路雷达和视频监控，对易上岸点加高加固铁丝网护栏、增设警示灯、值守岗亭及集装箱等设施，打击走私偷渡。完成跨境货物运输综合接驳站改造，完善红、黄、绿三区设置，以及专用洗手间、智慧猫眼监控等设施，实现跨境接驳车辆与人员闭环管理。持续做好农贸市场、医疗卫生机构、校园、药店、冷链冷库等重点场所防范，常态化落实社区防控疫情“三人小组”（社区民警、医护人员、社区网格员）工作模式，及时核查重点地区来返沙田镇人员超2.5万人次，分级分类实施健康管理措施。应对“6·18”“12·13”等东莞本土疫情，高效完成4轮全员核酸检测。做好隔离管控服务，集中隔离、居家隔离2119人。在镇中心区设立新冠疫苗大型接种点，累计

沙田镇夜景（2021年甘海鹏摄）

接种超57.6万剂次，全人群全程接种率103.5%。

【沙田镇产业发展】 2021年，沙田镇主动发扬“店小二”服务精神，提前介入重大项目前期报批手续、征地拆迁等工作，推动大能等9个项目开工建设，创群一期等14个项目竣工、投产。推进百个重大项目百日攻坚专项行动，19个省市重大建设项目完成投资28.3亿元，超额完成全年计划。做好重点项目引进洽谈，推进华复二期等10个项目签约，协议投资169亿元，推动富加宜等8个项目增资扩产。产业结构持续优化，落实扶企惠企政策，推动42家企业成功申请“中小企业增长奖励”，32家企业实现“小升规”（小微企业转型升级为规模以上企业），促进擎天、新长桥等一批项目经济数据回归。创新驱动深入实施，以“科技沙田”等政策为抓手，撬动R&D（研究与试验发展）投入7亿元，推动55家企业通过国家高新企业认定，省市级工程中心、技术中心16家、规模以上工业企业自建研发机构136家，推动金富科技等企业申报东莞市创新型百强、瞪羚企业。搭建校企合作平台，促成华南理工大学等高校专家到企业开展产学研交流，推动东莞理工学院科技特派员项目合作。

【沙田镇城市建设】 2021年，沙田镇加强污染防治，新建截污管网超126千米，完成17个入海河涌排口整治，推进10项河涌整治工程，西太隆活力水岸广场建设、渡船洲涌整治等全面完成，西太隆河碧道入选全市“最美碧道”；加强VOCs（挥发性有机物）企业治理、扬尘污染控制、机动车尾气路检等空气质量防控，福田绿洲煤改气项目第二台燃气锅炉投入使用，完成空气质量达标任务，开展打击固废环境违法犯罪行为专项行动，完成重点监管企业土壤污染隐患排查。城市管理加强，开展“城管进一线”，建成2个城市服务驿站、3个城管社区工作站，成立沙田玉兰女子城市执法服务队；强化市容市貌整治，处置城市“六乱”（乱搭乱建、乱堆乱放、乱设摊点、乱拉乱挂、乱贴乱画、乱扔乱吐）行为1.9万宗、“行走沙田”发现问题6000个，推进“洁净沙田”、治理超限超载、停车场整顿等工作；坚决以“零容忍”态度整治“两违”（违法用地和违法建设行为），新增违建零增长，治理违法建筑物58.65万平方米，超额完成年度任务；全方位开展垃圾分类宣传推广，完成4个示范小区建设，建成1个主题宣教馆；推动建成区见缝插绿，建成民田游龙广场等一批口袋公园，高质量打造30个街头小景。发展空间全面拓展，抓好国土空间规划编制，完成生态保护红线和城镇开发边界划定；推动8个项目纳入2021年“工改工”项目库，完成23.33公顷“工改工”（将土地性质为普通工业用地改变为新型产业用地，将旧工业区拆除重建升级改造为新型产业园）拆除平整任务，建宝等2个项目动工建设，信鸿湾区智谷1期项目封顶；完成土地收储面积41.93公顷。基础设施加快完善，穗齐路翻新工程竣工投入使用，新增路外及配建停车位1800多个，建成慢行系统3.2千米、碧道7.5千米；推动500千伏崇焕输变电工程如期投产，直流背靠背工程启动建设。

【沙田镇乡村振兴】 2021年，沙田镇聚焦富民兴村、产业发展等领域，实施34个乡村振兴重点项目，村组两级集体经济经营总收入4.11亿元，比上年增长7.2%；纯收入2.99亿元，增长7.5%。发展高端精品都市型农业，民田村成功创建为省级水产养殖“一村一品”示范村。完成村组换届选举，17个村（社区）全部实现“三个一肩挑”（党组织书记、村民委员会主任和村级集体经济组织负责人三个职务“一肩挑”），落实农村年度预算、收益分配方案、土地款使用等重大事项审查640宗，完成199个集体经济组织集体资产清查，通过集体资产交易平台成功交易123宗，规范村务运行。农村环境进一步优化，完成《沙田镇镇域乡村建设规划研究报告》以及民田、穗丰年、大泥3个村庄建设规划编制。落实新一轮12个农村环境整治项目，建成“四小园”（小菜园、小果园、小花园、小公园）60个，实施人居环境微实事120件。开展村庄清洁行动，17个村（社区）全部通过市“美丽宜居村”验收，阇西村获评省森林乡村。推进协作帮扶，完成脱贫攻坚帮扶任务，2名干部分别获评全国、全省脱贫攻坚先进个人，镇政府获评全省脱贫攻坚突出贡献集体；做好省内乡村振兴结对帮扶，选派6名优秀干部到普宁市驻镇帮镇扶村；落实结对帮扶铜仁市松桃县、对接支援西藏建设等工作。

【沙田镇公共服务】 2021年，沙田镇聚焦为群众办实事，全力保障就业，组织线上线下就业招聘会36场次，建立化工行业集中招工模式，开展产业人才培训2903人次，“村民车间”安置户籍劳动力472人。提升最低生活保障标准，严格落实残疾人补贴、社会救助等政策，年发放民生、渔农等补助4100万元，为225人提供居家养老服务，镇敬老院获评全市唯一的省四星级养老机构，统筹做好“膳”爱老人送餐等社区服务，开展志愿服务800场次。开展社会工作“双百工程”（社会工作服务站100%覆盖、困难群众和特殊群体社会工作服务100%覆盖），成立5个社工站点，探访困难群众940户。推进“民生大莞家”品牌项目（指通过进一步健全民生诉求收集、处理、反馈机制，切实解决一批群众身边的小急难问题），帮助1500人次实现微心愿，鲸沙花园村史馆等12个项目获评“民生大莞家”优秀惠民项目。扩大社会保险覆盖面，社保卡发卡覆盖率超93%。对退役军人开展全覆盖走访慰问、政策宣传等活动，落实拥军优抚政策。举办健康巡讲、义诊服务等活动，成功创建广东省健康促进区，沙田医院独栋发热门诊启用，通过二级甲等医院创建，社区卫生中心获评全国“优质服务基层行”活动优秀单位，基本实现“常见病不出沙田镇”。实施教育扩容提质，江畔花园公办小学加快建设，新中心幼儿园投入使用，更新改造234个教室和功能室灯光照明，全镇师生获得市级以上奖项900项，落实民办学位补贴1.22万人次，加强校外培训机构监督整治。宣传文体工作全面推进，开展庆祝中国共产党成立100周年系列活动及党史学习教育，创作一批红色文艺作品。以文旅融合促乡村振兴，传承发扬疍家、莞草和龙舟文化，文化艺术中心年接待游客超12万人次，“沙田印象”水幕剧等文化品牌广受好评，举办开展书法、摄影、舞蹈、莞草编织等文化培训100多场次，惠民超3000人次，社会体育指导员服务站被省评为“A级服务站”。

【沙田镇社会治理】 2021年，沙田镇维护社会稳定，建立综治中心、职能部门、村（社区）工作站三级矛盾纠纷排查联动机制，矛盾纠纷化解率100%。推动“智网工程”工作平台纵深发展，完成2个示范网格创建，处置隐患线索7.4万条，排除风险隐患。建成专业巡逻处警队伍，发展义警队员4506人，设立义警应急响应重点部位54个，开展“夏季清源”“飓风2021”等行动，常态化推进扫黑除恶斗争。开展反电信网络诈骗，立案数比上年下降24.5%；做好海防和反走私、反偷渡工作，成立沙田水上派出所，走私警情比上年下降46%。加强安全生产监管，开展安全生产专项整治三年行动、百日攻坚行动等专项工作，落实危险作业班前警示等制度，生产安全事故比上年下降33.3%，1件“两法衔接”（行政执法与刑事司法衔接）案例被应急管理部评为全国典型案例。健全立沙岛“一围网两驿站三闸口”（指封闭式管理立沙岛1号闸口和立沙岛综合管理驿站、乘车检查2号驿站3号闸口）封闭管理设施，化工安全专家平台运行，成立化工园区实习实训基地，引进专业公司加快智慧园区建设。统筹做好食药品安全、建筑安全、校园安全等工作。

【沙田镇政务建设】 2021年，沙田镇投入1亿元高标准规划打造新政务服务中心办事大厅，用时仅200天完成主体工程及装修布置。新办事大厅办公区域面积7000平方米，设置6大功能区96个办事窗口，创新推动海事业务“靠前办”，成为全市唯一的市级窗口进驻的镇级服务大厅，公安、税务等30个部门和“水、电、气”等5个市政公用服务单位近1350个政务服务事项全进驻。优化办事流程，推动高频登记业务、企业开办等实现“一天办”；深化“一窗受理”，整合组建综合服务团队，推动受审分离，实现1人通收近1000个事项业务，实现“进一扇门，办所有事”。落实依法治镇、依法行政工作要点，通过中央法治政府督查、市法治东莞建设督查，严格行政执法事前、事后审查，制定重大行政决策事项目录。依法办结政府信息公开申请76宗，发布政务信息1100多条。抓好镇人大评议的3个重点民生单位反馈意见落实，办结人大建议及议案41份。推进“法律六进”（法律进机关、进乡村、进社区、进学校、进企业、进单位）活动，获评市示范性乡镇公共法律服务中心，杨公洲村成功创建为省

沙田镇西太隆河碧道　　（2021年谢远思摄）

级“民主法治示范村（社区）”。完成村组两级、12个部门单位财务收支审计，推动“数字财政”系统、电子化政府采购平台应用，全面排查防控廉政风险。

【沙田镇推动保税综合业务改革】 截至2021年底，虎门港综合保税区（为东莞市首个综合保税区，东莞市获批准成立的第二个国家级开发区）封关运作一年多以来，依托国务院关于综合保税区发展政策，先后推出“两步申报”（第一步：企业概要申报后经海关同意即可提离货物；第二步：企业在规定时间内完成完整申报）、网购保税进口商品退货、中欧班列直通车、优先AEO（经认证经营者）认证等改革措施，促进保税维修、保税加工、保税租赁、保税研发、保税展示等新业态共6个项目落地，辐射服务全市超4000家制造业企业，吸引宜家家居出口集拼、菜鸟跨境电商、陆逊梯卡眼镜、比亚迪精密等龙头项目以及飞力达、小米、步步高、省邮政、普洛斯、沃尔玛、安克创新等一大批世界500强、国内外知名企业进驻。2021年，虎门港综合保税区克服国际贸易形势严峻、疫情不稳定、锂电池相关业务停摆等不利因素，保障运作，“保税展示+跨境电商零售”“大联大”分拨中心等一批新业态项目落地，整体呈现出快速增长势头，进出区货值1606.3亿元，比上年增长17.67%，在全国150多个海关特殊监管区中排第24名，推动沙田镇跨境电商进出口总额在全市占比超38%。在经济下行压力大的外部环境下，成为东莞市外贸增长新亮点，获评市“综合保税业务改革先进镇”。

【立沙岛精细化工园区】 截至2021年底，立沙岛精细化工园区是东莞市唯一的大型专业化工园区，液体化工品吞吐量2300万吨/年，其中汽柴油及天然气、液化气的吞吐量超1200万吨，供应量能有效满足东莞市及珠三角地区其他城市的需求，园区产品对东莞市、大湾区及广东省支柱制造业化工原料需求品种覆盖率超80%。沙田镇持续优化园区产业结构，以精细化工为主导的产业体系逐渐成型。2021年，该园区规模以上工业产值84.54亿元，比上年增长30.7%。 （梁嘉伟）

【东莞港】 东莞港是国家一类口岸、广东省地区性重要港口，也是东莞市经济社会发展和联系国内外市场的重要口岸。截至2021年底，拥有53千米有条件成规模开发的深水岸线，海域面积79平方千米，航道水深-13米，由麻涌新沙南作业区、沙田立沙岛作业区、沙田西大坦作业区、沙角港区以及内河港区组成，全港年峰值货物吞吐量近2亿吨、集装箱吞吐量超400万标箱，全球港口排名前50强。2021年，东莞港完成集装箱吞吐量369万标箱，货物吞吐量1.89亿吨。

截至2021年底，东莞港务集团有限公司（负责开发运营东莞港核心资源）有6个5万吨级以上泊位和11个驳船泊位投入使用，累计开通76条内外贸航线，其中：内贸航线49条、外贸班轮航线11条；件杂货专线2条、汽车滚装航线3条；“湾区快线”11条。内贸航线覆盖环渤海、长三角、东南沿海、珠三角、西南沿海等国内沿海城市；近洋航线覆盖中国台湾地区以及东南亚国家；远洋包船航线覆盖欧洲、北美、加拿大等国家和地区；通过发展海铁联运，对接“一带一路”。深耕“湾区快线”网络布局，覆盖粤港澳大湾区“9+2”城市群，点对点、天天班对接香港、深圳、广州等远洋通道，实现跨港口“闸口前移”一站式通关，实现货物快速集散；新增内贸“莞南线”，实现天天班正常运作；升级“莞盐线”（东莞港至盐田港）运力，班次由“天天班”增至“两天三班”；在香港疫情严峻情况下，制订跨境运输“陆改水”物流方案，开通“湾区快线”莞港跨境门到门专线。2021年，“湾区快线”驳运体系累计完成集装箱吞吐量19.66万标箱，比上年增长159%。 （冯圆圆）

【沙田镇获评为全省脱贫攻坚工作突出贡献集体】 截至2021年底，沙田镇落实国家、省、市关于脱贫攻坚及乡村振兴工作的决策部署，加大帮扶力度，选调一批优秀干部到韶关市始兴县担任驻村第一书记，投入扶贫资金2700多万元，推动对口帮扶7个省定贫困村全部脱贫摘帽，321户贫困户实现脱贫，驻镇帮镇扶村、东西部扶贫协作、支援西藏等工作成效显著。2021年，沙田镇被评为“全省脱贫攻坚突出贡献集体”，2名扶贫干部分别被评为“全国脱贫攻坚先进个人”“全省脱贫攻坚先进个人”。

【沙田镇创建为省级健康促进区】 截至2021年底，沙田镇构建“政府主导、专业部门支撑、多部门协同、全社会参与”的健康促进工作格局，构建全方位、全生命周期健康服务体系，成功创建省级健康促进单位26个、省级无烟单位64个、健康家庭3134户，居民健康素养水平提升至29.52%，健康事业实现跨越式发展。2021年，通过省级评估并获评为“广东省健康促进县（区）”。

【沙田镇获认定为广东省乡镇（街道）社会体育指导员A级服务站】 截至2021年底，沙田镇发挥社会体育指导员在组织群众开展体育活动方面的骨干作用，培育龙舟、篮球、足球、健身舞、游泳等体育指导员，建成社会服务指导点21个，共有社会体育指导员710名（其中一级指导员143名、二级指导员160名、三级指导员407名），人均年上岗服务时长达50个小时以上。2021年，沙田镇获认定为“广东省乡镇（街道）社会体育指导员A级服务站”。

【沙田镇获评为东莞国际健康驿站建设运营工作先进单位】 2021年，沙田镇配合将坭洲岛公租房项目以改造方式建设东莞国际健康驿站，仅用45天就完成12个建筑单体、2000个房间改造，完成供水、供电、污水处理、周边配套道路、周边绿化、内外宣传等配套硬件建设，投入人员、车辆、物资等做好国际健康驿站运营保障，妥善处置境外输入的新冠肺炎阳性病例。年内，沙田镇获评为东莞国际健康驿站建设运营工作先进单位。

【沙田镇团委获评为“全国五四红旗团委”称号】 截至2021年底，沙田镇发挥团委引领凝聚青年、组织动员青年、联系服务青年作用，坚持全面从严治团，严把团员发展入口关，成立镇、校两级少年先锋队全国工作委员会，建立团组织中学100%成立团校，提升团员队伍先进性。组织开展疫苗接种、全员核酸检测等疫情防控志愿服务180期，累计服务时长超3万小时，1名志愿者被团中央评为“抗击新冠肺炎疫情青年志愿服务先进个人”，沙田镇志愿者协会被团省委评为“优秀战疫志愿服务组织”。持续实施“圆梦计划”“展翅计划”（广东大学生就业创业能力提升行动）等，助力青年人才、大学生提升素质和实践能力。鼓励各行业领域青年发扬沙田龙舟精神，培育“龙舟沙田志愿传承”龙舟文化接力项目，获评市“益苗计划”（广东志愿服务组织成长扶持行动暨志愿服务项目）优秀项目。2021年，沙田镇团委被共青团中央授予“全国五四红旗团委”称号。

【沙田镇社区卫生服务中心获评为全国“优质服务基层行”活动表现突出、成效显著机构】 截至2021年底，沙田镇完善社区卫生服务网络，依托“1中心6站点”（一所集预防、保健、康复、健康教育、计划生育技术指导和基本医疗等“六位一体”的社区卫生服务机构）社区卫生服务体系，推动实施社区“双向转诊”，开展基本公共卫生项目，形成“小病在社区、大病进医院、康复回社区”的医疗服务模式。2021年，沙田镇社区卫生服务中心获评“‘优质服务基层行’活动表现突出、成效显著机构”，并获国家卫生健康委员会通报表扬。

【沙田镇杨公洲村创建为广东省民主法治示范村】 2021年，沙田镇杨公洲村落实基层村（社区）民主法治工作，通过建立村（社区）书记、“两委”［党组织委员会和村（居）民委员会］干部和驻村律师组成的民主法治领导小组，修订完善村规民约（居民公约），定期开展普法活动，引导村（居）民通过法律途径解决问题、维护权益，干部群众依法办事的法治意识明显增强，基层治理法治化水平不断提高。年内，杨公洲村被认定为“广东省民主法治示范村（社区）”。

【沙田镇阇西村获评为广东省森林乡村】 截至2021年底，沙田镇阇西村树立“绿水青山就是金山银山”理念，加快绿色发展，开展公园、绿道、绿植、绿色水网等建设，完成蛇尾涌综合整治等治水示范工程，建设龙舟休闲广场、阇西山公园、高架公园等11个高品质休闲公园，全村绿化覆盖面积264.72公顷，绿化覆盖率65.85%，道路绿化里程29.5千米，绿化率100%。2021年，阇西村获认定为“广东省森林乡村”。

【沙田镇民田村获认定为广东省“一村一品、一镇一业”专业村】 截至2021年底，沙田镇民田村加快推进农业现代化，实施乡村建设行动，推动水产养殖特色产业发展，以家庭户和农业企业合作方式形成96.67公顷种养规模，带动农户增收2.3万元/年，农民家庭户均收入3.2万元/年。2021年，民田村获认定为第二批“广东省‘一村一品、一镇一业’专业村”。

（梁嘉伟）

附：2021年沙田镇党委、人大、政府主要领导名录

镇委书记：贾贵斌
镇人大主席：刘振邦（任至11月）
　　　　　　卢泽新（11月到任）
镇　长：叶毅朝

附：2021年东莞港务集团有限公司主要领导名录

党委书记、董事长：万　辉

2020—2021年沙田镇主要经济社会指标情况表

指标	2020年	2021年
户籍人口（人）	56300	59443
常住人口（万人）	21.01	21.16
面积（平方千米）	111.5	107.29
地区生产总值（万元）	2093300	2411222
第一产业（万元）	19990	22889
第二产业（万元）	902281	1163123
第三产业（万元）	1171019	1225211
总用电量（万千瓦时）	253784	287573
全社会固定资产投资总额（万元）	1025526	1112864
社会消费品零售总额（万元）	387310	438508
外贸出口总额（万元）	3892138	5577000
实际利用外资（万元）	40340	48364
地方财政总财力（万元）	493650	482307
各项税收总额（万元）	414721	500139

长安镇

【长安镇概况】 长安镇位于东莞市南端，东邻深圳市，南接滨海湾新区，西邻虎门镇，北倚莲花山，穗深城际铁路、国道G107线、国道G228线、省道S122线、广深高速公路、虎岗高速公路、广深沿江高速公路贯通全镇，是广州、东莞与深圳三市交通往来的南大门。全镇土地面积79.69平方千米，下辖15个社区，常住人口81.22万人，其中户籍人口9.12万人。是中国机械五金模具名镇和中国电子信息产业重镇，被评为“全国文明村镇”“国家园林城镇”“国家生态乡镇”“全国五金模具产业知名品牌创建示范区”“全国法治县（市、区）创建活动先进单位”。

2021年，长安镇实现地区生产总值880.66亿元（第一产业0.21亿元，第二产业563.37亿元，第三产业317.07亿元），比上年增长11.0%；工业总产值2806.2亿元，增长19.1%；全社会固定资产投资总额73.6亿元，下降13.1%；总售电量85.2亿千瓦时，增长16.7%；社会消费品零售总额383.7亿元，增长26.4%；进出口总额3835.6亿元，增长34.1%；各项税收总额163.2亿元，增长10.7%；地方一般公共预算收入26.3亿元，增长3.9%；金融机构各项存款1991.4亿元，增长6.4%。社区（不含长盛、长乐、长怡）集体总资产180.4亿元，比上年增长5.7%；集体经营纯收入23.9亿元，增长13.8%。年内，长安镇完善产业体系，提升城市品质，巩固治污成效，促进民生事业健康发展，提升社会治理能力。获2021年度全国依法治理创建活动先进单位、广东省第七次全国人口普查先进集体等11项市“单打冠军”，在2021年全国综合实力千强镇评选中，长安镇排第七位。

【长安镇制造业发展】 2021年，长安镇实现规模以上工业产值2692.9亿元，比上年增长19.6%，其中：规模以上电子信息产值2083.3亿元，增长21.9%；规模以上机械五金模具产值360.2亿元，增长11.6%。镇属企业长安集团公司工业总产值257.4亿元，比上年增长23.2%。制造业发展质量提升，规模以上高技术制造业产值1905.7亿元，比上年增长23.8%，占规模以上工业产值68.9%。拥有高技术企业628家，省级以上“专精特新”(指主营业务和发展重点符合国家产业政策及相关要求，专业化、精细化、特色化、新颖化特征明显的中小企业)企业10家，有自建研发机构的工业企业322家，规模以上企业自建研发机构比例38.8%。专利授权量1.71万件，比上年增长28.78%，其中发明专利授权量7752件，增长32.73%。全镇有A股上市企业7家，超过全市六分之一。

【长安镇商贸业发展】 2021年，长安镇登记在册市场主体13.4万家，比上年增加1.2万家。外贸出口总额1694.4亿元，比上年增长15.4%；限额以上批发和贸易业销售额731.4亿元，增长27.5%。全镇电商企业（含个体户）9300家，网上交易额614.8亿元；阿里巴巴1688“长安产业带”线上交易平台入驻商家2172家，上架商家产品超27万款，产业带专区企业线上销售总额24.1亿元。年内，举办3场2021“乐购东莞·欢乐长

长安镇一角　　（2021年长安镇供图）

安”促消费活动；举办第二十一届中国(长安)国际机械五金模具展览会，达成现场成交额和意向成交额约5亿元。

【长安镇企业增资扩产】 2021年，长安镇全年完成工业投资43.2亿元，比上年增长23.4%；完成企业技改投资40.6亿元，增长29.9%。列入东莞市重大建设项目计划项目11个、列入市重大预备项目计划项目6个，项目投资31.33亿元，完成年度计划110.6%，其中步步高研发生产项目、OPPO长安研发中心项目、华茂智能终端研发生产项目、vivo研发中心等省重点项目完成投资18.11亿元，占全镇重大项目实际完成投资量的57.8%。宇瞳光学视频监控高清镜头研发生产项目于5月竣工，长发光电研发生产项目于6月竣工，小天才生产中心项目于12月竣工。

【长安镇营商环境优化】 2021年，长安镇深化“放管服”改革，镇政务服务中心开通103项“全市通办”业务和225项“深莞通办”业务，并设立专门窗口。协助大型企业抓好订单、资金、用工等生产要素服务，推动128家企业实现“小升规”［规模以下小微企业（即年主营业务收入2000万元以下的企业）升级为规模以上企业］、7家企业入选“倍增计划”（重点企业规模与效益倍增）。抓好人才服务，成立人才服务专队，建立32家重点服务企业名录。年内，引进708名高层次人才，发放人才补贴2857人5191.82万元，发放“优才卡”299张。新增2个广东省博士工作站，成立长安镇工商联（商会）青年工作委员会和“青年之家”服务站。

【长安镇防控新冠肺炎疫情】 2021年，长安镇抓好重点人员排查管控，排查23万人，落实国内重点地区集中隔离1257人、境外地区集中隔离2255人。推进疫苗接种，设置体育馆、新安医院、厦岗第二门诊等固定接种点和2支流动接种队，累计接种疫苗210.44万剂次，全人群全程免疫率118.35%。加强跨境物流管理，将跨境作业点由274个压减至99个，承接跨境货车接驳9.19万辆次，对全镇进口冷链食品冷库开展3轮全覆盖监督检查，检查冻库855个次。抓好应急管理，妥善处置“6·18”和“12·13”涉疫事件，集中开展5轮大规模核酸检测。加强社会面管控，检查零售药店3610家次，整改问题170个，责令停业整改药店92家。加强经济运行监测，将年营业收入4亿元以上企业列为重点跟踪服务对象，开展全方位跟踪监测。纾解企业困难，向1.77万家企业发放失业保险稳岗返还984.98万元。

【长安镇城市空间拓展】 2021年，长安镇推进国土空间高效集约利用，编制《东莞市长安镇2021年土地征收成片开发方案》，完成土地入库14.19公顷。新民社区“三限房”（限房价、限转让、限对象）项目地块挂牌出让，标志着长安镇首宗共有产权项目落地。推进城市更新，完成3个“工改工”（将土地性质为普通工业用地改变为新型产业用地，将旧工业区拆除重建升级改造为新型产业园）拆建项目，涉及拆建面积14.19公顷；莲花工业区综合类更新单元等4宗项目确定前期服务商，面积81.27公顷。抓好轨道交通TOD（以公共交通为导向的城市空间开发模式）地块建设，12.51公顷经营性用地实现“三通一平”（通电、通水、通路和地面平整），具备开发条件，启动周边道路规划建设。

【长安镇人居环境改善】 2021年，长安镇推进人居环境整治，推进5段绿道和1个主题公园建设，新增15千米绿道，建成城市驿站6个、社区“口袋公园”（也称“袖珍公园”，指规模很小的城市开放空间，常呈斑块状散落或隐藏在城市结构中，为当地居民服务）5个、星级公厕3个，完成垃圾转运站改造37座。改善出行环境，打通沙头社区靖海东路、咸西社区思贤街、厦岗社区环球路3条“断头路”，完成兴盛路等道路升级改造和4个拥堵节点整治，完成65个人行道高低差改造工程。建成厦岗螺山、茅洲河、莲湖绿道等停车场，新增停车位4828个。加强城市精细化管理，实施“一村一片长”机制，打造城市精细化管理示范社区3个。年内，清理卫生死角7.7万处，清理河涌水面垃圾2.8万处，拆除违章、残旧广告7520宗次，整治城市“六乱”（乱搭乱建、乱堆乱放、乱设摊点、乱拉乱挂、乱贴乱画、乱扔乱吐）7.14万宗次。强力管控“两违”（违法用地、违法建设），在全市率先启用无人机开展巡查，拆除违法建筑1.84万平方米。

【长安镇推进乡村振兴战略】 2021年，长安镇推进实施乡村振兴战略，完成市重点项目2个，推进在建项目17个。开展新民、厦岗社区特色精品村建设，打造新民社区茅洲滨河风情带、厦岗社区“螺文化”景观等；启动厦边社区“龙马文化”建设。打好村庄清洁行动春夏季战役，清理堆存垃圾2609.4吨。开展结对帮扶，推动新疆叶城二牧场对口援建，完成群众文化活动中心项目建设；与贵州省沿河县建立东西部协作关系，共建“长沿产业园”。

【长安镇治污成效巩固】 2021年，长安镇推进环境污染整治，推进水污染治理，整治入河排污口3919个，完成管网摸查241千米、管网建设16.1千米、截流井整治266个，茅洲河国考断面水质稳定达到Ⅳ类水，流域内9条一级支流全部达标，人民涌、三八河、新民排渠、长青渠达到“长制久清”考核标准。联合滨海湾新区共同推进磨碟河片区综合整治水利工程建设，完成磨碟河截污管网铺设117千米、预验收110.66千米。利用“互联网+”开展巡河，全年镇级河长巡河440次，村级河长巡河1183次；做好河道保洁，清理河涌内外垃圾357.21吨。开展大气污染防治攻坚专项行动，对132家企业进行VOCs（挥发性有机物）治理设施去除率评估，全年空气质量优良天数比例89.7%。开展倾倒固体废物、危险废物等专项排查行动，立案查处涉固体废物案件13件，排查产生危险废物铝灰渣企业8家，消除污染环境隐患。加强环境监督执法，检查企业8988家次，排查“散乱污”企业2708家，立案查处企业146家，查封企业36家。

【长安镇教育】 截至2021年底，长安镇有104所中小学校、幼儿园（含市直属学校2所、镇属公办中小学9所、公办与集体办幼儿园10所，民办中小学16所、民办九年一贯制学校3所、民办幼儿园64所），在校学生9.2万人。2021年，推进教育千日攻坚，完成实验中学第二校区、实验小学和第一小学改扩建工程，新增公办学位1600个。发放户籍生民办学位补贴1833万元、积分制民办学位补贴5765万元，惠及学生5.1万人次。完善教师队伍建设，实施“品智卓越教师”三年培养工程。是年，长安中学高考本科上线率85%。落实“双减”（有效减轻义务教育阶段学生过重作业负担和校外培训负担）政策，推出课后“430”课堂（为在16:30无法到学校接孩子的家长提供一种选择,让孩子利用这个时间开展兴趣爱好的学习和培养）；成立“长安书苑”，举办暑假托管班2期。申报为广东省基础教育教研基地、广东省“三全育人”体制机制建设实验区和广东省学前教育高质量发展实验区。

【长安镇医疗卫生】 截至2021年底，长安镇有医疗机构200家，其中公办医院1家、民营医院5家、社区卫生服务中心（站）22家、门诊部96家、诊所55家、卫生所10家、医务室11家；医院实有床位1831张；有执业（助理）医师1337人、执业护士1522人。2021年，长安医院创建“名医工作室”“名教授工作室”7个，引进学科带头人6名，防治卒中中心获得广东省卫生健康委员会授牌，助产护理科成为市级特色专科；社区卫生中心成立名中医工作室，提供门诊诊疗89.3万人次。加强健康服务，入选国家计生协2021年新市民健康关爱行动项目点，全年常住人口出生5176人，其中二孩出生2439人、三孩出生640人。

【长安镇就业和社会保障】 2021年，长安镇落实市就业创业政策，发放稳就业政策补贴2.45万人次2004.19万元，发放失业补助金8.50万人次2864.59万元。加强劳动监察，在全市率先启用劳动争议仲裁巡回庭。抓好“长安技谷”建设，年内开展“一镇一品”（各园区、镇街依托社会各类培训资源和行业、企业，组织开展符合镇内园区、镇街产业特点的特色项目培训和技能素质提升培训，开设一批优质的、具有区域特色的培训项目课程，培养一批适应产业发展需求的产业人才）产业人才培训1.42万人次、新型学徒制培训494人次。社会保险参保单位5.9万家（户），各项险种参保197.55万人次，核付各项保险待遇8.92亿元。抓好社会救助，向低保户、特困户、孤儿等困难群众发放补助及慰问金125.18万元，向重点优抚对象发放补贴补助优待及慰问金437.6万元。完善社会服务体系，成立“双百工程”［乡镇（街道）社会工作服务站100%覆盖、困难群众和特殊群体社会工作服务100%覆盖］社会工作服务站，全镇有社会团体40家、民办非企业单位174家、基金会1家。

【长安镇文旅发展】 2021年，长安镇开展以主题展览“永远跟党走”快闪活动、粤剧长篇组歌《颂歌献给党》展播等活动，庆祝中国共产党成立100周年。开展文化惠民活动4014场次，惠及85万人次。推动文旅融合，打造“图书馆+”研学游、生态游、智造游3条文旅路线；建成5个“莲花山下—城市文化空间”；推动涌头、乌沙、长盛社区基层综合性文化服务中心与旅游服务中心融合发展试点工作，其中乌沙社区获评广东省“两中心”［乡镇（街道）综合文化站和行政村（社区）综合性文化服务中心］融合试点优秀案例。做好文艺精品创作，镇文联指导67项文艺作品获评省级以上奖项。

【长安镇公共安全】 2021年，长安镇强化社会治安治理，成立茅洲河水上派出所，新设105所校园警务工作站。常态化开展扫黑除恶专项斗争，强势推进“全民反诈”“亮剑”和“飓风”专项行动，创建全省“破小案”试点单位，全镇违法犯罪警情比上年下降13.88%，其中，电信网络诈骗警情下降52.64%，打击效能连续3年居全市第一名。推进安全生产专项整治三年行动，年内检查各类生产经营单位（场所）6.5万家次，查处事故隐患7.6万处，安全生产事故起数比上年下降11.8%、死亡人数下降27.8%。强化消防安全，年内全镇出租屋、“三小”（小档口、小作坊、小娱乐场所）场所火灾起数比上年下降40%。防范化解道路交通安全风险，对全镇245条道路实行“路长制”，排查治理道路交通安全隐患点1580处，整改事故多发重点路段隐患30处，一般城市道路交通事故比上年下降24.8%。开展食品安全专项整治，新增“明厨亮灶”餐饮单位3986家，创建“放心肉菜示范超市”4个。

【长安镇法治建设】 2021年，长安镇加强法治政府建设，举行首届长安镇国家机关“谁执法谁普法”履职评议报告会，公示行政处罚案件2160件、行政许可案件5683件、“双随机、一公开”（随机抽取检查对象，随机选派执法检查人员，抽查情况及查处结果及时向社会公开）行政和专项行动检查案件2891件。完善公共法律服务，镇法律援助中心承办法律援助案件405件，涉及2215人，涉案金额3772万元；社区法律顾问受理市民群众法律咨询3419次。启动“八五”普法工作，成立长安镇“司司”巾帼法律志愿服务队，建成霄边社区法治文化公园。举办第五届“法治文化活动季”活动，开展6大类17大项50多场法治文化活动。

【长安镇基层治理】 2021年，长安镇提升社会治理能力，强化化解矛盾纠纷，综治中心两级平台受理案件1366件，调处案件1294件，调结率94.7%。在全市率先成立社区出租屋纠纷人民调解委员会，并在各社区铺开社区专职调解员工作机制。完善基层治理格局，组建“东莞义警”队伍、“护路先锋”铁路护路志愿服务队等群防群治队伍，发挥平安建设促进会作用，开展“平安文化周末”主题活动109期、“守望夜巡”行动828次。提升基层小区治理能力，3个商住小区创建成为第五批“样板社区”。

【长安镇获评为全国依法治理创建活动先进单位】 2021年12月，中宣部、司法部、全国普法办联合公布《关于表彰2016—2020年全国普法工作先进单位、先进个人和依法治理创建活动先进单位的决定》，表彰“七五”普法中成绩突出的先进单位和个人，长安镇人民政府入选，是东莞市5个获奖单位中唯一的镇街单位。“七五”普法以来，长安镇推进普法与依法治理工作，成立普法联席会议及守法普法协调小组，设立普法与依法治理专项经费。镇委、镇政府健全法律顾问制度，推动法律顾问参与党委、政府重大决策，为重点项目“把关”。推进镇、社区法治建设四级同创，引入社区法律顾问参与社区依法自治和民主管理事务，社区民主法治创建率100%。完善公共法律服务体系，依托镇、社区两级公共法律服务平台构建“20分钟法律服务圈”。依法化解矛盾纠纷，创新打造“老韩调解室”“琳姐姐调解室”等个人调解工作室，首创“出租屋纠纷调解委员会”。加强普法宣传教育，建立全市首个镇街普法微平台——“长安普法微平台”，打造“周六普法街”“法治文化活动季”等普法品牌活动项目，五年开展普法活动3200场次，受众600万人次。

【长安镇获评为全国群众体育先进单位】 2021年9月，国家体育总局公布2017—2020年度全国群众体育先进单位和先进个人名单，长安镇入选，是长安镇首次获得该称号。2017—2020年，长安镇实施“海螺集结号”全民健身工程，以“1379”（打造1个“十分钟健身圈”、发展3大重点板块、打造7项全民健身品牌活动、培育9个特色竞技体育项目，促进全镇群众体育发展）为主要内容，构建均等化、网格化的群众体育服务体系，即以长安体育公园、体育馆为引领，打造1个“十分钟健身圈”；发展群众体育、竞技体育、体育产业3大重点板块；打造广东省（长安镇）青少年篮球节、长安镇运动会、长安镇篮球联赛、“健康暑假”青少年体育活动、迎新年长跑活动、中小学乒乓球争霸赛、广场舞大赛等7项全民健身品牌活动；培育龙狮、武术、象棋、马术、体操、篮球、射击、乒乓球、游泳9个特色体育项目，打造具有长安特色的体育品牌。2017—2020年，长安镇举办全民体育赛事约3000场次，参与运动员5.6万人次，观众超100万人次。截至2021年底，全镇有体育系统场地713个，其中体育馆43个、体育场24个；组建2200人参加的社会体育指导员队伍。竞技体育成绩突出，全年有3名长安籍运动员出征东京奥运会；在东莞市第十届运动会中，长安镇摘获64枚金牌，居金牌榜第二名。

（黄 真）

附：2021年长安镇党委、人大、政府主要领导名录

镇委书记：叶孔新

镇人大主席：张 冲（任至6月）
李福全（11月到任）

镇 长：覃 春（任至4月）
肖 洪（11月到任）

2020—2021年长安镇主要经济社会指标情况表

指标	2020年	2021年
户籍人口（人）	84458	91224
常住人口（万人）	80.74	81.22
面积（平方千米）	79.69	79.69
地区生产总值（万元）	7877976	8806601
第一产业（万元）	1853	2112
第二产业（万元）	4880693	5633730
第三产业（万元）	2995430	3170759
总用电量（万千瓦时）	729929	851503
全社会固定资产投资总额（万元）	847267	735863
社会消费品零售总额（万元）	3037204	3837455
外贸出口总额（万元）	13726824	16943672
实际利用外资（万元）	113412	116503
地方财政总财力（万元）	977508	729276
各项税收总额（万元）	1474350	1632247

寮步镇

【寮步镇概况】 寮步镇是广东省中心镇，位于东莞市主城区与松山湖功能区的节点。截至2021年末，镇域总面积72.54平方千米，下辖20个村、10个社区（含1个楼盘新型社区），户籍人口12.67万人，常住人口51.74万人。是“国家卫生镇”“国家级生态乡镇”“中国电子信息产业名镇”“中国汽车销售名镇”“中国沉香之乡”“全国乡村旅游重点镇”。

2021年，寮步镇实现地区生产总值382.07亿元，比上年增长7.5%；规模以上工业增加值154.66亿元，增长11.1%；全社会固定资产投资总额92.21亿元，增长4.4%；总用电量38.27亿千瓦时，增长16.0%；社会消费品零售总额385.04亿元，增长7.1%；进出口总额536.6亿元，增长5.0%；各项税收总额94.05亿元，增长18.3%；地方财政总财力55.5亿元，下降6%；金融机构人民币存款余额396.08亿元，增长9.4%。获“全国乡村旅游重点镇”“广东省脱贫攻坚先进集体”“广东省第二批文化和旅游特色村”等8项市“单打冠军”，获全市镇街领导班子年度工作良好镇。在2021年全国综合实力千强镇评选中寮步镇排名第24位。

【寮步镇经济高质量发展】 2021年，寮步镇实施产业“强心补链”和高新技术企业“育苗造林”（引进、培育一批高新技术企业，支持高新技术企业发展）行动，新增国家高新技术企业32家，总数342家；新增“小升规”[规模以下小微企业（即年主营业务收入2000万元以下的企业）升级为规模以上企业]企业102家，规模以上工业企业总数516家；新增规上工业企业自建研发机构备案85家，总数305家；被认定国家级“专精特新‘小巨人’”（指主营业务和发展重点符合国家产业政策及相关要求，专业化、精细化、特色化、新颖化特征明显的中小企业）企业8家，数量全市镇街排名第一，省级“专精特新”中小企业12家，数量全市镇街排名第三；被认定市级创新型百强企业2家、瞪羚企业3家。先进制造业90亿元，比上年增长10.3%；高技术制造业增加值51亿元，增长9.9%。全镇专利授权数量3544件，其中发明专利141件，实用新型专利2502件，外观专利901件。全镇工商登记市场主体7.71万户，比上年增长25.8%。全年引进内外资项目216个，协议投资金额117亿元。21个市级重大项目完成投资金额26亿元。推动镇村工业园改造升级，收储土地21.77公顷，盘活存量土地37.27公顷，启动“工改工”（将土地性质为普通工业用地改变为新型产业用地，将旧工业区拆除重建升级改造为新型产业园）项目12个，完成“工改工”拆除整备任务30.47公顷，完成工业固定资产投资22亿元。推进松湖智谷、光达科技智慧谷等新型产业园区建设，新增产业空间100万平方米。松湖智谷进驻企业331家，投产253家，实现工业总产值63.74亿元，比上年同期增长228%，产生税收4.17亿元，增长81.3%。村组集体经济经营总收入15亿元，比上年增长13.4%；其中

寮步镇中心区　（2021年寮步镇文化服务中心供图）

经营纯收入10亿元，增长19%。

【寮步镇城市综合环境提升】2021年，寮步镇开展新一轮国土空间规划编制工作，统筹做好市篮球中心片区、寒溪河生态园湿地三角洲片区、镇中心区“15分钟优质生活圈”等重点片区规划建设，提升城市综合品质。实施品质交通千日攻坚行动，完善城市路网基础配套，新建和升级改造蟠龙路延长线、横中一路等6条镇村道路；开展城市道路非机动车与路面梯级改造工作，完成人行道梯级整治106个，清理废旧设施31个；开展公共停车设施专项普查及规划建设，新增公共停车位1943个，增设联网电子警察40个，完成莞番高速寮步段三期18.6万平方米征地拆迁任务。打响一流电网建设千日攻坚战，全镇首条220千伏电缆项目跃立至茶寮线路投产。开展城市精细化管理“洁净城市”“垃圾分类”“厕所革命”“两违”（违法建筑、违法用地）治理等专项行动。全年开展洁净城市日活动12次，整治市容环境卫生问题1.42万宗，清理卫生死角、闲置地露天垃圾2392处；推进生活垃圾综合处理中心项目和生活垃圾分类示范片区建设，配备完善前端垃圾分类硬件设施67处，收集清运生活垃圾无害化处理23.5万吨；完成市下达144万平方米违法建筑治理硬任务。推进农村人居环境综合整治，投资18亿元启动32个乡村振兴重点项目建设，建成“四小园”（小菜园、小果园、小花园、小公园）45个，升级改造农贸市场12个，整治危旧农房323间，拆除田间窝棚1251个。全镇28个涉农村（社区）全部创建干净整洁村和美丽宜居村，浮竹山创建东莞市第一批特色精品示范村，西溪村、刘屋巷村、缪边社区和富竹山村申报东莞市第二批特色精品村。

【寮步镇生态文明建设】2021年，寮步镇推进水污染防治攻坚战，新建雨污分流管网47.9千米，全镇水生态一至五期188.14千米管网全部完成并通水使用，累计建成污水管网588千米。启动竹园污水处理厂三期10万吨规模扩建工程，完成1310个入河排污口整治、1600个重点排水户雨污分流、601个排水单元地块污水接驳、844处管网错混接整改和12个截流井整治任务，综合整治工程建设任务完成率、内河涌剿黑消劣任务完成率均达100%。全镇33条河涌全部消除黑臭，22条内河涌水质稳定达到V类水。落实“河长制”，清理河面垃圾1728吨。加强河涌水质实时监测，设置11个微型水质监测站和5个水质流量通量站，委托第三方对涉水企业开展水质采样检测。开展大气、土壤污染、工业固体废物综合治理行动，查处“散乱污”企业394家，受理环境信访案件1265件，办结中央环保督察交办案件7件，查处超标超量排放等环境违法企业225家，行政处罚金额2070万元。全年空气质量优良天数比例（AQI达标率）达93.1%，VOCs（挥发性有机化合物）等六项主要大气污染物均达国家二级标准。东莞市生态环境局寮步分局被评为全省生态环境保护先进集体。

【寮步镇社会治理】2021年，寮步镇以做好庆祝中国共产党成立100周年安保维稳工作为主线，深化平安寮步建设。建立健全“治

寮步镇松湖智谷产业园区 （2021年寮步镇供图）

寮步镇香市文化旅游区（2021年廖创新摄）

理、巡逻、管控、清查、反诈、宣传”六位一体的立体化治安防控体系，组建1.4万人的“东莞义警”队伍，扩招公安铁骑队伍40人，强化巡逻处警一体化警务运行机制，提升社会治安综合治理效能。全镇违法犯罪警情、刑事立案数比上年下降29.8%、2.3%，电信网络诈骗警情下降24%。推进扫黑除恶专项斗争常态化，打掉18个恶势力犯罪团伙，破获涉恶刑事案件78件，刑事拘留犯罪嫌疑人225人。开展政法队伍教育整顿，规范公安执法行为，寮步公安分局2021年法制重点工作考核排名全市A类（优秀）分局第三。持续推进安全生产专项整治三年行动，强化安全生产、消防安全、道路交通安全、校园安全、食品安全、建筑安全等公共安全治理。全镇生产安全事故宗数、亡人数分别比上年下降12.5%、40%，道路交通事故发生宗数、亡人数分别下降28%、32%。道路交通事故“减量控大”、系统防范化解道路交通安全风险考核排名全市第一。推进依法治镇，建立律师调解工作室，完善公共法律服务体系，上线“寮步公法”微信小程序，调处群众矛盾纠纷2702宗。加强市域社会治理现代化工作，推进“一村（社区）一示范网格”建设，寮步镇获评为全市“智网工程”年度考核优秀镇街。30个村（社区）全面落实城乡社区协商制度，开展社区协商活动194场次，普及推广村规民约（居民公约），实现共建共治共享，井巷村村规民约入围“广东省优秀村规民约”。

【寮步镇民生事业发展】 2021年，寮步镇扎实推进民生事业发展，织牢民生保障底线。推进教育扩容提质，投资1.97亿元完成香市中学扩建工程，增加初中学位1600个。落实教育“双减”政策（减轻学生作业负担、减轻学生校外培训负担），促进教育优质均衡发展。推进健康寮步建设，支持广东医科大学附属寮步医院校地共建，培育消化内科、中医科、心血管内科等重点特色专科，打造智慧医院，寮步医院被中国疾病预防控制中心妇幼保健中心评为先进集体。推进寮步社区卫生服务中心站点标准化建设，全人群家庭医生签约覆盖率35.7%，高血压等慢性病重点人群签约率85.9%，获评为社区卫生服务机构呼吸慢病管理规范化建设示范培训基地。推进高质量就业，推动东莞市人力资源服务产业园先行区落户寮步松湖智谷产业园区，推进青年人才驿站建设，获评全市基层人才工作创新最佳案例，横坑社区获评国家级充分就业社区。打响“民生大莞家”服务品牌，铺开居家养老“大配餐”服务，配合完成全市“供水一张网”改革，新建4个社区综合服务中心和12个“双百社工”工作站，获评全市“双百社工”单打冠军。完善公共文化服务体系。寮步香市大舞台建成使用，开展“粤韵飘香”粤剧惠民巡演活动，传承本土粤剧文化。“文化就是生活”项目通过省文化和旅游厅验收，获评为广东省公共文化服务体系示范项目，东莞（寮步）诗歌创作基地入选市重点文艺创作基地。

【寮步镇被评为全省脱贫攻坚先进集体】 2021年，寮步镇作为牵头镇，携手黄江镇、石排镇组团与贵州省铜仁市印江县开展东西部协作，签订《“十四五”时期寮步——印江东西部协作协议》《寮步组团印江县共建东西部协作产业园区框架协议》，加强产业、劳务、教育、医疗、党建等各领域的帮扶协作。印江县驻寮步镇劳务协作服务站挂牌成立，转移铜仁籍劳动力就业391人，建立消费协作专馆，采购铜仁市农副产品340万元，选派教师、医生、干部7人派驻印江县交流。深化韶关市浈江区驻镇帮镇扶村工作，选派6名干部驻点帮扶，投入帮扶资金385万元开展教育助学、文化、医疗、农业等7个帮扶项目。深化产业结对共建，投入1.5亿元，建成占地6.87公顷的寮浈共建标准厂房及其配套项目，建筑面积4.5万平方米，引入2家机械装备制造企业进驻，年产值超4亿元。

【寮步镇入选全国乡村旅游重点镇】 2021年8月，寮步镇入选文化和旅游部、国家发展和改革委联合遴选的第一批全国乡村旅游重点镇（乡）公示名单，是东莞市唯一入选的乡村旅游重点镇。寮步镇委、镇政府重视文旅产业发展，制定《寮步镇全域旅游发展规划》，依托地理区位优势、产业基础、生态环境和莞香文化特色，探索“文化+旅游+产业”发展模式，做强“寮步香市”文旅经济品牌，打造宜居宜业宜游的粤港澳大湾区全域旅游目的地。成立全域旅游示范区创建工作领导小组，设立每年500万元文化旅游发展专项资金，推动重点文化和旅游项目投资3.6亿元，改造提升旅游景点20处，设立东莞市首个镇街旅游集散中心，成立镇级旅游协会，建成国家AAAA级景区2个（香市动物园和香市文化旅游区），AAA级景区1个（牙香街文化旅游区），乡村旅游景点10个、红色旅游点3个、工业旅游点4个，打造“吃、住、行、游、购、娱”全链条的旅游服务体系，获评为首批“广东省文化旅游融合发展示范区”“广东省全域旅游示范区”“广东省旅游风情小镇”。

【寮步镇退役军人服务中心获评为全国示范型服务中心】 2021年，寮步镇围绕退役军人创业就业、优抚帮扶、走访慰问、权益维护、信访接待等方面发挥基层服务中心作用，服务退役军人和优抚对象1822人，完成“一人一档”走访服务，发放镇级优待和慰问补助金400万元，严格落实优抚安置政策，打造“退役军人之家”。开展退役士兵接收报到一小时“一站式”服务和“关爱功臣送医送药”等活动，营造尊崇退役军人的良好社会氛围。设立退役军人就业创业基金，打造退役军人驿站和创业基地。发挥退役军人优势，组建退役军人“军号”志愿服务队，参与抗疫等志愿服务，打造军号志愿服务品牌。

【2021中国（东莞）森林诗歌节和第五届莞香文化旅游节在寮步镇举办】 2021年4月30日至5月4日，中国（东莞）森林诗歌节和第五届莞香文化旅游节在寮步镇佛灵湖公园举行，活动由东莞市文化馆、寮步镇文化服务中心（东莞文化馆寮步分管）承办。该次活动包括“莞香杯”第四届东莞诗歌大赛、中国诗歌“三名”采风活动、诗歌就在你身边——著名诗人进校园、美食文化节、非遗墟市等12个子活动项目，举办诗歌活动50场次，吸引逾10万人次参与。

【寮步镇新冠肺炎疫情防控】 2021年，寮步镇成立新冠肺炎疫情防控指挥部实体工作专班，下设9个工作组和15个工作专班，坚持“人物环境”同防，筑牢“外防输入、内防反弹”工作防线。打赢重点人员落地排查、集中隔离、区域核酸检测、新冠疫苗接种等多场硬仗，成功应对东莞“6·18”和“12·13”突发疫情。累计开展重点地区来莞返莞人员落地排查4.74万人次，集中隔离3490人次，开展核酸检测281.98万人次。3岁及以上人群接种疫苗127万剂次，全人群免疫覆盖率80%。跨境运输安全作业3.48万车次（日均95车次），对全镇380余家药店、128个医疗卫生机构、25家农贸市场、49个进口食品冷库进行全覆盖检查，严控疫情传播风险，实现全镇0感染0病例。（刘勋良）

附：2021年寮步镇党委、人大、政府主要领导名录

镇委书记：梁荣业（任至3月）
叶沃昌（3—8月，据2022年9月12日“东莞发布”讯：接受纪律审查和监察调查）
赵智佳（8月到任）
镇人大主席：韩巨登（任至6月）
张　冲（6月到任）
镇　长：黄荣峰

2020—2021年寮步镇主要经济社会指标情况表

指标	2020年	2021年
户籍人口（人）	116980	126699
常住人口（万人）	51.31	51.74
面积（平方千米）	71.38	72.54
地区生产总值（万元）	3449212	3820667
第一产业（万元）	45727	52360
第二产业（万元）	1670814	1952005
第三产业（万元）	1732670	1816302
总用电量（万千瓦时）	329962	382667
全社会固定资产投资总额（万元）	883294	922141
社会消费品零售总额（万元）	3595335	3850429
外贸出口总额（万元）	3539301	3747000
实际利用外资（万元）	21633	31396
地方财政总财力（万元）	590113	554963
各项税收总额（万元）	795341	940538

大岭山镇

【大岭山镇概况】 大岭山镇位于东莞市中南部，地处广深港澳科技创新走廊（东莞段）的核心轴及东莞市区、松山湖高新区、滨海湾新区三大片区的中心节点，是东莞市南部重要的交通枢纽。截至2021年底，辖区面积95.53平方千米，下辖21个村、2个社区，常住人口36.83万人，其中户籍人口7.09万人。大岭山镇是著名的革命老区、荔枝之乡、莞香原产地、家具名镇，获“国家生态乡镇”“全国环境优美镇”“中国绿色名镇”“国家卫生镇”“国家防邪示范镇”“省园林城镇”“省森林小镇”称号。

2021年，大岭山镇实现地区生产总值341.03亿元（第一产业0.46亿元，第二产业216.08亿元，第三产业124.49亿元），比上年增长10.3%；全社会固定资产投资总额95.04亿元，增长8.8%；总用电量34.74亿千瓦时，增长20.6%；社会消费品零售总额93.36亿元，增长15.0%；实际利用外资5192万元，增长109.4%；外贸出口总额120.03亿元，下降6.3%；各项税收总额65.33亿元，增长18.8%；地方财政总财力57.54亿元，下降14.5%。是年，大岭山镇获“全国‘一村一品’示范村镇”“全国青年文明号”“广东省脱贫攻坚先进集体”等10项市“单打冠军”。

【大岭山镇改革开放深化】 2021年，大岭山镇深化重点领域改革和对外开放，释放市场活力。数字政府改革推进，镇域智慧城市运营中心、数据智脑以及政府网络安全体系等项目完成基础建设，网络防护与数据汇聚、处理等能力提升。商事制度改革推进，落实“一照多址”备案管理机制与“证照分离”改革，扩展“一日审批”与“一日办结”事项数量，市场主体总量增至5万户，比上年增长13%。政务服务改革深化，102项业务实现“全市通办”，970项业务实现“一窗受理”，95项业务实现“不见面审批”，设立“深莞通办”专窗，承接业务212项。参与粤港澳大湾区建设取得新突破，响应粤港澳大湾区发展战略，对接香港优质医疗资源，打造港式标准家庭医生工作室。拓宽对外贸易，全镇实际利用外资5192万元，比上年增长109.44%，吸纳诚和电商公司，跨境电商进出口额3.8亿元。

【大岭山镇科技创新】 2021年，大岭山镇聚焦科技、人才、土地，在创新驱动、城市空间、人才引培等方面持续发力。全镇R&D（科学研究）占比提升至2.9%，高新企业和自建研发机构分别增至230家和191家，有省级重点实验室1家，省级、市级工程技术研究中心分别增至16家和8家。注重知识产权服务，强化监管执法，办结商标侵权案件8件，全镇新增专利授权3050件，比上年增长25.7%，助力补齐创新发展短板。实施人才引育工程，新引进博士4人、硕士18人、高级职称45人，新增取得职业资格证书（职业技能等级证书）2066人，广东拓斯达科技股份有限公司获评为“2021年度广东省博士工作站”。支持配合松山湖科学城建设，推进大岭山镇国土空间规划编制与科学城国土空间规划编制有机融合，启动土地整备，做好松山湖科学城涉大岭山镇范围控建，2019年至2021年拆除违建面积1.57万平方米。

【大岭山镇产业体系升级】 2021年，大岭山镇打好“招、培、转”三张牌，推动产业体系不断升级。引进内外资产业项目38个，其中超亿元内资项目9个、超

大岭山镇中心区 （2021年戴国辉摄）

千万美元外资项目1个，协议投资额92亿元。完成大族、质鼎等产业项目33.8公顷供地，总投资78亿元。企业培育效果显著，“一企一策”服务机制全面深化，帮助企业解决一批难点问题、获得奖补资金5.03亿元。推动伟创力、豪顺公司等5家优质企业增资扩产，计划总投资54.8亿元。实施企业梯队培育工程，48家倍增企业工业产值370.02亿元，比上年增长21%，“专精特新”（指主营业务和发展重点符合国家产业政策及相关要求，专业化、精细化、特色化、新颖化特征明显的中小企业）企业、“小升规”［规模以下小微企业（即年主营业务收入2000万元以下的企业）升级为规模以上企业］企业分别增至7家和560家。家具产业转型发展取得突破，佳居乐公司率先实现前后端一体化数字转型，大岭山镇获认定为东莞市家具产业集群核心区。

【大岭山镇城市功能完善】 2021年，大岭山镇聚焦城市规划、建设、管理、空间、环境、文化，全面优化城市功能品质。“一心二轴三带四站五组团”规划建设全面铺开，大岭山东站TOD、大岭山北站TID建设有序推进。完成一批“口袋公园”、林荫大道升级改造工作，黄沙河公园等11个“15分钟优质生活圈”品质项目建成。推进“洁净大岭山”、“六乱”（乱搭乱建、乱堆乱放、乱设摊点、乱拉乱挂、乱贴乱画、乱扔乱吐）、“三线”（电力线、通信线、电视线）整治等专项行动，全镇干净整洁村达标率100%。推动豪顺精密地块“工改工”项目动工建设，完成“工改工”拆除整备33.6公顷，收储土地33.27公顷，整治“两违”（违法用地、违法建设）面积136.72万平方米，完成率109.4%。完成412户雨污分流工程，全镇24条内河涌基本消除黑臭，17条河涌达V类水标准，整治“散乱污”（不符合产业政策，不符合产业布局规划，未办理工信、发改、土地、规划、环保、工商、质监、安监、电力等相关审批手续，不能稳定达标排放的企业）企业1615家、VOCs（挥发性有机物）企业287家，安全处置危险废物1.46万吨，空气和土壤质量持续改善。深化“一红二源三香”（“一红”指大岭山镇作为抗日根据地革命老区，传承着宝贵的红色基因；“二源”指大岭山镇是东江纵队的重要策源地，也是莞香制作技艺的重要源头；“三香”指大岭山镇有醇甜的荔香、智慧的书香、清幽的莞香）文化品牌建设，广播剧《女儿香》《护旗》《柴房里传出的宣言》获得多个奖项，一批城市阅读驿站投入使用，新时代文明实践站实现全覆盖，群众文化认同感、城市归属感增强。

【大岭山镇基层治理】 2021年，大岭山镇加强创新社会治理，推进社会治理体系和治理能力现代化。智慧城市运营中心平台投入建设，“1+6+23”（即“1个镇级指挥调度中心+6个片区指挥调度分中心+23个村级指挥调度工作站”）全面运行，社会治理现代化能力、水平持续提升。落实“三严三铁”（三严：严管、严查、严教，三铁：铁的手腕、铁的措施、铁的纪律）工作举措，创新推行“安全特派员”制度，全年安全生产事故数、死亡人数分别比上年下降28.6%与50%，消防事故数和接警数实现“双下降”，安全生产和消防安全形势持续稳定向好。社会治安持续平稳，组建义警队伍8786人，完成率122%；推进全民反诈（反电信网络诈骗），全镇注册安装“国家反诈中心App”38万人，电诈立案数比上年下降16.6%；查处交通违法14.65万宗，涉摩、涉

大岭山镇夜景　（2021年李玉龙摄）

大岭村红色美丽乡村旧址　（2021年大岭镇文化服务中心供图）

酒醉驾事故死亡人数比上年下降100%。依法治镇成效显著，调解纠纷1747件，调解成功率99%，成立大岭山法庭中立法律服务站，相关工作获中国、省、市法学会肯定。

【大岭山镇民生服务】 2021年，大岭山镇坚持以人民为中心的发展思想，持续优化公共服务供给，不断保障和改善民生。品质交通千日攻坚有序推进，新增停车位689个，完成停车位智能改造926个，莞番高速公路二期（大岭山段）通车，完成纵队路等8条道路升级改造。完成第一幼儿园、中心小学的扩容工程，新增公办学位1350个，3所学校获评市"品质课堂"示范学校，第三小学和向东小学获评市第三批品牌学校，"双减"（有效减轻义务教育阶段学生过重作业负担和校外培训负担）工作稳步推进。社区卫生服务中心大楼建设工程加速推进，创建名中医工作室、全科医生工作坊等特色医疗服务品牌。完成敬老院二期工程主体建设，投入82万元开展"大配餐"，低保家庭减至123户，发放高龄老人节日慰问金、津补贴、低保金1328万元，惠及超4万人次。开展"粤菜师傅""南粤家政"等培训班41期，培训5258人，拓斯达公司等企业获批设立"东莞市技师工作站"。完成大岭村、百花洞村、旧飞鹅村精品村规划设计，鸡翅岭村、水朗村特色精品示范村创建通过市级验收。

【大岭山第四届红色文化节】 2021年5月25日，东莞·大岭山第四届红色文化节开幕式大型交响合唱音乐会在大岭山镇文化广场举行。红色文化节以"永远跟党走"为主题，历时8个月，有18项超60场活动，用粤剧《烽火慈萱》首演等特色活动传承老区精神，用交响合唱音乐会、歌曲合唱比赛等回顾革命历史，用"百人颂党恩"快板快闪激发文化活力，为人民群众献上的一场集红色文化、书法文化、莞香文化、粤剧文化、生态旅游于一体的大型文化盛宴，吸引近50万人次参与，展现大岭山镇红色文化的感召力和感染力。

【大岭山首届云上荔枝品牌文化节】 2021年6月11日，"给'荔'中国，'岭'丰湾区"——2021东莞荔枝产业高质量发展暨首届大岭山云上荔枝品牌文化节启动仪式在东莞市大岭山图书馆举行，活动由东莞市农业农村局、东莞市邮政管理局、大岭山镇人民政府主办。活动主要由展览、发布会直播以及线上销售等内容组成，现场进行大岭山荔枝"12221"市场体系建设签约仪式，发布东莞市36个优质荔枝基地、莞荔采摘线路、大岭山荔枝电商平台、大岭山荔枝农场VR地图，以荔枝文化展、书画展形式展示大岭山镇乃至整个东莞市的"糯米糍""桂味""岭丰糯"等10种荔枝以及荔枝标本、荔枝的石雕作品、45位艺术家的荔枝书画作品等，推动休闲旅游与荔枝采摘深度融合，展示大岭山镇红荔风情与荔枝文化魅力。

【大岭山镇获评为"全国'一村一品'示范村镇"】 2021年，大岭山镇贯彻落实《广东荔枝产业高质量发展三年行动计划》，加大荔枝产业统筹力度，通过品种创新、发展荔枝主题休闲农旅、举办2021东莞荔枝产业高质量发展暨首届大岭山云上荔枝品牌文化节等举措，打好东莞荔枝"产业、市场、科技、文化"四张牌，打造大岭山荔枝的品牌特色、地域特色，促进产业增效、农民增收。年内，被评为"全国'一村一品'示范村镇""广东省'一村一品、一镇一业'专业镇"。

【大岭山镇鸡翅岭村获评为广东省"一村一品、一镇一业"专业村】 2021年，大岭山镇鸡翅岭村被评为"广东省'一村一品、一镇一业'专业村"。该村是东莞市种植莞香最早、也是种植规模最大的地区，村民经营着600年前传下来的莞香产业，村内种植莞香面积约20公顷，培育香苗、香树几十万株。2008年，被授予"广东省莞香（女儿香）文化之乡"称号；2019年，"莞香培植与开凿（传统手工技艺）"入选"广东省省级非物质文化遗产"名录；2020年，村级自建女儿香婚俗文化馆、莞香墨韵——鸡翅岭女儿香书法展厅；2021年11月5—10日，大岭山镇鸡翅岭莞香（女儿香）获邀在第四届中国国际进口博览会东莞馆"岭南古邑"区展出。

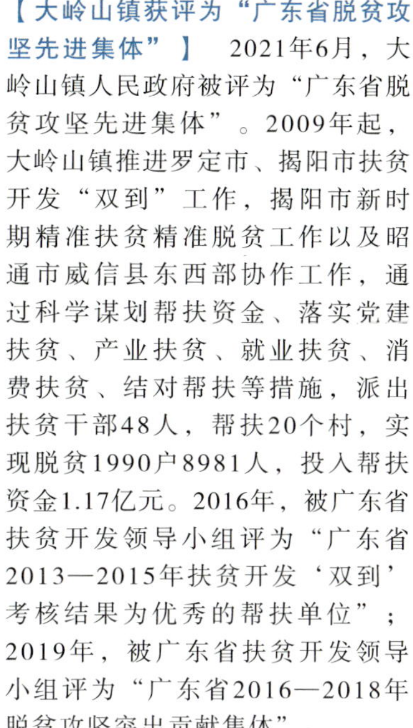

【大岭山镇获评为“广东省脱贫攻坚先进集体”】 2021年6月，大岭山镇人民政府被评为“广东省脱贫攻坚先进集体”。2009年起，大岭山镇推进罗定市、揭阳市扶贫开发“双到”工作，揭阳市新时期精准扶贫精准脱贫工作以及昭通市威信县东西部协作工作，通过科学谋划帮扶资金、落实党建扶贫、产业扶贫、就业扶贫、消费扶贫、结对帮扶等措施，派出扶贫干部48人，帮扶20个村，实现脱贫1990户8981人，投入帮扶资金1.17亿元。2016年，被广东省扶贫开发领导小组评为“广东省2013—2015年扶贫开发‘双到’考核结果为优秀的帮扶单位”；2019年，被广东省扶贫开发领导小组评为“广东省2016—2018年脱贫攻坚突出贡献集体”。

【大岭山镇获评为“省级健康促进区”】 2021年6月，大岭山镇获评为“2020年度省级健康促进区”。自2018年起，大岭山镇通过政府主导、多部门协作、全社会共同参与等综合措施，建立健康教育促进工作长效机制，实施“将健康融入所有政策”的策略，建设健康促进场所和无烟单位，提升居民健康素养水平。截至2021年底，全镇设有健康主题公园2个、健康步道2条、健康促进单位34个，其中健康村5个、健康促进医院2所、健康促进学校15所、健康促进机关7个、健康促进企业5个，累计创建健康家庭3239户。

【大岭山镇获评为“‘多彩乡村学史奋进’主题教育实践活动优秀组织单位”】 2021年，大岭山镇参与“多彩乡村　学史奋进”主题教育实践活动，发动和引导群众深入乡村，传承红色基因，发掘优秀文化，讲好“大岭山故事”，选送微视频、海报、动漫等优秀作品20余份，其中《不能遗忘的地方》《寻魂红棉　东纵伴我行》分别获海报类二等奖、优秀奖。12月，获省地方志办等单位授予“‘多彩乡村学史奋进’主题教育实践活动优秀组织单位”称号。

【大岭山镇推进“双统筹”】 2021年，大岭山镇做好新冠肺炎疫情防控工作，出动医务人员2297人次、党员干部8000人次、志愿者1800人次。排查人员5.18万人、核酸检测186.32万人次，接收隔离人员1994人，全镇无确诊病例。在铂顿酒店、八方酒店、维也纳酒店、丽枫酒店成立4个集中医学隔离点临时党支部，发挥党支部战斗堡垒作用和党员先锋模范作用，严格落实集中隔离管理措施，开展“云服务”“疫”路陪伴你——大岭山镇关爱医学观察人员系列活动。成立跨境司机闭环管理工作小组，为全市第一个开展跨境货车全闭环接转的镇街，日均检查跨境货运41车次，管控跨境（接驳）货车司机1.75万车次。落实“三强化三覆盖”（强化人员、产品、环境核酸检测每周全覆盖，强化落实每日通风消毒全覆盖，强化进口冻肉和水产品安全监管全覆盖）和农贸市场每日一督，责令食品经营户责令整改126家，开展冻品走私联合执法检查10次，开展农贸市场人员、产品、环境核酸检测7.97万次。突出强化“哨点”作用，派出1524人次开展“预检分诊”日常巡查督导，检查医疗机构3690家次，停业整顿违规药店74家。推进疫苗接种，接种疫苗96.26万剂次，全程免疫率84%。加强社会宣传引导，制作《春风十里不如戴口罩的你》手绘女孩系列防疫海报在全市推广。推动企业复工复产，为企业争取2.6亿元贷款、5549万元政策资金。促进经济复苏，设立87万元资金开展促消费活动，拉动消费310.16万元。

（蓝　茜）

附：2021年大岭山镇党委、人大、政府主要领导名录

镇委书记：张拔海

镇人大主席：吴美娇（任至11月）

王振江（11月到任）

镇　长：叶晓华

2020—2021年大岭山镇主要经济社会指标情况表

指标	2020年	2021年
户籍人口（人）	66422	70943
常住人口（万人）	36.67	36.83
面积（平方千米）	95.53	95.53
地区生产总值（万元）	3006070	3410286
第一产业（万元）	3994	4553
第二产业（万元）	1804533	2160823
第三产业（万元）	1197543	1244910
总用电量（万千瓦时）	288119	347430
全社会固定资产投资总额（万元）	873375	950433
社会消费品零售总额（万元）	811846	933632
外贸出口总额（万元）	1280548	1200281
实际利用外资（万元）	2479	5192
地方财政总财力（万元）	673189	575427
各项税收总额（万元）	549853	653291

大朗镇

【大朗镇概况】 大朗镇位于东莞市中南部，地处粤港澳大湾区、广深港澳科技创新走廊重要节点，毗邻松山湖（生态园）国家高新区，与广州、深圳和香港同处一小时生活圈。截至2021年底，全镇土地面积97.5平方千米，下辖28个村（社区）。户籍人口10.56万人，常住人口55.96万人。连续七年入围全国百强镇，2021年列第30名。

2021年，大朗镇实现地区生产总值404.50亿元（第一产业0.75亿元，第二产业258.61亿元，第三产业145.14亿元），比上年增长10.0%；全社会固定资产投资总额81.21亿元，增长5.8%；总用电量49.35亿千瓦时，增长15.6%；社会消费品零售总额151.93亿元，增长10.0%；实际利用外资1.48亿元，增长93.6%；外贸出口总额368.66亿元，增长102.8%；各项税收总额58.82亿元，增长13.6%；地方财政总财力56.77亿元，增长44.5%。

【大朗镇科技创新】 2021年，大朗镇以建设“科创新城、品质大朗”为目标，实施创新驱动发展战略，至年底，全镇有高新企业263家，比上年增长12%，以诺通讯有限公司成为全镇首家年产值超百亿元企业，培育艾尔发自动化科技有限公司、信易电热机有限公司、伯朗特机器人股份有限公司3家“专精特新”（指主营业务和发展重点符合国家产业政策及相关要求，专业化、精细化、特色化、新颖化特征明显的中小企业）企业，推动六淳智能科技股份有限公司完成创业板上市申请。项目建设加快，集中签约和动工重大项目43个，投资总额87亿元，涵盖高端装备制造、新一代信息技术、5G等战略性新兴产业领域。投资规模扩大，引进5个超亿元项目，完成内资实际投资62.7亿元，完成率110%。28个市重大项目完成投资24.6亿元，完成率113.4%。毛织产业升级步伐加快，编制出台大朗镇毛织产业“十四五”（2021—2025年）规划，获批东莞市纺织服装产业集群核心区，第二个毛织人才驿站揭牌，东莞市首个国家级市场采购贸易试点累计出口总额突破560亿元，其中大朗镇贡献196亿元，是市下达任务的4.4倍，全市排第一名。引进高端人才，建成大朗镇港澳青年创新创业基地，引进落户高层次人才5000多人，建立重点人才服务对象库308人，申请“市优才卡”293人。

【大朗镇土地空间拓展】 2021年，大朗镇配合松山湖科学城打造成为综合性国家科学中心，推进松山湖科学城核心创新区、大装置集聚区、松山湖科学城—光明科学城主通道等重大项目土地整备，完成征地85.6公顷。完成莞番高速公路大朗段、市第三看守所、市轨道1号线大朗西站大小里程端和富民南路站、“三限房”（限房价、限转让、限对象）项目、湖景路南延长线、香港城市大学（东莞）高压线迁改项目、南方光源机耕路、220千伏东富输变电站塔基项目、珠江三角洲水资源配置工程、佛凹支路、110千伏沙步变电站、环莞快速路三期莞深高速公路至东部快速路段（下穿富民路段）12个项目征收拆迁，按时移交工作面，保障施工推进。盘活存量用地17.47公顷，盘活率125%，启动“工改工”项目31个，总面积53.83

大朗镇中心　　（2021年大朗镇供图）

公顷。全年治理“两违”（违法用地、违法建设）建筑140万平方米，超额完成“两违”治理任务。排查小组联同各村（社区）分管企业干部，对村集体厂房进行全面摸底调查厂房建筑面积、租金和承重等信息，形成村集体厂房统计台账，产业园厂房总面积54.8万平方米。

【大朗镇城市品质提升】 2021年，大朗镇推进城市品质提升，开创“大朗模式”城管片长制，深化“包村入格”督导，对标东莞市环境卫生“硬十条”（每天两次全域全覆盖普扫、增加保洁力量延长保洁时间、增加清洗洒水频次、加强环卫车辆城市家具清洗作业、落实“门前三包”清理“牛皮癣”、加强绿化带垃圾清理、落实闲置地插花地卫生死角改造提升、强化河涌水面保洁管理、加强生活垃圾收运频次、加强公共厕所垃圾转运站常态化保洁管理），开展“行走大朗”“洁净城市”等专项行动，巷头社区获评“全国文明单位”，长富、求富路、佛新、宝陂4个村（社区）获评“全市精细化示范社区”。推进123项乡村振兴项目建设，水平村古荔公园、新马莲村莲湖公园、巷头社区毛织时尚街等一批环境提升项目成效明显，松柏朗村获评“全国综合减灾示范社区”，巷头、求富路和水平3个村（社区）达标创建为市特色精品示范村。完成罗田水库二级水源保护区整治，自主实施100千米管网完善工程，排查疑似“散乱污”企业2483家，推动全镇22条河涌超80%稳定达到V类水质，荔香湿地公园完成景观提升改造和碧道建设。

【大朗镇民生发展】 2021年，大朗镇社保覆盖面稳步扩大，发放就业补贴777.6万元，“春风行动”等活动发布招聘岗位超2万个。投入超1.7亿元开展品质交通千日攻坚行动，对怡朗路等29个路段5300个路内停车泊位实施智能化改造。完成大朗中学等6个项目工程，大朗镇第二幼儿园开园，“双减”（有效减轻义务教育阶段学生过重作业负担和校外培训负担）政策落地落实，13所公办小学实现课后“430”服务（为那些在下午16:30无法到学校接孩子的家长提供一种选择,让孩子利用这个时间开展兴趣爱好的学习和培养）全覆盖。公共文化服务提标扩面，建成村级和企业级文化支馆28个，打造群众文化品牌20余项，获评“广东省民间文化艺术之乡（毛织工艺美术）”，“大朗杖头木偶戏”申报第八批省级非遗保护项目，小品《装电梯》与小戏《特殊喜宴》两个文化精品项目获2021广东省群众艺术花会戏剧类金奖和银奖。

【大朗镇社会综合治理】 2021年，大朗镇发挥镇市域社会治理现代化工作领导小组作用，强化全民反诈（反电信网络诈骗）专项工作督导，扭转“全民反诈”落后局面。推进扫黑除恶专项斗争，打掉涉恶势力犯罪团伙14个，破获涉恶案件74件。抓安全生产和消防安全，常态化对全镇“三小”（小档口、小作坊、小娱乐场所）场所、出租屋开展火灾隐患排查整治，加大对旧围区、毛织类、废品回收站等重点区域的排查整治力度，严查“三小”场所违规住人、消防疏散通道堵塞、电动自行车违规停放或充电等隐患。检查“三小”场所、出租屋5.02万家，发现并责令整改隐患场所2.77万家，整改场所2.74万家，停电处理562家次，发生生产安全事故以及死亡人数分别比上年下降14.29%、27.27%。抓拥堵治理与电动车整治，组建常态化“治摩”专业队，联勤联动坚持开展“治摩”集中行动，打击酒驾违法行为，查处酒后驾驶交通违法行为1604件。

【大朗镇新冠肺炎疫情防控】 2021年，大朗镇坚持把人民健康放在首位，筑牢全民免疫屏障，做好新冠肺炎疫情防控工作，组建约7000人防控队伍，排查人员5.2万人次，集中隔离1.2万人、居家隔离2.93万人。接种新冠疫苗149万剂次，全人群全程免疫率90.6%。面对“12·13”本土疫情，第一时间成立镇级“12·13”涉疫事件应急处置工作组，镇、村两级党员干部选派28个第一书记、28个第一警长，出动278个基层“三人小组”，迅速落实流调溯源、核酸检测、重点区域管控、转运隔离、物资保障、居家隔离、社会面管控等防控措施，半个月内开展8轮大规模核酸检测，累计检测超665万人次，转运集中隔离9700人，居家隔离6300人，累计全镇报告确诊病例26例。同时，大朗镇开通多条渠道解决生活物资保供企业、重点企业、毛织商户的物资运输需求，出台镇村减租政策为企业纾困410万元，向管控区以及居家隔离人员发放生活物资包7.6万份。疫情防控期间，为82家企业新增5.74亿元贷款，助力企业渡过难关。大朗镇用5天和12天时间实现社区病例清零和确诊病例零新增，将疫情控制在一个潜伏期、一个镇、一条传染链上，抗疫成果得到上级领导和社会各界肯定，疫情应对处置经验为全市乃至全省防疫工作提供重要借鉴。

【中国散裂中子源多物理谱仪系统通过验收】 2021年7月26日，中国散裂中子源（CSNS）多物理谱仪系统通过验收。验收组认为散裂中子源科学中心高质量地建成国内首台可以开展中子全散射研究的多物理谱仪，测试结果达到合同所列技术指标且优于验收指标，整体性能稳定可靠。多物理谱仪是中国散裂中子源、东莞理工学院与香港城市大学共同建设国内首台中子全散射谱仪，是中国散裂中子源第一台合作谱仪。10月21—27日，国家“十三五”科技创新成就展在北京展览馆举行，中国散裂中子源作为重点装置入选展览。

大朗镇荔香湿地公园　（2021年大朗镇供图）

【大朗镇获批国家级市场采购贸易方式试点】 2020年9月，东莞大朗市场采购贸易方式试点获批，成为广东省新获批3个试点之一、全市唯一试点。2021年，东莞大朗市场采购贸易试点出口总额突破560亿元，在全国获批试点中，出口规模全国排第四名，同批次出口规模排第一名。

市场集聚区范围划定 2021年2月20日，根据《广东省人民政府办公厅印发关于在广东东莞市大朗毛织贸易中心开展市场采购贸易方式试点工作的实施方案的通知》，经市人民政府同意，东莞大朗市场采购贸易方式试点的市场集聚区范围定为：大朗毛织贸易中心、环球贸易广场，东至康丰路、西至康丽路、南至长富路、北至富康路，面积11.77公顷。

大朗市场采购贸易服务中心成立 2021年3月29日，东莞大朗市场采购贸易服务中心成立，位于大朗毛织贸易中心三楼，是经东莞市民政局同意批准，在广东省社会组织公共服务平台注册登记成立的民办非企业单位。东莞大朗市场采购贸易服务中心由大朗镇经济发展局负责管理，其业务主管部门是东莞市商务局。业务范围包括负责市场采购贸易综合服务，推进商品认定体系和贸易服务体系建设；开展市场采购贸易主体信用评价与运用，做好市场采购贸易联网信息平台维护；配合有关部门做好国际贸易风险预警防控、商品质量检查、知识产权保护等；做好东莞市委、市政府及上级部门交办的其他任务。

市内陆路通关全覆盖 2021年，东莞大朗市场采购贸易方式试点借助东莞市三大海关车检场优势，拓展市场采购贸易陆路通关便利。开通长安海关、凤岗海关以及寮步海关等3个车检场市场采购贸易陆路转关出口通道，实现贸易试点市内陆路通关便利全覆盖，为企业和商户节省运输成本及通关时间。

外贸出口大户落户试点 2021年6月，广东省丝丽国际集团兆丰物流有限责任公司落户东莞大朗市场采购贸易方式试点，在大朗毛织贸易中心租赁业务办公室并开展市场采购贸易出口业务对接。至年底，该公司出口货物1.7万票，出口总额96.62亿元，占大朗镇市场采购贸易出口额49.3%。

重点出口企业服务 2021年，东莞大朗市场采购贸易服务中心做好贸易试点企业服务，提高贸易试点重点企业发展质量，发挥重点企业示范带动作用，通过开展走访、调研、座谈等方式为贸易试点10家重点企业及时协调解决存在的问题和困难，实现一对一、面对面服务。年内，东莞大朗市场采购贸易方式试点联网信息平台10家重点企业出口175.54亿元，占大朗镇出口额90%。（叶晓童）

附：2021年大朗镇党委、人大、政府主要领导名录

镇委书记：陈福坤
镇人大主席：陈慧娟（任至6月）
　　　　　　刘学新（7月到任）
镇　长：方德佳

2020—2021年大朗镇主要经济社会指标情况表

指标	2020年	2021年
户籍人口（人）	100203	105579
常住人口（万人）	55.77	55.96
面积（平方千米）	97.5	97.5
地区生产总值（万元）	3581848	4044995
第一产业（万元）	6585	7506
第二产业（万元）	2174793	2586094
第三产业（万元）	1400471	1451395
总用电量（万千瓦时）	422610	493510
全社会固定资产投资总额（万元）	767336	812139
社会消费品零售总额（万元）	1380574	1519314
外贸出口总额（万元）	1818000	3686588
实际利用外资（万元）	14483	14773
地方财政总财力（万元）	393020	567749
各项税收总额（万元）	517577	588208

黄江镇

【黄江镇概况】 黄江镇位于东莞市东部产业园片区，西邻松山湖高新区，南与深圳市交界，是东部产业园片区对接深圳的重要通道，也是高水平对接和融入深圳中国特色社会主义先行示范区的南部临深9镇之一，处于光明科学城和松山湖科学城创新链几何中心。2021年，全镇总面积92.86平方千米，辖7个社区，常住人口28.52万人，其中户籍人口4.8万人。镇内交通发达，主干道莞惠公路、公常公路分别贯通东西、南北全境，衔接东莞轨道1号线、4号线和15号线，坐拥面向东莞市区、深圳市光明区的快速通道。黄江镇电子信息产业发达，生态环境宜人，被评为“全国百强乡镇”“国家电子信息产业基地”“国家卫生镇”“广东省教育强镇”“广东省生态乡镇”“广东省园林城镇”“广东省文明镇”，在中国百强镇最新排行榜中列第49位。

2021年，黄江镇实现地区生产总值256.38亿元（第一产业0.26亿元、第二产业170.45亿元、第三产业85.67亿元），比上年增长10.2%；规模以上工业增加值148.8亿元，增长14.6%；社会消费品零售总额74.91亿元，增长14.3%；固定资产投资总额63.2亿元，增长28.6%；总用电量29.26亿千瓦时，增长14.7%；外贸出口总额199.7亿元，下降4.4%；各项税收总额49.1亿元，增长11.9%；地方财政总财力68.69亿元，增长73.7%。获评2021年度领导班子工作优秀镇街、2021年度综合排名进步前三名镇街，获9项2021年度市“单打冠军”。

【黄江镇融入“双区”建设】 2021年，黄江镇推进重大平台建设。总投资超500亿元的莞深科创新城·黄江大冚项目入选市城市更新“头雁计划”（选取一批具有示范引领意义的大规模连片更新片区，给予特殊工作举措、特殊资源倾斜、特殊优惠政策支持，率先打造一批连片改造示范片区）首批单元；天集·磁海一期项目封顶，莞深科学协同创新中心开放，裕园工业园联合招商办公室挂牌成立，星博数字智能装备产业平台获批落地。

2021年，黄江镇加强交通“硬联通”。镇党政领导班子直接包任务，将征收工作与解决群众难题相结合，用3个多月基本完成轨道1号线黄江段土地征收，得到群众以及上级表扬肯定；加快推动公常路升级改造，规划建设新城大道、清龙路黄江段等联通“双科学城”道路，贯通环城南路等多处“断头路”。

2021年，黄江镇深化机制“软对接”。黄江镇与深圳市龙华区协同启用“深莞通办”窗口，实现206项政务服务跨城通办；推进工程建设项目审批制度改革，投资项目全流程审批时间有效压减至3个工作日；落实深化商事制度改革部署，推进“多证合一”“证照同办”等改革，新增市场主体7300家。

【黄江镇产业体系升级】 2021年，黄江镇规模以上工业企业333家，总产值596.5亿元。实施工业投资项目68个，完成总投资82亿元。10个重大项目完成市“双百”行动任务目标。新增海陆通实业等3家上市后备企业。领益集团、安世、正扬公司等重点企业增资扩产110亿元。领益集团公司企业工业总产值128亿元，成为黄江镇

黄江镇环城路路段鸟瞰图 （2021年李鄂摄）

黄江镇党史公园　　（2021年李鄂摄）

首家百亿产值企业。累计引进300万元以上内资项目239宗，协议投资72.2亿元，比上年增长20%；合同利用外资7.4亿元，比上年增长3.23倍。投资20亿元晨讯智造项目签约。新增高新技术企业43家，总数累计224家。全年研发投入16.4亿元，占地区生产总值比重超3%。启动建设黄江镇科技公园，出台创新驱动系列政策，为近百家企业奖励资金800万元。引进博士3人、硕士40人，新增博士工作站2个。

【黄江镇城市品质提升】 2021年，黄江镇开展总体规划编制，启动新中心区规划。完成土地收储20.13公顷。推进黄京坑产城融合等17个“工改工”（将土地性质为普通工业用地改变为新型产业用地，将旧工业区拆除重建升级改造为新型产业园）项目，盘活超66.67公顷土地，新增134万平方米产业空间。投入近3亿元升级改造嘉宾路等重要主干道路。投入5000万元建成党史公园、儿童公园及一批口袋公园等公共基础设施，规划建设美术馆、综合文化馆。实施“千箱美化”等城市品质提升专项行动，完成20个主干道节点以及10座人行天桥品质提升工程，新增2800余个停车位。推进违建治理，超额完成市定76万平方米治理任务。开展“洁净城市”“行走黄江”等专项行动，常态化整治城市“六乱”（乱搭乱建、乱堆乱放、乱设摊点、乱拉乱挂、乱贴乱画、乱扔乱吐）现象，开展环境整治行动超400次。推进生活垃圾分类，实现生活垃圾无害化处理全覆盖。通过国家卫生镇复审。投入1.8亿元建成蝴蝶地生态公园、黄牛埔湿地公园一期和梅塘烈士陵园工程。实行河长制，建成智慧管网溯源系统，完成68个地块整体雨污分流改造。板湖河水质得到大幅提升，小微水体整治率95%，实现消除劣V类水质及黑臭水体目标。立案查处环境违法企业320家，执法工作在2021年全市环境执法考核排第一名。

【黄江镇社会民生】 2021年，黄江镇做实社会保障。扩大社会保险覆盖范围，发放各项保险待遇2.3亿元；对困难群众、特殊群体的兜底民生服务增强，发放救助金2400万元；建立“双百”（实现乡镇（街道）社会工作服务站100%覆盖、困难群众和特殊群体社会工作服务100%覆盖）工程社工站，投入330万元推出居家养老“大配餐”服务，为65岁以上老人每月发放200元生活补贴；做好稳岗就业工作，累计培训技术从业人员7380人次。

2021年，黄江镇完善公共服务。医疗服务水平不断提升，与市人民医院、市妇幼保健院组建紧密型医联体，设立3个多学科协作诊疗中心；创建广东省健康促进区。教育品质持续提升，投入教育经费3.1亿元，比上年增长15.2%；完成6所公办中小学改扩建工程，新增3000个学位。

2021年，黄江镇推进乡村振兴。投入近4亿元实施84个乡村振兴项目，建立乡村振兴项目日常管养监督机制，乡村人居环境得到提升；投入5.6亿元的田美社区、田心村两个特色精品示范村项目通过验收。村组集体经济总资产、纯收入38.2亿元、3.3亿元，分别比上年增长21.1%、增长11.4%。

【黄江镇社会治理】 2021年，黄江镇推进“八大专项”（包括建设工程项目安全整治、道路交通安全整治、消防安全整治、危险化学品和烟花爆竹安全整治、工贸企业安全整治、旅游及大型群众性活动安全整治、职业健康安全整治以及打击“四黑”专项治理）“治乱清源”等专项行动，全镇违法犯罪警情比上年下降14.6%，电信诈骗警情比上年下降23.1%。落实“五个统一”（指人防配置统一、技防设施统一、物防设施统一、勤务规范统一、防范处置机制统一的安全防范机制）校园安全防范措施，持续加强校园安全水平。“租你平安”出租屋创新管理体系获国家、省、市多个奖项。保持高压严打安全生产违法行为，全年事故数和死亡人数均下降25%。推广“互联网+监管”智慧监管平台建设。开展道路交通安全隐患排查整治，完成900处风险隐患点治理。强化自然灾害应急处置，严抓燃气安全监管。

【黄江镇行政服务效能提高】 2021年，黄江镇规范法治环境。依法履行政府职能，自觉接受人大监督，办理落实人大代表建议和意见16件，办结率100%；强化关系群众切身利益的重点领域执法力度，执法监督效能排名全市前列；完善公共法律服务体系，全镇调解组织受理调解案件3036件，调解成功率98%。田美社区创建为“广东省民主法治示范社区”。

2021年，黄江镇优化政务服务。启用新政务服务中心，开设服务窗口80个，实现全镇684项政务服务事项“一窗通办”，推动354个政务事项下沉到社区受理，群众办理时间减少70%；设立全市首个人社业务办理综合窗口，推出“政务服务上门办”“不动产一天办”等特色化政务服务。镇政务中心社保经办窗口获评全国人力资源社会保障系统优质服务窗口。

2021年，黄江镇深化作风建设。开展党史学习教育，完成政法队伍教育整顿。坚持奖优罚劣、激励担当，出台4项工作人员管理制度，调整社区党委及下辖组织薪酬制度、普通聘员考核办法，末端执行力提升；严格执行中央八项规定，持续纠正“四风”，整治群众身边腐败和作风问题。把抓落实作为政府工作的第一要求，土地征收、违建治理等领域历史难题得到破解，干部队伍的凝聚力和战斗力得到明显增强；牢固树立过“紧日子”意识，行政支出持续有效压减。

【黄江镇科技创新】 2021年，黄江镇推动新兴产业发展和创新驱动发展，集聚科技创新要素，激发人才创新动能，致力科技创新。

新兴产业发展 2021年，黄江镇确定“深莞高度融合样本”发展定位，做好做强优势产业链，围绕电子加工、集成电路、智能装备、手机配件、新能源汽车5条产业链内扩外张。研判招商引资新形势，开展靶向招商，将“招大引强”与“延链补链”相结合。探索建立政企联合招商机制，形成承接优质项目落地“绿色通道”，并由班子领导联系跟进，为项目进驻提供“上门办证”“集中办证”等服务，做到“企业吹哨、部门报到”。集中推动领益集团、安世、正扬公司等8个先进制造增资扩产项目，总投资额112亿元。推进宏道电子、佰盛精密、盛翔精密公司等企业的工业投资技改项目，推动新美洋、常兴金刚石、惠伦晶体公司等重大制造业项目年内投产。

创新驱动发展 2021年，黄江镇实施高新技术企业“育苗造林”，建立科技型企业培育库，开展高新技术企业认定培训辅导。强化创新载体建设，建设新型研发机构、科技孵化器等转化平台，建立转化应用快速通道。规模以上工业企业自建研发机构覆盖率47.91%。建立产学研深度融合的技术创新体系，与电子科技大学广东电子信息工程研究院等产学研主体融合，建成“黄江镇创新创业服务中心”线上服务平台，与多家新型研发机构和高校洽谈合作规划，产学研合作项目250多个，全镇建成8个市级工程中心、13个省级工程中心。鼓励科技创新，每年安排

黄牛埔森林公园绿道　　（2021年李鄂摄）

1000万元作为推动实施创新驱动发展的专项资金。年内，推动52家工业企业提交“小升规”［规模以下小微企业（即年主营业务收入2000万元以下的企业）升级为规模以上企业］年入库申请，推动10余家企业申报国家级专精特新“小巨人”（指业绩良好、发展潜力和培育价值处于成长初期的、专业化精细化特色化新颖化特征明显的中小企业，通过培育推动其健康成长，最终成为行业中或本区域的巨人）项目。

科技创新要素集聚　2021年，黄江镇实施创新驱动发展战略，打造光明科学城、松山湖科学城“双科学城”科技创新成果转化高地。发挥联合招商机制，统筹裕元工业园内闲置低效土地及厂房资源，引入新美洋公司等产业项目。启动总投资超500亿元的星河人工智能小镇项目，推动航天电器华南智能制造总部基地落户。全镇首个M0项目天集·磁海产业园封顶竣工，建成莞深科学协同创新中心，市重大产业平台星博产业园获批落地。引导科技创新，高新技术企业181家，先进制造业和高技术制造业工业增加值占规模以上工业增加值比重均超50%，R&D（科学研究）投入强度超3%。支持科研成果产业化，推进高端装备制造产业知识产权运营服务平台建设。推动全镇150家规模以上工业企业建立研发机构，占规模以上工业企业43.85%。

人才创新动能激发　2021年，黄江镇构建“产业引才、园区聚才、企业用才”三位一体引才服务体系，依托星河人工智能小镇、天集·磁海等高新产业平台汇集人才，完善企事业单位高层次人才、技术项目和产学研合作需求信息，精准招引各领域人才。创建2个博士工作站，引进博士2人、硕士51人、高级职称34人，发放“莞香卡”156张、“玉兰卡”10张，构筑高技能人才招引“洼地”。坚持“政府为主导，企业为主体”落实人才培育模式。开展“人才高地建设”“技能人才之都”“高端教育集群”三大行动，打造人才交流学习平台，提供职业增值增能训练，激发人才内生动力。发挥企业技能人才引育主体作用，协助领益制造、惠伦晶体、美洁公司等41家企业参与校企合作，指导推进4家企业1500多人开展职业技能等级认定，完成补贴性职业培训3248人次，促进人才资源可持续发展。

【《租你平安——“包租公”成长记》微视频获优秀奖】　2021年，黄江镇探索基层社会治理工作的规律和特点，构建“网格员+楼栋长”模式，创建“租你平安”治理体系，对全镇出租屋登记备案，实行“定格定员定责”划分，建立出租屋信息主题库。按照标准对出租屋进行星级等级评定并挂牌亮星，实施分类分级专项管理。组建楼栋长队伍和平安“蓝管家”队伍，实现出租屋管理工作更精准、更到位，并为优秀“网格楼栋长”免费投保出租屋综合保险。同时配合全市打造首个出租屋“平安地图”综合应用平台，开发安全房源、“星级点评”等线上功能，打开群众无忧租房、平安共建的窗口。制作《租你平安——“包租公”成长记》微视频参加2021年度“平安杯”社会治理创新大赛被评为社会治理创新项目，获优秀奖；参加由中央政法委、最高人民法院、最高人民检察院、公安部、司法部、国家安全部共同主办第六届平安中国“三微”［微电影、微视频（含短视频、原创音乐MV）、微动漫］大赛，获“优秀微电影”奖项，成为东莞市两个获奖作品之一。

【黄江镇新冠肺炎疫情防控】　2021年，黄江镇做好新冠肺炎疫情防控工作，组建420人的防控队伍。排查人员2.08万人次，集中隔离2459人、居家隔离977人、核酸检测73.5万人次。全镇报告确诊病例0例。推动企业复工复产，为企业减负4.78亿元，争取79.31亿元贷款、289.65万元政策资金。促进经济复苏，设立300万元资金开展促消费活动，拉动消费528.7万元。　（张嘉润）

附：2021年黄江镇党委、人大、政府主要领导名录

镇委书记：苏　东
镇人大主席：陈泽深（任至8月）
　　　　　　祁耀权（9月到任）
镇　长：李冠洲

2020—2021年黄江镇主要经济社会指标情况表

指标	2020年	2021年
户籍人口（人）	44321	47818
常住人口（万人）	28.39	28.52
面积（平方千米）	92.86	92.86
地区生产总值（万元）	2268326	2563837
第一产业（万元）	2273	2603
第二产业（万元）	1339440	1704548
第三产业（万元）	926613	856686
总用电量（万千瓦时）	255150	292588
全社会固定资产投资总额（万元）	491851	632333
社会消费品零售总额（万元）	655301	749114
外贸出口总额（万元）	2088739	1997000
实际利用外资（万美元）	11251	16115
地方财政总财力（万元）	395513	686945
各项税收总额（万元）	438690	490982

樟木头镇

【樟木头镇概况】 樟木头镇是广东省中心镇，位于东莞市东南部。截至2021年底，辖区面积118平方千米，下辖10个社区（含1个新型社区），常住人口17.57万人，其中户籍人口5.7万人。获评全国优质服务基层医疗卫生机构、广东省森林乡村、广东省民主法治示范村（社区）等省级以上荣誉11个。全国千强镇排第137名，比2020年提升44名。

2021年，全镇地区生产总值148.4亿元，比上年增长8.5%；规模以上工业增加值51.6亿元，比上年增长14.7%；固定资产投资总额39.6亿元，增长1.2%；工业投资12.7亿元，下降6.5%；社会消费品零售总额81.1亿元，增长6.3%；常规性财政收入11.3亿元，增长7.03%；进出口总额118.5亿元，下降9.3%。村组集体经营总收、纯收入保持稳步上升趋势，经营总收入3.8亿元，比上年增长11%；经营纯收入2.8亿元，增长15%，资产负债率18.4%，下降至近15年新低。

【樟木头镇经济发展】 2021年，樟木头镇三大产业结构优化调整为0.03：48.44：51.52。承接深圳市外溢动能，聚焦高端装备制造、新材料产业基地建设，以“链式思维”招商引资，对接洽谈24个投资项目，引进投资5亿元净诺智能家居电器项目，推动永林、太粮和樟洋电力等3个项目增资扩产，总投资额超18亿元；建立“小升规”［规模以下小微企业（即年主营业务收入2000万元以下的企业）升级为规模以上企业］梯度动态培育库，加强跟踪服务，全年入库“小升规”企业85家，增加规模以上企业主营收入25亿元。7个市重大建设项目超额完成年度投资计划，安佳、乐的项目投产，民泰、永林项目开工建设，罗曼、中控、深能源项目工程进度均超50%以上。组织“线上+线下”促销活动，推动消费市场持续升温，社会消费品零售总额81.1亿元，增速比上年同期提高14.6个百分点，限额以上批零业销售额和住餐业营业额均实现两位数以上增长。接待游客231.6万人次，实现旅游收入9.8亿元，比上年增长6%和5%。以“倍增计划”（重点企业规模与效益倍增）为牵引，实施第二轮“百家亿企培育行动”，加快新旧动能转换，龙头企业拉动作用增强，111家企业产值实现正增长，其中9家市倍增企业累计产值比上年增长23%，协同倍增企业累计产值增长66.6%，规模以上工业增加值51.6亿元，增长14.7%，增幅快于全市4.5个百分点，全年实现工业总产值增长21.8%。活用要素保障、信息沟通、精准服务等手段，在资金、技术、人才等方面为企业发展提供有力支撑，发放高质量发展专项扶持资金361万元，为人才子女提供公办学位193个，协助企业申报出口信用保额金5.2亿元，市场主体保持较快增长，达3.1万家。

【樟木头镇创新驱动发展】 2021年，樟木头镇先进制造业和高技术制造业分别比上年增长

樟木头镇鸟瞰 （2021年蒋鑫摄）

2021年6月18日，樟木头镇举办“爱心助农·致敬英雄”网上直播荔枝拍卖会（蒋鑫 摄）

13.4%和13.2%，超额完成年度R&D经费投入目标。加快企业技术升级改造，2家企业认定为国家级专精特新“小巨人”（指业绩良好、发展潜力和培育价值处于成长初期的、专业化精细化特色化新颖化特征明显的中小企业，通过培育推动其健康成长，最终成为行业中或本区域的巨人）企业，1家企业认定为市百强创新型企业，3家企业认定为工程技术研究中心。新增注册商标2260件，比上年增长27%。

【樟木头镇生态文明建设】2021年，樟木头镇推进河湖综合治理，“一河一策”深化“剿黑消劣”（消除市域内全部黑臭水体、所有重点河涌全部消除劣Ⅴ类）整治，系统推进雨污分流和污水处理工程，石马河旗岭国考断面水质持续提升，省考断面官仓水稳定在Ⅳ类水以上，14条河涌消除劣Ⅴ类水体达标率83%。全镇工厂、住宅小区雨污分流完成率99%。完成樟木头污水处理厂一、二期提标工程和三期扩建工程以及裕丰污水处理厂新建工程，污水收集率明显提升。持续深化大气、土壤污染防治，空气优良天数占比87.7%，中央环保督察反馈问题全部整改到位。

【樟木头镇城市建设】2021年，樟木头镇基础设施投入1.85亿元，重点综合整治石马河、碧道建设等工程，优化发展空间功能布局。海绵城市详细规划启动，国土空间、综合交通体系、TOD综合开发等专项规划有序推进，完成土地收储19.2公顷，拆除平整13.33公顷“工改工”（将土地性质为普通工业用地改变为新型产业用地，将旧工业区拆除重建升级改造为新型产业园）地块，银岭工业区和特艺达“工改工”项目取得进展，裕丰、官仓、石新社区等7个“三旧”（旧城镇、旧厂房、旧村庄）改造项目推进。掀起“两违”（违法用地、违法建设）整治，拆除、整治“两违”36.1万平方米，43件裁执分离和三维航拍案件在35天内完成整改。莞樟路、西城路等7条道路完成升级改造，群众出行体验有效提升；以莞惠路为试点铺开全镇公交候车亭升级工程，159处候车亭、站牌建设完工；开通全市首条“社区巴士”公交线路，缓解住户出行难题；新建路外停车场10个，增加停车位1776个；铁路隧道等11处易涝积水点完成整治，消除城市内涝隐患。做好“森林文章”、打好“山水品牌”，金河社区成为广东省森林乡村，黄泥乙水库排渠示范河涌岸绿景美、水清河畅，簕竹排水库10千米碧道和广东宝山森林公园绿色廊道建成开放，104.06公顷红花油茶主题示范园落成，“见缝插绿”建成6个口袋公园，城市生态走廊串起居民绿色生活。

【樟木头镇民生发展】2021年，樟木头镇十件民生实事完成，群众幸福感、获得感、安全感不断增强。总投资6.6亿元“一中一小”建设项目正稳步推进，学前教育“5080”（是指公办幼儿园和普惠性民办幼儿园在园幼儿数占比达到80%以上，其中公办幼儿园在园幼儿数占比达50%以上）工程完成，增加公办幼儿园学位540个。新增市级教学能手6名，实验小学成为广东省深化新时代教育评价改革试点，一批公办学校分别获评全国中小学中华优秀传统文化传承学校等市级以上荣誉42项。“双减”（有效减轻义务教育阶段学生过重作业负担和校外培训负担）政策有效落实，学科类培训机构压减率95%，课后服务覆盖率100%。推动基层医疗卫生机构全面发展，社区卫生服务中心新中心完工，完成樟木头医院新发热门诊规范化建设，万人全科医生数和家庭医生签约服务覆盖率均超市要求指标，名医工作室落户樟木头社区卫生服务中心，医疗卫生保障水平和基层中医药服务能力提升，“优质服务基层行”活动获国家卫健委通报表扬。培育扶持荔枝产业，与市研究中心共建观音绿荔枝协同创新基地，创建省级荔枝专业镇，认定2个市级家庭农场，2个社区成为省“一村一品，一镇一业”［在一定区域范围内，以村或镇为基本单位，以市场为导向，充分发挥本地资源优势，通过大力推进规模化、标准化、品牌化和市场化建设，使一个村（或几个村）、一个镇拥有一个（或几个）市场潜力大、区域特色明显、附加值高的主导产品和产业］专业村，村组集体经营总收、纯收入实现“双增长”，资产负债率降至近15年新低。设立1.2亿元乡村振兴专项资金提升旧村人居环境，党员干部带头“微更新”“微改造”，新增“四小园”（小菜园、小果园、小花园、小公园等小生态板块）28个，打造官仓社区特色精品示范村，6个社区成为“美丽宜居村”。完成社保基金各项征缴指标，核发就业创业补贴446万元，户籍居民就业率稳定在98.5%，开展“一镇一品”（每个镇街每年自主开展一项符合本镇街产业特点且在本地区有影响力的精品培训课程，以培养当前乃至未来一段时期急需的中高级技能人才）技能人才培育，覆盖群众2755人次。深化东西部劳务协作，帮助45名巧家籍求职者实现转移就业。配套资金558万元打造民生大莞家品牌项目，完成民生微实事和民生微心愿109件。

【樟木头镇社会治理】 2021年，樟木头镇社会治安防控体系不断完善，开展“扫黑除恶”“飓风2021”“亮剑90”系列专项行动，扫黑除恶线索办结率位居全市前列，违法犯罪、盗抢骗警情分别比上年下降10.9%、13.6%。完善社会工作服务体系和矛盾纠纷大调解体系，挂牌成立群众信访诉求综合服务中心”暨“粤心安”服务室，重大矛盾隐患稳控率100%，矛盾纠纷调解成功率99.7%。食品药品、消防领域安全监管，生产安全事故、交通事故实现“双降”。健全公共法律服务体系，加强法治工作队伍建设，提高公共法律服务资源普惠、精准配置，“一社区一法律顾问”［每一个村（社区）至少聘请一位律师作为法律顾问］及公共法律服务平台实现全覆盖，努力打通公共法律服务“最后一公里”，创建1个省“民主法治示范村（社区）”。实施普法宣传，依托“互联网+普法宣传”、法律顾问巡回宣讲等形式，提高普法教育覆盖面和精准度。

【“爱心助农·致敬英雄”网上直播荔枝拍卖会】 2021年6月18日，樟木头镇举办“爱心助农·致敬英雄”网上直播荔枝拍卖会，活动由樟木头镇人民政府主办，镇宣教文体旅办、裕丰社区、金河社区承办，是樟木头镇开展“荔绿香樟·宜旅之乡——网上助推观音绿”系列活动之一，宣传推广樟木头镇“观音绿”荔枝品牌及荔枝产业相关产品。活动邀请东莞“网红”安冬、大宝现场介绍“观音绿”荔枝。两场拍卖会拍得善款29.61万元，主办方现场通过支票形式捐赠给樟木头慈善会、樟木头医院抗疫英雄以及广东扶贫济困日暨东莞慈善日慈善机构，向爱心企业颁发牌匾。

【樟木头镇金河社区获评为广东省森林乡村】 2021年10月，樟木头镇金河社区被广东省林业局评为广东省森林乡村，为东莞市4个入选村（社区）之一。樟木头镇金河社区以改善环境为抓手，投入超700万元，开展旧围村系列整治、创文专项行动、河道环境等整治，提升人居环境建设水平，绿化覆盖率45%，竹排水库被定为镇主要饮用水源，属国家三级保护古树的高山榕获“绿在东莞”十佳美树大赛第四名，境内有九洞和观音山两大森林公园。社区有6处革命遗址、5个省级革命老区。

【新冠肺炎疫情防控】 2021年，樟木头镇做好新冠肺炎疫情防控工作，组建1120人防控队伍。排查人员1.23万人次，集中隔离523人、居家隔离1753人、核酸检测8744人次，全镇报告确诊病例0例。推动企业稳增长，为企业争取1600余万元政策资金。促进经济复苏，设立361万元的企业高质量发展专项扶持资金和150万元促消费活动专项，拉动消费1450万元。 （黄绮珊）

附：2021年樟木头镇党委、人大、政府主要领导名单

镇委书记：周伟森（任至11月）
　　　　　黄淦洪（11月到任）
镇人大主席：蔡建彬（任至6月）
　　　　　　张新伟（11月到任）
镇　　长：尹锡棋（任至2月）
　　　　　芦　湛（2月到任）

2020—2021年樟木头镇主要经济社会指标情况表

指标	2020年	2021年
户籍人口（人）	49714	53758
常住人口（万人）	17.42	17.57
面积（平方千米）	118	118
地区生产总值（万元）	1327938	1484018
第一产业（万元）	448	513
第二产业（万元）	572154	718888
第三产业（万元）	755337	764617
总用电量（万千瓦时）	116573	132535
全社会固定资产投资总额（万元）	391163	395861
社会消费品零售总额（万元）	762408	810557
外贸出口总额（万元）	928667	766097
实际利用外资（万元）	11597	13515
地方财政总财力（万元）	265832	332989
各项税收总额（万元）	255800	237760

凤岗镇

【凤岗镇概况】 凤岗镇地处东莞市东南端，东、南、西三面紧邻深圳市龙岗区的龙岗街道、横岗街道、平湖街道和龙华区观澜街道。全镇总面积82.43平方千米，下辖12个村（社区），户籍人口5.1万人，常住人口41.95万人，还有3万多名华侨分布在世界36个国家和地区。凤岗镇是广东省中心镇，获“全国重点镇”“国家卫生镇”“全国象棋之乡”“广东省教育强镇”“广东省文明镇”“广东省森林小镇”称号。

2021年，凤岗镇实现地区生产总值373亿元，比上年增长12.6%，增速排全市第三名。规模以上工业总产值914.8亿元，比上年增长24.4%；规模以上工业增加值183.2亿元，增长14.7%，排全市第八名；社会消费品零售总额156.50亿元，增长78.02%，创近十年新高，排全市第一名；税收74.9亿元，增长22.9%；全镇人民币存款448.5亿元，增长9.6%，排全市第15名；人民币贷款434.5亿元，增长9.9%。进出口总额409.6亿元，增速65.3%，排全市第二名。

2021年，凤岗镇获2021年度领导班子工作优秀镇街第三名以及全国民主法治示范村（社区）、全国群众体育先进单位、2020年度全国综合减灾示范社区、广东省脱贫攻坚先进集体、2019—2020年全省脱贫攻坚工作突出贡献集体、广东省先进基层党组织、2021年广东省“民主法治示范村（社区）”、2020年度省级健康促进县（市、区）、广东省“儿童友好示范社区”9个市“单打冠军”。

【凤岗镇融入深圳都市圈建设】 2021年，凤岗镇贯彻东莞市委推动南部各镇加快高质量发展的决策部署，出台具体实施方案，与深圳市在城管、警务、应急等领域合作更加深入，产业、交通、城市品质对接更加紧密。推进政务服务改革，与深圳市龙岗区、龙华区签订政务服务“深莞通办”合作协议，可受理深圳市、区两级33个部门413项“深莞通办”事项，实现102项政务服务事项“全市通办”。启动深惠城际轨道建设，博深高速公路雁田出入口拓宽，深外环路竹尾田出入口、凤清路两座跨线桥通车，直达深圳市公交9条，凤岗、深圳“半小时交通圈”优势持续巩固。

【凤岗镇创新驱动发展】 2021年，凤岗镇推动申报国家高新技术企业95家，79家企业通过认定，有国家高新技术企业196家。协助楚天龙公司完成上市。受理创新驱动发展专项资金申请企业215家，申报项目74个（次），资助998.9万元。R&D（科学研究）经费总量8.5亿元(2020年)，比上年增长18%，占生产总值比重2.68%。彩虹德记塑胶颜料股份有限公司生态环保颜料产业化技术攻关及产业升级项目获省科技进步二等奖。协助美驰图、丰润、逸昊、库珀、苏氏公司5家企业认定为市倍增企业。推动逸昊公司获认定为国家级专精特新“小巨人”企业，推荐12家企业申报省级专精特新企业、22家企业申报市级专精特新企业。

【凤岗镇乡村振兴】 2021年，凤岗镇建立“四十百千”［抓好“四小园”建设，开展“十件微实事”，建设120条特色精品（示范）村，实施“千村碧塘”工程］建设工作机制，将人居环境整治任务与村（社区）年度绩效考核挂钩，推动落实建设任务。把清拆后的空地、荒地建成“四小园”（小菜园、小果园、小花园、小公园等小生态板块），完成166件人居环境“微实事”，巩固村庄“三清三拆三整治”（清理村巷道及生产工具、建筑材料乱堆乱放，清理房前屋后和村巷道杂草杂物、积存垃圾，清理沟渠池塘溪河淤泥、漂浮物和障碍物；拆除危房、废弃猪牛栏及露天厕所茅房，拆除乱搭乱建、违章建筑，拆除非法违规商业广告、招牌等）成果。启动官井头、油甘埔、天堂围村“特色精品村”的创建，鼓励其他村对标对表，打造更多“特色、精品、示范”工程。投入1.2亿元对各村（社区）人居环境整治进行差异化补贴，鼓励各村（社区）利用村庄资源特色进行改造，竹尾田现代农业观光园、竹塘浸校塘人居环境示

凤岗镇园龙山　（2021年凤岗镇供图）

范点、雁湖公园、油甘埔民法典主题公园等一批休闲空间项目落地，实现乡村旧貌换新颜。着力推动产业振兴，出台《加强镇村联动促进农村集体经济高质量发展的实施意见》，建立集体厂房物业租赁指导价制度，农村集体经济稳中向好发展。全镇集体两级总资产136.42亿元，比上年增长10.53%；总负债11.82亿元，增长5.2%；净资产124.60亿元，增长11.07%；集体两级总收入14.43亿元，增长12.76%；集体两级纯收入12.04亿元，增长14.5%。获评为“2021年度中国乡村振兴十大示范村镇”。

【凤岗镇重大项目建设】 2021年，凤岗镇有1亿元以上市重大项目9个，其中建设项目7个（天安数码城一组团、天安深创谷、深证通二期、京东智谷、果丰缘、康佳、都市慧谷项目）、预备项目2个（京东智慧城市科技创新中心、博深高速公路联络线及雁鸣湖路道路工程）。上述9个项目涉及总投资额465亿元。至年底，完成投资34.11亿元，占年度投资计划107.7%，完成投资量全市排第七名。

【凤岗镇招商引资】 2021年，凤岗镇完成内资协议投资167.71亿元，总量全市排第三名，实际投资57.06亿元，总量全市排第十名；完成合同外资4.8亿元，总量全市排第十名，实际外资2.3亿元，总量全市排第九名。新引进特大产业项目1个，为总投资125亿元的京东智慧城市科技创新中心；新引进超千万美元项目5个。有16个增资扩产项目，其中6个动工建设。利用天安数码城、京东智谷、都市智谷以“政府+企业”模式，聚力招商，招引意向企业和入驻企业818家。

【凤岗镇城市空间拓展】 2021年，凤岗镇从“利益共享”破题，协调市、镇、村三级利益分配比例，以雁田村洪木涧地块为试点，实现空间拓展、资源重构、优化布局、利益共享多赢目标。全年土地收储完成54.58公顷，完成率255.84%。落实土地储备年度实施计划和三年滚动计划，完成三联村乌石坑地块0.55公顷土地、雁田村河东片区产业地块45.78公顷土地、塘沥村凤凰围居住地块2.57公顷土地挂牌出让。编制“工改工”（将存量低效的工业用地再开发，实现产业转型升级）项目库和三年滚动实施计划，推进项目11个，涉及用地55.07公顷，其中动工建设项目5个，涉及用地33.81公顷。推动“两违”（违法用地、违法建设）整治，治理违建面积91.29万平方米，超额完成治理任务。

【凤岗镇城市品质提升】 2021年，凤岗镇推进“两心两轴”（两心，即凤岗主中心和南部副中心。两轴，即石马河品质发展轴和莞深同城联系轴）规划建设，开展城市精细化管理、“厕所革命”、垃圾收运处置，城乡面貌持续改善，在全市城市精细化管理工作中，5个项目获第二届东莞绣花奖，获奖数全市排第三名。推进夜景灯光亮化工程，完成凤岗人民公园文创夜景提升等项目，推动“千箱美化”和“万池修整”专项行动，完成永盛大街、凤深大道、碧湖大道和康佳路194个箱体美化，树池修整883个，开展千里人行道畅通工程，完成166处无障碍出入口的整治，在全市“城市照明暗区”整治、“千箱美化”和“万池修整”专项行动、人行道畅通工程的考核中，排名前列。完成16个街头小景建设。建成9个垃圾分类示范小区、50个投放点、3个示范片区。落实城管片长制度，将城管服务植根到一线。派出23名执法队员进驻12个村（社区），与村（社区）城管办180名工作人员组成城管网格化管理队伍。依托智慧城管系统，将信息技术与城市管理工作实现有机结合，受理3.1万件案件，按期结案率100%。开展“行走凤岗”行动，全年镇村领导行走7376人次，发现问题2.1万个，全部整改。儿童公园、碧湖体育公园等公园投入使用，全镇公园总数51个，人均公园绿地面积37.75平方米，是全市人均面积1.8倍。

【凤岗镇生态环境改善】 2021年，凤岗镇打好污染防治攻坚战，水、大气、土壤环境质量持续提升。加大耕地集聚区土地整治力度，划定耕地储备区，拓展生态空间。推动水质达标攻坚，石马河、各内河涌水质持续改善，竹塘断面水质质量稳步好转，全镇内河涌基本消除黑臭。空气质量达标率93.1%，全市排第五名。推进生活面源污染专项整治，打击涉水、涉固体废物企业违法行为，提升污水处理能力。深化莞深两市生态环境交叉执法，整治突出环境问题，提升联防联治的协同能力和执法水平。落实“打卡巡河”机制，巡河2142人次，整改解决问题1037个，完成1037个，解决率100%。

【凤岗镇公共服务】 2021年，凤岗镇十件民生实事完成。教育扩容提质千日攻坚稳步推进，增加公办学位1650个，推进6所公办学校改扩建，教育“双减”（有效减轻义务教育阶段学生过重作业负担和校外培训负担）工作落地落实。推进“双百工程”（实现乡镇（街道）社会工作服务站100%覆盖、困难群众和特殊群体社会工作服务100%覆盖）品牌建设，实现社区卫生服务机构标准化建设、居家养老服务全覆盖，医疗救助覆盖范围拓展至低收入家庭，对困难群众、特殊群体的兜底服务增强。建设凤岗巡回法庭，方便群众诉讼。作为首批镇街启动“三限房”（限房价、限转让、限对象）试点工作，规划2.6万平方米土地，以市场价50%的楼面地价进行出让，为全市住房工作探索经验。文体事业发展，“客侨文化”“象棋文化”等文化品牌更加响亮。落实文化惠民工程，开展公益培训、展览、惠民演出等活动。举办“永远跟党走——凤岗镇庆祝中国共产党成立100周年”合唱比赛，展示改革开放以来凤岗镇建设成就。推进非遗和文物保护，促成籙香书室、江屋古村、仁芳楼等古建筑和文物点的活化利用。在中心小学、油甘埔小学试点学校开办象棋教程，象棋体育竞技成果显现。推动凤岗体育馆升级改造、24小时自助图书馆等13个项目，提升公共文化和体育供给水平。组队参加“全国象棋之乡团体赛”，首次夺得团体第一名。开展全民健身活动，打造特色体育品牌，获评为“2017—2020年度全国群众体育先进单位”。

【凤岗镇社会治理】 2021年，凤岗镇深化平安凤岗、法治凤岗建设，完成中国共产党成立100周年等重要节点维稳安保，严打违法犯罪，安全生产、交通安全事故宗数和亡人数均实现“双下降”，社会大局保持稳定。抓好新冠肺炎疫情常态化防控，稳妥应对“6·18”“12·13”等疫情冲击。率先在全市完成示范性公共法律服务平台建设全覆盖，为群众提供一站式的公共法律服务。建设凤岗巡回法庭，方便群众诉讼。以“八五”普法为契机，“法律六进”（指通过开展普及法律的活动，使法律进机关、进乡村、进社区、进学校、进企业、进单位）活动为载体，开展“3·15”“12·4”等主题普法活动，增强群众法治意识。雁田村获评全国民主法治示范村（社区）。将全镇划分为3个巡区、12个巡片、72个巡线，不定时拉动测试路面巡处警力，发现问题，立行立改。“莞香家园”“护路先锋”“用心守护”“政企连心桥”等市域社会创新治理项目正常运转，“东莞义警”队伍壮大。狠抓安全生产，持续推进道路交通安全隐患整治，开展防灾减灾工作，安全生产形势稳定向好。生产经营性事故宗数和亡人数分别比上年下降25%、33.3%，道路交通事故宗数和亡人数分别下降27.03%、19.05%，火灾起数下降38.4%，未发生较大及以上生产安全事故。

【凤岗镇新冠肺炎疫情防控】 2021年，凤岗镇做好新冠肺炎疫情防控工作，镇、村两级成立以主要负责人为总指挥长的常态化疫情防控队伍，实现本地病例“零”报告。协查处置密接和次密接事件97件，涉及密接45人、次密接163人；高规格备足隔离酒店，累计接收集中隔离人员5149人次，其中报告5例境外输入病例，全程闭环管理；派遣250人驻点新冠病毒疫苗大型临时接种点，接种疫苗104.7万人次；开展4场大规模核酸筛查，完成采样235万人份；发挥镇经济运行监测调度体系的作用，落实镇“助企撑企”20条等帮扶措施，把监测和扶持工作落到实处；实行“镇村组”联动挂点帮扶机制，开展重点企业贴身服务；用好300万元促消费专项资金，打造网红直播“一村一品”项目。

【凤岗镇获评为广东省脱贫攻坚先进集体】 2021年5月，凤岗镇获评“广东省脱贫攻坚先进集体”。2009年起，凤岗镇对口帮扶韶关市乳源瑶族自治县、新丰县和仁化县3个县22个相对贫困村实现1465户5236人脱贫，脱贫率100%。对贫困村的道路硬底化、安全饮水、阵地建设、危桥改造、文体广场建设等基础新建与修缮工作。投入2400多万元建设一批惠民设施。投入2500多万元建设或购置固定资产，获得稳定收益，夯实贫困村发展后劲。推进产业化扶贫，帮助贫困村调整生产结构，发展特色种养，先后引进贡柑种植、山楂种植、鸭稻种植和养蜂产业等特色产业，以片带面，巩固脱贫成效。

【凤岗镇获评为全国群众体育先进单位】 2021年10月，国家体育总局发布关于表彰2017—2020年度全国群众体育先进单位和先进个人的决定，其中凤岗镇获评为“2017—2020年度全国群众体育先进单位”。截至2021年底，凤岗镇有综合体育馆2个，灯光篮球场150多个，足球场20多个，游泳池28个，大小体育健身广场40多个，全镇体育场馆面积90.45万平方米，人均体育场馆面积2.8平方米。持续组织开展“全民健身日”“凤凰杯”篮球联赛等活动，免费普及青少年篮球、足球、羽毛球、乒乓球、游泳、象棋等体育公益培训课程，2所试点学校获评“全国象棋特色学校”。 （叶停停）

附：2021年凤岗镇党委、人大、政府主要领导名录

镇委书记：张耀洪
镇人大主席：巫惠平（任至11月）
唐杰勋（11月到任）
镇　长：宁　康

2020—2021年凤岗镇主要经济社会指标情况表

指标	2020年	2021年
户籍人口（人）	47270	50989
常住人口（万人）	41.7	41.95
面积（平方千米）	82.43	82.43
地区生产总值（万元）	3223692	3730181
第一产业（万元）	1584	1805
第二产业（万元）	1982046	2332680
第三产业（万元）	1240062	1395695
总用电量（万千瓦时）	365127	417737
全社会固定资产投资总额（万元）	800629	1010976
社会消费品零售总额（万元）	879094	1565000
外贸出口总额（万元）	1850369	3448000
实际利用外资（万元）	18760	24684
地方财政总财力（万元）	1025470	598062
各项税收总额（万元）	609341	748944

谢岗镇

【谢岗镇概况】 谢岗镇位于东莞市最东端，有“东莞东大门”之称。接壤惠州市，毗邻深圳市，与清溪、樟木头、常平、桥头四镇相接。截至2021年底，全镇土地面积91.04平方千米，南部为山区、北部为平原，土地开发强度较低（30%），有连片的土地资源和丰富的生态资源。下辖11个村、1个社区。常住人口14.11万人，其中户籍人口2.6万人。获“国家卫生镇”“广东省教育强镇”“广东省高端装备制造专业镇”“广东省文明镇”“东莞市文明镇”“东莞市推进教育现代化先进镇”称号。

2021年，谢岗镇实现地区生产总值（GDP）123.4亿元，比上年增长10.5%，增速全市排第七名；规模以上工业增加值67.2亿元，增长14.9%，增速全市排第六名；固定资产投资总额64.8亿元，下降15.7%；社会消费品零售总额18.6亿元，增长13.9%，增速全市排第八名；税收总额17.1亿元，增长17.9%，增速全市排第十四名；实际利用外资金额4.3亿元，下降34.7%；全社会用电量13.9亿千瓦时，增长15.7%；工业用电量12.0亿千瓦时，增长15.2%。2021年度获评领导班子工作优秀镇，综合考核排全市第七名；获得5个全市“单打冠军”，招商引资、安全生产、林长制、城市管理等工作考核排名全市前列。

【谢岗镇产业发展】 2021年，谢岗镇依托东莞四大战略平台之一（银瓶合作创新区）、七大产业基地之一（银瓶高端装备产业基地），培育壮大高端装备制造、新一代电子信息、新材料三大主导产业发展动能，实现招商引资创历史新高，10个超亿元项目（其中超然、汇美、粤电3个项目超10亿元）签约，总投资115.9亿元，比上年增长4倍，其中超然项目投资超30亿元，填补大湾区特别是东莞市在高端通用航空器整机生产上的空白；22个省市重大建设项目完成年度目标任务110.6%，8个重大项目新开工，8个重大项目投产。创新驱动效应显著，R&D（科学研究）投入占GDP比重3.0%，新增1家国家级专精特新“小巨人”（润星科技）、1家省级专精特新企业（安保医疗）；认定52家高新技术企业、1家市级倍增企业；推动42家企业“小升规”［规模以下小微企业（即年主营业务收入2000万元以下的企业）升级为规模以上企业］，29个增资扩产项目完成投资13.9亿元。平台支撑强化，全年粤海、碧桂园项目新建厂房37.5万平方米，吸引42家企业入驻。推进质量强镇建设，“谢岗荔枝”成为全市首个国家地理标志证明商标，全镇新增注册商标518个、专利申请及授权915件。

【谢岗镇城市精细化管理】 2021年，谢岗镇全面推进乡村振兴，镇属企业完成“清产核资”（对企业所有的全部财产物资和债权债务进行清点、整理和估价，并计算和核定其固定资金和流动资金），“四大比武”［以环卫、景观、设施、文化四个方面开展评比，总体评价结果与年底村(社区)考评挂钩,设置一、二、三等奖，按照排列名次给予相应奖励］补齐

谢岗镇全景 （2021年李玉龙摄）

人居环境短板，建成40个“四小园”（小菜园、小果园、小花园、小公园）、7个“口袋公园”、5个儿童公园。城市管理、综合执法、精细化管理等工作全市考核获评“优秀”，4个项目获东莞市“绣花奖”，多个灯光亮化节点展现城市新形象，完成违建治理硬任务41.8万平方米。组建公园管理中心，“四位一体”的生活垃圾处理中心建成投运。国土空间规划试点开展，品质交通千日攻坚取得实质性进展，莞惠路（谢岗段）、22条镇村道路升级改造、3条主干道非涉铁段完工。5G基站建成141个，完成率100%。城市承载力稳步提升，3个旧村城市更新单元挂牌招商方案完成编制，2个单元启动拆迁补偿协议签约。重点推进5个“工改工”项目，整备拆除老旧工业厂房14.4公顷。

【谢岗镇生态环境优化】 2021年，谢岗镇以“咬定青山不放松”战略定力，守护好绿水青山，“四横五纵”（谢岗北部湿地公园生态碧道走廊、中部产城融合走廊、铁路城市生态走廊、南部森林公园生态屏障,把5条贯穿南北的截洪渠打造成为城市滨河公园,作为连通南北的山水绿脉）多节点山水公园城市格局初见雏形，建成10千米碧道、3大滨河公园。东南部卫生填埋场建设一期工程投入运营，二期开展前期工作；2个考核断面和22条河涌水质稳定达标，新增截污主干管网12千米、次支管网2.4千米；完成中央环保督察反馈问题整改；查封“散乱污”（不符合产业政策，不符合产业布局规划，未办理工信、发改、土地、规划、环保、工商、质监、安监、电力等相关审批手续，不能稳定达标排放的企业）企业92家，空气质量指数达标率91.8%。开发文旅产业，改变谢岗镇文旅发展状况，通盘谋划文旅项目，力争市级统筹全镇旅游资源，探索“点状供地”，丰富银瓶山等地旅游服务配套，参与东莞记忆粮仓“微改造”等项目建设，将谢岗粮仓打造成“谢岗记忆”，讲好谢岗故事。

【谢岗镇民生发展】 2021年，谢岗镇推动十件民生实事落地见效，黎村小学扩建工程新增学位1080个，动工建设实验中学，落实“双减”（有效减轻义务教育阶段学生过重作业负担和校外培训负担）政策，学科类培训机构缩减比例排全市第一名；谢岗医院创建二甲医院，二期项目、发热门诊完工启用，骨外科成为市特色专科。改善人才安居乐业环境，对接高层次人才，落实人才资金和政策保障。注重精神文明建设，提早谋划申报“全国文明镇”，挖掘本土特色资源，传承谢岗镇人文命脉，推动谢岗镇获评“东莞市科普示范镇”，2个实践站被评为广东省新时代文明实践示范站，扩下山遗址考古工作丰富东莞市先秦文化序列，市美术家协会创作基地、市中国画学会写生基地成为宣传“山水谢岗”窗口。

【谢岗镇社会治理】 2021年，谢岗镇平安建设再上台阶，防范重点领域和关键环节安全隐患，成立应急指挥中心，安全生产执法效能排全市应急系统第一位、罚款金额排全市第二位，生产安全事故比上年下降16.6%，交通亡人

银山湿地公园 （2021年谢树森摄）

事故下降14%。组建近3000人“东莞义警”队伍，建成“慧眼”小视频2000路，电信网络诈骗警情比上年下降38.3%，违法犯罪警情下降30.2%。全年涉政治安全案事件、命案及个人极端案事件“零发生”。基层治理日趋精细，启用新一代“智网工程”信息系统，化解矛盾纠纷案件672件，办结率98.7%，未发生较大群体性事件。

【谢岗镇获评为“整县（市、区）屋顶分布式光伏开发试点”】2021年，谢岗镇工业厂房、商业建筑、住宅和配套公共设施主要集中于中部片区。为加快太阳能开发利用，增加清洁绿色能源供应，推进县（市、区）屋顶分布式光伏开发试点建设，全镇有粤海产业园和谢岗人民医院两大光伏项目。粤海产业园光伏项目利用粤海产业园区屋顶面积11.5万平方米，建设13.2兆瓦屋顶分布式光伏发电项目，总投资5600万元，年发电量1300万千瓦时。谢岗人民医院光伏项目利用屋顶面积1.5万平方米，建设1.5兆瓦分布式光伏发电项目，总投资750万元，年发电量150万千瓦时。

【谢岗镇获评为“2019—2020年全省脱贫攻坚工作突出贡献集体”】　2021年，谢岗镇围绕资金支持、人才支援、劳务协作、消费扶贫等重点工作，完成精准扶贫韶关市南雄市、扶贫协作昭通市镇雄县脱贫攻坚任务。在精准扶贫韶关市南雄市方面，谢岗镇对口帮扶南雄市澜河镇澜河村、白云村，帽子峰镇富竹村、洞头村，4个相对贫困村有贫困户137户367人，全部脱贫出列，4个村均脱贫摘帽，脱贫率100%。2019—2020年，全镇落实财政资金600万元、社会帮扶资金物资237.7万元、采购农副产品84万元，派出8名干部挂职，双方党政领导调研互访10次，利用扶贫资金帮助贫困村发展金丝皇菊、茶叶产业，开展基础设施建设等，促进贫困村、贫困户增收。在扶贫协作镇雄县方面，谢岗镇与桥头、企石镇协助清溪镇扶贫协作镇雄县开展“携手奔小康”行动，2019—2020年全镇落实财政资金160万元、社会帮扶资金物资247万元、采购农副产品115万元，派出教师、医生等专业技术人才7人，双方党政领导调研互访7次，发动30多家企业、单位通过捐资捐物、消费扶贫等方式参与东西部扶贫协作工作，镇雄县于2020年11月宣布退出贫困县。

【谢岗镇新冠肺炎疫情防控】2021年，谢岗镇做好新冠肺炎疫情防控工作。排查人员1.25万人次，集中隔离392人、居家隔离280人、核酸检测73.3万人次。全镇报告确诊病例0例。推动企业复工复产，落实1200万元政策资金扶持企业发展。加强疫情防控队伍建设，推动12名疾控人员下沉驻点村（社区），实行A、B岗制度，与公安、村委会人员组成“三人小组”（由基层网格员、社区民警、社区卫生服务机构医务人员组成），成立227人的12个村（社区）防疫服务队，组建29人的现场流行病学调查队，抽调由机关事业单位人员组成300人支援疫情防控工作队，应对东莞市“6·18”“12·13”本土疫情，妥善处置应急事件，守牢疫情防控“东大门”。推进疫苗接种，设立新冠疫苗大型临时接种点，最大日接种能力7500剂次，在大型企业设立临时接种点，采取“团队预约+个人预约、定点接种+上门接种、集中接种+续种补种、重点人群+一般人群、临时接种点+常规接种门诊”的服务方式，持续提升疫苗接种能力，累计完成新冠病毒疫苗接种14.5万人次、34.7万剂次，3岁以上人群全程免疫接种率超95%，全民免疫屏障加快构建。

（汪明静）

附：2021年谢岗镇党委、人大、政府主要领导名单

镇委书记：胡毅峰（任至6月）
　　　　　叶可阳（6月到任）
镇人大主席：罗满桥（任至11月）
　　　　　　刘俊全（11月到任）
镇　长：李惠勤

2020—2021年谢岗镇主要经济社会指标情况表

指标	2020年	2021年
户籍人口（人）	25134	26074
常住人口（万人）	10.63	10.66
面积（平方千米）	91.04	91.04
地区生产总值（万元）	1082431	1234214
第一产业（万元）	18457	21134
第二产业（万元）	748061	860836
第三产业（万元）	315913	352244
总用电量（万千瓦时）	120318	139196
全社会固定资产投资总额（万元）	767947	647559
社会消费品零售总额（万元）	163598	186292
外贸出口总额（万元）	751294	929000
实际利用外资（万元）	66540	43450
地方财政总财力（万元）	281064	254326
各项税收总额（万元）	145377	171385

塘厦镇

【塘厦镇概况】 塘厦镇位于东莞市东南部，东连清溪镇，西邻黄江镇，北接樟木头镇，南与凤岗镇和深圳市观澜街道接壤，地处穗深港经济大走廊。境内莞深高速、从莞高速、惠塘高速、深圳外环高速公路交汇贯通，设有高速路口8处，京九铁路穿境而过，赣深高铁在塘厦设有东莞南站，是东莞市东南部交通枢纽。截至2021年底，全镇总面积128.2平方千米，下辖21个社区，常住人口63.27万人（其中户籍人口9.77人）。是东莞市东南临深片区中心、广东省中心镇、中国百强镇和世界高尔夫名镇，获“国家卫生镇”“国家级生态乡镇”“国家园林城镇”“广东省宜居示范镇”称号。在2021年中国中小城市科学发展指数研究成果发布全国综合实力千强镇中排第18名。

2021年，塘厦镇实现地区生产总值576.49亿元，比上年增长9%；规模以上工业增加值298.07亿元，增长11.1%；出口371.6亿元，增长8.7%；一般公共预算收入20.88亿元，增长9.4%；一般公共预算支出35.22亿元，增长19.4%。村、组两级资产总额110.2亿元，增长14.78%；村、组两级总收入13.6亿元，增长10.23%。

2021年，塘厦镇获“城乡融合发展省级试点”“广东省脱贫攻坚先进集体”“2019—2020年全省脱贫攻坚工作突出贡献集体”“2021年广东省‘民主法治示范村（社区）’”“2021年度广东省移动支付精品示范镇”“广东省森林乡村”“广东省全国科普日优秀组织单位”等7项全市“单打冠军”。

【塘厦镇产业发展】 2021年，塘厦镇培育产业集群，实施倍增计划，培育企业上市，开展精准招商，推动产业发展。

产业集群培育 2021年，塘厦镇诞生首家产值突破60亿元工业企业，实现产值亿元以上工业企业270家，全镇电子信息制造业、电气机械及设备制造业、纺织服装鞋帽制造业、造纸及纸制品业的集群产值分别为354.03亿元、268.58亿元、10.29亿元、5.1亿元。

倍增计划 2021年，塘厦镇新增3家市级倍增试点企业，坚朗、铭基、快裕达、烨嘉公司4家企业纳入名誉试点企业，27家市级倍增企业实现工业总产值287.15亿元，比上年增长14.1%。

企业上市培育 2021年，塘厦镇新增上市后备企业5家，上市后备企业总数增至24家，排全市第二名，辅导备案企业8家，总数排全市第一名，推动熵基公司、铭科公司、新秀公司向深交所送审上市资料。

精准招商 2021年，塘厦镇建立招商引资促签约重点项目池，项目数量35家，总投资438亿元。推动产业项目加大投资力度，集中解决中汇瑞德、知音电子等增资扩产项目用地，推动企业计划投资10.3亿元；协助解决铭科、信彩等项目增资扩产和历史遗留问题，推动企业投资14.6亿元，其中签约引进天邦达、中汇瑞德等4个超亿元重大产业项目，协议投资金额15.3亿元。全年全镇新签外资项目6个，增资项目3个，引进超千万美元项目6个，完成实际外资金额3.4亿元，总量全市镇街排第七名。塘厦镇推动8个产业项目完成土地招拍挂，6个产业项目实现动工建设。纳入市重大项目47个，总投资487.2亿元，其中31个市重大建设项目全面实现动工建设，年内实现投产项目4个，实现局部投产项目5个，全年实际完成投资51.84亿元，投资总量全市排第三名。

社会消费 2021年，塘厦镇社会消费品零售总额184.8亿元，比上年增长11.6%，其中：限额以上批发零售销售额177.2亿元，比上年增长31.6%；限额以上住宿餐饮营业额6.09亿元，增长10.1%。举办塘厦镇第四届汽车消费文化节，促成意向成交量2318台，意向成交额4.1亿元。

【塘厦镇创新驱动】 2021年，塘厦镇推进创新强镇战略，拓展产

塘厦镇中心区 （2021年塘厦镇供图）

业发展空间。

创新强镇战略推进 2021年，塘厦镇制订《2021年塘厦镇创建创新强镇实施方案》，编制《塘厦镇“十四五”科技发展规划》，出台高新技术企业培育扶持政策，推进创新强镇建设，高新技术企业总数433家，295家企业入库广东省2021年科技型中小企业，瞪铃企业4家，百强创新型企业4家；新增专精特新企业5家，总数12家。全镇新增专利授权5153件，有市级以上知识产权（专利）优势示范企业38家。加强松山湖材料实验室协同创新和科技成果转化，引进材料实验室12个创新团队，形成12项成熟可产业化成果，成立11家产业化公司，全年产值6000万元。全社会研发投入持续稳步增长，全年全镇规模以上企业研发投入17.62亿元，占地区生产总值比重3.51%，比上年增长5.1亿元，创历史新高，规模以上工业建有率59.3%。全镇规模以上企业805家，规模以上高企292家，占规模以上企业36%，规模以上高新技术企业工业产值678.9亿元，比上年增长16.39%，占全镇规模以上工业总产值55%，高新技术企业成为经济发展主动力。

产业发展“拓空间” 2021年，塘厦镇开展违规出让、转让、出租土地清理，拓展产业发展空间，通过协商和司法手段收回土地10宗46.11公顷，完成土地收储43.54公顷。以镇村工业园改造为主战场，打好产业空间拓展主动仗，实施拆除“工改工”（将土地性质为普通工业用地改变为新型产业用地，将旧工业区拆除重建升级改造为新型产业园）项目12个，完成“工改工”整备拆除40.52公顷，统筹推进城市更新单元33宗，总面积约1400公顷，其中24个更新单元完成前期服务商招引，石潭埔科技产业新城项目完成不动产权要约收购，并取得成交确认书。

【塘厦镇城市品质提升】 2021年，塘厦镇加强市政设施建设和城市精细化管理，提升城市品质。

市政设施建设 2021年，塘厦镇推进品质交通千日攻坚，完成东莞南站一期配套道路、站前广场周边景观提升等工程，完成江源大道、塘龙路升级改造等16项工程，推进环市西路、环市南路升级改造等43项工程。新基建加快推进，完成5G基站建设305个，推动110千伏凤凰（桥陇）输变电工程竣工投产，推动220千伏冠和输变电工程开工建设。实施供水安全保障工程，改造更新供水管网40千米，推进电光村水库饮用水水源原水管道建设。

城市精细化管理 2021年，塘厦镇开展“行走塘厦”，累计行走8290次，发现城市管理问题1.54万个，完成整改100%；遏制“两违”（违法用地、违法建设）增长，治理违建160万平方米，超额完成治理任务；推行环卫改革，实行“社区属地负责、中心区市场化承包、组建专业队应急管理补充”3种模式；推进落实生活垃圾分类，实现中心区垃圾分类100%覆盖。刷新“城市颜值”，完成迎宾大道沿线建筑景观灯光提质改造工程，建成“口袋公园”54个。完成千里人行道畅通工程8.94千米、“千箱美化”106个、“万池修整”818个；修复人行道45千米；完成8处城市照明“暗区”整治；新增路外停车场11个、新增停车位2197个。

生态环境建设 2021年，塘厦镇17条河涌有16条水质达标，达标率94.12%，其中，石马河长山头总断面水质稳定达标，中央环保督察河涌利是陂水稳定达Ⅴ类水标准。5条省考一级支流（鸡爪河、宝山水、谢坑水、契爷石水和雁田水）全部实现消劣目标。完成17条河涌2468个暗渠暗涵排污口排查整治，完成宝山水、利是陂水等河涌清淤，白泥湖污水处理厂拆除重建工程进入施工阶段。推进河道防洪整治及碧道工程，完成8.14千米的碧道建设任务，完成观澜河裁弯取直工程以及大坪水应急整治工程。推进76家VOCs（挥发性有机物）企业治理，扬尘污染治理，实现空气质量6项指标全面达标，全年空气优良天数超过90%；完善固体废物长效监管机制，督促2751家企业落实一般工业固废申报登记；加强生态环境执法，查封散乱污企业784家，立案查处环境违法企业217家。落实能耗“双控”，推动坚朗、华誉、晶博公司3家重点用能企业对接省、市在线监测平台。

【塘厦镇民生实事】 2021年，塘厦镇推进教育、卫生、文体事业发展，推进政务服务改革。

教育发展 2021年，塘厦镇出台教育事业发展“十四五”规划和打造品质教育行动计划实施方案，教育扩容提质千日攻坚加快实施，第二实验小学项目投入使用，中心小学、第二小学架空层完成改建，新增公办学位3780个；万象萃园等3个新建小区配套幼儿园开园，提供普惠性学位630个。成立3个幼儿园教育集团，12所民办幼儿园为成员单位，共享管理模式、运行机制、教师培训等内容，进行教学帮扶指导，提升幼儿园整体教育质量水平。落实教育领域“双减”（有效减轻义务教育阶段学生过重作业负担和校外培训负担），清查27家证照不全的培训机构，线下学科类校外培训机构停业、转型或注销12家，压减比例20.34%。

卫生事业 2021年，塘厦镇抓好新冠肺炎疫情防控，提升大规模新冠肺炎核酸检测处置能力。社区卫生服务中心和林村站2个发热诊室投入使用，完成林村、莲湖和大坪3个预防接种门诊标准化建设。推动高水平医院落地建设，支持广东医科大学附属东莞第一医院携手西京消化病医院共建东南片区首个整合医学中心，启动博士、教授门诊。

文体事业 2021年，塘厦镇发挥新媒体平台的作用，以“同饮一江水　高歌新时代”为主题，在全省12个地级市推广举办“同饮一江水”2021年广东劳动者歌唱大赛，开展赛事10场次。创新举办“敬老爱老·孝德满城”敬老月系

列活动，举办敬老活动60多场次，通过开展“孝德之星”系列评比，评选出10名敬老模范人物、5家敬老模范企业、3个敬老模范社会组织。在市第十届运动会中，高尔夫项目包揽该项全部8枚金牌，乒乓球、击剑项目各获金牌1枚，向市跆拳道划船基地输送的优秀运动员在跆拳道、拳击、皮划艇、赛艇4个项目中获金牌4枚。在广东省青少年高尔夫球锦标赛中，塘厦镇选手代表东莞市出赛，获得1枚金牌、1枚银牌，团体总分排全省第三名，并获得2022年广东省运动会参赛资格。

政务服务 2021年，塘厦镇推进政务服务改革，完成市一体化政务服务平台建设，实现113事项100%全市通办；建成“莞家政务”塘厦网上办事大厅，实现“莞家政务”自助终端21个社区全覆盖，实现简易民生事项村居可办；成为东莞市首个实现“深莞通办”镇街，率先实现与深圳市龙华区政务服务“跨城通办”。增设东南临深片区劳动能力鉴定服务点，提供便捷的鉴定服务。全面提升窗口服务质量，总体业务量近14万宗，比上年增长27%，日均人流量1500人次。开设“我为群众办实事”热线专栏，收到“12345”热线工单1.53万单，办结率100%。

民生服务 2021年，塘厦镇落实就业创业政策，发放就业补贴657.29万元。推进“民生大莞家”服务品牌，投入685.75万元，完成23个“民生微实事”工程项目；落实居家养老服务，为32名长者配送午餐5983餐次，为148名失能长者提供服务1.65万单，社工团队入户走访服务2460人次。持久开展“双拥”（地方拥军优属，军队拥政爱民）工作，退役军人服务中心被确定为“全国示范型服务中心”创建单位；挖掘本土英雄事迹，成立“塘厦本土英雄榜”。

【塘厦镇乡村振兴】 2021年，塘厦镇林村、龙背岭和石鼓社区创建市级特色精品示范村，3个社区项目总投资额1.37亿万元。推进横塘、石潭埔、沙湖社区入围市第二批特色精品村创建名单。全镇各社区完成60个“四小园”（小菜园、小果园、小花园、小公园）建设，完成千村碧塘清淤和景观升级治理11处，全镇20个社区完成十件农村人居环境整治微实事。推进美丽宜居村建设，出台《塘厦镇2020年社区创建美丽宜居村项目建设奖补工作方案》，通过以奖代补的方式，给予每社区最高500万元的精细化和项目建设奖补，各社区开展美丽宜居项目665个，总投资5.08亿元。其中：完成道路修补或升级200多条，街头小景建设69个，停车场改造111处。推进村庄清洁行动，制订《塘厦镇2021年村庄清洁行动春季战役方案》和《塘厦镇2021年村庄清洁行动夏季战役方案》，开展“三清、三拆、三整治”（清理村巷道及生产工具、建筑材料乱堆乱放，清理房前屋后和村巷道杂草杂物、积存垃圾，清理沟渠池塘溪河淤泥、漂浮物和障碍物；拆除危房、废弃猪牛栏及露天厕所茅房，拆除乱搭乱建、违章建筑，拆除非法违规商业广告、招牌等），清除农村积存垃圾、脏乱差地点，对旧村、村村交界、镇镇交界地点开展清洁行动，巩固“百日攻坚战”成果。通过6个月清洁大行动，各社区1.17万人次参与，清理堆存垃圾7288.7吨，清理房前屋后巷道杂物、生产工具6094处，清理沟渠池塘淤泥、漂浮物和障碍物412.36吨，拆除危旧房屋28处，拆除乱搭乱建、违章建筑337处，拆除非法违规商业广告、招牌572块，开展“三线”（电力线、通信线、电视线）整治204处，悬挂宣传横幅362条。

【塘厦镇对口帮扶】 2021年，塘厦镇作为牵头镇街，与横沥镇、茶山镇组团结对铜仁市思南县开展东西部协作工作，完成《塘厦·思南东西协作2021年工作计划》初稿编制，签订东莞市塘厦组团·铜仁市思南县人民政府“十四五”时期东西部协作协议。塘厦中心小学与思南县田秋小学签订结对协议，选派3名优秀骨干教师到田秋小学开展支教活动；塘厦初级中学与思南县第三中学签订结对协议；广东医科大学附属东莞第一医院与思南县人民医院结对，选派2名专业医生赴思南县医院开展支医活动。开展劳务协作对接，转移劳动人口255人。多渠道加大农产品采购力度，采购农产品206.98万元。筹集200万元支持思南县乡村振兴示范点建设项目。拓展消费协作新阵地，全镇设立2个雷公鱼消费专馆，5个供销社消费专馆。向思南县捐赠一次性医用口罩价值5万元，助力开展疫情防控工作。

【临深新一代电子信息产业基地建设】 2021年，东莞市临深新一代电子信息产业基地选址塘厦镇，这是东莞市首批7个战略性新兴产业基地之一。该基地主要瞄准面向未来“筑梁立柱”型产业，加快布局培育若干“链主企业”和“生态主导型企业”，红线规划范围约20平方千米，由林村板块（9.06平方千米）、凤凰岗板块（5.20平方千米）、科苑城板块（5.79平方千米）三大地块组成。划定首期启动区445.87公顷，招商地块229.93公顷，“揭榜挂帅”地块70.07公顷。基地内城市更新和“工改工”（将土地性质为普通工业用地改变为新型产业用地，将旧工业区拆除重建升级改造为新型产业园）项目9个371.6公顷。统筹4.6万平方米厂房，打造首期低成本空间，扶持建设松山湖材料实验室成果转化中试基地，以及支持镇内重大项目企业过渡使用。年内，基地招引瑞勤等产业项目13个，总投资188亿元，有10个项目动工，其中新太阳项目投产、顺络项目实现局部投产。

【赣深高铁东莞南站投入使用】 2021年12月10日，赣深高铁全线开通运营，东莞南站投入使用。站点位于塘厦镇东北部林村社区，站房设计最高聚集人数1000人，远期高峰小时发送量1200人，属中型站，是赣深高铁全线第二大站，也是东莞市第二座高铁站，车站主体高度31.9米，规模为4台8线，站房2.84万平方米、雨棚1.8万平方米、停车场1.2万平方米。东莞南站除服务赣深高铁，还预留服务赣深高铁南沙支线、增城支线，中虎龙城际，轨道1号线支线、16号线等轨道线路。为保障过境高铁线路和东莞南站站房以及周边配套设施建设推进，塘厦镇于8月完成征地拆迁任务，征收土地100公顷；房屋239栋，建筑面积11.2万平方米；厂房20间，建筑面积3.8万平方米；支付征收补偿款9.5亿元。塘厦镇推进东莞南站配套设施建设，包括：建设站前广场，5.3万平方米，总投资6800万元；社会停车场，建设有3处大型停车场，有1070个停车位；农业公园和彩色田园，位于站前广场东西两侧，面积7.8万平方米，总投资2123万元；市政配套停车场，位于站场东侧桥下，面积1.95万平方米，总投资3445万元，其中大巴区5700平方米、出租车区6800平方米、公交站场6000平方米，规划10条配套公交线路直达东莞南站，服务周边镇和中心城区乘客。周边配套道路一期工程，包括站前广场段（规划一路、二路、四路、应急工程段、上下匝道桥）、龙林附路段、樟木头大道等道路，总投资7.78亿元。

【塘厦镇新冠肺炎疫情防控】 2021年，塘厦镇做好新冠肺炎疫情防控工作，组建361人的防控队伍。排查人员61588人次，集中隔离2242人、居家隔离786人、大规模核酸检测309.66万人次。

3月21日，塘厦镇在全市率先启动大规模人群新冠病毒疫苗接种，日接种量从开始7000多剂次逐日提升至1.4万剂次，高峰时1.7万剂次，超额完成疫苗大规模接种“一周五万人”试点任务。全年分阶段推进12～17岁、18～59岁、60岁以上及港澳台同胞等人群新冠疫苗接种，全镇接种首针新冠疫苗73.18万剂次，第二针新冠疫苗67.34万剂次，第三针新冠疫苗11.79万剂次，合计152.31万剂次，群体免疫屏障基本成形。

2021年开展4次大规模核酸检测。其中：在6月7—9日完成超65万人核酸检测任务，6月21日在省医护力量支持下，仅用12小时就完成超80万人核酸检测任务。东莞市“12·13”疫情发生后，开展2轮大规模核酸筛查，12月15—16日设置40个固定点和68个流动点，完成采样80.66万人；12月22日在医护力量严重不足的情况下，将核酸检测固定点增加至90个，仅用16个小时就完成采样80.53万人。

2021年，全镇报告确诊病例0例。妥善处置新冠肺炎确诊病例2例，均为境外输入性病例（入境后闭环转运至镇隔离酒店后确诊），累计排查重点地区来返人员3.38万人，未发现本土确诊病例和疑似病例。

【塘厦镇成为中国加速新冠疫苗接种的典范】 2021年3月21日，塘厦镇在全市率先启动大规模人群新冠病毒疫苗接种，日接种量从开始7000多剂次逐日提升至1.4万剂次，高峰时1.7万剂次，超额完成疫苗大规模接种“一周五万人”试点任务，日均接种剂次数及接种总量均居全市第一位，成为中国加速新冠疫苗接种的典范，为东莞市乃至全国各地开展新冠疫苗接种提供借鉴。此举得到市新冠病毒疫苗接种工作领导小组支持和肯定，并将塘厦镇接种工作经验作为示范点在省市进行经验分享。在3月26日下午，央视新闻频道《新闻直播间》栏目以《网格化摸排不论户籍 加强流动人口接种》为题关注塘厦镇疫苗接种情况；3月26日晚，央视《新闻联播》以《按梯次推进 我国加快新冠疫苗接种》为题再次将目光投向塘厦镇；3月27日上午，央视新闻客户端以《广东东莞：接种新冠疫苗进行时》为题，以近38分钟的时长现场直播，全面、细致地展示塘厦镇大规模人群接种新冠疫苗试点的开展情况。3月27日，国务院工作组到塘厦镇调研，点赞塘厦镇新冠疫苗接种工作。（陈 渊）

附：2021年塘厦镇党委、人大、政府主要领导名录

镇委书记：唐耀文（任至6月）
　　　　　黄贵洪（6月到任）
镇人大主席：杨晓斌（任至5月）
　　　　　　罗永林（11月到任）
镇　长：叶惠明（任至4月）
　　　　任　奎（4月到任）

2020—2021年塘厦镇主要经济社会指标情况表

指标	2020年	2021年
户籍人口（人）	91807	97712
常住人口（万人）	62.99	63.27
面积（平方千米）	128	128
地区生产总值（万元）	5026700	5764900
第一产业（万元）	14974	17146
第二产业（万元）	3437804	4082694
第三产业（万元）	1573922	1665060
总用电量（万千瓦时）	563384	638302
全社会固定资产投资总额（万元）	725088	1004880
社会消费品零售总额（万元）	1656346	1848328
外贸出口总额（万元）	3419345	3716189
实际利用外资（万元）	44317	33968
地方财政总财力（万元）	1046497	1366229
各项税收总额（万元）	1021782	1154871

清溪镇

【清溪镇概况】 清溪镇位于东莞市东南部，东与惠阳市接壤，南毗连凤岗镇，西与西北接樟木头镇，西南连塘厦镇，东北邻谢岗镇，是东莞市唯一同时与深圳、惠州市接壤的镇。截至2021年底，全镇辖区面积140平方千米，下辖21个村（社区），常住人口34.62万人（其中户籍人口5.86万人）。是“全国重点镇”“全国文明镇”“国家卫生镇”“中国最美小镇”“全球绿色城镇”。

2021年，清溪镇实现地区生产总值359.21亿元（第一产业2.61亿元，第二产业265.62亿元，第三产业90.98亿元），增长10.1%，增速高于全国全省全市平均水平；规模以上工业增加值210.56亿元，增长11%；社会消费品零售总额68.64亿元，增长11.5%；外贸进出口总值613.84亿元，增长9%；地方财政总财力36.21亿元，增长5.68%；各项税收总额58.17亿元，增长17%；农村集体总资产、总收入、纯收入均实现2位数增长，分别增长10.6%、12.8%和16.3%。

2021年，清溪镇获“广东省脱贫攻坚先进集体”“2019—2020年全省脱贫攻坚工作突出贡献集体”“2021—2023年度广东省民间文化艺术之乡”“2020年度省级健康促进区”“2020—2021年度广东省五四红旗团委”“广东省第七次全国人口普查先进集体”“全省气象防灾减灾第一道防线示范镇”“广东省‘一村一品、一镇一业’专业镇”等8项全市“单打冠军”。

【清溪镇产业发展】 2021年，清溪镇推动高新技术企业“树标提质”，认定国家高新技术企业113家，总数251家；有市级以上研发机构46家，全社会R&D（科学研究）支出占GDP（国内生产总值）比重4.04%（排全市各镇街第一名）；全镇先进制造业完成增加值78.4亿元，比上年增长5.3%，占规模以上工业增加值的37.2%；高技术制造业完成增加值71.9亿元，增长10.6%，占规模以上工业增加值的34.1%；“小升规”（规模以下小微企业升级为规模以上企业）工业企业入库160家，净增126家，净增数排全市第一名，累计174家，总量排全市第二名。持续推进科技创新，依据省、市科技创新引导政策制定6大模块25个扶持政策，年内，镇级财政科技投入经费3233万元，“科技清溪”工程奖励151家企业2578万元。引入深圳前海梧桐并购公司，辅导企业提升利用资本市场的意识和能力，促成2家企业申报第15批东莞市上市后备企业；引入深圳简单管理学院，实施“优质企业梯度培育工程项目”，促进企业倍增发展；建设“小升规”成长产业园和电商产业园，推动小微工业企业上规模。

【清溪镇招商引资】 2021年，清溪镇创新招商甄选机制，采取“线上线下”招商相结合，开展“云招商、云温暖”重点企业线上交流活动，举办东莞清溪（深圳）招商推介会，主动“走出去”招商31批次；采取政府服务和市场化招商相结合，制定招商激励政策，组建工程建设项目代办服务团队，依托大商大行“朋友圈”精准招商，引导社会资本为产业项目提供融资支持。全年引进300万元以上内资项目406个，协议投资总额91.9亿元，实际投资金额84.7亿元（比上年增长14.03%，完成年度目标任务113 %）；纳入市重大项目库项目21个（其中3个被纳入省重点建设项目），完成重大项目投资23.1亿元，完成市下达年度投资目标任务101.5%。

【清溪镇污染防治】 2021年，清溪镇坚持系统精准科学治污，统筹推进水、大气、土壤、固体废物等污染预防治理。实施“消黑除

清溪镇中心区　（2021年汤智民摄）

劣”水质保障行动，建成897.2千米截污管网并通水，完成197个非工业区地块、1521家工业厂房雨污分流改造、1562个排污口整治及2家污水处理厂提标工程，落实镇、村、组三级“河长制”，实施“双随机”生态环境监管联合执法制度，突出加强涉水企业环境监管执法，辖区43条河涌全面消除黑臭、31条水质达V类水或以上，水环境实现历史性、根本性、整体性好转。实施“美丽河湖”创建行动，开展石马河支流清溪水流域水环境综合治理工程，通过控源截污、清淤疏浚、生态修复和智慧管控等举措，推动河道水质改善、防洪标准升级、水生态环境全面提升。实施大气污染防治行动，通过八大方面30项措施，巩固蓝天保卫战成果，空气质量常年居全市第一位。实施固体废物整治行动，推进固体废物、危险废物规范化管理，完成一般工业固体废物申报3401家、危险废物申报登记1344家、管理计划备案1423家，完成率100%。

【清溪镇城市管理】 2021年，清溪镇创新实施“城管工作站+网格化保洁”“行走清溪+门前三包”新机制，推进“厕所革命”和生活垃圾分类，完成24座旧公厕升级改造及3座星级公厕建设，“1+1”［指各镇的中心区和1个村（社区）开展生活垃圾分类示范片区建设，试点推行生活垃圾分类城乡一体化制度］示范片区内垃圾分类设施系统建设基本到位，罗马村大型生活垃圾转运站建成投入使用，镇级厨余垃圾处理中心运营。推行城管“一村一片长”制度，落实城市精细化管理“双百工程”［打造100个“城市精细化管理示范村（社区）”和100个品质示范街道、村（社区）］，推动全镇6个“城市精细化管理示范村（社区）”、6个街道和村（社区）品质提升工程、100个村组民生微改造和人居环境整治、10处“千景绣东莞”街头小景及3个口袋公园建设。推行“天上巡+地上查”违法建设机制，治理违法建设面积118.1万平方米，完成率135.7%。推进石马河干流清溪段防洪景观提升碧道工程，完成清溪大道、清溪河上游、清溪银瓶山森林公园入园道路等景观提升工程以及11.68千米碧道建设，打造“最美小镇”水生态名片。投入6800万元鼓励村（社区）创建“美丽宜居村”“特色精品村”“特色精品示范村”，提升农村人居环境。实施“工改工”（将土地性质为普通工业用地改变为新型产业用地，将旧工业区拆除重建升级改造为新型产业园）三年行动计划，拆除平整完成34.59公顷、新增实施改造26.29公顷、完成改造23.17公顷，将庆丰实业有限公司、银事达贸易公司、元瑞置业公司项目、豪胜公司、浪升贸易公司等项目申报纳入市“工改工”三年行动计划库，推进清林翠居更新单元、鹌鹑数村居住更新单元等数10个居商类更新单元，提升城市品质。

【清溪镇民生事业】 2021年，清溪镇推进教育扩容提质，4所公办学校改扩建项目增加学位1260个。清溪医院高分通过“二甲”评审，启动清溪医院新院以及康华医疗清溪分院项目前期工作。建成24条镇内“微循环”道路，新建5条外联道路，打通8条“断头路”，完成28个路口微改造，推动5个高速公路出入口、3个高速互通建成通车，基本实现镇内任意地点10分钟左右可上高速公路、20分钟可到达周边镇中心区、50分钟可到达深莞惠三市的主城区。发放低保、救济、残疾补助等1288万元，为居家养老服务对象提供配餐服务9357次，开展“民生微实事”项目24个762万元，办理“民生微心愿”项目2375个，帮扶金额116.78万元。开展“我为群众办实事”实践活动，征集198个民生实事项目全部办结。

推进对口铜仁市德江县东西部协作工作，开展互访对接13批次，镇财政投入帮扶资金250万元、筹集社会捐赠款203.5万元，帮助铜仁市销售农副产品金额262万元；推进对口帮扶揭西县棉湖镇、坪上镇乡村振兴驻镇帮镇扶村工作，成立经济发展局组团帮扶工作组和农林水务局组团帮扶工作组，落实经费保障，确保驻镇帮镇扶村工作开好局、起好步。

【清溪镇文化建设】 2021年，清溪镇推进建设集张松鹤美术馆、青少年活动中心、清溪展览馆、新图书馆等多馆合一的清溪博物图书馆，修缮保护张松鹤故居，打造镇文化地标。创建“广东省诗词之乡”，打造“雕塑小镇”，建设广东中华诗词学会诗词创作基地，筹建全国首个麒麟文化馆和清溪麒麟文化非遗工作站，打造具有地方特色的文化品牌。对中共东宝联合县委机关旧址、东宝惠边人民抗日游击大队司令部旧址等红色资源，以及客家围屋、百年碉楼等客家建筑进行整体保护利用；为张松鹤、黄万顺等革命先烈设立纪念馆、铸造塑像；在森林公园、城市公园、湿地公园、稻田公园等山水景观注入客家农耕、客家山歌、客家传统舞蹈等文化元素。推进新时代文明实践中心建设，加大优质文化资源供给，完善24小时图书自助借阅服务，常态化举办周末公益培训、诗词创作、非遗活动“四进”（进社区、进企业、进校园、进家庭），满足群众日益提升的品质文化需求。

【清溪镇基层治理】 2021年，清溪镇以创建省“维稳工作示范点”为契机，打造党委统一领导“1+3+21”社会治理“清溪模式”［即1个应急指挥中心、3个片区责任制、21个村（社区）共建共治］，建立综合治理成员挂点联系、片区联动治理、以点带面促进“三级综治”机制，推行由镇委应急指挥中心和镇维稳信息平台组成的集成化指挥机制，完善“8+N”分管镇领导包干维稳机制，全年对

40个重大决策、重大项目进行风险评估和镇党委会议集体审议，提前介入化解矛盾隐患7宗，化解村民矛盾15宗。实施“交巡一体化”改革，完成“1、3、5”分钟机动应急防控圈建设，接处警效率比上年提高45%，违法犯罪警情下降8.71%，刑事案件下降14.4%，破案率上升1.7%，扫黑除恶工作效能排名全市前列，群众安全感和公安工作满意度综合排名上升。建成市级食品安全示范街3条、食品安全示范市场7个、农贸市场快检室13个、“放心肉菜示范超市”4家，实现学校、幼儿园食堂“互联网+明厨亮灶”全覆盖。加强生产安全、消防安全、森林防火、“三防”（防旱、防涝、防风）等隐患整改和事故预防工作，建成新中心消防站、南部消防站、东部消防站并投入使用，联合开展燃气热水器专项整治和燃气安全“万人敲门”行动，创建全省气象防灾减灾第一道防线先行示范镇。

【清溪镇获评为广东省民间文化艺术之乡】 清溪镇重视有800多年历史的客家麒麟舞传承与发展，截至2021年底，各公办、民办学校均通过第二课堂开展麒麟舞技艺的传承，并建成全国第一个专业麒麟馆（含麒麟文化数字体验区），打造集展示、制作、表演、培训于一体的全国性、专业性、综合性的麒麟文化展示馆；连续举办6届“广东省麒麟文化节”，举行“百麟献瑞百姓共舞”庆祝中国共产党成立100周年大型文艺展演活动，通过举办麒麟文化研讨会、麒麟舞大赛、麒麟头设计、麒麟彩扎等活动，推广麒麟文化、发展麒麟文化产业。2021年，清溪镇获评为2021—2023年度“广东省民间文化艺术之乡（客家麒麟舞）”。

【清溪镇获评为全省气象防灾减灾第一道防线示范镇】 2021年，清溪镇深化气象防灾减灾体系建设，将防汛抗旱、地质灾害防治、森林防灭火、城市生命线运行保障等气象灾害防御工作，纳入基层网格化社会治理体系；强化气象灾害应急联动机制，整合全镇公安、城管、农林水务、网格等5000多路视频信号，组建社会安全、城市管理、舆情导控等6个工作群组，配置400台对讲机至相关部门和各村组干部，常态化开展气象协调、数据共享等工作；建立覆盖全镇的空间三维城市生态气象观测体系，升级“三防”气象服务综合业务系统，并选取镇内涝灾害黑点，打造集降水量、水位、实景监测于一体的城市内涝监测网体系，构建精密监测预警“网络”。12月，清溪镇被省气象局评为“气象防灾减灾第一道防线示范镇”，是全省唯一获此称号的镇街。

【清溪镇新冠肺炎疫情防控】 2021年，清溪镇做好新冠肺炎疫情防控工作，组建1.2万人的防控队伍。排查重点地区涉疫人员3.12万人次，疫苗接种107万剂次、大规模核酸检测4次205万人次。新冠肺炎疫情防控取得阶段性成效，无确诊和无症状病例、无医务人员感染，全镇疫情防控形势保持稳定。推动企业复工复产，为企业争取42.51亿元贷款、3647.08万元政策资金（其中“科技清溪工程”奖励资助151家企业2578.38万元，帮助118家科技企业争取市科技局资助奖励资金1068.7万元）。

【清溪镇涉外疫情排查】 2021年，清溪镇落实跨境货车司机排查和防控，制订《清溪镇跨境货车常态化闭环跟车工作方案》，推进“慧眼”监管系统建设，对粤港跨境货车司机实行口岸点—作业点—指定集中住宿点“三点一线”闭环管理，做到扫码、提前申报、入驻指定酒店3个100%。对全镇88个跨境货物作业点动态巡查1.2万次，排查跨境货车司机4.27万人次，涉及司机4350人。做好涉冷库及冻肉疫情防控，全覆盖检查辖区冷库，定期对冷库人员、环境和产品进行核酸检测，缴获移交不明来源冻肉2批162.2吨。（李海波）

附：2021年清溪镇党委、政府、人大主要领导名录

镇委书记：叶锦锐

镇人大主席：姚伟民（任至11月）
王笑媚（11月到任）

镇　长：李惠明（任至5月）
沈志攀（5月到任）

2020—2021年清溪镇主要经济社会指标情况表

指标	2020年	2021年
户籍人口（人）	54981	58581
常住人口（万人）	34.49	34.62
面积（平方千米）	140.1	140.1
地区生产总值（万元）	3191562	3592056
第一产业（万元）	22756	26056
第二产业（万元）	2221359	2656221
第三产业（万元）	947448	909779
总用电量（万千瓦时）	348765	408748
全社会固定资产投资总额（万元）	700862	661756
社会消费品零售总额（万元）	615447	686363
外贸出口总额（万元）	3943051	4279064
实际利用外资（万元）	23620	19331
地方财政总财力（万元）	342681	362139
各项税收总额（万元）	496993	581659

常平镇

【常平镇概况】 常平镇位于东莞东部，地处广深经济走廊中段，截至2021年底，辖区面积103平方千米，下辖33个村（社区），常住人口44.68万人，其中户籍人口12.20万人。常平镇是“全国重点镇”“全国文明镇”“国家卫生镇”“中国电子信息产业名镇”“中华餐饮名镇”“中国粮油物流重镇”“中国楹联文化之乡”“中国塑料新材料之都”“省级生态乡镇”。

2021年，常平镇地区生产总值422亿元（第一产业1.20亿元、第二产业245.72亿元、第三产业175.09亿元），比上年增长9.4%；全社会固定资产投资总额59.87亿元，下降1%；总用电量42.51亿千瓦时，增长16.1%；社会消费品零售总额191.77亿元，增长11.5%；实际利用外资2.59亿元，增长63.2%；外贸出口总额292.48亿元，增长15%；各项税收总额60.40亿元，增长15.4%；地方财政总财力44.63亿元，下降23.2%。年内，获“广东省脱贫攻坚先进集体”“广东摄影目的地”等10项全市年度“单打冠军”。

【常平镇经济社会发展】 2021年，常平镇增强创新驱动，投入R&D（科学研究）经费7.23亿元，比上年增长16.4%；技改投入9.4亿元，增长65.7%。发明专利授权量增长86%。东莞理工学院（常平）智能制造与创意设计学院启用。全镇有高新技术企业337家，总量排名全市第六。317家规模以上工业企业设立研发机构，省市级工程技术研究中心及重点实验室20家。认定市级以上科技企业孵化器及众创空间30家，其中国家级5家。常平国际创新港引进企业、团队365个。加强企业培育，全年推动1家“个转企”（个体工商户组织形式转型升级为企业）、1家“分转子”（将分公司的资产出资入股设立子公司），102家企业“小升规”（规模以下小微企业升级为规模以上企业），培育10家“专精特新”企业（指主营业务和发展重点符合国家产业政策及相关要求，专业化、精细化、特色化、新颖化特征明显的中小企业），其中3家为国家“小巨人”企业（指业绩良好、发展潜力和培育价值处于成长初期的、专业化精细化特色化新颖化特征明显的中小企业，通过培育推动其健康成长，最终成为行业中或本区域的巨人）。市场主体超6万家，新增1.1万家。发展新动能加速，产业空间拓展，完成14.2公顷土地收储任务，推进20宗“工改工”（将土地性质为普通工业用地改变为新型产业用地，将旧工业区拆除重建升级改造为新型产业园）项目。投资持续扩大，完成实际内资投资60.2亿元、实际外资投资2.6亿元，引进联基电子、山水音响、标谱半导体等超亿元项目5个，14个在建重大项目完成投资19.5亿元。

【常平镇改革开放】 2021年，常平镇推进重大平台建设，推进东莞市深化莞港经贸产业合作基层改革创新实验区和莞港现代服务业融合发展先导区建设，梳理形成43条具体改革举措和3个先行启动改革项目。“香港城”项目征拆工作接近完成。朗贝、卢屋旧村改造加快，产城融合格局更加清晰。开放合作水平提升，“东莞常平号”中欧班列实现常态化运行，中亚班列开通，“一带一路”贸易通道更加畅通。发展外贸新业态新模式，跨境电商B2B（指企业与企业之间通过专用网络或互联网，进行数据信息的交换、传递，开展交易活动的商业模式）出口业务和市场采购业务成为外贸新增长点，拉动外贸出口增加超30亿元。内需潜力释放，办好促消费活动，翔龙天地、百花

常平镇寒溪河“一河两岸”工程　（2021年常平镇供图）

2021年9月24日，“东莞常平号”中亚班列首发 （常平镇供图）

时代广场等多个商圈成为东部片区消费者购物消费首选地。支持汽车消费升级，实现销售额67.8亿元。推出一批文旅精品项目，投入600万元升级建设李任之生平事迹陈列馆新馆及周边环境，鹤翔园“花海”吸引大量市民“打卡”拍照，隐贤山庄获评“广东摄影创作基地”，文旅产业核心竞争力和引流带动效应增强。

【常平镇城乡建设】 2021年，常平镇城市功能提质，国土空间总体规划编制取得阶段性成果。莞番高速公路、环莞快速路三期（与莞番高速公路共线段）工程常平段征拆任务完成，莞番高速公路二期常平至桥头段通车，建成升级一批品质交通工程。完成32千米“机非分离”（机动车交通和非机动车交通分离，各行其道）建设任务。镇中心停车场完工投入使用。新增村级停车位1278个。建成多个口袋公园。人居环境改善，开展“行走常平”“洁净城市”“河湖保洁日”“厕所革命”等补短板行动，全面整治城市“六乱”（乱搭乱建、乱堆乱放、乱设摊点、乱拉乱挂、乱贴乱画、乱扔乱吐），完成生活垃圾分类“1+1”示范片区（镇中心区和1个村或社区开展生活垃圾分类示范片区建设）建设年度任务。严守耕地保护红线，加强农房建设管理，整治违法用地1.2公顷。全部村（社区）达到美丽宜居村标准。生态环境向好，抓好第二轮中央环保督察整改工作。基本完成雨污分流改造，寒溪河、仁和水、旧石马河等3条省定一级支流实现消除劣Ⅴ类，36条内河涌全面消除黑臭，污水处理能力提升。实施VOCs（挥发性有机物）污染第三方治理，全年空气质量优良率达92.2%。开展再生资源回收站点专项整治，打击非法倾倒垃圾行为，九江水村存量建筑垃圾消纳分筛项目投入使用，土壤环境质量总体稳定。乡村振兴初见成效，投入2亿元建设美丽幸福村居项目134个，桥梓村被评为特色精品示范村，漱旧村成功创建美丽家园示范点，3个村获评省级“一村一品、一镇一业”专业村［在一定区域范围内，以村或镇为基本单位，以市场为导向，充分发挥本地资源优势，通过大力推进规模化、标准化、品牌化和市场化建设，使一个村（或几个村）、一个镇拥有一个（或几个）市场潜力大、区域特色明显、附加值高的主导产品和产业］。提升村级收入，村组两级总资产、经营纯收入分别增长8.3%、16.2%，村民收入增加。

【常平镇社会治理】 2021年，常平镇推进社会治理，完成庆祝中国共产党成立100周年、党的十九届六中全会等重要节点维稳安保任务。常态化推进扫黑除恶斗争。完成政法队伍教育整顿，违法犯罪警情下降35.5%。完善矛盾纠纷多元化解机制，受理调解案件6123件，调解成功率97.6%，没有发生较大以上群体性事件。建成常平镇法治文化主题公园。桥梓村被认定为第二批全国乡村治理示范村。安全形势总体平稳，开展建筑施工、危险化学品、道路交通安全、消防安全等10多个领域专项整治，各类生产安全事故、火灾事故均实现总数及死亡人数比上年下降10%的目标，全年未发生重大及以上生产安全事故。食品药品安全保障有力，创建3家市级“放心肉菜示范超市”。防范化解金融领域风险，政府债务风险总体可控。

【常平镇民生事业】 2021年，常平镇民生支出16.4亿元，占一般公共预算支出的66.3%。十件民生实事全部如期完成，133个“我为群众办实事”项目全部办结。投入730万元用于民生兜底服务，惠及困难群众超2000人。社工“双百工程”（社会工作服务站100%覆盖、困难群众和特殊群体社会工作服务100%覆盖）落地实施，设立1个服务站和10个服务点。推进“民生大莞家”品牌项目建设，26个“民生微实事”工程项目竣工，1236个“民生微心愿”办结，吸纳38个社会组织、企业和个人加入爱心资源库。挂牌成立综合养老服务中心、未成年人保护工作站。优先稳就业，发放就业补贴1071万元，惠及劳动者5189人次，城镇登记失业率控制在3%以内。社会保障服务提升，发放各类保险待遇超5亿元。投入近8亿元支持教育发展，新招聘教师215人。加速推进新城学校建设，完成第二幼儿园改造、常平中学初中部运动场改造、智慧课堂三期建设等软硬件工程，新增公办学位1628个。实验小学、第四小学认定为市第三批品牌学校。教育“双减”（有效减轻义务教育阶段学生过重作业负担和校外培训负担）落地落实。义务教育学校校内课后服务和午餐午休服务实现全覆盖。青少年宫全年培训量创历史新高。教育系统获国家级荣誉27项。东部中心医院校地共建工作推进，与暨南大学附属第一医院逐步实现同质化管理，引进多位知名专家、博士。新社卫大楼、下墟社区卫生服务站启用，社区卫生服务机构标准化建设全面完成。完成港式家庭医生工作室建设。加强公共卫生服务，做好妇幼保健、优生优育、中医药健康管理等工作。文体事业蓬勃发展，举办庆祝中国共产党成立100周年合唱比赛、“书香常平”朗诵大赛等各类文化活动1860场次，惠及群众超18万人次。推动全民健身发展，社会体育指导员服务点实现全覆盖。在第十届市运会获得50枚金牌。

【常平镇新冠肺炎疫情防控和经济发展统筹】 2021年，常平镇做好常态化疫情防控工作，组建约4000人的防控队伍。全年排查人员超2万人次，核酸检测195万人次，接种疫苗超134万人次，全人群全程免疫接种率95%。成立全市首个跨境司机接驳点，累计作业超7600车次。全镇报告确诊病例0例，实现“零感染、零输入、零传播”。推动企业复工复产，帮助企业争取49.23亿元贷款、2713.84万元政策资金。促进经济复苏，设立300万元资金开展促消费活动，拉动消费5.4亿元。

【常平镇获评为“广东省脱贫攻坚先进集体”】 2009—2020年，常平镇坚持输血与造血并举、扶贫与扶志兼顾、治标与治本结合工作思路，派出驻村队员38人，筹集帮扶资金7875.7万元，对口帮扶韶关市南雄市5个镇22个省定贫困村，通过政策兜底、整村推进、产业帮扶、壮大集体经济、转移就业及入股分红等方式，推动村集体、贫困户增收，帮助1251户贫困户脱贫出列，脱贫率达100%。2021年，常平镇获评“广东省脱贫攻坚先进集体”。

【常平镇获评为第二届“广东摄影目的地”】 常平镇文旅资源丰富，生态环境优美，摄影采风主题素材较多，包括国家AAAA级旅游景区——隐贤山庄、全国乡村治理示范村和广东省文化与旅游融合特色村——桥梓村、东莞市美丽家园建设试点——漱旧村，以及李任之故居、中共东莞县委机关旧址周氏宗祠、“一河两岸”青鹤湾人气打卡点等。常平镇多次联合广东省摄影家协会举办摄影活动。2019年，隐贤山庄被授予“东莞市摄影家协会创作基地”称号。2021年，常平镇获评为第二届“广东摄影目的地”，东莞市隐贤山庄景区成功创建“广东省摄影家协会创作基地”和“东莞市摄影家协会创作基地”。东莞市摄影家协会常平分会会长谢堃撰写的《摄影目的地的思考》等2篇摄影论文入选2021年度广东摄影史理论研讨会征集文章。年内，常平镇承办2021年度广东省摄影目的地颁奖典礼，举办美丽粤港澳大湾区（东莞站）摄影展览等8个（次）大型摄影比赛展览，出版《生态常平环保摄影集》等2部摄影画册。

【东莞理工学院（常平）智能制造与创意设计学院启用】 2021年9月26日，东莞理工学院（常平）智能制造与创意设计学院启用。学院占地面积1.5万平方米，建筑面积1.75万平方米。学院采用“校园+基地+产业园”新型运作模式，具备人才培养、技术培训、社会服务、科技服务、科技成果转化等功能。学院在1号楼和6号楼建设培训室1间、智慧课室4间、实验室3间，可容纳220人开展学习和实训。学院按照现代产业学院办学要求开展教育教学，采取“学院+企业”联合教学模式。生源主要是东莞理工学院松山湖校区机械工程学院、电子工程与智能化学院、文学与传媒学院相关专业学生。学院从校本部抽派教师队伍，联合企业中高职称人员打造师资团队，研发高质量校企合作课程、教材和工程案例，培养符合产业需要的应用型、复合型、创新型人才。

（李彬斌）

附：2021年常平镇党委、人大、政府主要领导名录

镇委书记：刘裕昌

镇人大主席：刘学新（任至6月）

邓志辉（11月到任）

镇　长：李中文

2020—2021年常平镇主要经济社会指标情况表

指标	2020年	2021年
户籍人口（人）	114542	122036
常住人口（万人）	44.56	44.68
面积（平方千米）	103.3	103.3
地区生产总值（万元）	3744650	4220048
第一产业（万元）	10455	11972
第二产业（万元）	1944219	2457194
第三产业（万元）	1789975	1750882
总用电量（万千瓦时）	362777	423701
全社会固定资产投资总额（万元）	604595	598657
社会消费品零售总额（万元）	1719190	1917672
外贸出口总额（万元）	2543826	2924764
实际利用外资（万元）	15840	25858
地方财政总财力（万元）	581031	446313
各项税收总额（万元）	523625	604048

桥头镇

【桥头镇概况】　桥头镇位于东莞市东北部，毗邻惠州市。截至2021年底，辖区面积56平方千米，下辖17个村（社区），常住人口20.7万人（其中户籍人口4.9万人）。桥头镇是“全国综合实力千强镇”“全国文明镇”“中国环保包装名镇”“中国荷花名镇”“国家卫生镇”“广东省中心镇”“广东省教育强镇”“广东省生态乡镇”。

2021年，桥头镇实现地区生产总值194.35亿元（第一产业0.63亿元，第二产业140.42亿元，第三产业53.30亿元），比上年增长7.2%；全社会固定资产投资总额37.8亿元，增长15.1%；社会消费品零售总额44.78亿元，增长9.5%；实际利用外资1.9亿元，增长29.71%；外贸出口总额221.91亿元，增长10.02%；各项税收总额33.29亿元，增长21.6%；地方财政总财力30.94亿元，增长29.0%。

【桥头镇产业升级】　2021年，桥头镇坚持稳中求进推动经济增长，采取“抓大不放小”稳经济增长策略，培育“小升规”［规模以下小微企业（即年主营业务收入2000万元以下的企业）升级为规模以上企业］企业97家、纳入市级倍增试点企业和协同倍增企业31家、纳入升规培育库企业249家，推动国家高新技术企业增至152家，东莞市汉维科技股份有限公司被评为国家专精特新“小巨人”（指业绩良好、发展潜力和培育价值处于成长初期的、专业化精细化特色化新颖化特征明显的中小企业，通过培育推动其健康成长，最终成为行业中或本区域的巨人）企业。全年引进内资协议投资73.92亿元，实际投资40.03亿元，其中引进超亿元项目10个；引进合同外资1.26亿元，实际利用外资1.90亿元，其中引进超千万美元项目2个。引入宏辉机械、昶通通讯、晋铭航空公司等13个市重大项目，引入投资超30亿元的瑞德丰华南总部项目。实施“招才计划”“人才提升计划”，引进高层次人才54人。深化产学研合作，与东莞职业技术学院创办东职力嘉包装产业学院，与湖南工业大学、南华大学、中南林业科技大学等高校搭建协同创新研究院、研究生联合培养基地和实践教学基地等平台。国家、省、市各类技术平台31个，实现产值5亿以上企业研发机构100%全覆盖。

【桥头镇城市品质提升】　2021年，桥头镇加强城市规划、建设、管理，增强城市竞争力和吸引力，提升城市品质。推进“工改工”（将土地性质为普通工业用地改变为新型产业用地，将旧工业区拆除重建升级改造为新型产业园）和城市更新项目，完成拆除平整14.89公顷，土地整备13.27公顷，14个城市更新项目加速推进。开展“洁净城市”“行走桥头”专项行动，治理“两违”（违法用地、违法建设）面积77万平方米，超额完成市下达治理75万平方米年度任务。完成禾坑村特色精品示范村创建，铺开3个特色精品村、12个美丽宜居村建设工作。建成污水管网469千米、分散式污水处理站5个、一体化污水处理厂1座，整治完成内河涌9条，全年空气优良率89.8%。打造全市首座“智能化+高环保性”运营的大型生活垃圾中转站，率先建成全市首座生活垃圾分类主题宣教馆。落实能耗“双控”（能耗总量和强度）政策，辖区公交车100%实现纯电动化，实现住宅小区便民充电桩全覆盖，列入全国整县屋顶分布式光伏开发试点名单。

【桥头镇民生实事】　2021年，桥头镇统筹抓好底线民生、基本民生、质量民生，把群众的小事当作政府的大事办好办实，提升人民生活水平。构建公办学校“一中学六小学”格局，承接市第十一中学落户，全镇新增公办学位370个，落实755名随迁子女入读公办学校。推动莞番高速公路（桥头段）建成

桥头镇七彩花田　（2021年桥头镇供图）

通车，加快推进29号路配套道路工程建设及管线迁改。开展路内泊位智能化改造，新增路外停车位1125个，新增路内智能化泊位754个。加强智慧医院、平安医院建设，推进慢性病筛查，居民健康档案建档率97.56%；发展中医药服务，充实中医人才队伍，建成中医馆。结合建党百年主题，推动邓屋村东莞籍华南教育历史名人陈列馆开馆，推动“莫家拳”列入国家级非物质文化遗产名录，建成全市首座生活垃圾分类主题宣教馆。实施兜底民生服务社会工作“双百工程”（实现乡镇街道社会工作服务站100%覆盖、困难群众和特殊群体社会工作服务100%覆盖），投入150万元建设“双百”社工服务站点。发放社会救助资金，落实救助资金344.14万元，落实残疾人补贴发放130.84万元。实现养老服务“大配餐”镇域全覆盖，惠及服务对象282人。

启动对口帮扶揭西龙潭镇的乡村振兴驻镇帮镇扶村工作，落实与铜仁市玉屏县协作发展，对口林芝市巴宜区百巴镇、韶关市仁化县开展援建共建，实现巩固拓展脱贫攻坚成果与乡村振兴有效衔接，全年落实帮扶资金612万元。年内，桥头镇爱国拥军模范莫浩棠获评为第三届全国“最美拥军人物”。

【桥头镇新冠肺炎疫情防控】 2021年，桥头镇做好新冠肺炎疫情防控工作，组建3000人防控队伍。排查人员1.4万人次，核酸检测110.6万人次。全镇报告确诊病例1例，未发生聚集性疫情。推动企业复工复产，组建镇领导班子挂点服务企业团队，做好企业服务，帮助企业解决生产经营过程中遇到的问题，落实东莞市系列扶企措施，为企业落实扶持资金2625.76万元，落实镇配套扶持资金379.96万元，帮助企业新增授信额度54.72亿元。促进经济复苏，设立200万元资金开展促消费活动。同时，抓好新冠肺炎疫情常态化防控，建立镇、村两级联防体系，在全市率先实行各村（社区）、住宅小区封闭式管理，创设全市首个跨境货车集中报到点，疫情防控工作年度考评获评“优秀”等级。

【桥头镇“三园区”战略性平台建设】 2021年，桥头镇做好东深公路市级统筹产业单元、东太湖科技产业园和荷花文旅产业园“三园区”建设，带动全镇产业升级。

东深公路市级统筹产业单元 桥头镇建立完善组织架构，制订《桥头镇市级统筹产业单元规划建设工作方案》《桥头镇市级统筹产业单元征地拆迁工作实施方案》《桥头镇市级统筹产业单元农用地征收工作实施方案》，启动土地收储等前期工作。提前谋划园区整体开发，以93.33公顷改造区为核心，梯次推进周边360公顷更新区改造，用足用好市政策红利，打造市级统筹产业单元示范工程。

东太湖科技产业园 桥头镇统筹园区10.06平方千米连片土地，突破4个村（社区）行政边界限制，通过易地城市更新“工改工”（将土地性质为普通工业用地改变为新型产业用地，将旧工业区拆除重建升级改造为新型产业园）开发模式，对园区进行全面规划和整体再造，划定生物医药产业区、智能制造产业区、商贸配套区、高端住宅区四大功能组团，实现不同组团的集约发展和良性互动，牵引桥头镇打造成为深莞惠产业合作示范区。完成园区控制性详细规划草案，完成城市综合运营商招引工作，划定83.8公顷改造核心区，启动15.2公顷连片“工改工”前期改造；推进生物医药科技城建设，与相关企业达成初步合作意向。

荷花文旅产业园 桥头镇统筹园区533.33公顷用地，按照“景区格局构建、景区初级打造、景区全面创建”思路，分阶段抓好园区高端文旅产业创建工作，打造大湾区生态旅游新高地。与港中旅集团旗下公司签订战略合作协议，完成《桥头特色旅游目的地创建全案策划》和九大专题方案；创建东江花月夜景区，划定66.67公顷园区用地，打造“七彩花田”项目，举办第十八届荷花节及第十届新春赏花行活动；抓好土地收储，落实荷花文旅产业园200公顷用地统筹；抓好园区招商，与主题公园项目建立对接。（陈家豪）

附：2021年桥头镇党委、人大、政府主要领导名录

镇委书记：翟耀东

镇人大主席：陈进昌（任至11月）

刘秀荣（11月到任）

镇　长：刘锦棠

2020—2021年桥头镇主要经济社会指标情况表

指标	2020年	2021年
户籍人口（人）	47049	49401
常住人口（万人）	20.73	20.85
面积（平方千米）	56	56
地区生产总值（万元）	1746251	1943477
第一产业（万元）	5462	6254
第二产业（万元）	1203043	1404182
第三产业（万元）	537746	533041
总用电量（万千瓦时）	238743	280344
全社会固定资产投资总额（万元）	328286	377974
社会消费品零售总额（万元）	408905	447836
外贸出口总额（万元）	2017076	2219114
实际利用外资（万元）	14657	19011
地方财政总财力（万元）	239885	309435
各项税收总额（万元）	273761	332931

横沥镇

【横沥镇概况】 横沥镇位于东莞市东部，纳入松山湖统筹发展功能区，东莞职教城位于镇域内，东部快速路、从莞高速公路和在建的莞番高速公路纵贯全镇。2021年，辖区面积44.67平方千米，常住人口28.07万人（其中户籍5.6万人），下辖16个村和1个社区。是“全国文明镇”“国家级生态乡镇”“国家卫生镇”“广东省教育强镇”“广东省文明镇”等。年内，创建为全国乡村治理示范镇、全省休闲农业与乡村旅游示范镇，获10项市“单打冠军”，镇街领导班子年度工作考评在全市排第13名，比2020年上升6名。

2021年，横沥镇地区生产总值198.53亿元（第一产业9840万元、第二产业146.11亿元、第三产业51.44亿元），比上年增长10.5%；全社会固定资产投资总额50.7亿元，增长11.47%；总用电量26.13亿千瓦时，增长18.2%；社会消费品零售总额45.63亿元，增长10.52%；外贸出口总额130.35亿元，增长18.28%；各项税收总额39.98亿元，增长42.57%；地方财政总财力28.37亿元，下降25.45%。

【横沥镇产业发展】 2021年，横沥镇协议内资、实际内资分别为35.2亿元和22.7亿元。优质企业培育获新突破，新增1家上市企业、4家上市后备企业、2家市倍增试点企业、2家国家级“小巨人”（指业绩良好、发展潜力和培育价值处于成长初期的、专业化精细化特色化新颖化特征明显的中小企业，通过培育推动其健康成长，最终成为行业中或本区域的巨人）企业和1家省“专精特新”（指主营业务和发展重点符合国家产业政策及相关要求，专业化、精细化、特色化、新颖化特征明显的中小企业）企业。创新强镇建设富有成效，R&D（科学研究）占比、规模以上企业研发机构覆盖率等指标保持在全市前列。国家高新技术企业“增量提质”325家，规模以上高新技术企业工业增加值比上年增长29.3%，新增1家“瞪羚企业”（指创业后跨过死亡谷，以科技创新或商业模式创新为支撑进入高成长期的中小企业）。税收超1000万元企业新增10家达31家，产业质效提升。

【横沥镇城市环境优化】 2021年，横沥镇收储土地13.67公顷，盘活存量用地4.12公顷，“工改工”（将土地性质为普通工业用地改变为新型产业用地，将旧工业区拆除重建升级改造为新型产业园）拆除20.2公顷，清理违规流转土地25公顷。新型产业社区项目纳入市首批城市更新“头雁计划”（选取一批具有示范引领意义的大规模连片更新片区，给予特殊工作举措、特殊资源倾斜、特殊优惠政策支持，率先打造一批连片改造示范片区）。生态环境持续优化，建成三角湖湿地公园，仁和水整治完工，配套5.36千米碧道，实现水清、岸绿、河畅、景美。加快推进源头雨污分流，推动22条河涌水质达标率稳定在80%左右。升级实验学校周边道路、站前路，育才路北段高压线落地，推进“洁净城市”“行走横沥”等专项行动，治理“两违”（违法用地、违法建设）88.6万平方米，建成城管驿站和城管工作站，打通便民服务“最后一公里”。隔坑村、张坑村、山厦村精细化管理取得成效，创建市精细化管理示范村。全年引进高层次人才75人，其中硕士博士28人，城市吸引力提升。

【横沥镇乡村振兴】 2021年，横沥镇深化农村人居环境整治，启动新一轮乡村建设行动，17个

横沥镇鸟瞰 （2021年横沥镇供图）

村（社区）以“斗牛大会”形式开展比拼。张坑村、山厦村、村头村美丽乡村建设走在全市前列，通过“市特色精品示范村”验收；山厦村入选首届东莞市十大美丽乡村；田饶步村推进本土荔枝品种培育，被评为全省“一村一品”专业村。横沥镇在全省乡村振兴实绩考核和农村人居环境整治三年行动验收中，均获评“优秀”等次。“百年牛镇乡村休闲游”旅游路线入选第三批省乡村旅游精品路线。在优环境同时，各村盘活物业、增收创收，村组两级总收入、纯收入分别达4.88亿元和3.66亿元，分别比上年增长16.5%和21.4%；村尾村通过优环境吸引多个重大项目落地，隔坑村年纯收入突破5000万元，隔坑村、横沥村、田头村纯收入超3000万元，村级经济稳步增强。

【横沥镇民生实事】 2021年，横沥镇开展“我为群众办实事”实践活动，139项民生实事全部办结，“民生大莞家”“双百工程”［实现乡镇（街道）社会工作服务站100%覆盖、困难群众和特殊群体社会工作服务100%覆盖］等项目有序推进。成立镇幼教集团实现资源共享，升级改造中心幼儿园，筹建镇第一幼儿园；“双减”（有效减轻义务教育阶段学生过重作业负担和校外培训负担）工作落地见效，学科类校外培训机构压减率97.6%。横沥镇实验学校、第二小学、莞盛学校成为市首批教育评价改革实验校，中心小学被评为市品牌学校，横沥中学获评市初中教育质量综合考核优秀学校。提升医疗服务水平，横沥医院创建二级甲等综合性医院，升级改造新社区卫生服务中心大楼，推进医院扩建工程、规范化发热门诊项目。新建从莞高速公路桥下空间停车场，新增路内外停车位1630个。就业帮扶服务发放补贴1047万元，新增2家技师工作站，“横沥技谷”创新培养技能人才经验获市肯定。

【横沥镇党史学习教育】 2021年，横沥镇开展党史学习教育，“红课堂”等特色做法被中央、省市主流媒体报道近100篇，7个作品入选市委组织部“七个一百”系列征集评选活动。庆祝中国共产党成立100周年活动，以“微长征”“微心愿”“党群公益汇”等23项活动，营造学习宣传贯彻习近平总书记“七一”重要讲话精神氛围。意识形态工作被市委宣传部通报表扬。新一轮基层党建三年行动计划启动，提档升级村级党群服务中心，机关与村党组织结对共建互促，5个阳光雨党群服务站优化带动城市党建全域提升，骨干企业、民办中小学党组织实现全覆盖。新时期党的组织路线得到落实，完成镇领导班子换届选举工作。“四风”问题得到整治，风清气正政治生态巩固。

【横沥镇获评为全国乡村治理示范乡镇】 2021年，横沥镇坚持党建引领乡村治理，整合多方资源推动乡村治理工作机制健全、基层管理服务便捷高效、农村公共事务监督有效，乡村社会治理成效明显，经自主申报和市农业农村局择优推荐，在9月印发的《关于公布第二批全国乡村治理示范村镇名单的通知》中，横沥镇入选第二批全国乡村治理示范乡镇名单，成为全市首个获得该称号的镇街。

【横沥镇成为中国计生协“青春健康生命之舞”项目点】 2021年，横沥镇将青春健康工作辐射至全镇区域，织密学校、家庭和社会“三位一体”青春健康教育网，推动青春健康教育工作进校园、企业、楼盘（小区）、村（社区）。年内，项目开展活动79期、课程576场，受益学生5.9万人次。10月，中国计生协公布2021年“青春健康生命之舞”项目点，横沥镇成为全国14个项目点之一，是广东

横沥夜景 （2021年横沥镇供图）

横沥镇新四村 （2021年横沥镇供图）

省唯一中标项目点。

【横沥镇4个集体获评为广东省2019—2020年脱贫攻坚突出贡献集体】 2019—2020年，横沥镇坚持以脱贫攻坚为主线，围绕“两不愁三保障一相当”（即稳定实现农村相对贫困人口不愁吃、不愁穿，义务教育、基本医疗和住房安全有保障，基本公共服务主要领域指标相当于全省平均水平）目标，强化责任落实，实现对口帮扶揭阳市惠来县7个相对贫困村484户2215人全部脱贫出列。2021年，横沥镇人民政府、东莞市横沥镇人民政府扶贫办公室、东莞市财政局横沥分局、东莞市横沥镇工商业联合会获评2019—2020年脱贫攻坚突出贡献集体。

【横沥镇“互联网+电梯”智慧监管试点】 2021年，横沥镇开展住宅小区“互联网+电梯”智慧监管试点工作，统筹建立市场监管、房管部门、物业公司、维保公司等沟通联系机制。选定8个基本情况不同的小区作为先行试点单位，进行试点初期的数据收集后，制定《横沥镇住宅小区“互联网+电梯”智慧监管平台建设工作方案》，同步推进辖区18个小区359台电梯的“智慧电梯”建设，确保在最短的时间内完成横沥镇住宅小区“互联网+电梯”智慧监管平台的初步搭建及进一步测试；组织现场培训会3次，对物业、维保和市场监管分局相关工作人员进行培训和现场演练，推动系统建设持续完善。2021年11月15日，东莞市人民政府在横沥镇召开东莞市住宅小区“互联网+电梯”智慧监管推进会。“互联网+电梯”智慧监管平台主要是通过大数据、物联网等信息化手段完善电梯安全治理体系，弥补传统监管方式不足，引导各主体通过端口履行责任，形成住宅小区电梯社会共建共治监管局面。

【横沥镇新冠肺炎疫情防控】 2021年，横沥镇做好新冠肺炎疫情防控工作，组建1000余人疫情防控队伍。排查人员2.6万人次，全镇报告确诊病例0例。在东莞“6·18”“12·13”本土疫情中，完成三轮大规模核酸检测任务，第三针加强免疫率排在全市前列。推动企业复工复产，为企业减负，争取3.32亿元贷款、4000多万元政策资金。促进经济复苏，设立100万元资金开展促消费活动（2021年9月至2022年2月），年内拉动消费200万元。（卢 奕）

附：2021年横沥镇党委、人大、政府主要领导名录

镇委书记：何植尧（任至4月）
覃　春（4—10月）
叶效怀（11月到任）
镇人大主席：陈细钿（任至6月）
蔡建彬（7月到任）
镇　长：赵智佳（任至8月）
何日亮（9月到任）

2020—2021年横沥镇主要经济社会指标情况表

指标	2020年	2021年
户籍人口（人）	52332	56045
常住人口（万人）	27.93	28.07
面积（平方千米）	44.67	44.67
地区生产总值（万元）	1752493	1985347
第一产业（万元）	8632	9840
第二产业（万元）	1274704	1461132
第三产业（万元）	469157	514376
总用电量（万千瓦时）	221076	261316
全社会固定资产投资总额（万元）	454791	506962
社会消费品零售总额（万元）	412836	456277
外贸出口总额（万元）	1102109	1303534
实际利用外资（万美元）	38648	7595
地方财政总财力（万元）	380543	283679
各项税收总额（万元）	280399	399772

东坑镇

【东坑镇概况】 东坑镇位于东莞市中部。截至2021年底，辖区面积23.8平方千米，辖14个村和2个社区。常住人口18.9万人，其中户籍人口4.1万人。东坑镇是“全国文明镇”“国家卫生镇”“全国示范社区卫生服务中心”“全国休闲农业与乡村旅游示范点”“全国敬老爱老先进单位”“全国敬老文明号”。

2021年，东坑镇实现地区生产总值206.4亿元（第一产业0.30亿元，第二产业161.89亿元，第三产业44.15亿元），比上年增长11.6%；全社会固定资产投资总额71.1亿元，增长36.3%；总用电量15.7亿千瓦时，增长14.4%；社会消费品零售总额29.3亿元，增长13.2%；实际利用外资6.28亿元，增长779.48%；外贸出口总额163.3亿元，下降0.2%；各项税收总额28.7亿元，下降1.2%；地方财政总财力16.79亿元，下降19.24%。2021年，获全国敬老文明号、全国综合减灾示范社区、广东省脱贫攻坚先进集体、广东省脱贫攻坚工作突出贡献集体、广东省乡村振兴先进集体、广东省第七次全国人口普查先进集体、广东省健康促进区、广东省“民主法治示范村（社区）”、广东省“多彩乡村 学史奋进”主题教育实践活动优秀组织单位、广东省交通安全文明示范村（社区）、“优质服务基层行”活动表现成效显著机构等11项全市单打冠军，在全市镇街领导班子年度工作考评中实现连续五年获优秀镇街称号。

【东坑镇疫情防控常态化】 2021年，东坑镇举办新冠肺炎疫情防控应急处置演练，健全疫情防控快速响应机制和大规模人群核酸检测机制，提高新冠肺炎突发公共卫生事件应急处置能力。开展全员核酸检测3轮，完成核酸采样70.1万人次，累计接种新冠疫苗45万人次。

【东坑镇支柱产业增加】 2021年，东坑镇坚持发展先进制造业，第二产业由电子信息制造业单一支柱，转向与电气机械及设备制造业构成的“双轮驱动”发展新格局，产业结构更加优化。推动支柱产业“强心优链”，扩容市“倍增企业”（重点企业规模与效益倍增）至13家，培育年产值超10亿元企业11家，年产值超50亿元企业3家，促进富强电子、新能德科技年产值迈上100亿元台阶。截至2021年底，全镇有规模以上工业企业276家，工业占地区生产总值的77.2%，其中规模以上工业占比66.1%。

【东坑镇招商引资】 2021年，东坑镇面向新一代信息技术、绿色能源、半导体等朝阳产业，实施精准招商，引进重特大及高成长型企业项目45个，协议投资总额74亿元，比上年增长34.8%，创历年新高。推动新能德科技增资超1亿美元，成为全市年度外资增资金额最大的项目。集中动工10个投资总额超80亿元的重大项目及增资扩产项目。

【东坑镇重大项目建设】 2021年，东坑镇有16个市重大项目（含14个建设项目、2个预备项目），其中14个重大建设项目完成投资30亿元，比上年增长

东坑镇 （2021年东坑镇供图）

东坑镇月明湖公园　（2021年东坑镇供图）

66%，完成投资量和年度目标比例分别排全市镇街第十和第九名，投资量为历年之最。推动8个市重大项目新开工，迅扬科技和东勤科技一期竣工投产。

【东坑镇创新驱动发展】　2021年，东坑镇安排1000万元创新驱动发展专项资金，奖励科技创新型企业94家972万元。企业R&D（科学研究）经费投入5.48亿元，占地区生产总值比重上升至3.06%，其中年投入千万元以上企业13家。新增高新技术企业51家，培育企业升规入库69家。高技术制造业增加值占比59.7%，全市名列前茅。规模以上自建研发机构企业增至95家。完成职业技能等级认定2800人次。推动新能德科技、中德电缆挂牌成立省博士工作站，迈思普电子、顶峰精密、博通电气申报为市上市后备企业。

【东坑镇城市品质提升】　2021年，东坑镇全域提升城市品质，建成城市精细化管理示范村3个、建成“口袋公园”5个、生活垃圾分类示范片区4个，推动农业园基础配套和景观提升。提升交通品质，新增严管路1条，完成主要道路、桥梁交通安全隐患排查，推动文阁路和迎宾路慢行品质系统升级改造，建成非机动车道5.2千米，新增停车位700个。深化城市精细化管理，累计开展“行走东坑”上万次，“洁净东莞指数测评”多次排全市前五名。提前完成莞番高速公路（东坑段）征地拆迁任务，加快轨道交通3号线TOD（以公共交通为导向的开发）综合开发编制以及文化综合体、中心内河提升等城市景观设计。

【东坑镇生态环境治理】　2021年，东坑镇加强水污染防治，完成樟村断面水环境综合整治，以及33个普通住宅单元地块、19个排水大户和117个五大类排水户雨污分流改造，内河涌消除劣V类水质，建成“万里碧道”5千米，东坑河湖再现“鱼翔浅底、白鹭齐飞”景象。加强大气污染防治，提前完成14家涉VOCs（挥发性有机物）企业去除率评估，空气质量优良天数比例91.51%。强化“三废”（废水、废气、废渣）源头减量和综合利用，关停取缔“散乱污”企业（不符合产业政策，不符合产业布局规划，未办理工信、发改、土地、规划、环保、工商、质监、安监、电力等相关审批手续，不能稳定达标排放的企业）6家，清理再生资源回收站场31个。完成11块建设用地土壤污染识别调查，调查面积23.45万平方米，防止土壤污染事件发生。

【东坑镇推进乡村振兴】　2021年，东坑镇安排乡村振兴战略专项资金5153.4万元，推进补助项目20个。全镇100%村（社区）、村级工业园区达干净整洁标准，升级改造6个荔枝公园示范点，全域通过美丽宜居村创建。井美村成为特色精品示范村，丁彭黄美丽幸福村居特色连片示范项目基本建成，获评为广东省农村人居环境整治三年行动“优秀”等次。巩固拓展脱贫攻坚成果同乡村振兴有效衔接，2021年7月起开展新一轮驻镇帮镇村工作，派出7名干部驻普宁市大坝镇、里湖镇开展乡村振兴工作，东西部协作、援疆结对帮扶等工作推进。

【东坑镇城市空间拓展】　2021年，东坑镇推进国土空间规划编制，完成城镇开发边界、海绵城市详细规划等方案修改。收储盘活土地16.75公顷，处置闲置土地超5.33公顷，完成亿智食品等控制性详细规划调容项目10个36.67公顷。推动长安塘旧厂区商住等9个旧村单元实施更新改造，推进黄屋沙冲工业旧区等“工改工”（将土地性质为普通工业用地改变为新型产业用地，将旧工业区拆除重建升级改造为新型产业园）项目13个。拆除新增违法建筑1873平方米，治理存量违法建筑83.5万平方米。

【东坑镇教育医疗服务】　2021年，东坑镇松实东中集团化办学取得实效，中考平均分提高5分，入选广东省STEM（科学、技术、工程和数学教育）科创创客教育项目学习示范学校，初坑村学子考取北京大学，启动第四所小学规划建设，“双减”（减轻学生作业负担、减轻学生校外培训负担）政策有效落实。中心小学被认定为东莞市第三批品牌学校，功能楼投入使用，新增公办学位810个。建成启用社卫中心东坑大道站，完成东坑医院中医科改建，东坑医院成功创建二甲医院，15分钟医疗卫生服务圈基本形成。牵头成立东莞市医养健康协会，加强专科护理团队建设，形成具东莞特色医养结合理论系统。

【东坑镇民生保障】 2021年，东坑镇最低生活保障、特困人员生活救助供养标准分别提高至每月1100元和1760元，发放低保金、各类救助金384.9万元，发放高龄津贴237.8万元。开展社会救助34人，救助医疗救济金35.23万元。开展“大配餐”上门服务近3万次。投入512万元实施29项民生微实事。落实就业补贴380万元，解决群众就业520人次，困难家庭高校毕业生100%就业，“一镇一品”［各园区、镇（街道）依托社会各类培训资源和行业、企业，组织开展符合本园区、镇（街道）产业特点的特色项目培训和技能素质提升培训，开设一批优质的、具有区域特色的培训项目课程，培养一批适应产业发展需求的产业人才］产业人才培训近4000人次。资助163名新生代产业工人报读成人专科及本科。实现村居法律顾问覆盖率100%，人民矛盾纠纷调解成功率98.5%。

【东坑镇社会公共安全】 2021年，东坑镇推进平安东坑建设，完成重要节点安保维稳工作。“飓风2021”“禁毒工程”等专项工作推进，实现科技强警、科技治理，违法犯罪及电信诈骗警情实现“双下降”。推进社会治理“百日攻坚”行动，集中整治“三小”场所（小档口、小作坊、小娱乐场所）、分租式厂房、废品站等隐患突出领域，抓好危险化学品、交通运输、建筑施工、消防、用气用电等重点行业领域安全整治，全镇安全生产和消防安全形势总体稳定，交通事故死亡人数比上年下降56%。系统防范化解道路交通安全风险工作在全市排第一名，安全生产等考核成绩排全市前列。

【东坑镇精神文明建设】 2021年，东坑镇完善精神文明创建常态化督导机制，发现整改问题400个，在第四季度市文明创建督导检查中排全市第三名。开展群众性精神文明创建，建成16个村（社区）新时代文明实践站。获评“东莞好人”5人，评选镇十星级文明户16户和五星级文明户160户，推荐傻二哥公司和富港公司申报“东莞市友善企业”。

【东坑镇文体事业】 2021年，东坑镇围绕庆祝中国共产党成立100周年主线，开展党史学习教育及“永远跟党走”等群众性主题教育活动。“木鱼歌进校园”实现连续两年获市非遗进校园十大示范性案例。全年开展8个课程共88场次的“走进艺术”公益培训班，举办“云卖身节”“共享文化年”等特色品牌活动300多场，惠及群众133万人次。增设城市阅读驿站“红色阅读角”，建成“我+书房”示范家庭图书馆4个，推动全民健身服务站点建设100%覆盖。

【东坑镇政务服务改革】 2021年，东坑镇推进“放管服”（简政放权、放管结合、优化服务）和“数字政府”改革，完善政务服务体系，超九成政务服务事项实现“一窗受理”，654项高频次事项实现“最多跑一次”办理。整合镇总值班室、“12345”政府服务热线平台资源，健全群众求助24小时

东坑镇井美村 （2021年东坑镇供图）

快速响应机制，紧急工单按时办结率100%，群众满意率100%。

【东坑镇地区生产总值突破200亿元】 2021年，东坑镇统筹好疫情防控和经济社会发展。强化经济运行监测调度，抓好龙头企业稳增长、重大项目招引和落地，扩投资、促消费，推动全镇地区生产总值突破200亿元，比上年增长11.6%，比目标高3.6个百分点，增速全市镇街排第四名。

【东坑镇获评为广东省第七次全国人口普查先进集体】 2021年，东坑镇获评为广东省第七次全国人口普查先进集体。在第七次全国人口普查工作中，东坑镇强化组织领导和经费保障，统筹推动井美村完成第七次全国人口普查全市唯一综合试点以及全国两个之一数据综合试点任务，并向全镇推广井美村试点经验。全镇划分普查小区640个，选聘普查指导员356人，普查员359人。借助网格管理模式，把行政区域网格化，把熟悉村（社区）居住情况的网格员、熟悉电脑和信息化操作的大学生、熟悉人普业务工作人员整合起来，配强普查队伍。采用入户询问、当场填报等传统方式+互联网自主申报新模式，精准落实摸底、登记和编码工作，形成“东坑经验”。

【东坑镇获评为广东省乡村振兴先进集体】 2021年，东坑镇实施乡村振兴战略，统筹推进人居环境整治、特色精品村创建、风貌带提升等工程，推进农村“厕所革命”，东坑百顺市场成为全市首批高品质示范标杆市场。在推动人居环境提升同时，带动产业、生态、文化、组织全面振兴，截至2021年底，全镇两级总资产34.1亿元、比上年增长9.9%，两级经营性总收入3.9亿元、增长8.9%；粤曲《东坑明珠耀缤纷》、非遗故事、书法、绘画等文艺作品获市各类大赛奖项近30个。年内，东坑镇获评为广东省乡村振兴先进集体。

【东坑镇获评为广东省脱贫攻坚先进集体】 2021年6月23日，东坑镇被广东省授予“广东省脱贫攻坚先进集体”称号。截至2020年底，东坑镇连续5年完成市内帮扶任务，统筹市外扶贫资金3328万元，推动普宁市南溪镇4个贫困村229户1007人提前实现100%脱贫。协助帮扶云南省昭通市巧家县，支援镇雄县2个国家督战贫困村，开展东西部扶贫协作，开展农村致富带头人、技能晋升等培训活动，吸收昭通市劳动力到东坑镇转移就业。对口帮扶新疆生产建设兵团第三师伽师总场等成效显著，双方开展党政领导互访，加强交往交流交融。

【东坑镇井美村成功创建东莞市特色精品示范村】 2021年，东坑镇井美村围绕600余年历史的村庄特色推进景观提升，以“井”字文化为核心，保留乡村独特风貌，提升人居环境。统筹用好市、镇、村共投入的3000万元推进“十个一”精品工程（一张蓝图、打造一批乡村景观小品、改造一批建筑景观、建设和完善一批环卫设施、完善一批公共基础设施、建设一批文化设施、打造一组人文元素、制作一批历史人文背景标识、打造一片美丽田园、修订实施一套村规民约），升级改造井美会堂（村史馆）、井美公厕、党群服务中心、综艺舞台、篮球场等公共服务设施，建成红荔公园、水球文化运动雕塑、井美举人雕塑、互动打卡墙绘等文化标识，并打造出“井美”草莓、“沙井豆腐花”等特色品牌。该项目于2021年9月获由国家林业和草原局主办的第三届全国林业草原行业创新创业大赛“景观规划设计赛道”社会组唯一金奖，并通过验收创建为东莞市特色精品示范村。（李换珠）

附：2021年东坑镇党委、人大、政府主要领导名录

镇委书记：谭全河
镇人大主席：苏庆中（任至11月）
　　　　　　李灿明（12月到任）
镇　　长：蔡国威

2020—2021年东坑镇主要经济社会指标情况表

指标	2020年	2021年
户籍人口（人）	38300	41000
常住人口（万人）	18.82	18.92
面积（平方千米）	23.8	23.8
地区生产总值（万元）	1793137	2063503
第一产业（万元）	2636	3019
第二产业（万元）	1369713	1618989
第三产业（万元）	420788	441496
总用电量（万千瓦时）	137000	157000
全社会固定资产投资总额（万元）	521665	711073
社会消费品零售总额（万元）	259196	293487
外贸出口总额（万元）	1636565	1633110
实际利用外资（万元）	7145	62839
地方财政总财力（万元）	207863.15	167866.03
各项税收总额（万元）	290748.07	287279.76

企石镇

【企石镇概况】 企石镇位居东莞市东北部、东江中下游南岸，地处穗、深、港经济黄金走廊中部。截至2021年底，辖区面积58.22平方千米，下辖19个村和1个社区，常住人口17.03万人，其中户籍人口5.22万人。

2021年，企石镇实现地区生产总值132.02亿元（第一产业0.49亿元，第二产业90.87亿元，第三产业40.66亿元），比上年增长13.2%；全社会固定资产投资总额38.10亿元，增长18.97%；总用电量17.96万千瓦时，增长20.74%；社会消费品零售总额38.1亿元，增长19.0%；实际利用外资0.48亿元，增长334.21%；外贸出口总额80.80亿元，增长8.30%；各项税收总额19.4亿元，增长27.4%；地方财政总财力10.4亿元，增长8.5%。在东莞市2021年度综合考评中，企石镇以全市排第五名的成绩获评“2021年度领导班子工作优秀镇（街道）”，同时获4项2021年度全市“单打冠军”，包括全国示范性老年友好型社区、国家义务教育质量监测实施优秀组织单位、2019—2020年全省脱贫攻坚工作突出贡献集体、2020年度省级健康促进县（市、区）。

【企石镇重大项目建设】 2021年，企石镇有市重大项目14个。其中，建设项目11个，包括健达智能、江夏数码、信太科技、朝阳科技、奕铭光电、美信科技、思泉新材料等续建项目7个，绿色环保装备、绿色循环经济、协鑫天然气、龙泰智能制造等新建项目4个；预备项目3个，分别为鼎峰高端装备一期、鼎峰高端装备二期，东骏长和全屋定制。编制项目关键节点计划表，明确项目各个环节时间节点，协助和督促企业按计划进行。全年重大项目投资完成11.9亿元，完成目标任务的104.8%。

【企石镇创新驱动经济】 2021年，企石镇实现工业技改投资9.82亿元，比上年增长17.03%。全年3批75家企业申报高新技术企业认定，拟通过认定企业62家。专利授权数1335件，增长40.67%，其中发明专利52件，增长271.43%。申报多个省市级项目获资助金额349.74万元。建有省企业技术中心1个、省工程技术研发中心4个、省重点实验室培育基地1个、省国际科技合作基地1个、市工程研发技术中心6个。截至2021年底，企石镇有高新技术企业138家，主要以电子信息、光电元器件、LED（发光二极管）及自动化机械装备制造类为主。

【企石镇城市品质提升】 2021年，企石镇发挥生态优势，实施城市品质提升三年行动计划，虾公山森林公园、东清湖湿地公园、万里碧道（东江企石段）二期等项目完成。开展污染防治工作，完成22条内河涌整治，河涌水质基本消除黑臭，内河涌V类水体达标率70%

东江绿道企石段 （2021年黄志鸿摄）

以上。加强城市精细化管理，在城市管理工作群众满意度（第三方调查）中获全市第一名。实行城市管理执法片长制，成立玉兰女子执法队，调动激发基层管理主体参与共治积极性和主动性。抓好“两违”（违法用地、违法建设）和农房建设管理，打击偷建抢建行为，抓好乱占耕地建房整改，全年治理违章建筑92.4万平方米。

【企石镇社会事业发展】 2021年，企石镇投入7.79亿元用于民生建设，占财政支出66.5%，十件民生实事全面完成。教育扩容提质和品质交通千日攻坚行动深入推进，教育“双减”（减轻学生作业负担、减轻学生校外培训负担）落地落实，松山湖中心小学教育集团江南学校挂牌成立，东山小学二期工程建成封顶，新增公办学位810个。完成11条道路升级改造，新增公共停车位192个。做好兜底民生工作，全面提高低保低收入家庭认定、特困人员供养和孤儿基本生活保障标准。在全市镇街一级率先推出人才安居房，打造“筑巢引凤”“引英聚才”企石样板。既有住宅增设电梯项目投入使用，经验做法在全市得到推广。突出抓好高校毕业生和困难群体就业，全年新增就业2023人。文旅体育事业持续繁荣，公务员镇街篮球赛（甲级）打入总决赛。

2021年，企石镇抓好乡村振兴，推进乡村振兴“全域项目化”，建立2021年企石镇乡村振兴重点项目库，收集项目39个，总投资31.4亿元，其中8个项目被纳入2021年东莞市乡村振兴重点项目库。重点整治危旧泥砖房，列入整治168间，拆除167间；利用危旧泥砖房拆除产生的砖瓦等建筑废料，在农户房前屋后闲散用地上，搭建篱笆院墙，种植蔬菜瓜果，建设乡村“四小园”（小菜园、小果园、小花园、小公园）。农村集体经济得到较快发展，经营总费用1.14亿元,比上年增长15.6%；纯收入2.34亿元，增长13.5%。

2021年，企石镇开展安全生产、道路交通安全等专项整治，解决东部快速东山村辅道隐患点17年的历史遗留问题，完成鸿业石化公司出入口路面安全以及2个地质灾害点整治，全年未发生重大及以上生产安全事故，实现生产安全事故起数和死亡人数“双下降”10%的目标。社会治安形势稳定向好，辖区内违法犯罪警情比上年下降13.8%，电信诈骗案件下降15.5%，盗窃类案件下降6.7%。

虾公山森林公园　　（2021年企石报社供图）

【企石镇新冠肺炎疫情防控】 2021年，企石镇加强对境外及中、高风险地区来返人员排查力度，分类登记汇总，落实隔离管控措施，设立2个集中隔离医学观察点。紧抓重点机构、重点场所、重点人群防控，加大对商超、酒店、市场等人员密聚场所督导检查，落实查验、消杀等防控措施，做好聚集性活动疫情防控，落实个人防护措施，严格密闭空间和室内场所通风消毒等措施。组织实施新冠疫苗接种，截至2021年底，全镇接种疫苗50.7万人次（第一剂次22.0万人，第二剂次21.6万人，第三剂次7.1万人）。定期组织开展巡查、督导及暗访活动，指导各医疗机构按照相关工作指引落实防控措施，规范预检分诊，加强就诊人员体温监测，指导有序就诊，落实各项院感防控措施。

【企石镇获评为“国家义务教育质量监测实施优秀组织单位”】 2021年，企石镇负责组织东莞市东部工业园片区7个镇的国家义务教育质量监测工作，对监测时间节点和工作任务进行安排部署，制订工作方案和监测工作实施细则。加大宣传力度，树立科学全面教育质量观，营造良好义务教育质量监测环境，推动省域基础教育质量监测工作开展。深化教育领域综合改革，加快推进教育现代化。东部工业园片区有20所学校、600名学生、268名教师、19名校长参加国家义务教育质量监测。其中企石镇3所学校、120名学生、39名教师参加，3所学校分别是东莞市企石镇华海学校初中部、企石镇星光小学、企石镇新域学校初中及小学部。

【企石商会获评为“2019—2020年广东省脱贫攻坚突出贡献集体”】 2021年，企石商会获评为“2019—2020年广东省脱贫攻坚突出贡献集体”。2019年，企石商会鼓励支持会员企业自愿参与扶贫，广泛发动社会各界参与扶贫

东清湖　（2021年企石报社供图）

捐赠活动等。2019年1月至2020年12月，企石商会在“广东扶贫济困日暨东莞慈善日”活动中捐款120万元。企石商会参与云南省昭通市精准扶贫和韶关脱贫攻坚及乡村振兴工作，累计捐款163万元。

【企石镇上洞村获“全国示范性老年友好型社区”称号】　2021年11月10日，东莞市企石镇上洞村举行全国示范性老年友好型社区揭牌仪式。上洞村是全国首批获得此项“国字号”社区之一，也是东莞市2021年唯一获此称号的社区。2020—2021年，镇、村共投入200多万元，对上洞村老人活动中心、独居老人住所等进行全面升级改造，方便老年人生活和活动，提升服务水平。新建老年人户外活动长廊，配套老年人健身器材，组成动静佳宜的老人活动场所，改善老年人居住环境。上洞村推广居家养老服务，为32户老年人申报免费居家养老服务。通过开展家庭医生签约服务，定期举办健康讲座，为老年人提供免费体检和健康指导等服务。推广银龄安康行动，利用媒介作为载体，广泛宣传“银龄安康行动”内容。上洞村成立敬老协会、草龙协会为举办舞草龙活动、秋分敬老节活动提供物资支持。村内每个村民小组都设有喜宴楼，便于护工、志愿者等开展相关老年人教育和服务活动。　（谢子韬）

附：2021年企石镇党委、人大、政府主要领导名录

镇委书记：袁丽群

镇人大主席：麦阳柱（任至11月）
　　　　　　盛斌林（11月到任）

镇　长：姚灿光（任至7月）
　　　　袁检文（7月到任）

2020—2021年企石镇主要经济社会指标情况表

指标	2020年	2021年
户籍人口（人）	50468	52152
常住人口（万人）	16.97	17.03
辖区面积（平方千米）	58.22	58.22
地区生产总值（万元）	1128387	1320213
第一产业（万元）	4257	4875
第二产业（万元）	757460	908783
第三产业（万元）	366670	406555
总用电量（万千瓦时）	148748	179601
全社会固定资产投资总额（万元）	382840	372426
社会消费品零售总额（万元）	320207	380951
外贸出口总额（万元）	746090	808000
实际利用外资（万元）	1099	4772
地方财政总财力（万元）	108943	125693
各项税收总额（万元）	152265	193962

石排镇

【石排镇概况】 石排镇位于东莞市东北部。截至2021年底，辖区面积48.7平方千米。下辖18个村和1个社区，常住人口23.64万人，其中户籍人口5.33万人。石排镇是"国家卫生镇""中国最美小镇""国家园林城镇""广东省通信部件专业镇""广东省文明镇"。

2021年，石排镇实现地区生产总值185.16亿元（第一产业0.75亿元，第二产业131.79亿元，第三产业52.62亿元），比上年增长10.6%；全社会固定资产投资总额57.01亿元，下降18.91%；总用电量25.79亿千瓦时，增长18.74%；社会消费品零售总额53.45亿元，增长11.96%；实际利用外资1.35亿元，增长4.93%；外贸出口总额114.80亿元，增长14.38%；各项税收总额30.06亿元，增长22.17%；地方财政总财力35.84亿元，下降21.83%。获"广东省脱贫攻坚工作突出贡献集体""广东省健康促进区"等7项全市"单打冠军"。

【石排镇常态化疫情防控】 2021年，石排镇组建"镇疫情防控指挥部+村一线指挥小组"架构体系。坚持人、物环境同防和全流程闭环管理，重点加大对跨境司机、冷链食品、农贸市场等领域监管力度，压实压细重点人员落地排查、重点场所防控、第三针新冠疫苗接种等防疫工作，推进石排医院发热门诊改造，涉疫风险人员排查工作、全人群全程免疫率排名居全市镇街前列。在市"6·18"及"12·13"本土新冠肺炎疫情防控期间，组织开展3轮全民核酸检测，累计采样103.62万人次，涌现出"抢救核酸样本——抗疫护士黄雪仪""带伤上阵坚守岗位——沙角村书记黄锐锋"等先进榜样，其中，黄雪仪事迹获中央、省、市级媒体报道。

【石排镇创新驱动发展】 2021年，石排镇实施创新驱动发展战略，出台促进创新驱动发展实施细则，引导鼓励企业提高自主创新能力，全镇研发经费12.29亿元，比上年增长36.25%；R&D投入占地区生产总值的3.56%。支持企业自主研发，推动德聚公司入选国家级第三批专精特新"小巨人"企业（指业绩良好、发展潜力和培育价值处于成长初期的、专业化精细化特色化新颖化特征明显的中小企业，通过培育推动其健康成长，最终成为行业中或本区域的巨人）和省级专精特新中小企业，并被认定为省级工程中心。全镇国家高新技术企业197家，比上年增长20.85%。全镇规模以上工业企业研发机构264家，规模以上工业企业设立研发机构比例66.17%。支持企业数字转型，深化"5G+工业互联网"融合发展，抢抓数字经济和消费新风口，推动佳禾、蓝欣公司认定为2021年松山湖产业云标杆项目，推动3家企业完成"两化融合"（信息化和工业化的高层次的深度结合）项目备案，支持乐之宝、德伸等21家规模以上潮玩企业拓展线上线下销售渠道。拓宽产学

石排镇鸟瞰图 （2021年石排镇供图）

研合作渠道，用好工程技术研究中心、研究生联合培育（实践）工作站和博士工作站，引进“耐高温电感和磁粉芯材料研究和开发”市级创新科研团队，推动石排镇企业与广东科技学院、电子科技大学、华南协同创研究院深度合作，打造一批高水平科技成果转化基地。

【石排镇项目招引建设】 2021年，石排镇坚持全镇统筹招商，用好市镇联合招商基地和镇储备用地，围绕七大战略性新兴产业开展精准招商，镇主要领导率队赴上海市、深圳市、江苏省等地开展招商考察活动，引进总投资5亿元的卓力能项目。举办68个重点项目集中攻坚动员大会，推动24个市重大项目建设，其中14个建设项目完成投资21.76亿元，比上年增长29%。旺盈、中德、兆恒一期3个项目竣工投产。气派、嘉拓、铭普、龙煌等企业增资扩产，全年完成工业投资37.6亿元、工业技改投资32.8亿元。加快土地收储整备和城市更新工作，以“工改工”（将土地性质为普通工业用地改变为新型产业用地，将旧工业区拆除重建升级改造为新型产业园）作为城市更新主方向，启动总面积73.47公顷的黄家垦村产城融合项目，完成市下达土地收储任务，推进8个“工改工”项目、6个城市更新单元及3个“三旧改造”（旧城镇、旧厂房、旧村庄改造）项目，为经济发展腾挪产业空间。强化镇、村空间资源统筹，完成3万平方米低成本空间认定，建成李家坊工业大厦等4个镇村合作项目，推进庙边王工业大厦等5个建设项目。

【石排镇企业培育服务】 2021年，石排镇开展“倍增计划”（重点企业规模与效益倍增），实行“镇领导班子+驻村团队”包干服务模式，做好75家“倍增计划”试点企业及年产值1亿元以上工业企业的发展指导和跟踪服务，针对用工、用电等需求精准做好企业服务，协助解决企业生产经营中遇到的困难和问题，推动星星精密、晨光印刷、德聚等公司认定为市级倍增企业，实现全镇年产值超亿元重点工业企业从68家增至96家。加强高新技术企业培育，建立420家企业的高新技术企业培育库，实施“高新技术企业—瞪羚企业（指创业后跨过死亡谷，以科技创新或商业模式创新为支撑进入高成长期的中小企业）—百强企业”企业梯度培育，推动91家企业通过高新技术企业认定。摸查“小升规”（规模以下小微企业升级为规模以上企业）潜力企业，以120家“小升规”培育库企业为重点，落实中小企业培育专项行动，推动67家企业上规升级，促进创新要素加速集聚、发展动能不断增强。

塘尾村——美丽幸福村居连片示范村 （2021年石排镇供图）

【石排镇城市品质提升】 2021年，石排镇融入“公园城市”理念全域提升人居环境，升级改造第一幼儿园周边道路等6条道路，新建或改造公厕17座，完成5座垃圾压缩站、68处人行道畅通工程，建成2.3千米海仔河碧道、3.13千米慢行系统。推进城市精细化管理，完善巡查监督长效管理机制，开展“洁净城市”和“行走石排”等系列行动，处置环卫、城市“六乱”（乱搭乱建、乱堆乱放、乱设摊点、乱拉乱挂、乱贴乱画、乱扔乱吐）等问题约6万个，治理违法建筑111.25万平方米，塘尾村、下沙村和向西村先后入选全市第一、二批精细化管理示范标杆村。推进美丽幸福村居二期项目建设，开展人居环境建设工程，在全市率先打造出下沙样板水塘并逐步在各村开展“千村碧塘”建设，成功创建下沙、向西2个特色精品示范村，以及下沙、赤坎、埔心、塘尾、中坑5个文明示范文化样板村。塘尾村获评东莞市基层党建“双标工程”示范点、入选“寻美莞乡”首届东莞十大美丽乡村，“塘尾艺术家联盟”人才促乡村振兴案例获“莞爱人才”最佳案例奖。

【石排镇生态环境治理】 2021年，石排镇加大污染治理力度，改善生态环境质量，完善生态环境“保护网”，基本建成180.94千米樟村断面截污管网完善工程，樟村断面综合治理工程基本完工，海仔河以及海仔河南片区水系综合整治已完工并开展后续河涌运维，处理卫生黑点4762个，拆除危旧房46户治理违法建筑111.25万平方米。开展空气质量提升行动，完成“散乱污”（不符合产业政策，不符合产业布局规划，未办理工信、发改、土地、规划、环保、工商、质监、安监、电力等相关审批手续，不能稳定达标排放的企业）和VOCs（挥发性有机物）排放企业整治任务。全镇空气质量指数优良率95.5%，排全市镇街第一名，空气污染综合指数排全市镇街第二名。

【石排镇基层一线管控】 2021年，石排镇实施安全生产、道路交通安全等专项整治行动，抓好食品、药品、特种设备等领域安全监管，各类生产安全事故数、亡人交通事故数分别比上年下降50%、53.85%，特别是投入超7000万元专项资金用于系统防范化解道路交通安全风险工作，扭转上半年全镇道路交通亡人事故增长较高局面。全镇安全生产形势稳定，无发生较大或以上生产安全事故。建设平安石排，深化“二标四实”（标准作业图、标准地址库；实有人口、实有房屋、实有单位、实有设施）、群防群治等工作，打击各类违法犯罪，全镇刑事治安警情、电信诈骗警情下降率以及反电信诈骗App注册实名率排名全市镇街前列，破涉恶案件31件，全年未发生重大群体性事件。推进市域社会治理现代化，深化“智网工程”建设，做实做强61个基层网格，排查处置网格案事件11.67万件，推动99.8%基层问题隐患在网格上完成处置。引导多元主体参与基层治理，推进劳动争议调解中心规范化建设，创建塘尾村家训廉政教育基地，获评2021年度广东省信访工作示范乡镇、广东省民主法治示范村（社区）。

【石排镇民生事业发展】 2021年，石排镇持续加大民生事业投入，开展“我为群众办实事”实践活动，办结38个“我为群众办实事”项目，办理民生微实事65宗、微心愿1356宗，其中4个民生微心愿项目、6个民生微实事项目入选2021年度“民生大莞家”优秀惠民项目。推进教育扩容提质和品质交通“千日攻坚”，建成市文化馆石排分馆、第一幼儿园和2座城市阅读驿站，推进新中心小学等3个教育基础设施项目、“四好农村路”（建好、管好、护好、运营好农村路）等32个交通项目，新增学位625个、停车位859个，有效治理道路拥堵黑点2个，教育“双减”（减轻学生作业负担、减轻学生校外培训负担）工作推进。完成石排医院发热门诊规范化改造、4个农贸市场升级改造等一批民生工程，游泳进校园、养老“大配餐”服务、大肠癌早期免费筛查等特色民生工程开展较好。做大做强社会保障，推动镇社卫中心与市人民医院、东华医院等医疗机构开展医联体合作，成功创建为“广东省健康促进区”。优才卡、社会救助等工作有序推进，全年发放市、镇就业创业补贴贷款1638.35万元，发放各类兜底保障补助1039.7万元。

【石排镇“游泳进校园”特色民生工程】 2021年，石排镇将“游泳进校园”项目纳入十项民生实事，并作为党史学习教育“我为群众办实事”特色项目，投入7000多万元高标准建设室内恒温泳池，通过镇财政兜底、资深教练教学的方式，支持全镇公办、民办学校三年级（含）以上学生开展游泳公益培训，使学生掌握游泳技能，从源头减少学生溺水事件发生。

【石排镇大肠癌早期免费筛查特色民生工程】 2021年，石排镇将“大肠癌早期免费筛查”民生工程列为十件民生实事之一，推动从注重恶性肿瘤疾病诊疗向预防为主、防治结合转变。大肠癌早期免费筛查民生工程从2021年开始为期2年，凡是40~74岁石排镇户籍人员在大肠癌筛查周期内都可以享受1次免费大肠癌筛查服务。截至2021年底，大肠癌早期筛查发放标本盒1.13万份，初筛阳性率12.2%，提高大肠癌早诊率和治疗率。（袁淑婷）

附：2021年石排镇党委、人大、政府主要领导名录

镇委书记：严继宗（任至12月）
　　　　　詹志斌（12月到任）
镇人大主席：姚灿光（任至11月）
　　　　　　刘创胜（11月到任）
镇　长：郑晓坚

2020—2021年石排镇主要经济社会指标情况表

指标	2020年	2021年
户籍人口（人）	51125	53329
常住人口（万人）	23.56	23.64
面积（平方千米）	48.7	48.7
地区生产总值（万元）	1631824	1851598
第一产业（万元）	6541	7456
第二产业（万元）	1133565	1317936
第三产业（万元）	491718	526206
总用电量（万千瓦时）	217225	257942
全社会固定资产投资总额（万元）	703089	570138
社会消费品零售总额（万元）	477441	534541
外贸出口总额（万元）	1003713	1148000
实际利用外资（万元）	12827	13460
地方财政总财力（万元）	458467	358367
各项税收总额（万元）	246037	300582

茶山镇

【茶山镇概况】 茶山镇位于东莞市中北部，截至2021年底，辖区面积45.4平方千米，下辖16个村和2个社区，常住人口22.07万人，其中户籍人口5.85万人。茶山镇是“全国文明镇”“国家卫生镇”“中国食品名镇”“广东省园林城镇”“广东省生态镇”“广东省教育强镇”。

2021年，茶山镇实现地区生产总值195.18亿元（第一产业0.44亿元，第二产业122.68亿元，第三产业72.06亿元），比上年增长12.70%；全社会固定资产投资总额60.08亿元，下降30.96%；总用电量22.75亿千瓦时，增长18.23%；社会消费品零售总额57.38亿元，增长14.89%；实际利用外资0.89亿元，下降52.80%；外贸出口总额95.40亿元，增长24.30%；各项税收总额41.24亿元，增长30.38%；地方财政总财力76.67亿元，增长37.64%。2021年综合考核总分排全市第二名，被评为东莞市镇街领导班子工作优秀镇，获第二批全国乡村治理示范镇、村，全国应急管理系统先进集体，省安全生产工作先进集体，全国儿童青少年近视防控适宜技术试点县（区），2019—2020年度全国“四好”（政治引领好、队伍建设好、服务发展好、自律规范好）商会，2019—2020年全省脱贫攻坚工作突出贡献集体、广东省先进基层党组织，2021年广东省“民主法治示范村(社区)”，广东省五星级示范退役军人服务中心等8个“单打冠军”。

【茶山镇疫情防控】 2021年，茶山镇根据疫情防控形势动态调整完善防控预案，制订大规模核酸检测预案，组织新冠病毒核酸检测实战演练，开展3次大规模核酸检测。加强重点人群监测排查和健康管理，举行疫情防控“三人小组”培训会议，落实居家健康管理对象门磁监控系统安装，紧急征用并完成3处集中隔离医学观察场所改造。强化医疗机构哨点监测和院感防控，组建疫情防控监测专班和5个院感防控督导组，开展医疗机构全员感染防控培训，落实医疗机构定点联系和分片包干检查，全年查处关停违反疫情防控规定的医疗机构8家。推进新冠疫苗接种，分类设置新冠疫苗接种点，完成4个临时接种点场地建设。全年累计接种新冠疫苗68.78万人次，其中第三针8.59万人次，加强免疫率61.73%。

【茶山镇经济发展】 2021年，茶山镇推进经济运行持续平稳向好，产业转型升级步伐加快，落实非公经济奖励政策和百日攻坚专项措施，奖励经济贡献突出企业2200万元，协助187家次企业获省市技术改造、融资租赁等项目资助2100万元，新增1家国家专精特新“小巨人”企业（指业绩良好、发展潜力和培育价值处于成长初期的、专业化精细化特色化新颖化特征明显的中小企业，通过培育推动其健康成长，最终成为行业中或本区域的巨人），新通过高新技术企业认定75家，被认定为“东莞市食品饮料产业集群核心区”。招商引资有成效，引进内、外资协议投资101.1亿元，实际投资60.84亿元，推动茵茵总部项目和天行健项目实现增资扩产；新开工重大项目6个，投产项目3个。产业发展空间加快拓展，“工改工”（将土地性质为普通工业用地改变为新型产业用地，将旧工业区拆除重建升级改造为新型产业园）拆除整备土地23.53公顷、收储土地13.93公顷，盘活存量建设用地18.36公顷，处置闲置土地6.34公顷，均超额完成市下达任务。

【茶山镇城市品质提升】 2021年，茶山镇城市精细化管理考核排全市前三名，数字城管、生活垃圾转运站升级改造、精细化管理示范村（社区）建设等工作均位居全市前列。完善落实城市管理，整治“六乱”（乱搭乱建、

茶山镇中心区 （2021年茶山镇供图）

乱堆乱放、乱设摊点、乱拉乱挂、乱贴乱画、乱扔乱吐）行为1.14万宗，查处违法广告450宗，清理卫生死角及垃圾聚集点8660处，完成茶山圩旧街区升级改造，城市更加干净整洁。完成增溪路、沿溪路、茶南路等10条道路升级改造，新设置停车位687个，新增绿化及补绿复绿7万多平方米，城市功能品质提升。“两违”（违法用地、违法建设）整治有成效，完成违法建设治理100.3万平方米，完成率105.5%。垃圾分类示范区建设推进，建成收集亭127个，配置引导员55人，垃圾末端处置设施建设运作全市领先。推动治水工作补短板，日处理污水2万吨的钊墩前池污水处理站建成投入使用；东洲渠、四美洲渠、北围渠等4条河涌水体治理提档升级，完成塘边渠、卢溪渠、大圳埔等4条暗渠整治，全镇河涌基本达到V类水标准，污水处理厂进水BOD5（微生物代谢作用所消耗的溶解氧量）浓度100以上，完成15个大水量入河排污口治理。雨污分流改造推进，完成改造排水户500多家，普通住宅地块雨污分流改造启动。全面落实大气污染防治联防联控机制，完成VOCs（挥发性有机物）企业提标治理149家，空气质量优良率93.4%，全市排第三名。净土防御基础性工作开展，完成一般工业固体废物申报登记企业2119家，比上年增长1.7倍，危险废物和医疗废物规范转移处置率100%。

【茶山镇乡村振兴】 2021年，茶山镇谋划推进乡村振兴三年行动计划，围绕发展乡村产业、深化农村改革、乡村建设行动等七大任务，配套镇村合作、产业振兴、生态奖励等6个专项资金。农村人居环境持续改善，开展村庄清洁行动春季战役，完成农村人居环境“微实事”135项。深化农村集体资产管理，完善集体工业厂房租金指导、股东分红等制度，推动集体资产保值增值。茶山镇与农业银行东莞分行签订金融服务乡村振兴战略合作协议，建立共同推进乡村振兴的全面战略合作关系，2021—2025年可提供80亿元整体意向信用额度，支持茶山乡村振兴。在省内帮扶方面，茶山镇结对帮扶韶关市乳源瑶族自治县大布镇，选派驻镇帮镇扶村工作队成员进驻，掌握各结对帮扶村（社区）基本情况，对建档立卡脱贫户开展全覆盖式返贫监测，建立完善返贫监测体系，防止脱贫户返贫。与大布镇共同研制《大布镇“十四五”乡村振兴先行示范带实施方案（草案）》，将大布镇特色资源融入五大振兴工程，建立基础建设和产业帮扶项目库。

【茶山镇民生福祉】 2021年，茶山镇解决民生问题，开展“我为群众办实事”“民生微实事”“微心愿”等活动，社会保障体系进一步完善，落实就业创业优惠政策，发放各项就业创业补贴490万元，惠及1550人次、企业40家次，完成191项民生实事。高标准完成3所公办学校改扩建任务，增加公办学位5400个，解决随迁子女入学问题，提供积分入学公办学位60个，新增学位补贴人数5368人，总人数1.4万人。推进青少年近视防控工作，茶山镇被评为省儿童青少年近视防控试点区，茶山中学被评为省儿童青少年近视防控示范校，茶山中学教育集团成功创建为广东省优质基础教育集团。医疗卫生事业取得发展，茶山医院人才公寓综合楼投入使用，骨科（手外科）成功创建为东莞市临床重点专科，中医护理创建为东莞市中医特色专科。

【茶山镇文化建设】 2021年，茶山镇开展特色文化活动、惠民培训、展演展览、非遗体验、特色文旅1800场次，覆盖100万人次。推动宣传文化旅游体育领域取得国家、省、市各级荣誉80余项。依托南社、牛过蓢古村落等历史文化资源，与深圳百师园文化产业有限公司、深圳文化产权交易所等文化企业合作，推动古建文化园区、湾区传统文化活态体验区等文旅项目建设。举办线上“茶园游会”、“5·21”国际茶日等系列活动，丰富文化资源服务供给，打造“云上系列”品牌。优化公共文化服务供给，加快建设城市文化驿站、粤书吧等新型文化空间，建成新时代文明实践主题公园等新时代文明实践点11个，建成启用全省首批全市首个文旅融合粤书吧（试点）、全市首家“两中心融合”（基层综合性文化服务中心与旅游服务中心融合发展）试点、全市首个智能体育体验园，寒溪水村罗氏革命史迹陈列馆入选市中共党史学习教育基地，寒溪水村入选“广东省文化和旅游特色村”，南社明清古村落入选“广东省文化和旅游融合发展示范区”和“广东省摄影目的地”。

【茶山镇社会治理】 2021年，茶山镇开展公安政法队伍教育整顿，全年获集体奖项18个、个人奖项137个，“飓风2021”打击专项工作排全市B组分局第一名。群防群治格局加快形成，发展义警队员5000余人，组建应急响应小组75个，联防值守点22个。基层创新治理，南社村入选全国乡村治理示范村，“智慧公法服务、数字法治体检”项目作为全市唯一入选2021政法智能化建设智慧司法创新案例，“心彩虹”社会心理服务体系建设项目入选市域社会治理自主创新优秀项目并向全市推广，茶山镇实现连续七年被评为全市平安建设（综治工作）先进镇。安全生产形势稳定向好，落实安全生产“第一议题”制度，推进安全生产专项整治三年行动，全年未发生较大以上安全事故。茶山应急管理分局获“全国应急管理系统先进集体”称号，是广东省唯一获此称号的基层应急管理部门。

【茶山镇政务服务】 2021年，茶山镇推进重点民生项目11类192

个。落实驻点联系群众工作。全面深化政务服务改革，设立“一窗受理”窗口12个，涵盖23个单位900多项服务事项，全年接待群众约20万人次，日均接待群众近800人，办理各类事项约15万宗，日均办理业务600多宗，综合窗口收件数、处置数在全市镇街收件量中排第七名。推进政务服务“全市通办”，至年底纳入102个事项，“全市通办”业务量在全市镇街（园区）中排第二名。创新开辟“绿色通道”服务，涵盖首批优质企业29家，为企业提供“专人对接、一对一帮办代办”服务，全年协助企业办成业务138宗。完善政务服务大厅便民软硬件设施，升级改造母婴室、党群休闲驿站、自助打印区等便民配套设施。

【茶山镇入选全国儿童青少年近视防控改革试点】 2021年8月，茶山镇入选广东省儿童青少年近视防控改革试点，并于11月作为全市唯一、省内5个县区之一入选全国儿童青少年近视防控改革试点。茶山镇做好新时代儿童青少年近视防控工作，与社会各科学团体、眼科专家形成合力，增强中小学生爱眼护眼意识，宣传保护眼睛重要性，普及科学用眼知识。茶山镇在强化体育锻炼和户外活动、改善视觉环境、减轻学业负担、控制电子产品使用、加强视力健康教育、促进家长参加、强化考核督查、加强健康教育队伍和机构建设等方面进行探索，取得成效。

【茶山镇四集体获“2019—2020年广东省脱贫攻坚突出贡献集体”称号】 2021年，茶山镇人民政府、党建工作办、农林水务局和东莞市财政局茶山分局均获得“2019—2020年广东省脱贫攻坚突出贡献集体”称号。茶山镇对口帮扶揭阳市揭西县7个相对贫困村。2019年，帮扶揭西县507户贫困户、2034个贫困人口全部实现脱贫，脱贫率100%。在产业帮扶方面，2019—2020年，推动7个村新增投入多个产业项目，重点以特色农业产业为抓手，壮大集体经济。在基础设施建设方面，帮扶7个村完成109个基础设施项目，村容村貌得到改善。在消费扶贫方面，2019—2020年，消费扶贫41万元。

【茶山商会获评为“2019—2020年度全国‘四好’商会”】 2021年，茶山商会被全国工商联评为“2019—2020年度全国‘四好’商会”。茶山商会开展以“政治引领好、队伍建设好、服务发展好、自律规范好”为主要内容的“四好”商会建设，推进规范化建设，发挥商会职能作用。特别是在抗击新冠肺炎疫情过程中，茶山商会带领会员企业做好疫情防控和复工复产工作。

【茶山镇南社村入选“第二批全国乡村治理示范村”】 2021年，在中央农村工作领导小组办公室、农业农村部、中央宣传部、民政部、司法部、国家乡村振兴局联合组织开展的第二批全国乡村治理示范村镇创建活动中，茶山镇南社村入选“第二批全国乡村治理示范村”。2020年，南社村、组两级总资产42239万元，经营总收入4390万元，村、组集体经济增收，发展形势良好。2019—2020年，南社古村落年均旅游收入近600万元。此外，南社村抓住创建特色精品示范村的机遇，加大投入力度，建设古村北门外鱼塘景观升级工程、生态停车场、社区卫生服务楼、“南贵坊”双创区、资政园等30多个项目。同时，落实“三清三拆”（清理村巷道及生产工具、建筑材料乱堆乱放，清理房前屋后和村巷道杂草杂物、积存垃圾，清理沟渠地塘溪河淤泥、漂浮物和障碍物；拆除危房、废弃猪牛栏及露天厕所茅房，拆除乱搭乱建、违章建筑，拆除非法违规商业广告、招牌等）“厕所革命”、窝棚整治、泥砖屋清拆等工作，改善村民的人居环境。南社村的村容村貌、公共服务、经济发展和特色产业得到改善和发展，村民获得感和幸福感增强。

（陈校波）

附：2021年茶山镇党委、人大、政府主要领导名录

镇委书记：黎寿康（任至4月）
　　　　　黄锦发（4月到任）
镇人大主席：汤锡祥（任至11月）
　　　　　　香兆明（11月到任）
镇　长：黄锦发（任至4月）
　　　　黄丽香（7月到任）

2020—2021年茶山镇主要经济社会指标情况表

指标	2020年	2021年
户籍人口（人）	55649	58533
常住人口（万人）	21.97	22.07
面积（平方千米）	45.4	45.4
地区生产总值（万元）	1694287	1951777
第一产业（万元）	3847	4405
第二产业（万元）	1028734	1226796
第三产业（万元）	661706	720576
总用电量（万千瓦时）	192445	227521
全社会固定资产投资总额（万元）	870231	600776
社会消费品零售总额（万元）	499391	573775
外贸出口总额（万元）	768108	954402
实际利用外资（万元）	18814	8881
地方财政总财力（万元）	557068	766734
各项税收总额（万元）	316319	412419

2021年东莞市各镇街

指标 镇街	户籍人口（人）	常住人口（万人）	面积（平方千米）	国内生产总值（万元）	总用电量（万千瓦时）
莞城街道	209472	17.43	11.16	2423944	
石龙镇	87196	14.59	13.83	1279650	88773
虎门镇	178543	83.8	178.5	7201394	628466
东城街道	172170	60.25	105	6700180	
万江街道	117354	33.11	48.5	1935350	
南城街道	170946	42.38	56.62	7018447	
中堂镇	89350	19.79	59.9	1629628	169803
望牛墩镇	54484	8.75	31.57	1075432	83641
麻涌镇	90922	18.36	91	2766978	236976
石碣镇	67960	28.43	36.2	2308927	225572
高埗镇	47780	17.09	34.62	1769479	161514
洪梅镇	27738	8.7	33.2	1152768	64035
道滘镇	68490	16.05	54.29	1356464	131853
厚街镇	140531	55.43	125.7	4742314	430589
沙田镇	59443	21.16	107.29	2411222	287573
长安镇	91224	81.22	79.69	8806601	851503
寮步镇	126699	51.74	72.54	3820667	382667
大岭山镇	70943	36.83	95.53	3410286	347430
大朗镇	105579	55.96	97.5	4044995	493510
黄江镇	47818	28.52	92.86	2563837	292588
樟木头镇	53758	17.57	118	1484018	132535
凤岗镇	50989	41.95	82.43	3730181	365127
谢岗镇	26074	10.66	91.04	1234214	139196
塘厦镇	97712	63.27	128	5764900	638302
清溪镇	58581	34.62	140.1	3592056	408748
常平镇	122036	44.68	103.3	4220048	423701
桥头镇	49401	20.85	56	1943477	280344
横沥镇	56045	28.07	44.67	1969050	261316
东坑镇	41000	18.92	23.8	2063503	157000
企石镇	52152	17.03	58.22	1320213	179601
石排镇	53329	23.64	48.7	1851598	257942
茶山镇	58533	22.07	45.4	1951777	227521

主要经济社会指标情况表

全社会固定资产投资总额（万元）	社会消费与零售总额（万元）	外贸出口总额（万元）	实际利用外资（万元）	地方财政总财力（万元）	各项税收总额（万元）
268445	1213784	793385	10433	210887	449858
238078	547818	1034704	3907	176152	212416
894062	3450736	8532000	18707	1520142	1004062
700530	2782548	4597000	31225	407445	1349919
493307	1119290	678827	2000	461523	487093
1034124	3953123	3170836	212077	1066499	1650075
736972	524948	332083	1836	363428	245526
221315	173477	257502	4559	307972	135192
1132348	3412901	1051000	62580	523696	463509
465415	612295	2804879	17102	397859	427693
200339	404011	1442758	8522	414419	352972
368237	104480	497077	7247	372572	187163
410360	386234	449465	4787	523062	227282
863588	2578607	7197412	26245	671521	1058705
1112864	438508	5577000	48364	482307	500139
735863	3837455	16943672	116503	729276	1632247
922141	3850429	3747000	31396	554963	940538
950433	933632	1200281	5192	575427	653291
812139	1519314	3686588	14773	567749	588208
632333	749114	1997000	16115	686945	490982
395861	810557	766000	13515	332989	237760
1010976	1565000	3448000	24684	598062	748944
647559	186292	929000	43450	254326	171385
1004880	1848328	3716189	33968	208834	1154871
661756	686363	4279064	19331	362139	581659
598657	1917672	2924764	25858	446313	604048
377974	447836	2219114	19011	309435	332931
506962	456277	1304000	7595	283679	399772
711073	293487	1633110	62839	167866	287280
372426	380951	808000	4772	125693	193962
570138	534541	1148000	13460	358367	300582
600776	573775	954402	8881	766734	412419

人　物

FIGURES

银瓶山森林公园　（2021年张村城摄）

编辑：李俊玉

先进模范人物

五一劳动奖章获得者

郭东林　1971年6月生，广东河源人，中共党员，高中学历，东莞市以纯集团有限公司董事长兼行政总裁。创立中国驰名商标“YISHION以纯”，为社会提供近23万个就业岗位。公司每年上缴税收约7亿元，向社会各界捐款捐物累计金额超过8000万元，投资5亿元参与广东省援疆项目和支持粤西北扶贫开发项目。2020年春节，组建“东莞市以健医疗器械科技有限公司”，2—5月，该公司生产口罩近1亿个，为全国抗击新冠肺炎疫情作出贡献。2007年获得“广东省五一劳动奖章”，2009年被评为“广东省劳动模范”，2021年获得“全国五一劳动奖章”。

杨晓光　1966年2月生，陕西渭南人，中共党员，初中学历，中级工艺美术师，马可波罗控股股份有限公司中国建筑陶瓷博物馆副馆长。“以陶为纸、以刀为笔”，将中国传统水墨画、宫廷画、抽象画等赋予到建筑瓷砖上，使建筑陶瓷成为实用的艺术品。作品取得外观专利证书16个，并曾获得世界级和国家级奖项。先后参与东莞地铁R2号线城市形象文化墙、敦煌丝绸之路国际会展中心文化墙、广东省人民检察院、广州白云国际机场、北京大兴国际机场等大型雕刻背景墙的设计和创作。2017年获得“广东省五一劳动奖章”，2021年获得“全国五一劳动奖章”。（参见《东莞年鉴（2018）》“广东省五一劳动奖章获得者”分目）

谢娇明　1982年9月生，女，广东东莞人，大专学历，东莞联志五金制品有限公司人力资源经理助理。工作兢兢业业，创办公司内刊——《联志人》。为公司员工谋福利，在饭堂增设卡拉OK机、多媒体电视等，组织成立篮球队、自行车队，争取为资深员工建设员工公寓，为公司获评为“广东省劳动关系和谐企业”作出贡献。2017年被评为“全国五一巾帼标兵”，2020年被评为“全国优秀农民工”，2021年获得“全国五一劳动奖章”。（黄爱和）

陈敏仪 1990年10月生，女，广东惠州人，中共党员，本科学历，东莞市残疾人体育训练中心运动员。2021年8月28日，在第16届夏季残奥会射箭W1级混合团体赛中，与搭档张天鑫以138环成绩夺得金牌；9月1日，以142环成绩夺得射箭女子W1级个人赛金牌，并打破1项世界纪录、1项残奥会纪录。截至2021年底，连续参加四届全国残运会，获得10枚金牌、3枚银牌、1枚铜牌，参加国际比赛获得2枚金牌，残奥会获2枚金牌。2021年，获得“广东省五一劳动奖章”“中国青年五四奖章”“全国三八红旗手”“全国五一劳动奖章”。

黄文娟 2004年12月生，女，湖南衡阳人，初中学历，东莞市残疾人体育训练中心运动员。2018年亚残运会上，获得乒乓球女子TT8级单打铜牌和TT8–10级团体赛铜牌。2021年，在第16届夏季残奥会乒乓球女子TT6–8级团体赛决赛中，搭档茅经典、王睿以2：0力克荷兰队夺得金牌；在女子TT8级单打决赛中获得银牌。2021年，获得“广东青年五四奖章”“广东省五一劳动奖章”“全国五一劳动奖章”。（钟伟伦）

谢祥娃 1974年8月生，女，广东揭阳人，研究生学历，祥鑫科技股份有限公司总经理。艰苦创业，公司于2019年在深圳证券交易所上市，拥有8家全资子公司，产品远销欧美，为奔驰、宝马、保时捷、华为等客户提供精密冲压模具和金属结构件一体化解决方案，拥有专利超过300项（其中发明专利19项）。带领公司获评“中国重点骨干模具企业”“全国五金模具产业知名品牌创建示范区骨干企业”。2021年获得“广东省五一劳动奖章”。

李　政 1980年12月生，河南唐河人，大专学历，机械工程师，广东鼎泰机器人科技有限公司研发部经理。专注精密刀具加工设备自主研发，研发成功50多款刀具自动化设备，获得专利27项（其中发明专利4项）。其研发的多工站刀具加工机获评2019年广东省首台套重点项目，该技术达到国际领先水平，突破国外技术封锁，填补国内空白。2021年获得“广东省五一劳动奖章”。

胡啟晏 1990年1月生，四川广安人，本科学历，工程师，广东润星科技有限公司机械设计工程师。参与HS–500T钻攻设计，主导B–500S–III等精雕类机型、HS–1260h等线轨系列立加、HS–1265T等大型钻攻、VDC850等出口机型开发设计。其参与和主导开发设计的产品获得5项省级奖项，创造产值20亿元以上。2021年获得“广东省五一劳动奖章”。

杨军喜 1979年1月生，湖南常德人，本科学历，助理工程师，日本电产三协电子（东莞）有限公司技术开发经理。主要负责精密步进电机及触觉致动器等产品开发，研发产品被索尼、谷歌、任天堂、HTC等企业采用。个人获得发明专利2项、实用新型专利17项。2021年获得“广东省五一劳动奖章”。

段文立 1974年11月生，湖南武冈人，中共党员，高中学历，东莞市滨海湾公共交通有限公司虎门车队212路车长。2020年新冠肺炎疫情防控期间，加入滨海湾公交公司疫情防控工作一线志愿先锋队，主动报名参加境内外返莞人员应急接送工作，成为公司第一批参加应急接送工作的车长，累计出车接送43次，接送返莞人员417人。2021年获得“广东省五一劳动奖章”。

危菊连 1985年9月生，女，湖南平江人，本科学历，东莞市彩丽建筑维护技术有限公司技术中心勘探与检测组组长。从事建筑病害防治，根除100多宗建筑渗漏病害，为企业创造效益3000多万元。参与研究的“夏热冬暖屋面长效防漏与蒸发降温被动技术”，获得广东省土木建筑学会科学技术奖三等奖和产学研合作促进会“创新成果优秀奖”。2021年获得“广东省五一劳动奖章”。

罗桂华 1964年9月生，广东南海人，大专学历，广东生益科技股份有限公司设备主任。是公司每次扩产的主要设备人员。针对层压回流线环境温度高问题，提出地下送风设计，使岗位温度从原来最高39摄氏度下降到30摄氏度。改善公司第一台日本RTO焚化炉，利用废气回收再用，使焚化炉达到零油耗，每年节省成本100万元。2021年获得“广东省五一劳动奖章”。

王晓锋 1974年1月生，广东兴宁人，中共党员，本科学历，电子技术工程师，广东特发信息光缆有限公司技术检测中心主任。掌握光纤带光缆的并带关键技术，对并带设备固化炉和涂覆模具的微创新技术改造，攻克行业难题，推动行业光纤带质量提升。参与制定国家/行业标准，获得专利50项。2021年获得“广东省五一劳动奖章”。

康　娜 1981年8月生，女，陕西西安人，中共党员，本科学历，高级工程师，中国建筑第五工程局有限公司东莞分公司工会副主席、纪检领导小组组长。在新冠肺炎疫情防控工作中，与抢建人员一起奋战在7所防疫医院建设项目，克服春节期间资源紧张、交通管制等困难，确保防疫物资及时到位、组织防控宣传、抓好排查检测，保障一线作业人员安全。2021年获得“广东省五一劳动奖章”。

闫星辰 1964年12月生，吉林长春人，本科学历，京瓷办公设备科技（东莞）有限公司副本部长、工会主席。打造职工专属幸福驿站，带领工会获评为“东莞市先进职工之家”“全民创安、一呼百应先进单位”，个人获得“石龙镇优秀工会工作者”称号。2021年获得“广东省五一劳动奖章”。

陈彩霞 1979年10月生，女，广东东莞人，中共党员，本科学历，城市燃气施工工程师，广东兴华燃气投资集团有限公司运营总监、工会主席。推动设立全市统一服务热线，提供24小时服务。实现“运气到家”系统升级，将客户资料保存在云端，员工可在平台上进行业务操作，实现无纸化办公，既升级服务，也减轻员工工作量。2021年获得“广东省五一劳动奖章”。

张更勤 1981年2月生，福建安溪人，农工党员，研究生学历，助理工程师，兴科电子（东莞）有限公司高级经理。熟悉手机及相关电子产品结构件生产制造工艺及加工制造流程，擅长其模具设计、模具数控机床及加工、组装、焊接技术等，培养120多名模具专业技术人员，带领团队获得多项实用新型专利，为企业提升经济效益。带领团队获批省级“张更勤工匠人才创新工作室”。2021年获得“广东省五一劳动奖章”。

王纯坚 1977年10月生，湖南邵阳人，中共党员，大专学历，东莞中集专用车有限公司生产部设备经理。改进涂装设备，提高程控行车运行速度，重新设计程控行车控制程序，提升程控行车工作节拍，完成涂装产线第二次产能爬坡任务，助力公司提升产能。改造涂装输送设备，使故障率下降30%。改良涂装车间烘干系统密封方式，节约燃气用量5%。2021年获得“广东省五一劳动奖章”。

汪卫华 1963年7月生，安徽宁国人，中共党员，博士学历，研究员，松山湖材料实验室主任。中国科学院物理研究所研究员，中国科学院极端条件物理重点实验室主任，中国科学院院士，美国物理学会会士，发展中国家科学院院士。从事非晶材料基础及应用基础研究。建立弹性模量判据，实现非晶合金组成和性能半定量预测和调控。研制出多种新型非晶材料。提出流变单元模型，解释非晶强度和形变等力学及流变行为的物理机制，为调控非晶力学性能奠定理论基础。建立结构非均匀性强化设计新方法，合成出系列高韧性非晶合金，解决非晶合金脆性难题，推动非晶材料应用。曾获国家发明二等奖、载人飞船工程神舟三号应用任务重要贡献奖、周培源物理奖、国家自然科学二等奖、国际亚稳材料领域的杰出科学家奖、国家创新争先奖、何梁何利基金科学与技术进步奖物理学奖。带领团队的科研成果“基于材料基因工程研制出高温块体金属玻璃”入选“2019年中国科学十大进展”。2021年获得“广东省五一劳动奖章”。

李　军 1971年8月生，山东日照人，中共党员，本科学历，高级技师，东莞市纺织服装学校教研处主任。促使学校服装专业发展成为全国最强中职服装专业、国家首个支持新疆中职服装教育专业。创新实施产教融合“准企业化”教学模式，使学校服装专业成为广东省双精准育人专业和国家现代学徒制试点专业，成果在全国示范推广，并获广东省教育成果一等奖，国家教学成果二等奖。创办新疆生产建设兵团第三师图木舒克职业技术学校纺织服装专业，是新疆维吾尔自治区获奖最多的专业之一；策划设计广东援疆草湖产业园技术工人培训中心，为喀什地区农民就业培训提供技术平台。2016年获评“南粤优秀教师”，并获中共新疆生产建设兵团委员会、新疆生产建设兵团授予“优秀援疆干部人才”称号并记功。2021年获得“广东省五一劳动奖章”。

谢浩森 1968年1月生，广东东莞人，中共党员，本科学历，东莞市东坑镇住房和城乡建设局办事员。在新冠肺炎疫情防控工作中，深入建筑工地宣传、督导落实疫情防控措施；在防御台风中，夜以继日做好建筑工地隐患排查、受灾群众转移；在维稳现场，化解各类建筑矛盾纠纷，维护农民工权益。2018年获得广东省土木建筑协会颁发“土木工程”詹天佑故乡杯科技创新主创人员奖。2021年获得“广东省五一劳动奖章”。

宋　颖 1986年3月生，女，吉林扶余人，中共党员，本科学历，二级检察官，东莞市人民检察院第三检察部副科职干部。参与检察机关职务犯罪案件办理、建章立制，推动东莞地区监检法衔接工作规范化和制度化，办理一批有影响的职务犯罪案件。赴机关、企业开展普法宣讲及以案说法活动10余次。2021年获得“广东省五一劳动奖章”。（黄爱和）

丛中昌 1986年9月生，山东滕州人，中共党员，硕士研究生学历，中级工程师，中国移动通信集团东莞分公司长安网格网格长。主导建设无线城市、走动销售辅助系统、视频营业厅等各类系统平台建设运维项目20多个，成果获得集团、省、市各类奖项10多项。组建家宽业务、券商行业、OPPO　IDC（互联网数据中心）业务、网吧行业等攻坚团队，所带团队业绩考核保持全公司网格排名前列。2021年获得“广东省

五一劳动奖章”。（江南梦）

王小梅 2000年8月生，女，云南大理人，初中学历，东莞市残疾人体育训练中心运动员。2018年，在全国第十届残运会自行车比赛上获得4枚金牌，并打破2项全国纪录。2019—2020年，在国际比赛上获得3枚金牌。2021年在全国第十一届残运会上，获得5枚金牌，打破1项全国纪录。2021年8月，在第16届夏季残奥会上，获得自行车女子C1-3级3千米个人追逐赛银牌。2021年，获得“广东省三八红旗手”“广东青年五四奖章”“广东省五一劳动奖章”。

叶继雄 1993年5月生，广东云浮人，中专学历，东莞市残疾人体育训练中心运动员。多次代表国家、广东省参加国内外高水平比赛，在全国以上级别比赛中获得12枚金牌，并3次打破世界纪录。2021年8月29日，在第16届夏季残奥会举重男子88公斤级比赛中，举起220公斤获得银牌。2021年，获得“广东青年五四奖章”“广东省五一劳动奖章”。（钟伟伦）

广东省优秀共产党员

陈延伟 1962年11月生，白族，云南大理人，中共党员，大学学历，正高级工程师，散裂中子源科学中心主任、中国科学院高能物理研究所副所长。中国散裂中子源（CSNS）国家重大科技基础设施主要负责人，推动CSNS成为中科院首个设立在国家大科学装置上的党员主题教育基地。牵头散裂中子源二期工程、南方先进光源等国家重大科技基础设施布局建设，推动全国首台硼中子俘获治疗（BNCT）实验装置研制成功。2021年，被评为“广东省优秀共产党员”。

师清莲 1962年8月生，女，陕西清涧人，中共党员，大学学历，主任护师，东莞市茶山医院党委副书记、副院长、东莞市护理学会理事长。2020年初，主动向党组织请求驰援武汉抗击新冠肺炎疫情，带领东莞第二批医疗队完成救治任务，实现方舱医院医护人员零感染、患者零死亡、安全生产零事故、进驻人员零投诉、治愈人员零复发“五个零”管理目标。曾获“全国先进工作者”“全国先进女职工”“全国卫生健康系统新冠肺炎疫情防控工作先进个人”“广东省抗击非典先进个人”称号。2021年，被评为“广东省优秀共产党员”。

彭松柏 1974年1月生，湖北仙桃人，中共党员，大学学历，助理记者，东莞市沙田镇投资促进中心副主任，驻韶关市始兴县司前镇黄沙村第一书记。扎根黄沙村5年，探索推行“党支部+合作社”模式，引领党员、村民和贫困户因地制宜发展中药材草珊瑚种植产业。2016—2020年，该产业为村集体经济增收84.27万元，合作社增收15万元，贫困户增收28万元。黄沙村草珊瑚产业获得广东省项目建设资金100万元。帮助贫困户落实社会保障、教育、医疗、危房改造等各项帮扶政策。2020年底，黄沙村62户贫困户149人全部脱贫，黄沙村成为广东省美丽乡村示范村。2021年，获中共中央、国务院授予“全国脱贫攻坚先进个人”称号，被评为“广东省优秀共产党员”。

邝耀水 1917年12月生，广东东莞人，中共党员，初中学历。先后参加广州抗日救亡先锋团、东莞抗日模范壮丁队，随后参加抗日战争和解放战争，从事警卫、情报及联络工作。离休后协助塘厦镇做好老干部及关心下一代工作，参加青少年思想建设及禁毒戒毒等社会公益及志愿活动，推动建成塘厦革命烈士纪念碑和近代农家具展览馆，在自家阳台上开设“阳光课堂”，为少先队员和基层党员干部上党课。2021年，被评为“广东省优秀共产党员”。

黎伟标 1980年10月生，广东东莞人，中共党员，大学学历，东莞市公安局石碣分局石碣派出所原三级警长。2021年5月7日凌晨5时许，民警黎伟标接到群众报警称一名男子打砸闹事，迅速到达现场。战友刚下车即被持刀男子划伤。在战友受伤、群众危难的情况下，黎伟标当即奋不顾身上前推开战友，与犯罪嫌疑人展开殊死搏斗，在手臂、头颈多个部位被砍80多处的情况下，仍然毫不退缩，直至失血过多倒地，不幸壮烈牺牲。2021年，被评为“广东省优秀共产党员”。

龙晓娟 1985年7月生，女，广东肇庆人，中共党员，硕士研究生学历，工程师，广东省东莞生态环境监测站四级主任科员。曾多次出色完成国家考核断面采测分离、全市电镀园区专项执法行动、突发环境应急事件等监测任务。主动报名参与市直机关抗疫工作队。曾获第二届全国生态环境监测专业技术人员大比武个人一等奖第一名，“全国青年岗位能手”称号。2021年，被评为“广东省优秀共产党员”。

柯　颖 1984年3月生，女，广东湛江人，中共党员，硕士研究生学历，一级法官，东莞市第一人民法院南城人民法庭副庭长、审判员。2009—2021年承办案件6000多件，年均结案率95%以上。完善法庭多元化纠纷化解机制，成立东莞市首个物业纠纷诉调对接工作室，“党建引领+依法治理”使物业纠纷基层前端化解，南城法庭2020年新收物业纠纷案件下降20%。2021年，被评为“广东省优秀共产党员”。

（王登鑫）

拥军、退役军人服务先进人物

莫浩棠 1958年9月生，广东东莞人，中共党员，本科学历，东莞市爱国拥军促进会会长、广东三正集团有限公司董事长。牵头创办东莞爱国拥军促进会，筹建16所三正希望小学，培养出22名学生参军入伍。连续7年开展“万里拥军行”活动，帮助38名困难家庭官兵解决实际困难。建立“老兵互助关爱资金”，为412名特殊困难退役老兵发放救助金。倡导企业举办专场招聘会支持退役军人就业创业。个人曾参战并立三等功。2021年，被中央宣传部、退役军人事务部、中央军委政治工作部和全国双拥办评为第三届全国“最美拥军人物”。

黄永亮 1971年9月生，海南万宁人，中共党员，本科学历，广东省东莞军用供应站供应科科长。扎根军供岗位近30年，完成近2000批次军供保障任务，服务保障官兵40余万人次。从未因个人原因缺席军供保障任务，实现安全、优质、高效工作目标。2021年，被退役军人事务部、中央军委政治工作部评为“退役军人服务保障先进个人”。

陈肖雯 1985年2月生，女，广东东莞人，中共党员，本科学历，沙田镇退役军人服务中心主任。组建退役军人志愿服务队伍，在党史学习教育、新冠肺炎疫情防控、国防教育、乡村振兴、基层社会治理等领域发挥作用。开展崇军活动80多场，参与退役军人6000多人次；服务保障多次获得退役军人感谢信息、电话和锦旗。2021年，被退役军人事务部、中央军委政治工作部评为“退役军人服务保障先进个人”。

邹　峰 1974年8月生，湖南新化人，中共党员，本科学历，广东省东莞市军队离休退休干部休养所党支部书记。服务军队离休退休干部近20年，每年军休干部民主测评满意度均为100%。组织珠三角军休干部门球赛，开创广东省军休系统先河。2021年，被退役军人事务部、中央军委政治工作部评为“全国军休工作先进个人”。

（罗　璇）

道德模范人物

中国好人

谢东阳 1974年1月生，东莞市公安局石排分局副局长、石排交警大队大队长，东莞市风信子公益服务中心创办人。发起“风信子的微笑”公益项目，截至2021年底，帮扶89户家庭95名脑瘫人士，开展志愿活动约2500场次，团队累计志愿服务时间7.5万小时。先后获评广东省岗位学雷锋标兵、广东省学雷锋志愿服务最美志愿者、广东省五星志愿者。2021年，被中央文明办评为助人为乐“中国好人”，被东莞市委、市政府评为“第八届东莞市道德模范”。（参见《东莞年鉴（2021）》“道德模范人物”分目）

黎伟标 1980年10月生，东莞市公安局石碣分局石碣派出所原三级警长。2021年，被中央文明办评为敬业奉献“中国好人”，被广东省文明办评为“广东好人”，被东莞市委、市政府评为“第八届东莞市道德模范”，被公安部追授“全国公安系统一级英雄模范”称号。（参见“优秀共产党员”次分目）

关腾飞 1997年3月生，云南省曲靖市退伍军人。2020年6月28日，关腾飞救起落水青年后，自己不幸遇难。2020年，获评“广东好人”。2021年，被中央文明办评为见义勇为“中国好人”，被东莞市委、市政府评为“第八届东莞市道德模范”。（参见《东莞年鉴（2021）》“道德模范人物”分目）

（靳诗毅）

广东好人

彭松柏 1974年1月生，东莞市沙田镇投资促进中心副主任，驻韶关市始兴县司前镇黄沙村第一书记。2021年，被广东省文明办评为敬业奉献“广东好人”。（参见“优秀共产党员”次分目）

陈灵鸽 1950年12月生，女，东莞好人志愿服务队虎门文明风尚分队副秘书长。活跃在交通雷锋岗、敬老院、义卖现场、社区防疫点等志愿服务一线，个人志愿服务时长9200多小时。曾获“广东学雷锋最美志愿者”称号。2021年，被广东省文明办评为助人为乐“广东好人”。

董放新 1981年2月生，东莞市寮步志愿者协会会长。自2012年投身社会志愿公益事业，累计志愿服务时长超过5000小时。指导运行公益项目10多个，筹集善款50余万元。曾获“广东省五星级志愿者”“广东志愿服务铜奖”等称号。2021年，被广东省文明办评为助人为乐“广东好人”。

罗海文 1982年9月生，东莞市桥头镇迳联社区居民。2021年3月7日，偶遇火灾，不顾黑烟扑鼻和刺激性气味，冲进屋内抱起80多岁腿脚残疾的独居老人，冲出火场。2021年，被广东省文明办评为见义勇为“广东好人”。

徐保安　1959年11月生，东莞市万泽实业投资有限公司机动组组长。2021年3月3日，将落水女子救上岸。由于施救及时，获救女子生命体征平稳。2021年，被广东省文明办评为见义勇为“广东好人”。

叶沃和　1967年2月生，东莞市大岭山镇金桔村村民。1999年，邻居病重卧床，恳求叶沃和帮忙照料丧失听力和语言能力的女儿。叶沃和当时工资只有700元/月，但还是答应。一个承诺，叶沃和把邻居女儿当作亲姐姐对待，悉心照料，村民都很佩服。2021年，被广东省文明办评为诚实守信“广东好人”，获第八届东莞市道德模范提名奖。

黎伟标　1980年10月生，东莞市公安局石碣分局石碣派出所原三级警长。2021年，被中央文明办评为敬业奉献“中国好人”，被广东省文明办评为“广东好人”，被东莞市委、市政府评为“第八届东莞市道德模范”，被公安部追授“全国公安系统一级英雄模范”称号。（参见“优秀共产党员”次分目）

张月娥　1983年3月生，女，东莞市横沥镇中心幼儿园园长。父母意外双亡后，照顾还在求学阶段的弟弟妹妹，培养他们成长。为照顾好患癌症的婆婆，向护士学习护理技巧，每天帮婆婆泡脚、按摩身体，辅以食疗。加入横沥镇志愿服务行列，参与社区各种慰问老人活动。2021年，被广东省文明办评为孝老爱亲“广东好人”，被东莞市委、市政府评为“第八届东莞市道德模范”。

王惠宗　1969年12月生，中国电信东莞分公司北区石排营销服务中心设备维护主管。2021年5月29日，将坠江女子救上岸，并进行10多分钟心肺复苏急救，女子恢复呼吸并苏醒。2021年，被广东省文明办评为见义勇为“广东好人”。

陈福均　1983年12月生，东莞市麻涌镇鸥涌村村民。2021年6月24日，救起落水的一男一女，在获救者无生命危险后离开。2021年，被广东省文明办评为见义勇为“广东好人”。

林桂林　1979年9月生，东莞市石碣镇专职消防队队长。从事消防工作22年，参与灭火救援2100余次，解救遇险群众800余人，保护和抢救财产价值2亿多元。曾获“广东省消防救援总队优秀共产党员”称号。2021年，被广东省文明办评为敬业奉献“广东好人”。

张艳芬　1967年10月生，女，国家税务总局东莞税务局中堂税务分局纳税服务股副股长。2005年丈夫发生意外后，奔走于广州和东莞两地之间照顾住院的丈夫，出院后每天坚持陪伴丈夫做恢复训练。多年来不离不弃，将丈夫从死亡线上拉回。2021年，被广东省文明办评为孝老爱亲“广东好人”，获第八届东莞市道德模范提名奖。

冯玉兰　1958年2月生，女，东莞市南城政务服务中心志愿服务队志愿者。2012年起参加公益活动，定期到敬老院和儿童福利院探访、每周六为孤寡独居老人配送爱心快餐、冬天为流浪人士送温暖，累计参加公益活动超过2000场，志愿服务时长1.6万小时。2021年，被广东省文明办评为助人为乐“广东好人”。

萧志钊　1992年8月生，南方医科大学附属东莞医院护师。2021年7月31日，晨练时抢救一名不慎跌倒、不停抽搐的保安。保安恢复呼吸并被安全送上救护车。2021年，被广东省文明办评为见义勇为“广东好人”。

黄诗敏　1983年1月生，女，东莞市松山湖中心医院护师。2021年1月15日，途经石龙老城区时，抢救倒在地上、耳鼻渗血、丧失意识的男子，男子最终恢复脉搏。6月17日，上班路上抢救倒地昏迷老人，老人获救。2021年，被广东省文明办评为见义勇为“广东好人”。

何广宁　1979年10月生，南方医科大学附属东莞医院主任医师。2020年，被委派到西藏自治区林芝市巴宜区人民医院任职常务副院长，带领援藏医疗队开展心肺复苏、术前麻醉等业务培训近70次、教学查房90余次、危重疑难病会诊10余例，提升帮扶科室和带教学员技术能力。开展甲状腺切除术等新项目、新技术6项；协助巴宜区人民医院新建急诊科、儿科、乳腺科门诊。组织援藏专家及巴宜区人民医院医生开展巡诊义诊28次，义诊1700余人次，发放药品价值5万余元。曾获“广东省科学技术进步三等奖”，被评为“恩德思杰出青年医师”。2021年，被广东省文明办评为敬业奉献“广东好人”。（靳诗毅）

东莞市道德模范

谢东阳　1974年1月生，东莞市公安局石排分局副局长、石排交警大队大队长，东莞市风信子公益服务中心创办人。2021年，被中央文明办评为助人为乐“中国好人”，被东莞市委、市政府评为“第八届东莞市道德模范”。（参见“中国好人”次分目）

王庆余 1978年5月生，东莞市南城志愿者协会会长、东莞市志愿者拓展服务总队副总队长。从事志愿服务10余年，服务时长超过1万小时。率先创建和注册成立多个社会公益组织，策划和实施公益慈善和志愿服务活动3900多场。2020年，被中央文明办评为助人为乐“中国好人”。2021年，被东莞市委、市政府评为“第八届东莞市道德模范”。（参见《东莞年鉴（2021）》“道德模范人物”分目）

关腾飞 1997年3月生，云南省曲靖市退伍军人。2021年，被中央文明办评为见义勇为“中国好人”，被东莞市委、市政府评为“第八届东莞市道德模范”。（参见“中国好人”次分目）

谢祥娃 1974年8月生，女，祥鑫科技股份有限公司副董事长、总经理。2021年，被东莞市委、市政府评为“第八届东莞市道德模范”。（参见“五一劳动奖章获得者”次分目）

黎伟标 1980年10月生，东莞市公安局石碣分局石碣派出所原三级警长。2021年，被中央文明办评为敬业奉献“中国好人”，被广东省文明办评为“广东好人”，被东莞市委、市政府评为“第八届东莞市道德模范”，被公安部追授“全国公安系统一级英雄模范”称号。（参见“优秀共产党员”次分目）

宋秀婵 1980年4月生，女，东莞市第八人民医院（东莞市儿童医院）护理部主任、重症医学科护士长。2020年，新冠肺炎疫情防控期间，在湖北省荆州市担任重症隔离病区护士长，是唯一坚守到最后的东莞援鄂医疗队队员。曾被评为“广东省抗疫先进个人”“广东好人”。2021年，被东莞市委、市政府评为“第八届东莞市道德模范”。（参见《东莞年鉴（2021）》“道德模范人物”分目）

殷　雯 1972年11月生，女，中科院高能物理研究所研究员，博士、博士生导师。担任中国散裂中子源屏蔽组组长和多物理谱仪组组长。带领团队完成国内首座总投资近8000万元的屏蔽体系统设计和设备建造任务，自主研制国内首个控制中子束流的大型高精机-电-液-真空集成设备，攻克谱仪建设过程中的“卡脖子”核心技术难题，实现关键部件国产化。曾获“全国三八红旗手”称号。2021年，被东莞市委、市政府评为“第八届东莞市道德模范”。

钟雅哲 1969年7月生，女，东莞滨海湾新区原党工委委员、管委会二级调研员。2018年，挂职云南省鲁甸县委常委、副县长。帮扶鲁甸建立县镇村三级眼诊疗网络，免费帮助1600多人开展眼科手术，门诊接诊2.5万人；促成东莞市人民医院与鲁甸县医院结成胸痛中心联盟；建立妇幼专科联盟帮助鲁甸创二甲医院、皮肤专科联盟和精神卫生联盟；引进东莞红十字会帮扶建立应急救护培训中心。协助捐资安置区3000万元建设小学，并引导东莞优质小学结对帮扶，引进东莞职业技术学院帮扶昭通市职教中心。帮扶鲁甸共建3.6万人安置区产业园区。曾获“云南省扶贫先进工作者”“全国脱贫攻坚先进个人”称号。2021年，被东莞市委、市政府评为“第八届东莞市道德模范”。

张健霞 1986年12月生，女，中国电信股份有限公司东莞分公司水乡中堂营销服务中心渠道CEO（首席执行官）。凭专业服务，从营业员成长为CEO。新冠肺炎疫情防控期间，为隔离区提供固话、天翼看家、智能组网等通讯保障。曾获“全国五一劳动奖章”“广东好人”称号。2021年，被东莞市委、市政府评为“第八届东莞市道德模范”。（参见《东莞年鉴（2020）》“五一劳动奖章获得者”分目）

张月娥 1983年3月生，女，东莞市横沥镇中心幼儿园园长。2021年，被广东省文明办评为孝老爱亲“广东好人”，被东莞市委、市政府评为“第八届东莞市道德模范”。（参见“广东好人”次分目）

（靳诗毅）

东莞市道德模范提名奖

汤超荣 1955年7月生，东莞市世纪蓝天有限公司董事长。成立“蓝天爱心基金会”“蓝天幼儿园志愿者服务队”“读书助学会”等组织。2021年，获第八届东莞市道德模范提名奖。

刘贤艺 1956年1月生，广东省清远市人，退休定居东莞市樟木头镇。1979年参加对越自卫反击战，任连副指导员。自费100多万元，开启“寻烈士、找战友”征程。2021年，获第八届东莞市道德模范提名奖。

张美平 1971年1月生，女，东莞市常平海关二级主办。在江西临川以家庭名义捐款15万元建设希望小学。无条件资助一名困难学生一年大学学费和生活费。2021年，获第八届东莞市道德模范提名奖。

叶沃和 1967年2月生，东莞市大岭山镇金桔村村民。2021年，被广东省文明办评为诚实守信“广东好人”，获第八届东莞市道德模范提名奖。（参见“广东好人”次分目）

蔡晓峰 1977年3月生，广东电网有限责任公司东莞供电局输电管理所输电线路四班班长。成功研制第一代“激光大炮”，每年创造经济效益1000万元。2021年，获第八届东莞市道德模范提名奖。

张　蕾　1975年3月生，女，东莞市纺织服装学校教师。曾获国家级教学成果奖职业教育二等奖、新疆生产建设兵团第九批省市优秀援疆干部人才并记功。2021年，获第八届东莞市道德模范提名奖。

刘伟坤　1976年11月生，东莞市虎门消防救援站消防员。参加应急救援6000余次，抢救被困群众1200余人，挽救经济损失2.4亿元，立个人三等功3次。2021年，获第八届东莞市道德模范提名奖。

张炯贤　1968年1月生，虎门镇大宁社区党委宣传委员、大宁社区工会联合会主席。帮扶困难职工105人。曾获“广东省五一劳动奖章”“全国优秀工会工作者”等荣誉。2021年，获第八届东莞市道德模范提名奖。（参见《东莞年鉴（2020）》“五一劳动奖章获得者”分目）

陈汝权　1976年6月生，东莞市城市管理和综合执法局莞城分局创业社区城管工作站片长。用脚步丈量片区大街小巷，点对点解决群众烦心事。2021年，获第八届东莞市道德模范提名奖。

张艳芬　1967年10月生，女，国家税务总局东莞税务局中堂税务分局纳税服务股副股长。2021年，被广东省文明办评为孝老爱亲“广东好人”，获第八届东莞市道德模范提名奖。（参见“广东好人”次分目）

（靳诗毅）

2021年东莞市新任职市领导名单

姓名	出生年月	学历学位	政治面貌	新任职时间和职务
肖亚非	1966年6月	研究生学历、经济学硕士	中共党员	5月起任东莞市委书记，7月起任市人大常委会主任
吕成蹊	1969年9月	研究生学历、理学硕士	中共党员	5月起任东莞市委副书记，6月任市人民政府副市长、代理市长，7月起任市人民政府市长
梁杰钊	1971年11月	省委党校大学学历、工程硕士	中共党员	2月起任东莞市人民政府副市长，4月起任市委常委
武一婷	1978年9月	大学学历、公共管理硕士	中共党员	10月起任东莞市委常委
冯国华	1966年1月	中央党校研究生学历	中共党员	7月起任东莞市委常委
吕元元	1971年4月	研究生学历、历史学硕士	中共党员	10月起任东莞市委常委
卢建军	1973年9月	大学学历、军事学硕士	中共党员	10月起任东莞市委常委
刘光滨	1971年1月	省社科院在职研究生学历	中共党员	10月起任东莞市委常委，11月起任市人民政府副市长
骆招群	1965年10月	省委党校研究生学历	中共党员	11月起任东莞市人大常委会党组书记
罗军文	1967年8月	省社科院在职研究生学历	中共党员	2月起任东莞市人大常委会副主任
梁荣业	1962年4月	省委党校研究生学历	中共党员	2月起任东莞市人大常委会副主任
毕洪波	1974年8月	大学学历、法律硕士	中共党员	9月起任东莞市人民政府副市长
王长青	1976年9月	在职研究生学历、历史学博士	中共党员	7月起任东莞市人民政府副市长
李延振	1970年10月	研究生学历、经济学博士	中共党员	11月起任东莞市人民政府副市长
刘旺先	1975年6月	在职研究生学历、法学硕士	中共党员	11月起任东莞市人民政府副市长
陈文明	1967年12月	在职研究生学历、管理学硕士	中共党员	11月起任东莞市政协党组书记
何绍田	1962年9月	省委党校研究生学历、工商管理硕士	中共党员	2月起任东莞市政协副主席

（王登鑫）

东莞市中共十九大代表、第十三届全国人大代表、第十三届全国政协委员情况表

类别	姓名	性别	工作单位及职务
中共十九大代表	吕业升	男	广东省人大常委会副主任、党组成员，省总工会党组书记、主席
	黎锡康	男	中堂镇潢涌村党委书记、村委会主任
第十三届全国人大代表	梁维东	男	广东省政协经济委员会主任
	黄建平	男	东莞市政协常委、东莞市工商联主席、马可波罗控股股份有限公司董事长
	曾香桂	女	东莞市新业态行业工会联合会专职副主席
	佘雪琴	女	东莞巴士有限公司党群工作部副主任
第十三届全国政协委员	张巧利	女	东莞市卫生健康局局长
	李胜堆	男	东莞东华实业有限公司董事长
	张华荣	男	东莞华坚国际股份有限公司董事长兼总裁
	王国强	男	香港金城营造集团主席兼行政总裁、香港东莞社团总会荣誉会长
	方文雄	男	香港协成行集团总经理、方树福堂基金董事、香港东莞社团总会荣誉会长
	孙少文	男	香港SML集团主席、香港东莞社团总会永远荣誉会长
	李月华	女	香港金利丰集团总裁、香港东莞社团总会首席会长
	谭锦球	男	香港颂谦企业集团有限公司董事长、香港东莞社团总会主席
	王惠贞	女	万菱实业集团有限公司、王新兴有限公司董事总经理，香港东莞社团总会执行主席
	苏长荣	男	香港信业国际（集团）有限公司董事局主席、香港东莞社团总会执行主席
	邓清河	男	宏安集团有限公司、位元堂药业控股有限公司、中国农产品交易有限公司主席，香港东莞社团总会执行主席

2021年东莞市获国家部委以上表彰先进个人情况表

获奖者	工作单位	获奖项目	授予单位	授予时间
何全泉	东莞市虎门医院	中国第30批援赤道几内亚医疗队国家独立勋章	赤道几内亚	1月
张永忠	东莞市农业农村局	全国农业农村系统抗击新冠肺炎疫情先进个人	农业农村部	1月
谢嘉莹	东莞市归国华侨联合会	全国侨联系统抗击新冠肺炎疫情先进个人	中华全国归国华侨联合会	1月
陈碧莲	东莞市公安局刑事警察支队	全国公安系统二级英雄模范	公安部	1月
刘志敏	东莞市南城体育管理服务中心	2019年度国家级社会体育指导员	国家体育总局	1月
王真娣	东莞市技师学院	中华人民共和国第一届职业技能大赛烘焙项目（国赛精选）铜牌	人力资源和社会保障部	2月

续表

获奖者	工作单位	获奖项目	授予单位	授予时间
黄星演	东莞市技师学院	中华人民共和国第一届职业技能大赛烘焙项目银牌	人力资源和社会保障部	2月
于小浪	东莞市技师学院	中华人民共和国第一届职业技能大赛工业4.0项目优胜奖	人力资源和社会保障部	2月
陈皇星	东莞市技师学院	中华人民共和国第一届职业技能大赛工业4.0项目优胜奖	人力资源和社会保障部	2月
陈奕妍	东莞市司法局	全国司法行政机关2020年国家统一法律职业资格考试工作表现突出个人	司法部	2月
黄海清	东莞市司法局	全国司法行政机关2020年国家统一法律职业资格考试工作表现突出个人	司法部	2月
罗永辉	东莞市第三人民法院	全国脱贫攻坚先进个人	中共中央、国务院	2月
钟雅哲	东莞滨海湾新区管委会	全国脱贫攻坚先进个人	中共中央、国务院	2月
彭松柏	东莞市沙田镇投资促进中心	全国脱贫攻坚先进个人	中共中央、国务院	2月
殷　雯	散裂中子源科学中心	全国三八红旗手	中华全国妇女联合会	2月
齐　欣	散裂中子源科学中心	全国巾帼建功标兵	中华全国妇女联合会	3月
梁素刚	东莞市公安局松山湖分局	全国公安系统二级英雄模范	公安部	3月
郭东林	东莞市以纯集团有限公司	全国五一劳动奖章	全国总工会	4月
杨晓光	马可波罗控股股份有限公司	全国五一劳动奖章	全国总工会	4月
谢娇明	东莞联志五金制品有限公司	全国五一劳动奖章	全国总工会	4月
何晓婷	广东省中国平安财产保险股份有限公司东莞分公司	2020—2021年度全国优秀共青团员	共青团中央	4月
范　军	东莞职业技术学院	2020—2021年度全国优秀共青团干部	共青团中央	4月
冯　欢	马可波罗控股股份有限公司	2020—2021年度全国优秀共青团干部	共青团中央	4月
招志刚	东莞市公安局刑事警察支队	全国公安系统二级英雄模范	公安部	4月
张黎晖	东莞市公安局常平分局	全国公安机关成绩突出个人	公安部	4月
肖添根	东莞市公安局厚街分局	全国公安机关扫黑除恶专项斗争成绩突出个人	公安部	4月
温伟强	东莞市东城街道宣传教育文体旅游办公室	民进全国脱贫攻坚民主监督工作先进个人	中国民主促进会中央委员会	4月
关江伟	东莞市万江医院	2018-2019年度全国无偿献血奉献奖铜奖	国家卫生健康委员会	4月
蔡　军	卓越置业集团湾区公司	民进全国社会服务暨脱贫攻坚工作先进个人	中国民主促进会中央委员会	5月
叶淦升	东莞市水务局	全面推行河湖长制先进个人	水利部	5月
钟兆华	东莞市寮步镇横坑社区	全国优秀党务工作者	中共中央	6月
林海川	广东宏川集团有限公司	民盟中央“脱贫攻坚先进个人”	中国民主同盟中央委员会	6月

续表

获奖者	工作单位	获奖项目	授予单位	授予时间
张尽知	东莞市第二看守所	全国公安系统二级英雄模范	公安部	6月
陈永生	东莞市大朗镇中心小学	全国红领巾讲师团讲师	共青团中央、全国少工委	6月
谢　晓	东莞市樟木头医院	援赤道几内亚荣誉证书	国家卫生健康委员会	6月
杨小立	东莞市滨海湾中心医院	援赤道几内亚荣誉证书	国家卫生健康委员会	6月
欧阳珍	东莞市滨海湾中心医院	援赤道几内亚荣誉证书	国家卫生健康委员会	6月
何金泉	东莞市虎门医院	援赤道几内亚荣誉证书	国家卫生健康委员会	6月
汪应涛	东莞市寮步医院	援赤道几内亚荣誉证书	国家卫生健康委员会	6月
莫浩棠	东莞市爱国拥军促进会、广东三正集团有限公司	第三届全国“最美拥军人物”	中央宣传部、退役军人事务部、中央军委政治工作部和全国双拥办	7月
梁志刚	东莞市农产品质量安全监督检测所	全国技术能手	人力资源和社会保障部	7月
黎伟标	东莞市公安局石碣分局	全国公安系统一级英雄模范	公安部	8月
李道君	广东闻彰律师事务所	全国优秀律师	司法部	9月
李　泽	东莞市游泳运动管理中心	2017—2020年度全国群众体育先进个人	国家体育总局	9月
索江伟	东莞市滨江体育公园管理所	2017—2020年度全国群众体育先进个人	国家体育总局	9月
李　金	东莞市麻涌镇体育管理服务中心	2017—2020年度全国群众体育先进个人	国家体育总局	9月
王　峰	东莞体育运动学校	全国体育系统先进工作者	人力资源和社会保障部、国家体育总局	9月
黄文娟	东莞市残疾人体育训练中心	全国五一劳动奖章	全国总工会	9月
陈敏仪	东莞市残疾人体育训练中心	全国五一劳动奖章	全国总工会	9月
陈敏仪	东莞市残疾人体育训练中心	中国青年五四奖章	共青团中央、全国青联	9月
陈敏仪	东莞市残疾人体育训练中心	全国三八红旗手	中华全国妇女联合会	9月
蔡子萍	东莞市民主党派办公室（民盟市委会办公室）	民盟中央“组织发展工作先进个人”	中国民主同盟中央委员会	9月
董　斌	致公党东莞市委员会	中国致公党脱贫攻坚先进个人	中国致公党中央委员会	9月
袁灼荣	东莞市第三人民法院	人民法院司法警察先进个人	最高人民法院	10月
李春梅	东莞市司法局东城分局	全国司法所模范个人	司法部	10月
李艳艳	东莞市司法局高埗分局	全国司法所模范个人	司法部	10月
师清莲	茶山医院	中国好护士	中央文明办、国家卫生健康委员会	10月
卓奇文	东莞市工业与信息化局	民进全国反映社情民意信息工作先进个人	中国民主促进会中央委员会	11月

续表

获奖者	工作单位	获奖项目	授予单位	授予时间
安 宁 李健军 叶睿堃	东莞市文化广电旅游体育局	2020—2021年度全国文化市场综合执法重大案件办案单位及办案人员（文某未经著作权人许可，复制、发行、通过信息网络向公众传播其作品案）	文化和旅游部	11月
王 坚	九三学社东莞市委员会、广东乾知智库研究院有限公司	2018—2020年参政议政先进个人	九三学社中央委员会	11月
苏志刚	东莞市公安局交警支队	全国成绩突出交警	公安部	11月
郑耀南	广东都市丽人实业有限公司董事长	民革助力脱贫攻坚工作先进个人	中国国民党革命委员会中央委员会	11月
彭凤平	三苑宜友服饰股份有限公司	全国纺织工业劳动模范	人力资源和社会保障部、中国纺织工业联合会	11月
刘国畅	东莞市纯衣服装有限公司	全国纺织工业劳动模范	人力资源和社会保障部、中国纺织工业联合会	11月
聂珏莹	东莞市以纯集团有限公司	全国纺织工业劳动模范	人力资源和社会保障部、中国纺织工业联合会	11月
黄 坤	东莞市虎门富民投资有限公司	全国纺织工业劳动模范	人力资源和社会保障部、中国纺织工业联合会	11月
黎丽香	中国国民党革命委员会东莞市委员会	民革全国机关工作先进个人	中国国民党革命委员会中央委员会	12月
刘浪波	广东南天星律师事务所	2016—2020年全国普法工作先进个人	中央宣传部、司法部、全国普法办	12月
苏晓蓉	北京市盈科（东莞）律师事务所	全国维护妇女儿童权益先进个人	中华全国妇女联合会	12月
姚 雅	东莞市雅利种植有限公司	全国粮食生产先进个人	农业农村部	12月
杨 帆	智翔教育投资有限公司	第十三届中国青年志愿者优秀个人奖	共青团中央	12月
李任成	东莞市第二人民法院	全国法院先进个人	最高人民法院	12月
黄永亮	广东省东莞军用供应站	退役军人服务保障先进个人	退役军人事务部、中央军委政治工作部	12月
陈肖雯	广东省东莞市沙田镇退役军人服务中心	退役军人服务保障先进个人	退役军人事务部、中央军委政治工作部	12月
邹 峰	东莞市军队离休退休干部休养所	全国军休工作先进个人	退役军人事务部、中央军委政治工作部	12月
周运华	东莞市大朗镇非公有制经济组织和社会组织党建服务中心	2021年中央单位网评工作先进个人	中央网信办	12月
谢玉华	中共东莞市委外事工作委员会办公室	资深地方外事工作者	外交部	12月
温庆芳	中共东莞市委外事工作委员会办公室	资深地方外事工作者	外交部	12月
王 旭	东莞市市场监督管理局	全国市场监管卫士	国家市场监督管理总局	12月
冯 玲	东莞图书馆	全国文化和旅游系统先进工作者	人力资源和社会保障部、文化和旅游部	12月

2021年东莞市获省（自治区、直辖市）级表彰先进个人情况表

获奖者	工作单位	获奖项目	授予单位	授予时间
江燕英	东莞市技师学院	中华人民共和国第一届职业技能大赛烘焙项目（国赛精选）教练	广东省人民政府	1月
龙美容	东莞市技师学院	中华人民共和国第一届职业技能大赛烘焙项目（国赛精选）技术指导专家	广东省人民政府	1月
王真娣	东莞市技师学院	中华人民共和国第一届职业技能大赛烘焙项目（国赛精选）铜牌	广东省人民政府	1月
黄星演	东莞市技师学院	中华人民共和国第一届职业技能大赛烘焙项目银牌	广东省人民政府	1月
陈锡泉	东莞市技师学院	中华人民共和国第一届职业技能大赛烘焙项目技术指导专家	广东省人民政府	1月
陈锡财	东莞市技师学院	中华人民共和国第一届职业技能大赛办赛工作表扬人员	广东省人民政府	1月
李智和	东莞市技师学院	中华人民共和国第一届职业技能大赛办赛工作表扬人员	广东省人民政府	1月
刘惠强	东莞市技师学院	中华人民共和国第一届职业技能大赛办赛工作表扬人员	广东省人民政府	1月
缪日林	东莞市技师学院	中华人民共和国第一届职业技能大赛办赛工作表扬人员	广东省人民政府	1月
庄琼芳	东莞市技师学院	中华人民共和国第一届职业技能大赛烘焙项目教练	广东省人民政府	1月
于小浪	东莞市技师学院	中华人民共和国第一届职业技能大赛工业4.0项目优胜奖	广东省人民政府	1月
陈皇星	东莞市技师学院	中华人民共和国第一届职业技能大赛工业4.0项目优胜奖	广东省人民政府	1月
邱志强	东莞市技师学院	中华人民共和国第一届职业技能大赛工业4.0项目教练	广东省人民政府	1月
李　瑛	东莞市技师学院	中华人民共和国第一届职业技能大赛工业4.0项目技术指导专家	广东省人民政府	1月
蔡文煊	清溪镇第三小学	云南省脱贫攻坚先进个人	云南省人民政府	4月
王　瑾	东莞市东莞中学	2020年东西部扶贫协作和涉藏县携手奔小康先进个人	中共四川省委员会 四川省人民政府	5月
柯　颖	东莞市第一人民法院	广东省优秀共产党员	中共广东省委员会	6月
陈延伟	散裂中子源科学中心、中国科学院高能物理研究所（高能所东莞分部）	广东省优秀共产党员	中共广东省委员会	6月
龙晓娟	广东省东莞生态环境监测站	广东省优秀共产党员	中共广东省委员会	6月
师清莲	茶山医院	广东省优秀共产党员	中共广东省委员会	6月
彭松柏	沙田镇投资促进中心	广东省优秀共产党员	中共广东省委员会	6月
邝耀水	东江纵队老战士	广东省优秀共产党员	中共广东省委员会	6月
黎伟标	东莞市公安局石碣分局	广东省优秀共产党员	中共广东省委员会	6月
罗永辉	东莞市第三人民法院	广东省优秀党务工作者	中共广东省委员会	6月
徐立青	松山湖管委会组织群团局	广东省优秀党务工作者	中共广东省委员会	6月

续表

获奖者	工作单位	获奖项目	授予单位	授予时间
金林旷	东莞市人民政府经济协作办公室	广东省脱贫攻坚先进个人	中共广东省委员会 广东省人民政府	6月
李锡鹏	东莞市高埗镇农林水务局	广东省脱贫攻坚先进个人	中共广东省委员会 广东省人民政府	6月
刘俊全	东莞市谢岗镇人民政府	广东省脱贫攻坚先进个人	中共广东省委员会 广东省人民政府	6月
莫锦柱	东莞市石排镇农林水务局	广东省脱贫攻坚先进个人	中共广东省委员会 广东省人民政府	6月
袁志明	东莞市茶山镇农林水务局	广东省脱贫攻坚先进个人	中共广东省委员会 广东省人民政府	6月
沈　琦	东莞市人大常委会办公室	广东省脱贫攻坚先进个人	中共广东省委员会 广东省人民政府	6月
张春生	东莞市委办公室	广东省脱贫攻坚先进个人	中共广东省委员会 广东省人民政府	6月
伦敬春	东莞市望牛墩镇公共服务办公室	广东省脱贫攻坚先进个人	中共广东省委员会 广东省人民政府	6月
罗雪明	东莞市樟木头镇网格管理中心	广东省脱贫攻坚先进个人	中共广东省委员会 广东省人民政府	6月
钟沛江	东莞银行股份有限公司	广东省脱贫攻坚先进个人	中共广东省委员会 广东省人民政府	6月
皮圣洁	东莞市发展和改革局	广东省脱贫攻坚先进个人	中共广东省委员会 广东省人民政府	6月
罗　列	东莞理工学院网络空间安全学院	广东省脱贫攻坚先进个人	中共广东省委员会 广东省人民政府	6月
周毅伦	东莞市大朗镇农林水务局	广东省脱贫攻坚先进个人	中共广东省委员会 广东省人民政府	6月
何寿颖	东莞市机关事务管理局	广东省脱贫攻坚先进个人	中共广东省委员会 广东省人民政府	6月
朱育宝	东莞市企石镇农林水务局	广东省脱贫攻坚先进个人	中共广东省委员会 广东省人民政府	6月
袁新征	东莞市政协办公室	广东省脱贫攻坚先进个人	中共广东省委员会 广东省人民政府	6月
余海波	东莞松山湖高新技术产业开发区食品药品监督站	广东省脱贫攻坚先进个人	中共广东省委员会 广东省人民政府	6月
邓建江	东莞市自然资源局	广东省脱贫攻坚先进个人	中共广东省委员会 广东省人民政府	6月
董　洋	东莞市委政法委	广东省脱贫攻坚先进个人	中共广东省委员会 广东省人民政府	6月
郭玉锋	东莞市人力资源社会保障局沙田分局、市医疗保障局沙田分局	广东省脱贫攻坚先进个人	中共广东省委员会 广东省人民政府	6月
张相斌	东莞市民政局	广东省脱贫攻坚先进个人	中共广东省委员会 广东省人民政府	6月
王国华	东莞市长安镇社区卫生服务中心	广东省脱贫攻坚先进个人	中共广东省委员会 广东省人民政府	6月
陈朝云	东莞市人民政府经济协作办公室	广东省脱贫攻坚先进个人	中共广东省委员会 广东省人民政府	6月
余　雄	东莞市万江街道办事处扶贫工作专责组	广东省脱贫攻坚先进个人	中共广东省委员会 广东省人民政府	6月

续表

获奖者	工作单位	获奖项目	授予单位	授予时间
李勇辉	东莞市委宣传部	广东省脱贫攻坚先进个人	中共广东省委员会 广东省人民政府	6月
冯庆权	东莞市审计局	广东省脱贫攻坚先进个人	中共广东省委员会 广东省人民政府	6月
黄裕东	东莞日报社	广东省脱贫攻坚先进个人	中共广东省委员会 广东省人民政府	6月
曾龙普	东莞市道滘镇公用事业服务中心	广东省脱贫攻坚先进个人	中共广东省委员会 广东省人民政府	6月
林仰孝	东莞市洪梅镇农业技术服务中心	广东省脱贫攻坚先进个人	中共广东省委员会 广东省人民政府	6月
韦卫忠	东莞市城建工程管理局	广东省脱贫攻坚先进个人	中共广东省委员会 广东省人民政府	6月
黄根培	东莞市横沥镇政府扶贫办公室	广东省脱贫攻坚先进个人	中共广东省委员会 广东省人民政府	6月
王小冬	东莞广播电视台	广东省脱贫攻坚先进个人	中共广东省委员会 广东省人民政府	6月
辜　跃	东莞市水务工程建设运营中心	广东省脱贫攻坚先进个人	中共广东省委员会 广东省人民政府	6月
谢伟彬	东莞市市场监督管理局谢岗分局	广东省脱贫攻坚先进个人	中共广东省委员会 广东省人民政府	6月
刘恩华	东莞市中堂镇农林水务局	广东省脱贫攻坚先进个人	中共广东省委员会 广东省人民政府	6月
林楚雄	东莞市公安局	广东省脱贫攻坚先进个人	中共广东省委员会 广东省人民政府	6月
黄平华	东莞市麻涌镇住房和城乡建设局	广东省脱贫攻坚先进个人	中共广东省委员会 广东省人民政府	6月
陈鸿辉	东莞市石碣镇农林水务局	广东省脱贫攻坚先进个人	中共广东省委员会 广东省人民政府	6月
卢广基	东莞市公路事务中心	广东省脱贫攻坚先进个人	中共广东省委员会 广东省人民政府	6月
赵玮辛	东莞市委市政府接待办公室	广东省脱贫攻坚先进个人	中共广东省委员会 广东省人民政府	6月
陈灼荣	东莞市交通运输局	广东省脱贫攻坚先进个人	中共广东省委员会 广东省人民政府	6月
皮圣洁	东莞市发展和改革局	粤川东西部扶贫协作和对口支援工作特殊贡献奖	中共四川省委员会 四川省人民政府	8月
郑伟宏	东莞市发展和改革局	粤川东西部扶贫协作和对口支援工作特殊贡献奖	中共四川省委员会 四川省人民政府	8月
李玉波	东莞市发展和改革局	粤川东西部扶贫协作和对口支援工作特殊贡献奖	中共四川省委员会 四川省人民政府	8月
刘　义	东莞市东莞中学	广东省特级教师	广东省人民政府	8月
李　烜	东莞高级中学	广东省特级教师	广东省人民政府	8月
李俊强	东莞市康复实验学校	广东省特级教师	广东省人民政府	8月
刘贤虎	东莞松山湖中心小学	广东省特级教师	广东省人民政府	8月
杨永社	东莞市大朗中学	广东省特级教师	广东省人民政府	8月

续表

获奖者	工作单位	获奖项目	授予单位	授予时间
何白石	虎门镇怀德小学	广东省特级教师	广东省人民政府	8月
王长涛	东莞市南城阳光第二小学	广东省特级教师	广东省人民政府	8月
胡　颖	东莞市莞城步步高小学	广东省特级教师	广东省人民政府	8月
莫智勇	东莞市道滘镇中心小学	广东省特级教师	广东省人民政府	8月
谢纯财	东莞市常平镇中心小学	广东省特级教师	广东省人民政府	8月
肖小亮	东莞市东莞中学初中部	广东省特级教师	广东省人民政府	8月
姚杨海	东莞市松山湖实验中学	广东省特级教师	广东省人民政府	8月
余再超	东莞市竹溪中学	广东省特级教师	广东省人民政府	8月
王更强	东莞市第一中学	广东省特级教师	广东省人民政府	8月
徐传阳	东莞市麻涌中学	广东省特级教师	广东省人民政府	8月
陈醒珍	东莞市茶山中学	广东省特级教师	广东省人民政府	8月
王建新	东莞实验中学	广东省特级教师	广东省人民政府	8月
杜志忠	东莞市厚街中学	广东省特级教师	广东省人民政府	8月
徐日扬	东莞市长安实验中学	广东省特级教师	广东省人民政府	8月
黄振余	东莞市教育局教研室	广东省特级教师	广东省人民政府	8月
梁焕英	东莞市莞城中心小学	广东省特级教师	广东省人民政府	8月
李丽英	东莞市实验幼儿园	广东省特级教师	广东省人民政府	8月
沈传标	东莞市东华初级中学	广东省特级教师	广东省人民政府	8月
李永义	东莞市万江第二中学	广东省特级教师	广东省人民政府	8月
王永春	东莞市光明中学	广东省特级教师	广东省人民政府	8月
彭　博	东莞市生态环境局	广东省生态环境保护先进工作者	广东省人民政府	10月
张庭柱	东莞市南城街道办事处	广东省生态环境保护先进工作者	广东省人民政府	10月
刘　兴	东莞市粮食和物资储备中心	广东省粮食和物资储备工作先进个人	广东省人民政府	12月
王继勇	东莞市角美粮食储备库	广东省粮食和物资储备工作先进个人	广东省人民政府	12月
陈耀明	东莞市发展和改革局	广东省粮食和物资储备工作先进个人	广东省人民政府	12月
吴光明	东莞市高技能公共实训中心	第四届南粤技术能手奖	广东省人民政府	12月
彭龙检	东莞市轨道交通有限公司	2021年广东省第二届职业技能大赛铜牌	广东省人民政府	12月
朱耀环	东莞市轨道交通有限公司	2021年广东省第二届职业技能大赛铜牌	广东省人民政府	12月

附　　录

APPENDIX

同沙森林公园　（2021年聂新建摄）

编辑：苏淑娴

在中国共产党东莞市第十五次代表大会上的报告

（2022年1月5日）

肖亚非

现在，我代表中国共产党东莞市第十四届委员会向大会作报告。

中国共产党东莞市第十五次代表大会，是在“两个一百年”奋斗目标历史交汇的关键节点，在深入学习贯彻党的十九届六中全会精神的关键时期，在东莞迈上“双万”新起点的关键阶段，召开的一次十分重要的会议。大会主题是：坚持以习近平新时代中国特色社会主义思想为指导，深入学习贯彻习近平总书记对广东系列重要讲话和重要指示批示精神，动员全市各级党组织、广大党员干部和人民群众，立足“双万”新起点，聚焦科技创新和先进制造，奋力谱写东莞现代化建设新篇章！

一、五年接续奋斗，东莞经济社会发展迈上新起点

市第十四次党代会以来的五年，是东莞发展极其特殊、极不平凡的五年。面对新冠肺炎疫情全球蔓延、中美经贸摩擦深入演变、支柱产业和重点企业持续承压等严重冲击，我们坚持以习近平新时代中国特色社会主义思想为指导，全面贯彻落实党的十九大和十九届历次全会精神，隆重庆祝新中国成立70周年和中国共产党成立100周年，认真落实省委“1+1+9”工作部署，团结带领全市人民抢抓机遇、应对挑战、攻坚克难，全面完成市第十四次党代会确定的目标任

务，高水平全面建成小康社会，阔步踏上全面建设社会主义现代化新征程。这是东莞综合实力实现大跨越的五年。经济社会发展和疫情防控“双统筹”取得重大成就，地区生产总值连跨7000亿、8000亿、9000亿三大台阶，预计2021年突破万亿元大关；五年新增常住人口超过220万人，正式跨入千万人口特大城市行列。这是东莞创新发展实现大突破的五年。松山湖科学城纳入大湾区综合性国家科学中心先行启动区，R&D占比提升至3.54%，排名全省第二；国家高新技术企业预计达7387家，稳居全省地级市第一，科技创新综合竞争力挺进全国城市20强、地级市第三。这是东莞城市品质实现大提升的五年。中心城区首位度明显提高，魅力小城和美丽乡村建设串珠成链，城乡人居环境全面改善，水污染治理取得重要成效，生态环境质量实现明显好转。这是东莞民生福祉实现大改善的五年。市财政民生建设支出占比达74.5%，城乡居民人均可支配收入增长35%，首获并成功蝉联全国平安建设最高荣誉“长安杯”，连续五届获评全国文明城市，实现全国社会治理创新典范城市“六连冠”、全国双拥模范城“九连冠”，群众获得感、幸福感、安全感持续增强。

（一）全面从严治党得到显著性增强。建立健全“两个维护”十项制度和政治要件闭环落实机制，牢牢把握意识形态工作领导权，党的全面领导和党的建设进一步加强。严格执行“第一议题”制度，深入开展“两学一做”学习教育、“不忘初心、牢记使命”主题教育和党史学习教育，开展8轮“大学习、深调研、真落实”，有力推动习近平新时代中国特色社会主义思想在东莞落地生根、结出丰硕成果。新时期党的组织路线有效落实，干部专业化能力稳步提升，镇村领导班子换届顺利完成，基层党建三年行动计划圆满收官。“四风”问题得到持续整治，巡察全覆盖任务高质量完成，反腐败斗争压倒性胜利不断巩固发展，风清气正的政治生态进一步形成。

（二）深化改革开放取得显著性进展。把参与粤港澳大湾区建设作为新时代改革开放的“纲”，推动松山湖科学城、滨海湾新区、水乡功能区、银瓶合作创新区等战略平台建设积厚成势。全力支持对接“双城联动”，与广州、深圳都市圈融合发展迈出坚实步伐。莞港澳台交流合作进一步深化，多层次国际交流合作网络不断扩展。开放型经济新体制加快构建，外贸进出口总额突破1.5万亿元，稳居全国前五。省制造业供给侧结构性改革创新实验区建设深入推进，市直管镇体制改革取得初步成效，集约用地、财政预算、商事制度改革、稳住外贸基本盘等工作获得国务院督查激励。

（三）创新驱动发展取得显著性突破。散裂中子源投入使用，先进阿秒激光设施等建设加快推进，南方光源预研测试平台正式启动，松山湖材料实验室研究成果连续入选中国科学十大进展和中国重大技术进展。大湾区大学和香港城市大学（东莞）加快筹建，东莞理工学院连续三年排名中国应用型大学榜首。PCT国际专利申请量达1.5万件，规上工业企业研发机构建有率达到47.2%。“十百千万百万”人才工程和“技能人才之都”建设取得丰硕成果，“粤菜师傅”“广东技工”“南粤家政”三项工程扎实推进。全市人才总量达258.4万人，高层次人才18.3万人，省创新科研团队连续十年居全省地级市第一。

（四）产业发展优势得到显著性巩固。电子信息产业集群达到万亿级规模，装备制造、新材料、食品饮料、纺织服装鞋帽4个千亿规模产业集群形成，七大战略性新兴产业基地建设全面启动。企业规模与效益“倍增计划”成效显著，“小升规”工业企业数量连续四年排名全省地级市第一。79家企业入选国家级专精特新“小巨人”企业，排名全国第九、全省第二。上市企业总量达到66家，其中2020年以来新增上市18家、过会5家。加工贸易企业加速转型，ODM+OBM产品出口比重提升至78%，规上工业增加值占全省比重从8.3%提升至11.5%。招商引资取得重要进展，五年新增产业项目实际投资突破5400亿元，年均增长13.8%。市场主体突破140万户，本外币存款、贷款余额分别突破两万亿、一万亿元。

（五）城市品质内涵实现显著性提升。中心城区“一心两轴三片区”规划建设全面铺开，东莞大道十公里迎宾景观带、广深高速沿线景观品质显著提升，市民服务中心高标准建成，一批公共空间、标志性建筑、历史文化风貌提升项目落地显效。全域创建农村人居环境示范市，“厕所革命”、“行走东莞”、“五线”整治等专项行动扎实推进，建成美丽幸福村居389个，228个社区获得“省宜居社区”称号。空间拓展取得新突破，市镇收储土地5.5万亩，盘活存量土地5.6万亩，镇村工业园改造完成拆除、整备1.8万亩。

（六）生态环境质量实现显著性改善。五年投入超过700亿元，新建污水管网1.3万公里，整治内河涌641条，建成区22条黑臭水体稳定消除黑臭，国省考断面水质基本达标，茅洲河、石马河等重点流域水质全面达标，2020年国考断面水环境改善幅度排名全国第三、全省第一。整治“散乱污”和VOCs企业超7万家，单位GDP能耗下降20.5%，单位GDP二氧化碳排放降低33.8%，2020年空气质量创监测历史以来最好水平。在全省率先实现新增生活垃圾全焚烧、零填埋。新增森林公园3个、湿地公园11个，建成碧道210公里，成功创建国家生态文明建设示范市。

（七）民生社会事业取得显著性进步。慎终如始抓好疫情防控，有效应对多轮疫情反扑，科学果断处置“6·18”和“12·13”突发本土疫情，均在一个潜伏期内成功扑灭。广大医务和疾控工作者、公安干警、社区工作人员、志愿者等闻令而动、同心抗疫，全体市民顾全大局、众志成城，在多次快速流调、疫苗接种和大规模核酸筛查中彰显了“东莞速度”，在全力做好医疗救治、隔离保障、志愿服务和心理疏导中传递了“东莞温暖”，在驰援湖北、坚决防止疫情外溢、支撑全国防疫大局中体现了“东莞担当”。教育扩容提质和品质交通两个千日攻坚行动成效显著，健康东莞建设深入推进，国家食品安全示范城市扎实创建，就业、社保、住房保障、社会救助等供给水平明显提升，形成“民生大莞家”品牌。创建市域社会治理现代化全国首批试点城市，“智网工程”“二标四实”等工作取得扎实成效，获评第五届“中国法治政府奖”，连续三年平安建设考评位列全省第二，政法队伍教育整顿取得阶段性成效，扫黑除恶专项斗争成果群众满意度全省第一，对“黄赌毒”保持高压严打态势，“两抢”案件大幅下降98.1%，生产安全事故逐年下降。高标准建成一批新时代文明实践阵地，成为全国公共文化服务标准化示范地区，文旅体育事业持续繁荣。援藏援疆援川、东西部协作云南昭通和贵州铜仁、与牡丹江对口合作、省内对口帮扶韶关和揭阳等工作高标准推进，市内次发达镇村加快发展，所有镇街经济总量均突破百亿元。

五年来，市委积极支持人大、政协依法履职，地方立法卓有成效，多党合作和政治协商制度作用充分发挥，大统战工作格局持续构建，工青妇等群团组织工作取得新进步，党管武装、军民融合、人民信访、民族宗教、港澳台侨、外事、网信等工作取得新成效。

回顾五年难以忘怀的奋斗历程，我们深切感受到：这五年的成绩，是我们坚持斗争、克服重重挑战“争”回来的。面对严峻复杂形势，我们始终保持“千磨万击还坚劲、任尔东西南北风”的战略定力，增强斗争精神，提高斗争本领，知难而进、迎难而上，统筹推进疫情防控和经济社会发展，率先建立超常规经济运行监测调度机制，有力有效防范化解各领域重大风险，迈过一道又一道坎，顶住一波又一波冲击，实现了经济社会发展逆势而行、稳中向优。这五年的成绩，是我们积极作为、抢抓重大机遇“抢”回来的。面对“双区”建设等重大历史机遇，我们主动谋划、乘势而上，积极对接国家和省的重大战略，成功推动松山湖科学城纳入综合性国家科学中心先行启动区，成功争取大湾区大学在莞筹建和香港城市大学（东莞）落户，成功获批省制造业供给侧结构性改革创新实验区等改革试点，推动东莞更多工作、更多项目上升到国家和省的层面，切实把重大机遇转化为深化改革开放的持续动力，转化为聚集高端资源要素的竞争优势。这五年的成绩，是我们众志成城、顽强拼搏“拼”回来的。面对艰巨繁重的改革发展稳定任务，全市党员干部特别是基层一线人员无惧挑战、冲

2022年1月5日，中国共产党东莞市第十五次代表大会在会议大厦召开　（程永强　摄）

锋在前，广大企业坚定信心、扎根发展，社会各界同心同德、同向同行，各行各业都在各自领域发光发热、倾力奉献，汇聚起奋勇前行的磅礴力量，推动东莞高质量发展步伐越走越快、越走越有力。

东莞这五年的快速发展，是在以习近平同志为核心的党中央坚强领导下取得的，是省委、省政府正确领导、大力支持的结果，是历届市委班子承前启后、接续奋斗的结果，是全市广大党员干部群众团结一致、齐心协力的结果。在此，我谨代表中共东莞市第十四届委员会，向全市广大党员干部群众，向各民主党派、工商联、无党派人士和社会各界人士，向驻莞解放军、武警官兵，向关心支持东莞发展的港澳台同胞、海外侨胞和国际友人，向老领导、老同志和所有为东莞发展作出贡献的同志们、朋友们，表示衷心的感谢，致以崇高的敬意！

在肯定成绩的同时，我们也清醒地看到，在世纪疫情冲击下，百年变局加速演进，外部环境更趋复杂严峻和不确定。我国发展仍然处于重要战略机遇期，经济韧性强，长期向好的基本面不会改变，以国内大循环为主体、国内国际双循环相互促进的新发展格局加快构建，“双区”建设深入推进，横琴、前海两个合作区成为新一轮改革开放高地，香港提出北部都会区发展策略，大湾区发展格局和资源要素流动方向正在发生深刻变化。我们必须科学研判“时”与“势”，辩证看待“危”和“机”，准确把握当前的阶段性特征。东莞将进入动能转换爬坡过坎期、社会治理重要转型期和深化改革集中攻坚期，我们面临的最大挑战在于中美经贸摩擦影响和支柱产业受打压的态势仍将持续，经济下行压力依然较大，产业结构相对单一、创新能级有待提升，新动能亟需培育壮大；最大隐忧在于土地资源、生态环境更趋紧约束，又叠加“双碳”背景下的能耗压力，绿色发展、低碳发展、集约发展任重道远；最大短板在于城市综合环境仍需大力提升，公共服务供给不够均衡优质，对高端项目、高素质人才的吸引力不够强，把人口优势转化为人才优势还需要下更大功夫；最大考验在于干部队伍的能力素质，特别是视野、进取心和专业能力尚未完全适应新形势，党的建设仍存在薄弱环节，基层执行力有待增强等。我们必须加快研究解决这些问题，突破“自我设限”的传统思维，克服“按部就班”的守成心态，发扬东莞人敢闯敢试、敢为天下先的精神，在群雄竞逐、百舸争流中抢占先机，牢牢把握发展主动权，不断增强城市发展动力和活力。

二、聚焦科技创新和先进制造，奋力推动东莞在现代化建设新征程中争先进位、走在前列

习近平总书记在庆祝中国共产党成立100周年大会上，正式宣布全面建成小康社会，激励全党全国各族人民意气风发踏上向第二个百年奋斗目标进军的新征程。在新的赶考路上，习近平总书记寄望广东在新征程中走在全国前列、创造新的辉煌，省委要求东莞在全省大局中承担更大责任，当好广东高质量发展的名片和地级市高质量发展的领头羊。在“两个一百年”奋斗目标的历史交汇点，东莞迈上万亿GDP、千万人口的“双万”新起点。我们必须把握党百年奋斗“十个坚持”宝贵经验，把东莞现代化建设摆在全国全省大局中，以新的追求、新的境界、新的格局谋划新一轮发展，拿出舍我其谁的使命担当、敢闯新路的改革精神、争创一流的进取之心，奋力推动东莞在新征程中争先进位、走在前列。

同志们，不忘来路才能走好新路，善于传承才能更好创新。改革开放以来，东莞始终坚持制造业立市不动摇，一路筚路蓝缕、一路披荆斩棘，抓住了每一轮产业机遇，积累了雄厚的工业基础，形成了初步的创新优势，逐步从一个传统农业县发展成为国际制造名城。在新起点上，东莞要继续走在前列，必须保持战略定力，坚持固根本、扬优势，聚焦科技创新和先进制造，推动经济社会高质量发展，为千万人口创造高品质生活，不断开创东莞工作新局面。

坚持“科技创新+先进制造”城市特色，是东莞在现代化新征程中争先进位的必由之路。当前，新发展格局正在加快构建，新一轮科技革命和产业变革方兴未艾，科技自立自强成为国家发展的战略支撑，战略性新兴产业、数字经济和消费升级等新风口不断涌现却又稍纵即逝。东莞只有坚持以科技创新为引领，加快培育新兴产业，提升核心竞争力，才能率先推动经济发展质量变革、效率变革、动力变革，加快构建现代产业体系，推动城市和人口的现代化，才能在新征程中展现更大作为、成就更好发展。坚持“科技创新+先进制造”城市特色，是东莞与大湾区城市实现错位发展的最佳策略。习近平总书记、党中央寄望粤港澳大湾区打造国际科技创新中心，为大湾区各城市创新发展注入了强大动力，带来了重大机遇。我们只有始终坚守东莞制造业发展的底色和优势，善于吸收利用大湾区高端科创、金融、人文资源，深化与广深港澳等城市的创新协同、产业合作和互融互通，才能与大湾区兄弟城市成为“最佳伙伴”“最佳拍档”，充分共享“双区”和两个合作区建设重大红利。

坚持“科技创新+先进制造”城市特色，是东莞厚植自身高质量发展优势的根本依托。经过多年发展，东莞构建了从源头创新到技术创新再到产业化应用的科技创新体系，形成了由19万家工业企业、1.1万家规上工业企业、7387家国家高新技术企业、154家专精特新企业、66家上市企业和19家超百亿企业、3家千亿企业等组成的先进制造体系，这是东莞经济最重要的基本盘。在“双万”新起点上，以科技创新和先进制造的深度融合，加快培育壮大新动能，是我们抵御风险、安身立命的必然选择，是我们抢抓风口、稳中求进的最大底气，是我们深入践行新发展理念、加快融入新发展格局的重大举措。全市上下务必坚定信心、矢志不渝，坚持“科技创新+先进制造”城市特色不动摇，走好走稳新时代东莞高质量发展之路。

今后五年，是东莞增创科技创新和先进制造新优势、加快高质量发展的关键五年，是全面建设社会主义现代化开好局、起好步的关键五年。全市工作的指导思想是：坚持以习近平新时代中国特色社会主义思想为指导，全面贯彻落实党的十九大和十九届历次全会精神，统筹推进“五位一体”总体布局，协调推进“四个全面”战略布局，立足新发展阶段、贯彻新发展理念、构建新发展格局、推动高质量发展，坚持加强党的全面领导和党的建设，坚持以人民为中心的发展思想，坚持稳中求进工作总基调，认真落实省委“1+1+9”工作部署，聚焦科技创新和先进制造，努力实现经济在万亿新起点上可持续高质量发展，实现千万人口与城市深度融合、共生共荣，奋力谱写东莞现代化建设新篇章。

今后五年，东莞发展的主要目标是：

——经济综合竞争力稳居全国前列。GDP总量突破1.4万亿元，主要经济指标保持稳定增长，战略性新兴产业增加值占GDP比重提高到25%，新经济、新产业成为高质量发展的重要支撑，城市综合实力位居全国地级市前列。

——创新引领产业发展形成强大动能。R&D占比达到3.7%，国家高新技术企业增至1.2万家，人才总量达到383万人、占比达到35%，高技术制造业增加值占规上工业增加值比重达到43%，以高技术产业为主体的现代产业体系加快形成。

——城市综合环境达到国际一流湾区标准。城市能级显著提升，城乡人居环境品质得到全面改善，营商环境达到湾区一流，文化软实力持续增强。碳达峰、碳中和迈出坚实步伐，绿色生产生活方式广泛形成，主要河流水质达到地表水IV类以上，美丽东莞实现天更蓝、地更绿、水更清。

——全体人民共同富裕取得实质性进展。城乡居民人均可支配收入达到8万元，与GDP增长基本同步，物质文明和精神文明协调发展，公共服务更加优质均衡，加快朝着幼有善育、学有优教、劳有厚得、病有良医、老有颐养、住有宜居、弱有众扶的目标迈进，发展的平衡性、协调性、包容性不断提高。

——治理体系和治理能力现代化基本实现。共建共治共享的社会治理体系更加健全，高效服务型、响应型政府加快构建，防范化解重大风险体制机制不断完善，法治东莞平安东莞建设达到更高水平，市民归属感持续增强，加快打造特大城市社会治理现代化的东莞样板。

——党的全面领导和党的建设进一步加强。党总揽全局、协调各方的领导核心作用发挥更加充分，干部队伍能力素质更加过硬，正确选人用人和激励干事创业的导向更加鲜明，基层末端执行力大幅提升，全面从严治党进一步向纵深发展，党组织的创造力、凝聚力、战斗力不断增强。

实现这些目标任务，需要我们在城市功能布局、资源要素配置、政务服务保障等各个方面，都聚焦科技创新和先进制造，找准各自发力点和突破口；需要全市上下都聚精会神贯彻执行党的基本路线，坚持以经济建设为中心，坚持高质量发展，围绕中心大局动起来、干起来，比学赶超、奋勇争先。四大战略平台要勇当先锋、挑起大梁，成为引领全市发展的重大引擎。松山湖科学城要全力加快综合性国家科学中心先行启动区建设，强化对全市创新发展的辐射带动；滨海湾新区要积极对接港澳、联动前海，大力打造制度型开放高地；水乡功能区要加大连片土地统筹和环境整治力度，建设富有水乡特色的高质量统筹发展示范区；银瓶合作创新区要坚持生态优先，大胆探索跨越式绿色发展新路径。南部九镇要率先发展、引领发展，打造深莞深度融合发展的样板，五年后GDP总量要占全市的40%，成为全市重要增长极。各镇街都要坚持发展第一要务，在贯彻新发展理念、推动高质量发展中跑马突围、赛龙夺锦，力争五年内形成2个GDP千亿镇街、3个以上800亿镇街、5个以上500亿镇街的先行发展序列，其他镇街也要各展所长、各尽所能，力争五年内发展规模和效益再上一个新台阶。

同志们，美好发展蓝图，必须靠奋斗来实现。站上“双万”新起点，手握历史的“接力棒”，我们这一代人务必从党的百年伟大奋斗历程中汲取智慧和力量，埋头苦干、勇毅前行，以渴望建功立业的志气和重整行装再出发的朝气，对标最优、争创一流。全员调动市镇村三级力量，以“跑马勇争先、执行论英雄”的气概和魄力，深入开展提升基层执行力攻坚行动，带动全市上下形成万马奔腾、热气腾腾的干事创业浓厚氛围，努力创造无愧于时代、无愧于人民的新业绩！

三、坚持培育壮大新动能，努力实现经济在万亿新起点上可持续高质量发展

围绕产业链部署创新链，围绕创新链布局产业链，积极抢占未来发展制高点，加快培育壮大新动能，不断增强发展后劲，推动经济发展在万亿新起点上行稳致远。

（一）以参与综合性国家科学中心建设为统领，加快打造大湾区科技创新新高地。把握大湾区国际科技创新中心、广深港澳科技创新走廊建设等重大机遇，强化国家战略科技力量，加快科技自立自强步伐，进一步优化创新生态、提升创新能级，使创新真正成为引领发展的第一动力。

一是着力强化科研平台支撑。举全市之力建设松山湖科学城，打造更多大装置、大平台，面向世界科技前沿、经济主战场、国家重大需求和人民生命健

康，加快提升科研创新能力，争取国家级科技奖实现零的突破。深化与中国科学院、工程院等的战略合作，全力推动散裂中子源二期、先进阿秒激光等大科学装置动工建设，推进南方光源预研测试平台建设，加快松山湖材料实验室发展，抓紧做实科学基础设施集聚区。大力支持大湾区大学、香港城市大学（东莞）创新办学机制，支持东莞理工学院加快建设新型高水平理工科大学示范校，推动新型研发机构提质增效。推进科研设施面向全社会开放共享，加强与光明科学城、深港科技创新合作区、南沙科学城等的联动发展，共筑大湾区科研创新集聚地。

二是着力促进创新成果转化。围绕产业强链补链拓链，加大科技攻关力度，支持龙头企业组建产业技术创新联盟等创新联合体，在信息、材料、生命等重点领域开展关键技术突破，形成一批解决制造业“卡脖子”问题的重要成果。大力发展中试验证、检测认证、知识产权运营等科技服务业，推动更多创新成果从实验室走向市场。稳步推广创新创业社区建设模式，统筹一批低成本空间，完善科技孵化链条，打造科研与转化紧密结合的创新创业综合体。用好QFLP试点引入境外创新资本，扩大各类股权投资基金规模，为科技创新注入金融活水。

三是着力培育壮大创新主体。建设“高新技术企业-瞪羚企业-百强创新企业”发展梯队，深入实施高新技术企业树标提质计划，力争培育瞪羚企业1000家、百强创新型企业100家。支持企业参与重大科技基础设施建设，共同承担关键技术和设备预研项目，深度参与源头创新和基础研究。鼓励科技领军企业积极参与国家产业基础再造工程，争创国家级产业创新中心、制造业创新中心、技术创新中心。健全企业研发投入补助机制，鼓励企业持续加大研发投入，创造更多科技和产业创新成果。

四是着力激发创新创业创富活力。建立健全科技项目评价和准入机制，引导和鼓励镇街把科技创新工作摆在更加突出的位置，加大力度扶持创新型企业发展，引进更多“硬科技”优质项目，汇聚更多优秀科创人才，打造创新强镇示范。推动各镇街加快承接松山湖科学城等的科技成果转化，构建“战略平台策源、镇域转化落地”的创新格局。大力营造鼓励创新、宽容失败的环境氛围，推进科技管理体制机制改革，探索设立科技人才荣誉奖励，持续提升全民科学素养，通过鼓励创新创业进一步激发全民创富活力。

（二）以产业发展“五大工程”为统揽，加快打造大湾区先进制造新高地。坚持把先进制造作为东莞产业立市的“根”和“魂”，纵深推进“五大工程”，加快促进产业集群化、高端化、数字化、品牌化、绿色化，不断提升产业链供应链的安全性和竞争力。

一是实施产业立新柱“一号工程”。坚持把七大战略性新兴产业基地建设作为“一号工程”，落实“一把手”亲自抓。建立健全主要领导协调推动和“七个一”工作机制，进一步压实属地主体责任，创新体制、攻坚克难，尽早在土地整备、环境打造、项目招引等重点领域实现突破。立足当前基础优势，在智能移动终端及穿戴设备、半导体及集成电路、新能源、高端装备、生物医药等领域率先形成集聚生态，面向未来全力抢占关键战略材料、高端医疗设备等产业制高点，实现五年后基地产值超3000亿元。加快构建碳达峰、碳中和“1+N”政策体系，大力发展清洁可再生能源、储能科技、环保固碳等绿色产业，坚决倒逼落后产能出清。积极发展生产性服务业，争创国家级服务型制造示范城市，深入推进质量强市建设，树立“东莞制造”新标杆。

二是实施数字经济融合发展工程。把握数字经济新机遇，三年统筹不少于100亿元财政资金支持数字经济发展，重点打造一批数字化赋能中心、行业级工业互联网平台，全面推进规上企业数字化转型全覆盖，全力打造数字经济高质量发展试验区、制造业数字化转型示范城市。加速孕育数字经济新业态，大力发展软件与信息服务产业，在大数据、人工智能、新型工业软件等领域培育一批重点企业和标志性项目。支持传统产业依托数字经济深度转型，鼓励企业把握消费升级大趋势，加强创意设计，创建国潮品牌，加快向产业链高端攀升，促进传统优势产业焕发新的生机。

三是实施重点企业培育工程。强化政策集成、资源倾斜，实施新一轮企业倍增计划，做大做强重点企业梯队。支持领航企业、骨干企业稳定发展，引领提升产业链、供应链和创新链自主可控能力。实施单项冠军和专精特新“小巨人”孕育行动，培育国家级制造业单项冠军企业10家、国家专精特新“小巨人”企业200家、省级专精特新企业600家。健全优质潜力企业发现培育机制，完善中小微企业发展扶持政策，激励更多企业上规提质。支持企业稳妥实施产业链并购，全力推进企业上市发展“鲲鹏计划”，力争三年内实现上市企业镇街全覆盖、总数达到100家，不断壮大资本市场“东莞板块”。

四是实施招商引资突破工程。强化市级招商统筹，建立市场化招商激励机制，打造国资国企专业化招商团队，构建全球招商网络，创新“基金+资本”招商新模式。开展高质量产业招商三年行动，力争实现30亿元以上龙头企业镇街、园区全覆盖。健全项目综合效益评价、快速落地服务、投产履约跟踪等全过程机制，建立增资扩产项目全市“一盘棋”统筹机制和“直通车”制度，全面提升产业项目落地效率和产出效益。

五是实施土地空间连片拓展工程。空间资源紧缺特别是连片空间不足是东莞当前发展最大的制约，只有拓出大空间才能承接大项目、拓出新空间才能培育新动能。必须以时不我待的紧迫感，敢于打破常规整合连片土地，把拓空间作为事关经济发展前途命运的重中之重来抓紧抓实。加强产业规划与国土空间规划衔接，实施连片土地统筹、产业空间更新、低效用地处置三大行动，力争三年内整备4片2000亩以上、6片700亩以上连片土地，形成一批连片"标准地"。完善土地整备市镇共建共享机制，设立连片土地整备专项财政资金，支持市属国企、镇属企业、村组集体资产参与连片土地整备。探索建立城市更新贡献产业用地机制，统筹实施连片更新"头雁计划"，加大力度推进镇村工业园改造，每个镇街都要打造集研发、生产、生活等服务配套于一体的新型产业社区，提升镇域经济能级。加大存量用地盘活和闲置土地处置力度，健全工业用地二级市场管理机制，坚决守住"工业红线"。

（三）以新时代人才强市建设为抓手，加快打造大湾区人才集聚新高地。竞跑"双万"城市新赛道，东莞比以往任何时候都更加渴求人才。必须深入实施新时代人才强市战略，吹响"是人才、进莞来"的引才号角，推动人才工作跨越式发展，努力把东莞打造成为大湾区最具人才吸引力的城市之一，促进人口优势转化为人才优势。

一是实施新一轮"十百千万百万"人才工程。抓住大湾区高水平人才高地建设重大机遇，依托大科学装置汇聚一流科学家，依托与港澳紧密联系优势吸引海外优秀人才，依托先进制造业优势引育卓越工程师和优秀技能人才，依托青年发展型城市建设集聚更多高学历青年人才，力争三年内面向全球招揽引进10个战略科学家团队，引育400名博士专业人才、1000名领军人才、6万名硕士以上创新人才和50万名本科学历人才，五年内争取本土院士实现零的突破。实施"技能人才之都"建设2.0版，扎实推进产业工人队伍建设改革，深化职业教育产教融合，三年推动100万名劳动者提升学历能力素质，培养更多高素质技能人才、能工巧匠、大国工匠。

二是为人才施展才华提供广阔舞台。加快大湾区大学、香港城市大学（东莞）、东莞理工学院高水平建设，支持东莞职业技术学院开展本科层次职业教育，支持市技师学院纳入高等学校序列，更好吸纳和培养多层次优秀人才。推动企业努力建设更多重点实验室、博士和博士后工作站、技师工作站等人才培养平台。依托特色产业集群，推动镇街打造一批创新、创业、居住一体化的新型人才社区。完善镇街人才服务体系，创建国家级人力资源服务产业园，加强企业用工服务保障，全面提升企业人才人力效能。

三是营造浓厚尊才爱才氛围。舍得投入、放开手脚，完善人才"引育用留管"制度安排，建立创业扶持计划培育库，打造人才投融资平台，大力支持人才创新创业。参与推动大湾区人才共享合作方式创新，积极复制推广自贸区人才便利政策，优化用人单位特别是企业自主培养评定人才机制。深入实施人才安居工程，筹集保障性住房15万套，全面加强人才子女读书、医疗健康等服务保障，扩大"优才卡"服务事项和覆盖面，提高人才服务效率，加大人才贡献表彰力度，形成人才放心工作、安心创业、舒心生活的良好氛围。

（四）以改革开放再出发为牵引，加快打造大湾区体制机制新高地。坚持以粤港澳大湾区建设为"纲"，用好改革开放"关键一招"，努力在融入新发展格局中再添改革发展新动力、重塑对外开放新优势。

一是深度参与粤港澳大湾区建设。抢抓国际一流湾区和世界级城市群建设机遇，深入推动基础设施"硬联通"和规则机制"软联通"，持续提高全球高端资源配置能力。全面深化与广州、深圳都市圈的融合发展，加强重大战略平台与横琴、前海两个合作区的一体联动发展。强化与港澳台更深层次的产业合作，大力支持港澳台企业转型升级，积极创建东莞深化两岸合作试验区，推动港澳台企业扎根东莞、融入新发展格局。广泛开展社会人文交流，大力支持港澳台青年创新创业，增强港澳台青年对祖国的向心力。

二是全面深化重点领域改革。积极争取更多国家级和省级改革试点，深入推进省改革创新实验区建设，大力实施要素市场化配置改革，积极在科技创新、产业发展、空间拓展等领域谋划推动更多创造型引领型改革。深化"放管服"改革，全力加快数字政府建设，强化数据共享应用，推进政务服务"一网通办"，擦亮"莞家"系列服务品牌。深化投融资体制改革，拓宽城市建设资金渠道，切实提高经营城市和资本运作水平。以更大力度推进市直管镇体制改革，以更充分授权支持镇街改革创新，优化重点工作统筹指挥调度机制，实施基层改革攻坚揭榜，进一步完善和优化市级强化统筹、镇村充满活力、市镇协同发力的体制机制。

三是充分激发市场主体活力。民营经济是东莞发展的重要基石和改善民生的重要支撑，必须健全支持非公有制经济高质量发展制度体系，依托"企莞家"平台，优化跨层级、跨部门一体化对企服务模式，用心用情帮助企业解决历史遗留问题，全力支持企业扎根东莞、做大做强。弘扬新时代企业家精神，构建亲清新型政商关系，充分发挥世界莞商联合会、莞民投等平台作用，促进民营经济人士综合素质提升，加强"企二代"培养，推动广大企业家增强进取心、把握新机遇。实施国企改革三年行动计划，加快市属国企战略性重组和专业化整合，打造综合性融资平台和产业投资平台，力争2023年实现国企总资产过万亿。持续深化商事制度改革，加大工程建设项目审批制度改革力度，创建全国社会信用体系建设示范区，打造湾区一流营商环境。

四是着力扩大双向开放优势。充分发挥内需拉动作用，增创外资外贸新优势，打造链接国内国际双循环的现代化枢纽城市。加快推进外贸转型升级，积极参与共建“一带一路”，大力引进培育大型供应链企业，做大做强跨境电商、保税物流、市场采购、服务贸易等新业态。积极构建高效畅通的现代物流体系，提升东莞港、虎门港综保区等开放平台能级，全力推进空港中心建设，推动中欧班列加快发展。深入实施出口产品转内销三年行动计划，支持外资外贸企业加快融入国内大循环。大力发展会展经济，规划建设东莞国际会展新城，持续办好加博会、台博会、漫博会等重大展会。加快促进消费升级，持续提升“乐购东莞”品牌影响力，创新发展“首店经济”、“夜间经济”，做强做优一批消费集聚区，高质量建设省级示范特色步行街，加快打造区域消费中心城市。

四、坚持共建共治共享，努力实现千万人口与城市深度融合、共生共荣

积极回应市民群众的多元化需求，全面提升城市综合环境，创新基层治理，增进民生福祉，促进千万人口深度融合，让不同年龄、不同阶层、不同职业的人都能够在东莞实现个人价值、成就人生精彩。

*（一）以深度城市化为方向，加快打造大湾区综合环境新高地。*坚持以人民为中心推进城市建设，统筹推动城市环境品质提升和乡村全面振兴，加快把东莞建设成为城乡共融、特色鲜明、宜居宜业、文化繁荣、近悦远来的大湾区高品质现代化都市。

一是全方位优化城市功能格局。科学编制并严格实施国土空间规划，整合优化生产、生活、生态空间布局，推动城市发展向集约式内涵提升转变。完善“三心三副多节点”的城市功能格局，做强做优中心城区、松山湖、滨海湾“三心”都市核心区，强化“三心”之间的交通联系，提升水乡新城、常平、塘厦三大副中心的服务能级，增强各镇中心区与轨道枢纽站等重要节点的城市综合功能。加快交通强市建设，推进城市轨道、城际轨道、高快速路规划建设，打通东西向交通横轴，完善主干路网和微循环系统，加强港口建设，大力发展公交优先、慢行友好的绿色低碳交通，综合施策治理拥堵和停车难问题，通过智慧交通构建内畅外联、便捷高效的现代化综合交通体系。系统布局5G网络等新型基础设施，推进传统基础设施智能化改造和物联网应用，完善供水安全一张网，建设新型电力系统，加强防洪排涝设施建设，提升综合防灾减灾救灾能力，全面打造海绵城市和韧性城市。

二是全域提升城市特色品质。秉持“面上显风貌、线上有特色、点上出精品”的理念，塑造“都市核心区现代化、生活社区品质化、产业园区集约化、乡村地区特色化”的城乡空间肌理，加强城市整体风貌引导，加快魅力小城和美丽乡村建设。深耕中心城区“一心两轴三片区”建设，强化东莞大道时代轴和鸿福路山水轴双轴带动，加快推进国际商务区、“三江六岸”滨水空间、黄旗南T型生态轴带等重点片区建设，构筑连山串水融城“翡翠绿链”。强化都市核心区城市设计，高标准推进轨道TOD综合开发，提升城市门户和重要干道的景观风貌。强化生活社区标准化建设，整体提升服务配套与环境品质，更加注重以绣花功夫做好“微改造”，有序推动老旧小区和城中村改造。强化政府对城市更新的顶层设计和统筹谋划，注重“留改拆”有机结合，优化城市更新实施机制，加强历史文化保护传承和古树名木保护。强化城市管理创新，保持对“两违”严打高压态势，深化数字城管建设，动员全民参与“洁净城市”行动，不断提升城市精细化管理水平。

三是全面改善生态环境质量。深入贯彻习近平生态文明思想，扎实推进河长制、湖长制、林长制，深入打好污染防治攻坚战，建设人与自然和谐共生的美丽东莞。持续推进污水处理设施提质增效，加快源头雨污分流，全面消除黑臭水体和劣V类水体。持续强化多种大气污染源协同控制和区域协同治理，让“东莞蓝”更加亮丽。持续开展“净土行动”，深化“无废城市”建设，补齐固体废物处置能力缺口，建成生活垃圾分类处理城乡一体化系统。持续实施“环山绕水连城”计划，推进东江、东引运河、石马河、寒溪河等流域的滨水空间和景观塑造，加强江河堤岸、码头岸线的保护，提升银瓶山、大屏嶂、华阳湖等自然公园品质，深化土地生态修复与耕地整治，加快构建自然保护地体系，形成“一屏一区多廊”的生态安全格局。倡导培育绿色低碳生活方式，提高全民生态理念和环保素养。

四是全力推进文化强市建设。深入推进品质文化之都建设，大力实施文化发展“十大工程”，高标准打造一批文化新地标。打好文化惠民“组合拳”，扩大高端赛事、文艺精品等高层次文化供给，做强全民艺术普及、全民阅读、全民健身等活动品牌。积极推进国家历史文化名城建设，高水平打造“东莞记忆”示范项目，加强文化遗产保护利用，赓续传承好岭南文化、莞邑文化、红色文化、改革开放文化。抓好国家文化和旅游消费试点城市建设，壮大动漫游戏、潮流玩具等文化产业，促进文旅消费升级。加强城市形象塑造和宣传，集中力量打造高品质文化IP，擦亮虎门销烟、东纵抗日、篮球城市等名片，提升东莞文化在大湾区乃至全国的影响力。大力培育和践行社会主义核心价值观，不断提高社会文明程度和市民素质，提升城市文明形象，持续争创全国文明城市。深入开展新时代东莞城市精神大讨论，及时推选和表彰各行业领域“最美”人物，营造“我与东莞共成长”浓厚氛围，提升千万人口家园意识，致力打造青春之城、活力之城、梦想之城、成长之城。

五是深入实施乡村振兴战略。坚持全域项目化，打造高度城镇化地区的乡村振兴样板。大力实施乡村建设行动，持续加强农房管控，强化精品连片特色乡村建设，积极推进“美丽圩镇”、“美丽家园”、“美丽田园”建设，加快建设乡村振兴示范带，多措并举全面整治旧村，全域提升农村人居环境。推动集体经济全面升级，鼓励村组积极参与城市更新和产业发展，促进集体资产保值增值。发挥供销社服务“三农”作用，发展壮大休闲、康养农业等新业态，创建国家荔枝优势特色产业集群，推动传统农业向更高层次跃升。做实新阶段市内帮扶工作，进一步促进镇村协调发展。

（二）以特大城市社会治理现代化为目标，加快打造大湾区和谐善治新高地。东莞人口结构特殊，基层治理一直是困扰我们社会发展的重大问题，是东莞进入千万人口特大城市后必须迈过的一道坎。要高标准建设全国市域社会治理现代化试点城市，系统完善社会治理体系，全力推进资源力量向基层末端下沉、服务管理向流动人口延伸、治理能力向现代化迈进。

一是强化党建全面引领基层治理。实施基层党组织全覆盖和作用提升工程，探索建设“红色物业”，推动党组织进一步向住宅小区、商圈、楼宇等社会细胞单元延伸，充分发挥基层党组织战斗堡垒作用。深入开展单位党组织和在职党员到社区“双报到”工作，推动机关、企事业单位、社会组织与村（社区）党组织联建共建，实施村（社区）其他组织向党组织报告制度，提升村民小组长、村民代表中的党员比例。开展村（社区）党员干部包片联户工作，实行“居民点单、社区派单、党员接单”的“菜单”服务模式，让党员先锋模范作用在基层一线充分彰显。

二是优化提升社会治理体系。以党群服务中心为主阵地，构建基层综合服务体系，全面整合提升村（社区）惠民服务功能。建强“智网工程”社会治理中枢，构建基层治理村级综合调度体系，实行“大数据+指挥中心+综合网格”管理。加快实行“多员合一”综合网格，推动部门力量下沉，实现“部门千条线、网格责任田”。全面摸清基层基础信息特别是城中村、出租屋人口情况和特征，提升基层精细化治理和精准应对处置风险的能力。构建重点人群排查管理与预警机制，完善基层救助帮扶体系，提升重点人群精准发现、困难群体及时救助的效能。构建基层治理资源支撑体系，优化警务运行机制和勤务制度，建强高素质的莞爱志愿者队伍、东莞义警队伍和保安队伍，充实基层治理力量。构建群防群治体系，深化“全民创安·一呼百应”，完善12345热线快速响应机制，加快构建多元共治的社会治理格局。

三是统筹发展和安全。全面贯彻总体国家安全观，把维护国家政治安全放在首位，坚决守住不发生系统性、区域性风险的底线。深化法治东莞平安东莞建设，抓好重点领域和新兴领域立法，全面推进法治政府建设，推动政法队伍教育整顿常态化。深化司法体制综合配套改革，进一步规范司法权力运行，健全公共法律服务体系。常态化开展扫黑除恶斗争，持续打击突出违法犯罪，坚决防止“黄赌毒”死灰复燃。完善市镇村三级矛盾纠纷排查网络，打造“莞邑调解”品牌。深化平安文化建设，开展“平安细胞”创建，三年内创建1000个平安住宅小区、10000家平安企业、10万栋平安出租屋，五年内实现平安镇村创建全覆盖。持之以恒抓好安全生产，持续推进道路交通安全隐患整治，大力强化食品、药品、网络等领域安全监管，系统防范化解金融等各领域风险。

（三）以千万人口福祉改善为根本，加快打造大湾区民生幸福新高地。坚持以人民为中心的发展思想，不断保障和改善民生，推动基本公共服务更好覆盖常住人口，努力促进社会公平正义、促进人的全面发展，朝着共同富裕目标扎实迈进。

一是全力保障公共服务供给。加快补齐“民生五个位”短板，力争新增公办学位31万个、养老床位1500张、医疗床位8200张、就业岗位44万个、停车位30万个。坚持优先发展教育事业，深化基础教育综合改革，持续推进教育扩容提质，全面落实“双减”政策，大力推进义务教育优质均衡，推动民办教育规范健康发展。深入实施“莞邑良师”计划，大力培育引进高层次教育人才，抓好特殊教育、专门教育，发展智慧教育、未来教育，全力办好人民满意的教育。全面推进健康东莞建设，持续深化医药卫生体制改革，推动中医药传承创新发展，紧密对接大湾区优质医疗卫生资源，加快高水平医院系列重点项目、重点学科建设，促进校地共建区域中心医院向纵深发展，深化镇街公立医院改革，推动社区卫生服务体系提质增效。建设省内一流的市镇两级疾病预防控制中心，全面提升公共卫生服务与突发重大传染病的应急处置能力，科学精准务实抓好常态化疫情防控。落实积极应对人口老龄化国家战略，完善三孩生育养育政策配套，构建养老托育服务体系，建设儿童友好城市，为人民群众提供全方位全周期健康服务。

二是织密兜牢基本民生底线。优化“民生大莞家”服务机制，健全分层分类社会救助体系，完善低保等社会救助政策，加强独居老人、特殊儿童、低收入务工人员等群体的关爱保障。深入推进社会工作“双百工程”，做好福利慈善、优抚安置等工作，推动残疾人事业高质量发展。不断扩大社保覆盖范围，进一步探索健全医疗保障制度，形成多层次、多支柱的养老保险和医疗保障体系。坚持“房子是用来住的，不是用来炒的”定位，坚定不移稳地价、稳房价、稳预期，完善租购并举的住房制度，促进房地产市场健康平稳发展。加快构建以公租房、保障性租赁住房和共有产权住房为主体的住房保障体系，筹建各类住房50万套，更好满足市民多元化居住需求。

三是大力提升居民收入水平。深化收入分配制度改革，优化分配格局，完善再分配制度。实施更加积极的就业政策，支持和规范发展新就业形态，促进全民多渠道、更充分、更灵活就业创业，扩大中等收入群体。加强终身职业技能培训，持续深化“粤菜师傅”、“广东技工”、“南粤家政”工程，大力健全“就莞用”服务体系。加快构建新型和谐劳动关系，完善就业失业监测研判、重点人群及困难人员就业帮扶等机制，着力保障劳动者合法权益。

四是用心用情抓好对外帮扶。认真做好援藏援疆、东西部协作贵州铜仁、与牡丹江对口合作及省内对口帮扶韶关和揭阳等工作，突出做好劳务、产业和消费协作，畅通社会力量参与帮扶渠道，实现巩固拓展脱贫攻坚成果同乡村振兴有效衔接，助力全国全省早日实现共同富裕。

五、坚持加强党的全面领导和党的建设，为加快高质量发展提供坚强政治保证

弘扬伟大建党精神，深入贯彻新时代党的建设总要求，以自我革命的勇气推动全面从严治党向纵深发展，把各级党组织建设得更加坚强有力。

（一）突出凝心铸魂，筑牢绝对忠诚的政治品格。坚持把党的政治建设摆在首位，严守政治纪律和政治规矩，不断提高政治判断力、政治领悟力、政治执行力，深刻认识“两个确立”的决定性意义，切实增强“四个意识”、坚定“四个自信”、做到“两个维护”。加强思想政治工作，强化理论武装，深化“第一议题”、理论学习中心组等机制，引导广大党员干部持续学懂弄通做实习近平新时代中国特色社会主义思想。深入推进党史学习教育，扎实开展“我为群众办实事”实践活动。严格落实意识形态工作责任制，始终牢牢掌握意识形态工作领导权、管理权、话语权。

（二）织密组织体系，构筑坚强有力的战斗堡垒。树立大抓基层的鲜明导向，滚动实施“加强党的基层组织建设三年行动计划”，坚持“全域推进、整镇提升”，深入开展示范创建行动，推动全市基层党组织全面进步、全面过硬。强化村（社区）、国企、机关、学校等领域党组织建设，提升“两新”组织等重点领域“两个覆盖”质量，加强党组织规范化标准化建设，将各行业领域党组织打造成坚强战斗堡垒。推行街道“大工委”、社区“大党委”工作机制，进一步增强街道、社区党组织的区域统筹能力。抓好“头雁”、党务工作者和党员队伍建设，开展全覆盖能力培训，优化和畅通基层一线干部、工作人员和村（社区）党组织书记等的职业发展渠道，不断增强一线党员干部和基层党组织的执行力。

（三）建强干部队伍，锻造攻坚克难的中流砥柱。坚持好干部标准，完善干部素质培养、知事识人、选拔任用、从严管理和正向激励体系，打造一支忠诚干净担当的干部队伍。打通干部选育管用全链条，突出政治忠诚、实绩导向，把一贯表现突出的干部选出来、用起来，大力引进规划、金融、国企管理等领域专业化干部，规范干部选拔任用全流程管理，完善日常监督和专项监督的全覆盖监督体系。建立健全全市“一盘棋”统筹使用干部的机制，加大各层级干部交流力度，拓宽基层干部晋升渠道，促进干部资源整体优化配置。加强对干部的关心关爱，严格落实“三个区分开来”，健全容错纠错机制，旗帜鲜明为干部干事创业撑腰鼓劲。

（四）坚持正风肃纪反腐，涵养风清气正的政治生态。把严的主基调长期坚持下去，锲而不舍落实中央八项规定精神，深化整治形式主义、官僚主义，严肃查处享乐主义、奢靡之风，进一步为基层减负。坚持把纪律挺在前面，用好监督执纪“四种形态”，抓住“关键少数”带动绝大多数，加强对“一把手”和领导班子的监督。坚定不移深化政治巡察，统筹推进新一届市委巡察工作。一体推进不敢腐、不能腐、不想腐，坚持受贿行贿一起查，常态化推进基层正风肃纪反腐，坚决整治群众身边的腐败和作风问题，建立健全查处、整改、治理和查处、监督、警示一体贯通的机制，不断巩固发展反腐败斗争压倒性胜利。

（五）调动一切积极因素，汇聚团结奋进的磅礴力量。充分发挥党委总揽全局、协调各方作用，坚持建设社会主义民主政治，发展社会主义政治文明，不断巩固安定团结的政治局面。大力践行全过程人民民主，支持和保障人大及其常委会依法行使职权，健全人大对“一府一委两院”的监督机制，更好发挥人大代表作用。坚持和完善中国共产党领导的多党合作和政治协商制度，支持和保障人民政协依法依规履行职能，加强人民政协专门协商机构建设，推进基层政协体制机制创新，发挥好政协重要阵地、重要平台、重要渠道作用。完善大统战工作格局，做好民族和宗教工作，充分发挥民主党派、工商联、无党派人士、党外知识分子和新的社会阶层人士优势作用，广泛凝聚港澳台同胞和海外侨胞力量，健全对外工作大协同体制机制。加强和改进党的群团工作，更好发挥工会、共青团、妇联等群团组织作用，扎实做好老干部工作和关心下一代工作。坚持党管武装，加强国防后备力量建设，巩固全国双拥模范城创建成果，推进军民融合深度发展。

同志们，站上新起点，我们豪情满怀；奋进新征程，我们重任在肩。让我们更加紧密地团结在以习近平同志为核心的党中央周围，不忘初心、牢记使命、接续奋斗，在省委的正确领导下，以一往无前的奋斗姿态、风雨无阻的精神状态，在“双万”新起点上聚焦科技创新和先进制造，加快高质量发展，奋力谱写

东莞现代化建设新篇章，以优异成绩迎接党的二十大胜利召开！

注释：

1.PCT：Patent Cooperation Treaty，指专利合作条约。

2.“十百千万百万”人才工程：从2019年起，用三年时间，引进10个国际一流水平的战略科学家团队，选拔100名博士专业人才进入党政机关和企事业单位，引进培养1000名重点领域的领军人才，引进培养10000名硕士研究生以上学历和中级以上职称的创新人才，推动100万人提升学历技能素质。

3.七大战略性新兴产业基地：松山湖生物医药产业基地、东部智能制造产业基地、东莞新材料产业基地、东莞数字经济融合发展产业基地、东莞水乡新能源产业基地、临深新一代电子信息产业基地、银瓶高端装备产业基地。

4.ODM+OBM：ODM指原始设计制造商，OBM指代工厂经营自有品牌。

5.“一心两轴三片区”：“一心”指行政文化中心，“两轴”指东莞大道时代发展轴和鸿福路山水文化轴，“三片区”指南城国际商务区、三江六岸历史文化区、黄旗南生态科创区。

6.“五线”整治：广深铁路、广深港高铁、广深高速、莞深高速、环莞快速沿线东莞段沿线环境整治。

7.“二标四实”：标准作业图、标准地址库；实有人口、实有房屋、实有单位、实有设施。

8.南部九镇：虎门、长安、大岭山、大朗、黄江、樟木头、凤岗、塘厦、清溪。

9.QFLP：合格境外有限合伙人，指经认定在本市依法由境外投资者参与设立的，以非公开方式向投资者募集资金在境内进行股权投资活动的企业。

10.战略性新兴产业基地“七个一”工作机制：一名市领导挂帅、一个工作专班、一份产业规划、一套支持政策、一张招商地图、一项配套基金、一项督查机制。

11.企业上市发展“鲲鹏计划”：到2023年，东莞上市企业涵盖软件信息、新材料、新能源、生物医药、半导体等新兴产业，总数突破100家，通过3-5年实现上市公司在全市各园区、镇街全覆盖。

12.“标准地”：对同一区域内的产业类项目用地，在供地条件中设定亩均投资强度、亩均财政贡献、亩均产出比、容积率、科技投入标准、单位能耗标准等控制指标，按照统一的标准进行供应和监管的产业类项目用地。

13.连片更新“头雁计划”：选取一批具有示范引领意义的大规模连片更新片区，给予特殊工作举措、特殊资源倾斜、特殊优惠政策支持，率先打造一批连片改造示范片区。

14.“一核一带一区”：“一核”指推动珠三角核心区优化发展；“一带”指把粤东、粤西打造成新增长极，与珠三角城市串珠成链形成沿海经济带；“一区”指把粤北山区建设成为生态发展区。

15.“首店经济”、“夜间经济”：“首店经济”指一个区域利用特有的资源优势，吸引国内外品牌在区域首次开设门店。“夜间经济”指发生在当日下午6点到次日早上6点的现代城市消费经济。

16.“三江六岸”：以东江南支流和中堂水道、汾溪河、东莞水道三条水系为依托的主城区城市滨水空间。

17.“翡翠绿链”：通过大环串小环、主线连支线，打造53公里环城漫道，串联行政文化中心广场、黄旗山城市公园、同沙生态公园、植物园、水濂山水库等节点，连山、串水、融城，构建湾区一流的中心城区生态公共空间体系。

18.“一屏一区多廊”：构建以南部连绵山体为屏障、以水乡河网湿地为重要生态区、以市域各级生态廊道为脉络的生态安全格局，维护区域生态安全。

19.文化发展“十大工程”：核心价值观培育深化工程、文艺创作生产提质工程、文化空间布局优化工程、公共文化服务体系完善工程、文化遗产保护与利用工程、文化产业转型升级工程、全域旅游发展促进工程、体育运动活力增强工程、文化传播交流拓展工程、文体旅游市场安全保障工程。

20.“东莞记忆”：依托东莞水道与汾溪河交汇处的洲、坊、岸、桥等滨水资源，以7.5公里历史游径，串联起可园、莞城粮仓、金鳌洲塔、鳒鱼洲、下坝坊等历史文化资源，打造保护传承以及活化东莞历史文化与岭南文化的示范项目。

21.社会工作“双百工程”：社会工作服务站100%覆盖、困难群众和特殊群体社会工作服务100%覆盖。

22.“三个区分开来”：把干部在推进改革中因缺乏经验、先行先试出现的失误和错误，同明知故犯的违纪违法行为区分开来；把上级尚无明确限制的探索性试验中的失误和错误，同上级明令禁止后依然我行我素的违纪违法行为区分开来；把为推动发展的无意过失，同为谋取私利的违纪违法行为区分开来。

政府工作报告

——2022年1月11日在东莞市第十七届人民代表大会第一次会议上

东莞市人民政府市长　吕成蹊

各位代表：

现在，我代表市人民政府，向大会报告政府工作，请各位代表予以审议，并请各位政协委员和其他列席人员提出意见。

过去五年回顾及2021年主要工作

市第十六届人民代表大会第一次会议以来的五年，是东莞发展进程中极不平凡的五年。面对“双区”建设、“两个合作区”建设等重大历史机遇，面对中美经贸摩擦、新冠肺炎疫情等严峻风险挑战，全市政府系统在省委、省政府和市委的正确领导下，在市人大、市政协的监督支持下，坚持以习近平新时代中国特色社会主义思想为指导，深入学习贯彻习近平总书记对广东系列重要讲话和重要指示批示精神，认真落实省委“1+1+9”工作部署，坚持一张蓝图干到底，凝心聚力，接续奋斗，较好地完成了市第十六届人大历次会议确定的目标任务，高水平全面建成小康社会，阔步踏上全面建设社会主义现代化新征程。

——成功迈上“双万”新起点。东莞成为地区生产总值过万亿元、人口超千万的城市，人均地区生产总值达到高收入经济体水平。经济实力进一步提升，规上工业增加值、固定资产投资、税收总额、一般公共预算收入分别增长37.5%、66.9%、42.8%、41.3%，社会消费品零售总额、进出口总额分别突破4000亿元、1.5万亿元大关。市场活力有效迸发，净增市场主体63万户，新增A股上市公司28家，引进投资额超30亿元的大项目31个，规上工业企业数量超1.1万家，实现翻一番。发展质效持续提升，单位地区生产总值能耗、水耗和二氧化碳排放分别下降22.5%、29.2%、51.4%。镇村实力稳步增强，全部镇街生产总值超100亿元、5个镇街超500亿元，村组两级总资产、经营性纯收入分别增长51.5%、74.6%。城市吸引力不断提升，15—59岁人口占比全省第一，全市集聚各类人才258.4万人，其中高层次人才18.3万人。城市人口和青年人口吸引力指数均居全国第三。

——参与粤港澳大湾区建设取得重大突破。一批重大开放平台加快建设，松山湖科学城纳入大湾区综合性国家科学中心先行启动区，滨海湾新区成为大湾区特色合作平台，水乡功能区与广州开发区共建“全面深度合作先导区”，银瓶合作创新区建设稳步推进，南部九镇率先对接和融入深圳都市圈建设。一批重大交通设施互联互通，赣深高铁、穗深城际、莞惠城际、莞番高速一二期、深外环高速东莞段建成通车，港澳客运码头至澳门水上客运航线正式通航，东莞-香港国际空港中心项目试运行，湾区快线网络覆盖“9+2”城市群。一批重大改革举措深入推进，支持东莞高质量发展意见通过省委、省政府审议，建设省制造业供给侧结构性改革创新实验区深入推进，申报深化两岸创新发展合作试验区进展顺利，国家开放型经济新体制综合试点、“放管服”改革、功能区统筹优化市直管镇体制改革等取得明显成效。

——创新驱动发展步伐不断加快。东莞成为国家创新型城市，在全国科创二十强中位列地级市第三。源头创新能力进一步增强，散裂中子源二期、先进阿秒激光等大科学装置纳入国家重大科技基础设施“十四五”规划，松山湖材料实验室研究成果入选年度“中国科学十大进展”，大湾区大学和香港城市大学（东莞）加快筹建，东莞理工学院建设新型高水平理工科大学示范校成效显著。技术创新活动进一步活跃，R&D投入强度提升至3.54%，跃居全省第二，PCT国际专利申请量增长3.4倍，ODM+OBM产品出口比重提升至78%。成果转化体系进一步完善，集聚省创新科研团队38个、新型研发机构33个，省级工程中心、市级以上科技企业孵化器分别增长2.5倍、1倍。高企数量预计达7387家，增长2.6倍，总量居全省第三。

——城市品质内涵实现稳步提升。城市格局加快完善，中心城区、松山湖、滨海湾“三心”与六大片区同频共振，“一心两轴三片区”规划建设全面铺开，民盈国贸中心等地标建成使用。空间资源有效拓展，市镇收储土地5.5万亩、盘活存量土地5.6万亩，“工改工”、轨道站点TOD规划建设加快推进。城市管理日趋精细，“洁净城市”“厕所革命”“五线”整治等专项行动扎实推进，建成4个美丽幸福村居特色连片示范区，东莞获批创建全省唯一的农村人居环境示范地级市。城市形象不断提升，华为全球开发者大会、男篮世界杯等活动赛事顺利举办，连续5年入围新一线城市，蝉联全国综治最高荣誉“长安杯”、全国文明城市“五连冠”、全国双拥模范城“九连冠”，荣获平安中国建设示范市、国家生态文明建设示范市、水生态文明城市、节水型城市、版权示范城市等称号。

——生态环境短板有效补齐。水环境质量显著性改善，五年投入超过700亿元推进治水攻坚战，新建污水管网1.3万公里，新增日污水处理能力108.5万吨，完成建成区22条黑臭水体和641条内河涌水环境综合整治，国省考断面水质全部达标。蓝天保卫战深入推进，整治VOCs企业超1.5万家，实现公交车100%纯电动化，PM2.5浓度从32微克/立方米下降到22微克/立方米。垃圾分类三年行动计划全面铺开，完成438

座生活垃圾转运站升级改造，新增生活垃圾实现全焚烧、零填埋，工业危险废物安全处置率达99.98%。生态建设成效明显，高质量完成210公里碧道建设，新增森林公园3个、湿地公园11个，完成造林和生态修复1.6万亩，越来越多珍稀野生动植物重现群众视野。

——社会民生福祉持续改善。市财政五年投入2000多亿元用于民生保障，支出比例每年均超七成。教育医疗卫生服务水平持续改善，新增公办中小学及幼儿园学位15.5万个。卫生事业投入年均增长18.4%，集采药品和耗材价格平均降幅50%以上，人均预期寿命达82.7岁，主要健康指标达到或接近发达国家水平。“技能人才之都”建设成效显著，一体推进“粤菜师傅”“广东技工”“南粤家政”三项工程，实现学历能力素质提升164万人次。社会保障能力全面提升，推动医疗救助与基本医疗保险、重大疾病医疗保险紧密衔接，医保异地就医在全省率先实现“一站式”结算，最低生活保障、特困人员供养标准分别提高80%和28%，困难群众临时救助从本市户籍居民逐步拓宽至常住人口。文旅体育事业持续繁荣，东莞成为全国公共文化服务标准化示范地区。社会治安形势稳定向好，扫黑除恶专项斗争成果群众满意度全省第一，“两抢”案件下降98.1%、命案发案数下降五成，群众安全感大幅提升。各项对口支援、对口帮扶、对口合作高标准推进，市内次发达镇村加快发展，圆满完成上级安排的脱贫攻坚任务。外事侨务、民族宗教、人民信访、统计调查、档案方志、人防气象、退役军人、国防动员、工青妇幼、残疾人等工作取得新的进展。

——政府自身建设进一步加强。严格落实“第一议题”制度，及时传达学习习近平总书记重要讲话和重要指示批示精神。“两学一做”学习教育、“不忘初心、牢记使命”主题教育、党史学习教育顺利开展。落实全面从严治党主体责任，深入推进政府部门党建和巡视巡察、审计整改，强化对重大决策落实、重点资金使用、重大项目建设等的审计监督。政府职能加快转变，机构改革任务圆满完成，数字政府建设全面启动，市民服务中心高标准建成投用，市镇村三级政务服务体系基本形成，公立医院综合改革等7项工作获国务院督查激励。法治政府建设纵深推进，制定修订政府规章13部，提请市人大常委会审议地方性法规草案9部，深化商事制度改革入选全国法治政府建设示范项目。主动接受人大监督和政协民主监督，累计办理937件人大建议和1846件政协提案，办理率和满意率均达100%。

刚刚过去的2021年，是中国共产党成立100周年，是“十四五”规划的开局之年。全市政府系统认真贯彻落实上级和市委的决策部署，年度《政府工作报告》分解的319项具体任务高效落实，实现了

2022年1月11日，东莞市第十七届人民代表大会第一次会议在会议大厦召开　（程永强　摄）

"十四五"良好开局。一年来，我们以"稳步过万亿"为目标，大力推动经济运行好于预期。预计全年经济总量突破万亿元大关，经济运行总体平稳、稳中有进、稳中向好。其中，规上工业增加值增长9.5%左右；固定资产投资增长8%左右，重大项目投资突破千亿元大关；社会消费品零售总额增长13%左右；进出口总额增长15%左右；各项存款余额突破2万亿元大关，贷款余额增速居珠三角第二位。一年来，我们以七大战略性新兴产业基地建设为突破，着力培育发展新动能。统筹60平方公里连片空间和100万平方米低成本空间，构建500亿元产业基金体系，开展全球"揭榜招商"，7个30亿元以上项目和97宗强链补链新兴产业项目成功落户。集成电路及关键元器件、智能装备制造、战略前沿材料、生物制药等新兴行业分别增长19.7%、21.1%、44%、34.4%，呈现新动能加速成长的良好势头。一年来，我们以大湾区综合性国家科学中心建设为带动，积极营造最优创新生态。松山湖科学城发展总体规划正式获批，第一届松山湖科学会议、高层次人才活动周等活动成功举办，新能源研究院等一批中科院合作共建项目顺利落地，松山湖国际创新创业社区常驻人员增幅达50%。一年来，我们以"人民城市"为导向，切实加强城市建设管理。国际商务区首开区、黄旗南麓文体带、三江六岸滨水岸线示范段、东莞大道品质提升等项目建设进展顺利，"城中村"改造、TOD开发、易涝点整治、交通堵点治理等工作加力推进，环境卫生再提升工作全面开展，农房建设管理不断加强，美丽幸福村居、特色精品（示范）村建设成效明显，"供水一张网"整合基本完成，配合完成第二轮中央环保督察。一年来，我们以党史学习教育为契机，将为民办实事的要求落到实处。十件民生实事圆满完成，2400多项"我为群众办实事"项目全部办结。12345热线接听率提升至90%，人民网留言板工单办理提速八成，"民生大莞家"办理民生微实事1700多宗、微心愿4.3万宗。教育"双减"落地落实，实现义务教育学校校内课后服务和午餐午休服务全覆盖。市民卡、高水平医院建设、社区卫生服务提质等工作扎实推进，医疗救助覆盖范围100%拓展至低收入家庭，工伤、失业、养老等险种向新业态从业人员全面敞开，社工"双百"工程落地实施，对困难群众、特殊群体的兜底民生服务进一步增强。一年来，我们以坚守安全为底线，切实统筹好发展与安全两件大事。坚持人民至上、生命至上，深入开展安全生产、道路交通安全、防灾减灾等十多个领域专项整治，各类生产安全事故宗数、一般交通事故宗数、火灾起数分别下降16%、31.9%、21.8%，死亡人数减少135人。全年未发生重大及以上生产安全事故。坚持外防输入、内防反弹，科学精准扎实做好疫情防控工作，强化陆路水运口岸、跨境货运、进口冻品等的闭环管理，全年落地核查104.8万人次，推动全程免疫率达90%，排名全省第一。特别是面对突如其来的"6·18""12·13"本土疫情，广大医务工作者舍身忘我，公安干警、流调人员、社区工作者、志愿者等冲锋在前，党员干部下沉一线，市民群众高度配合，各镇街（园区）全力支持，全市上下众志成城、排除万难，与时间赛跑、与病毒斗争，在一个潜伏期内成功控制住疫情传播，打赢了没有硝烟的人民战争，得到了国家和省的高度肯定。

各位代表，过去五年我市经济社会发展取得的成绩，是深入贯彻落实习近平新时代中国特色社会主义思想的结果，是全市人民团结奋斗、拼搏进取的结果。我代表市人民政府，向全市干部群众，向人大代表和政协委员，向各民主党派、各人民团体、社会各界人士，向各驻莞单位、驻莞部队和武警官兵，向所有参与和支持东莞建设发展的港澳台同胞、海外侨胞和国际友人，致以衷心的感谢和崇高的敬意！

我们也清醒地看到，全市发展还面临不少困难和问题：一是在世纪疫情冲击下，百年变局加速演进，外部环境更趋复杂严峻和不确定，全国经济发展面临需求收缩、供给冲击、预期转弱三重压力，东莞经济运行要保持在合理区间的难度不小。二是创新能级有待提升，电子信息制造业60%的高端核心零部件和控制系统从国外采购，规上工业企业有研发活动的仅占三分之一，战略性新兴产业、生产性服务业等新动能培育尚需时日。三是资源要素制约比较突出，招引项目、培育产业、保障基础设施建设面临用地瓶颈，"双碳"对能耗水平提出更高要求，企业普遍反映中高层次人才紧缺，金融业对产业转型升级的支撑有待加强。四是城市品质需要加快提升，城市面貌与经济实力还不相匹配，精细化管理水平较低，环境污染、交通拥堵等问题仍较突出。五是民生保障有待持续巩固，公办学位、优质医疗等缺口较大，对困难家庭、次发达村（社区）的帮扶还需加强。六是各类风险隐患仍然偏多，安全生产、城市内涝等问题尚未全面有效解决，金融等领域风险需要积极稳妥化解。七是政府系统执行力建设仍需加强，部门服务基层的能力水平以及基层末端的执行力均需提升，营商环境对比先进城市还有较大提升空间。对于这些问题，我们必须高度警醒，采取有效措施加以解决。

今后五年的奋斗目标及2022年工作安排

今后五年，是东莞增创科技创新和先进制造新优势、加快高质量发展的关键五年，是全面建设社会主义现代化开好局、起好步的关键五年。市第十五次党代会擘画了未来五年的发展蓝图，提出了发展的主要目标和重点任务。蓝图已绘就，奋斗正当时。

——今后五年，必须切实强化进取意识，聚焦"科技创新+先进制造"推动高质量发展。始终坚持制造业立市不动摇，以产业数字化、数字产业化为重点，以碳达峰碳中和为牵引，以四大战略平台、七大战略性新兴产业基地为载体，全面构建形成“百、千、万”亿级的产业集群发展梯队。大力推动科技创新与先进制造深度融合，强化企业创新主体地位，不断壮大“工业企业—规上工业企业—高新技术企业—专精特新企业—上市企业—领航企业”的先进制造体系。推动R&D投入强度达到3.7%，集聚人才383万人，战略性新兴产业增加值占GDP比重提高到25%，高技术制造业增加值占规上工业增加值比重达到43%，有力支撑地区生产总值突破1.4万亿元。

——今后五年，必须切实强化机遇意识，全方位增创区域竞争新优势。以积极主动的精神状态迎接机遇。立足湾区所向、东莞所能，深入推动基础设施“硬连通”和规则机制“软连通”，深度融入深圳都市圈，无缝连接广州都市圈。以高品质的综合环境抢抓机遇。完善“三心三副多节点”的城市功能格局，做强做优中心城区、松山湖、滨海湾“三心”都市核心区，提升水乡新城、常平、塘厦三大副中心的服务能级，增强各镇中心区与轨道枢纽站等重要节点的城市综合功能。坚持以更新改造为重点大力拓展优化城市空间，以“绣花”功夫全域提升精细化管理水平，以“亲”“清”新型政商关系打造市场化法治化国际化营商环境，推动城市综合环境达到国际一流湾区标准。

——今后五年，必须切实强化宗旨意识，努力实现千万人口与城市深度融合、共生共荣。坚持以人民为中心的发展思想，积极回应市民群众的多元化需求，加强基础性、普惠性、兜底性民生保障建设，推动基本公共服务更好覆盖常住人口，大力提升居民收入水平，城乡居民人均可支配收入达到8万元，与GDP增长基本同步，加快朝着幼有善育、学有优教、劳有厚得、病有良医、老有颐养、住有宜居、弱有众扶的目标迈进，让不同年龄、不同阶层、不同职业的人都能够在东莞实现个人价值、成就人生精彩。

——今后五年，必须切实强化忧患意识，统筹好发展与安全两件大事。牢固树立“大安全”理念，切实找准风险隐患，不断完善防范化解重大风险体制机制，坚决守住不发生系统性、区域性风险的底线。落细落实“大安全”责任，坚持党政同责、一岗双责，做到管行业必须管安全、管业务必须管安全、管生产经营必须管安全。切实抓好“大安全”重点，科学精准扎实做好疫情防控工作，持之以恒抓好安全生产，加快构建灾害综合防范体系，推动各类事故数和亡人数逐年下降，严厉打击突出违法犯罪，加快建设更高水平的平安东莞。

——今后五年，必须切实强化执行意识，推动全市政府系统以真抓促落实、以实干求实效。坚持党委决策、政府落实，用行动答卷、用结果说话。把握工作“时度效”，坚持问题导向、目标导向，建立重点工作“一盘棋、一张表”调度机制。提振攻坚“精气神”，以“跑马勇争先、执行论英雄”的气概和魄力，力争在科技自立自强、产业支柱培育等“大战略”上走出新路径，在重大项目建设、营商环境优化等“大工程”上跑出加速度，在城市空间拓展、生态环境治理等“硬骨头”上干出大手笔，在绿色低碳发展、民生痛点解决等“硬任务”上拼出真实效。激励基层“闯创干”，推动市直部门更好服务镇村一线，进一步完善和优化市级强化统筹、镇村充满活力、市镇协同发力的体制机制。

2022年将召开党的二十大，做好各项工作意义重大、责任重大。政府工作的总体要求是：坚持以习近平新时代中国特色社会主义思想为指导，全面贯彻落实党的十九大、十九届历次全会和中央经济工作会议精神，深入贯彻习近平总书记对广东系列重要讲话和重要指示批示精神，弘扬伟大建党精神，坚持稳字当头、稳中求进，完整、准确、全面贯彻新发展理念，加快构建新发展格局，坚持以供给侧结构性改革为主线，担负起稳定经济的责任，积极推出有利于经济稳定的政策，统筹疫情防控和经济社会发展，统筹发展和安全，认真落实省委十二届十五次全会精神和省委“1+1+9”工作部署，贯彻落实市第十五次党代会精神，聚焦科技创新和先进制造，继续做好“六稳”“六保”工作，持续改善民生，保持经济运行在合理区间，保持社会大局稳定，推动东莞在“双万”新起点上加快高质量发展，以优异成绩迎接党的二十大胜利召开。

综合考虑各方面因素，2022年全市经济社会发展的主要预期目标为：地区生产总值增长5.5%左右，在实际执行时努力争取更好的结果；规上工业增加值增长6.5%左右，固定资产投资增长9%左右，社会消费品零售总额增长8%左右，进出口总额增长3%左右，一般公共预算收入增长5%左右；R&D投入强度提升至3.56%；城乡居民人均可支配收入与GDP增长基本同步；居民消费价格指数涨幅在3%以内；城镇登记失业率在3.5%以内。重点抓好以下工作：

（一）提升制造业核心竞争力，加快构建新发展格局

大力推动产业数字化。三年统筹安排财政资金不少于100亿元，全力打造数字经济高质量发展试验区，建设制造业数字化转型示范城市。实施数字化普及工程，推出一批符合中小企业数字化转型需求的共性、通用、低成本系统解决方案。实施数字化提升工程，建设制造业数字化转型赋能中心，选定5个产业集群“一群一策”开展数字化转型。依托市级数字化转型咨询平台，联合转型服务商为企业提供“一对一”服务。实施数字化引领工程，评选一批工业互联网示范项目，新增打造各类示范项目40个，推动超

2000家规上工业企业实施数字化转型，带动3万家企业上云用云。

大力推动数字产业化。领跑发展新一代电子信息产业，大力推进产业链强链补链。加快布局半导体及集成电路、基础电子元器件等产业，加快国家第三代半导体技术创新中心（东莞分中心）、广东光大第三代半导体科研制造中心等项目建设。引进培育一批国内外优秀软件和信息技术服务企业在莞扎根发展。培育壮大大数据、人工智能等新兴产业，定期遴选一批交通、医疗等大数据应用需求清单集中发布，“以需引供”推动产业加速发展。开展全国数字经济统计监测试点，构建符合东莞特点的数字经济统计监测机制。

促进制造业提质增效。巩固提升战略性支柱产业，深入推进智能移动终端、智能装备国家先进制造业集群建设，提升全要素生产率。抢先布局战略性新兴产业，全面推进战略性新兴产业基地首开区基础设施和公共服务配套设施建设，推动产业引导基金规范运营、早见成效，加快培育制造业增长新动能。提质发展优势特色产业，加快三大传统产业七个核心区建设，“一区一策”优化集群生态。加快发展生产性服务业，支持制造业企业向研发设计、定制生产、供应链管理等环节延伸拓展。深化质量强市建设，实施商标品牌赋能经济高质量发展三年行动，支持服装玩具、电子信息等优势产业创建国潮品牌。探索设立中国（东莞）知识产权保护中心，强化知识产权全链条保护。

加速畅通国内国际双循环。深入实施支持外经贸高质量发展六大行动，力争进出口总额达到1.56万亿元。加快构建现代外贸物流体系，全面推进空港中心、中欧班列、东莞港优化升级，高标准建设虎门港综保区，加快清溪保税物流中心建设，支持寮步申报保税物流中心，推动三大车检场新功能区升级改造。壮大市场采购、跨境电商等外贸新业态，加快发展全球集拼、海外仓储等新模式。实施扩大进口战略，增加境外优质产品和服务的采购。深入开展出口转内销行动。全力申报深化两岸创新发展合作试验区，推动台资企业加快转型升级。办好台博会、加博会、智博会等大型展会。加快打造区域消费中心城市，大力开展“乐购东莞”活动，积极推动鸿福路等商圈提升空间品质和商业活力，建设一批高品质消费载体，全年首店落户不少于40个。

（二）坚持创新核心地位，强化科技创新对先进制造的赋能支撑

将松山湖科学城打造成为高质量发展的核心引擎。大力建设科学城核心创新区，加快散裂中子源二期建设，推动先进阿秒激光设施尽快动工建设、南方先进光源项目加快预研。争取材料实验室成为国家级研发机构，聚焦新能源材料、电子信息材料、生物医药材料等领域加强技术创新。出台新型研发机构优胜劣汰、提质增效相关管理办法。加强与光明科学城、深港科技创新合作区、广州南沙科学城等联通联动，共筑湾区半小时科研圈。加快建设松山湖科技交流平台。推动大湾区大学、香港城市大学（东莞）纳入省“十四五”高校设置规划，支持东莞理工学院建设国际合作创新区。

加强产业核心技术攻关。发挥大科学装置、高校院所和新型研发机构的作用，加强基础与应用基础研究，强化产业技术的源头创新。聚焦关键核心技术，鼓励龙头企业、链主企业牵头组建创新联合体，在第三代半导体、新型显示、新能源电池行业应用等领域试点开展产业技术联动攻关。主动加强与广深高校、机构、企业的合作，共同申报和承担国家、省重大科技专项。加强企业研发机构建设指引和服务，力争市级以上研发机构达1200家。

加速科技成果转化。盘活科技企业孵化载体，力争培育高企150家。实施科技支援服务体系打造计划，为全市科技创新工作提供网络化、系统化的服务支撑。实施产学研合作提升计划，以市场应用为导向，分行业分领域组织企业与高校院所产学研对接，推动高校院所成果转化落地。实施第三代半导体突破工程，积极引进先进封测平台和产业项目。推广松山湖创新创业社区建设模式，选取临深片区、滨海湾新区等区域开展试点，高标准统筹建设一批创新创业综合体。

打响人才强市总体战。实施新一轮“十百千万百万”人才工程，完善特色人才、研发人才等政策，三年内引进10个战略科学家团队，拓展实施“百名博士专业人才引进计划”，引育1000名领军人才、6万名创新人才、50万名本科学历人才。年内新增技能人才10万人次。扩大“优才卡”服务覆盖面，探索设立科技人才荣誉奖励。

（三）营造企业竞相发展的良好环境，持续激发市场主体活力

完善优质企业梯度培育体系。针对不同层级市场主体生成企业画像，实现政策和服务精准推送。出台专精特新企业高质量发展专项扶持政策，全年培育若干家国家级制造业单项冠军、15家专精特新“小巨人”企业和60家百强瞪羚企业，新升规企业超过600家、高企总数突破8200家。深入实施企业上市发展鲲鹏计划，新增上市和过会企业10家以上。做强做优做大市属国有企业，力争实现总资产突破8000亿元、经营核心指标稳步增长。

加力推动招商引资和增资扩产。出台高质量产业招商三年行动计划，整备4片2000亩以上、6片700亩以上连片产业单元。依托国企平台组建市级招商公司，设立上海、北京招商联络处。面向全球龙头企业“揭榜招商”，着力引进1至2个50-100亿元以上超大项目、3至5个30-50亿元特大项目。实施增资扩产

强基计划，优化项目评价标准，加强优质项目用地保障，运用“产业空间+基金+政策+服务”，全面提升项目落地效能，全力支持本地优质企业发展壮大。

健全“亲”“清”政商关系下的知企爱企帮企机制。建立项目评估、要素保障、问题协调等全链条管理服务机制，重点产业项目由市领导牵头跟踪服务。建立健全政企直通车工作机制，打造“企莞家”普惠服务品牌，畅通重点企业诉求直达通道。探索建立12345热线与政务服务大厅联动调度机制，为企业提供24小时政务咨询和政策解答。落实减税降费政策，帮助中小微企业、个体工商户减负纾困，支持大朗企业疫后恢复发展。加大金融对实体经济的支持，促进中小微企业融资增量、扩面、降价。支持民营企业积极参与重大基础设施建设、镇村工业园改造提升、土地整备等，使广大企业愿意干、能干成、有收益。大力弘扬企业家精神，保护好各类市场主体产权和合法权益，努力用一流的营商环境吸引企业、壮大企业。

（四）强化重大平台、重大项目支撑带动作用，深度融入“双区”“两个合作区”建设

加快高水平重大平台建设。研究制订支持滨海湾新区、水乡功能区高质量发展相关文件，重点加大土地整备、城市更新、区域联动等方面政策支持。全面铺开滨海湾新区三大板块整备，打造滨海景观活力长廊，加快推动大湾区大学科技园、OPPO智能制造中心、vivo智慧终端总部、正中科学园等项目建设。支持水乡功能区打造东莞西站综合体，加快首批连片“工改工”试点项目建设，基本完成9个核心单元的土地整备工作。支持银瓶合作创新区做大做强高端装备制造产业，引进培育生态友好型企业，大胆探索跨越式绿色发展新路径。

精准发力扩大有效投资。充分发挥有效投资的关键作用，完成固定资产投资2800亿元以上。适度超前开展基础设施投资，加快交通强市建设，推动佛山经广州至东莞城际、深惠城际开工，争取动工建设2号线三期、3号线一期，启动莞深、常虎高速改扩建，加快莞番高速三期、狮子洋通道等高快速路建设，完成莞太路品质提升工程。加大环保水务基础设施投资，推动污水主干管网提升改造、13个污水处理厂新扩建等项目，动工建设珠三角水资源配置工程相关项目。大力推动工业投资，狠抓1042宗工业投资在库项目管理，加快推进东勤通讯、京东都市科技金融创新中心等371个重大产业项目建设。着力推动已摘地的29宗优质制造业项目开工建设，确保动工率超80%。加快实施741宗工业技改投资项目。

进一步深化与港澳的对接合作。加快推进国际商务区香港中心、常平“香港城”等项目建设，不断完善松山湖港澳青年创新创业基地、滨海湾青创广场公共服务配套，吸引更多港澳青年来莞就业创业。探索推动港资企业商事登记全程电子化改革，支持在莞港澳企业就地转型升级。探索建立莞澳转口贸易合作联盟，打造更多经贸交流合作服务平台。落实推进大湾区职称评价和职业资格认可政策，在法律教育、医疗卫生、建筑规划等领域引进更多港澳专业人士来莞执业发展。

（五）以碳达峰碳中和为牵引，坚定不移走好绿色低碳发展道路

正确认识和推进碳达峰碳中和。坚持节约优先、双轮驱动、内外畅通、防范风险，研究制定碳达峰实施方案，明确时间表、路线图。加快构建清洁低碳安全高效能源体系，加强新能源推广应用，探索能耗“双控”向碳排放总量和强度“双控”转变。推动沙角电厂按计划实施退役，加快建设宁洲替代电源项目，建成投产中堂热电联产二期项目。深入实施一流电网千日攻坚行动，推动崇文至紫荆线路等一批重点工程建成投产。严控高能耗高排放项目，创建一批绿色工厂、绿色产品、绿色园区、绿色供应链。严守生态保护红线，持续巩固提升碳汇能力。

深入打好污染防治攻坚战。严格落实中央环保督察整改要求，确保整改成果经得起“回头看”检验。建立全市污水管网“一张网”运维机制，巩固建成区黑臭水体整治成效，力争75%内河涌消除劣V类，基本完成412个行政村、1335个自然村生活污水治理，考核断面水质稳定达标。陆海统筹开展近岸海域和船舶港口综合整治，基本消除劣V类河涌入海排口。抓好臭氧和PM2.5协同防治，实施涉VOCs企业分级管控和深度治理，强化移动污染源、扬尘源和成品油全过程监管。加快“无废城市”建设，筹建综合管理平台，选取若干个镇街试点开展工业固废收运体系建设，完善危险废物规范化环境管理评估等机制，补齐厨余垃圾终端处理设施短板。

持续改善生态系统质量。统筹推进山水林田湖草综合治理，全面推行河长制、林长制。划定耕地保护集聚区，优化耕地和永久基本农田布局，加大违法用地用林整治力度。年内完成造林和生态修复7340亩，构建高品质自然保护地体系。建成植物园二期（第一批）、黄旗南麓香遇走廊等项目，加快建设东莞儿童公园，新改建150个口袋公园。持续推进7个千亩以上美丽河湖建设工程。全面铺开碧道建设，年内新建不少于150公里。

推动绿色低碳成为生活自觉。实施全面节约战略，党政机关、事业单位率先垂范，大力推进绿色办公、绿色采购，在城市家具、园林和绿植养护上践行低碳节能，科学推动绿化、亮化、美化。倡导绿色出行，新改建慢行系统不少于100公里。因地制宜配建公交首末站，优化调整公交线路15条，启用中心城区首期62.5公里公交专用道。加快生活垃圾分类处理，实现松山湖、滨海湾、4个街道覆盖率达100%，试点区域回收率达35%以上。

（六）持续优化城市环境，全力打造高品质现代化都市

拓展优化城市空间发展格局。完善优化市级国土空间总体规划，推动镇级国土空间规划编制，加快第一批村庄规划编制。实施土地储备三年滚动计划，全年收储土地1万亩以上。推动“工改工”三年行动计划收官，力争整备拆除不少于12500亩，整备3000亩以上连片用地。强化对300亩以上连片产业用地的规划使用把控，原则上不分宗出让。以大片区改造形式推进城市更新“头雁计划”，打造16个连片更新片区。支持镇街收购收储低效闲置工业用地。完成省下达的3000万平方米违建治理任务，清理整治不少于100万立方米存量垃圾。开展农房违建排查专项整治，加强农房风貌管控和品质提升。

坚定不移实施强心提质战略。全面推进“双轴”品质提升，实质性启动鸿福路街道空间环境整治工作，加快推进市民服务中心三期、核心地段立体慢行系统、黄旗广场等一批重点项目。聚焦国际商务区首开区，加快推进首批市政配套设施等项目建设，推动地标塔楼等标志性建筑群动工。做优三江六岸滨水空间，加快岸线示范段二期、东莞记忆粮仓微改造等项目建设。抓好黄旗南麓文体带、同沙重点文旅等项目前期工作，夯实“黄旗山-同沙”城市绿心建设基础。全面打造海绵城市和韧性城市。

营造“干净、整洁、有序、安全”城市环境。紧盯薄弱环节，出台进一步加强城市精细化管理三年行动方案。制定环卫分级分类管理与作业指引，优化调整国省县道公路保洁模式，提升园林绿化养护和保洁标准。推行“城管片长制”，建设不少于150座城管社区工作站。加快非机动车道规划建设，科学合理划分路权。大力规范公共区域停车秩序，新建6万个以上停车位。完成不少于50个交通堵点治理。编制老旧小区改造规划，打造3个市级样板，升级改造14个以上2000年前建成的老旧小区。

全面推进乡村振兴。巩固提升人居环境整治成果，积极推进“美丽圩镇”“美丽家园”“美丽田园”建设，每个镇街打造一条美丽乡村风貌带，实现85%以上行政村达到美丽宜居村标准，完成120个特色精品（示范）村项目建设，建成2个美丽幸福村居特色连片示范区。推动电力、通信、广播电视等运营主体加快“三线”治理，鼓励有条件的镇街开展“三线”下地。推动农村集体经济多元化发展，实现村组两级总资产、经营性纯收入分别增长6%和8%。加快发展高端精品都市型农业，积极创建国家荔枝产业集群，新增省市级农业龙头企业3家以上。大力推动50个重点帮扶村（社区）加快发展。深化援藏、援疆、与牡丹江对口合作，深入开展对口铜仁东西部协作，务实推进韶关、揭阳对口帮扶，加强莞韶产业合作，实现巩固拓展脱贫攻坚成果同乡村振兴有效衔接。

（七）坚守安全发展底线，加快提升社会治理现代化水平

扎实做好常态化疫情防控。坚决贯彻“外防输入、内防反弹”总策略和“动态清零”总方针，坚持“人、物、环境”同防，严格防范集中隔离场所和医疗机构感染，加强重点人员和场所监测预警，做好重要节假日和大型会议活动期间疫情防控，确保应急指挥体系始终处于激活状态。完善疾病预防控制体系，建成加强型生物安全二级实验室。全面推进第三针新冠疫苗接种工作，做好适龄人群新冠疫苗查漏补种，进一步筑牢全民免疫屏障。

始终紧绷安全生产这根弦。完成安全生产专项整治三年行动，聚焦“小切口、硬骨头”问题，持续滚动开展道路交通、建筑工地、消防安全等重点领域整治，力争实现“两个下降、一个不发生”的目标。加快智慧应急三期建设，全面普及安全巡查App，升级改造市消防指挥中心，提升安全调度效能和信息化支撑能力。推动居民住宅区落实电动自行车集中管理，推进小区消防车道治理。加快居民“瓶改管”和配套管网建设工作，开展燃气安全排查整治。加快防洪减灾工程体系达标建设，完成加固石马河上游防洪工程30公里、沿海水乡片堤防50公里。大力推进公共人防工程建设。

推动平安东莞建设再上新台阶。优化警务运行机制，划好基层警格，推进交巡融合，深化巡逻处警一体化工作，构建个人极端案事件防范体系，建设高质量东莞义警队伍。推动扫黑除恶常态化，深入开展“双反”专项行动，千方百计压减电信网络诈骗、盗窃、非法集资等多发性侵财犯罪，构建全民反诈格局。健全出租屋及实有人口信息采集管理机制，稳步推进出租屋门禁视频和智能安防小区建设。全力创建全国市域社会治理现代化示范城市，深化平安文化创建和矛盾纠纷多元化解。

（八）践行以人民为中心的发展思想，着力解决群众“急难愁盼”问题

抓好就业这项最大的民生工程。推动3.0版“促进就业九条”政策落地见效，深入实施高校毕业生“莞邑启航　逐梦湾区”就业创业计划，加大免费创业培训、创业贷款贴息和各类创业补贴力度。升级“就莞用”系统，完善就业困难群众服务机制，促进城镇新增就业9万人、创业9000人。采取市镇共建方式，建设市人力资源服务产业园先行区。深化职业教育产教融合，建设15个高水平校企合作基地。支持市技师学院纳入高职序列，开展高水平技师学院建设。加强源头治理和及时调处，防范化解劳资纠纷，根治拖欠农民工工资问题。

办好人民满意的教育。新改扩建73所公办中小学、幼儿园，新增学位7.45万个。加快水乡未来学校前期工作，确保松山湖未来学校投入使用。以“名校＋新

校”等方式深化集团化办学，完善高层次人才引进政策，锻造“莞邑良师”队伍。全面落实“双减”政策，规范校外培训机构，推动中小学改善午休条件，实现学生平躺午休基本全覆盖。推进义务教育公办民办结构优化调整，推动民办学校达标升级。加大特殊儿童关爱力度，每个镇街至少有一所公办中小学开设融合教育特教班。完成1万个教室灯光照明更新改造。

加快建设健康东莞。推进市人民医院创建省高水平重点建设医院，开工建设科教综合楼和急救中心，建成生物样本库，完成硼中子俘获治疗（BNCT）项目治疗中心大楼主体工程。支持市中医院创建国家中医特色重点医院，建成国医馆项目，加快推动国家“5G+中医诊疗”应用试点项目。探索社区门诊医保定点进学校。进一步优化社区卫生服务机构就医流程，提升就诊转诊的服务质量和工作效率。发展普惠型商业健康保险。完善全民健康信息平台，推动区域信息共享互认，发挥健康医疗数据便民惠民作用。开展康复辅助器具产业国家综合创新试点工作。全面强化食品药品安全监管，守护人民群众“舌尖上的安全”。

大力推动文体事业蓬勃发展。深入推进品质文化之都建设，办好漫博会、大湾区文采会和优享文化年系列活动，持续打造“东莞文化四季”“草坪音乐会”“市民运动会”等文体品牌。支持文化产业发展壮大，争创省级文化产业示范园区。在莞城、石龙等区域保护开发好特色鲜明的历史文化街区。建设一批非遗在校园传习基地，举办“江湖山海”系列非遗活动。制定全民健身实施计划。深入打造全国篮球城市，策划举办篮球文化节，提升东莞篮球IP文创开发、商业运营水平。

兜住兜牢民生底线。提高低保标准至每人每月1200元。建设市未成年人救助保护中心，落实老年人、孤儿、残疾人福利政策，推动市殡仪馆改造升级，实现镇街（园区）慈善爱心驿站全覆盖。完善医养结合老年健康服务体系，实现养老机构护理型床位占比超50%、养老服务设施村（社区）全覆盖。全面落实三孩生育政策及配套支持措施。延续工伤、失业保险阶段性费率减免政策。深入开展“双拥”创建，做好退役军人服务保障工作。坚持“房住不炒”定位，坚持租购并举，加快发展长租房市场，推进保障性住房建设，扩大公积金制度覆盖至灵活就业人员，支持商品房市场更好满足购房者的合理购房需求。全年试点建设“三限房”4000套，筹建保障性租赁住房3万套，促进房地产业良性循环和健康发展。

（九）全面加强政府自身建设，努力打造人民满意的服务型政府

加强政府系统党的建设。强化政治机关意识，坚持把党的政治建设摆在首位，深化“第一议题”、理论学习中心组等机制，持续学懂弄通做实习近平新时代中国特色社会主义思想，不断提高政治判断力、政治领悟力、政治执行力，切实增强“四个意识”、坚定“四个自信”、做到“两个维护”。充分发挥全面从严治党的政治引领和政治保障作用，深入推进党风廉政建设和反腐败斗争，坚持不懈纠治“四风”。严肃财经纪律，坚决纠正不合理不合规支出，把过紧日子要求落到实处。教育引导干部坚持正确政绩观，敬畏历史、敬畏文化、敬畏生态，慎重决策、慎重用权。

加强法治政府建设。深化全面依法治市实践，聚焦加强社会治理、保障和改善民生等方面加快政府规章立法，修订出台重大行政决策程序规定。进一步完善镇街综合行政执法改革配套制度。推进行政复议体制机制改革。优化政府网站及重点领域信息公开渠道，继续完善政务公开工作规范。大力支持市人大、市政协开展工作，依法接受人大及其常委会监督，自觉接受政协民主监督，主动接受社会和舆论监督，不断强化审计监督。扎实推动“八五”普法工作，优化“莞邑调解”在线矛盾纠纷化解平台，完善市镇村三级法律援助服务网络。

加强数字政府建设。加快政务数据大脑（二期）建设，全面提升数字集团运营能力。推动“i莞家”成为全市线上服务统一窗口，实现1000个事项“一网通办”“全市通办”，将电子市民卡应用场景扩展至30个。推动所有高频涉企审批事项纳入“一照通行”平台办理。完善市镇村分级服务体系，推动政务服务标准化，铺设不少于1100台自助终端，打造10分钟政务服务圈。深入推行12345热线“九个一”工作机制，优化提升政务服务便民热线功能。深入实施市域治理“一网统管”，加快建设基层治理综合调度平台和城市信息模型基础平台。规范公共资源交易体系，打造阳光高效交易平台。实施部门信用分类监管和依法奖惩，争创全国社会信用体系建设示范区，让信用为诚信企业“保驾护航”。

切实提升基层末端执行力。鼓励镇街（园区）针对重大工作疑难事项主动揭榜，对表现突出、实绩明显的集体和个人给予表彰嘉奖。推行重点工作讲评通报、市政府常务会议问询制度，进一步强化基层抓落实的压力和动力。创新建立市政府协调事项高效办理机制，针对性解决跨领域、跨部门的重点难题，实现诉求闭环跟踪服务，构建上通下达、协同联动的工作格局，大力营造时不我待、只争朝夕的干事创业浓厚氛围。

各位代表！新起点赋予新使命，新征程争创新荣光。让我们更加紧密地团结在以习近平同志为核心的党中央周围，在市委的正确领导下，与全市人民一道，踔厉奋发、笃行不怠，推动东莞在“双万”新起点上加快高质量发展，奋力谱写东莞现代化建设新篇章，以优异成绩迎接党的二十大胜利召开！

注解：

“双区”建设：指粤港澳大湾区、深圳建设中国特色社会主义先行示范区。

“两个合作区”：指横琴粤澳深度合作区、前海深港现代服务业合作区。

湾区快线网络：指东莞港联通大湾区“9+2”城市群的定点定班驳船运输网络。

ODM+OBM：ODM指原始设计制造商，OBM指代工厂经营自有品牌。

“一心两轴三片区”：“一心”指行政文化中心，“两轴”指东莞大道时代发展轴和鸿福路山水文化轴，“三片区”指南城国际商务区、三江六岸历史文化区、黄旗南生态科创区。

“五线”整治：广深铁路、广深港高铁、广深高速公路、莞深高速公路、环莞快速路沿线环境整治。

七大战略性新兴产业基地：松山湖生物医药产业基地、东部智能制造产业基地、东莞新材料产业基地、东莞数字经济融合发展产业基地、东莞水乡新能源产业基地、临深新一代电子信息产业基地、银瓶高端装备产业基地。

“民生大莞家”：指通过健全民生诉求收集、处理、反馈机制，解决一批群众身边的小急难问题。

三大传统产业七个核心区：指以麻涌镇、茶山镇、道滘镇为市食品饮料产业集群核心区，厚街镇、大岭山镇为市家具产业集群核心区，虎门镇、大朗镇为市纺织服装产业集群核心区。

专精特新“小巨人”企业：指业绩良好、发展潜力和培育价值处于成长初期的、专业化精细化特色化新颖化特征明显的中小企业，通过培育推动其健康成长，最终成为行业中或本区域的巨人。

企业上市发展“鲲鹏计划”：加大企业上市的政策扶持力度，到2023年，力争上市企业涵盖软件信息、新材料、新能源、生物医药、半导体等新兴产业，总数突破100家，所有镇街（园区）实现辖内上市后备企业全覆盖。

“企莞家”：由市工信局开发的企业公共服务平台，为企业提供政策“一站享”、问题诉求处理、金融超市、项目全流程管理等一站式服务。

碳汇：指通过植树造林、森林管理、植被恢复等措施，吸收大气中的二氧化碳，并将其固定在植被和土壤中，从而减少温室气体在大气中的浓度。

城市更新“头雁计划”：选取一批具有示范引领意义的大规模连片更新片区，给予特殊工作举措、特殊资源倾斜、特殊优惠政策支持，率先打造一批连片改造示范片区。

“城管片长制”：指将城市划分为一个或若干个村（社区）组成的单元网格（片区），委派党员干部、业务骨干进驻片区，从基层和一线及时发现并解决城市管理问题，更好地满足群众需求和管理需要的一种创新工作机制。

“两个下降、一个不发生”：指各类生产安全事故起数和死亡人数同比下降，不发生重大以上生产安全事故。

交巡融合：指通过交警、巡警勤务整合，网格布警，打造一支集维护治安、管理交通、打击犯罪、服务群众四大职能于一体的全能型巡逻队伍。

东莞义警：指由公安机关发动、组织、管理、保障的，由平安志愿者组成的群众性综治力量，自愿、无偿开展社会治安防范公益服务活动。

“莞邑启航 逐梦湾区”就业创业计划：包括精准就业服务、就业牵线、线上线下招聘、实习见习、就业激励、托底安置、安居乐业、打造服务载体、素质提升和创业支持等十项行动。

“就莞用”系统：指全市就业失业登记系统的升级版，新增就业困难群众跟踪服务模块。

融合教育特教班：指附设于普通中小学校、医疗康复机构、社会福利机构等机构，为残疾儿童、少年提供特殊教育服务的班级。

硼中子俘获治疗（BNCT）项目：一种新型恶性肿瘤放射治疗方法，也是中国散裂中子源技术成果转化应用之一。该项目落户于东莞市人民医院，建成后将提升东莞市治疗恶性肿瘤技术水平和医疗服务能力。

康复辅助器具产业国家综合创新试点：康复辅助器具广泛用于老年人、残疾人、伤病人等功能障碍者改善生活质量和促进康复。2021年7月，国家批准东莞等22个第二批城市开展相关产业综合创新试点工作，在产品制造、研发设计等方面进行深入探索。

“江湖山海”系列非遗活动：“江”指水乡功能区，“湖”指松山湖，“山”指银瓶合作创新区，“海”指滨海湾新区，充分挖掘串联各大片区历史文化资源，推出一批非遗线路，举办龙舟月、腊味节、采香节等系列活动。

“i莞家”：前身是“莞家政务”，旨在整合全市政务服务、公共服务、生活服务等各类服务资源，为市民提供掌上办事、交通出行、社会保障、医疗健康、新闻资讯等主题服务，逐步成为全市统一的移动端综合服务平台。

电子市民卡：以多码融通的电子二维码为依托，逐步推进社会保障、医疗健康、金融服务、交通出行、待遇发放、身份认证等30个政务民生服务场景的卡码融通应用，打造“一卡通用、一码通城”的城市智慧生活新体验。

“九个一”工作机制：指12345热线的优化提升方向，始终坚持“一个中心”，群众诉求“一把手领办”，政务服务“一号对外”，热线接听“一呼即应”，诉求办理“一单通达”，办理进度“一刻不缓”，跟踪督办“一抓到底”，服务资源“一网互联”，社会各界“一线体验”。

2021年东莞市国民经济和社会发展统计公报

2021年，面对复杂严峻的国内外环境，东莞市坚持以习近平新时代中国特色社会主义思想为指导，认真贯彻落实省委“1+1+9”工作部署和市委“1+1+6”工作安排，在市委、市政府的正确领导下，科学统筹疫情防控和经济社会发展，坚持稳中求进工作总基调，扎实做好“六稳”工作，全面落实“六保”任务，经济运行稳中有进、稳中向好，成功迈上“双万”新起点，成为地区生产总值过万亿元、人口超千万的城市，实现“十四五”良好开局。

一、综合

经广东省统计局统一核算，2021年，东莞市实现地区生产总值（初步核算数）10855.35亿元，比上年增长8.2%。其中，第一产业增加值34.66亿元，增长11.8%，对地区生产总值增长的贡献率为0.4%；第二产业增加值6319.41亿元，增长10.5%，对地区生产总值增长的贡献率为73.0%；第三产业增加值4501.28亿元，增长5.1%，对地区生产总值增长的贡献率为26.6%。三次产业比例为0.3：58.2：41.5。人均地区生产总值103284元（按年平均汇率折算为16009美元），增长7.8%。

2016—2021年东莞市地区生产总值及增长速度

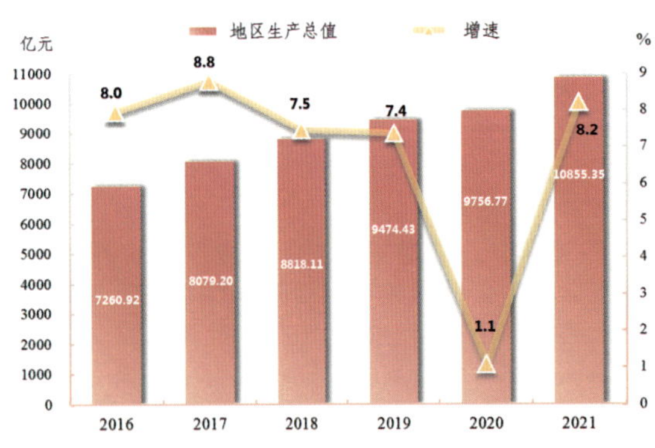

2016—2021年东莞市三次产业结构

年末全市户籍人口278.61万人。全年出生人口3.22万人，出生率为12.03‰；死亡人口1.09万人，死亡率为4.08‰；人口自然增长率为7.95‰。年末全市常住人口1053.68万人，其中城镇常住人口971.91万人。人口城镇化率为92.24%。

全年市一般公共预算收入769.46亿元，增长10.8%。市一般公共预算支出874.29亿元，增长3.6%；其中，一般公共服务支出83.37亿元，公共安全支出119.90亿元，教育支出216.24亿元，社会保障和就业支出67.88亿元。全年全市税收总额2412.84亿元，增长12.1%。

全年居民消费价格总水平比上年上涨1.1%。其中食品烟酒类上涨0.1%，衣着类下降1.1%，居住类上涨0.4%，生活用品及服务类上涨0.6%，交通通信类上涨4.6%，教育文化娱乐类上涨2.0%，医疗保健类上涨0.9%，其他用品及服务类下降1.0%。此外，全年商品零售价格总指数上涨2.7%。工业生产者出厂价格指数上涨1.8%。

2021年东莞市居民消费价格月度涨跌幅度

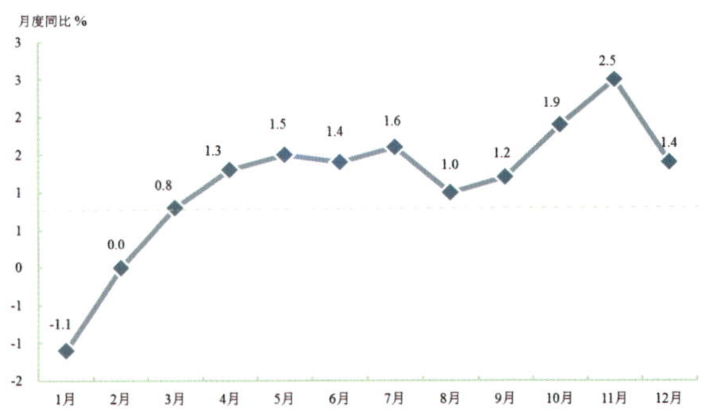

2021年东莞市价格变动情况表

类别	价格指数（上年=100）
居民消费价格总指数	101.1
食品烟酒	100.1
其中：粮食	101.7
食用油	113.2
菜及食用菌	99.7
畜肉类	83.2
水产品	107.7
蛋类	102.2
衣着	98.9
居住	100.4
生活用品及服务	100.6
交通通信	104.6
教育文化娱乐	102.0
医疗保健	100.9
其他用品及服务	99.0
商品零售价格总指数	102.7
工业生产者出厂价格指数	101.8

二、农业

2021年，东莞市农林牧渔业总产值53.38亿元，比上年增长13.1%。其中农业产值39.35亿元，增长13.5%，占农林牧渔业总产值的73.7%；林业产值0.44亿元，增长33.0%，占农林牧渔业总产值的0.8%；牧业产值0.87亿元，增长36.1%，占1.6%；渔业产值11.07亿元，增长10.1%，占20.7%；农林牧渔专业及辅助性活动产值1.65亿元，增长7.8%，占3.1%。全年农作物总播种面积35.76万亩，水果种植面积21.17万亩。全年粮食产量0.95万吨，增长16.3%；蔬菜产量41.27万吨，增长3.9%；水产品总产量4.95万吨，增长0.2%；生猪出栏1.34万头，增长0.7%；家禽出栏226.24万只，增长250.8%。

2016—2021年东莞市粮食产量及增长速度

全年全市共有农民专业合作社185家、农业龙头企业48家（其中省级27家，国家级5家）、“粤字号”农业品牌产品共53个。

三、工业和建筑业

2021年，东莞市全部工业增加值比上年增长10.6%。规模以上工业增加值10.2%。其中，国有控股企业增长17.4%，外商及港澳台商投资企业增长11.0%，股份制企业增长9.6%，集体企业增长8.4%。分轻重工业看，轻工业增长11.0%，重工业增长9.8%。分企业规模看，大型企业增长6.1%，中型企业增长13.9%，小微型企业增长12.8%。

2016—2021年东莞市规模以上工业增加值增长速度

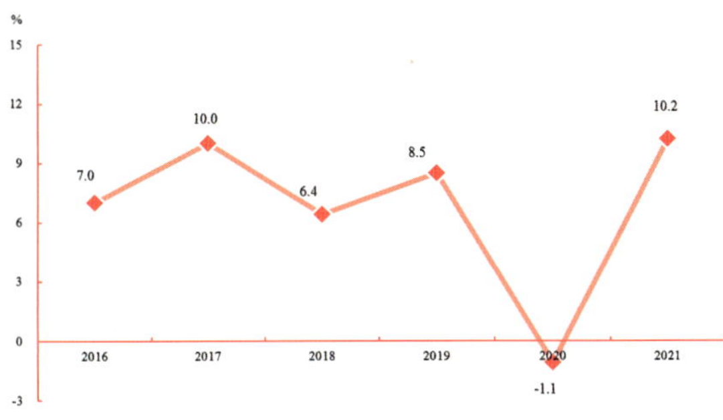

全年全市规模以上工业五大支柱产业增加值比上年增长9.1%；工业四个特色产业增加值增长16.6%。

全年高技术制造业增加值比上年增长8.2%。其中，医药制造业增长29.6%，航空、航天器及设备制造业下降20.5%，电子及通信设备制造业增长3.1%，计算机及办公设备制造业增长49.2%，医疗仪器设备及仪器仪表制造业增长15.0%。

全年先进制造业增加值比上年增长0.6%。其中，高端电子信息制造业下降9.0%，先进装备制造业增长9.1%，石油化工产业增长9.5%，先进轻纺制造业增长9.3%，新材料制造业增长7.5%，生物医药及高性能医疗器械业增长21.2%。

全年优势传统产业增加值比上年增长9.3%。其中，纺织服装业增长2.6%，食品饮料业增长10.5%，家具制造业增长18.9%，建筑材料业增长3.9%，金属制品业增长12.8%，家用电力器具制造业增长7.5%。

全年规模以上工业实现利润总额1096.01亿元，比上年增长42.0%。规模以上工业成本费用利润率4.58%，产品销售率97.19%，全员劳动生产率19.55万元/人。

2021年东莞市规模以上工业主要产品产量表

产品名称	计量单位	产量	增长（%）
布	亿米	1.13	−0.9
服装	亿件	9.49	2.3
鞋	亿双	1.39	13.3
家具	万件	3883.00	−3.3
机制纸及纸板（外购原纸加工除外）	万吨	1497.68	−3.2
纸制品	万吨	226.57	3.2
塑料制品	万吨	136.84	2.6
电动手提式工具	万台	3398.99	−2.2
原电池及原电池组（非扣式）	亿只	57.16	−2.4
灯具及照明装置	万套（台、个）	25101.34	23.6
电子计算机整机	万台	2024.43	99.9
显示器	万台	186.62	97.4
电话单机	万部	2508.33	8.3
移动通信手持机（手机）	万台	24521.40	−24.7
彩色电视机	万台	99.64	23.8
光电子器件	亿只（片、套）	316.50	23.6
电子元件	亿只	22131.00	12.6
印制电路板	万平方米	2448.92	18.5

全年全社会建筑业增加值247.56亿元，比上年增长7.5%。全年具有资质等级的总承包和专业承包建筑企业1095个，增长7.7%；总承包和专业承包完成建筑业总产值841.04亿元，增长26.6%；实现利润总额21.70亿元，增长25.1%。

四、服务业

2021年，东莞市批发和零售业增加值882.44亿元，比上年增长9.8%；交通运输、仓储和邮政业增加值241.73亿元，增长7.5%；住宿和餐饮业增加值176.71亿元，增长13.8%；金融业增加值697.43亿元，增长5.1%；房地产业增加值704.54亿元，下降7.3%。现代服务业增加值2814.73亿元，增长3.2%。

全年规模以上服务业企业实现营业收入1615.87亿元，比上年增长13.5%；利润总额304.11亿元，增长14.6%。分行业看，信息传输、软件和信息技术服务业营业收入增长11.2%，教育业增长19.2%，卫生和社会工作增长20.5%，租赁和商务服务业增长18.2%，文化、体育和娱乐业增长49.8%，房地产业增长14.2%，交通运输、仓储和邮政业增长26.2%。

全年货物运输总量17449.27万吨，比上年增长1.8%。货物运输周转量507.04亿吨千米，下降4.1%。全年旅客运输总量899.07万人，增长8.1%。旅客运输周转量9.49亿人千米，下降17.2%。全年规模以上港口货物吞吐量18895.84万吨，下降4.8%。

2021年东莞市客（货）运量、周转量表

指标	单位	数值	增长（%）
旅客运输总量	万人	899.07	8.1
#公路	万人	898.88	8.5
旅客运输周转量	亿人千米	9.49	−17.2
#公路	亿人千米	9.48	−17.1
货物运输总量	万吨	17449.27	1.8
#公路	万吨	10044.66	4.1
货物运输周转量	亿吨千米	507.04	−4.1
#公路	亿吨千米	82.84	5.0

全年全市公路通车里程 5266.22 千米，公路密度 214.07 千米 / 百平方千米，公路密度继续位居全省前列。年末全市机动车保有量（民用）364.85 万辆，比上年末增长 6.7%。其中汽车保有量 363.90 万辆，增长 6.7%。

2016—2021年东莞市移动电话用户数

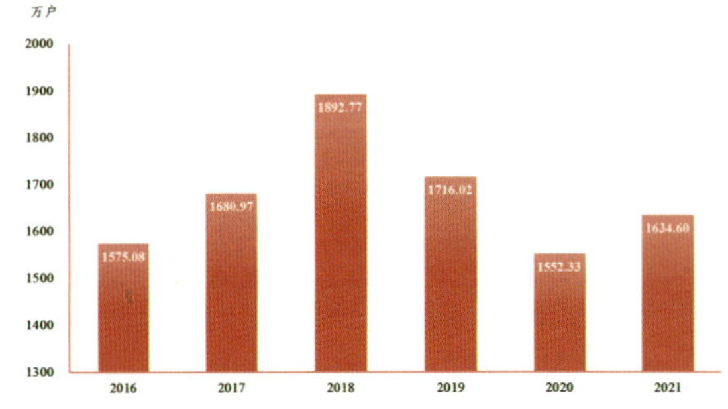

全年完成邮电业务总量527.27亿元，比上年增长18.3%。其中，邮政业务总量（按2020年不变价计算）316.21亿元，增长16.7%；快递业务量26.84亿件，增长26.8%；快递业务收入281.07亿元，增长12.4%；电信业务总量（按2020年不变价计算）211.06亿元，增长20.7%。年末全市固定电话用户216.80万户；移动电话用户1634.60万户。年末固定互联网宽带接入用户397.70万户，增加55.44万户。

五、固定资产投资

2021年，东莞市固定资产投资比上年增长8.2%。按注册类型分，内资经济投资增长8.8%；外资及港澳台资经济投资增长2.6%，其中，港澳台经济投资下降7.6%。

从产业投向看，投资集中在第二、三产业。第二产业投资比上年增长25.3%；第三产业投资下降0.5%。基础设施投资下降15.6%，占固定资产投资比重18.4%；工业投资增长25.3%，占固定资产投资比重39.2%。先进制造业投资增长28.4%，占固定资产投资比重24.3%；高技术产业（制造业）投资增长26.2%，占固定资产投资比重18.4%。

2016—2021年东莞市固定资产投资增长速度

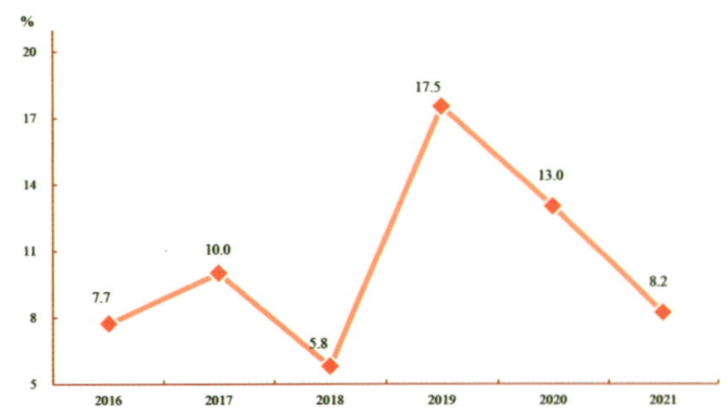

2021年东莞市分行业固定资产投资情况表

行业	增长（%）
总计	8.2
农、林、牧、渔业	-31.8
制造业	25.4
电力、热力、燃气及水生产和供应业	24.8
建筑业	
交通运输、仓储和邮政业	-9.5
信息传输、软件和信息技术服务业	-33.9
批发和零售业	68.5
住宿和餐饮业	-18.5
金融业	-42.9
房地产业	9.2
租赁和商务服务业	7.6
科学研究和技术服务业	-0.2
水利、环境和公共设施管理业	-33.8
居民服务、修理和其他服务业	255.9
教育	40.2
卫生和社会工作	-14.0
文化、体育和娱乐业	-30.1
公共管理、社会保障和社会组织	65.1
第一产业	
第二产业	25.3
第三产业	-0.5

全年完成房地产开发投资比上年增长11.7%。商品房屋建筑施工面积4455.52万平方米，增长3.8%；竣工面积314.41万平方米，增长31.6%。新建商品房网上签约销售面积666.73万平方米，下降25.5%；其中商品住宅销售面积506.55万平方米，下降31.3%。

六、国内贸易

2021年，东莞市社会消费品零售总额4239.24亿元，比上年增长13.3%。分地域看，城镇消费品零售总额3830.19亿元，增长13.5%；乡村消费品零售总额409.05亿元，增长12.3%。分消费形态看，商品零售额3896.45亿元，增长13.3%；餐费收入342.78亿元，增长13.4%。

在限额以上批发和零售业中，粮油食品类零售额比上年下降8.6%，饮料类增长58.9%，烟酒类增长54.8%，服装、鞋帽、针纺织品类下降4.2%，日用品类增长40.8%，汽车类增长3.2%，石油及制品类增长40.3%。全市限额以上单位通过公共网络实现的商品零售额492.75亿元，增长39.5%，占限额以上社会消费品零售总额比重28.3%。

2016—2021年东莞市社会消费品零售总额及增长速度

七、对外及港澳台经济贸易

2021年，东莞市进出口总额15247.03亿元，比上年增长14.6%。其中进口5687.22亿元，增长13.3%；出口9559.82亿元，增长15.4%。“一带一路”沿线国家进出口额3461.76亿元，增长10.3%。

2016—2021年东莞市货物进出口总额及增长速度

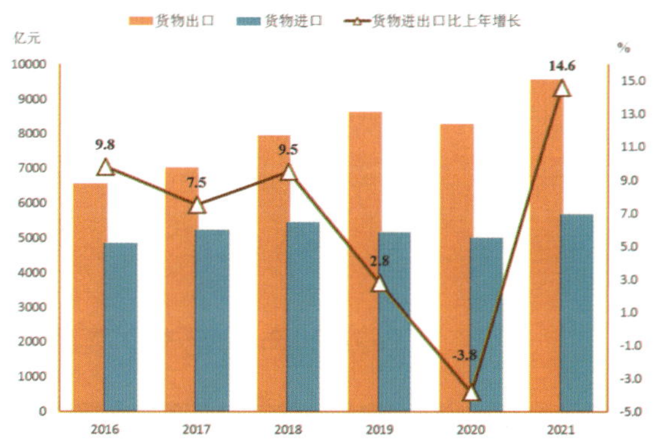

按贸易方式分，一般贸易出口5049.90亿元，比上年增长8.7%；加工贸易出口3312.68亿元，增长6.3%；保税物流出口627.60亿元，增长26.3%。全市跨境电商进出口额730亿元，增长91.8%。市场采购贸易560.57亿元。

按出口的地区分，对“一带一路”沿线国家出口2492.38亿元，比上年增长7.3%；对亚洲出口4784.55亿元，增长11.2%；对北美洲出口2081.73亿元，增长23.4%；对欧洲出口1886.14亿元，增长15.8%；对拉丁美洲出口431.06亿元，增长15.2%；对大洋洲出口177.62亿元，增长19.1%。

2021年东莞市进出口情况表

指标名称	总量（亿元）	增长（%）
进出口总额	15247.03	14.6
#出口总额	9559.82	15.4
其中：一般贸易	5049.90	8.7
加工贸易	3312.68	6.3
其中：机电产品	6745.15	8.1
高新技术产品	3559.08	-1.8
其中：国有企业	2.37	-66.7
三资企业	4080.87	9.5
集体企业	0.11	-83.0
民营企业	5469.85	20.7
#进口总额	5687.22	13.3
其中：一般贸易	1281.66	-3.6
加工贸易	1715.32	9.6
其中：机电产品	4574.94	13.1
高新技术产品	3819.25	17.8
其中：国有企业	2.38	-63.4
三资企业	2719.61	18.0
集体企业	0.0001	-99.0
民营企业	2957.92	9.2
进出口贸易顺差（出口减进口）	3872.60	18.8

2021年东莞市主要国家和地区货物进出口总额情况表

国别（地区）	进出口总额		出口总额		进口总额	
	总量（亿元）	增长（%）	总量（亿元）	增长（%）	总量（亿元）	增长（%）
亚洲	10012.59	13.1	4784.55	11.2	5228.04	14.8
北美洲	2203.36	20.3	2081.73	23.4	121.63	-16.4
欧洲	2075.27	15.7	1886.14	15.8	189.13	15.4
“一带一路”沿线	3461.76	10.3	2492.38	7.3	969.38	18.9
欧盟（27国）	1600.75	19.5	1495.36	19.9	165.39	15.8
东盟（10国）	2088.38	13.8	1267.05	11.8	821.34	17.1
中国香港地区	1702.78	7.3	1687.44	7.4	15.34	-0.5
美国	2063.98	21.1	1951.70	24.2	112.28	-15.1
日本	1001.35	8.9	468.38	20.6	532.98	0.3
韩国	1224.26	20.2	335.35	28.7	888.91	17.3

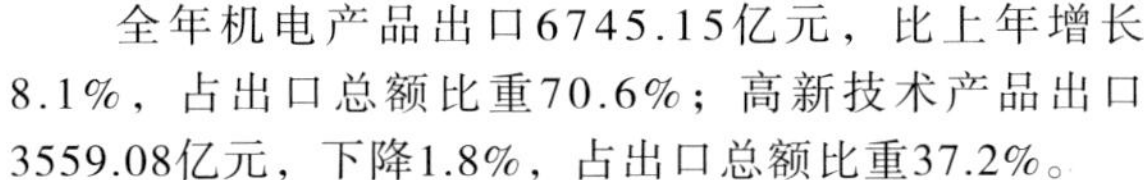

全年机电产品出口6745.15亿元，比上年增长8.1%，占出口总额比重70.6%；高新技术产品出口3559.08亿元，下降1.8%，占出口总额比重37.2%。

全年全市新签外商及港澳台商直接投资项目1205宗，合同外商及港澳台商投资金额232.02亿元，比上年增长40.7%。实际利用外商及港澳台商投资95.32亿元，增长19.7%。其中，制造业实际利用外商及港澳台商投资51.39亿元，增长15.3%，占全市实际利用外商及港澳台商投资比重53.9%。

2021年东莞市主要商品出口情况表

商品名称	金额（亿元）	增长（%）	商品名称	金额（亿元）	增长（%）
机电产品	6745.15	8.1	服装及衣着附件	298.90	35.0
高新技术产品	3559.08	−1.8	塑料制品	313.86	33.9
手机	1028.42	−14.1	纺织纱线、织物及其制品	169.09	10.8
电子元件	1006.20	28.4	玩具	337.66	60.6
电工器材	822.24	8.3	鞋靴	121.80	40.7
自动数据处理设备及其零部件	657.56	−4.2	家用电器	204.95	19.8
文化产品	694.79	48.4	印刷、装订机械及其零件	121.27	25.8
音视频设备及其零件	255.26	−6.9	箱包及类似容器	126.04	39.5
家具及其零件	329.20	19.9	灯具、照明装置及其零件	224.06	57.0

2021年东莞市分行业利用外商及港澳台商投资情况表

行业名称	合同外资（万元）	增长（%）	实际利用外资（万元）	增长（%）
总计	2320178	40.7	953237	19.7
制造业	724853	−71.8	513885	15.3
纺织服装、鞋、帽制造业	26353	−28.0	15082	142.6
家具制造业	−3353	−118.2	10595	−27.4
通用设备制造业	28131	−17.1	14419	−29.4
专用设备制造业	43383	223.3	13893	132.7
电气机械及器材制造业	82653	−28.1	75621	−9.5
计算机、通信和其他电子设备制造业	351468	317.7	201001	14.4
金属制品业	11570	−99.4	21697	114.4
橡胶和塑料制品业	50813	−13.9	33759	33.5
文教、工美、体育和娱乐用品制造业	41657	221.8	10708	44.0
造纸及纸制品业	28522	407.3	8220	209.3
其他制造业	50857	−73.2	103612	13.3
交通运输、仓储和邮政业	101399	153.4	20648	−11.3
批发和零售业	113132	−59.3	37406	−69.3
租赁和商务服务业	1080148	337.0	120225	44.6

八、金融

2021年，东莞市金融业实现增加值697.43亿元，比上年增长5.1%。

年末全市各类金融机构168家，其中银行类机构49家（含1家代表处，7家信用卡中心和1家平安汽车消费金融中心），保险类机构66家，证券期货类机构53家。上市公司66家，后备上市公司357家。

年末金融机构各项本外币存款余额20315.59亿元，比上年末增长11.4%。其中住户存款余额7655.09亿元，增长9.4%。各项本外币贷款余额14931.21亿元，增长16.9%。年末制造业贷款余额、普惠小微企业贷款余额分别增长22.2%、46.6%。

2016—2021年东莞市各项本外币存款、贷款余额

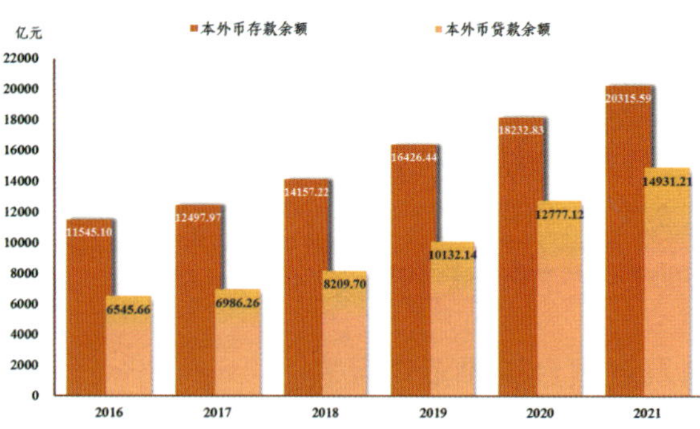

2021年东莞市金融机构存贷款情况表

指标	总量（亿元）	增长（%）
金融机构各项本外币存款余额	20315.59	11.4
#住户存款	7655.09	9.4
金融机构各项本外币贷款余额	14931.21	16.9
本外币存贷比（%）	73.5	3.4
金融机构各项人民币存款余额	19194.21	10.1
#住户存款	7609.65	9.5
金融机构各项人民币贷款余额	14082.26	17.1
人民币存贷比（%）	73.4	4.5

全年股票总成交额36609.62亿元，比上年增长16.4%。年末保证金余额189.89亿元，比上年末增长15.5%；开户数达161.04万户，增长9.3%。

全年全市各类保险保费收入525.20亿元，比上年增长0.4%。其中，财产险保费收入156.57亿元，下降1.7%；人身险保费收入368.63亿元，增长1.3%。全年共支付各项赔款和给付198.81亿元。其中，机动车保险赔付74.61亿元；非车财产险赔付10.03亿元；人身险赔款支出8.03亿元；满期给付76.46亿元；死亡医疗给付13.77亿元。

九、人民生活和社会保障

2021年，东莞市居民收入持续恢复增长，与经济增长基本同步。全年东莞市居民人均可支配收入62126元，比上年增长9.9%。其中，城镇常住居民人均可支配收入63740元，增长9.8%；农村常住居民人均可支配收入43188元，增长11.2%，城乡收入差距进一步缩小。全年东莞市城镇登记失业率为1.55%，控制在3%的目标范围内。

2016—2021年东莞市居民人均可支配收入及增长速度

从收入构成上看，居民人均工资性收入43236元，占人均可支配收入的69.6%，是居民收入的首要来源；其次是人均财产净收入，达12637元，占人均可支配收入的20.3%。

从生活消费支出来看，全年东莞市居民人均生活消费支出39079元，比上年增长14.1%。其中，城镇常住居民人均生活消费支出39803元，增长14.7%；农村常住居民人均生活消费支出30584元，增长13.7%。全市居民恩格尔系数为32.5%，比上年减少0.9个百分点；其中城镇常住居民为32.3%，农村常住居民为36.3%。

2021年东莞市居民人均消费支出及构成

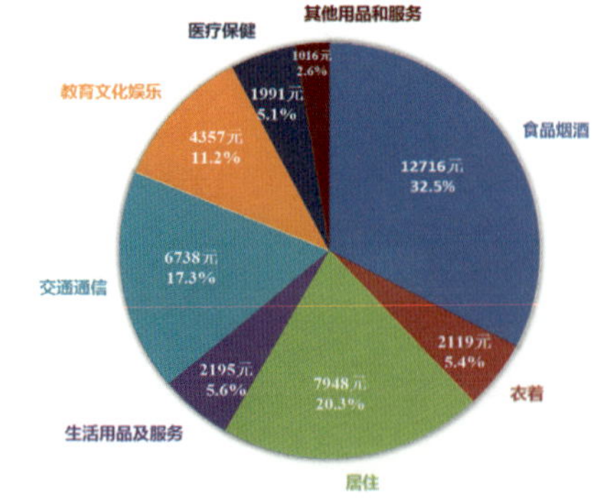

受2020年低基数影响，八大类支出呈现全面增长态势。其中，人均食品烟酒支出增长11.0%，居住支出增长11.5%，生活用品及服务支出增长11.0%，医疗保健支出增长16.7%，衣着支出增长13.9%，交通通信

2021年东莞市教育情况表

指标	招生（万人）	增长（%）	在校生（万人）	增长（%）	毕业生（万人）	增长（%）
普通本专科	3.82	−15.3	13.82	2.8	3.31	−4.9
成人本专科	4.11	46.3	8.39	31.9	1.81	61.6
中等职业技术教育	3.05	−0.3	8.44	0.8	2.61	持平
普通高中	4.19	24.0	10.72	17.2	2.77	0.4
初中	10.48	13.4	27.61	3.9	7.94	7.6
小学	14.39	2.6	84.85	0.7	12.35	13.0
学前教育	12.01	−4.7	38.84	4.7	13.14	−1.9

支出增长11.8%，教育文化娱乐支出增长33.6%，其他用品和服务支出增长19.9%。

全市参加各类社会保险2193.64万人次，其中基本医疗保险658.27万人次，养老保险人数606.43万人次，失业保险454.58万人次，工伤保险474.36万人次。全年社会保险基金总收入1015.73亿元，保险基金总支出988.96亿元；年末社会保险基金累计余额2348.50亿元，上年保险基金结余2321.73亿元。

年末全市社会福利事业单位49个，其中社会福利院1个，社会福利中心1个，敬老院15个，敬老院供养老人816人。社会福利事业单位收养1814人，全年社会救济7779人。全市居民最低生活保障支出9633.62万元，慈善基金结余40414.34万元。全市纳入“特困人员”对象有647人，“特困人员供养金”费用支出1191.9万元。

十、科学技术和教育

2021年，东莞市国家高新技术企业预计达7387家。全市国内专利授权量94573件，比上年增长27.3%；其中，发明专利授权量为11690件，增长34.1%，数量排全省第3位；全市PCT国际专利申请量为4408件，增长16.4%，数量排全省第2位。全市新型研发机构数量32家，其中省级25家。全市各级工程技术研究中心累计总数782家，其中国家级1家，省级497家，市级284家；各级重点实验室累计总数121家，其中国家级1家，省级12家，市级108家。科技企业孵化器119家，其中国家级24家，省级22家，市级52家；众创空间61家，其中国家级22家，省级14家，市级10家。规模以上工业企业设立研发机构比例达47.2%。技术合同成交356项，合同成交额67.79亿元。引进省级创新创业团队总数38个；市级创新科研团队53个。大力推进科技信贷、科技保险等工作，推动16家签合作银行为东莞市2214家企业发放贷款5019笔，贷款金额203.10亿元。推动近500家企业参与投保，总保费4688.77万元，保额968.94亿元，拟发放保费补贴共计1078.98万元。

年末全市幼儿园1244所，比上年末增加38所；其中省、市一级幼儿园633所。全市小学337所，在校学生84.85万人；本市户籍小学学龄儿童入学率达100%，小学毕业生升学率达100%。全市初中205所（不含完全中学），在校学生27.61万人；本市户籍适龄少年初中入学率100%，初中毕业生升学率98.26%。全市普通高中53所，在校生10.72万人；中职学校28所（含技工学校7所），在校生8.44万人。全市普通高等院校9所，在校学生13.93万人；全年普通高等院校共招收本科、专科学生3.82万人，毕业生3.31万人。

十一、文化、卫生和体育

2021年末，东莞市有文化馆1个，文化站33个，公共图书馆657个，公共电子阅览室582个，公办博物馆17个，民办博物馆36个，文化广场756个，电影放映单位136个。全市公共广播节目43套，公共电视节目35套。全年共发行报纸5963.61万份，其中《东莞日报》5856.38万份。电影放映149.42万场次，观众1467.4万人次。

年末全市医疗机构3434个；其中，三级甲等医院7个，门诊部、诊所、医务室、卫生所、社区卫生服务机构等基层医疗机构3298个。全市卫生技术人员6.10万人，医疗机构实有病床3.45万张。全市门诊量6543.54万人次，比上年增长16.8%；住院量110.81万人次，增长12.2%。

全年全市运动员共获得169枚金牌、150枚银牌、200枚铜牌。其中夺得全国赛金牌16枚、银牌12枚、铜牌16枚；广东省赛金牌153枚、银牌138枚、铜牌184枚。全年举办全市全民健身活动1065次，参加人数107.77万人次。全市有各类体育运动场地18642个（座），其中足球场696个，篮球馆394座，室外篮球场（灯光）5593个，健身路径1376条，室外游泳池524个，室内游泳池（馆）159个，室外羽毛球场1511个。全市有体育彩票发行网点1748个，销售总额20.06亿元，体彩公益金5.05亿元，其中市级公益金1.5亿元。

十二、资源、环境和安全生产

2021年，东莞市水资源总量14.54亿立方米，比上年下降27.8%。日供水能力651.25万立方米/日。东莞市共有7个国考地表水监测断面：旗岭、樟村（家乐福）、沙田泗盛、共和村、黄大仙、石龙南河、大墩。全年国考地表水监测断面水质状况：水质优良率（达到或者优于Ⅲ类）为57.1%（4个），Ⅳ类比例为42.9%（3个），无劣Ⅴ类断面。

节能降耗成效显著。全市单位GDP（地区生产总值）能耗下降4.0%；全年规模以上工业综合能源消费量1481.57万吨标准煤，比上年增长8.4%。单位工业增加值能耗下降1.6%。全社会用电量1001.18亿千瓦时，增长14.6%；其中，工业用电696.08亿千瓦时，增长13.9%。

全年城市环境空气质量优良天数为315天，优良天数占比为86.3%，除O_3外，其他主要大气污染物年评价值均达到国家二级标准，其中PM2.5年平均浓度下降至22微克/立方米。

全年雨日天数127天，日照时数2052.9小时，平均气温24摄氏度，相对湿度73%，降水量1425.3毫米。

全市共有13个镇街成功创建广东省森林小镇，有4个村被评为国家森林乡村。共有市级自然保护区6个，面积达8829.9公顷；森林公园21个，面积达33961.3公顷；湿地公园达25个，面积2181.05公顷。

全年全市共发生各类生产安全事故247起，比上年下降15.7%；死亡173人，下降13.5%；受伤175人，增长4.2%；直接经济损失2156.59万元，下降62.2%。全年发生道路和水上交通事故3827起，比上年上升14.4%；死亡418人，下降3.5%；受伤3173人，上升5.6%；直接经济损失752.8万元，下降6.8%。道路交通万车死亡人数为1.15人。

注：

1.本公报中2021年数据为初步统计数；统计图中2016—2020年数据为年报数；最后统计数据以各部门年报及《东莞统计年鉴2022》为准。

2.地区生产总值、各行业增加值、农业总产值绝对数按当年价格计算，增长速度按可比价格计算；地方一般公共预算收支增长速度按可比口径计算。

3.从2011年起，规模以上工业统计口径由年主营业务收入500万元调整为2000万元及以上的工业法人企业；固定资产投资项目统计起点由计划总投资50万元提高到500万元，增速为可比口径。

4.五大支柱产业包括电子信息制造业、电气机械及设备制造业（包括电气机械及器材制造业，仪器仪表制造业，通用设备制造业，专用设备制造业，铁路、船舶、航空航天和其他运输设备制造业以及汽车制造业）、纺织服装鞋帽制造业（包括纺织业，纺织服装、服饰制造业，皮革、毛皮、羽毛及其制品和制鞋业）、食品饮料加工制造业（包括食品制造业，酒、饮料和精制茶制造业，农副产品加工业）、造纸及纸制品业。

四个特色产业包括玩具及文体用品制造业、家具制造业、化工制造业（包括化学原料和化学制品制造业，石油煤炭及其他燃料加工业）、包装印刷业。

先进制造业包括高端电子信息制造业、先进装备制造业、石油化工产业、先进轻纺制造业、新材料制造业、生物医药及高性能医疗器械。

高技术制造业包括医药制造业、航空、航天器及设备制造业、电子及通信设备制造业、计算机及办公设备制造业、医疗仪器设备及仪器仪表制造业、信息化学品制造业。

5.阅读本公报时，请注意统计指标的时间、口径和计算方法等。

6.资料来源：本公报中城镇登记失业率、社会保障数据来自市人力资源和社会保障局；农民专业合作社、龙头企业及“粤字号”农业品牌产品数来自市农业农村局；进出口、利用外商及港澳台商投资数据来自市商务局；公路通车里程、交通运输、公路、水路相关数据来自市交通运输局；邮电业务收入、电话用户等数据来自市邮政、电信、移动等相关运营商；文化馆、文化站、公共图书馆、公共电子阅览室、博物馆、文化广场、公共广播节目、运动员获得奖牌、健身活动、体育彩票发行情况来自市文化广电旅游体育局；电影放映情况来自市委宣传部文明办；年末各类金融机构数据来自市金融工作局；本外币存贷款余额来自市人民银行；股票总成交额及年末保证金余额数据来自证券期货业协会；保险、保费及赔款与给付来自市银保监局；国家高新技术企业家数以及科研成果奖等数据来自市科学技术局；授权量数据来自市市场监督管理局；教育数据来自市教育局；卫生医疗机构、出生和死亡人口等相关数据来自市卫生健康局；福利单位、敬老院等数据来自市民政局；户籍人口数据来自市公安局；气象数据来自市气象局；森林小镇、森林公园、湿地公园、自然保护区等数据来自市林业局；生产安全事故相关数据来自市应急管理局；道路交通事故等相关数据来自市公安局、海事局。

2017—2021年东莞市国民经济和社会发展主要指标表

指标	单位	2017年	2018年	2019年	2020年	2021
年末常住人口	万人	1038.22	1043.77	1045.50	1048.36	1053.68
年末户籍人口	万人	211.31	231.59	251.06	263.88	278.61
地区生产总值	亿元	8079.20	8818.11	9474.43	9756.77	10855.35
第一产业	亿元	22.85	25.83	28.85	30.40	34.66
第二产业	亿元	4416.53	4960.40	5298.93	5534.57	6319.41
第三产业	亿元	3639.82	3831.87	4146.65	4191.80	4501.28
人均地区生产总值	元	78637	84708	90696	93194	103284
全社会固定资产投资增速	%	10.0	5.8	17.5	13.0	8.2
房地产开发	亿元	702.15	736.79	796.54	870.54	972.29
社会消费品零售总额	亿元	3313.05	3637.37	4003.89	3740.14	4239.24
进出口总额	亿元	12264.4	13418.7	13801.7	13303.0	15247.0
出口总额	亿元	7027.4	7955.6	8628.8	8281.5	9559.8
进口总额	亿元	5237.0	5463.1	5172.9	5021.5	5687.2
实际利用外商直接投资	万美元	171893	127247	129092	114499	144997
地方公共财政预算收入	亿元	592.07	649.91	673.2663	694.75	769.57
地方公共财政预算支出	亿元	667.65	765.41	863.0134	840.33	882.53
居民消费价格指数	%	101.4	102.5	103.5	102.9	101.1
全社会用电量	亿千瓦时	760.68	806.64	850.72	873.90	1001.18
工业用电量	亿千瓦时	555.39	580.38	602.53	611.03	696.07
规模以上工业增加值	亿元	3618.19	3914.38	4192.78	4477.91	5008.81
先进制造业增加值	亿元	1920.33	1984.20	2241.94	2371.39	2303.38
高技术制造业增加值	亿元	1459.03	1396.87	1667.52	1769.98	1864.71
公路里程	千米	5262	5262	5284	5223	5266
客运量	万人	4342	3383	3276	831	899
货运量	万吨	16725	17272	17426	17139	17449
港口货物吞吐量	万吨	15713.75	16417.13	19807.96	19856.57	18895.84
港口集装箱吞吐量	万标准箱	391.32	355.95	404.77	379.63	368.49
移动电话用户	万户	1680.97	1892.77	1716.02	1552.33	1634.60
国际旅游外汇收入	万美元	159582	163012	159108	11696	13317
金融机构本外币存款余额	亿元	12497.97	14157.22	16426.44	18232.83	20315.59
住户存款余额	亿元	5160.71	5656.01	6365.70	6998.52	7655.09
金融机构本外币贷款余额	亿元	6986.26	8209.70	10132.14	12777.12	14931.21
税收总额	亿元	2010.63	2263.69	2166.61	2153.19	2412.84
保费收入	亿元	468.27	489.43	561.11	559.77	525.20
专利授权量	件	45204	65985	60419	74303	94573
卫生技术人员	万人	5.06	5.43	5.73	5.89	6.10
执业（助理）医师	万人	1.75	1.95	2.08	2.18	2.29
年末参加基本养老保险人数	万人次	694.49	597.24	593.08	596.94	606.43
年末参加基本医疗保险人数	万人次	566.09	583.30	615.50	631.19	658.27

选　目

2021年中共东莞市委、市委办文件选目表

序号	发布文号	文件名称	发布日期
1	东委发〔2021〕2号	中共东莞市委关于制定东莞市国民经济和社会发展第十四个五年规划和二〇三五年远景目标的建议	1月12日
2	东委发〔2021〕3号	中共东莞市委关于调整东莞市四个街道党组织设置的通知	1月12日
3	东委发〔2021〕4号	中共东莞市委关于成立市十六届人大第七次会议临时党组织的决定	2月2日
4	东委发〔2021〕5号	中共东莞市委关于成立在市政协十三届六次会议临时党组织的决定	2月2日
5	东委发〔2021〕6号	中共东莞市委、东莞市人民政府关于调整部分领导同志分工的通知	2月24日
6	东委发〔2021〕8号	中共东莞市委关于印发《中共东莞市委常委会2021年工作要点》的通知	3月31日
7	东委发〔2021〕10号	中共东莞市委、东莞市人民政府关于全面推进乡村振兴加快农业农村现代化的实施意见	7月13日
8	东委发〔2021〕11号	中共东莞市委关于成立市十六届人大八次会议临时党组织的决定	7月20日
9	东委发〔2021〕12号	中共东莞市委、东莞市人民政府关于市委、市政府领导同志分工的通知	8月10日
10	东委发〔2021〕13号	中共东莞市委关于中国共产党东莞市第十五次代表大会选举工作的通知	9月24日
11	东委发〔2021〕14号	中共东莞市委、东莞市人民政府印发《关于促进中医药传承创新发展实施方案（2021—2025年）》的通知	11月23日
12	东委字〔2021〕1号	中共东莞市委、东莞市人民政府关于全市2020年度工作情况的通报	2月24日
13	东委字〔2021〕2号	中共东莞市委关于做好推动落实2021年市“1+1+6”工作思路重点工作的通知	4月20日
14	东委字〔2021〕6号	中共东莞市委关于印发《法治东莞建设规划（2021-2025年）》的通知	12月29日
15	东委办字〔2021〕1号	中共东莞市委办公室、东莞市人民政府办公室关于全市2020年度党内法规制度建设、信息、督查、档案、保密、值班值守工作情况的通报	2月2日
16	东委办字〔2021〕2号	中共东莞市委办公室、东莞市人民政府办公室印发《关于东莞市领导干部联系基层服务群众工作的若干措施》的通知	2月2日
17	东委办字〔2021〕3号	中共东莞市委办公室、东莞市人民政府办公室关于议事协调机构清理和规范工作有关事项的通知	2月24日
18	东委办字〔2021〕4号	东委办字〔2021〕4号中共东莞市委办公室、东莞市人民政府办公室关于设立东莞市社区矫正委员会的通知	3月15日
19	东委办字〔2021〕5号	中共东莞市委办公室、东莞市人民政府办公室关于印发《东莞市2021年督查检查考核计划》的通知	3月15日
20	东委办字〔2021〕11号	中共东莞市委办公室关于印发《东莞市贯彻落实〈广东省加强党的基层组织建设三年行动计划（2021—2023年）〉的实施方案》的通知	4月27日
21	东委办字〔2021〕15号	中共东莞市委办公室、东莞市人民政府办公室印发《关于全面加强危险化学品安全生产工作的实施方案》的通知	6月28日
22	东委办字〔2021〕16号	中共东莞市委办公室关于印发《中共东莞市委进一步落实全面从严治党主体责任清单》的通知	8月6日
23	东委办字〔2021〕17号	中共东莞市委办公室、东莞市人民政府办公室印发《关于深化改革加强食品安全工作的实施方案》的通知	8月10日
24	东委办字〔2021〕18号	中共东莞市委办公室、东莞市人民政府办公室印发《东莞市对口帮扶韶关市和揭阳市乡村振兴驻镇帮镇扶村工作实施方案》的通知	8月26日

续表

序号	发布文号	文件名称	发布日期
25	东委办字〔2021〕19号	中共东莞市委办公室、东莞市人民政府办公室关于印发《东莞市生态环境保护工作责任清单（试行）》的通知	9月14日
26	东委办字〔2021〕20号	中共东莞市委办公室转发市委组织部、市委统战部《关于十四届市政协委员人选推荐提名的工作方案》的通知	11月5日
27	东委办字〔2021〕21号	中共东莞市委办公室、东莞市人民政府办公室印发《关于巩固拓展市内帮扶成果全面推进乡村振兴的实施方案》的通知	12月7日
28	东委办字〔2021〕23号	中共东莞市委办公室、东莞市人民政府办公室印发《东莞市全面推行林长制的实施方案》的通知	12月27日
29	东委办发〔2021〕1号	中共东莞市委办公室关于认真做好镇领导班子换届工作的通知	5月8日
30	东委办〔2021〕2号	中共东莞市委办公室关于印发《2020年度市委领导班子民主生活会整改方案》的通知	3月29日
31	东委办〔2021〕3号	中共东莞市委办公室、东莞市人民政府办公室关于调整农村工作机构和扶贫工作机构设置的通知	7月14日
32	东委办〔2021〕4号	中共东莞市委办公室关于印发《2021年全市开展纪律教育学习月活动的意见》的通知	8月6日
33	东委办〔2021〕6号	中共东莞市委办公室、东莞市人民政府办公室关于调整市突发事件应急委员会的通知	9月13日
34	东委办〔2021〕7号	中共东莞市委办公室、东莞市人民政府办公室关于成立东莞市全面推行林长制工作领导小组的通知	11月9日
35	东委办〔2021〕8号	关于召开中国共产党东莞市十五次代表大会的通知	12月4日

2021年东莞市人大常委会文件选目表

序号	发布文号	文件名称	发布日期
1	东常〔2021〕1号	东莞市人民代表大会常务委员会公告（第三十五号）	1月5日
2	东常〔2021〕2号	东莞市人民代表大会常务委员会任免名单	1月15日
3	东常〔2021〕3号	东莞市人民代表大会常务委员会关于接受杨朝琴辞去东莞市人大常委会委员职务请求的决定	1月15日
4	东常〔2021〕4号	东莞市人民代表大会常务委员会关于召开东莞市第十六届人民代表大会第七次会议的决定	1月14日
5	东常〔2021〕5号	关于补选刘旭奇为广东省第十三届人民代表大会代表的报告	1月18日
6	东常〔2021〕6号	关于接受郑亚吉辞去广东省第十三届人民代表大会代表职务请求的报告	1月18日
7	东常〔2021〕7号	关于东莞人大推动镇街建立和实施国有资产报告制度的情况报告	1月19日
8	东常〔2021〕8号	东莞市人民代表大会常务委员会公告（第三十六号）	1月28日
9	东常〔2021〕9号	东莞市人民代表大会常务委员会任免名单	2月2日
10	东常〔2021〕10号	东莞市人民代表大会常务委员会决定任免名单	2月2日
11	东常〔2021〕11号	关于调整东莞市第十六届人民代表大会常务委员会代表资格审查委员会组成人员的决定	3月24日
12	东常〔2021〕12号	东莞市人民代表大会常务委员会关于接受周玉佳辞职请求的决定	3月24日
13	东常〔2021〕13号	东莞市人民代表大会常务委员会公告（第三十七号）	3月24日
14	东常〔2021〕14号	东莞市人民代表大会常务委员会免职名单	3月24日
15	东常〔2021〕15号	东莞市人民代表大会常务委员会决定任免名单	3月24日
16	东常〔2021〕16号	东莞市人民代表大会常务委员会任免名单	3月24日
17	东常〔2021〕17号	东莞市人民代表大会常务委员会任免名单	4月16日
18	东常〔2021〕18号	东莞市人民代表大会常务委员会任免名单	4月16日
19	东常〔2021〕19号	东莞市人民代表大会常务委员会关于批准2021年财政预算调整方案的决议	4月16日

续表

序号	发布文号	文件名称	发布日期
20	东常〔2021〕20号	关于调整市人大常委会领导班子成员分工的通知	5月12日
21	东常〔2021〕21号	关于报请批准《东莞市户外广告设施和招牌设置管理条例》的报告	5月6日
22	东常〔2021〕22号	关于我市地方性法规及其他规范性文件涉及行政处罚内容专项清理工作的报告	6月1日
23	东常〔2021〕23号	关于报送《东莞市户外广告设施和招牌设置管理条例》备案有关材料的报告（第三十八号）	6月4日
24	东常〔2021〕24号	东莞市人民代表大会常务委员会关于接受肖亚非辞去东莞市人民政府市长职务请求的决定	6月10日
25	东常〔2021〕25号	东莞市人民代表大会常务委员会决定任免名单	6月10日
26	东常〔2021〕26号	东莞市人民代表大会常务委员会关于吕成蹊副市长代理东莞市人民政府市长职务的决定	6月10日
27	东常〔2021〕27号	东莞市人民代表大会常务委员会免职名单	6月10日
28	东常〔2021〕28号	东莞市人民代表大会常务委员会关于接受周玉佳辞去市第十六届人民代表大会代表职务请求的决定	6月10日
29	东常〔2021〕29号	东莞市第十六届人民代表大会常务委员会公告（第三十九号）	6月10日
30	东常〔2021〕30号	东莞市人民代表大会常务委员会关于乡级人民代表大会代表名额的决定	6月10日
31	东常〔2021〕31号	关于补选张文青为广东省第十三届人民代表大会代表的报告	6月11日
32	东常〔2021〕32号	东莞市人民代表大会常务委员会关于召开东莞市第十六届人民代表大会第八次会议的决定	6月17日
33	东常〔2021〕33号	东莞市人民代表大会常务委员会关于推迟召开东莞市第十六届人民代表大会第八次会议的决定	6月24日
34	东常〔2021〕34号	东莞市人民代表大会常务委员会公告（第四十号）	6月24日
35	东常〔2021〕35号	东莞市人民代表大会常务委员会任免名单	6月24日
36	东常〔2021〕36号	东莞市人民代表大会常务委员会决定任免名单	6月24日
37	东常〔2021〕37号	东莞市人民代表大会常务委员会关于召开东莞市第十六届人民代表大会第八次会议的决定	7月16日
38	东常〔2021〕38号	东莞市人民代表大会常务委员会公告（第四十一号）	7月16日
39	东常〔2021〕39号	东莞市人民代表大会常务委员会关于接受韩巨登、杨晓斌辞去市第十六届人民代表大会代表职务请求的决定	7月16日
40	东常〔2021〕40号	东莞市人民代表大会常务委员会任免名单（市检察院）	7月16日
41	东常〔2021〕41号	东莞市人民代表大会常务委员会任免名单（东莞市中级人民法院）	7月16日
42	东常〔2021〕42号	东莞市人民代表大会常务委员会决定任免名单	7月16日
43	东常〔2021〕43号	东莞市人民代表大会常务委员会任免名单	7月16日
44	东常〔2021〕44号	东莞市人民代表大会常务委员会任免名单	8月26日
45	东常〔2021〕45号	东莞市人民代表大会常务委员会免职名单	8月26日
46	东常〔2021〕46号	东莞市人民代表大会常务委员会任免名单	8月26日
47	东常〔2021〕47号	东莞市人民代表大会常务委员会任免名单	8月26日
48	东常〔2021〕48号	东莞市人民代表大会常务委员会关于接受梁少虾辞职请求的决定	8月26日
49	东常〔2021〕49号	东莞市人民代表大会常务委员会关于批准东莞市2020年市级决算的决议	8月26日
50	东常〔2021〕50号	东莞市人民代表大会常务委员会关于批准2021年财政预算第二次调整方案的决议	8月26日
51	东常〔2021〕51号	东莞市人民代表大会常务委员会关于市镇两级人民代表大会换届选举时间的决定	9月2日
52	东常〔2021〕52号	东莞市人民代表大会常务委员会关于成立市选举委员会和批准镇（街道）选举工作机构的决定	9月2日

续表

序号	发布文号	文件名称	发布日期
53	东常〔2021〕53号	东莞市人民代表大会常务委员会关于接受黄晓雯辞去市第十六届人民代表大会代表职务请求的决定	9月2日
54	东常〔2021〕54号	东莞市人民代表大会常务委员会公告（四十二号）	9月2日
55	东常〔2021〕55号	东莞市人民代表大会常务委员会任命名单	9月3日
56	东常〔2021〕56号	东莞市人民代表大会常务委员会公告（四十三号）	9月4日
57	东常〔2021〕57号	东莞市人民代表大会常务委员会决定任免名单	9月5日
58	东常〔2021〕58号	东莞市人民代表大会常务委员会免职名单	9月6日
59	东常〔2021〕59号	东莞市人民代表大会常务委员会任免名单（法院）	9月7日
60	东常〔2021〕60号	关于我市地方性法规规范性文件涉及计划生育内容专项清理工作的报告	9月8日
61	东常〔2021〕61号	东莞市人民代表大会常务委员会免职名单	10月26日
62	东常〔2021〕62号	关于报请批准《东莞市电动自行车管理条例》的报告	11月2日
63	东常〔2021〕63号	关于东莞市人大常委会领导班子成员分工调整的通知	11月4日
64	东常〔2021〕64号	东莞市人民代表大会常务委员会决定任免名单	11月9日
65	东常〔2021〕65号	东莞市人民代表大会常务委员会任免名单	11月9日
66	东常〔2021〕66号	东莞市人民代表大会常务委员会任免名单	11月9日
67	东常〔2021〕67号	东莞市人民代表大会常务委员会免职名单（法院）	11月9日
68	东常〔2021〕68号	东莞市人民代表大会常务委员会关于批准部分市选举委员会和镇选举委员会组成人员调整的决定	11月9日
69	东常〔2021〕69号	东莞市人民代表大会常务委员会关于接受袁怀宇辞去东莞市人民检察院检察长职务请求的决定	11月9日
70	东常〔2021〕70号	东莞市人民代表大会常务委员会关于蔡永珊代理东莞市人民检察院检察长职务的决定	11月9日
71	东常〔2021〕71号	东莞市第十六届人民代表大会常务委员会关于蔡永珊代理东莞市人民检察院检察长职务的备案报告（省检）	11月17日
72	东常〔2021〕72号	东莞市第十六届人民代表大会常务委员会关于蔡永珊代理东莞市人民检察院检察长职务的备案报告（省人大）	11月17日
73	东常〔2021〕73号	东莞市人民代表大会常务委员会关于接受罗乐英辞职请求的决定	11月30日
74	东常〔2021〕74号	东莞市人民代表大会常务委员会免职名单	11月30日
75	东常〔2021〕75号	东莞市人民代表大会常务委员会决定任免名单	11月30日
76	东常〔2021〕76号	东莞市第十六届人民代表大会常务委员会公告（四十四号）	11月30日
77	东常〔2021〕77号	东莞市人民代表大会常务委员会任免名单（法院）	11月30日
78	东常〔2021〕78号	东莞市人民代表大会常务委员会任免名单（检察院）	11月30日
79	东常〔2021〕79号	东莞市人民代表大会常务委员会任免名单	11月30日
80	东常〔2021〕80号	关于报送《东莞市电动自行车管理条例》备案有关材料的报告（四十五号）	12月13日
81	东常〔2021〕81号	东莞市人民代表大会常务委员会关于废止部分涉行政处罚规范性文件的决定（四十六号）	12月17日
82	东常〔2021〕82号	东莞市第十六届人民代表大会常务委员会公告（四十七号）	12月17日
83	东常〔2021〕83号	东莞市人民代表大会常务委员会决定任免名单	12月17日
84	东常〔2021〕84号	东莞市人民代表大会常务委员会免职名单	12月17日
85	东常〔2021〕85号	东莞市人民代表大会常务委员会任命名单	12月17日
86	东常〔2021〕86号	东莞市第十六届人民代表大会常务委员会关于表彰优秀代表议案建议和先进承办单位的决定	12月17日
87	东常〔2021〕87号	东莞市人民代表大会常务委员会关于批准部分市选举委员会组成人员调整的决定	12月17日

续表

序号	发布文号	文件名称	发布日期
88	东常〔2021〕88号	东莞市人民代表大会常务委员会关于授予王恩哥等17人“东莞市荣誉市民”称号的决定	12月17日
89	东常〔2021〕89号	东莞市人民代表大会常务委员会关于批准市人民政府《推动教育扩容提质　加快公办中小学建设的议案》办理情况报告的决议	12月17日
90	东常〔2021〕90号	东莞市人民代表大会常务委员会关于批准2021年市级第三次财政预算调整方案的决议	12月17日

2021年东莞市人民政府、市府办文件选目表

序号	发布文号	文件名称	发布日期
1	东府〔2021〕1号	东莞市人民政府关于加快打造新动能推动高质量发展的若干意见	2月10日
2	东府〔2021〕3号	东莞市轨道交通TOD范围内城市更新项目开发实施办法	1月14日
3	东府〔2021〕9号	东莞市非物质文化遗产保护与管理暂行办法	1月19日
4	东府〔2021〕10号	关于培育发展战略性产业集群的实施意见	1月18日
5	东府〔2021〕11号	关于请求支持东莞松山湖科学城纳入省重大发展平台的请示	1月8日
6	东府〔2021〕21号	东莞市战略性新兴产业基地规划建设实施方案	1月6日
7	东府〔2021〕23号	关于下达东莞市2021年国民经济和社会发展计划的通知	3月10日
8	东府〔2021〕25号	关于划定东莞市境内普速铁路线路安全保护区的通告	3月15日
9	东府〔2021〕26号	东莞市企业信息公示和信用约束管理办法	3月31日
10	东府〔2021〕28号	东莞市政府投资项目管理办法	2月18日
11	东府〔2021〕29号	关于佛莞城际轨道东莞段设立铁路线路安全保护区的通告	3月25日
12	东府〔2021〕30号	东莞市土地储备管理实施办法（修订）	4月8日
13	东府〔2021〕35号	东莞市国民经济和社会发展第十四个五年规划和2035年远景目标纲要	4月14日
14	东府〔2021〕36号	关于功能区统筹事权划分的实施方案	4月29日
15	东府〔2021〕44号	东莞市“三线一单”生态环境分区管控方案	6月30日
16	东府〔2021〕45号	东莞市校车安全管理办法	7月23日
17	东府〔2021〕46号	东莞市环境违法行为有奖举报办法	7月24日
18	东府〔2021〕47号	东莞市市场主体住所（经营场所）登记管理办法	7月28日
19	东府〔2021〕48号	关于赣深铁路东莞段设立安全保护区的通告	8月11日
20	东府〔2021〕51号	东莞市关于贯彻消防执法改革的实施意见	8月27日
21	东府〔2021〕54号	关于贯彻落实《广东省进一步稳定和扩大就业若干政策措施》的实施意见	9月9日
22	东府〔2021〕56号	关于优化提升12345政务服务便民热线　打造解决人民群众“急难愁盼”问题爱心线的通知	9月10日
23	东府〔2021〕59号	关于落实《东莞市国民经济和社会发展第十四个五年规划和2035年远景目标纲要》主要目标和任务工作分工的通知	9月14日
24	东府〔2021〕62号	关于加强高污染燃料禁燃区环境管理的通告	10月25日
25	东府〔2021〕71号	东莞市新一轮“十百千万百万”人才工程行动方案（2022—2024年）	12月1日
26	东府办〔2021〕2号	东莞市市场采购贸易综合管理办法	1月4日
27	东府办〔2021〕5号	东莞市综合施策解决违法违规占用耕地和历史遗留问题推动土地管理工作健康发展工作方案	1月18日
28	东府办〔2021〕6号	关于全面做好政府债务管理工作的实施意见	1月13日
29	东府办〔2021〕8号	东莞市政府购买社会工作服务实施办法	2月11日
30	东府办〔2021〕11号	2021年重大项目计划和重大预备项目计划	2月24日
31	东府办〔2021〕18号	东莞市全面推行证明事项告知承诺制工作实施方案	4月2日

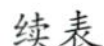

续表

序号	发布文号	文件名称	发布日期
32	东府办〔2021〕20号	东莞市“供水一张网”整合工作方案	4月16日
33	东府办〔2021〕22号	东莞市推进战略性新兴产业基地高质量发展若干措施	4月13日
34	东府办〔2021〕23号	东莞市科技发展专项资金管理办法	5月21日
35	东府办〔2021〕25号	关于大力发展首店经济　促进商业消费升级的若干措施（试行）	5月20日
36	东府办〔2021〕26号	东莞市市域社会治理现代化“十四五”规划	5月24日
37	东府办〔2021〕28号	关于加快推动东莞市人力资源服务业实现高质量发展的实施意见	5月26日
38	东府办〔2021〕29号	东莞市打造品质教育十二项行动计划	6月3日
39	东府办〔2021〕31号	关于高质量推动重大项目谋划工作的意见	6月16日
40	东府办〔2021〕34号	东莞市临时救助办法	7月9日
41	东府办〔2021〕35号	东莞市应急抢险工程管理办法	7月8日
42	东府办〔2021〕36号	关于进一步加强统计基层队伍力量的实施方案	7月12日
43	东府办〔2021〕37号	塘厦镇、厚街镇城乡融合发展省级试点实施方案	7月22日
44	东府办〔2021〕39号	东莞市推动企业发展利用资本市场扶持办法	7月28日
45	东府办〔2021〕40号	东莞市推动企业上市发展三年行动鲲鹏计划	7月28日
46	东府办〔2021〕41号	东莞市重污染天气应急预案	8月23日
47	东府办〔2021〕43号	战略性新兴产业基地“一基地一政策”	7月28日
48	东府办〔2021〕44号	东莞市三限房（共有产权住房）建设和分配试点方案	8月20日
49	东府办〔2021〕45号	莞市推进“一照通行”改革试点实施方案	8月20日
50	东府办〔2021〕48号	东莞市城市轨道交通运营服务成本规制办法（试行）	9月1日
51	东府办〔2021〕50号	实施以社会保障卡为载体的居民服务“一卡通”建设东莞市民卡工作方案（2021—2023年）	10月26日
52	东府办〔2021〕53号	东莞市特色人才特殊政策实施办法	12月1日
53	东府办〔2021〕54号	东莞市省级以上人才计划配套服务实施办法	12月1日
54	东府办〔2021〕55号	东莞市市场监管现代化“十四五”规划	11月30日
55	东府办〔2021〕56号	东莞市金融业发展“十四五”规划	12月9日
56	东府办〔2021〕57号	东莞市教育事业发展第十四个五年规划和2035年远景目标纲要	12月14日
57	东府办〔2021〕59号	东莞市综合交通运输体系发展“十四五”规划	12月24日

2021年《人民日报》涉莞重要报道选目表

序号	日　期	刊载版面	标　题
1	1月1日	客户端	东莞茶博会开幕！推动“莞仓茶”走向全世界
2	1月7日	客户端	赞！这里的劣V国考断面是如何清零的
3	1月10日	客户端	东莞：民生实事代表票决制实现镇级“全覆盖”
4	1月12日	客户端	你留下过年，我给你发钱！东莞多家企业给留莞员工发补贴
5	1月14日	16版通栏	跨越万里的“牵手”
6	1月15日	客户端	人民日报点赞东莞万里援疆，我们还拍下这些镜头……
7	1月16日	客户端	厉害了！“品质东莞”再发力，“十四五”教育要实现五个翻番
8	1月27日	客户端	【粤两会】奋力推动“湾区都市、品质东莞”再上新台阶
9	2月14日	08版副刊	开卷迎新满目春
10	2月15日	客户端	开卷迎新满目春
11	3月3日	14版整版、客户端	东莞　育新机开新局　高质量发展再立潮头

续表

序号	日　期	刊载版面	标　题
12	3月5日	09版	极不平凡的一年　载入史册的答卷（新征程再出发）
13	3月6日	客户端	梁维东代表：坚定不移“hold住”改革开放新优势
14	3月15日	客户端	东莞呈现“湾区都市、品质东莞”绿美山水画
15	3月16日	人民网	【湖北周观察】英雄回“珈”湖北重振
16	3月23日	客户端	打造新动能，构建大湾区软件产业生态圈
17	3月31日	客户端	2021全国城市传播百强榜揭晓，广东三地市进前10，东莞第二！
18	4月12日	客户端	这台“超级显微镜”不一般（走近大科学装置②）
19	4月15日	海外版04版	湾区11城将融入“一小时生活圈”（聚焦大湾区之交通篇①）
20	4月21日	14版	为香港用水提供保障
21	4月21日	海外版04版	跨江达海，湾区城市打通“任督二脉”（聚焦大湾区之交通篇②）
22	4月22日		授予东深供水工程建设者群体“时代楷模”称号
23	4月22日		敢让江水倒流　甘护清波南流
24	4月22日		只为清泉润香江——走近“时代楷模”东深供水工程建设者群体
25	4月24日	客户端	这所以“大湾区”命名的大学，力争2023年招生
26	4月24日		推进全民阅读　建设书香社会（评论员观察）
27	4月25日		近日，中宣部向全社会宣传发布东深供水工程建设者群体的先进事迹，授予他们“时代楷模”称号，号召全社会特别是广大党员干部学习英雄、争做先锋，引发社会强烈反响。香港80%用水来自内地，这背后有着东深供水工程建设者的巨大贡献。1963年，香港百年不遇的严重干旱，让全港350万市民生活陷入困境。当年底，中央批准兴建东深供水工程。1964年东深供水工程动工，沿途几万群众参与，全国15个城市50多家工厂配合，几万名建设者靠肩挑、靠手铲加紧施工。仅用一年时间，一条北起东莞、南至深圳的供水干线完成，成功向香港供水。截至去年底，工程已不间断安全优质对港供水2万多天，累计对香港供水267亿立方米。
28	4月27日	（数字报）12版、人民网	大湾区大学（松山湖校区）启动建设
29	4月27日	客户端	莞邑亮灯，致敬“时代楷模”东深供水工程建设者
30	5月2日	客户端	“永远跟党走”东莞市第六届合唱节　百万产业工人唱赞歌颂党恩
31	5月8日	客户端	又一警察牺牲：推开战友与嫌犯搏斗，身中多刀倒地
32	5月9日	客户端	东莞茶山“古村游+非遗”受热捧
33	5月10日	06版	带着知识和梦想回馈家乡（湾区新青年）
34	5月11日	19版深度关注·把好传统带进新征程专题	对党绝对忠诚　勇于实干担当（⑧）
35	5月13日	客户端	血洒沃土铸平安　燃尽芳华耀金盾
36	5月13日	人民资讯	英雄一路走好！东莞民警黎伟标追悼会举行，市民自发送别
37	5月17日	08版整版	东莞　精准科学依法，坚决打赢污染防治攻坚战
38	5月17日		“让我们更加坚定了扎根中国市场的信心”
39	5月19日	头版，02版	海阔天空　奋发有为（大湾区　大未来）
40	5月19日	客户端	国际博物馆日，东莞在松山湖开了间“望野博物馆”
41	5月20日	04版	学习百年辉煌党史　加快科技自立自强（奋斗百年路　启航新征程·学党史　悟思想　办实事　开新局）
42	5月22日	客户端	1483亿元项目签约！“世界工厂”挺进全球“先进制造之都”
43	5月22日	人民资讯	东莞横沥玉兰女子城市执法服务队上线

续表

序号	日　期	刊载版面	标　题
44	6月3日	15版	日均接种疫苗能力超23万剂次　东莞完成95%目标人群第一针接种
45	6月10日	客户端	你在老人前跪着的样子，真美！
46	6月16日	客户端	在东莞做科研是种什么体验？外籍科学家的发言亮了！
47	6月17日	05版	以环境聚人才　用创新谋发展（现场评论·大湾区　大未来④）
48	6月19日	客户端	广东东莞13个重点区域执行封闭管理
49	6月19日	人民网	广东东莞报告一例本土确诊病例　详情公布
50	6月21日		东莞麻涌镇今晚将开展全员核酸检测工作
51	6月21日		提醒！东莞麻涌镇将对部分路段实施交通管制
52	6月22日	客户端	东莞大学生贾某某是如何传染上的？这个通报说清楚了……
53	6月22日	客户端	责无旁贷！广东高水平医院会战核酸筛查“闪电战”
54	6月22日	人民网	广东新增2例本土确诊病例　深圳东莞各1例
55	6月22日	人民网	广东东莞查明确诊大学生感染来源
56	6月22日	人民网	广东东莞一高校升级为疫情中风险地区
57	6月22日	人民网	广东东莞本轮疫情与广州疫情来自不同传染源
58	6月23日	客户端	全市、全员！东莞核酸检测1117.95万人，目前1116.21万人全阴
59	6月23日	人民网	广东东莞1116.21万人核酸采样结果公布 均为阴性
60	6月23日	人民网	广州新华学院（东莞校区）：所有学生宿舍、教师公寓封闭管理
61	6月23日	人民网	雨中抱着核酸样本箱奔跑的女护士火了！莞邑全城为她点赞
62	6月24日	人民网	广东东莞停运所有城市候机楼及机场专线
63	6月24日	人民网	暴雨中坚守！东莞市民与医护人员风雨中合力护住帐篷
64	6月25日	客户端	东莞3例本土确诊均感染Delta变异株
65	6月28日	客户端	广东东莞麻涌封控小区，解封！
66	6月28日	客户端	东莞学生如何感染？流调：未戴口罩经过感染者餐桌
67	6月30日	客户端	打卡岭南美术馆！“百年百图”再现东莞百年光辉历程
68	7月1日	人民网	广东三起疫情社区传播均已阻断
69	7月3日	客户端	年逾八旬的东莞优秀党员杨宝霖：惟愿为党尽力终身
70	7月6日	客户端	7月6日零时起，深圳东莞取消出省管控措施
71	7月7日	海外版	跨境电商规模5年增长近10倍　市场采购贸易方式快速发展
72	7月16日	客户端	莞产红色广播剧，声述“东江水流长”
73	7月20日	客户端	讲好太平手袋厂故事，传承改革开放基因
74	7月21日	客户端	东莞“英雄母亲”献身革命，还将7个子女送上抗日战场
75	7月31日	04版	中央宣传部、退役军人事务部、中央军委政治工作部、全国双拥办联合发布“最美拥军人物”先进事迹
76	8月6日	01版	粤港澳大湾区开出今年第200趟中欧班列
77	8月6日	客户端	“容”归故里，“庚”续文脉！“容庚与东莞”大型系列展开幕
78	8月15日		孩子为环卫工母亲申请路灯多亮15分钟！结局很舒适
79	8月16日	17版	中国式现代化新道路越走越宽广（当代西行漫记）
80	8月22日	客户端	投资超百亿！东莞滨海湾15个重大项目集中开工
81	8月24日	客户端	落实五大任务　提升“书香东莞”
82	8月27日	客户端	为制造业注入金融“活水”　东莞“鲲鹏行动”助力企业上市发展
83	9月2日	客户端	学位停车位就业岗位都增加了！东莞虎门这样“学党史　办实事”
84	9月8日	客户端	月壤到莞！松山湖材料实验室启动首批样本研究
85	9月12日	客户端	东莞、目标——广东省基础教育高质量发展“新名片”

续表

序号	日　期	刊载版面	标　题
86	9月14日	11版	广东东莞出台书香镇街测评指标
87	9月30日	客户端	东莞因公牺牲民警被追授“一级英模”
88	9月30日	微信公众号	痛心！那个把救心丸给了群众的民警走了
89	10月8日	客户端	广东省新职业技术技能大赛将于10月15日在东莞市举行
90	10月11日	客户端	2021粤港澳大湾区文采会下月“点亮”东莞
91	10月12日	客户端	东莞4700余台套科研仪器上线“设备超市”
92	10月12日	客户端	东莞滨海湾：成立仅4年，引投资意向4550亿元
93	10月14日	客户端	智能移动终端产业往何处去？专家齐聚东莞共话数字化转型
94	10月16日	客户端	广东省新职业技术技能大赛在东莞开幕
95	10月18日	客户端	民建东莞市委会感怀“与中国共产党风雨同舟”
96	10月20日	客户端	全国双创周广东分会场燃爆东莞松山湖
97	10月20日	客户端	【权威解读】松山湖：立足大湾区打造具有全球影响力的科学城
98	10月24日	客户端	华为开发者大会：用全新AI技术赋能鸿蒙生态
99	10月24日	客户端	华为鸿蒙系统设备数突破1.5亿　智能座舱汽车有望年底面世
100	10月24日	客户端	华为：首款鸿蒙座舱汽车最快今年底面世
101	10月24日	客户端	涉案金额百亿元！东莞清溪警方破获跨国非法经营外汇大案
102	10月28日	客户端	全班只有8名学生！今后这类“特殊”班将覆盖东莞每个镇街
103	11月3日	12版	东莞试点普通学校开设特教班
104	11月4日	客户端	潮玩电商引领，“世界工厂”玩具业强势逆袭
105	11月5日	客户端	“让一让，我们是医生！”西藏高原突发车祸，6名东莞医生冲进人群！
106	11月7日	客户端	创建让群众满意的城市文明　东莞虎门创文见闻
107	11月11日	客户端	总额1亿元！这是东莞给7处革命文物上的保险
108	11月12日	客户端	东莞老鞋匠，为近千位特殊人士制作“定制鞋”
109	11月14日	客户端	万人誓师！高素质“东莞义警”守护“双万”莞邑
110	11月18日	客户端	梁世雄个展在东莞举办，大批手稿文献首度集结面世
111	11月18日	客户端	梁世雄中国画艺术展在岭南美术馆精彩亮相
112	11月19日	客户端	牵手潮玩，解锁国漫“新玩法”！第十二届漫博会东莞开幕
113	12月2日	客户端	【粤港澳院士峰会】院士专家硬核科技成果亮相东莞松山湖
114	12月8日	客户端	东莞松山湖：人才优先，打造全球影响力的科技创新高地
115	12月10日		“双万”新起点，东莞市委书记真情告白：是人才，“进莞”来！
116	12月15日		东莞通报：255292份核酸检测结果均为阴性
117	12月15日	客户端	“橙”意满满，东莞百家党支部“为韶关拼单”
118	12月17日	客户端	东莞全市大规模核酸筛查全部结果已出，阴性！
119	12月17日	客户端	刚刚，东莞公布新增确诊病例情况
120	12月17日	客户端	东莞记者见证党代会延期，就地切换“抗疫”报道模式
121	12月17日	客户端	暖！东莞医护进校园测核酸　萌娃回赠鲜花卡片
122	12月18日	客户端	东莞：虽有疫情“唔使惊”，物资供应保障足
123	12月18日	客户端	东莞现有9名确诊患者均在大朗镇，2086名密接均纳入管控
124	12月18日	客户端	广东新增本土确诊病例2例，均为东莞报告
125	12月19日	客户端	医护核酸采样顺手救了心脏骤停男子
126	12月20日	客户端	东莞抗疫医护急需毛衣御寒？大朗商家：直接送，再捐1900件
127	12月22日	客户端	东莞本轮疫情已确诊21例！专家：形势严峻，但总体可控
128	12月22日	客户端	疫情对企业经营产生影响？东莞出手“纾困解难”了

续表

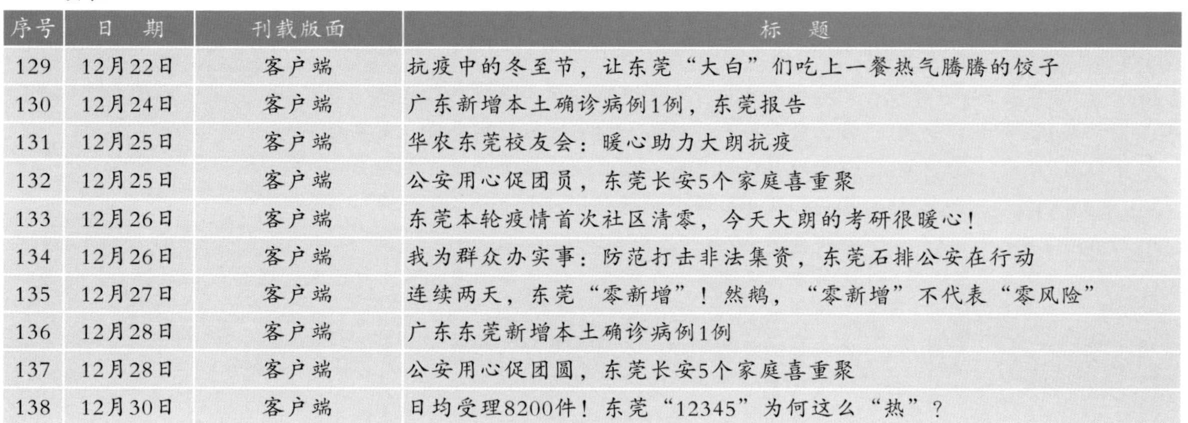

序号	日 期	刊载版面	标 题
129	12月22日	客户端	抗疫中的冬至节，让东莞“大白”们吃上一餐热气腾腾的饺子
130	12月24日	客户端	广东新增本土确诊病例1例，东莞报告
131	12月25日	客户端	华农东莞校友会：暖心助力大朗抗疫
132	12月25日	客户端	公安用心促团员，东莞长安5个家庭喜重聚
133	12月26日	客户端	东莞本轮疫情首次社区清零，今天大朗的考研很暖心！
134	12月26日	客户端	我为群众办实事：防范打击非法集资，东莞石排公安在行动
135	12月27日	客户端	连续两天，东莞“零新增”！然鹅，“零新增”不代表“零风险”
136	12月28日	客户端	广东东莞新增本土确诊病例1例
137	12月28日	客户端	公安用心促团圆，东莞长安5个家庭喜重聚
138	12月30日	客户端	日均受理8200件！东莞“12345”为何这么“热”？

2021年新华社涉莞重要报道选目表

序号	日期	刊播版面（栏目）	标题
1	1月15日		国家残疾人体育训练基地在东莞揭牌
2	1月27日		世界工厂的“细胞代谢”：中国沿海制造业高质量发展调查
3	1月28日	《新华每日电讯》9版整版	东莞破局的“转型之痛”：中国沿海制造业高质量发展调查（二）
4	1月30日		广东东莞：奖励超过2000元 留厂过年福利多
5	2月3日	客户端	“留下来多挣好几千”——“世界工厂”东莞数百万“打工人”选择就地过年
6	2月3日	客户端	倡导就地过年 东莞走“薪”更走心！
7	2月8日		疫情防控有力助推珠三角首现“用工暖冬”
8	2月10日		珠三角美资工厂“战”疫记
9	2月11日		线上也有“家乡味” 这届年轻人选择“云过年”
10	2月13日		“云团圆”亲情不远祝福不变
11	2月15日		就地过年不孤单 大城市里也可寻“乡土”
12	2月16日		东莞消防部门开展“消防安全进万家”活动
13	2月21日	客户端	春节后中国制造业迅速恢复生产
14	3月1日	《新华每日电讯》07版	“世界工厂”节后复工走上“快车道”
15	3月3日	《新华每日电讯》02版	开好“顺风车”建设“百花园”听听中国对外开放的新故事
16	3月5日		“共享员工”缓解用工荒，推广需完善法律层面配套
17	3月6日		东莞大岭山镇抢抓发展新机遇
18	3月16日	客户端	东莞古村乘上艺术东风 走出乡村振兴新路子
19	3月23日	客户端	7000多份胆道结石怕了吗？来这里体验当胆石“医生”
20	4月20日	客户端	在大湾区 感悟百年历史变迁
21	4月23日		大湾区综合性国家科学中心先行启动区（松山湖科学城）全面启动
22	4月23日		世界地球日，东莞生态治理故事在欧洲传播
23	4月24日		图书馆在“流动”
24	4月25日		东深供水工程建设者事迹引发社会强烈反响
25	4月27日	新华网	中科院云计算中心分布式存储联合实验室在广东成立

续表

序号	日期	刊播版面（栏目）	标题
26	5月3日		“永远跟党走”东莞市第六届合唱节正式启动
27	5月3日	客户端	雷兰曦和陈雨菲分获全国羽毛球冠军赛男、女单冠军
28	5月3日	客户端	全国羽毛球冠军赛：雷兰曦胜孙飞翔获男单冠军
29	5月8日	新华网	东莞一民警处警时遭嫌犯持刀袭击　不幸牺牲
30	5月12日		广深佛莞4市目标人群接种率超40%
31	5月17日		湾区潮涌千帆竞——写在《深化粤港澳合作，推进大湾区建设框架协议》签署4周年前夕
32	5月17日	新华网	港莞联动协同创新　大湾区里有大机遇
33	5月24日		东莞统筹60平方公里土地发展新兴产业
34	5月27日		感受岭南风采、共话开放创新——“国际青年中国行”走进广东
35	5月29日		第13届中国国际商标品牌节9月将在东莞召开
36	6月4日	新华网	广东省“6·3”虎门销烟182周年纪念日活动举行
37	6月6日		广东多地对口支援广州核酸检测
38	6月10日	新华网	大白跪姿为老人小孩做核酸
39	6月11日	客户端	致敬！“战疫”一线，他们因何下跪？
40	6月22日	客户端	东莞一地升级，全国现有高中风险区1+12个，都在广东
41	6月22日	客户端	广东东莞市麻涌镇广州新华学院（东莞校区）调整为中风险地区
42	6月22日	客户端	广东东莞通报确诊学生感染来源东莞定于6月21日开展全员核酸检测
43	6月22日	新华网	广东新增2例本土确诊病例，在深圳和东莞
44	6月22日	新华网	东莞开展全市全员核酸检测莞警全力保驾护航
45	6月23日		下好一盘棋，织好幸福网，东莞走出特色“数字政府”发展之路
46	6月23日	客户端	东莞：暂时关闭全市网吧、游泳池、图书馆等场所
47	6月23日	客户端	东莞连续报告3例确诊病例，曾同一时间出现在这家麦当劳
48	6月23日	客户端	东莞新增1例确诊病例为住校学生，为前一日确诊病例的同学
49	7月7日		广东东莞发现中华穿山甲繁殖种群
50	7月27日		工信部：全力推动5G行业应用创新和规模化发展
51	7月28日		工信部部长肖亚庆：聚焦重点行业应用需求　高质量推进5G规模化应用
52	7月31日		中央宣传部、退役军人事务部、中央军委政治工作部、全国双拥办联合发布“最美拥军人物”先进事迹
53	8月15日		孩子为环卫工母亲申请路灯多亮15分钟！结局很舒适
54	8月24日	客户端	粤港澳大湾区基层医院发展探新路
55	8月29日		广东东莞：54秒！近20人抬车救人
56	9月9日	中国新华新闻电视网	这里是东莞
57	9月12日	客户端	东莞推出系列措施推动教育高质量发展
58	9月20日		昔日宫灯点亮万千百姓家
59	10月1日	新华网	东莞：税惠如同“及时雨”　助力企业高质量发展
60	10月2日	新华网	“十一”黄金周东莞隐贤山庄化身为红色趣味乐园
61	10月2日	新华网	金秋欢乐旅游季　东莞观音山欢乐迎国庆
62	10月14日	客户端	第五届“创客广东”大赛决赛在东莞举行
63	10月14日	客户端	水文监测员陈舟旋：与江海为伴　坚守40载
64	10月17日		广东东莞大益胜深圳马可波罗

续表

序号	日期	刊播版面（栏目）	标题
65	10月18日	通讯稿	中国散裂中子源成港澳高校科研创新“新平台”
66	10月23日	新华网	华为正式发布HarmonyOS 3开发者预览版，构建亿亿连接的新基石
67	10月23日	客户端	全国首趟“东莞常平号”中欧班列经霍尔果斯口岸出境
68	11月13日	客户端	为“不一样的脚” 做双合适的鞋
69	11月17日	新华视点	岭南画派名家梁世雄400余件作品在东莞展出
70	11月19日	《新华每日电讯》10版	潮玩正当时，千余动漫IP亮相第十二届漫博会
71	11月20日	新华网	第十二届中国国际影视动漫版权保护和贸易博览会在东莞开幕
72	11月22日		东莞潮玩产业链让企业实现自主品牌升级
73	11月23日	客户端	“飞跃松山湖20年”之引领时代：未来新起点
74	12月6日		松山湖建园20周年图片展亮相东莞
75	12月16日		广东东莞2例确诊病例新冠病毒基因测序结果为德尔塔变异株
76	12月17日	客户端	广东东莞公布4例确诊病例详情 其中3例为密接转确诊
77	12月17日	客户端	广东省东莞市部分区域疫情风险等级调整
78	12月17日	客户端	广东东莞多地调整为中风险地区
79	12月18日	客户端	广东东莞目前所发现感染者均属同一传播链
80	12月18日	客户端	广东昨日新增本土确诊病例2例，均为东莞报告
81	12月23日		WCBA：上海、东莞夺得最后两张季后赛门票
82	12月24日	新华网	冲锋！警察蓝并肩战“疫”线
83	12月25日	新华网	最大埋深106米 广东深江铁路珠江口隧道掘进
84	12月26日	新华网	东莞无新增确诊病例 大朗第七轮核酸检测全阴
85	12月31日		广东东莞市大朗镇4个封控、管控区域解除管理措施

2021年中央广播电视总台涉莞重要报道选目表

序号	日 期	频 道	刊播栏目	标 题
1	1月17日	CCTV-13	新闻周刊	疫情下的回家路
2	1月10日	央广网		加速汇聚创新要素 东莞松山湖新组建4个学院（平台）
3	1月14日	CCTV-17	致富经	90后小伙儿新招发鱼财
4	1月15日	央广网		2021年投入超130亿元 东莞全力推进品质教育建设
5	1月15日	央视新闻客户端		背靠威远岛森林公园，面朝伶仃洋，湾区大学全面启动建设
6	1月18日	CCTV-13	新闻直播间	广东东莞：企业发福利 鼓励员工留莞过年
7	1月23日	央视新闻客户端		7小时缩短至2小时！赣深高铁东莞段隧道全部贯通
8	1月24日	央视新闻客户端		发红包、给补贴、奖全勤 就地过年 各地留人有妙招
9	1月24日	CCTV-2	央视财经评论	就地过年 留人用薪 更要用心
10	1月3日	CCTV-13	新闻直播间	广东东莞：企业发福利 鼓励员工留莞过年
11	1月3日	央广网		百万特等奖奖励！东莞松山湖创新创业大赛引项目集聚
12	1月6日	央视新闻客户端		广东省71个地表水国考断面水质全部消除劣V类
13	1月7日	CCTV-2	正点财经	广东东莞：治污攻坚换来生态红利 落后村由此迎来发展良机
14	1月28日	CCTV-13	新闻直播间	各地冬泳火热 胆大扛冻就行吗？穿越世界著名海峡 以冬泳挑战极限
15	1月31日	央视新闻客户端		专访李泽湘：大湾区建设带动科创产业迈上新台阶

续表

序号	日期	频道	刊播栏目	标题
16	2月1日	CCTV-9	特别呈现	《制造时代》纪录片《了不起的工人》
17	2月1日	CCTV-6	中国电影报道	广东省2020年票房达25.94亿　连续19年蝉联省份冠军有何秘诀?
18	2月2日	CCTV-9	特别呈现	《制造时代》纪录片《人在商界》
19	2月3日	CCTV-1	新闻联播	赣深高铁广东段开始铺轨
20	2月4日	央视新闻客户端		面对订单激增　企业积极转型迎挑战
21	2月4日	CCTV-2	经济半小时	留守，为了更好的团圆
22	2月7日	央广网		粤港澳大湾区开出今年第30趟中欧班列
23	2月9日	央视新闻客户端		景点门票、培训补贴……广东南粤春暖稳岗留工行动来了!
24	2月10日	央视新闻客户端		1个调度系统+16个线上平台　广东人社搭建共享用工对接平台
25	2月12日	CCTV-13		广东东莞：工地上品川味年夜饭　留粤过年也有家味道
26	2月13日	CCTV-13		就地过年，这些新玩法你解锁了吗
27	2月17日	CCTV-1	焦点访谈	身在他乡　暖在身边
28	2月21日	CCTV-17	乡土中国	《寻味东莞》第一集《得天独厚》
29	2月22日	CCTV-17	乡土中国	《寻味东莞》第二集《山水相逢》
30	2月22日	CCTV-17	中国三农报道	广东东莞：400年老牛市保留至今
31	2月22日	央视网		400年老牛市保留至今! 广东东莞居然这样卖牛
32	2月26日	央广网		东莞2021一号文发布! 打造发展新动能
33	2月28日	CCTV-2	对话	打造城市创新牵引力
34	2月28日	CCTV-17	乡土中国	《寻味东莞》第三集《欢宴流转》
35	3月1日	CCTV-2	第一时间	广东东莞：调控房地产市场　限购年限和信贷政策趋严趋紧
36	3月10日	CCTV-1	新闻联播	增进民生福祉　决胜全面小康
37	3月11日	CCTV-13	新闻直播间	两会访谈节目
38	3月14日	CCTV-1	新闻联播	樱花之约
39	3月18日	CCTV-2	经济信息联播	“3·15”在行动　广东东莞：市场监管部门突击查处问题钢材
40	3月19日	央视网		东莞发布政策解答：新入户首套房需符合双半年
41	3月27日	CCTV-1	新闻联播	按梯次推进　我国加快新冠疫苗接种
42	3月27日	CCTV-13	新闻直播间	网格化摸排不论户籍　加强流动人口接种
43	3月28日	央视新闻客户端		新冠疫苗接种加速各地便民有技巧
44	4月3日	CCTV-13	新闻直播间	广东东莞：水下森林似仙境　生态治污显成效
45	4月6日	CCTV-13	新闻直播间	东莞黎氏大宗祠：以德为本　孝义当先
46	4月6日	CCTV-17	谁知盘中餐	肥而不腻的广式腊肠
47	4月7日	CCTV-3	文化十分	东莞黎氏大宗祠：以德为本　孝义当先
48	4月10日	CCTV-1	晚间新闻	广东东莞　加大科技研发投入　助力企业数字化转型
49	4月10日	CCTV-3	文化十分	《使命》等三部原创粤剧亮相梅兰芳大剧院
50	4月18日	央视新闻客户端		最美的风景在路上! 祖国那么大　赶紧去看一看
51	4月18日	央视新闻客户端		崇尚孝德文化　这个山村很有内涵!
52	4月19日	央广网		散裂中子源，湾区有神器
53	4月19日	央视新闻客户端		粤港澳大湾区给创业者带来无限机会
54	4月19日	央视新闻客户端		创新从娃娃抓起　大湾区孵化机器人教育企业
55	4月19日	CCTV-7	讲武堂	烽火东江第一集南粤铁流
56	4月20日	CCTV-3	文化十分	由东莞广播电视台协助摄制的东莞市茶山镇南社村：古村落传播孝道新风尚
57	4月21日	央视新闻客户端		荔枝林长出的国之重器　吸引海外学子归国发展

续表

序号	日 期	频 道	刊播栏目	标 题
58	4月21日	央视新闻客户端		虎门鸦片战争博物馆：近代史的扉页　大湾区的新篇
59	4月21日	CCTV-1	新闻联播	东深供水工程建设者　全力保障香港供水生命线
60	4月21日	CCTV-1	焦点访谈	要高山低头　令河水倒流
61	4月22日	央广网		3年供应5000套人才房　东莞发布松山湖科学城建设意见
62	4月22日	央视新闻客户端		走进华为小镇——溪流背坡村
63	4月22日	CCTV-1	新闻联播	中宣部授予东深供水工程建设者群体时代楷模称号
64	4月22日	CCTV-1	时代楷模发布厅	中共中央宣传部关于授予东深供水工程建设者群体时代楷模称号
65	4月22日	央视新闻客户端		要高山低头　令河水倒流　这项跨越半个多世纪的工程凝聚着祖国对香港最深沉的爱
66	4月23日	CCTV-1	新闻联播	广东东莞松山湖科学城启动建设
67	4月23日	央视新闻客户端		超千亿投资！大湾区综合性国家科学中心先行启动区正式奠基
68	4月24日	CCTV-3		一生之书
69	4月29日	央视新闻客户端		今起旅客可通关！这条连接粤澳的客运航线复航啦
70	5月2日	央视新闻客户端		广东男篮第11次夺得CBA总冠军
71	5月2日	央视新闻客户端		腾飞大湾区　未来必可期
72	5月3日	CCTV-7	讲武堂	《烽火东江》第三集《生死运输》
73	5月4日	大湾区之声	湾区早晨	东莞：2021年茶园游会线上启动：五月茶山歌豪迈，千年古村迎客来
74	5月5日	CCTV-1	新闻联播	粤港澳大湾区快闪：唱响我和我的祖国
75	5月5日	大湾区之声	湾区速递	上央视啦！献礼五四，莞港澳青年深情告白祖国
76	5月6日	CCTV-1	新闻联播	港澳青年扎根大湾区逐梦未来
77	5月6日	央视网		港澳青年扎根大湾区逐梦未来
78	5月6日	CCTV-13	新闻30分	多领域便利政策　港澳青年逐梦大湾区
79	5月6日	央视网		多领域便利政策　港澳青年逐梦大湾区
80	5月6日	央广网		港澳青年扎根大湾区　乘风破浪逐梦大未来
81	5月8日	央视新闻客户端		早啊！新闻来了
82	5月9日	央视新闻客户端		点名表扬！国办印发通报督查激励2020年真抓实干成效明显地方
83	5月14日	大湾区之声		东莞制定数字政府十四五发展规划，全力打造湾区高品质数字之都
84	5月14日	大湾区之声	湾区在线	散裂中子源，湾区有神器
85	5月15日	大湾区之声	湾区早晨	东莞打造不动产一天办改革品牌
86	5月17日	央广网		党史学习教育掀热潮　广东东莞长安镇党史学习教育十百千万党员志愿宣讲全面启动
87	5月17日	大湾区之声	湾区在线	多次登上央视！东莞宝藏馆长把这些惊心动魄的故事讲到了国外！
88	5月18日	CCTV-1	新闻联播	从世界工厂走向世界湾区
89	5月18日	央视新闻客户端		从世界工厂走向世界湾区　大湾区超级供应链上线！
90	5月19日	CCTV-1	新闻联播	国际博物馆日主会场活动在京举行
91	5月19日	大湾区之声	湾区在线	“5·18”国际博物馆日：松山湖望野博物馆开馆
92	5月20日	央视新闻客户端		这5.6万平方公里热土　习近平格外关切
93	5月20日	大湾区之声	湾区早晨	东莞将建人力资源服务产业园先行区
94	5月20日	央视新闻客户端		你无法想象，他们为了“平安”二字有多拼

续表

序号	日期	频道	刊播栏目	标题
95	5月22日	大湾区之声	湾区在线	东莞战略性新兴产业招商大会召开
96	5月22日	央广网		首批1万亩！东莞七大战略性新兴产业基地面向全球揭榜招商
97	5月27日	中国之声	新闻有观点	东莞居住项目内严禁建别墅，中心城区禁止规划层数低的住宅
98	5月29日	央广网		广东东莞长安首家民办学校党群服务中心启用
99	5月31日	CCTV-13	24小时	东莞接种人数不断上升　市民需提前预约
100	5月31日	CCTV-13	新闻直播间	关注广东疫情　东莞接种人数不断上升　市民需提前预约
101	5月31日	央视新闻客户端		东莞疫苗接种人数不断上升　市民需提前预约
102	6月2日	央视新闻客户端		广东东莞：新增在莞外国人新冠疫苗接种点　设立多语种服务热线
103	6月2日	国际在线		广东东莞：新增在莞外国人新冠疫苗接种点　设立多语种服务热线
104	6月3日	CCTV-1	新闻联播	广东：以更大魄力在更高起点上推进改革开放　推动高质量发展
105	6月3日	CCTV-13	今日中国广东篇·粤百年风云路　启时代新征程	挂图作战　深莞联手全流域系统性治水
106	6月3日	CCTV-13	奋斗百年路　启航新征程·今日中国	串珠成链　筑起湾区创新走廊
107	6月7日	CCTV-13	新闻直播间	虎门镇：从重要防线到快递重镇特别节目
108	6月8日	大湾区之声	湾区在线	东莞17镇街今日开展大规模核酸筛查
109	6月10日	CCTV-2	正点财经	服务机器人行业调查　扫地机器人销售火爆　高端产品受青睐
110	6月12日	大湾区之声	湾区在线	广东扶贫济困日暨东莞慈善日活动　东莞历年累计募得11亿元善款　80多万人次受益
111	6月13日	大湾区之声	湾区早晨	东莞绿色信贷规模居广东地级市首位
112	6月15日	CCTV-13	新闻直播间	广东东莞：龙舟文化传承　小龙舟文创受青睐
113	6月15日	CCTV-2	经济信息联播	广东东莞：小龙舟文创受青睐
114	6月15日	大湾区之声	湾区在线	第四届粤港澳对接一带一路建设论坛将于9月在莞举行
115	6月17日	CCTV-13	朝闻天下	原材料价格持续上涨　制造业不断承压
116	6月17日	CCTV-13	朝闻天下	关注原材料价格上涨　国家出台措施　帮助企业渡过难关
117	6月17日	CCTV-2	正点财经	国家出台措施　帮助企业渡过难关
118	6月17日	央视新闻客户端		原材料价格持续上涨　制造业不断承压　国家出手帮企业渡难关
119	6月19日	央广网		东莞南城街道发现1例新冠肺炎确诊病例
120	6月19日	央广网		东莞对部分镇街高速路口采取交通管制
121	6月19日	央广网		因疫情防控需要　东莞康华医院紧急停诊！
122	6月19日	央广网		东莞5镇街6月18日至19日上午开展大规模核酸筛查
123	6月19日	CCTV-13	朝闻天下	广东东莞昨日新增1例本土新冠肺炎确诊病例　东莞对13处重点区域采取封闭管理措施
124	6月19日	CCTV-4	今日环球	广东东莞昨日新增1例本土确诊病例
125	6月19日	CCTV-4	中国新闻	广东东莞昨日新增1例本土确诊病例
126	6月19日	央视新闻客户端		广东东莞新增1例本土确诊病例　详情公布
127	6月19日	央视新闻客户端		东莞新增1例本土确诊病例　14天内未离开东莞未接触入境人员
128	6月19日	央视新闻客户端		广东东莞5镇街6月18日至19日上午开展大规模核酸筛查
129	6月19日	央视新闻客户端		东莞对有关镇街开展全员检测：约250万人，19日出结果

续表

序号	日 期	频 道	刊播栏目	标 题
130	6月19日	央视新闻客户端		广东东莞对13处重点区域采取封闭管理措施　多个高速路口只进不出
131	6月19日	央视新闻客户端		即日起　东莞南城街道暂停接种新冠疫苗
132	6月19日	中央人民广播电台		6月19日起东莞候机楼各站点暂停发班
133	6月20日	CCTV-2	经济信息联播	东莞新增1例确诊病例　连夜完成250万人核酸筛查
134	6月20日	CCTV-2	第一时间	广东东莞昨日新增1例本土确诊病例
135	6月20日	CCTV-4	今日环球	广东东莞昨日新增1例本土确诊病例
136	6月20日	CCTV-4	中国新闻	广东东莞昨日新增1例本土确诊病例
137	6月20日	CCTV-13	朝闻天下	广东东莞昨日新增1例本土新冠肺炎确诊病例　东莞对13处重点区域采取封闭管理措施
138	6月20日	CCTV-13	新闻直播间	广东东莞新冠肺炎疫情防控　已对五个镇街开展全员核酸检测
139	6月20日	CCTV-13	新闻30分	国家卫健委通报6月18日新冠肺炎疫情　新增确诊30例其中本土6例均在广东
140	6月20日	CCTV-13	新闻30分	广东东莞　昨日新增1例确诊病例　9小时连夜完成250万人核酸采样
141	6月20日	央视新闻客户端		广东东莞：离莞出省须持有48小时内核酸检测阴性证明
142	6月20日	央广网		今明两日　东莞又有3个镇街开展大规模核酸筛查
143	6月20日	央广网		全阴！东莞13个封闭点第一轮核酸结果公布
144	6月20日	央广网		非必要不离莞！东莞实施分级分类管控措施
145	6月20日	大湾区之声	湾区在线	东莞九小时连夜完成250万人核酸筛查
146	6月21日	央视新闻客户端		广东东莞报告1例确诊病例　系此前确诊病例的密切接触者
147	6月21日	央视新闻客户端		封闭、封控区域暂停线下教学！广东东莞学校采取分级分类疫情防控
148	6月21日	央广网		东莞市麻涌镇报告1例新冠肺炎确诊病例
149	6月21日	央广网		东莞市封闭、封控区域暂停线下教学
150	6月21日	央广网		只进不出！东莞麻涌镇全镇定为封控区
151	6月21日	央广网		东莞本轮疫情与广州疫情分属不同传染源
152	6月22日	CCTV-2	天下财经	广东东莞20日新增1例确诊病例为输入关联本地病例密切接触者
153	6月22日	央视新闻客户端		广东东莞今天起全市开展全员核酸检测
154	6月22日	央视新闻客户端		广东东莞麻涌镇一区域由低风险地区调整为中风险地区
155	6月22日	央视新闻客户端		东莞所有城市候机楼及机场专线停运
156	6月22日	央视新闻客户端		广东东莞：中考考务人员须100%接种疫苗
157	6月22日	央广网客户端		东莞高校确诊学生感染来源与18日确诊夫妻相关
158	6月22日	央广网客户端		东莞中考时间不变涉考人员须100%进行核酸检测
159	6月22日	央广网客户端		东莞市麻涌镇一区域升为中风险地区
160	6月22日	央广网客户端		东莞定于6月21日开展全市全员核酸检测
161	6月23日	央视新闻客户端		东莞核酸大筛查共计采样1117.95万人已出结果1116.21万人均为阴性
162	6月23日	央视新闻客户端		东莞强化封控区物资保障菜篮子供应充足
163	6月23日	央视新闻客户端		广州新华学院（东莞校区）已全面停止线下教学
164	6月23日	央视新闻客户端		东莞新增2例确诊病例轨迹公布这些人员请务必进行申报
165	6月23日	央视新闻客户端		广东东莞新增1例本土新冠肺炎确诊病例行程轨迹公布
166	6月23日	央广网客户端		6月21日东莞麻涌镇新增1例本土确诊病例
167	6月23日	中国新闻网		东莞1116.21万人核酸检测结果全为阴性

续表

序号	日　期	频　道	刊播栏目	标　题
168	6月23日	中国新闻网		东莞核酸检测人员雨中狂奔转移样品
169	6月24日	CCTV-2	第一时间	广东新一轮强降雨来袭
170	6月24日	CCTV-13	24小时	广东新一轮强降雨来袭
171	6月24日	央视新闻客户端		东莞市调整防控措施暂停100人以上聚集性活动
172	6月24日	央视新闻客户端		听说全网都在寻找这位女护士?
173	6月25日	央视新闻客户端		广东东莞：6月22日至今无新增本土确诊病例
174	6月25日	央视新闻客户端		东莞市中考将增设封控区域考点和封闭区域考点
175	6月25日	央广网		东莞本轮首例确诊病例在莞家人4次核酸均为阴性
176	6月26日	CCTV-13		东莞：加强离莞出省管控　引导超两万人退票和改签
177	6月26日	CCTV-2	经济信息联播	新冠疫情防控　广东东莞：此前确诊3例本土病例均感染德尔塔毒株
178	6月26日	CCTV-13	共同关注	新冠肺炎疫情防控·广东东莞3例本土确诊病例均感染德尔塔变异株
179	6月26日	央视新闻客户端		广东东莞核酸检测志愿者在雨中工作两小时：尽自己微薄之力
180	6月26日	央视新闻客户端		东莞：加强离莞出省管控　引导超两万人退票和改签
181	6月26日	央视新闻客户端		广东东莞：完成两剂次接种人数累计达559.58万人
182	6月26日	央视新闻客户端		广东东莞：解封区域将继续执行7天的严控管理措施
183	6月26日	央视新闻客户端		广东东莞：今天再对4镇（园区）进行全员核酸筛查
184	6月26日	央视新闻客户端		东莞发布《关于调整封控区疫情防控措施的通告》
185	7月1日	央视新闻客户端		广东三起疫情社区传播均已阻断
186	7月6日	央视新闻客户端		7月6日零时起　深圳东莞出省无需48小时核酸阴性证明
187	7月7日	CCTV-2	正点财经	疫情防控不能放松　广东东莞：中风险地区清零　城市候机楼恢复广州班车
188	7月7日	大湾区之声	湾区在线	东莞预计9月份开展3至17岁人群疫苗接种工作
189	7月8日	央视网		广东东莞：近20年首次监测到野生中华穿山甲种群
190	7月8日	央视新闻客户端		近20年来首次！广东东莞发现野生中华穿山甲群
191	7月12日	大湾区之声	湾区速递	东莞发现穿山甲区域将设保育区
192	7月13日	大湾区之声	湾区速递	东莞首个村级党史学习主题馆落成开放
193	7月14日	大湾区之声	湾区速递	东莞首个村级党史学习主题馆落成开放
194	7月15日	大湾区之声	湾区速递	广东扶贫济困日暨东莞慈善日已认捐1.03亿元
195	7月15日	大湾区之声	湾区速递	国家级口罩设备标准工作组落户东莞
196	7月16日	央视新闻客户端		80后香港青年在广东东莞实现田园创业梦
197	7月16日	大湾区之声	湾区在线	好消息！东莞空气治理获2800万元专项资金
198	7月17日	CCTV-1	焦点访谈	保供应　稳物价　强内功
199	7月17日	央广网		广播剧《东江水流长》：声述东莞故事　传承红色文化
200	7月20日	CCTV-7		纪录片《英雄母亲》
201	7月24日	大湾区之声	湾区在线	东莞台博会扩容　计划招商超400家
202	7月27日	CCTV-13	朝闻天下	5G行业应用成重点　实现三大重点指标
203	7月29日	大湾区之声	湾区在线	莞家系列产品上线！指尖上的政务服务让群众少跑腿
204	7月29日	CCTV-1	晚间新闻	爱篮球　场上见！独腿斗士骆祥健的篮球路
205	7月29日	央视网		爱篮球　场上见！独腿斗士骆祥健的篮球路
206	7月30日	大湾区之声	湾区在线	佛山经广州至东莞城际力争12月底前开工建设
207	7月30日	CCTV-2		《寻味东莞》第一集《得天独厚》

续表

序号	日　期	频　道	刊播栏目	标　题
208	7月31日	CCTV-7 CCTV-12		闪亮的名字——最美拥军人物发布仪式
209	8月1日	大湾区之声	湾区在线	东莞187家食品及行业相关企业亮相创食会
210	8月1日	CCTV-2		《寻味东莞》第三集《欢宴流转》
211	8月7日	CCTV-1	晚间新闻	分享容庚学术人生　激励后人开拓进取
212	8月7日	大湾区之声微信公众号		想不到吧，他们在东莞耕出农业新路！
213	8月8日	央视新闻客户端		东莞：暂时关停酒吧、KTV、棋牌室、麻将馆等场所
214	8月16日	CCTV-1	晚间新闻	看见活力中国　制造业加速高质转型
215	8月19日	央视新闻客户端		东莞瞪羚育成术：世界工厂进阶科创策源与成果转化高地
216	8月19日	CCTV-13	新闻直播间	制造业新观察　高技术制造业发展越来越快
217	8月25日	央广网客户端		东莞出台三限房建设分配试点方案
218	8月28日	CCTV-2		《寻味东莞》第三集《欢宴流转》
219	8月29日	CCTV-2	正点财经	广东东莞：一家四口翻车被困　警民联手54秒成功救人
220	8月30日	大湾区之声	湾区在线	广东首金！东莞妹陈敏仪勇夺东京残奥会射箭W1级团体冠军
221	9月1日	CCTV-13	朝闻天下	我国5G基站数即将突破百万　手机终端连接数超3.92亿
222	9月3日	CCTV-13	新闻联播	首届粤港澳大湾区购物节开幕
223	9月4日	CCTV-2	正点财经	广东东莞：新一代锂动力电池取得新进展
224	9月10日	央视网		世界工厂东莞外贸稳步恢复　前7月增长15.6%
225	9月16日	央广网		莞加强商品房预售款收存管理
226	9月22日	大湾区之声	湾区在线	港澳青年就业创业可获补助　享东莞市民同等待遇
227	9月25日	国际在线		专家学者齐聚东莞探讨高价特药破局之道
228	9月26日	央视新闻客户端		东莞常平号中亚班列24日成功首发
229	9月26日	央视新闻客户端		赣深高铁顺利牵手广深城际
230	10月2日	央视新闻客户端		广东海警摧毁一特大涉黑涉恶犯罪团伙　抓获15人　缴获枪支4支
231	10月4日	CCTV-13	新闻直播间	陈和生：大国重器背后的逐梦者
232	10月4日	央视新闻客户端		大国重器背后的逐梦者　陈和生：国家需求始终是我的首选项
233	10月13日	大湾区之声	湾区在线	2021年全国文采会东莞站11月5日至7日举行
234	10月21日	央广网		全国双创周广东分会场活动在东莞启动
235	10月22日	CCTV-13	新闻直播间	广东东莞　美丽中国·秋之韵　候鸟秋日迎风舞　都市稻浪绘小康
236	10月23日	CCTV-1	新闻联播	积极作为深入推进粤港澳大湾区建设　打造高质量发展典范
237	10月23日	中国之声		产业联动粤港澳，青年逐梦大湾区
238	10月23日	大湾区之声	湾区在线	媒体聚焦东莞双创政策服务，探寻台港澳青年成才密码
239	10月24日	央视新闻客户端		华为宣布将发布自研鸿蒙编程语言　鸿蒙设备数量已超1.5亿
240	10月26日	CCTV-2	经济半小时	国产箱包：向内突围
241	10月30日	央视新闻客户端		全班只有8名孩子？设置这种特殊班级背后原因让人暖心
242	11月11日	CCTV-13	朝闻天下	勇攀科技高峰　创新决胜未来　中国散裂中子源四台谱仪投入运行
243	11月11日	央视新闻客户端		别怕，我牵着你！东莞小学生一个动作暖哭网友！
244	11月12日	大湾区之声	湾区在线	第十二届台博会开幕
245	11月12日	央视新闻客户端		中国散裂中子源四台谱仪在广东东莞投入运行
246	11月13日	央视新闻客户端		为不一样的脚　做一双合适的鞋

续表

序号	日　期	频　道	刊播栏目	标　题
247	11月14日	CCTV-13	朝闻天下	广东东莞·郭楠：为充满活力的美好生活点赞
248	11月17日	央广网		第十二届漫博会11月18日至21日在东莞举办
249	11月17日	CCTV-13	新闻直播间	广东东莞　创新禁毒宣传方式　警醒世人远离毒品
250	11月18日	央视新闻客户端		472.98亿元！虎门港综保区助力东莞市外贸稳增长
251	11月19日	CCTV-1	晚间新闻	第十二届中国国际影视动漫版权保护和贸易博览会开幕
252	11月19日	大湾区之声	湾区在线	第十二届中国国际影视动漫版权保护和贸易博览会开幕
253	11月19日	央视新闻客户端		新时代　新动漫打造国潮特色　第十二届漫博会开幕
254	11月19日	大湾区之声	湾区在线	东莞数字政府建设成果亮相全球智慧城市大会
255	11月20日	CCTV-2	正点财经	广东东莞：乘国潮东风　动漫产业发力原创寻求突破口
256	11月22日	大湾区之声	湾区在线	莞台学子共同诵读经典传承弘扬中华优秀传统文化
257	11月26日	CCTV-13	新闻直播间	关注人才新风向方向新变化：更注重基础研究
258	11月29日	央视新闻客户端		赣深高铁11月27日全线按图试运行
259	12月1日	大湾区之声	湾区在线	2021粤港澳院士峰会暨松山湖科学会议在东莞举行
260	12月2日	CCTV-13	朝闻天下	广东东莞　2021粤港澳院士峰会开幕
261	12月2日	央视新闻客户端		院士来了，东莞这所学校瞬间沸腾了，秒变大型追星现场
262	12月2日	CCTV-13	朝闻天下	广东东莞　2021粤港澳院士峰会开幕
263	12月2日	央视新闻客户端		院士来了，东莞这所学校瞬间沸腾了，秒变大型追星现场
264	12月4日	大湾区之声	湾区在线	2021粤港澳大湾区公共文化和旅游产品（东莞）采购会开幕
265	12月4日	央视新闻客户端		广东东莞积极探索特殊员工就业新模式　实现残疾人就业增收
266	12月8日	大湾区之声	湾区在线	东莞举行湾区社保服务通宣讲会
267	12月9日	大湾区之声	湾区在线	2021年东莞高层次人才活动周开幕
268	12月15日	央视新闻客户端		广东东莞：离莞出省须持有48小时内核酸阴性证明　严控聚集性活动
269	12月15日	央视新闻客户端		广东东莞大朗镇开展全员核酸检测　医务人员连夜奋战
270	12月15日	央视网		东莞：严控聚集性活动　强化重点场所防控措施
271	12月16日	央视新闻客户端		广东东莞新增确诊病例活动轨迹公布　7个镇（园区）筛查结果公布
272	12月17日	央视新闻客户端		广东东莞公布新增确诊病例详细活动轨迹
273	12月17日	央视新闻客户端		广东东莞全市大规模核酸筛查结果均为阴性　大朗将开展第三轮大规模核酸检测
274	12月17日	央视新闻客户端		广东东莞市多地由低风险地区调整为中风险地区
275	12月17日	央视新闻客户端		广东东莞市累计报告新冠肺炎确诊病例8例
276	12月17日	央视新闻客户端		齐心抗疫，守住绿码！为东莞加油！
277	12月18日	央视新闻客户端		广东东莞续发病例均在密闭空间传播感染　属于同一传播链
278	12月18日	央视新闻客户端		广东东莞已排查密切接触者2086人　全部纳入管控范围
279	12月18日	央视新闻客户端		广东东莞大朗镇生活物资供应充足　价格平稳　保障有序
280	12月18日	央视新闻客户端		广东昨日新增本土确诊病例2例均为东莞报告
281	12月18日	CCTV-2	消费主张	腌腊红火　年味渐浓：广式腊肠怎么做？
282	12月19日	央视新闻客户端		广东东莞大朗镇将开展第五轮大规模核酸检测
283	12月19日	CCTV-13	新闻直播间	2021东莞杯国际工业设计大赛落幕
284	12月21日	央视新闻客户端		广东东莞将在大朗镇内增设研究生考试考点
285	12月22日	央视新闻客户端		广东东莞坚决防止疫情外溢　呼吁非必要不离莞
286	12月22日	央视新闻客户端		广东东莞通报确诊病例详细活动轨迹

续表

序号	日 期	频 道	刊播栏目	标 题
287	12月22日	央视新闻客户端		广东东莞新增6例新冠肺炎确诊病例详情公布
288	12月23日	央视新闻客户端		广东东莞市公布2名新增新冠肺炎确诊病例详情
289	12月23日	央视新闻客户端		东莞市通报2例新增新冠肺炎确诊病例活动轨迹
290	12月24日	央视新闻客户端		广东东莞大朗镇新增确诊病例所在学校已被纳入封控管理
291	12月25日	央视新闻客户端		广东东莞新增1例新冠肺炎确诊病例
292	12月26日	央视新闻客户端		广东东莞昨日无本土确诊病例
293	12月26日	央视新闻客户端		广东东莞本轮疫情首次零报告　基本实现社区清零目标

2021年《南方日报》涉莞重要报道选目表

序号	日 期	刊载版面	标 题
1	1月1日	A06版	东莞：啃下帮扶硬骨头，助力乡村振兴
2	1月4日	A09版	生态环境保护督察视角下的茅洲河治理
3	1月5日	DC02版	资本项目便利化改革减少企业“脚底成本”
4	1月5日	DC01版	产业援疆打造　经济发展新引擎
5	1月5日	DC03版	新改扩建学校32所　新增学位3.7万个
6	1月5日	DC04版	一片茶叶串起一条产业链
7	1月8日	A05版	东莞做好服务企业大文章　一键办事　“企莞家”让企业省事
8	1月8日	DC01版	多个指标在2020年各项排行榜跻身前列　榜单上的品质东莞彰显发展正能量
9	1月8日	DC02整版	医疗援疆传帮带　文化润疆暖人心　东莞助力三师图市提升软实力
10	1月8日	DC03版	产业聚集效应催生中国家具“东莞标准”
11	1月12日	DC01版	东莞打造“技能人才之都”升级版
12	1月12日	DC04版	倍增企业引领东莞科技创新
13	1月12日	DC03版	东莞对口帮扶助鲁甸残疾人走向新生活
14	1月15日	DC01版	推进“1+12”行动　实现五个“翻一番”
15	1月18日	A12版	迈向制造强国须打好关键核心技术攻坚战
16	1月19日	DC01版	东莞制造，这个春节不打烊
17	1月19日	DC01版	岭南股份打造滨海门户性生态公园东宝公园昔日滩涂变身网红打卡地
18	1月19日	DC02版	东莞在去年全省民政重点工作综合评估中获评优秀民生建设交出温暖答卷
19	1月19日	DC04版	塘厦城市品质攻坚发打硬仗
20	1月21日	A11版	中欧班列：“疫”中突围
21	1月22日	DC01版	城市“拓空间”构建美好生活
22	1月22日	DC02版	东莞攻坚交通　搭建湾区都市“四梁八柱”
23	1月22日	DC04版	东莞多措并举推进城市交通拥堵治理
24	1月22日	DC04版	东江管网工程助力“水净风清”
25	1月24日	A06版整版	东莞：科技引领打造湾区先进制造业中心
26	1月25日	A06版整版	“世界工厂”蝶变“湾区都市”
27	1月25日	A05版	东莞推动绿色攻坚，再塑城市品质
28	1月26日	DC01版	省十三届人大四次会议东莞市代表团热议省政府工作报告　当好地级市高质量发展领头羊
29	1月26日	A05版	推动粤港澳大湾区实现　“一张网、一张票、一串城”
30	1月26日	A07版	佛山、东莞代表：沉心静气发展实体经济
31	1月26日	A09版	推动广深莞中　科学城联动发展

续表

序号	日期	刊载版面	标题
32	1月26日	DC03版整版	全力稳住外贸基本盘　加快构建新发展格局　东莞全力推动外贸高质量发展
33	2月2日	DC01-04版	极不容易　极不平凡——经济高质量发展的“东莞策”
34	2月2日	DC01-04版	完善机制　为投资松绑建设大湾区成本洼地
35	2月2日	DC01-04版	调整结构　筑牢优势建高质量现代产业体系
36	2月2日	DC01版	提升效益　产业提质打造广东高质量发展名片
37	2月2日	DC02版	转换动能　科创引领提升先进制造业发展能级
38	2月2日	DC03版	优化供给　探索制造业供给侧结构性改革范例
39	2月2日	DC04版	培育企业　品牌强企构建高质量发展“东莞军团”
40	2月4日	A09版	GDP没过万亿，为什么说东莞经济还是强？
41	2月6日	A06版	东莞南部各镇将加快建设一批高品质、低成本、优环境的产城融合新社区　打造深莞深度融合“引爆点”
42	2月7日	A03版	青年人才驿站可申请免费入住
43	2月8日	DC01版	四个加法背后，是更了不起的东莞
44	2月8日	DC01版	新动能、新品质、新追求　两会折射东莞发展新思路
45	2月8日	DC02版	更有雄心的东莞　立志造好这座“城”
46	2月8日	DC03版	强调归属感　体现更有温度的“莞家”气质
47	2月8日	DC03版	东莞打造更有温度　更有吸引力的人才高地
48	2月8日	DC03版	启新一轮城市品质提升　世界工厂迈向生态之都
49	2月8日	DC04版	清溪水“碧水攻坚战”成典型案例
50	2月14日	A02版	一步一景　一祠堂一展览
51	2月14日	A01版	150家景区迎客超433万
52	2月14日	A02版	金牛哞哞报春早　南粤处处露欢颜
53	2月15日		他们在，平安在！一组海报带你感受东莞公安护航春节温暖瞬间
54	2月15日		让“美丽”平安绽放！一组海报聚焦东莞推进烟花爆竹“打非治违”专项行动
55	2月17日	A03版	工地不停工　服务更周到
56	2月17日	A04版	车间不停摆　过年“不打烊”
57	2月19日	A01-A02版	制造业大市奏响开工序曲
58	2月19日	A01版	新春开门红粤企抢先机
59	2月22日	A05版	部分创新企业新品订单是去年总销量的数倍粤企生产忙　订单接不停
60	2月27日	A07版	东莞将“打造新动能”纳入政府考核
61	3月1日	头版A08版	谋建一批千亿级战略性新兴产业集群
62	3月1日	A06版	东莞：培育新兴产业　打造广东高质量发展名片
63	3月2日	DC01版	市政府“一号文”首提打造新动能
64	3月2日	DC02版	守住东莞“城市原点”让千年古城展新颜
65	3月4日	A01版　A08版	用心担当履职尽责　议好国是谋好发展
66	3月5日	A06版	东莞：“犇”向新征程　打造广东高质量发展名片
67	3月5日	DC01版	念好“土地经”　激活新动能
68	3月5日	DC03版	争当东莞高质量发展“领头羊”
69	3月5日	DC04版	虎门以新担当新作为加快高质量发展
70	3月5日	DC02版	引才留才的东莞密码
71	3月6日	A12版	大力培育“链主”企业　强化区域产业协作
72	3月7日	A07版	以城市品质提升引领经济社会综合转型　东莞：雕琢新品质　重塑竞争力

续表

序号	日 期	刊载版面	标 题
73	3月9日	DC01版整版	全国人大代表、东莞市委书记梁维东：当好广东地级市高质量发展领头羊
74	3月9日	A05版半版	布局7大产业基地，培育千亿级、万亿级产业集群东莞：激活新动能 再造增长极
75	3月9日	DC03版	东莞召开2021年教育扩容提质千日攻坚行动推进会 今年将新改扩建公办中小学45所
76	3月9日	DC02版	东莞黑臭水体变形记 去年水环境改善幅度全国第三全省第一，今年计划实现黑臭河涌清零
77	3月10日	A10版	“工业上楼”助力东莞高质量发展
78	3月11日	A08半版	东莞 锻造新优势 融入新格局
79	3月11日	A09版	扶贫项目要落地 俯下身子多沟通
80	3月12日	DC01半版	推进10个铁路建设项目和5个城市轨道交通项目未来五年东莞织密城市轨道交通网
81	3月12日	DC01半版	“工业上楼”助东莞提升“亩均产值”
82	3月12日	DC02整版	在全国创新大局中展现东莞作为
83	3月13日	A14版	获赤几国家最高荣誉奖
84	3月14日	A02版	众志成城啃下“硬骨头”
85	3月16日	DC03版	中堂镇产城融合谋划“弯道超车”
86	3月16日	DC04版	石排镇将实施“六大行动”推动高质量发展
87	3月16日	DC04版	谢岗镇拟打造粤港澳生态发展创新区
88	3月16日	A09版	东莞发布加强房地产市场调控政策解答 二套房社保要求由2年改为3年
89	3月16日	DC02版	2021年东莞品质制造高峰论坛聚焦“品质的力量” 传统制造业加速打造新动能
90	3月16日	DC01版	市消委会处理投诉超3.8万件，为消费者挽回损失超3851万元
91	3月19日	DC02大半版	5年治理水土流失 140平方公里
92	3月19日	DC02版	东莞年底前 将实现社工站全覆盖
93	3月23日	DC04整版	招大引强培育跨国公司投资热土
94	3月23日	DC03版	聚力新经济打造新动能 松山湖软件产业新经济效益凸显
95	3月23日	DC02版	东莞计划今年为超700万人接种
96	3月26日	DC01版整版	过去5年金融业增加值累计增长60.3%，3年内将推动100家企业上市 东莞力争全部镇街实现上市企业破零
97	3月26日	WD01版	百年风华 永续奋斗
98	3月26日	WD02版 WD03版	回首百年辉煌路砥砺奋进绽风华
99	3月26日	WD04版	东莞美术经典中的党史
100	3月26日	WD06版	传承红色精神血脉 领略莞邑英杰风采
101	3月26日	WD07版	追寻红色记忆 传承革命精神
102	3月26日	DC02版	东莞各大文化场馆携手学校推出各类活动 让博物馆成为学校教育第二课堂
103	3月28日	A01版	扎实稳妥有效推进教育整顿为建设更高水平平安广东法治广东提供有力保障
104	3月30日	DC02版	开“弓”
105	3月30日	DC03版	滨海湾新区搭建港澳青创新平台
106	3月30日	DC01版	东莞为高成长性项目提供空间支撑
107	3月30日	DC02版	以学生为中心推进课程变革创新“博物馆进校园”提速提质
108	3月30日	DC03版	乡镇粤剧团登上国家级大舞台
109	4月2日	DC02版	东莞专精特新企业数量三年增长3.6倍 政府鼓励符合条件莞企积极申报，力争到2022年培育企业总数达300家

续表

序号	日　期	刊载版面	标　题
110	4月7日	A09版	“轨道上的大湾区”加速驶来
111	4月7日	A01版	广深等5市优先推全人群接种
112	4月8日	A09版	东莞将再创60家“放心肉菜示范超市”，不合格食品处置率100%（附视频）
113	4月8日	A01版	广深城际将开通一站直达快车
114	4月8日	A05版	21年致力　大容量电源研发　填补国内技术空白
115	4月8日	A07版	广东4所合办大学3所配齐“院士校长”
116	4月8日	ZC03版	全市已有37万人　接种新冠疫苗
117	4月9日	DC02整版	10条主题线路带你走读红色东莞
118	4月9日	DC01三分二版	两个先进制造业集群入选“国家队”
119	4月9日	DC01三分一版	滨海湾新区入选全国“最具投资价值新区”
120	4月14日	A05版	广深等五个重点城市开展疫苗接种督查
121	4月15日	A01　A02版	推动“十四五”开好局起好步
122	4月16日		李希马兴瑞率广东省党政代表团赴贵州考察对接东西部协作工作　谌贻琴参加有关活动
123	4月17日		播撒红色种子　培育时代新人
124	4月18日	A03版	抗日劲旅保家国　血肉长城谱壮歌
125	4月21日	A05版	敢让江水倒流　甘护清波南流
126	4月22日	AT01—16版	东莞松山湖科学城特刊
127	4月22日	A01版	东深供水工程建设者群体获授“时代楷模”称号
128	4月22日	A02版	中共中央宣传部关于授予东深供水工程建设者群体　“时代楷模”称号的决定
129	4月22日	A03版	粤港连心鱼水情　东江“倒流”润紫荆
130	4月22日	A03版	参加“时代楷模”节目录制的东深供水建设者：荣誉属于所有“东深人”
131	4月22日	A11版	一季度东莞石龙中欧班列发运货值增83.6%
132	4月23日	A06版整版	大湾区综合性国家科学中心先行启动区（松山湖科学城）全面启动，聘任18位院士组建“智囊团”超千亿投资擘画未来科学城
133	4月23日	DC01版	大湾区综合性国家科学中心先行启动区（松山湖科学城）全面启动　两所大学同日奠基　千亿投资集中落地
134	4月23日	DC02版	企业订单回流现象明显，近200家企业参加今年展会　东莞外贸企业借广交会融入“双循环”
135	4月23日	DC02版	东莞“一心两轴三片区”建设全面提速　中心城区面子更靓里子更实
136	4月25日	A08版	大湾区　大未来
137	4月26日	A08版	东莞183万人接种新冠疫苗　日均接种能力最高可达23万剂次
138	4月27日	DC01　DC02版	规模以上工业增加值等多个关键指标大幅增长　一季度东莞经济华丽“逆袭”
139	4月27日	A07版	东深供水工程建设者事迹引起强烈反响听着前辈讲述　我们热泪盈眶
140	4月28日		一季度东莞经济华丽“逆袭”南方莞评|首季华丽逆袭，万亿东莞可期！（附视频）
141	4月29日		五一发放500万元消费券！“乐购东莞”助力消费市场复苏
142	4月30日	A01版　A06版	未售新房涨价不得超过3%
143	5月1日	A05版	东莞严查抬价倒卖商品房
144	5月3日	A04版	5市规上工业增加值同比增速超40%
145	5月3日	A01版	乡村游“火”了　夜经济“亮”了
146	5月6日	A08版	东莞塘厦一季度经济增长实现“开门红”
147	5月9日	A05版	东莞等地成全省婚俗改革实验区

续表

序号	日 期	刊载版面	标 题
148	5月10日	A06版	广东省基层宣传文化能人专栏刊发深耕15载，“种花练拳”传一方文化
149	5月11日	DC01版	新青年定义新东莞　新东莞成就新青年
150	5月11日	DC02版	六大魅力法宝　成就青春之城
151	5月11日	DC03版	奋斗故事励志　青年逐梦东莞等新闻报道
152	5月11日	A05版	全省政务服务标杆　大厅评估结果公布　21个“标杆大厅”出炉
153	5月13日	A07版	好兄弟，好战友，一路走好！
154	5月14日	A09版	东莞加快数字政府建设　将打造3个智慧城市服务品牌
155	5月14日	DC02版整版	打造一批“放管服”改革品牌、智慧城市服务品牌　东莞加快构筑数字生活新图景
156	5月14日	WD02版	用歌声传承红色经典
157	5月14日	DC01版	以七战全胜获省联赛四连冠，在多个赛场全面开花　东莞女篮：冠军之城玫瑰绽放
158	5月16日	A02版	《广东省第七次全国人口普查公报》发布　东莞成广东第三个常住人口超千万城市
159	5月18日	DC01版 DC02版	大数据让“大城市病”无所遁形
160	5月18日	DC02版	百家东莞品牌集聚　奏响城市发展强音
161	5月18日	DC03版	学党史入脑入心　办实事暖心暖民
162	5月20日	A08版	甘洒热血保民安　锻造新时代南粤公安铁军
163	5月21日	DC01版	冲刺万亿　擘画未来——写在东莞战略性新兴产业招商大会举办之际
164	5月21日	DC02版	数字经济　规模排名全省第三
165	5月21日	DC03版	新材料　成第三大先进制造业
166	5月21日	DC04版	高端装备制造　抢占全球产业制高点
167	5月21日	DC04版	新能源　电子类锂电池产值全国第二
168	5月22日	A06版半版	东莞万亩用地全球“揭榜招商”500亿基金助力新兴产业
169	5月24日	DC01整版	匹配湾区技能人才需求构建东莞现代职教体系
170	5月24日	DC02整版	与湾区共荣　探索现代职教新路径
171	5月24日	DC04整版	推进产教融合　打造湾区职教创新高地
172	5月24日	A06版半个版面	28年夺“十一冠”助广东篮球发展
173	5月25日	A01版	肖亚非同志任东莞市委书记
174	5月25日	A08版	25所职业院校师生　展现技艺
175	5月25日	A07半版	东莞：科创引领　制造之都
176	5月27日	A07版	广东正探索VOCs重点企业分级管控　今年将重点攻坚　20个国考断面
177	5月28日	DC01版	东莞连续5年蝉联新一线城市　“创新+产业”激活制造名城
178	5月28日	DC04版	东莞出台专项扶持政策支持民营经济发展
179	5月28日	DC04版	玉兰女子城市执法服务队授旗仪式举行　东莞城管巾帼助力城市品质提升
180	6月1日	A09版“南方+”	百年对话丨东莞理工学院党委书记成洪波：服务国家战略需求，培养创新实干人才
181	6月2日	HD04版	党员志愿宣讲启动　黄江推动党史学习教育走深走实
182	6月3日	A10版“南方+”	东莞：教育整顿顺民意，办好实事暖民心
183	6月6日	A07版	粤十大污染防治典型案例“出炉”
184	6月8日	DC01版整版	当新高考遇上疫情防控　东莞28213名学子赴考，多部门联动护航
185	6月8日	DC02版整版	广东2020年河湖长制工作考核结果出炉，东莞获评优秀　河湖长倾力守护还城市水清岸绿

续表

序号	日　期	刊载版面	标　题
186	6月8日	DC03版	东莞绘就乡村振兴大美图景　完成118项重点任务，“三年取得重大进展”目标如期实现
187	6月9日	HD04版	核酸大筛查　全民动起来　第一天黄江镇近7万人次完成检测
188	6月11日	DC01—DC02版	东莞核酸检测彰显城市大爱
189	6月11日	WD06版	承前启后　继往开来《东莞考古发现与研究》背后的故事
190	6月14日	A03版	防疫施工吃粽子“三不误”
191	6月15日	A01版　A07版	全面开展安全隐患大排查大整治
192	6月16日	头版	广东19项工作　获国务院督查激励
193	6月18日	DC01版	奋进新时代　携手绘新篇
194	6月18日	DC02版	共建世界级先进产业群
195	6月18日	DC03版	共谋同城发展新篇章
196	6月18日	DC04版	共创美好人生新天地
197	6月20日	A06版	离莞出省须持有48小时内核酸检测阴性证明
198	6月20日	A07版	快递小哥被困封控区　继续当起“专区配送员”
199	6月21日	A06版	东莞麻涌全镇实施封控管理
200	6月22日	DC04版	东莞“十四五”规划纲要为未来五年城市发展铺开蓝图推动经济发展从“量时代”进入“质时代”
201	6月22日	A09版	东莞启动全市全员核酸检测中考时间不变，涉考人员考前须100%进行核酸检测
202	6月22日	DC01版	与病毒赛跑东莞全民总动员
203	6月22日	DC02版	各镇街争分夺秒打响病毒阻击战
204	6月23日	A14版	推进内畅外联建设湾区都市
205	6月23日	A15版	东莞1116.21万人核酸检测结果均为阴性
206	6月24日	A05-06版	广东省脱贫攻坚先进个人名单（594名）
207	6月24日	A07版	广东省脱贫攻坚先进集体名单（400个）
208	6月25日	A09版	东莞超1117万人核酸结果全为阴性
209	6月25日	DC01版	中考将增设封控封闭区域考点
210	6月25日	DC02版	东莞全力保障居民生活需求
211	6月25日	DC03版	坚守到深夜不落下一人
212	6月25日	DC03版	一所东莞高校的抗疫实录
213	6月26日	A07版	对解封小区执行7天严控管理
214	6月29日	DC01版	东莞战疫一线党旗飘扬　党建引领东莞打好打赢疫情防控硬仗
215	6月29日	DC02整版	攻坚克难　封闭封控区党员在党旗下集结
216	6月29日	DC03整版	闻令而动　党员奔赴基层抗疫一线
217	6月29日	DC04整版	众志成城　八方汇聚奏响防疫最强音
218	6月29日	DC01版	东莞“交房即发证”改革成果落地住宅项目　一手拿新家钥匙　一手领不动产权证
219	7月1日	A19版	粤三起疫情社区传播均已阻断
220	7月2日	DC01版	图片新闻
221	7月2日	DC01版	“红色东莞”精彩纷呈
222	7月2日	DC02版	光荣在党50年，走近这群最可爱的人　听东莞老党员讲述“我的党员故事”
223	7月2日	DC04版	东莞红了！各地推出红色主题景观，共同庆祝党的百年华诞
224	7月2日	DC03版	党组织成实验室建设和科研攻坚助推器

续表

序号	日　期	刊载版面	标　题
225	7月2日	DC03版	寮步镇横坑社区党委书记钟兆华荣获“全国优秀党务工作者”称号把群众的事当作自己的事
226	7月2日	DC01版	以党史学习教育推动千年莞城开新局
227	7月2日	DC04版	让信息发展红利与民共享东莞移动开启系列“民心工程”
228	7月4日	A05版	烽火岁月赴前线
229	7月6日	DC01版	经济新场景！东莞一手抓防疫一手抓生产
230	7月6日	A11版	东莞本轮疫情得到有效控制
231	7月6日	DC02版	东莞“两优一先”彰显城市榜样力量
232	7月6日	DC03版	人生每个重要抉择都会想到党
233	7月6日	DC04版	党建引领　焕发非公企业新活力
234	7月6日	DC03版	华南地区船舶办证实现跨部门“一次通办”
235	7月7日	HD01版	黄江党建阵地遍地开花
236	7月7日	HD04版	黄江党史公园成市民“打卡”胜地
237	7月8日	A11版	东莞野外发现中华穿山甲
238	7月13日	DC03版整版	滨海湾新区首提建设莞深合作特色平台
239	7月13日	DC01版整版	八大特色助力打造品质文化之都
240	7月13日	DC02版整版	深挖文体旅资源　提升游客获得感
241	7月16日	DC01整版	小康终圆梦　莞邑再奋楫
242	7月16日	DC02整版	聚力高质量　澎湃新动能
243	7月16日	DC03整版	融入双循环　构建新格局
244	7月16日	DC04整版	共生共荣激发城市新活力
245	7月17日	A04版	在“双万”新起点上加快高质量发展
246	7月20日	DC01版整版	一位也不能少　东莞集中攻坚“幸福民生策”精准发力解决学位、车位、床位问题
247	7月20日	DC02版整版	生态惠民生　描绘新画卷　东莞迈向“天蓝、水清、城美”现代生态都市
248	7月20日	DC03版整版	城市与乡村　处处新光彩　东莞让全面小康成色更足底色更亮
249	7月20日	DC04版整版	幸福莞邑　诗意栖居
250	7月21日	A03版	力争实现全年GDP过万亿
251	7月23日	DC01—04版	“双万”新起点　奋进新征程
252	7月23日	DC01—04版	借势突破　推动产业加速转型升级等4篇
253	7月27日	DC01版整版	东莞出台科创奖补新政，将对各类研发机构进行评估奖励　从“撒胡椒面”到扶强培优
254	7月27日	DC02版整版	瞄准新兴产业新赛道　抢抓数字经济新风口　东莞开启“双万时代”科技造富新篇章
255	7月27日	DC03版	139万户市场主体全省地级市居首，1.1万家规上企业全国排名第二　东莞“创业大市”炼成记
256	7月27日	DC04版	虎门教育引导广大党员干部传承和发扬敢为人先、开拓创新精神“三个聚焦”讲好太平手袋厂敢闯敢试故事
257	7月29日	A07版	东莞数字政府“莞家”系列项目上线
258	7月30日	DC01版过半版	史上最多选手出征奥运，“东莞制造”展示品质实力　东莞力量闪耀东京“两个赛场”
259	7月30日	DC02版整版	“奥运莞军”东京竞技　体育强市厚积薄发东莞健儿逐梦奥运，全民健身浪潮持续升温
260	7月30日	DC03版整版	助力奥运会选手夺冠、为世界杯生产足球、成多个国际赛事赞助商“东莞制造”跨越进位

续表

序号	日　期	刊载版面	标　题
261	7月31日	A06版	上半年GDP达5000亿元
262	7月31日	A02版	营造爱我人民爱我军浓厚氛围
263	8月2日	A02版	广东首获全国第一！2020年度县级财政管理绩效综合评价出炉　连续两年获国务院督查激励
264	8月2日	A08版	千年莞邑　夙梦今圆　交出高水平全面小康“东莞答卷”
265	8月3日	DC01版整版	上半年地区生产总值为5000.11亿元，同比增长12.0%　东莞为实现万亿GDP目标打下坚实基础
266	8月3日	DC02版整版	东莞提出产业“立新柱”、发展“拓空间”、创新“提能级”、“产城人”共荣等工作重点　以更好姿态更高质量迈过万亿大关
267	8月3日	DC04版	2021年“东莞杯”启动，已持续举办16年　累计征集作品4.5万余件　东莞以赛促创打造工业设计高地
268	8月3日	A10版	国内首台多物理谱仪10月对外开放，分辨率达世界先进水平探秘原子世界的“放大镜”
269	8月5日	A05版	向建设更高水平的新一线城市挺进
270	8月5日	A06版	升格省级展会亮“七新”优势
271	8月6日	DC0—03版	让市民在运动中爱上东莞
272	8月6日	DC01—03版	优化供给　提升赛事规格品质
273	8月6日	DC01—03版	群策群力　社会力量助力运动品牌升级
274	8月7日	DC01版	东莞优化用电营商环境
275	8月7日	DC01版	让市民在运动中爱上东莞
276	8月10日	DC01版	从千万人口大市到高端人才强市
277	8月10日	DC01版	“双万城市”东莞的引才密码
278	8月10日	DC04版整版	“容”归故里　赓续文脉
279	8月11日	A09版	东莞建设国际健康驿站，2000个独立房间供入境人员集中隔离
280	8月13日	A08版	生物制药业产值比增44.1%
281	8月13日	DC04版	东莞重点发展9个支柱产业10个新兴产业
282	8月13日	DC01版	镇街强则东莞强
283	8月13日	DC01版	新动能加速镇街经济高质量发展
284	8月13日	DC04版	历史新高！7月东莞全社会用电量106.03亿千瓦时
285	8月14日	A04版	男子为环卫母亲申请路灯多亮15分钟！东莞城管：安排！
286	8月15日	A04版	一封来信引关注　积极回应获点赞
287	8月15日	A01版　A03版	七夕佳节，全省逾3000对新人领证
288	8月15日	A01版	缘定七夕
289	8月16日	A06版	东莞上半年实际投资增长近七成 市场主体数居全省地级市第一
290	8月17日	DC02版	布局10个战略性新兴产业，构建现代产业体系 东莞挺进“万亿俱乐部”底气十足
291	8月17日	DC03版	产业立新柱、发展提能级、环境再优化——东莞制造业新旧动能转换进行时
292	8月20日	A06半版	东莞滨海湾新区：扛起新使命　迈向新征程
293	8月20日	AT01版	商业力量助力东莞竞逐更高水平新一线城市
294	8月19日	AT02版	头部品牌深耕东莞领跑楼市
295	8月20日	AT03版	TOD创新模式引领未来城市发展
296	8月19日	AT04版	东莞持续加强调控促楼市健康发展
297	8月20日	AT05版	格力给空调上了“终身保险”
298	8月19日	AT06版	金融业发展为东莞GDP破万亿强基
299	8月20日	AT07版	东莞制造率先出圈驶入5G赛道

续表

序号	日　期	刊载版面	标　题
300	8月19日	AT08版	扎根莞邑入乡村　金融活水助振兴
301	8月20日	AT09版	精筑理想人居　再现硬核实力
302	8月19日	AT10版	多元业态联动助力东莞商业崛起
303	8月20日	AT11版	产业园区助力城市持续高质量发展
304	8月19日	AT12版	高品质集聚平台助力打造先进制造之都
305	8月22日	A01版　A02版	打造城市更新样本　广东“旧改”加速跑
306	8月23日	A06版	东莞　倾力答好平安卷　奋进护航新征程
307	8月24日	A02版	东莞出台“三限房”建设分配试点方案
308	8月24日	DC01-03版	从探路先锋到核心引擎
309	8月24日	DC01-03版	以政策加法培育“创新雨林”
310	8月24日	DC01-03版	人才汇聚加速显现“乘数效应”
311	8月24日	A10版	东莞塘厦以责任担当支持高铁建设　高站位确保赣深高铁东莞南站如期通车
312	8月26日	A07版	东莞“00后”小将　场地自行车赛摘银　为中国体育代表团揽入东京残奥会首枚奖牌
313	8月27日	DC02版	小切口解决民生大问题　东莞市国资系统“我为群众办实事”6个重点项目按时完成
314	8月27日	A11版	粤中欧班列今年日均开行一趟　前7月开行数同比增长约1.1倍，监管货值同比增长约0.8倍
315	8月29日	A03版	“石龙妹”陈敏仪圆梦残奥
316	8月30日	A08版	她是稳操胜券的
317	8月30日	A08版	广东残奥健儿叶继雄摘银
318	8月31日	DC03版	东莞以大巡查推进生态环境大变化
319	8月31日	DC01版	见屏如面，“云相聚”亦精彩
320	8月31日	DC02版	《制造时代》播出后莞企的变与不变
321	8月31日	DC03版	东莞以大巡查推进生态环境大变化
322	8月31日	DC03版	集聚专业智慧提升安全管理水平
323	8月31日	DC04版	2021“春风行动”超95%举措落地东莞
324	8月31日	DC04版	虎门：锐意破题谋发展　奋力谱写新篇章
325	9月1日	A02版	各地市紧盯水污染强力督导治水
326	9月1日	HD04版	塑造“见山望水　揽湖拥河”山水格局
327	9月1日	A02版	中央第四生态环境保护督察组交办第4批94件举报件
328	9月1日	HD01版	对标重要窗口　抢抓时代风口
329	9月1日	HD02版	构建国家南方科学中心重要支撑区
330	9月1日	HD04版	力争5年内新中心区建设现雏形
331	9月1日	HD03版	加快创建　基层党建示范镇
332	9月2日	A06版	中央第四生态环境保护督察组交办第5批103件举报件
333	9月2日	A08版	东莞女仔陈敏仪成“双冠王”
334	9月3日	A05版	中央第四生态环境保护督察组交办第6批91件举报件
335	9月3日	DC01版	东京残奥会崛起“体育莞军”
336	9月3日	DC02版	运动之城厚植“体育莞军”成长土壤
337	9月3日	DC03版	党建引领中小企业加速成长
338	9月4日	A04版	中央第四生态环境保护督察组交办第7批119件举报件
339	9月5日	A02版	全省各地对交办案件立行立改

续表

序号	日 期	刊载版面	标 题
340	9月7日		中央第四生态环境保护督察组交办第10批179件举报件
341	9月7日	DC02版整版	东莞28个镇相继召开党代会，对未来五年的发展作出规划 锚定新航标 勾画新蓝图
342	9月7日	DC03版整版	迈向“双万城市”新起点，东莞28镇如何加快推动高质量发展？闯新路开新局 破题“五个不一样”
343	9月8日	A10版	松山湖材料实验室启动首批0.85克月壤样品研究 在东莞的实验室里“研究月亮”
344	9月8日	A04版	中央第四生态环境保护督察组交办第11批171件举报件
345	9月9日	A06版	全省精神文明建设工作推进会在东莞召开 推动精神文明建设高质量发展
346	9月9日	A05版	中央第四生态环境保护督察组交办第12批169件举报件
347	9月9日	A06版	全省各地对交办案件立行立改
348	9月10日	DC01版	去年投超200亿东莞教育这样花
349	9月10日	A09版	东莞住宅用地竞买调控升级
350	9月10日	A04版	中央第四生态环境保护督察组交办第13批172件举报件
351	9月11日	A04版	中央第四生态环境保护督察组交办第14批153件举报件
352	9月11日	A04版	全省各地对交办案件立行立改
353	9月12日	A02版	中央第四生态环境保护督察组交办第15批220件举报件
354	9月13日	A02版	中央第四生态环境保护督察组交办第16批246件举报件
355	9月14日	DC03版	东莞防范化解重大安全风险
356	9月14日	DC01版	东莞推动企业对接资本做大做强
357	9月14日	DC02版	东莞如何培育“专精特新”企业？
358	9月15日	A02版	中央生态环境保护督察组交办第18批215件举报件
359	9月16日	A02版	中央生态环境保护督察组交办第19批227件举报件
360	9月17日	DC01版	东莞打造镇域经济高质量发展新引擎
361	9月17日	DC02版	科创和科普在东莞两翼齐飞
362	9月17日	DC02版	东莞校园平安文化护苗成长
363	9月17日	DC03版	横沥打造宜居宜游连片美丽乡村
364	9月17日	DC03版	清溪着眼“四化”推进城市优化发展
365	9月17日	DC04版	莞邑画人：为中国作画 绘时代本色
366	9月18日	A11版	中央生态环境保护督察组交办第21批225件举报件
367	9月19日	A02版	中央生态环境保护督察组交办第22批234件举报件
368	9月20日	A02版	中央生态环境保护督察组交办第23批238件举报件
369	9月21日	A02版	中央生态环境保护督察组交办第24批216件举报件
370	9月22日	A02版	中央生态环境保护督察组交办第25批257件举报件
371	9月23日	A02版	中央生态环境保护督察组交办第26批161件举报件
372	9月24日	A02版	中央生态环境保护督察组交办第27批276件举报件
373	9月25日	A02版	中央生态环境保护督察组交办第28批318件举报件
374	9月26日	A04版	赣深高铁顺利牵手广深城际
375	9月26日	A02版	中央生态环境保护督察组交办第29批340件举报件
376	9月26日	A06版	一部反映东莞改革开放历程的精品力作
377	9月27日	A02版	中央生态环境保护督察组交办第30批296件举报件

续表

序号	日　期	刊载版面	标　题
378	9月28日	DC03版	东莞数字经济产业基地落户，一系列相关项目陆续动工　水乡数字科技产业新城呼之欲出
379	9月28日	DC01版整版	东莞密集出台六大政策，打造最优创新生态　科创“国家队”强链进行时
380	9月28日	DC02版整版	莞企助力中国载人航天工程走向太空　神舟飞船背后的东莞力量
381	9月28日	A05版	中央生态环境保护督察组交办第31批449件举报件
382	9月29日	A14版	中央生态环境保护督察组交办第32批474件举报件
383	10月1日	A02版	今年广东已有18名民警6名辅警因公牺牲　深切缅怀公安英烈　致敬忠诚警魂
384	10月1日	A07版	15日正式实施“摇号选房”新规
385	10月6日	A02版	未来月球科研站建设或可“就地取材”
386	10月9日	A04版	东莞首次发布二手房指导价　挂牌价格虚高者一律要求下架
387	10月9日	A05版	东莞探索公共文化供给新方式　推出逾220项特色文化活动
388	10月12日	DC03版半版	东莞智能装备产业快速崛起
389	10月12日	DC01版	以产业对接谋求两地深度融合
390	10月12日	DC02版	昔日滩涂荒地　今朝开放先锋
391	10月12日	A02版	党旗引领风帆劲　砥砺奋进新征程
392	10月12日	A13版	砥砺奋进新征程　凝心聚力开新局
393	10月12日	AD02版	外出党员群众　他乡有了“家”
394	10月12日	DC04版	讲好东莞故事　凝聚奋进力量
395	10月12日	DC04版	东莞社区“微细胞”打造基层治理新格局
396	10月12日	DC03版	食博会本月再次落地东莞
397	10月14日	A12版	《火种》相传，东莞道滘大型原创现代粤剧首演
398	10月16日	A03版	聚焦五大领域，规划推进2000多件为群众办实事项目　东莞优化“民生五位”供给提升群众获得感
399	10月17日	A06版	600余家企业参与线下展示展销活动
400	10月18日	A03版	“东莞制造”新品获关注
401	10月18日		广东新职业技术技能大赛在东莞开幕
402	10月18日	A05版	林芝农产品　亮相食博会
403	10月19日	DC01版	莞企销售加速线上线下融合
404	10月19日	DC03版	讲好东莞故事　关注侨胞成长
405	10月19日	DC01版	东莞市公积金中心“实”字当头抓成效
406	10月20日	A08整版	立足大湾区打造具有全球影响力的科学城
407	10月20日		参展本届广交会的东莞企业有了这些新变化
408	10月20日	HD02版	党建引领“微改造”促乡村风貌大改观
409	10月22日	DC01半版	东莞构建全民反诈防骗新格局
410	10月22日	DC01整版	沃土乐养　筑巢乐业　青年乐活
411	10月22日	DC02版	为高质量发展构筑安全防护墙
412	10月22日	DC04版	引才留才撬动科技创新力
413	10月22日	DC03版	以党建带侨建　打造美丽侨村
414	10月24日	A1版刊发	流动不流学　上好“必修课”
415	10月25日	A07版	广东公布2021年度十大最美家庭
416	10月26日	DC01版	东莞创新打造知识产权金融工作体系

续表

序号	日　期	刊载版面	标　题
417	10月26日	DC01版半版	华为加速构建全场景智慧生态
418	10月26日	DC02版整版	南方观察｜华为突围，松山湖进阶
419	10月26日	DC04版	台企集结　共赴盛会
420	10月29日	A06版	东莞前三季度GDP超7694亿　全年GDP有望突破一万亿
421	10月29日	DC01整版	东莞前三季度GDP达7694.62亿元　同比增长9.1%
422	10月29日	DC02整版	首批三限房（共有产权住房）地块成功出让，项目计划2025年5月竣工
423	10月29日	DC03版	东莞全力做好生态环境文章
424	10月29日	DC03版	打造“双创”高地　释放引才磁力
425	10月29日	DC04版	“地铁+高铁”优势叠加
426	10月29日	DC04版	义务教育校内课后服务实现全覆盖
427	10月31日	A01版	市民来电争取一次接通　群众诉求努力一次办好
428	10月31日	A06半版	“同饮一江水”歌唱劳动者心声
429	11月1日	A10版半版	东莞“12345”政务服务便民热线升级成效显著
430	11月2日	DC01版整版	“清华力量”赋能东莞创新发展
431	11月2日	DC02版	东莞善治在党建引领下见成效
432	11月2日	DC03版半版	连续6年获得“中国最具竞争力会展城市”荣誉称号　东莞加速构建会展经济新格局
433	11月2日	DC04版整版	共建全民运动之城　共享活力生活风尚　东莞全民健身提升市民满足感，传播自信包容城市形象
434	11月3日	A07版	坐地铁　买药　购物　20多种场景一码通用
435	11月4日	A06版	中欧班列“朋友圈”越开越大越紧密
436	11月4日	A08版	东莞科创竞争力　上升20位
437	11月4日		黄江建立“我为群众办实事”项目清单，扎实办好“微实事”
438	11月4日		黄江深化党建引领工作机制，广泛收集群众意见集中攻坚
439	11月4日		黄江：把党史学习教育成果转化为办实事动力
440	11月4日		小切口，大变化！黄江镇“我为群众办实事”特别报道
441	11月4日		水乡功能区创新举措，项目审批“少跑路、无弯路、优服务”
442	11月4日		日均业务2380宗，东城政务服务中心的“巾帼力量”
443	11月5日	DC02版	“东莞制造”驶上数字化快车道
444	11月5日	DC03版	潮玩成东莞玩具行业突破口
445	11月5日	DC04版	风险管控和隐患排查双重预防
446	11月6日	A06版	广东“十四五”期间将筹建保租房近130万套
447	11月6日	A06版	新冠疫苗全程接种率超82%
448	11月7日	A03版	广东2个单位9位个人获应急管理部表彰　冲锋在前　当好人民安全“守夜人”
449	11月8日	A12版	东莞：创新对企服务机制　助力企业“加速跑”
450	11月8日	AT42版整版	东莞　规划2000多件办实事项目　打造幸福生活　“民生五位”一位不少
451	11月8日	AT42版整版	东莞虎门　坚持用心办事解民忧促高质量发展
452	11月8日	AT42版整版	东莞东坑　办好民生实事　塑造精致小镇
453	11月8日	AT43版整版	东莞茶山　持续加大民生事业投入让群众更幸福　办实事开新局　为民造福谋新篇
454	11月8日	AT43版整版	东莞市直机关工委　探索党建、业务、文化“三融合”以机关党建促进高品质民生服务

续表

序号	日　期	刊载版面	标　题
455	11月9日	DC01版	构建立体传播矩阵　擦亮东莞城市形象
456	11月9日	DC02版	“后浪”奔涌至　东莞正青春　城市人活跃度位居新一线城市第3位、全国城市第7位
457	11月9日	A08版	东莞：跨境园区“多点开花”　成服务企业有力支撑
458	11月9日	DC04版	院士团队带头闯关　技术人员荒岛调试　东莞企业志成冠军研制的特种电源装备获得国家科技进步奖二等奖
459	11月9日	DC03版	近27万名热心群众投身其中，打造共建共治共享社会治理新格局　东莞义警成为社会治理好帮手
460	11月9日		“后浪”奔涌至　东莞正青春　城市人活跃度位居新一线城市第3位、全国城市第7位
461	11月10日	A10半版	东莞：优化电商生态体系　为“东莞制造”添翼
462	11月11日	A10半版	东莞：聚集电商资源　推动产业转型
463	11月12日	DC01版整版	办“七新”展会　秀“七多”亮点　第十二届东莞台博会吸引超450家参展商今年升格省级展会，首设省、市主题馆
464	11月12日	DC02版三分之二版	台博会“好物”与你有约
465	11月12日	DC02版	献策台企转型升级　热议两岸合作模式
466	11月12日	DC03半版	党建引领进社区进企业，多元主体为基层治理发光发热
467	11月12日	A11半版	莞邑火焰蓝　忠诚守夜人
468	11月12日	DC03半版	东莞积极发挥在莞异地商会在社会治理中的生力军作用
469	11月13日	A06版	“劳动者歌唱大赛一路陪伴着我”　歌唱大赛16年来输送1200多场次活动到基层，受惠群众超过1000万人次
470	11月14日	A04版	东莞打造高素质义警队伍　已有26.9万名热心群众加入
471	11月15日	A08版	第十二届东莞台博会圆满收官
472	11月16日	A07版	线下展览总面积　超2万平方米
473	11月16日	DC01整版	东莞迈向国家创新型城市先进行列
474	11月16日	DC02整版	松山湖科学城建设蹄疾步稳
475	11月17日	A10版	岭南画派名家梁世雄　400余展品在莞展出
476	11月18日	A03版	广东各地各部门深入学习贯彻党的十九届六中全会精神　汲取奋进力量　走好新的赶考之路
477	11月18日	A07版	东莞市场采购贸易　试点一年卖出500亿
478	11月18日	A07版	让“银发族”活出“年轻态”
479	11月19日	A06版	千余动漫　IP齐聚“青春之城”
480	11月19日	DC01版	小乡村书写治理大文章东莞推进乡村治理现代化，两村一镇入选全国乡村治理示范村镇
481	11月19日	DC02版	发展智能辅具　撬动健康产业
482	11月23日	DC01版	推动产业与城市气质双提升
483	11月23日	DC03版	解码松山湖由“园”到“城”进阶之路
484	11月23日	DC02版	东莞探索孤独症康复教育发展新路径
485	11月24日	A08版	引导青年干部养成　读党报党刊的习惯
486	11月24日	A08版	50多位院士　共话大湾区科技创新
487	11月26日	DC01版	质量管理助推东莞小微企业成长
488	11月26日	DC04版	用电实事件件办到群众心坎里
489	11月27日		南方观察丨为什么在东莞养老很幸福？

续表

序号	日期	刊载版面	标题
490	11月30日	AT01版	金融创新护航经济行稳致远
491	11月30日	AT02版	竞逐新一线　金融在创新
492	11月30日	AT03版	多点开花　金融创新为经济注入活水
493	11月30日	DC01版整版	“东莞杯”联合政企媒研高规格办赛，吸引逾万件作品同台竞技　以工业设计为媒打造高质量发展新引擎
494	11月30日	DC02版整版	工业设计擦亮“东莞制造”金字招牌　供需对接为桥　设计创新与产业深度融合
495	11月30日	DC03版整版	省城市管理综合执法工作现场会举行，东莞“刚性执法+柔性服务”理念获认可“刚柔相济”彰显城市管理智慧
496	12月2日	A06版	共襄院士峰会　共建科技湾区
497	12月2日	A12版	智能传感技术赋能“数字人生”
498	12月2日	A12版	青少年学生与何镜堂院士等面对面，“这才是我们该追的星！”
499	12月2日	A15版	凝聚院士力量助力东莞创新驱动发展
500	12月2日	A06版	共襄院士峰会　共建科技湾区
501	12月3日	DC03版	院士领衔　聚焦前沿科学
502	12月3日	DC01版	“双万”城市，原来这么有才
503	12月3日	A01版　A12版	学深悟透全会精神实质　奋力走好新的赶考之路
504	12月3日	DC02版	让优质公共文化产品走进千家万户
505	12月3日	DC01版	时尚电商产业激发经济高质量发展新动能
506	12月4日	A06版	东莞人才工作上“硬菜”
507	12月4日	A05版	畅享湾区文化生活
508	12月6日	A07版	为市民打造岭南文化“嘉年华”
509	12月7日	A14半版	东莞松山湖加快构建全球科创高地
510	12月7日	DC01版	松山湖核心创新区周边重点项目陆续启动建设
511	12月7日	DC03整版	2021全国文采会东莞站意向成交156单、成交金额7492万元　以东莞为点“画”出湾区文化共享圈
512	12月7日	DC02整版	推广“东莞设计”　展现“东莞力量”
513	12月9日	A11版	最高奖励1.5亿元！　东莞人才工程2.0版出炉
514	12月9日	A06版	头雁领航　东莞打造镇村工业园改造升级版
515	12月10日	A06整版	松山湖科学城两项重大科技基础设施建设将启动
516	12月10日	DC01整版	超246亿元产业项目签约落地
517	12月10日	DC02版	松山湖创新再出发
518	12月10日	DC02版	“湖人”说湖
519	12月10日	DC02版	“四梁八柱”架起未来新蓝图
520	12月10日	DC03版	松山湖勾勒未来城市新范本
521	12月10日	DC03版	松山湖勇当“科技创新+先进制造”排头兵
522	12月10日	DC04半版	松山湖以高质量党建推动高质量发展
523	12月13日	DC01版	“双万”新起点　引才新气象
524	12月13日	DC02版	人才大市：5年后人才总量将达383万
525	12月13日	DC02版	科创强市：高企数量跃居全国地级市第二
526	12月13日	DC03版	技能都市：让百万技工与城市共成长
527	12月13日	DC03版	爱才城市：形成近悦远来的人才生态

续表

序号	日 期	刊载版面	标 题
528	12月13日	DC04版	立足“双万”新起点　开创人才强市新局面
529	12月15日	A09版	东莞今天开展全市全员核酸检测
530	12月16日	A09版	东莞2例确诊均系德尔塔变异株
531	12月17日	A03版	来不及换下正装，就赶往抗疫现场
532	12月17日	A08版	东莞28镇街检测1114.1万人　结果均为阴性
533	12月17日	DC01-02版	东莞全民动员打响疫情防控硬仗
534	12月17日	DC02版	大规模核酸检测的“东莞速度”
535	12月17日	DC02版	疫情防控期间全市生活物资供应有保障
536	12月18日	A05版	东莞累计排查出密切接触者2086人
537	12月18日	A06版	久久为功建设平安广东
538	12月19日	A03版	东莞累计报告新冠肺炎确诊病例11例
539	12月20日	A04版	东莞大朗物资供应充足价格稳定“羊毛衫名镇”送温暖
540	12月20日	A04版	全力保障中国散裂中子源装置运行
541	12月21日	DC01版	“三生三美”谱写美丽乡村新篇章
542	12月21日	DC02版	生产美：铺就高质高效的产业盛景
543	12月21日	DC03版	生态美：绘好宜居宜业乡村图景
544	12月21日	DC04版	生活美：展现富裕人和的家园场景
545	12月22日	A07版	密切接触者均已落实管控
546	12月23日	A08版	东莞大朗设置41个庇护场所　为有需要的群体提供免费食宿和安全环境
547	12月24日	DC01版	筑牢疫情防控网　东莞全城总动员
548	12月24日	DC02版	战疫十日　“织城”大朗彰显“东莞温度”
549	12月24日	DC04版	东莞银行业高质量服务助力乡村振兴
550	12月25日	A04版	累计排查密接者8002人，已落实管控
551	12月25日	A04版	深江铁路珠江口隧道——开始掘进！系我国最深海底隧道
552	12月26日	A01版	粤考生比去年增6万人，
553	12月26日	A02版	368名　滞留考生　就地开考
554	12月26日	A03版	东莞大朗将逐步分区分类解封解控
555	12月28日	DC01版整版	大朗镇疫情防控形势总体可控，基本实现社区清零目标　“零”新增的背后见证东莞“闪电战”
556	12月28日	DC04版	大朗镇300名“蓝马甲”全员奋战抗疫一线　“小网格”织密战疫“大防线”
557	12月28日	A08版	得到有力控制　东莞疫情没有外溢
558	12月28日	A08版	“平价肉菜摊”开在群众家门口
559	12月28日	AT21版整版	聚焦“科技创新+先进制造”　东莞新局：“双万”起点上再进阶
560	12月28日	DC02版整版	一座制造业名城的文化温度　东莞何以成为“图书馆之城”？打造总分馆体系+加强专业人才培养
561	12月29日	A11版	以舞蹈形式传承红色基因
562	12月31日	DC01版	疫情之下的东莞力量
563	12月31日	DC02版	迎难而上　牢牢掌握疫情防控主动权
564	12月31日	DC03版	精准高效　彰显城市治理实力与自信风雨同舟　凝聚千万人口城市抗疫力量

2021年广东广播电视台《广东新闻联播》涉莞重要报道选目表

序号	日期	频道	标题
1	1月4日	广东卫视	粤滇扶贫协作：留下一支“带不走”的医疗队伍
2	1月5日	广东电台	2020东莞茶博会圆满收官
3	1月10日	广东卫视	广东：人物同防　重点场所疫情防控不松懈
4	1月11日	广东电台	安排上了!东莞今年计划改造13个老旧小区　惠及住户约5886户
5	1月12日	广东卫视	广东：慎终如始抓好常态化疫情防控工作
6	1月13日	广东卫视	广东人社厅倡导在粤务工朋友留粤过年
7	1月14日	广东卫视	小厕所大民生　广东“厕所革命”让群众生活更美好
8	1月17日	广东电台	首套嫦娥五号1：1模型在东莞交接
9	1月21日	广东卫视	中欧班列（石龙—沃尔西诺）家电专列首发
10	1月23日	广东电台	东莞开展进口冷链食品“雷霆整治”专项行动
11	1月28日	广东卫视	广东各地科学精准做好春节防控
12	1月29日	广东卫视	广东：2020年市场主体逆势增长　突破1384万户
13	1月29日	广东卫视	中国散裂中子源首台合作谱仪成功出束
14	1月29日	广东电台	中国散裂中子源首台合作谱仪成功出束
15	1月30日	广东卫视	广东：强化战略科技力量　提升自我创新能力
16	1月31日	广东卫视	东西部扶贫协作成果显著　广东帮扶500多万贫困人口脱贫奔康
17	2月1日	广东卫视	东莞：春节新添打卡点！市中心广场新年造景即将完工
18	2月6日	广东电台	2021年东莞市政府十件民生实事正式发布
19	2月8日	广东电台	“东莞常平号”中欧班列“东莞制造”专列首发
20	2月9日	广东卫视	留粤过年关爱满满　年味不减
21	2月11日	广东卫视	新春文化大餐已备齐　年味十足春意浓
22	2月16日	广东卫视	传承传统文化　感受浓浓年味
23	2月16日	广东卫视	就地过大年　温暖不缺席
24	2月16日	广东卫视	小岛上的新春期盼
25	2月22日	广东卫视	广东各地“奔跑开局”：起步即冲刺　用奋斗姿态开启新征程
26	2月22日	广东卫视	全国政协委员张巧利：完善基层疾控体系　织密健康防护网
27	2月22日	广东电台	东莞组建的中国第30批援赤道几内亚医疗队平安凯旋
28	2月23日	广东电台	制造业大市奏响开工序曲
29	2月23日	广东电台	东莞市教育局发布2021年学校安全工作要点，全面提升学校安全综合治理水平
30	2月24日	广东卫视	粤港澳大湾区：协同发展　小“舢板”渐成大“舰队”
31	2月26日	广东卫视	超五成外省务工人员已入粤返岗
32	2月28日	广东电台	东莞再次调整商品住房限购年限
33	2月28日	广东卫视	中欧班列：粤港澳大湾区“钢铁驼队”见证“一带一路”8年巨变
34	3月3日	广东卫视	广东：加快发展现代化产业体系　巩固壮大实体经济根基
35	3月4日	广东卫视	在粤全国人大代表抵京
36	3月7日	广东卫视	政协委员热议“十四五”规划和2035年远景目标纲要草案
37	3月9日	广东卫视	广东代表团举行小组会议——审议全国人大组织法修正草案和全国人大议事规则修正草案
38	3月9日	广东卫视	建言献策促发展　履职尽责显担当　女代表女委员发出两会“好声音”
39	3月15日	广东电台	新闻特写：樱花之约

续表

序号	日期	频道	标题
40	3月15日	广东卫视	广东首批“溯源公平秤”在东莞试用
41	3月15日	广东电台	东莞环境问题专项督察33个整改事项已全部完成
42	3月16日	广东卫视	听老党员讲党史　追忆峥嵘岁月　传承红色基因
43	3月17日	广东卫视	学习贯彻全国两会精神　龙头企业带动集群蝶变　探索核心技术攻关的广东路径
44	3月17日	广东电台	全国人大代表黄建平、曾香桂传达全国两会精神
45	3月22日	广东卫视	创新党史学习教育以红色精神点燃奋斗热情
46	3月22日	广东电台	东莞斩获“造园艺术大金奖”！
47	3月26日	广东卫视	联播快讯：黄埔海关国际旅行卫生保健中心揭牌
48	3月28日	广东卫视	李希马兴瑞赴东莞调研政法队伍教育整顿工作扎实稳妥有效推进教育整顿　为建设更高水平平安广东法治广东提供有力保障
49	3月28日	广东卫视	广东各地积极有序推进新冠病毒疫苗接种工作
50	3月29日	广东卫视	我市党政机关干部带头接种新冠病毒疫苗
51	3月29日	广东卫视	目前均无严重不良反应！东莞下月全面启动大规模新冠疫苗接种
52	4月4日	广东卫视	奋斗百年路　启航新征程　用心学党史　真心办实事
53	4月7日	广东卫视	广东:疫苗接种疫情防控两手抓　严格落实“外防输入　内防反弹”
54	4月8日	广东电台	赣深铁路东莞南站站前广场开工建设
55	4月10日	广东卫视	学党史汲养分铸信念　推动广东高质量发展
56	4月11日	广东卫视	宣讲党史故事　凝聚奋进动力
57	4月12日	广东卫视	攻克核心技术难题　推动散裂中子源关键部件国产化
58	4月15日	广东卫视	扎实推进战略性产业集群发展和数字化转型　全面推进乡村振兴
59	4月16日	广东卫视	李希马兴瑞率广东省党政代表团赴贵州考察对接东西部协作工作　谌贻琴参加有关活动　巩固拓展脱贫攻坚成果同乡村振兴有效衔接　谱写新发展阶段广东和贵州协作新篇章
60	4月16日	广东电台	“国安号”公交专线在全省多地启运
61	4月16日	广东电台	东莞制定2021年度碧道建设任务清单
62	4月19日	广东卫视	学党史砥砺奋进　办实事践行初心
63	4月22日	广东卫视	东深供水工程建设者　全力保障香港供水生命线
64	4月23日	广东卫视	大湾区综合性国家科学中心先行启动区（松山湖科学城）全面启动
65	4月24日	广东电台	大湾区综合性国家科学中心先行启动区（松山湖科学城）全面启动
66	4月24日	广东卫视	广东：科学推进辖区全人群接种
67	4月26日	广东卫视	东莞：国之重器　“东莞智造”
68	4月26日	广东电台	中宣部授予东深供水工程建设者群体“时代楷模”称号
69	4月27日	广东卫视	中科院分布式存储联合实验室在东莞成立
70	4月27日	广东电台	东莞已成功创建121个全国综合减灾示范社区
71	4月27日	广东卫视	广东：合理分工做好疫苗接种工作
72	4月28日	广东卫视	广东省“4·26”版权宣传周主题活动在东莞举行
73	4月29日	广东卫视	东莞虎门港澳客运码头往返澳门客运航班复航
74	5月2日	广东卫视	工地上的劳动节：让工程建设者的幸福“零距离”
75	5月3日	广东电台	2021年“茶园游会”线上启动仪式暨东莞市第三届非遗亲子嘉年华南社传统文化月活动启动
76	5月5日	广东卫视	“大湾区·大未来”青年“快闪”活动在湾区各地联动举行
77	5月6日	广东电台	香港青年大湾区开农场：新农业也有大未来
78	5月6日	广东卫视	“五一”假期广东红色旅游持续升温

续表

序号	日期	频道	标题
79	5月8日	广东卫视	广东：推动加工贸易转型创新　为经济高质量发展提供强力引擎
80	5月10日	广东卫视	母亲节：鲜花祝福送妈妈
81	5月12日	广东卫视	广深佛莞4市目标人群接种率超40%
82	5月12日	广东电台	广深佛莞4市目标人群接种率超40%
83	5月14日	广东卫视	英雄已逝　精神永存——黎伟标同志遗体告别仪式举行
84	5月14日	广东电台	东莞将举行俄罗斯、白俄罗斯采购商线上对接会
85	5月16日	广东卫视	奋斗百年路　启航新征程　讲好红色故事　革命薪火代代传
86	5月17日	广东卫视	《广东省第七次全国人口普查公报》发布　东莞人口首破千万
87	5月18日	广东卫视	奋斗百年路　启航新征程　广东：扎实推动党史学习教育走深走实
88	5月19日	广东电台	“5·18”国际博物馆日：松山湖望野博物馆开馆
89	5月20日	广东卫视	“大湾区　大未来”科创热土　青年引力场
90	5月20日	广东卫视	黎伟标：血洒沃土铸平安
91	5月23日	广东卫视	“大湾区　大未来”——扎根大湾区　逐梦大未来
92	5月24日	广东卫视	东莞布局七大战略性新兴产业　培育超千亿产业集群
93	5月25日	广东卫视	肖亚非同志任东莞市委书记
94	5月26日	广东电台	广东省生态环境厅今天召开新闻发布会
95	5月26日	广东卫视	广州港打造年吞吐量3500万吨华南粮食仓储物流集散中心
96	6月4日	广东卫视	广东：以更大魄力在更高起点上推进改革开放　推动高质量发展
97	6月4日	广东电台	广东举办虎门销烟182周年纪念日活动
98	6月5日	广东卫视	广东：有力有序推进疫苗接种工作　加快构筑人民健康免疫屏障
99	6月7日	广东电台	东莞市关于做好常态化疫情防控工作的通告（第31号）
100	6月12日	广东卫视	广东新冠病毒疫苗累计接种破8000万剂次
101	6月16日	广东卫视	广东开展安全隐患大排查大整治
102	6月17日	广东卫视	广东：让流动党员“离乡不离党　流动不流学”
103	6月18日	广东卫视	马兴瑞赴东莞调研　全力做好能源安全保障工作
104	6月20日	广东卫视	东莞确诊1例新冠轻症患者　一地调整为中风险地区
105	6月20日	广东电台	权威发布！关于进一步加强人员管控工作的通告
106	6月20日	广东电台	全阴！“百悦尚城”第一轮人员核酸筛查结果来了！
107	6月20日	广东电台	东莞一区域调整为中风险地区
108	6月20日	广东卫视	学习党史见成效　立足岗位办实事
109	6月21日	广东卫视	创新方式方法　推动党史学习教育“走新”又“走心”
110	6月21日	广东卫视	东莞：13个重点区域完成首轮核酸筛查　9410人全部为阴性
111	6月21日	广东电台	东莞对13个重点区域实行封闭管理
112	6月21日	广东电台	东莞：封闭、封控区域内的学校、培训机构暂停线下教学
113	6月22日	广东卫视	东莞：中考时间不变涉考人员必须100%进行核酸检测
114	6月22日	广东卫视	东莞：因应疫情多地实行封闭管理
115	6月22日	广东电台	东莞20日新增1例确诊病例
116	6月23日	广东卫视	东莞21日1167.21万人核酸筛查全部阴性　深莞4病例曾在同一店用餐
117	6月23日	广东电台	东莞昨日新增1例本土确诊
118	6月24日	广东卫视	东莞市调整防控措施暂停100人以上聚集性活动
119	6月24日	广东电台	东莞市调整防控措施暂停100人以上聚集性活动

续表

序号	日期	频道	标题
120	6月24日	广东电台	东莞：6月10日至18日期间有深圳机场出入史市民需核酸检测
121	6月25日	广东卫视	东莞本轮疫情首个本土确诊病例家人多次核酸检测均为阴性
122	6月25日	广东电台	“6·24”新闻发布会通报关于疫情防控的最新情况
123	6月26日	广东卫视	你护我周全　我盼你平安
124	6月26日	广东电台	最新通告！东莞封控区管控的住宅小区解封！
125	6月28日	广东卫视	“战疫一线”党员冲锋在前
126	6月28日	广东电台	东莞：对13个封闭管理重点区域、麻涌镇封控管理住宅小区进行解封
127	7月4日	广东卫视	奋斗百年路　启航新征程　广东各地建党百年红色展览受观众热捧
128	7月4日	广东卫视	今起，取消离穗48小时核酸阴性证明
129	7月4日	广东电台	广东连续11天本土零新增
130	7月10日	广东卫视	必须不断推动构建人类命运共同体　习近平总书记重要讲话在南粤大地引起强烈反响
131	7月11日	广东卫视	广东新冠疫苗全程接种覆盖率近50%
132	7月12日	广东卫视	“粤贸全国”：助力粤企开拓我国西部与丝路沿线国家市场
133	7月19日	广东卫视	广东：高质量公共服务提升群众幸福感
134	7月20日	广东卫视	广东：创新形式　丰富载体　掀起党史学习教育的热潮
135	7月20日	广东电台	新党员　新力量——东莞首位外来工全国人大代表曾香桂
136	7月27日	广东卫视	全国5G行业应用规模化发展现场会召开　肖亚庆马兴瑞出席会议
137	8月2日	广东卫视	全国最美拥军人物：东莞市爱国拥军促进会会长莫浩棠
138	8月2日	广东卫视	使命在肩　强军有我！驻粤部队庆祝“八一”建军节
139	8月3日	广东卫视	东莞：科技引领加速新旧动能转换　打造先进制造业发展高地
140	8月7日	广东卫视	广东：打造金融强省　赋能实体经济
141	8月8日	广东电台	广东：打造金融强省　赋能实体经济
142	8月10日	广东卫视	广东卫视广东新闻联播栏目
143	8月14日	广东卫视	建设更高水平平安广东　不断提升群众“满意指数”
144	8月15日	广东卫视	广东：大数据驱动税费服务精细化　为经济高质量发展注入新动能
145	8月22日	广东卫视	2021南国书香节：追寻百年党史　线上线下融合打破时空界限
146	8月24日	广东卫视	全省机关党的建设工作暨深化模范机关创建工作推进会在广州召开　着力打造讲政治守纪律负责任有效率的模范机关　李希马兴瑞李玉妹王荣王伟中出席会议
147	8月24日	广东卫视	周密做好疫情防控　全力确保开学安全
148	8月25日	广东电台	周密做好疫情防控　全力确保开学安全
149	8月25日	广东卫视	加快集聚创新力量　培育湾区科创“土壤”
150	8月28日	广东卫视	中央第四生态环境保护督察组督察广东省动员会在广州召开
151	8月30日	广东卫视	东京残奥会广东首金！多位广东籍运动员赢得奖牌
152	8月30日	广东卫视	中央第四生态环境保护督察组交办第1批54件案件
153	8月31日	广东卫视	全省各地立整立改　积极落实督察情况
154	8月31日	广东卫视	中央第四生态环境保护督察组第2批交办案件情况
155	9月1日	广东电台	东莞建设国家创新型城市系列配套政策出台
156	9月2日	广东卫视	中央第四生态环境保护督察组交办第4批94件举报件
157	9月2日	广东卫视	广东各地中小学今日迎来秋季新学年
158	9月3日	广东卫视	东莞为科研经费“松绑”　立项与经费使用科学家拿主意
159	9月4日	广东卫视	中央生态环境保护督察在广东　环保督察办实事　各地立行立改见成效

续表

序号	日期	频道	标题
160	9月5日	广东电台	东莞地铁1号线采用无人驾驶，最高时速达120公里！
161	9月6日	广东电台	中央生态环境保护督察组交办东莞市共七个批次案件办理情况
162	9月7日	广东电台	3金3银！东莞运动员金牌数全省第一！
163	9月8日	广东卫视	广东交通强省建设大会在广州召开　奋力推动全省交通建设高质量发展　李希马兴瑞王伟中出席会议
164	9月8日	广东电台	东莞今天接收首批月球科研样品
165	9月12日	广东电台	东莞全力推动教育事业高质量发展
166	9月13日	广东电台	东莞市商会协会和民营经济代表人士座谈会在松山湖召开
167	9月16日	广东电台	东莞加强商品房预售款收存管理
168	9月20日	广东电台	东莞生活垃圾分类“千点示范工程”全面推进
169	9月22日	广东卫视	东莞：“博物馆奇妙夜”　贺中秋　亲子同乐感受乡邦情怀
170	9月25日	广东电台	最新超大、特大城市名单公布
171	9月29日	广东电台	东莞住建局发文：严厉打击房地产中介违法违规行为
172	9月30日	广东卫视	习近平总书记中央人才工作会议重要讲话在广东引发热烈反响
173	10月1日	广东电台	缅怀广东公安英烈
174	10月3日	广东卫视	筑牢疫情防线　守护平安假期
175	10月4日	广东卫视	共赏好风景　红色旅游热情高涨　疫情防控毫不放松
176	10月8日	广东卫视	减税降费金融支持　广东加码培养“专精特新”企业
177	10月12日	广东电台	第七届广东智博会在东莞拉开帷幕
178	10月12日	广东卫视	创新全链条赋能　松山湖科创企业走上“快车道”
179	10月14日	广东电台	第七届广东国际机器人及智能装备博览会今天在东莞落下帷幕
180	10月15日	广东电台	东莞市入选第五批国家生态文明示范区
181	10月15日	广东卫视	学习贯彻习近平总书记“七一”重要讲话精神　强化政治自觉使命担当　奋力走好新征程
182	10月16日	广东卫视	促进国际贸易高质量发展　在双循环中不断拓展纵深
183	10月17日	广东电台	第六届中国国际食品及配料博览会在莞开幕
184	10月17日	广东卫视	东莞优化“民生五位”供给　提升群众获得感
185	10月18日	广东电台	香港特区政府财政司司长陈茂波：广交世界　香港机遇
186	10月18日	广东电台	东莞致力打造“一卡通用、一码通城”大应用生态圈
187	10月19日	广东电台	第130届广交会：探索外贸新业态新模式　推动外贸高质量发展
188	10月22日	广东电台	2021华为开发者大会明天开幕
189	10月25日	广东卫视	多措并举保障流动党员流动不流学　奏响党史学习教育“主旋律”
190	10月28日	广东卫视	广东技能人才总量达1357万　支撑制造业高质量发展
191	11月3日	广东卫视	广东：人才引领高质量发展
192	11月4日	广东电台	东莞原创潮玩IP产品持续走红
193	11月6日	广东卫视	广东10市将重点发展保障性租赁住房　近130万套明确筹建
194	11月8日	广东卫视	小小降落伞　承载创业梦
195	11月12日	广东电台	第十二届台博会开幕
196	11月15日	广东卫视	奋进新征程　建功新时代——党的十九届六中全会精神在南粤大地引发热烈反响
197	11月16日	广东电台	第十二届漫博会11月18日至21日在东莞市举办
198	11月18日	广东卫视	不忘百年奋斗路　意气风发启新程——党的十九届六中全会精神在南粤大地引发热烈反响

续表

序号	日期	频道	标题
199	11月18日	广东电台	第十二届漫博会11月18日至21日在东莞市举办
200	11月19日	广东电台	第十二届中国国际影视动漫版权保护和贸易博览会东莞举办
201	11月19日	广东卫视	第十二届漫博会开幕　助力“东莞制造”向“东莞创造”升级
202	11月20日	广东卫视	学习贯彻党的十九届六中全会精神：汲取奋进力量　走好新的赶考之路
203	11月22日	广东卫视	紧抓“一带一路”建设机遇　共推开放合作发展
204	11月23日	广东卫视	学习贯彻党的十九届六中全会精神中央宣讲团报告会暨广东省市厅级主要领导干部学习贯彻党的十九届六中全会精神专题研讨班在广州举行
205	11月23日	广东电台	“东莞香典”莞香采香日活动举行
206	11月24日	广东卫视	粤港澳院士峰会定档　超百位院士专家将再聚东莞
207	11月26日	广东电台	广东省小微企业质量管理体系认证提升行动现场会在莞举行
208	11月27日	广东卫视	关爱特殊群体　彰显为民初心
209	12月2日	广东卫视	2021粤港澳院士峰会今天开幕　院士专家发布十大创新创业成果
210	12月2日	广东卫视	松山湖科学城：重大创新成果不断涌现　创新生态体系加速形成
211	12月3日	广东卫视	院士专家湾区校园行　“科学报国”精神感染青年学子
212	12月4日	广东卫视	学深悟透全会精神实质　奋力走好新的赶考之路
213	12月8日	广东电台	东莞松山湖召开“改革、创新、再出发”系列政策发布会
214	12月9日	广东电台	东莞高层次人才活动周拉开序幕
215	12月10日	广东卫视	赣深高铁明天开通　“一站一景”解锁2小时赣深之旅
216	12月11日	广东卫视	我为群众办实事　做退役军人“贴心人”
217	12月13日	广东卫视	全省领导干部大会在广州召开
218	12月14日	广东卫视	中央第四生态环境保护督察组向广东省反馈督察情况
219	12月15日	广东卫视	东莞大朗筛查发现2例无症状感染者　199名密接者核酸检测结果呈阴性
220	12月15日	广东卫视	扩展党群阵地　延伸服务触角
221	12月16日	广东卫视	东莞：争分夺秒全力做好疫情防控工作
222	12月18日	广东卫视	广东：科学精准做好疫情防控工作
223	12月18日	广东电台	东莞科学精准做好疫情防控工作
224	12月21日	广东卫视	广东：加快社保网络建设　兜住兜牢民生底线
225	12月22日	广东卫视	东莞：大朗疫情总体可控　坚决防止疫情外涉
226	12月22日	广东卫视	东莞大朗：物资供应充足　冬至“暖流”涌动
227	12月25日	广东卫视	东莞发布“纾困解难八条”操作指引应对疫情影响
228	12月26日	广东卫视	东莞疫情“零新增”　将逐步解封封控区域
229	12月26日	广东卫视	广东26万考生今天参加研究生招生考试
230	12月27日	广东卫视	省委常委会暨省新冠肺炎防控领导小组（指挥部）召开会议　坚决守好守牢“外防输入、内防反弹”防线
231	12月27日	广东卫视	两台盾构机相继挺进我国最深海底隧道
232	12月28日	广东电台	东莞新冠肺炎疫情防控最新通报
233	12月28日	广东电台	大朗开放41个应急庇护场所
234	12月30日	广东电台	东莞六地由中风险地区调整为低风险地区
235	12月30日	广东电台	五轮全阴！东莞大朗镇今日调整交通管控措施
236	12月31日	广东电台	东莞大朗镇2处区域调整为低风险区
237	12月31日	广东电台	东莞：“冷库通”精准管理进口冷链食品

2021年东莞市作者出版的部分图书书目表

序号	ISBN（国际标准书号）	书　名	编著者	出版社
1	978-7-5204-2249-9	中国国家人文地理　东莞	《中国国家人文地理》编委会	中国地图出版社
2	978-7-5192-8210-3	茶山乡贤	东莞市茶山镇人民政府	世界图书出版社
3	978-7-5623-6550-1	茶山历史建筑图志	东莞市茶山镇人民政府	华南理工大学出版社
4	978-7-5115-7015-4	我的故事我来讲	叶向阳	人民日报出版社
5	978-7-5387-6503-8	骤雨中的阳光	莫树材	时代文艺出版社
6	978-7-5472-7610-5	莫家拳传人传略	刘克平	吉林文史出版社
7	978-7-5113-8124-8	镶嵌在河山的脚印	王晓明	中国华侨出版社
8	978-7-5208-1380-8	我们的学校，长出来了	蔡敏胜　李　莎 马士博　韦　杰	中国商业出版社
9	978-7-5570-2374-4	越科技越自然	费　勇	广东旅游出版社
10	978-7-5194-5986-4	水乡人物	南梅先生	光明日报出版社
11	978-7-5205-2470-4	东莞香飘四季文丛	南梅先生	中国文史出版社
12	978-7-218-11373-9	方苞	东莞市政协	广东人民出版社
13	978-7-5194-5933-8	追寻：乘着歌声的翅膀	曹永浩	光明日报出版社
14	978-7-5585-5071-3	幼儿园育美教育实践探索	胡成艳	北方妇女儿童出版社
15	978-7-5692-8076-0	生态哲学之思	张笑扬	吉林大学出版社
16	978-7-5362-7229-3	东莞市第十二届规范汉字书写大赛优秀作品集	东莞市语言文字工作委员会	岭南美术出版社
17	978-7-5585-5070-6	美慧教育：一位园长的寻梦之旅	周　丹	北方妇女儿童出版社
18	978-7-5362-7248-4	中国近现代漫画艺术家	东莞漫画馆图书馆	岭南美术出版社
19	978-7-5362-6998-9	漫画名家研究丛书　刘宏	东莞图书馆主编	岭南美术出版社
20	978-7-5362-6997-2	漫画名家研究丛书　李润堂	东莞图书馆	岭南美术出版社
21	978-7-5362-6996-5	漫画名家研究丛书　陈黎青	东莞图书馆	岭南美术出版社
22	978-7-5362-6999-6	漫画名家研究丛书　夏大川	东莞图书馆	岭南美术出版社
23	978-7-5054-4834-6	绘本文献总览（2020）	东莞漫画图书馆	朝华出版社
24	978-7-5210-0849-4	图书馆专业发展之路	李东来	海洋出版社
25	978-7-5491-2501-2	阅读易读	东莞图书馆	南方日报出版社
26	978-7-5013-5977-6	东莞文库典籍图录	东莞图书馆	国家图书馆出版社
27	978-7-5013-6537-1	东莞地方文献目录总览	东莞图书馆	国家图书馆出版社
28	978-7-5013-7060-3	茶山乡志	袁应淦	国家图书馆出版社
29	978-7-5013-7042-9	东莞明伦堂史料选编	东莞图书馆　东莞市档案馆	国家图书馆出版社
30	978-7-5013-6266-0	伦明手稿	东莞图书馆	国家图书馆出版社
31	978-7-5013-5976-9	东莞旬报　东莞博物图书馆报	东莞图书馆	国家图书馆出版社
32	978-7-5013-7040-5	梅村唱二集	（清）钟映雪	国家图书馆出版社
33	978-7-5013-7039-9	江臯小築集	（明）李元弼	国家图书馆出版社
34	978-7-5194-5844-7	文艺矩阵：东莞市重点文艺创作基地作品解读·第二卷	东莞市文化广电旅游体育局	光明日报出版社
35	978-7-5360-9277-8	你变美了　我看见的东莞	李志鹏	花城出版社
36	978-7-5583-2682-0	东江谣	谢莲秀　香杰新	新世纪出版社
37	978-7-5333-4410-8	容媛金石学文集	莞城图书馆	齐鲁书社
38	978-7-218-14710-9	东莞市革命老区发展史	东莞市革命老区发展史编委会	广东人民出版社
39	978-7-5668-3189-7	东莞市革命遗址通览	中共东莞市委党史研究室	暨南大学出版社
40	978-7-5321-7877-3	消失的名字	旧海棠	上海文艺出版社

续表

序号	ISBN（国际标准书号）	书 名	编著者	出版社
41	978-7-112-25860-4	莞惠城际铁路隧道及地下工程修建技术	蒋小锐等	中国建筑工业出版社
42	978-7-5120-4311-4	春泥有情护花开：东莞外国语学校家校共读生活成果	陈彩虹	线装书局
43	978-7-5553-9972-8	未来课程的现实样子	尹凤葵	吉林教育出版社
44	978-7-5362-7250-7	东莞书画丛书第38辑	东莞市文学艺术联合会 东莞文学艺术院	岭南美术出版社
45	978-7-5190-4527-2	70后之南方驿站	王小丰	中国文联出版社
46	978-7-5559-1084-8	孤独是沉默的金子	许晓雯	河南文艺出版社
47	978-7-5702-2040-3	花知道答案	许晓雯	长江文艺出版社
48	978-7-5302-2098-6	春潮	莫华杰	北京十月文艺出版社
49	978-7-5596-5464-9	江湖	华发生	北京联合出版公司
50	978-7-5500-4425-8	钟明诗选	钟 明	百花洲文艺出版社
51	978-7-5037-9556-5	东莞统计年鉴2021	东莞市统计局 国家统计局东莞调查队	中国统计出版社
52	978-7-218-15210-3	东莞年鉴2021	东莞年鉴编纂委员会	广东人民出版社
53	978-7-5144-4787-3	谢岗年鉴2016—2020	谢岗镇年鉴编纂委员会	方志出版社
54	978-7-5543-0988-9	麻涌年鉴2021	《麻涌年鉴》编纂委员会	羊城晚报出版社
55	978-7-201-16988-0	初中文言文的别样世界	欧阳伟著	天津人民出版社
59	978-7-2011-7509-6	初中语文阅读的别样密码	徐容芳	天津人民出版社
57	978-7-5692-8599-4	普通民办学校教师发展新论	杨居军	吉林大学出版社
58	978-7-5362-7256-9	南城文萃	洪婉仪	岭南美术出版社
59	978-7-5146-2005-4	寒山吟道	万 泉	中国画报出版社
60	978-7-5648-4277-2	新加坡教育访学之旅	陈名树	湖南师范大学出版社
61	978-7-5194-6335-9	百字传家风	刘远全	光明日报出版社
62	978-7-5692-8919-0	企业集团战略业务单元技术创新：双重网络嵌入视角	蒋 键	吉林大学出版社
63	978-7-5362-7208-8	浓墨重彩：粤剧花脸艺术影像	叶建波 张福伟	岭南美术出版社
64	978-7-5543-0955-1	现代城市智慧安防纵论	徐 波 徐家琦	羊城晚报出版社
65	978-7-5692-9236-7	美好教育实践与探索	方耀毅	吉林大学出版社
66	978-7-5543-0997-1	岭表行歌：广东曲艺家访谈录	何车	羊城晚报出版社
67	978-7-5543-0990-2	爱在非洲：东莞援赤道几内亚医疗队工作纪实：2019—2021	叶向阳	羊城晚报出版社
68	978-7-5692-9779-9	村上春树小说里出场人物的心理分析	曾晓霞	吉林大学出版社
69	978-7-3072-2206-9	低碳经济背景下的珠三角制造业转型升级的方向与路径选择研究——以东莞市为例	李翠丹	武汉大学出版社
70	978-7-1122-6308-0	既有工业建筑园区更新改造研究与应用—鳒鱼洲文化创意产业园	东莞市莞城建筑工程有限公司	中国建筑工业出版社
71	978-7-5201-8785-5	东莞科技创新发展报告（2020—2021）	东莞市电子计算中心	社会科学文献出版社
72	978-7-5491-2154-0	传感器与科技创新·小学版	东莞市教育局教研室	南方日报出版社
73	978-7-5491-2155-7	传感器与科技创新·中学版	东莞市教育局教研室	南方日报出版社
74	978-7-5491-2156-4	创造性思维及其培养·小学版	东莞市教育局教研室	南方日报出版社

续表

序号	ISBN（国际标准书号）	书　名	编著者	出版社
75	978-7-5491-2157-1	创造性思维及其培养·中学版	东莞市教育局教研室	南方日报出版社
76	978-7-5198-5417-1	常见开关类设备二次回路原理及故障分析	广东电网有限责任公司东莞供电局	中国电力出版社
77	978-7-5198-5535-2	非法用电查处与防治	广东电网有限责任公司东莞供电局	中国电力出版社
78	978-7-1122-5683-9	危险性较大工程安全专项方案编制与案例精选——模架工程	东莞市建筑科学研究所	中国建筑工业出版社
79	978-7-5432-3261-7	创新社会治理　东莞市智网工程改革研究	东莞市“智网工程”改革研究报告课题组	格致出版社
80	978-7-5668-3171-2	中国共产党东莞历史大事记1921—2021	中共东莞市委党史研究室	暨南大学出版社
81	978-7-2181-5190-8	曾生传	陈立平	广东人民出版社
82	978-7-5194-5981-9	匠心筑梦育芳华　东莞职业技术学院学生工作成果集	李浩泉	光明日报出版社
83	978-7-5450-8054-4	基于Mixly的创意智造	万　飞　张清泉	陕西人民教育出版社
84	978-7-5548-3978-2	汽车车身电气设备维修	冯妹娇　赵治国	广东教育出版社
85	978-7-201-16634-6	科学育儿必备的50个心理效应提高家庭教育质量促进孩子健康成长	张润林	天津人民出版社
86	978-7-5630-6532-5	张荫麟讲中国史学之大观	张荫麟	河南大学出版社
87	978-7-5410-9748-5	村庄经济六十年	刘松泰	四川美术出版社
88	978-7-213-10100-7	田间逐梦共和国功勋袁隆平	陈启文	浙江人民出版社
89	978-7-5409-9890-5	心岸	胡见宇	四川民族出版社
90	978-7-5126-8004-3	英子	白　茅	团结出版社
91	978-7-5126-8657-1	鹤洲烟霞——东坑历代诗文辑注	曾海津　杨星丽	团结出版社
92	978-7-5126-8615-1	荷风2020	莫树材	团结出版社
93	978-7-5216-9191-9	麦地	袁有江	团结出版社
94	978-7-5126-9191-9	青草坪	叶瑞芬	团结出版社
94	978-7-218-14627-0	后鸦片战争时代虎门文化的演变	曾红玲	广东人民出版社

东莞市2021年度先进工作单位名单

一、2021年度东莞市规模效益成长性排名前20名工业企业名单

步步高系
东莞南方中集物流装备制造有限公司
台达电子（东莞）有限公司
广东生益科技股份有限公司
陆逊梯卡华宏（东莞）眼镜有限公司
广东菲鹏生物有限公司
信义超薄玻璃（东莞）有限公司
广东电网有限责任公司东莞供电局
东莞巨正源科技有限公司
快意电梯股份有限公司
东莞市唯美陶瓷工业园有限公司
玖龙纸业（东莞）有限公司
东莞建晖纸业有限公司
东莞三星视界有限公司
东莞新能源科技有限公司
东莞市民兴电缆有限公司
东莞市水务集团供水有限公司
东莞怡合达自动化股份有限公司
东莞市金田纸业有限公司

广东众生药业股份有限公司

二、2021年度东莞市实际出口总额前20名企业

OPPO广东移动通信有限公司
华为终端有限公司
东莞华贝电子科技有限公司
东莞创机电业制品有限公司
东莞三星视界有限公司
维沃移动通信有限公司
东莞市易通致远电子商务有限公司
广东亿安仓供应链科技有限公司
东莞市金仕达贸易有限公司
东莞南方中集物流装备制造有限公司
东莞联易达供应链管理有限公司
东莞市橙光电子商务有限公司
广东省丝丽国际集团兆丰物流有限责任公司
东莞长城开发科技有限公司
阿里巴巴一达通企业服务（东莞）有限公司
东莞市众佑进出口有限公司
台达电子（东莞）有限公司
东莞飞力达供应链管理有限公司
明门（中国）幼童用品有限公司
东莞东聚电子电讯制品有限公司

三、2021年度东莞市主营业务收入前20名企业

步步高系
华为系
玖龙环球（中国）投资集团有限公司
东莞华贝电子科技有限公司
东莞京东利昇贸易有限公司
东莞三星视界有限公司
东莞创机电业制品有限公司
东莞农村商业银行股份有限公司
玖龙纸业（东莞）有限公司
东莞银行股份有限公司
广东以诺通讯有限公司
东莞记忆存储科技有限公司
东莞市金仕达贸易有限公司
东莞路易达孚饲料蛋白有限公司
广东生益科技股份有限公司
中粮（东莞）粮油工业有限公司
东莞南方中集物流装备制造有限公司
广东烟草东莞市有限公司
广东美宜佳便利店有限公司
东莞新能德科技有限公司

四、2021年度东莞市效益贡献企业

华为系
广东烟草东莞市有限公司
东莞农村商业银行股份有限公司
步步高系
东莞冠亚环岗湖商住区建造有限公司
广东电网有限责任公司东莞供电局
东莞高豪花园建造有限公司
东莞市合和实业投资有限公司
东莞市桃源商住建造有限公司
玖龙纸业（东莞）有限公司
东莞市怡新房地产有限公司
东莞市御城房地产有限公司
东莞银行股份有限公司
东莞南方中集物流装备制造有限公司
东莞市六泰房地产有限公司
东莞市嘉房房地产开发有限公司
东莞市峰景投资有限公司
东莞虎门鸿艺房地产开发有限公司
东莞市富华物业投资有限公司
广东生益科技股份有限公司
中国工商银行股份有限公司东莞分行
马可波罗系
东莞市龙光锦瑞房地产有限公司
东莞市星城绿湖风景房地产有限公司
东莞市中万汉邦房地产开发有限公司
广东理文造纸有限公司
东莞市御江花城房地产开发有限公司
东莞市润合房地产有限公司
东莞市金地房地产投资有限公司
东莞三星视界有限公司
中国银行股份有限公司东莞分行
东莞市一信碧桂园房地产开发有限公司
东莞建晖纸业有限公司
东莞市东新房地产开发有限公司
东莞市卓越天城房地产开发有限公司
东莞市峰景资产管理有限公司
东莞国铁保利实业发展有限公司
东莞市盛世御峰房地产开发有限公司
招商银行股份有限公司东莞分行
信义超薄玻璃（东莞）有限公司
中国农业银行股份有限公司东莞分行
东莞市正易投资有限公司
首铸一号（东莞）房地产有限公司
中国电子东莞产业园有限公司
东莞市保铸实业投资有限公司
中国建设银行股份有限公司东莞市分行
东莞金洲纸业有限公司
东莞信托有限公司
东莞市大岭山碧桂园房地产开发有限公司
东莞市佳兆业房地产开发有限公司沙田分公司
东莞创机电业制品有限公司
东莞市以纯集团有限公司
东莞发展控股股份有限公司
东莞市联冠莲花豪庭开发有限公司
东莞证券股份有限公司
东莞市金鹿豪园建造有限公司

东莞市嘉讯通电脑产品有限公司
东莞市中海嘉鑫房地产开发有限公司
东莞市中万宏信房地产有限公司
东莞市万凯房地产有限公司
东莞市嘉悦房地产开发有限公司
东莞雀巢有限公司
东莞市大朗碧桂园实业投资有限公司
广东坚朗五金制品股份有限公司
东莞市瑞冠置业有限公司
东莞市德洲美林房地产开发有限公司
东莞庄士房地产开发有限公司
东莞农村商业银行股份有限公司厚街支行
东莞市横沥碧桂园房地产开发有限公司
东莞市鼎峰广场建造有限公司
东莞京东利昇贸易有限公司
东莞市海德房地产开发有限公司
东莞徐记食品有限公司
广东美宜佳便利店有限公司
东莞市东万盈合房地产有限公司
东莞市合和城辉房地产投资有限公司
东莞市万科置地有限公司
广东虎门大桥有限公司
慕思健康睡眠股份有限公司
东莞市卓正房地产有限公司
东莞骏豪房地产开发有限公司
东莞顺裕纸业有限公司
广东省水利水电第三工程局有限公司
东莞市金航房地产开发有限公司
东莞市达鑫江滨新城开发有限公司
东莞市岐若企业管理有限公司
东莞市松湖假日物业发展有限公司
广东众生药业股份有限公司
东莞桂芳园房地产开发有限公司
东莞保越实业投资有限公司
广东菲鹏生物有限公司
东莞慕思寝具销售有限公司
中国平安财产保险股份有限公司东莞分公司
东莞市奥威斯酒店有限公司
东莞市兴业广场房地产有限公司
东莞市日悦房地产开发有限公司
东莞市远景房地产开发有限公司
东莞云旅置业有限公司
东莞市民兴电缆有限公司
东莞市万旭房地产有限公司
东莞市辉煌能源有限公司
东莞市天安数码城有限公司
东莞市悦溪房地产开发有限公司
东莞市虎门增亿实业投资有限公司
玖龙环球（中国）投资集团有限公司
东莞市新万房地产开发有限公司
平安银行股份有限公司东莞分行
东莞巨正源科技有限公司
东莞联茂电子科技有限公司
东莞市金田纸业有限公司
东莞市万庆房地产有限公司
东莞华科电子有限公司
中信银行股份有限公司东莞分行
东莞市清溪碧桂园房地产开发有限公司
东莞市凤岗房地产开发公司（东江花园）
东莞市石安房地产开发有限公司
东莞市清溪山水天地渡假村有限公司
东莞江畔花园建造有限公司
东莞市东盈实业投资有限公司
东莞市泛豪实业投资有限公司
东莞市四方投资有限公司
东莞市君汇港实业投资有限公司
陆逊梯卡华宏（东莞）眼镜有限公司
东莞市民盈房地产开发有限公司
东莞市万胜房地产有限公司
东莞市水务集团供水有限公司
东莞市嘉锦房地产开发有限公司
东莞市佳兆业房地产开发有限公司
东莞市麻涌碧桂园房地产实业有限公司
东莞市新世纪丽江豪园商住开发有限公司
东莞市伟隆房地产开发有限公司
东莞市帝庭山房地产开发有限公司
保利（东莞）房地产开发有限公司
日立安斯泰莫株式会社
永立鞋业（东莞）有限公司
快意电梯股份有限公司
兴业银行股份有限公司东莞分行
东莞新能源科技有限公司
东莞理文造纸厂有限公司
佳裕置业（东莞）有限公司
东莞市泽和实业有限公司
东莞市锦洲塑胶制品有限公司
东莞马士基集装箱工业有限公司
东莞市雄凯房地产开发有限公司
东莞市中海嘉朗房地产开发有限公司
广东阿达食品有限公司
东莞市金舜房地产投资有限公司
东莞市中帆房地产开发有限公司
东莞市东南实业投资有限公司
东莞市沙田造纸厂有限公司
东莞市瑞龙房地产开发有限公司
广州港新沙港务有限公司
东莞市中万信远房地产有限公司
日立安斯泰莫汽车动力科技（东莞）有限公司
东莞市盈丰房地产开发有限公司
昌宏精密刀具（东莞）有限公司

东莞中电第二热电有限公司
东莞市清溪房地产开发公司（金色半山花园）
东莞市卓峰房地产开发有限公司
东莞融麒置业有限公司
东莞市天极房地产开发有限公司
东莞市润石房地产有限公司
东莞市恒安房地产开发有限公司
广东拓斯达科技股份有限公司
台达电子（东莞）有限公司
东莞市虎门建设发展有限公司
东莞怡合达自动化股份有限公司
东莞玫瑰新村开发有限公司
东莞农村商业银行股份有限公司茶山支行
东莞市中佳房地产开发有限公司
东莞农村商业银行股份有限公司南城支行

五、2021年度园区工作优秀单位

松山湖高新区管委会、水乡经济区管委会、滨海湾新区管委会

六、2021年度领导班子工作优秀镇（街道）

长安镇、茶山镇、凤岗镇、南城街道、企石镇、万江街道、谢岗镇、塘厦镇、厚街镇、沙田镇、黄江镇、东坑镇

七、2021年度领导班子工作良好镇（街道）

横沥镇、大朗镇、麻涌镇、石排镇、洪梅镇、石龙镇、清溪镇、石碣镇、寮步镇、大岭山镇、莞城街道、东城街道、常平镇、虎门镇、道滘镇、中堂镇、望牛墩镇、高埗镇、桥头镇、樟木头镇

八、2021年度综合排名进步前三名镇（街道）

大朗镇、石龙镇、茶山镇、黄江镇

九、2021年度工作优秀市直单位

经济建设类市直单位：市财政局、市发展改革局、市统计局、市自然资源局、市生态环境局、市工业和信息化局、市商务局、市农业农村局（市经济协作办公室）、市科技局、市水务局

社会建设类市直单位：市委政法委、市公安局、市卫生健康局、市人力资源社会保障局、市教育局、市政务服务数据管理局、市检察院、市文化广电旅游体育局、市中级法院、市市场监管局、市民政局、市司法局

党建综合类市直单位：市委办公室、市政府办公室、市纪委监委机关（市委巡察办，市委第一、二、三、四巡察组）、市委宣传部、市委组织部（市委第五、六巡察组）、市人大常委会机关、市政协机关、市委统战部（市民族宗教事务局、民主党派办公室）、市委政研室（市委改革办）、市委编办、市委党校、市机关事务管理局、市审计局、市委台港澳办（市台港澳事务局）、市接待办

十、2021年度工作良好市直单位

经济建设类市直单位：市投资促进局、市应急管理局、市住房城乡建设局、市交通运输局、市金融工作局、市国资委、市住房公积金管理中心、市轨道交通局、市城建工程管理局、市林业局、市科协、市贸促会、市供销社

社会建设类市直单位：市城市管理综合执法局、市委网信办、市信访局、市医保局、市委军民融合办、市退役军人事务局、市第一法院、市委外办、市第一市区检察院、市第二市区检察院、市红十字会、市第二法院、市第三法院、市第三市区检察院

党建综合类市直单位：东莞日报社、市妇联、市总工会、团市委、市直机关工委、东莞广播电视台、市委机要保密局、市工商联、市委老干部局、市人民政府驻北京联络处、市档案馆、市委党史研究室、市残联、市社科联、市侨联、市地方志办公室、市人民政府驻广州办事处、市文联、市社科院

十一、2021年度工作优秀中央和省驻莞单位

东莞海关、市消防救援支队、国家税务总局东莞市税务局、市国家安全局、武警东莞支队、东莞供电局、国家统计局东莞调查队、中国移动通信集团广东有限公司东莞分公司、中国人民银行东莞市中心支行、中国电信股份有限公司东莞分公司、市气象局、中国建设银行股份有限公司东莞市分行、中国银行保险监督管理委员会东莞监管分局、东莞出入境边防检查站、市邮政管理局

十二、2021年度全市“单打冠军”

（一）园区部分

2020年“优质服务基层行”活动表现突出、成效显著机构：松山湖高新区管委会

广东省全国科普日优秀组织单位：松山湖高新区管委会

“科创中国”试点园区：松山湖高新区管委会

粤港澳大湾区港澳青年创新创业基地：松山湖高新区管委会

广东省数字服务出口基地：松山湖高新区管委会

2020年火炬统计工作先进单位：松山湖高新区管委会

引领科技创新工作：松山湖高新区管委会

省循环化改造试点园区：水乡经济区管委会

财政治理促进镇域协同发展研究工作：水乡经济区管委会

2021最具投资吸引力新区：滨海湾新区管委会

交椅湾段综合管廊基建工作：滨海湾新区管委会

威远岛森林公园设计工作：滨海湾新区管委会

（二）镇（街道）部分

全国五四红旗团委：沙田镇

全国依法治理创建活动先进单位：长安镇

全国民主法治示范村（社区）：莞城街道、凤岗镇

第二批全国乡村治理示范镇、村：横沥镇、茶山镇、常平镇

国家全面推行河长制湖长制工作先进集体：麻涌镇

全国模范司法所：大朗镇

全国群众体育先进单位：南城街道、长安镇、凤岗镇

全国乡村旅游重点镇：寮步镇

全国人力资源社会保障系统优质服务窗口：黄江镇

全国村级议事协商创新实验试点单位：望牛墩镇

2020年度全国综合减灾示范社区：大朗镇、高埗镇、凤岗镇、常平镇、东坑镇、横沥镇

全国应急管理系统先进集体、省安全生产工作先进集体：茶山镇

全国青年文明号：大岭山镇

全国“一村一品”示范村镇：大岭山镇

全国示范性老年友好型社区：企石镇

国家义务教育质量监测实施优秀组织单位：大朗镇、虎门镇、道滘镇、企石镇

全国家庭健康促进行动试点地区：石碣镇

全国儿童青少年近视防控适宜技术试点县（区）：茶山镇

2019—2020年度全国“四好”商会：麻涌镇、茶山镇

全国敬老文明号：常平镇、东坑镇、樟木头镇

国家计生协2021年新市民健康关爱行动项目点：长安镇

国家计生协青春健康生命之舞项目点：横沥镇

广东省脱贫攻坚先进集体：莞城街道、石龙镇、虎门镇、东城街道、南城街道、厚街镇、寮步镇、大岭山镇、黄江镇、凤岗镇、塘厦镇、清溪镇、常平镇、桥头镇、东坑镇

2019—2020年全省脱贫攻坚工作突出贡献集体：全市32个镇（街道）

广东省先进基层党组织：茶山镇、凤岗镇

广东省第七次全国人口普查先进集体：东城街道、南城街道、东坑镇、黄江镇、清溪镇、长安镇

2021年广东省“民主法治示范村（社区）”：莞城街道、高埗镇、望牛墩镇、樟木头镇、万江街道、塘厦镇、石龙镇、桥头镇、寮步镇、黄江镇、长安镇、凤岗镇、东城街道、虎门镇、中堂镇、石排镇、东坑镇、茶山镇、沙田镇、石碣镇

2020—2021年度广东省五四红旗团委：清溪镇、桥头镇

广东省五四红旗团支部：望牛墩镇、道滘镇、高埗镇

2021—2023年度广东省民间文化艺术之乡：厚街镇、道滘镇、大朗镇、清溪镇

全省气象防灾减灾第一道防线示范镇：清溪镇

广东省巾帼文明岗：横沥镇、黄江镇、东城街道、大朗镇、大岭山镇

2021年度广东省移动支付精品示范镇：南城街道、虎门镇、大朗镇、厚街镇、横沥镇、塘厦镇、东城街道、中堂镇、万江街道、黄江镇

2020年度省级健康促进县（市、区）：石碣镇、高埗镇、中堂镇、凤岗镇、麻涌镇、望牛墩镇、道滘镇、莞城街道、东城街道、沙田镇、厚街镇、虎门镇、东坑镇、石排镇、企石镇、清溪镇、常平镇、黄江镇、大朗镇、大岭山镇

广东省五星级示范退役军人服务中心：莞城街道、虎门镇、茶山镇、石排镇、石碣镇、望牛墩镇

广东省第二批文化和旅游特色村：寮步镇、石排镇、麻涌镇、常平镇

2020年“优质服务基层行”活动表现突出、成效显著机构：大朗镇、大岭山镇、东坑镇、厚街镇、麻涌镇、南城街道、沙田镇、石龙镇、樟木头镇、长安镇

2020年度广东省“零酒驾”示范社区：石龙镇

广东省森林乡村：塘厦镇、沙田镇、谢岗镇、樟木头镇

广东省“一村一品、一镇一业”专业镇、村：大岭山镇、常平镇、樟木头镇、横沥镇、沙田镇、清溪镇、麻涌镇、黄江镇

2018—2019年度广东省节能先进集体：高埗镇

广东省2020年度休闲农业与乡村旅游示范镇：横沥镇

中共广东省委党校现场教学点：横沥镇

2021年全省乡镇街道年鉴一等年鉴：寮步镇、石碣镇

2021年广东省“互联网+护理服务”试点单位：石碣镇、大朗镇

广东省“儿童友好示范社区”：东城街道、石碣镇、凤岗镇、万江街道、谢岗镇

广东省首批中小学“三全育人”体制机制建设实验区：石碣镇、长安镇

全省公共型农业社会化服务体系改革试点：石碣镇

整县（市、区）屋顶分布式光伏开发试点：大朗镇、桥头镇、谢岗镇、洪梅镇

广东省财政管理工作先进典型镇：厚街镇、道滘镇

2020年度广东省民营企业调查点工作示范单位：东城街道、常平镇

广东省全国科普日优秀组织单位：石排镇、东城街道、塘厦镇、常平镇、麻涌镇

广东省总工会城市困难职工解困脱困工作重要贡献集体：东城街道、寮步镇

广东省先进女职工集体：东城街道

2021年全省最美工会户外劳动者服务站点：东城街道

2021广东省工商联法律服务示范点：东城街道、高埗镇

广东省平安建设先进集体：长安镇

广东省基层反走私综合治理示范点：长安镇

城乡融合发展省级试点：塘厦镇

综合保税业务改革先进镇：沙田镇

广东共青团整治软弱涣散基层组织三年行动“命脉工程”优秀团组织：大朗镇、桥头镇、石排镇

广东省市县级政务服务标杆大厅：大朗镇

全省乡村振兴先进集体：东坑镇、麻涌镇

2021年“多彩乡村学史奋进”主题教育实践活

动优秀组织单位：大岭山镇、大朗镇、东坑镇、道滘镇、石碣镇

广东省交通安全文明示范村、社区：东坑镇、万江街道

广东省最美志愿服务组织、社区：南城街道、横沥镇、大岭山镇

广东最美应急集体：厚街镇

广东省民族宗教法治工作基层联系点：南城街道

2021—2025年度全国科普示范县（市、区）广东省第二批创建单位：莞城街道、南城街道

广东省乡镇（街道）社会体育指导员服务站：中堂镇、谢岗镇、麻涌镇、万江街道、南城街道、莞城街道、石龙镇、沙田镇、长安镇

广东省数字乡村发展试点镇：中堂镇、麻涌镇

广东省校园网络安全示范区：寮步镇

（三）市直单位部分

2020年度中国贸促会优秀调解中心：市贸促会

港澳有关统战工作：市委统战部、市委台港澳办

第七次全国人口普查先进集体：市统计局

广东省扫黑除恶专项斗争先进单位：市委政法委、市中级法院、市第一市区检察院、市第二市区检察院

广东法院第三十二届学术研讨会组织工作先进奖：市中级法院

2021年度《法庭》“十佳组稿单位”：市中级法院

2021年度全省工会工作综合奖一等奖：市总工会

广东省五一劳动奖状：市教育局、市总工会

省造血干细胞捐献工作优质工作站：市红十字会

2019—2020年全省脱贫攻坚突出贡献集体通报表扬：市委办公室、市委宣传部、市委政法委、市委党校、东莞日报社、东莞广播电视台、市人大常委会机关、市第三法院、市第二市区检察院、市机关事务管理局、市发展改革局、市科技局、市工业和信息化局、市公安局、市民政局、市司法局、市自然资源局、市交通运输局、市水务局、市商务局、市文化广电旅游体育局、市应急管理局、市审计局、市市场监管局、市医保局、市政务服务数据管理局、市林业局、松山湖高新区管委会、市城建工程管理局、市农业农村局（市经济协作办公室）、市住房公积金管理中心、市政协机关、市科协

全省新时代“五好”基层院建设先进单位：市第二市区检察院

2020年度省检察院信息直报点先进单位：市第二市区检察院

集体三等功：市第二市区检察院

2020年度全省检察机关政工信息工作先进集体：市第一市区检察院

全省省市级综合年鉴一等年鉴：市地方志办公室

2021年“多彩乡村学史奋进”主题教育实践活动优秀组织单位：市地方志办公室

第二批国家文化和旅游消费试点城市：市文化广电旅游体育局

2020年度基层广播电视统计工作优秀集体：市文化广电旅游体育局

2017—2020年度全国群众体育先进单位：市文化广电旅游体育局

2020年度查处重大侵权盗版案件（第三批）有功单位：市文化广电旅游体育局

2020年广东省“扫黄打非”先进集体：市文化广电旅游体育局

2021广东省群众艺术花会优秀组织奖：市文化广电旅游体育局

全国文化和旅游系统先进集体：市文化广电旅游体育局

国家创新型城市建设：市科技局

人民法院党建工作先进集体：市第一法院

全国法院第三十三届学术讨论会“组织工作先进奖”：市第一法院

全国巾帼文明岗：市第一法院、市人力资源社会保障局

广东省最美人民法庭：市第一法院

广东省普通高中新课程新教材实施省级示范区：市教育局

全国教育系统关心下一代工作先进集体：市教育局

2017—2020年度平安中国建设示范市（长安杯）：市委政法委

全省福利彩票组织领导奖一等奖：市民政局

2021年度全省民政统计工作优秀等次：市民政局

广东省脱贫攻坚先进集体：市委组织部、市教育局、市财政局、市人力资源社会保障局、市农业农村局、市卫生健康局、市工商联

2020年工作评价优秀地级以上市工商联：市工商联

全省工商联系统2021年度信息工作先进单位：市工商联

2020年援外医疗工作表现突出集体：市卫生健康局

东莞国际健康驿站建设运营工作先进单位：市卫生健康局、沙田镇

国家、省青少年科学调查体验活动优秀组织单位：市科协

国家、省科普日活动优秀组织单位：市科协

申报“科创中国”试点园区贡献单位：市科协

全国农民工工作先进集体：市人力资源社会保障局

2020—2021年度《中国劳动保障报》新闻宣传工作先进单位：市人力资源社会保障局

全省2020年度保障农民工工资支付考核A级：市人力资源社会保障局

全省2020年度就业工作目标责任制考核优秀等次：市人力资源社会保障局

全省2020年度企业养老保险省级统筹考核A级：市人力资源社会保障局

2021年全国应急管理普法知识竞赛表现突出单位：市应急管理局

驻穗信访维稳专项工作表扬单位：市人民政府驻广州办事处

国务院2020年度督查激励：市财政局、市生态环境局

创建第五批国家生态文明建设示范区贡献单位：市生态环境局

2020年全省生态环境系统政务新媒体宣传工作表扬单位：市生态环境局

广东省驻京信访工作先进集体：市信访局

新时代加快高质量发展工作表扬单位：市发展改革局

广东省粮食和物资储备工作先进集体：市发展改革局

全国重点军供站：市退役军人事务局

2016—2020全国依法治理创建活动先进单位：市妇联

驻京信访维稳工作先进单位：市人民政府驻北京联络处

广东省首届市级政务服务标杆大厅：市政务服务数据管理局

第七批广东省学雷锋活动示范点：市政务服务数据管理局

全国脱贫攻坚先进集体：市农业农村局

广东省乡村振兴先进集体：市农业农村局

全省“菜篮子”市长负责制考核优秀等级：市农业农村局

第六届中国国际食品配料博览会优秀组织奖：市农业农村局

广东省三八红旗集体：市农业农村局

广东省农业技术推广一等奖：市农业农村局

广东省2021年度价格认定工作质量分片评查活动表扬单位：市发展改革局

国务院发展研究中心经济形势分析工作表扬单位：市政府办公室

科技部引领科技创新工作评估先进单位：市科技局

商务部外贸新业态发展工作表扬单位：市商务局

教育部推动教育优质均衡发展工作广东优秀案例：市教育局

推动企业上市工作表扬单位：市金融工作局

“十三五”时期生态环境保护工作表扬单位：市人大常委会机关、市生态环境局

全省党校系统精品课程：市委党校

省委编办机构编制统计工作表扬单位：市委编办

全国防震减灾工作优秀奖：市住房城乡建设局

全国五四红旗团支部：市机关事务管理局

工业和信息化部中小微企业培育工作表扬单位：市工业和信息化局

国家发展改革委全国经济运行监测预测协调系统2021年经济运行监测重点联系点信息报送工作先进单位：市工业和信息化局

全国老干部工作先进集体：市委老干部局

广东省先进基层党组织：市农业农村局、市金融工作局、市公安局

广东省2020年水土保持目标责任制考核优秀等次：市水务局

全国城市社科院先进单位：市社科院

2021年度省级“展翅计划”港澳台大学生实习专项行动优秀工作单位：团市委

2020年度全省按比例安排残疾人就业年审工作突出贡献单位：市残联

国家、省检察机关信息工作表现突出集体：市检察院

省模范职工之家：市检察院

全国个私协会系统“小个专”党建工作突出单位：市市场监管局

2020—2021年度消费维权先进集体：市市场监管局

2020年度省政府质量工作考核等级A级：市市场监管局

2021年全国清理整顿人力资源市场秩序专项行动取得突出成绩单位：市市场监管局

2020年中国营商环境评价市场监管指标标杆城市创建工作贡献单位：市发展改革局、市市场监管局、市人力资源社会保障局、市自然资源局、市金融工作局、市中级法院

商标受理工作实绩突出单位：市市场监管局

全国司法行政机关2020年国家统一法律职业资格考试工作表现突出单位：市司法局

全国维护妇女儿童权益先进集体：市司法局、市第一法院

2016—2020年全国普法工作先进单位：市委宣传部、市司法局

2020年度法治广东建设考评优秀：市司法局

第二届广东省法治文化节特别组织奖：市司法局

全国司法行政系统抗击新冠肺炎疫情先进集体：市司法局

全省“谁执法谁普法”创新创先项目征集评选活动优秀组织单位：市司法局

第四届全省法律援助工作先进集体：市司法局

康复辅助器具产业第二批国家综合创新试点地区：市民政局

2021年广东省民政重点工作综合检查优秀等次：市民政局

云南省脱贫攻坚先进集体：市民政局

2020年度广东省地级以上市法学会工作考核优秀：市委政法委

索　引

INDEX

说　明

1. 索引采用主题分析法编制，主题词按汉语拼音字母顺序排列；
2. 类目未作索引，分目索引采用黑体字，条目索引、表格索引、图照索引采用宋体字；
3. 主题词后的数字表示内容所在页码，数字后的a、b、c分别表示该页码的左、中、右栏。

条目索引

A

B

C

D

E

F

G

K

L

M

N

P

Q

R

S

T

W

Z

表格索引

B

F

G

H

J

K

L

N

Q

图片索引

G

H

J

K

L

M

N

P

Q

R

S

T

V

W

X

Y

Z